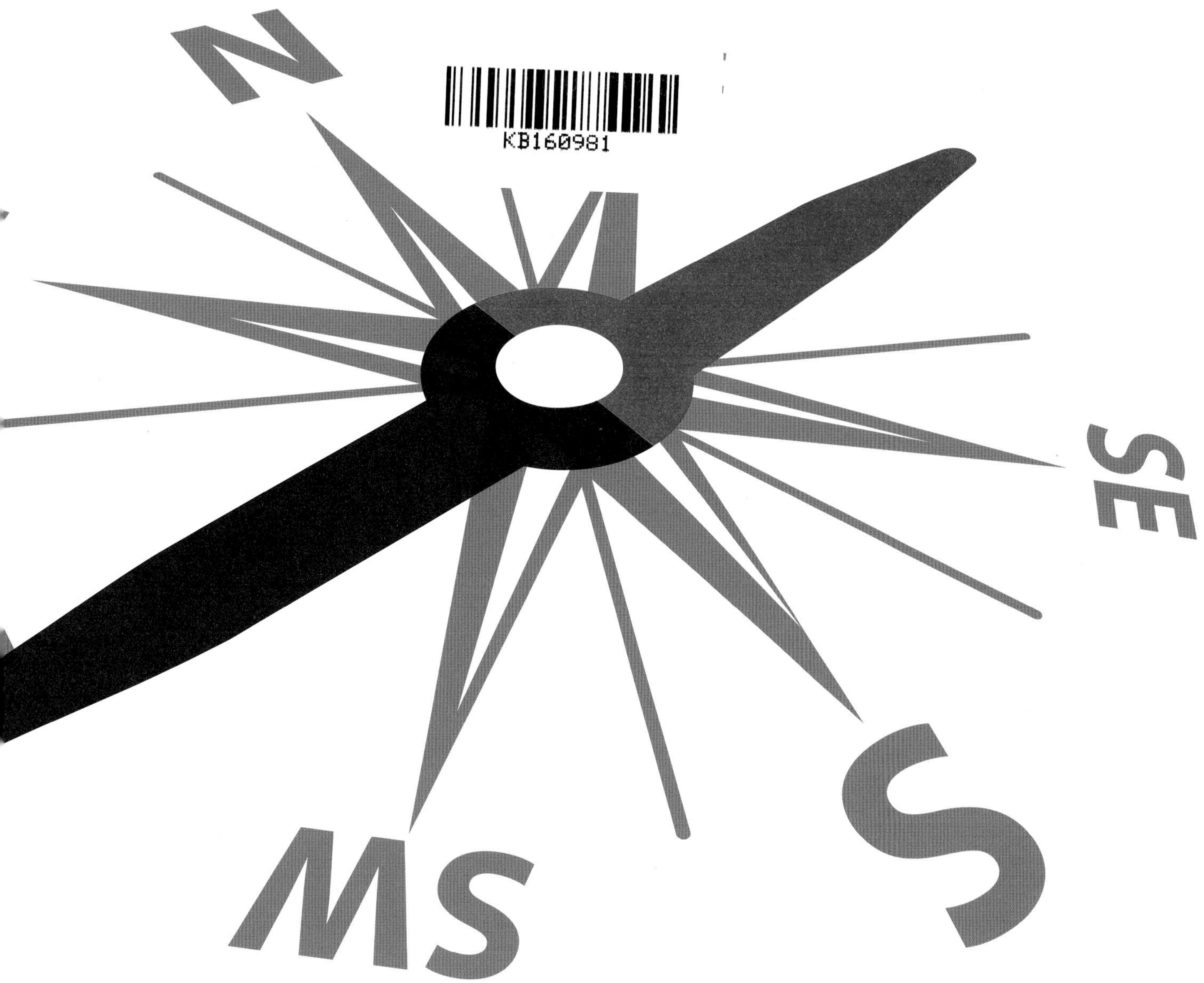

Business Driven Information Systems 5th EDITION

경영 정보 시스템

Paige Baltzan 지음 고석하 · 김태성 · 권순동 · 서동백 · 송대진 · 최상현 옮김

생능 McGraw Hill

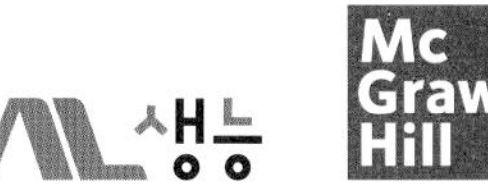

저자 소개

Paige Baltzan

Paige Baltzan은 University of Denver의 Daniels College of Business의 Department of Information Technology에서 교편을 잡고 있다. 그녀는 Bowling Green State University에서 MIS/Accounting 전공으로 B.S.B.A. 학위를 받았으며, University of Denver에서 MIS 전공으로 M.B.A. 학위를 받았다. 그녀는 Business Driven Technology, I-Series를 비롯한 다수의 저서의 공동 저자이며, Management Information Systems for the Information Age의 저술에 기여하였다.
1999년에 Daniels College의 교수가 되기 전에는 대형 정보통신 회사와 국제적 컨설팅 회사에 수년간 근무하였다. 컨설팅 회사에서는 미국과 남아프리카공화국, 그리고 유럽의 고객과 공동으로 작업하였다.

경영 정보 시스템

초판발행 2016년 2월 5일
제1판2쇄 2019년 9월 6일

지은이 Paige Baltzan
옮긴이 고석하, 김태성, 권순동, 서동백, 송대진, 최상현
펴낸이 김승기
펴낸곳 (주)생능 / **주소** 경기도 파주시 광인사길 143
출판사 등록일 2014년 1월 8일 / **신고번호** 제2014-000003호
대표전화 (031)955-0761 / **팩스** (031)955-0768
홈페이지 www.booksr.co.kr

책임편집 신성민 / **편집** 김민보, 유제훈, 권소정 / **디자인** 유준범
마케팅 최복락, 김민수, 심수경, 차종필, 백수정, 최태웅, 김범용, 김민정
인쇄 · 제본 (주)상지사P&B

ISBN 979-11-86689-08-0 93320
정가 30,000원

- 이 도서의 국립중앙도서관 출판예정도서목록(CIP)은 서지정보유통지원시스템 홈페이지(http://seoji.nl.go.kr)와 국가자료공동목록시스템(http://www.nl.go.kr/kolisnet)에서 이용하실 수 있습니다.
(CIP제어번호: CIP2015034694)

PaigeBaltzan
Daniels College of Business, University of Denver

Business Driven Information Systems

FIFTH EDITION

Business Driven Information Systems, 5th Edition

2 3 4 5 6 7 8 9 10 LPP 20 19

Original: Business Driven Information Systems, 5th Edition © 2015
By Paige Baltzan, Amy Phillips
ISBN 978-0-07-340298-7

This authorized Korean translation edition is jointly published by McGraw-Hill Education Korea, Ltd. and Life & Power Press. This edition is authorized for sale in the Republic of Korea.

This book is exclusively distributed by Life & Power Press.

When ordering this title, please use ISBN 979-11-86689-08-0

Printed in Kore

역자서문

"Business Driven Information Systems"의 제4판의 번역은 이런저런 사정으로 건너뛰고, 제5판을 받아보고서 1, 3판을 번역할 때와 똑같은 질문을 또 한 번 더 스스로에게 해보았다. 지금 같은 세계화 시대에 번역서를 출간하는 것이 무슨 의미가 있을까? 더욱이 대학에서 영어 강의가 이다지도 장려되고 있는 작금에 교과서를 번역하느라고 고생하는 것이 무슨 의미가 있을까?

그러나 아직도 우리 대학에서는 영어 교재를 사용하면 내용을 이해하는 데 너무나 어려움을 겪고, 비싼 원서를 사는 것도 부담스러운 학생들이 많은 것도 또한 우리의 현실이다. 반값 등록금이 대학과 관련된 가장 중요한 어젠다가 되어 있는 작금에, 비싼 등록금을 내고 대학에서 전공을 희생하면서까지 영어 공부에 집착하는 것도 아이러니라는 생각을 해본다. 영어는 영어 전문 프로그램에서 공부하는 것이 바람직하지 않겠는가 생각해 본다.

번역과 관련해서 아쉬운 것이 많지만, 그 중에서도 가장 아쉬운 것은 저자가 영어의 다양한 의미나 숙어 사용의 미묘함을 이용하여 '문학적'으로 표현하려고 한 부분이 많은데, 그러한 미묘함을 제대로 살리지 못했다는 것이다. 보충 설명이 필요한 곳에서는 각주를 다는 등 나름대로 최선을 다했지만, 실수나 미숙한 부분이 많다. 너그러이 양해하고 전체적인 내용과 맥락에 초점을 맞춰주길 바란다.

저자가 서문에서도 밝혔듯이, 이 책은 비즈니스 지향적으로 작성되어 경영정보학 전공 학생뿐만이 아니라 일반 경영학전공 학생들도 어떻게 정보 기술이 기업에 경쟁우위를 달성하기 위한 기반을 제공하는가를 잘 이해할 수 있게 해준다. 이러한 특성이 학생들이 비즈니스 분야에서 수월성을 달성하기 위한 기반을 제공하고, 궁극적으로는 우리나라 기업들과 경제의 국제화와 발전에 이바지하기를 바란다. 그리고 이번에는 번역판의 제목도 보다 보편적인 '경영 정보 시스템'으로 바꾸었다.

이제까지의 경험으로 보아, 번역하는 것보다 차라리 새로 책을 쓰는 것이 더 쉬울 수도 있겠다는 생각을 했었는데, 이번에도 '역시나!' 였다. 특히 원저는 학생들이 수업 중에 적극적으로 토론에 참여하는 것을 전제로 하여 작성되어 있다. 이것은 미국에서는 큰 장점이 될 수 있으나, 한국의 현실에서는 반드시 그렇지 않을 수도 있다. 따라서 고심 끝에 책의 편제를 조금 바꾸었다. 이것이 효과가 있기를 바란다.

모든 어려움을 마다 않고, 바쁜 가운데에서도 최선을 다하여 번역을 마무리 해준 다섯 분의 충북대학교 경영정보학과 젊은 교수님들께 심심한 감사의 뜻을 표한다. 그리고 번역 과정에서의 모든 번거로움을 감당해 주신 생능출판사 관계자 여러분과 그 외의 도움을 주신 모든 분들에게도 감사를 드린다.

2016년 1월

역자 일동

저 자 서 문

이 책은 먼저 다양한 비즈니스 이슈들에 대해서 설명하며, 어떻게 기술이 비즈니스를 지원하는가를 그 다음에 설명한다. 이러한 독특한 접근 방법의 기본 전제는 비즈니스가 기술적 선택을 주도하여야 한다는 것이다. 모든 논의는 먼저 비즈니스 필요에 대해서 다루며 그 이후에 해당 필요를 지원할 기술에 대해서 다룬다. 학생들이 운영 관리, 제조, 판매, 마케팅, 재무, 인적 자원, 회계 또는 기타 어느 비즈니스 분야를 전공하느냐에 상관없이, 이 책은 학생들이 비즈니스에서 수월성을 달성할 수 있는 기반을 제공한다. 이 책은 학생들에게 IT가 어떻게 조직 역량의 핵심이 될 수 있는가를 설명한다.

IT 프로젝트와 관련된 일반적인 비즈니스 목표들 중에는 비용 절감, 생산성 향상, 고객 만족과 충성 향상, 경쟁우위의 창출, 공급 사슬을 정비하기, 전 세계적 확장 등이 포함된다. 이러한 목표들을 달성하는 것은 쉽지 않다. 새로운 회계 시스템이나 마케팅 계획을 실현하는 것은 전체 조직에 걸친 장기적 성장이나 비용 절감을 초래하지 않는 경우가 많다. 비용 절감과 같은 포괄적인 비즈니스 목표를 달성하기 위해서는 비즈니스는 전사적인 수준에서 사업을 수행해야 한다. 의사소통을 원활히 하고 비즈니스 지능을 높임으로써, IT는 이러한 사업을 성공적으로 수행하는 데 결정적인 역할을 한다. 회계, 재무, 인적 자원, 또는 운영 관리 등 비즈니스의 어느 분야에서든 성공하기 원하는 사람은 이 책에서 소개되는 IT 기초 사항들을 이해해야만 한다.

저자는 비즈니스와 IT 간의 상관관계를 설명하는 것이 성공적으로 MIS 과목을 가르치는 데에 매우 효과적이라는 것을 발견하였다. 비즈니스와 IT 간의 밀접한 상관관계를 이해하는 학생들은 이 코스의 가치도 또한 이해할 수 있을 것이다. 학생들은 자신이 읽는 것의 10%를 이해하나, 자신이 직접 경험한 것은 80%를, 그리고 자신이 다른 사람을 가르치는 것은 90%를 이해한다. 이 책의 비즈니스 주도적 접근 방법은 난해하고 비가시적인 MIS 개념들을 학생들의 수준에 맞춰주며, 그 내용을 직접 경험해 봄으로써 해당 개념들을 쉽게 이해하고 적용할 수 있게 해준다. MIS를 비즈니스 주도적 관점에서 가르치는 것은 다음과 같은 효과가 있다.

- IT에 대한 신뢰도를 높여 준다.
- IT와 관련된 다양한 기회에 대한 학생들의 인식을 환기시켜 준다.
- 학생들이 전공으로 선택하도록 유도한다.
- 학생들의 관심을 촉발시킨다.

구성과 특징 및 강조점

이 책은 최신의 토론 주제들을 제기하고, 개념을 이해하기 쉬운 구성으로 제시하며, 학생들이 학습에 능동적으로 참여하도록 유도한다. 정보 기술의 역동적인 특성 때문에 모든 학생들, 특히 경영학 학생들은 현재의 기술과 함께 지금 출현하고 있는 기술도 알아야만 한다. 학생들은 복잡한 주제에 직면하고 있으며, IT 개념들을 이해하고 그들의 전 생애에 걸쳐서 이용하기 위해서는 명료하고 간결한 설명을 필요로 한다. 학생들이 이러한 개념들을 다양한 사례 연구와 연습, 프로젝트 및 연습 문제들을 통해서 이해하도록 함으로써, 이 책은 교수와 학생들 모두에게 특별한 학습 경험을 제공한다.

- **대상** 이 책은 경영 정보 시스템의 학부 또는 기초 MBA 과정에서 사용하도록 설계되었다. 경영 정보 시스템은 경영학의 모든 주요 전공 분야에서 기초 공통 과목으로 설강되고 있다.

- **논리적인 배치** 주제들이 한 장에서 다음 장으로 논리적으로 연결되어 있다. 각 용어의 정의가 해당 장에서 자세히 다뤄지기 전에 소개되어 있으며 풍부한 용어 설명이 책의 마지막 부분에 제공되어 있다. 각 장은 포괄적인 시작 사례 연구, 소개, 학습 성과, 마무리 사례, 주요 용어, 그리고 비즈니스 의사결정 내리기 연습 문제들로 구성된다.

- **철저한 설명** 소개된 모든 주제에 대해서 철저히 설명하였다. 설명들은 소개된 아이디어를 쉽게 이해하고 다른 개념에 연결시킬 수 있도록 작성되었다.

- **견고한 이론적 배경** 최신의 이론과 관행에 의거해서 정보 시스템과 비즈니스 환경과의 관계에 대해서 설명하였다. 책 전체에 걸쳐서 인용된 최신의 학술적 전문적 저널들이, 이 책의 범위를 넘어서는 학습을 위한 로드맵을 제공할, 책 마지막의 노트에 제시되었다.

- **토론을 장려하기 위한 자료들** 정보 기술을 비즈니스를 위해서 활용할 수 있는 능력을 키우기 위해서, 모든 장들마다 다양한 사례 연구들과 개인 및 그룹 문제 풀기 활동들을 제공하였다. 각 장마다 내용을 보강하기 위해서 마지막 부분에 세 개의 포괄적인 사례를 제시하였다. 이러한 사례들은 학생들이 어떤 개념이 제시되었는가 그리고 이러한 개념들을 조직 내에서 마주칠 상황들에서 어떻게 적용할 것인가에 대해서 생각하도록 한다. 한 조직 내의 다양한 사람들이 한 가지 사실을 다양한 관점에서 볼 수 있으며, 이 사례들은 학생들이 이러한 다양한 관점에서 생각해 보도록 강요한다.

- **유연한 교육 및 학습** 대부분의 교과서들의 경우에는 교수들이 그들 자신의 사례들을 사용할 수 밖에는 없는 경우가 많으나, 이 책은 CIO, Havard Business Journal, Wired, Forbes, 그리고 Time 등에 실린 다양한 사례들을 제공함으로써 교수들이 책 안에서만도 충분한 사례를 선택할 수 있게 한다.

- **통합적 주제들** 다수의 통합적 주제들이 책 전체에 걸쳐서 반복적으로 제시된다. 이러한 통합적 주제들은 제시된 자료들 간의 연관성을 밝혀준다. 이러한 주제들에는, 부가 가치 기법 및 방법론들, 윤리 및 사회적 책임, 세계화, 그리고 경쟁 우위의 획득 등이 있다. 이러한 주제들은 기업이 반드시 인식하고, 정형화하고, 실천해야할 전략들을 철저히 이해하는 데 필수적이다. 이러한 주제들을 자료로써 각 장에서 다루는 것 이외에, 많은 실례들이 비즈니스 실무와의 연관성을 보여주기 위해서 제시되어 있다.

이 책의 구성

시작 사례 연구와 학습 성과

- **시작 사례 연구** 학습자의 흥미를 증폭시키기 위하여 각각의 장의 첫머리에 나오며 실제 글로벌 비즈니스 환경에서 입증된 가치와 검증된 환경들을 다루고 있다. 본 내용은 또한 우리에게 잘 알려진 우량 기업들의 적절한 사례들을 사용하여 여러 주요 개념들을 확인해주고 있으며 이러한 사례들을 가지고 토론할 수 있도록 하였다.
- **학습 성과** 이 성과는 학생들이 각 장을 학습한 후 대답할 수 있어야 하는 것들에 초점을 맞춘다.

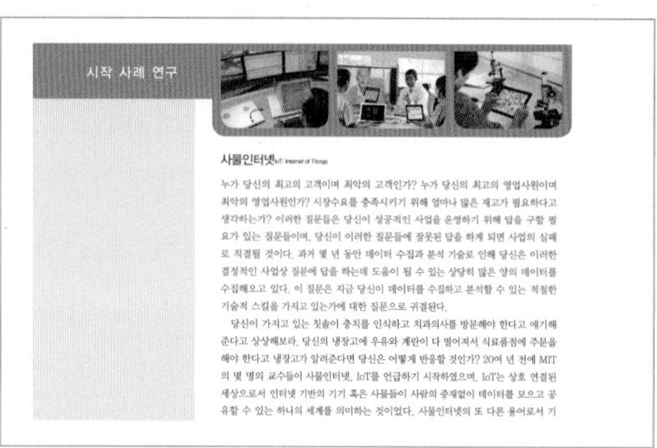

시작 사례 연구

사물인터넷IoT: Internet of Things

누가 당신의 최고의 고객이며 최악의 고객인가? 누가 당신의 최고의 영업사원이며 최악의 영업사원인가? 시장수요를 충족시키기 위해 얼마나 많은 재고가 필요하다고 생각하는가? 이러한 질문들은 당신이 성공적인 사업을 운영하기 위해 답을 구할 필요가 있는 질문들이며, 당신이 이러한 질문들에 잘못된 답을 하게 되면 사업의 실패로 직결될 것이다. 과거 몇 년 동안 데이터 수집과 분석 기술로 인해 당신은 이러한 결정적인 사업상 질문에 답을 하는데 도움이 될 수 있는 상당히 많은 양의 데이터를 수집해오고 있다. 이 질문은 지금 당신이 데이터를 수집하고 분석할 수 있는 적절한 기술적 스킬을 가지고 있는가에 대한 질문으로 귀결된다.

당신이 가지고 있는 칫솔이 충치를 인식하고 치과의사를 방문해야 한다고 얘기해준다고 상상해보라. 당신의 냉장고에 우유와 계란이 다 떨어져서 식료품점에 주문을 해야 한다고 냉장고가 알려준다면 당신은 어떻게 반응할 것인가? 20여 년 전에 MIT의 몇 명의 교수들이 사물인터넷, IoT를 언급하기 시작하였으며, IoT는 상호 연결된 세상으로서 인터넷 기반의 기기 혹은 사물들이 사람의 중재없이 데이터를 모으고 공유할 수 있는 하나의 세계를 의미하는 것이었다. 사물인터넷의 또 다른 용어로서 기

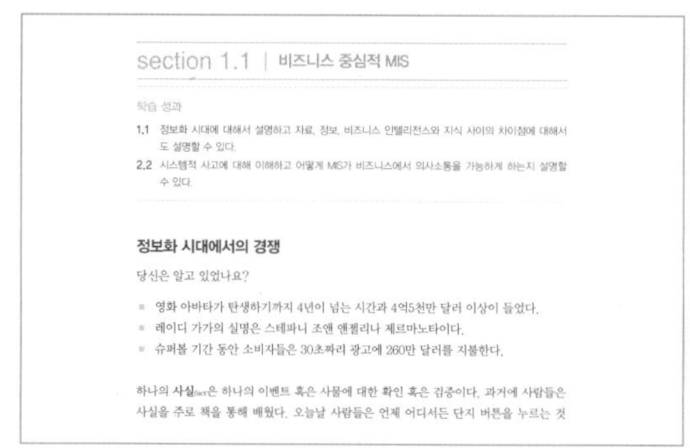

section 1.1 | 비즈니스 중심적 MIS

학습 성과

1.1 정보화 시대에 대해서 설명하고 자료, 정보, 비즈니스 인텔리전스와 지식 사이의 차이점에 대해서도 설명할 수 있다.
2.2 시스템적 사고에 대해 이해하고 어떻게 MIS가 비즈니스에서 의사소통을 가능하게 하는지 설명할 수 있다.

정보화 시대에서의 경쟁

당신은 알고 있었나요?

- 영화 아바타가 탄생하기까지 4년이 넘는 시간과 4억5천만 달러 이상이 들었다.
- 레이디 가가의 실명은 스테파니 조앤 앤젤리나 제르마노타이다.
- 슈퍼볼 기간 동안 소비자들은 30초짜리 광고에 260만 달러를 지불한다.

하나의 **사실**fact은 하나의 이벤트 혹은 사물에 대한 확인 혹은 검증이다. 과거에 사람들은 사실을 주로 책을 통해 배웠다. 오늘날 사람들은 언제 어디서든 단지 버튼을 누르는 것

사례 연구와 프로젝트

- **사례 연구** 유명한 조직과 기업들이 어떻게 이 책의 개념들을 성공적으로 실천하였는가를 보여주는 다양한 사례들을 제공한다. 모든 사례들은 시의적절하며, 비판적 사고를 장려한다. 기업 프로파일들은 학생들이 매우 실제적으로 느끼도록 구성되어 있으며, 수업 시간에 토론과 흥미를 유발하는데 도움이 된다.
- **지식 적용하기** 각 절의 끝부분에는 학생들이 학습한 기술을 실제 비즈니스 문제들에 적용하도록 고무하는 지식 적용하기 프로젝트들이 제공된다. 이에 대한 보충 자료는 'www.mhhe.com/baltzan'에서 확인할 수 있다. 이 프로젝트들은 도전적이고 창조적인 비즈니스 중심적 시나리오를 통해서 학생들이 응용 및 문제 해결 능력을 배양할 수 있게 한다.

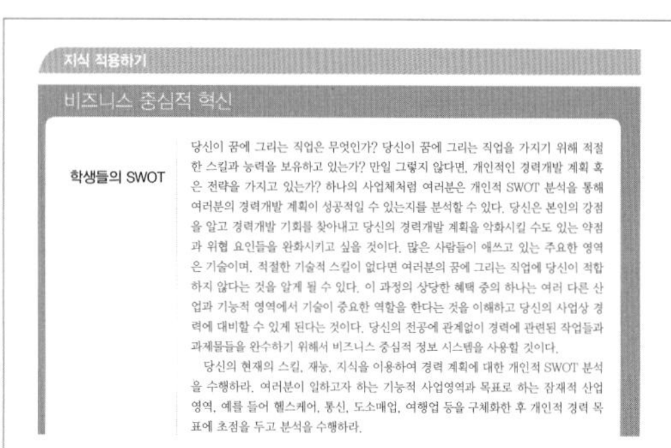

지식 적용하기

비즈니스 중심적 혁신

학생들의 SWOT

당신이 꿈에 그리는 직업은 무엇인가? 당신이 꿈에 그리는 직업을 가지기 위해 적절한 스킬과 능력을 보유하고 있는가? 만일 그렇지 않다면, 개인적인 경력개발 계획 혹은 전략을 가지고 있는가? 하나의 사업체처럼 여러분은 개인적 SWOT 분석을 통해 여러분의 경력개발 계획이 성공적일 수 있는지를 분석할 수 있다. 당신은 본인의 강점을 알고 경력개발 기회를 찾아내고 당신의 경력개발 계획을 악화시킬 수도 있는 약점과 위협 요인들을 완화시키고 싶을 것이다. 많은 사람들이 애쓰고 있는 주요한 영역은 기술이며, 적절한 기술적 스킬이 없다면 여러분의 꿈에 그리는 직업에 당신이 적합하지 않다는 것을 알게 될 수 있다. 이 과정의 상당한 혜택 중의 하나는 여러 다른 산업과 기능적 영역에서 기술이 중요한 역할을 한다는 것을 이해하고 당신의 사업상 경력에 대비할 수 있게 된다는 것이다. 당신의 전공에 관계없이 경력에 관련된 작업들과 과제물들을 완수하기 위해서 비즈니스 중심적 정보 시스템을 사용할 것이다.

당신의 현재의 스킬, 재능, 지식을 이용하여 경력 계획에 대한 개인적 SWOT 분석을 수행하라. 여러분이 일하고자 하는 기능적 사업영역과 목표로 하는 잠재적 산업영역, 예를 들어 헬스케어, 통신, 도소매업, 여행업 등을 구체화한 후 개인적 경력 목표에 초점을 두고 분석을 수행하라.

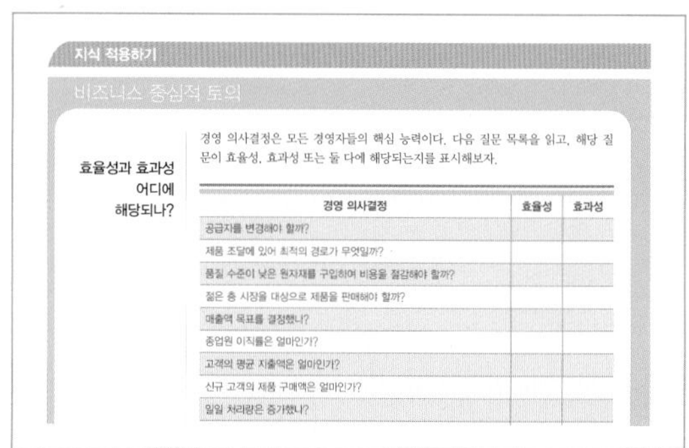

지식 적용하기

비즈니스 중심적 토의

효율성과 효과성 어디에 해당되나?

경영 의사결정은 모든 경영자들의 핵심 능력이다. 다음 질문 목록을 읽고, 해당 질문이 효율성, 효과성 또는 둘 다에 해당되는지를 표시해보자.

경영 의사결정	효율성	효과성
공급자를 변경해야 할까?		
제품 조달에 있어 최적의 경로가 무엇일까?		
품질 수준이 낮은 원자재를 구입하여 비용을 절감해야 할까?		
젊은 층 시장을 대상으로 제품을 판매해야 할까?		
매출액 목표를 결정했나?		
종업원 이직률은 얼마인가?		
고객의 평균 지출액은 얼마인가?		
신규 고객의 제품 구매액은 얼마인가?		
일일 처리량은 증가했나?		

마무리 요소들

각 장의 마무리에서는 교육 효과를 강화하기 위한 다음과 같은 보충 자료들을 제공한다.

- **시작 사례 문제** 이 부분은 더욱 심화 학습을 할 수 있는 문제들을 제시하고 있다. 이것들은 각 장의 중요한 개념을 다루고 있는 시작 사례 연구와 밀접한 연관을 가진다.
- **마무리 사례** 비즈니스와 조직의 두드러지는 사례를 이용하여 중요 개념들을 강화한다.
- **핵심적 비즈니스 고찰** MIS를 배우는 최선의 길은 그것을 실세계의 비즈니스 딜레마에 적용해보는 것이다. 이 프로젝트는 학생들이 핵심적 사고 기술과 각 장의 개념들을 문제를 통해 분석하고 권장할 비즈니스 의사결정을 내리도록 요구한다.
- **기업가적 도전** 이 부분의 독특한 특징은 학생들이 MIS 개념들을 실제 비즈니스에 적용해 보는 도전을 하도록 한다. 이 사례의 유연성은 학생 각각이 이 사례를 통해서 운영할 비즈니스의 유형을 스스로 선택하도록 한다. 각 장에서는 학생들 각자가 그들 자신의 실제 비즈니스 시나리오로 직접 운영할 프로젝트를 제공한다.

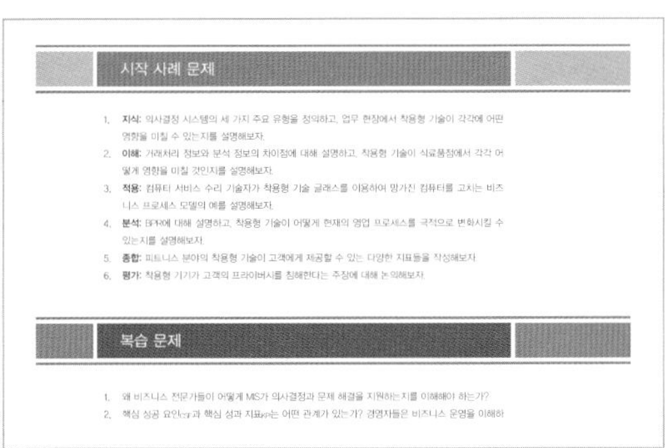

시작 사례 문제

1. **지식:** 의사결정 시스템의 세 가지 주요 유형을 정의하고, 업무 현장에서 착용형 기술이 각각에 어떤 영향을 미칠 수 있는지를 설명해보자.
2. **이해:** 거래처리 정보와 분석 정보의 차이점에 대해 설명하고, 착용형 기술이 식료품점에서 각각 어떻게 영향을 미칠 것인지를 설명해보자.
3. **적용:** 컴퓨터 서비스 수리 기술자가 착용형 기술 글래스를 이용하여 망가진 컴퓨터를 고치는 비즈니스 프로세스 모델의 예를 설명해보자.
4. **분석:** BPR에 대해 설명하고, 착용형 기술이 어떻게 현재의 영업 프로세스를 극적으로 변화시킬 수 있는지를 설명해보자.
5. **종합:** 피트니스 분야의 착용형 기술이 고객에게 제공할 수 있는 다양한 지표들을 작성해보자.
6. **평가:** 착용형 기기가 고객의 프라이버시를 침해한다는 주장에 대해 논의해보자.

복습 문제

1. 왜 비즈니스 전문가들이 어떻게 MIS가 의사결정과 문제 해결을 지원하는지를 이해해야 하는가?
2. 핵심 성공 요인CSF과 핵심 성과 지표KPI는 어떤 관계가 있는가? 경영자들은 비즈니스 운영을 이해하

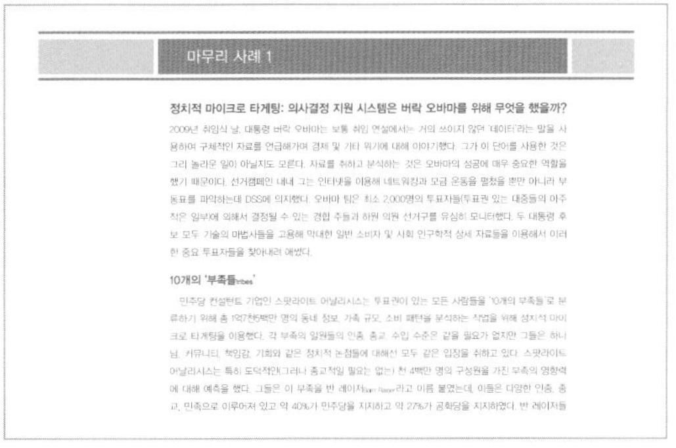

마무리 사례 1

정치적 마이크로 타게팅: 의사결정 지원 시스템은 버락 오바마를 위해 무엇을 했을까?

2009년 취임식 날, 대통령 버락 오바마는 보통 취임 연설에서는 거의 쓰이지 않던 '데이터'라는 말을 사용하여 구체적인 자료를 언급해가며 경제 및 기타 위기에 대해 이야기했다. 그가 이 단어를 사용한 것은 그리 놀라운 일이 아닐지도 모른다. 자료를 취하고 분석하는 것은 오바마의 성공에 매우 중요한 역할을 했기 때문이다. 선거캠페인 내내 그는 인터넷을 이용해 네트워킹과 모금 운동을 펼쳤을 뿐만 아니라 부동표를 파악하는데 DSS에 의지했다. 오바마 팀은 최소 2,000명의 투표자들(투표권 있는 대중들의 아주 작은 일부)에 의해서 결정될 수 있는 경합 주들과 하원 의원 선거구를 유심히 모니터했다. 두 대통령 후보 모두 기술의 마법사들을 고용해 막대한 일반 소비자 및 사회 인구학적 상세 자료들을 이용해서 이러한 중요 투표자들을 찾아내려 애썼다.

10개의 '부족들tribes'

민주당 컨설턴트 기업인 스팟라이트 어날리시스는 투표권이 있는 모든 사람들을 '10개의 부족들'로 분류하기 위해 총 1억7천5백만 명의 동네 정보, 가족 규모, 소비 패턴을 분석하는 작업을 위해 정치적 마이크로 타게팅을 이용했다. 각 부족의 일원들의 인종, 종교, 수입 수준은 같을 필요가 없지만 그들은 하나님, 커뮤니티, 책임감, 기회와 같은 정치적 논점들에 대해선 모두 같은 입장을 취하고 있다. 스팟라이트 어날리시스는 특히 도덕적인(그러나 종교적일 필요는 없는) 천 4백만 명의 구성원을 가진 부족의 영향력에 대해 예측을 했다. 그들은 이 부족을 반 레이저Barn Raiser라고 이름 붙였는데, 이들은 다양한 인종, 종교, 민족으로 이루어져 있고 약 40%가 민주당을 지지하고 약 27%가 공화당을 지지하였다. 반 레이저들

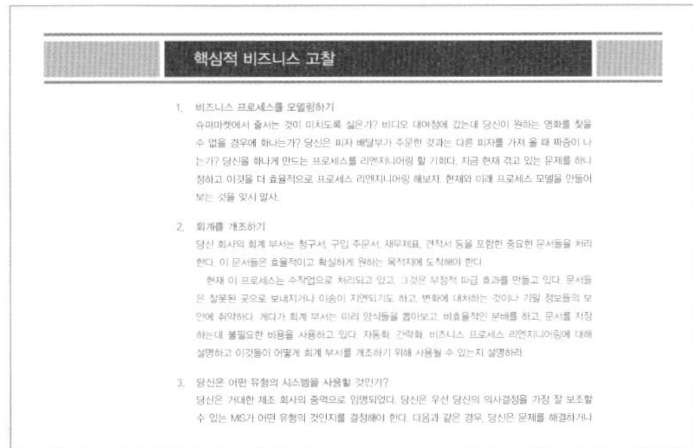

핵심적 비즈니스 고찰

1. 비즈니스 프로세스를 모델링하기
   슈퍼마켓에서 줄서는 것이 미치도록 싫은가? 비디오 대여점에 갔는데 당신이 원하는 영화를 찾을 수 없을 경우에 화나는가? 당신은 피자 배달부가 주문한 것과는 다른 피자를 가져 올 때 짜증이 나는가? 당신을 화나게 만드는 프로세스를 리엔지니어링 할 기회다. 지금 현재 겪고 있는 문제를 하나 정하고 이것을 더 효율적으로 프로세스 리엔지니어링 해보자. 현재와 미래 프로세스 모델을 만들어 보는 것을 잊지 말자.
2. 회계를 개조하기
   당신 회사의 회계 부서는 청구서, 구입 주문서, 재무제표, 견적서 등을 포함한 중요한 문서들을 처리한다. 이 문서들은 효율적이고 확실하게 원하는 목적지에 도착해야 한다.
   현재 이 프로세스는 수작업으로 처리되고 있고, 그것은 부정적 파급 효과를 만들고 있다. 문서들은 잘못된 곳으로 보내지거나 이송이 지연되기도 하고, 변화에 대처하는 것이나 기밀 정보들의 보안에 취약하다. 게다가 회계 부서는 미리 양식들을 뽑아보고, 비효율적인 분배를 하고, 문서를 저장하는데 불필요한 비용을 사용하고 있다. 자동화, 간략화, 비즈니스 프로세스 리엔지니어링에 대해 설명하고 이것들이 어떻게 회계 부서를 개조하기 위해 사용될 수 있는지 설명하라.
3. 당신은 어떤 유형의 시스템을 사용할 것인가?
   당신은 거대한 제조 회사의 중역으로 임명되었다. 당신은 우선 당신의 의사결정을 가장 잘 보조할 수 있는 MIS가 어떤 유형의 것인지를 결정해야 한다. 다음과 같은 경우, 당신은 문제를 해결하거나

기업가적 도전

당신의 비즈니스를 만들어보자

1. 당신은 비즈니스를 운영하기 위해 디지털 대시보드의 도움이 필요하다는 것을 깨달았다. 디지털 대시보드를 이용해 관리하고 싶은 모든 요소들을 나열해보자. 각 요소가 어떻게 당신의 비즈니스가 운영되는지에 대한 통찰을 도와주고, 당신의 비즈니스를 어렵게 만들 수 있는 잠재적 문제점들을 찾아낼 수 있는지 설명해보자(1장에서 당신이 고른 비즈니스와 가게 이름을 밝히는 것을 잊지 말자).
2. 당신의 비즈니스와 관련된 소비자 지향 프로세스와 비즈니스 지향 프로세스를 각각 세 가지씩 설명해보자. 왜 그 프로세스가 소비자 지향적인지, 또는 비즈니스 지향적인지도 서술하라.
3. 브로드웨이 카페라는 식당을 운영하고 있는 친구가 당신에게 가게의 주문 프로세스가 어떤지 확인해 달라는 부탁을 했다. 브로드웨이 카페가 최대한 효율적이고 효과적으로 운영될 수 있게 당신은 프로세스를 재설계해 병목 현상을 없애고, 불필요한 과정들을 줄이고, 작업흐름을 간략화하고 싶다. 다음 그림에 나와 있는 브로드웨이 카페의 주문 프로세스를 보고 효율과 효과를 개선할 수 있도록 리엔지니어링 해보자. 조금 더 어려운 과제를 해결해보고 싶다면 파워포인트나 비지오Visio를 이용해 현재와 미래 프로세스 다이어그램을 만들어보자.

친구를 위해 주문 프로세스를 개조한 후에, 당신은 당신의 비즈니스가 성공하기 위해 가장 핵심적으로 필요로 하는 비즈니스 프로세스의 미래 프로세스 모델을 만들기로 결심한다. 당신이 창업한 가게를 가장

차 례

module 3
전사적 MIS

CHAPTER 8
전사적 애플리케이션: 비즈니스 커뮤니케이션 375

CHAPTER 9
시스템 개발과 프로젝트 관리: 전사적 공동 책임 435

비즈니스 중심적 MIS

module 1

오늘날 대부분의 기업들은 그들의 사업을 운영하기 위해 다양한 측면에서 경영 정보 시스템MIS: management information systems에 크게 의존한다. 기업들이 상품을 주문하고 운송할 때, 고객들에게 응대할 때, 혹은 다른 비즈니스 기능들을 수행할 때 MIS는 기업 활동들을 수행하는 기본적인 인프라가 된다. MIS는 빠르게 돌아가는 오늘날의 세상에서, 특히 인터넷을 이용해 사업을 할 경우 기업들이 경쟁력을 유지할 수 있도록 해 준다. 조직들은 오늘날의 빠르게 변화하는 환경에 적응하기 위해 기술의 발전과 혁신들에 적응해야 한다. 그들의 경쟁자들도 당연히 그럴 것이다.

성공적인 기업들은 기술들을 그저 흥미롭다는 이유만으로는 사용하지는 않는다. 기업들이 어떤 기술을 사용할 때에는 확실한 사업적 이유가 있어야 한다. 단지 기술적 해결책이 가용하다는 이유로 그것을 사용하는 것은 좋은 사업 전략이라고 할 수 없다.

모듈 1의 목적은 사업과 기술을 밀접하게 연관시킴으로써 수많은 기회들을 만들 수 있다는 것을 독자들이 인식하도록 하는 것이다. 어떤 기술을 선택할 때에 언제나 경영 전략과 프로세스가 그 근거가 되어야 한다. 새로운 기술이 새로운 전략적 방향을 제시할 수도 있지만, 대부분의 경우에서 정보 시스템information system의 역할은 기존에 존재하는 경영 전략과 프로세스를 지원하도록 하기 위한 것이다.

Module 1 비즈니스 중심적 MIS

경영 정보 시스템: 비즈니스 중심적 MIS

1
CHAPTER

이 장의 개요

SECTION 1.1
비즈니스 중심적 MIS

- 정보화 시대에서의 경쟁
- 사업부제 기업들의 도전과 MIS 해결책

SECTION 1.2
비즈니스 전략

- 경쟁 우위의 확인
- 다섯 가지 경쟁세력 모형–산업 매력도를 평가하기
- 세 가지 본원적 전략–비즈니스 핵심 분야를 발견하기
- 가치 사슬 분석–비즈니스 전략을 수행하기

IT는 나에게 무엇을 제공해 주는가?

이 장에서는 앞으로 배울 내용에 대한 이론적인 기초를 제공할 것이다. 이 장에서는 정보가 무엇이고 사업운영, 전략, 그리고 시스템에 정보가 어떻게 적용되는지 등에 대해서 설명할 것이다. 어떻게 기업들이 경영해 나가며 경쟁 우위를 점하기 위해 끊임없이 경영 전략들을 정의하고 재정의하는지에 대한 큰 그림도 보여줄 것이다. 그렇게 함으로써 기업은 생존하고 번창할 수 있다. 정보 시스템은 이러한 경쟁적인 환경에서 성공하기 위한 필수불가결한 요소이다.

경영학을 공부하는 학생으로서, 여러분은 비즈니스와 기술 사이의 밀접한 관계를 이해해야 한다. 먼저 여러분은 일상적인 비즈니스 활동에서 정보의 역할이 무엇인지를 알아야 하고 정보가 어떻게 국제적 경영 전략과 경쟁 우위들을 보조하는지를 이해해야 한다. 이 장을 읽은 후에 비즈니스 중심적 정보 시스템의 개념과 이것들이 경영에서의 선택과 문제 해결에서 어떤 역할을 하는지에 대해서 확실히 이해해야 한다.

시작 사례 연구

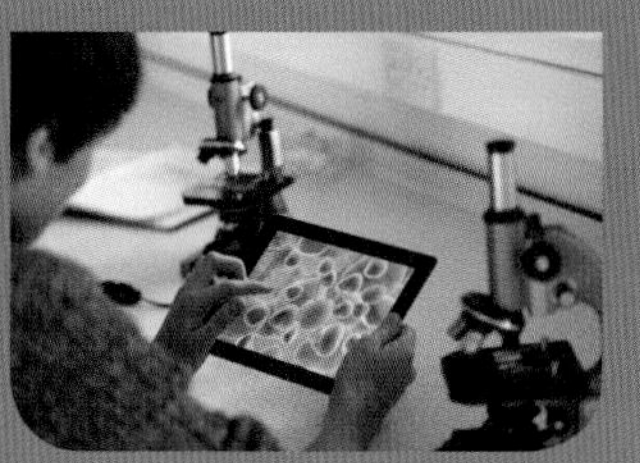

사물인터넷IoT: Internet of Things

누가 당신의 최고의 고객이며 최악의 고객인가? 누가 당신의 최고의 영업사원이며 최악의 영업사원인가? 시장수요를 충족시키기 위해 얼마나 많은 재고가 필요하다고 생각하는가? 이러한 질문들은 당신이 성공적인 사업을 운영하기 위해 답을 구할 필요가 있는 질문들이며, 당신이 이러한 질문들에 잘못된 답을 하게 되면 사업의 실패로 직결될 것이다. 과거 몇 년 동안 데이터 수집과 분석 기술로 인해 당신은 이러한 결정적인 사업상 질문에 답을 하는데 도움이 될 수 있는 상당히 많은 양의 데이터를 수집해오고 있다. 이 질문은 지금 당신이 데이터를 수집하고 분석할 수 있는 적절한 기술적 스킬을 가지고 있는가에 대한 질문으로 귀결된다.

당신이 가지고 있는 칫솔이 충치를 인식하고 치과의사를 방문해야 한다고 얘기해준다고 상상해보라. 당신의 냉장고에 우유와 계란이 다 떨어져서 식료품점에 주문을 해야 한다고 냉장고가 알려준다면 당신은 어떻게 반응할 것인가? 20여 년 전에 MIT의 몇 명의 교수들이 사물인터넷, IoT를 언급하기 시작하였으며, IoT는 상호 연결된 세상으로서 인터넷 기반의 기기 혹은 사물들이 사람의 중재없이 데이터를 모으고 공유할 수 있는 하나의 세계를 의미하는 것이었다. 사물인터넷의 또 다른 용어로서 기계 대 기계M2M: machine to machine가 사용되었으며, M2M은 기기들이 직접 다른 기기들과 직접적으로 연결되도록 하는 개념이었다. 발전된 기술의 도움으로 전에는 상상하지도 못했던 방식으로 기기들이 연결되어 있는 것이며, 연구자들은 2020년까지 500억 개 이상의 IoT 기기들이 서로 통신할 것이라고 예측했었다. MIT의 Auto-ID센터의 공동설립자이자 이사인 케빈 애쉬톤Kevin Ashton은 프락토앤 갬블사에서의 강연에서 처음으로 IoT를 언급하였다. 다음은 IoT에 대한 애쉬톤의 설명이다.

> 오늘날 컴퓨터 그리고 인터넷은 정보를 찾는 사람들에 거의 전적으로 의존하고 있다. 인터넷상에서 가용한 약 50페타바이트petabytes(1페타바이트는 1024테라바이트) 데이터 거의 대부분은 사람이 타이핑하거나, 기록 버튼을 누르거나, 디지털 사진을 찍거나, 바코드를 스캔함에 의해 처음으로 획득되고 만들어진다.
>
> 문제는 사람들이 제한된 시간, 집중력, 정확도를 가지기 때문에 실제 생활에서 사물에 대한 데이터를 획득하는데 익숙하지 못하다는 것이다. 만약에 우리가 모든 것을 알고 있는 컴퓨터를 보유하고 있다면 그 컴퓨터는 사람의 도움 없이 컴퓨터가 모은 데이터를 사용하여 모든 것을 추적하고 계산할 수 있을 것이며 그로 인해 상당부분의 낭비, 손실과 비용을 줄일 수 있

을 것이다. 또한 우리는 사물들이 언제 대체되어야 하는지, 수리되어야 하는지, 혹은 리콜되어야 하는지 뿐만 아니라 사물(식료품 등의)들이 신선한지 혹은 신선한 상태가 지났는지를 알 수 있을 것이다.

한 고객이 특정한 지역에서 어떤 물건을 구매했는지에 대한 정보를 실시간으로 여러분에게 알려주는 센서의 정보력을 상상해보라. 당신은 쉽게 그 고객에게 접근할 수 있을 것이며 개인적인 지원을 제공할 수도 있으며 심지어 구매를 촉진하기 위해 할인을 제공할 수도 있을 것이다. IoT는 그림 1.1에서 보는 바와 같이 상당한 사업 기회를 만들고 있는 중이다.

IoT를 활용한 사업 사례들
자동차 보험 당신의 차에 센서를 설치하여 실시간 피드백 정보를 제공하며 센서를 이용하여 당신의 운전을 모니터하고 안전한 운전을 하는 운전자들에게 보다 싼 보험요율을 제공할 수 있을 것이다.
스마트 자동온도조절장치 IoT 기기들은 집주인이 에너지를 보다 효율적으로 관리하는 것을 돕기 위해 실시간으로 정보를 공유할 수 있다. 시스템은 집주인에게 대문이 열려있는지를 알려주기도 하고, 각 방에 사람이 있을 때 온도를 조정하기도 하며, 집주인의 선호도나 날씨에 따라 난방기의 온도를 높이거나 낮추기도 할 수 있다.
스마트 기저귀 픽시 사이언티픽 회사는 새로운 일회용 기저귀를 개발하였는데, 이 기저귀는 아기들의 오줌을 모니터하여 질병 증상이 나타나기 전에 감염, 탈수 또는 신장 문제 등의 징후를 알아낸다.
스마트 쓰레기 수거 펜실베니아 주 알렌타운에서 시당국은 구역별 쓰레기통과 재활용통들을 통신망을 통해 연결해서 어느 정도 차있는지를 모니터하여 쓰레기 수거 서비스를 위해 가장 효율적인 경로를 찾는데 사용하고 있다.
아마존의 식료품구매지원 도구, 대시 아마존프레쉬프로그램에서는 고객들에게 대시라는 것을 발표하였는데, 이것은 고객들이 오프라인 식료품점에 들어가서 구매하거나 온라인 스토어에서 구매하고자 하는 물품에 대한 리스트를 관리할 수 있도록 구매 관련 노트 기능을 제공하고 심지어 바코드를 스캔할 수 있도록 하는 작은 소리녹음기로서 식료품구매를 지원해주는 기기이다.
스마트 저축 포크폴리오 피기 은행Porkfolio piggy bank을 통해 저축하는 것이 새로운 자전거를 사기 위한 가장 쉬운 방법이다. 이와 같은 스마트 은행은 어린이들이 목표한 금액의 저축액을 달성하기 위해서 모바일 앱을 통해 잔고를 보여주어 재정관리 방법을 가르치고자 하는 것이다.

그림 1.1
IoT를 활용한 사업 사례들

section 1.1 | 비즈니스 중심적 MIS

학습 성과

1.1 정보화 시대에 대해서 설명하고 자료, 정보, 비즈니스 인텔리전스와 지식 사이의 차이점에 대해서도 설명할 수 있다.

2.2 시스템적 사고에 대해 이해하고 어떻게 MIS가 비즈니스에서 의사소통을 가능하게 하는지 설명할 수 있다.

정보화 시대에서의 경쟁

당신은 알고 있었나요?

- 영화 아바타가 탄생하기까지 4년이 넘는 시간과 4억5천만 달러 이상이 들었다.
- 레이디 가가의 실명은 스테파니 조앤 앤젤리나 제르마노타이다.
- 슈퍼볼 기간 동안 소비자들은 30초짜리 광고에 260만 달러를 지불한다.

하나의 **사실**fact은 하나의 이벤트 혹은 사물에 대한 확인 혹은 검증이다. 과거에 사람들은 사실을 주로 책을 통해 배웠다. 오늘날 사람들은 언제 어디서든 단지 버튼을 누르는 것만으로도 어떤 것에 대해서든 알아낼 수 있다. 우리는 **정보화 시대**information age에 살고 있고, 무한한 양의 정보가 컴퓨터를 사용할 줄 아는 모든 사람에게 제공되고 있다. 세계 비즈니스 환경에 정보 기술이 미친 영향은 출판업계에 인쇄술이 미친 영향과 제품 생산에 전기가 미친 영향과 견줄 수 있다. 이제는 대학생이 기숙사 방에서 수백억짜리 회사를 창업한 성공 신화를 심심치 않게 접할 수 있다. 기숙사 방에서 페이스북을 만들어 낸 마크 주커버그나 마이클 델(델 컴퓨터), 그리고 빌 게이츠(마이크로소프트)를 생각해보라.

당신은 고급 기술에 능숙한 학생들만이 정보화 시대에서 경쟁력을 가질 수 있다고 생각할 지도 모른다. 이것은 절대로 사실이 아니다. 경제를 이끌어나가는 많은 리더들은 정보화 시대의 힘을 전통적인 경영 기술에 접목시킴으로서 성공을 향한 커다란 기회들을 만들어냈다. 몇 가지 예를 들어 보겠다.

- 아마존은 기술지향적 회사가 아니다. 애초에 이 회사의 경영 목표는 책을 파는 것이었다. 그러나 이제는 거의 모든 상품을 판매한다.
- 넷플릭스Netflix는 기술지향적 회사가 아니다. 애초에 이 회사의 경영 목표는 비디오 대여였다.
- 자포스Zappos는 기술지향적 회사가 아니다. 애초에 이 회사의 경영 목표는 신발, 가방, 옷, 그리고 장신구들을 파는 것이었다.

아마존의 창업자인 제프 베조스는 처음엔 사람들이 책을 구매하는 방식을 바꿀 수 있는 가능성을 보았다. 정보화 시대의 힘을 빌려 상품을 소비자 개인에게 전달하고 지불

과정을 더욱 신속하게 하는 과정에서 그는 사실상 수십만 개의 작은 가상 서점을 열었는데 이 작은 상점들은 전통적인 서점들보다 훨씬 다양한 상품을 가지고 있었고 저렴한 가격으로 제품을 공급해주었다. 이 독창적인 비즈니스 모델의 성공은 아마존을 단지 책만 다루는 회사에서 다양한 제품들을 파는 회사로 거듭나게 만들었다. 넷플릭스와 자포스의 창립자들도 비디오와 신발을 가지고 같은 일을 했다. 이 창업자들은 모두 경영 전문가들이었지 기술 전문가들이 아니었다. 그러나 그들은 특정 비즈니스에 기술을 접목시킬 정도로는 정보화 시대에 대해 이해를 하고 있었고 전체 사업 분야를 이끌어나가는 혁신적인 기업들을 만들어 낼 수 있었다.

사물인터넷IoT은 상호 연결된 하나의 세계이며, 인터넷이 가능한 기기 혹은 사물들은 사람들의 중재없이 데이터를 모으고 공유할 수 있다. 사물인터넷과 공용되는 다른 용어는 기계 대 기계M2M: machine to machine이며, 이것은 기기들이 다른 기기들과 직접 연결되어 있는 것을 말한다. 정보화 시대와 사물인터넷이 비즈니스에 상당한 영향을 줄 것이라고 알고 있는 학생들은 자신만의 기회를 창출할 것이며 아마도 새로운 사업을 만들어 낼 것이다. 연결된 사물들로부터 실시간 데이터를 얻는 것의 가치를 깨닫게 된다면 보다 나은 의사결정을 할 수 있고, 보다 나은 새로운 기회를 찾을 것이며, 고객의 행태를 예측하기 위한 고객들의 패턴분석을 보다 잘 할 수 있을 것이다. 이 과목의 주된 목표는 정보화 시대에서 당신이 살아남기 위해 필요한 지식으로 당신을 무장시키는 것이다. 정보화 시대의 핵심 요소들은 다음과 같다.

- 데이터
- 정보
- 비즈니스 인텔리전스
- 지식 (그림 1.2 참조)

데이터

데이터data는 어떤 사건이나 물건의 성격을 설명하는 가공되지 않은 사실들이다. 정보화 시대 이전에는 경영자들은 정기적으로 데이터를 모으고 분석했다. 이것은 오랜 시간이 걸리는 복잡한 작업이었지만 이것을 하지 않으면 자신의 사업을 어떻게 경영해 나가야 할지를 알 길이 없었다. 데이터가 부족한 경우에 경영자들은 직감에 따라 상품을 얼마나 만들어야 하는지, 재료는 얼마나 주문해야 하는지, 직원은 몇 명이나 고용해야 하는지 등을 결정해야 했다. 그러나 정보화 시대에선 성공적인 경영자들은 매일 엄청난 양의 데이터를 모으고 분석하고 이해할 수 있다. 이 과정은 그들이 더욱 성공적으로 비즈니스 의사결정을 할 수 있도록 해 준다.

그림 1.3는 간식류를 파는 토니의 가상 회사의 영업 데이터를 보여주고 있다. 이 도표에서 주문일자, 고객, 판매원, 제품, 수량, 그리고 이익을 확인할 수 있다. 예를 들어 그림 1.3의 두 번째 줄을 보면 로버타 크로스가 월마트에 러플즈 90박스를 1,350달러에 팔아 450달러의 이익(이익=수익−비용)을 냈다는 것을 보여준다. 이러한 데이터는 각각의 판매를 이해하는 데에는 도움이 된다. 그러나 토니의 사업이 전체적으로 어떻게 돌아가

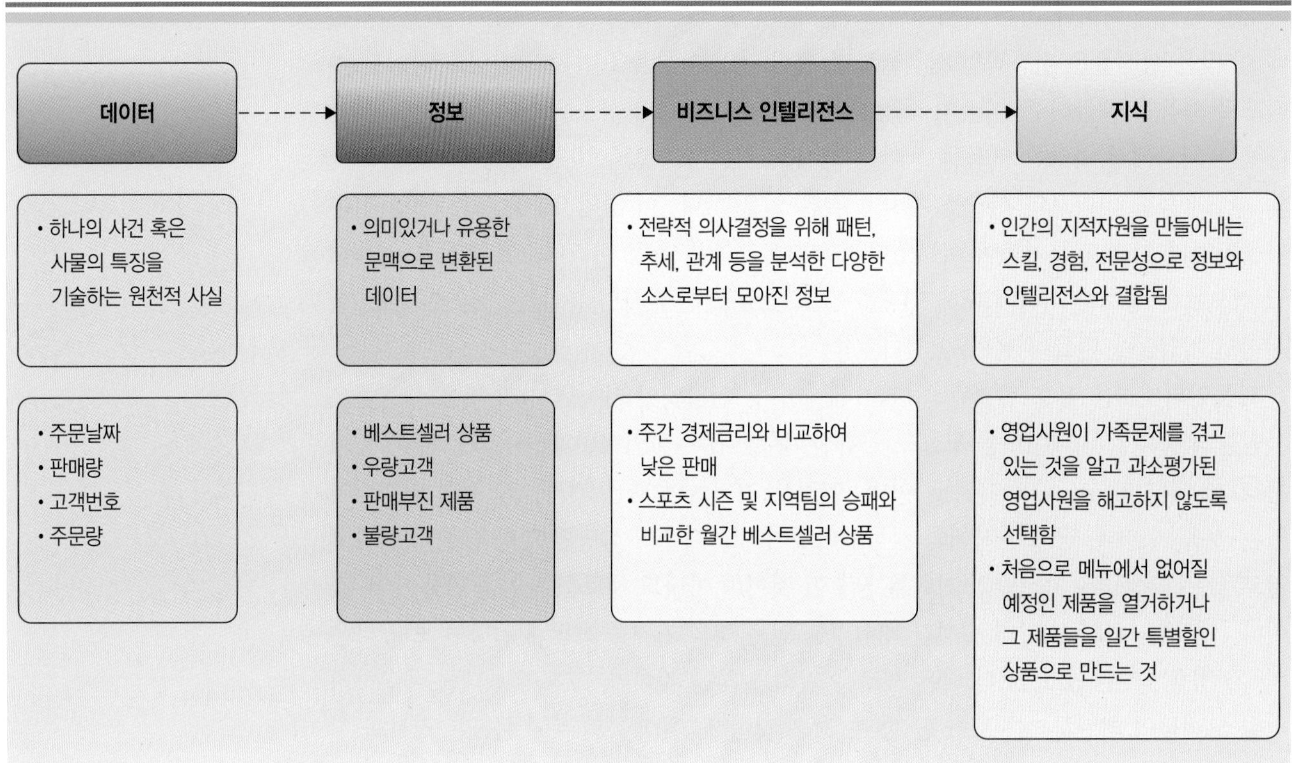

데이터
정보
비즈니스 인텔리전스
지식
• 하나의 사건 혹은 사물의 특징을 기술하는 원천적 사실
• 의미있거나 유용한 문맥으로 변환된 데이터
• 전략적 의사결정을 위해 패턴, 추세, 관계 등을 분석한 다양한 소스로부터 모아진 정보
• 인간의 지적자원을 만들어내는 스킬, 경험, 전문성으로 정보와 인텔리전스와 결합됨
• 주문날짜
• 판매량
• 고객번호
• 주문량
• 베스트셀러 상품
• 우량고객
• 판매부진 제품
• 불량고객
• 주간 경제금리와 비교하여 낮은 판매
• 스포츠 시즌 및 지역팀의 승패와 비교한 월간 베스트셀러 상품
• 영업사원이 가족문제를 겪고 있는 것을 알고 과소평가된 영업사원을 해고하지 않도록 선택함
• 처음으로 메뉴에서 없어질 예정인 제품을 열거하거나 그 제품들을 일간 특별할인 상품으로 만드는 것

그림 1.2

데이터, 정보, 비즈니스 인텔리전스, 지식의 차이점

고 있는지를 파악하는 데에는 그리 큰 도움을 주지 못한다. 토니는 매일 그의 사업을 경영하는데 필요한 질문들이 무엇인가를 알고 그것에 대한 답을 찾을 필요가 있다. 그가 필요한 질문들에 대한 몇 가지 예를 들면 다음과 같다.

- 나의 가장 우수한 고객은 누구인가?
- 나에게 가장 적은 이익을 가져다주는 고객은 누구인가?
- 가장 잘 팔리는 상품은 무엇인가?
- 가장 저조하게 팔리는 상품은 무엇인가?
- 가장 실적이 뛰어난 판매원은 누구인가?
- 가장 실적이 저조한 판매원은 누구인가?

즉, 토니가 필요한 것은 데이터가 아니라 정보다.

정보

정보information는 데이터가 의미 있고 쓸모 있는 문맥으로 변환된 데이터를 말한다. 적절한 정보를 적절한 순간에 가지고 있는 것은 엄청난 도움이 된다. 그러나 부적절한 정보를 적절한 순간이라든지 적절한 정보를 부적절한 순간에 가지고 있다면 그것은 대 참사를 불러 올 수도 있다. 정보에 대한 진리는 정보를 사람이 어떻게 사용하느냐에 따라 그것이 좋을 수도 있고 나쁠 수도 있다는 것이다. 같은 정보를 가지고 있더라도 그것을 어떻게 해석하고 분석하느냐에 따라 다른 결정을 내릴 수 있다.

주문 일자	고객	판매원	제품	수량	단위 가격	총 매출	단위 비용	총 비용	이익
4–Jan	Walmart	PJ Helgoth	Doritos	41	$24	$ 984	$18	$738	$246
4–Jan	Walmart	Roberta Cross	Ruffles	90	$15	$1,350	$10	$900	$450
5–Jan	Safeway	Craig Schultz	Ruffles	27	$15	$ 405	$10	$270	$135
6–Jan	Walmart	Roberta Cross	Ruffles	67	$15	$1,005	$10	$670	$335
7–Jan	7–Eleven	Craig Schultz	Pringles	79	$12	$ 948	$ 6	$474	$474
7–Jan	Walmart	Roberta Cross	Ruffles	52	$15	$ 780	$10	$520	$260
8–Jan	Kroger	Craig Schultz	Ruffles	39	$15	$ 585	$10	$390	$195
9–Jan	Walmart	Craig Schultz	Ruffles	66	$15	$ 990	$10	$660	$330
10–Jan	Target	Craig Schultz	Ruffles	40	$15	$ 600	$10	$400	$200
11–Jan	Walmart	Craig Schultz	Ruffles	71	$15	$ 1,065	$10	$710	$355

그림 1.3
토니의 간식 회사 데이터

토니는 그의 데이터를 분석해서 앞에 주어진 질문들에 답할 수 있는 정보로 만들어 그의 사업이 어떻게 돌아가고 있는지 파악할 수 있다. 예를 들어 그림 1.4와 1.5는 월마트가 로버타크로스의 가장 우수한 고객이며, 총 판매량으로 본다면 러플스가 토니의 제품 중 가장 우수하다는 것을 알 수 있다. 이 정보로 무장한 토니는 실적이 떨어지는 제품이나 판매원 같은 사항들을 지적할 수 있을 것이다.

변수variable는 시간이 지남에 따라 값이 변화하는 데이터의 특성을 말한다. 예를 들어 토니의 데이터에서 주문량과 가격은 바뀔 수 있다. 이 변수를 바꾸어 봄으로써 경영자들은 미래의 가능성에 대한 가상의 시나리오들을 만들어 볼 수 있다. 토니는 매출이나 비용이 오름에 따라 이익이 어떻게 변하는지 알아봄으로써 사업에 많은 도움을 받을 수도 있을 것이다. 20%의 가격 인상이 이익에 어떠한 영향을 미치는지 알기 위해서는 단지 가격 변수의 값만 바꾸어보면 된다. 10%의 비용 상승이 이익에 얼마나 해가 되는지를 알기 위해서는 비용 변수의 값을 바꾸면 된다. 모든 사업에서 변수를 조정해보는 것이 매우 중요하다.

비즈니스 인텔리전스

비즈니스 인텔리전스BI: business intelligence는 공급자, 소비자, 경쟁자, 동업자, 산업 같은 다양한 원천에서 구해진 정보로서, 전략적 의사결정을 위해 패턴, 추세 그리고 관계를 분석한 것을 뜻한다. BI는 여러 개의 변수들(어떤 경우에는 이자율이나 날씨, 심지어는 유가까지 포함한 수백 가지의 변수)을 다룬다. 토니는 회사의 판매량과 같은 회사 내부의 데이터 뿐만 아니라 경쟁자들, 금융, 날씨, 공휴일, 심지어는 스포츠 행사 같은 회사 외적인 데이터들을 분석하는 데 BI를 사용할 수 있다. 내적인 변수와 외적인 변수 모두 스낵 판매량에 영향을 미치기 때문에 이러한 변수들을 분석하는 것은 토니가 앞으로 얼마나 제품을 만들어야 하고 얼마나 팔릴지 등을 예상하는데 도움이 된다. 예를 들자면, 홈

주문 일자	고객	판매원	제품	수량	단위 가격	총 매출	단위 비용	총 비용	이익
26–Apr	Walmart	Roberta Cross	Fritos	86	$ 19	$ 1,634	$ 17	$ 1,462	$ 172
29–Aug	Walmart	Roberta Cross	Fritos	76	$ 19	$ 1,444	$ 17	$ 1,292	$ 152
7–Sep	Walmart	Roberta Cross	Fritos	20	$ 19	$ 380	$ 17	$ 340	$ 40
22–Nov	Walmart	Roberta Cross	Fritos	39	$ 19	$ 741	$ 17	$ 663	$ 78
30–Dec	Walmart	Roberta Cross	Fritos	68	$ 19	$ 1,292	$ 17	$ 1,156	$ 136
7–Jul	Walmart	Roberta Cross	Pringles	79	$ 18	$ 1,422	$ 8	$ 632	$ 790
6–Aug	Walmart	Roberta Cross	Pringles	21	$ 12	$ 252	$ 6	$ 126	$ 126
2–Oct	Walmart	Roberta Cross	Pringles	60	$ 18	$ 1,080	$ 8	$ 480	$ 600
15–Nov	Walmart	Roberta Cross	Pringles	32	$ 12	$ 384	$ 6	$ 192	$ 192
21–Dec	Walmart	Roberta Cross	Pringles	92	$ 12	$ 1,104	$ 6	$ 552	$ 552
28–Feb	Walmart	Roberta Cross	Ruffles	67	$ 15	$ 1,005	$ 10	$ 670	$ 335
6–Mar	Walmart	Roberta Cross	Ruffles	8	$ 15	$ 120	$ 10	$ 80	$ 40
16–Mar	Walmart	Roberta Cross	Ruffles	68	$ 15	$ 1,020	$ 10	$ 680	$ 340
23–Apr	Walmart	Roberta Cross	Ruffles	34	$ 15	$ 510	$ 10	$ 340	$ 170
4–Aug	Walmart	Roberta Cross	Ruffles	40	$ 15	$ 600	$ 10	$ 400	$ 200
18–Aug	Walmart	Roberta Cross	Ruffles	93	$ 15	$ 1,395	$ 10	$ 930	$ 465
5–Sep	Walmart	Roberta Cross	Ruffles	41	$ 15	$ 615	$ 10	$ 410	$ 205
12–Sep	Walmart	Roberta Cross	Ruffles	8	$ 15	$ 120	$ 10	$ 80	$ 40
28–Oct	Walmart	Roberta Cross	Ruffles	50	$ 15	$ 750	$ 10	$ 500	$ 250
21–Nov	Walmart	Roberta Cross	Ruffles	79	$ 15	$ 1,185	$ 10	$ 790	$ 395
29–Jan	Walmart	Roberta Cross	Sun Chips	5	$ 22	$ 110	$ 18	$ 90	$ 20
12–Apr	Walmart	Roberta Cross	Sun Chips	85	$ 22	$ 1,870	$ 18	$ 1,530	$ 340
16–Jun	Walmart	Roberta Cross	Sun Chips	55	$ 22	$ 1,210	$ 18	$ 990	$ 220
				1,206	$ 383	$ 20,243	$ 273	$ 14,385	$ 5,858

그림 1.4

고객 'Walmart'와 영업사원 'Roberta Cross'로 정렬한 토니의 데이터

팀이 경기를 하고 평균 온도가 화씨 80도 이상이며 주식 시장이 순조롭게 돌아가고 있다는 조건 하에서, BI는 토니의 회사가 필요한 슈퍼볼 전 일주일 간의 필요량을 예측할 수 있다. 이러한 것이 모든 타입의 내적인 변수와 외적인 변수를 통합하여 사업 실적을 예상해 보는, BI를 가장 잘 사용하는 경우의 예라고 할 수 있다.

BI의 하나의 중요한 부분은 **예측분석**predictive analytics이라는 영역인데, 이것은 데이터로부터 정보를 추출하고 미래의 추세를 예측하거나 행태적 패턴을 규명하기 위해 추출된 정보를 사용하는 것이다. 최고경영자들은 사업의 미래를 예측하고 시장, 산업, 경제를 분석하고, 수익을 유지하고 생존하기 위한 전략을 수립하기 위해서 예측분석을 사용한

토니의 비즈니스 정보	이름	총 이익
총 매출 기준으로 토니의 가장 우수한 고객은 누구인가?	Walmart	$ 560,789
총 매출 기준으로 토니에게 수익성이 가장 낮은 고객은 누구인가?	Walgreens	$ 45,673
이익을 기준으로 토니의 가장 우수한 고객은 누구인가?	7–Eleven	$ 324,550
이익을 기준으로 토니에게 수익성이 가장 낮은 고객은 누구인가?	King Soopers	$ 23,908
총 매출 기준으로 토니의 회사에서 매출이 가장 많은 제품은 무엇인가?	Ruffles	$ 232,500
총 매출 기준으로 토니의 회사에서 매출이 가장 적은 제품은 무엇인가?	Pringles	$ 54,890
총 매출 기준으로 가장 실적이 뛰어난 판매원은 누구인가?	Tostitos	$ 13,050
총 매출 기준으로 가장 실적이 저조한 판매원은 누구인가?	Pringles	$ 23,000
이익을 기준으로 가장 실적이 뛰어난 판매원은 누구인가?	R. Cross	$ 1,230,980
이익을 기준으로 가장 실적이 저조한 판매원은 누구인가?	Craig Schultz	$ 98,980
총 이익을 기준으로 가장 우수한 판매원의 매출이 가장 많은 제품은 무엇인가?	Ruffles	$ 98,780
총 이익을 기준으로 가장 우수한 판매원의 가장 우수한 고객은 누구인가?	Walmart	$ 345,900
총 이익을 기준으로 가장 우수한 판매원의 매출이 가장 적은 제품은 무엇인가?	Sun Chips	$ 45,600
총 이익을 기준으로 가장 우수한 판매원의 가장 이득이 안 되는 고객은 누구인가?	Krogers	$ 56,050

그림 1.5

토니의 데이터를 분석한 후에 얻은 정보

다. 토니 또한 그의 회사를 위해 전략을 짤 것이다. 그것은 새로운 맛의 감자칩이나 음료를 개발하는 것일 수도 있고 학교나 병원 등 새로운 공급처를 찾는 것일 수도 있다.

지식

지식knowledge은 정보와 지능을 결합함으로써, 개인의 지적 자원을 만들어낼 수 있는 기술, 경험, 그리고 전문성을 포함한다. **지식 노동자**knowledge workers는 자신의 가치를 정보를 해석하고 분석하는 능력에 의해서 평가받는 사람들을 말한다. 오늘날의 노동자들은 일반적으로 지식 노동자들이다. 그들은 모든 회사에게 공통적으로 귀중한 자원인 정보와 직감에 근거한 결정을 내리기 위해서, 개인적 경험과 BI를 동시에 사용한다.

토니가 그의 데이터를 분석해서 이번 분기의 가장 저조한 판매원이 크레이그 슐츠라는 것을 알아냈다고 상상해 보자. 만약 이 정보만을 토니가 고려했더라면 크레이그를 해고하고 그것이 그의 사업에 유리한 결정이었다고 생각해버릴지 모른다. 그러나 크레이그가 몇 주 동안 병가를 냈었기 때문에 판매 실적이 낮았고, 토니가 이러한 사실을 안다면 다른 결정을 내릴 것이다. 만약 토니가 이런 지식이 없어서 옳지 못한 의사결정을 내렸다면 자신의 가장 우수한 판매원을 해고한 이러한 결정은 다른 직원들에게도 부정적인 영향을 끼칠 수도 있을 것이다.

이 시나리오의 요점은 모든 상황에 대한 정보를 수집하는 것은 불가능하지만, 그럼에도 불구하고 그렇게 하지 않으면 문제점을 잘못 이해하기 쉽다는 것이다. 데이터, 정보, BI, 그리고 지식을 이용해 결정을 내리고 문제를 해결하는 것이 성공적인 경영의 핵심이자 동시에 비즈니스 시스템의 주춧돌이다.

사업부제 기업들의 도전과 MIS 해결책

회사들은 보통 다음과 같이 부서별 혹은 기능별 영역으로 조직되어 있다.

- **회계**: 금전 거래를 기록, 측정, 보고한다.
- **재무**: 자금, 금융, 신용, 투자 그리고 자산 등을 포함한 전략적인 재무적 과제들을 다룬다.
- **인적 자원**: 직원들의 효율적인 관리를 위한 정책, 계획, 절차 등을 다룬다.
- **마케팅**: 제품과 서비스의 판매 촉진과 관련된 활동을 담당하며, 회사 상품의 판매를 촉진함으로써 영업 부서를 지원한다.

그림 1.6

각 부서들이 독립적으로 일하는 경우

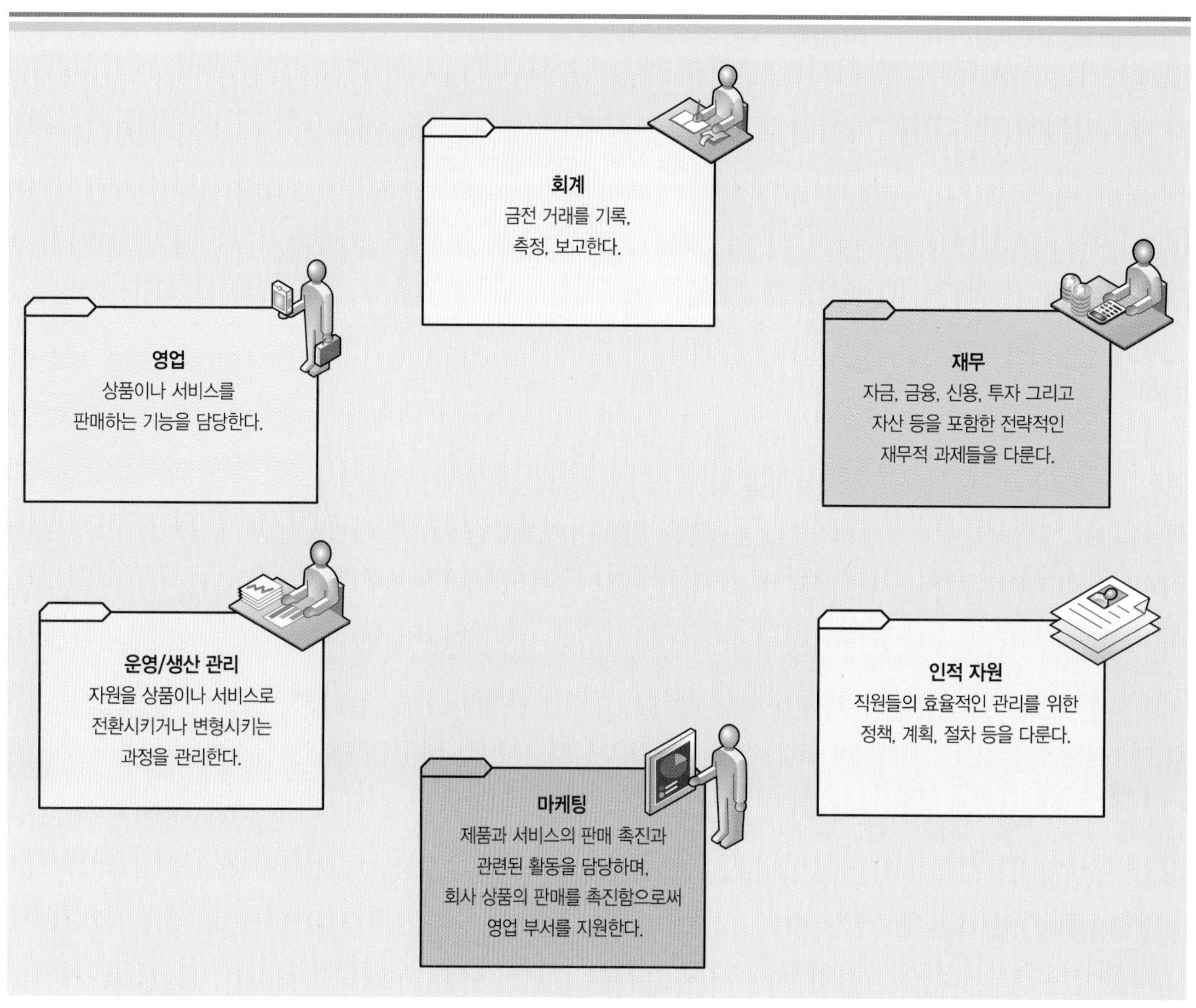

- **운영/생산 관리**: 자원을 상품이나 서비스로 전환시키거나 변형시키는 과정을 관리**한다.**
- **영업**: 상품이나 서비스를 판매하는 기능을 담당한다. (그림 1.6)

각 부서들은 각자 그들이 해야 할 일들을 수행한다. 영업과 마케팅은 상품이나 서비스를 소비자에게 전달하는데 초점을 맞추며 거래 자료를 유지한다. 재무와 회계는 회사의 자원을 관리하고 금전 관련 자료를 유지하는데 집중한다. 운영 관리는 제조와 생산 관련 자료를 유지하고, 인적 자원은 사람들을 고용하고 훈련하며 직원 자료를 유지한다. 비록 각 부서들이 그들이 집중하는 분야와 자료가 있지만 회사가 제대로 돌아가려면 어느 부서도 독자적으로 운영되어서는 안 된다. 한 부서에서 내린 결정은 다른 부서에 영향을 미친다. 마케팅은 생산과 판매 자료를 분석해야 하고 제품 홍보 전략을 짜야한다. 생산은 회사의 제품 생산량을 결정하기 위해 판매량이 어느 정도 될지 예측할 수 있어야 한다. 영업은 재고를 파악하고 주문을 하고 소비자의 요구를 예상하기 위해서 운영 관리에서 보내주는 정보가 있어야 한다. 회계와 재무 담당 부서에서 제공되는 정보는 모든 부서가 잘 이해하고 있어야 하는데, 그것이 예산과 관련된 정보들이기 때문이다. 회사가 성공하기 위해선 모든 부서들이 공동의 정보를 가지고 마치 하나의 단위인 것처럼 협동해야 한다(그림 1.7).

그림 1.7

함께 일하는 부서들

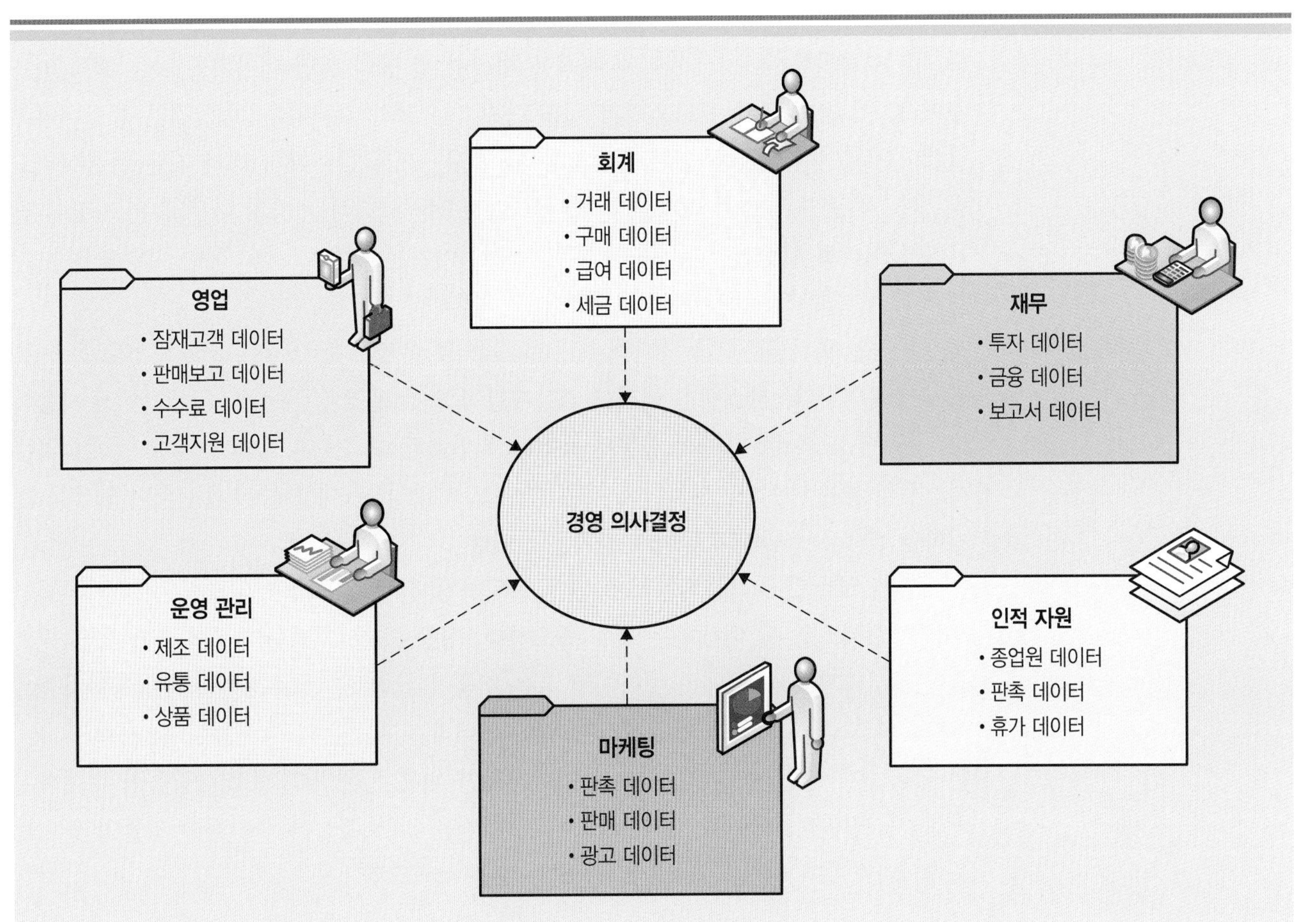

그림 1.8

상품과 서비스의 다른 유형

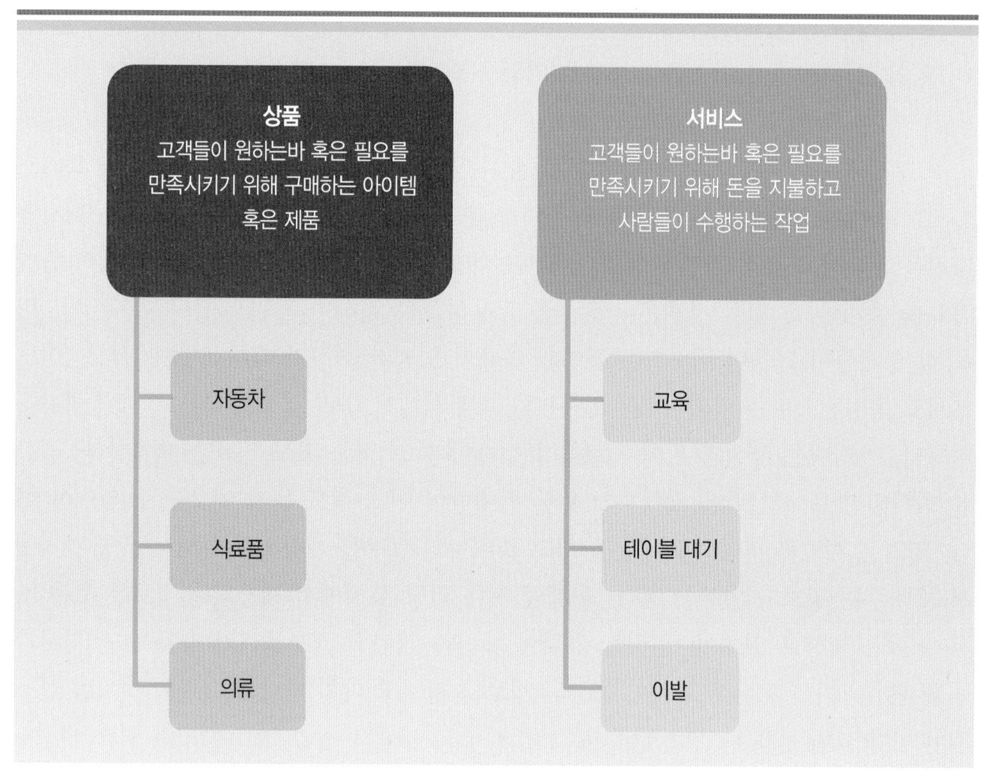

해결책: MIS

당신은 코끼리를 두고 각기 다른 해석을 내렸던 세 명의 장님 이야기를 들은 적이 있을 것이다. 첫 번째 남자는 코끼리의 배를 만지고는 코끼리는 마치 벽과 같은 동물이라고 말했다. 두 번째 남자는 코끼리의 코를 만지고는 코끼리는 마치 뱀과 같은 동물이라고 말했다. 세 번째 남자는 코끼리의 상아를 만지고는 코끼리는 마치 나무 혹은 지팡이 같은 동물이라고 말했다. 각각의 부서가 따로 돌아가는 것은 코끼리의 한 부분만을 보는 것과 같이, 성공적으로 회사를 운영하는데 치명적인 문제를 야기한다.

성공적인 회사들은 기능횡단적cross functionally으로 운영하며, 모든 부서들의 업무들을 통합하여 운영한다. 시스템은 이러한 기능횡단적 업무 운영을 가능케 하는 기본적 기능이다. **시스템**system이란 하나의 공통된 목적으로 연결된 여러 부분들의 집합이다. 자동차는 시스템의 좋은 예이다. 자동차의 부품 중 어느 하나라도, 예를 들어 운전대나 엑셀을 제거하면 전체 시스템이 작동하지 않기 때문이다.

어떻게 시스템이 작동되는가에 대해 논의하기 전에 상품과 서비스에 대한 기본적인 생산 프로세스를 잘 이해하는 것이 중요하다. **상품**goods은 고객들이 원하는바 혹은 필요를 만족시키기 위해 구매하는 아이템 혹은 제품이다. 의류, 식료품, 휴대폰, 자동차들은 사람들이 그들의 필요를 만족시키기 위해 구매하는 제품들의 예시들이다. **서비스**services는 고객들이 원하는바 혹은 필요를 만족시키기 위해 돈을 지불하고 사람들이 수행하는 작업들을 말한다. 테이블 대기, 가르치고, 이발을 하는 것들은 사람들이 그들의 필요를 충족시키기 위해 지불하고 서비스를 받는 예들이다(그림 1.8).

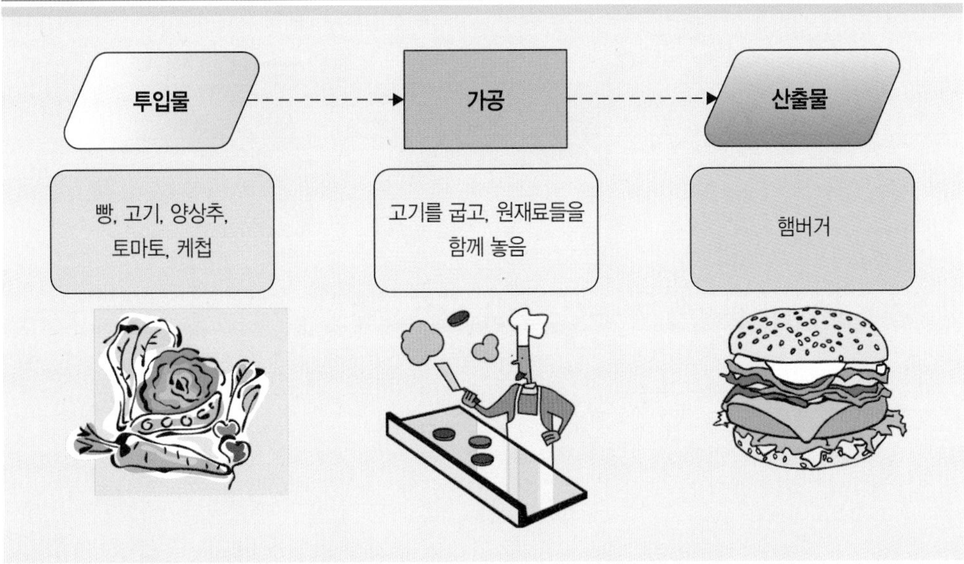

투입물

가공

산출물

빵, 고기, 양상추, 토마토, 케첩

고기를 굽고, 원재료들을 함께 놓음

햄버거

그림 1.9
입력, 처리, 출력의 예시

생산production은 하나의 비즈니스를 위해 원재료를 처리하거나 그것들을 상품 혹은 서비스와 같은 최종 제품으로 전환하는 과정이다. 햄버거를 만드는 것에 대해 생각해보자(그림 1.9). 먼저, 여러분은 빵, 고기, 양상추, 토마토, 케첩 등의 원재료 혹은 모든 투입물들을 모아야 한다. 두 번째로, 당신은 원재료를 가공하게 되는데, 예제에서 고기를 굽고, 양상추와 토마토를 씻고 자르고 빵에 모든 재료들을 올려놓는다. 결국, 당신은 완성된 제품, 산출물인 햄버거를 가지게 된다.

생산성productivity은 전체 투입물이 주어졌을 때 전체 산출물의 양에 근거하여 상품 및 서비스가 생산되어지는 비율을 나타낸 것이다. 앞의 예시에서 하나의 사업에서 재료를 싸게 구입하여 같은 수의 햄버거를 만들었거나 같은 재료로 보다 많은 햄버거를 만들었다면 생산성 증가를 가져오게 되며 그로 인해 수익이 증가하게 될 것이다. 재화나 서비스에 대한 입력물, 처리과정과 출력물이 한 회사의 모든 부서를 거쳐 작업을 하게 되면 시스템은 전반적인 사업생산성에 대한 상당한 부가가치를 얻게 될 것이다.

시스템적 사고

시스템적 사고 Systems thinking란 어떻게 부분들이 서로 영향을 미치어 하나의 전체로서 작동하는가를 이해하는 프로세스이다(그림 1.10). 시스템적 사고에서는 다양한 문제들의 연관성과 피드백 과정을 파악함으로써 각각의 문제들을 개별적으로 바라보지 않고 전체 시스템의 관점에서 바라보려고 노력한다. **피드백**feedback이란 원래의 발신자(입력물, 프로세스 또는 출력물)에게 응답하여 발신자의 행동을 수정하는 정보다. 피드백은 시스템이 안정성을 유지하는데 도움이 된다. 예를 들어 자동차의 시스템은 끊임없이 연료량을 확인하며 기름이 떨어지게 될 경우 경고등을 키는 작업을 한다. 시스템적 사고는 어떻게 작업들이 협동하여 제품이나 서비스를 만들어 내는지에 대한 전체적 이해를 제공한다. 시스템적 사고를 이해하고 있는 경영학도들은 기업에게 귀중한 자원이다. 왜냐하면 이러한 사고를 할 줄 아는 학생들은 문제가 발생할 경우, 한 가지 요소만이 아닌 전체 과정

그림 1.10

시스템적 사고의 개요

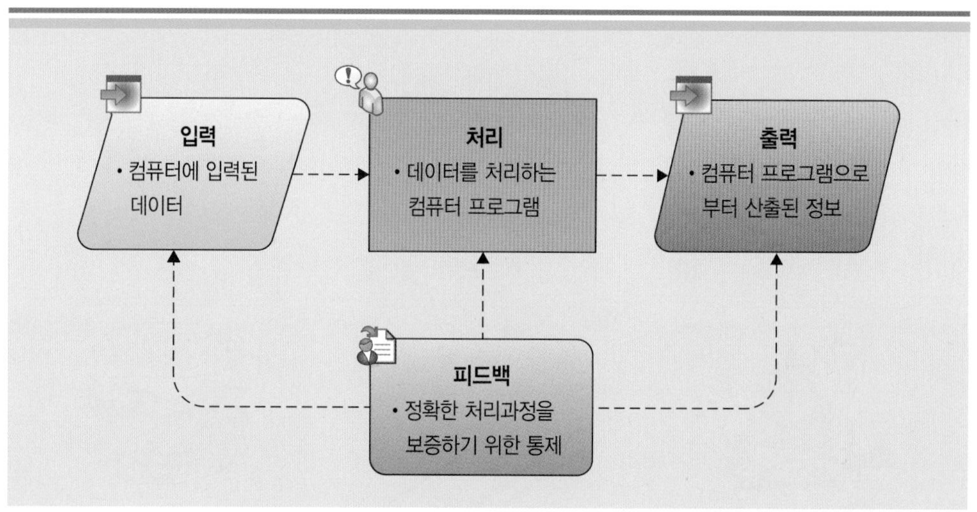

을 고려한 해결책을 실행할 수 있기 때문이다.

MIS는 회계나 인적 자원과 같이, 의사결정과 문제 해결을 촉진시키기 위해서 사람, 제품 그리고 프로세스에 대한 정보를 회사 내에서 유통시키는 비즈니스 기능이다. MIS는 시스템적 사고를 결합하여 회사가 범 기능적으로 운영될 수 있도록 도와준다. 예를 들어, 제품 주문을 충족시키기 위해 영업을 위한 MIS는 하나의 주문을 판매, 배송 준비, 배송, 청구서 발부, 그리고 마지막으로 고객 서비스까지 진행시킨다. 서로 다른 기능별 영역들이 영업의 각기 다른 부분들을 담당하고 있다고 해도 MIS 덕분에 소비자에게 구매는 하나의 연속적 과정이다. 그러나 만약 회사의 한 부분이 문제에 봉착하면, 마치 운전대가 없는 자동차처럼 전체 시스템이 작동하지 못하게 된다. 만약 배송 준비 단계에서 잘못된 상품을 포장한다면 배송이나 청구서 발부, 그리고 고객 서비스 부서가 그들의 작업을 올바로 수행한다 해도 소비자가 그 상품을 받았을 때 만족하지 않을 것이다.

MIS는 성공적 경영과 혁신을 위한 중요한 기폭제가 될 수 있다. 그러나 이 말은 절대로 MIS가 성공적 경영과 혁신 그 자체라는 말도 아닐뿐더러 MIS가 성공적 경영과 혁신을 대변한다는 말도 아니다. MIS는 그것을 사용할 줄 알고 효과적으로 관리할 줄 아는 사람의 재능을 보조해주는 도구일 뿐이다. MIS 기능을 효과적으로 수행하기 위해서 거의 모든 회사들(주로 중-대규모 기업들)은 내부적으로 MIS 부서를 따로 두고 있다. 이 부서들은 주로 정보 기술IT, 정보 시스템IS, 혹은 MIS라고 불린다. 이 책에선 이것들을 모두 MIS라고 부를 것이다.

MIS 부서의 역할과 책임

부서로서의 MIS는 아직 40년 정도밖에 존재하지 않은 상대적으로 새로운 영역이다. 부서의 이름, 역할, 그리고 맡고 있는 책임은 보통 회사마다 다르지만 가장 흔하게 사용되는 것들은 그림 1.11과 같다.

많은 회사들이 각 직책마다 별도의 책임자를 배정하지 않을 수는 있지만, 반드시 고위 관리자 중에서 누군가는 이 모든 분야에 대한 책임을 지도록 해야 한다.

최고 보안 책임자
비즈니스 시스템의 보안을 책임지고, 해커와 바이러스로부터의 공격을 방어하기 위한 전략과 수단을 개발한다.

최고 지식 책임자
회사의 지식을 모으고 유지하고 분배하는 역할을 한다.

최고 기술 책임자
MIS의 속도, 정확성, 가용성 그리고 신용도를 책임진다.

MIS 부서의 역할과 책임

최고 정보 책임자
모든 MIS 사용을 감독하고, MIS 사용이 경영 목표들과 목적에서 벗어나지 않도록 한다.

최고 프라이버시 책임자
회사 내에서 정보가 도덕적이고 합법적으로 쓰이도록 하는 역할을 한다.

그림 1.11

MIS 부서의 역할과 책임

지식 적용하기

비즈니스 중심적 토의

평범한 세계에서 바라보기

마이크로소프트사의 창시자인 빌 게이츠는 20년 전만 해도 중국에서 태어난 천재보다 B학점을 맞는 미국 학생이길 바라는 사람들이 대부분이었다고 말한다. 왜냐하면 선진국에서 태어난 사람들에게 제공되는 기회란 건 무한했기 때문이다. 그러나 오늘날은 그 반대이다. 오늘날엔 중국에서 태어난 천재의 성공 가능성이 훨씬 크다. 왜냐하면 자신의 기술을 세계 어떤 곳으로라도 수출하는 일이 매우 쉬워졌기 때문이다. 뉴욕의 B학점짜리 학생은 자신의 직장을 찾는 것이 더욱 어려워질 것이다. 그룹을 만들어서 여러분은 빌 게이츠의 주장에 동감하는지 그렇지 않은지에 대해서 토의하라.

비즈니스 중심적 MIS

누가 2014 동계 올림픽에서 진정으로 이겼는가?

만일 당신이 2014 동계올림픽을 시청하고 있다면 나는 당신의 나라 선수들의 경기를 보면서 흥분하고 있다고 단정지을 수 있다. 여러분이 매일매일 올림픽을 시청하면서 우리나라의 순위가 어떻게 되는지를 보기 위해 여러 웹사이트들을 체크해보고 있을 것이다. 여러분이 방문한 웹사이트에 따라서 다음의 쉬운 질문에 아주 다르게 대답을 할 것이다. NBC, ESPN 방송국에서는 미국을 2등으로, 공식적인 소치올림픽 웹사이트에서는 미국을 4등으로 순위를 매겼었다. 누가 2014 동계올림픽에서 이길 것인가 하는 질문에 대해 당신이 참고하고 있는 방송에 따라 상당한 차이가 있을 것이다.

한 그룹을 이루어 다음의 두 차트를 살펴보고 국제적으로 인증된 방송이 상위 5위의 국가들을 다르게 순위를 매기는 이유를 토의해보라. 각 순위는 순위를 매기기 위해 어떤 지표를 사용하고 있었는가? 여러분은 누가 승리자라고 생각하는가? 관리자로서 여러분은 경영 예측과 보고서를 읽거나 경청할 때 무엇을 이해해야 하는가?

NBC 뉴스에 의한 2014 동계올림픽 메달 순위

순위	국가	금	은	동	합계
1	러시아	13	11	9	33
2	미국	9	7	12	28
3	노르웨이	11	5	10	26
4	캐나다	10	10	5	25
5	네덜란드	8	7	9	24

공식 소치올림픽 웹사이트에 의한 2014 동계올림픽 메달 순위

순위	국가	금	은	동	합계
1	러시아	13	11	9	33
2	노르웨이	11	5	10	26
3	캐나다	10	10	5	25
4	미국	9	7	12	28
5	네덜란드	8	7	9	24

비즈니스 중심적 윤리와 보안

IoT는 모든 사람들에게 활짝 열려있다

우리가 스마트폰으로 지능형으로 조명을 제어하고 스마트 변기로부터 일상의 건강을 체크할 수 있게 해주는 사물인터넷의 도움으로 세상을 생활형 정보 시스템으로 변환시키고 있다. 물론, 모든 위대한 기술 발전들이 위험을 초래하게 할 수도 있기 때문에 사물인터넷과 관련된 다양한 보안 이슈들에 대비해야 한다. 여러분의 기기들이 해킹을 당해서 물이 단수가 되고, 차를 조정당하고 수천마일 떨어진 곳에서 당신 집의 문을 열 수 있는 상황을 상상해 보면 위험을 알 수 있다. 우리는 사물인터넷과 M2M과 관련된 보안 이슈들을 이제 이해하기 시작했으며 여러분의 사물인터넷 기기들로부터 예민한 데이터가 유출되는 것이 여러분의 삶에서 맞닥뜨릴 수 있는 위험으로부터 안심할 수 있어야 할 것이다(사물인터넷에 대한 자세한 정보는 시작 사례 연구 참조).

한 그룹을 이루어 여러분이 오늘도 사용하고 있는 몇 개의 사물인터넷 기기를 찾아보자. 기기들은 당신이 사용하는 휴대폰 혹은 스포츠 장비 등에게 정보를 보내는 피트니스 트래커 기능을 포함할 수도 있으며, 앱이나 스마트 청소기에게 즉각적인 피드백을 제공할 수도 있다. 만약 여러분이 지금은 어떠한 사물인터넷 기기도 사용하고 있지 않다면 미래에 구매할 수도 있는 몇가지 기기에 대해 자유 토론해보라. 범죄자 혹은 해커가 여러분의 민감한 데이터를 훔치기 위해 여러분의 사물인터넷 기기들을 사용할 수 있다면 어떻게 되겠는가? 이러한 유형의 불법적 데이터 절도로부터 어떠한 잠재적 문제 혹은 이슈가 있을 수 있겠는가? 누군가가 당신의 사물인터넷 데이터에 불법적으로 접근하였다는 징후는 무엇으로 알 수 있을까? 여러분은 당신의 기기에 있는 데이터를 보호하기 위해 무엇을 할 수 있겠는가?

section 1.2 | 비즈니스 전략

학습 성과

1.3 왜 경쟁 우위가 일시적인지 설명할 수 있다.
1.4 SWOT 분석의 네 가지 주요 영역을 찾아낼 수 있다.
1.5 포터의 다섯 가지 경쟁 세력 모형과 그 다섯 가지 세력에 대해 설명할 수 있다.
1.6 포터의 세 가지 기본 전략을 비교할 수 있다.
1.7 포터의 가치 사슬 분석을 통해 회사가 얻을 수 있는 이익을 설명할 수 있다.

경쟁 우위의 확인

오늘날 회사를 운영하는 것은 군대를 지휘하는 것과 비슷하다. 최고 경영자 또는 리더가 모든 참여자들이 올바른 방향으로 나아가 그들의 목표와 목적을 성취할 수 있도록 만든다. 리더십이 없는 회사는 직원들이 상충되는 목적들을 향해 각기 다른 방향으로 나아가기 때문에 금세 와해된다. 이런 난관들을 해쳐나가기 위해 리더들은 의사소통을 하고 비즈니스 전략을 실행한다. **비즈니스 전략**business strategy이란[1] 특정한 목표나 목적의 일단set을 이루는 리더십 계획을 말하는데 그것들은 다음과 같다.

이해관계자stakeholder는 한 조직에 흥미 혹은 관심을 가지고 있는 사람이나 그룹을 말한다. 이해관계자들은 비즈니스 전략을 이끌도록 하며 이해관계자의 관점에 따라 기업 전략이 변경되기도 한다. 이해관계자들의 비즈니스 전략들이 종업원의 역할을 없앰으로서 수익을 증가시키고자 하는 투자자와 같이 상충되는 이해를 가지기도 한다. 그림 1.12는 한 조직에서 볼 수 있는 서로 다른 이해관계자와 그들의 공통된 사업이해도를 보여준다.

좋은 리더는 파업이나 경제 침체에서부터 자연 재해에 이르기까지 예상치 못한 불운들까지도 염두에 둔다. 그들의 경영 전략엔 완충을 위한 부분들이 있어서 회사가 마주치게 되는 위험요소들을 해결해 나갈 수 있도록 한다. 물론 경영 전략을 갱신하는 것은 꾸준히 해야 하는 일인데, 내 · 외부 환경이 급속도로 변화하기 때문이다. 회사의 역량에 맞는 기회를 잡을 수 있게 해 주는 경영 전략은 회사가 경쟁 우위를 가질 수 있게 해 주고, 그것은 회사의 성공을 위해 아주 중요한 일이다.

경쟁 우위competitive advantage란 경쟁자들이 제공하는 비슷한 제품이나 서비스보다 소비자가 우리의 제품이나 서비스에 대해 더 중요하게 생각하는 특징을 말한다. 경쟁 우위는 같은 제품이나 서비스를 더욱 싼 가격에 제공하던지 아니면 추가적인 금액을 지불하게 만드는 가치를 통해 만들어낸다. 불행하게도 경쟁 우위는 보통 일시적인 것들이 대부분인데, 왜냐하면 경쟁자들이 언제나 그것을 따라하는 방법을 찾아내기 때문이다. 그렇기 때문에 조직은 새로운 경쟁 우위에 근거한 전략을 발전시켜야 한다. 회사들이 경쟁 우위를 복제하는 방법으로는 새로운 기술을 얻는 것, 비즈니스 운영들을 베끼는 것, 그리

1) 그리스어에서 'stratus'란 군대를 뜻하고 'ago'는 이끈다는 뜻이다.

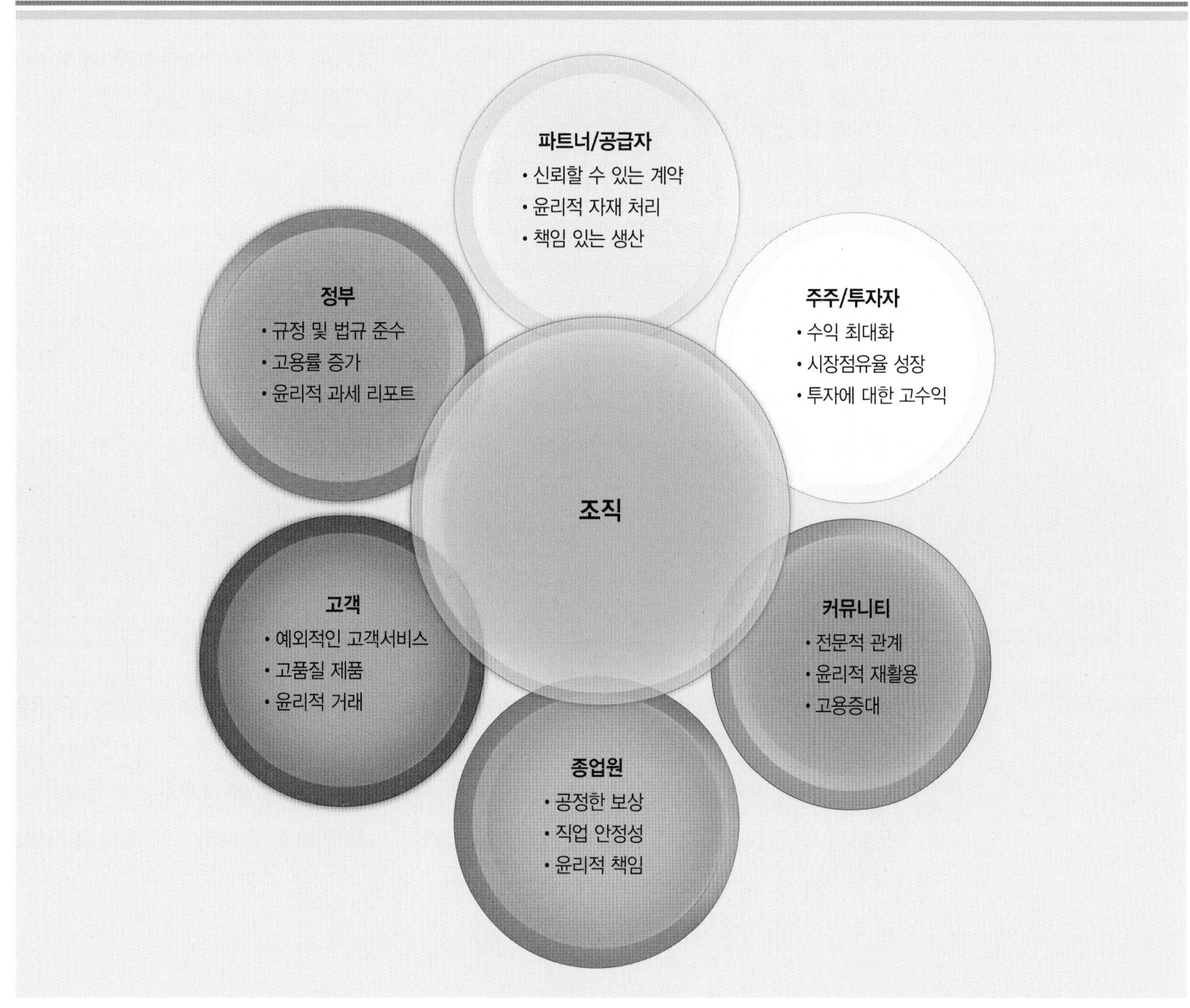

그림 1.12

이해관계자들의 관심

고 상대방의 주요 직원들을 채용하는 것들이 있다. 기술, 경영, 그리고 엔터테인먼트의 획기적인 통합을 이룬 애플사의 아이팟와 아이튠즈의 경우가 아주 훌륭한 예라고 할 수 있다.

2000년 초반에 스티브 잡스는 비디오 편집 소프트웨어의 개발에 몰두하고 있던 도중 갑자기 수백만의 사람들이 음악을 듣기 위해 컴퓨터를 쓴다는 사실을 깨달았다. 그 당시 컴퓨터로 음악을 듣는 것은 냅스터Napster와 같은 불법 온라인 서비스에 의해서 시작된 새로운 유행이었다. 잡스는 그가 잘못된 방향에 사로잡혀 있었던 동안 온라인 뮤직이라는 새로운 대세를 따라가지 못한 게 아닌가 하는 걱정에 사로잡혔다. 그러나 그는 신속하게 움직였고, 4개월 안에 맥Mac을 위한 아이튠즈iTunes의 첫 버전을 개발해냈다. 잡스의 다음 도전은 수 천 개의 음악을 저장할 수 있고 완벽히 호환 가능한 휴대용 아이튠즈 플레이어를 개발하는 것이었다. 9개월이 안되어 아이팟이 탄생했다. 아이튠즈와 아이팟iPod의 합작으로 애플은 시장에서 엄청난 경쟁 우위를 점할 수 있었다. 많은 회사들이 애플사의 선례를 따라 아이팟과 경쟁할 수 있는 휴대용 음악 재생기들을 개발했다. 추가적으로, 애플사는 경쟁 우위를 점하기 위해 지속적으로 새롭고 흥미로운 제품들을 개발하고 있는데, 최근에 발매된 아이팟의 확장된 버전이지만 음악 재생기라기 보단 컴퓨터와 더 흡사한 아이패드iPad가 그것이다.

애플사의 아이팟과 같이, 어느 기업이 특정 경쟁 우위를 처음으로 시장에 도입하면, 그 기업은 특히 많은 이익을 얻을 수 있다. 이러한 **선점 우위**first-mover advantage는 회사가 시장에 처음으로 도입된 경쟁 우위를 이용하여 시장점유율을 급격히 증가시킬 때 발생한다. 페덱스Fedex는 소비자가 온라인으로 배송을 맡기고, 배송 영수증을 출력하고, 배송 과정을 확인할 수 있게 한 소비자 셀프 서비스 소프트웨어를 처음으로 개발함으로서 선점 우위를 획득할 수 있었다. 다른 배송회사들도 재빠르게 그들만의 온라인 서비스들을 개발하기 시작했다. 현재, 인터넷에서의 소비자 셀프 서비스는 배송업계의 기본적인 특징이다.

경쟁 지능 Competitive intelligence은 회사의 성공을 위해 경쟁자들의 계획, 활동, 그리고 제품들 같은 경쟁 환경에 대한 정보를 모으는 과정이다. 그것은 경쟁력을 유지하기 위해 최대한 빠른 시간 안에 회사 밖 상황이 어떻게 변화하고 있는지를 이해하고 배우는 것을 뜻한다. 크래커 잭과 치토스와 같은 간식업계의 최대 공급자인 프리토-레이는 그저 판매대를 채우기 위해 판매원들을 소매가게에 보내는 것이 아니다. 프리토-레이의 판매원들은 노트북을 들고 다니면서 경쟁자들이 제공하는 제품의 종류, 재고, 심지어는 제품의 위치까지 상세히 기록한다. 프리토-레이는 이 정보들을 이용해 경쟁사들의 제품들이 얼마나 잘 팔리는지부터 그들의 제품이 잘 팔리기 위한 전략적 위치까지에 대한 경쟁 정보를 얻는다. 관리자들은 경쟁 지능을 분석하고 경쟁 우위를 개발하기 위해 그림 1.13과 같은 네 가지 공통 도구들을 사용한다.

SWOT 분석: 비즈니스 전략의 이해

SWOT **분석**은 한 기업이 사업전략에 중대한 영향을 미칠 수 있는 요소들을 발견하기 위

그림 1.13

비즈니스 전략을 분석하기 위한 비즈니스 도구들

도움이 됨 | 해로움

	도움이 됨	해로움
내부	**강점** 핵심 역량 시장 선도자 비용 우위 탁월한 경영	**약점** 전략 방향 부족 오래된 기술 관리능력 부족 오래된 제품 종류
외부	**기회** 확장된 제품 종류 수요 증가 새로운 시장 새로운 규정	**위협** 신규 진입자 대체품 줄어드는 시장 돈이 많이 드는 규제 요건

그림 1.14
SWOT 분석 사례

해 해당 기업의 강점, 약점, 기회, 위협을 평가한다(그림 1.14). 강점과 약점은 한 기업 내부에 존재하는 요인들을 발견하는 것이며, 기회와 위협은 그 기업의 외부에 존재하는 요인들을 발견하는 것인데, 이것은 항상 통제 가능한 것은 아니다.

- **잠재적 내부강점(도움이 됨)**: 가격경쟁력, 새로운 혁신적인 서비스, 특화된 전문성 혹은 경험, 검증된 시장선도자, 개선된 마케팅 캠페인 등을 포함하는 경쟁 우위와 관련된 모든 주요 강점들을 발견함
- **잠재적 내부약점(해로움)**: 개선을 필요로 하는 모든 주요 영역을 발견함. 약점은 특정한 강점들이 없음에 초점을 맞추어야 하는데, 인터넷 마케팅 계획의 부재, 상처받은 명성, 서비스에 대한 문제 영역들, 오래된 기술들, 종업원 이슈 등이 포함될 수 있음
- **잠재적 외부기회(도움이 됨)**: 어떻게 그 조직이 이익을 취할 수 있을 것인가와 관련된 모든 중요한 추세들을 발견해야 하는데, 새로운 시장, 추가적인 고객 그룹, 법적 변화, 혁신적 기술, 인구 변화, 경쟁사 이슈 등과 같은 것들이 포함될 수 있음
- **잠재적 외부위협(해로움)**: 조직에 해로운 모든 위협 혹은 위험을 발견하기 위해서, 새로운 시장 진입, 대체 제품, 직원이직, 제품 차별화, 시장축소, 규정에 불리한 변화, 경제 변화 등과 같은 요소들이 포함될 수 있음

다섯 가지 경쟁 세력 모형-산업 매력도를 평가하기

하버드 경영대 교수인 마이클 포터Michael Porter는 다음과 같은 압력들이 잠재적 판매를 위협할 수 있다고 분석했다.

- 영리한 구매자들은 경쟁사 간의 경쟁을 유발시킴으로서 가격을 인하시킬 수 있다.

- 영향력 있는 공급자들은 공급하는 물품들에 대해 더 높은 가격을 요구함으로서 이익을 감소시킬 수 있다.
- 경쟁은 구매자들을 분산시킬 수 있다.
- 신규 시장 참여자들은 잠재적 투자 자본을 빼앗을 수 있다.
- 대체 제품들은 소비자들을 빼앗아 갈 수 있다.

포터의 다섯 가지 경쟁 세력 모형 Porter's Five Forces Model은 한 기업이 자신이 속한 산업에서 어느 정도의 이익을 얻을 수 있는가를 평가하기 위해서 해당 산업의 경쟁 세력들을 분석한다. 이 모형의 목적은 기회들, 경쟁 우위들, 그리고 경쟁 정보를 확인함으로서 이러한 경쟁 세력들에 대항하는 것이다(그림 1.15 참조).

구매자 협상력

구매자 협상력buyer power이란 구매자가 제품을 사기 위해 지불해야 하는 가격에 영향력을 행할 수 있는 능력을 말한다. 구매자 협상력에 영향을 미치는 요소들은 소비자의 수, 가격에 대한 그들의 감각, 주문량, 경쟁자들 간의 차이, 그리고 대체 상품들의 유무이다. 만약 구매자 협상력이 우위를 가지고 있다면, 소비자들은 회사와 그 경쟁자들에게 가격 경쟁을 하도록 압력을 가할 수 있는데, 주로 이러한 경쟁은 가격 인하를 가져온다.

구매자 협상력을 줄이는 한 가지 방법은 **전환비용**switching costs을 조작하는 것이다. 전환비용이란 소비자가 다른 제품이나 서비스로 돌아서는 걸 망설이게 만드는 가격을 말하는데 이것은 금전적 및 비금전적 가치들을 모두 포함한다. 예를 들어 담당 의사를 바꾸는 것의 비용은 당신의 모든 의료 기록을 옮기는 것 외에 새로운 의사와 간호사들과 관계를 형성한다는 비물리적 가치들을 포함한다. 그러나 MIS가 있다면 환자들은 그들의

그림 1.15
포터의 다섯 가지 경쟁 세력 모형

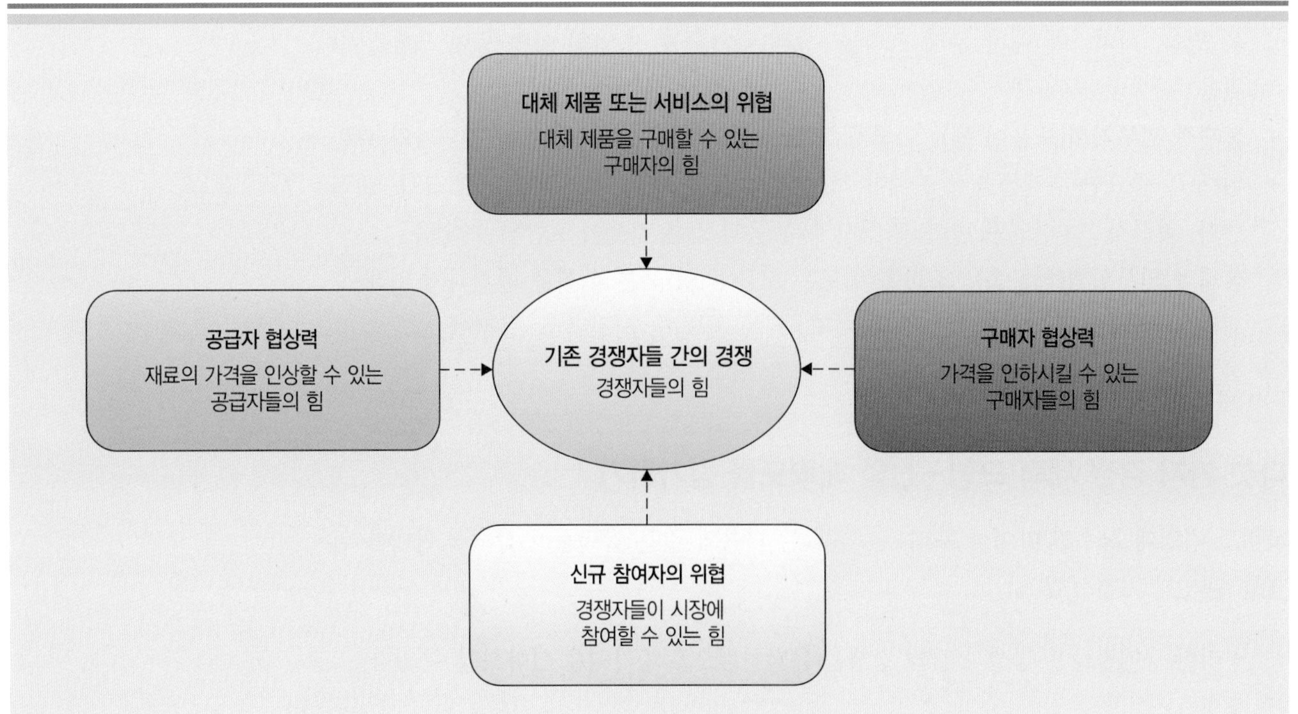

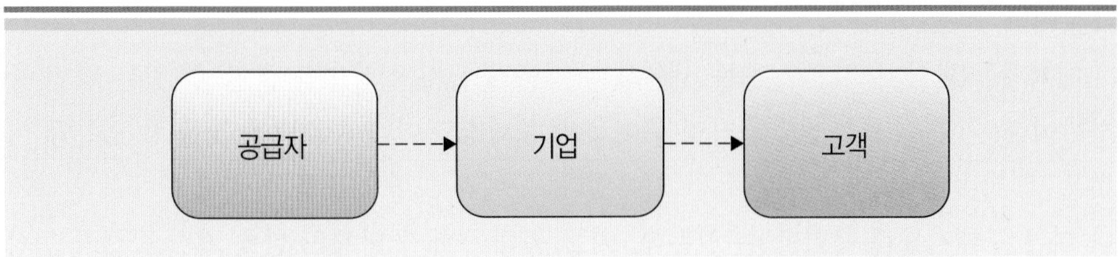

공급자 ---> 기업 ---> 고객

그림 1.16
전통적인 공급 사슬

의료 기록들을 DVD나 작은 USB에 저장해 손쉽게 이동시킬 수 있다. 또한 인터넷은 환자들로 하여금 의사들에 대한 다양한 자료들을 접할 수 있게 함으로서 새로운 의사를 만난다는 것에 대한 걱정을 덜어 줄 수 있다.

회사들은 또한 소비자의 지출에 따라 그들에게 일종의 상을 주는 **우수 고객 관리 프로그램**loyalty programs들을 통해 구매자 협상력을 줄일 수 있다. 예를 들어 항공사들은 자주 비행기를 이용하는 사람들에게 여러 가지 혜택을 제공하는 것으로 유명하다. 우수 여행객들이 받는 상(공짜 항공권, 호텔 이용권 등) 때문에 대부분의 소비자들은 하나의 항공사를 이용하게 되는 것이다. 그러나 수천 혹은 수백만이나 되는 수많은 고객들의 활동이나 계정을 관리하는 것은 거대 규모의 비즈니스 시스템 없이는 실용적이지 못하다. 따라서 고객 관리 프로그램들은 구매자 협상력을 줄이기 위해 MIS를 사용하는 좋은 예 중에 하나이다.

공급자 협상력

공급 사슬 Supply chain은 직접적이든 간접적이든 가공되지 않은 재료나 제품을 얻기 위해 관여하는 모든 단체들로 구성된다. 일반적인 공급 사슬에서 그림 1.16에서 볼 수 있듯이, 회사는 (구매자들에게) 공급자인 동시에 (다른 공급자들의) 구매자의 역할을 한다. **공급자 협상력**Supplier Power이란 공급자가 제공하는 것(재료, 노동력, 서비스 포함)이 가격에 영향을 줄 수 있는 능력을 말한다. 공급자 협상력을 평가하는 요소들은 공급자의 규모, 제공하는 서비스의 유일성, 그리고 대체 상품 공급 가능성이다. 만약 공급자 협상력이 우세하다면 공급자는 해당 산업에 다음과 같은 것들로 영향을 끼칠 수 있다.

- 더 높은 가격을 요구하기
- 제품의 질이나 서비스를 제한하기
- 산업 참가자들에게 비용을 전가하기

전형적으로 공급자가 가격을 올릴 경우, 구매자들은 최종 제품의 가격을 올림으로서 그들의 비용증가 요인을 소비자들에게 전가하려고 한다. 공급자 협상력이 우세할 경우, 구매자들이 원자재의 가격 인상을 그들의 고객들에게 전가할 수 없다면 구매자들은 수익을 잃게 된다. 공급자들이 제공하는 어떤 제품의 대체재가 제한되어 있고 제품이 구매자들에게 필수적일 때, 예를 들어 제약 회사들 같은 힘 있는 공급자들은 그 산업계 전체에 위협을 가할 수 있다. 항암제를 필요로 하는 구매자들은 가격에 대한 영향력을 전혀 갖지 못하기 때문에 제약회사가 요구하는 대로 지불해야 한다. 대체 약품이 거의 없기 때문이다.

대체재들을 찾기 위해 MIS를 사용하는 것은 공급자 협상력을 줄일 수 있는 방법 중 하나이다. 암환자들은 이제 인터넷을 이용해 대체 약품이나 치료법을 찾을 수 있는데 이것은 몇 십 년 전만 해도 불가능한 일이었다. 구매자 또한 MIS를 이용해 단체를 만들거나 다른 구매자들과 협력할 수 있는데, 이를 통해 구매자 단체의 힘을 키워 공급자 협상력을 줄일 수 있다. 예를 들어 30,000명의 대학생들은 한 사람의 학생보다 노트북을 구매할 때 가격에 대한 협상력을 더 많이 가지고 있다.

대체 제품 또는 서비스의 위협

대체 제품 또는 서비스의 위협threat of substitute product or services은 어떤 제품이나 서비스에 대한 대체 제품이 있을 경우에는 높고, 없을 경우에는 낮다. 예를 들어 여행자들은 자동차, 기차, 그리고 배와 같이 비행기를 대체할 수많은 이동 수단들이 있다. 기술은 비디오 회의와 가상 회의를 가능하게 만들어 어떤 경우엔 비즈니스를 위한 여행 자체를 불필요하게 만든다. 기업은 그들이 제공하는 제품이나 서비스에 대한 대체품이 없는 시장에 있는 것이 이상적이다.

폴라로이드사는 오랜 시간 독특한 경쟁 우위를 가지고 있었다. 물론 그것은 이들이 경쟁 정보를 관찰하는 것을 잊기 전까지의 일이다. 결국 사람들이 비디오카메라부터 시작해 핸드폰까지 이용해 디지털 사진들을 찍기 시작하자 회사가 부도났다.

회사는 대체 상품에 의한 위협을 더 넓은 범위의 제품을 제공해 부가적 가치를 만들어 냄으로서 줄일 수 있다. 소프트드링크 제조 회사들은 그들의 제품을 자판기, 주유소, 편의점 등에 배포함으로서 다른 음료수보다 접하기 쉽도록 만든다. 또한 다양한 부가 서비스들을 제공함으로서 대체 제품들이 덜 위협적이게 만들 수 있다. 예를 들어 아이폰은 게임, 비디오, 음악 등의 기능을 넣음으로서 전통적인 휴대폰이 대체 상품으로서 별다른 매력을 지니지 못하도록 한다.

신규 참여자의 위협

신규 참여자의 위협threat of new entrants은 새로운 경쟁자들이 시장에 진입하기 쉬울 때에는 높고 시장에 진입하는데 확연한 진입 장벽이 있을 때에는 낮다. **진입 장벽**entry barrier이란 어떠한 제품이나 서비스에 대해 소비자들이 기대하고 있는 특징들로 새롭게 경쟁하는 경쟁자들이 살아남기 위해 제공해야 하는 것이다. 예를 들어 새로운 은행은 소비자들에게 MIS에 기반을 둔 일련의 서비스들을 제공해야 하는데, 그것들은 ATM, 온라인 결제, 온라인 계좌 감시 등을 포함한다. 이러한 것들은 새로운 기업이 은행 산업에 뛰어들 때 부딪히는 대표적 진입 장벽 중의 하나이다. 한때 이런 서비스를 제공한 첫 번째 은행은 귀중한 선점 우위를 얻었는데, 그것은 일시적인 것이었다. 곧 경쟁자들이 그들만의 MIS 서비스들을 개발했기 때문이다.

기존 경쟁자들 간의 경쟁

기존 경쟁자들 간의 경쟁rivalry among existing competitors은 시장에서 경쟁이 심할 때는 높고 경

	약한 세력: 적은 경쟁자	강한 세력: 많은 경쟁자
구매자 협상력	국제 체인점 호텔이 우유를 구매하는 것	개인 소비자가 우유를 구매하는 것
공급자 협상력	항공 엔진을 만드는 회사	연필을 만드는 회사
대체 제품 또는 서비스의 위협	제약 회사의 항암제	맥도날드의 커피
신규 참여자의 위협	프로 하키 팀	개 산책 비즈니스
기존 경쟁자들 간의 경쟁	교통국(차량등록, 운전면허 발급 등의 업무를 처리하는 미국의 정부 부서)	커피 가게

그림 1.17

포터의 다섯 가지 경쟁 세력이 강하고 약한 것의 예

쟁자들이 온순할 때는 낮다. 비록 특정 분야의 산업은 다른 산업들보다 언제나 경쟁이 심하긴 해도 전 산업계에 걸쳐 경쟁이 심화되는 현상은 요즘의 추세이다. 소매 식료품 산업은 매우 경쟁이 치열한 분야이다. 미국의 크로거Kroger, 세이프웨이Safeway, 알버트슨Albertson's은 근본적으로 가격 경쟁에서 이기기 위해 다양한 방법으로 경쟁을 한다. 대부분의 슈퍼마켓 체인점들은 소비자들에게 특별한 가격 인하를 제공하는 동시에 그들의 구매 습관에 관한 귀중한 정보들을 얻기 위해 우수 고객 관리 프로그램을 도입했다. 미래에는 식료품점들이 매장 내에서 구매 경로를 알기 위해 소비자들의 움직임을 추적하는 무선 기술들을 사용할 것이라고 예상한다.

제품 차별화product differentiation는 회사가 수요에 영향을 줄 의도로 그들의 제품이나 서비스에 독특한 차이점을 만들어낼 때 발생한다. 회사들은 라이벌과의 경쟁에서 이기기 위해 차별화를 이용할 수 있다. 예를 들어 많은 회사들이 인터넷을 통해 책과 비디오들을 팔지만 아마존Amazon.com은 소비자 프로파일링이란 것을 사용해 자신을 차별화한다. 소비자가 아마존을 정기적으로 방문하게 되면 그 특정 고객의 프로파일에 맞는 제품을 추천한다. 이렇게 차별화된 서비스를 제공함으로서 아마존은 라이벌들의 영향력을 줄일 수 있다.

복습해 보자면, 다섯 가지 경쟁 세력 모형은 경영자들이 산업의 경쟁 구조와 경제 환경을 파악하게 함으로써 비즈니스 전략을 세우는 것을 도와준다. 만약 다섯 가지 세력들이 강하면 그것들은 경쟁을 심화시키고 약하면 완화시킨다(그림 1.17 참조).

항공 산업을 분석하기

이번엔 포터의 다섯 가지 힘들을 종합하여 산업 환경에서의 경쟁 요소들을 살펴보고 경쟁력을 유지하기 위한 비즈니스 전략을 살펴볼 것이다. 예를 들어 한 해운 회사가 상업적 항공 산업에 진입할지 고민하고 있다고 가정해보자. 만약 다섯 가지 경쟁 세력에 대한 분석이 정확히 이루어졌다면 이 비즈니스 전략은 매우 위험하다는 걸 발견할 수 있을 것이다. 왜냐하면 다섯 가지 경쟁 세력이 너무나 강하기 때문이다. 따라서 수익을 창출하기 어려울 것이다.

그림 1.18

항공 산업에서의 다섯 가지 경쟁 세력 모형

	강한 세력: 강한 경쟁 또는 많은 경쟁자
구매자 협상력	소비자가 고를 수 있는 항공사가 많아 가격 경쟁을 해야 함
공급자 협상력	제한된 항공기 제품 공급 회사와 강력한 노조
대체 제품 또는 서비스의 위협	자동차, 기차, 배와 같이 대체할 수 있는 이동수단이 있고 혹은 아예 비디오 회의나 가상 미팅과 같이 이동을 대체할 수 있는 수단들
신규 참여자의 위협	스카이 택시를 포함해 많은 항공사들이 꾸준히 진입
기존 경쟁자들 간의 경쟁	치열한 경쟁-많은 라이벌들

- **구매자 협상력**: 소비자들이 고를 수 있는 항공사들이 많고 소비자들은 가격을 기준으로 항공사를 주로 결정하기 때문에 구매자 협상력이 높다.
- **공급자 협상력**: 항공기와 엔진을 만드는 회사가 적은데다 노조(노동력의 공급자) 또한 강하기 때문에 공급자 협상력이 높다.
- **대체 제품 또는 서비스의 위협**: 자동차, 기차, 배와 같이 대체 할 수 있는 이동수단이 있고 또는 아예 비디오 회의나 가상 회의와 같이 이동을 대체할 수 있는 수단들이 있기 때문에 대체 상품들 혹은 서비스들의 위협이 높다.
- **신규 참여자의 위협**: 저가의 맞춤형 서비스를 제공하는 스카이 택시를 포함한 새로운 항공사들이 꾸준히 시장에 진입하고 있기 때문에 새로운 경쟁자들로부터의 위협이 높다.
- **기존 경쟁자들 간의 경쟁**: 항공 산업계의 경쟁은 매우 심하고 트래블시티Travelocity.com와 같은 인터넷 사이트들은 항공사들끼리의 가격경쟁을 부추긴다(그림 1.18 참조)

세 가지 본원적 전략-비즈니스 핵심 분야를 발견하기

일단 최고 경영자가 어떤 산업의 상대적인 매력을 파악하고 진입하기로 결정하면, 회사는 산업에 진입하기 위한 전략을 짜내야 한다. 만약 우리가 항공 산업에 뛰어드려는 회사를 예로 든다면 그것은 저가의 기본적인 서비스만을 제공하는 항공사 또는 뛰어난 서비스와 일등급 편안함을 제공하는 정규 항공사로 승부할 수 있을 것이다. 이 두 옵션은 꽉 찬 시장crowded marketplace에서 경쟁 우위를 점하기 위한 다른 방향을 제시하고 있다. 저가 항공사는 비용을 절감하고 여기서 아낀 비용을 소비자들에게 낮은 가격이라는 형태의 서비스로 제공한다. 정규 항공사는 고급 서비스와 편안함을 제공하는 대신 여기에 든 비용을 고객들에게 고가의 항공권의 형태로 전가한다.

포터의 세 가지 본원적 전략 Porter's three generic strategies은 특정 조직 또는 산업에 제한되지 않고 어떠한 비즈니스, 제품 또는 서비스에도 적용 가능한 본원적 비즈니스 전략이다. 새로운 시장에 진입하기 위한 세 가지 본원적 비즈니스 전략은 다음과 같다. (1) 폭 넓은 원가 주도형 전략, (2) 폭 넓은 차별화 전략, (3) 집중 전략이다. 폭 넓은 전략은 광범위한 시장 부문에 영향을 미치는 반면 집중 전략은 틈새시장을 목표로 한다. 또한 집중 전략은 가격 주도형이나 차별화 양쪽 모두에 집중할 수 있다. 그러나 전체 시장에 통일된 이미지를 심어주는 것은 사실상 어렵기 때문에 모든 고객들을 위한 다목적 제품을 제공하는 것은 심각한 문제를 야기하게 된다. 따라서 포터는 그림 1.19에 설명되어 있는 세 가지 기본 전략 중에서 한 가지를 채택할 것을 추천하고 있다.

그림 1.20은 실제 기업들에 세 가지 기본 전략을 적용한 것으로, 전략들(원가 주도형 전략 vs 차별화 전략)과 시장 분할(광범위 시장 vs 집중된 시장) 간의 관계를 보여준다.

- **광범위 시장과 저비용:** 월마트는 광범위한 상품을 저가에 공급함으로서 경쟁력을 갖는다. 월마트의 경영 전략은 가격에 신경 쓰는 소비자들을 위해 저가로 제공하는 것이다.
- **광범위 시장과 고비용:** 네이만 마커스Neiman Marcus는 고급 백화점으로서 광범위의 차별화 된 제품을 고가에 공급함으로서 경쟁력을 갖는다. 네이만 마커스의 경영 전략은 다양하고 특별한 고급의 제품들을 부유한 소비자들에게 제공하는 것이다.
- **집중된 시장과 저비용:** 페이리스Payless는 특정한 제품인 신발을 낮은 가격에 공급함으로서 경쟁력을 갖는다. 페이리스의 경영 전략은 신발을 저가로 공급하는 것이다. 페이리스는 월마트보다 더 많은 사이즈와 종류를 제공함으로서 월마트와 경쟁한다.
- **집중된 시장과 고비용:** 티파니Tiffany & Co는 차별화된 제품인 보석류를 고가에 제공함

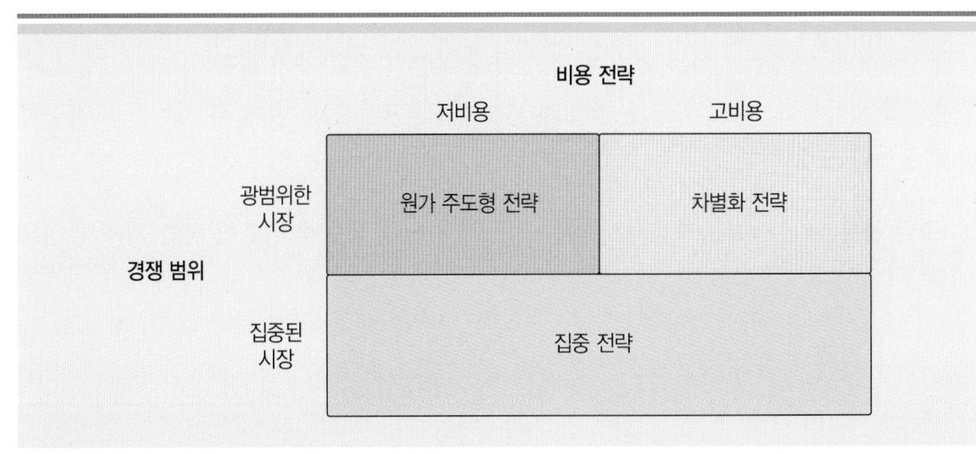

그림 1.19
포터의 세 가지 기본 전략

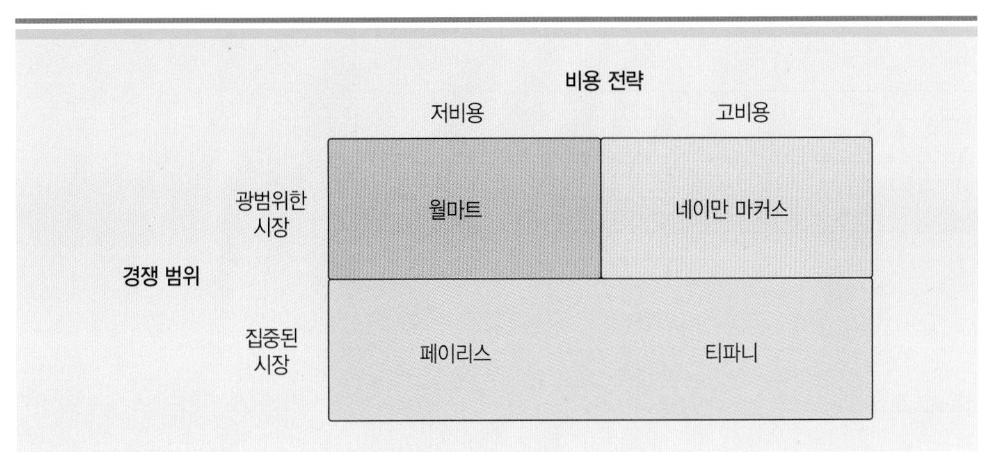

그림 1.20
포터의 세 가지 기본 전략의 예

으로서 경쟁력을 갖는다. 티파니의 경영 전략은 일류 디자이너들에 의해 디자인된 보석들을 부유한 소비자들에게 제공하는 것이다.

가치 사슬 분석-비즈니스 전략을 실행하기

기업은 원자재에 비즈니스 프로세스를 적용시켜 고객에게 가치가 있는 제품이나 서비스를 생산함으로써 이익을 창출한다. **비즈니스 프로세스**business process는, 예를 들어 고객의 주문을 처리하는 것과 같은 특정한 과업들을 수행하는 일련의 표준화된 활동들이다. 일단 회사가 진입하고 싶은 산업과 집중할 본원적 전략을 결정하고 나면, 회사는 자신의 제품이나 서비스를 생산하는데 필요로 하는 비즈니스 프로세스를 결정해야 한다. 물론, 회사는 이 프로세스가 가치를 부가하고 경쟁 우위를 만들어 낼 수 있게 하길 바랄 것이다. 마이클 포터는 이러한 경쟁 우위를 확인하기 위한 **가치 사슬 분석**value chain analysis을 창안하였다.

가치 사슬 분석은 기업을 제품이나 서비스에 각각 가치를 더하는 비즈니스 프로세스의 연속 과정으로 보며, 소비자에게 제공 가능한 가장 큰 가치를 어떻게 만들어낼지 파악하는데 매우 유용하다(그림 1.21 참조). 가치 사슬 분석의 목적은 소비자들에게 제공할 수 있는 가치를 더할 수 있는 프로세스를 파악하고 비용 경쟁력이나 제품 차별화를 통해 회사의 경쟁 우위를 창출하는 것이다.

가치 사슬은 회사의 활동들을 주요 가치 활동과 지원 가치 활동의 두 가지로 나눈다. 그림 1.21에서 보여주고 있는 가치 사슬의 아래 부분의 **주요 가치 활동**primary value activities은 원재료를 획득하고, 제조하고, 운반하고, 홍보하고, 판매하고, 판매 후 서비스를 제공하는 활동들을 포함한다.

1. **조달 물류**inbound logistics: 가공되지 않은 재료와 자원을 획득해 필요한 만큼 제조 과정으로 조달한다.

그림 1.21
가치 사슬

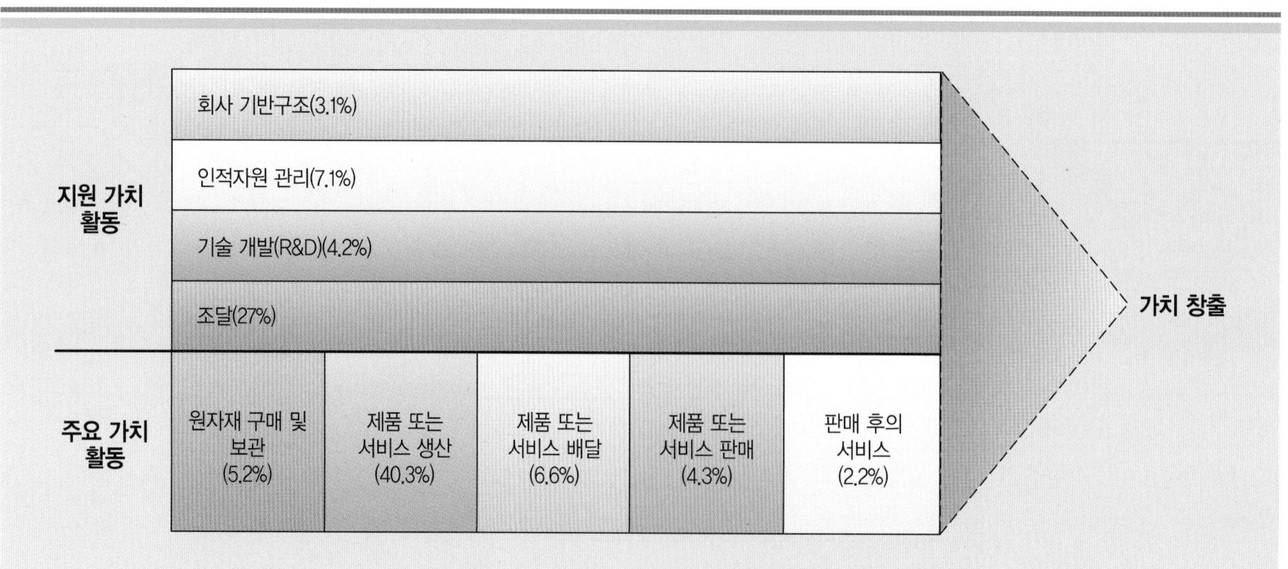

2. **생산**: 가공되지 않은 재료나 투입물을 제품과 서비스로 변환한다.
3. **유통 물류**outbound logistics: 제품과 서비스를 소비자들에게 배분한다.
4. **마케팅과 영업**: 소비자들에게 제품을 홍보하고, 가격을 매기고, 판매한다.
5. **서비스**: 제품이나 서비스를 판매한 후에 고객들을 지원한다.

그림 1.21의 윗부분에 있는 **지원 가치 활동**support value activities은 회사의 기반 구조, 인적 자원 관리, 물품 조달을 포함한다. 이것들은 당연히 주요 가치 활동을 보조한다.

- **회사 기반 구조**: 회사 구성 방식이나 부서의 구조, 환경 그리고 시스템을 말한다.
- **인적 자원 관리**: 직원의 교육, 채용, 보상을 담당한다.
- **기술 개발**: 프로세스에 가치를 더하기 위해 MIS를 적용한다.
- **물품 조달**: 가공되지 않은 재료, 자원, 장비와 같은 투입물을 조달한다.

전형적인 제조 기업이 가공되지 않은 재료인 나무 조각 같은 것들을 어떻게 종이로 바꾸는지 이해하는 것은 어렵지 않다. 이런 경우 회사의 가치를 더하는 방법은 질이 좋은 재료를 사용한다던지 아니면 주문 바로 다음 날 소비자가 받을 수 있도록 공짜로 배송해 주는 것들이 있을 것이다. 그러나 어떻게 시간, 지식, MIS와 같은 것들을 원재료로 사용하는 전형적인 서비스 회사가 이런 것들을 가치 있는 소비자 서비스 지식으로 변환시킬 수 있을까? 호텔 같은 경우는 MIS를 이용해 소비자들의 예약정보를 추적해서 프런트데스크에 귀중한 고객이 체크인 할 경우 등을 알려 줄 수 있을 것이다. 이럴 경우 프런트데스크에서는 귀중한 고객에게 부가적인 서비스, 선물이나 더 좋은 방을 제공 해 줄 수 있을 것이다.

가치 사슬 분석을 할 때 고객들을 상대로 각각의 활동이 어느 정도의 부가가치를 창출하는지 조사할 수 있다. 이 과정은 그림 1.22에서 백분율로 표시된 것처럼 개별 활동이 가치를 창출하는지 또는 가치를 하락시키는지에 대한 정량적 측정 결과를 보여준다. 비교 우위에 대한 결정은 다음과 같은 활동을 포함한다. 가치 향상을 위하여 (1) 높은 부가가치 증대 활동들을 지향하거나, (2) 낮은 부가가치 증대 활동들을 지향하거나, 혹은 (3) 이들 두 가지를 결합한다.

MIS는 주요 가치 활동과 지원 가치 활동 모두에 부가 가치를 제공한다. 주요 가치 활동이 MIS에 의해 활성화된 한 가지 예는 마케팅 캠페인 관리 시스템의 개발이다. 이 시스템은 마케팅 캠페인을 할 때 더욱 빨리 목표를 잡을 수 있게 해 주어 마케팅 비용을 절감할 수 있게 해 준다. 또한 시장에서 요구하는 바를 더욱 정확히 집어 낼 수 있게 해 주어 매출을 증대시킬 수 있다. 지원 가치 활동이 MIS에 의해 활성화 된 한 가지 예는 실적에 따라 직원들을 더욱 효과적으로 보상해 줄 수 있게 해 주는 인사 관리 시스템의 개발이다. 또한 이 시스템은 누가 직장을 그만둘 처지에 있는지를 파악하게 해 주어 관리자로 하여금 이 직원들을 도울 수 있는 방법을 찾을 수 있는 시간을 주어 인력 교체 비용을 줄일 수 있다.

가치 사슬 분석은 제품이나 서비스의 부가가치를 창출하는 활동을 평가하는 매우 유

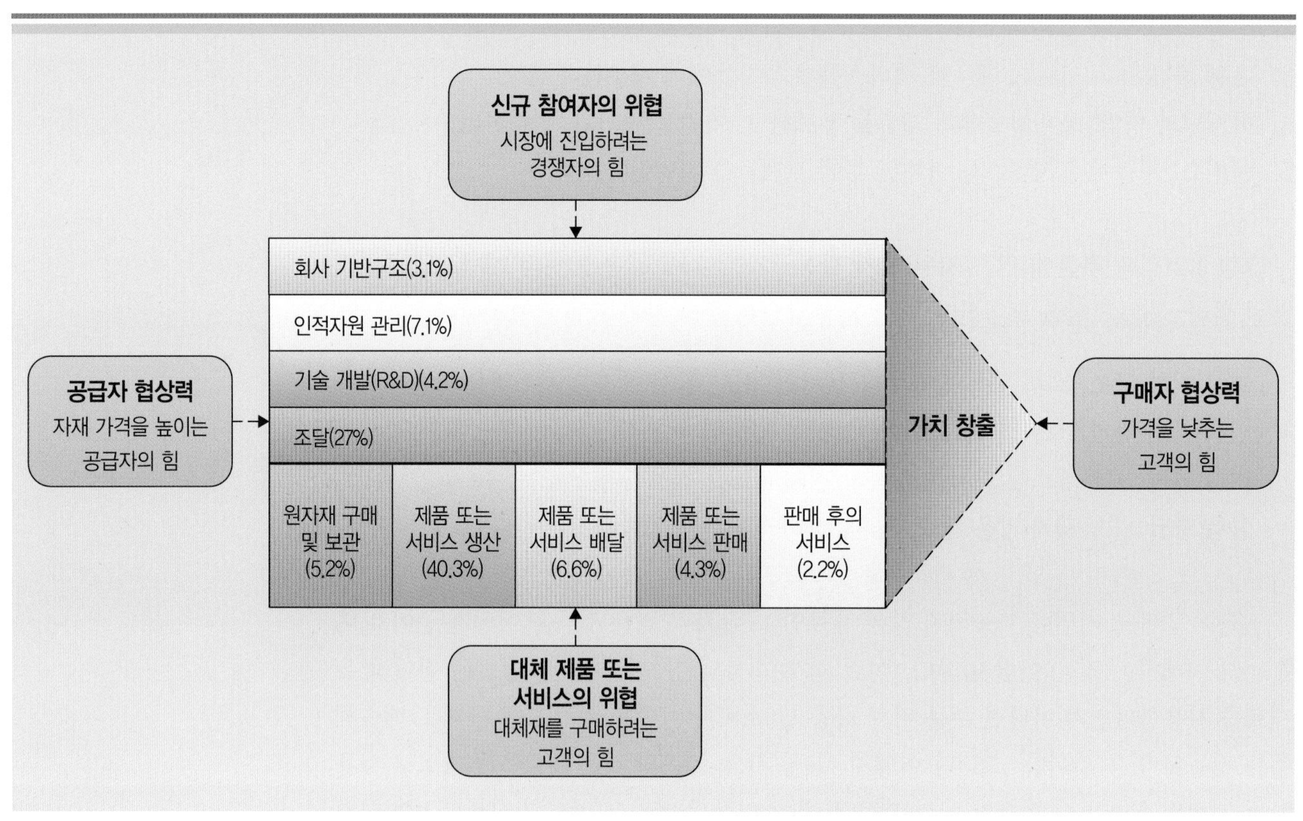

그림 1.22

가치 사슬과 포터의 다섯 가지 경쟁 세력 모형

용한 도구이다. 포터의 다섯 가지 경쟁 세력 모형 관점으로 가치사슬을 분석하고 실행함으로써 기업은 부가가치를 찾아낼 수 있다(그림 1.22 참조). 예를 들면 기업이 구매자의 힘 또는 소비자의 힘을 줄이기 위해서 질 높은 고객 서비스를 제공함으로써 애프터서비스 가치 사슬 활동을 구축할 수 있다. 이렇게 하면, 고객에게 교환비용이 증가되어 고객의 힘이 약해진다. 가치 지원 활동의 분석과 구축 또한 신규 참여자의 위협을 줄이는데 도움이 된다. 또한 주요 가치 활동의 분석과 구축은 대체 제품이나 서비스의 위협을 감소시키는데 도움이 된다.

포터의 세 가지 비즈니스 전략을 적절히 수정하는 것은 매우 중요하다. 회사들은 지속적으로 그들의 비즈니스 전략을 바꾸도록 만드는 경쟁 환경에 적응해야 한다. 이 책의 나머지 부분에서는 경영자들이 MIS를 이용해 어떻게 경쟁 우위를 만들 수 있는 비즈니스 전략을 세우는 지에 대해 논의할 것이다. 그림 1.23은 앞으로 우리가 공부할 장들의 대략적인 내용을 소개하고 있다.

그림 1.23

비즈니스 중심적 정보 시스템의 개괄

모듈 1
비즈니스 중심적 MIS

	비즈니스 전략	MIS 주제
1장: 경영 정보 시스템	비즈니스 중심적 MIS의 이해	자료, 정보, 비즈니스 인텔리전스 지식, 시스템적 사고 포터의 비즈니스 전략
2장: 의사결정과 프로세스	가치 주도의 비즈니스 창출	거래 처리 시스템 의사결정 지원 시스템 중역 정보 시스템 인공지능 비즈니스 프로세스 엔지니어링
3장: e-비즈니스	전자상거래의 가치 발견	e-비즈니스 e-비즈니스 모형 소셜 네트워킹 지식경영 협업
4장: 윤리와 정보 보호	MIS 비즈니스의 문제점에 대한 인식	정보 보호 정책 인증 및 인가 예방 및 저항 탐지 및 대응

모듈 2
MIS의 기술적 기초

	비즈니스 전략	MIS 주제
5장: 하부구조	조직적 MIS 설치	그리드 컴퓨팅 클라우드 컴퓨팅 가상화 지속 가능한 MIS 하부구조
6장: 자료	비즈니스 인텔리전스의 발견	데이터베이스 데이터 관리 시스템 데이터 웨어하우징 데이터마이닝
7장: 네트워크	모바일 비즈니스의 지원	비즈니스 네트워크 웹 1.0, 웹 2.0, 웹 3.0 모바일 MIS 무선 MIS GPS, GIS, LBS

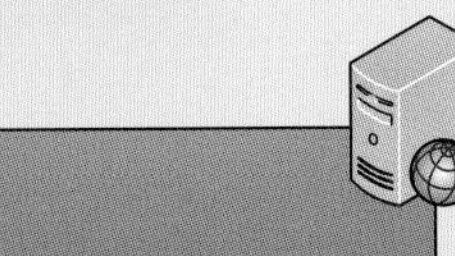

모듈 3
전사적 MIS

	비즈니스 전략	MIS 주제
8장: 기업용 애플리케이션	비즈니스 커뮤니케이션의 강화	고객 관계 관리 공급망 관리 전사적 자원 관리
9장: 시스템 개발과 프로젝트 관리	MIS 프로젝트의 관리	MIS 개발 방법론 프로젝트 관리 아웃소싱

비즈니스 중심적 혁신

학생들의 SWOT

당신이 꿈에 그리는 직업은 무엇인가? 당신이 꿈에 그리는 직업을 가지기 위해 적절한 스킬과 능력을 보유하고 있는가? 만일 그렇지 않다면, 개인적인 경력개발 계획 혹은 전략을 가지고 있는가? 하나의 사업체처럼 여러분은 개인적 SWOT 분석을 통해 여러분의 경력개발 계획이 성공적일 수 있는지를 분석할 수 있다. 당신은 본인의 강점을 알고 경력개발 기회를 찾아내고 당신의 경력개발 계획을 악화시킬 수도 있는 약점과 위협 요인들을 완화시키고 싶을 것이다. 많은 사람들이 애쓰고 있는 주요한 영역은 기술이며, 적절한 기술적 스킬이 없다면 여러분의 꿈에 그리는 직업에 당신이 적합하지 않다는 것을 알게 될 수 있다. 이 과정의 상당한 혜택 중의 하나는 여러 다른 산업과 기능적 영역에서 기술이 중요한 역할을 한다는 것을 이해하고 당신의 사업상 경력에 대비할 수 있게 된다는 것이다. 당신의 전공에 관계없이 경력에 관련된 작업들과 과제물들을 완수하기 위해서 비즈니스 중심적 정보 시스템을 사용할 것이다.

당신의 현재의 스킬, 재능, 지식을 이용하여 경력 계획에 대한 개인적 SWOT 분석을 수행하라. 여러분이 일하고자 하는 기능적 사업영역과 목표로 하는 잠재적 산업영역, 예를 들어 헬스케어, 통신, 도소매업, 여행업 등을 구체화한 후 개인적 경력 목표에 초점을 두고 분석을 수행하라.

개인적 SWOT 분석을 완료한 후에 이 교재의 목차를 살펴보고 이 과정에서 당신의 약점을 없애거나 새로운 강점을 만들 수 있는지를 살펴보라. 이후 몇 주간 배우게 될 교재 내용을 통해서 새로운 기회를 창출하거나 위협을 경감시킬수 있는지를 살펴보라. 예를 들어, 9장은 프로젝트 관리를 자세하게 다루고 있는데, 이 스킬은 하나의 팀을 운영하기 위한 전문가들을 위한 주요 스킬이 포함되어 있다. 작업을 할당하고 작업상태를 점검하기 위한 방법을 배우는 것은 새로운 사업 전문가를 위한 주요한 도구가 될 수 있다. 이러한 중요한 스킬이 당신의 SWOT 분석에서 어느 부분에 위치될 것인가? 당신의 약점을 제거하는데 도움이 되었는가? 여러분이 이 연습을 마칠 때 당신이 실제 일을 시작하면서 어떠한 경쟁을 예상하였는지를 당신의 동료와 비교해보라.

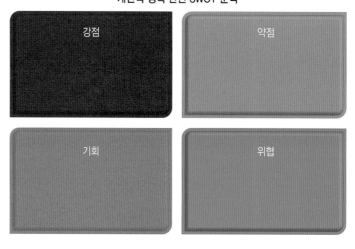

개인적 경력 관련 SWOT 분석

비즈니스 중심적 세계화

민감한 데이터가 안전하지 않을 때 데이터를 안전하게 유지하기

과거 몇 년 동안 데이터 수집량은 급증하였는데 어떤 매체는 역사가 기록된 이후보다도 과거 4년간에 걸쳐 더 많은 데이터를 수집하였다고 추측하였다. 시장조사 회사인 IDC에 따르면 데이터 수집량은 매 4년마다 두 배씩 증가하고 있다고 한다. 스마트폰, 태블릿, 웨어러블 디바이스의 폭발적 성장으로 데이터가 모든 것으로부터 모든 곳에서 언제든지 수집되고 있는 것처럼 보인다. 지금은 데이터 수집이 매 2년마다 두 배가 되고 있으며 곧 매 6개월마다 두 배가 될 것이라고 예측되고 있다. 그야말로 엄청난 데이터다! 데이터 수집량이 폭발적으로 증가함에 따라 CTO, CIO, CSO들은 지수적으로 증가하는 기업의 민감한 데이터를 도둑맞을 위험이 증가하는 극단적으로 어려운 시대에 직면하고 있다. 해커나 범죄자들은 최근 대형 도소매점인 타깃Target 그리고 심지어 연방준비은행으로부터 민감한 데이터를 훔쳤다고 한다.

운영의 관점에서 민감한 데이터는 조직 밖으로 파트너, 공급자, 공동체, 정부기관, 주주들에게 흘러가야 한다. 공통의 조직에서 발견되는 10개 유형의 민감한 데이터를 나열해보라. 주주들의 리스트를 검토해보라. 민감한 데이터 유형들 중에서 어떠한 데이터는 접속 가능한지 그리고 이 데이터를 공유하는 것에 대해 어떠한 관심사를 가지는지를 결정하라. 당신은 종업원과 민감한 데이터를 걱정해야한 하는가? 이 절에서 논의된 4가지 비즈니스 전략 중 하나를 사용해서 당신의 데이터 유출 이슈를 어떻게 다룰 수 있을 것인가?

비즈니스 중심적 토론

기술은 우리들을 멍청하게 만들까 또는 똑똑하게 만들까?

다음 중 한쪽 입장을 선택하고 토론을 진행하라.

- **A 입장**: 정보화 시대에 사는 것은 우리를 좀더 똑똑하게 만든다. 그 이유는 우리는 지식을 필요로 할 때마다 또는 필요로 하는 곳마다 엄청난 양의 지식을 손쉽게 가질수 있기 때문이다.
- **B 입장**: 정보화 시대에 사는 것은 사람들이 게을러지고 멍청하도록 만들 것이다. 그 이유는 사람들은 문제를 해결하기 위해 자신의 메모리 저장소에 축적해둘 필요가 없으며 기계는 사람들에게 그들이 풀어야할 문제에 대한 대답을 제공하기 때문이다.

비즈니스 중심적 창업

멋진 대학 창업 사례들

얼마 전에는 사람들은 사업을 시작한 대학 학생들을 거인이라고 불렀다. 지금은 사람들은 그들을 보스라고 부른다. 거의 한 세기 동안 Inc. 잡지는 대학 창업들을 지켜보며 캠퍼스에 폭풍을 몰고 온 국가적 우수 창업 사례들에 대한 순위를 매겨왔다. 부분적으로 저비용 기술에 의해 도움을 받고 대학 수준에서 기업가 정신 훈련의 확대 보급으로 대학 학생들은 기업들을 설립하는데 있어서 확고한 족적을 남기고 있다. 그리고 그들은 지방의 피자 가게나 패션 상점을 시작하는 것이 아니었다. 그들은 상당히 큰 회사 규모로 비즈니스를 시작하고 있었으며 이미 국민들에게 먹거리를 제공할 수도 있었다.

www.inc.com에 접속하여 Inc. 잡지를 살펴보고, 최근 몇 년간의 가장 멋진 대학 창업들의 리스트를 찾아보라. 그 사업들의 하나를 선택하여 포터의 다섯 가지 경쟁세력 모형 분석과 세 가지 근원적 전략 분석을 수행하라. 각 세력을 규명하고 전환비용, 제품 차별화, 로열티 프로그램들을 분석하라.

학습 성과 복습

1.1 정보화 시대에 대해서 설명하고 데이터, 정보, 비즈니스 인텔리전스와 지식 사이의 차이점에 대해서도 설명할 수 있다.

우리는 정보화 시대에 살고 있고 무한한 양의 정보가 컴퓨터를 사용할 줄 아는 모든 사람에게 제공되고 있다. 정보화 시대의 핵심 요소들은 데이터, 정보, 비즈니스 인텔리전스, 지식을 포함한다. 데이터는 어떤 사건이나 물건의 성격을 설명하는 가공되지 않은 사실들이다. 정보는 데이터가 의미 있고 쓸모 있는 맥락으로 변환된 것을 말한다. 비즈니스 인텔리전스BI는 공급자, 소비자, 경쟁자, 동업자, 산업 같은 다양한 원천에서 전략적 의사결정을 위한 패턴, 추세 그리고 관계를 분석하기 위해 얻은 정보를 뜻한다. 지식은 기술, 경험, 그리고 전문지식이 정보와 인텔리전스와 결합해 개인의 지적 자원을 만들어내는 것을 말한다. 당신이 자료에서 지식으로 이동하는 과정에서 더욱 많은 변수들과 분석을 더하면서 당신은 의사결정과 문제 해결에 더욱 질 좋고 정확한 도움을 받을 수 있다.

1.2 시스템적 사고에 대해 이해하고 어떻게 MIS가 비즈니스에서 의사소통을 가능하게 하는지 설명할 수 있다.

시스템적 사고란 어떻게 부분들이 서로 영향을 미치어 하나의 전체로서 작동하는가를 이해하는 프로세스이다. 시스템적 사고에서는 다양한 문제들의 연관성과 피드백 과정을 파악함으로써 각각의 문제들을 개별적으로 바라보지 않고 전체 시스템의 관점에서 바라보려고 노력한다. 피드백이란 원래의 발신자(입력물, 프로세스, 또는 출력물)로 피드백 되어 발신자의 동작을 수정하는 정보다. 피드백은 시스템이 안정성을 유지하는데 도움이 된다. 예를 들어 자동차의 시스템은 끊임없이 연료량을 확인하며 기름이 떨어지게 될 경우 경고등을 켜는 작업을 한다. 시스템적 사고는 어떻게 작업들이 협동하여 제품이나 서비스를 만들어 내는지에 대한 전체적 이해를 제공한다. 시스템적 사고를 이해하고 있는 경영학도들은 기업에게 귀중한 자원이다. 왜냐하면 이러한 사고를 할 줄 아는 학생들은 문제가 발생할 경우, 한 가지 요소만이 아닌 전체 과정을 고려한 해결책을 실행할 수 있기 때문이다.

1.3 왜 경쟁 우위가 일시적인지 설명할 수 있다.

경쟁 우위란 어떤 제품이나 서비스가 있을 때 경쟁자들이 제공하는 비슷한 제품이나 서비스보다 소비자가 더 중요하게 생각하는 제품이나 서비스의 특징을 말한다. 경쟁 우위는 같은 제품이나 서비스를 더욱 싼 가격에 제공하던지 아니면 추가적인 금액을 지불하게 만드는 가치를 통해 만들어낸다. 불행하게도 경쟁 우위는 보통 일시적인 것들이 대부분인데, 왜냐하면 경쟁자들이 언제나 그것을 모방하는 방법을 찾기 때문이다. 그렇기 때문에 조직은 새로운 경쟁 우위에 근거한 전략을 발전시켜야 한다. 회사들이 경쟁 우위를 복제하는 방법으로선 새로운 기술을 얻는 것, 비즈니스 운영들을 모방하는 것, 그리고 상대방의 주요 직원들을 채용하는 것들이 있다.

1.4 SWOT 분석의 4가지 주요 영역을 찾아낼 수 있다.

SWOT 분석은 한 기업이 사업 전략에 중대한 영향을 미칠 수 있는 요소들을 발견하기 위해 해당 기업의 강점, 약점, 기회, 위협을 평가한다. 강점과 약점은 한 기업 내부에 존재하는 요인들을 발견하는 것이며, 기회와 위협은 그 기업의 외부에 존재하는 요인들을 발견하는 것인데, 이것은 항상 통제 가능한 것은 아니다.

1.5 포터의 다섯 가지 경쟁 세력 모형과 그 다섯 가지 세력에 대해 설명할 수 있다.

포터의 다섯 가지 경쟁 세력 모형은 기업이 그 안에서 경쟁해야 할 산업의 잠재적 수익성을 평가하기 위해서 경쟁 세력을 분석한다.

- 구매자 협상력: 제품을 사기 위해 지불해야 하는 가격에 영향력을 행할 수 있는 능력
- 공급자 협상력: 공급자가 제공하는 것(재료, 노동력, 서비스 포함)의 가격에 영향을 줄 수 있는 능력
- 대체 제품 또는 서비스의 위협: 어떤 제품이나 서비스에 대한 대체 제품이 있을 경우에는 높고 없을 경우에는 낮다.
- 신규 참여자의 위협: 새로운 경쟁자들이 시장에 진입하기 쉬울 때는 높고 시장에 진입하는데 확연한 진입 장벽이 있을 때는 낮다.
- 기존 경쟁자들 간의 경쟁: 시장에서 경쟁이 치열할 때 높고 경쟁자들이 치열하지 않을 때에는 낮다.

1.6 포터의 세 가지 기본 전략을 비교할 수 있다.

조직이 시장 진입을 시도할 때에는 포터의 세 가지 기본 전략을 따르게 된다. (1) 폭 넓은 원가 주도형 전략, (2) 폭 넓은 차별화 전략, (3) 집중 전략이다. 폭 넓은 전략은 광범위한 시장 부문에 영향을 미치는 반면 집중 전략은 틈새시장을 목표로 한다. 또한 집중 전략은 가격 주도형이나 차별화 양쪽 모두에 집중할 수 있다.

1.7 포터의 가치 사슬 분석을 통해 회사가 얻을 수 있는 이익을 설명할 수 있다.

마이클 포터는 이러한 경쟁 우위를 확인하기 위한 가치 사슬 분석value chain analysis을 창안하였다. 가치 사슬 분석은 기업을 제품이나 서비스에 각각 가치를 더하는 비즈니스 프로세스의 연속 과정으로 보며, 소비자에게 제공 가능한 가장 큰 가치를 어떻게 만들어낼지 파악하는데 매우 유용하다. 가치 사슬 분석의 목적은 소비자들에게 제공할 수 있는 가치를 더할 수 있는 프로세스를 파악하고 비용 경쟁력이나 제품 차별화를 통해 회사의 경쟁 우위를 창출하는 것이다. 가치 사슬은 회사의 활동들을 주요 가치 활동과 지원 가치 활동의 두 가지로 나눈다. 주요 가치 활동은 가공되지 않은 재료를 획득하고, 제조하고, 운반하고, 홍보하고, 판매하고, 판매 후 서비스를 제공하는 것이다. 지원 가치 활동은 회사의 기반 구조, 인적 자원 관리, 물품 조달을 포함한다. 이것들은 당연히 주요 가치 활동을 보조한다.

시작 사례 문제

1. **지식:** IoT를 설명하고 IoT 기기 세 가지를 나열하라.
2. **이해:** IoT 기기로부터 데이터 수집률이 지수적으로 증가한다는 것을 경영 관리자가 이해하는 것이 왜 중요한지를 설명하라.
3. **적용:** IoT 기기에서 수집된 데이터가 어떻게 정보와 비즈니스 인텔리전스로 변환될 수 있는지 설명하라.
4. **분석:** IoT 관련 최근의 보안 이슈를 분석하라.

5. **종합:** 창업회사가 어떻게 IoT를 이용해서 더 나은 의사결정을 할 수 있는지에 대한 계획을 제시하라.
6. **평가:** 다음 주장에 대해 찬반 토론을 해 보라. "IoT는 일시적 유행이므로 10년 안에 없어질 것이다."

복습 문제

1. 데이터란 무엇이며, 왜 비즈니스에 중요한가?
2. 경영자는 어떻게 데이터를 정보로 전환할 수 있는가?
3. 데이터, 정보, 비즈니스 인텔리전스, 지식의 관계는 무엇인가?
4. 회사가 범-기능적으로 작동하는 것은 왜 중요한가?
5. 왜 회사는 최고 정보 책임자, 최고 프라이버시 책임자, 최고 보안 책임자를 필요로 하는가?
6. MIS에 대해 설명하고 글로벌 경영에서 이것이 하는 역할에 대해 설명하라.
7. 당신은 정보화 시대에서 MIS가 비즈니스 활동에 필수적이라고 생각하는가?
8. 비즈니스를 전공하는 사람들이 MIS를 이해하는 것이 왜 중요하다고 생각하는가?
9. 당신은 어떤 종류의 경력을 생각하고 있는가? 당신이 구체적으로 생각하고 있는 직업에선 어떻게 데이터, 정보, 비즈니스 인텔리전스, 지식을 사용하는가?
10. 시스템적 사고에 대해 설명하고 이것이 비즈니스 운영을 어떻게 돕는지 알아보자.
11. 당신이 회사를 위해 경쟁 우위를 개발하려고 한다면 어떠한 경영 전략을 쓸 것인가?
12. 결정을 내리는데 있어서 포터의 다섯 가지 경쟁 세력 모형이 하는 역할에 대해 설명하라.
13. 구매자 교섭력에 영향을 주기 위해 우수 고객 관리 프로그램을 어떻게 쓸 수 있을까? 구매자와 공급자를 묶어두기 위해 회사는 인력 교체 비용을 어떻게 이용할 수 있을까?
14. 포터의 세 가지 기본 전략이란 무엇이며 왜 회사는 단 하나만을 따르는 것이 좋은가?
15. 고객 만족도를 측정하기 위해 회사는 포터의 가치 사슬 분석을 어떻게 이용할 수 있을까?

마무리 사례 1

세계는 평평하다: 토머스 프리드먼

1492년 크리스토퍼 콜럼버스는 지구가 둥글다는 것을 증명했다. 각 나라들이 전 세계와 상품을 교역함에 따라서, 수백 년 동안 뱃사람들은 새로운 땅과 사람들, 그리고 언어들을 발견하며 바다를 항해했다. 그리고 뉴욕 타임즈의 저명한 칼럼니스트인 토머스 프리드먼이 《세계는 평평하다》란 책을 발행했다.

프리드먼은 중국, 인도, 미국의 사람들을 마치 이웃처럼 연결할 수 있도록 해 주는 기술의 발전에 의해 세계는 평평해졌다고 주장한다. 인도에 있는 내과의사들은 미국의 병원을 위해 엑스레이를 읽고, 젯블루 항송사의 직원들은 항공편 예약을 유타주에 있는 집에서 편하게 확인할 수 있다. 기술은 선진국들이 누리던 경제적이고 문화적인 이점들을 제거해버림으로서 세계의 모든 경쟁자들이 공평한 조건에서 경쟁할 수 있도록 해 주었다. 프리드먼은 이 현상을 세계화 3.0이라고 부른다.

세계화 1.0은 크리스토퍼 콜럼버스가 지구가 둥글다는 것을 발견했을 때 일어났다. 이 때 세계는 대형에서 중형으로 줄어들었다. 그 후 수백 년 동안 백인들이 지배하는 나라들에 의해 경제가 좌지우지 되었

그림 1.24

세계를 평평하게 하는 프리드먼의 10가지 요인들

세계를 평평하게 하는 10가지 요인	
1. 베를린 장벽 붕괴	1989년 11월 9일의 베를린 장벽 붕괴는 전 세계적인 세력 균형을 깨고 민주와 자유 시장으로 기울게 하였다.
2. Netscape 기업 공개	1995년 8월 9일의 기업 공개로 광섬유 케이블에 대규모 투자의 불을 지폈다.
3. 업무용 소프트웨어work flow software	이메일 송금방식에서 가상사설망VPN에 이르기까지 각종 응용 시스템의 개발 덕분으로 원격지 종업원을 보다 빨리 친밀하게 결합하고 조정해 준다.
4. 오픈소싱open sourcing	리눅스Linux와 같은 자생적인 공동체가 공동 협업의 혁명을 시작하였다.
5. 아웃소싱outsourcing	기업의 주요 기능을 인도로 이관하여 원가 절감과 제 3세계 경제의 부흥을 초래한다.
6. 역외생산offshoring	계약기반 제조contract manufacturing로 중국을 경제 대국으로 발전시키고 있다.
7. 공급 사슬supply chaining	공급자, 소매상, 고객 간의 튼튼한 네트워크가 경영을 개선시킨다.
8. 내부 원천 발굴in-sourcing	물류 거대 기업이 고객 공급 사슬을 장악하고, 소규모 구멍가게들의 세계화를 지원하고 있다.
9. 인포밍informing	강력한 검색 기능은 모든 사람들이 인터넷을 '개인적 지식 공급 사슬'로 사용할 수 있게 하였다.
10. 무선 기술	무선 기술은 협업을, 모바일하고 개인적으로 만듦으로써, 촉진시킨다.

다. 세계화 2.0은 1800년대 산업혁명이 일어났을 때 시작되었다. 이 때 세계는 중형에서 소형으로 줄어들었다. 이 시대에는 백인들이 운영하는 국제적 기업이 경제를 움직였다. 세계화 3.0은 2000년대 초반에 시작되었고 경영에서 거리라는 개념을 제거했다. 이 때 세계는 소형에서 더욱 줄어들었다. 이 시대에는 세계의 모든 곳에 있는 모든 피부색의 사람들이 경제를 지배할 것이다. 네팔에 있는 농부들은 아이폰으로 세계의 지식에, 예를 들어 위키피디아 혹은 블룸버그의 주식 시장의 마감 가격에 접속할 것이다.

아웃소싱outsourcing, 혹은 원격으로 일을 완성할 수 있도록 다른 나라에서 사람을 고용하는 일은 이 시대에서 엄청난 역할을 할 것이다. 이것엔 장점과 단점이 있다. 노동력이 싼 나라에 일거리를 아웃소스하는 것은 물건의 제조비를 줄여 기업이 미국의 시민들에게 더욱 싼 가격의 물건을 공급할 수 있도록 해준다. 미국의 세금 환급을 중국의 회계사를 고용해 해결하는 것은 도시 귀퉁이에 있는 H&R 블록 오피스에 가는 것보다 쉬운 일이고 아마도 더욱 저렴하기까지 할 것이다. 전화 한 통화로 소비자들은 인도, 캐나다 혹은 중국의 노동자들과 바로 연결될 수 있다. 물론, 아웃소싱은 미국의 제조업과 노동자들의 일을 빼앗아 갈 수 있다. 실제로 미국은 수백만의 서비스와 제조업 일자리를 해외의 저가의 노동자들에게 아웃소스하였다.

그림 1.24는 프리드먼이 꼽은 세계를 평평하게 만든 요인들을 보여준다. 이것들은 2000년을 전후로 집중해서 나타나 '평평한 세계(시간과 거리, 지역, 그리고 점진적으로 언어도 상관없이 다양한 지식과 작업을 공유할 수 있는 글로벌하고 웹으로 연결된 플랫폼)'을 만들었다. 세 개의 강력한 경제권이 이 시기에 나타나기 시작했다. 인도, 중국 그리고 전 소련 연방에서 30억이 넘는 의욕 있고 능력 있는 도전자들이 비즈니스 세계에 나타났다. 경영학을 공부하는 학생들은 자기 지역의 학생뿐만 아니라 자기 나라와 전 세계의 학생들과 직장을 놓고 경쟁해야 할 것이다.

질문

1. 세계화 1.0, 2.0, 3.0을 정의하고 각 시대에 모아진 비즈니스 데이터 관리자 유형의 샘플을 제시하라.
2. 프리드먼의 평평한 세계를 설명하고 이것이 비즈니스의 크기에 상관없이 모든 비즈니스에 중요한 이유를 설명하라.
3. 평평한 세계에서 직업을 찾아 경쟁하는 학생들이 직업 시장에서 그들을 차별화하기 위해서 경쟁 우위를 어떻게 만들 수 있는지를 설명하라.
4. 현재의 비즈니스 환경을 분석하고 프리드먼의 리스트 상에서 언급되지 않은 새로운 평평하게 만드는 것flattener을 찾아내라.
5. 창업 기업이 글로벌 세상에서 경쟁하기 위한 포터의 전략들 중 어떠한 것을 어떻게 사용할 수 있는지에 대한 계획을 제시하라.
6. 다음의 문장에 대해 찬반 토론을 하라. "세계는 평평하지 않다. 왜냐하면 많은 미개발 국가들이 전자적으로 연결되지 않았기 때문이다."

마무리 사례 2

캔디크러쉬 게임

"무엇이 애플리케이션을 성공적으로 만드는가?" 라는 질문은 수백만 달러짜리 질문이다. 여러분이 성공적인 애플리케이션을 개발하여 사용할 수 있다면 하루에 백만 달러씩을 벌 수 있을 것이다. 플래피버드Flappy birds와 같이 수백만 명의 사람들이 다운로드 받는 앱을 개발하는 것은 행운인가, 아니면 누군가에 의해 개발되도록 만드는 근원적 비즈니스 전략인가? 앱스토어에 이미 있는 수백만 그리고 매일 새롭게 추가되는 수백 개의 애플리케이션들 중에서 어떠한 것이 성공을 위한 안정 타점sweet spot인지 발견할 수 있는가? 만약 여러분이 탑10 목록에 올릴 수 있는 앱을 만들 만큼 행운이 있다면 문을 열고 편안히 앉아서 돈이 집안으로 들어오는 것을 지켜보면 된다.

캔디크러쉬가 바로 그런 경우이다–엄청난 성공을 거둔 퍼즐게임. 캔디크러쉬는 다양한 3D 캔디를 제공하고 게임자는 색깔 캔디를 매치시켜서 캔디들을 제거하게 되면 다음 레벨로 넘어가게 된다. 캔디크러쉬는 비쥬얼드Bejeweled, 캔디랜드, 테트리스 게임들을 하나의 게임으로 결합하였다. 각 게임자는 5개의 생명을 받고 이것이 모두 없어지면 다시 게임을 하기 위해서 30분을 기다려야 하는데 레벨 99에 있는 사람들은 30분이 엄청나게 긴 시간이 된다. 캔디크러쉬는 9달 이상 동안 모두 탐내는 넘버원 다운로드 앱의 자리를 지켰으며 가장 돈을 많이 번 미국 앱 중의 하나가 되었다. 캔디크러쉬를 만든 회사는 스웨덴의 king.com이며 그 앱으로 매일 백만에서 삼백만 달러 사이의 돈을 벌고 있다. king.com은 모장의 마인크래프트와 로비오의 앵그리버드와 유사하게 세계적 게임 산업에 들어온 유럽 기술회사 중 가장 최근의 회사이다. King.com은 실패한 회사들을 괴롭히던 산업에서 믿을 수 없는 수익성을 이루었다. King.com은 성공을 원하는 모든 사람들의 하나의 아이콘이 되었다. 만일 여러분이 King.com의 성공에 대한 비밀을 연구하게 된다면 애플의 앱스토어의 다음 스타가 될 수 있을 것이다.

King의 성공의 비밀은 프리미엄freemium(기본 서비스는 무료로 제공하고 추가 고급 기능에 대해서는 요금을 받는 방식)이다. 오늘날 비즈니스에서 경쟁하는 어떠한 사람들도 이 용어를 이해해야 한다. 프리미엄 게임이란 다운로드하고 게임을 하는 것은 무료이며 부가적인 것들에 대해서 고객들에게 요금을 부과한다는 것이다. King.com은 프리미엄의 장점을 활용하여 게임에서 고통 점수를 의도적으로 만들어서 수백만 달러를 벌었는데, 사용자가 고통을 벗어날 방법을 부가적으로 제시하여 돈을 지불하도록 하였다.

99센트만 지불하면 사용자는 다루기 힘든 대추를 깨뜨릴 수 있는 롤리팝 해머를 구매할 수 있다. 49레벨에서 당신이 졌는데 99센트로 5개의 생명을 다시 얻고 계속 게임을 할 수 있다고 상상해보라. 혹은 당신은 롤리팝 해머를 살 수도 있고 다음 레벨로 어려움을 헤치고 나갈 수 있다.

많은 비즈니스 앱들이 프리미엄 모델을 사용해서 운영되고 있는데, 무료로 일부 기능을 고객들에게 제공하거나 앱을 제한된 시간 동안 사용하도록 하고 있다. 예를 들어 마이크로소프트 오피스 프로그램을 무료 시범 버전을 다운로드하도록 하고 90일 안에 499달러로 기능적으로 완전한 버전을 구매할 수 있도록 하고 있다. 프리미엄 비즈니스 전략은 생산을 위해 비용이 소요되는 물리적인 제품군에는 적용되지 않는다는 것을 주목해야 한다. 프리미엄으로 구현할 수 있는 가장 근접한 영역은 무료 배송이다. 비즈니스에서 아무짝에도 쓸모없다는 감정은 고객들과 공감되어야 한다. 식료품 가게는 BOGObuy one get one 개념을 종종 사용한다. 하나를 사면 하나는 공짜로 제공한다. 단순히 구매한 모든 제품들에 대해 50% 할인을 단순히 제공하기 보다는 고객들이 하나를 구매할 때 하나를 공짜로 받을 수 있을 때 더 많이 구매하는 경향이 있다. 기업의 비용 입장에서 최종 결과는 50% 할인을 하거나 하나의 가격으로 두 개를 주는 것은 같은 것이지만, BOGO에 의해 매출을 증가시킬 수 있다.

질문

1. 프리미엄 비즈니스 전략이 하나의 기업에게 경쟁 우위를 제공할 수 있다는 것에 동의하는가, 동의하지 않는가? 여러분의 답을 정당화하라.
2. 데이터, 정보, 비즈니스 지능, 지식이 King.com의 입장에서 왜 중요한가? 캔디크러쉬 게임을 하는 고객과 관련지어 각각의 예시를 제시하라.
3. King.com의 캔디크러쉬를 포터의 다섯 가지 경쟁 세력을 사용하여 분석하라. 만약 여러분이 백만 달러를 가지고 있다면 캔디크러쉬에 투자할 의향이 있는가?
4. 포터의 세 가지 본원적 전략에 따르면 King.com의 캔디크러쉬는 어떠한 전략에 따른 것인가?
5. 왜 프리미엄 비즈니스 전략이 가상 제품에는 잘 맞는데 물리적 제품에는 잘 맞지 않는가?

핵심적 비즈니스 고찰

1. **프리드먼에 주목하기**

   토머스 프리드먼의 최신작의 제목은 '뜨겁고, 평평하고, 꽉 찬: 왜 그린 혁명이 필요한가, 그리고 그것은 어떻게 미국을 새롭게 할 수 있을까?'[2]이다. 인터넷을 이용해 이 책에 대한 정보를 가능한 한 많이 찾아보도록 하자. 왜 경영자들은 이 책에 관심을 가질 만한가? 이 책은 어떻게 글로벌 비즈니스에 영향을 줄 수 있는가? 이 책이 비즈니스계에 '세계는 평평하다'가 그러했던 것처럼 사회에 커다란 영향을 끼칠 수 있을까?

2. **포터를 추적하기**

   마이클 포터가 21세기에 가장 영향력 있는 비즈니스 전략가 중 하나라는 건 의심할 여지가 없다. 인터넷에서 마이클 포터의 인터뷰와 잡지 기사들, 뉴스 혹은 새로 업데이트 된 비즈니스 전략에 대해 알아보자. 그리고 그 내용들을 요약해서 다른 학생들과 나누어 보자. 토마스 프리드먼이나 마이클 포

---

2) Hot, flat, and crowded: Why We Need a Green Revolution – And How It Can Renew America'

터 같은 사람들에 대해 알아보는 것이 어떻게 비즈니스계에서 당신의 경력을 준비하는데 도움이 될까? 비즈니스계에서 당신의 경력을 준비하기 위해 따를 만한 전문가들 세 명을 추가로 더 알아보자.

3. 비디오 빌리기

비디오 대여 산업은 매우 경쟁이 심하다. 소비자들은 직접 매장을 방문하던지Blockbuster, 우편을 통해 받던지Netflix, 혹은 TV에서 직접 시청하던지(1회 구매 혹은 넷플릭스) 하는 등의 선택권들이 있다. 포터의 다섯 가지 경쟁 세력 모형을 이용해 비디오 대여 산업에 진입하는 것의 매력을 찾아보자. 제품 차별화, 전환 비용, 그리고 우수 고객 관리 프로그램을 반드시 포함하는 것을 잊지 말자.

4. 최고를 위해 일하기

매년 포춘Fortune지는 세계에서 가장 일하고 싶은 회사 100개의 목록을 만든다. 가장 최근의 목록을 찾아보자. 이 회사 순위를 매기기 위해 포춘지는 어떤 종류의 자료를 분석했을 것이라고 생각하는가? 만약 이 자료들의 분석에서 오류가 있다면 어떤 논쟁들이 생길 수 있을까? 이 목록을 분석함으로서 얻을 수 있는 지식은 어떤 것일까? 직업을 찾아보고 있는 학생이 이 목록을 분석함으로서 대답할 수 있는 질문 다섯 가지를 생각해보자.

5. 진실에 대한 당신의 버전을 발견하기 위한 데이터 다루기

이토록 추운 날씨를 경험하고 많은 눈을 보고도 어떻게 지구온난화가 현실이라고 할 수 있을까? 이 질문은 2009~2010년 몇 차례의 거대한 눈보라로 꽁꽁 얼어붙은 워싱턴 DC를 보며 몇몇 사람들이 한 것이다. 정치인들은 농담을 하고 이글루를 지으며 기후 변화의 존재를 반박했다. 몇몇은 이토록 눈이 많이 내리는데 지구가 더워지고 있다는 것은 있을 수 없는 일이라고 결론내렸다.

이런 말들은 미국진보센터Center for American Progress(오바마 당선 후 진보 진영의 핵심 싱크 탱크로 급부상한 단체)의 물리학자이면서 기후 전문가인 조셉 롬을 답답하게 만들었다. 그는 지구온난화에 대한 이러한 반박들이 틀렸다는 것을 사람들에게 증명하기 위해 몇 주에 걸쳐서 데이터를 정보와 그래프로 변환하는 작업을 했다. 기후 변화는 그 경향을 파악하기 위해 데이터를 분석해 정보로 변환시키는 것이 중요하다. 기후 변화란 그저 창밖의 날씨를 보고 파악할 수 있는 것이 아니기 때문이다. 실제로 어떠한 변화가 일어나고 있는지 알 수 있으려면 진보된 기술의 도구를 가지고 몇 십 년에 걸친 기후 데이터를 보아야만 한다.

정치인들, 경제 전문가들, 그리고 뉴스 캐스터들이 매우 난해한 논의들을 데이터 하나에 근거한 지나치게 단순한 논쟁거리로 변모시키며, 자신들의 관점과 주장을 뒷받침하기 위해 데이터를 악용하는 모습을 자주 볼 수 있다. 데이터를 이해하고 그것을 유용한 정보로 전환시켜야 한다. 그러지 않는다면, 당신은 누가 진실을 말하고 누가 거짓말을 하는지 알 수 없을 것이다.

경제 상황을 파악하기 위해 경제 전문가들이 사용하는 데이터 두세 종류에 대해서 브레인스토밍해보라. 그들은 어떠한 방법으로 데이터를 정보로 변환하는가? 경제 상황을 파악하려 할 때 그들은 어떠한 이슈들에 맞닥뜨리는가? 경영자로서 경제와 비즈니스 보고서를 받을 때 무엇을 이해하고 있어야 하는가?

6. 당신의 사업 시작하기

조시 제임스는 최근에 자신의 웹 분석 회사인 옴니추어Omniture를 1.8억달러에 어도비Adobe에게 팔았다. 그렇다, 제임스는 옴니추어를 그의 기숙사 방에서 시작했다. 당신은 전공에 관계없이 MIS를 이해하는 학생들이 가지고 있는 어마어마한 가능성을 인식하기 시작했는가? 다음의 질문들에 대답해보자.

a. 왜 요즘은 대학교에 다니고 있는 학생들이 창업을 하는 것이 쉬운가?

b. 당신의 기숙사 방에서 사업을 시작하는데 필요한 것은 무엇인가?

c. 이 강의가 당신의 사업을 시작하는데 어떤 도움을 줄 수 있을까?
d. 인터넷에서 학생 창업의 세 가지 예를 찾아보자.
e. 지금 당신이 사업을 시작하는 것을 방해하는 것은 무엇인가? 당신은 정보화 시대에 살고 있고, MIS의 힘을 빌리면 적은 자본으로 비즈니스에 뛰어드는 것은 그 어떤 시대보다 쉽다. 당신의 사업을 지금 시작해 보지 않겠는가?

7. 정보화 시대에 정보 이슈

우리는 데이터의 수집, 저장, 사용이 핫토픽인 정보화 시대에 살고 있다. 부적절하게 데이터를 다루는 하나의 예제는 한 대학의 사례에서 볼 수 있는데 이 대학에서는 화장실을 모니터링 하기 위해 변기, 거울, 싱크대를 매 15초마다 관측하고 있다. 학생들, 교수들, 직원들은 화장실 데이터 수집 행위가 개인 프라이버시를 침해하고 있는 것이며 권리의 위반이라는 불만을 제기하기 시작했다.

부적절한 데이터 다루기의 다른 예시는 한 대학의 회계교수가 1800명 학생들의 사회보장번호, 성적, 이름을 보관하고 있는 플래시 드라이브를 잃어버렸을 때 발생했다. 사회보장번호가 포함된 것은 1993년 이전에는 그 번호가 학생들의 id로 사용되었기 때문이다.

여러분의 대학은 어떤 종류의 학생 데이터를 모으는가? 만일 당신의 교수가 여러분의 모든 개인 정보가 담긴 드라이브를 잃어버렸다면 어떠한 일이 발생할 것인가? 누군가가 당신의 개인 데이터를 훔친다면 어떠한 이슈가 발생할 수 있는가? 당신의 대학은 이러한 데이터 관리 위반이 발생되지 않으려면 무엇을 해야 하는가?

8. 경쟁 분석

셰릴 오코넬은 작지만 고급인 여성의류 소매점인 엑셀러스라는 가게의 주인이다. 엑셀러스의 비즈니스는 몇 년 동안 호황을 누렸는데, 이것은 주로 엑셀러스의 중요 고객들이 기대하고 필요로 하는 것들을 추측해 제공할 수 있는 오코넬의 능력 덕분이었다. 오코넬은 IT의 가치를 인정하지 않는데다 순이익에 직접적으로 영향을 주지 않는 그 어떤 것에도 자본을 투자하고 싶어 하지 않는다. 오코넬이 IT를 포용하지 않음으로서 그녀가 잃을 가능성 있는 경쟁 우위나 그녀가 인지하지 못하는 위협들에 대한 제안서를 작성해보자. 포터의 다섯 가지 경쟁 세력 분석을 포함하도록 하고 오코넬이 세 가지 기본 전략 중 어떤 것을 따라야 할지 생각해보자.

9. 세 가지 기본 전략 적용하기

경제정책연구소에 따르면 과거 10년 동안 미국은 240만명의 공장 직업을 중국에게 잃어버렸다. 한국, 대만, 중국에 있는 공장들은 장난감, 치약, 운동화, 컴퓨터, 가전, 자동차들을 만들고 있는 중이다. 오랫동안 미국 회사들은 이러한 제품들을 경쟁으로 인식하지 못했다. 회사들은 아시아의 하이테크 제품들을 2등급의 복제품으로 여겼으며 아시아 국가들은 공장 문화를 유지할 것이라고 믿었다–단지 모방할 뿐 혁신하지 않는다.

지나고 보니 이러한 국가들이 하이엔드 제품들을 디자인하고 만들어내기 시작하게 되면서 그들은 경쟁력 있는 제품과 서비스를 낮은 제조비용으로 고부가 연구개발 수행 활동이 분명한 경쟁 우위를 가지는 것이 분명해졌다. 아시아는 지금 풍력 터빈에서부터 고속 총알열차까지 모든 산업에서 성장세에 있다. 블룸버그 비즈니스위크의 가장 혁신적인 기업 랭킹에 따르면 2006년에 탑 50개의 기업 중 5개가 아시아 기업이었는데 지금은 15개가 아시아 기업이다. 사실 처음에 탑 25개의 대다수는 미국 밖에 있었다.

경영대 학생으로서 이러한 통계를 어떻게 볼 것인가? 여러분이 졸업할 때 글로벌 경영 환경의 어떠한 것들이 경쟁 상태에 있게 될 것인가? 여러분이 직업 시장에서 경쟁지능을 모으고자 원한다면 어느 영역을 바라보고 어떠한 유형의 데이터를 분석하기를 원하는가? 여러분은 직업을 찾을 때 여러분 자신을 차별화하기 위한 개인적 경쟁 우위를 가지기 위해 무엇을 할 수 있는가?

10. **당신의 손자 손녀에게 해 줄 수 있는 열 가지 최고의 말들**

    와이어드Wired지는 최근에 당신의 손자 손녀들에게 해 줄 수 있는 말들 상위 열 가지에 대한 기사를 실었다. 다음에 소개하는 표현들이 무엇을 의미하는지 생각해보고 왜 이것들이 시대에 뒤떨어진 것들이라고 여겨지게 될지 생각해보자.

    ① 옛날엔 말이야, 단 140글자만 필요했었어.

    ② 예전엔 여기 눈이 엄청 많아서 발에 보드를 동여매고 미끄러져 내려갈 수 있었어.

    ③ 텔레비전에서 하는 콘테스트에서는 머리에 데이터를 가장 많이 저장하는 사람에게 상금을 줬었어.

    ④ 어디보자, 스크린은 더 컸었지만 하루에 특정한 시간에만 영화를 틀어 주었지.

    ⑤ 우리 모두 하나씩은 가지고 있었지만 아무도 실제로 사용하진 않았어. 생각해보면 내 링크드인LinkedIn 프로필이 인터넷 어딘가에 떠돌고 있을걸.

    ⑥ 영어는 한때 지배적인 언어였다. 말도 안 되지?

    ⑦ 우리의 몸은 고기로 만들어져 있었고 칼슘으로 된 작은 막대기들로 지지됐었다.

    ⑧ 한때 우리는 우리 컴퓨터에 파일을 직접 저장했었고 그 파일에 접하기 위해선 그 똑같은 컴퓨터로 돌아가야 했어!

    ⑨ 그거 혹시 새로 나온 아이폰 27G야? 멀티태스킹 받았어?

    ⑩ 이 멍청한 인조고기vat-grown meat엔 적응을 못하겠어. 질감이 영 엉망이야.

기업가적 도전

당신의 비즈니스를 만들어보자

당신은 최근에 할아버지의 가게를 물려받았는데, 그것은 편리하게도 당신이 사는 도시의 시내에 위치해 있다. 이 가게는 여러 가지 특성화 된 제품과 서비스들을 제공하며, 1952년 처음 문을 연 이래로 지역의 명소였다. 그러나 불행히도, 지난 몇 년간 서서히 내리막길을 걷고 있는 가게였다. 이 가게는 컴퓨터를 전혀 쓰지 않고 모든 주문 처리는 수작업으로 이루어진다. 당신의 할아버지는 뛰어난 기억력을 가지고 있어 모든 고객들과 공급자의 이름을 알고 있었으나 불행히도 이 모든 정보는 가게 어디에도 남아있지 않다. 또한 가게를 운영하는데 필요한 다른 모든 정보들도 할아버지의 기억 속에만 있다. 이 가게는 웹사이트도 가지고 있지 않고 구전에 의한 홍보 외에는 거의 아무런 광고를 하지 않는다. 한마디로 말해서 1952년 가게를 열었을 때와 똑같은 방식으로 운영되고 있는 것이다.

이 수업을 거치면서 당신은 할아버지의 가게를 운영할 것이다. 이 책에서 논의할 비즈니스 관행들의 장점들을 받아들이면서 당신은 수익을 올리고 비용을 절감하면서 이 가게를 21세기에 맞는 가게로 전환시킬 것이다. 이 사례의 목적을 위해서 당신은 운영하고 싶은 가게(혹은 사업)를 정하고 가게의 이름을 지어 보자. 예를 들어 이 가게는 브로드웨이 카페라고 불리는 커피 가게가 될 수도 있고, 커팅 에지 스토어라고 불리는 익스트림 스포츠 가게일 수도 있다. 혹은 심지어 실버 스크린이라고 불리는 영화 가게일 수도 있다. 당신이 정말로 관심을 가지고 있고 앞으로 정말로 종사하고 싶은 분야를 골라보자.

프로젝트 주안점: 경쟁 우위

1. 당신이 운영하고 싶은 가게(혹은 사업)를 정하고 가게의 이름을 지어 보라.
2. 포터의 다섯 가지 경쟁 세력 모형을 이용해 당신의 가게에 대한 구매자 교섭력과 공급자 교섭력을 분석하라. 어떻게 전환 비용이나 소비자 충성심 프로그램과 같은 전략들을 이용해서 경쟁을 헤쳐 나갈 수 있는지에 대해서 토론하라.
3. 포터의 다섯 가지 경쟁 세력 모형을 이용해 경쟁자, 진입 장벽, 그리고 대체재 위협에 대해서 분석하라. 어떻게 제품 차별화와 같은 전략으로 경쟁을 헤쳐 나갈 수 있는지에 대해서 토론하라.
4. 당신의 사업을 위해서 포터의 세 가지 기본 전략 중에서 어떤 것을 사용할 것인지를 설명하라. 어떻게 해당 전략을 수행할지와 그것이 어떻게 경쟁 우위를 창출할 것인지에 대해서 자세하게 설명하라.

지식 적용하기 프로젝트

프로젝트 1 성공하기

비즈니스 리더들은 다음과 같은 이유들 때문에 MIS에 익숙해야 한다.

- 비즈니스 가치를 보장하기 위해서 MIS에 투자된 자금의 규모가 관리되어야 한다.
- 많은 조사 결과들은 최고 경영자들이 MIS를 적극적으로 지지하고 있다는 것을 보여주고 있다. 그들은 경쟁 우위 확보, 비즈니스 프로세스 개선, 심지어 전 산업을 변환하는 등의 많은 이익이 있다는 것을 안다.
- 경영 리더들이 MIS에 관여하지 않을 때, 관리의 소홀로 인해 MIS 시스템은 제대로 작동하지 못하며, 수익은 사라지고 회사 전체가 무너질 수도 있다.

기업들은 어떻게 경영자들로 하여금 MIS에 관여하게 하는가? 가장 큰 긍정적 요소 중 하나는 대학교 수업들이나 간부 세미나 같은 경영자 자신의 MIS 관련 경험들이다. 일단 경영자들이 이러한 경험과 교육을 통해 MIS를 이해하고 나면 그들은 MIS를 통해 회사를 성공으로 이끌 가능성이 높아진다.

1. 당신이 종사하고 싶은 분야의 산업에 어떤 기술들이 사용되고 있는지 인터넷을 통해 찾아보자. 예를 들어 만약 당신이 회계나 재무에 관련된 직업을 가지고 싶다면 당신은 오라클 파이낸셜Oracle Financial과 같은 금융 시스템에 익숙해져야 할 것이다. 만약 당신이 운송이나 유통 분야에 관심이 많다면 공급 사슬 관리 시스템에 대해 찾아봐야 할 것이다. 만약 마케팅이 당신의 흥미를 끈다면 고객 관계 관리 시스템, 블로그들, e-마케팅, 그리고 소셜 네트워킹 등에 관해 알아보면 될 것이다.
2. 경쟁 도구로서 MIS는 제품의 품질을 향상시키고, 제품 개발 기간을 단축시키고, 소비자 서비스의 질을 향상시킴으로서 다른 경쟁자들이 제공하는 제품, 서비스, 가격과 자신의 제품을 차별화 할 수 있게 도와준다. 당신이 종사하고 싶은 업계에서 MIS를 통해 경쟁 우위를 만들어 낸 회사들의 예를 인터넷을 통해 알아보자.
3. 당신이 알아낸 것들에 대한 짧은 리포트를 만들어보자. 당신이 찾은 기술들과 회사들이 경쟁 우위를 만들기 위해 어떻게 그것들을 사용하고 있는지에 대한 간단한 설명을 반드시 포함하도록 하자.

프로젝트 2 정렬하기

대부분의 회사들은 젯블루Jetblue, 델, 월마트와 같이 시장을 주도하는 위치에 있고 싶을 것이다. 앞의 세 회사들은 모두 MIS 시스템을 이용해 시장에서 인정받는 자리에 오를 수 있었다. 이들은 최선의 MIS와 비즈니스 리더십을 조합해 기술의 원가를 낮게 유지하기 위해 언제나 노력한다.

다음의 질문에 답해보라. "왜 비즈니스에서 MIS와 다른 운영들을 정렬하는 것이 어려운가?" 당신이 이 질문을 분석할 때 다음의 질문을 활용해보자.

a. 기업들이 어떻게 경쟁 정보를 모니터링하고 경쟁 우위를 만들어내는가?

b. 대부분의 기업에서 MIS를 사용할 때 겪는 가장 큰 어려움은 무엇인가?

c. MIS 결정을 주도하는 것은 무엇인가?

d. 대부분의 기업들에서 MIS 결정을 주도하는 사람(혹은 요소)은 누구(무엇)인가?

프로젝트 3 시장 분석

세 가지 기본 전략의 예를 보기 위하여 그림 1.25을 참조하자. 제시된 매트릭스는 전략 간의 상호관계(원가 주도형 대 차별화)와 시장 세분화(광역화 대 집중 중심)를 보여준다.

- 현대는 광범위한 원가 주도형 전략을 택하고 있다. 현대는 폭넓은 고객에게 어필할 수 있게 각 특정 모델 계층별로 저가 차량을 제공하고 있다.
- 아우디는 몇 가지 가격대로 구입 가능한 Quattro 모델로 광범위한 차별화 전략을 추구하고 있다. 아우디의 차별화는 '안전'에 있고, 가격은 Quattro 모델(현대보다 고가)에 따라 다양한 차이가 있어 보다 넓은 계층의 고객에게 접근하고 있다.
- 기아는 집중형 원가 주도형 전략을 구사하여 저가 부문의 차량을 집중 공급하고 있다.
- 허머는 산업의 특정 부문에 집중하는 차별화 전략을 구사하고 있다(Mercedes-Benz 포함).

그림 1.25

자동차 산업이 적용하고 있는 포터의 세 가지 기본 전략

당신이 선택한 제품에 대해서 각 전략을 설명하는 그래프를 그려라. 해당 전략은 반드시 다음의 각 시장에서의 제품을 포함해야 한다. (1) 원가 주도형, 넓은 시장, (2) 차별화, 넓은 시장, (3) 원가 주도형, 집중 시장 그리고 (4) 차별화, 집중 시장. 후보 제품은 시리얼, 개 사료, 소프트드링크, 컴퓨터, 샴푸, 스낵, 청바지, 운동화, 샌들, 산악자전거, TV 쇼, 영화 등을 포함한다.

프로젝트 4 우체국 고치기

우체국에서 줄서서 기다리는 것보다 더 짜증나는 것이 있을까? 줄서는 것은 짜증날 뿐 아니라 수지맞지 않는 일이기도 하다. 미국 우체국은 매년 수백억 달러의 손실을 감당해야 했고, 이 손실은 우체국 역사상 가장 큰 난관 중 하나였다.

무엇이 우체국들을 죽이고 있는 것일까? 아마도 그것은 24시간 당신에게 맞는 우표를 출력할 수 있게 해주는 웹사이트인 스탬프stamps.com일지도 모른다. 결혼하는가? 당신은 커플의 행복한 사진을 초청장 우표로 만들 수 있다. 사업을 시작하는가? 당신의 비즈니스 로고를 우표로 쓰라. 스탬프는 심지어 고객의 고객이 발송한 우편들을 기억해 최적의 배송방법을 추천해준다. 게다가 스탬프는 우체국이나 우체통에서는 받지 못하는 할인까지 해 준다.

포터의 다섯 가지 경쟁 세력 모형을 이용해 미국 우체국을 평가해보라. 우체국은 그들의 사업을 키우기 위해 어떤 제품이나 서비스들을 만들어낼 수 있을까? 우체국을 위한 경쟁 우위로는 어떤 것이 있을까?

프로젝트 5 아이패드–역사상 가장 위대한 제품일까 혹은 그저 또 하나의 유용한 작은 도구일까?

애플사는 그들이 매우 기대하고 있던 제품인 아이패드iPad를 출시한 후 15시간 만에 300,000개를 팔았다. 수백, 수천의 애플 팬들은, 비록 이것이 휴대전화도 노트북도 아닌데다 아직도 많은 사람들이 무슨 기계인지 감도 못 잡고 있었음에도 불구하고 이 기계를 처음으로 손에 얻기 위해 유월절과 부활절 기간 동안 가게로 몰려들었다.

이 휴대용 태블릿의 유용성에 대한 논쟁은 애플사가 이 기기를 시장에 출시할 것이라고 발표를 하자마자 대두됐다. 한눈에 보기에 아이패드는 얇은 책 모양으로 되어 있고, 가장자리에 몇 개의 버튼들이 있는 터치스크린보다 약간 더 나은 기기이다. 이 기기를 줄여 놓는다면 아이팟 터치iPod Touch처럼 보일 것이다. 이 기기의 가치는 무엇인가? 이것이 모두가 대답하고 싶어 하는 질문이다.

아이패드의 최신 기능들은 미디어(비디오, 웹 페이지들, 음악, 사진, 심지어 책들)를 소비하는 전혀 새로운 방식을 제시할지도 모른다. 동료 학생들과 조를 나누어 아이패드가 비즈니스에서 가지고 있는 현재의 가치를 파악해 보자. 지금 비즈니스에서 아이패드를 사용하고 있는, 혹은 사용할 수 있는 세 가지 예를 찾아보자. 당신은 이것을 차세대 혁신적 기기라고 생각하는가, 아니면 그저 과하게 비싼 음악 재생기라고 생각하는가?

프로젝트 6 평평한 경쟁

"제가 미니애폴리스에서 자라고 있던 시절에 저희 부모님께선 언제나 이렇게 말하곤 하셨죠. '톰, 저녁을 남기지 말거라. 인도와 중국에는 굶고 있는 사람들이 있단다.' 요즘에 저는 제 딸들에게 이렇게 말합니다. '숙제를 다 해라. 중국과 인도에는 너희의 일자리에 굶주린 사람들이 많단다.' 그리고 이 평평한 세계에서는 그들은 그 일자리들을 구할 수 있어요. 미국인만의 직업이란 건 더 이상 어디에도 없거든요." 토머스 프리드먼이 말한다.

토머스 프리드먼은 그의 책 '세계는 평평하다'에서, 폭포처럼 쏟아져 나온 기술적 및 사회적 변화가 어떻게 효과적으로 경제 세계를 단일 수준으로 만들고 '실수로 베이징, 방갈로어, 베데스다를 옆집 이웃으로 만들었는지'에 대해 묘사하고 있다. 평평한 세계에 대해 논의하는 토머스 프리드먼의 MIT 강의 영상은 http://mitworld.mit.edu/video/266에서 볼 수 있다. 만약 당신이 이 평평한 세계에서 경쟁할 준비를 하고 싶다면 당신은 이 비디오를 보고 다음의 질문에 대답을 해야 할 것이다.

- 당신은 세계는 평평하다고 하는 프리드먼의 주장에 대해 찬성하는가, 반대하는가?
- 직업을 탐색하고 있는 학생들에게 평평한 세계가 미칠 수 있는 영향들은 무엇이 있을까?
- 평평한 세계에서 경쟁하기 위해 학생들이 준비할 수 있는 것은 무엇일까?

프로젝트 7 당신의 대학 창업 발견

휴스턴 대학의 학생이었던 데릭 존슨은 마침 그 학교의 여학생 클럽의 커뮤니케이션 디렉터였던 그의 친구와 점심을 먹고 있었다. 점심을 먹으면서 데릭의 친구는 여학생 클럽의 회원들 모두와 연락하는 것이 얼마나 힘든지에 대해 이야기를 해 주고 있었다. 그녀는 모임, 자선 행사, 심지어는 각종 마감일들까지 포함한 중요한 공지들을 회원들에게 보내야 했다. 페이스북, 이메일, 심지어는 게시판을 통해서 전달하려고 했지만 지금까지는 아무것도 제대로 작동하는 것이 없었다. 데릭이 그녀의 딜레마에 대해 고민하던 중 해결책이 떠올랐다. 그것은 바로 단체 문자였다.

데릭은 단체 문자 제품들에 대해 알아보기 시작했고 일반 소비자를 위한 제품이 하나도 없다는 것에 대해 놀랐다. 창업의 기회를 엿본 데릭은 재빨리 제품을 개발하기 시작했다. 수개월 내에 그는 타탕고Tatango라는 웹사이트를 개설했는데 그것은 적절한 가격에 단체 문자들을 보내 주는 사이트였다. 몇 년이 지난 현재, 타탕고는 한 달에 20달러 이하부터 시작하는 소비자 가입 옵션을 제공하는데 그것은 그룹의 모든 멤버–10명이 되었든 10,000명이 되었든–에게 한 번에 문자를 전달 할 수 있도록 해 준다.

조를 지어 당신이 지금 겪고 있는 문제들을 브레인스토밍 해보자. 혹시 새로운 비즈니스 기회가 있는지 생각해보고, 만약 있다면 이 장에서 소개한 도구들을 이용해 가능성을 분석해보자. 수강하고 있는 반에서 당신의 새로운 비즈니스 계획을 발표해보자.

프로젝트 8 이 화장실의 문제는 무엇일까?

만약 당신이 재정위기를 겪고 있는 세계적 재무회사의 CEO라고 하자. 당신은 사무실 건물을 개조하기 위해서 백만 달러를 투자하겠는가? 당신은 아마 그러지 않을 것이고 이 이야기가 오니언지The Onion가 지어낸 것일 거라고 생각할 것이 분명하다. 그러나 놀랍게도 이것은 실화이다! 메릴 린치Merril Lynch의 전 CEO였던 존 세인은 1,200,000달러를 사무실을 수리하는데 쓰기로 결정했다–메릴 린치가 엄청난 재정 손실을 발표한 다음에 말이다. 세인은 다음과 같은 항목들에 친히 승인 사인을 했다.

- 아레아 양탄자: 87,784달러
- 마호가니 테이블: 25,713달러
- 19세기 사무용 캐비닛: 68,179달러
- 팬던트 조명 가구: 19,751달러
- 커튼 4쌍: 28,091달러
- 손님용 의자 한 쌍: 87,784달러
- 조지 4세 의자: 18,468달러
- 벽용 촛대 6개: 2,741달러
- 문서 폐기물 통: 1,405달러 (그렇다, 쓰레기통에 말이다!)
- 로만 셰이드 천: 10,967달러
- 커피 테이블: 5,852달러
- 그릇장: 35,115달러

CEO의 역할을 제대로 수행할 수 있는 기술들을 익히기 위해선 수년간에 걸친 교육과 실무 경험이 필요하다. 당연히 메릴 린치와 같은 회사는 오직 매우 능력 있고 인정받은 사람들에게만 그 자리를 줄 것이다. 당신은 존 세인에게 어떤 일이 일어났을 것이라고 생각하는가? 왜 그는 그의 회사가 재정 위기를 겪고 있을 때 사무실을 고치는데 이렇게 말도 안 되는 양의 자금을 썼을까? 회사의 목표에 동참하지 않는 고위 관리자들에게는 무슨 일이 일어나는가? 어떻게 당신은 회사의 고위 간부가 화장실 개조에 수백만 달러를 쓰는 것과 같은 기념비적인 실수를 하는 것을 방지할 수 있을까?

프로젝트 9 나는 테드TED를 사랑한다!

1984년에 시작한 작은 비영리조직인 TEDTechnology, Entertainment and design는 전파할만한 가치가 있는 아이디어를 위한 회의를 개최하였다. TED는 가장 혁신적이고, 유익하며, 흥미진진한 수상 연설을 20분으로 주어진 시간 안에 공유하기 위해 지구상에 있는 사람들을 불러 모았다. 여러분은 앨 고어, 빌 게이츠, 스티브 잡스, 더글라스 아담스, 스티븐 레빗, 세드 고딘, 말콤 글라웰 등의 유명 인사에 의한 TED 연설을 들을 수 있다.

www.ted.co을 방문하여 가용한 수천 개의 비디오를 정독한 후 다음 질문에 답하라.

- TED 웹사이트를 살펴보고 여러분이 시청하고 싶은 3개의 연설을 선택하라. 왜 여러분은 이 3개를 골랐는가? 그리고 그 연설들을 시청하기 위해 수업 이외의 시간을 낼 수 있는가?
- 여러분은 TED를 시청하면서 어떤 방법으로 경쟁 우위를 얻을 수 있는가?
- 여러분은 TED를 시청하면서 창업을 위한 아이디어를 어떤 방법으로 발견할 수 있는가?
- 여러분은 TED를 시청하면서 경쟁 지능을 어떤 방법으로 발견할 수 있는가?

의사결정과 프로세스: 가치 주도적 비즈니스

2
CHAPTER

이 장의 개요

SECTION 2.1
의사결정 지원 시스템

- 조직의 경영 의사결정 내리기
- 조직의 경영 의사결정 측정하기
- MIS를 이용하여 경영 의사결정 내리기
- AI를 이용하여 경영 의사결정 내리기

SECTION 2.2
비즈니스 프로세스

- 비즈니스 프로세스 관리하기
- MIS를 이용하여 비즈니스 프로세스 개선하기

IT는 나에게 무엇을 제공해 주는가?

오늘날 더 빠르고 더 스마트하게 일하는 것은 이제 기업의 필수 요소가 되었다. 기업은 비즈니스 프로세스를 얼마나 잘 설계하고 조정하느냐에 따라 자신의 가치사슬을 결정지을 수 있다. 기업의 가치사슬은 비즈니스 프로세스를 얼마나 잘 설계하고 조정하느냐에 따라 직접적인 영향을 받는다. 만약 비즈니스 프로세스를 통해 운영비용을 낮추고, 차별화하며, 틈새시장에서 경쟁력을 갖출 수 있다면 이러한 비즈니스 프로세스는 경쟁 우위 확보에 큰 도움이 될 것이다. 그러나 비즈니스 프로세스가 운영에 걸림돌이 되고 효율성과 효과성을 저해하는 낡은 방식이라면 기업에 큰 짐이 될 수도 있다. MIS는 바로 이러한 비즈니스 프로세스를 개선하는 능력을 갖고 있다. 따라서 MIS의 이러한 능력을 점검하는 것은 너무도 중요한 일이다.

1장에서는 전략에 대해 살펴보았다. 이 장에서는 이러한 전략을 지원하기 위해 경영자들은 어떠한 MIS 도구들을 이용할 수 있는지를 전반적으로 살펴본다. 비즈니스를 공부하는 당신은 이 장을 읽은 후에 정보 시스템 유형에 대한 세부 지식을 알아야 한다. 즉, 정보 시스템이 어떻게 의사결정을 지원하고, 비즈니스 프로세스 리엔지니어링을 가능하게 하며, 조직의 효율성과 효과성을 향상시키고, 경쟁 우위의 창출 및 유지를 도와주는지 알아야 한다.

비즈니스에 인기 있는 착용형 기술

기술 세계에서 다음 대세는 무엇일까? 1990년대 초에는 랩톱 컴퓨터가 사용자들에게 이동성과 생산성을 제공하면서 대세를 이루었다. 2007년에는 애플이 스마트폰을 세상에 선보였다. 이 기기는 비록 크기가 손바닥만 하지만 성능은 1960년대에 나사가 달에 사람을 보낼 때 사용했던 장비보다 더 강력했다. 산업 분석가들은 다음 대세가 착용형 기술wearable technology이 될 것이라고 전망하고 있는데, 이 기술은 아이폰이나 기타의 기기들보다 훨씬 더 작고 다재다능할 것이라고 내다보고 있다.

착용형 기술들은 점점 우리의 삶에 밀접하게 다가오고 있다. 앱은 기업과 개인 모두에게 제공되고 있고, 매우 고무적이어서, 향후 10년간은 우리 일상생활에 주요한 영향을 미칠 것이라 기대해도 좋다. 착용형 기술은 우리 몸에 물리적으로 착용할 수 있는 기기에 대한 것이다. 우리가 몸에 이러한 추적 장치를 착용하면 우리는 삶을 보다 잘 관리할 수 있을 것이다. 착용형 기술들의 예로는 스마트 워치, 지능형 안경, 피트니스 트래킹 밴드 등이 있다. 착용형 기기는 휴대보다는 착용하는 것, 가령 옷이나 액세서리 등과 결합될 전망이다.

현재 착용형 기술은 주로 소비자 제품에 초점이 맞춰져 있다. 그러나 향후에는 초점이 비즈니스 측면으로 이동할 것이다. 왜냐하면 생산성 향상, 산업 재해 감소, 수십억 달러의 비용 절감 등과 같은 기회가 비즈니스 세계에 훨씬 더 많아질 것이기 때문이다. 착용형 기술은 손을 쓰지 않고 이용할 수 있는 핸즈프리를 제공한다. 따라서 다양한 방식으로 비즈니스에 이용될 수 있다. 가령, 상점이나 호텔에 들르는 것을 착용형 기기를 통해 실시간 추적하고, 이것을 고객 데이터와 연결하면 신용카드나 호텔 키가 불필요해질 수도 있다. 응급의료 종사자와 수색구조팀은 최신의 이동성과 추적 능력을 보유함으로써 구조자와 조난자에게 더 나은 안전을 보장해줄 것이다. 영업사원, 자동차 정비사, 원격 서비스 요원 등은 데이터에 실시간으로 접근할 수 있고, 계획이나 설계도를 핸즈프리 방식으로 실시간 확인할 수 있다. 실시간 데이터 접근을 필요로 하는 사람들, 예컨대 영업사원, 변호사, 의사, 간호사, 경찰관, 소방관, 군인 등은 업무 현장에서 착용형 기기를 이용하여 혜택을 누리게 될 것이다(그림 2.1은 착용형 기술의 예이다).

모토롤라의 HC1 헤드셋
이것은 핸즈프리 디스플레이로 제임스 캐머런 감독의 에일리언즈에서 갤럭틱 마린이 쓴 헤드기어와 유사하다. 국방, 공공시설, 건설, 항공 등에서 일하는 사람들은 이것을 이용해서 수리 매뉴얼과 설계도를 볼 수 있다.

엑스오아이 테크놀로지스XOEye Technologies의 보호안경safety glasses
엑스오아이 보호안경은 반짝이는 LED와 내장형 카메라를 장착하고 있다. 이것은 바코드를 스캔할 수 있고, 비디오를 멀리 떨어져 있는 사람들에게 실시간 전송할 수 있다. 또한, 목이 한쪽으로 비스듬히 구부러져서 잘 펴지지 않는 병인 사경head tilt과 같은 생체 정보를 추적함으로써 인체공학적 문제를 진단하는 것을 도울 수도 있다.

구글 글래스
구글 글래스 사용자는 주문형 정보 서비스를 통해 증강현실을 경험해 볼 수 있다. 예를 들어, 구글 글래스을 착용하고 공항에 걸어 들어가면, 착용자는 기기를 통해 자신의 비행에 관한 상세한 정보를 볼 수 있다.

삼성 갤럭시 기어 심밴드simband
사람들은 갤럭시 기어를 시계처럼 손목에 찰 수 있다. 갤럭시 기어는 기존 스마트폰의 기능을 모방하거나 보완해준다. 심밴드는 첨단 생체 센서가 장착되어 있어서 사용자의 혈압, 호흡, 심장박동수, 수분상태, 혈중 이산화탄소 등과 같은 건강 상태를 지속적으로 추적한다.

마이오 암밴드Myo armband
동작 기반 무선 컨트롤러인 마이오 암밴드가 비디오 게임 시장에 출시되었다. 공장에 있는 작업자들은 이것을 이용하여 기계를 작동하면서도 자신의 손을 자유롭게 유지할 수 있다.

캡처Kapture
캡처는 음성녹음용 손목밴드audio-recording wristband이다. 작업 중에 복잡한 명령을 기억하거나 메모할 수 있다.

그림 2.1
착용형 기술의 예

section 2.1 | 의사결정 지원 시스템

학습 성과

2.1 조직의 전략, 관리, 운영 수준에 있는 각각의 경영자들이 내리는 의사결정의 중요성과 주요 특징들에 대해 설명할 수 있다.

2.2 핵심 성공 요인CSF과 핵심 성과 지표KPI를 정의하고, MIS 프로젝트의 성과를 측정하기 위해 경영자들이 이들을 어떻게 사용하는지 설명할 수 있다.

2.3 운영 지원 시스템, 관리 지원 시스템, 전략 지원 시스템을 분류하고, 경영자들이 의사결정을 내리고 경쟁 우위를 얻기 위해 이 시스템을 어떻게 이용할 수 있는지를 설명할 수 있다.

2.4 인공지능에 대해 설명하고 인공지능의 다섯 가지 유형을 확인할 수 있다.

조직의 경영 의사결정 내리기

1장에서는 기업이 원가 우위나 차별화, 혹은 집중화를 통해 얻는 경쟁 우위를 바탕으로 시장에 진입할 수 있다는 포터Porter의 전략에 대해 살펴보았다. 이러한 결과를 얻기 위해 경영자들은 의사결정을 내리고, 미래의 비즈니스 요구사항을 예측할 수 있어야 한다. 오늘날 경영자들이 직면하는 가장 중요하고 어려운 질문은 현재의 비즈니스 환경에서 어떻게 경쟁 우위를 확보하고, 또 동시에 어떻게 미래의 성공에 필요한 기반을 마련하는가이다. 내일을 위한 전략을 개발하고 있지 않다면, 기업에게 미래란 없을 것이다. 이 절에서는 포터의 다섯 가지 경쟁세력 모형과 세 가지 본원적 전략, 그리고 가치 사슬 분석에 이어서 경영자들이 가치창출을 위해 경영 의사결정의 개념과 실무를 어떻게 익혀나갈 수 있는지를 살펴볼 것이다. 또한 21세기로 향해 가는 기업들이 가치사슬 전반에 걸쳐

그림 2.2
경영 의사결정의 난관들

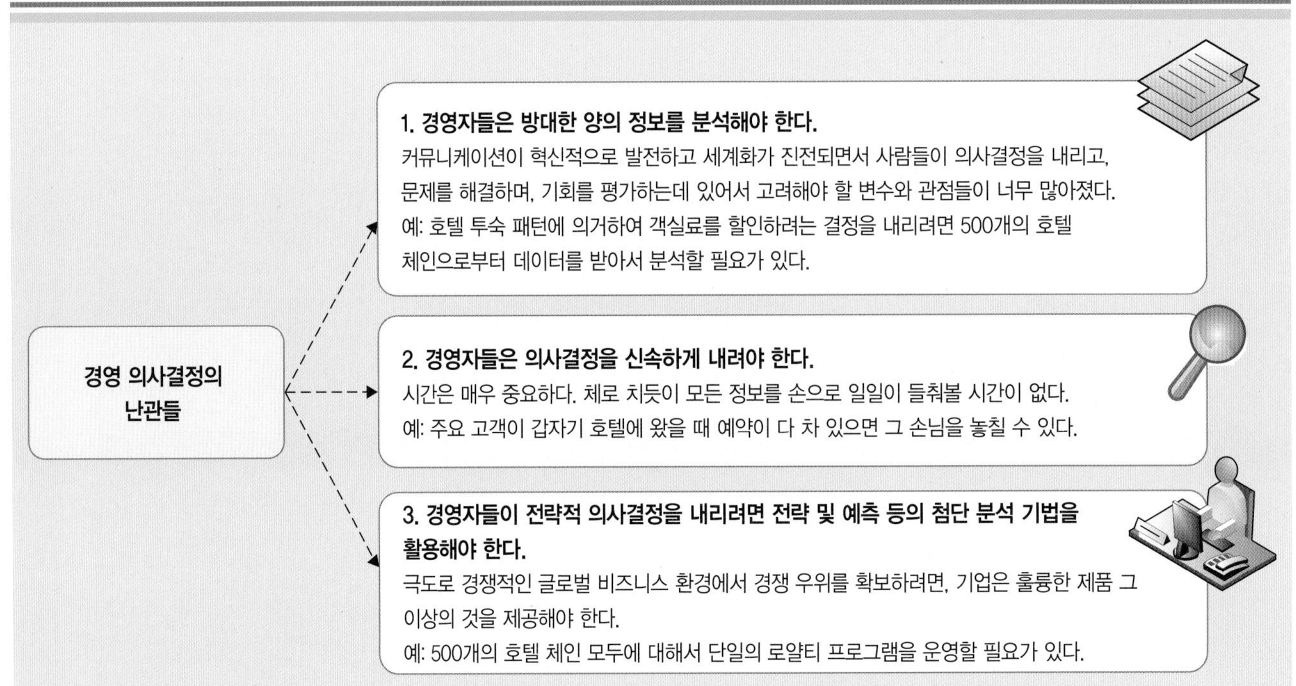

경영 의사결정의 난관들
1. 경영자들은 방대한 양의 정보를 분석해야 한다.
커뮤니케이션이 혁신적으로 발전하고 세계화가 진전되면서 사람들이 의사결정을 내리고, 문제를 해결하며, 기회를 평가하는데 있어서 고려해야 할 변수와 관점들이 너무 많아졌다.
예: 호텔 투숙 패턴에 의거하여 객실료를 할인하려는 결정을 내리려면 500개의 호텔 체인으로부터 데이터를 받아서 분석할 필요가 있다.
2. 경영자들은 의사결정을 신속하게 내려야 한다.
시간은 매우 중요하다. 체로 치듯이 모든 정보를 손으로 일일이 들춰볼 시간이 없다.
예: 주요 고객이 갑자기 호텔에 왔을 때 예약이 다 차 있으면 그 손님을 놓칠 수 있다.
3. 경영자들이 전략적 의사결정을 내리려면 전략 및 예측 등의 첨단 분석 기법을 활용해야 한다.
극도로 경쟁적인 글로벌 비즈니스 환경에서 경쟁 우위를 확보하려면, 기업은 훌륭한 제품 그 이상의 것을 제공해야 한다.
예: 500개의 호텔 체인 모두에 대해서 단일의 로열티 프로그램을 운영할 필요가 있다.

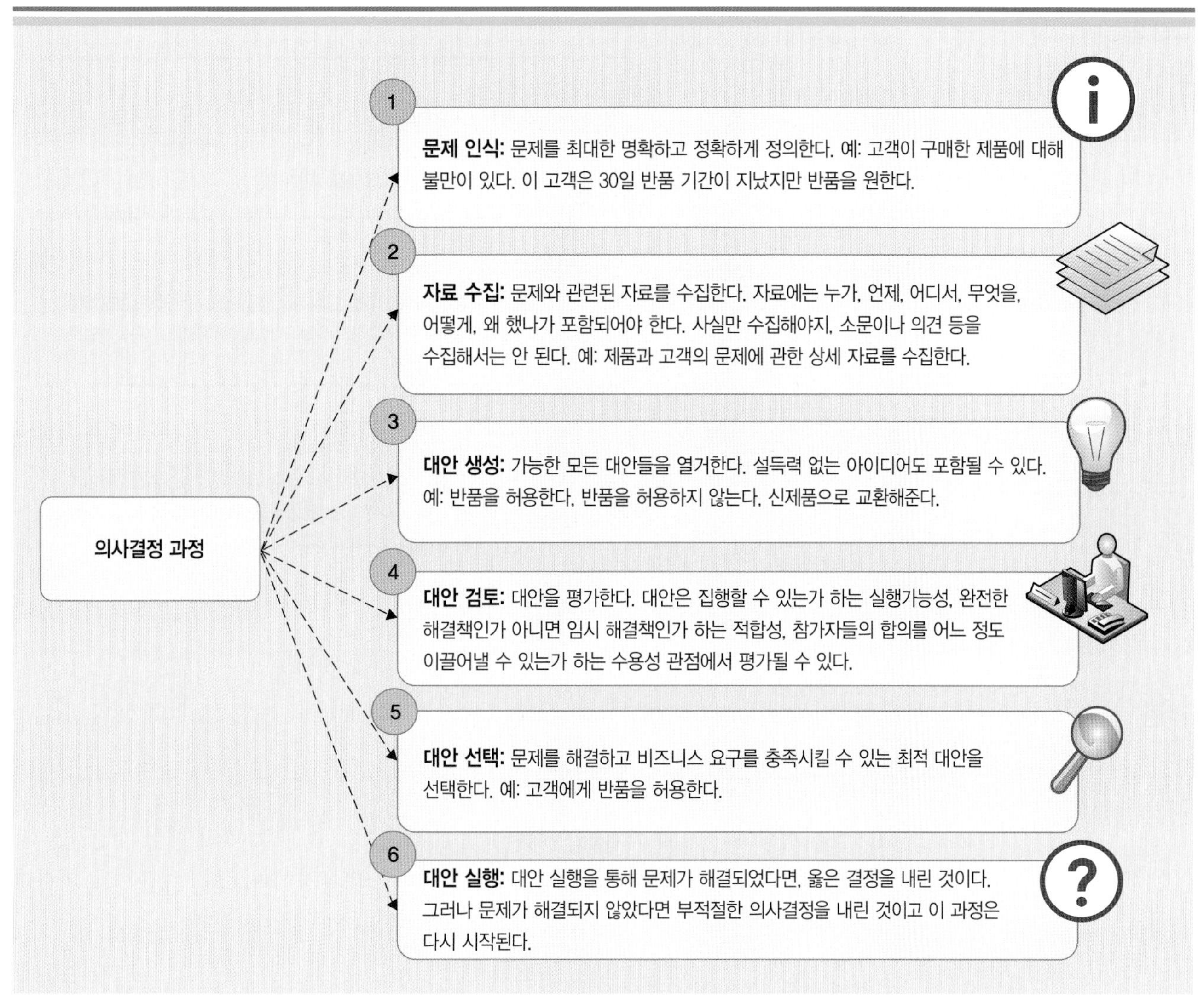

의사결정 과정
1
문제 인식: 문제를 최대한 명확하고 정확하게 정의한다. 예: 고객이 구매한 제품에 대해 불만이 있다. 이 고객은 30일 반품 기간이 지났지만 반품을 원한다.
2
자료 수집: 문제와 관련된 자료를 수집한다. 자료에는 누가, 언제, 어디서, 무엇을, 어떻게, 왜 했나가 포함되어야 한다. 사실만 수집해야지, 소문이나 의견 등을 수집해서는 안 된다. 예: 제품과 고객의 문제에 관한 상세 자료를 수집한다.
3
대안 생성: 가능한 모든 대안들을 열거한다. 설득력 없는 아이디어도 포함될 수 있다. 예: 반품을 허용한다, 반품을 허용하지 않는다, 신제품으로 교환해준다.
4
대안 검토: 대안을 평가한다. 대안은 집행할 수 있는가 하는 실행가능성, 완전한 해결책인가 아니면 임시 해결책인가 하는 적합성, 참가자들의 합의를 어느 정도 이끌어낼 수 있는가 하는 수용성 관점에서 평가될 수 있다.
5
대안 선택: 문제를 해결하고 비즈니스 요구를 충족시킬 수 있는 최적 대안을 선택한다. 예: 고객에게 반품을 허용한다.
6
대안 실행: 대안 실행을 통해 문제가 해결되었다면, 옳은 결정을 내린 것이다. 그러나 문제가 해결되지 않았다면 부적절한 의사결정을 내린 것이고 이 과정은 다시 시작된다.

그림 2.3
여섯 단계의 의사결정 과정

중요한 경쟁 우위를 창출할 수 있는 최신의 MIS를 어떻게 활용할 수 있는지에 대해서도 알아볼 것이다.

1장에서 살펴보았듯이 의사결정은 경영의 가장 중요하고도 어려운 부분이다. 이러한 의사결정은 다양하다. 가령, 몇 개의 물품을 주문할까, 몇 명을 고용할까 하는 일상적인 의사결정이 있는가 하면, 주요 직원이 갑자기 그만둔다든지, 필요한 재료가 도착하지 않았다든지 해서 내려야 하는 예상치 못한 의사결정도 있다. 오늘날의 경영자들에게는 매우 복잡한 의사결정을 방대한 분량의 정보를 이용해서 신속하게 내려야 하는 어려움이 있는데, 때로는 인간의 뇌로는 감당할 수 없을 정도로 복잡하고 막대한 정보를 기반으로 해야 할 정도이다. 그림 2.2는 경영자들이 의사결정을 내릴 때 마주치게 되는 세 가지 주요 난관들을 보여주고 있다.

의사결정 과정

조직의 프로젝트들은 크게 운영적, 관리적, 전략적 수준에서 진행된다. 의사결정 과정은 이러한 프로젝트의 커뮤니케이션과 리더십에 있어서 매우 중요하다. **애널리틱스**Analytics

그림 2.4

일반적 기업의 조직구조

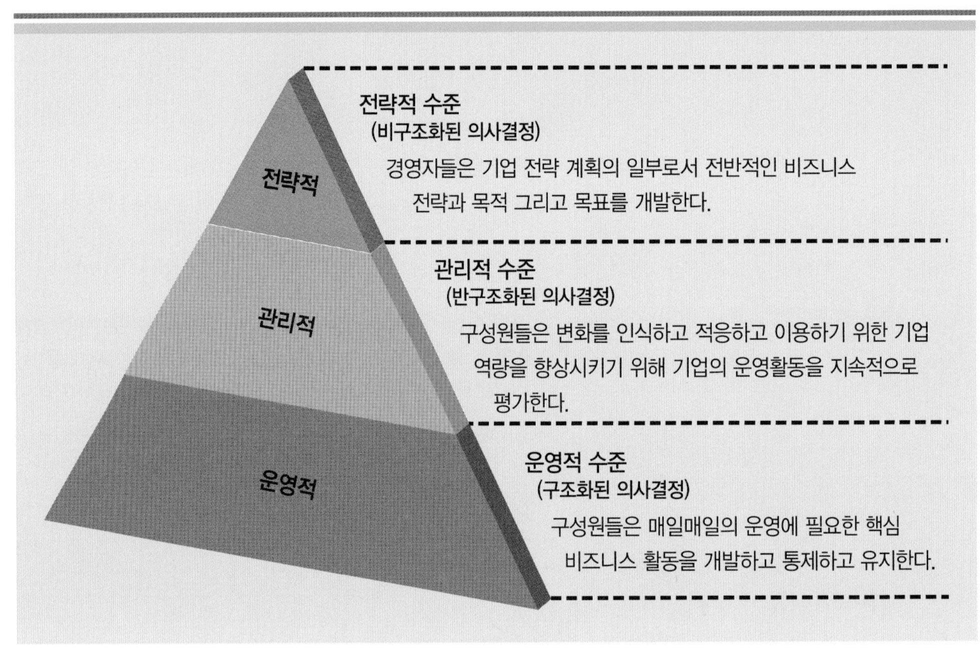

는 사실 기반의 의사결정 과학이다. 다양한 아카데믹 의사결정 모형들이 있는데 그림 2.3은 그 중의 한 예를 보여준다.

의사결정의 핵심사항

MIS 의사결정 도구들의 쓰임을 이해하려면 조직구조에 관한 몇 가지 핵심 개념들을 파악해볼 필요가 있다. 전형적인 조직구조는 피라미드와 유사하며, 조직 수준별로 의사결정, 문제해결, 기회포착에 요구되는 정보 유형이 다르다(그림 2.4 참조).

운영적 수준 **운영적 수준**에서 직원들은 날마다의 운영에 필요한 핵심 비즈니스 활동들을 개발하고, 통제하고, 유지한다. 운영적 의사결정은 **구조적 의사결정**에 해당된다. 구조적 의사결정 상황에서는 기존의 확립된 업무처리 절차에 따라 일을 처리하면 문제가 해결된다. 구조적 의사결정은 빈번히 내려지고, 대부분 반복되며, 단기 전략에 영향을 준다. 전형적인 구조적 의사결정의 예로 재고의 재주문, 직원 현황표 작성, 주별 생산계획 작성 등이 있다. 그림 2.5에는 운영적 의사결정의 핵심 사항이 정리되어 있다. 측정 척도를 제외한 나머지 모든 사항들은 익숙할 것이다. 측정 척도는 나중에 자세히 살펴본다.

관리적 수준 **관리적 수준**에서 구성원들은 변화를 인식하고, 적응하고, 이용하기 위한 기업 역량을 향상시키기 위해 기업의 운영활동을 지속적으로 평가한다. 경쟁 우위를 가지고 있는 기업들은 자신을 빠르게 쫓아오는 경쟁자들보다 앞서기 위해 항상 자신의 전략을 조정하고 변경할 필요가 있다. 관리적 의사결정에는 기업의 사업목표와 정책 및 절차에 따른 단기 계획과 중기 계획, 일정 계획, 예산 등이 포함된다. 또한, 관리적 의사결정에는 자원을 할당하고, 조직 내 하부 조직의 성과를 점검하는 것이 포함된다. 성과를 점검해야 하는 하부 조직으로 부서나 부분, 프로세스 팀, 프로젝트 팀, 그 외의 워킹

	전략적 수준	관리적 수준	운영적 수준
구성원 유형	■ 고위 경영자, 사장, 리더, 중역	■ 중간 경영자, 매니저, 감독	■ 하위 경영자, 부서 관리자, 분석가, 사무직원
초점	■ 조직 외부, 산업, 기업 전체	■ 조직 내부(가끔은 조직 외부), 범부서적	■ 조직 내부, 부서 단위
시간 개념	■ 장기, 연간 또는 다년간	■ 단기, 일별, 월별 또는 연별	■ 단기, 매일 매일의 운영활동
의사결정 유형	■ 비구조적, 비반복적, 일회성	■ 반구조적, 임시적, 비계획적 보고	■ 구조적, 반복적, 재발성
MIS 유형	■ 지식	■ 비즈니스 인텔리전스	■ 정보
측정 척도	■ 효과성에 초점을 둔 핵심 성공 요인CSF	■ 효율성에 초점을 둔 핵심 성과 지표KPI와 효과성에 초점을 둔 핵심 성공 요인CSF	■ 효율성에 초점을 둔 핵심 성과 지표KPI
예	■ 향후 3년에 걸친 고용수준의 변화가 기업에 어떠한 영향을 미칠 것인가? ■ 산업의 어떤 추세를 분석할 필요가 있나? ■ 기업의 경쟁 우위 창출을 위해 어떤 유형의 신제품과 신시장이 필요한가? ■ 내년의 경기침체가 비즈니스에 어떤 영향을 미칠 것인가? ■ 새로운 세법에 대비하려면 기업은 무엇을 준비해야 하는가?	■ 지역별, 판매사원별, 제품별 최우수 고객은 누구인가? ■ 다음 달 예상 매출액은 얼마인가? 이것이 작년 같은 기간의 실제 매출액과 비교해서 어떠한가? ■ 예상 매출액과 실제 매출액 간의 월별 차이는 얼마인가? ■ 전월 마케팅 캠페인이 매출액에 어떠한 변화를 주었나? ■ 다음 달에는 어떤 유형의 특별 보고서를 작성해야 할까?	■ 병가를 낸 직원이 몇 명인가? ■ 다음 주 생산 요구량은 얼마인가? ■ 차고에 있는 재고가 얼마나 되나? ■ 급여 시스템을 실행했을 때 어떤 문제가 발생했나? ■ 다음 주에 휴가인 직원이 누구인가? ■ 오늘 몇 개의 제품을 생산해야 하는가?

그림 2.5

의사결정의 개요

그룹 등이 있다. 관리적 의사결정은 **반구조적 의사결정**에 해당된다. 반구조적 의사결정은 기존의 확립된 업무처리 절차가 대안 평가에 유용하지만 좋은 의사결정을 내리기에는 불충분한 상황에서 내려진다. 예를 들어, 신제품을 생산하거나 직원의 복리후생을 변경하는 의사결정은 비구조적 의사결정과 반구조적 의사결정의 중간쯤에 해당한다. 그림 2.5에는 관리적 의사결정의 핵심 사항이 정리되어 있다.

전략적 수준　**전략적 수준**에서 경영자들은 기업 전략 계획의 일부로서 전반적인 비즈니스 전략과 목적 그리고 목표를 개발한다. 또한 정치적, 경제적, 경쟁적 비즈니스 환경에서 조직의 전략적 성과와 전체적 방향을 진단한다. 전략적 의사결정들은 **비구조적 의사결정**에 해당된다. 비구조적 의사결정은 올바른 의사결정을 내리는데 지침으로 삼을 만한 규칙이나 절차가 없는 상황에서 내려진다. 비구조적 의사결정은 아주 가끔 매우 중요하게 내려지고, 장기 전략과 관련되어 있다. 예를 들어, 향후 3년 안에 어떤 신시장을 개척할 것인가, 또는 어떤 새로운 산업에 진출할 것인가 하는 의사결정이 비구조적 의사결정에 해당된다. 이러한 의사결정에서 경영자들은 대안을 찾기 위해 수많은 정보들을 탐색하고 개인의 통찰력을 발휘한다. 그림 2.5에는 전략적 의사결정의 핵심 사항이 정리되어 있다.

조직의 경영 의사결정 측정하기

프로젝트란 기업이 특정한 제품이나 서비스 혹은 결과를 만들어 내기 위해 수행하는 일시적 활동을 의미한다. 프로젝트의 예로서 새로운 지하철역 공사, 극장 체인점의 온라인 발권 소프트웨어 프로그램 도입 등을 들 수 있다. 저명한 경영학자인 피터 드럭커Peter Drucker는 "측정할 수 없으면 관리할 수 없다"라고 말한 적이 있다. 그렇다면 경영자들은 복잡한 비즈니스 프로젝트의 진행 과정을 어떻게 측정하는가?

지표metrics란 결과를 평가하기 위해 측정하는 것으로, 경영자들은 지표를 확인함으로써 프로젝트가 목표를 충족하고 있는지를 점검해 볼 수 있다. 대표적인 두 가지 핵심 지표는 **핵심 성공 요인**CSF: critical success factors과 **핵심 성과 지표**KPI: key performance indicators이다. 핵심 성공 요인CSF은 기업이 목적과 목표를 달성하고 전략을 추진하기 위해 반드시 수행해야 하는 필수적 요인들을 의미한다(그림 2.6 참조). 핵심 성과 지표KPI는 기업이 정한 핵심 성공 요인CSF을 향해 어느 정도 가고 있는지를 평가하기 위해 사용하는 양적 지표들을 의미한다. KPI는 CSF보다 훨씬 더 구체적이다.

핵심 성공 요인과 핵심 성과 지표의 관계를 이해하는 것은 중요하다. CSF는 비즈니스 전략이 성공하기 위해 꼭 필요한 요소들이다. KPI는 수량화할 수 있는 측정 도구를 이용하여 CSF의 진행 과정을 측정한다. 하나의 CSF에 여러 개의 KPI들이 있을 수 있다. 물론, 두 항목들은 기업별 또는 산업별로도 서로 다르다. CSF의 예로서 대학의 '졸업 성과 개선'에 대해 생각해보자. '졸업 성과 개선'이라는 CSF는 다음과 같은 KPI로 측정할 수 있다.

그림 2.6

CSF와 KPI 지표

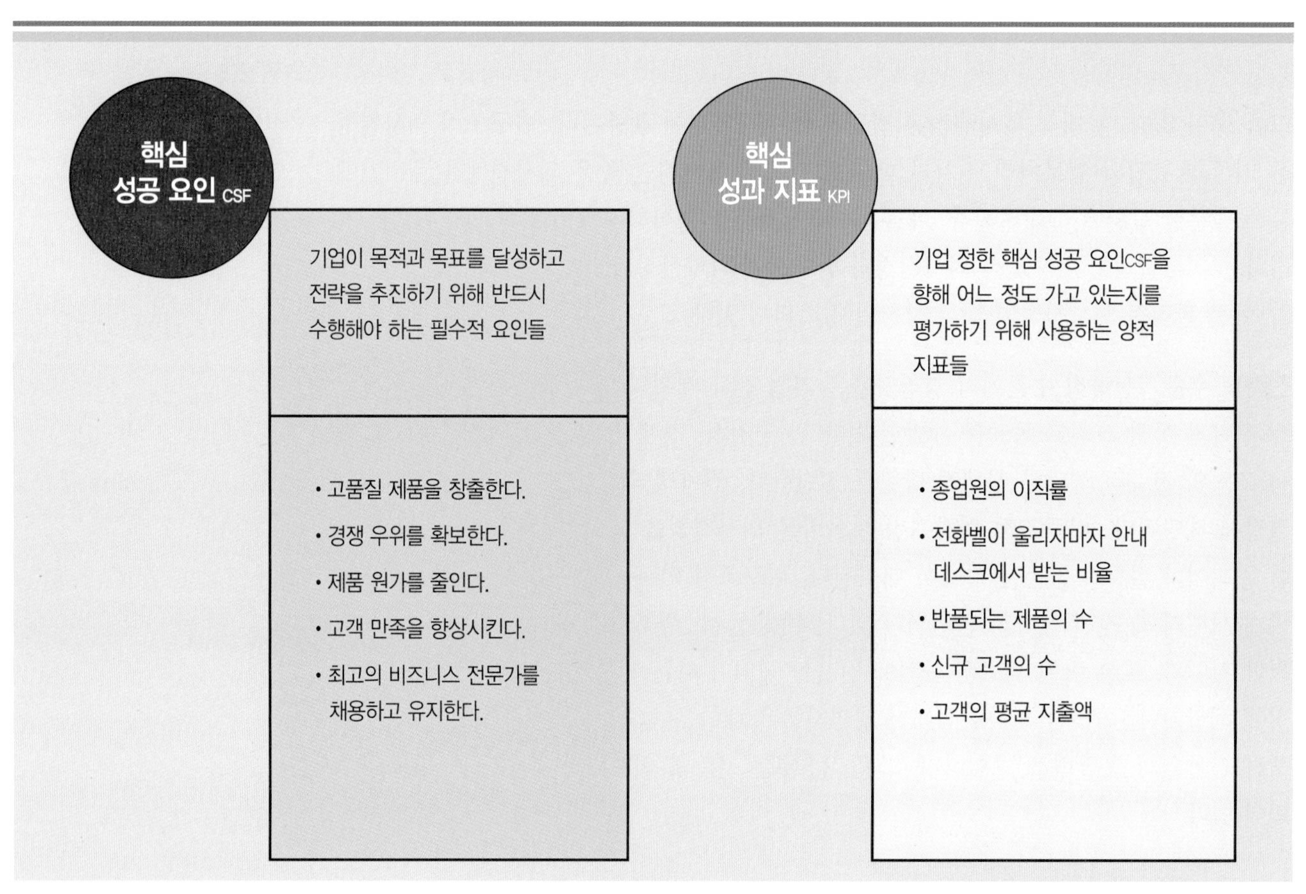

핵심
성공 요인 CSF
기업이 목적과 목표를 달성하고
전략을 추진하기 위해 반드시
수행해야 하는 필수적 요인들
• 고품질 제품을 창출한다.
• 경쟁 우위를 확보한다.
• 제품 원가를 줄인다.
• 고객 만족을 향상시킨다.
• 최고의 비즈니스 전문가를
채용하고 유지한다.
핵심
성과 지표 KPI
기업 정한 핵심 성공 요인CSF을
향해 어느 정도 가고 있는지를
평가하기 위해 사용하는 양적
지표들
• 종업원의 이직률
• 전화벨이 울리자마자 안내
데스크에서 받는 비율
• 반품되는 제품의 수
• 신규 고객의 수
• 고객의 평균 지출액

- 코스별, 성별 평균 학점
- 성별, 전공별 중도탈락률
- 성별, 전공별 평균 졸업생 비율
- 성별, 전공별 학생 지도 시간

KPI는 조직 외부와 내부를 측정하는데 초점을 둘 수 있다. 조직 외부 KPI의 흔한 예로 기업이 시장에서 차지하는 비율을 의미하는 **시장 점유율**을 들 수 있다. 시장 점유율은 한 기업이 시장에서 판매한 매출액을 산업 전체의 매출액으로 나누어 계산한다. 시장 점유율은 기업의 외부 실적이 경쟁자들과 비교해서 어떤지를 보여준다. 예를 들어, 기업의 총매출액이 2백만 달러이고 전체 산업의 매출액이 천만 달러라면, 이 기업은 20%의 시장 점유율(2/10=20%)을 가지고 있는 것이다.

조직 내부 KPI의 흔한 예로 프로젝트 수익성을 나타내는 **투자수익률**ROI을 들 수 있다. ROI는 순이익을 총투자액으로 나누어 산출한다. 부서가 유형의 프로젝트를 독립적으로 수행하면 ROI를 산출하기가 비교적 쉽다. 그러나 부서가 무형의 프로젝트를(MIS 프로젝트와 같이) 여러 부서와 공동으로 수행하는 경우에는 ROI를 산출하기가 쉽지 않다. ROI 산출의 어려운 예로서 소화기의 ROI를 살펴볼 수 있다.

만약 소화기가 단 한 번도 쓰이지 않았다면, 그 소화기의 ROI는 낮다. 그러나 만약 건물 전체를 파괴할 뻔한 불을 그 소화기를 이용해서 껐다면 그 소화기의 ROI는 천문학적으로 높을 것이다.

MIS 프로젝트의 성공을 측정하기 위한 KPI를 만들 때 비슷한 난관에 봉착한다. 기업의 이메일 시스템에 대해 생각해보자. 경영자들은 기업 전체에서 사용하는 이메일의 비용과 수익을 어떻게 하면 부서별로 추적할 수 있을까? 사용량을 측정하는 것은 수익성을 반영하지 못한다. 왜냐하면 영업 이메일 하나가 백만 달러짜리 계약을 성사시키는데 기여할 수도 있지만, 300개의 이메일이 아무런 수익을 올리지 못할 수도 있기 때문이다. 인적 자원이나 법률 등의 지원부서는 이메일을 사용하지만 수익을 올리는데 기여하지는 못한다. 이러한 이유 때문에 많은 경영자들은 효율성이나 효과성과 같은 보다 높은 수준의 측정 지표를 이용하여 MIS 프로젝트들을 측정한다. 최고의 실행 모델best practice은 특정 조직이나 산업에서 개발되어 최고의 성과를 낸 문제 해결 방식이다. MIS 프로젝트를 측정하는 것은 특정 산업의 최고의 실행 모델을 결정하는데 유용하다.

효율성 지표와 효과성 지표

효율성efficiency **MIS 지표**는 작업 처리율, 처리 속도, 시스템 가용성 등과 같은 MIS 자체의 성과를 측정하는 것이다. **효과성**effectiveness **MIS 지표**는 MIS가 기업의 성과에 미치는 영향도를 측정하는 것으로, 고객 만족도, 고객 전환율 등이 이에 속한다. 효율성은 기업이 주어진 자원을 얼마나 잘 사용하는가에 초점을 맞추고, 효과성은 기업이 목적과 목표를 얼마나 잘 달성하는지에 초점을 맞춘다. 효율성과 효과성에 대한 피터 드럭커의 다음 표현은 이 두 개념을 구분하는데 유용하다. '일을 올바르게 하는 것Doing things right은 효율성이고, 올바른 일을 하는 것Doing the right things은 효과성이다.'라는 말이다. 즉, 효율성은 주어진

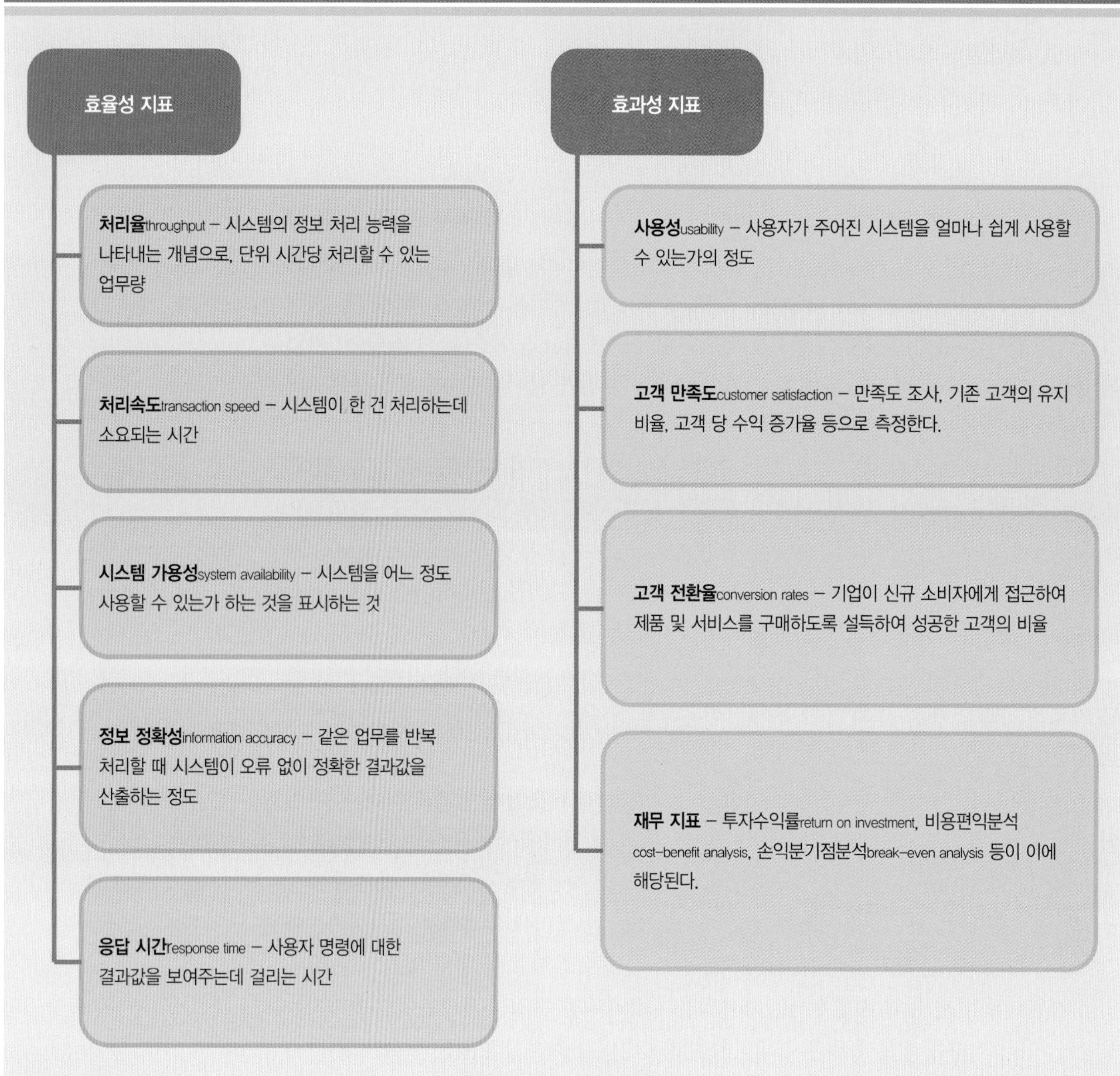
효율성 지표
처리율throughput – 시스템의 정보 처리 능력을 나타내는 개념으로, 단위 시간당 처리할 수 있는 업무량
처리속도transaction speed – 시스템이 한 건 처리하는데 소요되는 시간
시스템 가용성system availability – 시스템을 어느 정도 사용할 수 있는가 하는 것을 표시하는 것
정보 정확성information accuracy – 같은 업무를 반복 처리할 때 시스템이 오류 없이 정확한 결과값을 산출하는 정도
응답 시간response time – 사용자 명령에 대한 결과값을 보여주는데 걸리는 시간
효과성 지표
사용성usability – 사용자가 주어진 시스템을 얼마나 쉽게 사용할 수 있는가의 정도
고객 만족도customer satisfaction – 만족도 조사, 기존 고객의 유지 비율, 고객 당 수익 증가율 등으로 측정한다.
고객 전환율conversion rates – 기업이 신규 소비자에게 접근하여 제품 및 서비스를 구매하도록 설득하여 성공한 고객의 비율
재무 지표 – 투자수익률return on investment, 비용편익분석 cost-benefit analysis, 손익분기점분석break-even analysis 등이 이에 해당된다.

그림 2.7

효율성 지표와 효과성 지표의 일반 유형들

자원을 투입하여 더 나은 결과를 도출하는 것에 관한 것이고, 효과성은 목표를 올바르게 설정하고 설정한 목표를 실제 달성해 나가는 것에 관한 것이다. 그림 2.7은 흔히 사용되는 효율성과 효과성에 관한 MIS 지표들이다. 물론 이러한 지표들은 시장 점유율이나 ROI처럼 명료하지는 않지만 프로젝트의 성과 측정을 위한 귀중한 통찰력을 제공한다.

생산성이 큰 폭으로 증가했다면 보통 이것은 CSF 중심의 효과성 증가로 인해 비롯된 것일 수 있다. 그러나 효율성 MIS 지표는 측정하기가 매우 쉽다. 따라서 경영자들은 MIS 프로젝트의 성과를 측정하는데 쉬운 효율성 지표를 이용하는 경향이 있는데 이것은 적절하지 않다. ATM 기기의 성과를 측정한다고 해보자. 효율성 MIS 지표 측면에서 경영자는 거래 처리량, 평균 거래 금액, 건당 처리속도 등을 측정할 수 있다. 이 지표들

은 정확한 시스템 성능을 알려주지만, ATM 기기의 효과성과 관련된 중요한 많은 부분을 제공하지 못한다. 효과성 MIS 지표들 예로, ATM의 위치나 사용 용이성으로 인해 은행의 신규 고객이 얼마나 증가했는지 측정하는 것을 들 수 있고, ATM 수수료 인하로 인해 또는 영화티켓 판매, 고객의 대기시간 절약, 부가가치 혜택 제공 등과 같은 ATM 부가 서비스로 인해 고객 만족도가 얼마나 증가했는지 측정하는 것을 들 수 있다. 훌륭한 경영자가 되려면 효과성 MIS 지표가 제공하는 가치를 분별하고 이용하는 능력을 확보하고, MIS 프로젝트와 관련된 제반 효과를 분석할 줄 알아야 한다.

효율성과 효과성은 밀접하게 관련되어 있다. 주의할 것은 그렇다고 해서 한 부분에서의 성공이 다른 부분의 성공까지 보장하지는 않는다는 것이다. 효율성 MIS 지표는 기술 그 자체에 초점이 맞춰져 있다. 비록 이러한 효율성 MIS 지표를 점검하는 것은 중요하지만 그렇게 한다고 해서 효과성이 보장되지는 않는다. 효과성 MIS 지표는 조직의 목적과 목표와 전략에 따라서 결정된다. 효과성 MIS 지표를 정할 때는 저원가 전략(예: 월마트) 등과 같은 기업의 CSF를 고려해야 하고 또한 신규 고객 10% 향상, 신제품 제품 개발 주기 6개월 단축 등과 같은 KPI를 고려해야 한다. 민간 부문에서 이베이eBay는 자신의 MIS 프로젝트를 효율성과 효과성 측면에서 끊임없이 벤치마킹한다. 이베이에 있어서 CSF는 일정한 수준의 웹사이트 가용성과 최상의 처리율 성과를 유지하는 것이다.

그림 2.8은 효율성과 효과성의 상호 관련성을 보여준다. 이상적인 것은 효율성과 효과성이 둘 다 높은 우상향 위치에서 기업을 운영하는 것이다. 그러나 항상 그런 것만은 아니다. 어떤 경우에는 최상의 효율성과 최소한의 효과성을 띠는 좌상향 위치에서 기업을 운영하는 것이 전략적으로 맞을 때도 있고, 또 어떤 경우에는 최소한의 효율성과 최상의 효과성을 띠는 우하향 위치에서 기업을 운영하는 것이 적절할 때도 있다. 그러나 최소한의 효율성과 최소한의 효과성을 띠는 좌하향 위치에서 기업을 운영하는 것은 대부분 바람직하지는 않다.

경영자는 무슨 프로세스를 측정하느냐, 그 프로세스를 어떻게 측정하느냐, 그 프로세스가 효율성과 효과성 측면에서 잘 처리되고 있느냐 등의 여부와 관계없이 **벤치마크**

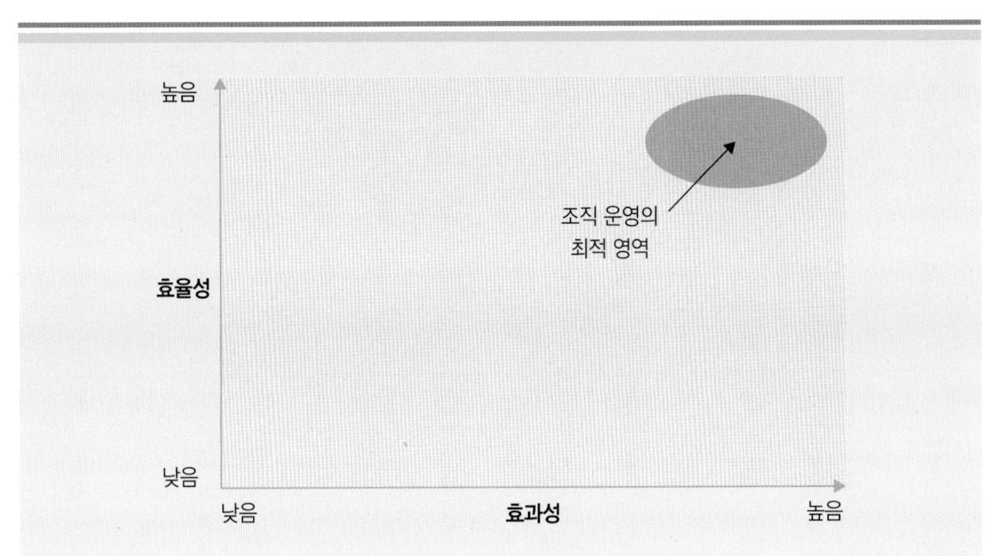

그림 2.8
효율성과 효과성의 상호 관련성

benchmark를 설정해야 한다. 벤치마크는 시스템이 달성해야 하는 기준 값이다. **벤치마킹** benchmarking은 시스템의 처리 결과를 지속적으로 측정하고, 이러한 결과를 이상적인 시스템 결과 값(벤치마크 값)과 비교하고, 시스템의 성능을 개선하기 위해 단계 및 절차를 확인하는 과정이다. 벤치마크는 MIS 프로젝트가 시간 경과에 따라 어떻게 잘 돌아가고 있는지를 평가하는데 유용한 도구이다. 예를 들어, 시스템의 벤치마크가 15초 응답 시간이라면, 관리자는 응답 시간이 15초가 될 때까지 계속해서 처리시간을 줄여 나갈 것이다. 만약 응답 시간이 갑자기 1분으로 늘었다면, 그 관리자는 시스템이 올바로 작동하지 않음을 인지하고 문제점을 찾기 시작할 것이다. 관리자들은 MIS 프로젝트를 벤치마크와 지속적으로 비교함으로써 시스템 관리에 필요한 피드백을 얻게 된다.

MIS를 이용하여 경영 의사결정 내리기

지금까지 의사결정의 핵심 요소들을 살펴보았다. 이제는 경영자들이 MIS를 이용하여 의사결정을 내릴 때 얻게 되는 이점에 대해 알아보자.

모델model은 현실을 추상화한 것으로서 현상의 주요한 특성을 설명할 수 있도록 주된 요소만으로 간략화하여 표현한 것이다. 경영자는 모델을 이용하여 리스크를 계산하고, 불확실성을 이해하며, 변수를 조정하고, 의사결정 시간을 조정할 수 있다.

MIS 지원 시스템들은 계산 및 분석 루틴 모델을 이용한다. 이러한 루틴 모델은 변수들 간의 관계를 수학적으로 표현한다. 예를 들어, 마이크로소프트 오피스 엑셀 같은 스

그림 2.9

의사결정을 지원하는 MIS의 세 가지 주요 유형

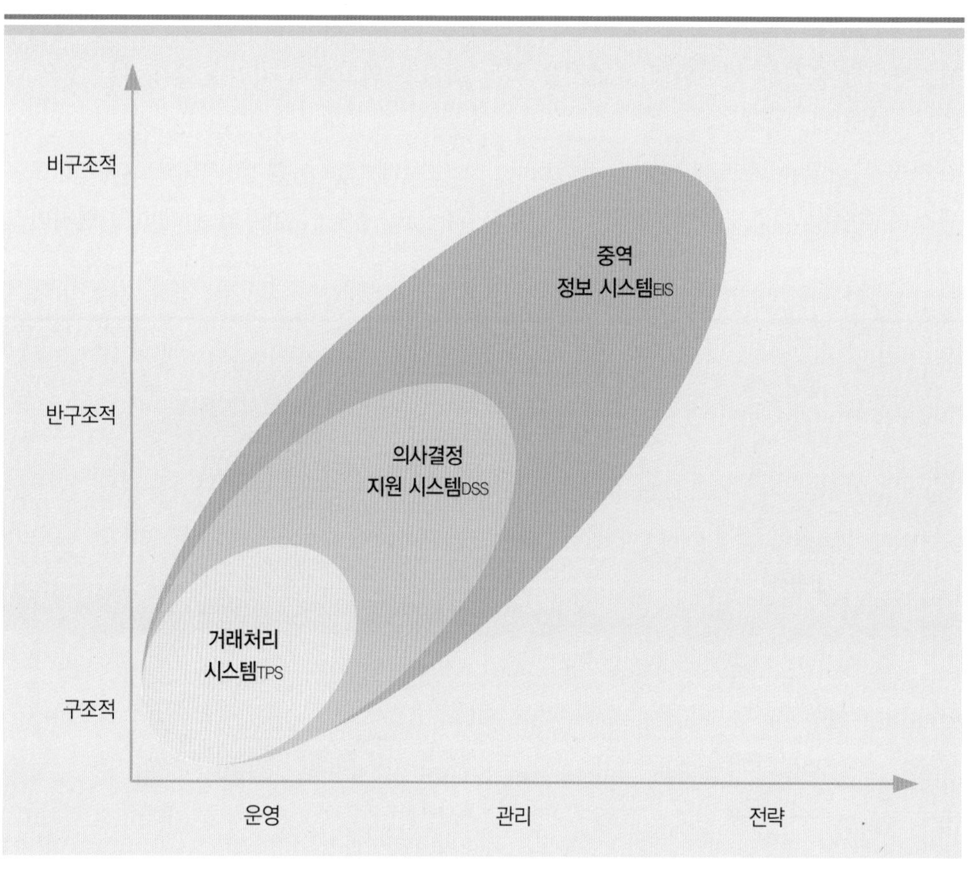

프레드시트 프로그램은 시장 점유율이나 ROI를 계산하는 모델을 포함하고 있다. MIS는 이보다 훨씬 더 복잡한 모델 관계를 표현하는 성능과 기능을 가지고 있어서 사용자에게 정보, 비즈니스 인텔리전스, 지식 등을 제공해준다. 그림 2.9는 조직 수준별로 의사결정을 지원하는 MIS의 세 가지 주요 유형을 보여주고 있다.

운영 지원 시스템

거래처리 정보transactional information는 하나의 업무 처리 과정, 즉 단위 업무 내의 모든 정보를 포함한다. 거래처리 정보의 주요 목적은 날마다 수행하는 운영적 수준의 구조화된 의사결정을 지원하는 것이다. 이러한 거래처리 정보는, 가령 상품을 구매하거나, 비행기표를 예약하거나, ATM기에서 현금을 인출할 때 생성된다. 경영자들은 일일 판매 현황을 분석하고, 재고 보유 수준을 결정하는 등의 운영적 수준에서의 구조화된 의사결정을 내릴 때 거래처리 정보를 이용한다.

온라인 거래처리OLTP: online transaction processing는 거래 및 이벤트 정보를 실시간 처리한다. 예를 들어, (1) 사전 정의된 비즈니스 규칙에 따라 정보를 처리하고, (2) 정보를 저장하고, (3) 이전 정보를 새로운 정보로 갱신한다. 조직은 OLTP를 통해 거래 및 이벤트에 대한 모든 세부 사항들을 확보해야 한다. **거래처리 시스템**TPS: transaction processing system은 조직 내 운영적 수준(분석가들)을 대상으로 하는 구조화된 의사결정을 지원하는 기본적인 비즈니스 시스템이다. TPS의 흔한 예는 급여 처리 시스템, 주문 입력 시스템 등의 운영 회계 시스템이다.

입력, 처리, 출력의 시스템적 사고 관점에서 살펴보면, 거래처리 시스템의 입력input은 **원시문서**source documents, 즉 최초의 거래 기록 자료이다. 급여 처리 시스템의 원시문서는 근무 시간 기록표, 임금률, 복리후생비 등을 포함한다. 처리process는 급여를 계산하고 복리후생비를 요약하기 위해 직원 자료를 생성creating, 읽기reading, 갱신updating, 삭제deleting하

그림 2.10
시스템적 사고 관점에서 본 TPS

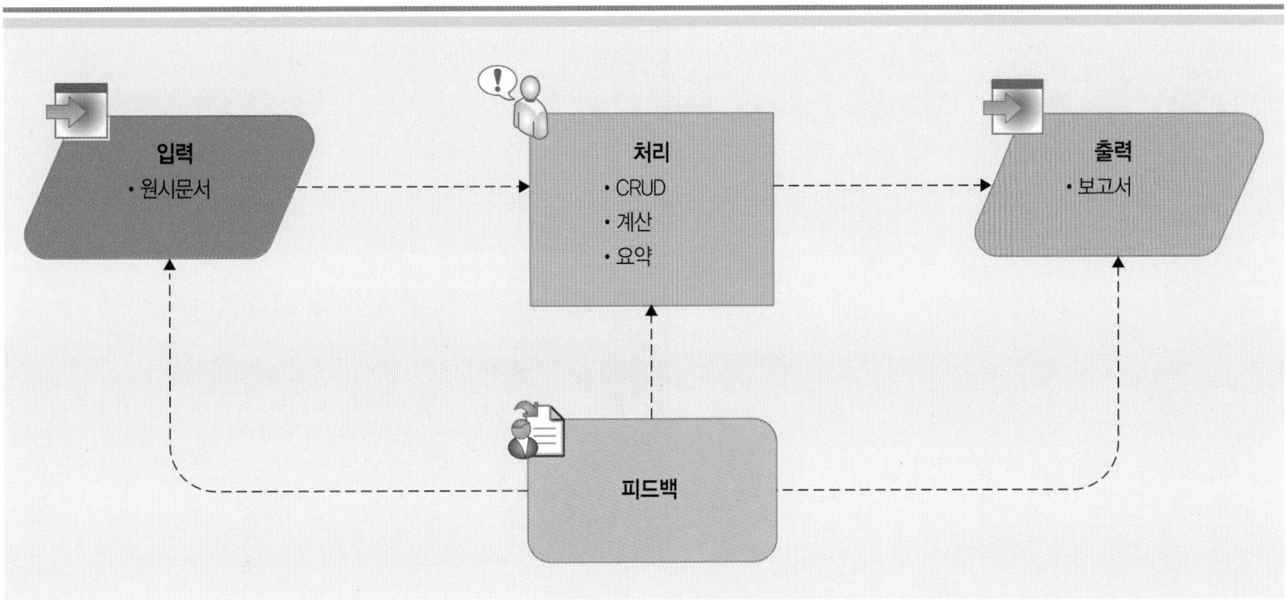

는(첫 글자만 따서 CRUD라고도 함) 절차를 포함한다. 출력output은 개인 급여 명세표 출력, 급여 종합 보고서 작성 등을 포함한다. 그림 2.10은 TPS를 시스템적 사고 관점으로 표현한 것이다.

관리 지원 시스템

분석 정보analytical information는 조직의 모든 정보를 포함한다. 이는 관리적 분석, 즉 반구조화된 의사결정을 지원하는 것이 주된 목적이다. 또한 분석 정보는 거래처리 정보뿐만 아니라 시장과 산업에 대한 정보도 포함한다. 분석 정보의 예로 추세, 매출액, 제품 통계, 미래 성장 가능성 등을 들 수 있다. 관리자들은 새로운 조립 공장 건설, 영업 사원 추가 고용 등과 같은 중요한 반구조화된 의사결정을 내릴 때 분석 정보를 이용한다.

그림 2.11

DSS 분석 기법의 일반적인 예들

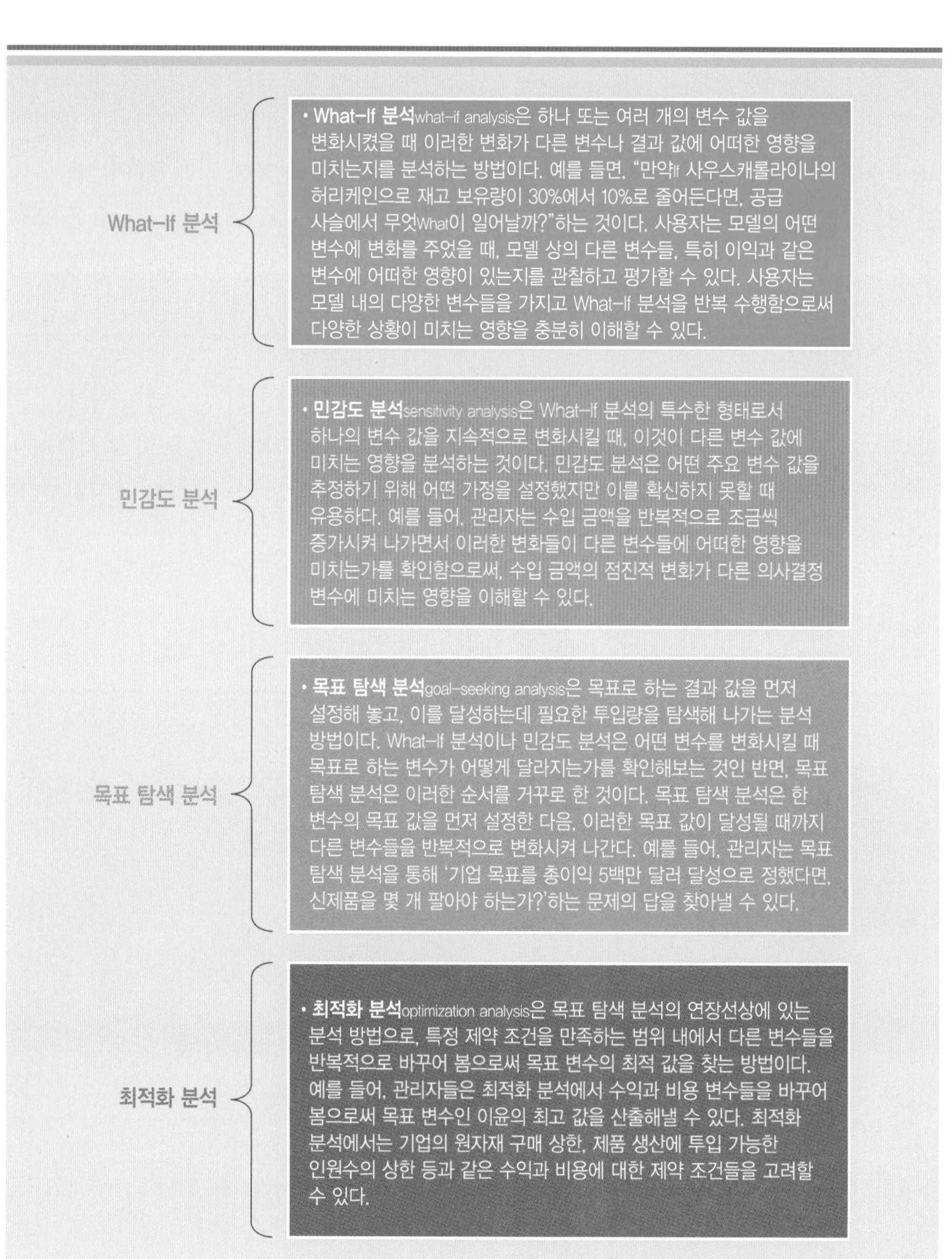

What-If 분석
• What-If 분석what-if analysis은 하나 또는 여러 개의 변수 값을 변화시켰을 때 이러한 변화가 다른 변수나 결과 값에 어떠한 영향을 미치는지를 분석하는 방법이다. 예를 들면, "만약if 사우스캐롤라이나의 허리케인으로 재고 보유량이 30%에서 10%로 줄어든다면, 공급 사슬에서 무엇what이 일어날까?"하는 것이다. 사용자는 모델의 어떤 변수에 변화를 주었을 때, 모델 상의 다른 변수들, 특히 이익과 같은 변수에 어떠한 영향이 있는지를 관찰하고 평가할 수 있다. 사용자는 모델 내의 다양한 변수들을 가지고 What-If 분석을 반복 수행함으로써 다양한 상황이 미치는 영향을 충분히 이해할 수 있다.
민감도 분석
• 민감도 분석sensitivity analysis은 What-If 분석의 특수한 형태로서 하나의 변수 값을 지속적으로 변화시킬 때, 이것이 다른 변수 값에 미치는 영향을 분석하는 것이다. 민감도 분석은 어떤 주요 변수 값을 추정하기 위해 어떤 가정을 설정했지만 이를 확신하지 못할 때 유용하다. 예를 들어, 관리자는 수입 금액을 반복적으로 조금씩 증가시켜 나가면서 이러한 변화들이 다른 변수들에 어떠한 영향을 미치는가를 확인함으로써, 수입 금액의 점진적 변화가 다른 의사결정 변수에 미치는 영향을 이해할 수 있다.
목표 탐색 분석
• 목표 탐색 분석goal-seeking analysis은 목표로 하는 결과 값을 먼저 설정해 놓고, 이를 달성하는데 필요한 투입량을 탐색해 나가는 분석 방법이다. What-If 분석이나 민감도 분석은 어떤 변수를 변화시킬 때 목표로 하는 변수가 어떻게 달라지는가를 확인해보는 것인 반면, 목표 탐색 분석은 이러한 순서를 거꾸로 한 것이다. 목표 탐색 분석은 한 변수의 목표 값을 먼저 설정한 다음, 이러한 목표 값이 달성될 때까지 다른 변수들을 반복적으로 변화시켜 나간다. 예를 들어, 관리자는 목표 탐색 분석을 통해 '기업 목표를 총이익 5백만 달러 달성으로 정했다면, 신제품을 몇 개 팔아야 하는가?'하는 문제의 답을 찾아낼 수 있다.
최적화 분석
• 최적화 분석optimization analysis은 목표 탐색 분석의 연장선상에 있는 분석 방법으로, 특정 제약 조건을 만족하는 범위 내에서 다른 변수들을 반복적으로 바꾸어 봄으로써 목표 변수의 최적 값을 찾는 방법이다. 예를 들어, 관리자들은 최적화 분석에서 수익과 비용 변수들을 바꾸어 봄으로써 목표 변수인 이윤의 최고 값을 산출해낼 수 있다. 최적화 분석에서는 기업의 원자재 구매 상한, 제품 생산에 투입 가능한 인원수의 상한 등과 같은 수익과 비용에 대한 제약 조건들을 고려할 수 있다.

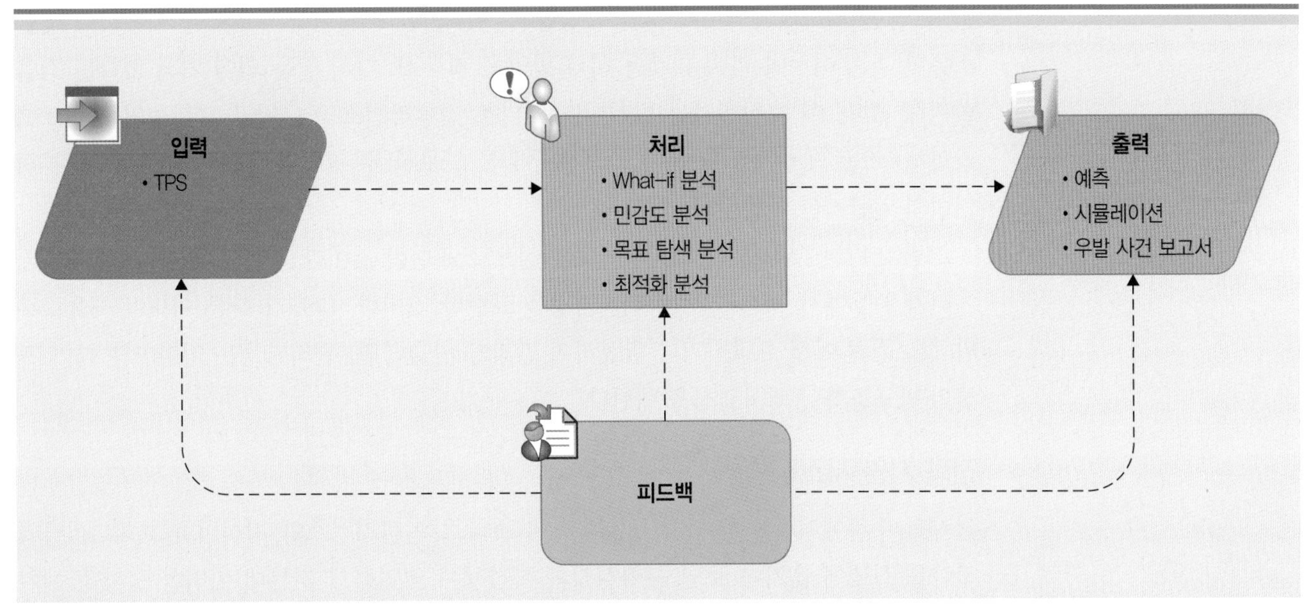

그림 2.12

시스템적 사고 관점에서 본 DSS

온라인 분석 처리OLAP: online analytical processing는 정보를 가공하여 전략적 의사결정에 필요한 비즈니스 인텔리전스를 만들어 내는 것이다. **의사결정 지원 시스템**DSS: decision support systems은 OLAP을 이용하여 정보를 산출해 낸다. 고위층 관리자들은 DSS를 이용하여 기업 내부 및 외부의 다양한 정보 원천으로부터 얻은 방대한 양의 상세한 데이터를 검토하고 처리할 수 있다. 수천, 심지어는 수백만 개의 데이터들 간의 복잡한 관계를 분석하여 패턴, 추세, 예외 상황들을 발견해 내는 것은 DSS의 주요 활용 중의 하나이다. 예를 들어, 의사들은 환자의 증상을 DSS에 입력하여 병을 진단하고 치료할 수 있다. 보험회사는 DSS를 이용하여 자동차 운전 기록이 불충분한 운전자들을 보험에 가입시킬 때 발생

그림 2.13

TPS와 반구조적 의사결정을 지원하는 DSS의 관계

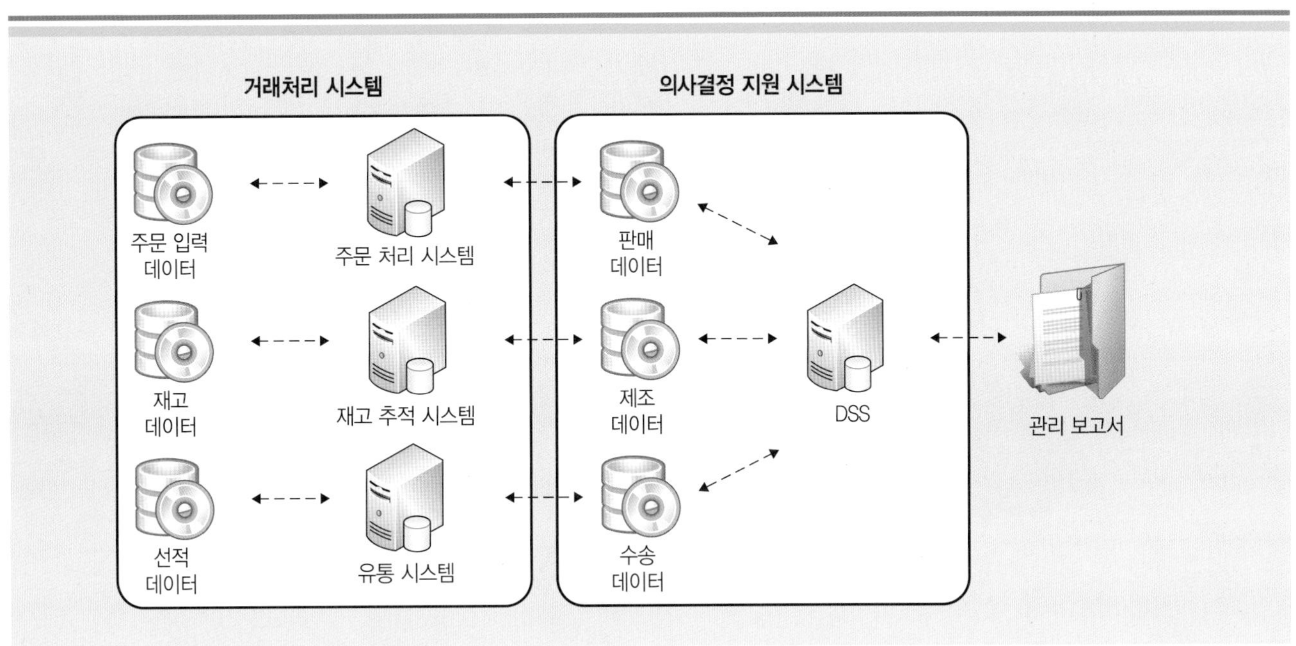

할 수 있는 리스크가 얼마인지를 측정할 수 있다. 한 보험회사는 DSS를 이용하여 집을 소유한 결혼 여성이 과속 티켓을 하나 받았을 경우 또 다시 받는 일이 거의 없다는 점을 발견해 냈다. 이 보험회사는 발견한 비즈니스 인텔리전스를 근거로 고객들의 보험료를 할인해줌으로써 충성도를 높이고 경쟁 우위를 확보할 수 있었다. 그림 2.11은 DSS 분석 기법의 일반적인 예들이다.

그림 2.12는 DSS를 시스템적 사고 관점으로 표현한 것이다. 그림 2.13은 거래처리 데이터가 TPS에서 DSS로 보내지는 과정을 표현한 것이다. DSS가 다른 여러 TPS들로부터 정보를 받아서 요약하거나 합산하여 결과를 산출하면, 관리자들은 이를 이용하여 자신의 반구조화된 의사결정을 내린다.

전략 지원 시스템

전략적 수준에서 의사결정을 내리려면 비즈니스 인텔리전스와 지식이 필요하다. 경영 전략을 실행에 옮기다 보면 불확실성과 복잡성에 직면하게 되는데 이러한 상황을 헤쳐 나가려면 비즈니스 인텔리전스와 지식이 필요하다. **중역 정보 시스템**EIS: executive information system은 DSS의 특수한 형태로서 상위 경영층을 지원하고, 판단과 평가와 통찰을 요하는 비구조적이고, 장기적이며, 비일상적인 의사결정을 지원한다. 이러한 의사결정은 옳고 그른 답이 있는 것이 아니라, 어떤 것이 더 효율적이냐 또는 더 효과적이냐 하는 것만 있을 뿐이다. 조직 피라미드의 위에 있는 경영자일수록 세부 사항(구체적 정보)은 덜 다루고, 의미 있는 요약된 정보(개념적 정보)는 더 많이 다룬다. 조직 수준별 정보 처리 특성을 이해하기 위해서는 입상도라는 개념을 알아야 하는데, **입상도**granularity는 모델이나 의사결정 과정에서 요구되는 정보의 구체적 정도를 의미한다. 입상도가 높을수록 세부 사항의 정도, 즉 정보의 구체성은 깊어진다(그림 2.14 참조). EIS는 비구조화된 의사결정

그림 2.14

조직 수준별 정보 및 정보처리 특성

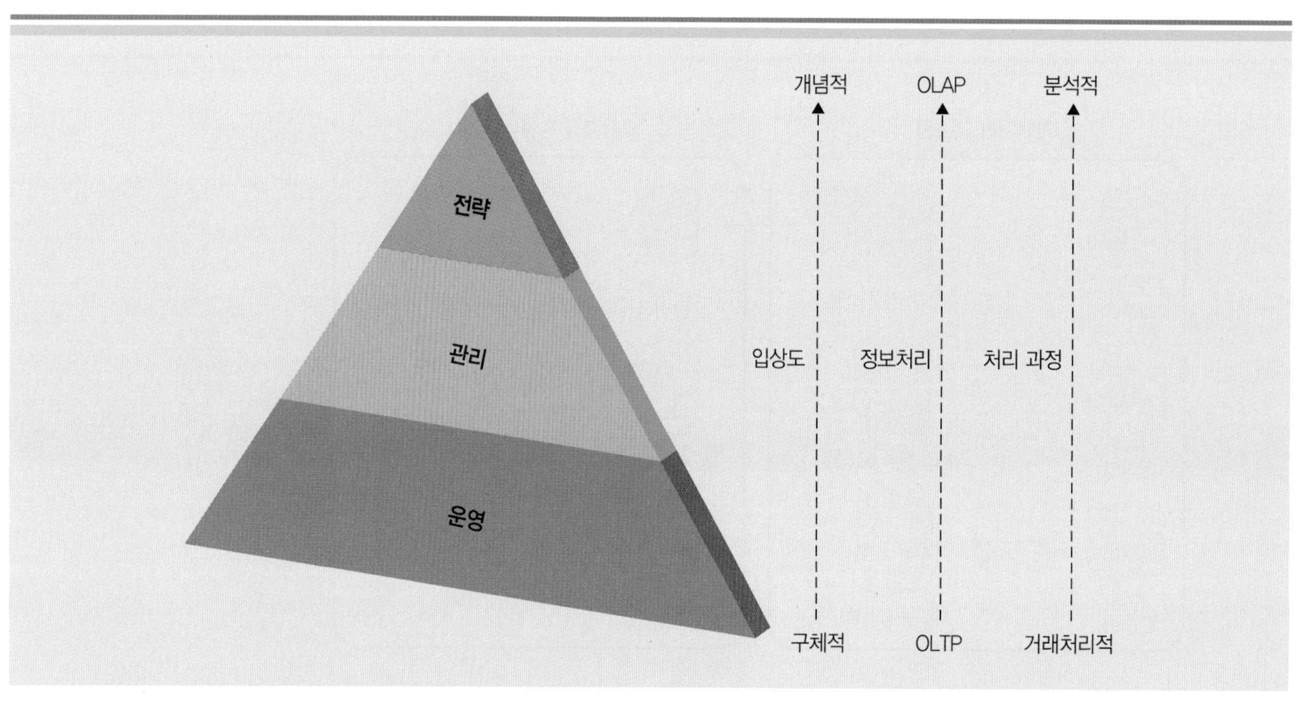

을 지원하기 위해 조직 외부의 정보 원천으로부터 얻은 자료를 이용한다. 이런 점에서 EIS는 DSS와 다르다(그림 2.15 참조). 그렇다고 해서 DSS가 조직 외부의 정보 원천으로부터 얻은 자료를 절대 사용하지 않는다는 것은 아니다. 반구조적 의사결정을 지원하는 DSS는 주로 조직 내부의 정보 원천에만 의존한다.

시각화visualization는 많은 양의 자료에 내포된 패턴이나 복잡한 관계를 그래픽을 사용하여 표현하는 것이다. EIS는 시각화 기술을 사용하여 최고 경영자들이 시스템을 거의 또는 전혀 조작하지 않고도 중요한 정보를 한 눈에 알아볼 수 있도록 해준다. 시각화를 지원하는 도구가 바로 **디지털 대시보드**digital dashboard이다. 디지털 대시보드는 다양한 원천으로부터 정보를 모으고 이를 사용자들의 필요에 따라 가공한 다음 KPI나 CSF 형식으로 보여준다. 다음은 제조부서를 위한 디지털 대시보드에 포함될 수 있는 항목들이다.

- 15분마다 갱신되는 주요 KPI 목록
- 과거 24시간 동안의 계획 대비 실제 생산실적에 대한 꺾은선 그래프

그림 2.15

TPS와 EIS의 관계

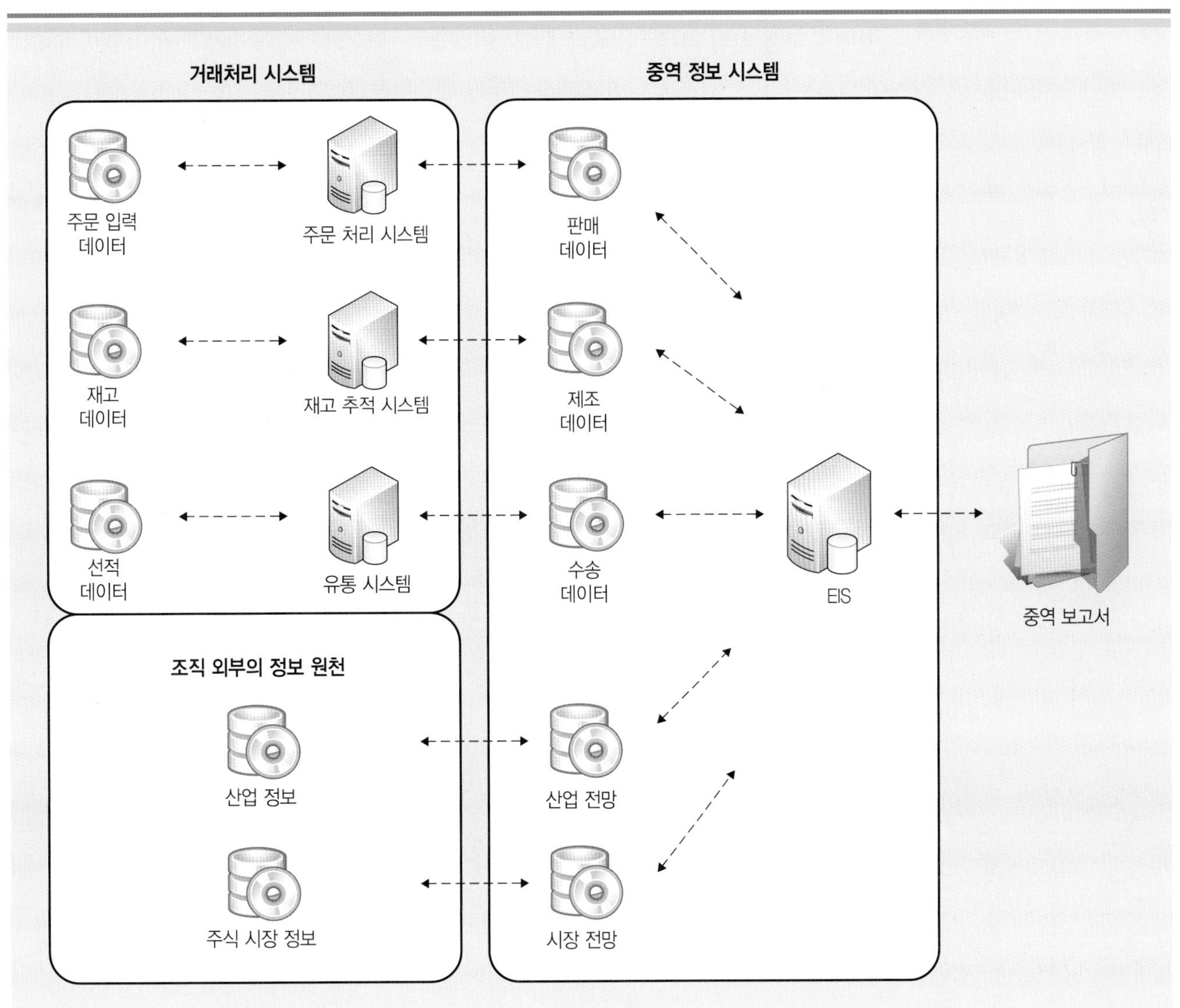

- 예측 가격 대비 실제 가격과 예측 재고 대비 실제 재고를 보여주는 표
- 예외 경고와 그 문제 해결 상태를 보여주는 목록
- 주가 그래프

디지털 대시보드는 기본적인 것이든, 복잡한 것이든 결과를 신속하게 보여준다. 디지털 대시보드의 이용이 점점 더 쉬워짐에 따라, 보다 많은 직원들이 MIS 담당자들에게 일일이 물어보거나 보고서를 요청하거나 하지 않고도 스스로 분석을 수행할 수 있게 되었다. 직원들은 디지털 대시보드를 이용함으로써 단순히 보고서를 작성하는 차원을 넘어서 직접적인 경영성과를 향상시키는 목적으로 정보를 활용한다. 이것을 이용하여 직원들은 정보를 입수하는 대로 반응할 수 있다. 그리고 종전의 월 단위에서 일 단위로 의사결정을 내리고, 문제를 해결하며, 전략을 수정할 수 있다. 디지털 대시보드는 그림 2.16에서 보여주는 분석 능력을 제공한다.

의사결정을 할 때 기억해야 할 옛 말이 있다. "쓰레기를 입력하면garbage in, 쓰레기가 나온다garbage out."는 것이다. 만약 시스템에 입력된 거래처리 자료에 오류가 있으면, 경영분석에 오류가 발생하게 되고, DSS는 그저 잘못된 결정을 더 빠르게 내리도록 도와주는 것에 불과한 것이 된다. 또한 경영자들은 다음과 같이 자문해 보아야 한다. "최종 의사결정을 내리기 전에 필요한 정보지만 DSS를 통해서는 알 수 없는 것은 무엇일까?"

그림 2.16

디지털 대시보드의 분석 능력

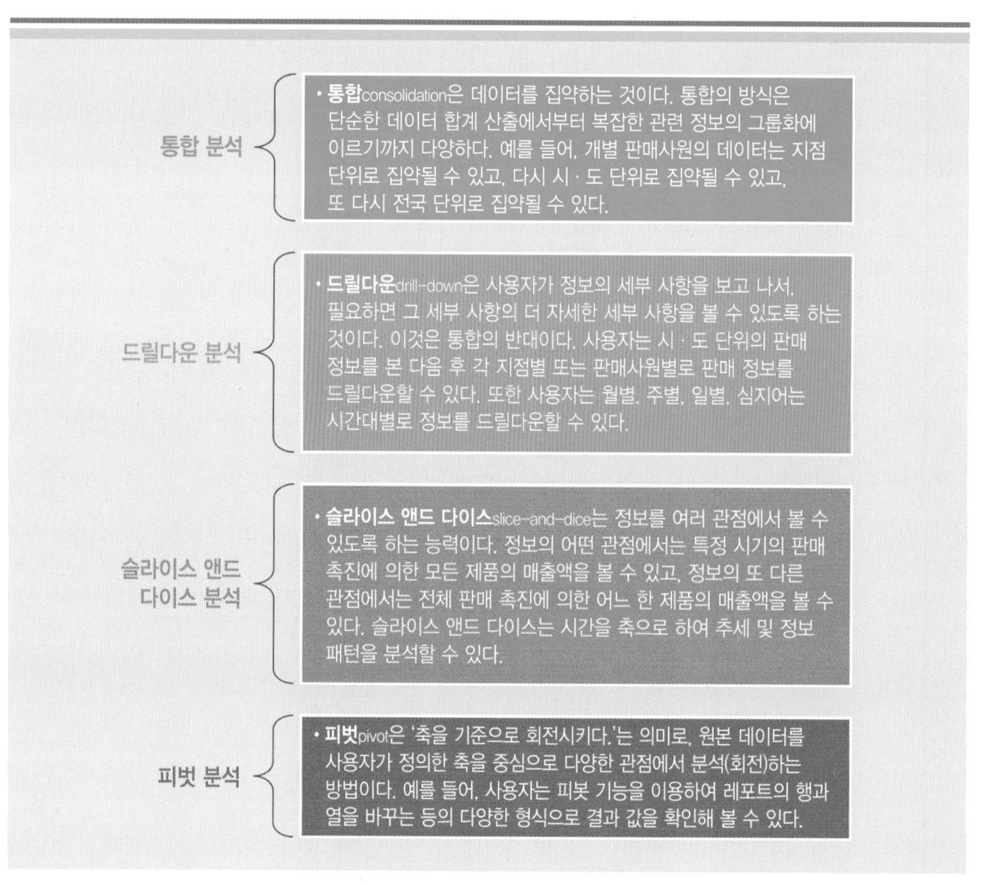

AI를 이용하여 경영 의사결정 내리기

EIS는 비구조적인 전략적 의사결정을 용이하게 하기 위해 인공지능을 이용하기 시작했다. **인공지능**AI: artificial intelligence은 추론이나 학습과 같은 인간 고유의 생각과 행동 능력을 모방한다. AI의 최종 목표는 인간의 지능을 모방한 시스템을 만드는 것이다.

AI를 상업적으로 다양하게 응용한 것이 **지능형 시스템**intelligent system이다. 센서, 소프트웨어, 장치 등으로 구성된 지능형 시스템은 인간의 능력을 모방하거나 향상시킬 수 있고, 경험을 통해 학습하거나 이해할 수 있으며, 모호하거나 모순된 정보를 분간할 수 있고, 심지어는 추론 기능을 활용하여 효과적으로 문제를 해결하거나 의사결정을 내릴 수도 있다. 지능형 시스템은, 가령 공장에서 장비를 모니터링 하고, 그 결과 신호를 전송함으로써 예방 차원의 유지보수를 실시하여 공장의 생산성을 향상시킬 수 있다.

AI 시스템은 의사결정의 속도와 일관성을 향상시키고, 불충분한 정보를 활용하여 문제를 해결하며, 기존 컴퓨팅으로는 해결할 수 없었던 복잡한 사안들을 해결한다. 여러 유형의 AI 시스템이 있지만 가장 대표적인 것은 (1) 전문가 시스템, (2) 신경망, (3) 유전자 알고리즘, (4) 지능형 에이전트, (5) 가상현실의 다섯 가지이다(그림 2.17 참조).

전문가 시스템

전문가 시스템expert system은 컴퓨터 상담 프로그램으로 전문가의 추론 과정을 모방하여 어려운 문제를 해결한다. 전형적으로, 전문가 시스템은 다양한 경험을 축적해 놓은 지식 베이스와 이를 적절한 상황에 적용할 수 있게 하는 규칙들을 포함하고 있다. 이는 인간 전문가를 찾거나 계속 고용하기 어려울 때, 또는 너무 비용이 많이 소요될 때 이용할 수 있다. 전문가 시스템은 비즈니스 분야에서 가장 널리 사용되는 AI 영역이다. 잘 알려진 전문가 시스템은 체스 게임을 하고, 의료 진단을 도와준다.

그림 2.17

AI의 예

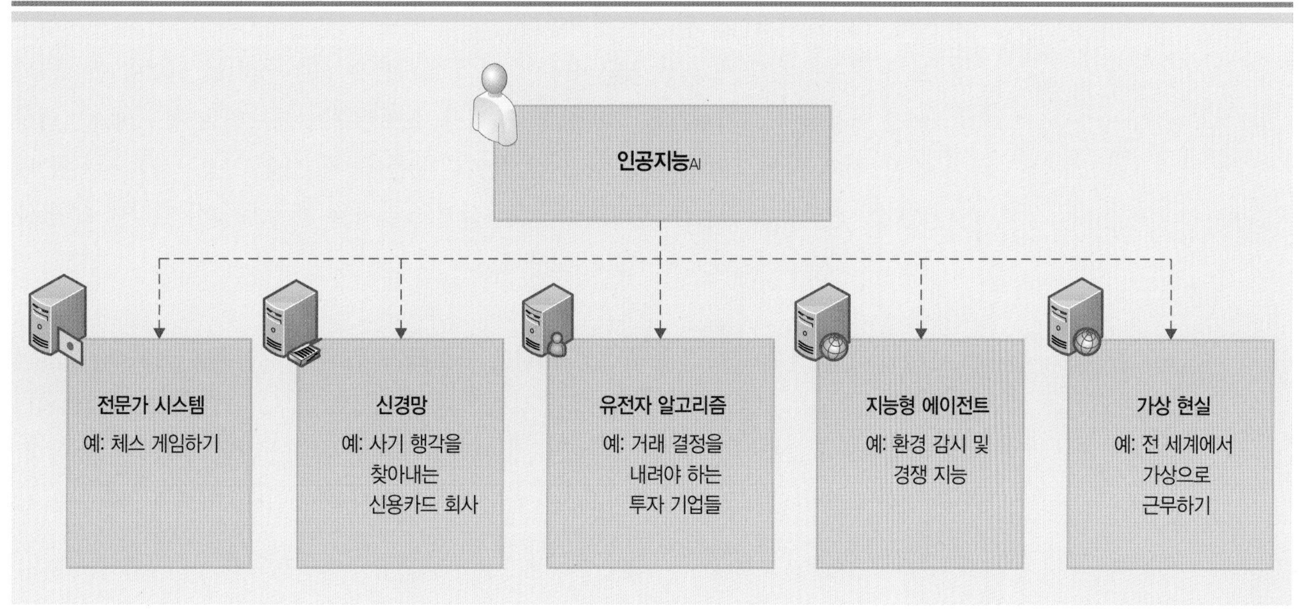

신경망

신경망neural network은 인공 신경망artificial neural network으로도 불리는데, 인간의 뇌가 작동하는 방식을 흉내 내려는 인공지능의 한 유형이다. 신경망은 많은 양의 정보를 처리하고 논리나 규칙이 아직은 존재하지 않는 상황에서 패턴이나 특성을 찾아낸다. 신경망의 주요 특징은 다음과 같다.

- 스스로 새로운 상황을 학습하고 적응한다.
- 대량의 병행 처리를 한다.
- 충분한 정보 또는 잘 구조화된 정보가 없어도 처리할 수 있다.
- 많은 종속변수를 포함한 방대한 정보를 다룰 수 있다.
- 비선형적 관계nonlinear relationships를 분석할 수 있다.

신경망 기술이 가장 활발하게 활용되고 있는 분야는 금융 산업이다. 금융 산업은 지난 20년 동안 신경망 기술을 다양한 방식으로 활용해 왔다. 금융 산업은 신경망 기술을 활용하여 대출 신청서를 검토하고, 신청서의 패턴이나 프로파일을 만들어 대출의 가부를 결정한다. 다음은 금융계에서 신경망을 사용하는 예들이다.

- 시티뱅크는 신경망을 이용하여 금융시장의 기회를 발견한다. 시티뱅크 금융 매니저들은 신경망 소프트웨어로 과거 주식 시장 자료를 면밀히 검토하여 흥미로운 관련성이나 작은 변이(시장 비효율성)를 찾아낸다. 예를 들어, IBM 주가가 오를 때마다 유니시스 주가가 오른다든지, 또는 미 재무성채권이 미국보다 일본에서 1센트 더 싸게 거래된다든지 하는 것들이다. 경쟁이 치열한 금융 시장에서는 이런 작은 정보가 시티뱅크의 이익에 매우 큰 영향을 줄 수 있다.
- 비자, 마스터카드를 비롯한 많은 신용카드 회사들은 신경망을 이용하여 고객 계정의 특이 변화들을 감지함으로써 사기행각을 미연에 방지한다. 마스터카드사는 신경망 이용으로 매년 5천만 달러를 절감한다.
- 보험 회사들은 국가 보상 기금이나 그 외의 회사들은 하는 것처럼 신경망 소프트웨어를 이용하여 사기행각을 적발한다. 신경망 소프트웨어는 보험료 청구 패턴, 임상 검사, 보험 사무소 방문 횟수 등을 감시한다. 예를 들어, 보험료 청구서에 발목을 삐었다는 진단을 받았는데 전혀 관련 없는 심전도 검사를 받은 내역이 있다면 해당 매니저가 알아볼 수 있도록 신호를 보낸다.

신경망과 함께 복잡하고 주관적인 개념을 표현하기 위해 퍼지이론을 사용하는데, **퍼지 이론**fuzzy logic은 모호하거나 주관적인 정보를 수학적으로 다루는 기법이다. 기본 원리는 애매하거나 모호한 정보를 소속 정도에 따라 0에서 1 사이의 값을 부과하는 것이다. 0은 전혀 소속되지 않았다는 뜻이고 1은 완전 소속되었다는 뜻이다. 이로써 불확실한 상황에서도 문제를 단순화하여 규칙을 적용할 수 있다. 예를 들어, 세탁기에 퍼지 이론이 적용되면, 퍼지 센서가 (사람처럼) 세탁물의 양이나 오염 정도 등을 감지하여 물의 양과 세제량을 결정하고 세탁기의 물이 깨끗해질 때까지 세탁 시간을 스스로 결정할 수 있다. 회계 및 재무 분야에서 사람들은 퍼지 이론을 이용하여 주관적 재무적 가치(영업권과 같은 무형자산)를 지닌 정보를 분석한다. 주관적 재무적 가치 분석은 경제 분석에서 매우 중요한 부분이다.

유전자 알고리즘

유전자 알고리즘genetic algorithm은 진화와 적자생존 과정을 모방하여 주어진 문제에 대해 점차 더 나은 해결책을 만들어 가는 인공지능 시스템이다. 유전자 알고리즘은 최적화 시스템으로서, 최상의 결과를 산출하는 투입 요소들의 조합을 찾아낸다. **돌연변이**mutation는 유전자 알고리즘 내의 유전적 조작의 한 가지 방법으로서 무작위 조합을 시도해 보고, 결과의 성공 또는 실패를 평가한다.

유전자 알고리즘은 해법이 수십만 혹은 수백만 개인 의사결정 환경에 매우 적합하다. 또한, 유전자 알고리즘은 다양한 해법을 사람보다 빠르고 정확하게 탐색하고 평가한다. 오늘날 조직들은 다양한 문제의 의사결정 환경에 직면해 있어서 다음과 같은 최적화 기법을 필요로 한다.

- 기업의 중역들은 유전자 알고리즘을 이용, 세금 등과 같은 복잡한 내용을 모두 고려해서 기업의 최적 투자 조합을 찾아낼 수 있다.
- 투자신탁 회사들은 유전자 알고리즘을 이용하여 거래 의사결정에 필요한 도움을 얻을 수 있다.
- 통신 회사들은 유전자 알고리즘을 이용하여 연결점이 10만 개 이상인 광케이블망의 최적 조합을 결정할 수 있다. 유전자 알고리즘은 수백만 개의 케이블 조합을 평가하고 이중 최소 비용 조합을 선택할 수 있다.

지능형 에이전트

지능형 에이전트intelligent agent는 사용자가 요청한 업무를 수행하는 특수 목적의 지식기반 정보 시스템이다. 지능형 에이전트는 흔히 정보 탐색 에이전트인 '셜록홈즈'와 같이 그래픽 표현 기능을 갖고 있다.

가장 단순한 형태의 지능형 에이전트는 쇼핑 봇이다. **쇼핑 봇**shopping bot은 인터넷 상점들을 탐색하고 상품의 가격이나 재고 등의 비교 정보를 제공한다. 지능형 에이전트는 기업의 인터넷 구매 및 판매 업무의 많은 부분을 처리한다. 또한 제품을 검색하고, 가격을 협상하며, 거래를 처리할 수 있다. 그리고 공급 사슬 상의 구매와 판매 업무도 처리할 수 있다.

지능형 에이전트는 환경 탐색과 경쟁 정보 분야에도 사용된다. 가령, 지능형 에이전트는 사용자가 추적하고자 원하는 다양한 유형의 경쟁자 정보를 학습하고, 이를 웹에서 계속적으로 탐색하면서 중요한 내용이 발견되면 사용자에게 알려줄 수 있다.

화물 운송 시스템, 서적 유통 센터, 비디오 게임 시장, 그리고 독감은 개미 군락과 어떤 공통점이 있을까? 이들은 공통적으로 복잡한 적응 체계를 가지고 있다. 인공지능 과학자들은 개미 군락과 같은 지구 환경 시스템들을 관찰함으로써 곤충의 특성과 행동을 모방하는 하드웨어와 소프트웨어 모델을 만들 수 있다. 그럼으로써, (1) 인간 시스템이 어떻게 작동하는지, (2) 주어진 상황 속에서 어떻게 서로 반응할지를 예상하고, (3) 사람이 만든 시스템을 더 효율적이고 효과적으로 작동하도록 개선할 수 있다. 환경 시스템에서 배운 것을 인간과 조직의 상황에 적용시키는 과정을 **생체모방**biomimicry이라고 부른다.

과거 몇 년 동안 AI는 **멀티에이전트 시스템**multi-agent systems의 도움으로 복잡한 조직을 전체로서 모델링하는데 많은 발전을 이루었다. 멀티에이전트 시스템에서 지능형 에이전트들로 이루어진 그룹들은 각자 독립적으로, 그리고 서로 협력하며 일할 수 있는 능력이 있다. **에이전트 기반 모델링**agent based modeling은 여러 개의 지능형 에이전트들을 이용해 사람들의 조직을 모방하는 방법인데, 각 에이전트들은 일련의 규칙을 따르는 동시에 바뀌는 환경에 적응할 수 있다.

에이전트 기반 모델링 시스템의 몇 가지 사용 예를 들자면 주식 시장 변동 모델링, 화재가 난 건물에서의 사람들의 피난 동선 예측, 다양한 부채에 따른 이자율이 소비자들에 미치는 영향 예측, 공급 사슬 환경의 변화가 미칠 영향 예측 등이 있다.

가상현실

가상현실virtual reality은 실제 세상 혹은 상상 속의 세상을 모의실험한 시뮬레이션 환경이다. 가상현실은 빠르게 성장하고 있는 AI 분야로 더 자연스럽고, 현실적이고, 시각 · 청각 등의 여러 감각이 관여하는 인간-컴퓨터 인터페이스를 만들려는 노력에서 시작되었다.

가상현실은 원격 실재감tele-presence을 가능하게 한다. 가상현실 사용자는 전 세계 어디에 있건 독립적으로 또는 협력하여 일할 수 있다. 가상현실 시스템은 원격 장비 조작으로 과업을 수행하는 등과 같이 인간의 시각과 촉각을 향상시킨다. 가상현실의 예들은 의사가 지구 반대편에 있는 환자를 수술하는 가상 수술에서부터 화학 공장이나 원자로의 기기들을 원격 조종하는 것에 이르기까지 다양하다.

증강현실augmented reality은 사용자가 눈으로 보는 현실 세계에 컴퓨터 그래픽으로 만든 가상의 영상 정보를 겹쳐 보여주는 기술이다. 증강현실을 가능하게 해주는 **구글 글래스**Google Glass는 광학 헤드마운트 디스플레이OHMD: optical head-mounted display를 장착한 착용형 컴퓨터이다. 이것은 구글이 개발한 것으로 스마트폰과 마찬가지의 핸즈프리 방식으로 정보를 표현하여 사용자가 증강현실 요소를 체험할 수 있도록 한다. 구글 글래스는 2014년 5월에 일반 대중이 이용할 수 있도록 공식화 되었다. 그 이전에는 구글 글래스를 이용하려면 초대를 받아야 했다. **가상 작업장**virtual workplace은 어떤 한 물리적 공간에 위치해 있지 않은 업무 환경이다. 이것은 보통 인터넷으로 연결된, 지리적 국경을 초월한, 여러 장소의 네트워크이다. 가상 작업장에서 직원들은 세계 어느 곳에 있든 자유롭게 협력하여 일할 수 있다. 가상 작업장은 하드웨어와 사람과 온라인 업무처리를 서로 통합한다. **촉각 인터페이스**haptic interface는 주머니 안에서 울리는 스마트폰처럼 신체의 촉각과 움직임을 통해 인간이 컴퓨터와 상호작용할 수 있도록 해준다. 촉각 인터페이스는 주로 가상현실 환경과 가상 작업장에 응용되어 직원들이 원격으로 악수하고, 제품을 시연하며, 프로젝트를 공동으로 수행할 수 있도록 해준다.

지식 적용하기

비즈니스 중심적 토의

효율성과 효과성 어디에 해당되나?

경영 의사결정은 모든 경영자들의 핵심 능력이다. 다음 질문 목록을 읽고, 해당 질문이 효율성, 효과성 또는 둘 다에 해당되는지를 표시해보자.

경영 의사결정	효율성	효과성
공급자를 변경해야 할까?		
제품 조달에 있어 최적의 경로가 무엇일까?		
품질 수준이 낮은 원자재를 구입하여 비용을 절감해야 할까?		
젊은 층 시장을 대상으로 제품을 판매해야 할까?		
매출액 목표를 결정했나?		
종업원 이직률은 얼마인가?		
고객의 평균 지출액은 얼마인가?		
신규 고객의 제품 구매액은 얼마인가?		
일일 처리량은 증가했나?		
매출 증대를 위한 점포 혁신 방안은 무엇인가?		

비즈니스 중심적 세계화

구덩이에 빠진 소 끌어내기

포춘지가 제록스의 전 회장겸 CEO였던 앤 멀케이Anne Mulcahy에게 물었다. 당신이 비즈니스 분야에서 이제껏 받은 최고의 조언은 무엇입니까? 이에 멀케이는 그녀가 많은 경영자들을 직접 초대하여 개최했던 달라스Dallas 조찬 미팅에서 있었던 일을 회상하면서 말했다.

> "경영자 중의 한 사람, 세상 물정에 밝으면서 솔직히 말하는 것을 좋아하는 자수성가한 한 사람이 저에게 이렇게 조언했습니다. 상황이 너무 복잡해서 어찌할 바를 모를 때 이렇게 해보세요. 세 가지만 생각하는 것입니다. 첫째는 구덩이에 빠진 소를 끌어내는 것입니다. 둘째는 그 소가 구덩이에 어떻게 빠지게 되었는지 확인하는 것입니다. 셋째는 소가 또 다시 구덩이에 빠지지 않도록 필요한 조치를 취하는 것입니다."

이 책을 읽는 당신이 게임을 제작하는 세계적 앱 개발사에서 일하고 있다고 하자. 당신은 몇 달 동안 전 세계의 게임 플레이어들이 사용하고 있는 지표들을 조사했다. 아시아와 유럽의 플레이어들이 사용하는 지표들은 급격히 떨어지고 있다. 이에 비해 미국과 캐나다의 지표들은 여전히 크게 상승하고 있고 매출액도 증가하고 있다. 상황을 구덩이에 빠진 소에 비유할 수 있다. 그렇다면 당신은 구덩이에 빠진 소를 끌어내기 위해 무엇을 하겠는가?

비즈니스 중심적 윤리와 보안

바로 옆방에서 벌어지고 있는 범죄

당신 바로 옆의 작은 칸막이 방에 앉아 있는 사람이 당신 회사에 70억 달러의 손해를 입히는 사기를 벌이는 것을 목격했다면 어찌하겠는가? 프랑스 은행의 한 직원은 자신의 내부 업무 처리 지식을 이용해서 시스템을 우회하고, 730억 달러의 거래를 몰래 처리하였다. 나중에 은행은 이를 만회하기 위해 70억 달러의 손실을 감수해야만 했다.

미국 비밀경호국Secret Service은 내부자 범죄 26건 중에서 23건을 조사하여 발표하였다. 사건의 70%는 내부자들이 업무 처리 규정과 인가 장치의 허점을 이용하여 범죄를 저질렀고, 사건의 78%는 이러한 내부자들이 인가받은 적극적 컴퓨터 이용자들이었다. 놀랍게도 사건의 43%는 자신의 사용자명과 암호를 이용하여 범죄를 저질렀다.

이것은 중대한 이슈이다. 모든 직원은 유능한 내부자로서의 잠재력을 갖고 있고, 만약 범죄에 발을 들여놓기 시작한다면, 기업에게 막대한 피해를 줄 수 있다. 다수의 DSS와 EIS는 기업을 효과적으로 운영하는데 필요한 비즈니스 인텔리전스를 포함하고 있다. 당신은 이러한 정보 자산을 보호할 필요가 있다. 기업의 TPS, DSS, EIS에는 어떤 유형의 중요 정보가 들어 있는가? 만약 당신 직원 중 한 명이 DSS에 저장된 정보를 몰래 빼낸다면 당신은 어떤 문제에 직면하게 될까? 당신은 비윤리적인 사용자들로부터 EIS를 어떻게 지킬 수 있을까? 당신의 작은 칸막이 방을 함께 쓰는 사람이 만약 내부 범죄자라면 당신은 어떻게 하겠는가?

비즈니스 중심적 창업

당신의 삶을 추적하라

당신은 착용형 기술을 이용하여 자신의 모든 생활을 추적할 수 있다. 나이키 퓨얼밴드Nike Fuelband와 조본 업Jawbone Up은 여러분의 활동량, 칼로리 소모량, 수면 패턴을 모두 추적한다. 당신은 운전 패턴, 칫솔질 습관, 심지어 세탁물 상태까지 추적할 수 있다. 오늘날의 주된 관심사는 어떻게 하면 서로 다른 추적 장치들 모두 추적할 수 있는가 하는 것이다.

익시스트Exist라는 한 신생 기업은 추적 장치의 디지털 대시보드에서 날씨 데이터, 음악 선곡, 넷플릭스Netflix 인기물, 트위터 활동 등을 모두 다 확인할 수 있도록 하고 있다. 익시스트는 당신의 삶의 모든 영역을 이해하고 자신의 개인 활동과 분위기와 같은 것들 간의 상관관계 정보를 제공하기를 원한다. 다양한 종류의 데이터가 증가함에 따라 익시스트가 제공할 수 있는 상관관계 정보의 폭도 증가할 것이다. 예를 들어, 당신이 집에서 일할 때에 트위터 활동을 더 많이 하는가? 만약 그렇다면 이것이 생산성을 향상시키는가? 익시스트는 당신의 모든 추적 장치들을 추적하고 정보를 분석하여 여러분에게 더 높은 효율성과 효과성을 제공하기를 원한다.

당신의 삶을 추적하기 위한 디지털 대시보드를 만들어라. 당신이 추적하고 싶은 네 분야를 선정하고 각 분야를 세 방식으로 측정하라. 가령, 당신의 식사 습관을 추적하여 칼로리를 측정하고 허용범위를 초과하면 빨간색으로, 허용범위 내이면 녹색으로 표시할 수 있다. 완성하고 나면, 당신 삶의 여러 분야 가운데 어떤 상관관계를 발견할 수 있는지를 검토해보라.

비즈니스 중심적 혁신

장거리 허그

촉각 기술Haptic Technology은 터치를 디지털화 하고 있다. 큐트서킷CuteCircuit은 허그셔츠Hug Shirt를 만들었다. 사람이 이 허그셔츠를 입은 다음 자신을 포옹하듯 감싸 안으면 센서가 허그의 강도와 조이는 힘, 체온, 심장박동을 감지하여 멀리 떨어져 있는 친구에게 이 허그 정보를 전송한다. 그러면 허그셔츠를 입은 그 친구는 (전송받은 정보에 의해 센서가 작동하여) 실제 허그할 때의 느낌과 거의 흡사한 기분을 경험할 수 있게 된다. 캠브리지 대학의 벤 후이Ben Hui는 손으로 움켜쥐는 느낌을 모바일 폰으로 전달하는 프로젝트를 진행 중에 있다. 사람이 핸드폰을 손으로 쥐기만 하면 그의 친구는 이 느낌을 경험할 수 있다. 모든 사람의 상호작용에 있어서 물리적 터치는 중요하기 때문에 이러한 촉각 기술은 가치가 있다. 물리적 터치가 상대방에게 전달되면 상대방은 그 감정을 재현할 수 있기 때문이다. 그룹을 지어서 촉각 인터페이스를 사용하는 신상품 아이디어를 생각해보라. 그리고 다른 그룹들과 신상품 아이디어를 공유해보라.

section 2.2 | 비즈니스 프로세스

학습 성과

2.5 비즈니스 프로세스가 기업에 제공하는 가치에 대해 설명하고 소비자 지향 프로세스와 비즈니스 지향 프로세스의 차이점을 설명할 수 있다.

2.6 비즈니스 프로세스 모델링의 가치를 설명하고 현재 모델as-is model과 미래 모델to-be model을 비교할 수 있다.

2.7 자동화, 간략화, 리엔지니어링의 차이점을 설명할 수 있다.

비즈니스 프로세스 관리하기

많은 기업들은 소비자들에게 혁신적인 제품과 서비스를 제공한다는 것에 대해 자부심을 갖고 있다. 그러나 만약 고객이 자신이 원하는 것을 신속, 정확, 편리하게 받아보지 못한다면, 비록 그것이 뛰어난 제품과 서비스라 할지라도 고객을 성가시게 만드는 것에 불과하기 때문에 기업의 재무적 성과는 떨어질 것이다. 기업이 이러한 위험을 피하고 경쟁우위를 유지하려면 자신의 가치 사슬 내의 비즈니스 프로세스를 지속적으로 평가해 보아야 한다. 1장에서 배운 내용을 기억해보자. 비즈니스 프로세스는 고객 주문 처리와 같은 특정 과업을 수행하는 표준화된 활동들의 집합이다. 비즈니스 프로세스는 일련의 입력물들을 받아들인 다음 노동력이나 도구를 이용하여 다른 사람이나 다른 프로세스를 위한 일련의 출력물들(재화나 서비스)로 변환한다. 경영자는 비즈니스 프로세스를 이해함으로써 전체 회사가 어떻게 운영되는지를 알 수 있다.

비즈니스 프로세스의 효율성과 효과성을 개선하면 기업의 가치 사슬이 개선된다. 이 절의 목표는 포터의 가치 사슬 분석에서 더 나아가 비즈니스 전략과 핵심 비즈니스 프로세스 사이의 주요 관계를 자세히 살펴보는 것이다. 그림 2.18은 몇 가지 일반적인 비즈니스 프로세스를 보여준다.

그림 2.18에 제시된 프로세스는 기능적 사고에 따른 것이다. 프로그래밍 프로세스와 같은 프로세스들은 한 부서 안에 프로세스 전체가 다 포함되어 있다. 그러나 제품 주문과 같은 대부분의 프로세스들은 다기능적cross-functional 프로세스, 즉 프로세스가 여러 부서에 걸쳐 있고, 전체 조직을 아우른다. 주문에서 배송에 이르는 프로세스order-to-delivery process는 많은 부서를 가로지른다(그림 2.19 참조). 상품화product realization 프로세스는 제품 개발뿐만 아니라 제품 출시 및 서비스 제공까지 포함한다. 어떤 프로세스는 제품 아이디어 수립에서 상품화에 이르는 프로세스는 물론 고객 확보, 구입 대출금 처리, 판매 후 서비스, 고객 불만 처리, 그리고 예약 접수까지 포함한다.

소비자 지향 프로세스customer-facing process는 프런트-오피스front-office 프로세스라고도 불리는데, 조직 외부의 소비자가 이용하는 제품이나 서비스를 산출하는데 관련된 프로세스이다. 소비자 지향 프로세스에는 주문이행 프로세스, 소비자와의 커뮤니케이션 프로세스, 청구서 발송 프로세스, 정보 마케팅 프로세스 등이 있다. **비즈니스 지향 프로세스**

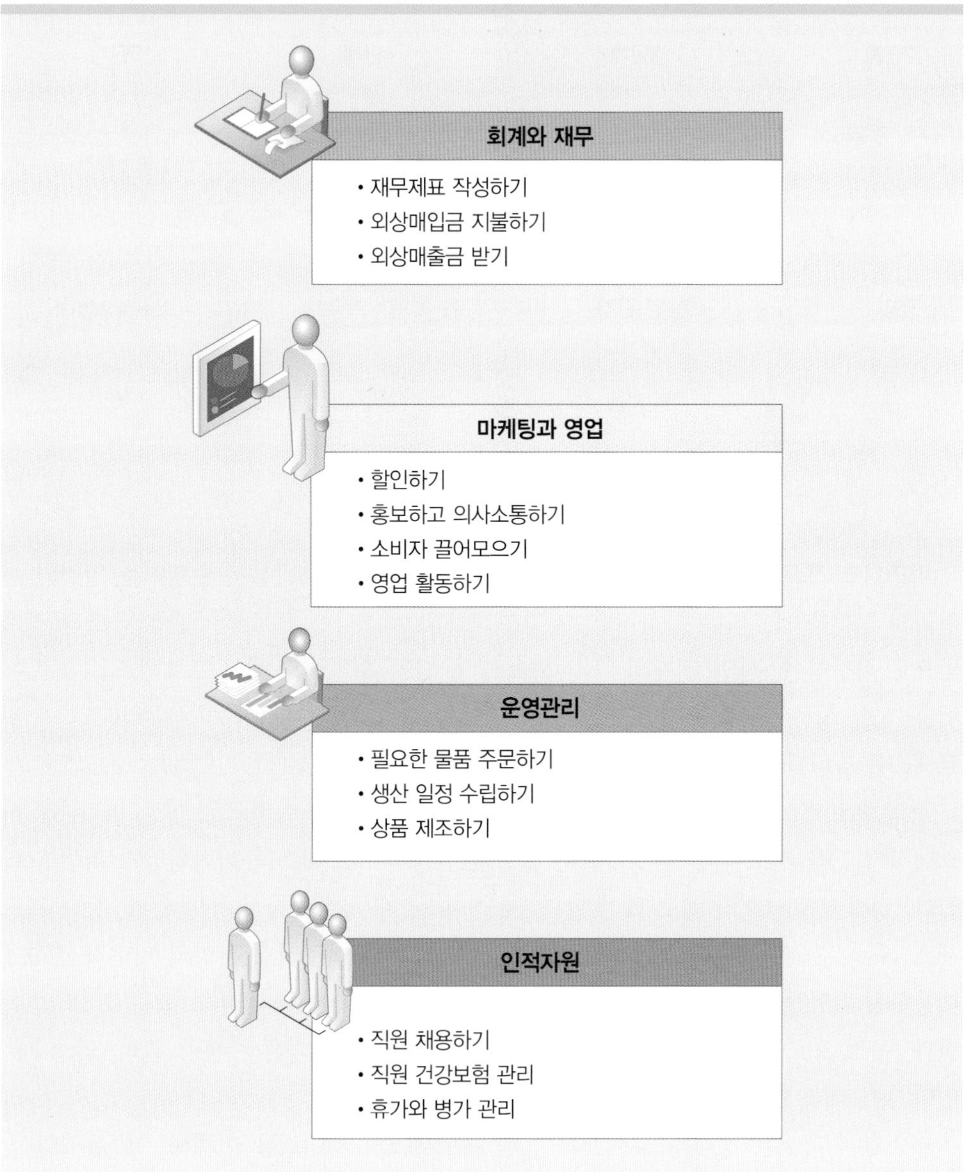

회계와 재무

- 재무제표 작성하기
- 외상매입금 지불하기
- 외상매출금 받기

마케팅과 영업

- 할인하기
- 홍보하고 의사소통하기
- 소비자 끌어모으기
- 영업 활동하기

운영관리

- 필요한 물품 주문하기
- 생산 일정 수립하기
- 상품 제조하기

인적자원

- 직원 채용하기
- 직원 건강보험 관리
- 휴가와 병가 관리

그림 2.18
비즈니스 프로세스 예시

business-facing process는 백-오피스back-office 프로세스라고도 불리는데, 조직 외부의 소비자 눈에는 보이지 않지만 비즈니스의 효과적인 운영을 위해서 반드시 있어야 하는 활동들로 이루어진 프로세스이다. 비즈니스 지향 프로세스에는 목표 설정 프로세스, 일별 일정계획 프로세스, 성과 피드백 및 보상 프로세스, 자원 할당 프로세스 등이 포함된다. 그림 2.20은 소비자 지향 프로세스와 비즈니스 지향 프로세스의 범주와 예를 보여주고 있다.

기업의 전략적 비전은 기업의 CSF와 직접 연결된 핵심 비즈니스 프로세스가 어떤 것인지를 알 수 있게 해준다. 따라서 기업의 가치 사슬value chain에 핵심 비즈니스 프로세스들을 매핑할 수 있다. 이렇게 하다보면 어떤 프로세스가 소비자들과 접촉하는 프로세스인지 그리고 소비자의 가치 인식에 영향을 미치는 프로세스인지를 알 수 있다. 이러한 매핑 작업을 수행하면 경영 활동은 가치 전달 시스템으로 개념화된다. 그리고 모든 핵심 비즈니스 프로세스는 가능한 효율적이고 효과적으로 운영될 수 있다.

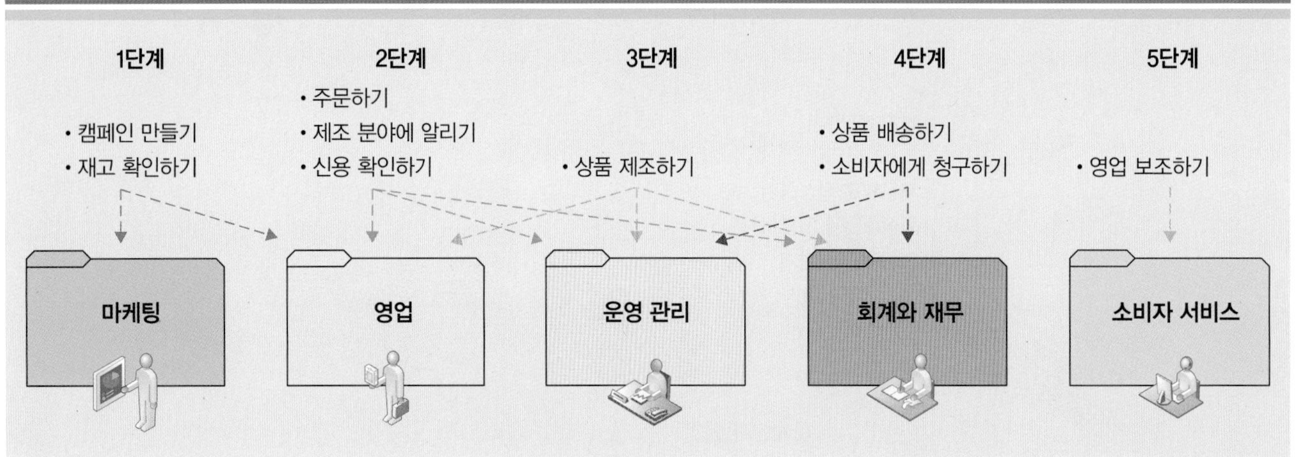

그림 2.19

주문에서 배송에 이르는 5단계 비즈니스 프로세스

비즈니스 프로세스 특허business process patent는 특정 비즈니스 활동을 수행하는 일련의 절차들의 집합을 보호하는 특허이다. 기업은 CSF와 비즈니스 프로세스 관점을 조직 경계 밖으로 확장하여, 산업 전체의 가치 사슬 맵을 만들 수 있다. **핵심 프로세스**core process는 제품 제조, 상품 판매, 서비스 제공과 같이 가치 사슬의 주요 활동을 이루는 비즈니스 프로세스를 말한다.

정적 프로세스static process는 비즈니스 효율성과 효과성을 지속적으로 개선하기 위해 시스템적 접근을 시도한다. 경영자들은 끊임없이 정적 프로세스를 최적화하기 위해 노력한다. 정적 프로세스의 예로 급여 관리, 세금 계산, 재무제표 작성 등이 있다. **동적 프로세스**dynamic process는 계속적으로 변화하는 프로세스로서, 비즈니스 운영의 지속적 변화에 대응하는 활동들로 이루어진다. 비즈니스 및 전략의 변화에 따라 동적 프로세스도 변화한다. 동적 프로세스의 예로 직원 퇴직 관리, 환율 변동에 따른 주문량 관리, 악천후로 인한 여행 취소 관리 등이 있다.

시스템적 사고는 정적 프로세스와 동적 프로세스의 차이점을 이해하는데 유익하다. 만약 돌을 공중에 던지면, 그것이 땅에 떨어질 것이라고 예측할 수 있다. 그러나 새를 공중에 던진다면 그것이 땅에 떨어질 것이라고 예측할 수는 없다. 왜냐하면 새는 살아 있는 동적 시스템으로서 자신의 환경을 인식하고 어떤 방향으로 날아갈 수 있기 때문이다. 새는 입력input 요소를 모으고 처리한다. 그리고 자신의 환경과 상호작용한다. 돌은 정적

그림 2.20

소비자 지향, 산업별로 특화된 소비자 지향, 비즈니스 지향 프로세스

소비자 지향 프로세스
- 주문 이행
- 소비자 서비스
- 영업 프로세스
- 소비자 비용 청구
- 주문 배송

산업별로 특화된 소비자 지향 프로세스
- 은행 – 대출 프로세싱
- 보험 – 청구 처리 프로세싱
- 정부 – 보조금 배부
- 호텔 – 예약 접수
- 항공 – 짐 관리

비즈니스 지향 프로세스
- 전략적 계획
- 전술적 계획
- 예산 예측
- 훈련
- 원재료 구입

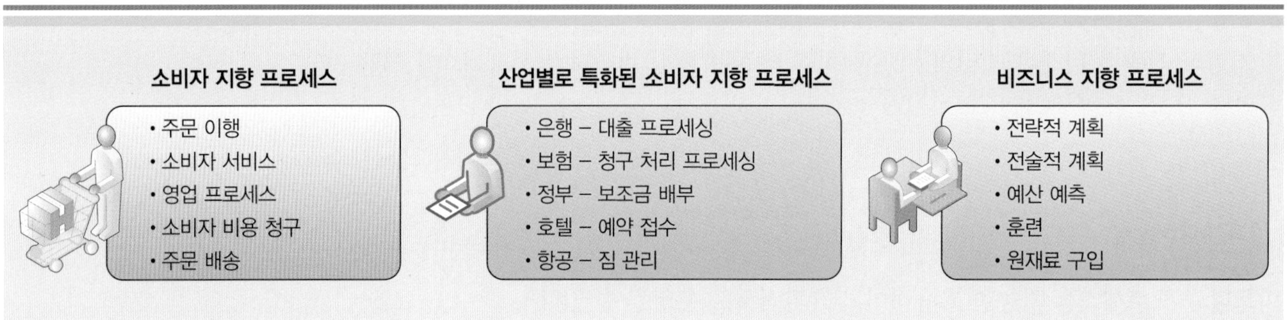

프로세스의 예이고, 새는 동적 프로세스의 예이다. 조직은 사람을 보유하고 있고 동적 특성이 있다. 그래서 비즈니스가 어떻게 운영될지를 예측하기가 어렵다. 경영자들은 정적 프로세스와 동적 프로세스를 만들고 배치하고 해야 한다.

비즈니스 프로세스 모델링

비즈니스 프로세스 모델링business process modeling 또는 매핑mapping은 업무 처리 과정에 대한 상세한 흐름도, 즉 프로세스 맵을 만드는 활동이다. 프로세스 맵은 입력, 과업, 활동 등을 구조화된 순서로 보여준다. **비즈니스 프로세스 모델**business process model은 프로세스를 그림으로 설명해 놓은 것이다. 이것은 프로세스 과업의 연속적인 흐름을 보여주고, 특정 관점에서 특정한 목적을 위해 만들어진다. 한 세트의 프로세스 모델들은 한 시스템(특정 분야)의 많은 기능들을 도형과 문자로 상세히 보여주는데, 그 목적은 다음과 같다.

- 프로세스의 세부 사항을 단계적으로, 체계적으로 보여준다.
- 프로세스 모델을 간결하고 정확하게 기술한다.
- 프로세스 모델의 인터페이스에 초점을 맞춘다.
- 강력한 프로세스 분석과 일관된 설계 어휘를 제공한다(이 장의 끝에 있는 비즈니스 프로세스 모델의 예를 참조).

BPMNBusiness Process Model and Notation은 비즈니스 프로세스의 단계를 표현하기 위한 시각화된 표기법이다. BPMN은 비즈니스 프로세스의 시작에서 끝까지를 시각적으로 보여준다. 비즈니스 프로세스를 그림으로 표기하면 핵심 비즈니스 프로세스가 업무 처리에 어떤 도움을 주는지 또는 어떻게 방해를 하는지를 쉽게 이해하고 소통할 수 있다. 그림 2.21은 www.BPNM.org에서 제시하는 표준화된 표기법이다. 그림 2.22는 택시 예약 프로세스를 BPMN을 이용하여 작성한 그림이다.

BPMN	
이벤트 event	BPMN 이벤트는 비즈니스 프로세스 상에서 어떠한 사건이 발생함을 보여준다. 이벤트는 비즈니스 프로세스에서 원으로 표기하며, 시작 및 종료 이벤트와 중간 이벤트가 있다. 그림 2.22에서 이벤트는 고객 요청, 시간 요청, 프로세스 종료를 포함한다.
액티비티 activity	BPMN 액티비티는 비즈니스 프로세스의 특정 부분에서 어떠한 작업을 수행하는 것을 보여준다. 액티비티는 비즈니스 프로세스 모델에서 모서리가 둥근 직사각형으로 표기한다. 그림 2.22에서 액티비티는 이용 가능성 확인하기, 고객 태우기, 예약 확인하기를 포함한다.
게이트웨이 gateway	BPMN 게이트웨이는 프로세스 플로우를 제어하는데 사용된다. 게이트웨이는 프로세스 플로우의 병합 및 분리를 표현한다. 그림 2.22에서 게이트웨이는 이용 가능 상태 결정, 요청의 수락/거절을 포함한다.
플로우 flow	BPMN 플로우는 프로세스가 어디로 흐르는지를 보여준다. 플로우는 비즈니스 프로세스 모델에서 화살표로 표기한다. 그림 2.22에서 플로우는 택시 예약 프로세스 전 과정에서 고객이 취하는 길을 보여준다.

그림 2.21
BPMN 표기법

비즈니스 프로세스 모델링은 현재 프로세스 모델로 시작한다. **현재 프로세스 모델**As-Is process model은 프로세스의 문제를 기능적 프로세스로 표현한 것이다. 즉, 현재 존재하는 프로세스를 개선하거나 변경하지 않고 기존의 운영 상태를 있는 그대로 표현한 것이다. 다음 단계는 **미래 프로세스 모델**To-Be process model을 만드는 것이다. 미래 프로세스 모델은 프로세스의 문제가 어떻게 해결될 것인지를 보여준다. 미래 프로세스 모델은 현재 프로세스 모델에 개선 기회를 적용할 경우 미래에 얻게 되리라 기대되는 결과를 보여준다.

미래 프로세스 모델은 프로세스 해결책의 세부 사항을 결정하기 이전에도 프로세스를 충분하고 명확하게 이해할 수 있도록 해준다. 미래 프로세스 모델은 향후에 "무엇이" 실현될 수 있는지를 보여준다. 그림 2.23은 햄버거 주문의 현재와 미래 프로세스 모델을 보여주고 있다.

현재와 미래 프로세스 모델은 비즈니스 프로세스 리엔지니어링business process reengineering 프로젝트에서 없어서는 안 되는 필수 사항이다. 왜냐하면 이 그림들은 조직의 활동, 프로세스, 자료 흐름을 시각화하는데 매우 강력한 도구가 되기 때문이다. 그림 2.24는 '주문부터 배송까지'의 업무처리에 관한 현재 프로세스 모델로서, **구획 면**swim lane을 이용해 관련 주체들을 보여주고 있다. 구획 면은 마치 수영장의 레인처럼 그려지는 세로 방향의 영역을 말하는데, 각 활동의 수행 주체를 표현할 때 활용된다.

그림 2.22

BPMN의 택시 예약 프로세스 예시

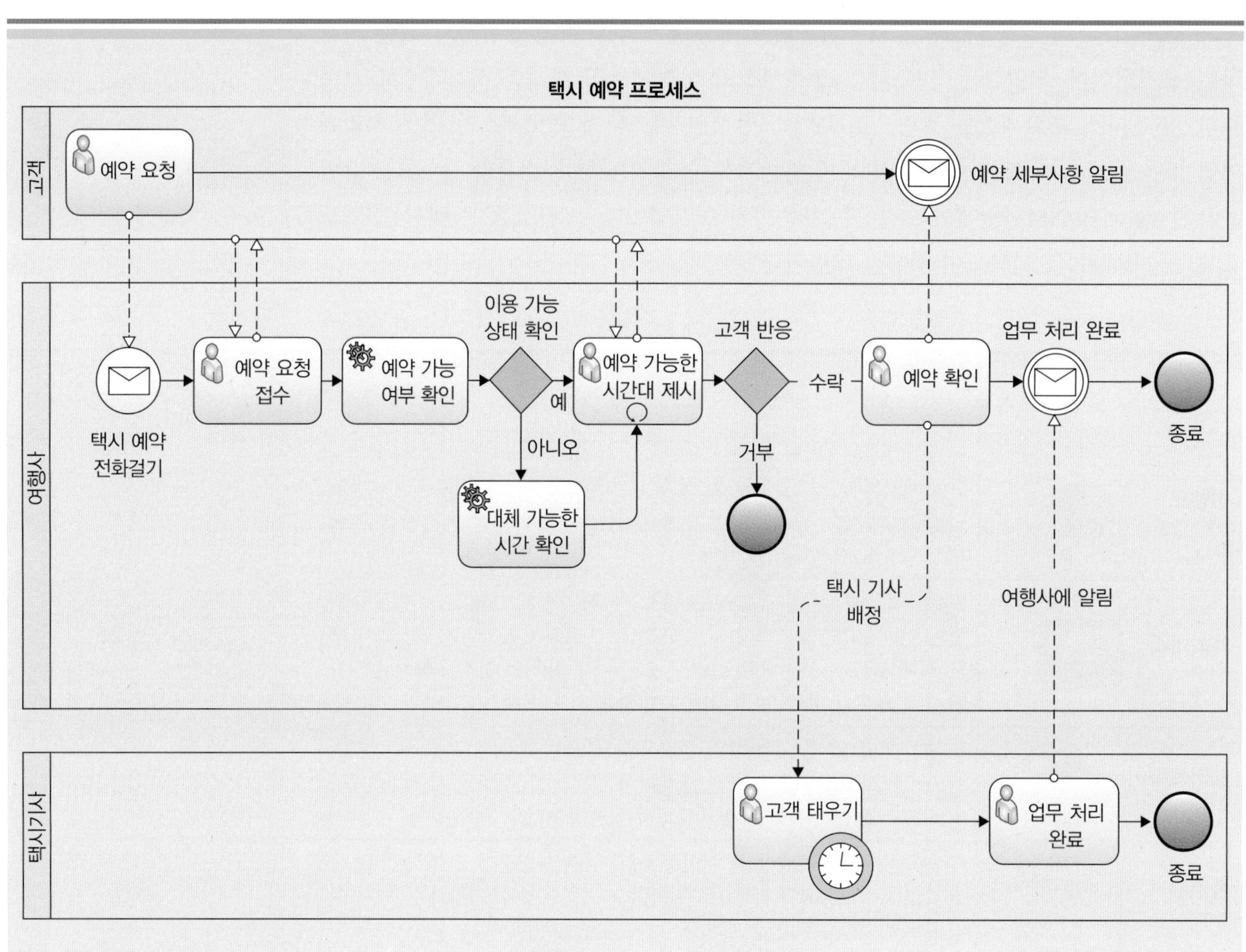

현재 햄버거 주문 프로세스
고객이 계산대 직원에게 간다.
햄버거를 시킨다.
프랜치 프라이를 원하는가?
예
주문한다.
아니오
음료수를 원하는가?
예
주문한다.
아니오
고객이 햄버거 값을 지불한다.

미래 햄버거 주문 프로세스
고객이 계산대 직원에게 간다.
세트 메뉴를 시킨다.
고객이 햄버거 값을 지불한다.

그림 2.23

햄버거 주문하기의 현재와 미래 프로세스 모델

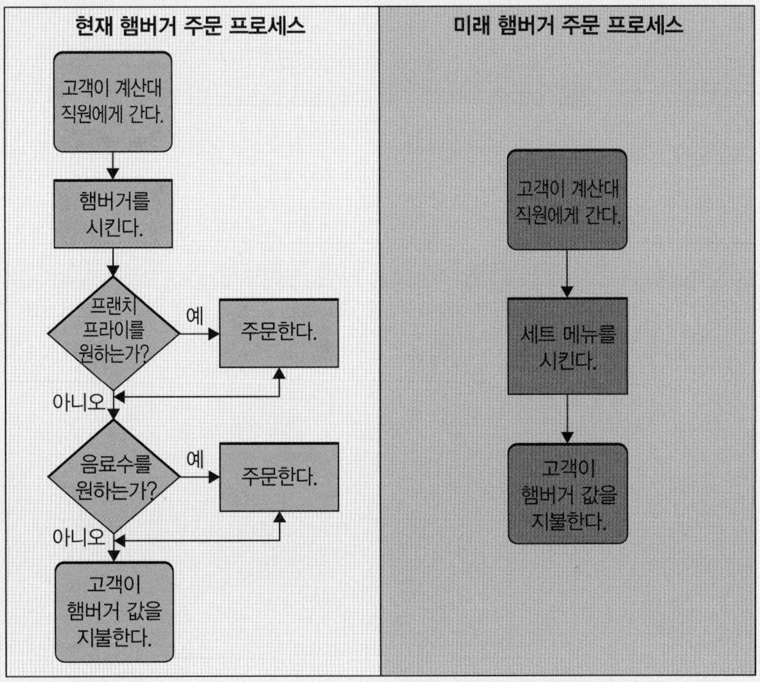

현재 프로세스 모델을 작성할 때에는 많은 세부사항에 사로잡히지 않도록 조심해야 한다. 현재 프로세스 모델의 주된 목적은 단순화하고 불필요한 부분을 제거함으로써 개

그림 2.24

주문 이행을 위한 현재 프로세스 모델

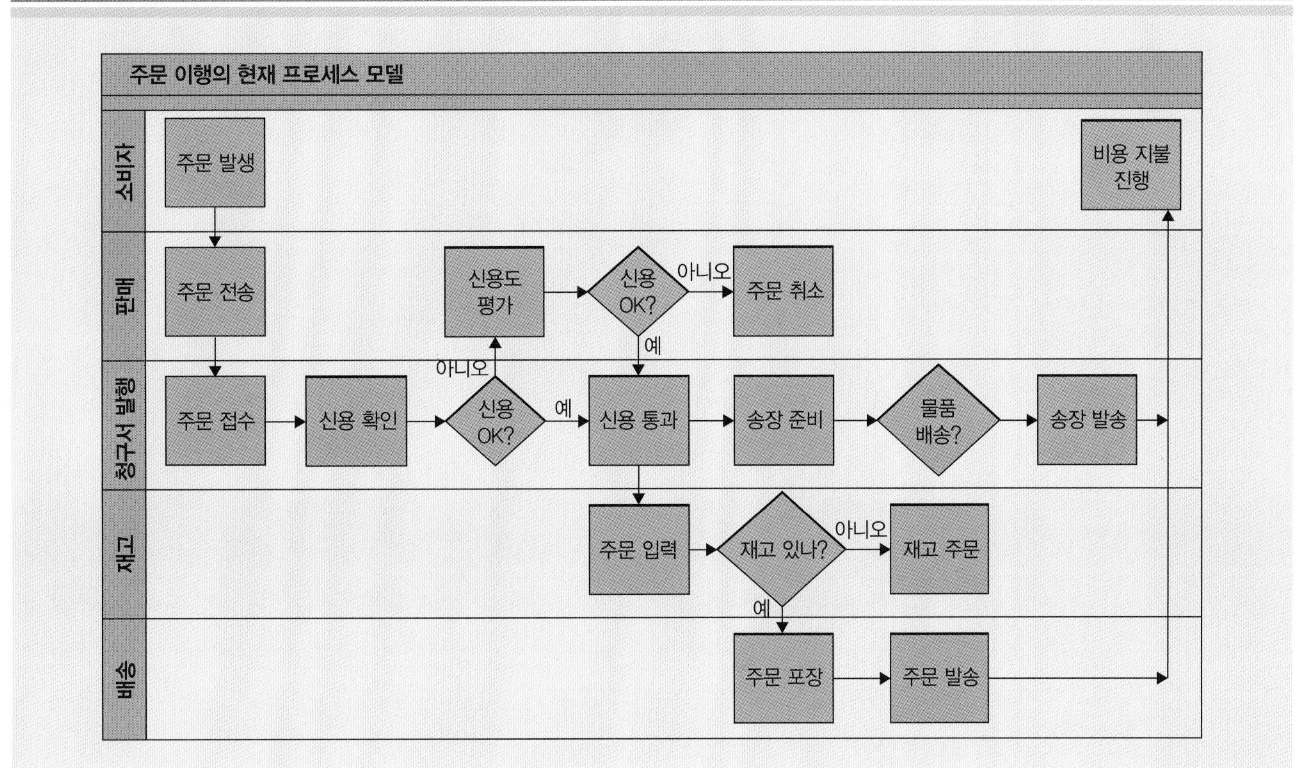

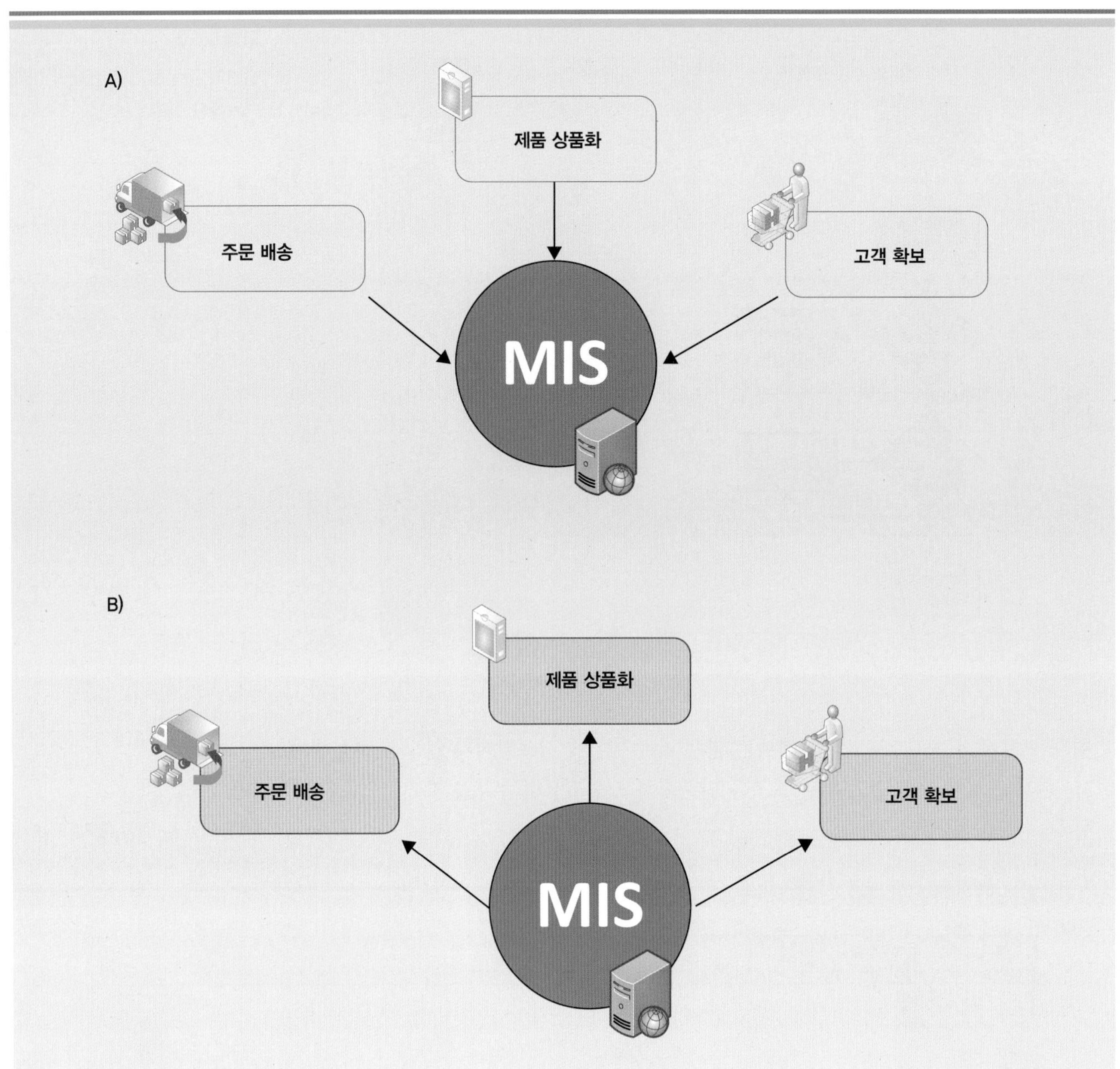

그림 2.25

비즈니스 프로세스가 MIS를 주도하는 것(A)과 MIS가 비즈니스 프로세스를 주도하는 것(B)

선된 미래 프로세스를 만드는 것이다. 프로세스 개선 노력은 비논리적이고 무관한 프로세스들을 모두 점검하고, 가장 효율적이고 효과적인 프로세스를 정의하는 것에 집중되어야 한다.

조직은 비즈니스 프로세스를 조사함으로써 병목 현상bottleneck을 찾아내고, 불필요한 과업을 제거하며, 원활히 작동하는 프로세스를 발견해 낼 수 있다.

가령, 꽃가게의 CSF는 배달 시간 단축이라고 하자. 꽃가게가 비효율적 주문 프로세스와 복잡한 배송 프로세스를 가지고 있다면 이 목표를 달성하기 어려울 것이다. 주문 수량이나 주소를 잘못 기재하거나 배송 지연이 발생하면, 배송 프로세스에 문제가 야기될 수 있다. 주문 입력, 제작, 일정계획 등의 프로세스를 개선함으로써 배송 프로세스를 개선할 수 있다.

비즈니스 프로세스가 MIS 선택을 주도해야 하고, 비즈니스 전략과 목표에 바탕을 두어야 한다(그림 2.25A). 가장 효율적이고 효과적인 비즈니스 프로세스를 먼저 정한 이후에, 이러한 비즈니스 프로세스를 지원할 MIS를 선택해야 한다. 물론, 이러한 접근법이 늘 통하는 것은 아니다. 경영자가 이상적인 솔루션, 즉 가장 효율적이고 효과적인 비즈니스 프로세스를 작성했다고 해도, 이를 지원할 마땅한 MIS를 찾을 수 없는 경우도 있다. 이때는 MIS에 따라 비즈니스 프로세스를 수정해야 한다(그림 2.25B). 먼저 MIS를 선택하고 난 다음에 비로소 비즈니스 프로세스 수행 방법을 결정하는 것을 고수하는 경영자들은 종종 실패한다.

MIS를 이용하여 비즈니스 프로세스 개선하기

작업 흐름workflow은 각 단계의 비즈니스 프로세스를 수행하기 위한 업무 흐름을 의미하는데, 작업 흐름에는 과업과 활동과 책임이 포함된다. 기업 내부와 외부의 상황이 변할 때, 경영자는 작업 흐름과 소비자의 요구와 경쟁 환경을 이해함으로써, 경쟁 우위를 유지하기 위한 대안적 비즈니스 프로세스를 설계하고 평가할 수 있다. **작업 흐름 제어 시스템**workflow control system은 과업과 활동과 책임이 계획대로 실행되도록 프로세스를 감시한다.

대안적 비즈니스 프로세스들은 효과적이고 효율적이어야 한다. 즉, 의도한 결과를 산출할 수 있어야 하고, 의도한 결과를 산출하기 위해 최소한의 자원을 사용해야 한다. 또한, 대안적 비즈니스 프로세스들은 소비자, 경쟁자, 기술 등의 변화에 유연하게 적응할 수 있어야 하고, 변화를 지원할 수 있어야 한다. 그림 2.26은 조직 수준에 따라 효과성이 다른 비즈니스 프로세스 변화의 세 가지 주요 유형을 보여준다.

기업은 자신의 핵심 비즈니스 프로세스를 변화시킬 필요가 있다는 것을 어떻게 알 수 있을까? 다음 세 가지 조건들은 비즈니스 프로세스를 변화시킬 적절한 시기임을 시사한다.

1. 비즈니스 프로세스를 수행하는 목적이자 대상이 되는 시장에 눈에 띄는 변화가 있다.
2. 기업의 핵심 프로세스가 산업의 벤치마크에 비해 확연하게 뒤떨어진다.
3. 기업이 경쟁 우위를 다시 확보하려면 주된 영역의 경쟁자들을 뛰어 넘어야 한다.

운영적 비즈니스 프로세스-자동화

운영적 비즈니스 프로세스operational business process는 정적이고, 루틴하며, 일상적인 비즈니스 프로세스이다. 가령, 재고 비축하기, 고객 체크아웃하기, 일일 업무 시작 및 종료하기 등이 이에 해당된다. 오늘날의 전자 상거래 환경에서 살아남으려면 기업은 비즈니스 프로세스를 개선해야 한다. 소비자들은 끊임없이 더 나은 제품들과 서비스들을 요구하고 있고, 만약 원하는 것을 구할 수 없으면, 곧바로 마우스를 클릭하여 경쟁사로 돌아서기 때문이다. **비즈니스 프로세스 개선**business process improvement은 현재 상태의 프로세스를 이해하고 측정한 다음, 필요한 부분을 개선하여 성과를 향상시키는 것이다. 그림 2.27은 전형적인 비즈니스 프로세스 개선 모델이다.

MIS를 초기에 도입한 기업들은 자동화를 통해 자신의 가치 사슬을 향상시킬 수 있다

그림 2.26

비즈니스 프로세스 변화의 세 가지 주요 유형

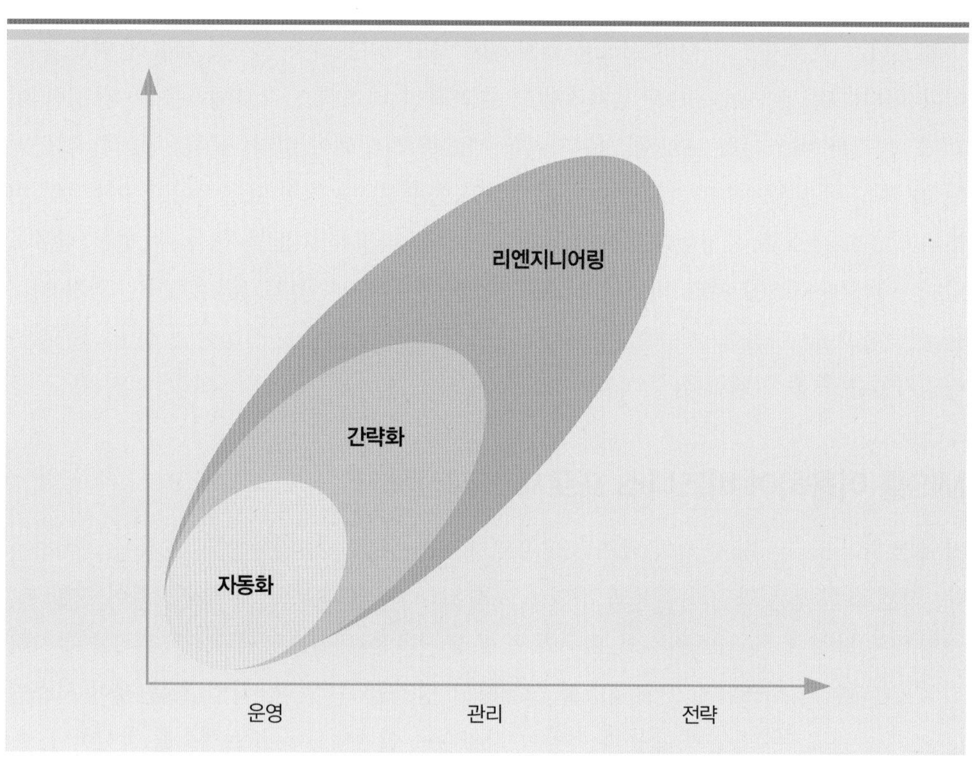

그림 2.27

비즈니스 프로세스 개선 모델

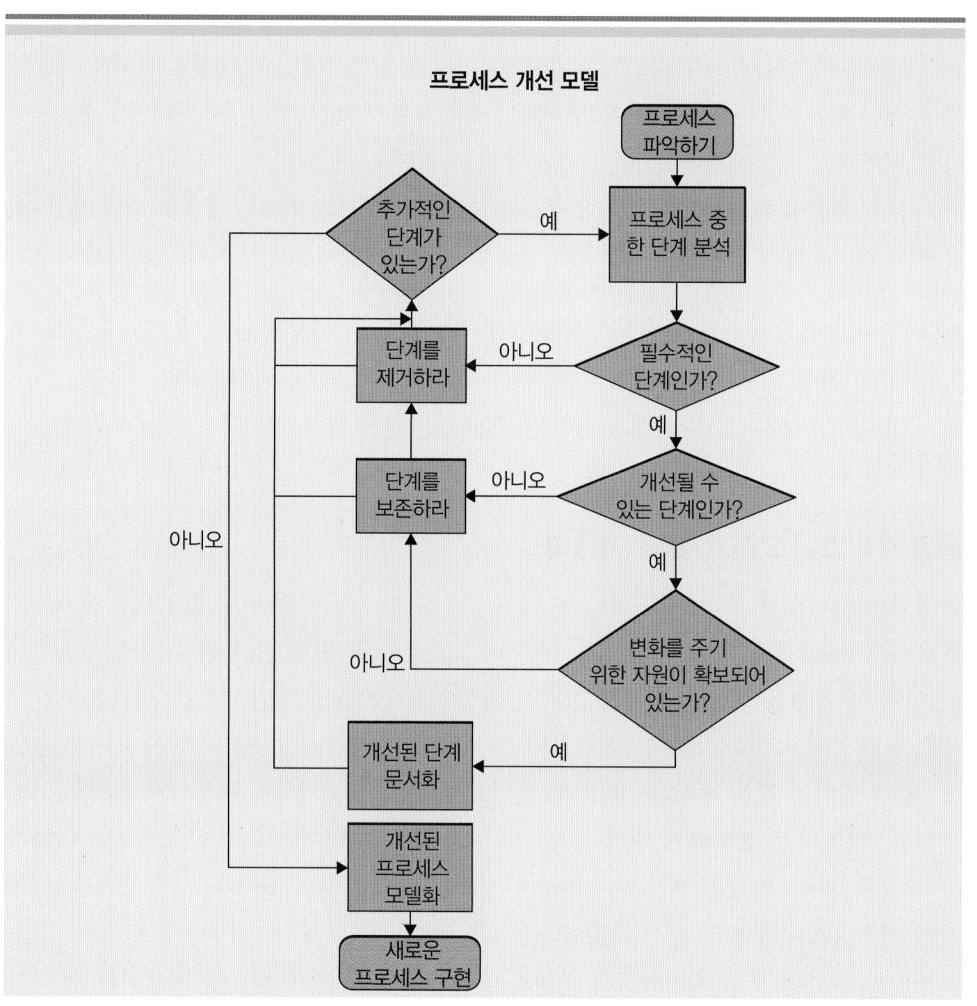

는 것을 깨달았다. 자동화는 비용을 절약하고 작업 속도를 빠르게 한다. **자동화**automation는 수작업을 컴퓨터로 처리하는 것으로, 이는 효율성과 효과성을 향상시키고, 운영비용을 크게 줄인다. 일례로 급여 처리 자동화가 있다. 수작업으로 직원 5,000명의 급여를 계산하고 체크하는 일은 정규직 30명을 필요로 하는 매우 노동집약적인 업무이다. 회계담당 직원은 2주마다 모든 사람의 근무 시간 기록을 모으고, 이를 임금률과 일일이 대조하고, 급여 지불액을 계산하고, 세금, 연금, 보험금 등의 공제액을 계산해야 한다. 그러나 만약 급여 프로세스가 자동화되면, 단 한 사람이 몇 시간 내에 직원 5,000명의 급여를 쉽게 계산하고, 공제액을 처리하고, 급여 명세서를 작성할 수 있다. 왜냐하면 모든 것이 시스템으로 자동 처리되기 때문이다. 자동화는 전체적인 운영비용을 낮추어서 효율성과 효과성을 향상시키고, 인원을 절감할 수 있다. 비즈니스 프로세스를 자동화하는데 주로 거래 처리 시스템TPS이 이용된다.

그림 2.28은 비즈니스 프로세스 개선의 단계를 보여준다. 조직은 자신이 지금까지 수행하고 있던 현재 프로세스를 작성하는 것을 시작으로 해서, 프로세스를 측정할 수 있는 기준을 설정하고, 프로세스를 따라 해보고, 성과를 측정하고, 끝으로 수집된 정보를 근거로 개선 기회를 확인한다. 이러한 프로세스 개선 과정은 끊임없이 반복된다.

이와 같은 비즈니스 프로세스 개선 방식은 조금씩 점진적으로 개선하는 데는 효과적이다. 그러나 몇 가지 요인들이 비즈니스 프로세스 개선을 급진적으로radically 진행시키도록 만들고 있다. 바로 기술이다. 무선 인터넷 접속과 같은 신기술들은 비즈니스에 새로운 기회를 신속하게rapidly 제공하고 있고, 경쟁 진입 장벽을 높이며, 비즈니스 프로세스 개선을 극적으로dramatically 추진하는 것을 가능하게 하고 있다. 예를 들어, 아마존Amazon.com은 서적을 온라인에서 판매하기 위해 공급 사슬을 재창조하였다. 아마존은 자동화의 혜택을 달성한 다음, MIS를 이용한 새로운 운영 개선안을 모색하였다. 그리고 비즈니스 프로세스에 MIS를 접목한 간략화(簡略化)의 기회를 인식하기 시작했다. 이에 대해 살펴보자.

관리적 비즈니스 프로세스–간략화

관리적 비즈니스 프로세스managerial business process는 자원 할당, 영업 전략, 조립 프로세스 개선 등의 반(半)역동적이고semi-dynamic, 반(半)루틴한semi-routine, 월 단위의monthly 비즈니스 프로세스이다. **간략화**streamlining는 불필요한 단계를 단순화하거나 제거함으로써 비즈니스 프로세스의 효율성을 개선하는 것이다. **병목 현상**bottleneck은 자원 활용이 가용 가능한 최

그림 2.28

비즈니스 프로세스 개선 단계

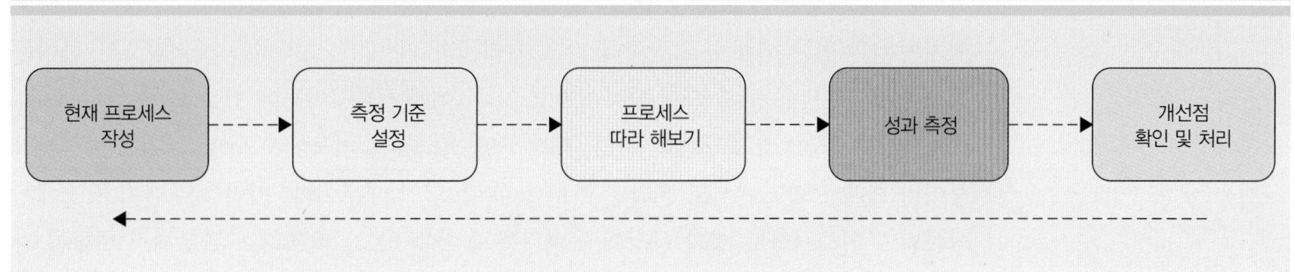

대치에 도달해 더 이상의 요구를 감당할 수 없을 때 발생한다. 이것은 일정 시간 내에 해결해야 하는 처리량을 제한하고 운영을 방해한다. 최대 능력치까지 운영되는 컴퓨터는 추가 요구를 처리할 수 없고, 프로세스에 병목 현상을 유발한다. 간략화는 병목 현상을 제거하는 것이다. 간략화는 비즈니스 프로세스의 효율성과 처리능력을 향상시키는 중요한 과정이다. 간략화는 또한 중복을 제거한다. **중복**redundancy은 하나의 과업, 즉 활동을 불필요하게 반복 수행할 때, 예를 들어, 영업 부서와 회계 부서가 둘 다 고객의 신용도를 확인할 때 발생한다.

병목 현상이나 중복을 포함하고 있는 비즈니스 프로세스를 개선하지 않고 있는 그대로 자동화하는 것은 문제를 더욱 증폭시킬 수 있다. 기업에서는 영업 부서 대 생산 부서와 같은 조직 간 긴장에 의해 문제가 발생할 수 있다. 마케팅 및 영업 부서의 표준 KPI는 주문을 더 많이 받는 것이다. 영업 부서는 이러한 KPI를 달성하기 위해 고객의 어떤 요구에도, 가령 긴급 주문에도 "예"라고 응답하는 경향이 있다. 이에 비해, 운영 관리 부서의 흔한 KPI는 주문 처리 소요 시간, 즉 사이클 타임cycle time을 줄이는 것이다. 긴급 주문은 사이클 타임이 벤치마크 수준 아래로 떨어지게 만드는 요인이 될 수 있다. 그러나 만약 주문 접수 및 납품에 이르는 프로세스 상의 병목 현상을 제거함으로써 간략화 한다면, 정상 주문과 긴급 주문을 모두 안정적이고 수익성 있게 처리할 수 있다. 간략화의 목표는 자동화하는 것은 물론, 비즈니스 프로세스를 감시하고, 제어하고, 변화시킴으로써 개선하는 것이다.

페덱스FedEx는 빠르고 확실한 상품 배송이라는 CSF를 달성하기 위해 모든 비즈니스 프로세스를 간략화했다. 페덱스는 테네시주의 멤피스에 중앙 허브를 설치하고 모든 주문을 그곳에서 처리했다. 게다가 서비스 목표 수준을 반드시 달성할 수 있도록 전용 비행기를 구입했다. 또한, 페덱스는 경쟁 우위를 창출하기 위해 기존 유통 및 물류 프로세스를 MIS와 연계하였다. 곧이어, 페덱스는 새로운 세분 시장을 발견했다. 속도에 덜 민감한 이 고객들은 가격만 저렴하다면, 하루 늦게, 지정되지 않은 시간에 배송받는 것도 선호한다는 것을 알았다. 페덱스는 이 세분 시장을 놓치지 않기 위해 자신의 전략을 재평가하고 비즈니스 프로세스를 조정하였다. 만약 페덱스가 보다 많은 수량을 보다 빠르고 보다 확실하게 처리하는 기존 배송 프로세스를 단지 개선하는 데에만 초점을 두었다면, 새로운 세분 시장은 물론 기존 고객도 놓칠 수 있었을 것이다.

전략적 비즈니스 프로세스-리엔지니어링

전략적 비즈니스 프로세스strategic business process는 재무 계획 수립, 기업 확장 전략, 이해관계자와의 상호작용 등과 같이 역동적이고, 비일상적이며, 장기적 비즈니스 프로세스이다. 인터넷과 같은 정보통신기술의 발달로 국가 간 장벽을 넘고 시간과 공간을 초월하여 펼쳐지는 평평한 세계flat world는 더 많은 기업들과 더 많은 소비자들을 시장으로 끌어들이고 있고, 경쟁을 눈에 띄게 심화시키고 있다. 예를 들어, 미국에 있는 와인 도매상들은 이제 전 세계적으로 경쟁해야 한다. 왜냐하면 소비자는 미국에서 와인을 주문하는 것만큼이나 쉽게 프랑스에서도 온라인 주문을 할 수 있기 때문이다. 기업들은 단지 시장에서 살아남기 위해서라도 성과 향상의 돌파구를 찾아야 하고, 비즈니스 프로세스 변화를 감

그림 2.29

같은 길을 가는 다양한 방법들

행해야 한다.

변화의 속도가 빨라짐에 따라, 신속한rapid 변화와 극적인dramatic 개선을 원하는 기업들은 **비즈니스 프로세스 리엔지니어링**BPR: business process reengineering, 즉 기업 내부 및 기업 간의 작업 흐름의 분석과 재설계redesign에 눈을 돌리고 있다. 그림 2.29는 같은 길을 가는 다른 이동 수단을 통해서 프로세스 개선을 은유적으로 설명하고 있다. 기업은 도보에서 말로, 말에서 자동차로 바꿈으로써 목적지에 도달하는 시간을 개선할 수 있다. 그러나 BPR적 사고방식은 자동화와 간략화를 초월한 전혀 다른 접근방식이다. 기업은 기존의 익숙한 길을 무시하고 새로운 하늘 길을 통해 A 지점에서 B 지점으로 갈 수 있다. 기업들은 비즈니스를 수행하기 위한 보다 빠르고 바로 통하는 새로운 길을 깨닫지 못한 채, 기존에 익숙해 있는 돌아가는 길을 가고 있다.

조직은 자신의 CSF와 KPI를 달성하기 위해 프로세스가 여러 부서에 걸쳐 있는 범부서적 비즈니스 프로세스를 리엔지니어링할 수 있고, 단일 부서의 비즈니스 프로세스를 리엔지니어링할 수도 있다. 비즈니스 프로세스 리엔지니어링의 대상을 선정할 때에, 현명한 경영자들은 영향력이 약한 프로세스보다는 성과에 결정적 영향을 줄 수 있는 핵심 프로세스에 집중한다. 전략적 활동으로써의 비즈니스 프로세스 리엔지니어링 노력은 지속적 비즈니스 프로세스 개선continuous business process improvement 프로그램과는 다른 사고방식이 필요하다. 비즈니스 프로세스는 전략 목표 달성을 위한 강력한 기회를 제공한다. 그러나 기업들은 이를 간과하는 경향이 있다. 따라서 기업들은 종종 자신의 현행 프로세스를 출발점으로 삼아서 비즈니스 프로세스 개선 노력을 진행해 나간다. 이와 달리 리엔지니어링에 집중하는 경영자들은 몇 가지 기준을 이용해 기회를 포착할 수 있다.

- 프로세스가 고장인가?
- 프로세스 리엔지니어링을 성공적으로 추진할 수 있나?
- 조직의 전략적 방향에 큰 영향을 미칠 수 있나?
- 고객 만족도에 큰 영향을 주는가?
- 프로세스가 구식인가?
- 최상의 경쟁사의 프로세스에 훨씬 못 미치는가?
- 생산성 향상에 꼭 필요한가?
- ROI가 충분히 높고 효과가 즉각적으로 발생하는가?

BPR은 비즈니스 프로세스 개선과는 사상이 전혀 다르다. 극단적으로 보면, BPR은 현행 프로세스가 부적절하고, 작동하지 않기 때문에 백지상태에서 근본적으로 재점검해야 한다고 가정한다. 비즈니스 프로세스 설계자는 이처럼 무에서 시작함으로써 자신을 현행 프로세스와 분리시키고, 새로운 프로세스에 집중할 수 있다. 이것은 마치 다음과 같은 의문을 던지면서 자신을 미래로 투사하는 것과 같다. 과연 프로세스가 어떤 모습이어야 할까? 소비자들은 어떤 프로세스를 원하는가? 직원들은 어떤 프로세스를 원하는가? 최고의 기업들은 일을 어떻게 처리하는가? 신기술이 프로세스를 가능하게 만들 수 있을까?

그림 2.30은 비즈니스 프로세스 리엔지니어링의 기본 단계들을 보여준다. 이것은 리엔지니어링 프로젝트의 범위와 목적을 정의하는 것에서 시작한다. 그 다음엔 프로세스 설계자가 고객, 직원, 경쟁자, 신기술에 대해 학습한다. 다음으로, 학습된 지식을 토대로 설계자들은 현재의 프로세스, 기술, 구조와 미래의 프로세스 비전 사이의 격차를 좁히기 위한 실행 계획을 수립한다. 채택된 실행 계획안을 적용하는 것은 최고 경영자의 몫이다.

시스템적 사고는 BPR에서 중요한 역할을 한다. 자동화와 간략화는 부서 수준에서 진행되지만 BPR은 시스템 수준, 즉 프로세스의 시작에서 끝까지의 기업 수준에서 진행된다.

BPR을 추진하는 주된 이유는 고객의 가치 창출이다. MIS는 종종 이것을 가능하게 하는enabling 주된 역할을 한다. 예를 들면, 프로그레시브 보험회사는 근본적으로 새로운 비즈니스 프로세스를 구축하여 클레임 처리 시간을 31일에서 4시간으로 단축하였다. 당시의 전형적인 자동차 보험회사들은 다음과 같은 표준 클레임 해결 프로세스를 따랐다. 고객이 차 사고를 당하면, 사고 난 자동차를 견인하고, 고객을 집까지 태워다 줄 차량을 찾는다. 그러고 난 다음에 고객은 보험회사에 전화를 걸어 보험금 지급을 요청하는 클레임 프로세스를 진행한다. 클레임 프로세스는 피해 현황 평가, 책임소재 파악, 수리비용 추정 등을 포함한다. 이 과정은 보통 한 달이 소요된다(그림 2.31 참고). 프로그레시브 보험회사는 모바일 클레임 프로세스를 구현하는 혁신을 이루었다. 여기서는 고객이 차 사고를 당하면, 사고 현장에서 곧바로 보험사에 전화를 걸어 클레임 프로세스를 진행한다. 그러면 프로그레시브의 손해사정인이 즉시 현장으로 파견되어 사고 현장을 조사하고, 사진을 촬영한다. 그러고 나면 사고 현장에서 곧바로 고객에게 보험금을 지급하고, 차량을 견인하며, 고객을 집까지 데려다준다. 진정한 BPR 노력은 프로세스를 단순 개선하여

그림 2.30

비즈니스 프로세스 리엔지니어링 모델

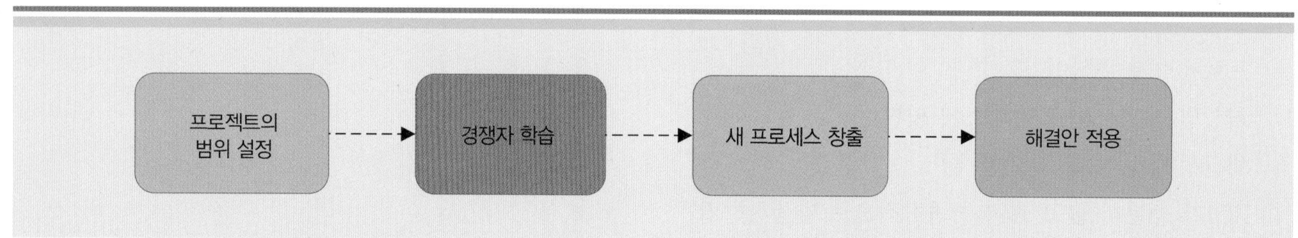

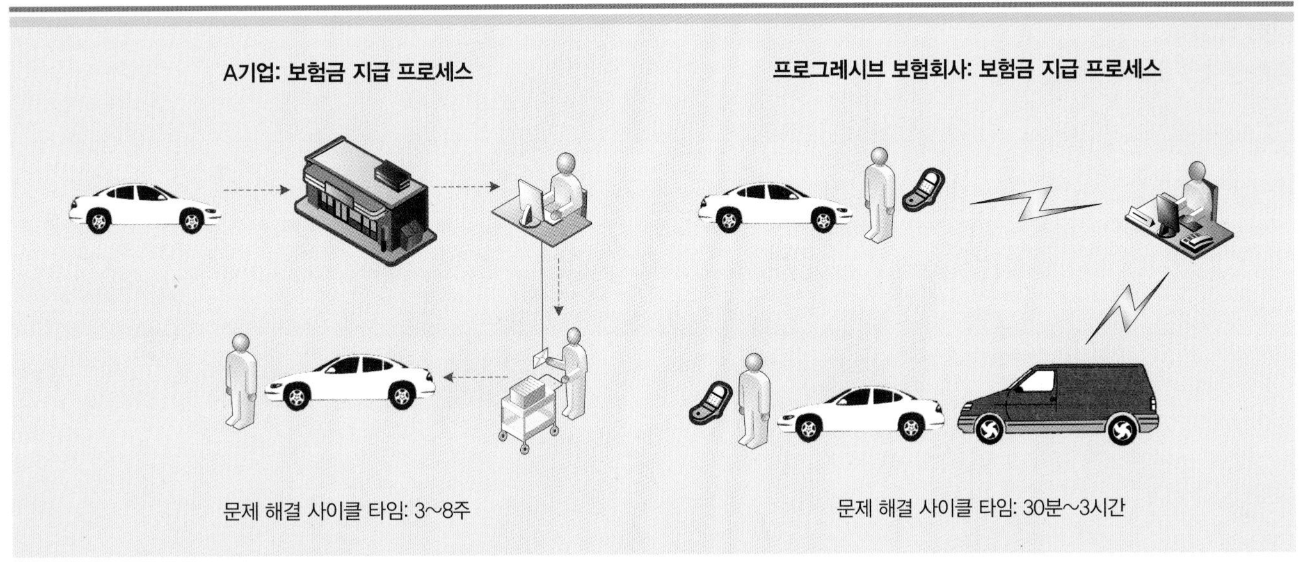

그림 2.31
자동차 보험 클레임 프로세스

얻는 더 좋고, 더 빠르고, 더 저렴한 가치 그 이상의 것을 제공한다. 프로그레시브 보험회사의 BPR 노력은 보험 산업 전체의 최우수 실행 방안best practice을 다시 썼다. 그림 2.32에서 그림 2.35까지는 비즈니스 프로세스 모델링의 추가적 예시이다.

그림 2.32
온라인 판매 프로세스 모델

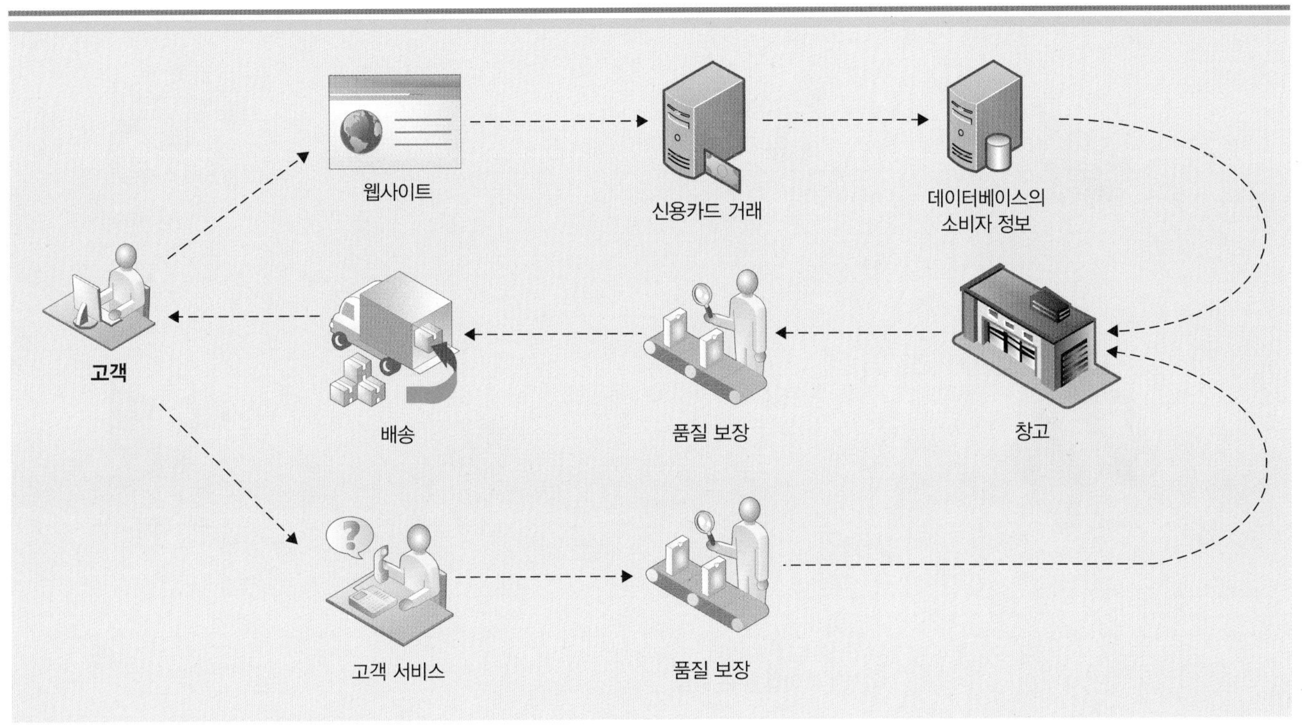

그림 2.33

온라인 뱅킹 프로세스 모델

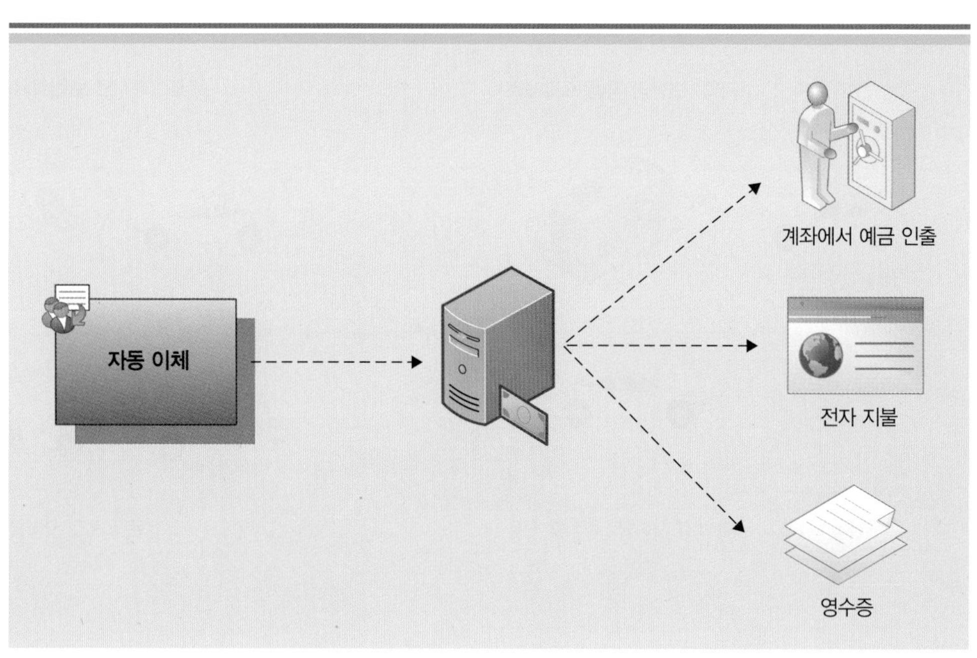

그림 2.34

주문 이행 프로세스 모델

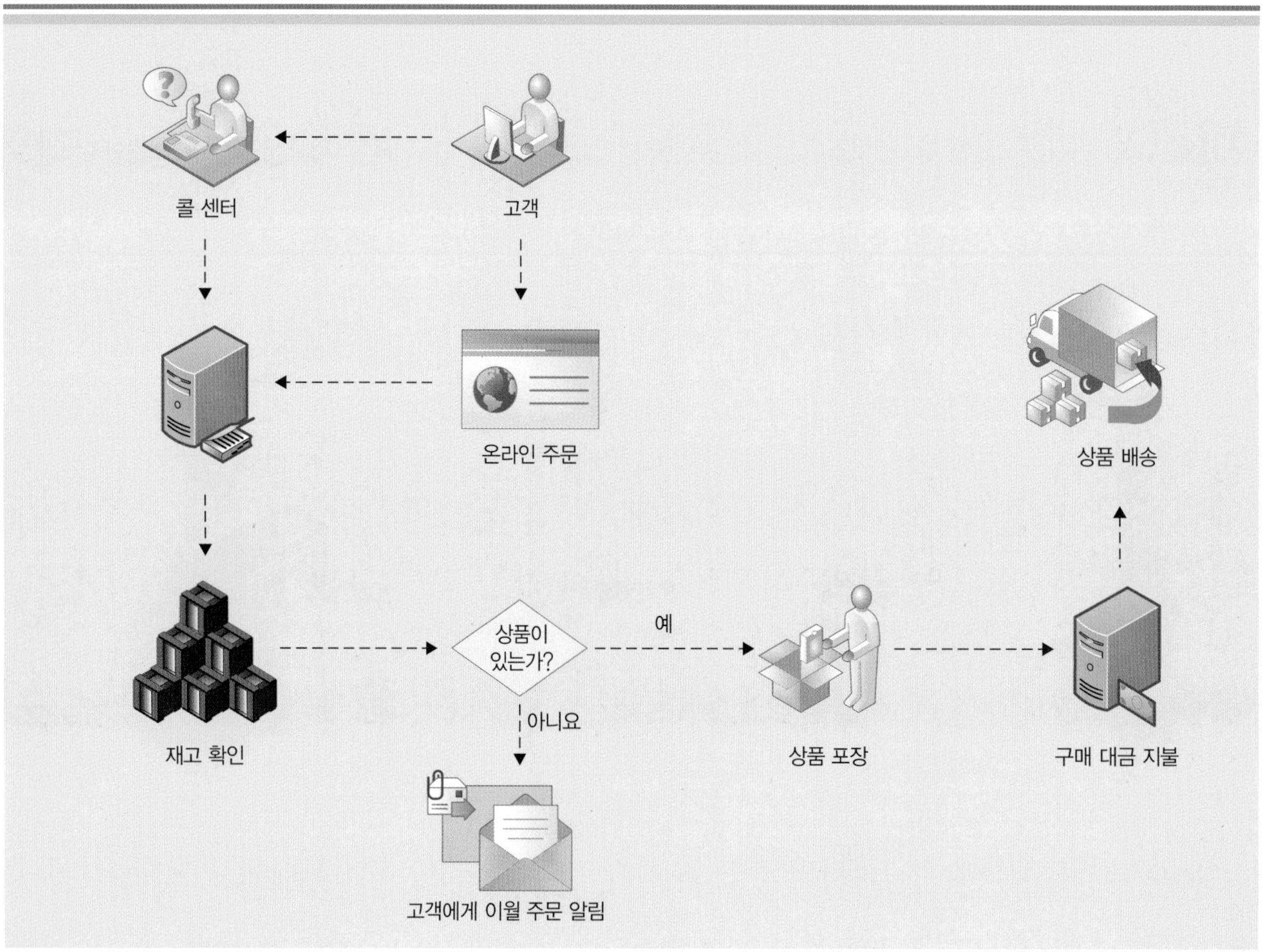

콜 센터
고객
온라인 주문
상품 배송
재고 확인
상품이 있는가?
예
아니요
상품 포장
구매 대금 지불
고객에게 이월 주문 알림

물건을 구입하기로 결정 → 경매 목록 확인하기 → 입찰 → 낙찰 → 송장 받기 → 송장 지불 → 물건 수령 → 판매자 등급 매기기 → 구매 완료

물건을 팔기로 결정 → 이베이에 물건 등록 → 공시가 결정 → 경매 기간 설정 → 낙찰 가격 송장 → 금액 수령 → 물건 배송 → 고객 등급 매기기 → 판매 완료

그림 2.35

이베이의 구입 판매 프로세스 모델

비즈니스 중심적 MIS

이메일 간략화

이메일의 가장 큰 문제는 작업 흐름을 방해하는 것이다. 많은 직원들은 이메일이 오자마자 하던 일을 멈추고 이를 확인한다. 그러나 만약 즉시 응답할 시간이나 능력이 없으면, 처리를 못한 채 그대로 두어 병목 현상이 발생한다. 이러한 과정이 온종일 계속 되면, 결국 메일 박스는 수백 통의 이메일로 넘치게 된다. 이들 중에 상당수는 응답이나 행동을 요구하는 것이다. 직원은 자신의 작업 흐름 프로세스가 정상궤도에서 벗어나 있고, 어떤 업무를 언제 완수해야 하는지 모르기 때문에 이메일이 두려워지고 스트레스를 받기 시작한다.

당신은 작업 흐름을 간략화 하기 위해 이메일 처리 시간대를(가령, 하루 세 번 매 정시에 30분 동안) 정해 놓을 수 있다. 또한 이메일 알림 기능을 꺼 놓아 작업 흐름을 방해받지 않을 수 있다. 그리고 이메일을 체크할 때 처음부터 끝까지 한 번에 죽 훑어보고, 하나씩 바로 처리해 나갈 수 있다. 답장하거나, 업무 목록에 표시하거나, 포워딩하거나, 삭제할 수 있다. 자 이제 당신은 훨씬 더 효율적이고 효과적으로 일할 수 있고 메일 박스가 비어 있기 때문에 스트레스를 덜 받을 수 있다.

당신의 삶에서 비효율적이고 비효과적인, 그래서 스트레스를 유발하는 프로세스를 하나 선택하라. 간략화 원칙을 적용하여 병목 현상을 제거하고 중복을 최소화해 보라. 그리고 현재 프로세스와 미래 프로세스를 작성해 보라.

비즈니스 중심적 토론

당신의 눈과 손목에 관한 논쟁

구글 글래스와 애플 아이워치가 착용형 기술 시장을 주도할 것이라는 뉴스가 헤드라인을 장식했다. 이 두 혁신 제품의 등장은 착용형 기술의 미래를 그려보는데 도움을 주고 있다. 착용형 기술의 지지자들은 이것을 “전 세계가 항시 연결된 사이보그 cyborg로 전환해 가는 자연스런 단계”라고 믿고 있다. 그러나 착용형 기술의 반대자들은 “컴퓨터를 얼굴에 착용하는 어처구니없는 일들을 결코 대세로 받아들일 수 없다”라고 믿고 있다. 당신은 기술의 미래가 착용형이라는데 찬성하는가 아니면 반대하는가?

학습 성과 복습

2.1 조직의 전략, 관리, 운영 수준에 있는 각각의 경영자들이 내리는 의사결정의 중요성과 주요 특징들에 대해 설명할 수 있다.

의사결정 기술은 모든 수준의 기업에서 비즈니스를 운영하는 사람들인 비즈니스 전문가들에게 필수적인 기술이다. 운영 수준에서 직원들은 매일 행해지는 일상적 운영에 필요로 하는 핵심 비즈니스 활동들을 개발, 통제, 유지한다. 운영 의사결정들은 구조적 의사결정structured decisions이라고 여겨지는데, 이것들은 입증된 프로세스가 문제 해결의 가능성 있는 해결안을 제시해 줄 때 쓰인다. 구조적 의사결정들은 자주 내려지고 거의 반복적인 성격을 가지고 있고 단기 경영 전략에 영향을 준다.

관리 수준에서 직원들은 변화를 인지하고, 변화에 적응하고, 변화를 이용할 수 있는 기업의 능력을 날카롭게 유지하기 위해 끊임없이 기업의 운영 상태를 평가한다. 관리 의사결정은 단-중기 계획들, 일정들, 예산들과 기업의 정책들, 과정들, 그리고 경영 목표들을 포함한다. 이런 유형의 의사결정들은 반구조적 의사결정semi-structured decisions이라고 불린다. 이것들은 확립된 몇 가지 프로세스들이 잠재적 해결안을 평가하는 데는 도움이 되지만 최종 결정을 내리기에는 충분치 않은 상황에서 발생한다.

전략 수준에서 경영자들은 전반적인 경영 전략들, 목표들, 주안점 등을 기업의 전략적 계획의 일부로서 발전시킨다. 경영자들은 또한 정치적, 경제적, 경쟁적인 비즈니스 환경에서 조직의 전략적 성과와 전체적인 방향을 감시한다. 전략용 의사결정들은 매우 비구조적인 의사결정unstructured decisions이다. 이것들은 의사결정을 내리는 사람이 참고할만한 정해진 절차나 규칙이 없는 상황에서 발생한다. 이 결정들은 드물게 일어나지만 매우 중요하고, 일반적으로 장기 경영 전략과 관련되어 있다.

2.2 핵심 성공 요인CSF과 핵심 성과 지표KPI를 정의하고, MIS 프로젝트의 성과를 측정하기 위해 경영자들이 이들을 어떻게 사용하는지 설명할 수 있다.

지표Metrics란 프로젝트가 목표를 향해 제대로 가고 있는지 알기 위해 결과를 평가하는 측정 도구이다. 두 가지 핵심 척도는 핵심 성공 요인들과 핵심 성과 지표들이다. 핵심 성공 요인CSF: critical success factor은 기업이 그들의 목표와 주안점을 달성하고 그들의 전략을 적용하는데 반드시 필요한 조치들이다. 핵심 성과 지표KPI: key performance indicator는 기업이 핵심 성공 요인들을 어느 정도 달성하고 있는가를 평가하기 위해 이용하는 수량화될 수 있는 척도들이다. 핵심 성과 지표들은 핵심 성공 요인들보다 훨씬 더 구체적이다.

핵심 성공 요인들과 핵심 성과 지표들의 관계를 이해하는 것은 중요하다. 핵심 성공 요인들은 비즈니스 전략이 성공하기 위해 꼭 필요로 하는 요소들을 말한다. 핵심 성과 지표들은 핵심 성공 요인이 진행되고 있는 상황을 수량화 할 수 있는 지표로 측정한다. 하나의 핵심 성공 요인은 여러 개의 핵심 성과 지표들을 가질 수 있다. 물론, 두 항목들은 기업과 산업에 따라 바뀐다. 대학을 위한 핵심 성공 요인으로서 졸업률 개선을 생각해보라.

2.3 운영 지원 시스템, 관리 지원 시스템, 전략 지원 시스템을 분류하고, 경영자들이 의사결정을 내리고 경쟁 우위를 얻기 위해 이 시스템을 어떻게 이용할 수 있는지를 설명할 수 있다.

정보를 분류하고, 계산하고, 분석하고 슬라이스-앤드-다이스 할 수 있는 능력은 조직의 성공에 필수적이다. 조직 안에서 무슨 일이 일어나는지 모른다면 경영자들과 임원들이 비즈니스를 지원할 수 있는 확실한 결정을 내릴 수 없다. 운영, 관리, 전략 지원 시스템들은 다음과 같다.

- 운영: TPS는 조직 내 운영 수준을 지원하는 기본적인 비즈니스 시스템이다. TPS의 흔한 예는 급여 처리 시스템, 주문 입력 시스템 등의 운영 회계 시스템이다.
- 관리: DSS는 관리자와 비즈니스 전문가들의 의사결정 과정을 지원하기 위해서 정보를 모델링한다.
- 전략: EIS는 조직의 고위 임원들을 지원하기 위해서 특성화된 DSS이다.

2.4 인공지능에 대해 설명하고 인공지능의 다섯 가지 유형을 확인할 수 있다.

인공지능AI은 인간의 행동과 생각을 모방한다. 가장 흔한 AI의 항목은 다음의 다섯 가지가 있다.

- 전문가 시스템: 컴퓨터 상담 프로그램으로 전문가의 추론 과정을 모방하여 어려운 문제를 해결한다.
- 신경망: 인위적으로 만든 신경망이다.
- 유전자 알고리즘: 진화와 적자생존 과정을 모방하여 주어진 문제에 대한 최적해를 구하는 AI 시스템이다.
- 지능형 에이전트: 사용자를 대신해서 업무를 수행하는 특수 목적의 지식기반 시스템이다.
- 가상현실: 실제 혹은 상상의 세계를 모방할 수 있는 컴퓨터로 만들어진 환경이다.

2.5 비즈니스 프로세스가 기업에 제공하는 가치에 대해 설명하고 소비자 지향 프로세스와 비즈니스 지향 프로세스의 차이점을 설명할 수 있다.

비즈니스 프로세스란 고객의 주문을 처리하는 것과 같은 특정한 과제를 해결하기 위해 존재하는 일군의 규격화된 활동이라는 것을 기억해보라. 비즈니스 프로세스는 사람이나 다른 프로세스를 위해 사람이나 도구를 이용해 일련의 입력을 일련의 출력(제품 혹은 서비스들)으로 변화시킨다. 소비자 지향customer-facing 프로세스는 조직의 외부에 있는 소비자가 받을 제품 혹은 서비스로 귀결된다. 비즈니스 지향business-facing 프로세스는 조직 외부의 소비자들에겐 보이지 않지만 비즈니스의 효과적인 운영을 위해서는 필수적이다.

2.6 비즈니스 프로세스 모델링의 가치를 설명하고 현재 모델as-is model과 미래 모델to-be model을 비교할 수 있다.

비즈니스 프로세스 모델링 혹은 매핑은 작업 프로세스의 입력물, 과업, 활동을 구조화된 연속적인 순서 속에서 보여주는 세밀한 흐름도 혹은 프로세스 맵map을 만드는 행위이다. 비즈니스 프로세스 모델이란 프로세스의 시각화 된 설명인데 이것은 프로세스 과업의 연속적인 흐름을 보여준다. 프로세스 과업은 특정한 시각에서 특정한 목적을 위해 만들어진 작업이다.

비즈니스 프로세스 모델링은 보통 무엇이 문제인지에 대한 기능적 프로세스를 나타내는 현재as-is 프로세스 모델로 시작한다. 현재 프로세스 모델들은 매핑된 작업의 현재 상태를 대변한다. 다음 단계는 어떻게 문제가 해결 혹은 개선될 것인지를 보여주는 미래to-be 프로세스 모델을 보여주는 것이다. 미래 프로세스 모델은 현재 프로세스 모델에 개선 가능한 변화를 대입하여 나타나는 결과를 보여준다. 이러한 접근 방법은 프로세스 해결안의 세부사항들이 정해지기 전에 프로세스가 완벽하고 명확하게 이해되고 있는지를 확인한다.

2.7 자동화, 간략화, 리엔지니어링의 차이점을 설명할 수 있다.

비즈니스 프로세스 개선은 현재의 상황을 이해하고 측정하고, 그 결과에 따라 성능을 개선하는 것이다. 간략화는 프로세스를 간단하게 하거나 불필요한 부분을 제거하여 효율을 개선한다. 병목 현상은 자원 활용이 가능한 최대치에 도달해 더 이상의 요구를 감당할 수 없을 때 발생한다. 이것은 일정 시간 내에 해결해야 하는 처리량을 제한하고 운영을 방해한다. 간략화는 병목 현상을 제거하는데, 이것은 비즈니스 프로세스의 효과와 용량을 향상시키는 중요한 조치이다. 비즈니스 프로세스 리엔지니어링이란 기업들 사이 또는 기업 내부의 작업 흐름의 분석과 재설계를 말하며, 시스템 수준이나 전사적 수준 또는 프로세스의 처음에서 끝까지의 관점에서 수행된다.

시작 사례 문제

1. **지식:** 의사결정 시스템의 세 가지 주요 유형을 정의하고, 업무 현장에서 착용형 기술이 각각에 어떤 영향을 미칠 수 있는지를 설명해보자.
2. **이해:** 거래처리 정보와 분석 정보의 차이점에 대해 설명하고, 착용형 기술이 식료품점에서 각각 어떻게 영향을 미칠 것인지를 설명해보자.
3. **적용:** 컴퓨터 서비스 수리 기술자가 착용형 기술 글래스를 이용하여 망가진 컴퓨터를 고치는 비즈니스 프로세스 모델의 예를 설명해보자.
4. **분석:** BPR에 대해 설명하고, 착용형 기술이 어떻게 현재의 영업 프로세스를 극적으로 변화시킬 수 있는지를 설명해보자.
5. **종합:** 피트니스 분야의 착용형 기술이 고객에게 제공할 수 있는 다양한 지표들을 작성해보자.
6. **평가:** 착용형 기기가 고객의 프라이버시를 침해한다는 주장에 대해 논의해보자.

복습 문제

1. 왜 비즈니스 전문가들이 어떻게 MIS가 의사결정과 문제 해결을 지원하는지를 이해해야 하는가?
2. 핵심 성공 요인CSF과 핵심 성과 지표KPI는 어떤 관계가 있는가? 경영자들은 비즈니스 운영을 이해하기 위해 이것을 어떻게 사용할 수 있는가?
3. 기업에서 찾아 볼 수 있는 세 가지 조직 수준은 무엇인가? 각 수준에선 어떤 유형의 의사결정들이 이루어지는가?
4. 거래처리 시스템TPS을 정의하고 비즈니스에서 이것이 어떤 역할을 하는지 설명하라.
5. 의사결정 지원 시스템DSS을 정의하고 비즈니스에서 이것이 어떤 역할을 하는지 설명하라.
6. 전문가 시스템을 정의하고 비즈니스에서 이것이 어떤 역할을 하는지 설명하라.
7. 디지털 대시보드와 관련된 능력들은 어떤 것들이 있는가?
8. DSS 분석 기술은 어떤 것들이 있는가?
9. 엑셀이 어떻게 의사결정 보조 능력을 제공하는가?
10. 경영자가 MIS를 이용하여 필요시 즉각적으로 정보를 조회할 수 있는 능력과 DSS가 제공하는 능력 사이에는 어떠한 차이점이 있는가?
11. 인공지능이란 무엇인가? 다섯 가지 유형의 인공지능 시스템에는 어떤 것들이 있는가? 인공지능의

어떤 애플리케이션이 가장 큰 비즈니스 가치를 제공해주는가?

12. 비즈니스 프로세스란 무엇이며 조직에서 어떤 역할을 하는가?
13. 왜 경영자들은 비즈니스 프로세스를 이해해야 하는가? 당신은 시스템적 사고와 비즈니스 프로세스 사이에 연관성을 찾을 수 있는가?
14. 왜 경영자들은 현재와 미래 프로세스 모델을 확인해야 하는가?
15. 경영자들은 운영 효율과 효과를 얻기 위해 비즈니스 프로세스 자동화, 간략화, 리엔지니어링을 어떻게 사용할 수 있는가?
16. 소비자 지향 프로세스와 비즈니스 지향 프로세스 간의 차이점을 설명하라. 어떤 것이 조직에 더 도움이 되는가?
17. 같은 길을 가는 다른 방법을 찾는 것이 비즈니스 프로세스 자동화, 간략화, 리엔지니어링과 어떤 관련이 있는지 설명하라.

마무리 사례 1

정치적 마이크로 타게팅: 의사결정 지원 시스템은 버락 오바마를 위해 무엇을 했을까?

2009년 취임식 날, 대통령 버락 오바마는 보통 취임 연설에서는 거의 쓰이지 않던 '데이터'라는 말을 사용하여 구체적인 자료를 언급해가며 경제 및 기타 위기에 대해 이야기했다. 그가 이 단어를 사용한 것은 그리 놀라운 일이 아닐지도 모른다. 자료를 취하고 분석하는 것은 오바마의 성공에 매우 중요한 역할을 했기 때문이다. 선거캠페인 내내 그는 인터넷을 이용해 네트워킹과 모금 운동을 펼쳤을 뿐만 아니라 부동표를 파악하는데 DSS에 의지했다. 오바마 팀은 최소 2,000명의 투표자들(투표권 있는 대중들의 아주 작은 일부)에 의해서 결정될 수 있는 경합 주들과 하원 의원 선거구를 유심히 모니터했다. 두 대통령 후보 모두 기술의 마법사들을 고용해 막대한 일반 소비자 및 사회 인구학적 상세 자료들을 이용해서 이러한 중요 투표자들을 찾아내려 애썼다.

10개의 '부족들tribes'

민주당 컨설턴트 기업인 스팟라이트 어날리시스는 투표권이 있는 모든 사람들을 '10개의 부족들'로 분류하기 위해 총 1억7천5백만 명의 동네 정보, 가족 규모, 소비 패턴을 분석하는 작업을 위해 정치적 마이크로 타게팅을 이용했다. 각 부족의 일원들의 인종, 종교, 수입 수준은 같을 필요가 없지만 그들은 하나님, 커뮤니티, 책임감, 기회와 같은 정치적 논점들에 대해선 모두 같은 입장을 취하고 있다. 스팟라이트 어날리시스는 특히 도덕적인(그러나 종교적일 필요는 없는) 천 4백만 명의 구성원을 가진 부족의 영향력에 대해 예측을 했다. 그들은 이 부족을 반 레이저Barn Raiser라고 이름 붙였는데, 이들은 다양한 인종, 종교, 민족으로 이루어져 있고 약 40%가 민주당을 지지하고 약 27%가 공화당을 지지하였다. 반 레이저들은 스팟라이트의 다른 부동층 그룹들보다 대학 교육을 덜 받았을 가능성이 크다. 그들은 커뮤니티 활동에 적극적이고, 정부에 대해 양면적인 생각을 가지고 있고, 스팟라이트의 표현을 빌리자면 "규칙에 따라 행동"하고 "약속을 지키는 것"을 존중한다고 한다. 스팟라이트는 반 레이저들이 오바마와 그의 경쟁자인 존 맥케인의 대결에 중요한 열쇠가 된다고 보았다.

DSS은 순식간에 1억7천5백만 명의 투표자들을 세그먼트segment로 분류하여 각 개인이 빨강이나 보라색에서 파란색으로 마음을 바꿀 가능성을 계산해낸다. 어떤 사람들에겐 정치적 마이크로 타게킹은 정치에서의 비인간화의 신호라고 여겨진다. 다른 사람들은 이런 유형의 정교한 분석은 잠재적 투표자들을 찾아내는데 매우 효율적인 방법이라고 생각한다. 예를 들어, 버지니아 주의 리치몬드에 있는 투표자에 대한 분석은 유권자의 취학자녀의 수, 자동차 종류, 구독하는 잡지의 종류, 전세값 등을 알려준다. 자료는 심지어 투표자가 개를 기르는지, 고양이를 기르는지 알려 줄 수도 있다(고양이를 기르는 사람들은 미세하지만 민주당 쪽으로 기우는 경향이 있고, 개를 기르는 사람들은 공화당 쪽을 선호하는 경향이 있다). 분석 후에 유권자는 특정 정치적 부족으로 분류되고, 분석가들은 그것에 따라 투표자들의 관심을 가질 만한 안건들을 이용해 대선운동에 대한 의사결정들을 하게 된다. 이것은 과연 나쁜 것인가?

행동 분류

수 세대 동안에 정부는 각 개인의 행동을 분류하는 것에 관심을 갖지 않았고, 그저 히스패닉, 카톨릭, 사냥꾼들, 사커맘soccer moms들 등과 같은 거대한 그룹으로 나누었다. 정교한 MIS 분석 기술들의 도움으로 스팟라이트 어날리시스 같은 기업들은 피부색, 이름 등 선천적인 특징들을 초월한 더욱 구체적인 행동 습관들과 선택들에 근거해 개인을 분류할 수 있게 되었다.

스팟라이트 어날리시스가 조사를 처음 시작했을 때, 그들은 수천의 유권자들에게 전통적 방식을 이용해 질문했다. 반 레이저Barn Raisers들은 특별해 보이지 않았고, 전체 유권자들의 약 9% 정도밖에 되지 않았다. 그러나 스팟라이트의 분석가들이 더욱 깊게 파고들었을 때, 그들은 이 반 레이저들이 정치적 부동표의 진원지라는 것을 깨달았다. 2004년에 반 레이저들의 90%가 부시를 위해 투표를 했지만, 곧 그들의 정치적 선호도는 바뀌어 2006년엔 64%의 구성원이 민주당을 위해 투표권을 행사했다. 스팟라이트는 공화당원들의 정치 스캔들, 알래스카의'아무데로도 갈 수 없는 다리' 같은 세금을 낭비하는 쓸모없는 일들, 허리케인 카트리나 후의 허술한 뒤처리가 그들의 마음을 돌렸다고 분석했다.

스팟라이트는 순식간에 잠재적인 부동층 투표자들을 발견한 것이다. 그 후에 그들이 해야 할 작업은 그들을 주 별로 파악하는 것이었다. 이것을 위해 회사는 그들이 직접 조사했던 반 레이저들의 인구학적 통계와 구매 패턴을 분석했다. 그리고는 그 자료와 상업적으로 구할 수 있었던 자료들을 관련지어 프로필을 작성했다. 스팟라이트의 분석에 의하면 이 접근 방법으로 반 레이저들 4명 중 3명의 성향을 파악했다고 판단되었다. 따라서 민주당은 정직과 공정한 대결을 강조함으로써 반 레이저들의 3/4의 호감을 얻을 수 있을 것이라는 결정을 할 수 있었다.

아직도 부동층 유권자

스팟라이트는 반 레이저들을 그들의 실제 투표와 연관지어보지는 않았으며, 따라서 이러한 전략이 얼마나 잘 작동했는지는 확실하지 않다. 그러나 내셔널몰National Mall에서의 오바마의 취임 연설을 듣고 있던 수많은 사람들의 바다 속에 마이크로 타케팅 접근에 흔들린 사람들이 있다고 생각하는 것은 허무맹랑한 추측이 아니다. 그리고 만약 오바마와 그의 팀이 수학적으로 잘 계산된 공약을 지키지 못했다면, 반 레이저들은 그들을 떠날 것이다. 결국 그들은 부동층 유권자들이니 말이다.

질문

1. 의사결정 시스템의 세 가지 주요 유형을 정의하고, 오바마의 선거팀이 표를 얻기 위해 이것들을 어떻게 사용했는지 설명하라.
2. 거래처리 정보와 분석 정보의 차이점에 대해 설명하고, 스팟라이트 어날리시스가 10개의 부족을 파악하기 위해 어떤 유형을 사용했는지 설명하라.
3. 10개의 부족을 파악하는데 사용한 비즈니스 프로세스 모델에 대해 설명하라.
4. BPR에 대해 설명하고 정치적 마이크로 타게팅을 발전시키기 위해 오바마 팀이 그것을 어떻게 사용했는지 설명하라.
5. 정치적 마이크로 타게팅의 성과를 측정하기 위해 오바마 팀이 사용한 다른 척도들을 만들어보자.
6. "정치적 마이크로 타게팅은 정치에서의 인간성 말살을 의미한다."는 발언을 지지하거나 반박해보자.

마지막 행동–액션리Actionly

인터넷 상에는 너무나도 방대한 양의 데이터가 널려 있다. 예를 들어, 매년 1억5200만 개의 이상의 블로그가 생성되고, 1억 개의 트위터 계정에서 250억 개의 트윗이 생성되며, 107조 개의 이메일이 전송되고, 유투브 동영상이 7300억 시간 시청된다. 소셜 미디어 분야는 비즈니스에서 가장 빠르게 성장하고 가장 영향력 있는 분야이다. 기업들은 소셜 미디어가 재무적으로 그리고 전략적으로 어떤 영향을 미칠 것인지에 대해 이해하려고 노력하고 있다.

데이터는 어떤 기업에든 가치가 있다. 인터넷 상의 데이터는 독특하다. 왜냐하면 정보가 소비자, 공급자, 경쟁자, 심지어는 직원에게서 직접 나오기 때문이다. 하지만, 기업들이 페이스북, 트위터, 마이스페이스, 플리커, 링크드인, 옐프, 구글, 블로그 등의 많은 소셜 미디어 사이트에서 공유되는 자사의 제품 및 서비스에 관한 이야기를 모두 파악하고자 한다면, 그것이 절대로 쉽지 않다는 것을 발견하게 될 것이다.

어느 때에든 문제는 있고, 또한 해결 가능성도 존재한다. 액션리닷컴Actionly.com은 데이터 과잉 문제에서 기회를 찾는다. 액션리는 산업, 브랜드, 기업, 추세 등에 대한 특정 키워드를 검색하는 추적 서비스를 통해 여러 소셜 미디어 채널을 감시한다. 액션리 고객들은 브랜드, 제품 이름, 산업 전문 용어, 경쟁사 등과 같은 추적할 키워드를 선택한다. 그리고 나면 액션리는 항시적으로 이러한 소셜 채널로부터 데이터를 모으고, 이 데이터를 디지털 대시보드로 보낸다. 디지털 대시보드는 트위터, 페이스북, 구글, 유투브, 플리커, 블로그 등을 동시적으로 검색하여 시장 추세, 특정 회사, 경쟁 브랜드, 산업 전체(가령, 청정 기술) 등의 의도한 정보를 추적한다. 검색을 마치면, 액션리닷컴은 구글 애널리틱스Google Analytics를 이용하여 다양한 채널을 통해 각각의 키워드가 얼마나 자주 등장하였나를 보여주는 그래프와 차트를 작성한다. 추가적으로 액션리닷컴은 각각의 채널을 대시보드와 연결하고 "긍정"과 "부정"을 기준으로 필터링하여 결과를 알려줌으로서 사용자로 하여금 대처할 수 있도록 한다.

액션리닷컴은 비즈니스 모델을 통해 이 신생 산업에서의 성공을 노리고 있다. 액션리는 이러한 서비스를 고객에게 제공하는 첫 번째 온라인 브랜드 관리 회사이기 때문에 선도자first mover로서의 이점이 있다. 그리고 이 기업은 그 자신만의 서비스를 제공함으로써 각종 소셜 미디어 사이트에서 1위를 유지하고 있다. 액션리는 구글 애널리틱스를 이용하여 다양한 소셜 미디어 사이트에서 모든 데이터를 가치 있는 비즈니스 인텔리전스로 변환한다. 이 회사의 디지털 대시보드는 다음 몇 개의 핵심 지표를 감시한다.

- **평판 관리:** 액션리의 사용하기 쉬운 디지털 대시보드를 통해서 고객들은 고객들이 추세를 관찰하고 분석할 수 있고, 계속 갱신되는 데이터는 물론 역사적 데이터를 기반으로 브랜드에 관해 언급되는 사항들을 추적한다. 예를 들어, 고객은 특정 브랜드, 제품, 기업에 대한 30일간의 주요 추세에 관한 그래프를 볼 수 있다.
- **소셜 ROI:** 고객은 액션리로부터 구글 애널리틱스로 접속함으로써, 어느 것이 성공적이고 어느 것이 하락하고 있는지를 결정하기 위해 개인의 트윗이나 페이스북 게시에 대한 자신의 캠페인 성과를 분석할 수 있다. 액션리는 디지털 대시보드를 통해 페이지 뷰, 방문자 정보, 목표 달성 등을 추적하기 위해 모든 게시물과 클릭 현황을 분석한다. 사용자들은 매일매일의 게시물의 성과를 추적하여 개별화된 레포트를 작성할 수 있다.
- **트위터 애널리틱스:** 사용자는 대시보드에 트위터 계정을 추가한 이후에 팔로워follower, 인용mention, 재전송retweet의 그래프를 자세히 보기 위해 데이터를 드릴다운할 수 있다. 이것은 많은 트위터 계정을 수작업으로 추적할 필요를 제거한다. 그리고 사용자는 데이터를 그래프 형식으로 볼 수 있고, 더 자세한

분석을 위해 엑셀 형식으로 전환시킬 수 있다.

- **마케팅 캠페인 추적:** 회사가 빅 프로모션이나 콘테스트를 시작할 때, 다수의 페이스북 및 트위터 계정에 메시지를 게시할 수 있다. 회사 관리자는 어떤 트위터나 페이스북 계정을 언제 이용할 것인지를 선택하기만 하면 된다. 액션리의 캠페인 트래킹Campaign Tracking을 이용해서 관리자는 어떤 게시글이 고객들의 공감을 잘 자아내는지를 확인하고, 게시글 별로 페이지 뷰, 회원 가입, 구매, 수익 등의 지표를 측정할 수 있다. 액션리는 심지어 게시글, 계정, 캠페인, 채널 등을 기준으로 데이터를 세분화함으로써 시간에 따른 성과를 측정할 수 있다.
- **클릭 성과:** 액션리는 주(週)의 시간 및 일 단위로 성과를 추적한다. 그래서 고객사는 어느 게시글 클릭이 가장 많은 주목을 끄는지를 확인할 수 있다. 트윗tweet 게시글은 액션리 알고리즘에 따라 자동적으로 감정이 매겨진다. 그래서 고객사는 게시글의 긍정, 부정, 중립 상태를 즉각적으로 필터링하여 정보에 신속하게 반응할 수 있다.
- **감정 분석:** 긍정, 부정 피드백을 통해 고객사는 브랜드가 시간에 따라 어떠한지 측정하고, 고객사에 대한 긍정 감정 상태가 증가될 수 있도록 관리할 수 있다. 그러나 감정 점수는 해석, 문화, 풍자, 그 외 언어적 뉘앙스의 차이 때문에 100% 정확하지는 않다. 그러나 만약 액션리가 지표를 잘못 추적하고 있다면, 트윗 게시글에 특정 감정 상태를 직접 배정함으로써 수정할 수 있다. 고객사는 키워드가 게시되면 곧바로 키워드에 대한 긍정, 부정 경고 메시지를 이메일로 발송하도록 선택하여 온라인 브랜드와 기업 평판을 관리할 수 있다.
- **경쟁 분석:** 액션리는 신제품 출시, 인수, 고객 피드백 등의 경쟁정보를 추적한다. 이를 이용함으로써 기업은 시장 진입, 시장 관련 블로그, 뉴스, 산업 관련 세미나/웨비나webinar에서 최고 수준을 유지할 수 있다.
- **영향력자 탐색:** 사용자는 액션리의 디지털 대시보드를 이용하여 핵심 영향력자, 즉 상품과 서비스에 대해 온라인 채팅을 주도하는 사람들과 직접 교감을 주고받을 수 있다. 액션리는 영향력자를 확인하고 기업, 브랜드, 제품에 대한 연관성을 알아낼 수 있다. 그러고 나서 가장 많은 팔로워를 가지고 있는 사용자들, 과거 30일 동안 특정 검색에 가장 적극적인 사람들을 기준으로 영향력자 목록을 작성한다.

질문

1. 의사결정 시스템의 세 가지 주요 유형을 정의하고, 액션리 고객이 이것을 이용하여 어떻게 비즈니스 인텔리전스를 발견할 수 있는지를 설명하라.
2. 거래 정보와 분석 정보의 차이를 기술하고, 액션리는 고객 디지털 대시보드를 어떤 유형의 정보를 이용하여 작성할 수 있는지를 알아보자.
3. 액션리 고객이 이용할 수 있는 비즈니스 프로세스 모델을 그림으로 설명하라.
4. 비즈니스 프로세스 리엔지니어링을 설명하고, 액션리가 자신의 독특한 비즈니스 모델을 만들기 위해 이것을 어떻게 사용할 수 있는지를 설명하라.
5. 액션리가 고객의 마케팅 캠페인의 성공을 측정하기 위해 사용할 수 있다고 생각되는 다른 지표를 생각해보자.
6. 다음 주장에 대한 찬/반을 논해보자. 액션리는 정보를 게시한 고객의 동의 없이 트위터나 플리커와 같은 다른 웹사이트의 데이터를 이용하여 고객의 프라이버시를 침해한다.

핵심적 비즈니스 고찰

1. **비즈니스 프로세스를 모델링하기**

   슈퍼마켓에서 줄서는 것이 미치도록 싫은가? 비디오 대여점에 갔는데 당신이 원하는 영화를 찾을 수 없을 경우에 화나는가? 당신은 피자 배달부가 주문한 것과는 다른 피자를 가져 올 때 짜증이 나는가? 당신을 화나게 만드는 프로세스를 리엔지니어링 할 기회다. 지금 현재 겪고 있는 문제를 하나 정하고 이것을 더 효율적으로 프로세스 리엔지니어링 해보자. 현재와 미래 프로세스 모델을 만들어 보는 것을 잊지 말자.

2. **회계를 개조하기**

   당신 회사의 회계 부서는 청구서, 구입 주문서, 재무제표, 견적서 등을 포함한 중요한 문서들을 처리한다. 이 문서들은 효율적이고 확실하게 원하는 목적지에 도착해야 한다.

   현재 이 프로세스는 수작업으로 처리되고 있고, 그것은 부정적 파급 효과를 만들고 있다. 문서들은 잘못된 곳으로 보내지거나 이송이 지연되기도 하고, 변화에 대처하는 것이나 기밀 정보들의 보안에 취약하다. 게다가 회계 부서는 미리 양식들을 뽑아보고, 비효율적인 분배를 하고, 문서를 저장하는데 불필요한 비용을 사용하고 있다. 자동화, 간략화, 비즈니스 프로세스 리엔지니어링에 대해 설명하고 이것들이 어떻게 회계 부서를 개조하기 위해 사용될 수 있는지 설명하라.

3. **당신은 어떤 유형의 시스템을 사용할 것인가?**

   당신은 거대한 제조 회사의 중역으로 임명되었다. 당신은 우선 당신의 의사결정을 가장 잘 보조할 수 있는 MIS가 어떤 유형의 것인지를 결정해야 한다. 다음과 같은 경우, 당신은 문제를 해결하거나 비즈니스 의사결정을 하기 위해 어떤 유형의 시스템을 사용할 것인지 결정해보자.

   a. 각 지역의 일별 매출을 분석해야 한다.
   b. 각 공장에 필요한 직원을 분석해야 한다.
   c. 어떤 소비자가 채무를 이행하지 않을 가능성이 있는지 파악해야 한다.
   d. 가격, 할인, 상품, 서비스 등을 포함한 회사의 경쟁력을 분석해야 한다.
   e. 운영의 상태에 대한 핵심 성공 요인과 핵심 성과 지표를 분석해야 한다.
   f. 많은 양의 자료의 패턴과 복잡한 관계를 보여주는 그래픽 디스플레이를 만들어야 한다.

4. **비구조적 의사소통**

   당신은 최근에 거대한 스포츠 마케팅 회사의 비즈니스 분석가로 임명되었다. 당신의 상사인 샌디피에로는 현재 기업의 커뮤니케이션 프로세스를 평가하고 개선하길 원한다. 현재의 프로세스에서 회사의 직원들은 이메일을 통해 많은 양의 비구조적 정보를 받고 있다. 이 정보들은 회사 정책, 공문들, 그리고 인적 자원에 관한 것 등이다. 당신은 곧 커뮤니케이션을 위해 이메일 시스템을 사용하는 것이 많은 문제점들을 야기한다는 것을 발견한다. 신임 직원들은 정보를 받기 어렵고, 직원들은 매일 수백 통의 이메일을 뒤져서 필요한 정보를 찾아야 하므로 생산성이 저하되고, 회사의 글로벌 부서에선 지역별로 인적 자원에 관련된 정책에 대한 이메일을 보내기 때문에 의사소통이 원활하지 못하다는 점들이다.

   프로세스 분석을 시작하기 위해, 기업의 커뮤니케이션 도구로서 이메일을 주로 사용할 때 부딪칠 수 있는 문제점들의 목록을 만들어보자. 이메일을 이용한 커뮤니케이션 프로세스와 관련된 불필요한 과정들은 무엇일까? 또한 이 커뮤니케이션 프로세스의 장애물은 무엇일까? 직원들에게 이메일을 보내는 것에 대한 현재 프로세스를 문서화해보자. 그런 다음, 프로세스를 리엔지니어링하고 이 프로세스를 개선하기 위한 당신의 의견과 미래 프로세스를 문서화해보자.

5. 아이구글 디지털 대시보드

기업의 중역들은 매일 그들의 컴퓨터로 오는 다양한 출처의 정보들을 접한다. 이 정보들을 보여주는 디지털 대시보드는 그들의 일정, 이메일, 생산 지연 정보 혹은 지불할 날자가 지난 영수증, 심지어는 금융과 산업에 관련된 정보들까지 포함할 수 있다. 비록 조직의 모든 정보를 하나의 화면 안에 넣는 것은 불가능할지 몰라도, 디지털 대시보드는 간부들의 필요에 따라 알맞은 방식으로 정보들을 요약해 보여줄 수 있다.

아이구글iGoogle은 구글을 통해 당신만의 세상을 볼 수 있도록 만들어 주는 디지털 대시보드의 일종이다. 아이구글은 사용자들로 하여금 구글 검색 기능을 포함한 구글에서 제공하는 많은 기능들을 가지고 있는 개인 홈페이지를 만들 수 있게 해준다. 만약 당신이 한 페이지에서 지메일Gmail 메시지들을 확인하고, 구글 뉴스를 구독하고, 일기 예보를 확인하고, 주식 상황과 영화 시간표를 확인하고 싶다면, 아이구글은 당신에게 꼭 맞을 것이다. 아이구글에 들어가 보고 그것을 당신의 컴퓨터를 위한 디지털 대시보드로 만들 수 있는지 생각해보자.

6. 쇼핑봇

쇼핑을 사랑하는 (혹은 혐오하는) 사람들에게 쇼핑봇은 그들의 가장 친한 친구가 될 수 있다. 당신이 가게에서 쇼핑을 하든지 아니면 인터넷 쇼핑을 하든지 간에 당신은 제품을 찾아야 하고, 가격을 비교하고, 누구에게 살 것인지를 정해야 하고, 돈을 지불할 가장 안전한 방법을 찾아야 한다.

정보화 시대에서 쇼핑을 하는 것은 그 어느 때보다 쉬운 일이 되었다. 특히 쇼핑봇의 도움이 있으면 말이다. 쇼핑봇들은 가격 비교 웹사이트들로 자동으로 다양한 공급자들을 검색해 가장 저렴한 가격의 상품을 당신에게 제공한다. 이를 통해 당신은 시간과 돈을 아낄 수 있다. 쇼핑봇들은 당신이 찾고 있는 제품을 가격 순으로 순위를 매기고 판매자의 웹사이트에 바로 갈 수 있도록 링크를 걸어준다. 인기 있는 쇼핑봇들은 mysimon.com, Gomez.com, Bizrate.com, shopzilla.com, 그리고 www.google.com/product를 주소로 가지고 있는 구글의 쇼핑봇이다.

당신이 관심 있는 제품을 세 가지 다른 쇼핑봇을 이용해 가격을 비교해보자. 모든 쇼핑봇들이 당신에게 같은 정보와 가격을 제공해주었는가? 어떤 쇼핑봇이 가장 이용하기 쉬운가? 당신은 계속 쇼핑봇들을 이용할 것인가? 사무실에서 필요한 원료들을 구입하기 위해 쇼핑봇들을 사용하면 기업은 어떤 이익과 불이익을 얻겠는가?

7. 신경망

신경망은 사람의 뇌가 작동하는 방식을 모방하려는 인공지능의 한 항목이다. 신경망은 모든 대학생들에게 커다란 자산이 될 수 있다. 만약 신경망이 당신과 함께 수업을 듣고 있는 모든 학생들의 뇌를 스캔할 수 있다면 어떤 정보들을 얻을 수 있겠는가? 학생들은 신경망을 이용해 어떻게 성적을 올릴 수 있겠는가? 당신은 시장의 추세와 새로운 시장 세그먼트market segments를 파악하기 위해 학생 신경망을 어떻게 이용할 수 있겠는가? 학업의 발전을 위해 이 신경망을 이용하는 것의 위험 요소들은 무엇일까? 이 신경망을 이용할 경우 어떤 보안과 프라이버시 문제들을 야기할 가능성이 있는가?

8. 당신의 비즈니스를 주도하기

당신은 최근 비즈니스를 하나 시작했다–당신이 꿈꾸는 비즈니스를 고르고 운영하기 시작했다고 가정하자. 당신의 비즈니스를 운영하는데 필요한 의사결정들은 무엇이 있을까? MIS를 이용하는 것이 어떻게 당신의 의사결정들을 도울 수 있을까? 당신이 운영을 하면서 어떤 유형의 프로세스를 찾을 것인가? 전체적으로 당신은 MIS에 얼마나 의존할 것인가? 당신은 MIS 없이 비즈니스를 운영해도 MIS를 이용할 때만큼 성공적일 것이라고 생각하는가? 당신은 MIS 없이 효율적이고 효과적으로 운영할 수 있는 비즈니스를 알고 있는가?

기업가적 도전

당신의 비즈니스를 만들어보자

1. 당신은 비즈니스를 운영하기 위해 디지털 대시보드의 도움이 필요하다는 것을 깨달았다. 디지털 대시보드를 이용해 관리하고 싶은 모든 요소들을 나열해보자. 각 요소가 어떻게 당신의 비즈니스가 운영되는지에 대한 통찰을 도와주고, 당신의 비즈니스를 어렵게 만들 수 있는 잠재적 문제점들을 찾아낼 수 있는지 설명해보자(1장에서 당신이 고른 비즈니스와 가게 이름을 밝히는 것을 잊지 말자).
2. 당신의 비즈니스와 관련된 소비자 지향 프로세스와 비즈니스 지향 프로세스를 각각 세 가지씩 설명해보자. 왜 그 프로세스가 소비자 지향적인지, 또는 비즈니스 지향적인지도 서술하라.
3. 브로드웨이 카페라는 식당을 운영하고 있는 친구가 당신에게 가게의 주문 프로세스가 어떤지 확인해 달라는 부탁을 했다. 브로드웨이 카페가 최대한 효율적이고 효과적으로 운영될 수 있게 당신은 프로세스를 재설계해 병목 현상을 없애고, 불필요한 과정들을 줄이고, 작업흐름을 간략화하고 싶다. 다음 그림에 나와 있는 브로드웨이 카페의 주문 프로세스를 보고 효율과 효과를 개선할 수 있도록 리엔지니어링 해보자. 조금 더 어려운 과제를 해결해보고 싶다면 파워포인트나 비지오Visio를 이용해 현재와 미래 프로세스 다이어그램을 만들어보자.

친구를 위해 주문 프로세스를 개조한 후에, 당신은 당신의 비즈니스가 성공하기 위해 가장 핵심적으로 필요로 하는 비즈니스 프로세스의 미래 프로세스 모델을 만들기로 결심한다. 당신이 창업한 가게를 가장

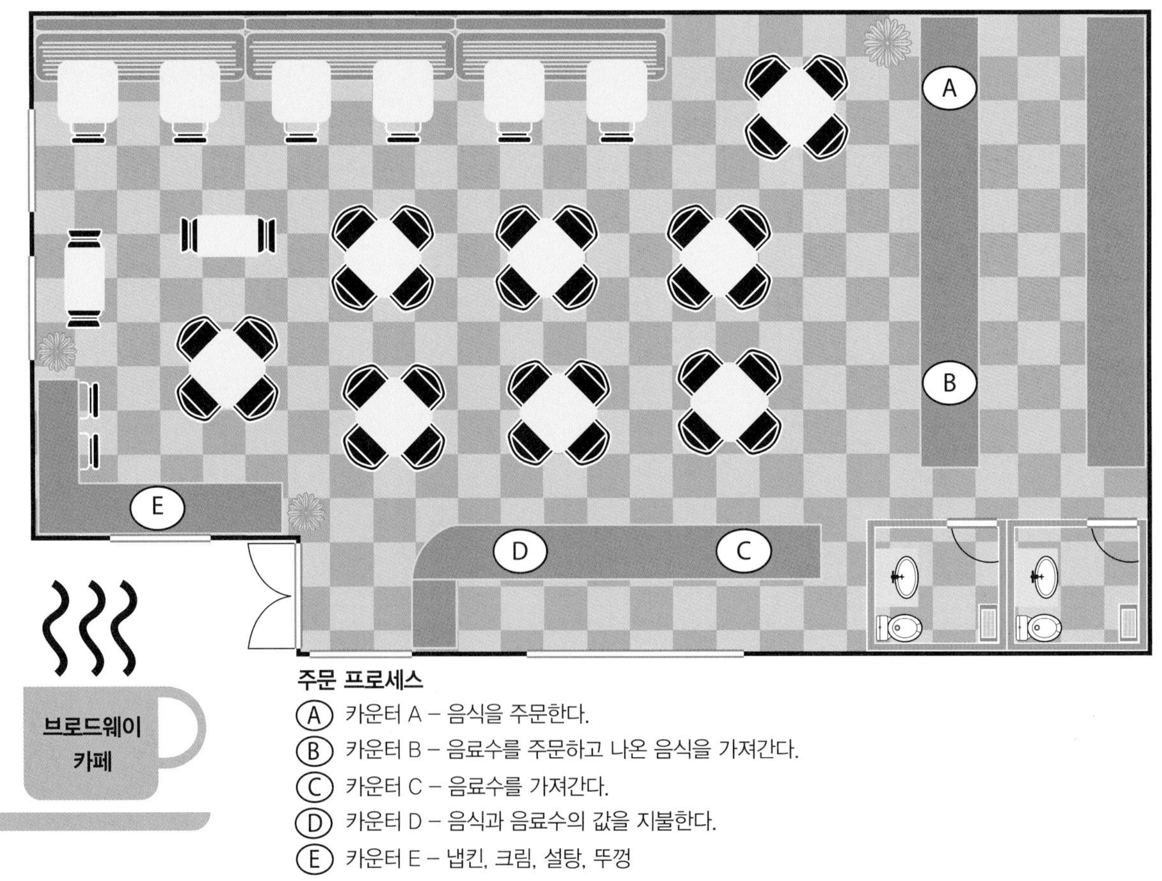

효율적이고 효과적이게 운영할 수 있다는 것을 확인하기 위해 가장 핵심적인 비즈니스 프로세스의 미래 프로세스 모델을 만들어보자.

지식 적용하기 프로젝트

프로젝트 1 비즈니스 의사결정 내리기

당신은 거대한 컨설팅 회사의 인적자원 부서의 부회장이다. 당신은 면접을 보러오는 사람들에게 할 질문 목록을 만들고 있다. 목록에 있는 첫 번째 질문은 "MIS는 어떻게 당신이 회사에서 의사결정을 내릴 수 있는 능력을 최대화 할 수 있는가?"이다. 이 질문에 대한 한 쪽짜리 보고서를 준비해보자.

프로젝트 2 DSS과 EIS

로젠 박사는 거대 치과 기업인 티스닥터를 운영하고 있다. 이 회사는 6개의 주에 700명의 치과의사를 직원으로 가지고 있다. 최근 로젠 박사는 세 개의 다른 주에 150명의 치과의사를 직원으로 가지고 있는 덴틱스라는 경쟁 기업을 매입하려는 생각을 하고 있다. 덴틱스를 매입할지 안할지 결정하기 전에 로젠 박사는 다음과 같은 몇 가지 문제점들을 생각해봐야한다.

- 덴틱스를 매입하는데 드는 비용
- 덴틱스 병원들의 위치
- 각 의사, 병원, 주의 현재 고객 수
- 두 기업의 합병
- 덴틱스의 평판
- 다른 경쟁자들

덴틱스 매입 결정에 대한 비즈니스 의사결정을 내리는데 로젠 박사와 티스닥터가 정보 시스템의 혜택을 어떻게 이용할 수 있는지 설명해보자.

프로젝트 3 DSS에서 정보 찾기

당신은 75명의 직원을 고용하고 있는, 일 년에 백만 달러의 수익을 내는 작은 출장 요리 회사의 영업팀에서 일하고 있다. 사장인 팸 헤츠는 비즈니스를 확장하기 위해 어떻게 의사결정 지원 시스템DSS의 도움을 받을 수 있는지 알고 싶어 한다. 헤츠는 DSS에 대해 조금은 알고 있지만 그녀가 이용할 수 있는 유형들은 어떤 것들이 있는지, 작은 비즈니스에선 그것들이 어떻게 이용될 수 있는지, 그리고 그것을 이용하는데 드는 비용 등에 대해 더 자세히 알고 싶어 한다. 그룹으로 나누어 www.dssresources.com 웹사이트에서 자료를 찾아 DSS에 대해 자세히 설명하는 프레젠테이션을 만들어보자. 당신의 프레젠테이션에 반드시 헤츠의 질문에 대한 답도 포함하는 것을 잊지 말자.

프로젝트 4 프로세스 리엔지니어링 기회를 발견하기

효율을 증가시키기 위해서 당신의 대학은 수강 신청에 관련된 현재의 비즈니스 프로세스를 분석해달라고 당신을 고용했다. 현재의 프로세스를 분석하고 어떤 단계가

- 잘못 되었는지
- 필요 없는 과정이 있는지
- 옛날 방식인지에 대해

파악해보자. 이 프로세스의 효율을 향상시키기 위해 어떻게 리엔지니어링 할 것인지 정해보자.

프로젝트 5 대시보드를 설계하기

디지털 대시보드는 기업 전체에 관한 정보를 거의 실시간으로 볼 수 있게 해 주는 효율적이고 효과적인 방법을 제공한다. 뉴클리어스 리서치Nucleus Research에 의하면 기업의 투자 수익률과 디지털 대시보드의 이용 사이에는 직접적인 연관성이 있다고 한다. 따라서 모든 비즈니스 중역들은 조직의 운영을 분석하고 모니터하기 위해 디지털 대시보드를 이용하거나 이용하기 위해 노력해야 한다고 한다.

소비자 추적과 기업 운영 시스템을 위한 디지털 대시보드를 설계해보자. 다음 표에 있는 항목들 중 최소한 4개는 포함하도록 하고 이것들을 어떻게 측정할 것인지 설명해야 한다. 예를 들어, 정도에 따라 빨강, 노랑 초록으로 표시한다던지 비율을 표시하기 위해 원형 그래프를 이용한다던지 말이다.

소비자 추적 시스템	기업 운영
소비자	회계
마케팅	금융
주문 입력	물류
집하	생산
영업	분배
소비자 서비스	제조
영수증 청구	인적자원
신용 한도	영업
이동 수단	총수익

프로젝트 6 DARPA 그랜드 챌린지

DARPADefense Advanced Research Projects Agency 그랜드 챌린지의 목표는 2015년까지 지상 군사력의 1/3을 무인, 즉 운전자 없는 차량으로 만들어 인명을 구하는 것이다. 미국 국방부의 위임에 의해 만들어진 DARPA 그랜드 챌린지는 산업의 조직과 개인들, R&D 커뮤니티, 정부, 군대, 학생들을 포함한 학계, 재야의 발명가들, 그리고 자동차광들을 끌어들였다.

DARPA 그랜드 챌린지 2004의 군용차량 현장 시험은 캘리포니아주의 바스토우에서 시작해 네바다주의 프림시에서 끝나는 코스였고 상금으로는 100만 달러가 주어졌다. 캘리포니아 스피드웨이에서 평가전을 치루고 올라온 15팀이 그랜드 챌린지에 도전했다. 그러나 어려운 사막 코스를 완주한 팀이 아무도 없었기 때문에 상금은 그대로 남게 되었다.

DARPA 그랜드 챌린지 2005는 모하비 사막에서 열렸고 132마일 코스를 10시간 안에 가장 빨리 완주하는 팀에게 200만 달러의 상금이 주어졌다. 이 코스는 사막 지형에 좁은 터널들, 급커브, 낭떠러지와 바위벽들로 둘러싸인 가파른 산길들을 포함했다. 다섯 팀이 완주를 했고 6시간 53분에 결승점을 통과한 스탠포드 레이싱 팀의 자동차인 '스탠리'가 우승했다.

DARPA 그랜드 챌린지 2006은 지금은 문 닫은 공군 기지가 있는 캘리포니아의 빅토르빌이라는 곳에서 열린 시내 챌린지였다. 60마일을 6시간 안에 완주할 수 있는 무인 자동차를 만든 팀에게는 2백만 달러의 상금이 주어졌다. 무인 자동차들은 신호등을 지키고, 다른 자동차들을 돌아가고, 심지어는 교통량이 많은 길에 끼어들 수 있어야 했다. 카네기 멜론 대학과 제너럴 모터스의 연합팀인 타르탄 레이싱 팀이 세비 타호 '보스'를 가지고 우승했다. 스탠포드 레이싱 팀의 2006 폭스바겐 파사트 '주니어'가 2위로 100만 달러를 받았다. 버지니아 테크팀의 2005 포드 이스케이프 하이브리드 '빅토르 탱고'가 3위로 50만 달러를 받았다.

1. 국방부는 그들의 운영을 개선하고 인명을 구하기 위해 인공지능을 어떻게 사용하고 있는가?
2. 왜 국방부는 DARPA와 같은 행사를 통해 기술의 혁신을 이루려고 하는가?
3. 세계의 조직들이 그들의 비즈니스 효율과 효과를 높이기 위해 무인 자동차를 사용할 수 있을지 생각해보자.
4. 안사리Ansari X는 우주선에 관련된 또 다른 기술 혁신 대회이다. 상금인 1,000만 달러를 얻기 위해선 2주 안에 세 사람에 해당하는 무게를 62.14마일의 고도에 가장 먼저 두 번 올릴 수 있는 개인 우주선을 만들어야 했다. 개인적으로 만들어진 우주선인 스페이스쉽원SpaceShipOne이 2004년 10월 4일 우승했다. 안사리 X 대회가 비즈니스에 끼칠 잠재적 영향력에 대해 설명해보자.

프로젝트 7 자동차 운전 의사결정

사람들은 어떻게 의사결정을 내리는가? 거의 날마다 당신은 기절초풍할 의사결정을 내린 사람들에 대한 글을 읽는다. 여기 몇 가지 예가 있다.

- 오하이오에 있는 한 여성이 아동을 위험에 방치한 혐의child endangerment로 기소됐다. 경찰에 따르면, 그녀는 애들을 학교로 등교시키기 위해 운전하는 도중에 아이에게 모유 수유를 하면서 동시에 핸드폰으로 통화를 했다고 진술했다.
- 사우스캐롤라이나에 있는 한 여성이 운전 중에 붙잡혔다. 그녀는 휴대전화를 왼쪽 어깨와 귀 사이에 걸친 채 통화를 하고, 왼손으로는 스프 담긴 컵을 들고, 오른손으로는 숟가락을 잡고 스프를 떠먹었다. 즉, 그녀는 손으로 운전대를 잡지 않고 운전하면서 통화를 한 것이다.
- 캘리포니아에 있는 한 남성은 스위밍 풀을 운반하면서 운전한 것으로 알려졌다. 그는 한손으로 운전하고, 다른 손으로는 자동차 지붕에 있는 새로 산 스위밍 풀을 붙잡고 있었다. 그리고 그의 세 아이들은 좌석벨트도 착용하지 않은 채 자동차 창문 밖으로 몸을 기대어 그 스위밍 풀을 붙잡고 있었다.
- 볼티모어에 있는 한 여성은 고속도로를 시간당 100km 속도로 운전하면서 자동차 앞좌석에 있는 아기의 기저귀를 갈은 혐의로 기소되었다.

직원이 나쁜 의사결정을 내려서 곤경에 처해 있는 회사의 예를 찾아보라. 회사는 이러한 직원의 큰 실수로부터 자신을 보호하기 위해 무엇을 할 수 있을까?

프로젝트 8 아이요기iYogi 헬프 데스크 지원

늦은 밤이다. 당신은 기말시험 공부 중이고, 컴퓨터가 고장이 났다. 혈압과 스트레스가 올라간다. 당신은 컴퓨터 제조사의 기술 지원 번호로 전화를 걸고 있다. 그 사람은 당신에게 이렇게 말한다. "컴퓨터 기계상의 문제가 아니네요. 다른 소프트웨적인 문제가 있는 것 같네요. 그건 저희가 도와드릴 수 없어요." 그렇다면 당신은 어쩌겠는가?

아이요기닷넷iYogi.net은 일주일 24시간 쉼 없는 온라인 지원 서비스를 제공한다. 이 회사는 인도 북부

구르가온 지역으로부터 당신의 컴퓨터에 원격으로 접속하여 골치 아픈 문제를 해결한다. 아이요기는 모든 월마트 컴퓨터 구매 고객에게 기술 지원 서비스를 제공한다. 그리고 월마트닷컴과 아마존닷컴을 통해 자신의 서비스를 판매하기도 한다. 당신이 전에 만나보지 못한 지구 반대편에 있는 사람에게 컴퓨터의 통제권을 넘겨준다는 것은 생각만 해도 끔찍한 일일지 모른다. 그러나 안심해도 된다. 아이요기 기술자들은 모두가 마이크로소프트, 시스코, 휴렛패커드 자격증을 소유하고 있으니 말이다.

아이요기 기술자들이 컴퓨터 문제를 가진 고객들을 지원할 때 내리게 되는 의사결정의 세 가지 유형을 기술하시오. 아이요기를 위한 잠재적 CSF와 KPI는 무엇일까? 관리자는 운영 활동을 통제하기 위해 어떤 유형의 지표를 추적해야 하는가?

프로젝트 9 잡동사니 추적용 대시보드

당신은 상대방 팀의 마스코트 유괴하기를 좋아하는가? 사교클럽의 건물 주변을 화장지로 치렁치렁하게 감거나 늘어뜨리는 장난을 좋아하는가? 만약 그렇다면 당신의 이상적인 직장 경력을 칼리지 헝크스 호울링 정크College Hunks Hauling Junk에서 시작할 수도 있다. 이 회사는 대학생이나 최근 졸업생을 고용하여 잡동사니 치우는 일을 한다. 설립자 닉 프리드만Nick Friedman은 대학 생활과 같은 우호적 경쟁을 수익 창출로 전환하기 위해 많은 노력을 기울였다. 이 회사는 2005년에 사업을 시작했다. 당시에 버지니아 출신의 직원들은 자신의 트럭이 온통 면도용 크림으로 발라지고, 메릴랜드 대학 깃발로 드리워져 있는 것을 발견했다. 버지니아 출신 직원들은 곧바로 이 일을 저지른 동료 직원들을 찾아 그 장난에 대한 보복을 감행했다. 그러자 누군가가 트럭 좌석에 죽은 물고기를 두고 가는 장난을 쳤다. 프리드만은 이러한 장난을 비난하는 대신에, 장난끼 넘치는 에너지를 인센티브로 활용하기로 결심했다. 프리드만은 이렇게 말했다. "우리는 이러한 경쟁적 장난의 열정을 선한 목적으로 사용하기를 원합니다."

프리드만은 과감한 조치를 취했다. 기존까지는 수입, 고객 충성도, 평균 잡 사이즈 등과 같은 전형적인 KPI를 추적하였다. 그러나 디지털 대시보드를 만들어 잡동사니, 기증품, 재활용품 등의 수집량을 추적하는 것으로 변경하였다. 우승 팀은 자기를 자랑할 권리와 깃발, 약간의 상금, 매년 회사 기념일 미팅에서 첫 번째로 먹을 권리 등을 가진다. 대부분의 직원들은 대시보드를 날마다 체크하며 자신과 경쟁자의 최근 순위표를 확인해 본다.

칼리지 헝크스 호울링 정크는 경쟁을 통해 자신의 수익 목표를 초과달성하고 있다고 생각되지 않는가? 당신의 학교나 직장에서 팀 경쟁 대시보드를 만든다면, 당신은 어떤 유형의 지표를 관리하기를 원하는가? 당신의 팀이 항상 활기에 넘치도록 어떤 유형의 모티베이션을 사용할 수 있는가? 당신은 대시보드에서 어떤 유형의 외부 정보를 추적하고 싶은가? 비윤리적인 사람이 당신의 팀이나 조직을 해롭게 하기 위해 당신의 대시보드 정보를 사용할 수 있지 않는가? 이러한 위험을 줄이기 위해 당신은 무엇을 할 수 있는가?

프로젝트 10 로봇 제작

스테이플스Staples의 덴버 유통 센터는 사람이 안에 들어갈 수 없다. 그러면 당신은 이렇게 질문할 것이다. 모든 주문은 누가 처리하나요? 답은 로봇이다. 이곳 10만 평방피트 공간은 속이 꽉 들어찬 오토만 의자를 닮은 150대의 오렌지색 로봇에게 속해 있다. 이들은 매우 정확한 솜씨로 주위를 돌아다닌다. 스테이플스 직원들은 이 로봇을 이용해 생산성을 두 배 이상 향상시켰다. 로봇 또는 봇bot은 키바 시스템즈Kiva Systems가 제작하였다. 이 회사는 "대부분의 유통업자들이 온라인 통신 판매 사업에서 물품 포장을 위해 의존하는 컨베이어 벨트와 사람들을 대체시킨다."는 단 하나의 CSF를 갖고 있다. 키바 봇을 이용하는 기업들은 월그린, 자포스, 더 갭, 아마존 등이 있다. 로봇은 수년 동안 사람들의 관심을 끌어 왔다. 로봇은 스타워즈에 등장하는 엉뚱해보는 드로이드에서 트랜스포머에 등장하는 강력한 전투용 로봇에 이르기까지 많은 사람들의 주목을 끌었다. 교수님께서 당신에게 로봇 챌린지에 참가하도록 하였고, 그래서 당신은 비즈니스 운영을 향상시킬 로봇을 설계해야만 한다고 가정해 보자. 여기에는 반드시 디지털 대시보드가 포함되어야 하고, 소유주에게 의사결정 능력을 제공해야만 한다. 자신의 로봇과 그 기능, 그리고 디지털 대시보드가 어떻게 작동하고 사용자를 지원하는지를 기술하고, 고객들이 당신의 로봇을 구매해야하는 이유를 기술해보라. 당신의 로봇이 어떻게 작동하는지에 대해 자유롭게 그림으로 그려 설명해보라.

프로젝트 11 교육 프로세스 리엔지니어링

트리나 톰슨Trina Thompson은 뉴욕 시에 거주하고 있는데 현재 먼로 칼리지Nonroe College를 상대로 소송을 준비하고 있다. 그녀는 학사 학위를 받고 졸업한 이후에 직업을 찾을 수 없었다는 것을 시작으로 소송할 자료를 모으고 있다. 톰슨은 졸업한 이후에 쓸 만한 직업을 발견할 수 없었고, 학교 취업상담소가 그녀에게 약속한 일자리나 취업 조언을 제공해주지 않았기 때문에 7만 달러의 등록금을 반환받을 권리가 있다고 주장하고 있다. 먼로 칼리지 대변인 게리 아셀뱅크Gary Axelbank는 톰슨의 소송은 취할만한 점이 없고, 졸업장은 직장을 잡는데 도움이 된다고 주장하고 있다.

졸업 후 직장을 구할 수 없을 때, 학생은 학교 조직의 무능력에 대해 책임을 물을 수 있다고 생각하는가? 학교에 입학해서 수업 프로그램을 듣기 시작하는 때부터 졸업할 때까지의 현재 비즈니스 프로세스를 당신이 현재 다니고 있는 학교의 예를 들어 디자인해 보아라. 졸업하면 자동으로 직업을 구할 수 있어야 한다는 소송에 휘말리지 않으려면, 당신은 학교 프로세스를 어떻게 리엔지니어링해야 하는가?

3 CHAPTER

e-비즈니스: e-비즈니스의 가치

이 장의 개요

SECTION 3.1 웹 1.0: e-비즈니스

- 웹 1.0: 파괴적 기술
- 4개의 e-비즈니스 모델
- 연결과 통신을 위한 e-비즈니스 도구들
- e-비즈니스의 과제

SECTION 3.2 웹 2.0: 비즈니스 2.0

- 웹 2.0: 비즈니스 2.0의 장점
- 비즈니스 2.0과 네트워킹 커뮤니티들
- 협업을 위한 비즈니스 2.0 도구들
- 비즈니스 2.0의 과제
- 웹 3.0: 차세대 온라인 비즈니스 기회들

IT는 나에게 무엇을 제공해 주는가?

인터넷과 통신 기술들은 비즈니스가 운영되는 방법을 혁신적으로 바꾸어 놓았다. 전통적인 방법을 개선했을 뿐 아니라 심지어는 이전에는 불가능했던 새로운 기회들과 사업들을 만들어냈다. 온라인 비즈니스는 그저 또 다른 거래 처리 방법을 제시한 것이 아니다. 이것은 기업 간, 그리고 기업 내 소비자와의 관계, 공급자와의 관계, 심지어는 직원과의 관계들을 발전시키고 유지하는 능력을 제공한다.

미래의 경영자로서 또는 조직의 지식 노동자로서 당신은 e-비즈니스가 조직과 당신의 경력에 제공할 수 있는 기회들과 웹 기술들이 동반하는 문제점들, 그리고 조직의 소통과 협업에 미치는 영향력을 이해해야 한다. 그리고 당신은 e-비즈니스를 효율적으로 이용하고 e-비즈니스의 성공을 측정하기 위해 조직이 사용할 수 있는 전략들에 대해 알아야 한다. 이 장에선 당신에게 이러한 지식을 제공해주고 내일의 전자 글로벌 시장에서 성공할 수 있도록 준비하는 것을 도와 줄 것이다.

비트코인BITCOIN

비트코인bitcoin은 2009년에 사토시 나카모토라는 가명을 쓰는 미상의 사람에 의해서 만들어진 새로운 화폐이다. 비트코인은 달러나 유로 같은 단순한 화폐에서 멈추는 것이 아니라, 페이팔paypal이나 비자카드 같은 결제 수단으로도 쓰일 수 있다. 비트코인은 상품을 익명으로 사게 할 수도 있다. 상거래는 은행과 같은 매개나 중개 없이 이루어질 수 있고, 비트코인은 어떠한 국가 혹은 규정과도 관계가 없다. 거래 수수료도 없고, 상품을 사는 사람의 실명을 거론할 필요도 없다. 점점 더 많은 사람들이 비트코인을 받아들이고 있고, 사람들은 이것으로 웹호스팅 서비스, 피자, 심지어 매니큐어까지도 살 수 있다. 밴쿠버에는 비트코인 ATM까지도 존재하며, 홍콩에도 곧 생길 예정이다.

비트코인의 창시자는 2010년 인터넷에서 홀연 사라졌는데, 그가 비트코인의 미래나 향후의 가치에 대해서 상상력을 가지고 예언을 했었는지는 알 수 없다. 그것은 미연방은행과 같은 몇몇 권위 있는 기관에 의해 가치가 하락되거나 하는 일이 없는 화폐를 창시하는 일이다. 비트코인의 가치는 코인 하나당 7월에는 100달러에서 10월에는 200달러로, 그리고 2014년 5월에는 1000달러가 넘는 수준으로 높아졌다.

5년 전, 사토시 나카모토라는 익명의 컴퓨터 프로그래머 혹은 프로그래머 집단은 비트코인 소프트웨어 시스템을 만들고 그것을 인터넷에 방출하였다. 그것은 비트코인 마이너스miners라고 불리는 시스템으로 거대한 네트워크에서 운용될 수 있게 디자인되었으며 누구든지 그것을 작동할 수 있게 되어 있었다. 배포된 소프트웨어에 의해 만들어진 몇 개의 비트코인이 새로운 화폐의 시작이었다. 기본적으로 비트코인은 단지 기다란 전자 주소와 상거래 잔액을 블록체인blockchain이라는 온라인 장부에 저장하는 정도였다. 그러나 이 시스템은 또한 화폐가 천천히 사람들에게 확대되고 사람들로 하여금 비트코인 마이너스를 사용하게 디자인되어 있어 이 시스템 자체가 커지게 만들었다.

시스템이 새로운 비트코인을 만들어냈을 때 마이너스가 제공된다. 마이너스는 비트코인의 모든 거래를 추적하고 블록체인 장부에 저장한다. 답례로 소정의 비트코인이 포상식으로 제공이 된다. 현재, 한 시간당 여섯 번 정도쯤 25 비트코인이 세계의 마이너스에 지급되는데, 그 비율은 변경되고 있다.

비트코인은 어떻게 해서 가치를 가지게 된 것일까? 그 답은 꽤나 간단하다. 비트코인은 수많은 사람들이 원하는 무언가를 끄집어 낸 것이다–달러나 엔, 3천 년 전의 아프리카 해안의 사람들이 무엇을 얻고자 할 때 사용했던 조개껍데기 등과 같이 소유하는데 한계가 있는 것이다. 비록 그 시스템이 계속해서 비트코인을 만들어 낸다고 하더라도 그것은 2천 100만개가 생성되면 멈출 것이고, 그 일을 2140년 즈음해서 일어날 것으로 보인다.

비트코인은 가상 계좌와 같은 전자 지갑에 저장되는데, 사용자들은 그것을 송금한다든지, 받는다든지, 무언가를 사기 위해 쓴다든지, 혹은 저축할 수도 있다. 물론 모든 거래는 공적으로 기록되겠지만, 그 기록에는 사용자의 ID뿐으로 실명 같은 것은 절대 드러나지 않는다. 이는 단지 사용자의 프라이버시를 지켜주는 것만이 아니라, 그들이 뭔가를 사고파는 행위가 쉽게 추적되지 않도록 해주기도 한다. 이런 점 때문에 사람들은 때때로 온라인에서 마약을 사고파는 것과 같은 불법적인 일을 할 때 비트코인을 통화로 선택한다.

비트코인이 어떻게 진화할 지는 아무도 모를 일이다. 비트코인은 규제를 거의 받지 않지만, 이는 바뀔 수도 있다. 정부기관들은 세금문제와 통화에 대해 지배력이 없는 것에 대해 우려를 하고 있기 때문이다.

section 3.1 | 웹 1.0: e-비즈니스

학습 성과

3.1 파괴적 기술과 보존적 기술을 비교해보고 인터넷과 WWW가 어떻게 비즈니스의 파괴를 일으켰는지 설명할 수 있다.

3.2 e-비즈니스와 이와 관련된 장점들과 함께 웹 1.0에 대해 설명할 수 있다.

3.3 e-비즈니스 모델의 4가지 유형을 비교할 수 있다.

3.4 연결과 통신을 위한 6가지 e-비즈니스 도구들을 설명할 수 있다.

3.5 e-비즈니스와 관련된 4가지 개선점들을 파악할 수 있다.

파괴적 기술

1937년에 창업한 폴라로이드사는 1940년대 말에 최초의 즉석 사진기를 생산하였다. 폴라로이드 사진기는 당시까지의 경험으로 사진 산업에서 가장 뛰어난 기술 발전 중의 하나였다. 폴라로이드 사진기를 사용함으로써 그 고객들은 사진을 현상하기 위해 더 이상 남에게 의존할 필요가 없어졌다. 혁신적인 기술이었고, 상품은 최고급이었다. 마침내 폴라로이드사는 상장되었고, 월가에서 가장 주목받는 기업 중 하나가 되었으며 1997년에는 주가가 60달러를 상회하였다. 그런데 2002년에 주가는 8센트로 하락하였고, 회사는 파산을 선언하게 된다.

폴라로이드사처럼 혁신적인 기술과 충실한 고객 기반을 가졌던 기업이 파산하게 된 이유는 무엇인가? 폴라로이드사의 임원진은 아마도 포터 교수의 다섯 가지 경쟁 세력 모형을 사용하여 대체재의 위협을 분석하지 않았을 것이다. 만약 분석하였더라면, 폴라로이드사의 시장을 궁극적으로 잠식해 간 두 가지 위협, 즉 1시간 인화와 디지털 사진기의 위협을 그들이 알아차렸을 것인가? 또, 제3자의 개입 없이 자신의 사진을 직접 보기를 원했던 즉석 사진기의 고객들이 앞장서서 1시간 인화 서비스를 이용하거나, 디지털 사진기를 먼저 구입하였던 까닭을 이해할 수 있었을 것인가? 나아가 1시간 인화 서비스나 디지털 사진기와 경쟁하여 폴라로이드사를 구할 수 있는 방법을 찾을 수 있었을 것인가?

많은 조직들이 폴라로이드사와 동일한 진퇴양난, 즉 조직이 현재의 사업에 대한 결정을 내리기 위해 사용하는 기준이 미래의 사업에 문제를 일으킬 가능성이 있는 궁지에 처해있다. 본질적으로 현재의 사업에 최상인 것이 장기적으로는 사업을 망칠 수도 있다는 것이다. 이러한 사업 환경을 보고 혹자는 불길한 미래상, 즉 '디지털 다윈주의'라고 부르기도 한다. '**디지털 다윈주의**digital Darwinism'는 정보화 시대의 생존에 필수적인 새로운 요구에 적응하지 못하는 조직은 멸종할 운명임을 시사하고 있다.

파괴적 기술과 보존적 기술

파괴적 기술disruptive technology은 새로운 방식으로 일을 처리하여 초기에는 기존 고객의 요구를 충족시키지 못하지만 차츰 신규 시장을 개척해 나가 기존 시장을 무너뜨리는 경향

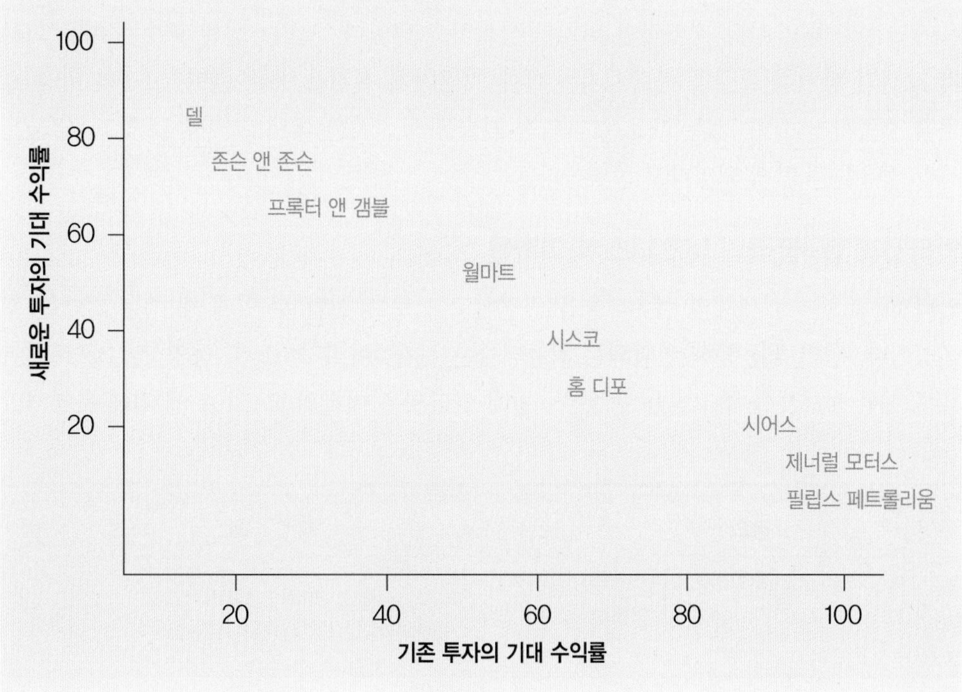

그림 3.1

파괴적 기술과 보존적 기술

이 있다. 반면에 **보존적 기술**sustaining technology은 더 빠른 자동차, 용량이 더 큰 하드 드라이브와 같이 고객들이 구매하고 싶어 하는 성능이 향상된 상품을 만들어낸다. 보존적 기술은 기존 시장에서 더 질 높고, 더 신속하며, 더 저렴한 상품을 공급하는 경향이 있다. 기존 업체들은 대부분 기존 시장에서 보존적 기술의 선두 주자이지만, 파괴적 기술이 생성하는 신규 시장에서는 거의 선두 주자가 되지 못한다. 그림 3.1은 파괴적 기술에 대한 신규 투자로부터 미래 성장이 예상되는 회사와 보존적 기술에 대한 투자로부터 미래 성장이 예상되는 회사들을 각각 보여준다.

파괴적 기술은 전형적으로 저급 시장에 파고들어 진화하여 궁극적으로 고급 시장의 경쟁 업체와 기술들을 대체해 나간다. 소니사는 저급 시장에 진입하여 결국 고급 시장의 경쟁 업체들을 대체하기까지 진화한 대표적인 사례이다. 소니사는 사람들이 들고 다닐 수 있고, 건전지로 작동하는 휴대용 트랜지스터 라디오를 만드는 소규모 회사로 출발하였다. 소니사의 트랜지스터 라디오의 음질은 좋지 않았는데, 더 좋은 음질을 생성하는 종래의 진공관에 비해 트랜지스터 증폭기의 음질이 나쁘기 때문이었다. 하지만, 고객들은 휴대성이라는 편리함을 위해 저급한 음질에 대해서 눈감아주었다. 휴대용 상품의 경험과 수익을 가지고 소니사는 저급이지만 가정용으로 적합하고 저렴한 트랜지스터 증폭기를 만들 수 있는 기술을 향상시켰고, 수익을 투자하여 더욱 기술을 향상시켜 더 좋은 라디오를 생산하였다.

클레이튼 크리스텐센 교수는 《혁신자의 궁지》라는 저서에서 기존 회사가 고객, 협력업체, 주주와 이미 형성된 관계를 해치지 않으면서 파괴적 기술의 장점을 취할 수 있는 방안에 대해 논의하고 있다. 제록스사, 아이비엠사, 시어즈사, 디이씨사 등은 모두 기존 고객에게 귀를 기울이면서도 과감히 기술에 투자하고 경쟁사에 촉각을 곤두세우고 있었음에도 불구하고 시장 지배적인 위치를 상실하고 말았다. 크리스텐센 교수는 이들 회사가 고객의 당면한 요구를 충족시키는 데에 지나치게 신경을 쓰는 반면, 고객의 미래 요구를 충족시켜 줄 수 있는 새로운 파괴적 기술을 등한시한 데서 그 이유를 찾고, 결국은 시장 점유율을 잃게 되었다고 설명한다.

인터넷과 웹-궁극의 비즈니스 파괴자들

인터넷Internet은 전 세계의 컴퓨터들을 연결하고 서로 통신할 수 있게 해 주는 거대한 통신망이다. 인터넷을 통해 연결되는 컴퓨터들은 문자, 이미지, 소리, 동영상, 소프트웨어를 포함한 정보들을 주고받을 수 있다. 원래 인터넷은 미국의 DARPA[1]에 의해 운영되었

그림 3.2
월드 와이드 웹에 대한 개요

용어	정의	예
월드 와이드 웹 World Wide Web	하이퍼텍스트 마크업 언어를 이용하여 만들어진 문자, 그림, 오디오 그리고 비디오 문서를 통해 인터넷 정보에 접근할 수 있도록 한다.	영국의 컴퓨터 과학자, 팀 버너스리가 1989년 3월 12일에 월드 와이드 웹을 만들었다.
하이퍼텍스트 마크업 언어 Hypertext Markup Language(HTML)	단순히 클릭을 함으로써 다른 문서로 이동할 수 있게 한 것이 월드 와이드 웹에서의 하이퍼텍스트이다.	하이퍼텍스트 마크업 언어는 <h1>과 </h1>과 같은 태그를 이용하여 문자를 제목, 소제목 등 여러 가지로 구성하게 한다.
HTML5	하이퍼텍스트 마크업 언어의 현재 형태이며 애니메이션부터 그림, 음악 그리고 영화까지 전달할 수 있다. 개인용 컴퓨터, 태블릿, 스마트 기기 등 플랫폼에 상관없이 복잡한 웹 애플리케이션도 만들 수 있다.	간단하게 웹브라우저에 어떤 형태의 문서인지를 알리기 위해 다음과 같은 것이 사용된다. <!DOCTYPE html PUBLIC>
하이퍼텍스트 트랜스포트 프로토콜 Hypertext Transport Protocol(HTTP)	인터넷 프로토콜 웹브라우저는 URL을 이용하여 웹 페이지를 요구하고 보여주기 위해 하이퍼텍스트 트랜스포트 프로토콜를 사용한다.	파일을 불러오기 위해 URL http://www.somehost.com/path/file.html을 사용한다.
월드 와이드 웹 컨소시엄 World Wide Web Consortium(W3C)	웹의 지속적인 성장을 위해 국제 사회에서 오픈 표준으로 개발하였다(www.w3.org).	웹 표준으로 대표하기 위해 팀 버너스리가 W3C를 만들고 이 단체는 15년 이상 그 역할을 수행했다.
웹브라우저Web browser	사용자로 하여금 월드 와이드 웹에 접근할 수 있게 한다.	인터넷 익스플로러, 모질라의 파이어 폭스, 구글의 크롬
URLUniversal resource locator	웹상에서의 문서나 자원의 주소	www.apple.com www.microsoft.com www.amazon.com
도메인 이름 호스팅 Domain name hosting(web hosting)	도메인 이름의 주인에게 그 사이트를 관리하고 이메일 용량을 주기 위한 서비스이다.	GoDaddy.com, 1&1.com, Web.com
애블릿Applet	다른 애플리케이션(예, 웹사이트)에서 돌아가는 프로그램	"Hello World"라는 애블릿은 화면에 Hello World라고 쓰이게 한다.
할당된 이름과 번호를 위한 인터넷 단체 Internet Corporation for Assigned Names and Numbers(ICANN)	전에는 미국 정부와의 계약했던 회사에 의해 했던 인터넷 프로토콜 주소를 할당하고 프로토콜 변수를 주고 도메인 이름 시스템을 관리하고 루트 서버 시스템을 관리하는데 책임을 지고 있는 비영리단체를 말한다.	https://www.icann.org/ 개인, 회사, 비영리 그리고 정부의 대표들이 인터넷 도메인 이름 시스템에 대해 의논하고 논쟁하고 정책을 개발한다.

1) Department of Defense Advanced Research Project

그림 3.3 웹이 성장할 수 있었던 이유들

마이크로컴퓨터의 혁신은 일반인으로 하여금 컴퓨터를 소유할 수 있게 해 주었다.
네트워킹 하드웨어, 소프트웨어, 미디어에서의 발전은 비즈니스 컴퓨터들로 하여금 최소한의 비용으로 더 큰 네트워크에 연결하는 것을 가능하게 해 주었다.
마이크로소프트의 인터넷 익스플로러와 넷스케이프 네비게이터 같은 브라우저 소프트웨어는 웹 페이지들을 쉽게 찾고, 다운로드하고, 표시할 수 있는 그래픽 인터페이스를 제공했다.
이메일의 신속성, 편의성, 저렴성은 기업이나 개인의 의사소통 도구로서 놀랄 만큼 널리 쓰인다.
기본적인 웹 페이지는 만들기 쉽고 변경하기도 매우 용이하다.

던 비상용 군통신 시스템이었고, 알파넷ARPANET 통신망이라고 불렸었는데, 처음에는 아무도 이것이 비즈니스와 개인적 통신에 끼칠 극적인 영향력을 내다보지 못했었다. 그 당시 국토 방어에 관련된 지원금을 받고 있던 모든 미국 대학들은 알파넷 컴퓨터를 설치했었는데, 이것이 최초의 공식적인 인터넷 통신망이었다. 사용자들이 전자 통신의 가치를 깨닫기 시작하면서 통신망의 목적은 군용에서 과학자들의 통신 수단으로 변모하기 시작했다.

인터넷과 웹이 동의어가 아니라는 사실에 주목할 필요가 있다. 웹은 인터넷의 일부일 뿐이고, 이것의 주 사용목적은 정보를 연결하고 퍼뜨리는 것이다. 인터넷은 웹뿐만 아니라 이메일과 같은 다른 형태의 통신 시스템을 포함한다. 그림 3.2는 웹과 관련된 주요 용어들을 나열하고 그림 3.3은 웹이 이토록 성장할 수 있었던 이유들을 나열하고 있다.

웹 1.0: e-비즈니스를 위한 촉매

사람들은 웹과 인터넷에 대해 알아가기 시작하면서, 이것들이 회사가 언제, 어디에서나, 누구와라도 통신할 수 있도록 해 주어 비즈니스에 참여할 수 있는 새로운 방법을 만들어 내고 있다는 것을 깨달았다. 선도 기업first mover이 얻을 수 있는 경쟁 우위는 엄청난 것이었고 웹 1.0 인터넷 붐을 가져왔다. **웹**Web **1.0**이란 1999년에서 2003년 사이의 웹을 말한다. **전자상거래**Ecommerce는 인터넷에서 제품과 서비스를 사고파는 것을 말한다. 따라서 이것은 오직 인터넷 상에서의 매매이다. **e-비즈니스**는 전자상거래를 포함해 관련된 모든 내부 및 외부 비즈니스 운영에 관련된 행위들을 말하는 것인데 소비자 계정 서비스, 제휴업체들과의 협업, 실시간 정보 공유 등이 그 예이다. 웹 1.0의 기간을 거치면서 기업가들은 e-비즈니스의 초기 형태를 잡아가기 시작했다.

e-비즈니스는 온라인으로 활동을 옮기고 싶어 하는 모든 회사들에게 새로운 시장을 열어 주었다. **패러다임 전이**paradigm shift는 기존 시장에 혁신적인 형태의 새로운 비즈니스가 들어와 기업과 조직이 운영되는 방식을 바꿀 때 일어난다. e-비즈니스는 패러다임 전이를 가져와 전체 산업을 변형시키고 기업 전체에 걸친 비즈니스 프로세스를 바꿈으로써 전통적인 비즈니스 규칙들을 다시 썼다. e-비즈니스로의 전환을 거부한 많은 회사들에겐 치명적인 결과가 따랐다(그림 3.4는 e-비즈니스 등장으로 변화된 산업계의 전반적인 모습을 보여준다).

개인과 조직 모두가 생산성을 증가시키고, 편리함을 최대화하고, 통신을 개선하기 위

그림 3.4

전통적인 비즈니스에 e-비즈니스가 미친 파괴력

산업	기술에 의한 비즈니스 변화들
자동차	AutoTrader.com은 세계에서 가장 큰 중고차 시장이다. 수백만대의 자동차가 개인과 중개상인에 의해 거래되기 위해 올려진다. AutoTrader.com은 실제로 수십만의 자격 있는 잠재적 중고차 구매자들을 자동차 판매상이나 개인 판매자들을 연결해줌으로써 중고차 거래자들의 사업을 키워준다.
인쇄	인터넷의 도움으로 누구나 온라인 콘텐츠를 출판할 수 있다. 전통적으로 출판사들은 많은 작가들과 작품들을 검토해 가장 성공할 가능성이 있는 것들을 골랐다. Lulu.com은 셀프 출판 기능과 요청에 따라 인쇄해주는 기능을 제공함으로서 이 모델을 바꾸어 놓았다.
교육과 훈련	의학 교육을 계속한다는 것은 많은 비용이 들고, 발전하는 기술들을 따라가기 위해선 보통 훈련 과정을 거치는 것과 학회들에 참석하기 위해 여행해야 한다는 것을 의미한다. 이제 많은 분야에서, 공부하는 것은 온라인으로 옮겨가고 있고, 2016년에 이르면 50%가 넘는 비율의 의사들이 온라인에서 그들의 기술을 배울 것이다. 시스코와 같은 회사들을 훈련과정을 온라인으로 옮김으로서 수십억 달러를 아낀다.
오락	음악 산업은 e-비지니스로 인한 충격이 컸고 아이튠과 같은 온라인 음악 중계상은 연간 평균 수십억의 노래를 거래하고 있다. 온라인 음악 중계상과 경쟁할 수 없는 대다수의 음반가게들은 문을 닫아야 했다. e-비지니스의 영향을 실감할 오락 산업의 다음 분야는 수십억 달러의 영화 산업이다. 온라인 스트리밍과 넷플릿스Netflix와 같이 집까지 배달하는 회사와 경쟁을 하는데 실패한 비디오 대여 가게들은 문을 닫고 있는 실정이다.
금융 서비스	렌딩 트리라는 회사를 선두로 거의 대부분의 상장된 e-금융회사들이 온라인 담보 서비스로 수익을 내고 있다. 온라인 담보 금융 신청을 처리하는데 고객이 내는 비용은 50% 이상 저렴해졌다.
소매유통	포레스터 리서치사는 2014년에 e-비지니스 소매 매출이 10% 성장할 것으로 예측한다. 이는 2009년 미국 온라인 소매 매출이 155,000,000,000달러였는데 2014년에는 거의 250,000,000,000달러로 성장할 것으로 예측한다. 온라인 소매 매출은 최근 11% 증가한 반면, 전체 소매 매출은 2.5%만 성장했다.
여행	여행 사이트인 엑스피디아닷컴은 이제 아메리칸 익스프레스보다도 이익률이 더 높은 최대 규모의 여행사이다. 대부분의 여행사들은 e-비지니스의 직접적인 영향으로 문을 닫았다.

해 e-비즈니스를 수용했다. 오늘날의 회사들은 종합적인 e-비즈니스 전략을 효율적으로 사용할 줄 알아야 하고, 경영학도들은 이것의 장점을 알아야 한다. 이 장점들은 그림 3.5에 표시되어 있다. 각 사항들에 대해 알아보자.

그림 3.5

e-비즈니스의 장점들

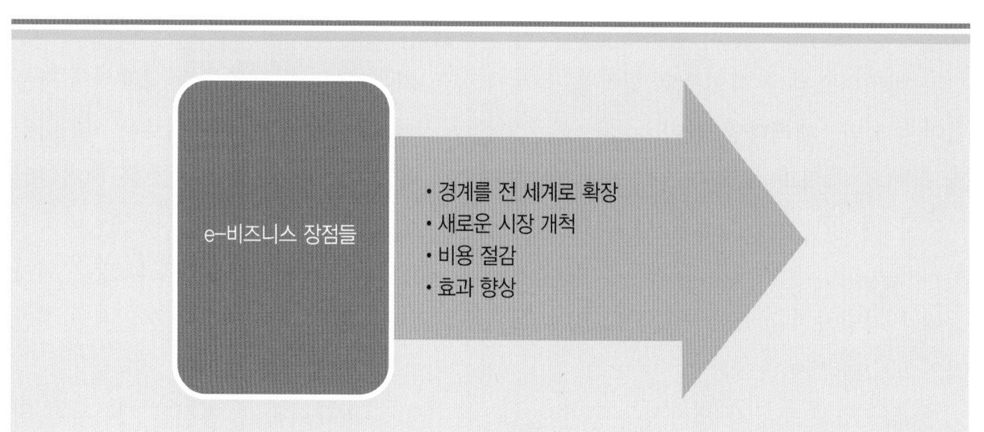

경계를 전 세계로 확장하기

실시간 정보에 쉽게 접근할 수 있다는 것은 e-비즈니스의 주 장점이다. **정보 풍부성**information richness은 문자, 이미지, 소리, 혹은 동영상으로 되어 있는 정보가 가지고 있는 세부 사항의 넓이와 깊이를 말한다. **정보 도달률**information reach은 기업이 세계적으로 소통할 수 있는 사람의 수를 일컫는다. 구매자는 정보를 가지고 구매를 하기 위해 높은 정보 풍부성이 필요하고, 판매자는 경쟁자들로부터 그들을 차별화하고 제대로 영업을 하기 위해 넓은 정보 도달률이 필요하다.

e-비즈니스는 하루 24시간, 일주일 내내 운영된다. 이러한 가용성availability은 거래비용을 줄인다. 소비자는 더 이상 거래를 위해 먼 거리를 이동하거나 제품에 대한 정보를 알아보기 위해 많은 시간을 들일 필요가 없다. 온라인 영업을 위한 더 빠른 배송 사이클은 소비자와의 관계를 더 돈독하게 하고, 소비자 만족도를 증가시키고 최종적으로는 판매량을 증가시킨다.

회사의 웹사이트는 비용 대비 효율 좋은 소통과 마케팅 전략의 중심점이 될 수 있다. 온라인에서 제품을 홍보하는 것은 소비자가 지역 주민이건, 지구 반대편에 있는 사람이건 상관없이 회사의 제품을 소비하도록 만들 수 있다. 물리적인 상점은 크기에 제한을 받고 그 장소에 접근할 수 있는 소비자들에게만 한정되어 있는 반면, 온라인 가게는 글로벌 시장과 이미 줄서서 기다리는 소비자들을 가지고 있다.

새로운 시장을 개척하기

e-비즈니스는 틈새상품 판매를 증가시키기 위한 완벽한 방법이다. **대량 고객맞춤화**mass customizaton는 상품이나 서비스를 고객이 원하는 명세에 맞춰주는 조직의 능력을 말한다. 예를 들면, 고객이 M&M 초콜릿 표면에 '나와 결혼해 줘'라고 쓰인 초콜릿을 주문하는 것이다. **개인화**personalization는 웹 사이트가 개인의 선호와 불호를 충분히 알고 있어서 방문객이 매력을 느낄 만한 상품으로 맞추어 제시하는 것을 의미한다. 개인화는 프로필 정보, 인구 통계적 특성, 이전 거래 등에 근거하여 개인이나 고객군에게 e-비즈니스 웹 사이트를 맞춤으로 구성하여 제시한다. 아마존은 고객 각각에게 독특한 포털을 생성하여 개인화를 제공한다.

비용 절감

와이어드지Wired의 편집장인 크리스 앤더슨은 e-비즈니스의 틈새시장 공략 전략을 전형적인 판매 곡선의 꼬리를 뜻하는 **긴 꼬리**long tail을 잡는 것이라고 설명한다. 이 전략은 e-비즈니스를 통해 영업을 할 경우 틈새 제품들이 성공 가능하고 이익을 올릴 수 있는 사업 모델을 어떻게 만들 수 있는지 설명한다. 전통적인 사업 모델은 매장에서 어떤 제품을 팔 것인가를 정할 때 수납공간의 제한을 받는다. 이런 제한 때문에 가게 주인은 많은 사람들에게 필요하고 팔릴 제품들을 고르게 되고, 소수의 소비자를 위한 틈새 제품들은 자리를 잃게 되는 것이다. 아마존과 이베이 같은 e-비즈니스들은 이러한 수납공간의 딜레마를 없애고 무한히 다양한 제품들을 제공할 수 있게 되었다.

넷플릭스Netflix는 긴 꼬리의 아주 훌륭한 예이다. 평균적인 비디오 대여점이 3,000개의 영화들을 재고로 가지고 있다고 가정해 보자. 물리적인 공간의 제약이 없는 넷플릭스는 100,000개의 영화를 보유할 수 있다. 영업 자료를 보면 대다수의 비디오 대여점의 수익은 매일 대여되는 최신 영화들에게서 나오는 반면 한 달에 몇 번 대여되지 않는 옛날 영화들은 보관비용을 보상하지 못한다. 따라서 일반 비디오 대여점의 꼬리는 3,000에서 멈춘다(그림 3.6). 그러나 물리적 제약이 없는 넷플릭스의 경우 꼬리는 100,000 이상까지 넘어갈 수 있다. 이 꼬리를 늘림으로서 넷플릭스는 몇 번 대여되지 않는 영화들까지 포함해 매출을 늘릴 수 있는 것이다.

중개인intermediaries이란 구매자와 판매자들을 모을 수 있는 거래의 기반구조를 제공하는 중개인, 소프트웨어, 혹은 기업체를 뜻한다. e-비즈니스의 등장은 **중개인 제거**disintermediation를 가져왔는데, 이것은 판매자가 온라인에서 소비자에게 직접 제품을 제공해 중개자를 생략하면서 일어났다(그림 3.7). 이 비즈니스 전략은 회사로 하여금 주문 과정을 줄이고, 절감된 비용으로 가치를 더하거나 더 효율적인 서비스를 제공할 수 있게 해준다. 여행업에서 중개인 제거는 사람들이 온라인에서 직접 여행에 관련된 것들을 예약하기 시작하면서 시작되었다. 룰루Lulu.com에서는 누구든 필요에 따라 온라인 음악을 팔고, 자체 제작 달력과 책을 출판하고 인쇄할 수 있어 기존의 출판사들을 필요 없게 만들었다.

재중개reintermediation의 단계에선 새로운 경쟁자들이 비즈니스 프로세스에 가치를 더할 방법을 찾기 때문에 가치 사슬에 새로운 단계들이 추가된다. 레비 스트라우스Levi Strauss는 처음엔 자사의 홈페이지에서만 판매를 하는 것이 좋은 비즈니스 전략이라고 생각했다. 그러나 몇 년 후, 이 회사는 소매업자들이 그들의 제품을 직접 소비자들에게 팔 수 있게 하는 것이 훨씬 큰 시장 점유율을 가질 수 있도록 한다는 것을 깨달았다. e-비즈니스가 커지면서 시장의 규모를 키우기 위해서 얼마간의 재중개가 필요하다는 것이 명확해졌다. **사이버중개**cybermediation란 e-비즈니스가 등장하기 전까진 존재할 수 없었던 형태의 중개인을 말하는데, 가격 비교 쇼핑사이트인 켈쿠Kelkoo와 시티뱅크와 같은 은행계좌 집합 사이트들이 그 예이다.

e-비즈니스의 운영으로 얻는 이득 중에는 비즈니스 프로세스에서 시간과 인력을 절

그림 3.6

긴 꼬리

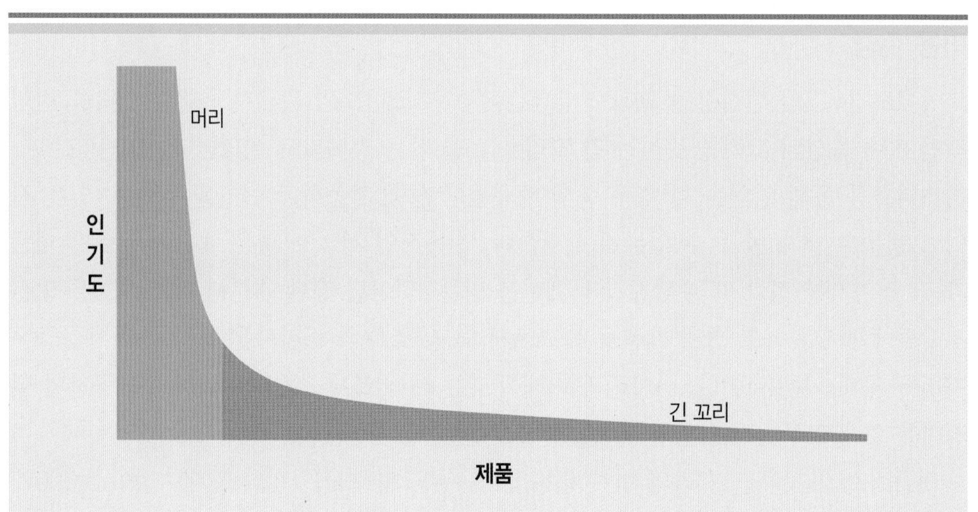

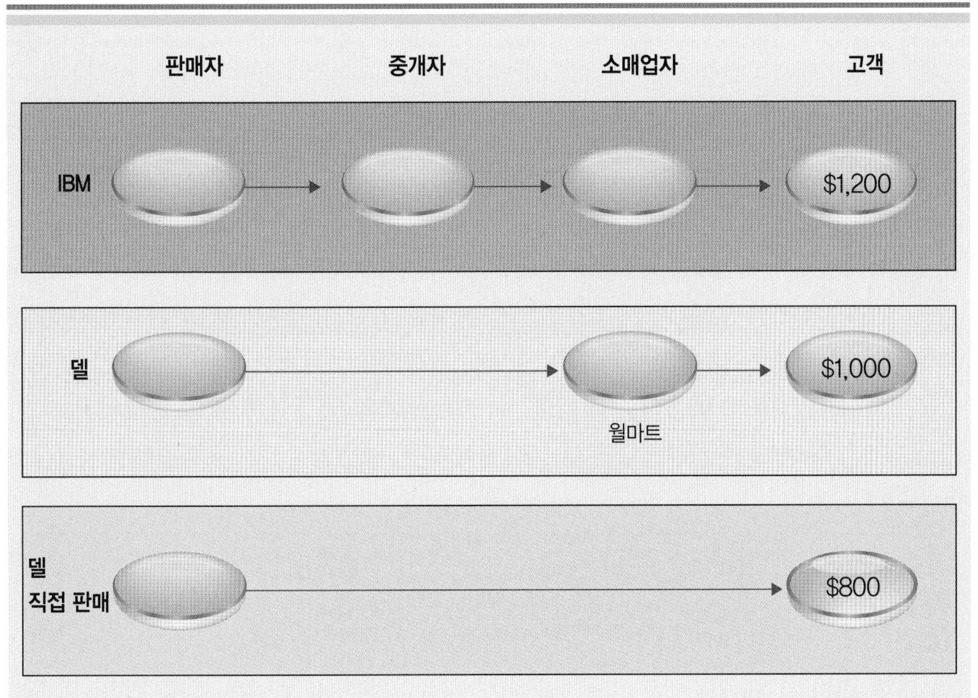

그림 3.7

중개자/ 중개 업체 소멸의 비즈니스 가치

분배 사슬distribution chain로부터 중개자들이 잘려 나갈수록 제품 가격은 낮춰진다. 델사가 월마트를 통해 그들의 컴퓨터를 팔기로 결정했을 때 많은 사람들은 깜짝 놀랐다. 왜냐하면 델의 고객에게 직접 판매direct-to-customer sales 모델은 수년 동안 델이 시장을 지배할 수 있게 해준 경쟁 우위였기 때문이다.

감하거나 또는 아예 비즈니스 프로세스를 제거하는 것이 포함된다. 100개의 우편을 보내는데 필요한 비용과 같은 개수의 이메일을 보내는데 드는 비용을 비교해보라. 물리적인 점포에서 전화를 이용해 운영하는 비용과 온라인 사이트를 운영하는 비용에 대해 생각해보라. e-비즈니스로 전환하는 것은 전통적인 통신을 대체하는 라이브 헬프Live Help[2] 같은 시스템들이 통신과 관련되었던 많은 비용들을 제거할 수 있게 해준다.

온라인에서 항공권을 예매하는 것은 전화로 예매하는 것보다 훨씬 비용이 적게 든다. 온라인 주문은 또한 소비자가 자신이 주문한 제품 배송이 어느 단계에 있는지 확인할 수 있도록 해 준다. e-비즈니스는 적은 비용으로도 혁신적인 마케팅으로 새 소비자들을 끌어 모을 수 있게 해 주고 개선된 서비스와 지원으로 기존의 소비자들을 유지하는 것을 돕는다.

e-비즈니스의 가장 멋진 장점 중 하나는 바로 낮은 창업비용이다. 이제는 웹사이트와 훌륭한 제품과 서비스만으로도 e-비즈니스를 시작할 수 있다. 심지어 개를 산책시키는 사업도 e-비즈니스의 도움으로 많은 혜택을 누릴 수 있다.

2) 소비자가 지원 부서 혹은 영업 부서 직원들과 실시간 채팅을 할 수 있게 해 준다.

효율성을 증진하기

그저 간단한 웹사이트를 개설한다고 해서 e-비즈니스가 시작되는 것은 아니다. e-비즈니스 사이트는 버즈buzz를[3] 만들 수 있어야 하고, 혁신적이어야 하며, 가치를 더해야 하고, 실용적인 정보를 제공할 수 있어야 한다. 즉, e-비즈니스는 커뮤니티와 협업collaboration에 대한 감각을 길러야 한다.

사이트의 방문자 수 같은 IT 효율에 대한 측정 기준들이 모든 것을 이야기 해주진 않는다. 방문자 수가 꼭 매출의 크기를 말해주는 것은 아니기 때문이다. 방문자 수가 많은 웹사이트들의 매출이 낮은 경우가 많이 있다. e-비즈니스의 성공을 측정하는 가장 좋은 방법은 효과 IT 척도를 이용하는 것이다. 이것의 예들은 웹 트래픽에 의해 생성된 수익, 웹 트래픽을 통해 얻은 신규 고객, 웹 트래픽에 의해 발생하는 소비자 문의 전화의 감소 등이 있다.

상호작용성interactivity은 표적 광고target ad와 소비자와의 상호작용들, 광고를 보는데 들이는 시간, 읽힌 페이지 수, 광고에 반복적으로 이루어진 접속 숫자를 셈으로서 광고 효과를 측정한다. 양방향성 측정은 광고주들에게 있어서는 커다란 전진이었다. 왜냐하면 신문, 잡지, 라디오, 텔레비전과 같은 전통적인 광고 방법들은 효과를 측정하는 방법들을 많이 가지고 있지 않았기 때문이다. 그림 3.8은 회사들이 자신의 경계를 확장하는 동시에 효과를 측정할 수 있는 e-비즈니스 마케팅 시도들을 보여준다.

모든 광고의 궁극적인 결과는 구매이다. 회사들은 수입과 매트릭스를 웹사이트와 광고에 의해서 새롭게 생성된 고객들을 매출에 연결시키기 위한 척도를 사용한다. **누름 순서 자료**clickstream data를 통해 회사들은 웹사이트에서 소비자가 어떤 식으로 웹사이트 상에서 이동하는지 정확히 파악할 수 있다. 누름 순서 매트릭스는 한 웹사이트에 있었던 시간, 등록하려다 버려진 미등록 숫자, 쇼핑을 하다 버려진 쇼핑 바구니의 숫자 등을 포함하고 있다. 한 사람이 웹사이트를 방문할 때, 그 사람이 사용하고 있는 컴퓨터에 웹사이트 주소를 치는 순간 웹사이트의 서버에 웹사이트를 보여주기를 요구한다. 한 번 웹사이트에 들어가면 방문자가 클릭하거나 자판으로 치는 모든 것은 웹사이트의 기록 파일에 저장된다. **고착성**stickness은 방문자가 웹사이트에서 보낸 시간을 말한다. 회사들은 그들의 웹사이트가 고착성이 있고 고객들의 이목을 집중하게 만들고 싶어 한다. 이러한 자료들을 제대로 해석하기 위해 경영자들은 다른 회사를 벤치마킹하려 노력한다. 예를 들어, 소비자들은 자신이 좋아하는 웹사이트에 정기적으로 방문하고, 심지어는 하나의 세션 동안 여러 번 다시 들어가 확인하는 것같이 보인다.

4개의 e-비즈니스 모델

사업 모델business model은 회사가 어떻게 수익을 창출할 것인지를 자세히 보여주는 계획이다. 어떤 사업 모델들은 꽤 간단하다. 회사는 제품이나 서비스를 생산하고 소비자에게 파는 것이다. 만약 회사가 성공적이라면 매출은 비용을 초과하게 되고 이익을 창출하게

3) 원래는 (벌들이) 윙윙거리는 소리, 소문 등을 뜻하는 단어이다. "Buzz learning"은 소규모 팀을 구성하여 토의 학습을 전개하는 것을 말하기도 한다.

용어	정의	예
제휴 프로그램 associate(affiliate) program	어떤 회사의 웹사이트에 있는 링크를 통해 소비자가 다른 회사의 웹사이트로 이동할 경우에 수수료를 받을 수 있도록 해준다.	만약 한 회사의 웹사이트에 있는 고객이 다른 업체의 배너 광고를 클릭하고 그 고객이 원하는 행위(예, 제품을 사거나 회원이 되거나 등)를 하면 그에 따라 클릭할 때 웹페이지를 소유한 회사는 소개비나 수수료를 받는다.
배너 광고banner ad	웹사이트에 뜨는 박스 모양으로 보통 다른 회사의 상품과 서비스를 광고한다.	배너는 일반적으로 광고주의 웹사이트와 연결된 경로를 담고 있다. 광고주는 고객이 얼마나 자주 배너 광고를 눌러 자신의 웹사이트를 방문했는지를 알아낼 수 있다. 배너 광고의 비용은 종종 배너 광고를 누른 고객의 수에 의존한다. 배너 광고를 누른 회수를 추적하는 것은 목표 고객에 대한 광고 효과를 이해하는 한 가지 방법이다.
클릭 스루 click-through	한 사이트를 방문하여 그 사이트에 뜬 광고를 눌러 광고주의 사이트로 들어간 방문객의 숫자이다.	클릭 스루에 근거한 효과의 추적은 목표 광고에의 노출을 보장한다. 하지만 방문객이 광고를 좋아하는지, 광고를 보는 데 상당한 시간을 보냈는지, 광고에 포함된 정보에 만족하는지 등은 보장하지 못한다.
쿠키cookie	웹사이트에 의해 방문객의 저장 장치에 일시적으로 저장되는 작은 파일로 고객이나 웹 활동에 관한 정보를 저장한다.	쿠키는 고객이 웹사이트에 들어오고 나가는 것을 웹사이트가, 보통 고객이 알아차리거나 또 고객으로부터 허락을 받지도 않고, 기록하게 한다.
팝업 광고pop-up ad	현재 브라우저에 로드되어 있는 웹사이트와는 별도의 창에 광고를 담고 있는 작은 웹페이지이다.	팝언더 광고pop-under ad란 현재 웹브라우저 창이 닫힌 후에야 나타나는 팝업 광고를 말한다.
바이러스성 마케팅 viral marketing	웹사이트나 사용자로 하여금 다른 웹사이트나 사용자에게 마케팅 메시지를 전달하도록 유도함으로써 메시지의 효과와 가시성을 기하급수적으로 늘리는 기술을 말한다.	성공적인 바이러스성 마케팅의 성공적인 예 중 하나는 핫메일hotmail인데 모든 사용자의 이메일에 그들의 서비스와 광고주들의 광고를 홍보한다. 바이러스성 마케팅은 e-비즈니스 제품이나 서비스의 사용자들을 이용해 다른 사람들을 끌어들일 수 있도록 도와준다. 바이러스성 마케팅은 구전을 이용하는 광고 프로그램이다.

그림 3.8
마케팅은 e-비즈니스로부터 엄청난 혜택을 받았다.

된다. 다른 모델들은 덜 직설적이고, 어떤 경우는 누가 이득을 얼마나 얻는지가 불분명할 경우도 있다. 예를 들어 라디오와 네트워크 텔레비전은 수신기를 가지고 있는 모든 사람들에게 공짜로 방송을 송신한다. 광고주들이 프로그램들에 대한 비용을 지불한다.

온라인 비즈니스 활동 대부분은 비즈니스 간 혹은 비즈니스와 소비자 간 제품이나 서비스를 교환하는 것을 포함한다. **e-비즈니스 모델**ebusiness model은 어떻게 회사가 인터넷에서 수익을 창출할 것인지를 보여주는 계획이다. e-비즈니스 모델들은 다음의 네 가지 중 하나에 해당된다. (1) B2B, (2) B2C, (3) C2B, (4) C2C[4] (그림 3.9)

B2B

B2B는 인터넷상에서 서로 매매활동을 하는 비즈니스들에 해당된다. 여기에 해당하는 예들은 의료 청구 서비스, 소프트웨어 판매와 등록, 그리고 가상 지원 비즈니스들이 있다. B2B 관계는 모든 온라인 비즈니스의 80% 정도를 차지하며 다른 유형들보다 보안의 필요성이 큰 복잡한 관계이다. B2B의 예로는 오라클Oracle과 에스에이피SAP가 있다.

전자장터electronic/emarketplace는 다수의 구매자와 판매자들이 e-비즈니스 활동에 참여할 수 있는 중앙 시장을 제공하는 상호작용적 비즈니스 커뮤니티이다. 양 당사자들의 관계

4) B2B: business to business, B2C: business to consumer, C2B: consumer-to-business, C2C: consumer-to-consumer

e-비즈니스 용어	소비자
B2B	인터넷 상으로 기업 간에 사고파는 것을 지칭
B2C	인터넷 상으로 소비자에게 상품이나 서비스를 파는 기업을 지칭
C2B	인터넷 상으로 기업에게 상품이나 서비스를 파는 개인을 지칭
C2C	인터넷 상으로 소비자 간의 상호작용을 도와 상품이나 서비스를 제공하는 사이트를 지칭

	기업	소비자
기업	B2B	B2C
소비자	C2B	C2C

그림 3.9
e-비즈니스 모델들

를 밀접하게 맺어주고 자동화함으로서 그들은 상거래를 진행하고, 공급 사슬을 연결하고 새로운 판매 경로를 만들기 위한 구조를 창조할 수 있다.

B2C

B2C는 온라인에서 소비자에게 직접 제품이나 서비스를 파는 모든 비즈니스에 해당된다. 카팩스Carfax는 돈을 받고 자동차 구매자들에게 중고 자동차의 자세한 내력을 제공해준다. **전자상점**[5]은 소비자들이 어느 시간대에든 쇼핑을 할 수 있는 온라인 소매상점이다. 이것은 갭The Gap처럼 실제로 존재하는 가게의 연장일 수도 있고 혹은 아마존처럼 아

그림 3.10
B2C의 형태들

전통적 기업brick-and-mortar business
인터넷에는 존재하지 않고 물리적 상점에서만 운영하는 사업
예: 티 제이 맥스T.J Maxx

온오프 겸용 기업click-and-mortar business
물리적 점포와 인터넷 모두에서 운영하는 사업
예: 반즈 앤 노블Barnes & Noble

순수 온라인/가상 기업pure-play/virtual business
물리적 점포 없이 인터넷에서만 운영하는 사업
예: 구글

5) 영어로는 eshop, estore 또는 etailer라고 한다.

예 온라인에서만 운영되는 비즈니스일 수도 있다. B2C를 운영하는 방법은 세 가지가 있다. 전통적brick-and-mortar, 온오프 겸용click-and-mortar, 순수 온라인pure play (그림 3.10)

C2B

C2B는 소비자가 인터넷을 통해 상품이나 서비스를 기업에게 판매하는 경우이다. 이런 사업 모델의 예는 Priceline.com인데, 고객이 항공권이나 호텔 객실과 같은 품목의 가격을 설정하면 공급사가 판매 여부를 결정하는 사업 모델이다. C2B 사업 모델에 대한 수요는 편의성과 저렴한 가격을 바라는 고객의 요구로 인해 앞으로도 증가할 것이다.

C2C

C2C란 인터넷에서 다른 소비자에게 제품이나 서비스를 소개하는 소비자들을 말한다. C2C의 좋은 예는 경매인데 이곳에서는 구매자들과 판매자들이 서로에게 계속적으로 입찰하도록 부추기므로 가격이 역동적이다. 크래크스리스트Craigslist와 이베이ebay가 구매자와 판매자를 잘 연결시키는 성공적인 C2C 사이트이다. 다른 유형의 온라인 경매 중에선 판매자가 많은 구매자들에게 홍보하고 가장 높은 가격을 입찰한 구매자가 이기는 순경매forward auctions와 구매자가 가장 낮은 가격의 상품과 서비스를 제공하는 판매자를 고르는 역경매reverse auctions가 있다.

e-비즈니스의 형태와 수익 창출 전략들

더욱 많은 회사들이 e-비즈니스에 뛰어들면서 새로운 형태의 e-비즈니스가 등장하기 시작했다(그림 3.11). 많은 새로운 형태의 e-비즈니스들은 어떻게 수익을 낼 것인지에 대한 명확한 전략 없이 시장에 뛰어들었다. 구글은 창립된 지 몇 년이 지날 때까지 어떤 식으로 수익을 창출할 것인지가 정해지지 않은 e-비즈니스의 가장 전형적인 예이다.

구글의 주 비즈니스는 그들의 검색 엔진이다. 그러나 구글은 사람들이 그들의 사이트를 인터넷 검색을 위해 이용하는 것에서 수익을 창출하지는 않는다. 그들은 마케터들과 광고주들이 구글 사이트에 광고를 올리기 위해 지불하는 돈에서 이익을 얻는다. 검색을 위해 구글 사이트를 방문하는 사람들은 하루에 2억명 정도된다. 구글 사이트의 일부인 애드워즈AdWords는 광고주들이 검색 키워드에 대한 입찰을 할 수 있도록 한다. 광고주들은 그저 그들이 입찰하고 싶은 키워드와 하루 클릭 당 지불하고 싶은 최댓값을 제시하면 된다. 그러면 구글은 다른 광고주들이 같은 키워드에 얼마를 지불할 의향이 있는지에 근거해서 그 키워드들의 가격과 검색 순위를 정한다. 키워드들의 가격은 클릭 당 5센트에서 10달러 사이다. 유료 검색은 표적 광고targeted advertising의 최적화된 모습인데, 그 이유는 소비자들이 자신이 원하는 것을 정확히 입력하기 때문이다. '열대 휴가'과 같은 일반적인 검색어들은 '하와이 여행'과 같은 구체적인 단어들보다 싸다. 어떤 검색어에 대해 가장 높은 금액을 입찰한 사람의 광고가 검색 결과 페이지의 옆 부분이나 윗부분에 후원sponsored 광고 링크로 걸리게 된다.

검색 엔진search engine은 구글처럼 키워드를 매칭하여 다른 웹사이트를 찾는 웹사이트 소프트웨어이다. **검색 엔진 순위**search engine ranking는 변수를 평가하여 검색 결과의 리스트에

그림 3.11

e-비즈니스 형태들

형태	설명	예
콘텐츠 제공content providers	뉴스, 음악, 동영상과 같은 디지털 콘텐츠들을 제공함으로써 수익을 창출한다.	Netflix.com, iTunes.com, CNN.com
정보 중개infomediaries	제품과 서비스의 제공자와 그들의 잠재적 소비자들을 위해 특성화된 정보를 제공한다.	Edmunds.com, BizRate.com, Bloomberg.com, Zillow.com
온라인 시장 online marketplaces	제품과 서비스의 판매자와 구매자를 이어준다.	Amazon.com, eBay.com, Priceline.com
포탈portals	특성화된 콘텐츠들과 다른 서비스들에 사용자가 접속할 수 있도록 중앙 웹사이트를 운영한다.	Google.com, Yahoo.com, MSN.com
서비스 제공service providers	사진과 동영상 공유, 온라인 백업과 자료 저장소와 같은 서비스를 제공한다.	Flickr.com, Mapquest.com, YouTube.com
거래 중개transaction brokers	온라인 매매 거래를 처리한다.	Etrade.com,Charlesschwab.com, Fidelity.com

언제 URL이 보여지는 지를 결정한다. **검색 엔진 최적화**SEO: search engine optimization는 예술과 과학의 혼합체로 URL을 검색 엔진에게 보다 매력적으로 만들어서 검색 엔진 순위에 좀 더 상위에 들게 하는 것이다. 검색 엔진 최적화가 잘 이루어질수록 웹사이트는 검색 엔진 순위에 상위에 있게 될 것이다. 검색 엔진 최적화는 매우 중요하다. 왜냐면 대부분의 사람들은 검색 엔진 순위에서 최상위에 있는 몇 개의 웹사이트만 보기 때문이다. 그 다음 대부분의 사람들은 다음 페이지로 가서 웹사이트를 보는 것이 아니고 새롭게 검색을 한다. 따라서 검색 엔진 웹사이트들은 다음과 같이 매출을 만들어 낸다.

- **클릭당 지불**Pay-per-click: 사용자가 소매상의 웹사이트 링크를 클릭할 때마다 매출이 발생함
- **전화당 지불**Pay-per-call: 사용자가 전화를 기다리는 온라인 중개상과 연결하는 링크를 클릭할 때마다 매출이 발생함
- **전환당 지불**Pay-per-conversion: 웹사이트 방문자가 고객으로 전환할 때마다 매출이 발생함

e-비즈니스는 수익 모델 혹은 돈을 벌기 위한 모델을 반드시 가지고 있어야 한다. **애드워즈**AdWords는 광고주가 비용을 지불하기 위한 키워즈keywords이고 구글 검색에 대한 결과 페이지에 연결 링크로 나타난다. 키워즈는 광고주에 의해 선택되고 검색 키워즈가 광고 키워즈와 매치가 될 때, 검색 결과 페이지에 나타난다. 그러면 광고주는 구글에게 검색결과를 보여 준 것에 대한 수수료를 지불한다. 예를 들자면, 광고를 받을 것인지, 구독료나 판매권을 팔 것인지에 대한 수수료이다. 그림 3.12는 다양한 e-비즈니스 수익 모델의 혜택과 문제점들을 나열하고 있다.

그림 3.12

e-비즈니스 수익 모델들

수익 모델	장점	제한 사항
광고 수수료	■ 표적에 맞춘 광고는 거래 참여자에 의해 부가가치 콘텐트로 인식된다. ■ 구현이 용이하다.	■ 제한된 수익 잠재력 ■ 과도하거나 잘못된 표적 광고는 웹 사이트에 방해 요소가 된다.
거래 수수료	■ 절감과 직접적으로 연결된다(프로세스 비용 절감과 가격 인하). ■ 거래량이 많아지면 중요한 수익원	■ 프로세스 절감이 완전히 가시적이지 않으면, 시스템 이용을 기피하게 된다(거래를 오프라인으로 옮길 유인책). ■ 거래 수수료는 시간이 지나면서 감소할 가능성이 있다.
허가 수수료	■ 많은 거래를 할 유인이 된다. ■ 고객 맞춤과 후방 통합은 참여자를 묶어둘 수 있다.	■ 초기 수수료가 참여자에게 진입 장벽이 된다. ■ 가격 차별화가 복잡하다.
정기 사용료	■ 거래를 할 유인이 된다. ■ 가격 차별화가 가능하다. ■ 신규 사용자 집단으로부터 추가 수익을 창출할 가능성	■ 고정비가 참여자에게 진입장벽이 된다.
부가서비스 수수료	■ 차별화된 서비스 제공이 가능 ■ 가격 차별화가 가능 ■ 기존 사용자 집단과 신규 집단(3자)으로부터 추가 수익을 창출할 가능성	■ 고객이 계속 신규 서비스를 평가해야 하는 귀찮은 프로세스

연결과 통신을 위한 e-비즈니스 도구들

기업들이 온라인으로 옮기기 시작하면서 e-비즈니스의 프로세스와 요구들을 지원하기 위한 많은 MIS 도구들이 만들어졌다. e-비즈니스를 지원하고 작동시키는 도구들은 그림 3.13에서 보여주고 있고 아래에 자세히 설명되어 있다.

이메일

전자 메일의 준말인 이메일은 인터넷에서 교환하는 디지털 메시지이다. 이메일이 전화기와 같은 속도로 문서들을 전달해 주기 때문에 경영자들은 더 이상 중요한 문서들을 받기 위해 우편을 기다릴 필요가 없어졌고, 이는 비즈니스의 속도를 높이는 데 기여했다. 이메일의 주 장점은 많은 사람들에게 동시에, 즉각, 쉽게 공지하고 통신할 수 있다는 것이다. 이메일을 이용하는 데엔 아무런 시공간적 제약이 없다.

인터넷 서비스 제공자ISP: internet service provider는 매달 회비를 내면 인터넷 접속을 가능하게 해 주는 회사이다. 미국의 대형 ISP는 AOL, AT&T, Comcast, Earthlink, Netzero가 있고, 이들과 함께 지역별 전화국을 포함한 수천의 지역 ISP들이 존재한다.

인스턴트 메시징

실시간 통신real-time communication은 시스템이 정보를 받는 대로 업데이트 할 때 발생한다. 이메일은 우편과 같은 전통적인 통신 수단에 비해 매우 훌륭한 발전이지만 실시간으로 작동하는 것은 아니다. **인스턴트 메시징**IMing: instant messaging은 사람들 간의 순간, 혹은 실

그림 3.13

e-비즈니스 도구

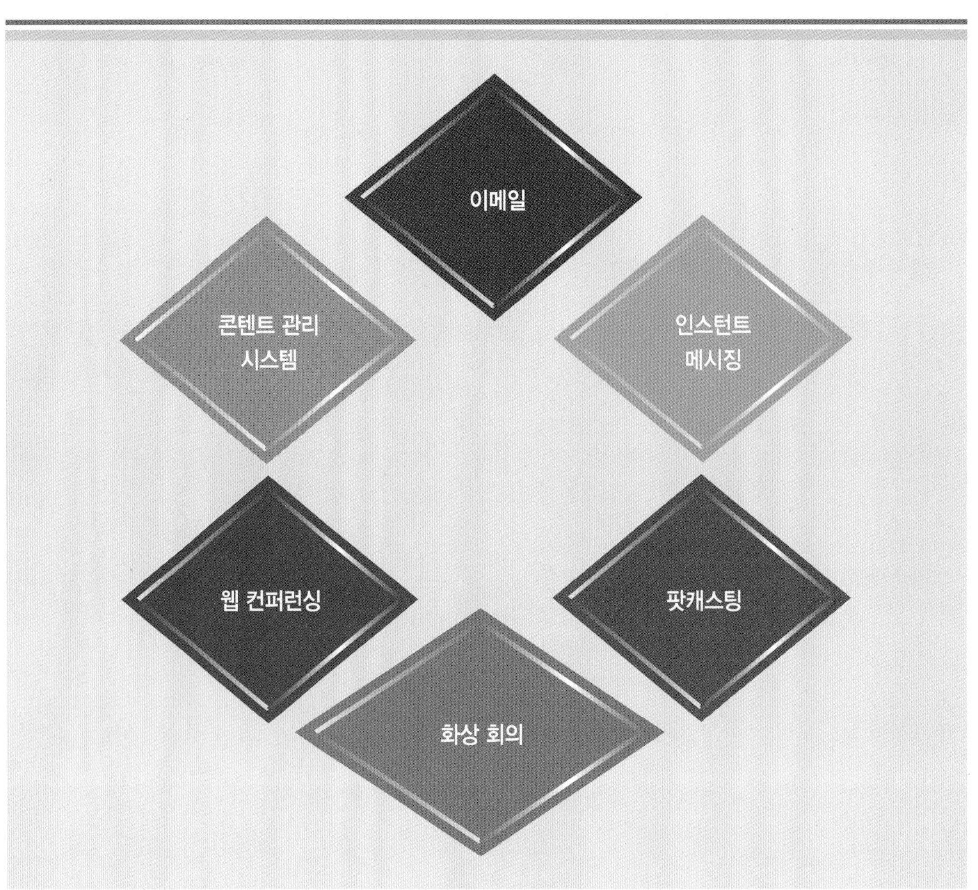

시간 통신을 가능하게 하는 서비스이다. 비즈니스는 즉각 이것들로 무엇을 할 수 있을지 알아차렸다.

- 간단한 질문들을 빠르고 쉽게 대답하기
- 질문들이나 문제들을 즉각 해결하기
- 마치 대화하는 것처럼 메시지를 빠르게 전달하기
- 동시에 여러 사람과 인스턴트 메시징을 이용한 회의하기
- 장거리 전화요금을 제거하기
- 직원 중 누가 컴퓨터를 사용하고 있는지 즉각 파악하기

팟캐스팅

팟캐스팅podcasting은 오디오 방송을 디지털 음악 재생기로 변환시킨다. 팟캐스팅은 마케팅의 영향력과 소비자들의 충성심을 높일 수 있다. 회사들은 팟캐스팅을 마케팅 소통의 장으로 이용하는데 회사 전략에서부터 자세한 제품 개요까지 모든 것에 대해 토의하는데 활용할 수 있다. 간부층들은 주별 혹은 월별로 중요한 사안들, 새 기술, 혹은 마케팅 발전들에 대한 전문가 의견을 팟캐스팅으로 나눌 수 있다.

화상 회의

화상 회의는 화상과 음성을 쌍방향으로 전달하여 서로 다른 두 장소 이상에 있는 사람들끼리 문서, 자료, 컴퓨터 디스플레이, 화이트보드를 공유할 수 있게 해 준다. 양자 간 화상 회의는 두 사람을 연결하고 다자간 회의는 다수의 장소에 있는 세 명 이상의 사람들을 연결한다.

화상 회의는 사용자들로 하여금 사무실을 떠나지 않고도 회의에 참석할 수 있게 하기 때문에 생산성을 높일 수 있다. 또한 참석자들이 전화나 이메일로는 확인할 수 없는, 대화의 매우 중요한 요소인 상대방의 얼굴 표정과 몸짓을 볼 수 있게 해주는 덕분에, 화상 회의는 의사소통과 관계를 개선시킨다. 이것은 또 기업이 부담해야 했던 과도한 여행비도 절감한다. 물론, 어떤 것도 대면하여 이루어지는 회의를 대체할 수는 없지만, 화상 회의는 실용적이고 저렴한 대안을 제공한다.

웹컨퍼런싱

웹컨퍼런싱Web conferencing/webinar은 화상 회의와 문서 공유를 결합해 사용자들이 지리적으로 떨어진 참여자들에게 발표를 전달할 수 있도록 해 준다. 참여자들이 사용하는 하드웨어나 소프트웨어와는 상관없이 모든 참여자들은 상대방의 화면에 무엇이 떠 있는지 볼 수 있다. 학교는 일루미네이트 라이브Illyminate Live 같은 웹 화상 회의 도구들을 사용해 학생들을 가르치고, 비즈니스에선 웹엑스WebEx와 같은 도구를 이용해 제품들을 설명한다. 웹 화상 회의는 실제 회의를 하는 것 같은 현장감은 떨어지지만 전문가들은 공항에 앉아 환승하길 기다리는 것보다 훨씬 더 많은 것을 책상 앞에 앉아 이룰 수 있다.

콘텐츠 관리 시스템

BC 4세기에 아리스토텔레스는 자연계를 체계적인 조직에 따라 분류했고, 고대 알렉산드리아의 도서관은 주제에 따라 책을 정리하여 비슷한 정보들 끼리 모아두었다고 한다. 오늘날 **콘텐츠 관리 시스템**CMS: content management systems은 기업이 그들의 웹사이트 콘텐츠의 창작, 저장, 편집, 출판을 관리하는 것을 도와준다. CMS는 사용자 친화적이다. 대부분의 CMS는 웹 기반 출간, 검색, 내비게이션 등의 정보를 정리하는 기능을 제공하며, 전문적 기술이 없는 사용자들이 웹사이트를 변경할 수 있게 해 준다.

검색은 키워드나 문장을 검색창에 입력하고 버튼이나 하이퍼링크를 누름으로써 이루어진다. 내비게이션은 한 웹페이지에서 다른 곳으로 이동하는 것을 활성화시킨다. 콘텐츠 관리 시스템은 사이트 방문자들이 그저 홈페이지를 보는 것 이상을 할 수 있도록 해준다. 만약 내비게이션 선택 사항들이 불분명하다면 방문자들은 홈페이지 첫(그리고 마지막) 방문 때 '뒤로' 버튼을 누를지도 모른다. 한 가지, 기억해야 할 가장 중요한 것은 사용자가 정보를 찾기 위해 한 번 클릭해야 할 때마다 그 사용자는 클릭 대신 그냥 웹사이트를 떠날 확률이 50%라는 것이다. 좋은 웹사이트 디자인의 핵심 원칙은 클릭해야 하는 횟수를 최소로 유지하는 것이다.

분류 체계taxonomy는 분류대상을 구조 혹은 기원의 유사성에 근거해 분류하는 과학적 분류법이다. 분류 체계는 또 웹사이트의 내용들을 주제에 따른 항목과 하위 항목으로 나누는 데 쓰인다. 예를 들어 승용차는 운송 수단의 하위 항목이다. 모든 승용차는 운송 수단이지만 모든 운송 수단이 승용차는 아니다. 어떤 운송 수단은 승합, 버스, 트럭일 수도 있다. 분류 체계는 '자식(좁고 더 상세한)' 개념들이 '부모(광범위하고 더 일반적인)' 개념 아래로 가도록 배열한다. **정보 아키텍처**information architecture는 주어진 문맥 안에 있는 모든 정보들을 어떻게 조직화할 것인가에 대한 아이디어들이다. 많은 기업들은 웹사이트의 분류 체계를 만들기 위해 정보 아키텍트architect을 고용한다. 잘 계획된 분류 체계는 검색과 내비게이션 과정을 쉽고 사용자 친화적으로 만들어 준다. 만약 분류 체계가 혼란스러울 경우 웹사이트는 곧 망할 것이다.

e-비즈니스의 과제

비록 e-비즈니스의 혜택들이 다양할지라도 e-비즈니스 시스템을 관리하는 것이 항상 쉬운 일은 아니다. 그림 3.14은 e-비즈니스의 해결해야 할 과제들을 보여준다.

한정된 세분 시장을 파악하기

e-비즈니스의 주 문제점은 제품이나 서비스의 한계로 인해 특정 부문에서는 성장이 더딜 수 있다는 것이다. 온라인 식품 부문은 판매량 면에서 많은 성장을 하지 못했는데, 왜냐하면 식품은 상하기 쉽고 소비자들은 필요할 때 슈퍼마켓에 나가 구매하는 것을 더 선호하기 때문이다. e-비즈니스의 매력이 미치지 못한 다른 부문들은 깨지기 쉬운 제품들이나 소모품적인 성격을 가지고 있는 제품 부문, 그리고 매우 민감하고 절대 보안이 필요한 정부 기관들이다.

고객 신뢰를 관리하기

e-비즈니스 거래에서 신뢰는 특별히 주목할 만하다. 구매자와 판매자 간의 물리적 단절, 구매자와 상품 간의 물리적 단절, 온라인에서 거래를 한다는 것의 위험 부담에 대해 소비자가 갖는 인식 등은 온라인에서 비즈니스를 하는 것에 독특한 과제들을 부여한다. 온라인 마케터들은 첫 판매를 성공시키고 소비자 충성심을 만들기 위해 신뢰받을만한 관계를 형성해야 한다. 온라인로 거래를 할 때 고객과 신뢰를 쌓을 수 있는 방법 중에는 고객과 직접 소통할 수 있는 접근성과 가능성을 열어 놓는 것이다. 고객의 웹사이트를 통한 그들

그림 3.14
e-비즈니스의 해결 과제들

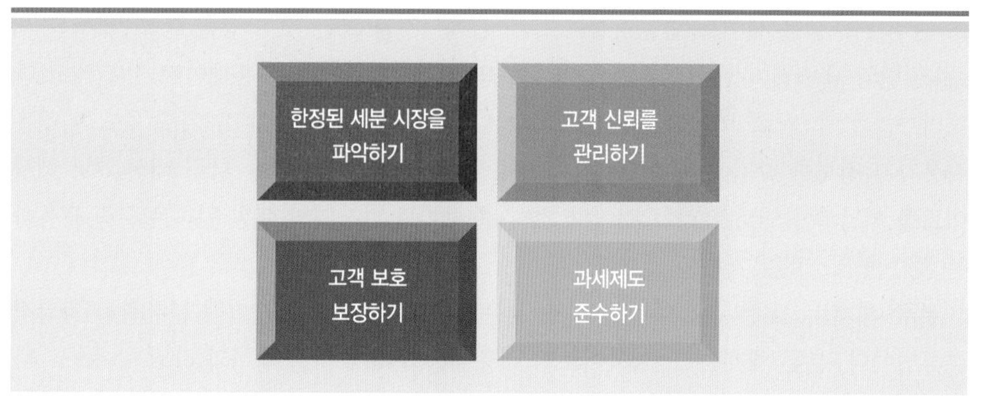

의 제품 경험담을 링크해 놓는 것이나 고객이 연락할 수 있는 연락처를 웹사이트에 잘 보이게 한다는 것 그리고 신용카드와 같은 정식적인 지불 방법을 채택하는 것이다.

고객 보호 보장하기

뛰어난 소비자 서비스를 경쟁 우위로 삼아 업계를 지배하고 싶은 조직은 소비자를 섬기는 데서 그칠 것이 아니라, 그들을 보호해야 한다. 그 대상은 원치 않는 상품과 통신들, 불법이나 유해한 상품들, 상품과 공급자에 대한 부정확한 정보들, 사생활 침해와 개인정보의 부적절한 사용, 온라인 사기 등이 있다. 그러나 시스템 보안이 e-비즈니스 웹사이트들을 융통성 없거나 이용하기 어렵게 만들어서는 안 된다.

과세제도 준수하기

미국의 많은 사람들은 과세 정책이 전통적인 소매 업체들, 우편 주문 회사들, 온라인 상점들이 동일한 선상에서 경쟁할 수 있도록 해 주어야 한다고 믿는다. 그러나 대부분의 인터넷 시장은 전통적인 판매세의 개념에서 자유로운데, 왜냐하면 전자상거래에 대한 법은 모호하게 정의되어 있고 또 주에 따라 다르기 때문이다. 현재로서는 온라인에서 운영되는 기업들은 소비자가 구매한 물건에 따라 어떤 소비자들이 과세 제도의 영향을 받고 어떤 소비자들은 받지 않는지에 대한 누더기 법들을 따라야 한다.

비즈니스 중심적 윤리와 보안

비윤리적 파괴

당신은 물건에 이름을 붙이는 것만으로도 먹고 살 수 있다는 것을 알고 있는가? 엘리 알트만은 6살이었을 때부터 물건에 이름을 붙여왔고 브랜딩 컨설턴트 회사인 어 헌드레드 멍키스A Hundred Monkeys를 위해 일하는 동안 400개가 넘는 기업과 브랜드의 이름을 만들었다. 알트만은 업계에 불어 닥친 낯선 트렌드를 발견했다. 플리커Flickr, 소셜라이저Socializr, 라우디Rowdii, 유구Yuuguu, 옥Oooooc과 같은 무의미한 이름들이 바로 그것이다. 왜 이런 이름들이 인기를 얻는 것일까?

이유는 바로 '도메인 점거domain squatting' 혹은 '사이버 점거', 즉 상표화된 이름의 도메인을 사들여 이익을 창출하려는 관행 때문이다. 예를 들어 만약 당신이 드링크란 이름을 가진 사업을 시작하고 싶다면, 도메인 점거자가 drink.com을 사 놓고 당신이 이것을 사기 위해 거액을 지불하기만을 기다리고 있을 가능성이 높다. 도메인 점거는 1999년 반 사이버 점거 소비자 보호법을[6] 통해 불법이 되었다.

당신은 도메인 점거가 불법이 된 것이 옳다고 생각하는가? 만약 당신이 사업을 시작하려 하는데 어떤 사람이 당신의 도메인을 점거하고 있다면 당신은 어떻게 하겠는가?

비즈니스 중심적 창업

내스티 갤 – 8살과 1억 달러의 가치

소피아 아모루소는 '내스티 갤'이라는 8년된 1억 달러의 가치가 있는 온라인 의류 소매 회사의 CEO이다. 내스틸 갤은 새롭고 빈티지 스타일의 옷, 액세서리 그리고 신발을 온라인을 통해 판매한다. 창립자 소피아 아모루소는 이베이eBay를 통해 빈티지 스타일의 의류 제품을 구입하고 디자인하고 사진을 찍고 자신에게 보내면서 사업을 시작했다. 다음은 그녀가 쓴 책, 《#GIRLBOSS》에서 인용한 말이다.

"난 결코 사업을 시작한 적이 없다. 난 이베이 가게를 시작했고 그로 인해 사업이 시작되었다. 이렇게 크게 될 줄 알았다면 시작하지 못했을 것이다. 난 22살이고 대부분의 22살과 다를 바가 없다. 난 집세를 내고 스타벅스에서 차를 마실 수 있는 방법을 찾고 있었다. 만약 누군가가 내스티 갤이 2014년에 어떤 모습이 될 것인지 미리 보여 주었다면, 난 너무 섬뜩해 하며 숨을 몰아쉬면서, '맙소사, 안돼, 일이 너무 많아서 할 수 없어'라고 생각했을 것이다.

세상에는 여러 종류의 사업가가 있다. 어떤 사업가는 사업가가 되기 위해 교육을 받고 선택하여 사업을 시작하고 어떤 사업가는 그것 밖에 할 것이 없어서 하게 된 사업가도 있다. 난 여지없이 두 번째 분류에 속한다."

인터넷은 사업을 하기에 아주 좋은 곳이다. 만약 소피아 아모루소가 전통적인 가게에서 사업을 시작했다면, 성공을 할 수 있었을까? 이베이를 통해 제품을 판매함으로써 소피아 아모루소가 얻은 이점을 나열하라. 만약 당신이 이베이를 통해 사업을 시작한다면 어떤 사업일까? 당신은 e-비지니스를 어떻게 이용하여 당신에게 득이 되게 할 것인가?

6) Anti-cybersquatting Consumer Protection Act

section 3.2 | 웹 2.0: 비즈니스 2.0

학습 성과

3.6 웹 2.0에 대해 설명하고 이것의 4가지 성격을 설명할 수 있다.
3.7 커뮤니티들이 네트워크를 형성하고 협업하는데 비즈니스 2.0이 어떻게 도움을 주는지 설명할 수 있다.
3.8 협업을 위한 비즈니스 2.0의 3가지 도구들에 대해 설명할 수 있다.
3.9 비즈니스 2.0과 관련된 3가지 문제점들을 설명할 수 있다.
3.10 웹 3.0과 차세대 온라인 비즈니스에 대해 설명할 수 있다.

웹 2.0: 비즈니스 2.0의 장점

1990년대 중반 주식 시장은 유래 없는 호황을 맞았다. 기업들이 e-비즈니스와 웹 1.0의 장점들을 받아들였고, 많은 기업들이 인터넷을 미래의 새 물결이라고 생각했기 때문이다. 그러나 온라인 비즈니스가 그들이 기대했던 수익에 미치지 못하자 거품은 터져버리고 말았다. 성급한 사람들은 e-비즈니스 붐은 끝났다고 믿었는데, 그러나 그것이야말로 완전히 잘못된 예측이었다.

웹 2.0(혹은 **비즈니스 2.0**)은 인터넷 이용의 차세대 방법(협업, 공유, 무료라는 새로운 가치로 특징지어지는 더 성숙하고 독특한 통신 플랫폼)이다. 비즈니스 2.0은 사용자 참여와 콘텐츠에 기여하는 커뮤니티들의 형성을 촉진한다. 비즈니스 2.0에서는 웹에 정보를 기재하기 위해서 기술적 능력이 더 이상 필요가 없는데, 이것은 온라인 비즈니스의 진입 장벽을 없앤다.

전통적인 기업들은 기술을 프로세스나 활동을 수행하기 위한 도구로 보았고, 직원들은 오피스를 걸어 다니거나 정수기 옆에서 서성이면서 정보를 얻었다. 비즈니스 2.0 기술들은 많은 신입 사원들에게 실제 물리적 환경처럼 사실적이고 중요한 가상 환경을 제공한다. 그림 3.15은 비즈니스 2.0의 주요 특징들을 보여주고 있다.

오픈 소싱을 통한 콘텐츠 공유

개방형 시스템open system은 기존의 시스템에 통합되어 운영될 수 있는 부가적인 하드웨어나 소프트웨어를 제3자가 만들 수 있도록 하는 공개적으로 알려진 표준을 따르는 비독점적nonproprietary 하드웨어나 소프트웨어를 말한다. 제3자third party로서의 판매자들이 창조하고 판매한 수천의 하드웨어 기기들과 소프트웨어들은 컴퓨터와 함께 원활히 작동하는데, 아이팟, 그림 그리기 소프트웨어, 마우스 등이 그 예이다.

소스 코드source code는 컴퓨터 소프트웨어를 이용해 할 수 있는 활동들에 대해 프로그래머가 작성한 명령instruction을 담고 있다. **오픈 소스**open source는 제3자가 아무런 제약 없이 소스 코드를 보고 공짜로 수정할 수 있도록 한 모든 소프트웨어를 말한다. 비즈니스 2.0은 오픈 소스 소프트웨어를 자본화하고 있다. 예를 들어 모질라Mozilla는 파이어폭스FireFox

그림 3.15

비즈니스 2.0의 특징들

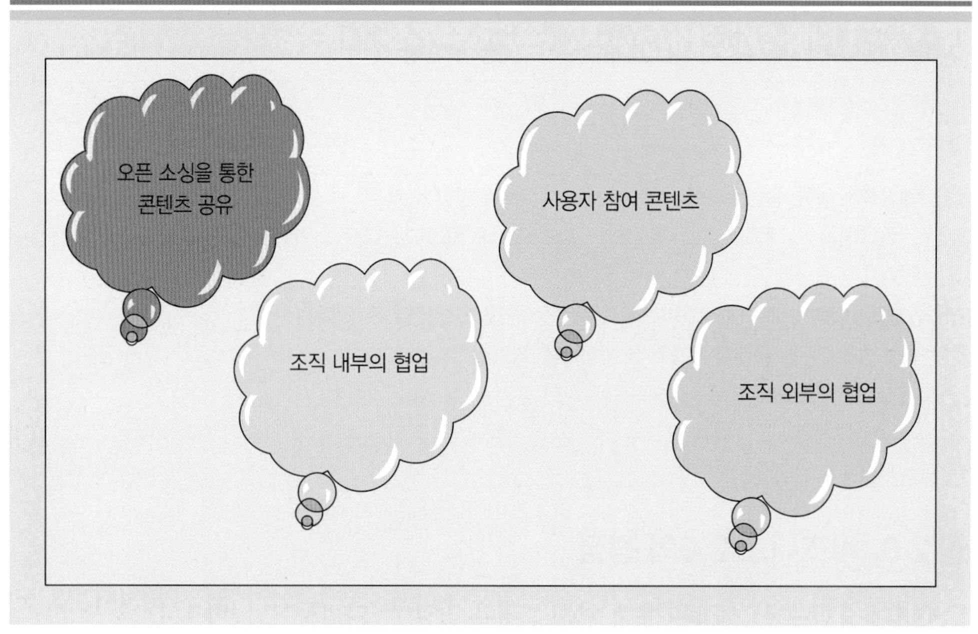

웹 브라우저와 선더버드Thunderbird 이메일 소프트웨어를 공짜로 제공해주고 있다. 모질라는 인터넷이란 모든 사람들에게 열려 있어야 하는 공공의 자원이라고 믿고 있다. 모질라는 전 세계의 헌신적인 수천 명의 지원자들을 결집시켜 공짜 제품들을 끊임없이 개발하고 있다. 모질라의 파이어폭스는 현재 전 세계 브라우저 마켓의 20%의 지분을 차지하고 있고 마이크로소프트의 인터넷 익스플로러를 위협하는 경쟁자로서 빠르게 성장하고 있다. 그렇다면, 오픈 소스 소프트웨어 회사들은 어떻게 수익을 올리는 것일까? 많은 사람들이 이 중요한 질문에 대한 답을 아직도 기다리고 있다.

사용자 참여 콘텐츠

e-비즈니스는 몇몇의 기업이나 사용자들이 다수의 대중을 위해 콘텐츠를 올리는 것이 특징이었다. 그러나 비즈니스 2.0은 다수의 대중이 다수를 위해 콘텐츠를 올리는 것이 특징이다. **사용자 참여 콘텐츠**user contributed/generated contents는 많은 사용자들이 다른 사용자들을 위해 만들고 업데이트한다. 예를 들어 플리커Flickr, 위키피디아Wikipedia, 유튜브YouTube 같은 웹사이트들은 온라인 미디어의 통제권을 지도자들로부터 사용자들에게로 이동시키고 있다. 넷플릭스와 아마존은 그들의 추천용 도구들을 활성화하기 위해 사용자 참여 콘텐츠들을 이용하고 있고, 옐프Yelp 같은 웹사이트들은 제품과 서비스에 대한 의견을 표현하기 위해 사용자 평가들을 이용한다. 회사들은 마케팅에서 제품 개발, 품질 보증에까지 걸친 모든 분야에서 사용자 참여 콘텐츠의 도움을 수용하고 있다.

자연 광고native advertising는 사용자의 경험을 다양한 형태로 제공함으로써 광고주가 주의를 끄는 일종의 온라인 마케팅 개념이다. 사용자 참여 콘텐츠의 가장 인기 있는 형태는 **평판 시스템**reputation system인데 이것은 구매자들이 판매자들에 대해 피드백을 올리는 것이다. 이베이의 구매자들은 자발적으로 서비스의 질, 거래한 물품에 대한 만족도, 배송의 신속성 등에 대한 의견을 올린다. 판매자는 구매자의 신속한 물품 대금 지불여부나 구매자가 남긴 말에 대해 언급을 한다. 아마존에서 동네 음식점에 이르는 회사들은 평판 시스템을 이용해 품질을 개선하고 소비자 만족도를 키우기 위해 노력한다.

조직 내부의 협업

협업 시스템collaboration system은 정보의 공유와 흐름을 활성화시켜 팀이나 그룹의 일을 지원하는 일련의 도구들이다. 비즈니스 2.0의 협업적 마음가짐은 더 넓은 범위의 고객들로부터 더 많은 정보를 더 빠르게 생성할 수 있도록 한다. **집단 지능**collective intelligence은 협력해서 모든 직원들, 제휴 회사들, 소비자의 핵심 지식을 이용하는 것이다. 지식은 조직을 위한 훌륭한 경쟁 우위를 만들어 낼 수 있다. 조직 안에서 볼 수 있는 집단 지성의 가장 흔한 형태는 **지식 관리**KM: knowledge management인데 이것은 효율적인 의사 결정과 활동을 위한 내용을 제공할 수 있는 형태로 지식 자원을 분류하고, 평가하고, 검색하고, 공유하는 것이다. KM의 주목표는 회사가 가지고 있는 사실, 정보, 솔루션 등의 지식이 필요할 때 모든 직원이 필요한 지식을 얻을 수 있도록 하는 것이다. **지식 관리 시스템**KMS: knowledge management system은 조직 전체에 걸쳐 지식(즉, 노하우)을 포착하고 조직하고 유포하는 것을 지원한다. KM은 사람들을 연결하고 그들의 전문 지식을 디지털화해 모음으로써 조직의 지식베이스knowledge base를 배포할 수 있다.

지식 노동자knowledge worker의 좋은 예는 바로 골프 캐디이다. 골프 캐디들은 "비가 오니 한 클럽 더 길게 잡으세요."와 같은 조언을 해준다. 만약 캐디가 훌륭하고 적절한 조언을 해 준다면 큰 팁을 받을 것이다. 다른 골프 캐디들과 협업을 하는 것은 모두에게 더욱 큰 팁을 가져다 줄 수 있다. KM은 어떻게 이것을 가능하게 할 수 있을까? 캐디들이 지식을 공유할 경우 상을 주는 등의 방법으로 코스에 대한 지식을 나누는 것에 대한 보상을 주는 방법이 있다. 코스 관리자가 모든 팁들을 모아 코스의 정보를 담은 책을 만들어 모든 캐디들에게 배포할 수도 있다. KMS의 목표는 모두가 이기는 것이다. 이 예에서 캐디들은 더 많은 팁을 받고 골퍼들은 캐디들의 협업에 의한 경험의 도움으로 골프 실력을 향상할 수 있으며, 골프장 주인은 비즈니스 성장으로 보상받는다.

지난 몇 년간 수백만의 베이비 붐 세대가 은퇴를 준비하기 시작하면서 KM은 미국 비즈니스계에 더욱 시급한 과제가 되었다. 그들이 은퇴하게 되면 그들이 오랜 경력을 통해 직업, 기업, 산업에 대해 쌓아 왔던 지식이 그들과 함께 사라질 것이다–회사가 그들의 지식을 보존하려는 노력을 하지 않는다면 말이다.

형식지 및 암묵지 모든 정보가 가치 있는 것은 아니다. 각 개인은 어떤 정보가 지적 자산으로서의 가치가 있는지 파악해야 한다. 보통 지적 자산으로서의 가치가 있는 정보들은 형식지 및 암묵지의 두 가지로 나뉠 수 있다. 일반적으로 **형식지**explicit knowledge는 (주로 IT의 도움을 받아) 문서화 할 수 있고, 보존 가능하고, 성문화 할 수 있는 것들로 이루어진다. 형식지의 예는 특허권, 상표, 사업 계획, 시장 조사, 고객 목록 등이다. **암묵지**tacit knowledge는 사람들의 머릿속에 있는 지식이다. 암묵지를 전승하는 것의 가장 큰 문제점은 어떻게 사람들 머릿속에 있는 지식을 인식하고, 생성하고, 공유하고, 관리하는가 하는 것이다. 이메일, 인스턴트 메시징과 관련 기술들이 암묵지를 퍼트리는 것을 용이하게 도와주고는 있지만, 애초에 암묵지를 파악하는 것이 우선적인 문제이다.

조직 외부의 협업

조직 외부에서 발견할 수 있는 가장 흔한 형태의 집단지능collective intelligence은 **크라우드소싱**crowdsourcing인데, 이것은 집단의 지혜를 뜻한다. 집단지능이 집단을 이루는 각 개인의 지성보다 강하다는 것은 꽤 오랫동안 존재했던 인식이다(그림 3.16). 비즈니스 2.0의 등장으로 집단지능의 힘을 효율적으로 쓸 수 있는 방법들이 등장하고 있다. 오랜 시간 동안 조직들은 좋은 아이디어들이 상사들에게서 나온다고 생각했다. CEO들은 오직 영업과 마케팅 부서의 장들하고만 협업했다. 조직의 구성도가 누가 누구와 일할 것인지, 그리고 지휘 사슬 어디까지 아이디어나 제안들이 전달될 것인지를 지배했다. 그러나 이제 비즈니스 2.0과 함께 이러한 믿음은 변하고 있다. 회사들은 어떤 문제나 과제에 대해 더 훌륭하고 저렴한 해답을 얻기 위해 더 많은 사람들과 문제를 공유하는 크라우드소싱을 활용하고 있다.

크라우드펀팅crowdfunding은 보통 인터넷을 통해 많은 개인으로부터 소액을 지원 받아 한 프로젝트를 위해 재원을 마련하는 것을 말한다. 비즈니스 2.0으로 사람들은 서로 지속적으로 연결될 수 있는데 이것은 협업을 가능하게 하는 원동력이다. 전통적인 e-비즈니스 통신들은 **비동기통신**asynchronous communications을 사용하는 일대일 대화와 일방통행 기술들을 이용하거나, 이메일처럼 내용을 보내는 것과 답장이 동시에 이뤄지지 않는 방법들을 사용할 수밖에 없었다. 비즈니스 2.0은 **동기통신**synchronous communication을 가능하게 했는데, 이것은 인스턴트 메시징이나 채팅처럼 동시에 일어나는 통신을 말한다. 대학생 아무나 붙잡고 언제 마지막으로 부모님과 대화를 나누었는지 물어보라. 많은 경우가 한 시간 이내라는 답일 것이다. 이것은 며칠 전이라는 대답이 대부분이었던 과거와는 다른 모습이다. 지금과 같은 협업적 세상에서는, 지속적인 연결은 비즈니스에서도 필수적이다.

비즈니스 2.0과 네트워킹 커뮤니티들

소셜 미디어social media란 페이스북, 유튜브, 딕Digg과 같은 사용자 참여와 사용자 참여 콘텐츠에 의존하는 웹사이트들을 말한다. **소셜 네트워크**social network는 상응되는 프로필 정보에 따라 사용자들을 연결해주는 애플리케이션을 말한다. 개개인에게 네트워크 능력을 제공해 줄 수 있는 것이 비즈니스 2.0의 가장 큰 장점이다. **소셜 네트워킹**social networking이란 당신의 비즈니스/혹은 소셜 관계망을 확장시키는 방법으로 개인 네트워크를 생성하는 것이다(그림 3.17). 소셜 네트워킹 사이트들은 두 가지 기본적인 기능을 제공한다. 첫 번째는 주어진 환경 안에서 온라인 신분으로 작용하는 프로필을 만들고 유지할 수 있는 능력이다. 두 번째는 네트워크 내의 다른 사람들과 연결할 수 있는 능력이다. **소셜 네트워킹 분석**SNA: social networking analysis 지도는 누가 누구를 알고 있고 누구와 같이 일하는지를 파악해 그 접촉을(사적인 것과 공적인 것) 그룹으로 묶는다. 기업에서 이것은 직원들이 어떻게 협업하는지에 대해 알려줄 수 있다. 또한 이것은 특정한 지식(예를 들어 복잡한 프로그래밍 문제점에 대한 해결 혹은 새로운 제품을 출시하는 것)에 있어서 누가 주

그림 3.16

크라우드소싱: 집단은 개인보다 현명하다.

요 전문가인가를 파악할 수 있게 해 준다.

비즈니스 2.0은 정보에 접근하는 과정을 단순화하고 정보를 공유하는 능력을 개선한다. 전문가들을 만나기 위한 컨퍼런스에 백만 원의 비용과 이틀의 시간을 쓰는 대신 기업인들은 이제 링크드인LinkedIn과 같은 소셜 네트워크를 통해 필요한 전문가들과 접촉하고, 모집하는 등의 활동을 할 수 있다. 포춘지가 뽑은 500개의 회사의 간부들이 멤버가 된 후로 링크드인은 더욱 유용한 인력모집 웹 도구가 되었다.

소셜 그래프스 Social graphs 네트워킹 사이트들을 통한 관계의 상호연결성을 보여준다. 소셜 네트워킹 사이트는 고용주들에게 특히 유용한다. 왜냐면 고용자들이 필요로 하는 특

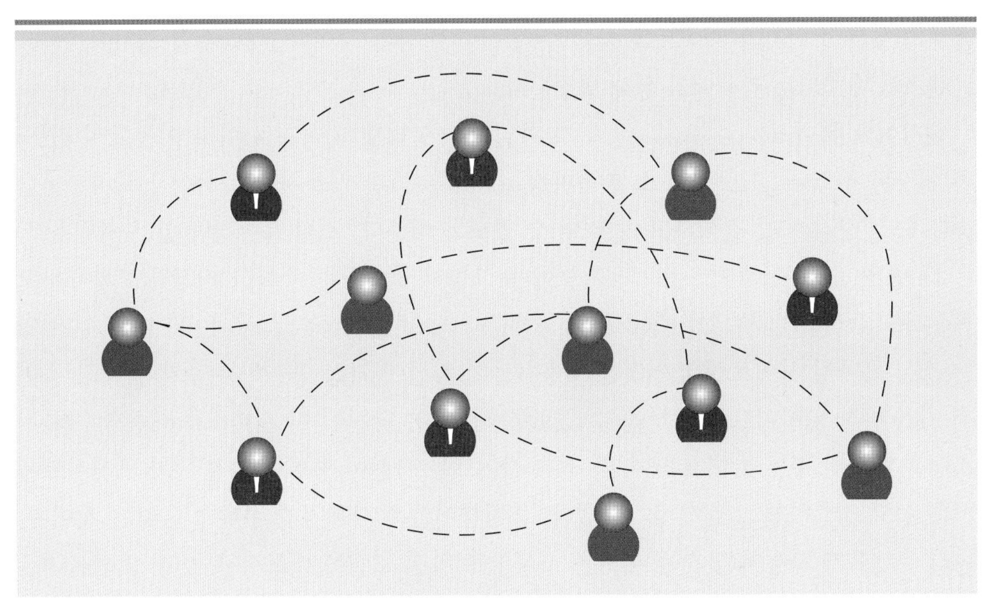

그림 3.17

소셜 네트워크의 예

이한 기술을 가지고 있거나 특정 분야에 대해 매우 전문화된 기술을 가진 전문가들을 무작위의 큰 커뮤니티에서 쉽게 찾을 수 없지만 소셜 네트워킹 사이트를 통해서는 보다 쉽게 그런 전문가들을 찾을 수 있기 때문이다. 또한 많은 고용주들은 잠재적 직원들의 흠결과 개인 정보를 찾기 위해 소셜 네트워킹 사이트들을 검색한다. 당신이 인터넷에 올린 것들은 인터넷에 영원히 떠돈다는 것을 언제나 기억하라.

소셜 태깅

태그tags란 분류 혹은 분류 체계를 위해 웹사이트의 콘텐츠에 관련된 특정 키워드 혹은 문구를 말한다. 한 아이템은 그것과 관련된 하나 혹은 그 이상의 태그를 가질 수 있고 여러 아이템들을 돌아볼 수 있는 링크를 만들기 위해 태그를 쉽게 바꿀 수 있다(그림 3.18). **소셜 태깅**social tagging은 온라인 콘텐츠가 미래에 항행되고navigated, 걸러지고, 검색될 경우를 위하여 콘텐츠들을 일련의 키워드 혹은 태그로 분류하는 협업 활동을 말한다. 플리커Flickr는 사용자가 직접 사진을 올리며 적절한 키워드로 태그를 달 수 있도록 해 준다. 많은 사람들이 이와 같은 작업을 할 경우, 결과적으로 많은 태그들이 모여 이미지들을 정확하게 파악할 수 있게 해 줄 것이다. **해시태그**hashtag는 주제를 파악하기 위해 사용되는 키워드나 단문이고 해시나 우물정(#)자가 앞에 온다. 예를 들면 #sandiegofire는 산디에고에 불이 났을 때 비상사태에 대해 대처하는데 도움을 주었다.

폭소노미folksonomy는 크라우드소싱으로 태그나 키워드에 기반한 분류 시스템을 결정한다는 것을 제외하면 분류 체계와 비슷하다. 콘텐츠들을 분류하기 위해 커뮤니티 집단의 힘을 이용하는 것은 콘텐츠 분류 비용을 확연히 줄일 수 있는데 왜냐하면 분류를 하기 위해 배워야 하는 복잡한 명명법이나 분류법이 없기 때문이다. 사용자들은 그저 그들이 원하는 대로 태그들을 만들고 적용할 수 있다. 예를 들어 휴대폰 제조자들은 주로 그들의 제품을 모바일 장비라고 부르는데, 폭소노미는 이동전화, 무선 전화, 스마트폰, 아이폰, 블랙베리 등등을 포함할 수 있다. 이 모든 키워드들로 검색할 경우 이 키워드들은 사용자를 같은 사이트로 링크할 것이다. 폭소노미는 사람들이 특정 물건을 실생활에서 뭐라고 부르는지 알려준다(그림 3.19). 이는 웹의 핵심적 논점인데, 왜냐하면 웹사이트의 존재 이유는 소비자가 사이트를 찾을 수 있어야 한다는 것이다. 대다수의 웹사이트들은 콘텐츠와 매치되는 검색어를 통해 발견된다.

웹사이트 북마크website bookmark란 특정 파일이나 인터넷 페이지로 바로 이동할 수 있도록 저장된 주소나 URL이다. **소셜 북마킹**social bookmarking은 사용자들로 하여금 북마크들을 공유하고, 정리하고, 검색하고, 관리할 수 있도록 해준다. 소셜 북마킹에 많은 지원을 하는 Del.icio.us란 웹사이트는 사용자들에게 그들이 좋아하는 것들을 저장하고 분류하고 공유하고 주석을 달 수 있는 장소를 제공해준다. 스텀블어폰StumbleUpon은 또 다른 인기 있는 소셜 북마킹 사이트인데 이것은 사용자들이 자신이 가장 좋아하는 주제에 따라 흥미를 가질 만한 웹사이트들을 찾을 수 있도록 해 준다. 당신이 이 서비스를 이용할수록 시스템은 당신의 흥미에 대해 '배우게' 되고 사이트는 당신이 흥미를 가질 만한 웹사이트를 더욱 쉽고 정확하게 소개해 줄 수 있다. 스텀블어폰은 사용자가 콘텐츠를 찾는 것이 아니라 콘텐츠가 사용자를 찾는 새로운 소셜 네트워킹 모델을 대표하고 있다. 스텀블어폰

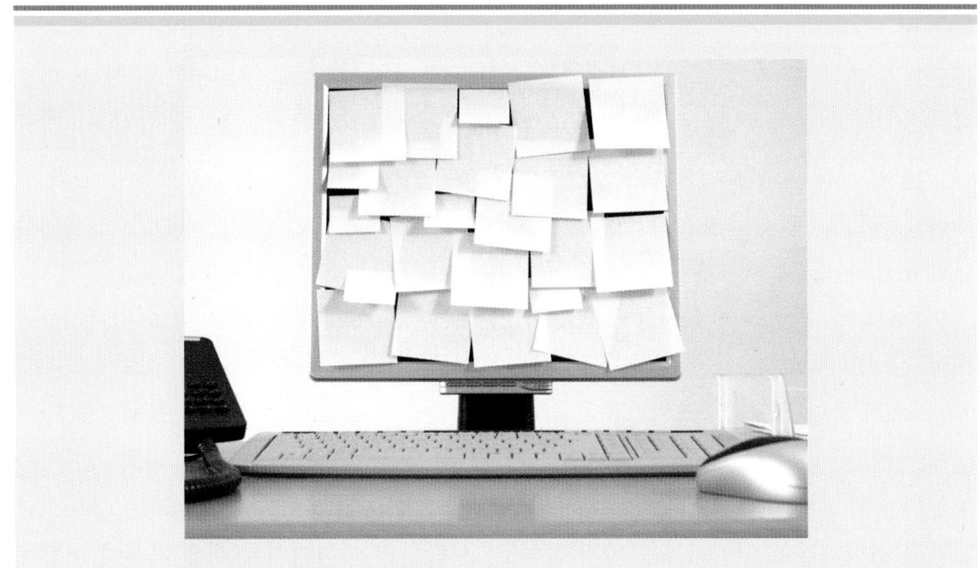

그림 3.18

소셜 태깅은 다수의 개인들이 콘텐츠를 분류할 때 발생한다.

그림 3.19

폭소노미의 예: 사용자에 의해 붙여진 휴대전화의 다양한 이름들

은 사용자와 그들이 좋아하는 콘텐츠에 대한 모든 것을 제공한다.

협업을 위한 비즈니스 2.0 도구들

소셜 네트워킹과 협업은 비즈니스를 새로운 방향으로 이끌고 있다. 그림 3.20는 사용자들로 하여금 아이디어들을 공유하고, 문제점들에 대해 토의하고, 해결책을 위해 협력할 수 있도록, '사람들의 힘'을 발휘하는 데에 도움을 주는 도구들에 대한 개략적인 설명을 하고 있다.

블로그

블로그blog 혹은 **웹 로그**Web log는 사용자들이 그들의 의견, 이미지, 동영상을 올릴 수 있도록 해 주는 온라인 저널이다. 전통적인 HTML 웹페이지와는 달리 블로그 웹사이트들은 그 어떠한 프로그래밍도 필요 없는 인터페이스를 제공해 글쓴이들이 독자들과 쉽고 자유롭게 소통할 수 있도록 해 준다. **셀피**selfie는 소셜 미디어 웹사이트에 있는 자기 자신을 말한다.

비즈니스의 관점에서 블로그는 동영상, 인쇄물, 음성, 발표 자료와 다를 바 없는 마케팅 창구가 되는데, 그들은 모두 다양한 결과를 가져다준다. 썬 마이크로시스템Sun Microsystem의 조나단 슈바르츠와 GM의 밥 러츠를 떠올려보라. 그들은 모두 블로그를 마케팅에, 아이디어를 나누는 데, 피드백을 모으는 데, 언론에 반응하는 데, 그리고 이미지를 형성하는 데 사용한다. 스타벅스는 마이 스타벅스 아이디어My Starbucks Idea라는 블로그를 개발해 소비자들이 아이디어를 나누게 하고, 사람들의 아이디어에 대해 자신이 어떻게 생각을 하는지 말할 수 있으며, 토론에 참여할 수 있게 했다. 블로그는 많은 기업에게 이상적인 구조mechanism를 가지고 있다. 왜냐하면 그들은 전통적인 매체들과 달리 주제에 더 집중할 수 있기 때문이다. 게다가 이들은 지면의 크기에도, 글자 수에도, 출판 일에도 제한이 없다.

마이크로블로그Microblogs **마이크로블로깅**microblogging은 개인 블로그로 짧은 포스트(140에서 200문자)를 공개적으로 혹은 특정 그룹만 볼 수 있도록 보내, 구독자들이 인스턴트 메시징 혹은 문자로 읽을 수 있도록 하는 것이다. 마이크로블로깅의 가장 큰 장점은 포스트가 인스턴트 메시징, 이메일, 웹 등 다양한 방법으로 등록될 수 있다는 것이다. 아직까지 가장 인기 있는 마이크로블로깅 도구는 트위터인데, 이것은 자신을 '팔로우follow'한다고 등록되어 있는 모든 사람들에게 트윗이라고 불리는 짧은 글을 보낼 수 있도록 해준다. 마이크로블로깅은 7장에서 자세히 다룬다.

그림 3.20

비즈니스 2.0을 위한 통신과 협업 도구들

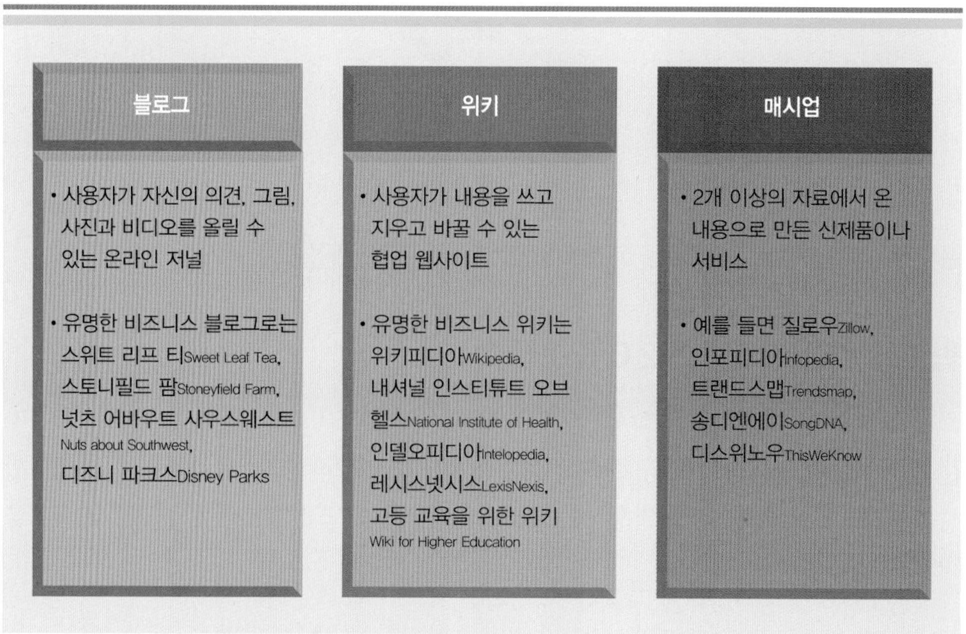

블로그	위키	매시업
• 사용자가 자신의 의견, 그림, 사진과 비디오를 올릴 수 있는 온라인 저널 • 유명한 비즈니스 블로그로는 스위트 리프 티Sweet Leaf Tea, 스토니필드 팜Stoneyfield Farm, 넛츠 어바우트 사우스웨스트Nuts about Southwest, 디즈니 파크스Disney Parks	• 사용자가 내용을 쓰고 지우고 바꿀 수 있는 협업 웹사이트 • 유명한 비즈니스 위키는 위키피디아Wikipedia, 내셔널 인스티튜트 오브 헬스National Institute of Health, 인텔오피디아Intelopedia, 레시스넷시스LexisNexis, 고등 교육을 위한 위키Wiki for Higher Education	• 2개 이상의 자료에서 온 내용으로 만든 신제품이나 서비스 • 예를 들면 질로우Zillow, 인포피디아Infopedia, 트랜드스맵Trendsmap, 송디엔에이SongDNA, 디스위노우ThisWeKnow

RSS RSS는[7] 블로그, 뉴스 헤드라인, 음성, 동영상과 같이 자주 업데이트 되는 것들을 정형화 된 형식으로 기재하는데 쓰이는 웹 포맷이다. RSS 문서 혹은 피드feed는 원본 또는 요약된 텍스트와 함께 기재 날짜와 저작권 같은 정보들도 포함한다. 뉴스 웹사이트, 블로그, 팟캐스트는 RSS를 사용하고, 소비자들에게 끊임없이 뉴스를 제공해 그들이 따로 검색할 필요가 없도록 해 준다. 신디케이션syndication을 활성화하는 것 외에 RSS는 웹사이트의 정기 독자가 사이트의 업데이트 정보들을 알 수 있도록 해준다.

위키

위키wiki는[8] 사용자들이 더하고, 제거하고, 내용을 바꿀 수 있어 필요에 따라 쉽게 조직되고 재조직 될 수 있도록 하는 협업적 웹페이지의 유형이다. 블로그가 개인 작가들의 창의적이고 개인적인 목표들을 끌어 모았다면, 위키는 모든 사람들의 개방적 협업open collaboration에 근거하고 있다. 2001년 출범된 개방형 백과사전인 위키피디아는 가장 인기 있는 웹사이트 10위 안에 들었고 한 달에 217,000,000명의 방문자들이 찾는다.

위키에 기재된 글들은 사용자가 원문 내용을 바꿀 수 있는 반면, 블로그 방문자들이 원문에 정보를 덧붙일 수 있는 방법은 댓글뿐이다. 위키피디아 같은 거대한 위키들은 정보의 질과 정확성을 보호하기 위해 사용자들의 역할을 독자, 편집자, 감독자, 정책 결정자, 관련 내용 전문가, 내용 유지자, 소프트웨어 개발자, 시스템 운영자 등으로 나눈다. 위키피디아의 내용 중 중요하거나 민감한 사항들은 이러한 자격을 가지고 있는 사용자들만 접근할 수 있다.

네트워크 효과network effect는 사용자들이 늘어남에 따라 어떻게 사용자들에게 네트워크 산물의 가치가 증가되는지 설명한다. 위키의 사용자들과 콘텐츠 관리자들이 늘어날수록 네트워크 효과는 커지는데, 더 많은 사용자들은 더 많은 기여자들을 끌어들이고, 기여자들의 결과물들이 다시 더 많은 사용자들을 끌어들이는 것이 이어지기 때문이다. 예를 들어 위키피디아는 기여자들이 늘어날수록 사용자들에게 더욱 가치 있는 존재가 된다.

기업 내부의 위키는 전 조직에 걸쳐 지리적 한계를 뛰어 넘어 기능별 비즈니스 영역들 간에 지식들을 분배할 수 있는 필수적 도구가 될 수 있다. 예를 들어 미국의 직원들이 'sales'라고 부르는 것을 영국에선 'an order booked', 독일에선 'order scheduled', 프랑스에선 'order produced'라고 불릴 수 있다. 기업의 위키는 비즈니스 프로세스 혹은 정의에 대한 모든 질문에 대해 답을 해 줄 수 있다. 또한 회사들은 위키를 문서저장, 리포팅, 프로젝트 관리, 온라인 사전, 토의 모임 등으로 사용하고 있다. 물론 직원들이 기업의 위키를 이용할수록, 회사에 기여하는 네트워크 효과와 가치가 커진다.

매시업

매시업mashup이란 완전히 새로운 제품이나 서비스를 창조해내기 위해 하나의 소스 이상에서 얻은 콘텐츠를 쓰는 웹사이트 혹은 웹 애플리케이션을 말한다. 이 개념은 특히 음

7) Real Simple Syndication
8) 하와이어로 '빠른'을 뜻한다.

악 분야에서 쓰인다. 라디오헤드Radiohead의 노래에 제이지Jay-Z의 가사를 넣은 것은 오래된 것을 새로운 것으로 만든다. 매시업의 웹 버전은 사용자들로 하여금 지도, 동영상, 기사, 블로그 글 등을 섞어 새로운 용도를 가진 콘텐츠를 만들어 낼 수 있게 해준다. 매시업에 쓰이는 콘텐츠들은 API에서[9] 얻는데, 이것은 소프트웨어 애플리케이션을 만들기 위한 일련의 루틴routine, 프로토콜, 도구들이다. 프로그래머들은 이 조각들을 맞추게 되는 것이다.

마이크로소프트 윈도우즈와 같은 대부분의 운영 환경은 프로그래머들이 그들과 일치하는 애플리케이션을 만들 수 있도록 API를 제공한다. 매시업을 실험하고 있는 많은 사람들은 마이크로소프트, 구글, 이베이, 아마존, 플리커, 야후 API를 이용하고 있고, 이것은 매시업 편집기들을 만들어냈다. **매시업 편집기**mashup editor들은 WYSIWYG 도구이다.[10] 이들은 매시업을 만들기 위한 시각적 인터페이스를 제공하는데, 보통 사용자들이 웹 애플리케이션으로 데이터 포인트들을 끌어 쓸 수 있도록 해 준다. 인터넷 잡지인 ezine은 컴퓨터 네트워크 상에서 전자적 형태로만 발간되는 잡지이다. 플립보드는 다양한 기기들을 위한 잡지형식의 애플리케이션으로서 소셜 네트워크 결정체이며, 소셜 매체와 다른 웹사이트로부터 콘텐츠를 수집하고 잡지 형식으로 보여주며 사용자들이 콘텐츠들을 휙휙 넘길 수 있도록 지원해준다.

기술이 바나나 파는 것을 도와 줄 수 있을 것이라고 누가 생각했겠는가? 돌 오가닉Dole Organic은 이제 구글 어스와 바나나 데이터베이스를 이용해 매시업을 만들고, 또 각 바나나마다 세 자리 수의 농장 코드를 단다. 사회와 환경에 대한 의식이 있는 구매자들은 돌의 웹사이트에 번호를 입력하면 그들이 구매한 바나나가 길러진 농장의 환경을 알 수 있다. 사이트에서는 농장과 그 주변 커뮤니티들에 대한 이야기를 해 주고, 유기농 인증과 농장의 사진들, 그리고 구글 어스에서 찍은 위성 이미지들을 제공해준다. 소비자들은 개인적으로 그들의 과일이 나무에서부터 슈퍼마켓까지 거치는 모든 과정을 감시할 수 있다.

비즈니스 2.0의 과제

비즈니스 2.0이 업계의 세계적 지형을 긍정적인 방향으로 바꾸어 놓았지만, 해결해야 할 과제들이 아직도 오픈 소스 소프트웨어, 사용자 참여 콘텐츠 시스템, 협업 시스템에 존재한다. 이 모든 것은 그림 3.21에 표시되어 있고 본문에서 하나씩 간단히 설명할 것이다.

기술 의존성

요즘은 상시 '연결되어' 있길 기대하는 사람들이 많다. 그들의 기술 의존성은 대학 수업을 위한 웹 화상 회의부터 친구와 저녁을 먹으러 가기 위한 계획까지 모든 것을 웹에 의존하게 만든다. 만약 웹과의 연결이 이루어지지 않는다면, 그들은 어떻게 할 것인가? 사람들이 이메일과 문자를 확인 못하고 판도라에서 공짜 음악이나 TV 쇼를 보지 못하는 생활을 얼마나 견딜 수 있을 것인가? 사회가 점점 더 기술 의존적으로 변할수록 정전은

9) application programming interface

10) What You See Is What You Get Tools

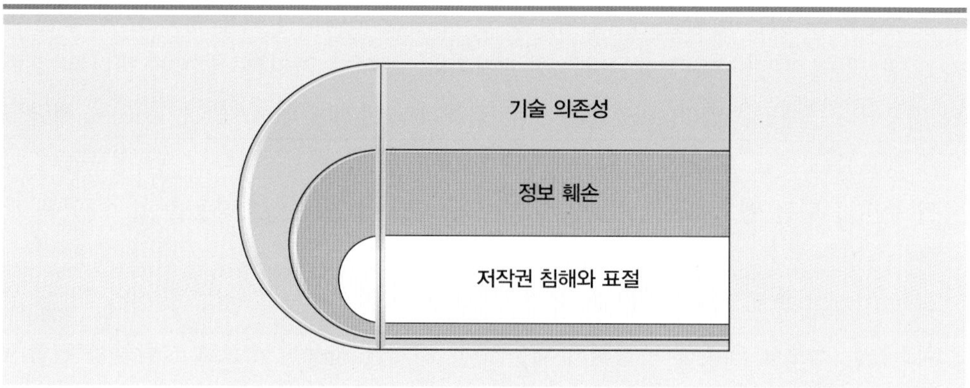

기술 의존성

정보 훼손

저작권 침해와 표절

그림 3.21

비즈니스 2.0의 과제

인간, 비즈니스, 교육 시설 등에 엄청난 혼란을 가져올 가능성은 그 어느 때보다 크다.

정보 훼손vandalism

오픈 소스와 공유는 비즈니스 2.0의 주 장점이지만, 역설적이게도 그것들은 또한 주 난관이기도 하다. 누구든지 편집할 수 있는 권한을 주는 것은 개인이 의도적으로 온라인 콘텐츠를 파괴하고 훼손할 수 있다는 것을 의미한다. 위키 반달리즘의 가장 유명한 예 중 하나는, 1960년대 초에 법무장관이었던 로버트 케네디의 조수였던 존 세이겐탈러 시니어가 로버트 케네디와 그의 형 존 케네디 대통령의 암살에 관련되었다는 것이었다. 그러나 그는 암살에 절대로 관여하지 않았다. 위키 반달리즘은 매우 큰 논란이 되고 있고 따라서 현재 위키 소프트웨어는 모든 버전의 웹페이지를 저장해 업데이트와 변경들을 추적해 만약 사이트가 훼손되었다면 원본의 모습으로 복구할 수 있다. 또한 위키 소프트웨어는 배경을 색깔 코드화 하여 사용자들이 어떤 부분이 훼손되었고 어떤 부분은 괜찮은지를 알 수 있게 할 수도 있다. 위키 소프트웨어의 진짜 과제는 어떤 자료가 참이고 거짓인지를 판단하는 것인데 위키 소프트웨어가 얼마나 자주 업데이트되고 바뀌는지를 생각해보면 이것은 정말 큰 난관이 아닐 수 없다.

저작권 침해와 표절

온라인 협업은 표절을 마우스 클릭하는 것만큼 쉽게 만든다. 불행하게도 저작권이 설정된 많은 자료들이 블로그나 위키에 올려져도 죄를 물을 수 있는 사람을 찾을 수 없는 경우가 대부분이다. 정확히 명시된 저작권과 표절에 대한 정책은 모든 위키와 블로그에 필수적이다. 이 주제는 4장에서 자세하게 다룬다.

웹 3.0: 차세대 온라인 비즈니스 기회들

웹 1.0은 고정된 문자 기반 정보 웹사이트들이었고, 웹 2.0이 사용자 참여 콘텐츠와 관련되어 있었다면, 웹 3.0은 자연어 처리, 기계 기반 지식 습득과 논리적 사고를 사용하는 '지능적' 웹 애플리케이션에 기반을 둔다. 비즈니스 3.0의 기회들을 탐색하는 비즈니스 지도자들은 경쟁 우위를 갖게 될 것이다.

웹 3.0은 컴퓨터가 주어진 주제와 개념들 간의 연관성을 이해할 수 있도록 사람이 정보를 설명할 수 있는 방법을 제공한다. 웹 3.0의 힘을 보여주기 위해 예로 들 수 있는 몇 가지 관계들을 보면, '아담 샌들러는 개그맨이다, 레이디 가가는 가수다, 한나는 소피의 친구이다'를 들 수 있다. 이것들은 모두 컴퓨터가 관계에 대해 배우는 동시에 사람들에게 정보를 보여줄 수 있도록 웹페이지에 더해질 수 있는 것들이다. 이런 정보들이 사용될 준비가 되면 웹 3.0으로 사람들은 기계와 훨씬 더 많은 상호작용을 할 수 있을 것이다.

이런 진보된 관계 지식을 회사에 적용한다면 새로운 기회들을 만들 수 있다. 결국 비즈니스들은 정보에 의존해 운영되기 때문이다. 기계를 사용한 정보로 사람들을 결합시키는 것이 웹 2.0이라면, 웹 3.0은 정보를 이용해 기계들끼리 더욱 가깝게 만든다. 이런 새로운 관계들은 사람, 기계, 정보를 연합해 비즈니스가 더욱 똑똑하고, 빠르고, 민첩하고, 성공적일 수 있도록 한다.

웹 3.0의 한 가지 목표는 온라인 검색과 요청들을 각 사용자들의 선호와 필요에 따라 맞춰 재단하는 것이다. 예를 들어 여러 가지 검색을 하는 대신 사용자는 웹 3.0의 브라우저에 '나는 코믹 영화를 보고 난 후 훌륭한 멕시코 음식 식당에서 밥을 먹고 싶다. 내 선택권은 어떤 것들이 있는가?'라는 복잡한 문장을 입력할 수 있다. 웹 3.0 브라우저는 이 요청을 분석하고 웹에서 모든 가능한 답변을 검색 한 후, 결과를 정리해 사용자에게 제공할 수 있다.

인터넷의 창시자 중 하나인 팀 버너스리Tim Berners-Lee는 **시맨틱 웹**semantic web을 웹 3.0의 요소로 보았는데 이것은 컴퓨터가 이해할 수 있는 방법으로 사물을 설명하는 것이다. 시맨틱 웹은 웹 페이지 간 링크를 말하는 것이 아닌 사물 간 관계(예를 들어 A는 B의 일부분이고 Y는 Z의 일원이다)와 특징(크기, 무게, 나이, 가격)을 말하는 것이다. 만약 음악, 자동차, 콘서트 입장권 등에 관한 정보가 이 정보들과 관련 파일들에 대해 설명하는 식으로 저장되어 있다면 시맨틱 웹 애플리케이션들은 많은 출처에서 정보를 찾아 모으고, 이것을 의미 있는 형태로 만들어 사용자에게 제공할 수 있다. 아직은 다양한 가능성이 남아 있지만, 다음과 같은 특징과 주제들은 웹 3.0에 포함될 것이 분명하다.

- **기존 기기들의 통합**: 아이폰, 노트북 등 현재의 기기들을 신용카드, 입장권, 예약 도구로 사용 할 수 있는 능력
- **지능적 애플리케이션**: 사용자들을 위한 지능적 작업들을 완수하기 위해 에이전트들, 기계 학습machine learning과 시맨틱 웹 주제들을 사용하는 것
- **개방적 ID**: 휴대폰이나 컴퓨터 등의 다양한 기기에 저장되고 사용될 수 있어 다양한 웹사이트에서 인증하는 것을 쉽게 만들 수 있는 온라인 신분증을 제공하는 것
- **개방적 기술**: 웹사이트와 다른 소프트웨어들이 쉽게 결합되어 작업할 수 있도록 디자인 하는 것
- **전 세계적 데이터베이스**: 전 세계 언제 어디서나 데이터베이스들에 접근 가능하고 분배 가능하도록 하는 것

	기업	소비자	정부
기업	B2B 코비신트 conisint.com	B2C 델 dell.com	B2G 록히드마틴 lockheedmartin.com
소비자	C2B 프라이스라인 priceline.com	C2C 이베이 ebay.com	C2G 이거브 egov.com
정부	G2B 엑스포트 export.gov	G2C 메디케어 medicare.gov	G2G 디재스터헬프 disasterhelp.gov

그림 3.22
확장된 e-비즈니스 모델

전자 정부: 정부가 온라인으로 옮기다

전자 정부는 최근 인터넷의 장점을 활용하여 가치를 생성하는 사업 모델과 관련이 있다. **전자 정부**e-government는 모든 정부 기관에서 대민 봉사 서비스의 품질을 높이고 서비스의 전달을 개선하기 위해 정부를 변혁하는 데 전략과 기술을 활용하는 것을 포함한다.

전자 정부 포털의 한 예인 FirstGov.gov는 미국 정부의 모든 정보에 대한 공식 관문으로 전자 정부 성장의 촉매 역할을 한다. 강력한 검색 엔진과 지속적으로 증가하는 주제 관련 링크와 수요자 중심적인 링크는 연방 정부로부터 지방 정부나 외국의 수백만 웹페이지에 연결된다. 그림 3.22는 구체적인 전자 정부 모델을 보여준다.

M-비즈니스: 모든 곳의 비즈니스를 지원하기

인터넷이 가능한 모바일 기기들이 빠른 속도로 개인 컴퓨터의 수를 능가하고 있다. **모바일 비즈니스**는[11] 상품과 서비스들을 무선 인터넷이 가능한 기기들을 통해 구매할 수 있는 능력이다. 모바일 비즈니스의 배후에 도래하고 있는 기술은 다음과 같은 서비스들을 제공할 수 있는 웹이 가능한 마이크로-브라우저이다.

- 모바일 오락 – 문자 기능 외에 음악, 동영상, 게임, 투표, 벨소리 등을 다운로드
- 모바일 영업/마케팅 – 광고, 캠페인, 할인, 프로모션, 쿠폰
- 모바일 뱅킹 – 회계, 청구서, 계좌 이체
- 모바일 발권 – 오락, 교통수단 등의 표 구매
- 모바일 지불 – 가게에서 직접 물품과 서비스를 구매하는 것 외에 집으로 배송된 물품, 자판기, 택시, 가스 등의 지불

11) mobile business, mbusiness 또는 mcommerce

조직들은 1900년대 초의 산업혁명 이후로 가장 폭 넓고 심도 깊은 변화에 직면하고 있다. 기술이 이런 변화를 주도하는 원동력이다. 생존하고 싶은 조직은 기술의 엄청난 위력을 인정하고 필요한 조직 변화를 실천해야 하며 완전히 새로운 방식으로 사업을 운영하는 방식을 배워야 한다.

비즈니스 중심적 세계화

비영리를 위한 협업-키바

키바Kiva의 미션은 가난을 완화하기 위해 돈을 빌려줌으로서 사람들을 연결하는 것이다. 키바는 소액 대출 온라인 비영리 조직으로, 전 세계의 개인이 직접 사업가들에게 돈을 빌려줄 수 있도록 해준다. 만약 당신이 키바에 참여하고 싶다면 그저 웹사이트 www.kiva.org에 가서 흥미있는 사업가를 고르고 돈을 빌려 준 다음, 6개월에서 12개월 동안 그들이 사업을 벌리고 빌린 돈을 갚기 위해 자금을 모으는 모습을 추적할 수 있다. 빌려 준 돈을 돌려받은 후 당신은 돈을 필요로 하는 다른 사람에게 또 도움을 줄 수 있다.

키바는 윤리와 정보 기술을 결합한 훌륭한 예이다. 키바가 전통적인 비영리 단체와 운영하는 방식이 다른 점은 무엇인가? 키바에 투자하는 것의 위험요소는 무엇인가? 당신이 키바에 투자할 경우 세 가지 주 위험요소는 다음과 같다. 기업가 위험 부담, 지역 현장 파트너 위험 부담, 그리고 국가 위험 부담이다. 키바에 기부할 경우 일어날 가능성 있는 비윤리적인 문제에 대한 위험 요소들에 대해 분석해보자.

비즈니스 중심적 창업

해시태그 사용하기

만약 여러분이 페이스북이나 트위터에서 #로 시작하는 단어를 본 적이 있다면 해시태그를 본 것이다. 해시태그hashtag는 주제를 파악하기 위해 사용되는 키워드나 단문이고 해시나 우물정(#)자가 앞에 온다. 해시태그는 온라인 독자들에게 비즈니스를 보여줄 기회를 주고 고객들과 직접 연결될 수 있게 한다. 고객들은 소셜 미디어 사이트에서 해시태그를 검색어 앞에 치면, 그 검색어와 관련된 모든 메시지를 볼 수 있다. 해시태그는 그 단어와 관련된 홍보, 마켓 변화에 대한 동향, 그리고 심지어 유용한 정보까지 제공한다.

여러분이 해시태그를 이해할 때, 그것을 이용하여 비즈니스 아이디어와 잠재적 고용주 등을 찾을 수 있다. 일하고 싶은 회사를 정해, 해시태그를 이용하여 그 회사에 대한 트위트된 것이나 포스팅 된 정보를 찾아보라. 그 회사와 관련된 파트너 회사나 경쟁화사에 대한 정보도 찾을 수 있는지 보라. 해시태그로 시작한 어떤 단어가 논쟁과 비즈니스 예견을 주는가? 트위터와 페이북에서 유행하는 주제가 무엇이고 여러분의 미래에 하고 싶은 일과 관련하여 어떤 이슈와 예측이 있는지 보라.

비즈니스 중심적 토론

안티-소셜 네트워킹

인터넷이 없었을 때, 화난 소비자들은 편지를 쓰거나 전화를 걸 수 있었지만, 만족할 만한 결과 혹은 변화를 이끌어 낼만한 개개인의 힘은 상대적으로 약했다. 이제 불만에 찬 소비자들은 제품이나 서비스를 비난하는 웹사이트를 만들거나 동영상을 업로드 할 수 있고, 그들의 이런 행동의 결과를 수백만 명의 사람들이 즉시 볼 수 있다. 비록 많은 회사들이 인터넷을 모니터하면서 이러한 포스팅들postings에 즉각 대처하려고는 하지만, 확실히 주도권은 소비자들에게 넘어갔다. 다음과 같은 주장을 지지하거나 반대하는 글을 써 보자. "소셜 네트워킹은 소비자들에게 사회를 이롭게 하고 사회적 책임감이 있는 기업들을 만들 수 있는 힘을 주었다."

비즈니스 중심적 MIS

가상 버림

온라인 쇼핑 카트의 35% 정도는 계산하기 전에 버려진다. 버려진 쇼핑 카트는 비지니스의 수익을 가지고 오지 못하는 것과 직접적으로 관련이 있다. 이것은 손님이 쇼핑 카트에 살 물건들을 잔뜩 담아 놓고 그것을 두고 그냥 떠나는 것과 같은 것이다. 왜 손님들이 가상 상점에서 그냥 떠나는 것인지에 초점을 두고 살펴볼 필요가 있다. 문제는 주로 계산 프로세스에 있고 아래와 같이 고칠 수가 있다.

- 계산하는 곳으로 안내하는 버튼이 쉽게 눈에 보이게 한다.
- 개인 정보는 안전하고 웹사이트의 보안도 눈에 띄게 확실히 한다.
- 고객에게 계산 전에 어카운트account를 만들라고 하지 말아야 한다. 어카운트account를 만드는 것에 대해 계산 이후에 물어봐도 된다.
- 회사의 물건 반납 규정을 눈에 보이게 한다.

온라인 쇼핑 카트를 계산하기 전에 버린 적이 있는가? 주위에 있는 사람들과 최근 온라인 쇼핑 카트를 버린 웹사이트를 다시 방문하여 계산 프로세스를 관찰해 보자. 이것이 어렵거나 귀찮게 되어 있거나 보안이 부족한가? 그 다음 Amazon.com을 방문하여 그 사이트의 계산 프로세스를 관찰하고 Amazon이 위에서 제안한 것들에 계산 프로세스가 잘 되어 있는지 살펴보자.

비즈니스 중심적 토의

바이러스성 여우들과 악마 아기들

바이러스성 마케팅은 회사의 최고 성공이거나 최악의 악몽이 될 수 있다. 아래 몇 가지 예를 보자.

- "여우가 뭐라고 하니?" 노르웨이 사람들에 의해 만들어진 동영상은 동물로 변장한 형제가 숲에서 춤을 추면서 노래를 부른다. 유튜브를 통해 400,000,000명이 보고 Ylvis라는 밴드는 가상무대에서 일약 스타로 떠올랐다.
- 맨하탄 시내의 한복판에 버려진 로봇 악마 유아에 관한 동영상은 한 달 동안 50,000,000명이 보았다. 이 영상을 만들 사람들은 씽크모도Thinkmodo로 20th Century Fox사의 영화 'Devil's Due'를 홍보하기 위해 이 동영상을 만들었다.
- 도미노 피자의 직원들은 청결하지 않은 재료로 샌드위치를 만드는 동영상을 인터넷에 올렸다. 이 동영상은 바이러스처럼 퍼졌고 그것을 올린 직원들은 체포되었고 그 회사의 최고경영자는 사과를 했어야 했다.

비즈니스 성공과 실패를 가지고 온 바이러스성 동영상을 찾아서 예로 만들어보라. 회사에게 온라인 명성을 관리하는 것이 중요하다고 생각하는가? 도미노 피자의 예처럼 부정적인 동영상이 바이러스처럼 퍼진다면 회사는 어떻게 해야 할까?

학습 성과 복습

3.1 파괴적 기술과 보존적 기술을 비교해보고 인터넷과 WWW가 어떻게 비즈니스의 파괴를 일으켰는지 설명할 수 있다.

파괴적 기술은 새로운 방식으로 일을 처리하며, 초기에는 기존 고객의 요구를 충족시키지 못하지만 신규 시장을 개척하고 기존 시장을 무너뜨리는 경향이 있다. 보존적 기술은 더 빠른 자동차, 용량이 더 큰 저장장치와 같이 고객들이 구매하고 싶어 하는 성능이 향상된 상품을 만들어낸다. 보존적 기술은 기존 시장에서 더 질 높고, 신속하며, 저렴한 상품을 공급하는 경향이 있다.

인터넷과 웹은 사람들이 정보화 시대 이전엔 불가능했던 소통과 협업을 가능하게 하여 비즈니스 파괴를 일으켰다. 인터넷과 웹은 기업이 운영되고, 직원들이 소통하고, 제품들이 개발되고 판매되는 전통적 방법을 파괴했다.

3.2 e-비즈니스와 이와 관련된 장점들과 함께 웹 1.0에 대해 설명할 수 있다.

웹 1.0이란 1999년에서 2003년 사이의 웹을 말한다. e-비즈니스는 전자상거래를 포함해 관련된 모든 내부 및 외부 비즈니스 운영에 관련된 행위가 전자적으로 이루어지는 것을 말하는데, 고객 계정에 관련된 서비스, 제휴업체들과의 협업, 실시간 정보 공유 등이 그 예이다. 웹 1.0의 기간을 거치면서 기업가들은 e-비즈니스의 초기 형태를 잡아가기 시작했다.

3.3 e-비즈니스 모델의 4가지 유형을 비교할 수 있다.

- B2B는 인터넷상에서 기업 간에 이루어지는 매매활동에 해당된다.
- B2C는 온라인에서 소비자에게 직접 제품이나 서비스를 파는 모든 거래에 해당된다.
- C2B는 인터넷을 통해 소비자가 기업에게 제품이나 서비스를 파는 거래에 해당된다.
- C2C란 인터넷에서 소비자 간에 제품이나 서비스를 소개하거나 매매하는 활동을 말한다.

B2B와 B2C의 가장 큰 차이점은 구매자다. B2B의 구매자가 다른 기업인 반면 B2C는 소비자들을 상대로 운영한다. 전체적으로 B2B 관계들이 더 복잡하며 보안의 필요성이 높다. 게다가 B2B는 지배적인 e-비즈니스 세력이고 온라인 비즈니스의 80%를 차지한다.

3.4 연결과 통신을 위한 6가지 e-비즈니스 도구들을 설명할 수 있다.

회사들이 온라인으로 옮기기 시작하면서 e-비즈니스의 프로세스와 요구들을 지원하기 위해서 많은 MIS 도구들이 만들어졌다. e-비즈니스 도구들은 이메일, 인스턴트 메시징, 팟캐스팅, 콘텐츠 관리 시스템, 화상 회의, 웹 화상 회의 등을 포함한다.

3.5 e-비즈니스와 관련된 4가지 개선점들을 파악할 수 있다.

비록 e-비즈니스의 혜택들이 다양할지라도 e-비즈니스 시스템을 관리하는 것이 항상 쉬운 것은 아니다. e-비즈니스와 관련된 문제점들은 한정된 세분 시장 파악하기, 소비자 신뢰 관리하기, 고객 보호를 보장하기, 과세 제도를 준수하기 등이 있다.

3.6 웹 2.0에 대해 설명하고 이것의 4가지 성격을 설명할 수 있다.

웹 2.0(혹은 비즈니스 2.0)은 인터넷의 차세대 사용 방법(협업, 공유, 무료라는 새로운 가치로 특징지어지는 더 성숙하고 독특한 통신 플랫폼)이다. 비즈니스 2.0은 사용자 참여와 콘텐츠에 기여하는 커뮤니티들의 형성 등을 촉진한다. 비즈니스 2.0에서는 웹에 정보를 기재하는데 기술적 능력이 더 이상 필요하지 않는데, 이것은 온라인 비즈니스의 진입 장벽을 없앤다. 웹 2.0의 특징들은 다음을 포함한다.

- 오픈 소싱을 통한 콘텐츠 공유
- 사용자 참여 콘텐츠
- 조직 내부의 협업
- 조직 외부의 협업

3.7 커뮤니티들이 네트워크를 형성하고 협업하는데 비즈니스 2.0이 어떻게 도움을 주는지 설명할 수 있다.

소셜 네트워크는 프로필 정보를 대응시킴으로써 사용자들을 연결해주는 애플리케이션을 말한다. 개개인에게 네트워크 능력을 제공해 줄 수 있는 것이 비즈니스 2.0의 가장 큰 장점이다. 소셜 네트워킹이란 당신의 비즈니스 또는 소셜 관계망을 확장시킴으로써 개인 네트워크를 생성하는 것이다. 비즈니스 2.0은 개인들이 통신하는 방법, 네트워크, 직장을 찾는 것, 정보를 찾는 방법을 개선한다.

3.8 협업을 위한 비즈니스 2.0의 3가지 도구들에 대해 설명할 수 있다.

블로그 혹은 웹 로그는 사용자들이 그들의 의견, 이미지, 동영상을 올릴 수 있도록 해 주는 온라인 저널이다. 전통적인 HTML 웹페이지와는 달리 블로그 웹사이트는 그 어떠한 프로그래밍도 필요 없는 인터페이스를 제공해 글쓴이들이 독자들과 쉽고 자유롭게 소통할 수 있도록 해 준다. 위키는 사용자들이 더하고, 제거하고, 내용을 바꿀 수 있어 필요에 따라 쉽게 조직되고 재조직 될 수 있도록 하는 협업적 웹페이지의 유형이다. 블로그가 개인 작가들의 창의적이고 개인적인 목표들을 끌어 모았다면 위키는 모든 사람들의 개방적 협업open collaboration에 근거하고 있다. 매시업이란 완전히 새로운 제품이나 서비스를 창조해내기 위해 하나의 소스 이상에서 얻은 콘텐츠를 쓰는 웹사이트 혹은 웹 애플리케이션을 말한다. 매시업의 웹 버전은 사용자들로 하여금 지도, 동영상, 기사, 블로그 글 등을 섞어 새로운 용도를 가진 콘텐츠를 만들어 낼 수 있게 해준다.

3.9 비즈니스 2.0과 관련된 3가지 문제점들을 설명할 수 있다.

비즈니스 2.0이 업계의 세계적 지형을 긍정적인 방향으로 바꾸어 놓았지만, 해결해야 할 과제들이 아직도 오픈 소스 소프트웨어, 사용자 참여 콘텐츠 시스템, 협업 시스템에 존재한다. 이 문제들은 기술 의존성, 정보 훼손, 저작권 침해와 표절 등을 포함한다.

3.10 웹 3.0과 차세대 온라인 비즈니스에 대해 설명할 수 있다.

웹 3.0은 자연어 처리, 기계 기반 지식 습득과 논리적 사고를 사용하는 '지능적' 웹 애플리케이션에 기반을 둔다. 비즈니스 3.0의 기회들을 탐색하는 비즈니스 리더들은 경쟁 우위를 갖게 될 것이다. 웹 3.0은 컴퓨터가 주어진 주제와 개념들 간의 연관성을 이해할 수 있도록 사람이 정보를 설명할 수 있는 방법을 제공한다.

시작 사례 문제

1. **지식:** 당신은 비트코인이 보존적 기술의 형태라고 생각하는가, 파괴적 기술의 형태라고 생각하는가?
2. **이해:** 어떻게 비트코인의 웹기반 비즈니스가 이점을 가지고 올까?
3. **적용:** 마이너스가 비트코인의 통화를 받는 수익 모델에 대해 설명하라.
4. **분석:** 오픈 소스 소프트웨어란 무엇이며 비트코인이 이것을 어떻게 사용하고 있는가?
5. **종합:** 왜 정부들은 비트코인을 경계하고 있는가?
6. **평가:** 비트코인과 관련된 어떤 보안과 신뢰에 문제가 있는가?

복습 문제

1. 파괴적 기술과 보존적 기술의 차이점은 무엇인가?
2. 당신은 인터넷과 웹이 파괴적 기술의 형태라고 생각하는가, 보존적 기술의 형태라고 생각하는가?
3. 인터넷과 웹은 어떻게 비즈니스를 위한 글로벌 플랫폼을 만들었는가?
4. e-비즈니스와 전자상거래의 차이점은 무엇인가?
5. e-비즈니스와 관련된 혜택과 난관은 무엇인가?
6. 비즈니스 2.0과 관련된 혜택과 난관은 무엇인가?
7. 사업 모델과 그것의 기업 안에서 역할에 대해 설명해보자. e-비즈니스는 어떻게 전통적인 사업 모델을 변화시켰는가?
8. 기업은 구매자 교섭력을 줄이기 위해 다량 맞춤화와 개인화를 어떻게 이용할 수 있겠는가?
9. e-비즈니스와 비즈니스 2.0의 차이점은 무엇인가?
10. 집단 지능, 지식 관리, 크라우드소싱의 차이점은 무엇인가?
11. 지식 관리는 왜 비즈니스에 중요한가?
12. 위키와 관련된 혜택과 난관은 무엇인가?
13. 중개인의 소멸, 재중개, 사이버 중개의 차이는 무엇인가?
14. 시맨틱웹이란 무엇인가?
15. 모바일 비즈니스는 e-비즈니스와 무엇이 다른가?

마무리 사례 1

소셜 미디어와 애쉬튼 쿠첼

연예인이 가는 곳에 그 팬들도 따라간다. 데이비드 칼프는 유명 예술인들이 텀블Tumblr이라는 웹사이트를 통해 블로그를 사용하는 것을 보고 실세계뿐만 아니라 소셜 미디어에서도 위의 원리가 적용된다는 것을 알아본다. 그 결과 이 사이트를 통해 블로그 운영에 관심 있는 연예인들은 "우리 비지니스 로드맵과 계획의 일부"가 되었다. 칼프는 최근 이런 고객들을 위해 블로그를 디자인하거나 관리하는 것을 돕기 위한 직원까지 뽑았다고 전한다.

각 분야(예, 연기 분야, 운동 분야, 음악 분야, 정치 분야 등)에 유명인들은 팬들과 소통하고 자신의 명성을 더 널리 알리기 위해 소셜 미디어 사이트을 이용한다는 것은 더 이상 비밀도 아니다. 유명인 명성의 가치를 조사하는 Brand Keys사의 사장, 로버트 패시코프는 유명인들이 명성을 더 알리기 위해 피플과 보그 같은 잡지를 이전에는 이용했다고 한다. 근데 요즘에는 "페이스북 사용이 필수적인 것이 됐다."라고 한다.

이로 인한 이득은 양쪽으로 다 간다. 웹사이트들은 이런 스타들의 온라인 운반도구로 이득이 있다. 히트와이저Hitwise라는 분석회사에 의하면, 오프라 윈프리의 마이크로블로그 트위터의 사용 개시는 그 전주에 비해 방문자수를 43%나 더 증가시켰다. 페이스북, 구글의 유튜브, 닝Ning 그리고 다른 2.0 웹사이트들도 이런 유명인의 웹페이지를 중심으로 많은 활동이 일어난다는 것이 관찰되었다. 텀블Tumblr과 같은 소셜 사이트들은 이런 연예인들을 유치하여 더 많은 사람들을 끌어 모으려고 한다.

마이스페이스, 페이스북 그리고 트위터 속에 오바마

오바마 정부는 마이스페이스, 페이스북, 그리고 트위터에 오바마 페이지를 만들었다. 마이스페이스사는 백악관의 공식 블로그로부터 자동으로 업데이트를 받기 위해 광고 없는 웹페이지를 만드는 것에 동의했다. 이렇듯 소셜 네트워크 사이트는 중요한 고객에게는 적극적이다. 페이스북은 대중에게 공개하기 전에 이런 고객들을 위해 새로운 디자인을 만들어서 보여주기도 한다. "우리는 이런 유명인들을 위해 공식화된 지원 프로그램은 없지만 그들에게 필요한 지원을 해 주기는 한다."라고 페이스북 대변인 브랜디 발커씨는 말한다.

페이스북은 이런 특수한 고객들에게는 '허영vanity URLs'라고 하는 www.facebook.com/KatieCouric과 같은 짧고 간단한 웹 주소를 준다. 다른 곳에서는 유명인이 일반 사용자들과 똑같은 대접을 받기도 한다. 트위터 공동 창업자 비즈 스톤은 배우 애쉬튼 쿠첼과 농구선수 샤킬 오닐도 다른 사람처럼 140글자를 쓸 수 있는 메시지 이외에 다른 지원을 하지 않는다고 한다. "때때로 트위터를 사랑하는 유명인들이 들려 일반적인 견학을 하고 점심을 같이 먹고 담소를 나누는 것이 재밌다."라고 그는 전한다.

존 레전드가 텀블Tumblr 두들기기

자기 홍보의 효과 이외에도 소셜 네트워킹 사이트에서의 연예인은 신생 기업에게는 새로운 이익창출이 될 수 있다. 텀블Tumblr사는 음악인 존 레전드의 블러그를 소니 뮤직 엔터테인먼트에 의해 만들어진 그의 홍보 사이트와 매치되도록 보이게 디자인을 도왔다. 텀블사의 칼프는 레전드의 팬들을 끌어 올 뿐만 아니라 비슷힌 서비스를 핀매할 가능성을 가늠하기 위해 레전드에게 무료로 이 서비스를 제공했디고 한디. "이 경험으로 우리의 네트워크를 이용하고 싶은 사람들과 우리의 플랫폼의 이점을 얻으려는 사람들에게 언젠가는 프리미엄 서비스를 제공할 수 있게 될 것이다."라고 그는 말한다.

닝Ning사는 이미 어떤 고객들에게 (그들 중 많은 사람들이 연예인들) 매달 요금을 받고 있다. 이 웹사이트는 소셜 네트워크 페이지를 만들고 싶은 사람들에게는 무료지만 광고가 없는 페이지나 광고로 수익을 얻고 싶어 하는 사람들에게는 매달 최대 55달러까지 요금을 부과한다. 이 서비스는 연예인에게 국한된 것은 아니지만, 대부분의 성공적인 웹페이지는 그 웹페이지 운영자의 명성(예, 50 Cent and Q-Tip, 록밴드 Good Charlotte, 그리고 격투기 챔피언 BJ Penn)으로 인기를 얻었다. "차세대 연예인과 소셜 네트워크는 오늘날의 일반적인 소셜 네트워크보다 팬들과 더 풍부하고 깊은 협업을 할 것이다."라고 닝사의 최고경영자 지나 비안치니가 말한다.

델사의 최고경영자 마이클 델 같이 비즈니스 분야에 유명한 사람들은 직업적인 네트워킹 사이트, 링크드인Likedin을 팬들을 모으는 수단 대신 비즈니스 수단으로 사용한다. 무슨 이유로 이 사이트를 사용하든지 간에 500개의 대행 회사들의 임원들은 이 사이트의 회원으로 다른 비즈니스 하는 사람들이 이 사이트에 가입하도록 한다.

질문

1. 당신은 페이스북, 마이스페이스, 링크드인이 보존적 기술의 형태라고 생각하는가, 파괴적 기술의 형태라고 생각하는가?
2. 이 장에서 논의된 온라인 비즈니스의 목록을 작성하고 그들이 웹 1.0의 예들인지 아니면 웹 2.0의 예들인지 판단해보자.
3. 링크드인, 마이스페이스, 혹은 페이스북의 e-비즈니스 모델과 수익 모델을 설명하라.
4. 오픈 소스 소프트웨어란 무엇이며 기업이 이들을 소셜 네트워크 플랫폼으로 사용할 수 있을까?
5. 방금 창업된 기업이 어떻게 웹 3.0의 장점을 사용할 수 있는지에 대한 계획을 만들어보고, 뛰어난 차세대 웹사이트에 대한 아이디어를 만들어보자.
6. 소셜 네트워킹 사이트들이 직면하는 문제점들에 대해 생각해보고 회사들이 이 문제들에 대응하기 위한 방법에 대해 생각해보자.

마무리 사례 2

핀터레스트pinterest – 인터넷을 위한 게시판

최근 전 세계적으로 수백만명의 사람들을 중독에 빠뜨리게 한 것이 핀터레스트라고 부른다. 시각 소셜 미디어 네트워크인 핀터레스트는 사용자가 웹사이트에서 찾은 관심 있는 것을 '핀pin'하여 '흥미로운 게시판'을 만들 수 있게 한다. 핀터레스트의 이해를 위해 관련 단어들을 살펴보자.

- **핀**pin: 컴퓨터나 웹사이트에 있는 이미지로의 링크. 핀은 다른 사용자들을 위해 표제를 포함한다. 게시판에 사용자가 업로드한 것, 즉 핀은 사진이나 동영상을 포함한다.
- **게시판**: 핀은 게시판에서 살고 사용자들은, 예를 들어 요리, 스스로 조립, 운동, 음악, 영화 등과 같이 게시물을 활동이나 관심에 따라 분류하여 그 게시판을 관리한다.
- **리핀**repin: 한 번 핀이 된 것이 다른 핀터레스트 사용자들에 의해 다시 핀되어 가상에서 널리 퍼지는 것을 말한다. 리핀은 사용자가 핀의 대상을 친구들과 가족과 공유할 수 있게 하였다.

핀은 사용자가 개인 사진을 업로드 하든, 다른 사람이 리핀을 하든, 관심이 가는 사진이나 동영상을 단순히 클릭함으로써 이루어진다. 2010년부터 시작하여 10,000,000명의 사용자가 핀터레스트를 사용하고 있다. 대다수는 25세부터 54세 이하의 여성으로 알려졌다. 이 웹사이트는 항상 새로운 볼 것들이 있으므로 하루에 수백만명의 사람들이 이 웹사이트를 방문하여 어떤 새로운 사진이나 동영상이 그들의 시선을 끌지를 찾고 있다.

핀터리스트는 소셜 네트워크지만 트위터와 페이스북과 같은 다른 소셜 네트워크와는 다르게 핀터리스트는 초청된 사람들만 이 웹사이트에 가입할 수 있고 이 웹사이트를 사용하고 싶으면 초청장을 요청해야 한다. 초청장을 수락한 사람은 이 웹사이트를 이용할 수 있고 자신의 친구나 가족을 페이스북이나 트위터를 통해 초대할 수 있다. 핀터리스트의 기본적인 임무는 다음과 같다.

> 흥미로운 '것'을 통해 세상의 모든 사람을 연결하자. 우린 흥미로운 책, 장난감이나 요리법이 두 사람의 공통된 연결고리를 열게 할 것이라고 생각한다. 매주 수백만개의 새로운 핀이 생성됨으로써 핀터리스트는 세상 사람들을 공감할 수 있는 입맛과 흥미로 연결하고 있다.

다른 소셜 네트워크처럼 핀터리스트의 사용자는 그들이 따르고 싶은 사람들을 리스트로 만들고 편집할 수 있다. 사용자는 핀터리스트 게시판을 페이스북과 연결하여 그들의 페이스북 친구 중 누가 핀터리스트에 있는지 즉시 알 수 있다. 북마트를 추가하는 것은 사용자가 반스 앤 노블Barnes & Noble가 같은 서점의 책이나 피어 1 임폴츠Pier 1 Imports의 머그컵 세트와 같이 다른 웹사이트에 있는 사진을 핀할 수 있게 한다. 사진은 자동적으로 판매 웹사이트에 연결이 되고 만약 다른 사람이 그 사진을 클릭하면 그 제품이나 서비스와 관련된 정보를 받을 수가 있다. 만약 사용자가 접시나 스웨터와 같은 특별한 사진을 핀하면, 그 제품의 가격을 설명에 포함할 수 있다. 이 경우 광고배너에 이 제품에 관한 사진과 함께 가격이 나타난다. 만약 사용자가 자신이 무엇을 찾는지 확실하지 않은 경우에는 '21살 생일 파티'와 같이 특별한 이벤트나 주제를 이용하여 찾을 수가 있다.

본질적으로 핀터리스트는 사용자로 하여금 시각적 그림을 그리게 하였다. 결혼식 플래너가 신부에게 다가올 결혼식에 대해 계획하려 한다고 상상해보자. 신부는 '고전적인 현대식'으로 결혼식을 하고 싶다고 말한다. 결혼식 플래너는 고적적인 현대식이 무엇인지 잘 알지 못한다. 그 플래너는 핀터리스트에서 그 단어를 치면 그와 관련된 사진과 동영상 등을 볼 것이며 그것으로 어떻게 결혼식을 준비해야 할지 생각이 떠오를 것이다.

핀터레스트의 비즈니스 가치

시각적 커뮤니케이션

핀터레스트는 최근 가장 각광받고 있는 소셜 미디어 공간 중에 하나이다. 유용한 청소 정보에서 훌륭한 요리법 그리고 아름다운 사진과 동영상을 포함하여 온갖 종류의 가치 있는 정보를 제공함으로써 핀터레스트는 어떤 시각적 정보를 공유하는데 매우 귀중한 웹사이트가 되었다. 핀터레스트는 단순히 한번 유행인 웹사이트를 넘어 회사들이 소셜 마케팅을 위해 이 웹사이트를 사용하기 시작했다.

핀터레스트가 비즈니스 목적으로 잘 이용되는 곳은 사원들 간에 시각적으로 의견을 주고받을 수 있다는 것이다. 시각 커뮤니케이션은 많은 사원들에게 새로운 경험이고 '한 장의 사진은 천 마디의 말과 같다'라는 문구에서 알 수 있듯이 핀터레스트는 신제품 개발을 비즈니스 프로세스로 바꾸는데 여러 가지 작업을 할 수 있게 회사를 돕니다. 사실 많은 회사들은 효능적이고 효과적으로 회사를 운영하기 위해 핀터레스트를 이용하여 직원들, 고객들 그리고 공급업체들에게 의견을 묻고는 한다. 고객들에게 직접 의견을 직접 물어 불만이 있을 때는 그 불만이 커지기 전에 고객지원팀에서 그것을 다룰 수 있게 한다. 고객들에게 제품이나 서비스에 대한 그들의 생각이나 의견을 올릴 수 있는 새로운 창구를 마련한 것은 회사로서는 귀중한 피드백을 받는 방법을 제시한 것이다. 회사들은 보통은 고객이 하는 모든 질문에 대해 일일이 답변하지는 않지만, 모든 의견에 대해서는 다 심각하게 고려하여 회사와 그들의 고객과의 관계를 만들고 향상시키는 데 노력한다.

웹 트래픽 조정하기

핀터레스트는 웹 트래픽을 조정한다 - 그게 그렇게 간단해! 핀터레스트 웹사이트가 초대받은 사람들만 가입할 수 있다고 하지만 2년 사이에 10,000,000명의 사용자가 생겼다. 이 숫자는 페이스북, 트위터 혹은 구글과 같은 거대 집단에 비하면 작아 보일 수도 있으나 어떤 분야든 충분한 트래픽을 보낼 수 있을 정도의 숫자이다. 핀터레스트 웹사이트에 올라온 사진이나 동영상은 관련된 자료와 연결이 되어 있어야 한다. 만약 사용자가 사진이나 동영상을 좋아하면 관련 정보를 찾기 위해 클릭할 것이다.

핀터레스트는 조회 엔진 최적화로 순위를 제공함으로 웹 트래픽을 조정한다. 더 많은 사용자가 어떤 회사 웹사이트의 사진이나 동영상을 핀하여 게시판에 올리면 올릴수록 그 회사는 조회순위에서 상위로 진출하게 된다. 사용자의 좋아함liking이 검색엔진에서 가장 중요한 요인이고 핀터레스트의 인기가 상승하면서 이런 검색구조는 핀터레스트를 더욱 신뢰할 수 있게 만든다. 회사가 사람들의 주의를 끌고 그 회사 웹사이트로 트래픽을 높이고 싶을 때 검색순위를 높일 줄 아는 핀터레스트의 사용자들은 중요한 역할을 하게 된다. 셰어홀릭Shareholic의 데이터에 의하면 구글플러스, 유튜브 그리고 링크드인을 합친 것보다 그러나 트위터 다음으로 핀터레스트가 다른 블로그에 웹 트래픽을 많이 보낸다고 한다.

제품 상품화

핀터레스트는 회사들이 그들의 제품, 아이디어, 이벤트 혹은 회사자체를 위주로 공동체를 만들 수 있는 장을 제공하는 탁월한 상품화 도구이다. 다른 소셜 네트워킹 웹사이트와 같이 핀터레스는 회사로 하여금 제품과 서비스에 대해 고객들, 공급업자들 그리고 직원들에게 다가가 그들과 소통할 수 있게끔 한다. 최근 내셔날 미식축구 리그의 미네소타 바이킹팀은 사진, 통계자료, 경기 날 행사에 대한 정보를 팬들의 관심을 더욱 받기 위해 핀터레스트를 사용하여 알리기 시작했다.

핀터레스트는 최근에 사용자의 휴대 전화기에서 게시판으로 즉시 사진이나 동영상을 올리게 하기 위해 아이폰 앱을 배포했다. 핀터레스트의 유일한 경쟁적인 우위는 사용자 친화적인 인터페이스상에 수십 조의 사진과 동영상을 관리하고 이를 통해 필요하다면 사용자에게 다른 적절한 자원으로 안내할 수 있는 것이다.

핀터레스트의 딜레마

창립 초기부터 핀터레스트는 단순히 사진이나 동영상을 핀함으로써 이익을 취하려고 한다고 그 사진과 동영상을 소유하고 플리커Flikr, 포토벅켓Photobucket, 그리고 인스타그램Instagram으로부터 비난을 받았다. 많은 사용자들은 자신들이 핀한 사진과 동영상의 부적절한 사용에 대해 고소당할까봐 두려워한다.

핀터레스트의 약정에 의하면, "만약 당신이 저작권을 가지고 있거나 저작권의 법적 대리인이라면 핀터레스트 웹사이트에서의 저작권침해에 대해 DMCA 양식을 작성하여 핀터레스트의 디자인 저작권 대리인에게 제출하시오."라고 한다.

저작권침해와 같은 제3자 소송으로부터 핀터레스트를 보호하기 위해서는 핀터레스트는 배상과 관련된 조항에 아래의 문구를 넣어야 한다. "당신은 다음 행동을 함에 있어 손해 보상과 핀터레스트와 이 회사의 임직원을 어떤 소송, 논쟁, 요구, 손해, 배상으로부터 손해가 없게 함에 동의한다. 다음 행동이란 i) 핀터레스트의 서비스와 내용을 접근하거나 사용하는 것, ii) 당신의 사용자 내용, iii) 이런 규정에 어긋나는 모든 행위와 관련된 행동을 말한다.

핀터레스트는 연결된 많은 사진과 동영상이 저작권 침해의 소지가 있다는 것을 알고 있고 사용자들이 의식적이든 무의식적이든 핀터레스트의 웹사이트를 통한 저작권침해에 대해 회사 자체를 보호하려고 노력하고 있다.

질문

1. 당신은 핀터레스트가 보존적 기술의 형태라고 생각하는가, 파괴적 기술의 형태라고 생각하는가?
2. 핀터레스트는 웹 1.0의 예들인지 아니면 웹 2.0의 예들인지 분류해보자.
3. 핀터레스트의 e-비즈니스 모델과 수익 모델을 설명하라.
4. 오픈 소스 소프트웨어란 무엇이며 핀터레스트가 이것을 어떻게 사용할 수 있을까?
5. 방금 창업된 기업이 어떻게 웹 3.0의 장점을 사용할 수 있는지에 대한 계획을 만들어보고, 핀터레스트와 비슷한 뛰어난 차세대 웹사이트에 대한 아이디어를 만들어보자.
6. 핀터레스트가 직면하는 문제점들에 대해 생각해보고 회사들이 이 문제들에 대응하기 위한 방법에 대해 생각해보자.

핵심적 비즈니스 고찰

1. **온라인만 아니면 돼!**

   당신의 친구인 수잔 스튜어트는 기숙사 방에서 매우 성공적인 주문제작 티셔츠 사업을 시작했다. 수잔은 미술 전공자이고 매주 뜨고 있는 인디 밴드들의 가사에 대한 한정판 티셔츠들을 만든다. MIS 전공자인 당신은 그녀의 사업을 인터넷으로 옮김으로서 수잔이 얻을 수 있는 혜택들이 보인다. 미술 전공자인 수잔은 기술을 좋아하지 않고 그녀의 사업을 키울 필요가 없다고 생각한다. 당신은 수잔이 인터넷에서 경쟁해야 한다고 생각하는가? e-비즈니스를 창업하는 것이 그녀에게 어떻게 도움이 될 수 있을까? 그녀가 인터넷으로 사업을 옮겼을 때 부딪칠 수 있는 문제들은 무엇이 있을까? 수잔은 그녀의 추종자들의 충성심을 기르기 위해 어떻게 웹 2.0을 이용할 수 있을까?

2. **위키피디아의 미래**

   위키피디아는 전 세계의 사용자들이 자발적으로 참여하는 다국어 웹기반 무료 콘텐츠 백과사전 프로젝트이다. 2001년에 만들어진 이후 위키피디아는 가장 큰 참고 자료 웹사이트로 성장했다. 어떤 사람들은 위키피디아가 결국엔 마케터들과 과시형 사용자들에 의해 실패하게 될 것이라고 믿는다. 산타클라라 대학 법대 교수인 에릭 골드만은 위키피디아가 그들의 편집 과정 체제를 전복시키려는 강력한 힘에 마주치게 될 것이라고 말한다. 그중 하나가 온라인 트래픽을 생성하기 위해 위키피디아의 내용물을 바꾸려는 자동화된 마케팅 도구들이다. 사이트의 편집자들은 현 상태를 유지하려고 노력하다가 탈진하거나, 위키피디아가 결국 공개된 접근 아키텍처와 그들의 미션mission을 바꾸게 될 것이라고 주장한다. 당신은 골드만 교수의 주장에 동의하는가? 정보 훼손과 저작권/표절 문제에 대항하기 위해 위키피디아는 무엇을 할 수 있을까?

3. **페이스북은 전 세계 소셜 네트워크가 되고 있는가?**

   페이스북은 엄청나게 빠르게 성장하고 있으며, 이것은 정말로 범세계적인 현상이다. 가장 빠른 등록자 증가율을 보이고 있는 나라들은 남미와 아시아 대륙에 있다. 페이스북은 범세계적 전화번호부가 되고 있는 것일까? InsideFacebook.com을 살펴보면 당신은 각 나라의 등록자 증가율에 대한 자세한 분석과 각 나라의 사람들에게 얼마나 빠르게(혹은 파괴적으로) 퍼져나가고 있는지에 대해 알 수 있을 것이다. 특히 흥미로웠던 것은 인도네시아, 필리핀, 멕시코, 아르헨티나, 말레이시아의 월별 증가율이었다. 이 나라들은 매월 10%에 달하는 회원수 증가율을 보여주었다. 조를 만들어 다음의 질문에 대답해보자.

   - 세계적인 소셜 미디어 네트워크나 전화번호부에 의해 만들어질 수 있는 잠재적 비즈니스 기회들은 무엇일까?
   - 각 회원들의 개인 정보를 담고 있는 페이스북은 세계 전화번호부가 되고 있다. 사회 변화를 위한 세계 전화번호부의 영향은 무엇일까?
   - 글로벌 소셜 네트워킹과 관련된 혜택과 문제점들은 무엇일까?
   - 태그와 크라우드소싱은 글로벌 소셜 네트워크에 의해 어떤 영향을 받을까?

4. **당신이 치룰 가장 어려운 대학 시험**

   만약 당신의 교수가 오늘 당장 당신의 소셜 네트워크 습관들을 그만두라고 말한다면 당신은 할 수 있을 것 같은가? 당신은 페이스북, 휴대전화, 인터넷 없이 한 주를 버틸 수 있는가? 아니면 단 하루라도? 최근에 미네소타 대학 교수가 그녀의 홍보과목 강의를 듣는 학생들에게 1984년 이전에 존재하지 않았던 모든 기기들을 사용하지 않고 5일을 견뎌볼 수 있는지 도전해보라고 했다. 이 도전을 끝까지 해내지 못했던 학생 중에는 "우리 엄마는 제가 죽었는 줄 알았어요."라고 말한 학생도 있다. 당신은 소셜 미디어 없이 얼마나 견딜 수 있는가? 당신의 친구들과 상시 연결되어 있지 않을 때 발생할 수 있는 문제점들은 무엇인가? 소셜 미디어가 사회에 어떤 영향을 미쳤는가? 소셜 미디어는 비즈니스에 어떤 영향을 미쳤는가?

5. **거물들과 대결하기**

프로벤조스 렌탈은 콜로라도주 덴버시에 있는 스포츠 용품을 대여해주는 작은 개인 가게이다. 회사는 스키, 스노우보드, 스노우모빌 장비 등 겨울 스포츠와 관련된 장비들을 전문으로 취급한다. 프로벤조스는 20년 동안 사업을 이어왔고, 처음으로 대여율 하락을 경험하고 있다. 회사의 주인인 그랙 프로벤조는 최근의 대여율 하락에 대해 의아해하고 있다. 최근 2년간 내린 눈의 양은 매우 훌륭했고 이전 해들보다 스키 리조트들은 일찍 열고 늦게 닫았다. 보고서들에 따르면 콜로라도 지역의 관광업은 호황을 맞았고 우수 고객 관리 프로그램들은 지역 스키인들의 수를 눈에 띄게 증가시켰다. 결국, 사업은 번창했어야 했다. 판매의 감소를 설명할 수 있는 유일한 것은 월마트나 가츠 스포츠와 같은 거대 소매업체들이 겨울 스포츠 장비들을 대여해주기 시작했다는 것이다. 프로벤조는 당신의 팀이 어떻게 e-비즈니스와 비즈니스 2.0을 사용해 매출을 늘리고 비용은 줄여 이 거대 소매업체들과 경쟁할 수 있게 할 수 있을지 결정하는 것을 도와주길 바라고 있다.

6. **Book'em**

당신은 소비자 맞춤 책가방을 만들고 파는 회사인 Book'em의 CEO이다. Book'em은 현재 시장의 28%를 차지하고 있고 6개의 나라에 총 3,000명의 직원을 가지고 있다. 당신은 크리스 앤더슨의 롱테일과 클레이튼 크리스텐슨의 혁신 기업의 난국이라는 책을 읽었고, 비용을 줄이는 동시에 당신의 사업을 키우는 방법을 어떻게 결정할 것인가에 흥미를 가지게 되었다. 각각의 책을 요약하고 Book'em이 어떻게 각 책에서 설명하고 있는 전략을 이용해 경쟁 우위를 만들고 판매량을 증가시킬 수 있는지 생각해보자.

7. **구글 문서 도구가 협업의 속도를 높이는 다섯 가지 방법**

구글 문서 도구Google Docs는 당신이 마이크로소프트 오피스 대신 자신의 프로그램을 무료로 이용하여 당신의 브라우저에서 당신의 조원들과 협업을 하길 바라고 있다. 특히 당신과 조원들이 같은 물리적 공간에 있지 않을 경우 말이다. 구글 문서 도구를 방문하고 다음 질문들에 대답해보자.

- 비록 조원들이 물리적으로 같은 공간에 있지 않더라도 당신의 조가 작업을 더욱 효율적으로 할 수 있도록 새 구글 문서 도구가 도와 줄 수 있는 다섯 가지 방법은 무엇인가?
- 구글 문서도구는 오픈 소스 소프트웨어인가? 구글 문서 도구가 따르고 있는 수익 모델은 무엇인가?
- 당신의 이력서에 구글 문서 도구와 마이크로소프트 오피스를 넣는 것이 당신의 기술을 차별화하는데 어떤 도움을 주는가?
- 당신의 작장 동료들과 협업하고 통신하는 것을 돕기 위해 당신이 배울 의향이 있는 구글의 다른 애플리케이션들은 무엇이 있는가?

8. **안티 소셜 네트워킹**

인터넷이 없었을 때는 화난 소비자들은 편지를 쓰거나 전화를 걸 수 있었지만, 만족할 만한 결과를 얻거나 변화를 이끌어 낼만한 개개인의 힘은 상대적으로 약했다. 이제 불만에 찬 소비자들은 제품이나 서비스를 비난하는 웹사이트를 만들거나 동영상을 업로드 할 수 있고, 그들의 이런 행동의 결과를 수백만 명의 사람들이 즉시 볼 수 있다. 비록 많은 회사들이 인터넷을 모니터하면서 이러한 포스팅들postings에 즉각 반응하려고는 하지만, 확실히 주도권은 소비자들에게 넘어갔다. 다음과 같은 주장을 지지하거나 반대하는 글을 써 보자. "소셜 네트워킹은 소비자들에게 사회를 이롭게 하고 사회적 책임감이 있는 기업들을 만들 수 있는 힘을 주었다."

9. **시의회 의원이 근무 중에 팜빌 게임을 했다고 해고되다.**
   8백만 명 이상의 페이스북 사용자들이 팜빌Farmville에 집착하고 있다. 그 중 한명이 바로 불가리아의 시의회 의원인 디미타르 케린이다. 회의 도중 케린은 그의 농장을 돌보기 위해 시청의 컴퓨터로 무선 인터넷을 이용했다. 이 행동은 의장의 눈에 띄었고, 케린이 가상 농장을 하는 것을 여러 번 지적했던 그는 회의 도중에 게임을 하는 것은 허락될 수 없다고 했다. 그러나 케린은 더 높은 레벨을 딴 동료 의원들을 따라잡아야 한다고 반박했다. 케린은 많은 의원들이 팜빌 놀이를 하기 위해 시청의 시설을 사용한다고 논리적으로 반박했고, 그가 레벨 40밖에 따지 못한 반면 한 의원은 레벨 46이나 땄다고 주장했다. 놀랍게도 그의 의원직을 박탈할 것인지에 대한 투표에서 표는 20:19로 갈렸는데, 이것은 불가리아에서 두 번째로 규모가 큰 도시의 시의원들 중 적어도 반은 페이스북 애플리케이션에 빠져있다는 것을 보여준다. 당신은 디미타르 케린의 해고가 정당하다고 생각하는가? 만약 디미타르 케린이 팜빌을 하는 것 때문에 해고되었다면 소셜 네트워킹 애플리케이션을 이용하는 다른 모든 의원들이 해고되어야 한다고 생각하는가? 당신은 학교나 직장에서 게임을 한 것 때문에 혼이 난 적 있는가? 당신은 이런 상황이 일어나지 않게 하기 위해 어떤 조치들을 취할 수 있는가?

10. **48 아워 매거진**
    수천의 작가들, 디자이너들, 사진사들이 시계 바늘이 똑딱거리는 소리에 맞추어 머리를 벽에 찧어대는 소리가 들리는가? 그것이 바로 48 아워 매거진48 Hour Magazine의 소리이다. 이것은 착안에서 실행까지가 48시간 안에 이루어지는 것을 목표로 하는 혁신적인 출판이다. 48 아워 매거진은 인쇄된 잡지와 웹사이트 형식의 두 가지 형태 모두로 제공된다. '전통 미디어'의 한계는 무엇인가? 48 아워 매거진의 편집자들은 이런 한계들을 극하기 위해서 어떻게 웹 2.0을 활용했는가? 48 아워 매거진 모델의 장점과 단점은 무엇인가? 당신이 48 아워 매거진에 추천해주고 싶은 수익 모델은 어떤 것인가? 만약 50,000달러가 있다면 당신은 48 아워 매거진에 투자할 것인가? 왜 투자할 것인지 혹은 왜 투자하지 않을 것인지 설명해보자.

기업가적 도전

당신의 비즈니스를 만들어보자

1. 공동체 느낌을 만들기 위해서는 당신은 고객들이 의견을 주고받고 피드백을 줄 수 있는 방법을 당신의 웹사이트에 제시해야 한다. 당신은 고객들이 남긴 글을 매일 확인하고 그들의 염려가 무엇인지를 이해해야 한다. 당신 웹사이트에서 다음과 같은 글을 읽게 되면, "목요일 오후 2시에 이 회사를 방문하지 마세요. 왜냐하면 아이들의 이야기 시간입니다. 난 아이들을 싫어해요. 특히 사업적으로는 더욱 그렇지요. 왜 아이들을 데리고 오라고 이 회사가 추천을 하는지 모르겠어요. 사실 아이들은 이 회사의 사업에서 전면 제외시켜야 한다고 생각합니다." 당신은 어떻게 반응할까? 이 고객의 관점이 도덕적인가? 당신은 이 부분에 대해 고객들과 공개적으로 어떻게 대화를 할 것이며 당신의 웹사이트에 계속 공개 포럼을 유지할 것인가?

2. 당신의 사업이 경쟁력을 유지하려면 e-비즈니스의 장점과 비즈니스 2.0 전략들의 도움이 필요하다. 판매량을 늘리고 비용을 줄이기 위해 어떻게 웹 1.0과 웹 2.0을 이용할 수 있는지 자세하게 설명해 보자. 마케팅, 금융, 회계, 영업, 소비자 서비스, 인적 자원과 같은 사업의 다양한 분야에 집중하는 것을 잊지 말라. 당신의 모든 고객과 이벤트를 위한 협업 도구를 만드는 것이 좋을 것이다. 다음의 질문에 대답해보자.

- 어떤 유형의 협업 도구를 만들 것인가?
- 당신은 계획 작성, 제품 개발, 제품 시험, 피드백 등을 활성화하기 위해 당신이 만든 도구들을 어떻게 사용할 수 있을까?
- 당신의 사업 운영을 용이하게 하는데 소비자 협업 도구가 제공할 수 있는 추가적 혜택들은 무엇인가?

3. 양키 그룹The Yankee Group 보고서에 따르면 기업의 66%가 웹사이트의 성공도를 트래픽 양을 측정하는 것으로 결정한다고 한다. 그러나 불행하게도 웹사이트의 트래픽 양이 꼭 판매량을 말해주지는 않는다. 많은 트래픽을 가지고 있는 웹사이트들이 매우 적은 판매량을 가지고 있는 경우가 종종 있다. 웹사이트의 성공도를 측정하는 가장 좋은 방법은 웹 트래픽에 의해 생긴 수익, 웹 트래픽에 의해 얻은 신규 고객 수, 웹 트래픽에 의해 줄어든 소비자 문의 전화 등을 측정하는 것이다. 당신은 비즈니스 2.0 전략을 적용하면서, 당신의 웹사이트가 고객들을 위한 커뮤니티 개념과 고착성을 만들어 내길 원한다. 고객들을 위해 커뮤니티 개념을 만들려고 하면, 당신은 비즈니스 2.0의 특징들을 어떻게 적용할 수 있을까? 당신의 사업을 성장시키는데 위키는 어떤 도움을 줄 수 있을까? 마케팅 입소문을 만들어내기 위해 당신은 블로그를 이용할 수 있을까? 당신의 웹사이트가 재정적 성공을 이룰 수 있도록 당신이 할 수 있는 일들은 무엇이 있을까?

지식 적용하기 프로젝트

프로젝트 1 웹사이트 분석하기

스타스 주식회사는 유명인들이 입었던 옷을 다시 파는 것을 전문으로 하는 거대 의류 기업이다. 회사가 운영하는 4개의 웹사이트가 총 판매량의 75%를 담당하고 있다. 나머지 25%의 판매는 회사의 창고를 통해 직접적으로 이루어진다. 당신은 최근에 영업 이사로 고용이 되었다. 네 개의 웹사이트의 실적에 대해 당신이 찾을 수 있는 정보는 오직 다음과 같은 정보뿐이다.

웹사이트	클래식	컨템퍼러리	뉴 에이지	전통
트래픽 분석	5000hit/일	200hit/일	10,000hit/일	1000hit/일
고착도(평균)	20분	1시간	20분	50분
버려진 쇼핑카트 수	400/일	0/일	5000/일	200/일
신원이 파악되지 않은 방문자 수	2000/일	100/일	8000/일	200/일
신원이 파악된 방문자 수	3000/일	100/일	2000/일	800/일
매출 당 평균 수익	$1000	$1000	$50	$1300

당신은 네 개의 독립적인 웹사이트들을 유지하는 것이 많은 비용이 드는데다 그다지 큰 부가가치를 제공하지 못한다고 판단한다. 당신은 하나의 통합 사이트로 바꾸는 것을 제안하고 싶다. 하나의 웹사이트로 통합함으로써 얻는 가치와 통합하는 방법에 대한 당신의 의견을 담은 상세한 보고서를 작성해 보자. 당신의 웹사이트 수익 분석을 포함하는 것을 잊지 말라. 최소 10%의 방문자 수가 판매로 이어지는 비율에 대한 예상치의 최솟값과 최댓값은 각각 10%와 60%이고, 평균값은 30%라고 가정하라.

프로젝트 2 당신의 방법을 위키하기

위키는 사용자들이 온라인 콘텐츠를 더하고 제거하고 바꾸는 것을 손쉽게 해 주는 웹 기반 도구다. 인텔, 모토롤라, IBM, 소니와 같은 회사의 직원들은 내부 회의 공지를 돌리는 것에서부터 새로운 제품에 관련된 문서들을 등록하는 것까지 다양한 업무에 위키를 호스트host로 사용한다.

많은 회사들이 제품에 대한 토의에 소비자들을 참여시키는데 위키에 의존한다. 모토롤라와 티-모바일 휴대전화의 위키는 지속적으로 업데이트되는 사용자 지침서로 기능한다. ABC와 CBS를 포함하는 TV 네트워크들은 시청자들이 서로 소통할 수 있도록 팬 위키를 만들었다. 팬들은 이곳에서 로스트나 CSI와 같은 TV 프로그램의 내용에 대해 의견을 주고받는다. 당신의 작은 컴퓨터 컨설팅 회사인 새 회사 '더 컨설팅 에이지'에 위키를 도입하고 싶다(이 회사는 중대기업에 노동력을 제공한다). 다음과 같은 질문에 답해 보자.

- 위키가 소비자를 끌어 들이고 사업을 성장시키는데 어떻게 도움을 줄 수 있는가?
- 위키가 어떻게 당신의 파트너와 직원들을 도울 수 있는가?
- 위키와 관련된 윤리와 보안에 관련된 문제들은 무엇인가?
- 이러한 우려들을 최소화하기 위해 무엇을 할 수 있는가?

프로젝트 3 돈을 벌기 위해 블로그를 운영하기

당신은 개인과 가족들을 위한 금융 투자 회사인 '더 파이넨셜 레벨'이라는 회사를 매입했다. 당신은 고객, 직원, 파트너들을 위해 몇 개의 블로그를 만들고 싶다. 고객 블로그의 목표는 솔직한 피드백을 받고, 직원들이 문제점들과 쟁점들에 대해 익명의 피드백을 올릴 수 있는 공간을 만들어 직원들을 더욱 잘 관리할 수 있도록 하는 것이다.

a. 인터넷을 검색해 여러 개의 소비자 블로그와 직원 블로그를 찾아보자

b. 소비자, 직원, 비평가를 위한 블로그들 중에서 콘텐츠, 사용 용이성, 전체적 가치에서 가장 좋은 블로그 세 개를 정해보자.

c. 워드, 파워포인트, 아니면 당신이 원하는 도구를 이용해 '더 파이넨셜 레벨'을 위한 소비자 블로그 견본과 직원 블로그 견본을 디자인해보자.

프로젝트 4 14대 웨비 상 후보

웨비Webby 시상식을 볼 수 있는데 도대체 누가 아카데미 시상식이 필요할까? 웨비 시상식은 인터넷 상의 상호작용적 디자인, 창의력, 기능성의 훌륭함을 기리는 국제적인 시상식이다. 거의 70가지에 달하는 항목으로 웹사이트 등록글들이 웨비 수상자들과, 후보자들, 그리고 영예수상자로 뽑힌다. 어떤 것들은 보고 소통하는데 아름다운 사이트들이다. 다른 것들은 가용성과 기능성의 교본과 같다. 이런 최고들 사이에서 수상자로 뽑히는 것은 많은 찬사를 받을 일이고 또한 약간 뻐겨도 될 만하다.

www.webbyawards.com에서 최신 웨비 시상식 목록을 확인하고 다음과 같은 질문에 답해보자.

- 어떤 후보자들이 가장 놀라운가?
- 어떤 후보자들이 가장 생소했으나, 현재는 일상적인가?
- 웹 1.0 수상자들의 예들이 있었는가?
- 윕 3.0 수상자들의 예들이 있었는가?
- 웨비 상을 탈 자격이 있다고 생각되는 다섯 개의 웹사이트들을 열거해보자.

프로젝트 5 이것은 웹 1.0인가, 웹 2.0인가?

어떤 웹사이트가 웹 1.0인지 웹 2.0인지 구분하는 것은 쉽지 않은 일이다. 웹사이트에는 버전 숫자가 적혀 있지 않을 뿐만 아니라, 많은 경우가 '영원히 베타 테스팅[12] 중'이라고 해도 될 정도로 역동적이다. 페이스북과 마이스페이스는 웹 2.0의 좋은 예들인데 주로 그들의 소셜 네트워킹 기능과 사용자 참여 콘텐츠에 대한 의존도 때문이다. 어떤 사이트들은 그들의 접근 방법에 의해 쉽게 웹 1.0이라고 구분할 수 있다. 예를 들어 크레이그스리스트Craigslist는 이메일 리스트 서버와 유사하며 공개된 사용자 프로필이나 동적dynamic 페이지가 없다. 다른 사이트들은 분류하기가 어려운 경우가 많다.

아마존은 1990년대 중반에 설립되었는데 시간이 지나면서 자연스럽게 많은 특징들이 더해졌다. 주 콘텐츠(제품 설명)는 사용자 참여에 의해 만들어지지 않았지만, 사용자들의 후기나 그들이 매긴 등급들에 의해 사이트에 많은 가치가 더해진다. 사용자들의 프로필이 존재하나 친구 링크와 같은 소셜 네트워킹의 특징들은 비록 존재하기는 해도 그리 잘 쓰이진 않는다.

다음의 웹사이트들을 둘러보고 그들이 웹 1.0인지 웹 2.0인지, 아니면 둘 다 해당되는지 분류해보자. 왜 어떤 사이트들은 웹 1.0으로 남길 원하며 협업이나 오픈 소스 기능들을 제공하지 않을까?

- www.ebay.com, www.amazon.com, www.facebook.com, www.foursquare.com, www.paypal.com, www.vatican.va, www.twitter.com, www.irs.gov, www.google.com, www.youtube.com
- 다음의 예들에 대해서는 당신의 개인 웹사이트들을 기준으로 삼아라. www.당신의 대학 홈페이지.com, www.당신의 비자 카드.com, www.당신의 은행.com

프로젝트 6 인터넷상에서 정확성은 무엇인가?

약간 꺼림칙한 면이 있긴 하지만 신문사 및 뉴스 업계에 종사하는 조직들에서는 유명인들이 실제로 죽기 전에 사망기사를 쓰는 것은 흔한 일이다. 따라서 블룸버그지Bloomberg는 무려 17페이지에 걸치는 애플의 스티븐 잡스의 사망 기사를 준비해 놓고 있었다. 불행하게도 이 기사가 2008년 블룸버그지의 금융 웹사이트에 실수로 기재되고 말았다. 기사에 '출판 대기'와 '사용하지 마시오.'란 문구가 붙어 있었음에도 불구하고 이 실수가 일어난 것이다.

사망 기사를 기재한 것 외에 블룸버그는 또 실수로 스티븐 잡스가 죽었을 경우 그들의 리포터들이 만나야 하는 사람들의 리스트를 같이 기재하고 말았다. 리스트엔 마이크로소프트의 창시자 빌 게이츠, 전 부통령 알 고어(애플사의 이사회 일원이다), 구글의 CEO 에릭 슈미츠를 포함하고 있었다. 블룸버그는 몇 분 만에 실수를 발견하고 기사를 내렸지만 오늘날의 정보 문화에선 이미 엄청난 파괴력을 발휘한 뒤였다. 잡스의 사망 기사는 인터넷 모든 곳에 올랐고, 따라서 스티븐 잡스가 원하기만 하면 자신의 사망 기사를 읽을 수 있는 독특한 기회가 생겼다.

잡스는 물론 살아있었지만 일부 주식 소유주들은 사망 기사를 읽은 후에 심장 마비를 일으켰을 수도 있다. 이런 기사가 애플사에 어떠한 파장을 가져올까? 너무나 많은 형태의 협업이 있는데 어떻게 회사는 각각의 콘텐츠에 오류가 없는지 감시하고 추적할 수 있을까? 일단 인터넷에 오류 있는 콘텐츠가 등록되

12) 소프트웨어 개발 단계에서, 개발을 끝내고 최종적으로 사용자에게서 받는 테스트를 말한다.

었다면 그 상황을 바로잡기 위해 무엇을 할 수 있을까? 위키나 블로그에 잘못된 정보가 올라가지 않도록 회사가 할 수 있는 예방책은 무엇일까?

프로젝트 7 딱 맞는 위키

위키는 모든 웹 브라우저를 통해 사용자들이 웹페이지를 자유롭게 만들고 편집할 수 있게 해주는 소프트웨어이다. 가장 흔한 위키는 위키피디아이다. 위키는 웹사이트를 개발하는데 강력하고 유연한 협업 의사소통 도구를 제공한다. 위키의 가장 좋은 점은 협업 커뮤니티가 콘텐츠를 더하면서 성장하고 진화한다는 것이다. 위키의 주인은 보통 웹페이지처럼 주인이 콘텐츠를 더할 필요가 전혀 없다.

많은 사이트들은 위키 소프트웨어인 소셜텍스트socialtext와 같은 그룹-편집가능 웹사이트를 무료로 제공해준다. 최초의 위키 회사 중의 하나인 소셜텍스트 위키는 팀 소통을 촉진시키고, 지식을 수월하게 공유하며, 협업을 발전시키고, 온라인 커뮤니티들을 만들고 싶어 하는 모든 사람들을 위해 설계되었다. 또한 소셜텍스트는 위키위젯wikiwidgets을 제공하는데, 이것은 기술에 익숙하지 않은 사용자들이 더욱 풍부하고 역동적인 위키 콘텐츠를 만들 수 있도록 해 준다. 오늘날 3,000개가 넘는 조직들이 소셜텍스트를 사용하는데 그 회사들은 시맨텍symentec, 노키아nokia, IKEA, 콘데 나스트conde nast, 지프 데이비스ziff-davis, 코닥kodak, 사우스 캘리포니아 대학university of south california, 보스턴 대학boston college 등이다.

당신만의 위키를 만들어보라. 아래 목록에 있는 무료 위키 소프트웨어 제공자를 골라 당신과 관련이 있거나 당신이 흥미를 가지고 다른 사람들과 나누고 싶은 것에 관한 위키를 만들어 보라. 그것은 학생 조직일 수도 있고, 학문적 조직, 가장 좋아하는 작가, 책, 영화, 밴드, 음악가, 혹은 운동경기 팀에 관한 것이 될 수도 있다.

- www.socialtext.com – 포춘지의 500개의 회사들에게 증명된 사용하기 쉬운 비즈니스 등급 위키
- www.wetpaint.com – 사용하기 쉬운 무료 위키 제작 사이트
- www.CentralDesktop.com – 기술과 친하지 않은 사람들을 위한 사용하기 쉬운 위키 제공 사이트
- www.xwiki.com – 무료 hosting의 전문적인 서비스의 오픈 소스 사이트

만약 당신이 선호하는 다른 위키 소프트웨어가 있다면, 그것을 이용해 위키를 제작해도 좋다.

프로젝트 8 연결성 고장

당신의 사업을 위해 당신이 연결성 서비스를 고려할 때, 당신은 지속적인 접속과 연결성에 대해 심각하게 생각할 필요가 있다. 당신의 직원 중에 한 명이 수백만억원의 거래를 성사시키려는 찰나에 인터넷 연결이 끊겼다면 그 거래는 위험해지는가? 만약 불만이 있는 직원 하나가 비즈니스의 중요한 내용들을 오픈소스 블로그나 위키에 올렸다면?

만약 당신의 환자 스케줄링 소프트웨어가 갑자기 작동을 하지 않아 어떤 환자가 어떤 수술실로 그리고 어떤 의사가 수술을 집도해야 하는지 전혀 알 수 없다면? 이것은 단순히 십대 소년이 자신의 이메일이나 페이스북에 로그인을 할 수 없는 상황보다 훨씬 심한 상황이다. 사람들과 비즈니스가 지속적으로 연결성에 의존함에 따라 당신은 경영과 기술과 관련하여 어떤 문제를 예측하는가? 왜 경영자들은 이런 점을 해결하지 못해 더 큰 문제에 봉착하는가?

프로젝트 9 목표를 향해 나아가라

리치 알버만과 빌 클레리코는 대학을 졸업해서 그들의 회사를 차리는 꿈을 좇을 것인지 아니면 대학원에 진학해 신입사원으로 시작할 것인지 정해야 하는 어려운 상황에 놓이게 되었다. 알버만은 로스쿨에

진학했고 클레리코는 증권 인수업자가 되기 위해 신입 사원으로 입사하기로 결정했다. 몇 달이 지나자 그들은 만약 그들이 꿈꿔왔던 비즈니스를 만들기 위해서는 지금이 아니면 영영 기회가 없다고 생각하게 되었다. 그들은 새로운 생활에 점점 더 익숙해지고 있었기 때문이다. 당연히 시간이 흐를수록 그들의 편안한 자리를 떠나 창업자가 되는 길을 택하기가 어려워 질 것이었다.

알버만은 로스쿨을 떠났고 클레리코는 직장을 그만 둔 후 온라인 펀드 매니지먼트 회사인 위페이 WePay를 공동 설립했다. 위페이는 전 세계의 개인 혹은 단체가 계좌를 개설해 다양한 방법으로 돈을 모을 수 있도록 해 준다–종이 수표에서 신용카드까지. 그리고 인출 카드를 이용해 계좌에 들어 있는 돈을 쓸 수 있다. 위페이는 50센트에서부터 시작해 신용 카드 사용 금액의 3% 사이의 수수료를 받는다. 다행히 그들의 모험은 성공했고 회사가 설립된 지 1년 남짓했을 때 거물 인터넷 투자자들로부터 거의 2백만 달러에 이르는 돈을 벌어들였다. 위페이는 수천 명에 달하는 스포츠 구단에서부터 집세를 내야하는 룸메이트에 이르는 다양한 범위의 고객들을 자랑한다.

당신은 창업에 대해 생각해본 적 있는가? 당신의 경력 초반에 당신의 비즈니스를 시작하는 것과 관련된 장점과 난관들은 무엇인가? 인터넷을 이용해 매우 성공적인 대학생 창업사례 세 가지를 찾아보자. 이 창업들이 성공한 가장 큰 이유들은 뭐라고 생각하는가? 당신이 아직 대학생일 때 창업하는 것의 장점은 무엇인가? 오늘 당장 창업하기로 마음먹었을 때 마주 칠 수 있는 문제점들은 어떤 것들이 있을까?

4 CHAPTER

윤리와 정보 보호: MIS 비즈니스 관심사항들

이 장의 개요

SECTION 4.1 윤리

- 정보 윤리
- 정보 관리 정책을 개발하기

SECTION 4.2 정보 보호

- 지적 자산의 보호
- 1차 방어 수단–사람
- 2차 방어 수단–기술

IT는 나에게 무엇을 제공해 주는가?

이 장은 정보의 잠재적 오용에 대비해 정보를 지키는 것에 대해 다루고 있다. 조직들은 정보를 윤리적인 방법으로 모으고, 캡처하고capture[1], 저장하고 사용해야 한다. 여기서 정보란 소비자들, 파트너들, 직원들에 대한 정보를 포함해 그들이 모으고 활용하는 모든 유형의 정보를 말한다. 기업들은 누군가에 대해 얻은 개인 정보가 확실히 안전하게 유지되도록 해야 한다. 이것은 그저 선심 쓰는 일이 아니다. 법으로 강제되는 일이다. 더 중요한 것은 인가되지 않은 세력이 정보에 접근하고 인가되지 않은 방법으로 얻은 정보를 배포하는 것을 방지하기 위해 물리적으로 확실한 보안을 유지해야 한다는 것이다.

경영학도인 당신은 윤리와 보안에 대해 반드시 이해하고 있어야 한다. 왜냐하면 그것들이 오늘날 소비자들이 가장 걱정하는 것들이기 때문이다. 정보들이 어떻게 취급되는가는 소비자가 e–비즈니스를 얼마나 좋아할 것인지를 결정한다. 당신은 어떤 조직의 정보 기밀유지와 보안에 문제가 있는 것이 알려지는 순간 그 조직의 주가가 뚝 떨어지는 것을 신문에서 쉽게 확인할 수 있다. 더 나아가서 조직들은 정보를 다루는데 있어 그들의 윤리, 프라이버시, 보안의 의무를 다하지 못 할 경우 소송에 휘말릴 수도 있다.

1) ① 자료를 디지털 파일로 작성하거나, ② 편집하거나 저장하기 위해 원래의 영상이나 음성 또는 이미지 정보 중에서 필요한 부분만을 따로 떼어 놓는 것. 여기에서는 ①의 의미로 사용되었다.

시작 사례 연구

해커들이 비즈니스에 침입하는 다섯 가지 방법

알고 있었나요?

- 일반 회사들은 3분에 한 번씩 바이러스나 멀웨어와 접촉하고 있다.
- 291개의 이메일 메시지 중 한 개는 바이러스를 포함하고 있다.
- 해커들의 주요 표적인 되는 세 가지 정보는 고객 데이터, 지적 재산권 그리고 은행계좌 정보이다.
- 피싱 사기에는 Details.zip, UPS_document.zip, DCIM.zip, Report.zip, Scan.zip 등의 다섯 가지 파일 이름이 가장 흔히 이용된다.
- 일반 중소기업에서 사이버 공격을 막기 위해 지출하는 평균 비용은 연간 188,242달러이다.

해커들은 당신의 비즈니스 데이터, 비즈니스 네트워크, 비즈니스 응용프로그램에 침투하기 위해 끊임없이 새로운 방법을 연구하고 있다. 이러한 해킹 공격으로부터 회사를 보호하기 위해서는 강력한 방어막을 구축하고 취약점을 인지하는 것이 가장 중요하다. 그림 4.1은 잉크 매거진의 존 브랜든이 제시하는 해커들이 가장 빈번하게 사용하는 다섯 가지 침투 방법이다(이 다섯 가지는 가장 흔히 사용되는 방법일 뿐이며, 침투 방법은 그 이상으로 다양하다).

그림 4.1

해커들이 해킹을 위해 사용하는 다섯 가지 방법

취약한 패스워드

- 해커들은 300달러짜리 그래픽 카드를 이용해 1분에 4,200억 개에 이르는 8개 소문자로 이루어진 단순한 패스워드 조합을 작동시킬 수 있다.
- 사이버 공격의 원인은 80%가 취약한 패스워드 때문이며, 55%의 사람들이 모든 웹사이트에서 동일한 패스워드를 사용한다.
- 2012년 해커들은 링크드인에서 640만 개의 패스워드를, e하모니에서 150만 개의 패스워드를 각각 해킹했다.

가장 좋은 방어책

- 각 사이트마다 다른 고유한 패스워드를 사용한다.
- 적어도 20개 문자를 이용하여, 실제 단어가 아닌 뜻을 알 수 없는 조합으로 패스워드를 만드는 것이 좋다.
- @#$*&과 같은 특수 문자를 사용한다.
- 라스트패스나 대시레인과 같은 패스워드 관리 프로그램을 사용한다.

악성 프로그램의 공격

- 감염된 웹사이트, USB 드라이브, 응용 프로그램 등은 키스트로크, 패스워드, 데이터 등을 캡처할 수 있는 소프트웨어를 운반한다.
- 2012년 이후로 중소기업을 대상으로 하는 멀웨어 공격이 8% 증가했다. 이런 표적 공격으로 인한 평균 손실은 92,000달러였다.
- 해커들은 2013년 2월에 모바일 개발자 사이트 시작으로, 애플, 페이스북, 트위터 등을 포함해 대략 40군데 회사를 공격했다.

최고의 방어책

- 노턴 툴바와 같은 강력한 멀웨어 감지 소프트웨어를 사용한다.
- 소프트웨어를 항상 최신 버전으로 업데이트 한다.
- 아이폰을 사용한다. 안드로이드폰은 해커들의 주요 표적으로 삼아온 모바일 운영 시스템이다.

피싱 이메일

- 표면적으로는 공식적으로 보이지만 위조된 이메일은 당신이 패스워드를 입력하거나 감염된 웹사이트 링크를 클릭하도록 유도한다.
- 2012년 이래로 소셜 미디어 피싱 공격이 125% 증가했다. 피싱 공격자들은 2012년 한해에만 중소기업들에게서 10억 달러를 탈취했다.
- 2012년에 대다수 중소기업은 거래 개선 협회의 경고장처럼 보이는 피싱 이메일을 받았다.

최고의 방어책

- 사용하는 소프트웨어, 운영체제, 웹브라우저 등을 항상 최신 버전으로 유지한다.
- 무의식적으로 외부 사이트로 연결되는 이메일 링크를 클릭하지 말고 URL을 주소창에 다시 입력한다.

사회 공학

- 해커와 같은 21세기형 사기꾼들은 뻔뻔하게도 당신이 스스로 패스워드를 변경한 것처럼 속이는 전략을 사용한다.
- 29%의 해킹 사건은 일종의 사회 공학과 관련되어 있다. 사건 당 평균 손실액은 2만5천 달러에서 10만 달러에 이른다.
- 2009년 사회 공학자들은 코카콜라의 CEO인 척하며 실행자가 네트워크에 침입하는 소프트웨어가 담긴 이메일을 열도록 했다.

최고의 방어책

- 소셜미디어에 노출되는 정보에 대해 다시 생각해본다. 이것이 모두 사회 공학자들을 먹여 살린다.
- 전화를 통해 패스워드를 변경하는 것과 같은 민감한 요청을 처리하기 위한 방안을 마련한다.
- 보안 감사를 실시한다.

랜섬웨어

- 해커들은 당신의 웹사이트를 인질로 삼아 당신이 몸값을 지불할 때까지 포르노와 같은 낯뜨거운 콘텐츠를 올리거나 한다.
- 매년 5백만 달러가 해커들에게 갈취된다. 더욱 심각한 문제는 데이터 손실이다. 몸값을 지불하더라도 파일들을 되돌려 받지는 못하기 때문이다.
- 해커들은 알라바마의 ABC TV 방송국의 네트워크와 컴퓨터를 마비시키고 배상금을 요구했다.

최고의 방어책

- 멀웨어의 경우처럼 의심스러운 링크나 잘 모르는 웹사이트를 클릭하지 마라.
- 정기적으로 데이터를 백업하라.
- 신종 공격을 점검하기에 적합한 소프트웨어를 사용해라.

section 4.1 | 윤리

학습 성과

4.1 정보 기술의 사용에 대한 윤리적 이슈들을 설명할 수 있다.
4.2 조직이 그들 스스로를 보호하기 위해 적용해야 하는 여섯 가지 e정책을 설명할 수 있다.

정보 윤리

윤리와 보안은 모든 조직들의 근본적인 초석이다. 최근 몇 년간 9/11과 함께 거대한 비즈니스 스캔들이 윤리와 보안에 대한 관심을 다시 불러일으켰다. 몇몇 개인들의 행동이 수십억 달러짜리 조직을 파괴할 수 있다면, 윤리와 보안의 가치는 구태여 설명하지 않아도 될 것이다.

저작권copyright은 노래, 책, 비디오 게임과 같은 아이디어의 표현에 대한 법적 보호이다. **지적 재산**intellectual property이란 물리적 형태에 체화된 무형의 창의적 작품이며, 제작권, 트레이드마크, 특허 등이 있다. **특허권**patent은 발명품을 만들고, 사용하고 판매할 수 있는 배타적 권리를 말한다. 특허는 정부가 발명가에게 부여한다. 사람들이 말과 자료부터 음악이나 동영상까지 무언가를 복제하는 것이 쉬워짐에 따라 저작권과 지적 재산에 대한 침해에 대한 윤리적 논쟁들이 e-비즈니스 세계에서 활발히 이루어지고 있다. 기술은 우리의 윤리(다른 사람들을 향한 우리의 행동 등을 안내하는 원칙과 기준들)에 대해 새로운 도전 과제를 주고 있다.

소비자의 개인 정보를 보호하는 것은 오늘날 조직들이 마주하는 가장 크고, 혼탁한 윤리적 쟁점들이다. **프라이버시**privacy는 원하는 경우에 홀로 남을 수 있는 개인적 소유물에 대해 통제를 하고 본인의 동의 없이는 감시받지 않을 권리이다. 프라이버시는 정보가 인가된 사용자만 볼 수 있는 것을 보장하는 것, 즉 **기밀성**confidentiality과 관련이 있다. 고용인들이프라이버시 문제에 대해 내린 결정은 회사에 악영향을 미칠 수 있다.

회사들, 소비자들, 파트너들, 공급자들 간의 신뢰는 e-비즈니스를 지원하는 기반구조라고 할 수 있다. 프라이버시는 그것의 주 원천이다. 소비자들은 그들의 프라이버시가

그림 4.2
윤리적으로 의심스럽거나 수용할 수 없는 정보 기술 사용

의심스러운 정보 기술 사용의 사례
개인들이 소프트웨어를 복제하고, 사용하고, 배포한다.
종업원들이 민감한 기업 및 개인 정보를 찾기 위해 기업의 데이터베이스를 검색한다.
기업들이 정보의 유효성이나 정확성을 점검하지 않고 정보를 수집하고, 구매하고, 사용한다.
개인들이 IT 시스템을 사용하거나 유지하는데 문제를 발생시킬 수 있는 바이러스를 만들거나 유포시킨다.
개인들이 타인 소유의 정보를 훔치기 위해 컴퓨터 시스템을 해킹한다.
종업원들이 고객 정보, 보고서 등 기업 소유 정보를 파괴하거나 훔친다.

웹상에서의 활동들 때문에 침해받는다고 생각하는데 이것은 e-비즈니스의 성장을 막는 주요 장벽 중 하나이다.

정보 윤리information ethics는 정보 기술의 개발과 더불어 정보 자체의 창조, 수집, 복제, 분배와 가공 시에(컴퓨터의 도움을 받았던 받지 않았던) 일어나는 모든 윤리적이고 도덕적 쟁점들을 지배한다. 이 영역에서 일어나는 윤리적 딜레마는 보통 간단하고 명백한 상황으로 나타나는 것이 아니라 경쟁하는 목표들, 책임들 그리고 충성심 간의 충돌로 나타난다. 따라서 불가피하게, 사회적으로 용납가능하거나 '정답인' 선택이 하나 이상일 경우가 대부분이다. 소프트웨어와 관련된 두 가지 주 영역은 해적판 소프트웨어와 위조 소프트웨어이다. **해적판 소프트웨어**pirated software는 저작권이 있는 소프트웨어의 비인가 사용, 복제, 배포 혹은 판매이다. **위조 소프트웨어**counterfeit software는 진품처럼 보이게 만들어지고 진품처럼 팔리는 소프트웨어를 말한다. **디지털 저작권 관리**digital right management는 출판사가 디지털 미디어의 불법 복제 및 배포를 방지하거나 제한할 수 있도록 하는 기술적 해결책이다. 그림 4.2는 윤리적으로 문제가 있거나 용납될 수 없는 정보기술의 사용의 예들을 보여준다.

그림 4.2에 예시된 행위들에 대해서는 찬성과 반대의 의견이 엇갈리는데, 불행히도 특정 행위가 윤리적인지 여부를 결정할 수 있는 명확한 규칙은 없다. 합법적인 행위가 늘 윤리적인 것은 아니며 윤리적인 행위가 늘 합법적인 것은 아니기 때문에, 법을 아는 것이 중요하긴 하지만 그것이 늘 도움이 되는 것도 아니다. 예를 들어서 조 라이덴버그가 AT&T 휴대전화 서비스에 대한 제안을 받았다. AT&T는 조 라이덴버그와 같은 잠재적 고객을 파악하기 위해서 에퀴픽스라는 신용 보고 회사를 이용하였다. 전체적으로, 이것은 에퀴픽스와 AT&T 무선통신 간의 좋은 사업 기회로 보였다. 그러나 불행하게도, '공정 신용 보고법'은 신용 정보를 다른 목적에 맞추어 변경하는 것을 '대출이나 보험의 최종 제안'을 위해서 사용할 때를 제외하고는 금지한다. 즉, 신용 정보에 근거해서 판매될 수 있는 유일한 제품은 신용 거래뿐이다. 에퀴픽스의 대변인은 다음과 같이 말한다. "AT&T 무선통신(또는 다른 어떤 기업이라도)이 휴대전화 서비스를 신용 거래 조건(즉, 지불하기 전에 서비스를 사용하는 것 같은)으로 제안한다면 법에 저촉되지 않는다." 그러나 아직 의문이 남는다. 과연 그것이 윤리적인가?

그림 4.3은 윤리적 및 합법적 행위에 대한 4개 분면을 보여준다. 기업의 이상적인 목표는 합법적이고 윤리적인 행위를 나타내는 제I사분면에서 의사결정을 하는 것이다. 이것은 윤리적 딜레마의 한 좋은 예이다. 기술은 너무나 새로우면서도, 또 예측할 수 없는 방법으로 영향을 미치기 때문에 정보와 관련된 윤리는 아직도 정의가 진행되고 있는 중이다. 그러나 기업은 외국에서 미성년 노동자를 고용하는 것과 같은 문제를 결정하는 과정에서 제Ⅲ사분면에 놓이게 되며, 회사에 고용되어 있지만 아직 취업 비자를 받지 못한 외국인 노동자에게 급여를 지급하는 경우 제Ⅱ사분면에 위치한다. 그러나 어떠한 경우라도 기업은 결코 Ⅳ사분면에 위치해서는 안 된다. 오늘날 윤리는 성공적으로 비즈니스를 이끌어 가는데 매우 중요한 요소이다.

그림 4.3

윤리적인 행동과 합법적인 행동이 늘 일치하는 것은 아니다.

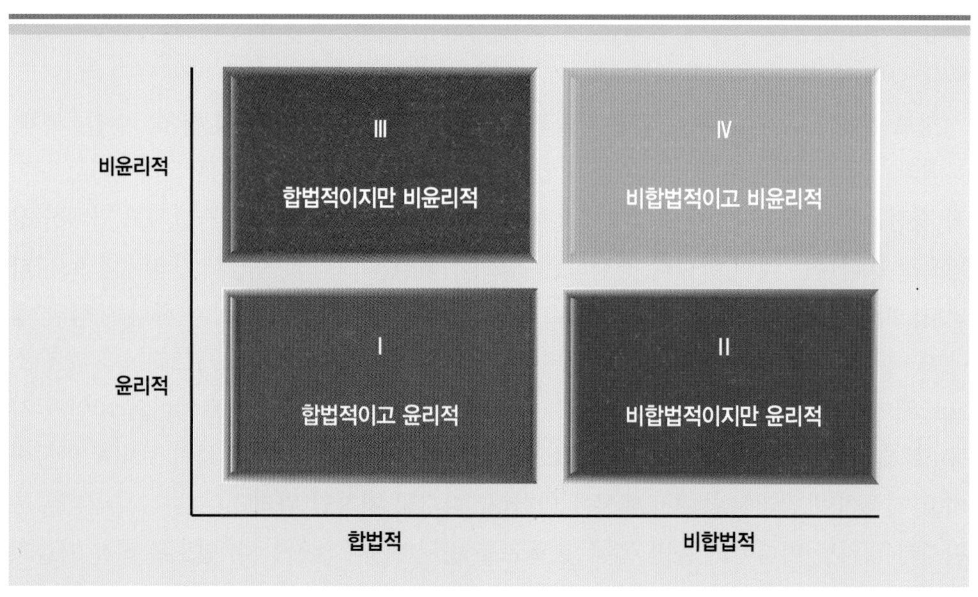

윤리는 정보가 아니라 사람이 지킨다

정보에는 윤리가 없다. 정보는 자신이 어떻게 사용되는지에 대해 상관하지 않는다. 정보는 고객에게 스팸을 보내고, 민감하거나 사적인 내용을 공유하고, 제3자에게 상세한 내용을 공개하는 것을 중단시키지 않는다. 정보는 스스로를 삭제하거나 보존하지 못한다. 따라서 정보를 소유한 사람이 정보의 관리 방법에 대한 윤리 지침을 만들 책임이 있다.

몇 년 전만해도 정보 관리, 거버넌스, 준수는 상대적으로 잘 알려지지 않은 개념들이었다. 그러나 현재는 이러한 개념들을 국내 기업이던 글로벌 기업이던 사실상 모든 기업들에게 필수적인 것이 되었다. 디지털 정보가 기업의 법적 소송 절차에서 하는 역할 때문이다. 종종 디지털 정보들은 소송에서 주요 증거물로 쓰이는 경우가 많은데, 이들은 종이로 된 문서들보다 훨씬 검색하고, 정리하고, 가려내는 것이 쉽다. 또한 디지털 정보들은 파괴하는 것이 매우 어려운데, 특히 그 정보들이 기업 네트워크에 있거나 이메일을 통해 전달되었을 경우에 더 그렇다. 사실 디지털 정보를 진정으로 없애는 것으로 유일하게 믿을 수 있는 방법은 바로 정보가 저장되어 있는 하드 드라이브를 파괴하는 것뿐이다. **전자적 증거 수집**ediscovery은 회사가 소송이나 조사, 감사 혹은 정보 조회 등에 대응하여 디지털 정보를 파악하고, 검색하고, 모으고, 전달하는 행위를 말한다. 전자적 증거 수집의 중요성이 커질수록 정보 관리와 정보 준수에 대한 중요성도 따라서 커진다. 인터넷 유해물로부터 청소년들을 보호하기 위해 **온라인 아동보호법**Child Online Protection Act이 통과되었다.

정보 관리 정책을 개발하기

민감한 기업 정보를 소중한 자원으로 취급하는 것이 좋은 관리이다. 직원들이 이해하고 실행할 수 있는 윤리 원칙에 기반하여 기업 문화를 형성하는 것이 책임 있는 경영이다. 조직은 정보에 대한 직원 지침, 인사 절차, 조직 규칙을 설정하는 문서화된 정책을 개발해야 한다. 이러한 정책들은 조직의 관례와 기준에 대해 직원들이 이해할 수 있도록 해

주고, 컴퓨터 시스템과 IT 자원에 대한 오용을 방지해준다. 직원들이 컴퓨터를 작업에 사용하는 경우, 조직에서는 최소한의 수준에서 e정책을 구현해야 한다. **e정책**epolicy은 비즈니스 환경에서 컴퓨터와 인터넷에 대한 윤리적 사용을 정의한 정책과 절차들이다. 그림 4.4는 직원들의 기대를 정립하기 위해서 조직이 실천해야 할 e정책들을 보여주고 있다.

윤리적 컴퓨터 사용 정책

온라인 도박의 위험성을 보여주는 한 예로서, 한 주도적 인터넷 포커 사이트가 한 해커가 보안상의 결함을 활용하여 고액의 텍사스 홀덤[2] 포커 게임에서 절대적인 우위(상대방의 모든 카드를 볼 수 있는 능력)을 획득했다고 발표했다. 한 희생자에게 불법적으로 약 400,000~700,000달러 정도를 따 낸 이 사기꾼은 바로 앱솔루트포커AbsolutePoker.com의 직원이었으며, 이런 일이 일어날 수 있다는 것을 보여주기 위해 시스템을 해킹했다. 기업이 운영하는 분야(심지어는 많은 사람들이 비윤리적이라고 생각하는 분야라도)의 비즈니스가 무엇이든 간에 회사는 직원들의 비윤리적 해동들에 대해 자신을 보호해야 한다. **사이버 불링**cyberbullying은 인터넷을 통해 전달되거나 웹사이트에 포스팅 되는 위협적이거나 부정적인 명예를 훼손하는 발언이다. **협박**threat은 자산을 위험에 빠뜨릴 수 있는 행동이나 객체를 말한다. **부정 클릭**click-fraud은 광고업체의 수익을 높이기 위해 반복적으로 링크를 클릭하는 수법으로 클릭당 광고료 지불, 전화당 광고료 지불, 대화당 광고료 지불 수익 모델들을 악용하는 행위이다. **경쟁적 부정 클릭**competitive click-fraud은 경쟁자나 불만을 가진 내부자가 광고업체의 링크를 반복적으로 클릭하여 기업의 검색 광고비용을 증가시키는 컴퓨터 범죄이다.

사이버 불링과 부정 클릭은 오늘날 만연한 비윤리적 컴퓨터 사용의 일부 사례에 불과하다.

윤리적 기업 문화를 만들어내는 가장 중요한 단계는 윤리적 컴퓨터 사용 정책을 만드는 것이다. **윤리적 컴퓨터 사용 정책**ethical computer use policy은 컴퓨터를 사용하는 행위의 길잡이를 해 주는 몇 가지 일반적인 원칙들을 담고 있다. 예를 들어 그것은 사용자들이 근무 시간에 게임을 하지 말라고 명쾌하게 말할 수 있다. 이 정책은 사용자들로 하여금 직

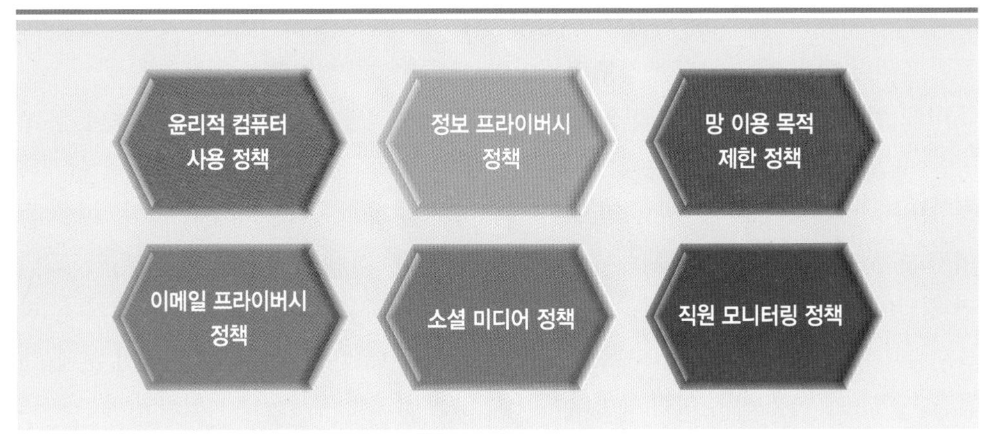

그림 4.4
e정책의 개요

2) Texas hold-'em. 포커 방식의 일종으로서 경기자가 각각 2장씩의 카드를 받고, 5장은 모든 경기자들이 공유한다.

장에서 어떻게 행동해야 하는지 알 수 있도록 하고, 그것을 위반하는 행동들을 어떻게 다룰지에 대한 기준을 제시한다. 예를 들어 적절한 경고 후에 회사는 여전히 근무 시간의 대부분을 게임을 하는데 보내는 직원을 해고할 수 있다.

조직들이 원하는 직원들의 컴퓨터 사용 방식은 서로 다를 수 있지만, 사용자들에게 규칙들이 잘 알려져야 하고, 그 규칙에 의거해 시스템을 사용하도록 해야 한다. 컴퓨터 사용을 제한함에 있어서 가장 중요한 것은 그들이 세운 원칙을 직원들이 잘 알도록 알리는 것이다.

관리자들은 정식 교육 등을 통해 직원들이 정책에 대해 잘 알도록 꾸준히 노력해야 한다. 만약 조직이 단 하나의 e정책만을 가지고 있다면 그것은 윤리적 컴퓨터 사용 정책이 되어야 할 것이다 왜냐하면 이것은 조직이 세울 수 있는 모든 다른 정책의 기반이 되기 때문이다.

BYOD bring your own device 정책은 윤리적 컴퓨터 사용 정책의 하나이다. 이 정책은 종업원들이 개인 소유의 휴대용 기기를 이용하여 기업의 데이터나 애플리케이션에 접속하는 것을 허락한다. BYOD 정책은 다음과 같은 네 가지 기본 옵션을 제공한다.

- 개인 소유 기기를 이용해 무제한 접속 가능
- 민감하지 않은 시스템 및 데이터에 한해 접속 가능
- 접속이 가능하지만 개인용 기기, 애플리케이션, 저장 데이터에 대해 IT 통제가 이루어짐
- 접속이 가능하지만 데이터를 개인용 기기에 저장하는 것은 금지됨

정보 프라이버시 정책

자신의 정보를 보호하고 싶은 조직은 **정보 프라이버시 정책** information privacy policy을 개발해야 한다. 이것은 정보 프라이버시와 관련된 일반적인 원칙들을 포함한다. 비자 visa는 사람들이 어떻게 돈을 쓰는지, 어떤 가게에서 쓰는지, 어떤 날에 쓰는지, 심지어는 하루의 어떤 시간대에 쓰는지 등의 소비자 정보를 포함한 그들의 정보 시스템을 관리하기 위해 이노밴트 innovant를 만들었다. 이런 정보를 영업과 마케팅 부서가 얻었다고 상상해보라. 이런 이유들 때문에 이노밴트는 이 정보들의 원래 목적인 청구서 발부를 제외한 그 어떤 분야에도 이 정보들이 사용되는 것을 금지한다. 이노밴트의 프라이버시 전문가들은 그들이 따라야 하는 매우 엄격한 정보 프라이버시 정책을 개발했다.

이제 이노밴트는 앞으로는 신용 카드 정보의 비윤리적 사용이 절대로 없을 것을 보장할 수 있겠냐는 질문을 받는다. 대부분의 경우 정보의 비윤리적 사용은 못된 마케터의 악의적인 계획에 의해 일어나기 보다는 의도치 않게 일어나는 경우가 많다. 예를 들어 정보는 어떤 목적(기록 보관이나 청구서 발부 같은) 하에서 모아지고 저장된다. 그러면 영업이나 마케팅 전문가들은 그것들을 내부적으로 사용할 수 있는 방법을 찾거나, 파트너들과 나누거나 또는 믿을 수 있는 제3자들에게 판매한다. 정보들은 '의도치 않게' 새로운 목적들에 사용된다. 이런 유형의 의도치 않은 정보의 재사용의 전형적인 예는 바로 사회보장번호 Social Security number인데, 이것은 미 정부가 퇴직 연금 혜택을 파악하려는 의도로 사용되었다가 보편적인 신원 확인의 방법으로 사용되게 되었다.

망 이용 목적 제한 정책

망 이용 목적 제한 정책AUP: acceptable use policy은 사용자가 네트워크나 인터넷에 접속을 허가받기 위해 반드시 동의해야 하는 정책이다. **부인 방지**nonrepudiation는 e-비즈니스 참여자가 자신들의 온라인상에서의 행위를 부인하지 않을 것을 보장하는 계약 규정이다. 부인 방지 조항은 통상적으로 AUP에 포함되어 있다.

많은 업체와 교육기관에서는 직원이나 학생들에게 네트워크에 접속을 허가하기 전에 AUP에 서명할 것을 요구한다. 개인적으로 인터넷 서비스에 가입할 때에도 고객들은 특정 조항들을 준수할 것을 명시한 AUP에 서명하게 된다. 전형적인 망 이용 목적 제한 정책에서 사용자들은 다음과 같은 항목에 동의하게 된다.

- 이 서비스를 법을 위반하기 위해 사용하지 않을 것
- 컴퓨터 네트워크나 사용자의 보안을 파괴하려는 시도를 하지 않을 것
- 사전 동의 없이 상업적 메시지를 게시하지 않을 것
- 부인 방지를 이행할 것

일부 조직들은 오직 인터넷 사용에만 집중하는 독특한 정보 관리 정책을 만들기도 한다. **인터넷 사용 정책**internet use policy은 인터넷을 사용하는 올바른 방법에 대한 일반적인 원칙들의 내용을 담고 있다. 인터넷에는 사용자들이 이용할 수 있는 엄청난 양의 자원들이 있는데, 그것들이 합법적으로 사용되는 것이 중요하다. 추가적으로 인터넷엔 어떤 사람들에겐 불쾌하게 다가올 수 있는 내용들이 많이 있는데, 이런 것들 때문에 직장에서 규정을 만드는 것은 필수적이다. **사이버 반달리즘**cybervandalism은 웹사이트의 정보를 전자적으로 훼손하는 행위이다. **타이포스쿼팅**typosquatting은 누군가 고의적으로 유명 도메인네임의 일부 철자를 변경하여 도메인을 등록할 때 발생하는 문제이다. 이런 변형은 때때로 주소창에 URL 철자를 잘못 입력하는 소비자들을 유혹하기도 한다. **웹사이트네임 절도**website name stealing는 웹사이트의 관리자를 사칭하여 도메인 네임의 소유권을 다른 웹사이트 소유자로 변경하는 방법으로 웹사이트 이름을 훔치는 행위이다. 이러한 방식의 인터넷 사용은 모두 용납되지 않는다. **인터넷 검열**internet censorship은 정부가 인터넷 트래픽을 통제하여 국민들이 특정 정보를 볼 수 없도록 하려는 시도를 말한다. 일반적인 인터넷 사용 정책들은 다음과 같다.

- 사용자들이 이용 가능한 인터넷 서비스들을 설명한다.
- 조직이 언제 인터넷에 접속하는 것을 허락하고, 이 때 만약 제한조건들이 있다면 그것들이 무엇인지 설명한다.
- 자료의 출처를 확실히 알아두는 것, 불쾌한 자료를 다루는 것, 조직의 명성에 해를 끼치지 않는 것에 대한 사용자의 책임을 설명한다.
- 만약 정책을 어겼을 때 받을 처벌에 대해 설명한다.

이메일 프라이버시 정책

이메일 프라이버시 정책email privacy policy은 이메일의 어느 부분이 타인에게 공개될 수 있는가를 상세하게 정하는 것이다. 이메일은 조직 안에서 너무나 침해되기 쉬운 정보이기 때문에 그것만을 다루는 특별한 정책을 필요로 한다. 많은 직장인들은 의사소통 수단으로 이메일을 애용한다. 이메일과 인스턴트 메시징이 가장 흔한 비즈니스 의사소통 도구들인데, 이것들을 사용하는 것과 관련된 위험들이 존재한다. 예를 들어, 송신된 이메일은 최소한 3~4개의 컴퓨터에 저장된다(그림 4.5). 내 컴퓨터에 저장된 이메일을 지운다고 해서 다른 컴퓨터에 저장된 동일한 이메일이 지워지는 것은 아니다. 기업들은 이메일 프라이버시 정책을 구현하고 준수함으로써 이메일 시스템을 사용하면서 생기는 위험들을 줄일 수 있다.

이메일과 관련된 주요한 문제 중의 하나는 사용자가 프라이버시를 기대한다는 것이다. 대부분의 경우 이메일의 프라이버시가 보호받는다는 가정은 미국 제1종 우편 서비스의 프라이버시가 보호받는다는 가정과 마찬가지로 그릇된 것이다. 일반적으로 이메일 시스템을 보유한 조직은 보유한 시스템을 원하는 만큼 개방적이거나 폐쇄적으로 운영할 수 있다. 조사에 따르면 대다수의 기업들은 기밀 자료들이 새는 것을 막기 위해 정기적으로 직원들의 이메일을 읽고 분석한다고 한다. 이것은 만약 기업이 모든 직원의 이메일을 읽고 싶어 하면, 그렇게 할 수 있다는 뜻이다. 기본적으로 업무용 이메일을 업무 이외의 일에 사용 하는 것은 현명하지 못하다. 전형적인 이메일 프라이버시 정책은 다음과 같다.

- 합법적인 이메일 사용자란 무엇인지에 대해 정의하고, 직원이 조직을 나간 후에 이메일 계정은 어떻게 처리되는가에 대한 설명을 한다.
- 백업 과정에 대한 설명을 해주어, 사용자가 그들이 메시지를 컴퓨터에서 지울지라도 기업 측에 자료가 저장된다는 것을 명시한다.
- 이메일을 읽는 것에 대한 법적인 근거와 그러한 행위가 이루어지기 위해 필요로 하

그림 4.5
이메일은 여러 개의 컴퓨터에 저장된다.

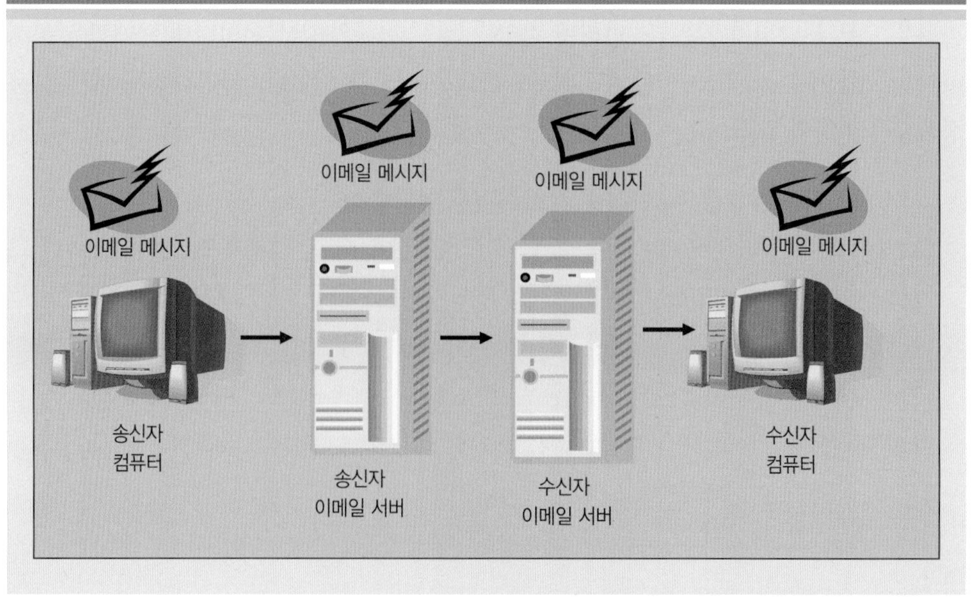

는 절차에 대해 설명한다.

- 스팸 메일을 받고 싶어 하지 않는 사람에게 보내는 행위를 금지한다.
- 인터넷 사이트에 폭탄메일을 보내는 행위를 금지한다. 폭탄 메일mail bomb은 특정 사람이나 시스템에 엄청난 양의 이메일을 보내 사용자의 서버가 기능을 못하도록 하는 것이다.
- 일단 이메일이 조직 밖으로 보내지면, 조직이 해당 이메일에 대한 아무런 통제권도 가지고 있지 않다는 사실을 사용자에게 알린다.

스팸spam이란 원치 않은 메일이다. 이것은 창구 직원부터 CEO까지 조직의 모든 레벨의 직원에게 해를 끼치고 이메일 시스템이 돌아가는 것을 더디게 할 뿐만 아니라 MIS 자원들을 소모할 수 있다. **안티-스팸 정책**anti-spam policy은 이메일 사용자들에게 상대방이 요청하지 않은 이메일(스팸)을 보내지 말라고 명시한다. 안티-스팸 정책, 법, 소프트웨어를 만드는 것은 어려운 일인데, 왜냐하면 스팸을 걸러낼 수 있는 공통된 지표가 없기 때문이다. 한 사람의 스팸은 다른 사람의 소식지가 될 수 있다. 스팸의 정의는 사람마다 다르고 회사마다 다르기 때문에, 결국 최종 사용자들이 어떤 것이 스팸인지 결정해야 한다. 사용자는 원하지 않는 이메일을 수신 거부함으로써 **옵트 아웃**opt out 방식을 사용하거나 이메일 수신을 허용하는 **옵트인**opt in을 사용할 수 있다.

티어 그루빙teergrubing은 수신 컴퓨터가 스팸으로 의심되는 메시지를 스팸 발송자의 컴퓨터로 되돌려 보내는 방식으로 대응 공격하는 스팸 방지 기술이다.

소셜 미디어 정책

샌드위치에 방귀를 뀜으로서 식품위생법을 위반한 두 명의 도미노 피자 직원들에 대한 유튜브 동영상을 본 적이 있는가? 수십만의 사람들이 이 동영상을 보았고, 역겨워진 사람들이 트위터에 불만을 쏟아내고 나서야 도미노 피자 회사는 그 사실을 알아챘다. 트위터 계정을 갖고 있지 않았던 도미노의 간부들이 이 트윗들에 대해 알게 되었을 때는 이미 때는 늦은 후였다. 소셜 미디어의 사용은 조직에게 많은 혜택을 줄 수 있고, 올바로 사용되기만 하면 직원들이 브랜드를 만들어 낼 수 있는 어마어마한 기회들을 제공한다. 그러나 기업을 대표하는 몇몇 직원들이 전체 기업 브랜드에 먹칠을 할 수도 있는 막심한 위험성 또한 갖고 있다. 소셜 미디어 정책에 적용할 수 있는 몇 가지 지침을 정의하는 것은 그러한 위험성을 최소화시킬 수 있다. 기업들은 직원들의 온라인 소통에 대한 원칙이나 지침을 수립하는 **소셜 미디어 정책**social media policy을 적용함으로서 스스로를 보호할 수 있다. 기업의 온라인 명성을 보호하기 위해서는 하나의 소셜 미디어 정책으로는 부족할지도 모른다. 기업이 선택할 수 있는 추가적이고 더 구체적인 소셜 미디어 정책들은 다음의 예들을 포함한다.

- 브랜드 커뮤니케이션에 대해 자세하게 설명하는 직원 온라인 커뮤니케이션 정책
- 직원 블로그와 개인 블로그 정책
- 직원 소셜 네트워크와 개인 소셜 네트워크 정책

- 직원 트위터, 기업 트위터, 개인 트위터 정책
- 직원 링크드인LinkedIn 정책
- 직원 페이스북 사용과 브랜드 사용 정책
- 기업 유튜브 정책

소셜 미디어 모니터링social media monitoring은 회사나 개인, 제품, 브랜드 등에 대한 언급을 모니터링하고 대응하는 과정이다. **소셜 미디어 관리자**social media manager는 소셜 미디어 모니터링 업무의 책임자로서 기업, 개인, 제품 또는 브랜드가 소셜 미디어에 노출되는 것을 모니터링하고, 촉진하고, 여과하고, 유도한다. 조직들은 계속적으로 블로그, 메시지 보드, 소셜 네트워크 사이트, 미디어 공유 사이트들을 감시함으로써 기업의 온라인 평판을 보호해야한다. 그러나 수백 개의 소셜 미디어 사이트들을 감시하는 것은 힘겨운 일이다. 이러한 문제점들을 해결하기 위해 온라인 소셜 미디어 감시를 전문으로 하는 회사들이 있다. 예를 들어 Trackur.com은 기업 간부가 한 눈에 모든 아이템들의 요약 내용, 제목, 소스, 올려진 날짜를 확인할 수 있는 디지털 대시보드를 만들어준다. 이 대시보드는 어떤 대화가 오고가는지 뿐만 아니라 특정 사람, 블로그 혹은 소셜 미디어 사이트의 영향력까지도 보여준다.

직원 모니터링 정책

이제 직원 모니터링은 선택 사항이 아니다. 그것은 위험 관리 의무 사항이다. 아일랜드 은행의 CEO인 마이클 소든은 직원들에게 회사 장비로 불법 웹사이트를 웹서핑 하지 말 것을 명시하는 지시를 내렸다. 그 다음 그는 MIS 부서를 운영하도록 휴렛-패커드Hewlett-Packard를 고용했는데, 불법 웹사이트가 소든 자신의 컴퓨터에서 발견되었고 그는 사임을 할 수 밖에 없었다. 직원들을 모니터링 하는 것은 CIO들이 정보 관리 정책을 만들 때 당면하는 가장 큰 어려움 중에 하나이다.

물리적 보안physical security은 경보기, 경비원, 방화문, 담장, 금고 등과 같은 유형(有形)의 보호물을 말한다. 새로운 기술들은 고용인이 직원들 행동의 다양한 면들을(특히 전화, 컴퓨터 단말기, 전자 혹은 음성 메일, 인터넷을 사용할 때) 모니터링 하는 것을 가능하게 했다. 이러한 모니터링은 사실 그 어떤 규제도 받고 있지 않다. 따라서 기업의 정책에 달리 명시하지 않는 한(심지어 이것도 보장하진 못한다) 당신의 고용주는 당신 직장에서 일어나는 대부분의 의사소통을 듣고, 보고, 읽을 지도 모른다. **작업장 MIS 모니터링**workplace MIS monitering은 키 입력 수, 실수율, 거래 처리 건수 같은 수단을 이용해서 사람들의 행동을 추적하는 것이다(그림 4.6). 조직에서 직원들을 모니터링 할 계획을 세우는 가장 좋은 방법은 해당 이슈에 대해 정확히 어떻게, 언제, 어디서 기업이 직원들을 모니터링 하는지를 정확히 밝히는 **직원 모니터링 정책**employee monitering policy을 포함하는 개방적 의사소통이다. 직원 모니터링 정책을 만들 때 조직이 참고해야 할 조항들은 다음을 포함한다.

- 언제, 그리고 무엇을(이메일, 인스턴트 메시징, 인터넷, 네트워크 활동 등) 모니터링 하는지를 가능한 구체적으로 밝힐 것

일반적인 모니터링 기술	
키 로거 소프트웨어key logger software	모든 키보드 입력과 마우스 클릭을 기록하는 프로그램
하드웨어 키 로거hardware key logger	키보드와 마더보드motherboard 사이에 전송되는 키보드 입력 신호를 캡처하는 하드웨어
쿠키cookie	웹사이트에서 사용자 하드 드라이브에 설치하는 작은 파일로 고객 정보와 웹사이트 사용 정보를 포함하고 있음. 쿠키는 일반적으로 고객의 동의 없이 웹사이트에서 고객의 방문 정보를 기록하게 해줌
애드웨어adware	사용자가 인터넷에서 프로그램을 다운 받을 때 컴퓨터에 설치되어 광고를 만들어 내는 소프트웨어
스파이웨어spyware	무료 소프트웨어를 다운받을 때 함께 다운되어 사용자의 온라인 활동을 추적하고, 컴퓨터에 저장되어 있는 정보를 탐색하고, 컴퓨터의 CPU와 저장장치를 사용자가 알지 못하는 용도로 이용하는 소프트웨어
웹 로그web log	특정 웹사이트에 방문하는 모든 사람들의 정보로 구성되며 일반적으로 웹 서버에 저장되어 있음
클릭스트림clickstream	고객이 웹을 이용하는 동안 방문하는 사이트, 사이트에 머문 시간, 열람한 광고, 구매한 상품 등의 정보를 기록

그림 4.6
인터넷 모니터링 기술들

- 기업이 모든 직원들을 모니터링 할 수 있는 권한을 보유하고 있다는 것을 명확하게 나타낼 것
- 정책을 위반한 경우의 조치 사항에 대해 명시할 것
- 항상, 누구에게나 정책을 실시할 것

많은 직원들은 회사의 인터넷을 이용하여 물품을 구입하거나 웹에서 업무와 관련 없는 정보를 검색한다. 대부분의 관리자들은 직원들이 근무 시간에 개인적인 업무를 처리하는 것을 원치 않는다. 이러한 이유 대문에 기업들은 점점 인터넷 사용을 추적하거나 이메일을 조사하는 소프트웨어를 이용하여 직원들의 웹 사용을 모니터하게 된다. 많은 경영학의 대가들은 기업 문화가 불신보다는 신뢰에 기반하는 기업이 성공적일 것이라고 의견을 같이 한다. 기업에서 모니터닝 기술을 구현하기 전에 다음 질문에 대해 스스로 답해야 한다. "이 기술을 사용하게 되면 직원들이 어떻게 느낄 것인가?" 조직에서 현재 소속되어 있는 직원들을 믿을 수 없다면, 아예 새로운 직원을 구해서 채용해야 한다. 직원들을 신뢰한다면, 그에 걸맞게 직원들을 대해야 한다. 직원들이 컴퓨터 사용하는 것을 일일이 감시한다면 직원들과의 신뢰는 무너지게 될 것이다. 또한 기업은 직원들을 모니터닝 하는 것의 효과가 직원들이 웹 서핑을 하는 것에서 잃는 생산성보다 훨씬 안 좋다는 것을 발견할지도 모른다.

비즈니스 중심적 토의

정보-과연 윤리를 가지고 있는가?

한 고등학교 교장이 동네 스타벅스에서 그의 교직원들, 월급, 학생들의 시험 성적 등 기밀 정보에 대한 대화를 휴대전화로 하는 것이 좋겠다고 생각했다. 한 학생의 부모가 바로 옆에 앉아있다는 것을 알지 못한 채 그는 그의 직원들과 학생들에 관한 민감한 정보들을 얘기했다. 화가 난 학부모가 곧 학교 이사회에 교장의 부적절한 행동에 대해 보고했고, 그 상황을 어떻게 처리해야 하는지에 대한 위원회가 결성되었다.

협업 도구들, e-비즈니스, 인터넷의 물결로 인해 직원들은 직장 밖에서, 그리고 전통적인 근무시간 외에도 일하는 자신을 발견하게 되었다. 원격 근무의 장점은 증가된 생산성, 감소된 비용, 근로자들이 일하고 싶은 장소와 시간을 정하게 됨에 따라 증진되는 사기 등이 있다. 불행히도 새로운 형태의 윤리적 문제점들과 정보 보안 위험들과 같이 원격 근무와 관련된 단점들 또한 존재한다.

조를 지어 다음과 같은 주장에 대해 토의해보자. 정보는 그 어떤 윤리도 가지고 있지 않다. 만약 당신이 교장의 스타벅스에서의 부적절한 대화를 조사해야 하는 위원회에 선정되었다면, 어떤 질문을 하고 싶은가? 만약 문책이 있게 된다면, 그것은 어떤 형태의 것이 되겠는가? 이러한 일이 다시는 일어나지 않게 하기 위해 학교에 어떤 정책을 적용할 것인가? 잠재적 윤리 문제와 정보 보안 쟁점들과 함께 원격 근무가 어떻게 비즈니스에 영향을 끼치는지 표현해 보도록 한다.

비즈니스 중심적 윤리와 보안

IT는 정말 위험을 감수할 가치가 있는가?

윤리, 그저 짧은 단어일 뿐이지만 이것은 비즈니스의 모든 분야에 기념비적인 영향을 끼쳤다. 잡지, 블로그, 신문에서부터 당신이 수강하는 수업에까지 오늘날의 전자 세계의 뜨거운 감자로서의 윤리를 마주하게 될 것이다. 기술은 수없이 많은 놀라운 기회들을 제공했지만, 그것은 또한 비윤리적인 사람에게도 같은 기회들을 제공했다. 다음에 소개할 상황들(그렇다, 이 모든 것은 실화이다)을 둘러싼 윤리적 쟁점에 대해 토론을 해 보자.

- 한 학생이 수업에서 손을 들고 말한다. "전 넷플릭스Netflix에서[3] 빌린 모든 DVD를 합법적으로 복제할 수 있습니다. 왜냐하면 DVD를 구매한 건 넷플릭스이고 저작권은 제품을 구매한 회사에 한해서만 유효하기 때문입니다."
- 수업 첫 날 교수가 강의실에 들어오기 전 한 학생이 자리에서 일어나 그의 친구가 교과서들을 스캔해 그 파일들을 자신이 가지고 있는 USB에 넣어 주었고, 그는 20달러에 그 파일을 팔 의향이 있다고 말했다. 몇 학생이 그 자리에서 돈을 지불

3) 넷플릭스www.netflix.com는 월간 회원제로 운영되는 온라인 영화 및 TV 에피소드 임대 업체이다. 저작권에 대한 법률에 의하면, 소비자가 구매한 DVD를 복사하는 것은 위법이 될 수 있지만, 빌린 DVD를 복사하는 것은 위법이 아니다(따라서 자기가 빌린 DVD를 복사한 것은 잘못이 아니다)는 주장이다.

하고 그들의 컴퓨터에 파일을 다운받았다. 한 학생이 파일을 배포한 학생에 대한 정보를 학인하고 출판사에 이 상황에 대해 알렸다.[4)]

- 마케팅 이사는 그의 직원의 이메일을 감시하도록 요구받았다. 왜냐하면 그 직원이 직장을 옮길 것이라는 소문이 돌았기 때문이다.
- 영업 부문의 부회장이 그녀의 직원에게 모든 소비자들의 정보를 외장 하드에 복사해달라고 부탁했다. 왜냐하면 그녀가 전략적 파트너에게 모든 소비자 정보를 제공하겠다는 거래를 맺었기 때문이다.
- 한 직원이 공유 네트워크 드라이브를 보다가 이메일 백업을 포함한 그의 사장의 모든 하드 드라이브의 내용이 누구에게나 공개되는 네트워크에 복사되었다는 것을 발견했다.
- 한 종업원이 우연히 다음 해고 대상자들의 명단을 이메일에 복사하였다.

비즈니스 중심적 세계화

잊혀질 권리

EU 집행위원회 부위원장 비비안 레딩은 EU 집행위원회에서 새로운 프라이버시 권리, 잊혀질 권리의 입법을 발의했다고 발표했다. 잊혀질 권리는 한 개인이 프라이버시의 침해 소지가 있는 모든 인터넷 콘텐츠를 제거하도록 요청할 수 있는 권리이다. 잊혀질 권리는 디지털 시대에 존재하는 시급한 문제를 단적으로 보여준다. 바로 인터넷상에서 당신의 과거로부터 자유로워지는 것이 매우 힘들다는 것이다. 모든 사진, 상태 메시지, 트윗 등이 클라우드에 영원히 남아 있기 때문이다. 유럽 연합 사법재판소의 결정에 따라 구글은 새로운 온라인 서식을 만들었다. 이 서식을 통해 개인은 자신의 온라인 프라이버시를 침해하는 링크의 제거를 검색 제공자에게 요청할 수 있다. 첫 달에만 5만 건 이상의 신청서가 제출되었다. 미국에서는 많은 사람들이 잊혀질 권리가 표현의 자유와 상충된다고 생각한다. 자신의 과거를 지우고자 하는 사람들에게 다시 기회가 주어져야 옳을까? 당신은 이것에 찬성하는가, 반대하는가?

4) 법적인 기준 및 윤리적인 기준 그리고 이 두 기준 간의 충돌에 초점을 맞출 수 있을 것이다.

비즈니스 중심적 MIS

1,500만 명의 신원 도용 피해자들

신원 도용은 급속한 속도로 미국 내에서 가장 빈번하게 일어나고 비용이 많이 드는 범죄가 되었다. 매년 1,500만 명 이상의 신원이 도용되고 있으며 그 경제적 손실은 5천만 달러를 상회한다. 이 통계에 따르면 올해에도 미국 성인의 10%에 해당하는 신원 정보의 도용 범죄가 발생할 것이며 한 명당 4천 달러의 손실을 발생시킬 것이다. 기업 및 정부의 데이터베이스 정보 유출로 인해 개인 정보가 유출될 위험에 처한 1억 명 미국 시민들은 말할 것도 없다.

신원 도용 기술의 발달로 대규모의 데이터 수집이 가능해지면서 조직적 규모의 범죄가 증가했다. 신원 도용 범죄는 개인을 겨냥한 피싱 및 보이스피싱 사기로 시작해, 점차 기업과 정부 데이터베이스 해킹으로 확장되었고, 흔적을 남기지 않고 수백만 대의 컴퓨터를 장악할 수 있는 복잡한 봇넷 네트워크로 발전되었다. 우리는 이렇게 지속적으로 증가하는 위협에 주의를 기울여야 한다.

당신은 신원도용으로부터 자신을 보호할 책임이 있다. 미국연방거래위원회의 신원도용 소비자 정보 웹사이트(http://www.consumer.ftc.gov/features/feature-0014-identity-theft)를 방문해보고, 신원도용을 방지하고 개인 정보를 안전하게 지키기 위해 어떤 방법이 있는지 조사해보자.

비즈니스 중심적 토론

직원 감시하기

모든 조직은 직원들을 관찰할 권리가 있다. 일반적으로 조직은 특히 네트워크, 이메일, 인터넷 접속 등과 같은 조직의 자산과 관련해서 업무 현장이 모니터링 되고 있으면 그 사실을 직원들에게 알린다. 통상적으로 직원들은 이 모니터링 정책에 동의하고 조직의 자산을 이용할 때는 프라이버시 보호를 기대하지 않는다.

당신은 직원들이 몇 시간 동안 인터넷을 사용하고 어떤 웹사이트를 방문하는지와 같은 모니터링의 범위를 회사가 고지할 의무가 있다는 의견에 찬성하는가, 반대하는가? 또한 회사가 직장 내 컴퓨터에서 개인적 이메일 계정을 포함하여 발송되거나 수신된 직원들의 이메일을 읽을 권리가 있다고 생각하는가?

section 4.2 | 정보 보호

학습 성과

4.3 해커와 바이러스의 관계와 차이점을 설명할 수 있다.
4.4 정보 보호 정책과 정보 보호 계획의 관계를 설명할 수 있다.
4.5 세 가지 주요 정보 보호 영역인 (1) 인증과 인가, (2) 예방과 저항, (3) 탐지와 대응의 예를 들 수 있다.

지적 자산의 보호

MIS와 비즈니스 프로세스 사이의 필수적인 상호의존을 정확하기 설명하기 위해선 우리는 오래된 비즈니스계의 격언인 "시간은 돈이다."를 "가동 시간uptime은 돈이다."로 바꿀 필요가 있다. **다운타임**downtime은 시스템이 작동하지 못하는 기간을 뜻한다. 계획에 없는 다운타임은 언제라도 일어날 수 있는데, 그 이유는 토네이도가 될 수도 있고, 그저 물이 새서일 수도 있고, 혹은 네트워크 오류나 정전 때문에 발생할 수도 있다(그림 4.7). 비록 자연 재해들이 MIS 중단의 가장 파괴적인 원인일지는 모르나, 그것들은 자주 일어나지도 않고 또한 비용이 가장 높은 것도 아니다. 그림 4.8은 다운타임의 비용은 수익의 상실에만 관련된 것이 아니라 금융 성과, 기업의 명성, 심지어는 여행 경비 혹은 법적 경비에까지 관련이 되어있다는 것을 보여준다. 다운타임의 비용을 판단할 때 관리자들이 스

예상치 못한 다운타임들의 원인		
폭탄 위협	파이프 동파	폭설
파열된 파이프	해커	스프링클러 오작동
화학물질 유출	해일	정전기
건설시공	허리케인	파업
오염된 자료	우박	테러
지진	벌레	강도
전력 부족	번개	토네이도
전염병	네트워크 오류	기차 선로이탈
장비의 허술함	비행기 사고	연기 피해
대피	정전	반달리즘
폭발	이상 전압[5]	교통사고
화재	쥐	바이러스
홍수	사보타지	수해(다양한)
사기	파쇄된 자료	바람

그림 4.7
예상치 못한 다운타임들의 원인

5) power surge, 번개나 스위칭 등으로 인하여 전압이 급격히 올라가는 것

스로에게 물어야 하는 질문들의 몇 가지 예는 다음과 같다.

- 비즈니스에 미치는 타격을 최소로 유지하는 한에서 기업은 몇 개의 거래를 잃는 것을 감당할 수 있는가?
- 기업이 의존하는 핵심적인 애플리케이션mission-critical applications이 몇 개인가?
- 핵심적인 애플리케이션을 사용할 수 없는 기간 중 한 시간 당 잃게 되는 기업의 수익은 얼마인가?
- 다운타임 한 시간 당 생산성과 관련된 비용은 무엇인가?
- 예상치 못한 IT 불능 상태로 인해 파트너들, 공급자들, 소비자들 사이의 협업적 비즈니스 프로세스들은 어떤 영향을 받을 것인가?
- 예상치 못한 다운타임으로 인한 수익 상실과 생산성 상실의 총비용은 무엇인가?

IT 시스템의 신뢰도와 회복력은 비즈니스가 세계화, 24/7 운영, 정부와 무역 규제들, 국제 경기 침체, 도를 넘은 IT 예산과 자원 등에 성공적으로 대처하기 위해 필수적인 것이 되었다. 오늘날과 같은 비즈니스 환경에서 예상치 못한 다운타임은 회사에 지대한 영향을 미칠 수 있는 장단기적 비용을 발생시킬 가능성을 내포한다.

그림 4.8
다운타임의 비용

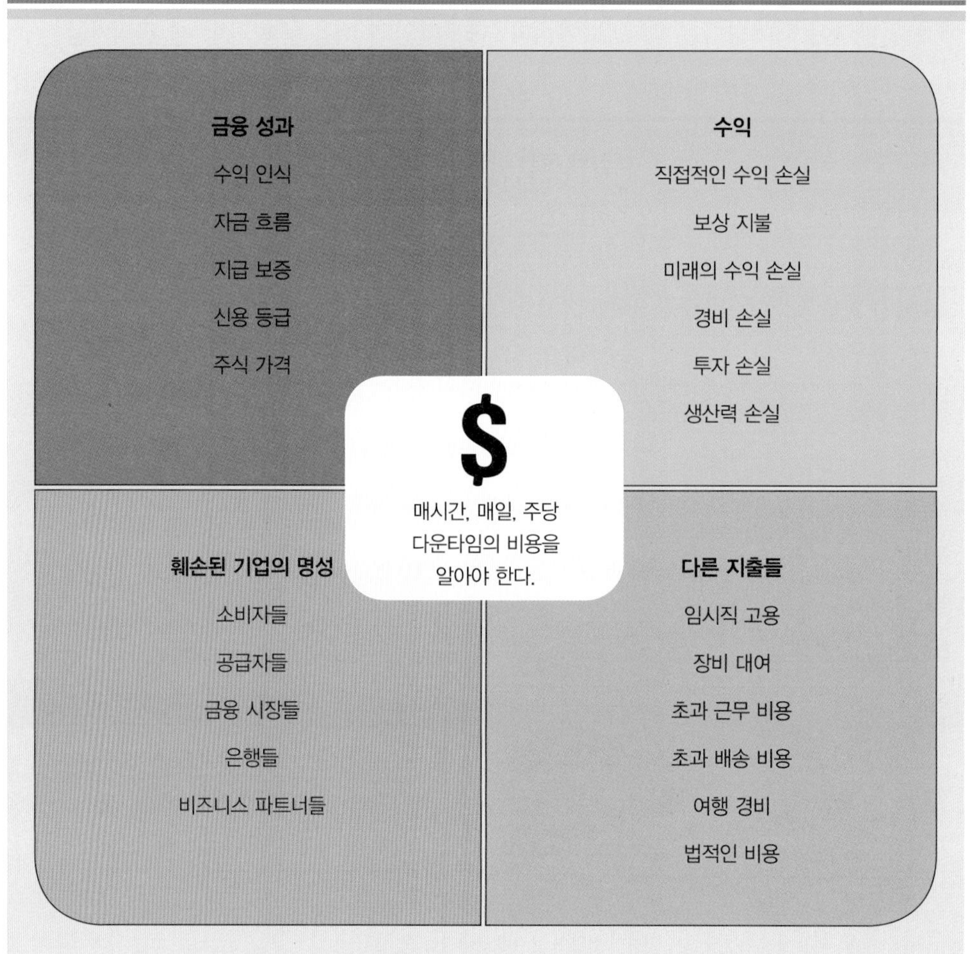

정보 보호information security는 조직 내부 및 외부의 사용자에 의해 발생하는 우발적이거나 고의적인 오용으로부터 정보를 보호하는 것을 의미하는 광범위한 개념이다. 정보 보호는 다운타임과 관련된 위협들에 대비하기 위해 조직이 사용할 수 있는 주요 도구다. 정보 시스템을 어떻게 보호하는가를 이해하는 것은 다운타임을 최소화하고 가동 시간을 최대화 하는 것의 핵심이다. 해커와 바이러스는 현재 정보 보호와 관련된 가장 핵심적인 두 사안이다.

해커와 바이러스에 의한 보안 위협

해커hacker는 기술 전문가로서 자신의 지식을 이용하여 컴퓨터와 컴퓨터 네트워크에 침입하는 사람들이다. 그들은 돈을 위해서 혹은 그저 도전을 하기 위해 해킹을 한다. 담배를 피우는 것은 사람의 건강에만 악영향을 끼치는 것은 아닌 것 같다. 그것은 기업의 보안에도 악영향을 끼치는 것 같은데, 왜냐하면 해커들은 건물의 접근 권한을 얻기 위해 흡연 통로를 주기적으로 이용하는 것으로 보인다. 일단 건물에 들어온 후에 그들은 MIS 부서에서 나온 직원처럼 행동하는데, 그들은 기업의 네트워크에 접근하기 위해 직원의 컴퓨터를 사용해도 되냐고 묻거나 회의실 등을 찾아 자신의 컴퓨터를 연결시킨다. **차량 해킹**drive-by hacking은 침입자가 네트워크가 설치되어 있는 사무실이나 조직에 직접 들어가지 않고 무선 컴퓨터 네트워크에 접속해 데이터를 가로채고 네트워크 서비스를 이용하고, 공격 명령을 내리는 컴퓨터 공격이다. 그림 4.9는 조직이 유의해야 하는 해커들의 유형을 보여주고 있고, 그림 4.10은 바이러스가 어떻게 퍼져 나가는지를 보여준다.

컴퓨터를 위험에 빠지게 하는 것의 가장 흔한 형태는 바이러스이다. **바이러스**virus란 악의를 가지고 불편함이나 피해를 일으키도록 만든 소프트웨어이다. 어떤 해커들은 막대한 컴퓨터 피해를 일으키도록 바이러스를 만들고 남긴다. **웜**worm은 파일을 통해서 뿐만 아니라 컴퓨터를 통해서도 감염된다. 바이러스와 웜의 가장 큰 차이점은 바이러스는 실행 파일과 같은 무언가에 기생하여 감염되지만 웜은 숙주 파일 없이 스스로 컴퓨터로 침입하여 전파된다는 것이다. 그림 4.11은 흔한 바이러스를 개괄적으로 설명하고 있다.

컴퓨터에 두 가지 추가적인 위협은 애드웨어와 스파이웨어이다. **애드웨어**adware란 어떤 유용한 기능을 수행할 수 있게 도와주는 동시에 인터넷 광고주들이 컴퓨터 사용자의 동의 없이 광고를 보여줄 수 있도록 하는 것이다. **스파이웨어**spyware란 애드웨어의 일종

그림 4.9
해커의 유형

일반적인 해커의 유형
■ **화이트햇 해커**white-hat hacker: 시스템 소유자의 요청에 의해 시스템의 취약점을 탐색하는 사람
■ **블랙햇 해커**black-hat hacker: 타인의 컴퓨터에 침투하여 정보를 열람하거나, 훔치거나, 파괴하는 사람
■ **핵티비스트**hactivist: 철학이나 정치적 의도를 가지고 시스템에 침투하는 사람
■ **스크립트 키디**script kiddies, script bunnies: 인터넷에서 구한 해킹 프로그램 등으로 해킹을 시도하는 초보 해커
■ **크래커**cracker: 범죄 의도를 가지고 있는 해커
■ **사이버 테러리스트**cyberterrorists: 사람들에게 피해를 입히거나 중요 시스템과 정보를 파괴할 시도를 하며 인터넷을 대량 파괴의 무기로 사용하는 사람

그림 4.10

컴퓨터 바이러스는 어떻게 퍼지는가

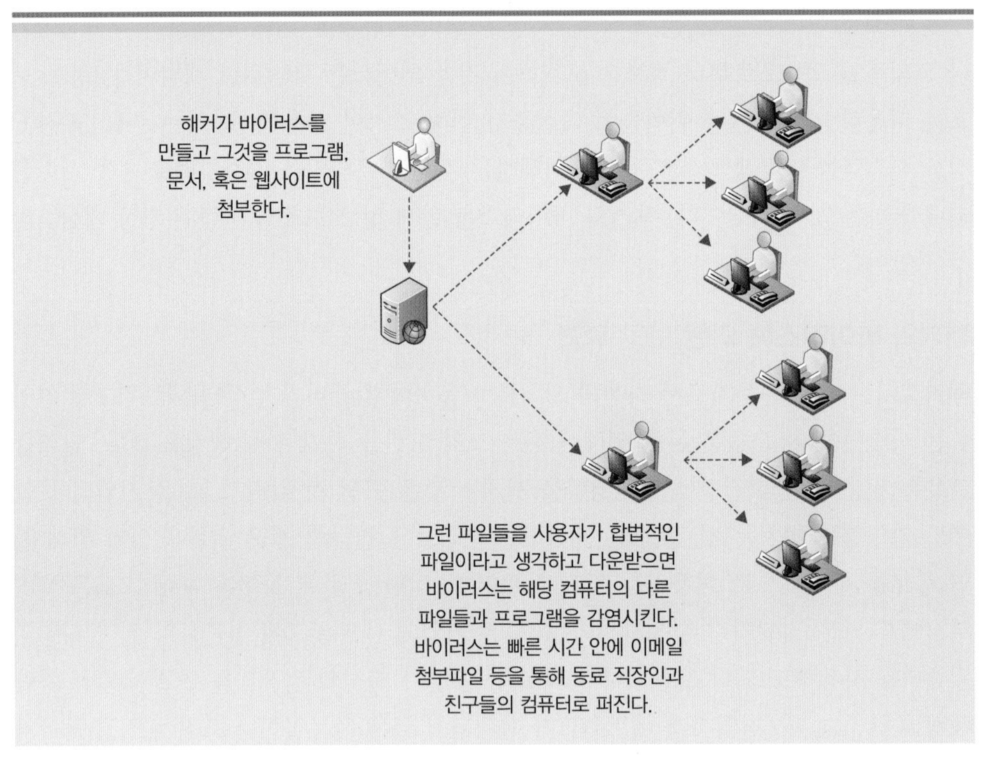

인데 사용자에 대한 자료를 모아 사용자의 동의 없이 인터넷으로 그 정보를 보내는 것을 말한다. 스파이웨어 프로그램들은 사용자에 대한 구체적인 자료들을 모으는데 이름, 주소, 브라우징 버릇들과 같은 일반적인 인구통계학적 자료들부터 신용카드번호, 주민등록번호, ID, 비밀번호와 같은 정보들까지 빼돌린다. 모든 애드웨어가 스파이웨어인 것은 아니며 올바르게 사용되었을 때는 사용자들로 하여금 무료 제품들을 받을 수 있게 함으로서 기업이 수익을 창출하는 것을 돕는다. 스파이웨어는 프라이버시에 대한 명백한 위협이다. **랜섬웨어**ransomware는 컴퓨터를 감염시키고 돈을 요구하는 악성 소프트웨어이다. 심플라커는 개인 파일들을 암호화한 후 파일의 암호를 제공하는 조건으로 돈을 요구하는 신종 랜섬웨어이다. 그림 4.12는 해커들이 공격을 위해 사용하는 몇 가지 추가적인 무기들을 보여준다.

조직 정보는 지적인 자산이다. 조직이 형체를 가지고 있는 자산을 보호(돈을 안전한 은행에 보관 혹은 직원들에게 안전한 근무 환경을 제공)하듯이 특허, 거래와 분석 정보와 같은 지적 자산을 보호해야 한다. 보안 위협과 바이러스들이 만연하고 컴퓨터 해커들이 활개를 치는 상황에서 조직은 살아남기 위해 강력한 보안책들을 강구해야 한다.

1차 방어선–사람

오늘날의 조직들은 조직 전체 매출의 80%를 발생시키는 20%의 고객이 누구인가와 같은 귀중한 정보를 파악할 수 있게 되었다. 대부분의 조직들은 이러한 정보를 가치 있는 지적 자산으로 간주하고, 이러한 정보가 조직 밖으로 유출되는 것을 막기 위한 보안 대책을 구현하고 있다. 동시에 그들은 직원들, 소비자들, 파트너들이 필요한 정보에 전자

백도어 프로그램backdoor program: 향후에 네트워크를 공격하기 위해 입구를 열어 놓는 바이러스

서비스 거부 공격 DoS: denial-of-service attack: 무수히 많은 서비스 요청을 발생시켜 웹사이트의 속도를 늦추거나 다운시킨다.

분산 서비스 거부 공격DDoS: distributed denial-of-service attack: 다수의 컴퓨터를 이용한 서비스 거부 공격으로, 동시에 다수의 컴퓨터에서 특정 웹사이트에 대한 서비스 요청을 발생시켜 해당 웹사이트의 속도를 늦추거나 다운시킨다. 가장 일반적인 형태의 DDoS는 '죽음의 핑Ping of Death'으로, 이 방식은 수많은 컴퓨터가 동시에 하나의 웹사이트에 접속을 시도하여 사이트가 과부하 되고 결국 다운되게 만든다.

다형성 바이러스와 웜polymorphic viruses and worms: 전파되면서 형태를 변경하는 바이러스와 웜

트로이 목마 바이러스 Trojan-horse virus: 첨부 파일이나 다운로드 파일의 형태로 다른 소프트웨어의 내부에 숨겨져 있는 바이러스

그림 4.11
일반적인 바이러스 형태

권한의 상향 조정elevation of privilege: 시스템에 손상을 입힐 목적으로 접근하는 사용자에게 당초에는 허가되지 않은 권한을 시스템이 승인하도록 유인하는 과정. 예를 들어 공격자는 게스트 계정으로 네트워크에 접속한 뒤 소프트웨어의 취약점을 이용해 공격자의 권한을 관리자로 변경한다.

혹스hoax: 혹스는 실제 바이러스가 포함된 가짜 바이러스 경고 메시지를 전송하여 컴퓨터 시스템을 공격한다. 정상적인 메시지로 위장한 혹스는 수신자가 다른 사용자들에게 메시지를 전파하도록 유인하여 그들의 동료와 친구들과 같은 더 많은 사용자들을 감염시키고 공격할 수 있도록 한다.

악성코드malicious code: 바이러스, 웜, 트로이 목마 등의 위협에 대한 통칭

패킷 변조packet tampering: 인터넷을 통해 전송 중인 패킷의 내용을 변경하거나 네트워크에 침투하여 컴퓨터 디스크의 데이터를 변경하는 것. 공격자는 패킷을 가로채기 위해 컴퓨터의 네트워크 라인에 탭을 설치하고, 정보가 네트워크를 통해 이동할 때 그것을 가로채어 변경할 수 있다.

스니퍼sniffer: 네트워크에서 데이터의 흐름을 모니터 할 수 있는 프로그램이나 장치. 스니퍼는 패스워드와 민감한 정보를 포함해 네트워크상에서 전송되는 모든 데이터를 보여준다. 스니퍼는 해커들이 가장 선호하는 무기이다.

스푸핑spoofing: 이메일에 표시된 송신자 주소를 위조하여 이메일이 실제 송신자가 아닌 엉뚱한 사람에게 온 것처럼 보이게 하는 것. 바이러스 제작자의 신원을 숨기기 위해 사용될 수 있고, 아이디나 패스워드를 재입력하도록 요구하여 중요 정보를 탈취할 수 있다.

스플로그splog(spam blog): 스플로그는 관련 웹사이트의 검색 엔진 순위를 상승시키려는 목적으로 만들어진 허위 블로그이다. 그러나 정상적인 블로그들조차 스팸에 시달리고 있다. 스패머들은 블로그의 코멘트 기능을 이용해 스팸 사이트로 이동하는 링크가 담긴 코멘트를 블로그에 남긴다.

스파이웨어spyware: 무료 다운로드 소프트웨어에 숨겨져 사용자 컴퓨터에 설치되며, 사용자의 온라인 활동을 추적하고 컴퓨터에 저장된 정보를 탐색하고 CPU나 저장 공간을 몰래 사용하는 소프트웨어

그림 4.12
해커들의 무기

적으로 접근할 수 있도록 해야 한다. 조직은 1차적인 보안 대책으로 사람을 활용하고, 2차적으로는 기술을 사용하여 보안을 구축한다.

놀랍게도 정보 보호에 관련된 최대의 이슈들은 기술적인 문제가 아니라 사람들이 조직의 정보를 오용하는데서 발생한다. **내부자**insider란 합법적인 사용자들로 의도적으로나 실수로 전산 환경에 접근할 수 있는 그들의 권한을 이용해 비즈니스에 영향을 주는 사건을 일으키는 사람들이다. 예를 들어 많은 개인들은 단순히 그들의 패스워드를 알려주거나 포스트잇 등에 적어 그들의 컴퓨터에 붙여 놓음으로서 해커들이 쉽게 침입할 수 있도록 한다. **사회 공학**social engineering을 통해서 해커들은 사람들을 속여 귀중한 정보들을 얻기 위해 그들의 사회적 기술들을 이용한다. 사용자 **쓰레기통 뒤지기**dumpster diving도 해커들이 정보를 얻기 위해 이용하는 사회 공학의 방법의 하나이다. **프리텍스팅**pretexting 역시 개인의 비밀 정보를 얻기 위해 사용되는 사회 공학 기법 중 하나이다.

정보 보호 정책information security policy은 정보 보호를 유지하기 위해 필요한 규칙들을 모아 놓은 것이다. 사용자들이 자리를 비울 때 로그오프를 하도록 하거나 패스워드를 타인에게 알려주지 않도록 하고, 패스워드를 30일마다 바꾸도록 하는 방식 등이 가능하다. **정보 보호 계획**information security plan은 조직에서 정보 보호 정책을 구현하는 방법을 자세하게 정리한 것이다. 기업이 사람들로부터 자신을 지킬 수 있는 가장 좋은 방법은 정보 보안 계획을 적용하고 그것에 대해 의사소통하는 것이다. 이것은 웹 2.0과 모바일 기기들, 원격근무자와 계약직들이 늘어남에 따라 더욱 중요해진다. 사람과 정보 보안 정책들에 대해 관리자가 고려해야 할 세부사항들은 다음 사항들에 대한 베스트 프랙티스들을 정의하는 것을 포함한다.

- 기업의 네트워크에 설치 가능한 애플리케이션들, 특히 다양한 파일 공유 애플리케이션(Kazaz), 인스턴트 메시징 소프트웨어, 그리고 오락용 혹은 밝혀지지 않은 출처의 프리웨어들(아이폰 애플리케이션)
- 개인 네트워크에 개인적인 이유로 쓰이는 기업의 컴퓨터 기기들
- 최소한의 비밀번호 길이, 비밀번호를 정할 시에 포함되어야 하는 문자, 비밀번호 변경 주기를 포함한 비밀번호 생성과 관리
- 기업의 네트워크에 연결하는 것이 허락된 개인 컴퓨터 기기
- 시스템이 얼마나 자주 검사되어야 하고 소프트웨어가 업그레이드 돼야 하는가를 포함한 바이러스로부터의 보호. 이것은 첨부 파일들을 다운로드 하는 것이 허락될 것인지, 그리고 믿을 만하거나 의심스러운 소스에서 안전하게 다운받는 관행을 포함한다.

2차 방어선–기술

일단 조직이 사람들을 자세한 정보 보안 계획으로 무장시켜 그들의 지적 자산을 보호했다면, 기업은 공격자들에 대항할 수 있는 기술을 적용하는 것에 집중할 수 있다. **파괴적 에이전트**destructive agent는 스패머나 인터넷 공격자들에 의해 설계된 악성 에이전트로, 웹사이트에 이메일 주소를 심어놓거나 컴퓨터에 스파이웨어를 설치한다. 그림 4.13은 기술이 공격에 대한 방어를 도울 수 있는 세 가지 분야를 보여준다.

사람: 인증과 인가

신원 도용identity theft은 사기를 위해 어떤 사람의 신분을 위조하는 것이다. 사기는 보통 금융과 관련된 것인데 왜냐하면 도둑들이 희생자의 이름으로 신용 카드나 대출을 이용하기 때문이다. 신원을 훔치는 두 가지 방법엔 피싱과 파밍이 있다. **피싱**phishing은 온라인에서 타인의 신원을 훔치기 위해 사용되는 흔한 방법인데, 보통 개인 정보를 얻어내는 방법으로 합법적인 비즈니스에서 보낸 것 같은 가짜 이메일을 보내는 방법을 사용한다. 메시지는 정상적인 포맷과 로고를 포함한 진짜처럼 보인다. 이러한 이메일에서는 패스워드나 계좌 번호와 같은 중요 정보의 확인을 요청하는데, 회계와 감사의 목적으로 패스워드나 계좌번호가 요청되는 경우가 종종 있기 때문이다. 이런 이메일들은 매우 진짜처럼 보이기 때문에 다섯 명중에 한 명 정도는 이메일의 요청에 응하게 되고 신원 도용의 피

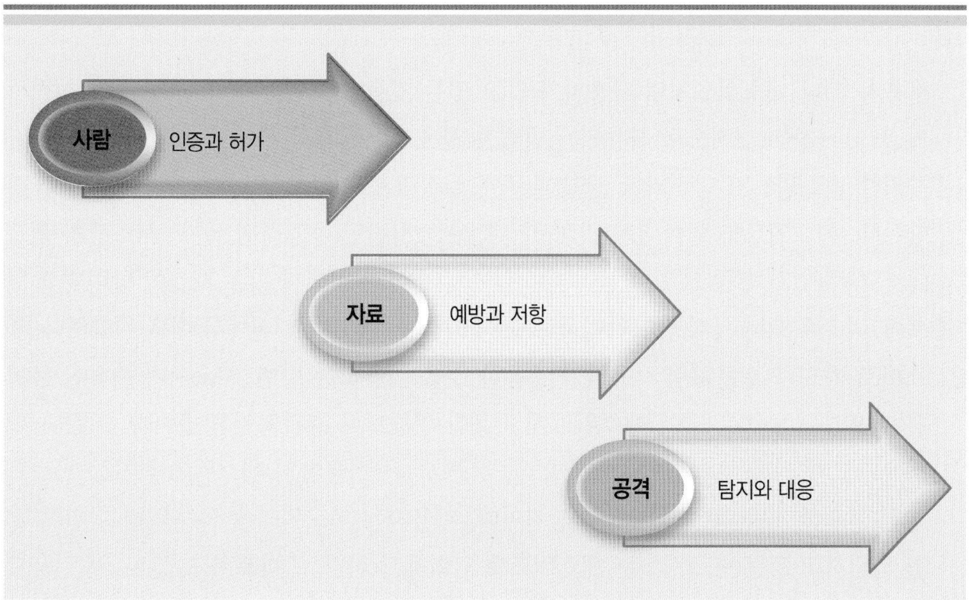

그림 4.13

정보 보호의 세 가지 분야

사람 인증과 허가

자료 예방과 저항

공격 탐지와 대응

해를 입게 된다. 그림 4.14는 스카이라인 은행Skyline bank을 위해 정보를 얻는 것처럼 위장하려던 피싱 신용 사기를 보여주고 있다. 기업들은 절대로 당신의 ID나 비밀번호를 물어보려 직접 연락을 하지 않으니 이렇게 당신의 신원에 대한 정보를 요구하는 이메일은 절대로 클릭해선 안 된다. **피싱 엑스퍼디션**phishing expedition은 스팸과 스푸핑을 결합한 위장 공격이다. 공격자는 신뢰할 수 있는 회사가 발송한 것처럼 보이는 대량의 스팸 이메일을 보낸다. 이메일은 특정 웹사이트로 이동하는 링크를 포함하고 있는데, 이 링크는 이 회사의 웹사이트와 똑같이 보이도록 설계된다. 가짜 웹사이트는 피해자가 자신의 사용자 이름과 패스워드, 때로는 신용카드 정보를 입력하도록 요구한다. **스피어 피싱**spear phishing은 특정 사용자나 기업을 목표로 하여 교묘하게 만들어진 이메일을 이용한 피싱 방법이다. **보이스 피싱**vishing, voice phishing은 가짜 전화번호로 전화를 걸어 사람들이 계좌 정보를 확인하도록 유도하여 돈을 갈취하는 전화 사기의 일종이다.

파밍pharming은 합법적인 웹사이트로의 요청 경로를 바꿔 가짜 웹사이트로 연결한다. 예를 들어 만약 당신 은행의 URL을 입력했을 경우, 파밍은 당신의 정보를 얻기 위해 당신을 가짜 사이트로 연결할 것이다. **좀비**zombie는 다른 컴퓨터들을 공격하기 위해 타인의 컴퓨터를 비밀리에 장악하는 프로그램이다. 좀비 공격은 공격자의 추적이 거의 불가능하다. **좀비팜**zombie farm은 해커가 좀비 프로그램을 심어놓은 일군의 컴퓨터들을 말한다. **파밍 공격**pharming attack은 보통 조직적 범죄 집단이 좀비팜을 이용하여 대규모 피싱 공격을 착수하는 것을 말한다.

인증과 인가 기술들이 신원 도용, 피싱, 파밍 등을 예방할 수 있다. **인증**authentication은 사용자의 신원을 확인하는 방법이다. 시스템에서 사용자의 인증을 결정하면(즉, 사용자를 인증하면), 동일 사용자의 접근 권한을 인가할지를 결정하게 된다. **인가**authorization는 특정인에게 특정 대상에 대한 사용권 또는 소유권을 허가하는 과정이다. 다수가 사용하는 시스템에서는 인가 과정에서 파일 접근, 접근 시간, 할당된 저장 공간 등을 결정하게 된다. 인증과 인가 기법은 다음 세 가지로 구분되는데 매우 안전한 인증과 인가를 위해서는 다음 기법들을 혼합하여 사용한다.

1. **사용자 ID나 패스워드처럼 사용자가 알고 있는 것을 이용하는 방법** 사용자를 식별하기 위해 가장 보편적으로 사용되는 방법은 사용자 ID와 패스워드를 이용하는 것이다. 하지만 패스워드가 안전하지 않기 때문에 실질적으로는 가장 비효과적인 방법 중 하나이다. 패스워드를 알아내기 위해서는 충분한 시간만 투입하면 된다. 시스템의 헬프데스크 문의 전화 중 50% 이상이 패스워드에 대한 것이어서 많은 시간이 낭비되고 있으며, 패스워드는 사회공학 기법으로 쉽게 노출될 수 있다는 면에서 매우 취약하다.
2. **스마트 카드나 토큰처럼 사용자가 소유한 것을 이용하는 방법** 사용자가 소유한 물건을 이용하는 방법은 ID와 패스워드를 이용한 인증보다 효과적인 방법이다. 토큰과 스마트카드가 가장 보편적으로 쓰이는데, **토큰**token은 사용자의 패스워드를 자동으로 교환하기 위해 사용하는 작은 전자 장치이다. 사용자는 네트워크에 접속을 하기 위해 ID를 입력하고 토큰에 표시되는 패스워드를 입력해야 한다. **스마트카드**smart card는 신용카

그림 4.14

스카이라인 은행 피싱 사기

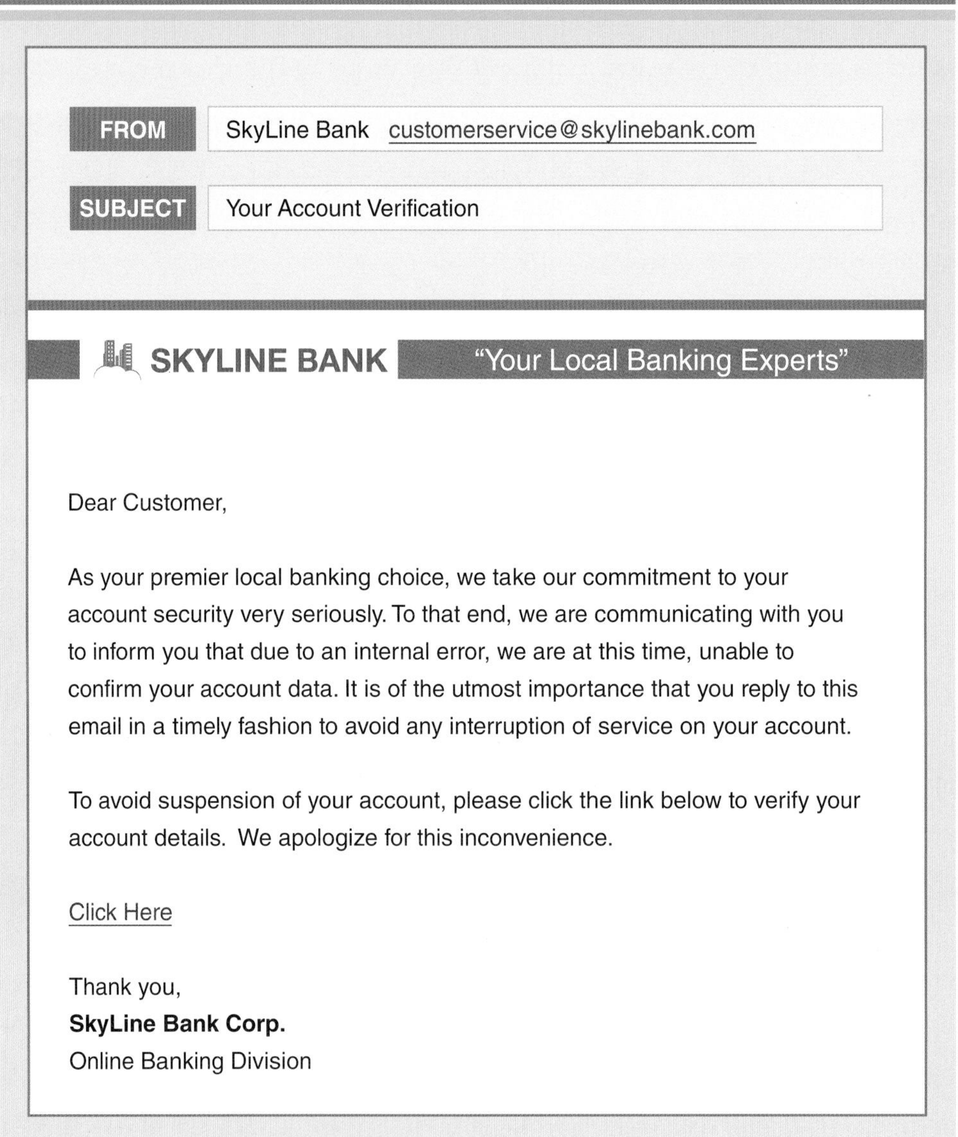

FROM
SkyLine Bank customerservice@skylinebank.com
SUBJECT
Your Account Verification
SKYLINE BANK
"Your Local Banking Experts"
Dear Customer,
As your premier local banking choice, we take our commitment to your account security very seriously. To that end, we are communicating with you to inform you that due to an internal error, we are at this time, unable to confirm your account data. It is of the utmost importance that you reply to this email in a timely fashion to avoid any interruption of service on your account.
To avoid suspension of your account, please click the link below to verify your account details. We apologize for this inconvenience.
Click Here
Thank you,
SkyLine Bank Corp.
Online Banking Division

드 크기에 정보를 저장할 수 있고 제한된 규모의 정보 처리를 할 수 있는 소프트웨어를 저장할 수 있는 장치이다. 스마트카드는 식별 수단으로 사용할 수도 있고, 디지털 현금이나, 개인의 전체 의료 기록을 보관하는 데이터 저장 장치로 사용할 수 있다.

3. **지문이나 음성 인식처럼 사용자의 신체를 이용하는 방법** 세 번째 유형의 인증 방법은 사용자의 신체 일부(또는 신체 일부에 대한 정보)를 사용하는 것인데, 가장 효과적인 인증 방법이다. 보통 생체 인식이라고 부르는데, **생체 인식**biometrics은 좁은 의미로는 지문, 홍채, 안면, 음성, 서체 등의 신체적 특징을 이용하여 사용자를 인식하는 방법이다. **성문**voiceprint은 개인 고유의 신원을 식별할 수 있는 측정 가능한 인간의 음성 특성들의 집합을 말한다. 이 특성들은 화자의 입이나 목구멍과 같은 신체적인 형태에 기반을 두고 있으며, 수학적인 공식으로 표현이 가능하다. 불행히도 생체 인식 인증 방법은 비용이 많이 들고 사용자들이 사용하길 꺼릴 수 있다.

단일 요소 인증single-factor authentication은 사용자 ID 및 패스워드를 이용하는 전통적인 인증방식이다. **이중 요소 인증**two-factor authentication은 사용자에게 두 가지 수단의 인증을 요구한다. 하나는 사용자가 알고 있는 것(패스워드)이며 또 다른 하나는 사용자가 가지고 있는 것(보안 토큰)이다. **다중 요소 인증**multifactor authentication은 허가 받지 않은 사용자가 시스템에 접근하기 어렵게 만든다. 공격자가 하나의 보안 레벨을 통과하더라도 여전히 추가적인 보안 레벨들을 통과해야 하기 때문이다.

자료: 예방과 저항

예방prevention과 저항resistance 기술들은 침입자들이 자료에 접근하는 것을 콘텐트 필터링, 암호화, 그리고 방화벽의 방법으로 차단한다. **시한폭탄**time bomb은 특정 날짜에 공격 명령을 수행하는 컴퓨터 바이러스이다. **콘텐트 필터링**content filtering은 인가되지 않은 정보를 우연히 또는 악의적으로 전송하는 것을 방지하기 위해서 콘텐트(예를 들어 이메일 같은)를 필터링하는 소프트웨어를 사용하는 것을 말한다. 조직은 이메일을 거르고 민감한 정보가 포함된 이메일이 전송되는(그것이 우연이냐 또는 악의적이냐를 불문하고) 것을 방지하기 위해서 콘텐트 필터링 기술을 사용할 수 있다. 그것은 또한 이메일을 걸러서 바이러스에 감염되었다고 의심되는 파일이 전송되는 것을 방지할 수 있다. 이메일 콘텐트 필터링은 스팸과 같이 원하지 않는 이메일들을 걸러낼 수 있다.

암호화encription는 정보를 키(암호)가 없으면 풀어서(복호화하여) 볼 수 없는 형태로 변환한다. 정보 침해가 발생했는데 침해된 정보가 암호화되어 있었다면, 정보를 취득한 사람은 알아볼 수 없을 것이다. 암호화에서는 문자의 순서를 바꾸거나(전치 암호), 문자를 다른 문자로 대체하거나(대치 암호), 문자를 추가하거나 삭제하거나, 수학 공식을 사용하여 정보를 일정한 형태의 코드로 변환할 수 있다. 신용카드 정보 등의 민감한 고객 정보를 인터넷을 통하여 전송하는 기업들은 암호화를 자주 사용한다. 정보를 **복호화**decrypt 하는 것은 암호화된 정보를 원상태로 복구하는 것으로 암호화의 반대이다. **암호학**cryptography은 메시지를 숨겨 발송자와 수신자만 메시지를 읽을 수 있도록 하는 암호화에 대해 연구하는 학문이다. 미국표준기술연구소NIST는 정부의 정보 보안을 위해 설계된 차

그림 4.15

스카이라인 은행 피싱 사기

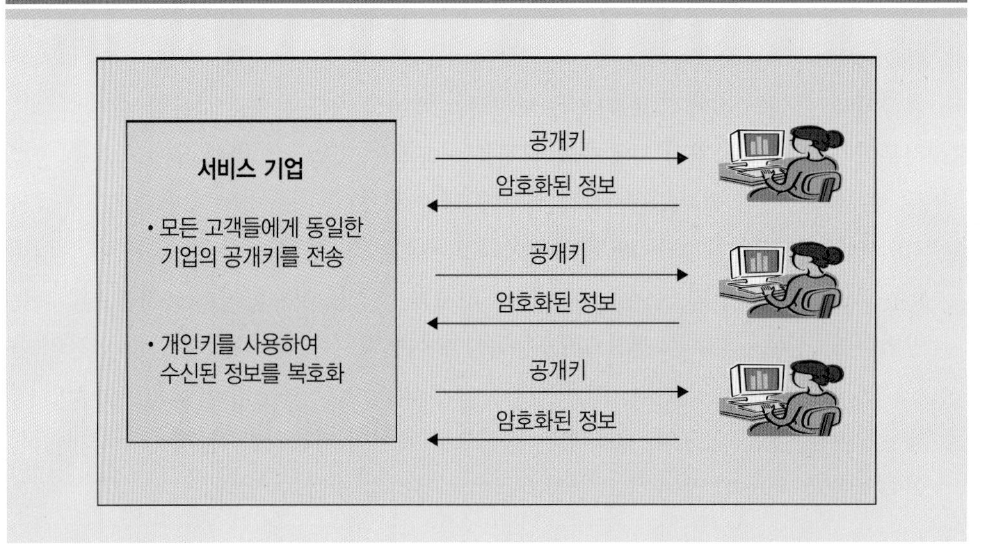

세대 암호화 표준 AESadvanced encryption standard를 도입했다.

암호화에는 단일키를 사용하는 암호화(대칭키 암호화)와 복수키를 사용하는 암호화(공개키 암호화)가 있다. **공개키 암호화**PKE:public key encryption는 모두에게 공개된 공개키와 소유자만 알고 있는 개인키의 두 개의 키를 사용하는 암호화 시스템이다(그림 4.15). 정보 시스템 이용자가 수신자의 공개키를 이용하여 정보를 암호화하고 인터넷을 통해 전송하면, 수신자는 자신의 개인 키를 이용하여 수신된 암호문을 복호화하여 정보를 복구할 수 있다.

공개키는 디지털 객체들로 이루어진 인증 기법에 흔히 사용되고 있으며, 이 기법에서는 제3신뢰기관trusted third party이 사용자와 공개키 간의 연관성을 확인한다. **인증기관**certificate authority은 베리사인과 같은 제3신뢰기관으로, 전자인증서를 이용해 사용자의 신원을 검증한다. **전자인증서**digital certificate는 온라인상에서 개인이나 조직을 식별해주는 데이터 파일로, 전자 서명과 유사하다.

방화벽firewall은 네트워크를 통해 유입되거나 유출되는 정보를 분석하여 사설 네트워크를 보호하는 하드웨어와 소프트웨어이다. 방화벽은 네트워크에 진입을 요청하는 메시지를 검토한다. 메시지에 정확한 표식이 없는 경우에 네트워크에 진입하는 것을 방화벽이 막게 된다. 방화벽은 승인을 받지 않고 인터넷을 통해 통신하는 컴퓨터를 탐지할 수도 있다. 그림 4.16에서 볼 수 있듯이, 방화벽은 서버와 인터넷 사이에 위치하는 것이 일반적이다. 방화벽은 인터넷과 기타 네트워크에 안전하게 출입할 수 있는 통로와 출입 통제 장치를 제공함으로써, 컴퓨터 네트워크를 침입으로부터 보호하는 문지기라고 생각하면 된다. 그것은 모든 네트워크 트래픽이 정당한 패스워드나 기타 보안 코드가 있는가를 확인하고 인가된 전송만을 네트워크 안팎으로 출입할 수 있게 한다.

방화벽은 완전한 보호를 보장하지는 않기 때문에 사용자는 바이러스 백신 소프트웨어와 같은 추가적인 보안 기술들을 사용하여야 한다. **바이러스 백신 소프트웨어**antivirus software는 하드드라이브를 스캔하고 탐색하여 기존에 알려진 바이러스, 애드웨어 그리고 스파이웨어를 방지하고, 탐지하며, 제거한다. 바이러스 백신 소프트웨어는 새로 만들어

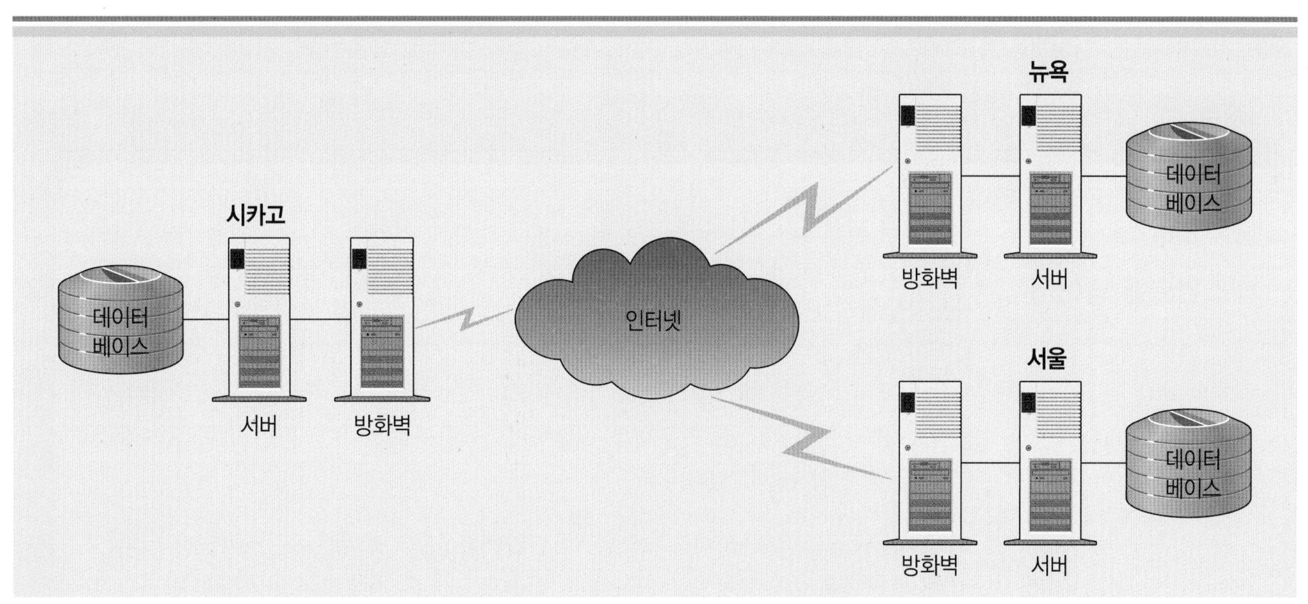

그림 4.16
원격지에 위치한 시스템을 연결하는 방화벽의 예

진 바이러스에 대항하기 위해서 자주 갱신하여야 한다.

공격: 탐지와 대응

사이버워cyberwar는 한 국가의 정보 통신 시스템을 파괴하거나 무력화시키는 조직화된 군사적 행위이다. **사이버 테러리즘**cyberterrorism은 컴퓨터와 네트워크 기술을 이용하여 정치적 · 종교적 · 이데올로기적 목표를 얻기 위해 정부나 개인 또는 사회 일부를 위협하거나 억압할 목적으로 개인이나 소유물에 피해를 입히는 행위이다. 수많은 침입자가 컴퓨터 공격을 시도하므로 모든 컴퓨터 시스템에 보안 장치를 설치하는 것이 중요하다. 침입자의 존재는 악성 패스워드, 상급 보안 파일의 소거 또는 인가되지 않은 사용자 시도들과 같은 의심스러운 네트워크 사건들을 감시함으로써 탐지할 수 있다. **침입 탐지 소프트웨어**IDS는[6] 침입자를 탐지하기 위해서 네트워크 내의 패턴을 탐색하는 상시 모니터링 기능을 제공한다. IDS는 파일과 자료에 접근하려는 의심스러운 네트워크 트래픽과 시도들을 방지한다. 만약 의심스러운 사건이나 인가되지 않은 트래픽이 탐지되면, IDS는 경고를 발하고 네트워크의 특별히 민감한 부분을 폐쇄할 수 있도록 조정될 수 있다. 공격을 탐지한 후에는, MIS 부서는 충격을 완화하기 위한 대응 전술을 실행하여야 한다. 대응 전술은 얼마나 오래 공격받은 시스템을 기업 네트워크에 연결하여 운영할 것인가, 언제 해당 시스템을 폐쇄할 것인가, 그리고 얼마나 신속하게 백업 시스템을 가동할 것인가 등과 같은 절차들의 대강을 정한다.

정보 보호를 보장하기 위해서는 사람과 기술의 이중 방어선을 구축해야만 한다. 사람을 통해서 정보를 보호하기 위해서는 종업원들이 조직의 지적 자산을 생성하고, 사용하고, 전송할 때 준수해야 할 구체적이고 자세한 절차들을 규정하는 정보 보호 정책과 계획을 개발해야 한다. 기술에 기반을 둔 방어선은 인증과 인가, 예방과 저항, 그리고 탐지와 대응의 세 부분으로 구성된다.

---

6) intrusion detection software

비즈니스 중심적 혁신

패스워드를 넘어서

1980년대 컴퓨터가 처음으로 시장을 강타한 이래로 사용자 이름과 개인 코드의 조합인 패스워드는 시스템의 주요 보안 유지 방식으로 사용되어 왔다. 물론 1980년대 사용자들에게는 기억해야 할 패스워드가 하나뿐이었고, 그것을 여전히 종이에 적어 놓아야 했을 것이다. 오늘날의 사용자들은 다양한 시스템과 웹사이트에 이용되는 수많은 사용자 이름과 패스워드를 기억해야 한다. 그야말로 이 방식은 더 이상 유지가 불가능하다! 이런 패스워드 문제를 해결하기 위해 새로운 신원 확인 방법을 개발하고 있는 몇몇 회사들이 있다.

- 바이오님Bionym은 나이미Nymi라는 스마트팔찌를 개발 중이다. 이 스마트팔찌는 두 개의 전극을 이용하여 당신의 고유한 심전도 신호를 판독하여 기기들의 잠금장치를 풀 수 있다.
- 클레프Clef의 클레프 웨이브Clef Wave는 당신의 스마트폰에 고유한 이미지를 발생시키며, 그것을 웹캠에 대면 이미지를 판독하여 웹사이트에 로그인 할 수 있게 해주는 무료 프로그램이다. 이미지는 화면에 몇 초 동안만 지속되므로 해킹이 불가능하다. 현재 300군데 이상의 웹사이트가 클레프 웨이브 서비스를 지원한다.
- 일리리Illiri의 프로그램은 당신의 스마트폰에서 고유한 소리를 발생시켜 이것을 이용해 다른 장치들의 잠금을 풀거나, 지불 서비스를 이용하거나, 웹사이트에 로그인할 수 있도록 해준다. 이 소리는 10초 동안만 지속되며 30cm 범위 내에서 들을 수 있다.

그룹을 만들어 이 세 가지 기술에 대해 평가를 해보고, 이용하고 싶은 한 가지 기술을 선택해보자.

학습 성과 복습

4.1 정보 기술의 사용에 대한 윤리적 이슈들을 설명할 수 있다.

정보 윤리는 정보 기술의 개발과 사용뿐만 아니라 정보 그 자체의 생성, 수집, 복제, 배포, 그리고 처리(컴퓨터 기술의 도움을 받느냐의 여부를 불문하고)로부터 발생하는 윤리적이고 도덕적인 이슈들을 관장한다. 이 영역의 윤리적 딜레마는 일반적으로 단순하고 명백한 상황으로서가 아니라, 상충하는 목적들, 책임들, 그리고 의무들 간의 충돌로서 발생한다. 불가피하게, 한 개 이상의 사회적으로 수용 가능한 또는 '옳은' 결정들이 존재하게 된다. 이러한 이유로, 윤리적이고 법률적으로 올바르게 행동하는 것이 항상 유일한 것은 아니다.

4.2 조직이 그들 스스로를 보호하기 위해 적용해야 하는 여섯 가지 e정책을 설명할 수 있다.

1. 윤리적 컴퓨터 사용 정책은 컴퓨터 사용자 행위를 규제할 일반적인 원칙들을 포함한다. 예를 들어서, 그것은 사용자들이 작업 시간에 컴퓨터 게임을 하면 안 된다는 것을 명시적으로 선언할 수 있다.
2. 정보 프라이버시 정책은 정보 보호에 대한 일반적인 원칙들을 포함한다.
3. 망 이용 목적 제한 방침AUP은 사용자가 기업 이메일, 정보 시스템, 그리고 인터넷에 접근하기 위해서 따르겠다고 동의해야 하는 방침이다.
4. 이메일 프라이버시 정책은 다른 사람들이 이메일 메시지의 어느 정도까지 읽을 수 있는가에 대한 세부 사항들을 정한다.
5. 소셜 미디어 정책은 종업원들의 온라인 커뮤니케이션을 관장하는 기업의 지침 또는 원칙들의 개요를 정한다.
6. 종업원 모니터링 정책은 어떻게, 언제, 그리고 어디에서 종업원들을 모니터할 것인가를 명시적으로 선언한다.

4.3 해커와 바이러스의 관계와 차이점을 설명할 수 있다.

해커는 그들의 지식을 이익 또는 단지 도전감의 충족을 위해서 컴퓨터 및 컴퓨터 네트워크에 침입하기 위해서 사용하는 기술 전문가이다. 바이러스는 혼란과 손상을 입힐 악의적인 의도로 작성된 소프트웨어이다. 일부 해커는 대대적인 컴퓨터 피해를 유발하는 바이러스들을 만들어서 컴퓨터에 심는다.

4.4 정보 보호 정책과 정보 보호 계획의 관계를 설명할 수 있다.

정보 보호 정책은 사용자가 점심이나 회의를 위해서 자리를 뜨기 전에 로그오프 하거나, 다른 사람과 비밀 번호를 절대로 공유하지 않거나, 그리고 비밀 번호를 30일마다 변경하는 것을 의무화하는 등의 정보 보호를 확보하기 위해서 필요한 규칙들을 규정한다. 정보 보호 계획은 어떻게 조직이 정보 보호 정책을 실천할 것인가에 대한 세부사항들에 대한 계획을 작성한다. 기업이 사람들로부터 자신을 보호하는 최선의 방법은 정보 보호 계획을 실천하고 의사소통하는 것이다.

4.5 세 가지 주요 정보 보호 영역인 (1) 인증과 인가, (2) 예방과 저항, (3) 탐지와 대응의 예를 들 수 있다.

인증authentication**과 인가**authorization: 인증은 사용자의 신원을 확인하는 방법이다. 일단 시스템에서 사용자의 인증을 결정하면, 해당 사용자의 접근 권한(또는 인가)을 결정할 수 있다. 인가는 특정인에게 파일 접근, 접근 시간, 그리고 할당된 저장 공간과 같은 접근 수준과 능력을 포함하는 허가를 제공하는 프로세스이다.

예방prevention**과 저항**resistance: 콘텐트 필터링은 인가되지 않은 정보를 우연히 또는 악의적으로 전송하는 것을 방지하기 위해서 콘텐트(예를 들어 이메일 같은)를 필터링하는 소프트웨어를 사용할 때 발생한다. 암호화는 정보를 해독하기 위해서는 키 또는 비밀 번호가 필요한 다른 형태로 전환한다. 방화벽은 네트워크를 통해 유입되거나 유출되는 정보를 분석하여 사설 네트워크를 보호하는 하드웨어와 소프트웨어이다.

탐지detection**와 대응**response: 침입 탐지 소프트웨어IDS는 침입자를 식별하기 위해서 네트워크 트래픽의 패턴을 탐색하는 상시적으로 가동하는 모니터링 도구들을 포함한다.

시작 사례 문제

1. **지식:** 정보 윤리와 정보 보호를 정의하고, 해커가 조직에 접근하는 것을 방지하는데 이것들이 중요한 이유를 설명하라.
2. **이해:** 해커로부터 민감한 기업 데이터를 보호하기 위해 기업이 실천할 수 있는 e정책 두 가지를 설명하라.
3. **적용:** 해커가 기업의 정보 시스템에 접근하는 것을 방지하기 위해 기업이 어떻게 인증 및 인가 기술을 사용할 수 있는가를 설명하라.
4. **분석:** 기업이 종업원들을 해커와 바이러스로부터 보호하기 위해서 어떻게 예방과 저항 기술을 사용할 수 있는가를 설명하라.
5. **종합:** 해커가 조직의 데이터에 접근하려고 하는 이유를 설명하라.
6. **평가:** 해커가 조직의 데이터에 접근할 수 있는 추가적인 방법을 설명하라.

복습 문제

1. 윤리란 무엇이며 그것은 왜 기업에 중요한가?
2. 정보 관리, 거버넌스 그리고 준수 간의 관계는 무엇인가?
3. e정책은 왜 기업에게 중요한가?
4. 프라이버시와 기밀성confidentiality 간의 관계는 무엇인가?
5. 애드웨어와 스파이웨어 간의 관계는 무엇인가?
6. 종업원을 모니터링 하는 것의 긍정적 효과와 부정적 효과는 무엇인가?
7. 해커와 바이러스 간의 관계는 무엇인가?
8. 보안이 단순히 기술적인 이슈만이 아니라, 비즈니스 이슈이기도 한 이유는 무엇인가?
9. 종업원의 의사소통 방법과 관련해서 점증하는 이슈는 무엇인가, 그리고 기업이 자신을 보호하기 위

해서 할 수 있는 것은 무엇인가?

10. e-비즈니스를 하고 있는 기업이 어떻게 자신의 정보를 보호하여야 할까?
11. 정보를 보호하기 위해서 기업은 어떤 기술을 사용할 수 있을까?
12. 전자적 증거 수집은 기업에게 왜 중요할까?
13. 기업에서 다운타임이 발생하는 이유는 무엇인가?
14. 다운타임으로부터 초래되는 비용은 무엇인가?

마무리 사례 1

타깃을 타깃팅하기

미국 역사상 가장 커다란 소매점 해킹은 그다지 창의적이지도 않았고, 성공적으로 보이지도 않았다. 2013년 추수감사절이 되기 며칠 전, 누군가 타깃Target의 보안 및 지불 시스템에 멀웨어를 설치했다. 이 멀웨어는 이 회사의 미국 내 1,797개 매장에서 이용된 모든 신용카드 정보를 훔치도록 설계된 것이었다. 이 위기의 순간, 크리스마스 선물들이 스캔되고 봉투에 담긴 후 계산원이 카드를 긁어달라고 요청했던 순간은 멀웨어가 회사의 지불 시스템에 침투해 고객들의 신용카드 번호를 훔쳐낸 후 그것을 해커들에게 장악당한 타깃 서버에 저장하려는 찰나였다.

이 사건은 이런 범죄가 얼마나 빈번히 발생할 수 있는지, 이 사건에서 해커들의 방법이 얼마나 평범한지 보여준다. 타깃은 이미 그런 공격에 대해 대비하고 있었다. 여섯 달 전 이 회사는 160만 달러를 투자해 CIA와 펜타곤을 고객으로 하는 컴퓨터 보안 회사 파이어아이FireEye의 멀웨어 감지 프로그램 설치를 시작했다. 타깃은 방갈로르에 밤낮으로 회사의 컴퓨터를 모니터링 하는 보안 전문팀을 갖추고 있었다. 방갈로르가 어떤 수상한 점을 발견한다면, 미니애폴리스에 있는 타깃의 보안 작동 센터에 알릴 것이었다.

2013년 11월 30일 토요일, 함정을 설치하고 공격을 개시하기 전 해커들은 한 가지 할 일만을 남겨두고 있었다. 바로 데이터 퇴출 루트를 짜는 것이었다. 그들은 자신들의 경로를 숨기기 위해 미국 주변에 여러 지점을 거쳐 러시아에 있는 그들의 컴퓨터로 이 정보가 이동하도록 했다. 그들이 신용카드 번호를 훔치기 위한 멀웨어를 업로드 했을 때, 파이어아이는 그것을 발견했다. 방갈로르는 위험을 감지하고 미니애폴리스의 보안팀에게 이것을 알렸다. 그러고 나서 아무 일도 일어나지 않았다.

미니애폴리스는 몇 가지 이유로 이 경보에 대응하지 않았다. 블룸버그 비즈니스위크Bloomberg Businessweek는 회사의 데이터 보안 작동 방식에 대해 잘 알고 있는 10명이 넘는 타깃 전(前) 직원들과 보안 연구가들, 경찰관 등을 포함해 해킹과 그 여파에 대해 전문 지식이 있는 8명의 사람들과 대화를 나누었다. 그들의 이야기는 회사와 고객 간의 유대를 보호하기 위해 설치된 경보 시스템이 문제없이 작동했다는 것이었다. 그러나 그 후 타깃은 4천만 명의 신용카드 번호(7천만 명의 주소, 전화번호, 다른 개인 정보)가 메인 컴퓨터에서 유출될 동안에 수수방관하고 있었다.

이 사건과 회사의 즉각적인 대응 미숙과 관련한 질문들에 대한 답변을 요청했을 때 타깃의 회장이자 최고 경영자인 그렉 스테인하펠Gregg Steinhafel은 이메일로 다음과 같은 대답을 보내왔다. "타깃은 2013년 9월 경 카드 데이터 보안 표준PCI을 충족하고 있다는 인증을 받았습니다. 그럼에도 불구하고 우리는 데이터를 도난당했습니다. 현재 회사는 데이터 보안을 향상시킬 방법을 찾기 위해 직원들과 보안 프로세스, 보안 기술에 대한 철저한 검토를 시행하고 있습니다. 그리고 이 경험을 통해 배우고자 합니다. 아직 조사 중에 있지만, 우리 회사는 이미 중요한 한 발을 내딛었습니다. 정보 보안 구조를 정비하고 칩을 이용한 카드가 사용 가능하도록 신속하게 시스템을 변경하고 있습니다. 그러나 조사가 아직 끝나지 않았기 때문에 근거 없이 어떤 추측성의 발언을 하는 것은 좋지 않다고 생각합니다."

타깃의 부주의에 대해 보상을 요구하는 소비자와 은행의 소송은 90건 이상이 되었다. 분석가들은 이것이 엄청난 액수에 이를 것이라 추측한다. 투자자들에게 보낸 4분기 보고서에 의하면 타깃은 2014년 2월 1일까지 정보 유출 관련해서 6,100만 달러를 지출했다. 타깃은 잃었던 신뢰를 다시 회복하려고 노력하고 있으며, 스테인하펠은 고객들이 정보 유출로 인한 카드 사기 대금을 지불하지 않아도 된다고 공언했다. 타깃의 홀리데이 판매 이익은 전년 같은 분기와 비교해 46%가 하락했다. 거래량은 타깃이 통계 보고를 시작한 2008년 이후로 가장 큰 하락세를 보이고 있다.

질문

1. 해커들은 어떻게 타깃 고객들의 고객 정보를 훔쳤는가?
2. 대형 소매점이 신원 도용 범죄를 막기 위해서 어떤 기술을 사용할 수 있을까?
3. 계좌 정보를 훔칠 기회를 노리는 해커들을 막기 위해 조직은 무엇을 할 수 있을까?
4. 그룹을 지어 신원 도용으로부터 자신을 보호할 수 있는 가장 좋은 방법을 인터넷을 이용하여 찾아보자.

마무리 사례 2

공유해야 하느냐, 공유하지 말아야 하느냐

사람들은 소셜 네트워크에 열광한다. 소셜 네트워크는 언제 어디서든 여행지에서 찍은 사진을 비롯해 가족 행사, 가족, 친구들, 동료들과의 생일 파티를 공유할 수 있는 최적이 방법이다. 대략 40%의 성인이 적어도 한 군데의 소셜 미디어 웹사이트를 이용하고 있으며 그 중 51%는 하나 이상의 웹사이트를 이용하고 있다. 사용자들의 대다수는 18세에서 24세 사이이다. 퓨리서치센터Pew Research Center는 89%의 소셜 네트워크 사용자들이 주로 친구들이나 가족들과 정보를 공유하기 위해 웹사이트를 이용하며, 57%는 친구들과 약속을 잡기 위해, 49%는 새로운 친구를 사귀기 위해 웹사이트를 이용한다고 밝혔다.

페이스북, 마이스페이스, 링크드인, 프렌즈스터, 어반챗, 블랙플래닛 등은 사진부터 감정에 이르기까지 모든 것들을 전 세계 사람들과 공유하고 연결하는 100개 이상의 웹사이트 중 일부일 뿐이다. 하지만 우리는 가끔 너무 많은 것을 공유하고 있지는 않은가 생각해볼 필요가 있다. 너무 많은 정보가 노출될 수 있기 때문이다. 당신이 누구와 무엇을 공유할지 선택하는 것은 개인 소셜 네트워크 및 기업 소셜 네트워크를 이용할 때 생각해볼 문제이다. 퓨리서치에 따르면 40% 이상의 사용자들이 소셜 네트워킹 프로필을 전체 공개로 설정한다. 이것은 어디서든 누구나 당신의 개인 정보를 볼 수 있다는 것을 의미한다. 나머지 60%는 친구, 가족, 동료들로 접속을 제한하고 있다. 다음 10가지 항목은 당신이 소셜 네트워크에 정보를 게시하기 전에 가장 주의해야할 점들이다.

1. 공유하고 싶지 않다면, 포스팅 하지 마라.

당신은 소셜 네트워킹 사이트에서 프라이버시 설정을 선택할 수 있다. 그러나 사실상 당신이 무언가 포스팅 하면 그것은 당신이 원하지 않는 누군가가 볼 수 있는 가능성을 가진다. 페이스북의 애플리케이션, 퀴즈, 설문조사 등은 매우 흥미로워 보이기 때문에 사용자들은 이를 그냥 지나칠 수 없다. 버지니아 대학에서 실시한 한 연구는 페이스북에서 가장 인기 있는 150개 애플리케이션 중에서 90%가 애플리케이션을 실행하는데 필요하지 않은 정보에 접근이 허용되어 있다는 것을 밝혀냈다. 다시 말해 당신이 어떤 드라마 스타와 가장 닮았는지 알아보기 위해 로그인 할 때, 이 설문조사의 개발자는 이제 당신의 개인 정보에 접근할 수 있게 된다. 그 정보가 어디로 흘러갈지는 아무도 짐작할 수 없다. 소셜 네트워킹은 공유가 생명이다. 그러므로 당신이 비밀이라고 생각하는 정보는 쉽게 공유되고, 또 다시 공유되며, 당신이 알아채기도 전에 알지 못하는 누군가가 개인 정보에 접근하게 된다. 당신은 소셜 네트워크를 사용할 때 "의심스러울 때는 하지 말라."는 말을 명심할 필요가 있다. 그리고 언제나 당신이 공유한 모든 것이 어떤 식으로든 유출될 가능성이 있다는 것을 기억하라.

2. 절대 패스워드 힌트를 노출하지 마라.

개인의 안전 정보를 포함하고 있는 대다수 웹사이트는 패스워드를 요구하고 있으며, 적어도 당신이 패스워드를 잊어버릴 경우를 대비하여 패드워드 힌트를 가지고 있다. 보통 이것은 다음과 같은 식이다. 당신은 온라인 뱅킹과 같은 사이트에 가입한다. 당신은 사용자명과 패스워드를 가지게 되고 패스워드를 잊었을 때를 대비해 보안 질문을 선택한다. 첫 번째 애완동물 이름은 무엇인가요? 어머니의 이름은 무엇인가요? 당신의 고등학교 마스코트는 무엇이었나요? 당신이 살고 있는 거리의 이름은 무엇인가요? 이러한 정보들을 포함해 페이스북의 월이나 상태 업데이트에 올려진 상세 정보는 그다지 중요하지 않아 보인다. 그러나 이것들은 아이디 도둑들이 당신의 은행 계좌 정보를 해킹하는데 필요한 마지막 퍼즐을 제공할 수도 있다. 이런 정보를 포함하는 정보를 게시하기 전에 다시 한 번 생각해보라.

3. 절대 패스워드를 알려주지 마라.

당연한 말이겠지만, 이런 일들이 일어나지 않는다면 페이스북 '당신이 공유하지 말아야 할 것들'의 목록 1번에 이 항목이 있지 않을 것이다. 친구들에게 패스워드를 알려주어 당신을 위해 무언가를 확인하도록 부탁하는 일조차 위험할 수 있다. 이런 일은 특히 패스워드를 공유하기에 충분히 믿을만하다고 생각되는 연인 사이에 빈번히 발생하는 문제이다. 남자 친구가 여행지에서 찍은 사진을 대신 올려주겠다고 하여 남자 친구에게 페이스북 패스워드를 알려주었다고 치자. 한 달 후 관계가 소원해지고 남자 친구와 사이가 나빠지게 되면 그는 당신을 싫어하며 당신의 로그인 정보를 가진 위험한 사람으로 돌변하게 된다. 계정을 해지하고 새 계정을 만들어라. 당신이 그 정보를 남자 친구에게 가르쳐주지 않았다면 아무 문제가 없었을 것이다. 이제 당신의 정보는 손상되었고, 다른 사이트나 프로필과 연결되어 있다면 그 모든 정보 또한 위험에 처해 있다. 어떤 상황에서도 패스워드를 비밀로 한다면 걱정할 필요가 없을 것이다.

4. 절대 개인 금융 정보를 제공하지 마라.

당신은 아무도 자신들의 거래 은행이나 주식 포트폴리오와 관련한 정보를 공유하지 않을 것이라고 생각할 것이다. 그러나 그런 경우가 발생한다. 당신은 페이스북 코멘트에 당신의 금융 정보에 대해 많은 정보를 노출할 가능성이 있다. 당신은 친구의 페이스북 월에 금융 위기에 대한 코멘트를 달고 있다. 당신은 "우리는 교직원 공제회와 거래하니까 염려할 필요 없어."라던가, 심지어는 "우리는 전 재산을 우량 주식에 투자하고 상황을 지켜볼 것"이라고 말한다. 당신의 프로필이 전체 검색 허용으로 설정되었다면 갑자기 신원 도용범들에게 당신의 거래은행과 투자 상황에 대한 정보가 흘러들어가게 된다. 페이스북에 무심코 남긴 코멘트가 당신의 중요한 금융정보를 노출할 수도 있다는 점은 잊어버리기 쉽다. 이런 종류의 이야기를 피하는 것이 최선이다.

5. 절대 주소나 전화번호를 알려주지 마라.

이 행위는 당신의 안전을 위협할 수 있다. 소셜 네트워크 사이트에 주소와 전화번호를 공유한다면, 당신은 신원 도용 및 절도와 같은 다양한 개인적 위험에 노출되어 있는 셈이다. 당신의 주소가 노출되어 있는 상태에서 당신이 휴가를 간다고 웹사이트에 포스팅한다면, 모든 사람이 당신의 집이 비어있다는 사실을 알게 된다. 그렇다면 신원 도용범들이 당신의 메일박스를 뒤져 당신 이름으로 된 신용카드를 만들 수 있다. 절도범들이 당신의 집에 침입해 값나가는 물건들을 훔쳐갈 수도 있다. 전화번호를 포스팅하는 일은 인터넷 전문가들이 당신의 주소에 접근할 수 있는 기회를 주는 것이다. 역방향 조회 서비스는 당신의 전화번호를 가지고 있는 누구에게나 당신의 집 주소를 제공해줄 수 있다.

6. 절대 어릴 적 사진을 공유하지 마라.

소셜 네트워킹 사이트는 사람들이 가족들의 사진을 공유하는 일반적인 공간이다. 그러다 당신이 전체 액세스를 허용한 40%에 해당하는 사용자라면, 이 사진들은 모든 사용자들에게 공개되어 있다. 슬픈 일이지만 수많은 약탈자들이 먹이에 접근하기 위해 인터넷을 이용한다. 당신이 가족 사진을 게시하고 그 아래에 "이번 주말 남편이 출장 예정이다." 또는 "어린 조는 이제 혼자 집에 있어도 될 만큼 컸다."고 덧붙인다면, 당신의 아이들의 안전이 위험해질 수 있다. 아무도 그것이 일어나기 전까지는 그 일을 예상치 못할 것이다. 그러므로 소셜 네트워킹 사이트를 이용할 때는 안전이 최우선이다. 다른 개인 정보처럼 가족 사진은 가까운 친구나 동료들과만 공유하는 것이 좋다.

7. 절대 회사 정보를 제공하지 마라.

당신이 회사에서 승진했다면, 그 사실을 많은 사람들에게 알리고 싶어 좀이 쑤실 것이다. 그러나 그 회사의 경쟁사에게 유리한 정보가 될 수 있으므로 이러한 정보를 공유해서는 안 된다. 확장 계획이나 대형 프로젝트에서 맡은 역할과 같이 직장에 대한 모든 정보는 비밀에 부쳐져야 한다. 보안 소프트웨어 회사 소포스Sophos는 63%의 회사가 직원들이 소셜 네트워킹 사이트에 공유하는 정보들에 대해 우려하고 있다고 밝혔다. 메시지를 보내고 싶다면, 선별해서 개인 이메일을 보내도록 한다. 많은 회사들이 소셜 네트워킹 사이트에 오르내리는 정보들에 대해 심각하게 생각하고 있으며, 직원들이 직장에서 페이스북과 같은 사이트를 사용하는 것을 금지한다. 어떤 IT 부서는 직원들이 이러한 사이트를 이용하지 못하도록 URL을 필터링하고 접근을 막기도 한다.

8. 절대 웹사이트에 링크를 걸지 마라.

한 군데 이상의 소셜 네트워크를 사용하는 51%의 사용자들처럼 당신이 여러 웹사이트들을 연결시켜 놓았다면 이것들의 접점이 있을 가능성이 있다. 당신이 페이스북에 무해하다고 생각되는 무언가를 게시하더라도 이것이 당신의 링크드인 직장 정보와 연결되어 있으면 당신은 위험에 처할 수 있다. 당신이 한 웹사이트에 다양한 정보를 링크해 놓는다면, 이것이 다른 사이트들에서도 이용 가능한지 주의해야 한다. 2009년 페이스북을 통해 한 직원의 거짓말이 들통 난 것이 화제가 되었다. 이 직원은 아프다며 주말 근무 변경을 신청했다. 그 후 그 주말에 있었던 파티에서 찍은 사진을 페이스북 프로필에 올렸다. 이 소식이 고용주의 귀에 흘러들어갔고 그는 해고를 당했다. 당신이 웹사이트들을 연결시켜놓는다면 당신의 생활은 더 이상 '사생활'과 '직장 생활'로 분리될 수 없다.

9. 당신의 계획을 널리 알리지 마라.

당신의 계획을 모든 사람들에게 공유하는 것은 좋은 생각이 아니다. 당신이 연결되어 있는 모든 사용자를 초대하는 대형 파티를 열 생각이 아니라면, 초대받지 못한 다른 친구들을 서운하게 만들 뿐이다. 몇 가지 보안 문제 또한 존재한다. 질투심 많은 전 남자 친구가 당신이 새로운 데이트 상태와 만나는 것을 알게 된다고 상상해보자. 전 남자 친구가 나타나 말썽을 일으키고 심지어 폭력까지 휘두르는 것을 막을 방법이 있겠는가? 없을 것이다. 당신이 파티를 계획하거나 다른 친구들과 만나게 된다면 개인적으로 이메일을 보내는 것이 현명하다. 당신이 친구들과 어울려 외출하려는 계획을 많은 사람들에게 광고한다면, 당신의 프로필에 접근할 수 있는 누구라도 그것을 볼 수 있다는 것을 기억하자.

10. 개인적인 대화를 공유하지 마라.

페이스북에서 사용자들은 메시지를 보내거나, 메모, 이미지 또는 비디오를 다른 사용자의 월에 남길 수 있다. 메시지는 이메일처럼 송수신자만이 볼 수 있는 반면, 월은 모든 사람들에게 공개되어 있다. 개인적이고 사적인 문제는 절대로 이 월에서 공유되어서는 안 된다. 현실 세계에서 당신은 개인적인 문제를 세상에 알리기 위해 확성기를 들고 돌아다니지는 않을 것이다. 인터넷에서도 마찬가지다. 인터넷에서는 소셜 네트워킹 에티켓이라는 모호한 개념이 존재한다. 이런 것에 대해 공식적인 지침서는 없지만, 당신의 판단을 믿어라. 친척들이나 지인들, 직장 동료들, 잘 모르는 사람들과 공유하고 싶지 않는 것은 페이스북 월에서 공유되어서는 안 된다.

질문

1. 정보 윤리 및 정보 보안을 정의하고, 이 각각이 비즈니스에 중요한 이유를 설명하라.
2. 기업이 민감한 기업 데이터를 보호하기 위해 시행할 수 있는 두 가지 e정책을 설명하라.
3. 기업이 정보의 도용을 막기 위해 어떻게 인증과 인가를 사용할 수 있는지 기술하라.
4. 기업이 직원들을 해커와 바이러스로부터 보호하기 위해 어떤 예방 및 보호 기술을 사용할 수 있는지 분석하라.
5. 당신의 중요한 정보를 안전하게 보호하기 위한 정보 보호 계획을 제안해보라.
6. 기업이 직면한 정보 보안 문제들을 검토하고 가장 큰 세 가지 문제들을 설명하라.

핵심적 비즈니스 고찰

1. **치어리더에게 파일 공유 37곡에 대한 벌금 3000만원이 선고되다.**
   대법원은 한 대학생에게 그녀가 고등학생일 때 37곡을 파일 공유한 것에 대해서 미국음반협회에게 3000만원을 배상하도록 명령했다. 당신도 노래나 영화를 복사하거나 다운로드한 적이 한 번도 없는가? 만약 한 건당 80만원을 내야만 한다면, 당신은 얼마를 내야 하나? 파일 공유와 인터넷 라디오 스트리밍 간의 차이는 무엇인가? 당신은 대법원의 판결에 찬성하나, 아니면 반대하는가? 그 이유는 무엇인가? 왜 저작권에 대한 지식의 부족이 불법적으로 영화나 노래를 공유하는 것에 대한 좋은 면죄 사유가 되지 못하는가? 민약 정보 법규에 대한 지식이 부족하다면, 절대로 정보 법규를 위반했다고 소송을 당하지 않으려면 어떻게 해야 하나?

2. **경찰 기록이 구형 복사기에서 발견되다.**
   2002년 이후에 제조된 복사기는 모두 스캔하거나, 인쇄하거나, 복사하거나 또는 팩스를 보낸 모든 문서에 대한 복사본을 하드 드라이브에 저장한다. 재판매될 때 하드 드라이브의 내용이 지워지지 않았으면, 복사기 내부에 저장된 모든 기록이 그대로 남는다. 뉴욕 주 버팔로 시 경찰서의 성범죄 부서가 최근에 하드 드라이브를 지우지 않고 복사기 몇 대를 판매하였다. 해당 하드 드라이브들에서 자세한 범죄 신고 내용과 성적 범죄자들 명단이 밝혀졌다. 버팔로 경찰 마약 단속반으로부터의 복사기에서는 주요 마약 단속 작전의 목표물에 대한 정보가, 뉴욕의 한 건설 회사가 사용하던 복사기에서는 이름, 주소, 그리고 사회보장번호 등이 수록되어 있는 95쪽의 지불명세서가 유출되었다.
   버팔로 경찰국에 의해서 초래된 정보 이슈에 대해서 누가 책임을 져야하는가? 어떤 유형의 윤리 및 정보 보호 이슈들이 위반되고 있는가? 이러한 상황이 발생하지 않도록 하기 위해서 기업들이 수행할 수 있는 정책으로는 어떤 것들이 있는가? 이러한 상황이 발생하지 않도록 하기 위해서 기업들이 수행할 수 있는 정보 보호의 유형으로는 어떤 것들이 있는가? 어떻게 이 사례가 전자적 증거 수집이 소송에서 그렇게 중요한가에 대한 이유를 보여주는가?

3. **방화벽에 대한 의사결정**

당신은 하이테크 기업에 투자하는 중간 규모의 벤처캐피탈인 인버니스 인베스트먼트의 CEO이다. 당신의 회사는 1년에 3만 통 이상의 이메일을 받는다. 매년 평균 바이러스 피해가 2건, 해킹으로 인한 피해가 3건 발생하여 25만 달러의 손실이 발생한다. 현재 회사에는 바이러스 백신은 설치되어 있지만, 방화벽은 설치하지 않고 있다.

당신의 CIO는 총 8만 달러를 들여서 10대의 방화벽을 설치하자고 제안하고 있다. 방화벽의 예상 수명은 약 3년이다. 방화벽이 설치된 상태에서 해커가 침입에 성공할 확률은 약 3%이다. 방화벽의 유지 비용은 연간 15,000달러이다. 방화벽을 구입하자고 하는 CIO의 제안에 찬성하는가, 아니면 반대하는가? 그리고 그 이유를 설명하라. 재무적 투자 이외에 추가적으로 고려해야 할 사항은 없는가?

4. **신원 도용을 방지하기**

FBI에서는 신원 도용이 가장 빠르게 증가하는 범죄 중 하나라고 한다. 당신의 신원이 도용되었다면, 당신은 재무적 신용도가 손상을 입게 되어 수표를 현금으로 교환한다거나 대출을 받는 일이 어려워질 것이다. 따라서 신원 도용을 방지하는 방법을 배우는 것은 매우 중요하다. 다음 웹사이트를 참고해서 신원 도용을 방지하는 최선의 방법을 정리하라.

- www.consumer.gov/idtheft
- www.occ.treas.gov/chcktfd.idassume.htm
- www.ssa.gov/oig/when.htm
- www.usdoj.gov/criminal/fraud/idtheft.html

5. **정보 보호의 3가지 영역에 대해서 토론하기**

캘리포니아 북부에 있는 소기업인 그레이트 그라놀라 사는 홈메이드 그라놀라를 주로 웹사이트를 통해 판매하고 있다. 이 회사는 괄목할 만한 성장을 하고 있으며 올해의 매출은 지난해의 3배인 1,200만 달러에 이를 것으로 전망하고 있다. 회사의 성장에 따라 60명을 추가로 고용하려고 하는데, 회사의 CEO인 후앙 마틴은 경쟁사나 고객들이 자사에서 만든 그라놀라의 제조법을 알아내어 자신의 사업을 위태롭게 할까봐 걱정하고 있다. 후앙은 정보 보호의 3가지 영역에 대한 내용을 정리하고, 안전한 e-비즈니스 환경을 제공하기 위한 조언을 해달라고 당신에게 부탁한다. 당신은 어떤 의견을 제시할 수 있을 것인가?

6. **이메일 엿보기**

기술 진보에 따라 개인들이 물리적 접근을 하지 않고도 컴퓨터를 모니터할 수 있게 되었다. 신종 소프트웨어들은 개인의 수신과 발신 이메일을 포착하여 다른 사람에게 이메일로 보낼 수 있다. 이런 종류의 소프트웨어의 사용에 대한 2가지 시나리오를 작성해보자. 첫 번째는 윤리적인 사용에 대한 시나리오이고, 두 번째는 비윤리적인 사용에 대한 시나리오이다.

7. **소프트웨어 훔치기**

소프트웨어 산업은 해적판 소프트웨어와 끊임없이 싸우고 있다. 해적판 소프트웨어가 주로 제작되는 곳은 러시아나 중국과 같이 봉급이나 가처분소득이 상대적으로 낮은 지역이다. 새로운 버전의 소프트웨어를 구할 수 없다면 개발도상국이나 후진국의 주민들은 기술적으로 선진국에 뒤처지게 될 것이다. 합법적인 소프트웨어를 구입하는 데 2개월 봉급이 필요한 경우에 해적판 소프트웨어를 사용하는 사람을 비난하는 것이 합리적인 것인가?

8. **구글 검열하기**

구글은 중국에서의 운영이 미국 회사들이 세계적으로 운영 영역을 늘림에 따라 마주치게 되는 윤리와 보안 문제에 대한 훌륭한 예라고 주장한다. 구글의 시스템은 매우 고도의 기술을 가진 해커들에 의해 공격당했는데, 이 공격들은 구글의 Gmail 서비스를 이용하는 중국 인권 운동가에 대한 정보를 포함하는 사적인 정보를 얻기 위한 것이었다.

원래는 중국 정부의 검열 규정에 맞추어서 검색 결과들을 필터링filtering 하기로 동의했던 구글은 자신이 자신들의 기술과 중국 인권 운동가의 이메일 계정에 대한 침해라고 부르는 이 사건 이후로 정보들을 필터링하지 않겠다고 했다. 중국 정부는 그들의 검열 규정에 따르지 않는 구글의 정책이 비우호적이고 무책임하다며 구글의 중국에서 모든 활동을 중지시켰다.

중국은 왜 검색 결과를 걸러내길 원할까? 당신은 중국의 검열 규정에 동의하는가, 반대하는가? 당신은 중국의 검열 규정을 따르겠다고 동의했을 때 구글이 윤리적으로 행동했다고 생각하는가? 왜 국외에서 활동하는 기업들이 다른 문화권에의 윤리에 대한 다른 시각에 대해 알고 있어야 한다고 생각하는가?

9. **제보자는 친구가 아니다.**

CBC는[7] 기자들을 대상으로 페이스북이나 링크드인과 같은 소셜 네트워킹 사이트에 제보자나 연락책들을 친구로 등록하는 것을 피하라는 소셜 네트워킹 정책을 공표했다. 기본 규칙은 리포터는 한 제보자가 다른 제보자가 말한 내용을 절대로 알 수 없게 해야 한다는 것, 그리고 리포터는 제보자와 나눈 기밀 대화들이 기밀 정보로 유지될 수 있도록 해야 한다는 것이다. 제보자들을 '친구'로 추가하는 것은 네트워크의 다른 친구들이 또 다른 친구들의 정보를 볼 수 있게 된다는 것인데, 이것은 기자의 일을 위험에 빠지게 할 여지가 있다. 아마 아예 제보자의 네트워크에서 '친구'로 연결되지 않는 것이 기자에겐 가장 좋을 수도 있다. 또한 CBC는 개인 프로필, 게시판, 혹은 사람들의 '페이스북 벽'에 그 어떠한 정치적 성향도 드러내는 것을 금지한다.

이런 것들은 상식처럼 들릴지도 모르나, 인터넷에서 많은 시간을 보내지 않는 직원에게는 소셜 네트워킹 사이트를 이용하는 것은 혼란스럽고 저항하기 힘든 일일 수도 있다. 왜 새로 입사한 직원이 모든 정책들, 특히 소셜 미디어 정책을 찾아보는 것이 중요한가? 졸업 후에 당신이 일하고 싶은 세 기업을 찾아보고, 그들이 현재 적용하고 있거나 적용해야 한다고 생각하는 소셜 미디어 정책들의 유형을 자세히 적어보자.

기업가적 도전

당신의 비즈니스를 만들어보자

1. 아직까지 종업원에게는 컴퓨터를 사용할 수 있는 권한이 일종의 특권이다. 종업원은 쉬는 시간에 개인적인 이메일을 확인하고 인터넷을 검색할 수 있다. 사장인 당신은 오늘 아침에 출근해서 당신의 책상에 익명의 종업원이 보낸 다음과 같은 편지가 놓여 있는 것을 발견했다고 하자. "저는 동료 종업원으로부터 매우 적절치 못하고 공격적인 농담을 적은 이메일을 받았습니다. 그 종업원은 갑순이고, 저는 그녀가 부적절한 행동에 대해서 견책을 받아야 한다고 생각합니다(서명: 매우 속상한 종업원)." 당신은 어떻게 하여야 할까? 이런 상황을 쉽게 해결할 수 있도록 어떤 조치를 취했어야만

7) Canadian Broadcasting Company

할까? 미래에 이런 상황이 다시는 발생하지 않고, 만약 그런 상황이 발생한다면 적절치 못한 이메일에 대해서는 견책이 따른다는 것을 모든 종업원이 알도록 하기 위해서는 어떤 조치를 취해야만 할까? (구체적인 기업을 상정해서 답하라.)[8]

2. 지역 공동체는 언제나 당신의 할아버지의 사업에 큰 부분을 차지해왔고, 할아버지는 대부분의 지역 주민들과 잘 알고 지냈다. 할아버지는 모든 지역 행사에 참여하여 친구들이나 이웃들과 담소를 나누며 시간을 보냈고 자신의 사업에 대한 피드백과 아이디어를 구하기도 했다. 누구나 알고 있듯이 모든 일에 정보가 중요하다. 실제로 정보는 핵심적인 비즈니스 자산이다. 당신은 지금 조달부터 판매 촉진 등 모든 비즈니스 업무에 이용될 자세한 고객 정보를 수집하기로 결정했고, 사업을 물려받은 이래로 각종 판촉 활동의 효과를 극대화하기 위해 방대한 자료를 축적해 왔다. 어느 날 세련된 한 사업가가 회사를 방문해 사장과 면담을 요청했다. 그는 자신을 랜스 스미스라고 소개하며 당신과 은밀히 대화하기를 원했다. 그는 옆 구역에서 사업을 하고 있는 사람인데, 자기 고객에 대한 정보들을 당신에게 팔고 자신은 은퇴하겠다고 제안을 했다. 랜스 스미스는 지난 20년간 모아온 상세한 고객 정보 및 판매 기록에 대한 대가로 고액을 요구했다. 그는 10,000명의 고객에 대한 정보를 가지고 있다고 한다. 어떻게 하여야 할까?
3. 당신은 어제 회사의 단골 고객인 댄 마르텔로와 흥미로운 대화를 나눴다. 그는 당신에게 "만약 길에서 디지털카메라를 발견했을 때 그 내용을 확인해도 되는가, 혹시 주인의 프라이버시를 침해하는 것은 아닌가?"라고 물었다. 당신은 그와 오랜 시간 토론을 했고, 어떤 경우에는 타인의 사진을 보는 것이 다른 사람의 집의 창문을 들여다보는 것과 같이 프라이버시 침해가 될 수도 있다고 결정을 내렸다. 그러나 또 다른 경우, 지갑을 돌려주기 위해 그 내용물을 확인하는 것처럼, 주인이 누구인지 알지 못할 경우에는 그 주인을 확인하기 위해 카메라 내용을 확인하는 것은 프라이버시 침해가 되지 않을 수도 있다. 오늘 당신은 매장을 정리하다가 주요 고객의 것으로 보이는 30기가바이트 USB를 발견했다. 그 USB에는 매우 민감한 자료가 저장되어 있을지도 모른다. 당신은 어떻게 하여야 할까? USB와 관련된 보호 이슈에는 어떤 것이 있는가? 정보 보호 정책이나 정보 보호 계획이 이러한 상황에서 도움이 될 수 있을까?

지식 적용하기 프로젝트

프로젝트 1 보안을 평가하기

'성적을 올리기Making The Grade'는 학생들이 학교 성적을 올리는 방법을 배우는 것을 도와주는 비영리 조직이다. 이 조직은 25개 주에 40개 사무실과 2000명 이상의 종업원이 있다. 이 조직은 온라인으로 서비스를 하기 위해서 웹사이트를 개설하고자 한다. 이 조직의 온라인 서비스는 학부모들에게 성적을 올리기 위해서 자녀들과 의사소통하는 방법에 대한 일곱 가지 분야에 대한 조언을 제공할 것이다. 이 웹사이트는 어떻게 자녀들과 지속적으로 의사소통하고, 목표를 세우고, 수강 과목을 선택하고, 진도를 정기적으로 확인하고, 어려움을 겪는 부분이 어디인가를 확인하고, 선생님에 대해서 알아보고, 그리고 성공을 축하할 것인가에 대한 정보를 제공할 것이다.

팀을 구성하여, 정보 보호 책임자에게 제출할, 정보 보호 정책과 정보 보호 계획을 수립하는 것의 중요성에 대해 논하는 보고서를 작성하라. 다음의 사항들을 포함하도록 유념하라.

---

8) 종업원이 근무 시간에 회사의 IT 자원을 이용하여 부적절한 행위를 하는 것을 방지하는 방법과 그러한 방지책의 작용 및 부작용에 초점을 맞출 수 있을 것이다.

- 종업원에게 정보 보호를 가르치는 것의 중요성
- 성적 올리기를 위한 종업원 정보 보호 정책에 대한 몇 가지 예
- 정보 보호 계획이 중점적으로 감안해야 할 기타 주요 분야들
- 웹사이트가 해킹 당했는가를 확인하기 위해서 특별히 살펴보아야 할 징후들
- 이 조직이 특히 주의해야 할 주요 공격 유형들

프로젝트 2 어디에나 있는 감시의 눈

영화 마이너러티 리포트는 사람을 눈으로 확인하는 미래 세상에 대한 연대기이다. 사람의 눈을 스캔하면 방, 컴퓨터 그리고 기타 제한된 사물에 접근할 수 있을지가 결정된다. 이 영화는 사람들이 정부로부터 도피하기 위해서 안구를 구입하는 암시장을 묘사한다. (왜, 그 대신에 사람들은 데이터베이스 항목을 바꾸지 않는가? 그것이 더 쉽겠지만, 극적이지는 않을 것이다.)

컴퓨터 그래픽 프로그램과 컬러 프린터의 발전으로 문서를 위조하는 것이 매우 쉬워졌기 때문에 생체 인식이 현재 사용되고 있고 또 조만간 더 널리 보급될 것이기 때문에 생체 서명biological signature을 이용한다는 생각은 매우 그럴듯하다. 곧 여권에는 생체 정보가 수록된 칩이 심어질지도 모른다. 위조문서 특별 수사대는 캐나다, 멕시코 그리고 자메이카로부터 미국으로 잠입하는 것이 비교적 쉽다는 것을 발견했다.

국경을 경비하는 것은 극히 어렵다. 매년 5억 명 이상이 검문소를 통해서 미국에 입국한다. 1300만 이상의 영주권과 입국 허가증이 발급되어 있다. 또한 27개 국민들은 비자 없이도 미국에 입국할 수 있다. 그들은 국경에서 인식 가능한 미국 규정에 맞는 여권을 소지하여야만 한다.

9.11 사태 이후의 경직된 보안 분위기에서 자유로운 국경 통과는 용납될 수 없다. 새로운 입출국 절차가 2003년 초에 실행되었다. 통합 시스템은 생체 인식을 이용해서 외국 방문객의 신원을 확인해서 테러리스트가 미국에 입국할 확률을 줄일 것이다.

2003년 초에, 600만개의 생체 인식 입출국 카드가 발행된 이후에 수행된 파일럿 테스트에서 250명 이상의 사기꾼이 발각되었다. 테스트는 안면 인식을 위한 사진과 지문 스캔의 두 가지 생체 인식 지표를 이용해서 수행되었다. 사람들이 미국을 드나들 때, 그들의 실제 지문과 얼굴 특징이 여권에 있는 생체 인식 칩에 있는 자료와 대조된다.

그룹을 만들어서 다음에 대해서 토론하라.

a. 당신은 당신의 지문, 얼굴 특징, 그리고 기타 신체적 특징을 여권 같은 문서에 수록하는 것에 대해서 어떻게 느끼는가? 대답에 대해서 자세히 설명하라.

b. 당신은 생체 정보를 운전면허증에 수록하는 것도 여권의 경우와 똑같이 느끼는가? 대답에 대해서 자세히 설명하라.

c. 입국자들에 대해서 나라에 따라서 서로 다른 생체 정보를 요구하는 것이 타당하다고 생각하는가? 대답에 대해서 자세히 설명하라. 나라들을 분류할 기준을 제시해 보라.

d. 미국 시민들이 귀국할 때에 검문소를 통과하는 절차와 시간에는 매우 큰 편차가 있다. 가장 간단한 경우에는 미국 시민이냐를 확인하지도 않고 검문소를 통과하기도 한다. 다른 극단적인 경우에는 수백 명의 모든 사람들이 일일이 여권을 제시하고 심문받는 줄에 서서 한 없이 기다려야 하기도 한다. 만약 여권의 생체 정보가 이러한 프로세스를 단축시킨다면 당신은 생체 인식을 찬성하겠는가, 아니면 프라이버시의 침해의 부작용이 이러한 시간 단축과 안전의 증진의 이점을 능가한다고 생각하는가?

프로젝트 3 경계를 설정하기

가장 윤리적인 사람들도 종종 어려운 선택에 직면한다. 윤리적으로 행동하는 것은 원칙을 준수하고 다른 사람들을 존경과 품위를 가지고 대한다는 것을 의미한다. 말은 쉽지만, 종종 상황이 복잡하고 애매하기 때문에 실천하는 것은 어렵다. 윤리의 중요성은 오랫동안 잘 인식되어 왔다. 기원전 44년에 이미 키케로가 윤리는 성공을 원하는 모든 사람들에게 반드시 필요하다고 말하였다. 키케로는 또한 수 세기에 걸친 수많은 사상가와 마찬가지로 윤리의 기본적인 원칙이 무엇인가에 대해서 고민하였다.

그룹을 만들어서 당신이 다음과 같은 상황에서 어떻게 행동할 것인가에 대해서 토론하라.

a. 마케팅 이사가 당신에게 자신의 종업원이 이직을 하려고 하는데, 그 종업원의 이메일을 볼 수 있게 해달라고 요청한다.

b. 영업 부사장이 전략적 파트너에게 고객 정보를 제공하겠다는 거래를 했으니 모든 고객 정보를 USB에 복사해 달라고 당신에게 요구하였다.

c. 당신은 어느 한 종업원이 다른 종업원을 성희롱하는지 확인하기 위해서 그 종업원의 이메일을 감시해 달라는 요청을 받았다.

d. 당신은 종업원들이 사무용품들을 집으로 가져가는지 감시하기 위해서 비디오 감시 시스템을 설치해 달라는 요청을 받았다.

e. 당신은 공유 네트워크 드라이브를 살펴보다가, 당신 사장의 하드 드라이브 전체가 네트워크에 복사되어 모든 사람이 볼 수 있게 되었다는 것을 발견하였다. 당신은 어떻게 해야 할 것인가?

f. 당신이 우연히 참조로 보낸 다음 구조조정에서 해고될 사람들의 명단이 있는 CEO의 이메일을 받았다. 당신은 어떻게 해야 할 것인가?

프로젝트 4 공유하는 방법을 고안하기

브람 코헨은 사용자들이 다량의 자료를 업로드하고 다운로드할 수 있는 비트토런트BitTorrent를 설립하였다. 코헨은 월드 해커 컨퍼런스에서 자신의 프로그램을 온라인으로 소프트웨어를 교환할 수 있는 저렴한 방법이 필요한 컴퓨터 사용자들을 위한 무료 오픈소스 프로젝트로서 공개하였다. 곧 많은 TV 및 영화 마니아들이 해당 프로그램을 저작물들을 다운로드하기 위해서 사용하기 시작했다. 해당 해커 컨퍼런스의 결과로 2000만 이상의 사람들이 비트토런트를 다운로드 받아서 인터넷을 통해서 영화와 TV 쇼들을 공유하기 시작했다.

P2P 네트워킹에 대한 많은 논란이 있다. 당신은 비트토런트가 윤리적 또는 비윤리적이라고 생각하는가? 그 이유에 대해서 설명하라.

프로젝트 5 주말에 흡연한 대가로 해고되다

신기술은 고용주가 직원들의 업무를 다양하게 모니터할 수 있게 해준다. 특히, 전화, 컴퓨터 단말기를 이용하거나, 직원들이 인터넷을 사용하는 동안에는 전자우편이나 음성메일을 이용하여 모니터링 하는 것이 가능하다. 이러한 모니터링은 사실상 규제를 받고 있지 않다. 따라서 기업의 정책이 별도로 명시하지 않는다면, 당신의 고용주는 당신이 업무를 수행하는 동안 주고받는 대부분의 통신 내용을 듣고, 보고, 읽을 수 있다.

한발 더 나아가 고용주는 직원들이 주말에 가정에서 배우자와 있을 때도 모니터링 할 수 있다. 수많은 직원들이 각자의 집에서 담배를 피웠다는 이유로 해고되고 있다. 의료비 지출이 증가하면서 고용주들은 직장에서든 가정에서든지에 상관없이 직원들의 행동을 규제하려는 노력을 증가시키고 있다. 미시건 소재의 보험회사인 웨이코Weyco는 직원들에게 의무적으로 니코틴 검출을 위한 호기검사breath test를 받도록 했다. 어느 직원이라도 담배를 피웠다는 양성 반응이 나오면 한 달 치 감봉과 함께 귀가 처분을 받았다. 두 번째 양성 반응을 받은 직원은 근무 기간과 상관없이 해고가 된다.

웨이코의 금연정책은 직원들에게만 한정되지 않고 직원들의 배우자에게까지 적용되었는데, 배우자들도 매월 흡연검사를 통과해야 한다. 배우자들이 양성 반응이 나오게 되면 금연 프로그램에 등록을 하고 니코틴이 없다는 결과가 나올 때까지 매월 80달러를 납부해야 한다.

당신은 주말에 집에서 개인적인 사생활을 보내는 동안에도 책임 있는 행동을 하고 있는지 확인할 수 있는 권한이 기업에게 있다고 생각하는가? 당신이 웨이코의 CEO라면 귀사의 금연정책을 정당화하기 위해 어떠한 주장을 할 수 있겠는가? 당신은 웨이코의 모니터링 정책이 윤리적이라고 생각하는가? 웨이코의 모니터링 정책이 합법적이라고 생각하는가?

프로젝트 6 패스워드 두들링[9)]

온라인 세상이 확대됨에 따라 기억해야 하는 이용자 아이디와 패스워드의 숫자가 기하급수적으로 증가하고 있다. 이러한 이유 때문에, 어느 이용자 아이디에나 동일한 패스워드를 사용하거나, 기억하기 쉬운 이름과 날짜를 패스워드로 선택하거나, 컴퓨터 옆에 패스워드가 적힌 종이를 붙여놓거나 한다. 하지만, 이러한 방법은 많은 수의 패스워드를 기억해야 하는 사람에게는 편리할지 모르겠지만, 보안을 위해서는 좋은 방법이 아니다.

물론, 생체 인식biometrics 장치를 설치하면 편의성과 보안성을 모두 달성할 수 있겠지만, 생체 인식에 소요되는 비용을 고려해본다면 많은 조직에 보편적으로 적용할 수 있는 타당한 대안이 아닐 것이다. 수많은 패스워드를 관리할 수 있는 좋은 방법은 없을까? 그 정답은 바로 패스워드 두들링이다. Background Draw-a-Secret(BDAS)는 영국 뉴캐슬대학의 과학자들에 의해 개발된 프로그램이다. BDAS는 사용자들이 미리 작성해서 정보 시스템에 저장해 놓은 두들을 정보 시스템 사용 시도 시 그대로 따라 하는지를 확인하여 시스템 사용 허가 여부를 결정한다. 두들은 개인 정보와 무관한 익명성이 있기 때문에 생체 인식보다도 강력한 보안을 제공할 수 있다.

당신은 아마 패스워드 두들 72개를 모두 기억해야 하는 것이라고 생각할 수 있다. 하지만, 두들은 기억할 필요가 없다. 화면에 미리 저장해놓은 두들 중에 하나가 표시되면 사용자는 그 두들을 그대로 따라 그리게 되고, 정보 시스템에서 (두들 자체가 아니라) 사용자가 그리는 손동작을 분석하게 된다(필기 인식 기술과 유사하다).

당신이 조직에 두들 패스워드를 설치하려고 한다면, 어떠한 이슈와 문제점이 있을 것이라고 생각하는가? 당신은 두들이 문자 패스워드보다 기억하기 쉽다는 것에 동의하는가? 두들이 인증 및 인가를 관리하기 위해 가장 효과적인 (심지어는 생체 인식보다도 더 효과적인) 방법이라는 것에 동의하는가? 두들 패스워드와 관련되어 어떠한 유형의 비윤리적인 이슈들을 접하게 될 것으로 생각하는가?

---

9) "Doodling"은 '낙서하기'로 직역할 수 있고, 일정한 도형을 따라 그리는 개인 고유의 패턴을 인식함으로써 사용자 식별 및 인증을 하는 기술. 책에서는 개인별로 72개의 '두들'을 미리 지정해놓고 사용자를 식별할 수 있도록 하는 기술을 소개하고 있음

MIS의 기술적 기초

모듈 2는 MIS의 기술적 기초에 대해서 초점을 맞춘다. MIS의 위력은 정보를 전달하고, 보관하고, 지원하는 능력으로부터 나온다. 그리고 정보는 조직의 힘이다. 이 모듈은 이러한 점을 강조함으로써 조직의 성공에 정보가 얼마나 중요한가를 인식하도록 한다. 어떻게 MIS 기반구조가 비즈니스 운영을 지원하고, 어떻게 비즈니스 전문가들이 비즈니스 의사결정을 내리기 위해서 정보에 접근하고 분석하는지, 그리고 무선 및 모바일 기술이 정보를 지속적이고 즉각적으로 획득할 수 있게 하는지를 이해하는 것이 규모를 불문하는 모든 기업을 전략적으로 경영하는데 필수적이다. 따라서 이러한 것이 모듈 2의 주요 학습 결과들이다.

이 모듈은 MIS의 비즈니스 성장, 운영, 그리고 성과를 지원하는 데에서의 역할을 검토하는 것으로부터 시작한다. 그리고 즉각적으로 최근의 '녹색'에 대한 강조에 대응해서 지속가능한 MIS의 필요성과 MIS 기반구조의 기본적 요소들인 데이터베이스, 데이터 웨어하우스, 네트워크 그리고 무선 기술로 전환할 것이다. 이 모듈을 관통하는 주제는 모든 기업의 생존의 필수 요소로서의 정보의 활용과 동시에 안전을 확보해야 할 필요성이다. 정보는, 특히 인터넷과 웹의 지속적인 사용, 개발, 그리고 활용을 허용하면서, 오용과 위해로부터 보호되어야 한다.

Module 2 MIS의 기술적 기초

기반구조: 지속가능한 기술들

5 CHAPTER

이 장의 개요

SECTION 5.1
MIS 기반구조

- 견고한 MIS 기반구조의 비즈니스적인 이점
- 운영을 지원하기: 정보 MIS 기반구조
- 변화를 지원하기: 애자일 MIS 기반구조

SECTION 5.2
지속가능한 MIS 기반구조를 구축하기

- MIS와 환경
- 환경을 지원하기: 지속가능한 MIS 기반구조

IT는 나에게 무엇을 제공해 주는가?

경영학을 공부하는 학생으로서 기업 경영에 기반이 되는 IT 기술에 대해 이해할 필요가 있는 것일까? 대부분의 사람들은 비즈니스 활동 중에 '기술적인 사항'은 결코 직면하게 될 일이 없을 것이라고 여기기 때문에, MIS 기반구조에 대해서는 알 필요가 없다고 생각한다. 그러나 이러한 잘못된 인식으로 인해 당신은 비즈니스 활동에 어려움을 겪게 될 수도 있다. 만약, 당신의 데이터베이스에 오류가 생겨서fail 모든 영업 기록을 잃게 된다면, 당신은 보너스를 받지 못하게 될 것이고 그로 인한 파장을 뼈저리게 느끼게 될 것이다. 또, 당신의 컴퓨터가 망가져서 개인정보를 모두 잃어버리게 된다면 – 예를 들면 당신의 이메일, 달력, 메시지 등 – 당신은 MIS 기반구조에 대해서 배워야 하는 이유를 즉시 이해하게 될 것이다. 당신은 자신의 데이터를 백업하는 이러한 중요한 일들을 MIS 부서에 맡겨만 두어서는 안 된다. 당신의 데이터가 백업되었을 뿐 아니라 보호되고 있고, 복구도 가능한 상태인지를 확실하게 확인해야 한다. 이러한 이유에서 21세기의 비즈니스 전문가들은 MIS가 어떤 것을 할 수 있고, 어떤 것을 할 수 없는지에 대한 기초적인 이해가 필요하다. MIS가 어떻게 기업의 성장, 운영, 수익성, 지속가능성을 도울 수 있는지에 대해 이해하는 것은 신입 사원이든 포춘지가 선정한 500명의 숙련된 사원이든 상관없이 중요한 일이다. 이 장의 우선적인 목표는 비즈니스 전문가로서의 당신과, 당신과 함께 일하게 될 MIS 전문가 사이에 좀 더 공평한 경쟁의 장이 만들어지도록 하는 것이다. 이 장을 읽은 후에 당신은 현재 사용되고 있는, 그리고 가까운 미래에 사용하게 될 MIS 기반구조 분석을 지원하는 여러 기술들에 대한 지식을 습득하게 될 것이다.

시작 사례 연구

당신의 데이터를 박스 사에 맡겨라

당신의 집에 있는 컴퓨터 안의 파일이 지금 당신의 수업에 필요하다면 어떨까? 당신의 결혼식 비디오를 전 세계에 펴져 있는 당신의 친구들 및 가족들과 공유하고 싶다면 어떨까? 작년에 찍은 4천 장이나 되는 당신의 셀카 사진selfies을 안전하게 보호하고 싶다면? 최선은 당신의 데이터를 박스 사에 저장하는 것이다. 박스 사는 데이터 저장 서비스를 제공하는데 이는 당신의 파일들을 안전하게 저장, 공유 그리고 관리를 돕는다.

- 무제한 데이터 저장
- 대용량 파일의 안전한 전송
- 모바일 기기를 위한 종합적인 안전의 이점
- 누구와 어디서든지 쉽게 협업
- 데이터를 접근할 수 있는 사람을 통제
- 서류 및 파일의 온라인 편집

박스란 컴퓨터나 아이폰, 아이패드, 안드로이드 등을 사용하여 동료들과 쉽게 협력할 수 있도록 하여 당신의 생산성을 증진시킬 수 있는 클라우드 데이터 공유 서비스를 말한다. 박스 사의 웹사이트를 통해 당신은 어디서든지 50GB에 달하는 파일에 접근할 수 있다. 웹 링크를 통해서 당신은 다른 사람들에게 당신의 파일을 공유하도록 하거나 서류 작업에 협력하도록 할 수도 있고, 당신의 파일을 박스 웹사이트와 당신의 컴퓨터를 둘 사이에 동기화시킬 수도 있다.

또 다른 대학생이 창업한 박스 사

인포월드의 레이첼 킹은 박스 사의 창시자 아론 레비를 인터뷰하면서 그와 그의 어린 시절 친구들이 어떻게 그 회사를 출범시키게 되었는지를 물었다. 회사로서의 박스는 2005년에 탄생했지만 레비와 박스사의 재정담당자financial officer이자 공동창시자인 딜런 스미스의 우정은 훨씬 이전에 수립되었다. 스미스와 레비는 워싱턴 주 시애틀 외곽의 메설 아일랜드에 있는 아일랜더 중학교 급우로 처음 만나 메설 아일랜드 고등학교에도 함께 입학했다. "옛날부터 그는 사업가 정신에 나의 흥미를 유발시켰다."라고 스미스는 말했다. "레비는 당시에 사업보다는 기술 쪽에 더 관심이 있었다." 이렇듯 박스 사의 중요한 다른 두 사람들도 어린 시절의 친구이다.

박스 사의 기술운영팀의 부회장인 재프 퀘이서는 4학년 혹은 5학년 무렵일 쯤, 동네 친구로 레비를 만났다. 고등학생이 되었을 때 그 둘은 이상한 사업에 몰두했었다고 회상한다. "레비는 마법사 같았다. 그리고 나는 프로그래밍 광이었다."라고 퀘이서는 웃는다.

박스 사의 기술부서 부회장인 샘 고즈는 10학년 때, 그의 부모가 일리노이에서 메설 아일랜드로 이사하면서 그 그룹에 참여했다. 처음에 고즈는 통학 버스에서 퀘이서와 친해졌으며 나중에는 스미스와 레비와도 자주 어울리게 되면서 그들의 사업 계획에 동참하게 되었다.

고등학교 때 레비 부모님의 스파 욕실은 포럼 장소로 쓰였다. "우리는 12시 30분쯤 통화를 했고, 그것은 아마 레비였을 것이다. '너 어떻게 생각해? 나는 이게 완전히 미친 짓이라 생각해. 지금 당장 와. 수건은 나한테 있고, 갈아입을 반바지만 가져 와." 퀘이서는 이렇게 말했다. 그때가 12시 30분이었고, 12시 40분쯤에는 우리는 그 스파 욕실에서 아이디어를 서로 주고받았다.

레비는 학교에서 숱한 웹사이트를 만들었는데, 그것들에 대해서 자랑스럽게 여길 수가 없었다. 그것들에 대해서는 "그렇게 훌륭한 사이트가 되진 못했다."고 평가했다. 한 예로, 지밥Zizap라고 이름붙인 검색 사이트에 대해서 그는 다음과 같이 우스꽝스럽게 표현한다. "구글 미경험자에게는 전 세계에서 가장 빠른 검색 엔진이다." 또 자신이 만든 주택 매매 관련 사이트 페스티스트닷컴Fastest.com에 대해서는 이렇게 말하기도 했다. "고등학생이 발주시킨 회사처럼 생각하시면 됩니다."

그러나 이러한 실험적인 미숙한 사업 경험은 곧 그 보상을 받게 된다. 2003년 레비는 남캘리포니아 대학에서 비즈니스에 대해 공부를 시작하였다. 그곳은 그가 박스에 대한 아이디어를 짜내고 발전시킨 곳이다. "아이디어는 번개처럼 당신의 뇌리를 강타하는 것이 아니다. 여러 요인들의 연속에 의한 것이다."라고 그는 설명한다.

퍼즐의 첫 번째 조각은 일을 완성하는 데의 기본적인 어려움이었다. 레비와 그의 친구들은 도서관이나 교실, 기숙사 등의 각기 다른 장소에서 컴퓨터 파일을 접근하여 프로젝트를 협업하기 위해 여러 컴퓨터로 일했다.

"다른 사람들과 다른 시스템에서 데이터를 공유한다는 것이 얼마나 고통스럽고 힘든 것인지 믿겨지지가 않았다. 거기에는 더 간단한 해법이 있을 것 같았다." 레비는 말한다.

특정 산업을 평가하라는 경영대 수업의 프로젝트는 퍼즐의 또 다른 조각을 맞추게 하였다. 레비는 온라인에서 막 발주하려는 데이터 저장 산업을 골라 당시 현존하던 사업들의 약점과 어떻게 하면 더 나은 비즈니스 효과를 만들어 낼 수 있는지에 대해 작성했다. 그리고 그가 거대한 잠재성을 인식하는 데 그리 오래 걸리지 않았다. "그 문제를 풀어내는 데에 기술적인 분야가 필요하다는 것은 명확했다."라고 그는 말했다.

"우리가 하고 있는 것, 우리가 일하고 있는 것에 대해서 얘기하면서 박스가 창시되었다." 레비는 그렇게 설명했다. "초창기에 딜런 스미스가 비즈니스 분야와 제품 분야에 참여하기로 결정했다. 그는 재정 문제와 초기의 마케팅 문제를 다루었다. 이것이 우리의 시작이었다."

그림 5.1
테스트 센터 점수판(자료: www.inforworld.com)

회사명	사용 편리성 (20%)	보안과 관리 (20%)	제3자 통합 (20%)	감사와 리포팅 (20%)	셋업 (10%)	가치 (10%)	전체 점수
박스	9	9	8	9	8	9	8.7 매우 좋음
스트리스 셔어파일	8	8	9	8	7	7	8 매우 좋음
비즈니스를 위한 드롭박스	9	7	8	5	9	7	7.4 좋음
에나트	9	8	7	8	8	9	8.1 매우 좋음
이엠씨 씽크플리시티	9	8	9	8	8	8	8.4 매우 좋음
오운클라우드	7	7	7	7	6	8	7 좋음

시장경쟁

18개월마다 저장 능력이 향상되고 가격은 떨어짐에 따라 데이터 저장 시장은 커지고 비용을 흡수할 수 있는 애플과 구글과 같은 대형 회사들은 무료 데이터 저장 서비스를 제공함에 있어 비용이 덜 들고 있다. 그림 5.1에서 비교하여 보여주듯 클라우드 데이터 저장 시장에 현재 여러 회사들이 경쟁 중이다.

section 5.1 | MIS 기반구조

학습 성과

5.1 MIS 기반구조와 이것의 세 가지 주요 유형들을 설명할 수 있다.
5.2 정보 MIS 기반구조와 관련된 세 가지 주 영역을 파악할 수 있다.
5.3 애자일 MIS 기반구조의 성격을 설명할 수 있다.

견고한 MIS 기반구조의 비즈니스적인 이점

MIS는 기업 의사결정과 업무 프로세스에 영향을 미치고, 기업의 업무 방식을 변화시키는 등 기업의 경영 전략에서 중요한 역할을 해 왔다. 이러한 기업의 성장과 운영, 수익을 가능하게 하는 MIS를 뒷받침하는 요소는 무엇인가? 복잡하고 막대한 양의 사용자 및 애플리케이션 요구사항들을 지원하는 것은 무엇인가? 또, 무엇이 시스템을 오작동과 고장으로부터 지켜주는가? 그것은 MIS 기반구조이다. MIS 기반구조는 기업이 자료, 업무처리, MIS 자산을 어떻게 수립하고, 배치하고, 사용하고, 공유할 것인지를 포함한다. 따라서 견고한 MIS 기반구조는 비용절감, 생산성 향상, 기업운용의 최적화, 성장, 수익성 증가를 가져온다.

하드웨어hardware는 컴퓨터 시스템과 관련된 물리적 장치들로 구성되어 있고, **소프트웨어**software는 주어진 특정한 업무를 수행하기 위해 하드웨어가 실행하는 일련의 명령들로 되어 있다. 오늘날의 업무 환경에서 대부분의 하드웨어와 소프트웨어는 네트워크에 의해서 움직인다. **네트워크**network란 둘 이상의 장치를 연결하고 그 장치들이 서로 소통할 수 있는 표준 방법론을 갖춤으로서 만들어지는 커뮤니케이션 시스템을 말한다. 정보를 공유해야 하는 기업들이 늘어남에 따라 MIS 기반구조에서 네트워크가 차지하는 비중이 점점 커지고 있다. 대부분의 기업들은 '클라이언트 서버 시스템client and server system'이라는 특수한 형태의 네트워크 기반구조를 사용한다. **클라이언트**client는 서버에게 정보를 요청하도록 설계된 컴퓨터이다. **서버**server는 그 요청에 대하여 정보를 제공해주도록 만들어진 컴퓨터이다. 이것을 이해하는데 좋은 예는 웹브라우저를 통하여 웹사이트에 접속하는 것이다. 이때 웹브라우저는 클라이언트이고, 클라이언트가 요청한 웹페이지를 보여주는 웹사이트가 서버이다. 하드웨어, 소프트웨어, 네트워크에 대한 기초 지식이 필요하다면 부록 A의 '하드웨어와 소프트웨어'와 부록 B의 '네트워크와 원격통신telecommunication'을 참고하기 바란다.

물리적인 세상에서 어떤 건물의 상세한 청사진은 수도나 전기, 가스와 같은 공공시설이 어떻게 그 건물의 설비를 지원하고 있는지를 보여준다. MIS 기반구조도 하드웨어, 소프트웨어, 망 접속network connectivity이 어떻게 회사의 업무 처리를 지원하는지 상세히 보여준다는 점에서 건물의 청사진과 비슷하다. 규모에 상관없이 모든 기업은 MIS 기반구조에 의존하게 되는데, 각 기업이 사용하는 MIS 기반구조의 형태는 엑셀 파일을 공유하

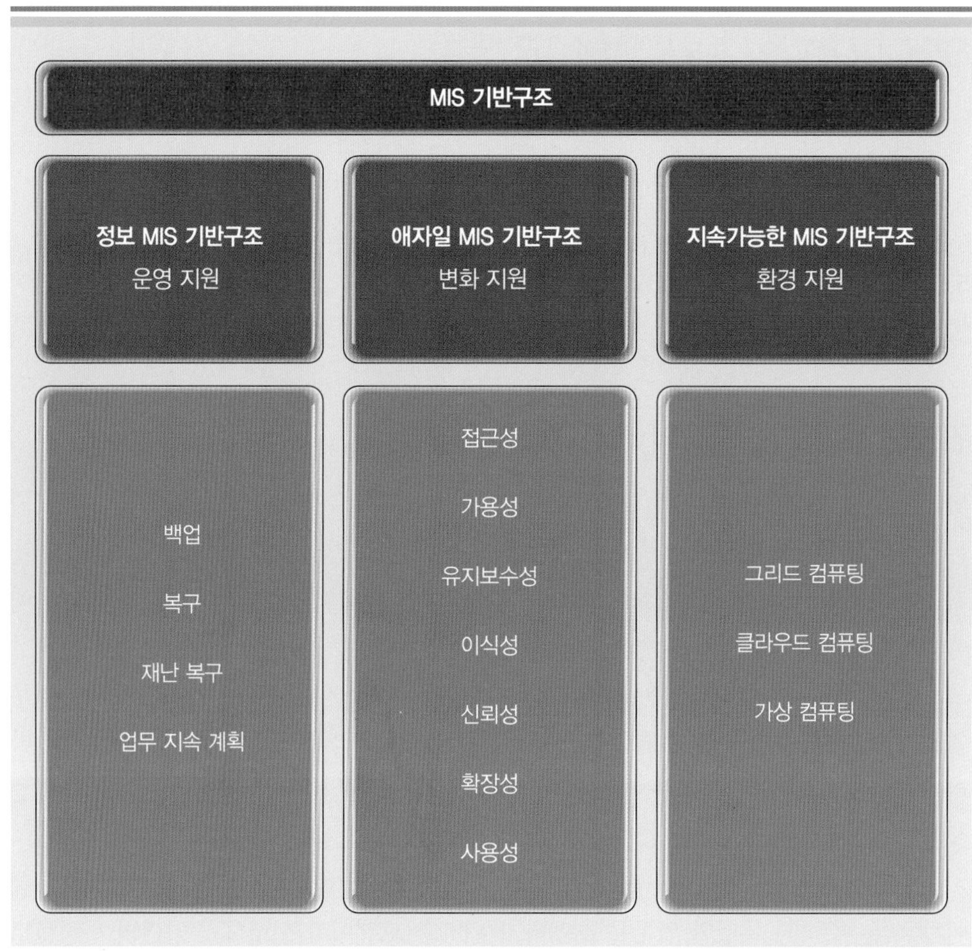

그림 5.2
MIS 기반구조

도록 네트워크로 연결된 몇 개의 PC일 수도 있고, 전 세계의 수천 명의 고용인들이 서로 연결되어 있는 대형 다국적 기업일 수도 있다.

MIS 기반구조는 동적이다. MIS 기반구조는 현업의 요구에 따라 끊임없이 변화한다. 아이폰이나 블랙베리와 같은 새로운 형태의 인터넷이 가능한 장치가 개발될 때마다, 회사의 MIS 기반구조 또한 그 장치를 지원할 수 있도록 수정되어야 한다. 이렇게 기반구조가 개정되는 것은 단지 하드웨어에서의 혁신을 넘어 새로운 타입의 소프트웨어와 네트워크를 포함한다. **전사적 아키텍트**enterprise architect는 기술적인 측면에 기반을 두고, 비즈니스에도 능숙하여 MIS와 현업 사이에서 중요한 다리 역할을 하는 사람을 말한다. 기업들은 MIS 기반구조를 동적으로 갱신하고 변화 관리를 위해 전사적 아키텍트를 고용한다. 그림 5.2은 전사적 아키텍트가 기업의 MIS 기반구조를 관리할 때 중점적으로 고려하는 세 가지 기초적인 영역을 보여준다.

- **운영 지원: 정보 MIS 기반구조**는 고객 관리 기록과 같은 중요한 정보가 어디에, 어떻게 유지되고 보호되고 있는지를 확인하고, 보안을 유지할 수 있도록 해 준다.
- **변화 지원: 애자일 MIS 기반구조**는 조직의 목표를 지원해주는 기초를 제공해주는 하드웨어, 소프트웨어, 원격통신 기기를 포함한다.

- **환경 지원: 지속가능한 MIS 기반구조**는 기업이 컴퓨팅 자원에 관해 성장할 수 있는 방법을 찾는 동시에 하드웨어와 에너지에 덜 의존적일 수 있게 해 준다.

운영을 지원하기: 정보 MIS 기반구조

사무실 반대쪽에 있는 프린터에 잠시 다녀온 사이에 당신의 랩톱이 도난당했다고 생각해 보라. 당신의 기분이 어떻겠는가? 당신이 잃게 될 정보는 어떤 종류의 것들일까? 당신이 이 정보들을 모두 복구하려면 얼마나 오래 걸릴 것인가? 당신이 잃게 될 정보는 작게는 음악 파일부터 동영상, 이메일, 할당된 업무, 랩톱에 저장된 비밀번호에서 심지어는 당신이 한 달을 걸려 겨우 끝낸 40페이지의 논문일 수도 있다. 만약 이런 상황이 고통스럽게 느껴진다면, 이 절에서 다룰 내용을 주의 깊게 공부해서 어떻게 이런 상황을 어떻게 이겨나갈지를 배워야 할 것이다.

정보 MIS 기반구조는 중요한 정보가 어디에, 어떻게 유지되고 보호되는지를 식별해 준다. 정보 MIS 기반구조는 일상적인 비즈니스 운영뿐만 아니라 정전, 홍수, 지진, 인터넷을 통한 악의적인 공격, 절도, 보안 침입 등과 같은 긴급 상황에 대한 계획을 지원해준다. 경영자들은 자신의 시스템이 언제든지 사용 가능하고 보호되도록 하기 위해 예방수단을 갖추어야 한다. 랩톱 하나를 잃어버리는 것이나 나쁜 날씨 정도로는 핵심적인 비즈니스 프로세스에 필요한 시스템을 다운시킬 수는 없다. 과거에는 어떤 기업의 정보를 훔쳐내기 위해서는 종이가 든 박스 더미들을 훔쳐내야만 했다. 그러나 오늘날 자료 저장 기술은, 그 저장 용량은 커지고 차지하는 부피는 줄어드는 방향으로 발전했고 그 결과 정보를 훔치려는 사람들은 그 기업의 자료가 저장된 USB나 외장하드를 들고 빌딩 정문을 유유히 빠져나갈 수도 있게 되었다. 오늘날의 경영자들에게는 그들의 가장 중요한 자산 중 하나인 정보를 지켜야 하는 막중한 책임이 있다. 지속적인 비즈니스 운영을 위해서, 정보 MIS 기반구조는 다음의 세 가지 주요 영역을 제공한다.

- 백업과 복구 계획
- 재난 복구 계획
- 업무 지속 계획 (그림 5.3 참조)

백업과 복구 계획

매년 기업들은 시스템 고장과 파괴로 시간과 금전상의 손실을 입게 된다. 이러한 시스템 고장으로 인한 손해를 최소화할 수 있는 방법은 백업과 복구 전략을 실천하는 것이다. **백업**backup은 시스템의 정보를 복사해두는 것을 말하며, **복구**recovery는 시스템의 파괴나 고장에도 불구하고, 다시 시스템을 일으키고 운영할 수 있는 능력을 말하며, 백업된 정보를 다시 가져오는 것도 포함된다. 여러 종류의 백업과 복구 장치가 있는데, 대표적인 것으로는 저장 서버의 완전한 복제를 유지하는 것이나 여분의 저장 서버, 외장하드, USB, DVD 등이 있다. 이러한 장치들 간의 주요 차이는 속도와 비용에 있다.

장애 허용 능력fault tolerance은 예기치 못한 고장이나 시스템 다운에 대응해 즉각적으로,

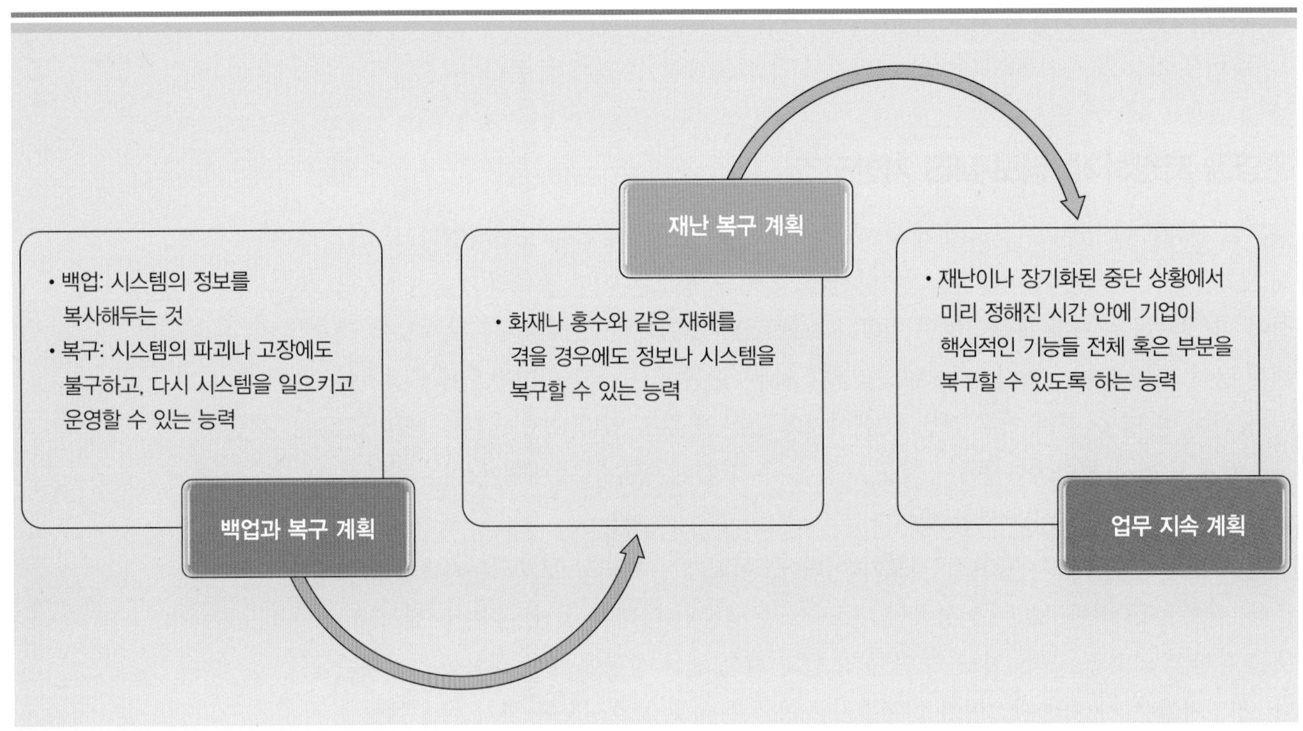

• 백업: 시스템의 정보를 복사해두는 것
• 복구: 시스템의 파괴나 고장에도 불구하고, 다시 시스템을 일으키고 운영할 수 있는 능력
백업과 복구 계획
재난 복구 계획
• 화재나 홍수와 같은 재해를 겪을 경우에도 정보나 시스템을 복구할 수 있는 능력
• 재난이나 장기화된 중단 상황에서 미리 정해진 시간 안에 기업이 핵심적인 기능들 전체 혹은 부분을 복구할 수 있도록 하는 능력
업무 지속 계획

그림 5.3

정보 MIS 기반구조가 제공하는 주요 영역

그리고 자동적으로 백업 시스템이 업무를 이어받아 서비스가 중지되지 않도록 하는 능력이다. 예를 들어 장애 허용 능력은 홍수로 인해서 전력이 끊겼을 때 지속적인 업무를 지원한다. 장애 허용 능력은 많은 비용이 소모되는 백업이기 때문에 매우 중요한 애플리케이션이나 업무에 적용된다. **장애 극복**failover은 특수한 형태의 장애 허용 능력으로, 여분의 저장 서버가 실시간 정보의 동일한 복제를 가지고 있어서 메인서버가 다운되었을 때 사용자들이 자동적으로 바로 보조서버, 또는 백업서버로 연결되는 것을 말한다. 이 방법은 속도도 빠르지만 비용도 많이 드는 백업–복구 방법이다. **장애 복구**failback는 메인 서버가 복구되었을 때 보조서버로부터 업무를 이어받아 다시 시작하는 것을 말한다.

DVD나 USB를 사용하여 자료를 저장하는 것은 느리지만 비용이 적게 드는 백업 방법이다. 적어도 일주일에 한 번 이런 저가의 방법을 통해 자료를 백업해두는 것은 비즈니스 관행이다. 이런 방법은 당신의 랩톱이 도난당하거나 시스템이 다운된 뒤에도 단지 며칠 정도만 지난 당신의 자료를 사용할 수 있게 해줌으로서 당신이 겪게 될 아픔을 완화시켜줄 것이다.

얼마나 자주, 또 어떤 매체를 사용하여 정보를 백업할 것인가는 아주 중요한 문제이다. 기업들은 그들의 목표와 업무 요구에 맞추어 백업과 복구 전략을 수립해야할 것이다. 만일 그 기업이 큰 용량의 중요한 정보들을 다룬다면, 매일 혹은 매 시간마다 저장서버에 백업이 되도록 해야 할 것이다. 만일 작은 양의 그다지 중요하지 않은 정보를 다룬다면 일주일마다 외장하드나 USB에 백업하는 것으로 충분할 수도 있다. 이렇게 일주일 단위로 백업을 하는 기업은 시스템이 다운되었을 때 한 주 분량의 작업을 잃을 수 있는 위험이 있다. 만일 이런 위험이 있어도 괜찮다면 일주일마다 백업하는 것으로 충분하다. 그러나 이런 위험이 있어서는 안 된다면 그 기업은 더 자주 백업을 해야 할 것이다.

재난 복구 계획

정전이나 화재, 홍수, 허리케인, 해커에 의한 악의적인 공격, 바이러스와 같은 재해들은 기업에서 매일 발생하는 일이다. 이런 재난들은 기업과 기업의 업무에 다음과 같은 영향을 미칠 수 있다.

- **커뮤니케이션의 혼란**: 대부분의 기업들은 매일의 업무를 위해서 대화나 자료를 통한 커뮤니케이션을 필요로 한다. 기반구조의 직접적인 손상이나 외부의 재난에 의한 갑작스러운 사용량 증가에 의한 광범위한 통신두절은 어떤 기업들의 경우에는 전체 업무를 마비시킬 정도 무서운 것이 될 수 있다.
- **물리적 기반구조의 손상**: 홍수나 화재는 건물이나 장비, 시스템을 직접적으로 손상시켜 건물 구조나 장비가 안전하지 않도록 만들거나 시스템이 사용 불가능하게 되도록 할 수 있다. 경관이나 소방관들이 비즈니스 전문가들이 건물에 들어가지 못하도록 막아서 문서나 장비를 회수하지 못할 수도 있다.
- **운송 정지**: 홍수나 허리케인과 같은 재해는 운송에 큰 영향을 끼친다. 중요 고속도로, 길, 다리, 철도, 공항의 파괴는 비즈니스 전문가가 업무 보고를 하러 가거나 집에 돌아갈 수 없게 하고, 물품의 공급을 지연시키며, 제품의 선적을 중단시킨다.
- **공공 서비스의 차단**: 전력이나 수도, 가스와 같은 공공 서비스는 물리적인 기반구조에는 아무런 직접적인 손상도 입히지 않은 사건에 의해서도 몇 시간이나 혹은 며칠씩 중단될 수 있다. 공공 서비스가 끊기게 되면 건물은 사용하기 힘든 환경이 되고, 시스템은 기능할 수 없게 된다.

이런 재난의 영향들은 몇 시간이나 며칠씩 지속될 수 있고, 혹은 더 오랜 기간 동안 업무를 중지시켜, 다시 회복할 수 없을 만큼 고객을 잃게 만들고, 결국 기업을 파괴시킬 수도 있다. 따라서 기업은 재난을 대비하기 위해 **재난 복구 계획**disaster recovery plan을 세워야 한다. 재난 복구 계획은 비극적인 재해의 상황에서 정보나 시스템을 복구하기 위한 상세한 프로세스이다. 이 계획은 어떤 파일들과 시스템이 백업되어야 하고, 각각이 얼마나 자주, 어떤 방법으로 백업되어야 하는지를 위시하여, 지리적으로 떨어진 장소에 전략적으로 저장 장소를 마련하는 것과 같은 요소들을 포함한다. 기업은 두 장소에 같은 자연재난이 발생하지 않는다는 보장 아래, 뉴욕과 샌프란시스코에서 전략적으로 업무를 유지할 수 있을 것이다. 재난 복구 계획은 컴퓨터 장비뿐 아니라 고용인들이 일하는 건물이 파괴될 수도 있다는 것을 예상해야 한다. **핫 사이트**hot site는 재난 발생 시에 회사가 이동해 가서 바로 업무를 재개할 수 있는, 별도의 완전하게 갖춰진 시설을 말한다. **콜드 사이트**cold site는 컴퓨터 장비가 설치되어 있는 것은 아니지만 재난 발생 후에 고용인들이 이동할 수 있는 별도의 시설을 말한다. 그리고 **웜 사이트**warm site는 설치를 하고 구성을 하긴 해야 하지만 그래도 컴퓨터가 갖추어진 별도의 시설을 말한다. 그림 5.4는 재난 복구를 지원하는 이러한 사이트를 개괄적으로 나타낸 것이다.

재난 복구 계획은 대개 이를 뒷받침해주는 재난 복구비용 곡선을 가진다. **재난 복구 비용 곡선**disaster recovery cost curve은 (1) 정보와 기술을 사용할 수 없음으로 인한 조직의 손실

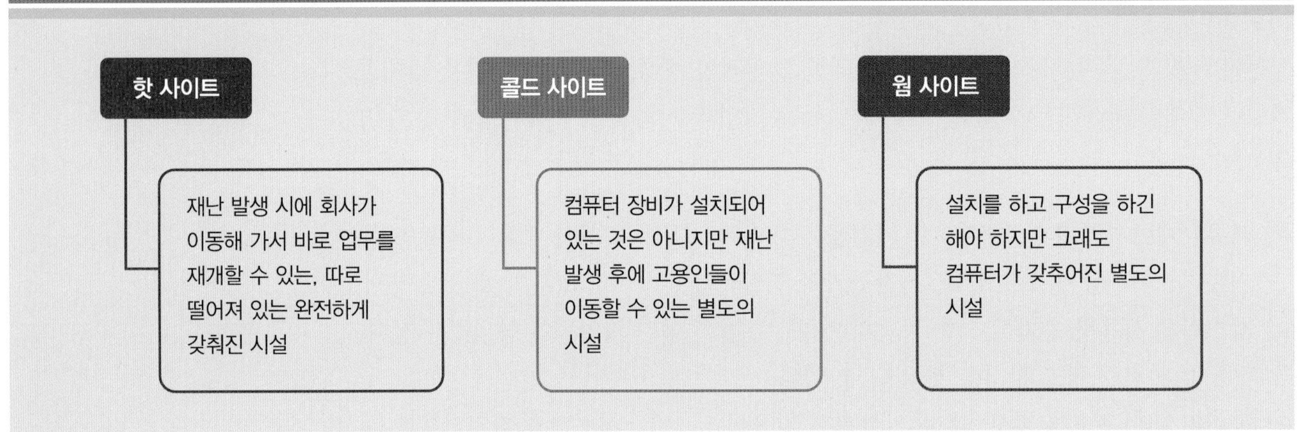

그림 5.4
재난 복구를 지원하는 사이트들

과 (2) 시간의 경과에 따른 조직의 재난 복구비용을 도표화한 것이다. 그림 5.5는 재난 복구비용 곡선을 보여주고 있는데, 여기서 두 선이 만나는 지점이 비용과 시간의 측면에서 최적의 재난 복구 계획임을 보여준다. 기업의 재난 복구비용 곡선 작성은 결코 가볍게 다룰 수 있는 과제가 아니다. 각 부서 또는 기능별 영역이 정보 기술을 잃게 되는 비용, 그리고 전사적으로 정보 기술을 잃게 되는 비용이 함께 고려되어야 한다. 재난 발생 후 처음 몇 시간 동안에는 이런 비용이 적지만, 시간이 지남에 따라 점차 커진다. 정보와 기술을 잃게 되는 이런 손실을 감안해서 복구에 얼마나 많은 비용을 투자할 것인지를 결정해야 한다. 그림 5.6은 텍타켓 사의 업무 재개를 위한 재난 복구 전략을 보여준다.

업무 지속 계획

비상사태는 갑작스럽고 예상하진 못한 사건으로써 건강, 안전, 환경, 재산을 잠재적으로 위협할 수 있기에 즉각적인 행동을 필요로 한다. **비상사태 준비**emergency preparedness는 회사가 비상사태에 대해 조직적이고 시기적절하고 효과적으로 대처할 준비가 되어 있는 것을 의미한다. 자신들의 정보 자산에 대해 진지하게 인식하고 있는 비즈니스 전문가들은 자연재해나 테러리스트의 공격을 염두에 두어야 한다. 기존의 재난 복구 계획은 시스템

그림 5.5
재난 복구비용 곡선

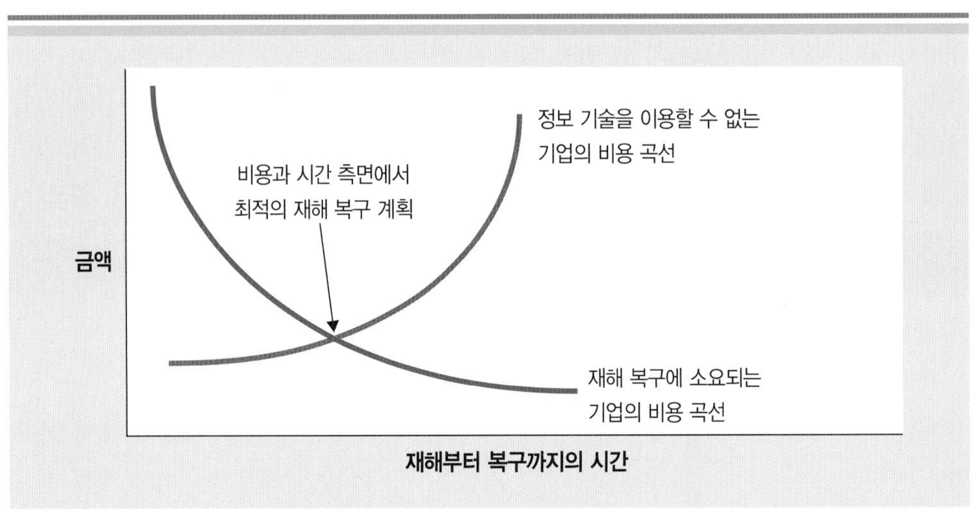

그림 5.6

텍타켓 사의 재해 복구 전략

재해 복구 전략	
1. 회사의 두 번째 데이터 센터의 백업과 복구 시설을 작동시킴: 생산 활동을 그 쪽으로 옮김	데이터 저장 용량, 여유분의 프로세싱할 수 있는 서버의 하드웨어의 용량을 포함하여 두 번째 데이터 센터의 자원이 충분하다고 간주함
2. 클라우드 기반의 서비스에서 복구 자원을 작동시킴: 중대한 시스템을 그 쪽으로 대체하고 운영을 재개함	당신 회사가 필요할 때에 따라 유연하게 받아 줄 수 있는 클라우드 기반의 서비스 계약을 확실히 함. 당신의 데이터 보안이 확실하게 유지될 수 있게 함
3. 핫 사이트에 있는 백업 시스템과 데이터를 작동시킴: 운영을 그 쪽으로 옮김	핫 사이트에 어떤 가용자원이 무엇인지 확실히 알도록 함. 예를 들면 재해 발생 시 규정과 요금 그리고 다중 재해 발생 시 당신회사에게 가능한 선택 등
4. 손상된 설비들을 여분의 부품으로 대체함	가용 여유 시스템, 회로기판, 전기 공급, 소프트웨어와 같은 백업 디스크, 그리고 중요 서류에 대한 종이와 디지털 복사본을 가능한 많이 확보함
5. 대체 사이트에 있는 가상 기계를 복구함: 이 가상 기계는 현재 생산 가상 기계로 업데이트 함	대체 사이트에 가상 기계의 복제를 만들고 지속적으로 업데이트 하고 필요하다면 생산 가상 기계로 사용할 수 있게 함
6. 대체 네트워크를 작동하고 데이터와 음성 소통을 손상된 네트워크에서 이 네트워크로 보냄	네트워크 설비가 여러 통로로 현지에서 접근할 수 있고 높은 용량으로 다양한 통로로 이용할 수 있도록 함

과 자료에 대한 정보를 포함하는데, 이것은 비즈니스 프로세스와 공급 사슬 관리의 범기능적이고 범 조직적인 쟁점들을 무시하는 것이다. 이런 이유에서 많은 기업들은 좀 더 포괄적이고, 모든 것을 아우르는 계획인 **업무 지속 계획**BCP: business continuity plan으로 바꾸고 있다. 업무 지속 계획은 재해나 광범위한 파괴 이후에 기업이 어떻게 중요한 업무와 시스템을 복구하고 파괴 이전의 상태를 이어 받을 수 있는지에 대해 상세히 다룬다. 이 계획은 중요한 시스템, 업무, 부서를 파악하는 것과, 시스템이 작동하지 않을 때 최대한 얼마나 오랫동안 업무가 지속될 수 있는지와 같은 요소들을 포함한다(그림 5.7 참조). 또한 어떤 기능 영역들이 먼저 복구되어야 하는지에 대한 순서를 다루고 있어, 가장 중요한 업무들이 가장 먼저 다루어지도록 한다.

1906년 4월 18일, 샌프란시스코를 뒤집어놓은 지진은 도시의 많은 부분들을 파괴하였고 3,000명이 넘는 거주민들의 목숨을 앗아갔다. 한 세기가 넘게 지난 후, 더 튼튼하게 다시 세워진 샌프란시스코는 MIS 기업들의 중심지이자 세계의 금융 센터로 다시 태어났다. 여기에 있는 기업들의 경영자들은 산 안드레아스 단층을 따라 발생하는 재해의 가능성을 숙지하고 있어, 지진이나 홍수와 같은 재해를 예상하고 기업의 업무 지속 계획을 능동적으로 업데이트한다. 캘리포니아 유니언은행은 샌프란시스코의 중심지 한 가운데에 위치하고 있으며, 매우 상세하고 잘 개발된 업무 지속 계획을 가지고 있다. 이 은행은 전 세계에 흩어져 있는 수백 명의 비즈니스 전문가들을 고용하고 있어, 재해가 발생했을 경우에도 기업의 업무가 지속되도록 하기 위하여 재난 시 발생할 수 있는 시설, 비즈니스 전문가, 중요한 시스템들의 손실에 대비하는 계획을 세워 재난 시에도 회사가 운영될 수 있도록 한다. 또한 이 은행의 재난 복구 계획은 직원들이 바로 이동해 평상시와

그림 5.7

텍타켓 사의 업무 지속 전략

업무 지속 전략	
1. 현재의 건물을 비우고 미리 정해진 대체 장소로 이동	목표한 복구 시간에 맞추어 대체 장소가 준비되어 있거나 빨리 준비될 수 있다고 가정함: 그 쪽으로의 이동수단도 가능하게 준비함
2. 재택 근무함	직원들이 집에서 광대역 네트워크로 인터넷을 사용 가능하게 함: 사용자가 증가하더라고 광대역 네트워크를 사용함에 있어 불편함이 없게 함
3. 핫 사이트로 필요한 직원들을 이주시킴	핫 사이트의 프로그램은 준비되어 있고 직원들이 사용할 공간도 확보되어 있을 것이라고 가정함
4. 중요한 관리자 부재 시 대체 직원이 그 자리를 대신할 수 있게 함: 관리자를 대체할 직원을 미리 훈련시켜 놓음	업무 승계 계획은 업무 지속 전략의 핵심: 고급 관리자와 특별한 업무를 책임지고 있는 사람에게 무슨 일이 생겼을 때 업무의 중단을 최소화하기 위해 준비함
5. 직원들을 사이트가 있는 지역이나 근처의 호텔로 이동시키고 일시적인 일할 공간을 확보	같은 지역에 여러 회사에 동시에 영향을 미칠 재해를 대비하여 호텔과 이런 계획을 미리 만들어 놓음
6. 직원들을 다른 회사로 이동시킴	여러 사무실을 가지고 있는 회사들 중에 텍타켓 회사의 네트워크에 접근할 수 있고 직원들에게 일할 공간을 제공할 수 있는 회사와 미리 계획하여 직원들이 그 쪽 회사의 사무실을 이용할 수 있도록 함

마찬가지로 업무를 재개할 수 있는 핫 사이트들을 포함하고 있다. 캘리포니아 유니언은행의 경우에는 재해가 발생했을 때 다시 업무를 가동시키는 데 걸리는 시간이 몇 시간이 아니라 몇 분이면 충분할 것이다.

비즈니스 충격 분석business impact analysis 비즈니스 충격 분석은 모든 중요한 비즈니스 기능과 효과 중에 재난으로 인한 영향을 받을 수 있는 부분을 찾아낸다. 비즈니스 충격 분석은 회사가 재난이나 재해로부터 복구할 때, 어떤 것부터 복구할지 어떤 전략으로 복구할지를 결정하는 데 사용된다. 예를 들면 영업과 마케팅 부서보다 회계 부서를 먼저 복구를 해야 하는지? 이메일 시스템을 제일 먼저 복구해야 직원 간 그리고 고객, 공급업체, 협력업체와 소통할 수 있게 해야 하는지? 비즈니스 충격 분석이 **업무 지속 계속**BCP의 핵심 중에 하나이다. 왜냐하면, 가장 중요한 기능을 제일 먼저 복구하고 그 다음 다른 부분들을 순차적으로 복구할 수 있게 자세한 순서를 나타내기 때문이다.

비상상황 통보 시스템 업무 지속 계획은 때때로 **비상상황 통보 시스템**emergency notification system을 포함하는데, 비상상황 통보 시스템은 비상상황이 발생했을 때 사람들에게 그것을 알리기 위하여 만들어진 기반구조이다. 라디오 방송에서 이따금 시험적으로 내보내는 국가 비상 재난 경보 시스템은 비상상황 통보 시스템의 대표적인 예이다. 기업은 직원들에게 예기치 못한 사태가 발생했음을 알리고, 이 상황에서 어떻게 행동하여야 하는지에 대한 지침을 알려주기 위해 비상상황 통보 시스템을 사용한다. 비상상황 통보 시스템은 기업의 자체 기반구조에 함께 포함되기도 하고, 회사 내에서 외부 서비스 공급자에 의해 제공되기도 하고, 외부의 서비스 공급자에 의해 원격으로 제공되기도 한다. 이 세

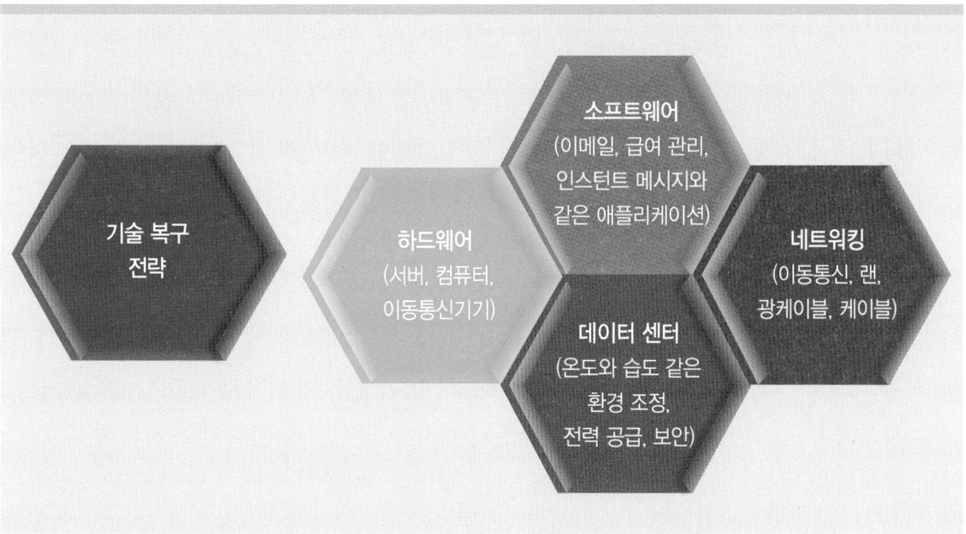

그림 5.8

기술 복구 전략의 중요 부분

가지 방법은 모두 이메일, 휴대전화를 통한 경보, 텍스트 메시지 등의 다양한 방법을 통한 경보를 제공한다. 경보는 선택된 모든 기기들에게 보내져서 위급한 상황이 일어났음을 알아야하는 모든 사람들이 여러 경로를 통해 경보를 접할 수 있도록 한다.

기술 복구 전략 회사는 그들이 생존하고 운영하기 위해 굉장히 많은 데이터를 만들어 낸다. 하드웨어나 소프트웨어나 문제로 데이터 공급이 정지되어 회사 운영에 문제가 생기면 **기술 실패**technology failure라 한다. 기술 실패는 많은 양의 중요한 데이터를 파괴하여 서비스를 예측불허로 중단시키는 사건을 일으킨다. 사건 기록은 모든 사건에 대해 자세한 정보를 가지고 있다. 사건 관리는 어떻게 사건을 감지하고 바로 잡아야 하는지를 관리하기 위한 과정을 담고 있다. 기술 관리 전력은 특히 비즈니스 복구 요구에 따라 하드웨어, 소프트웨어 그리고 데이터를 복구함에 있어 우선순위를 정하고 있다. 기술 복구 전략은 하드웨어, 소프트웨어, 데이터 센터 그리고 네트워킹에 대한 우선순위에 대해 자세히 설명한다. 만약 이 네 개 중 하나라도 제대로 작동하지 않으면 전체 시스템이 작동하시 않고 타 기능(예, 수분관리와 급여관리)에도 영향을 미칠 수 있다. 그림 5.8은 회사가 기술 복구 전략을 개발함에 어떤 부분에 중점을 두어야 하는지 보여준다.

변화 지원: 애자일 MIS 기반구조

애자일[1] MIS 기반구조는 서로 협동하여 조직의 목표를 지원해주는 하드웨어, 소프트웨어, 원격통신 설비를 포함한다. 만일 어떤 기업이 한 해에 50%의 성장을 이룬다고 하면, 그 기반구조와 시스템 또한 50%의 성장률을 감당할 수 있어야 한다. 만약 그렇지 못하다면, 그 기업은 성장함에 따라 제대로 업무기능을 수행하는 데에 방해를 받게 될 것이다.

1) agile. 흔히 '기민한'으로도 번역되나, 단순히 음역하여 사용하기도 한다. 예를 들어 소프트웨어 개발 방법론인 'agile method'도 '기민한 방법'으로 번역하기도 하나, 흔히 '애자일 방법' 또는 '애자일 메소드'로 번역하기도 한다.

기업의 미래는 그 기업이 언제 어디서나 파트너, 공급자, 고객과 만날 수 있는 능력에 달려있다. 당신이 e-비즈니스를 하고 있으며, 인터넷상의 모든 사람들이 당신의 비즈니스 아이디어가 정말로 대단하고, 당신의 회사가 앞으로 잘 될 것이라고 말하고 있고, 또한 협력하고 싶어 한다고 상상해보자. 순식간에 당신은 전 세계에 걸쳐서 당신의 웹사이트에 흥미를 가진 5백만 명의 고객들을 확보하게 되지만, 불행하게도 당신은 이렇게 빨리 이토록 많은 고객이 생기리라 예상하지 못했고 시스템은 붕괴된다. 사용자들이 URL을 입력하면 지금 웹사이트를 사용할 수 없으니 잠시 후 다시 시도해 달라는 블랭크 메시지를 보게 될 것이다. 더 나쁘게는 웹사이트에 접속은 되지만 클릭 한 번 할 때마다 창이 뜨는 데 삼분씩이나 걸릴 수도 있다. 당신의 비즈니스 아이디어에 대한 입소문들은 금방 사그라지고, 어떤 웹에 능통한 재빠른 추격자가 당신의 아이디어를 카피해 더 많은 양의 고객들을 다룰 수 있는 웹사이트를 만들 것이다. 애자일 MIS 기반구조의 속성들은 당신의 시스템이 어떤 예기치 못한, 혹은 계획되지 않은 변화를 감당하고 제대로 기능할 수 있도록 도와줄 것이다. 그림 5.9는 애자일 MIS 기반구조의 7가지 능력들을 보여준다.

접근성

접근성accessibility이란 어떤 사용자가 시스템을 사용할 때 무엇에 접속할 수 있고, 무엇을 볼 수 있고, 무엇을 할 수 있는지 정의하는 서로 다른 접근 등급을 말한다. 당신이 다니는 대학의 어떤 사람이 학생 정보 시스템에 접속했다고 생각해 보자. 예를 들어 학교에서 급여를 받는 직원의 경우에는 휴가에 대한 정보나 급여에 대한 정보에 접속해야할 것이다. 그리고 학생의 경우는 교과과정에 대한 정보와 등록금에 대한 정보에 접속해야 할 것이다. 각각의 시스템 이용자는 서로 다른 접근 등급을 가지게 되는데, 이 접근 등급은 사용자가 시스템의 어떤 부분에 접속할 수 있고, 어떤 부분에 접속할 수 없는지, 시스템 안에서 무엇을 할 수 있는지를 다룬다. 예를 들어 학생은 급료 지불 명부나 교수의 개인 정보를 볼 수 없도록 해야 할 것이다. 또한, 어떤 사용자들에 대해서는 정보를 볼 수만 있고 정보를 조작할 수는 없도록 해야 한다. 높은 등급의 MIS 직원들은 전체 시스템에 대해 **관리자 접근**administrator access 혹은 무제한 접근을 통해서 비밀번호를 바꾸거나, 계정을 지우거나, 전체 시스템을 닫는 일 등을 할 수 있어야 한다.

W3C의 책임자이면서 월드 와이드 웹의 창시자인 팀 버너스리는 "웹의 힘은 이것의 보편성에 있다. 장애와 상관없이 모든 사람들이 웹에 접근할 수 있는 것이 필수적인 것이다."라고 했다. 웹 접근성이란 장애가 있는 사람들도 웹을 이용할 수 있는 것이다. **웹 접근성 계획**WAI: web accessibility initiative은 세계 여러 곳에 있는 산업, 장애인 단체, 정부 그리고 연구소로부터 사람들을 모아 청각, 인지, 신경, 육체, 언어 그리고 시각 장애가 있는 사람들이 웹을 이용하는 것을 돕기 위해 지침서나 자원을 개발하기 위함이다. '웹 접근성 계획'의 목적은 장애인들이 똑같이 웹에 접근할 수 있게 하기 위함이다. 예를 들면 애플사는 아이폰, 아이패드 그리고 아이포드에 화면 확대 기능과 목소리 감지 기능을 넣어서 시각 장애인이 그 기기들을 사용할 수 있게 했다.

접근성	• 시스템 사용자들이 접근하고 사용할 수 있는 등급을 나누는 것
가용성	• 시스템이 장애없이 작동하는 시간 범위
유지보수성	• 환경의 변화에 대응하여 시스템이 빠르게 변함
이식성	• 시스템이 다양한 기기들과 소프트웨어 플랫폼에서 사용 가능
신뢰성	• 시스템이 올바르게 기능하고 정확한 정보를 제공
확장성	• 시스템이 '확장scale up'되거나 성장으로 인해 증가된 요구에 적응함
사용성	• 시스템이 배우기 쉽고 효율적이며 사용하기 만족스러움

그림 5.9

애자일 MIS 기반구조의 특징

가용성

e-비즈니스 환경에서, 비즈니스 전문가들은 그들이 원하면 언제 어디서나 시스템을 사용할 수 있어야 한다. **가용성**availability은 시스템이 작동하는 시간 범위를 말한다. 시스템이 가동되지 않아서 사용할 수 없는 상태를 **이용불가능**unavailable 상태라고 한다. **고 가용성**high availability이란 어떤 시스템이 항상, 끊김 없이 사용가능한 경우를 말한다. 가용성은 '100% 가동 가능한' 상태, 혹은 '절대로 장애가 없는' 상태를 기준으로 하여 상대적인 값으로 매겨진다. 시스템 가용성의 기준은 '다섯 9(99.999%)'라고 불리는데, 통상적인 것이긴 하지만 성공하기는 무척 어렵다. 하지만, 일부 기업들은 e-비즈니스의 업무와 전 세계의 고객 및 온라인 공급자들을 지원하기 위해 24시간 가용한 시스템을 보유하고 있다.

유지보수, 업그레이드를 위해 시스템을 중지해야할 때가 가끔씩 있는데, 이런 작업들은 보통 작업 중단 시간 안에 끝난다. 가용성에 있어 한 가지 고민해야할 것은 지속적으로 가동할 것으로 기대되는 시스템에서 작업 다운타임을 언제로 잡을 것인가 하는 것이다. 밤 시간 동안에 점검을 하도록 하는 것은 좋은 생각 같이 보이지만, 어떤 도시에서의 밤은 지구상의 다른 곳에서는 아침일 수도 있다. 따라서 그 시간 동안에 시스템이 이용불가능하게 되어 지구상의 여러 곳에 흩어져 있는 비즈니스 전문가들이 자신들이 해야 하는 일들을 할 수 없게 될 것이다. 그래서 기업들은 장애 극복 시스템을 이용하여 메인서버를 정지시키고 점검을 하는 동안 보조서버를 이용하여 업무를 지속시키는 방식을 이용한다.

유지보수성

애자일 MIS 기반구조를 지원하는 시스템을 설계하고 구축하기 위해서는 현재의 필요뿐만 아니라 향후의 필요 또한 고려해야 한다. 모든 종류의 기업 변화, 환경 변화, 업무 변화에 대응하기 위해서는 시스템이 충분히 유연해야 한다. **유지보수성**maintainability 혹은 **유연성**flexibility은 어떤 시스템이 환경의 변화에 대해 얼마나 빨리 대응해 변화할 수 있는가를 나타낸다. 예를 들어 작은 비즈니스를 시작할 때 흔히들 저지르기 쉬운 실수가 다른 나라의 고객이 생길 수 있다는 점을 고려하지 않는 것이다. 그런 경우에는 아마도 여러 나라의 통화나 언어를 다루지 않는 시스템으로 설계가 되어 있을 것이다. 현재 국제적인 비즈니스를 하고 있지 않다면 그렇게 하는 것이 맞을 수 있다. 그러나 첫 국제 거래가 발생하는 순간, e-비즈니스에서는 흔한 일이지만, 이 시스템은 불행히도 새로운 언어나 통화에 맞추어 자신을 바꿀 만한 유연성이 없기 때문에 그 업무를 다룰 수 없게 될 것이다. 기업이 성장해서 해외로 진출하고자 할 때, 여러 나라의 통화와 언어를 다루기 위해서는 이 시스템을 전부 다시 개발해야 할 것인데, 이런 일은 결코 쉽거나 저렴하지 않다.

유연한 시스템을 구축하고 배치하는 일은 예기치 않은 업무나 환경의 변화에 대응해 쉽게 업데이트를 하고, 시스템을 바꾸고, 그 형태를 바꿀 수 있도록 해준다. 만약 페이스북이 여러 나라의 언어를 다루기 위해 시스템을 통째로 분해하고 다시 구성해야 한다면 어떤 일이 발생할지 생각해보자. 다른 소셜 네트워크가 등장해 선택 받는 공급자가 될 것이다. 이런 일은 비즈니스 운영에 있어서 결코 효과적이지도 효율적이지도 않다.

이식성

이식성portability이란 어떤 애플리케이션이 다른 운영 시스템처럼 다른 장치나 소프트웨어 플랫폼에서도 작동할 수 있는 능력을 말한다. 애플사의 아이튠의 경우는 이미 맥 컴퓨터뿐만 아니라 PC, 스마트폰, 아이팟, 아이폰, 아이패드 등에서도 사용 가능하다. 아이튠은 휴대하기 좋은 애플리케이션이기도 하다. 애플사가 하드웨어와 소프트웨어를 통틀어 제품 간의 호환성을 강조해온 덕에 이식성을 잃지 않으면서도 애플사의 제품, 장치나 지원되는 서비스에 쉽게 더할 수 있다. 많은 소프트웨어 개발자들이 아이폰, 아이팟, 아이패드 이 세 가지 장치에서 모두 사용 가능한 프로그램들을 만들고 있는데, 이로서 목표 시장이 더 커지는 효과와 수익을 기대할 수 있다.

신뢰성

신뢰성reliability 혹은 **정확성**accuracy은 시스템이 제대로 작동하고, 정확한 정보를 제공하는 것을 말한다. 오류는 정보의 부정확한 기입으로부터 전송 도중에 정보가 깨지는 것에 이르기까지 다양한 이유로 인해 발생할 수 있다. 많은 사람들이 위키피디아의 정보가 믿을 수 없다고 하는데, 어떤 사용자건 모두 위키피디아의 정보를 편집할 수 있기 때문에 사기꾼들이 부정확한 정보를 업데이트할 수 있기 때문이다. 많은 이용자들이 구글 검색 결과로 뜨는 것 중에 위키피디아와 관련된 것을 무시하는 것은 이 때문이다. 웹사이트에 믿을 수 없는 정보를 싣는 것은 기업으로 하여금 고객을 잃게 할 위험이 있고, 공급자로부터 부정확한 주문을 받게 하며, 심지어는 신뢰할 수 없는 비즈니스 의사결정을 내리게 할 수도 있다. **취약성**vulnerability은 시스템의 약점을 말하는 것으로 가령 비밀번호를 한 번도 바꾸지 않았다든가 시스템을 잠그지 않은 상태로 담당자가 점심식사를 간다든가 하는 경우에 위협에 노출되는 경우를 말한다. 신뢰성이 있는 시스템은 이런 취약성을 최소로 하여 위험을 감소시키려 한다.

확장성

기업의 성장을 예측하는 일은 매우 어려운 과제이다. 성장은 여러 형태로 나타나는데, 예를 들면 고객 증가, 생산 라인의 증설, 새로운 시장 확대 등이 그 예이다. **확장성**scalability은 시스템이 증가된 수요에 얼마나 잘 적응할 수 있는지를 말한다. 시장, 산업 또는 경제적 요인 등 여러 요인들이 기업의 성장을 가져온다. 만약 기업이 예상한 것보다 너무 급속히 성장하게 되면 여러 가지 문제가 발생할 수 있는데, 예를 들면 디스크의 여유가 부족하게 되고, 거래 처리 속도가 늦어진다. 성장을 예상하는 일은 이를 지원하게 되는 IT 조직을 구축하는 데 중요한 역할을 한다.

성능performance은 어떤 시스템이 얼마나 빨리 어떤 거래transaction나 프로세스를 수행하는가를 보여주는 척도이다. 성능은 확장성의 핵심 구성요소인데, 이는 확장 불가능한 시스템은 성능 문제를 겪게 되기 때문이다. 예를 들어 당신이 다니는 학교의 콘텐츠 관리 시스템이 갑자기 한 번 클릭할 때마다 오 분씩 걸려서 다음 페이지를 띄운다고 생각해보자. 게다가 지금 당신이 중간고사를 치고 있고, 두 시간의 시간제한을 시스템이 느려지는 바람에 넘겨버리고 말았다고 생각해보자. 성능 문제는 고객과 공급자, 심지어는 사내 업무 지원 센터의 직원마저 잃게 만들만큼 기업에 심각한 영향을 끼친다. 대부분의 사용자는 웹사이트의 응답을 그저 몇 초 기다리고는 업무 지원 센터에 전화를 걸거나 다른 웹사이트로 가버릴 것이다.

용량capacity이란 시스템이 제공할 수 있는 최고의 처리량을 말한다. 예를 들면 하드 드라이브의 용량은 크기와 양을 의미한다. **용량 계획**capacity planning은 높은 수준의 시스템 성능이 가능하도록 미래의 환경 기반구조의 필요를 결정하는 것이다. 만일 어떤 기업이 구버전의 통신 소프트웨어를 구입했거나 소프트웨어가 너무 느려 필요를 충당하지 못한다면, 그 기업의 직원들은 시스템의 응답을 기다리느라 엄청난 시간을 낭비할 것이다. 시스템이 이미 운영되기 시작한 후 기기들을 갱신하는 것 보다는 성장에 따른 필요를 예측하는 애자일 MIS 기반구조를 구축하는 것이 더 저렴한 방법이다. 만일 직원이 100명인 어떤 기업이 다른 기업과 합병하게 되어 갑자기 400명의 직원이 시스템을 사용하게 된다면, 그 시스템의 성능은 매우 나빠질 것이다. 따라서 용량 계획을 통해 시스템 성능이 안정적으로 유지되도록 해야 한다. 시스템이 응답하기를 기다리고만 있는 것은 결코 생산적이지 않다.

웹 2.0은 애자일 MIS 기반구조가 비즈니스 업무가 요구하는 수준을 지속적으로 맞추게 하기 위한 용량 계획을 필수적으로 만든다. 인터넷을 통해 동영상을 전송하는 일은 금요일이나 토요일 같은 피크 기간에도 수백만의 사용자들이 만족할 수 있도록 충분한 대역폭을 필요로 한다. 인터넷을 통한 동영상 전송에 있어서 패킷 손실이나 사용자 추가로 인한 동영상 질 저하는 있을 수 없는 일이다.

사용성

사용성usability은 어떤 시스템이 얼마나 배우기 쉽고, 사용하기에 효율적이며 만족스러운가에 대한 척도이다. 어떤 시스템이 얼마나 사용하기 쉬운지를 불문하고 시스템에 대한 사용 힌트와 팁, 지침을 제공하는 것이 좋다. 애플사는 아이팟을 처음 디자인할 때부터 사용성의 중요함을 충분히 이해하고 있었다. 아이팟을 처음 접했을 때의 매력 중 하나는 클릭휠click wheel의 사용성이다. 이 하나의 단순하고 효율적인 버튼으로 아이팟을 조작할 수 있어, 모든 연령대의 사람들이 아이팟을 쉽게 사용할 수 있다. 또한 사용을 더 쉽게 하기 위해, 애플사는 아이팟에 사용되는 아이튠 소프트웨어를 직관적이고 사용하기 쉽게 만들었다.

비즈니스 중심적 창업

업무 지속 계획 만들기

비즈니스 중단은 비용을 발생시킨다. 재해와 긴급 상황 시 당신은 수익에 대한 손실뿐만 아니라 다른 비용까지 감당해야 한다. 손해에 대해 보험회사가 배상할 것이라고 기대한다면 조심해야 할 것이다. 왜냐하면 판매저조, 비즈니스 지식의 손실, 고객 감소 등에 대한 손실에 대해서는 보험회사가 배상하지 않기 때문이다. 이런 재해에 대한 위험을 감소시키기 위해서는 당신은 업무지속계획을 자세히 수립해야 할 것이다. 업무 지속 계획은 단순히 좋은 생각뿐만 아니라 회사가 개발할 수 있는 최소한의 비용이 필요한 것이다. 업무지속계획에는 화재나 홍수와 같이 재해 발생 시 어떻게 직원들끼리 의사소통하여 회사 운영을 유지할까에 대한 계획이다. 유감스럽게도 많은 회사들은 늦기 전에 이런 계획을 짜는데 시간이 낸 적이 없다.

소기업이나 갓 창업한 기업의 업무 지속 계획을 웹사이트 상에서 조사해보라. 팀을 짜서 갓 창업한 한 회사를 정해 그 회사의 업무 지속 계획을 만들어 보자. 데이터 저장, 데이터 접근, 프로세싱, 직원의 안전, 그리고 고객과의 의사소통 등을 고려하여 업무 지속 계획을 만들어보자.

비즈니스 중심적 MIS

재난 복구

백업과 복구는 어떤 컴퓨터 시스템에서든지 필수적이다. 누군가 당신의 랩톱을 지금 훔쳐가 버린다면 얼마나 고통스럽겠는가? 그런 상황이 되면, 어떤 중요한 정보를 잃게 되는가? 잃은 자료들을 다시 만드는 데 얼마나 많은 시간이 소요될 것인가? 아마도 이 일은 당신이 백업 절차를 수행하는 동기가 될 것이다. 여러분 중의 몇 명이나 재난 복구 계획을 갖고 있는가? 재난 복구는 친구가 카페라떼를 당신의 컴퓨터에 쏟는다거나 실수로 USB를 세탁기에 넣고 돌렸을 때에도 필요하다.

재난 복구 계획은 어떤 사업에서든지 매우 중요하며, 9.11같은 재난이 발생한다고 해도 업무가 지속될 수 있도록 모든 것을 갖추어야 한다. 또한, 당신에게 어떤 재해가 닥치기 쉬우며, 어떤 재해가 거의 염려할 필요가 없는 것인지를 염두에 두어야 한다. 예를 들자면, 만일 당신이 콜로라도에 살고 있다면 허리케인에 대해서는 걱정할 필요가 없겠지만, 눈사태에 대해서는 고려를 해야 한다.

기업에서 얼마나 자주 자료를 백업해야 하는가? 백업한 것은 어디에 저장해야 하는가? 당신이 사는 곳에 있는 기업들은 어떤 재해에 대비해야 하는가? 백업한 것을 시험해보는 일이 왜 중요한가? 기업이 재난 복구 계획의 실행에 실패할 경우 어떤 일이 벌어지는가?

비즈니스 중심적 MIS

능력ab-"ilities"에 따라 등급을 매기기

구글이 어떻게 그렇게 큰돈을 버는지 아는가? 기존의 비즈니스와는 다르게 구글은 서비스를 이용하는 이용자들에게서 돈을 받지 않는다. 대신 구글은 검색 결과에 뜨는 스폰서 섹션에 들어가기를 원하는 기업들로부터 돈을 받는다. 구글 검색을 해보면, 결과 창에 세 개의 섹션이 뜨는 것을 볼 수 있다. 가장 위에 뜨는 것과 옆에 뜨는 것이 스폰서 섹션이고, 가운데 위치하는 목록이 일반 검색 결과이다. AdWords라는 구글의 혁신적인 마케팅 프로그램은 기업들이 어떤 검색어에 대해서 값을 부르고, 가장 높은 값을 부른 기업이 스폰서 섹션의 가장 위에 뜨도록 해 준다. 사용자가 스폰서 링크를 통해 접속을 할 때마다 해당 기업이 구글에 값을 지불한다. 이것을 클릭당 지불pay-per-click이라고도 하는데, 해당 기업은 사용자가 클릭할 때마다 적게는 몇 센트로부터 많게는 몇 달러에 이르는 돈을 지불한다. "열대지역 휴가"와 같은 보편적인 검색어는 적은 돈만 내면 되지만, "하와이 휴가"와 같은 더 구체적인 검색어는 더 많은 돈을 내야 한다. 어떤 기업이든지 간에 돈만 많이 내면 스폰서 섹션의 가장 위에 나타나게 된다. 일반 검색 결과의 리스트에서 클릭해 들어가는 것은 해당 기업에서 돈을 내지 않아도 된다.

구글의 애자일 MIS 기반구조의 능력들을 구글의 MIS 기반구조와 업무에 얼마나 많은 지원을 하느냐에 따라 중요도 순위를 매겨보자. 당신이 매긴 순위에 논리적인 이유를 대는 것을 잊지 말자.

비즈니스 중심적 토론

랩톱? 노트북? 넷북? 태블릿?

무어의 법칙에 따라 컴퓨터는 해마다 점점 작아지고, 저렴해지고, 빨라지고 있으며, 혁신적인 기업들이 더 작고 더 강력한 장치들을 개발할 수 있게 되었다. 데스크톱, 랩톱, 노트북, 태블릿 컴퓨터는 사용자들이 전 지구상에서 연결된 컴퓨팅을 할 수 있도록 해주는 장치들이다. 무어의 법칙은 매 18개월마다 대략 2배 정도로 전산 능력이 증가한다는 데에 있어서는 맞았다. 당신은 다음 20년 동안에도 무어의 법칙이 그대로 적용될 것이라고 생각하는가? 왜인가, 혹은 왜 그렇지 않은가?

section 5.2 | 지속가능한 MIS 기반구조를 구축하기

학습 성과

5.4 MIS와 관련된 환경적인 영향들을 알 수 있다.
5.5 지속가능한 MIS 기반구조의 세 가지 요소들과 그들의 비즈니스 혜택에 대해 설명할 수 있다.

MIS와 환경

MIS의 전반적인 경향은 더 작고, 더 빠르고, 더 저렴하게 되는 것이다. 세계에서 가장 큰 컴퓨터 칩과 마이크로프로세서 제조회사인 인텔의 공동 창설자인 고든 무어가 1965년에 발견한 바에 따르면 기술 혁신의 지속적인 발전에 따라 2년마다 컴퓨터 칩(컴퓨터의 두뇌이자, 요즘은 휴대전화의 두뇌이기도 한)의 크기는 작아지고, 그 용량은 더 커진다고 한다. 이러한 경향이 계속 지속되리라는 그의 예측은 **무어의 법칙**Moore's Law으로 알려져 있는데, 그 내용은 매 18개월마다 달러당 컴퓨터 칩의 성능이 두 배 늘어난다는 것이다. 사실 무어가 본래 예상하기로는 2년 주기였지만, 오늘날의 많은 자료들은 18개월로 보고 있다.

무어의 법칙은 많은 양의 MIS 장비들을 점점 더 싼 값에 구입할 수 있게 하기 때문에 기업들에게는 아주 근사한 일이다. e-비즈니스가 지속적으로 성장함에 따라, 기업들은 직원들에게 랩톱에서 휴대전화, 아이패드에 이르기까지 다양한 형태의 전자 장비들을 제공하고 있다. 이것은 연결된 기업을 지원하는데 매우 유용하지만 예기치 않은 부작용을 야기하고 있다. 그것은 화석연료에 대한 의존과 구식 컴퓨터 장비의 안전한 처분에 대한 요구의 증가이다. **지속가능한**sustainable **MIS**, 혹은 **그린 MIS**는 환경의 손상을 최소화하는 방향으로 기술을 생산하고, 경영하고, 사용하고, 처분하는 것을 말한다. 지속가능한 MIS는 **기업의 사회적 책임**corporate social responsibility의 중요한 부분으로, 기업의 사회적 책임은 기업이 일반적으로 그들에게 요구되는 어떤 사회적인 책임을 이행해야함을 말한다. 지속가능한 MIS의 일부인 **클린 컴퓨팅**clean computing은 기술적 제품과 컴퓨터 기기를 사용하고 생산하고 폐기함에 있어 환경적인 책임을 말한다. 지속가능한 MIS는 컴퓨팅 전반에 걸친 환경적인 영향을 말하는 반면 클린 컴퓨팅은 폐기된 제품에 관한 환경적인 영향을 말한다. **그린 개인 컴퓨터**green personal computer는 친환경적인 소재로 만들어지고 에너지를 절약하게 디자인 되어 있다. 지속가능한 MIS 기반구조를 구축하는 것은 기업의 사회적 책임을 이행하는 데 있어 핵심적인 첫 걸음이자, 중요한 성공요소이다. 그림 5.10은 비즈니스에서 기술사용이 증가함에 따라 발생되는 주된 부작용 세 가지를 보여준다.

e-폐기물의 증가

무어의 법칙에 의해 컴퓨터가 더 작아지고, 저렴해지고, 빨라짐에 따라 모든 소득 수준의 사람들이 컴퓨터 장비를 구입할 수 있게 되었다. 이로 인해 증가된 수요는 다양한 환

그림 5.10

지속가능한 MIS 기반구조를 필요하게 하는 세 가지 압력

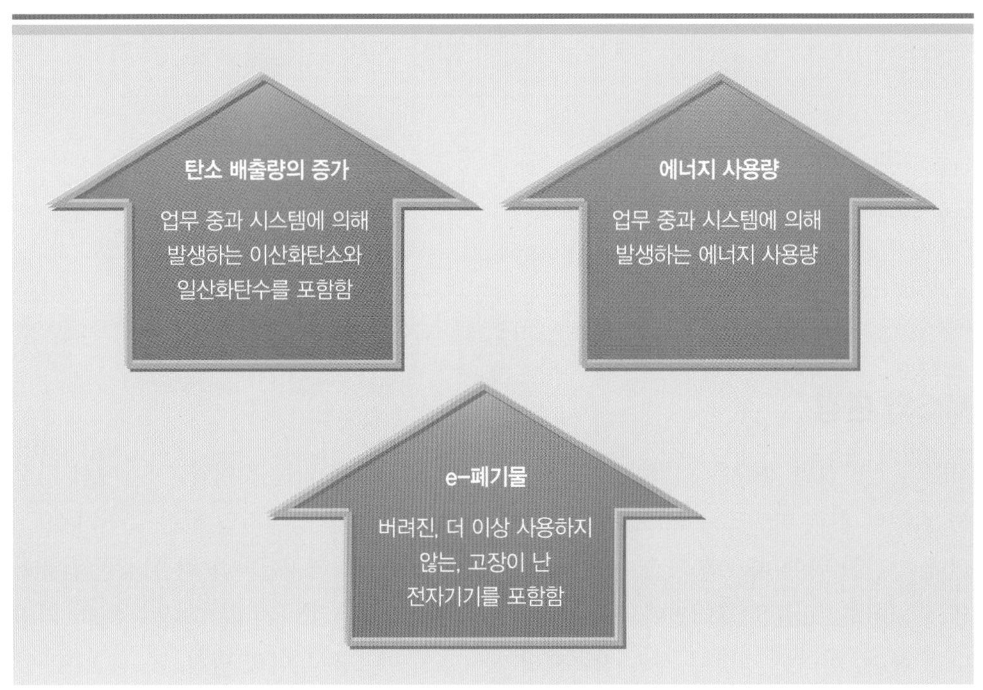

경에 관련된 이슈들을 야기하고 있다. **e-폐기물**waste은 버려지거나, 낡았거나, 망가진 전자 기기들을 말한다. e-폐기물은 CD, DVD, USB, 프린터 카트리지, 휴대전화, 아이팟, 외장하드, TV, VCR, DVD 플레이어, 전자레인지 등을 포함한다. 어떤 사람들은 사람의 1년은 기술 진보에서의 7년과 같다고 한다. PC는 겨우 3에서 5년 정도의 기대 수명을 가지고 있으며, 휴대전화의 기대수명은 단지 2년에 불과하다.

지속가능한 MIS 폐기sustainable MIS disposal는 수명이 다된 MIS 자산을 안전하게 처리하는 것을 말한다. 지속가능한 MIS 폐기는 e-폐기물이 쓰레기 매립장에 묻혀 환경 문제를 발생시키는 것을 막는다. 한 대의 컴퓨터에는 700가지가 넘는 화학물질이 포함되어 있으며 이 중에는 수은, 납, 카드뮴과 같이 유독한 것도 있다. 만약 컴퓨터가 매립지에 묻히게 되면, 이런 독성 물질들이 토양, 물, 공기를 오염시킬 수 있다. 모니터 한 대나 컴퓨터 한 대를 재활용하는 데에는 대당 15달러에서 50달러 정도가 필요하다. 공립학교나 대학교들을 비롯한 많은 기업들은 재활용 비용을 대기가 어렵다.

또한 사용되지 않고 다락방, 지하실, 창고 시설에 저장되어 있던 장비들이 재활용되지 않고 버려질 때 폐기물이 발생한다. 이런 장치들로부터 은과 금을 비롯해 다른 유용한 금속들을 회수하는 것은 자연 환경에서 그 금속들을 추출하는 일보다 더 효율적이고 환경도 덜 파괴하는 방법이다.

현재 미국에서는 전체 e-폐기물의 20% 정도가 재활용되고 있다. 그러나 재활용을 하는 것이 그 장비가 안전하게 폐기된다는 것을 보증해주지는 않는다. 어떤 재활용 업체들이 도덕적으로 일을 처리하는 반면에, 어떤 업체에서는 환경적인 압력이 약한 중국이나 인도와 같은 나라로 보내버린다. 이런 방법은 이것대로 국제적인 환경 문제를 발생시킨다.

에너지 사용량의 증가

기술사용의 방대한 증가는 에너지 사용량 또한 엄청나게 증가시켰다. 컴퓨터가 사용하는 에너지는 자동차에 의한 이산화탄소 배출의 10%에 해당하는 것으로 추정된다. 미국에 있는 컴퓨터 서버가 사용하는 에너지는 나라 전체에서 사용하는 양의 1%에 해당한다. 좀 더 이해하기 쉽게 말하면, 이것은 미시시피에서 사용하는 에너지양과 거의 맞먹는다.

컴퓨터는 사용되지 않고 있을 때에도 에너지를 소모한다. 편의를 위해서나 자동 업데이트나 백업을 위해서 대부분의 컴퓨터들은 완전히 꺼지지는 않은 상태로 유지된다. 이는 하루 24시간 동안 에너지를 사용하게 된다.

탄소 배출량의 증가

에너지 사용에 의한 탄소 배출과 같은 인간 활동에 의한 온실가스 배출은 지난 반세기 동안의 기후 온도 상승의 원인일 확률이 높다. 온실가스 배출이 줄어들지 않는다면 앞으로 몇 백 년 동안에도 추가적인 온도 상승이 있을 것으로 예상되는데, 이는 지구 환경에 있어 매우 심각한 결과를 낳을 것이다.

미국에서는 전체 전력의 50%가 화석연료를 이용해 만들어진다. 계속 켜져 있는 상태에서 데스크톱 컴퓨터와 모니터 한 대는 시간당 적어도 100와트의 전력을 사용한다. 일 년 동안 하루 종일 그만한 전력을 공급하는 데에는 대략 714파운드의 석탄이 필요하다. 그만큼의 석탄이 연소하면, 평균적으로 5파운드의 이산화황, 5파운드의 질소 산화물, 1,852파운드(거의 1톤에 가까운)의 이산화탄소가 발생한다.

환경 지원: 지속가능한 MIS 기반구조

e-폐기물, 에너지 소모, 탄소 배출에 맞서기 위해서는 기업에서 지속가능한 MIS 기반구조를 구축하는 데 초점을 맞출 필요가 있다. 지속가능한 MIS 기반구조는 기업이 전산자원의 측면에서는 성장할 수 있는 동시에 하드웨어와 에너지 사용에 있어서는 덜 의존적일 수 있도록 하는 방법을 보여준다. 지속가능한 MIS 기반구조의 구성요소로는 그림 5.11에 보여준다.

그리드 컴퓨팅

전등을 켤 때, 전력망은 즉시 필요로 하는 전력을 공급해준다. 컴퓨터와 네트워크는 그리드 컴퓨팅을 이용해 전력망과 같은 방식으로 일할 수 있게 되었다. **그리드 컴퓨팅**grid computing은 한 문제를 같이 풀 수 있도록 조율된 컴퓨터들의 집단을 말하는데, 이 컴퓨터들은 대개 지리적으로 떨어져 있다. 그리드 컴퓨팅에서는 한 문제가 여러 조각으로 나뉘어 여러 기계들에게 분담되는데, 이를 통해서 단일 시스템보다 더 빠른 처리가 가능하도록 한다. 각각의 컴퓨터는 처리 능력의 25% 이하로 분담된 업무를 처리하는데 사용하므로, 나머지 75%로는 다른 업무를 처리할 수 있다. 혁신적으로, 그리드 컴퓨팅은 전 세계의 수천대의 개인 컴퓨터들을 연결하여 "가상 슈퍼컴퓨터"를 만듦으로서, 각 컴퓨터가

그림 5.11
지속가능한 MIS 기반구조의 구성요소

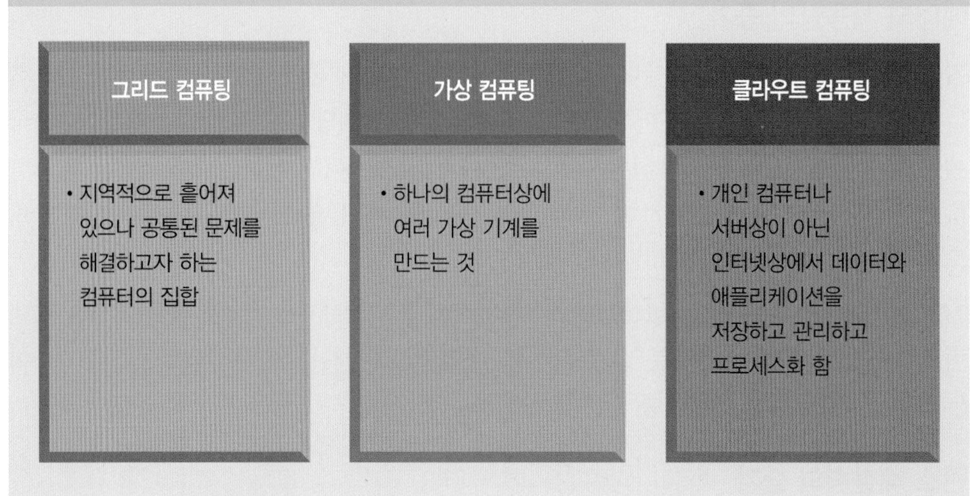

그리드 컴퓨팅
• 지역적으로 흩어져 있으나 공통된 문제를 해결하고자 하는 컴퓨터의 집합
가상 컴퓨팅
• 하나의 컴퓨터상에 여러 가상 기계를 만드는 것
클라우드 컴퓨팅
• 개인 컴퓨터나 서버상이 아닌 인터넷상에서 데이터와 애플리케이션을 저장하고 관리하고 프로세스화 함

사용하지 않는 처리 능력을 이용할 수 있다. 또한 그리드 컴퓨팅은 시스템의 확장성을 좋게 해 MIS 자원을 더 잘 사용할 수 있도록 하는데, 이는 처리 수요량의 순간적인 최고점이나 최저점에 따라 시스템이 쉽게 확장될 수 있도록 해 준다. 이로 인해 하나의 컴퓨터가 온통 매달려도 해결할 수 없는 문제를 풀 수 있으며, 또한 비용면에서도 효율적이다(그림 5.12 참조).

그리드 컴퓨팅은 애니메이션 제작을 위한 창의적인 환경을 포함하여 다양한 곳에서 사용되고 있다. 드림웍스는 개미, 슈렉, 마다가스카, 드래곤 길들이기 등 다수의 히트작에서 그리드 컴퓨팅을 사용하였다. 슈렉 3의 경우에는 2천만 시간 이상의 컴퓨터 작업이 필요했다(참고로 슈렉 1은 5백만, 슈렉 2는 천만 시간이 걸렸다). 제작 기간의 정점에서

그림 5.12
그리드 컴퓨팅의 예

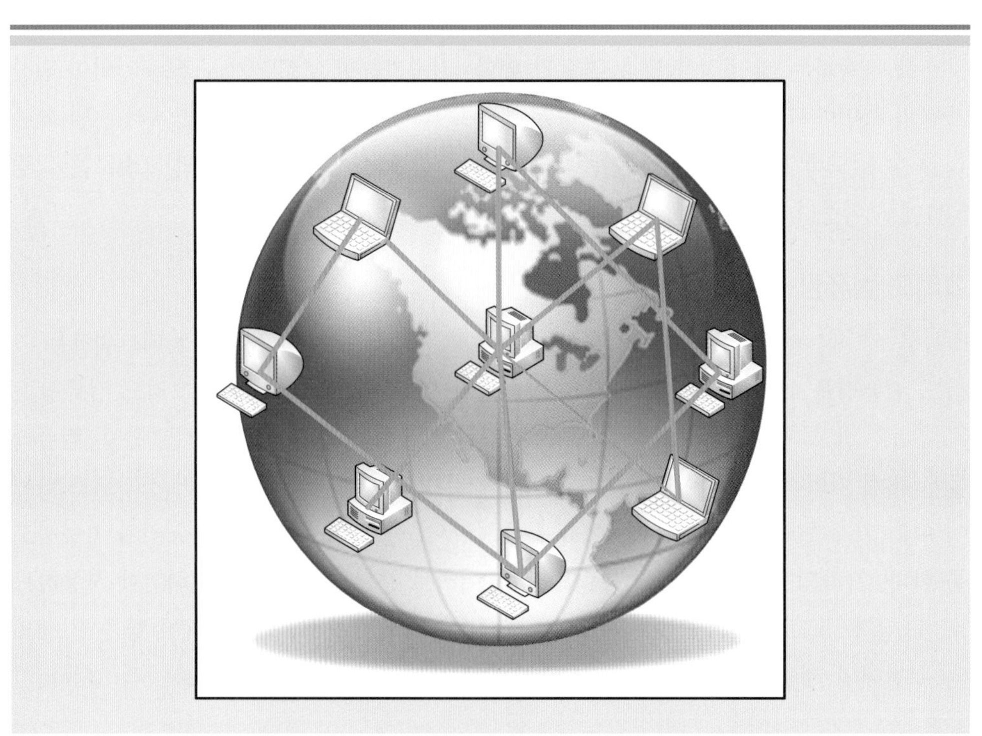

그림 5.13

그리드 컴퓨팅으로 슈렉 2 만들기

는 슈렉을 만드는 그리드에 4,000대의 컴퓨터가 사용되었으며, 덕분에 몇 달씩 걸릴 장면이 며칠 혹은 몇 시간에 완성될 수 있었다. 그리드 컴퓨팅의 처리 능력이 성장한 덕분에 드림웍스의 애니메이터들은 물이나 불, 마법 장면의 움직임을 더 사실적으로 만들 수 있었다(그림 5.13 참조). 그리드 컴퓨팅을 사용함으로써 기업들은 더 빨리, 혹은 더 효율적으로 일할 수 있으며, 잠재적인 경쟁 우위와 비용 절감의 효과를 얻을 수 있다.

스마트 그리드를 이용한 에너지 문제 해결 **스마트 그리드**smart grid는 쌍방향 디지털 기술을 이용해 전기를 전송한다. 즉 이제는 낡은 세계의 전력 공급망의 문제점을 해결할 수 있다는 것인데, 원격으로 전력 전송을 감시하고, 분석하고, 조절하는 능력을 추가시켜서 더 효율적이고 신뢰할 수 있도록 하는 것이다. 현재 미국의 전력망은 기대 수명을 이미 30년 정도 넘긴 것으로 추정된다. 스마트 그리드는 사용자들에게 실시간 사용량 모니터링을 제공해, 사용자들이 덜 중요하거나 덜 급한 응용 프로그램이나 작업 처리는 피크 타임이 아닌 때에 사용할 수 있게 해준다. 콜로라도 주 볼더 시의 거주민들은 시의 대규모 스마트 그리드 시스템을 이용해 전기 사용량을 알 수 있으며, 가전제품을 원격으로 조종할 수도 있다. 엑셀에너지는 몇 년 전 일억 달러 규모의 프로그램을 시작한 이후로 21,000개의 스마트 그리드 계량기를 설치하였다. 먼저 설치한 사람들의 에너지 사용량은 이전 에너지 사용량의 45%로 줄어들었다.

가상 컴퓨팅

대부분의 컴퓨터나 심지어는 서버들도 보통은 윈도우즈나 맥 OS 같은 단일 운영 체계를 실행하며, 단일 애플리케이션을 실행한다. 기업에서 재고 관리와 같이 큰 시스템에 투자할 때도 시스템을 수용하기 위해 하나의 서버를 사용한다. 이렇게 함으로서 그 시스템이 피크 타임에도 가동 가능한 용량을 확보하고 필요에 따라 확장하도록 할 수 있다. 또한, 많은 시스템들이 그 시스템에 특화된 하드웨어와 섬세한 소프트웨어 조건을 가지고 있어서, 같은 기계를 공유할 수 있는, 같은 조건을 공유하는 시스템은 찾기 어렵다. 그러나 가상화를 사용하면, 한 컴퓨터에서 여러 운영체제와 여러 소프트웨어 애플리케이션을 동시에 실행할 수 있다. **가상화**virtualization는 하나의 컴퓨터에 여러 개의 '가상의' 기계를 생성한다. 컴퓨터 프린터가 좋은 비유가 될 수 있다. 예전에는 팩스, 복사기, 자동응답기, 컴퓨터 프린터를 다 따로 사야 했다. 이 방법은 비용도 많이 들었고, 네 개의 기계를 사용하기 위해 더 많은 에너지가 들었으며, 더 많은 e-폐기물이 발생했다. 요즘은 팩스, 자동응답기, 복사기의 역할을 하나의 기계가 하는 가상화된 컴퓨터 프린터 한 대만 사면된다. 이로써 비용도 줄이고, 전력 소모도 줄이고, e-폐기물도 줄일 수 있다. 가상화는 근본적으로 지속가능한 MIS 기반구조에 이점을 더하는 통합의 한 방식인데, 그 방식은 다양하며, 그 예는 다음과 같다.

- 사용하는 하드웨어에 따라 애플리케이션의 가용성을 높여주는데, 이는 더 높은 수준의 퍼포먼스를 제공해 준다.
- 여러 시스템이나 애플리케이션을 실행하는데 더 적은 하드웨어를 필요로 함으로써 에너지 효율성을 높여준다.
- 한 컴퓨터에서 여러 운영체제를 동시에 실행할 수 있어 하드웨어의 이용도를 증가시켜준다.

본래 컴퓨터는 단일 운영체제에서 하나의 응용 프로그램을 실행하도록 설계되었다. 그로 인해 대부분의 컴퓨터는 충분히 사용되고 있지 못하다(대부분 컴퓨터의 전산 능력의 75%는 다른 업무에 사용될 수 있다). 가상화는 한 기계 안에 여러 대의 가상 기계가 존재하도록 하여, 메모리나 하드 디스크 공간과 같은 자원을 공유하도록 하는데, 이는 한 기계에서 서로 다른 응용 프로그램과 심지어 운영체제를 실행할 수 있게 한다. 맥 컴퓨터는 가상화 소프트웨어를 사용해 애플 OS와 윈도우즈 PC 운영체제를 모두 실행할 수 있다(그림 5.14 참조). 불행히도 가상화는 적어도 현 시점에서는, PC에서 맥 소프트웨어를 실행하는 것은 불가능하다. 가상화의 기본적인 세 개 범주는 다음과 같다.

그림 5.14

가상화는 애플의 맥킨토시 컴퓨터가 Mac OS X와 Windows 7을 동시에 실행할 수 있도록 한다.

- **저장 가상화**storage virtualization는 여러 네트워크 저장 장치를 결합하여 하나의 저장 장치로 보이게 한다.
- **네트워크 가상화**network virtualization는 사용가능한 대역폭을 독립적인 채널로 보내 실시간에 각 기기로 할당함으로써 네트워크를 결합할 수 있다.
- **서버 가상화**server virtualization는 애플리케이션으로부터 서버, 프로세스 그리고 운영체제와 같은 실제 자원을 결합하는 것을 말한다. 이 범주가 가장 많이 쓰이는 것으로 보통 가상화라 하면 서버 가상화를 말하는 것이다.

가상화는 전력 소모를 줄이고 필요한 장비의 수도 줄이기 때문에 지속가능한 MIS 기반구조를 구축하는 빠르고 쉬운 방법이다. 장비는 제작되고, 유지가 필요하고, 안전하게 폐기되어야 하므로 장비가 줄어드는 것은 지속가능성에 도움을 준다. 경영자들은 더 이상 서버, 저장 공간, 네트워크 용량을 단일 애플리케이션에 영구적으로 배정할 필요가 없다. 대신에, 하드웨어 자원을 언제 어디서든지 필요에 따라 배분할 수 있어, 기업이 증가시켜야 하는 가용성, 유연성, 확장성을 확보할 수 있다. 또한, 운영체제와 응용 프로그램들을 하드웨어로부터 가상적으로 분리함으로서 재난 발생 시나 하드웨어 고장 시에 가상 기계를 새 물리적 기계로 쉽게 견인할 수 있어, 재난 발생 후에 더 빨리 복구할 수 있도록 해준다. 가상화의 주요 용도 중 하나는 백업과 복구, 재난 복구이다. 구글, 마이크로소프트나 아마존과 같은 가상 서버나 가상화 서비스 제공자를 재난 복구에 사용하는 것은 값비싼 여분의 물리적 시스템을 갖추는 것보다 훨씬 환경 친화적이다. 또한, 이런 서비스 제공자들의 데이터 센터는 자연 재해를 견디도록 구축되었고, 대개 큰 도시로부터 멀리 떨어져 있다.

가상 데이터 센터 Virtual Data Centers **데이터 센터**data center는 경영 정보 시스템과 원격통신, 저장 시스템 등 관련된 구성요소들을 수용하는데 사용되는 시설이다. 서버팜server farm이라고도 불리는 데이터 센터는 일상적인 기업 업무를 방해하거나 서비스의 질을 저해하는 일 없이 기업이 성장할 수 있도록 지원해준다. 데이터 센터는 에너지를 소모하고, 냉각을 해야 하고, 공간을 필요로 한다. 데이터 센터가 수용할 수 있는 자료의 양은 우리의 정보에 대한 신뢰가 증가함에 따라 매년 기하급수적으로 성장하고 있다. 백업, 그래픽, 문서, 프레젠테이션, 사진, 소리와 영상 파일은 모두 저장을 필요로 하는 정보의 팽창 일로의 족적에 기여하고 있다. 데이터 센터의 전력 소모와 냉각 필요를 제한할 수 있는 가장 효율적인 방법 중 하나는 물리적인 인프라의 부분들을 통합하는 것이다. 그 통합은 부분적으로 가상화를 통해 물리적 서버의 수를 줄임으로서 이루어진다. 이런 이유에서 가상화는 데이터 센터에 깊은 영향을 가지고 있는데, 왜냐하면 기업이 가동하는데 필요로 하는 실제 서버 수를 줄여, 성장과 퍼포먼스는 가속화시키면서 한편으로는 환경에 대한 영향을 줄이기 때문이다. 이는 그림 5.15에 나타나 있다. 구글, 마이크로소프트, 아마존, 야후는 모두 모두 미국 북서쪽의 콜롬비아 강을 따라서 데이터 센터를 만들어 두었다. 이 지역에서 각 기업은 충분한 토지, 빠른 속도의 인터넷 접속, 냉각에 필요한 충분한 물과 특히 저렴한 전기의 혜택을 누릴 수 있다. 이런 요소들은 오늘날의 대규모 데이

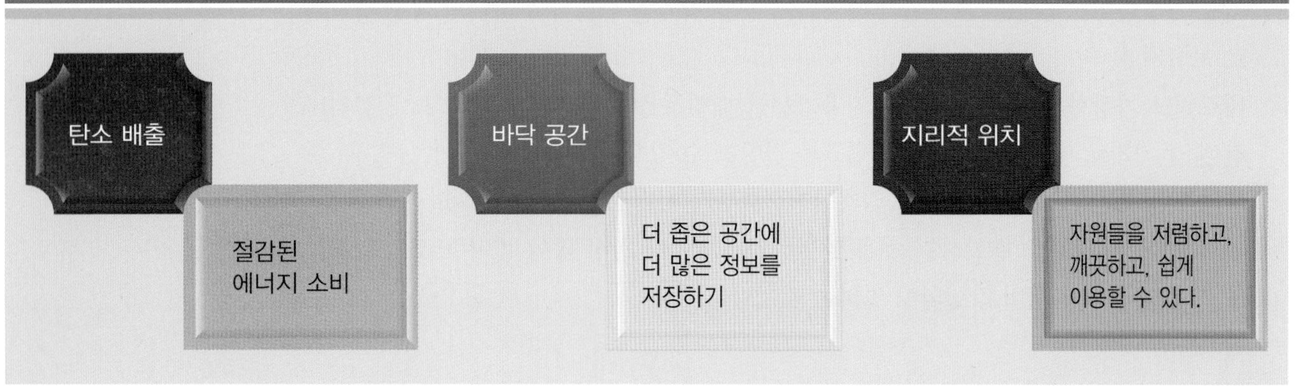

그림 5.15

데이터 센터가 지속가능화가 될 수 있는 방법들

터 센터에서 매우 중요한데, 이 센터들의 크기와 전력 요구는 이전 세대들을 훨씬 뛰어넘는다. 워싱턴의 퀸시에 있는 마이크로소프트의 데이터 센터는 축구장 10개보다도 크고, 모든 전력을 수력 발전으로 공급하는데, 수력 발전은 석탄이나 다른 화석연료를 연소해서 전기를 얻는 것이 아닌, 물이 흐르는 것에서 전력을 얻는 발전 방법이다.

만약 우리가 기업의 성장 전반에 대해 심신상관학적이고 통합적으로 접근한다면, 통합된 정보 MIS 기반구조, 환경친화적 MIS 기반구조, 지속가능한 MIS 기반구조의 이점이 더욱 확실해진다. 예를 들어 기업에서는 클라우드 컴퓨팅을 이용하여 더 쉽게 소프트웨어나 중요한 정보의 백업을 지리적으로 서로 떨어진 장소에 만들 수 있다. 이 방법은 나라 안의 다른 여러 곳에 독자적인 핫 사이트와 콜드 사이트를 건설하는 것보다 훨씬 더 저렴한 방법이다. 보안 침입의 측면에서 보자면, 클라우드의 한 지점에 있는 가상 기계를 다운시키고 클라우드의 다른 지점에 있는 가상 기계를 온라인에 배치함으로써 장애를 극복할 수 있다.

클라우드 컴퓨팅

할로윈 장식품을 다루는 주기적인 사업을 생각하면 일 년에 시기별로 판매 동향과 주문이 다르다. 주된 판매는 9월과 10월에 이루어지고 나머지 10개월 동안 낮은 판매율와 낮은 시스템 이용률을 가지고 있을 것이다. 이런 경우 회사는 보통 9월과 10월의 높은 판매율 때문에 고가의 서버에 투자를 하기를 원치 않는다. 왜냐하면 나머지 10개월 동안 그 비싼 서버의 사용률이 아주 낮을 것이기 때문이다. 이 회사를 위한 완벽한 해결은 클라우드 컴퓨팅이다. 클라우드 컴퓨팅을 통해 원하는 컴퓨팅 파워에 쉽게 접근할 수 있기 때문이다.

국립 표준과 기술 기관NIST: National Institute of Standards and Technology에 의하면, **클라우드 컴퓨팅**cloud computing은 개인 컴퓨터나 서버 대신 인터넷상에서 데이터와 애플리케이션을 저장하고 관리하고 처리하는 것을 말한다. 클라우드 컴퓨팅은 인터넷이 가능한 지구상 어느 곳에서든지 사람과 자원을 연결하고, 정보를 저장, 접속, 처리, 분석할 수 있는 새로운 방식을 제공해 준다. 그림 5.16에서 볼 수 있듯이, 사용자들은 웹브라우저와 같은 클라이언트를 이용해 PC나 다른 휴대용 장치에서 클라우드로 접속한다. 이런 개인 사용자들에게는 클라우드가 개인 응용 프로그램이나 장치, 데이터처럼 보일 것이다. 이것은 마치

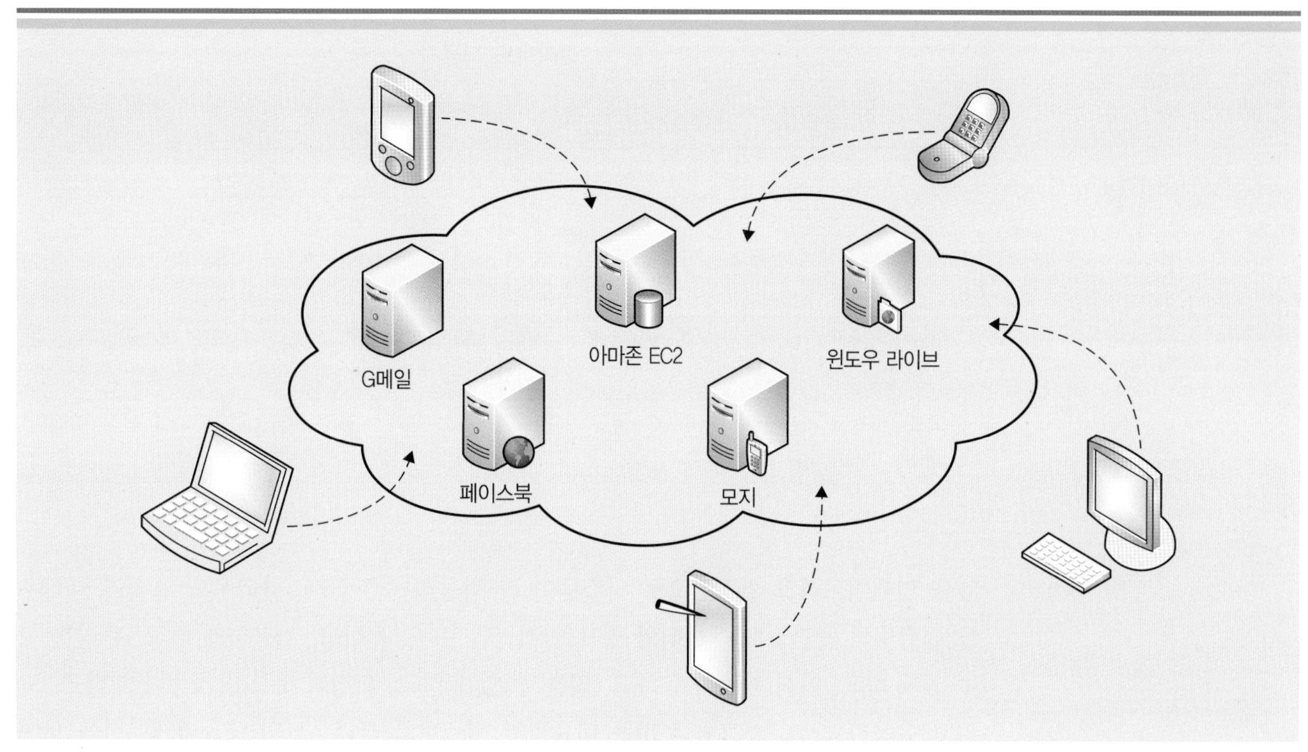

그림 5.16
클라우드 컴퓨팅

모든 소프트웨어와 데이터들을 "클라우드 안에" 저장해두고, 클라우드에 접속할 수 있는 장치만 있으면 되는 것과 같다. 하드 드라이브, 소프트웨어, 처리 능력도 필요 없다 – 이 모든 것이 사용자가 쉽게 접근할 수 있는 클라우드에 들어 있다. 사용자들은 한 컴퓨터나 네트워크에 물리적으로 얽매이지 않아도 되며 언제, 어디서든지 그들의 프로그램과 파일들에 접속할 수 있다. 당신의 하드 드라이브가 하늘에 떠 있어서 어떤 장치를 사용해도 당신이 어디에 있어도 당신의 정보와 프로그램에 접속할 수 있다고 생각해 보라. 게다가 가장 좋은 점은 당신의 기계가 부서지거나, 도둑맞거나, 당신이 잃어버렸다고 해도, 클라우드에 저장된 당신의 정보는 안전하며 언제든지 사용가능하다는 것이다. 그림 5.17은 클라우드 제공자의 개요에 대한 것이고, 그림 5.18은 클라우드 컴퓨팅의 장점을 보여준다.

클라우드에서 **복수임대**multi-tenancy는 시스템의 하나의 실현instance이 여러 고객에 제공되는 것을 말한다. 클라우드에서 각 고객은 **임차인**tenant이라고 불리고 여러 임차인들이 같은 시스템에 접근할 수 있다. 복수임대는 대형 시스템을 설치함으로써 드는 운용비용을 감소시키는데 도움이 된다. 왜냐하면 단일임대의 경우에는 하나의 임차인이 각 시스템을 구입하고 유지해야 하지만 복수임대는 그 시스템에 드는 비용을 복수의 임차인들이 나누기 때문이다. 복수임대 클라우드 접근방식은 서비스 제공업자가 시스템을 업데이트하는 장소가 하나이지만, 단일임대 클라우드 접근방식은 그 업체가 제공하는 소프트웨어가 있는 모든 회사에 가서 시스템을 업데이트해야 한다. **클라우드 조직**cloud fabric은 클라우드 컴퓨팅의 이점을 살린 소프트웨어를 말한다. **클라우드 조직 관리자**cloud fabric controller는 각 회사의 서버 관리자와 같이 클라우드 자원을 관찰하고 제공하는 사람을 말한다. 클라우드 조직 관리자는 자원을 제공하고 부하의 균형을 맞추고 서버를 관리하고 시스

그림 5.17

클라우드 제공자의 개요

클라우드 제공자	
아마존 – Cloud Drive, Cloud Player, Amazon Prime	아마존은 아마존 프라임과 클라우드 플레이어를 통해 동영상 보거나 음악을 들을 수 있는 아마존 킨들 파이어를 손실을 보면서까지 팔고 있다.
애플 – iCloud, iWork, iBooks, iTunes	아이클라우드는 애플의 제품들(아이폰, 아이패드 그리고 맥)을 동기화시켜 준다. 아이워크는 사용자들이 협업을 하게 도와준다.
구글 – Google Apps, Google Drive, Gmail, Google Calendar	구글은 데이터를 저장할 수 있는 구글앱, 지메일과 구글 드라이브를 포함하여 여러 개의 클라우드 서비스를 제공한다.
마이크로소프트 – Office 365, OneDrive, OneNote, Exchange	원드라이브와 오피스 365는 협업하고 데이터, 사진, 이메일 그리고 파일을 공유할 수 있는 방법을 제공한다.

템을 업데이트하고 환경적으로 시스템이 잘 작동하게끔 한다. 클라우드 조직이 클라우드 컴퓨팅의 근간으로 데이터와 정보를 접근할 수 있게 하고, 가용하게 하고, 관리를 할 수 있게 하고, 이식 가능하게 하고, 믿을 수 있게 하고, 확장과 축소를 가능하게 하고, 그리고 유용하게 한다. 그림 5.19는 대표적인 비즈니스 클라우드의 애플리케이션을 보여준다.

클라우드는 더 높은 가용성, 더 큰 신뢰성, 더 향상된 접근성, 그리고 이것들을 가능하게 하는 빠른 접속을 제공한다. 유연성, 확장성, 비용 효율성 면에서도 클라우드 컴퓨팅은 모든 규모의 기업들의 실행 가능한 선택사항이 되어가고 있다. 당신의 컴퓨터에서 마이크로소프트 오피스나 아웃룩과 같은 프로그램을 다 살 필요가 없다고 상상해 보라.

그림 5.18

클라우드 컴퓨팅의 장점

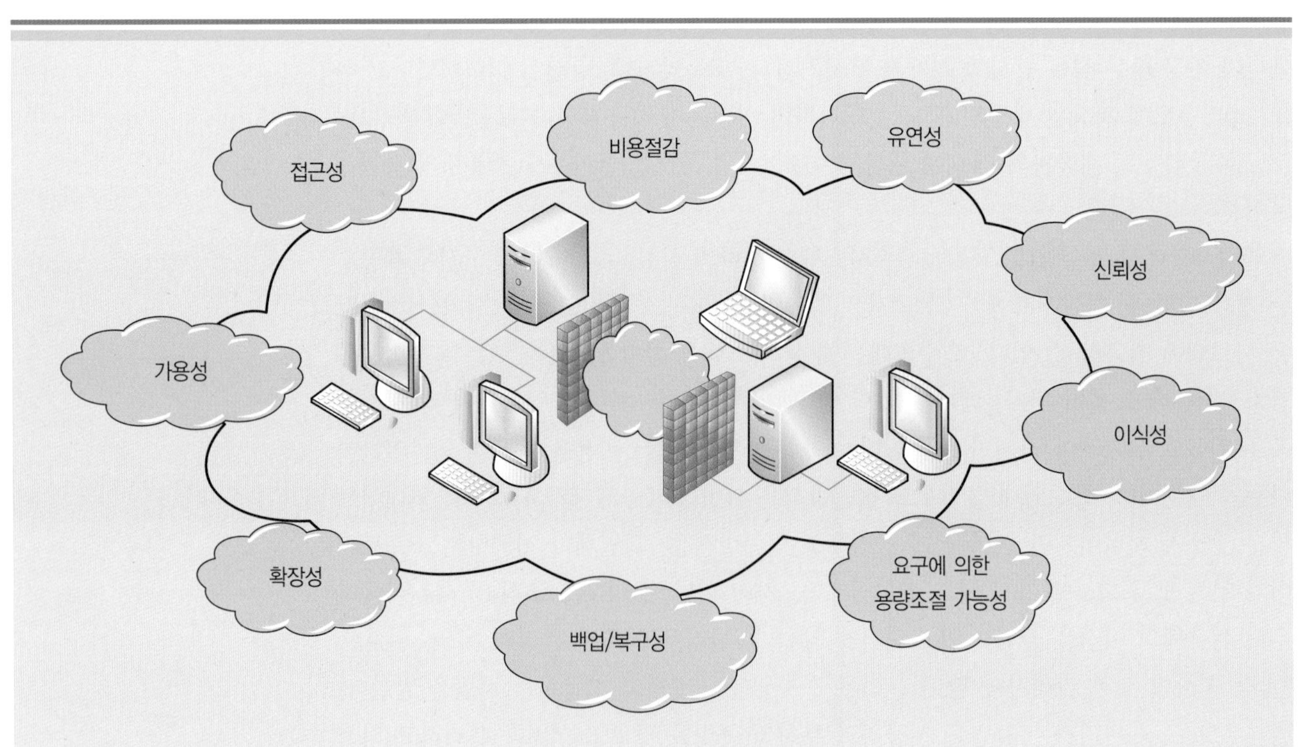

클라우드를 이용하면, 당신은 훨씬 싼 가격에 라이선스 하나를 사기만 하면 된다. 설치하거나 갱신하기 위해서 애쓸 필요도 없다. 클라우드에서 소프트웨어뿐 아니라 하드웨어도 제공해주기 때문에, 새 프로그램을 실행할 때 메모리가 부족할 염려도 없다. 그 프로그램에 접속하기 위한 라이선스를 구매하기만 하면 된다. 이런 방식은 전화 서비스를 사용하는 방식과 비슷하다. 당신이 전화 서비스를 사용할 때, 회사의 서비스에 접속하기

그림 5.19

클라우드에 기반을 둔 비즈니스 앱

클라우드 앱	
Box box.com	박스닷컴은 어떤 기기든 쉽게 접근할 수 있는 파일 폴더와 같다. 단순히 파일을 박스 사의 박스로 드래그하면 어디서나 즉시 그 파일에 접근할 수 있다.
Chatter Chatter.com	채터는 회사 내 소셜 네트워크이다. 직원들이 파일을 공유하고 프로젝트를 쉽게 협업할 수 있고 회사 전체에 질문을 올릴 수도 있어 회의 시간을 줄이고 보내는 이메일 숫자를 줄이고 직원들이 빨리 정보를 모을 수 있게 한다.
Evernote evernote.com	에버노트는 필기한 것을 쉽게 정리할 수 있게 한다. 이것은 온라인에 있는 글과 노트패드에 있는 글 그리고 당신이 데스크톱에 모아둔 사진들을 정리해준다. 이것은 사진 속에 있는 글자도 인식하여 칠판에 적어 놓은 글을 사진으로 찍어 그 사진에 있는 글을 이용하여 사진을 검색할 수도 있다.
Google Apps Google.com	구글 앱은 많은 컴퓨터 프로그램의 필요성을 제거해 주었다. 당신은 문서, 정산표, 발표자료 등을 구글닥스를 이용하여 만들고 저장할 수 있고 동시에 여러 사람들이 한 파일에 같이 작업할 수 있게 하였다. 구글 캘린더는 달력을 만들어 공유하는 것을 쉽게 하고 이벤트를 만든 사람은 초청된 사람들에게 이메일을 보낼 수 있다. 비즈니스를 위한 지메일은 회사에게 쉽게 만들고 고칠 수 있는 유연성과 데이터 저장 공간이 주어진 개인화된 이메일을 제공한다.
MailChimp mailchimp.com	메일침프는 회사가 이메일 캠페인을 디자인하고 보낼 수 있게 하는 메일 출판 플랫폼이다. 당신의 메일 캠페인이 성공했는지를 아는 것은 쉽다. 왜냐하면 이 앱은 이런 목적을 추적하는 구글 애널리틱과 통합되어 있기 때문이다.
Moo uk.moo.com	무는 명함, 포스트 그리고 작은 카드를 디자인하고 프린트하는 서비스를 제공한다. 사용자들은 무가 제공하는 디자인이나 본인들의 디자인 혹은 엣시, 페이스북, 플리커, 피카사나 스머그머그 웹사이트에서 가지고 온 디자인으로 주문 제작할 수 있다.
Mozy mozy.co.uk	모지는 당신의 컴퓨더와 서버에 있는 파일을 지속적으로 백업해주는 온라인 백업 서비스이다. 이 서비스는 중소기업에게 그들의 컴퓨터와 서버에 있는 파일을 백업할 수 있는 공간을 타당한 가격에 제공하여 데이터 손실과 같은 위기 상황에도 그들이 자신들의 파일을 회복할 수 있게 한다.
Outright outright.com	아웃트라잇트는 중소기업의 회계를 돕는 클라우드 재정 앱이다. 이 앱은 당신의 수입과 지출을 추적하고 세금을 계산하고 손실과 이익을 실시간에 계산할 수 있게 한다. 중소기업이나 재정을 잘 정리하고 싶은 기업가에게 최상의 것일 것이다.
Quickbooks quickbooks.intuit.co.uk	퀵북스는 온라인 회계 서비스이고 현찰흐름을 파악하는 것, 리포트를 만드는 것, 예산을 세우는 것 등 회계에 필요한 모든 것을 돕고 세계 어디서나 접근하여 이용할 수 있다.
Skype skype.com	스카이프는 당신의 컴퓨터를 전화기로 바뀌었다. 당신은 다른 스카이프 이용자에게 무료로 전화를 하거나 채팅을 할 수 있다. 원한다면 비디오 전화도 가능하다.
Toggl toggl.com	토글은 시간을 추적하는 앱이다. 이 앱은 당신이 직무와 프로젝트를 만들고 각 직무와 프로젝트에 시간을 할당할 수 있게 한다. 이 앱은 직무가 끝나기까지 얼마나 걸리는지와 각 프로젝트에 얼마의 시간이 남았는지를 기록하고 계산한다.

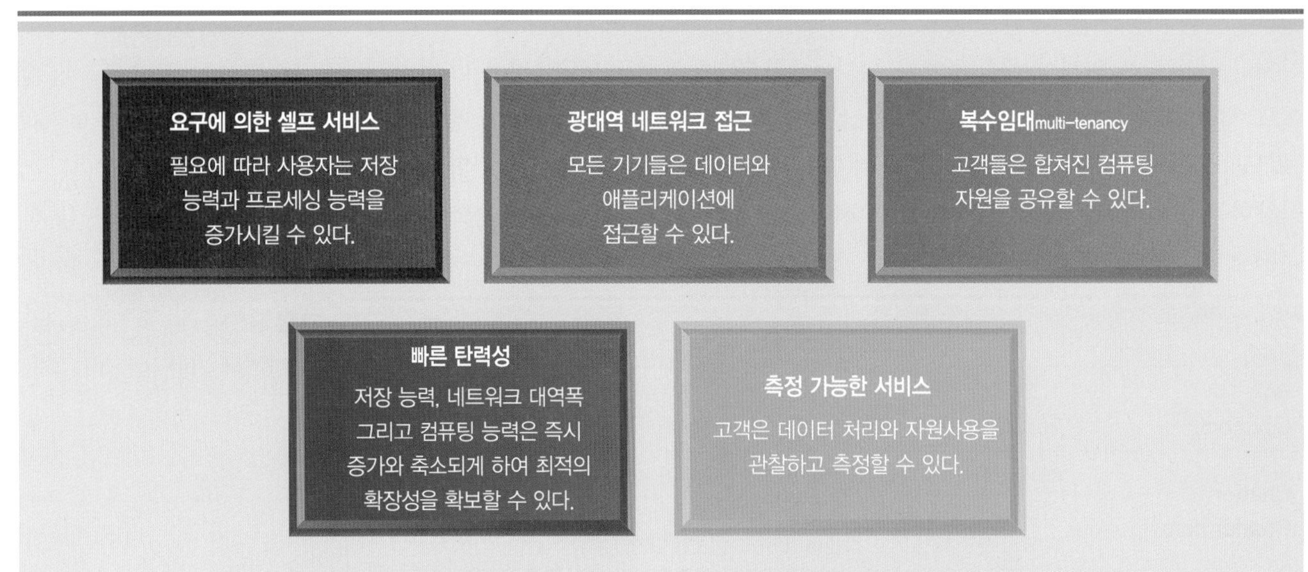

요구에 의한 셀프 서비스
필요에 따라 사용자는 저장 능력과 프로세싱 능력을 증가시킬 수 있다.
광대역 네트워크 접근
모든 기기들은 데이터와 애플리케이션에 접근할 수 있다.
복수임대multi-tenancy
고객들은 합쳐진 컴퓨팅 자원을 공유할 수 있다.
빠른 탄력성
저장 능력, 네트워크 대역폭 그리고 컴퓨팅 능력은 즉시 증가와 축소되게 하여 최적의 확장성을 확보할 수 있다.
측정 가능한 서비스
고객은 데이터 처리와 자원사용을 관찰하고 측정할 수 있다.

그림 5.20

클라우드 컴퓨팅의 특징

위한 비용만 지불하면 되지, 지구 전체에 전화를 연결할 수 있도록 해주는 장비를 구매하기 위해 돈을 지불할 필요가 없다. 시스템이 자동적으로 피크 부하를 통제하기 때문에 확장성에 대해서도 걱정할 필요가 없다. 피크 부하는 클라우드 상의 시스템들에 분산된다. 그림 5.20은 클라우드 컴퓨팅의 특징을 보여준다.

추가적인 클라우드 자원은 언제나 사용가능하기 때문에 납세 기간 동안의 소득 공제나, 특정 연휴 기간 동안에 늘어나는 거래 업무와 같이 항상 있는 업무는 아니지만 극도의 처리 능력을 필요로 하는 일을 위해서 시스템을 사야할 필요도 없다. 만약 처리 능력이 더 필요하다면, 클라우드에서 얼마든지 사용할 수 있고, 그 비용 또한 효율적이다. 헤로쿠Heroku는 소셜과 휴대 단말기를 위한 애플리케이션을 만들고 배치하기 위한 클라우드 플랫폼을 제공하는 선두 업체이다.

클라우드 컴퓨팅을 사용하면, 개인이나 기업은 자신이 원하는 때 원하는 장소에서 자신이 필요로 하는 서비스에 대해서만 비용을 지불하면 된다. 마치 전기를 사용하고 값을 지불하는 것처럼 말이다. 과거에는 급여 관리 시스템이나 판매 관리 시스템과 같은 대형 시스템을 돌리기 위해서는 하드웨어, 소프트웨어와 네트워크 장비를 갖추는 데 수백만 달러가 필요했다. 클라우드 컴퓨팅 사용자는 단지 클라우드에 접속해서 급여 관리 애플리케이션에 대한 라이선스를 요청하기만 하면 된다. 사용자들은 어떠한 하드웨어나 소프트웨어를 구매할 필요도, 네트워크 비용을 낼 필요도 없다. 비즈니스가 성장하고 시스템에 접속하는 직원들이 더 많아지면, 단순히 라이선스를 추가 구매하기만 하면 된다. 로컬 컴퓨터나 서버에서 소프트웨어를 실행시키는 것을 벗어나, 기업들은 이제 클라우드를 통해 소프트웨어 애플리케이션과 저장된 자료, 충분한 계산 능력을 결합할 수 있다. **유틸리티 컴퓨팅**utility computing은 가스나 전기의 계량 서비스와 비슷한 **사용량 지불**pay-per-use 수익 모델을 제공한다. 많은 클라우드 컴퓨팅 서비스 제공자들이 그림 5.21에서 보여주는 것과 같은 유틸리티 컴퓨팅 클라우드 인프라를 사용한다.

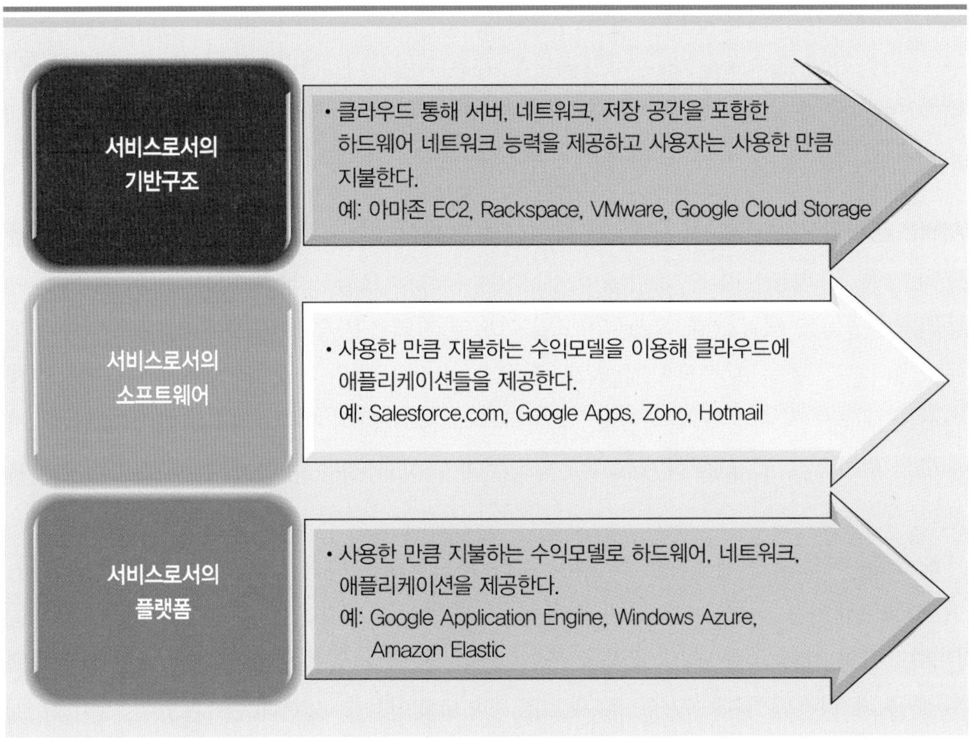

서비스로서의 기반구조

- 클라우드 통해 서버, 네트워크, 저장 공간을 포함한 하드웨어 네트워크 능력을 제공하고 사용자는 사용한 만큼 지불한다.
  예: 아마존 EC2, Rackspace, VMware, Google Cloud Storage

서비스로서의 소프트웨어

- 사용한 만큼 지불하는 수익모델을 이용해 클라우드에 애플리케이션들을 제공한다.
  예: Salesforce.com, Google Apps, Zoho, Hotmail

서비스로서의 플랫폼

- 사용한 만큼 지불하는 수익모델로 하드웨어, 네트워크, 애플리케이션을 제공한다.
  예: Google Application Engine, Windows Azure, Amazon Elastic

그림 5.21

세 가지 클라우드 컴퓨팅 서비스 제공 모델

서비스로서의 기반구조 **서비스로서의 기반구조**IaaS: Infrastructure as a service는 클라우드 통해 서버, 네트워크, 저장 공간을 포함한 하드웨어 네트워크 능력을 제공해주는 서비스를 말하며, 사용량에 따라 비용을 지불하는 수익 구조를 사용한다. 사용자들은 IaaS를 통해 하드웨어를 빌리고 자신의 맞춤형 애플리케이션이나 프로그램을 제공받는다. IaaS 사용자들은 값비싼 서버들을 사기 위해 큰 규모의 예산을 사용하지 않아도 되므로 비용을 아낄 수 있다. 어떤 서버들은 가격이 십만 달러가 넘는다는 것을 생각하면 이는 정말로 비즈니스 측면에서 볼 때 이득이다. 이 서비스는 사용량을 기준으로 비용을 책정하는데, 전기나 가스와 같은 기본적인 공공 서비스와 비슷하다고 보면 된다. IaaS는 업무 변화에 따라 전산자원이 증감되어야할 필요가 있는 기업들에게 비용 효율적인 해결책을 제시한다. 이것을 **동적 스케일링**dynamic scaling이라고 하는데, 필요에 따라서 MIS 기반구조가 자동적으로 확장되거나 축소되는 것을 말한다. **서비스로서의 재난 복구**DRaaS: disaster recovery as a service는 재난으로부터 데이터나 애플리케이션을 보호하기 위해 클라우드 자원을 이용하여 백업 서비스를 제공한다. 시스템이 고장인 경우에도 회사가 업무를 지속할 수 있게 완전 시스템 백업을 제공한다. DRaaS는 전형적으로 재난 복구 계획이나 업무 지속 계획의 일부이다.

최근 가장 대중적으로 알려진 IaaS 운용 사례는 아마존의 일래스틱elastic 컴퓨트 클라우드로, 아마존 EC2나 단순히 E2C로 알려져 있다. E2C는 고객들이 아마존의 컴퓨터에 자신의 고유한 애플리케이션을 다운받고 사용할 수 있는 웹 인터페이스를 제공한다. 고객들은 필요에 따라 서비스를 생성하고, 가동하고, 중지시킬 수 있도록 자신의 운용 환경을 조절할 수 있는데, 이 때문에 아마존에서는 E2C를 '탄력적이다'라고 평가한다.

IaaS는 과학이나 의료 분야와 같이 불규칙한 간격으로 대량의 정보를 처리해야하는 연구 – 집약적 프로젝트를 하는 기업들에게 아주 적합하다. 클라우드 컴퓨팅 서비스는 이런 기업들이 매우 값비싼 추가적인 컴퓨팅 기반구조를 사용해야지만 가능한 수준의 테스트나 분석을 할 수 있도록 해 줌으로서 비용 절감을 가능하게 해준다.

서비스로서의 소프트웨어 서비스로서의 소프트웨어SaaS: Software as a Service는 클라우드 컴퓨팅의 가장 첫 적용사례 중 하나였다. SaaS는 사용당 요금 모델을 이용해 클라우드에 애플리케이션들을 제공한다. SaaS의 도입 이전에 기업들은 업무 요구에 맞는 특수화된 애플리케이션을 만들고 적용하기 위해 종종 엄청나게 많은 돈을 들였다. 이런 애플리케이션의 대부분은 시행하기 어렵고, 유지하는데 돈이 많이 들고, 사용하기 어려웠다. 사용성은 클라우드 컴퓨팅 서비스 제공자들에게 관심과 성공을 안겨 주는 중요한 역할을 했다.

SaaS는 다양한 이점을 제공해준다. 가장 두드러지는 것은 엄청난 비용 절감 효과다. 이 소프트웨어는 선행 비용 없이 사용량을 기준으로 가격을 매겨지기 때문에, 기업들은 즉각적인 자본 지출 절감 효과를 볼 수 있다. 또한 기업들은 확장성과 유연성의 혜택도 받을 수 있는데 임대 조건으로 새로운 소프트웨어들을 시험해 볼 수 있는 것이 그 예이다.

세일즈포스닷컴saleforce.com은 가장 대중적인 SaaS 제공자 중 하나다. 세일즈포스닷컴은 업무 자동화 애플리케이션을 구축하고 제공한다. 이 애플리케이션은 주요 고객들을 추적하는 기능이나 전망과 예측과 같은 기능들을 자동화하는데, 일반 영업사원들이 사용하기에 적합하다. SaaS를 이용하면 대규모의 안전한 기반구조 및 모든 필요한 자원에 접속할 수 있는데, 이는 재정적인 자원이 적은 신생 혹은 중소기업들에게 특히 유용하다.

서비스로서의 플랫폼 서비스로서의 플랫폼PaaS: Platform as a Service은 하드웨어, 네트워크, 애플리케이션을 포함하는 전체 시스템을 배치하는 것을 사용량에 따라 비용을 지불하는 수익 구조를 사용해 지원한다. PaaS는 웹 개발 소프트웨어를 구입하고, 관리하고, 유지하는 어려움과 골치 아픔을 모두 서비스 제공자에게 맡기는 완벽한 기업 솔루션이다. PaaS를 사용하면 개발, 배치, 관리, 유지는 모두 클라우드에 속하며 PaaS 제공자에 의해 수행되기 때문에, 기업은 기업의 자원을 중점 계획들에만 집중시킬 수 있게 된다. 개발에 필요한 소프트웨어와 가동시키기 위한 하드웨어를 비롯한 개발의 모든 것들이 클라우드에 있다. PaaS는 다음의 사항들을 선행 투자 없이 제공함으로써 기업들이 업무비용을 최소화하고 생산성을 증가시키도록 도와준다.

- 강화된 보안
- 언제 어느 때나 정보에 접속 가능
- 중앙 집중적 정보 관리
- 파트너, 공급자, 고객과의 쉬운 협업
- 더 저렴한 비용과 빠른 시장 출시 기간

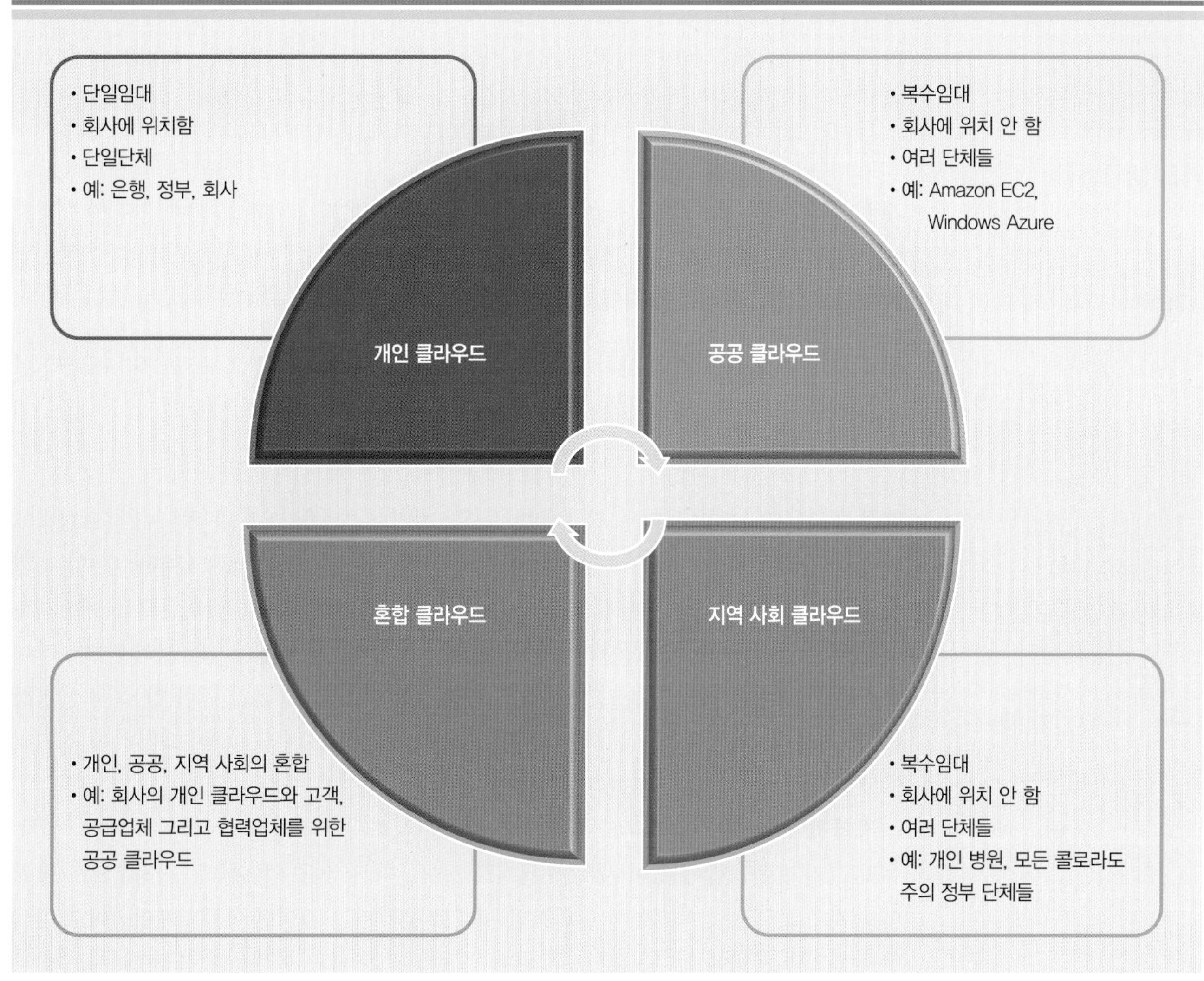

그림 5.22
클라우드 컴퓨팅의 환경

가장 대중적인 PaaS 서비스의 하나는 구글 앱 엔진Google's App Engine이다. 구글 앱 엔진은 기업을 위해 웹 애플리케이션을 구축하고 배치해 준다. 구글 앱 엔진은 구축하기 쉽고, 유지하기 쉬우며, 기업의 웹 기반 애플리케이션이 성장해야할 필요가 있을 때 확장하기 쉽다. 구글 앱 엔진은 무료이며, 웹 애플리케이션을 지원하는 네트워크와 처리 능력, 기본 저장 공간을 제공하며, 한 달에 5백만 페이지 뷰가 가능하다. 또, 이런 기본 사양을 더 확장하려면 용량과 퍼포먼스 증가를 위해 추가 비용을 지불하면 된다. 이러한 서비스는 웹 애플리케이션을 위해 값비싼 하드웨어와 소프트웨어를 구매할 기초 자본이 충분하지 않은 중소기업들에게 큰 비용 절감효과를 가져다준다. 단 두 사람이 운영하는 기업이 구글과 같은 전산 자원을 사용할 수 있다고 생각해 보라. 훌륭한 비즈니스 감각이지 않은가. 비즈니스를 위해 어떤 클라우드 모델을 선택하든지 4개(공공 클라우드, 개인 클라우드, 지역 사회 클라우드, 그리고 혼합 클라우드)의 클라우드 컴퓨팅의 환경으로부터 선택할 수 있다(그림 5.22 참조).

공공 클라우드 공공 클라우드는 거대하고 전 세계적이고 전산업적인 애플리케이션을 일반 대중에게 제공한다. 공공 클라우드에서는 고객이 하드웨어나 소프트웨어를 준비하고 관리하고 업그레이드하고 바꾸는 것을 요구하지 않는다. 가격은 공공요금 같고 고객은 그들이 사용한 자원만큼만 지불한다. 이 예로는 Amazon Web Services(AWS), Windows Azure 그리고 Google Cloud Connect가 있다.

개인 클라우드 개인 클라우드는 한 개인이나 회사에만 제공되고 그 고객이 지정한 장소에서 서버와 데이터를 관리한다. 개인 클라우드는 데이터 보안이 필요하고 개인 정보 가치가 높은 정부와 같은 조직에 최적의 해결책이다.

지역 사회 클라우드 지역 사회 클라우드는 비즈니스 모델과 보안의 요구 그리고 기타 다른 문제를 공유하는 특정지역에 필요하다. 금융 서비스와 제약 회사들과 같이 제약조건이 많은 산업에 새롭게 등장하고 있다.

혼합 클라우드 혼합 클라우드는 개인, 공공, 지역 사회 클라우드를 2개 이상 포함하고 각 클라우드는 기술적으로 연결되어 데이터와 에플리케이션을 서로 사용할 수 있게 되어 있다. 예를 들면 한 회사가 개인정보에 민감한 데이터는 개인 클라우드를 이용하고 그렇지 않은 데이터는 공공 클라우드를 사용할 수 있다. 개인과 공공의 클라우드를 같이 사용하는 것이 혼합 클라우드의 예이다. 클라우드 벌스팅cloud bursting이란 한 회사가 평상시 그 회사의 기반 시설물을 사용하지만 필요시 클라우드를 사용하여 과부하에 걸리지 않고 원활하게 성능을 유지한다는 것을 의미한다.

경영정보시스템을 클라우드에 설치한다는 것은 회사가 경영정보시스템을 개발, 설치, 유지 그리고 관리함에 있어 새로운 세계로 접어든다는 것을 의미한다. 클라우드로 옮긴다는 것은 물질적인 세계에서 논리적인 세계로 옮겨가는 것이며 에플리케이션이나 데이터가 개인의 서버에 있다는 것을 무의미하게 한다. 그 결과 회사들과 경영정보시스템 부서는 그들이 시스템을 보는 관점을 바꾸고 경쟁에서 우위를 차지하기 위해서는 새로운 기회를 찾아야 할 것이다.

지식 적용하기

비즈니스 중심적 윤리와 보안

e-폐기물과 환경

어떤 추정치에 따르면, 전 세계에 있는 잉여 혹은 구식 컴퓨터와 모니터는 10억 개에 달한다고 한다. 캘리포니아에서는 날마다 6,000대의 컴퓨터가 못쓰게 된다. 이것들이 만약 적절하게 처리되지 않는다면, 1,000여 가지의 서로 다른 독성 물질을 함유한 이 엄청난 e-폐기물들은 인류와 환경에 매우 큰 해를 끼칠 것이다. 컴퓨터의 마더보드에서는 베릴륨이 발견되고, 플로피디스크에는 크롬, 모니터와 배터리에는 납, 알칼라인 건전지에는 수은이 있다. 알려진 것 중에 가장 위험한 독성 화학물질은 카드뮴인데, 카드뮴은 다수의 오래된 랩톱과 컴퓨터 칩에 들어 있다.

미국과 유럽이 자국에서 발생하는 e-폐기물을 수출하는 가난한 나라들에서는 e-폐기물에 의한 환경 파괴의 영향이 급속하게 현실화되고 있다. 이런 나라들에서는 구식 전자 장비들이 별로 쓸모가 없기 때문에 현지의 재활용업자들은 일부분은 되팔고 나머지들은 대개 거주 지역 근처에 있는 불법 쓰레기 처리장에서 태우는데, 이 과정에서 독성의 발암성 물질들이 공기, 토양, 물로 스며든다.

당신은 e-폐기물을 버려본 적이 있는가? 배터리를 포함한 전자 기기들이 안전하게 처리될 수 있도록 당신이 할 수 있는 일은 무엇이 있는가? 기업들이 e-폐기물을 안전하게 폐기하도록 하기 위해 정부가 할 수 있는 일은 무엇이 있을까? 가난한 나라들이 e-폐기물을 넘겨받지 않도록 하기 위해서 무엇을 할 수 있는가? 휴대전화 컴퓨터, 프린터, 잉크 카트리지, MP3 플레이어, 배터리를 안전하게 폐기할 수 있는 방법의 목록을 작성해보라. 시민들에게 e-폐기물에 관련된 이슈들을 알리고, 안전하게 처리하는 습관을 가르치기 위해 당신이 할 수 있는 일은 무엇인가?

비즈니스 중심적 토의

당신은 탄소 배출을 얼마나 할까?

우리는 통근하는 것, 가족들과 집에서 거주하는 것, 먹는 것 등 일상을 통해 피치 못하게 온실가스를 배출하여 기후 변화에 기여한다. 그러나 우리가 개인적으로 탄소 배출량을 줄일 방법은 여러 가지가 있다. 우리가 집에서 지낼 때, 여행을 할 때, 음식을 선택할 때, 그리고 물건을 사고 버릴 때, 우리의 선택들이 다음 세대를 위해 기후를 안정화하는데 도움을 줄 수 있다.

네이처 컨설번시Nature Conservancy의 탄소 배출 계산기는 당신이 기후에 미치는 영향을 계산해 준다. 이 탄소 배출 계산기는 당신의 선택에 의해 매해 당신 얼마나 많은 양의 이산화탄소와 다른 온실가스를 배출하는 하는지 측정해 준다. 네이처 컨설번시의 탄소 배출 계산기를 방문하여 당신의 탄소 배출량을 계산해 보고 당신이 배출하는 가스를 줄일 수 있는 방법이 무엇인지 보자(http://www.nature.org/greenliving/carboncalculator/).

비즈니스 중심적 혁신

당신의 오래된 컴퓨터를 더 좋게 재활용하기

당신이 친구 집에 갔는데 그 친구의 컴퓨터 안에 살아있는 물고기가 헤엄치고 있다고 상상해보라. 자세히 살펴보니 친구는 오래된 맥 컴퓨터를 어항으로 더 좋게 재활용하고 있었던 것이다. 몇몇의 젊은 사업가들은 맥 컴퓨터를 어항으로 재활용하여 수익을 만들고 있다. 더 좋게 재활용이란 버려진 전자제품을 다시 사용하거나 활용하여 새로운 제품으로 만드는 것을 의미한다. 버려지는 전자 제품이 늘수록 이런 제품들을 재활용하여 집안에 필요한 혁신적인 제품을 만들거나 개인에게 필요한 부가적인 제품을 만들 수 있다. 당신이 현재 사용하고 있는 물건들 중에서 미래에 더 좋게 재활용될 수 있는 것을 살펴보자. 아래 리스트는 당신이 참고하여 더 좋게 재활용되어질만한 제품들이다.

- 키보드 자석
- 맥 우편함
- 플로피디스크 연필꽂이
- 램 열쇠고리
- 케이블 팔찌
- 마우스 혁대 버클
- 컴퓨터 어항
- 키보드 달력
- 회로판 열쇠고리
- 회로판 손잡이
- 머더보드 시계

비즈니스 중심적 세계화

e-폐기물 문제 해결하기StEP

일렉트로닉 테이크백 연합Electronic TakeBack Coalition에 의하면, 미국에서 연간 384,000,000의 e-폐기물이 나오고 이중 20%만 재활용된다고 한다. 나머지 80%는 수은, 납, 카드뮴, 비소 그리고 베릴륨과 같은 유해한 물질들을 방출되면서 소각되거나 땅에 매장된다. 보고서에 의하면, 2017년에는 이렇게 매장된 e-폐기물의 무게가 엠파이어 빌딩 200개를 합쳐 놓을 정도라고 한다. UN, 정부단체들 그리고 과학단체들에 의해 만들어진 'e-폐기물 문제 해결하기StEP: Solving the Ewaste Problem'라는 단체는 e-폐기물의 안전과 처리를 임무로 하고 있다. StEP는 미국과 중국이 가장 많이 기여하면서 e-폐기물의 양이 5년 안에 3배가 될 것이라고 예측한다. 최근까지도 e-폐기물에 대한 각국의 정의가 달라 전 세계적으로 이와 관련한 데이터를 구하기가 힘들다. 예를 들면 미국은 텔레비전과 컴퓨터와 같이 가전제품만을 e-폐기물에 포함한 반면, 유럽은 배터리와 전기선이 있는 모든 제품을 e-폐기물에 포함한다.

e-폐기물의 증가는 창업 정신을 가진 사람들에게는 기회이다. 인터넷에서 e-폐기물과 관련된 예를 찾아보자. 팀을 만들어 e-폐기물로 야기되는 문제를 어떻게 해결할지 계획을 만들어보자.

학습 성과 복습

5.1 MIS 기반구조와 이것의 세 가지 주요 유형들을 설명할 수 있다.

전사적 아키텍트가 기업의 MIS 기반구조를 유지할 때 중점적으로 다루는 세 가지 영역들은 다음과 같다.

- 업무 지원: 정보 MIS 기반구조는 고객 관리 기록과 같은 중요한 정보들이 어디에, 어떻게 유지되고 보호되는지를 확인해준다.
- 변화 지원: 애자일 MIS 기반구조는 서로 협동하여 조직의 목표를 지원해주는 하드웨어, 소프트웨어, 원격통신 설비를 포함한다.
- 환경 지원: 지속가능한 MIS 기반구조는 기업이 전산 자원의 측면에서는 성장함과 동시에 하드웨어와 에너지 사용에 있어서는 덜 의존적일 수 있도록 하는 방법을 보여준다.

5.2 정보 MIS 기반구조와 관련된 세 가지 주 영역을 파악할 수 있다.

정보 기반구조가 지속가능한 업무를 지원하기 위해 제공하는 세 가지 주요 영역은 다음과 같다.

- 백업과 복구 계획: 백업은 시스템의 정보를 복사해두는 것을 말한다. 복구는 시스템의 파괴나 고장에도 불구하고, 다시 시스템을 일으키고 운영할 수 있는 능력을 말하며, 백업된 정보를 다시 가져오는 것도 여기에 포함된다.
- 재해 복구 계획: 비극적인 재난의 상황에서 정보나 시스템을 복구하기 위한 상세한 프로세스이다.
- 업무 지속 계획: 재난이나 광범위한 파괴 이후에 기업이 어떻게 중요한 업무와 시스템을 복구하고 이어 받을 수 있는지에 대해 상세히 다룬다.

5.3 애자일 MIS 기반구조의 성격을 설명할 수 있다.

- 접근성accessibility이란 어떤 사용자가 시스템을 사용할 때 어떤 것을 접속할 수 있고, 볼 수 있고, 무엇을 할 수 있는지 정의하는 서로 다른 접근 등급을 말한다.
- 가용성availability은 시스템이 작동하는 시간 범위를 말한다.
- 유지보수성maintainability 혹은 유연성flexibility은 어떤 시스템이 환경의 변화에 대해 얼마나 빨리 대응해 변화할 수 있는가를 나타낸다.
- 이식성protability이란 어떤 애플리케이션이 서로 다른 장치나 소프트웨어 플랫폼에서도 작동할 수 있는 능력을 말한다.
- 신뢰성reliability 혹은 정확성accuracy은 시스템이 제대로 작동하고, 정확한 정보를 제공하는 것을 말한다.
- 확장성scalability은 시스템이 증가된 수요에 얼마나 잘 적응할 수 있는지를 말한다.
- 사용성usability은 어떤 시스템이 얼마나 배우기 쉽고, 또한 사용하기에 효율적이며 만족스러운가에 대한 척도이다.

5.4 MIS와 관련된 환경적인 영향들을 알 수 있다.

에너지 사용량 증가, e-폐기물의 증가, 탄소 배출량 증가는 모두 MIS와 관련이 있다. e-폐기물은 버려지거나, 낡았거나, 망가진 전자 기구들을 말한다. 지속가능한 MIS 폐기는 수명이 다된 MIS 자산을 안전하게 처리하는 것을 말한다.

5.5 지속가능한 MIS 기반구조의 세 가지 요소들과 그들의 비즈니스 혜택에 대해 설명할 수 있다.

지속가능한 MIS 기반구조의 구성요소는 다음과 같다.

- 그리드 컴퓨팅은 한 문제를 같이 풀도록 조정된 컴퓨터들의 집단을 말하는데, 이 컴퓨터들은 대개 지리적으로 떨어져 있다.
- 클라우드 컴퓨팅은 인터넷을 통해 원격으로 제공되는 자원이나 애플리케이션을 사용하는 것을 말한다.
- 가상화는 하나의 컴퓨터에 여러 개의 '가상의' 기계를 생성한다.

시작 사례 문제

1. **지식**: 애자일 MIS 인프라가 박스 사의 업무를 지원하는 방식을 열거하라.
2. **이해**: 박스 사가 재난 복구 계획과 업무 지속 계획을 수립해야 하는 이유를 설명하라.
3. **적용**: 박스 사의 비즈니스 모델에 클라우드 컴퓨팅의 개념을 적용하라.
4. **분석**: 박스 사가 어떻게 지속가능성 MIS 기반구조를 이용하고 있는지 분석하라.
5. **종합**: 박스 사가 그리드 컴퓨팅을 통해 이익을 얻을 수 있는 방법을 개발하라.
6. **평가**: 환경 친화적인 동시에 박스 사의 사업을 성장시키기 위해 가상화를 사용하는 것에 대해 평가하라.

복습 문제

1. 비즈니스에서 얼마나 자주 자료를 백업해야 하는가?
2. 백업이 작동하고 백업한 것을 복구하여 사용할 수 있는지를 확인하는 것이 왜 중요한가?
3. 재난 복구 계획과 업무 지속 계획의 차이점은 무엇인가?
4. MIS 인프라의 세 가지 형태는 무엇이며, 각각은 어떤 것을 지원하는가?
5. 애자일 MIS 기반구조의 특성을 열거하고, 그 특성들이 변화를 지원하는데 왜 모두 중요한지를 설명하라.
6. 용량 계획이 무엇이며, 기업의 성장을 대비하는데 어떻게 도움을 주는지를 설명하라.
7. 자동복구능력과 장애 극복$_{failover}$의 차이점을 설명하라.
8. 핫 사이트, 콜드 사이트, 웜 사이트를 차이점을 비교하라.
9. 무어의 법칙이란 무엇이며, 기업에 어떤 영향을 끼치는가?
10. 그리드 컴퓨팅 사용의 비즈니스측면에서의 이점을 열거하라.
11. 클라우드 컴퓨팅의 이로운 점과 어려운 점을 정리하라.
12. 데이터 센터는 무엇이며, 왜 기업에서 데이터 센터를 개발해야 하는지 설명하라.
13. 세 개의 대표적인 클라우드 컴퓨팅 제공 모델을 열거하고 묘사하라.
14. 기업이 가상화를 필요로 하는 이유를 설명하라.
15. 오늘날의 사업이 왜 지속가능한 MIS의 방식을 따르고 싶어 할 것인지 설명하라.

16. 지속가능성 MIS 기반구조를 필요하게 하는 세 가지 압력에 인터넷 사업이 어떻게 기여하는지를 설명하라.

마무리 사례 1

그린을 위해 UPS가 10억 달러를 투자하다

UPS는[2] 업무 효율성을 늘리기 위해 10억 달러를 투자하기로 했는데, 이는 향후 장기적으로 수십 억 달러의 비용 절감을 목표로 한 것이다. UPS의 주된 목표 중 하나는 배달 업무의 속도와 효율성을 높이는 것이다. 이를 위해서 UPS는 밴에 센서를 설치하였는데, 이 센서들은 연료 소모량, 이동 동선, 엔진이 켜진 채로 쓰이지 않는 시간과 같은 정보들을 수집한다. 연료 소모를 줄이는 것은 UPS가 비용을 절감하게 해 줄 뿐 아니라, 환경에 더욱 책임을 지는 길이기도 하다. 이 기업에서 사용하는 비용의 많은 부분은 항공을 통한 운송에 있다. 실제로 UPS는 세계에서 9번째로 큰 항공사이기도 하다. 그래서 UPS는 비행 속도를 줄이고, 경로의 중복을 피하는 방향으로 계획을 더 잘 짜서 비행기 연료를 아껴 쓰려고 노력하고 있다. 트럭 또한 연료의 상당 부분을 소모하는데, 트럭에 센서를 설치함으로서 수백만 달러를 절약할 수 있을 것이다.

UPS는 회사에서 사용하는 운송 수단의 브레이크, 엔진, 외부 등에 200여개의 센서를 설치해 자료를 수집하고, 운전자들이 연료 효율을 가장 높일 수 있도록 운전 방식을 조정할 수 있는 기회들을 포착하고 있다. UPS에서는 운송 트럭이 사용되지 않는 시간을 줄이고자 하는데, 한 시간 동안 트럭이 사용되지 않고 켜져 있으면 1갤런의 연료를 사용하기 때문이다.

이 기업은 소포를 배달하기 위해 운전하는 경로를 추적하는 장치들을 설치하고 있다. 매일 아침마다 운전기사들은 수집된 자료와, 어떻게 다르게 운전을 해야 연료를 더 절약할 수 있는지에 대한 브리핑을 받는다. UPS는 운송 수단이 출발하고, 멈추고, 돌고, 후진시키는 횟수를 최적화시키기를 원한다.

그린 데이터 센터Green data center

UPS는 또한 뉴저지 주의 마와와 조지아 주의 알파레타에 있는 두 데이터 센터들의 냉각을 더 효율적으로 하기 위한 기술에 자본을 투자하고 있다. 겨울 동안에는 냉각 장치를 멈추고 외기를 도입해 냉각을 할 수 있다.

알파레타에 있는 데이터 센터는 냉각을 위해 650,000갤런이 들어가는 물탱크와 액체가 빼앗은 열을 더 빨리 제거하기 위한 열교환기를 갖추고 있다. 물은 데이터 센터 주변을 원형으로 돌면서 장비를 냉각시키고, 열교환기는 뜨거워진 물의 온도를 더 빨리 낮추도록 도와준다.

UPS는 또한 기존의 서버들을 가상화해 통합하고, 더 빠른 서버 프로세서를 위해서도 투자하고 있다. 이는 에너지 비용을 절감하게 해주며, 또한 서버의 물리적 점유 공간을 줄이게 도와준다. 또한 이 기업은 전 세계에 흩어져 있던 작은 서버실들을 통합하고 있다. 이렇게 함으로서 UPS는 매년 400,000달러가량을 절약하고 있다.

2) United Parcel Service

질문

1. 당신은 왜 UPS가 지속가능한 기술들을 채택한다고 생각하는가?
2. UPS는 어떻게 지속가능한 MIS 인프라를 구축하고 있는가?
3. 가상화를 통해 UPS가 얻을 사업적 이득에는 무엇이 있을까?
4. 애자일 MIS 기반구조의 속성들은 각각 UPS의 업무에 어떤 도움을 주고 있는가?
5. UPS가 클라우드 컴퓨팅이나 그리드 컴퓨팅을 사용해 얻을 수 있는 이득에는 무엇이 있는가?
6. 트럭에 설치한 추적 기술들로 인해 UPS가 마주치게 될 윤리적인 문제들에는 어떤 것들이 있을까?
7. 트럭에 설치한 추적 기술들로 인해 UPS가 마주치게 될 보안 문제들에는 어떤 것들이 있을까?

마무리 사례 2

판도라의 음악상자

냅스터는 온라인상에서 음악을 공유하는 서비스를 제공하는 최초의 공급자들 중 하나였다. 다른 많은 회사들이 온라인 음악 비즈니스에 합법적으로 끼어들려는 시도를 했지만, 대부분은 그저 작은 성공을 거두었을 뿐이다. 그러나 인터넷 라디오 사이트인 판도라는 예외다. 판도라는 특정한 예술가나 음악 카테고리를 골라서 개인에 맞춘 재생 목록을 만들 수 있는 기능을 사용자들에게 제공한다. 판도라가 권하는 비슷한 음악 트랙에 대한 사용자의 피드백에 따라, 사이트는 각각의 사용자가 자신의 재생 목록으로 선호하는 모음들을 '습득해서' 그 정보를 각 사람에게 고유한 개인 맞춤형 음악 감상 경험을 만들어주는 데 사용한다.

판도라의 비즈니스의 심장에는 뮤직 게놈 프로젝트MGP: music genome project가 있다. MGP는 80,000명의 아티스트의 700,000곡이 넘으며 각곡에 속성을 입력한 컴퓨터화된 쥬크박스로 매일 새로운 곡들이 추가된다. MGP의 곡들은 아티스트, 장르, 멜로디, 하모니, 리듬, 형식, 구성, 가사 등 수백 가지의 특성들로 분류된다. 예를 들어 어떤 사람이 특정 템포를 가진 음악을 찾는다거나 가사가 무슨 내용인지 알고자 한다면, 판도라가 그 정보를 제공해 줄 수 있다. 이 회사에는 음악을 듣고 분석하여 400가지가 넘는 특성에 따라 각각의 트랙을 배정하는 일을 전담으로 하는 50명의 직원이 있다.

컴퓨터와 접속성의 결합

판도라는 다음 세 가지 주요 트랜드의 결과인 클라우드 컴퓨팅cloud computing을 하는 대표적인 예이다.

1. 컴퓨팅과 접속성의 결합으로 장소에 구애되지 않고 접속이 가능하다. 이것은 현대의 가장 파괴적인 힘 중에 하나이다.
2. 모바일 인터넷이 모든 곳에 침투하고 있다.
3. 스마트폰이라는 저렴하고 항상 켜져 있을 수 있는 컴퓨터의 등장으로 이동 중에도 정교한 소프트웨어로 복잡한 일들을 관리할 수 있게 되었다.

판도라는 클라우드를 통해서 서비스에 접속할 수 있는 인터넷이 가능한 모든 종류의 전자 기기에서 실행이 가능함으로써 더 넓은 세계적인 시장으로의 도약을 계획하고 있다. 판도라의 음악 서비스는 얇은 LED 텔레비전으로부터 블루레이 플레이어, 디지털 프레임에 이르기까지 모든 것에 제공되고 있다. 고객들은 그들의 블루레이 플레이어, 아이팟, 아이폰, 블랙베리를 통해 판도라를 듣고 있으며, 곧 판도라가 장착된 자동차들이 등장할 것이다.

판도라 팀은 사용자들이 최대 100개의 스테이션을 만들 수 있게 함으로서 거의 무한대의 리스트를 만들 수 있게 하고, 모든 곳에서 판도라가 재생되기를 기대하고 있다. 2000년도에 설립된 이래, 판도라에는 5천만이 넘는 청취자가 등록되어 있으며, 매일 수천 명이 추가되고 있다.

기본 멤버십은 무료인데, 때때로 한두 개의 광고가 뜬다. 이 멤버십은 한 달에 40시간 동안 자신의 개인 스테이션들을 들을 수 있게 해준다. 만일 사용자가 40시간보다 많이 사용하길 원한다면, 한 달에 99센트를 내고 무제한 음악을 들을 수 있다. 사용자들은 일 년에 36달러를 내고 판도라 One으로 업그레이드할 수도 있는데, 그렇게 하면 재생 시간 무제한으로 광고 없이 더 좋은 음질의 소리를 들을 수 있다.

무엇이 판도라의 비즈니스를 움직이는가? 귀중한 고객 기반을 제외하고, 이 비즈니스를 움직이는 것은 회사의 성장, 운영, 수익을 돕는 견실한 MIS 기반구조이다. 지금까지 판도라의 MIS 기반구조에 대한 투자는 놀라운 결과와 더불어 미래의 기회를 가져다주었다. 이 회사는 이제 기업의 핵심 기능을 돕는 새로운 애플리케이션들을 어느 때보다도 빨리 개발할 수 있다. 그리고 이 회사는 판도라가 클라우드 안에 위치하고 있기 때문에, 어디서든 접속할 수 있고, 사용할 수 있고, 유연하고, 믿을 수 있는 MIS 기반구조를 만들었는데 이것은 성장하고 있는 소비자 커뮤니티의 요구에 부응한다.

질문

1. 애자일 MIS 인프라가 판도라의 업무를 지원하는 방식을 열거하라.
2. 판도라가 재난 복구 계획과 업무 지속 계획을 수립해야 하는 이유를 설명하라.
3. 판도라의 비즈니스 모델에 클라우드 컴퓨팅의 개념을 적용라라.
4. 판도라가 어떻게 지속가능성 MIS 기반구조를 이용하고 있는지 분석하라.
5. 판도라가 그리드 컴퓨팅을 통해 이익을 얻을 수 있는 방법을 개발라라.
6. 환경 친화적인 동시에 판도라의 사업을 성장시키기 위해 가상화를 사용하는 것에 대해 평가하라.

핵심적 비즈니스 고찰

1. 대학들이 G메일로 바꾸고 있다

   전 세계의 학교들은 구글 문서Google Docs & Spreadsheet와 구글 캘린더와 같은 클라우드 컴퓨팅 애플리케이션을 사용하는 방향으로 움직이고 있다. 예일대는 대학 자체 메일 시스템에서 구글 메일로 옮기기로 계획했으나, 마지막 순간에 철회하였다. 그 이유는 대학 관리자들과 교수진들이 구글 메일로 옮기는 것이 업무의 요구를 만족시키리라 믿지 못했기 때문이었다. 당신은 구글 메일이 대학교의 자체 이메일 시스템을 대체할 수 없을 것이라는 데 동의하는가, 그렇지 않은가? 구글 메일과 같은 클라우드 애플리케이션을 이용하는 장점과 단점에는 무엇이 있는가? 만일 당신이 다니는 학교의 이메일 시스템을 결정하는 의사결정자가 당신이라면 당신은 어떤 선택을 하겠는가?

2. 데스크톱 가상화

   클라우드에 접속하고 정보를 저장하는 일은 사용자들에게 있어서 매일 매일 점점 더 편한 일이 되어가고 있다. 하지만, 이로 인해 MIS 요원들은 회사 소유 컴퓨터만이 아니라 개인 기기들을 포함하는 모든 종류의 기기를 이용해서 사용자가 해당 정보들을 관리하고, 통제하고, 접속하는 것을 지원해야 하는 부담이 발생한다. 더욱더 많은 직원들이 회사에서 지원받은 컴퓨터 기기 대신에 개인 기기들(랩탑, 넷북, 휴대전화)을 사용하고 싶어 한다. 예를 들어 대학을 졸업하는 많은 학생들은 맥 컴퓨터를 사용한 경험이 있거나, 혹은 아예 하나를 소유하고 있을 수도 있다. 하지만, 아직도 대부분의 회사에서 그들이 사용해야 하는 기기는 PC다. 당신은 직원들이 직장 업무와 관련된 일을 하는데 개인의 기기들을 사용할 수 있도록 하는 것이 좋은 비즈니스 관행이라고 생각하는가? 각 직원들의 개인 기기에 비즈니스 애플리케이션을 적용할 수 있도록 하는 것과 관련된 문제들은 무엇이 있는가? 개인 기기를 이용해 기업의 시스템에 접속할 수 있도록 허용하는 것과 관련된 문제점들은 무엇이 있는가?

3. **열은 없지만, 바이러스가 있다는 것은 확실해요**

당신이 학기말 리포트를 새벽 4시가 되어서야 마쳤는데, 당신의 컴퓨터가 바이러스에 걸려서 당신이 작성한 문서 전체를 잃었다면 얼마나 끔찍할지 생각해보자. 아니면, 당신이 성적의 50%를 차지하는 기말 리포트를 제출하고 콜로라도로 겨울방학을 즐기러 갔다고 생각해보자. 콜로라도에서 돌아와서 그 과목에서 낙제했다는 것을 알았을 때, 당신은 아마도 무슨 일이 일어난 것인지 확인하기 위해 미친 듯이 이메일을 확인할 것이다. 그리고 당신은 스키를 타느라 확인하지 못했던 메시지를 발견한다. 당신이 보낸 문서가 깨져서 열 수가 없으니 리포트를 다시 보낼 시간을 24시간 주겠다는 메시지를 말이다.

당신은 이렇게 문서가 깨지는 일을 경험해본 적이 있는가? 만일 그렇다면, 이런 상황을 만회하기 위해 어떤 일을 할 수 있었는가? 당신의 교사가 정말 깨진 파일을 받았다고 생각하는가? 왜 파일이 깨졌을까? 당신이 깨진 파일을 보냈다면 당신의 교사가 당신을 의심스럽게 생각할까?

4. **지속가능한 부서들**

에너지 비용과 지구 온난화는 매일같이 뉴스에서 다루어지고 있고, 요즘에는 e-폐기물들이 환경에 미치는 영향에 대해 사람들이 서서히 관심을 갖기 시작했다. 지속가능성과 기업의 사회적 책임은 모든 경영자들에 의해 심각하게 고려되어야 한다. 비즈니스의 다양한 부서들의 목록을 만들고 각 부서들이 마주칠 수 있는 환경적 이슈들이 어떤 것들이 있을지 생각해보자. 어떤 부서가 가장 많은 e-폐기물을 만들어낸다고 생각하는가? 어떤 부서가 가장 많은 전력을 사용하는지, 혹은 가장 큰 탄소 이력carbon footprint를 갖고 있는가? 각 부서에서 그들의 환경과 관련된 문제점들을 해결하기 위해 어떤 것들을 할 수 있는가? 왜 모든 경영자들과 직원들이 환경적 이슈들과 지속가능한 MIS 기반구조를 만들기 위한 방법을 알고 있어야 하는가?

5. **페이스북의 에너지 사용**

저렴한 전력은 비즈니스 비용을 적게 유지하는 데에는 도움이 되지만, 한편으로는 전력 공급을 석탄에 의존하게 만든다. 페이스북은 최근에 오레곤에 있는 새로운 전산 시설과 계약을 맺었는데, 이 전산 시설은 퍼시피코프라는 전력 공급 시설에서 전력을 공급받고 있다. 이 전력 공급 시설은 전력의 대부분을 온실가스 배출의 주범인 석탄을 때는 화력발전소를 통해 얻는다. 점점 더 많은 사람이 페이스북을 이용하게 됨에 따라, 페이스북이 필요로 하는 에너지 또한 기하급수적으로 증가하게 될 것이다.

당신은 페이스북이 석탄을 때는 화력발전소를 사용하는 전력회사를 택한 것이 현명한 비즈니스 의사결정이라고 생각하는가? 페이스북이 전산시설에 전력을 공급하기 위해 사용할 수 있었을 다른 에너지원에는 무엇이 있는가? 당신은 페이스북의 주된 고객들이 환경에 대한 염려를 하고 있다고 생각하는가? 페이스북이 계속 석탄을 때는 화력발전소를 사용할 경우 앞으로 발생하게 될 비즈니스 문제점에는 어떤 것들이 있을까?

6. **재해 복구 계획**

당신은 대형 스낵 식품 제조회사 벨츠의 IT 부서에 근무하는 선임 분석가로 가정한다. 회사의 위치는

북 캐럴나이나 찰스톤의 아름다운 해변가에 있기 때문에, 위치 면에서 뛰어난 장점과 아주 위험한 특징을 동시에 지니고 있다. 왜냐하면, 기후와 주위 환경은 아름다우나, 허리케인과 같은 자연 재해의 위험성이 높다. 이제 자연 재해와 같은 위험을 최소화할 수 있는 재해 복구 계획을 만들어 보자.

7. 백업과 복구 시스템을 비교하기

   인터넷을 이용하여, 세 가지 서로 다른 형태의 백업과 재해 복구 시스템의 판매업자를 찾아보자. 그리고 이들 세 가지 시스템을 비교 대조해 보고, 증권시장의 정보를 보관하고 있는 3,500명 종업원을 거느린 중형 규모의 회사에 알맞은 백업 및 복구 시스템을 설치하려면, 당신은 어떤 것을 추천하고자 하는지 결정해 보자. 당신의 프레젠테이션 자료에 시스템의 장점과 약점을 당신의 의견을 함께 기록하여 준비하라.

8. 멋진 학교들

   거대한 컴퓨터와 데이터 센터들은 전자 기기들의 열을 식히는데 많은 에너지 비용이 든다. 당신의 학교의 데이터 센터는 어디에 위치하는가? 규모는 얼마나 되는가? 그 시설은 어떤 보안을 하고 있는가? 당신은 그 곳을 방문할 수 있는가? 만약 그 시설이 캠퍼스 내에 있다면, 어떻게 열을 식히는가? 전력은 어떻게 공급되는가? 컴퓨터 시스템을 덥히고 식히는 것은 매우 커다란 이슈이다. 데이터 센터에서 나오는 열들을 재사용 할 수 있는 방법들이 무엇이 있을지 생각해보자. 예를 든다면 그 열들을 기숙사로 보낼 수 있을 것이다. 주변의 강이나 호수가 열을 식힐 수 있는 대체 자원들이 될 수 있는가? 이런 방법들은 어떤 예상치 못한 환경적 이슈들을 발생시킬 수 있는가?

기업가적 도전

당신의 비즈니스를 만들어보자

1. 당신은 오늘 아침 출근길에 차에 기름을 넣기 위해 주유소에 들렸다. 당신이 기름값을 지불하기 위해 잠시 안으로 들어갔을 때, 누군가가 당신의 차를 털고 노트북을 훔쳐갔다. 당신은 직장에 도착해 노트북을 사용하려 할 때까지 이 사실을 모르고 있었다. 당신은 잃어버린 모든 데이터들(고객 목록, 손익 분석, 세금 환급, 이메일, 영업 정보, 청구서 파일과 기타 등)을 깨닫기 시작하고, 하드 드라이브를 백업한 것이 언제였는지 궁금해진다. 이렇게 정보를 잃는 것이 얼마나 고통스러운지 경험한 당신은 백업 전략을 가지고 있는 것이 얼마나 중요한지를 깨닫는다. 당신의 비즈니스를 위한 상세한 백업 전략과 재난 복구 전략을 짜 보자. 당신이 사용할 백업의 유형과 그 주기, 그리고 백업의 위치에 대해 설명하는 것을 잊지 말자(당신의 비즈니스와 회사 이름을 밝히도록 한다).
2. 당신의 비즈니스에서 중요한 정도에 따라 애자일 MIS 기반구조의 특성들을 나열하고 각각의 특성들에 대한 상세한 설명과 어떤 근거로 순위를 매겼는지 설명해보자.
3. 클라우드 컴퓨팅은 기업의 성장, 운영, 수익에 도움을 주는 비즈니스 중심의 MIS 기반구조이다. 이것은 오늘날의 비즈니스들이 인터넷 상에서 원격으로 호스팅 된 자원들과 애플리케이션을 사용해 혁신을 꾀할 수 있도록 도와준다. 당신은 다양한 클라우드 컴퓨팅 기기들에 대해 조사를 하기로 결정했다. 당신의 비즈니스에 적용할 유형의 서비스들의 목록을 만들어 보고 각각의 장단점을 파악해 보자.

지식 적용하기 프로젝트

프로젝트 1 MIS 속성들에 우선순위를 매기기

그룹으로 나누어서, IT 기반구조 속성 목록을 만들고 검토하여, 조직의 성공에 기여하는 순서대로 서열을 매겨 보자. 1번부터 7번까지의 평가 시스템을 이용하자. 1번은 가장 크게 기여하며, 7번은 가장 영향력이 적은 것으로 한다.

IT 기반구조 속성	경영 기여도
접근성	
가용성	
유지보수성	
이식성	
신뢰성	
확장성	
사용성	

프로젝트 2 전사적 아키텍처를 설계하기

견고한 전사적 아키텍처의 구성요소는 서류 작성에서부터 사업 개념 정리, 소프트웨어, 하드웨어 등 많은 것을 포함한다. 어떤 구성요소를 추진하고, 어떻게 추진할지를 결정하는 것은 대단히 도전적 과제이다. 새로운 IT 구성요소는 매일 발표되고, 기업이 필요로 하는 것은 계속하여 변화한다. 오늘의 요구에 맞는 전사적 아키텍처가 내일의 요구에는 맞지 않을 수도 있다. 접근성, 가용성, 유용성, 신뢰성, 확장성이 있는 아키텍처의 구축은 조직의 성공을 위하여 필수적이다.

당신은 엑스터스라는 대형 의류회사의 매니저라고 가정한다. 따라서 초기의 전사적 아키텍처 개발을 책임지고 있다. 우선 아키텍처를 개발하기 위하여 필요한 질문의 목록을 만들어 보자. 아래의 예는 당신이 하고자 하는 질문의 일부를 나열해 보았다.

- 회사의 성장 전망은 어떠한가?
- 시스템이 사용자의 추가 확대를 다룰 수 있는가?
- 정보는 시스템에 얼마나 오랫동안 저장될까?
- 고객의 이력 자료는 어느 정도의 저장이 필요할까?
- 조직의 영업시간은 어떠한가?
- 조직의 백업 요구사항은 무엇인가?

프로젝트 3 휴대전화를 재활용하기

새 아이폰과 그것에 딸려 올 수많은 애플리케이션과 멋진 게임들에 대해 신이 나 있는 여러분은, 여러분의 낡은 휴대전화를 어떻게 할 것인가? 당신은 휴대전화, PDA, 충전기, 배터리 등을 재활용함으로서 환경을 지키는 것을 도울 수 있다. 휴대전화를 재활용하는 것은 에너지를 절약하고 재사용할 수 있는 재료들이 쓰레기 매립지로 향하는 것을 막을 수 있다. 휴대전화들은 플라스틱, 구리, 그리고 귀중한 금속 등으로 만들어져 있는데 이것들을 자연에서 추출하고 이용 가능하도록 제조하기 위해서는 에너지가 필요하다. 만약 당신이 당신의 휴대전화를 재활용하기로 결정한다면, 휴대전화에 있는 모든 정보와 유심카드를 제거하는 것을 잊지 말자.

만약 당신의 낡은 휴대전화가 아직도 제대로 작동한다면 그것을 기부하는 것도 생각해 볼 수 있다. 많은 프로그램들이 필요한 사람들에게 기부할 수 있는 사용 가능한 휴대전화들을 받고 있다. 당신의 낡은 휴대전화를 기부할 수 있는 지역 기관들을 찾고 싶다면 ncadv.org를 방문해보라. 휴대전화는 조직들이 대체하는 컴퓨터 기기들의 극히 일부일 뿐이다. 오래된 랩탑, 노트북, 서버들, 모니터들은 어떻게 되는가? 이런 컴퓨터 시스템들을 매립지에 묻는 것은 환경에 어떠한 영향을 끼치는가? 기업들이 그들의 컴퓨터 기기들을 재활용하기 위해 하는 일은 무엇인가? 이러한 재활용을 장려하기 위해 정부가 할 수 있는 일들은 어떤 것들이 있는가?

프로젝트 4 자기 자리로 돌아가기

법률 서류를 만드는 겟스마트라는 회사에서 당신은 일한다. 이 직업의 보안적인 특성상 직원들은 네트워크 드라이브에 모든 정보를 입력해야 하고 그 외 CD, 플래시 드라이브 그리고 다른 외장용 드라이브나 집에 있는 컴퓨터에는 저장하면 안 된다. 지난 3년 동안 이 정책은 아무 문제가 없었다. 당신은 주말을 잘 보낸 후, 월요일에 회사로 출근하면서 주말 동안 회사가 벼락을 맞아 몇 개의 서버가 망가졌다는 것을 알게 되었다. 불행하게도 백업 네트워크도 이 재해에 영향을 받아 당신 부서의 모든 데이터는 손실되었다.

이 손실 때문에 회사의 백업 정책을 개발한 경영정보시스템 관리자와 4명의 다른 직원들이 해고를 당했다.

당신과 여러 명의 당신의 동료들이 백업과 복구 정책을 다시 손질하고 새로운 재해 복구 계획을 만들기 위해 위원회에 위원으로 선정되었다. 당신은 재해로부터 회사를 안전하게 하면서 민감한 회사 자료를 보존할 정책과 방법을 만들어야 한다. 회사 전체가 재해로부터 영향을 받을 수 있다는 최악의 시나리오로부터 안전한 백업과 복구 정책을 만들어 보자.

프로젝트 5 자라고, 자라고, 사라지다

당신은 작은 만화책 제작사인 블랙펄의 창업자다. 좋은 소식은 블랙펄이 매우 성공적이고, 시카고 시내에 4명의 직원과 크리에이티브 사무실을 두었다는 것이다. 당신이 제작하는 만화들은 매우 고품질의 만화들이다. 그림은 다른 만화책들과 비교가 안 되고 팬들은 줄거리 또한 강렬하다고 한다. 블랙펄은 매우 충성심 높은 고객들의 힘을 더불어 빠르게 최고의 만화로 성장하고 있다. 모든 만화책은 당신이 출판하며 당신의 가게와 인터넷을 통해 미국의 전역에 있는 개인들에게 판매한다.

당신은 블랙펄을 창업했을 때 목표가 있었다. 당신은 당신의 비즈니스 모델이 만화 산업계를 변화시킬 수 있는 가능성이 있다는 것을 안다. 당신은 최신의 컴퓨터와 당신의 작업을 지원해 줄 수 있도록 조작할 수 있는 소프트웨어를 구입했다. 이제, 당신은 새로운 딜레마를 마주하게 되었다. 당신은 전 세계에 추종자들이 있고 이 국제적인 기회를 좇기로 했다. 당신은 내년에 일본, 프랑스, 브라질에 지점을 열고 싶다. 이것이 과연 가능할지 결정하기 위해서 당신은 MIS 기반구조가 국제적인 요구사항들을 지원 할 수 있을 만큼 충분히 애자일 한지 평가해야 한다. 전 세계의 기업들이나 소비자들이 국내 기업이나 소비자들과 다른 부분들에 대해 브레인스토밍 해보자. 당신의 시스템이 국제적 요구사항들을 수용할 만큼 충분히 애자일 한지 판단하기 위해 당신의 MIS 부서에서 답해야 할 질문들의 목록을 만들어보자.

프로젝트 6 핑계들, 핑계들, 핑계들

다음은 직원이 결근을 했을 때 대는 가장 이상하고도 드문 핑계들의 예이다.

- 햇볕에 너무 탔어요.
- 어떻게 된 일인지는 모르겠지만 일어나 보니 캐나다였어요.
- 악어를 팔다가 잡혔어요.
- 버려진 차 트렁크에 갇혀 있었어요.
- 어제 직장에 가면 안 된다는 엄마의 쪽지가 있었어요.
- 그냥 일하고 싶지 않았어요.
- 제가 오토바이를 타다가 실수로 수녀를 치고 말았지 뭐에요.
- 어떤 사람이 저에게 옻나무를 던져서 얼굴에 뭐가 잔뜩 났어요.
- 제 배우자가 바람피우는 걸 잡기 위해 집에 있어야 해요.
- 갈매기를 쫒다가 넘어져서 병원에 가야 했어요.
- 할라페뇨 고추를 너무 많이 먹어서 열이 났어요.

이 장은 전사적인 조직의 시스템을 통제하고 업무 기능이 제대로 수행될 수 있도록 해 주는 주춧돌인 MIS 기반구조를 다루고 있다. 만약 당신의 시스템이 돌아가지 않는다면, 당신의 조직은 운영될 수 없을 것이다. 이것은 건강이 사람의 업무능력에 끼치는 영향과 비슷하다. 시스템이 망가지고 인터넷이 끊긴 조직에서 비즈니스를 하려고 하는 것은 매우 짜증나는 일이다. 이러한 문제점들이 발생하면 기업들은 해커들, 지불되지 않은 사용료, 데이터 센터 안으로 들어와 전선을 갉아 먹은 다람쥐들 때문에 기술적 어려움을 겪고 있다는 것을 알리고 싶지 않아 한다.

당신이 기업에 전화를 했을 때 몇 번이나 고객 서비스 담당원이 당신에게 오늘 시스템이 다운되었거나 느리다는 것을 통보받았는가? 인터넷이 안 돼서 과제를 제출하지 못 한 적은 몇 번이나 있는가? 왜 기업이 하루 24시간, 일주일 내내, 일 년 365일 가동될 수 있는 시스템을 가지는 것이 중요한가? 왜 기업은 그들의 시스템이 제대로 작동하지 않는 진짜 이유를 밝히는 것을 꺼리는가? 해커들 때문에 시스템이 다운되었다는 소식을 들은 고객들은 어떻게 반응할 것 같은가? 조직들은 어떻게 그들의 시스템을 보호할 수 있는가?

프로젝트 7 E-폐기 없고, 원하지 않고

매해 지구의 날에 회사들을 포함하여 많은 사람들이 재활용하고 재생산을 하는 데 쓰일 수 있는 물건들을 찾는데 노력한다. 델과 마이크로소프트처럼 궁극적으로 e-폐기물이 될 물건들을 생산하는 회사들은 국제 굿윌에 의해 운영되는 e-폐기물 재활용 프로그램에 참여하고 있다. 굿윌은 96,000,000파운드의 전자제품을 매장에서부터 재활용으로 구했다고 보고한다.

사무용품을 파는 오피스 디포트와 스테이플은 사용한 전자제품을 수거하거나 재활용하는 서비스를 제공하고 있다. 애플사도 다른 회사에 뒤지지 않게 고객들이 신제품을 구입할 때 애플의 구제품을 반납할 수 있게 했다.

e-폐기물을 줄일 수 있는 방법은 여러 가지가 있다. 유명한 전자업체들이 이미 어떤 방법으로 e-폐기물을 줄이고 있는지 열거해보자. 중고 컴퓨터나 다른 전자 제품을 재활용하기 위해 추적하는 사업이 창업할 가치가 있는 사업일까? 그렇다면 왜 그렇고, 그렇지 않다면 그 이유는 무엇일까? 새로운 방법을 이용하여 e-폐기물을 줄이고 이것을 재사용하고 재활용하는 기업을 열거해보자.

프로젝트 8 한 아이에게 하나의 랩탑을

OLPCone laptop per child 프로젝트는 지구의 가장 가난한 아이들에 나누어 줄 수 있는 100달러짜리 랩탑을 만들려는 생각을 가지고 있다. OLPC 혹은 XO 랩탑이라고 불리는 이 컴퓨터는 고무로 된 키보드와 햇빛 아래서 읽을 수 있는 매우 밝은 스크린을 가지고 있는데, 뒤집을 경우 전자 독서기로 바뀔 수 있다. 또, 가격을 최소한으로 유지하기 위해 (현재 이 기기의 가격은 175달러로, 목표한 값보다는 약간 비싸다) 다수의 공짜 소프트웨어와 학습을 도울 수 있는 다른 도구들을 가지고 있다. 특별한 유형의 네트워크가 30m 이내에 있는 기기들끼리의 통신을 가능하도록 해 주며, (인터넷이 가능한 곳에서는) 하나의 인터넷 접속점을 사용할 수 있게 중계한다. XO 컴퓨터는 전력 발전이 불안정하거나 존재하지 않는 커뮤니티를 목표로 하고 있는데, 이것은 손으로 돌리거나 발로 페달을 돌려 생산된 전력을 이용해 기기가 돌아간다.

당신은 OLPC 프로젝트가 전 세계의 어린이들을 교육시키는 것을 도울 수 있다고 생각하는가? 경제적으로 빈곤한 지역의 아이들에게 XO 컴퓨터는 어떻게 학습 기회들을 제공하는가? 이런 지역의 아이들이 XO 컴퓨터를 갖게 되었을 때 발생할 수 있는 이슈들은 어떤 것들이 있을까? 특히 비용을 낮게 유지하고 데이터들을 안전하게 관리하는 차원에서 클라우드 컴퓨팅이 XO 컴퓨터에서 어떤 중요한 역할을 할 수 있겠는가? XO 컴퓨터가 사용될 지역의 전형은 어떤 것이라고 생각하는가? XO 컴퓨터에 대한 이슈 중에서 미국에서는 볼 수 없는 것들은 무엇이겠는가? 가장 혹독한 환경 속에서도 이 기기가 제대로 작동할 수 있도록 하기 위해 XO 컴퓨터의 제작자들이 하여야 할 것은 무엇이겠는가?

프로젝트 9 당신의 휴대전화를 위한 가상화

가상화는 이해하기에 어려운 개념이다. 가상화의 공식적인 정의는 한 전산 장치 안에 여러 개의 '가상의' 기계를 생성하는 것이다. 좋다, 이제 이것을 쉽게 설명해보자. 당신이 세 개의 휴대전화를 가지고 있는데, 하나는 당신이 일하는 회사를 위한 것이고, 하나는 당신이 부업으로 하는 사업을 위한 것이고, 나머지 하나는 개인용이라고 생각해보자. 대개 휴대전화는 거의 사용되지 않고, 동시에 전화가 울리는 경우도 매우 드물다. 대부분의 시간에 휴대전화가 한가하기 때문에, 당신은 이 한가한 시간을 위한 자원과 시간이 아깝다는 것을 알아차린다. 특히 당신이 각각의 휴대전화에 대해 비용을 지불하고 있다면 말이다. 당신은 이런 상황을 해결하기 위해 가상화를 사용하기로 결정한다.

근본적으로 이것은 세 개의 가상 휴대전화를 한 장치에 집어넣는 것이다. 각각의 휴대전화를 위한 서비스들과 애플리케이션은 한 장치 안에 독립적으로 저장되어야 한다. 장치의 관점에서는 세 개의 분리된 가상 전화가 보인다. 이는 비용과 관리에 있어서 시간과 돈을 절약하는 일이다. 딩신은 심지어 딩신의 휴대전화를 스캐너로 사용하기 위해서 가상화를 사용할 수도 있다. 스캔알닷컴ScanR.com을 방문하면 한 달에 5달러의 비용으로 휴대전화에 있는 카메라를 문서 스캔하는 데 사용할 수 있다. 아무 문서나 비즈니스 카드, 칠판의 사진을 찍어서 스캔알의 웹사이트로 업데이트하면 몇 분 안에 디지털 파일로 받을 수 있다. 당신의 친구가 강의에 들어오지 못해서 당신의 필기를 복사해서 보내줄 때 유용하다.

점점 더 많은 기업들이 사회적 책임에 관심을 기울이고, 탄소 발자국을 줄일 방법을 찾으려 함에 따라 가상화는 점점 더 중요한 이슈가 되어가고 있다. 휴대전화의 예와 비슷한 가상화를 설명하는 다른 예를 만들어보라. 가상화와 관련된 환경에 대한 영향에는 무엇이 있을 수 있을까?

프로젝트 10 공해상의 데이터 센터

구글은 해변으로부터 3~7마일가량 떨어진 바다 위에 떠서 대양으로부터 전력과 냉각을 모두 공급받는 데이터 센터의 건설을 고려하고 있다. 이 데이터 센터는 서버가 들어 있는 컨테이너, 자료 저장 시스템, 네트워크 장비가 바지선이나 다른 플랫폼 위에 있어서, 대지 위에 센터를 짓는 것이 비용 측면에서 효율적이지 않거나, 불가능한 경우에 사용자들에게 가까운 곳에 위치시킬 수 있다. 자료를 사용자들에게 가까이 위치시키면 자료의 도착을 더 빠르게 할 수 있다. 게다가 바다는 토지 임대료를 내지 않아도 되는 곳이기 때문에 데이터 센터가 부동산 요금 없이 100,000피트 제곱까지 넓어질 수 있다. 대양은 지속가능한 MIS 기반구조를 지원해주는 두 가지 중요 요소, 즉 냉각을 위한 물과 전력을 제공해 줄 수 있다.

데이터 센터를 대양 위에 건설하는 것의 유리한 점과 불리한 점은 무엇인가? 자연 재해와 관련하여 어떤 사안들을 예상할 수 있는가? 떠다니는 데이터 센터로 인해서 구글이 마주치게 될 보안 문제에는 어떤 것들이 있을까? 대양 위의 바지선에 데이터 센터를 만드는 것이 좋은 비즈니스 감각이라는 데에 동의하는가? 왜인가, 왜 아닌가?

자료: 비즈니스 인텔리전스

6 CHAPTER

이 장의 개요

SECTION 6.1 자료, 정보, 데이터베이스

- 고품질 정보의 경영상 이점
- 관계형 데이터베이스 관리 시스템을 이용하여 정보를 저장하기
- 비즈니스 이익을 위해 관계형 데이터베이스를 이용하기

SECTION 6.2 비즈니스 인텔리전스

- 비즈니스 인텔리전스를 이용한 의사결정 지원
- 데이터 웨어하우징의 경영상 이점
- 빅데이터 분석의 힘

IT는 나에게 무엇을 제공해 주는가?

이 장은 정보와 자료의 개념과 전문 경영인과 기업에 대해 이들이 가지는 상대적인 중요성을 다룬다. 이 장은 업무용 데이터베이스에 저장된 자료와 데이터 웨어하우스로부터 얻는 강력한 비즈니스 인텔리전스BI: business intelligence에 대해 알려줄 것이다. 데이터베이스에 접속하여 자료를 다루고, 요약하고, 분류하고, 분석하여 결정을 내릴 줄 아는 학생은 성공할 수 있다. 정보는 힘을 가지고 있고, 그 힘을 이해하는 것은 세계 시장에서 경쟁하는 데 큰 도움을 줄 것이기 때문이다. 이 장은 데이터베이스의 기초 및 고품질 정보와 관련된 특성들의 개요를 보여줄 것이다. 또한 여러 개의 운영 데이터베이스에 저장된 막대한 양의 자료들이 어떻게 데이터 웨어하우스에 저장된 요약 정보의 중앙 리포지토리centralized repository로 변환되어 비즈니스 인텔리전스를 발견하는 데 사용될 수 있는지를 설명할 것이다.

경영을 배우는 학생으로서, 당신은 업무 자료와 요약된 정보 간의 차이와, 그리고 업무 자료와 데이터 웨어하우스를 이용해서 대답할 수 있는 질문들이 서로 어떻게 다른지를 이해해야 한다. 당신은 데이터베이스에 자료를 저장하는 일이 얼마나 복잡한지, 자료를 의미 있는 요약된 정보로 변환시키는 데 얼마만큼의 노력이 필요한지 알아야 할 필요가 있다. 당신은 정보의 힘을 그리고 비즈니스 인텔리전스를 통해 데이터 웨어하우스가 조직에 가져다주는 경쟁 이점을 깨달아야 한다. 경영을 공부하는 학생들은 정보의 힘으로 무장함으로써, 정확한 자료에 기반을 둔 현명한 의사결정을 할 수 있을 것이다.

시작 사례 연구

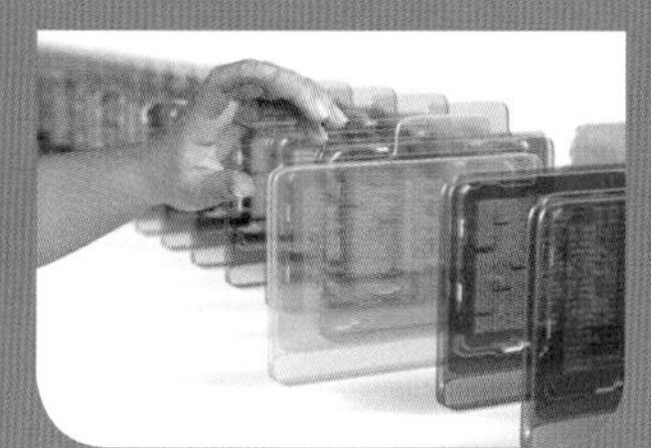
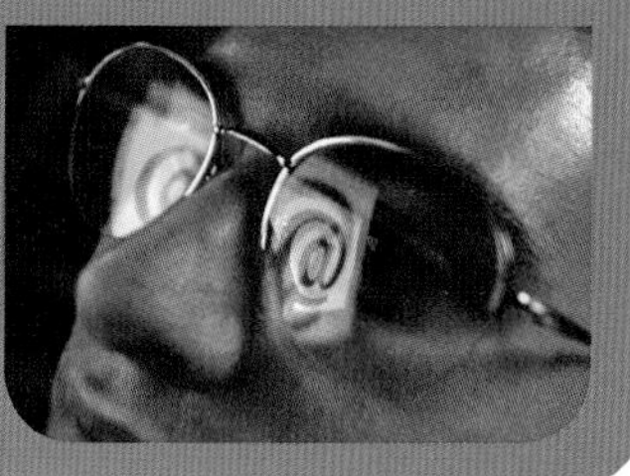

정보 알리기

인간은 의사소통을 위해 고대의 동굴벽화에서부터 상형문자, 인터넷 언어에 이르기까지 그림과 이미지를 지속적으로 사용해 왔다. 오늘날에는 기술의 발전으로 100,000 단어의 가치가 있는 그림을 그리는 것이 전보다 쉬워졌다. 주된 장점은 엄청난 양의 데이터를 수집할 수 있는 데이터베이스와 데이터 웨어하우스이다. 알림Informing은 다른 경영정보 시스템으로부터 많은 양의 데이터에 접근하는 것을 의미한다. PR 뉴스와이어에서 보도된 최근 분석 자료에 따르면 가시적인 이미지를 사용한 기사나 광고는 하나의 메시지가 발생시키는 관점의 숫자를 상당히 증가시킬 수 있다고 한다. 이것이 진정한 디지털시대의 경쟁 우위이다.

인포그래픽(또는 정보그래픽)은 정보를 그림으로 보여줘서 보다 쉽게 이해하도록 도와준다. 인포그래픽은 복잡한 정보를 단순한 가시적 형태로 제시하여 요점에 접근하도록 해준다. 인포그래픽은 대용량 데이터 분석결과, 시간에 따른 변수의 변화를 관찰하여 패턴이나 관계를 찾은 결과를 보여줄 수 있다. 주의할 것은 사용자들이 인포그래픽에 쉽게 압도당하기 때문에 너무 많은 데이터를 보여주지 않도록 주의해야 한다는 것이다. 그렇지 않으면 인포그래픽 결과는 정보 과부하가 될 수 있다. 효과적인 인포그래픽은 마케팅, 광고, 홍보의 목적에 뛰어나 결과를 보여준다. PR뉴스와이어에 따르면 다음과 같은 상황에서 인포그래픽이 가장 큰 경쟁 우위를 얻게 해준다.

- 글자 형태로 이해하기 어려운 결과에 대한 조사
- 독자에게 흥미가 없는 통계 데이터
- 결과가 가시적으로 제시되었을 때 영향이 훨씬 큰 비교 연구
- 다국적 청중에 대한 메시지
- 보다 흥미를 이끌기 위해 가시적 요소를 사용하는 모든 정보(그림 6.1, 6.2, 6.3 참조)

그림 6.1

Hotels.com의 여행 관련 인포그래픽

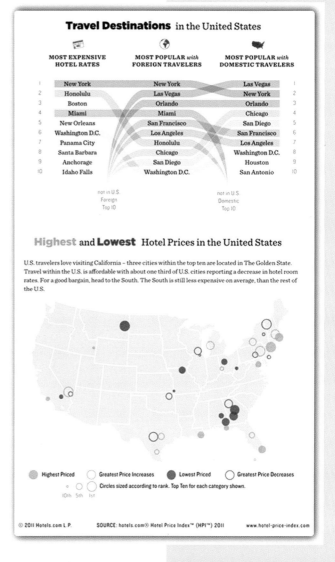

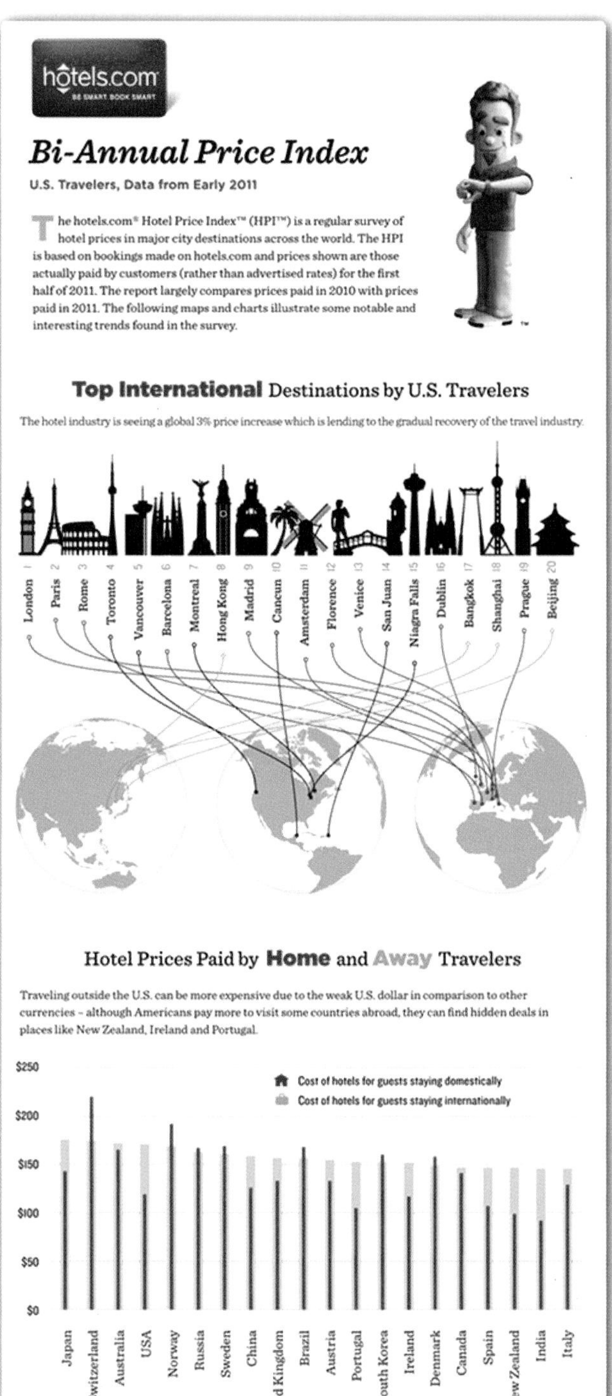

Travel Destinations in the United States

	MOST EXPENSIVE HOTEL RATES	MOST POPULAR *with* FOREIGN TRAVELERS	MOST POPULAR *with* DOMESTIC TRAVELERS	
1	New York	New York	Las Vegas	1
2	Honolulu	Las Vegas	New York	2
3	Boston	Orlando	Orlando	3
4	Miami	Miami	Chicago	4
5	New Orleans	San Francisco	San Diego	5
6	Washington D.C.	Los Angeles	San Francisco	6
7	Panama City	Honolulu	Los Angeles	7
8	Santa Barbara	Chicago	Washington D.C.	8
9	Anchorage	San Diego	Houston	9
10	Idaho Falls	Washington D.C.	San Antonio	10

not in U.S. Foreign Top 10

not in U.S. Domestic Top 10

Highest and **Lowest** Hotel Prices in the United States

U.S. travelers love visiting California – three cities within the top ten are located in The Golden State. Travel within the U.S. is affordable with about one third of U.S. cities reporting a decrease in hotel room rates. For a good bargain, head to the South. The South is still less expensive on average, than the rest of the U.S.

Highest Priced Greatest Price Increases Lowest Priced Greatest Price Decreases

Circles sized according to rank. Top Ten for each category shown.

10th 5th 1st

© 2011 Hotels.com L.P. SOURCE: hotels.com® Hotel Price Index™ (HPI™) 2011 www.hotel-price-index.com

그림 6.2

에머슨Emerson의 음식 쓰레기 관련 인포그래픽

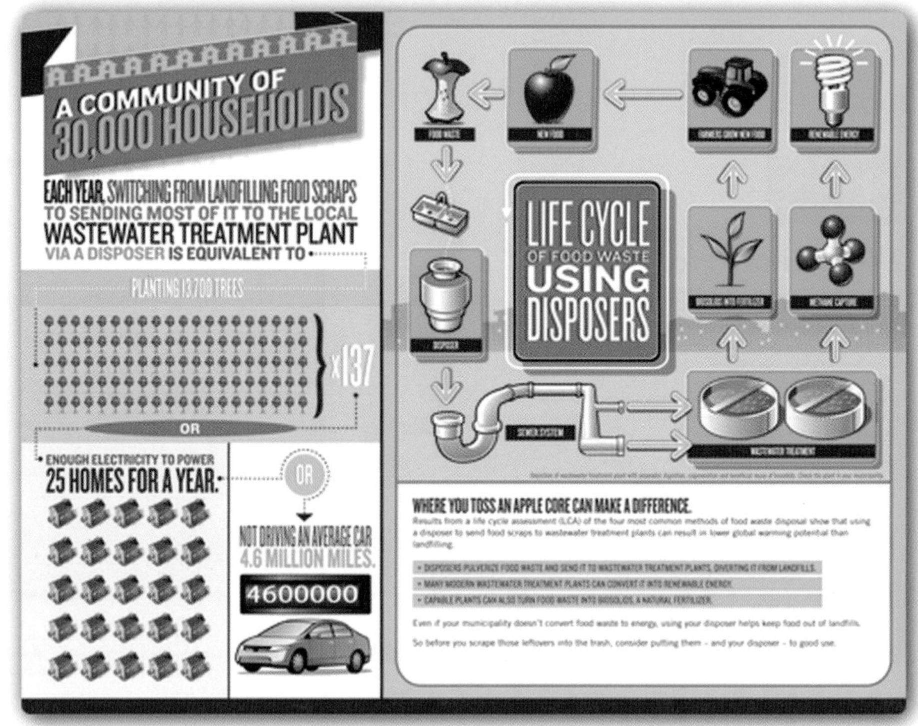

그림 6.3

환경에 대한 소비자 행동 변화

Changes in Consumer Action on the Environment

2011

Nearly 75% of Americans believe that a manufacturer who takes steps to reduce their impact on the environment is making a good business decision.

1995–2011

In 1995, less than 10% of Americans said they were familiar with environmental issues and concerns. In 2011, that number is now nearly 70%.

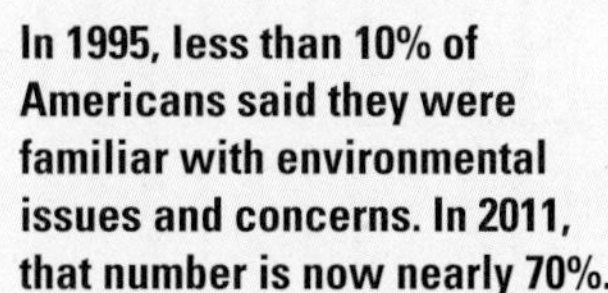

Almost half of Americans are unsure of how to address these problems in the future.

In the last 20 years, the number of Americans who say they recycle has doubled and nearly 60% say they do so on a regular basis.

section 6.1 | 자료, 정보, 데이터베이스

학습 성과

6.1 정보의 가치를 결정하는 네 가지 기본 특성을 설명할 수 있다.
6.2 데이터베이스, 데이터베이스 관리 시스템, 관계형 데이터베이스 모델에 대해 설명할 수 있다.
6.3 관계형 데이터베이스의 사업상 이점을 설명할 수 있다.
6.4 자료 중심적 웹사이트의 사업상 이점을 설명할 수 있다.

고품질 정보의 경영상 이점

정보는 강력하다. 정보는 기업에게 현재의 업무가 어떻게 수행되고 있는지를 알려주고, 미래의 업무를 어떻게 수행할 것인가에 대한 추정과 전략 수립을 도와준다. 정보를 이해하고, 소화하고, 분석하고, 걸러내는 것은 모든 업계의 모든 전문가에게 성장과 성공의 열쇠이다. 새로운 관점과 기회는 당신이 제대로 된 자료를 가지고 정보로, 또 궁극적으로 BI로 변환시킬 수 있을 때 온다는 것을 기억하라.

정보는 조직 어디에나 있다. 판매, 마케팅, 인적 자원 관리 영역의 관리자들은 그들의 부서를 운용하고 그날그날의 결정을 내리기 위해 정보를 필요로 한다. 어떤 특정한 사안을 다룰 때, 직원들은 적절한 정보를 얻고 분석하여 가능한 최선의 결정을 내릴 수 있어야 한다. 정보는 서로 다른 수준, 서식, 입상도로 주어진다. **정보 입상도**information granularity는 정보가 가지고 있는 세밀함의 정도(세밀하고 상세하거나, 거칠고 개략적인)를 나타낸다. 고용주들은 결정을 내릴 때 서로 다른 수준, 서식, 입상도를 가진 정보들을 연관시킬 수 있어야 한다. 예를 들어, 어떤 기업은 필요한 결정을 내리기 위해 여러 공급자들로부터 온 정보들을 수집한 후 단지 그 정보들이 서로 다른 수준, 서식, 입상도를 가지고 있다는 것밖에 알아낼 수 없을 수도 있다. 한 공급자는 스프레드시트 상의 상세한 정보를 보내온 한편, 다른 공급자는 워드 문서 형태의 요약된 정보를 보내올 수도 있다. 고용주들은 이 다양한 종류의 정보를 그들이 전략적 결정을 내릴 때 일반적으로 사용하는 형식과 비교해야 할 것이다. 그림 6.4는 조직 정보의 다양한 수준, 서식, 입상도를 보여준다.

여러 수준에서 다양한 서식의 서로 다른 입상도를 가진 정보를 성공적으로 수집하고, 편집하고, 분류하고, 분석하는 것은 조직이 어떻게 운영되고 있는가에 대한 엄청난 통찰력을 제공해준다. 가능한 신규 시장, 고객에게 다가갈 수 있는 새로운 방식, 심지어 사업을 하는 새로운 방법을 포함하는 흥미롭고 예상하지 못한 결과들을 가져다준다. 서로 다른 수준, 서식, 입상도의 정보를 이해한 후에는, 경영자들은 정보의 가치를 결정하는 네 가지 기초적인 특성들에 대해 알고 싶어 할 것이다(그림 6.5 참조).

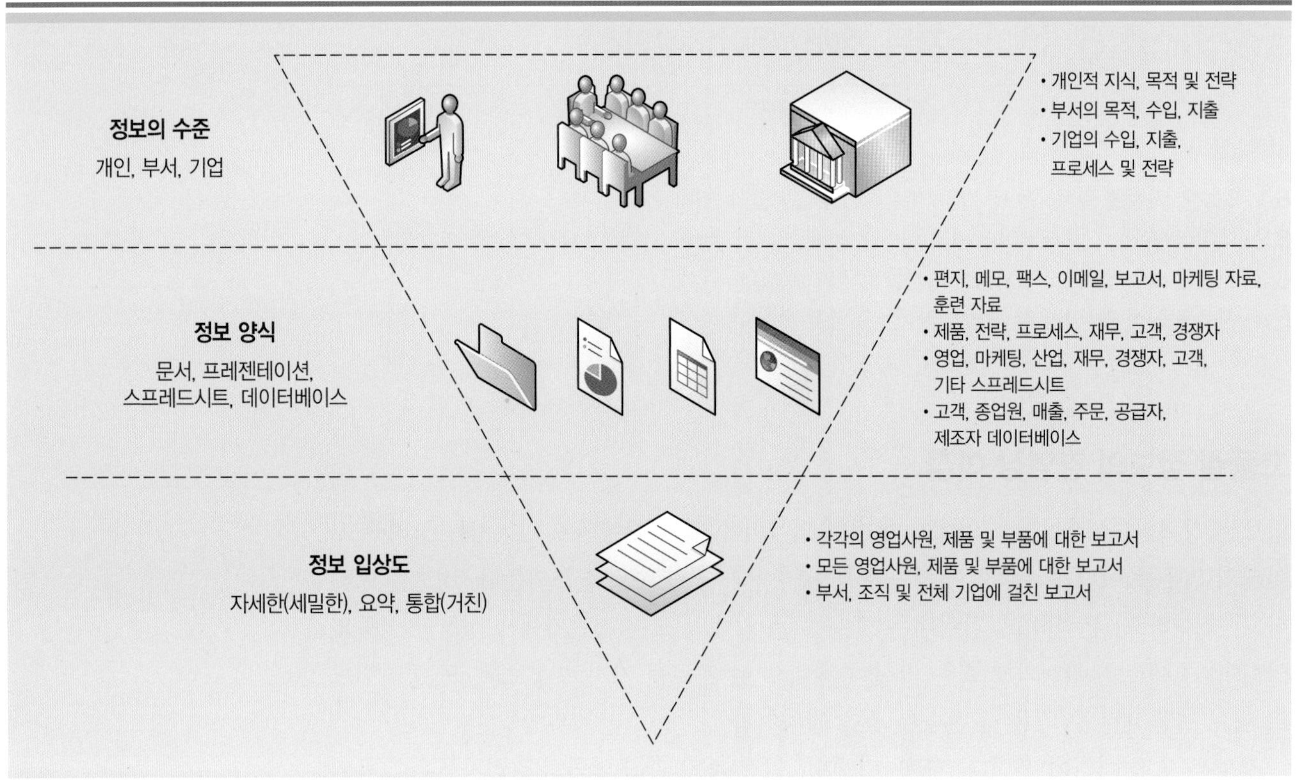

그림 6.4

조직상의 정보의 수준, 서식, 입상도

정보의 유형: 업무 정보 및 분석 정보

본문에서 상기한 바와 같이, 정보의 두 가지 기본적인 유형에는 업무transactional[1] 정보와 분석 정보가 있다. 업무 정보는 하나의 비즈니스 프로세스나 단위 작업에 포함된 모든 정보를 아우르며, 그 기본적인 목적은 매일의 과업을 지원하는 것이다. 조직들은 과업을 수행하고, 재고 수준을 결정하기 위해서 매일의 판매 보고서와 생산 일정을 분석하는 것과 같은 반복적인 결정을 내리기 위해 업무 정보를 수집하고 저장해야 한다. 월마트의 경우에는 매 시간마다 100만 명이 넘는 고객 거래를 처리하고 있고, 페이스북은 4억 명의 활성 사용자(그리고 그 사용자들의 사진, 친구, 웹 링크들도)를 관리해야만 한다. 뿐만 아니라, 금전등록기에서 하나의 판매가 끝났다는 종이 울릴 때마다, ATM에서 입금 또는 인출될 때마다, 주유소에서 영수증을 발급할 때마다 매번 그에 대한 거래 정보를 저장해야 한다.

분석 정보는 모든 조직상의 정보를 아우르며, 그 기본 목적은 경영 분석 과업 수행을 지원하는 것이다. 분석 정보는 조직이 새로운 제조 공장을 지어야할 것인가 또는 새로운 영업 직원을 뽑아야 할 것인가를 결정할 때와 같이 중요한 결정을 내릴 때 유용하다. 분석 정보는 비즈니스 추세를 발견하거나 질병을 예방하고, 범죄에 대항하는 등 이전에는 달성하기 어려웠던 많은 일들을 가능하게 해준다. 예를 들어, 신용카드 회사는 사기 행

1) 일반적으로는 "transaction"은 ① 거래, 매매, ② (업무 및 일의) 처리 또는 처리 과정의 두 가지 뜻을 가지고 있으며, "transactional"은 '업무/거래의, 업무적인'의 뜻으로 쓰인다. 데이터베이스 또는 IT에서는 "transaction"은 주로 중간에 중단 또는 분할할 수 없는 최소의 처리 과정 또는 자료를 의미한다. 이 장에서는 "transaction"은 주로 '거래'의 뜻으로 사용되었으나, "transactional information"은 문맥에 따라 '업무 정보' 또는 '거래 정보'로 번역하였다.

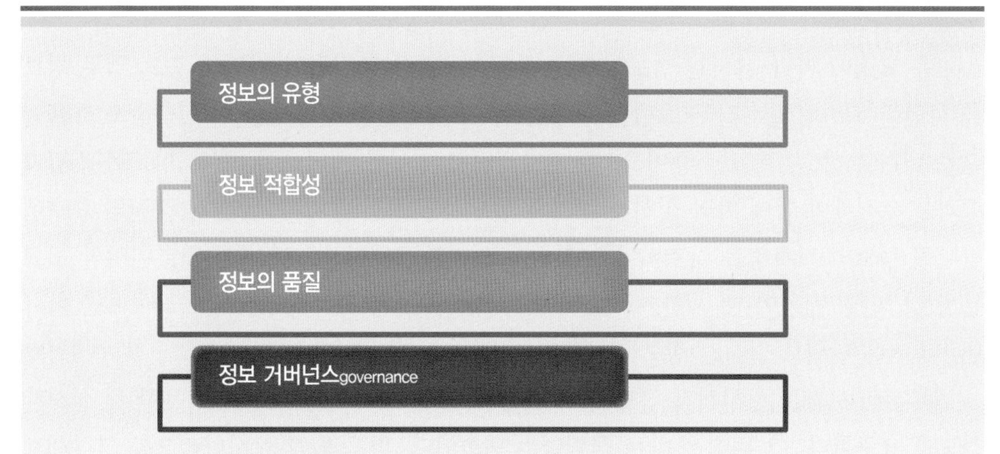

그림 6.5
정보의 가치에 대한 4가지 기초적인 특성들

위를 밝혀내기 위해 수십억 건의 거래 기록을 처리한다. 해외에의 지불 또는 휘발유의 연속적인 구매와 같은 지표들은 잠재적인 사기행위를 경고하는 적신호를 발동시킨다.

월마트는 방대한 양의 분석 정보를 활용해 폭풍이 치는 것과 팝 타르트 사이의 연관관계와 같은 흔치 않은 경향성을 밝혀낼 수 있었다. 즉, 폭풍이 치는 기간에는 팝 타르트의 수요가 늘어난다는 것을 알아낸 것이다. 이 유통 체인은 가치 있는 정보로 무장함으로써, 고객들에게 바로 판매할 수 있도록 팝 타르트를 비축해둘 수 있었다. 그림 6.6은 서로 다른 종류의 업무 정보와 분석 정보를 보여준다.

정보 적합성

적합성은 상황에 의존한다는 정보의 특성이다. 어떤 기업이나 산업에서는 며칠이나 몇 주가 지난 정보라도 유의미할 수 있지만, 다른 곳에서는 단 몇 분만 지난 정보라 하더라도 거의 아무런 가치가 없을 수도 있다. 911 대응센터, 주식 거래소, 은행과 같은 조직에서는 방금 들어온 최신의 정보가 필요하다. 보험회사나 건설회사와 같은 조직에서는 매일이나 매주의 정보 정도면 충분하다.

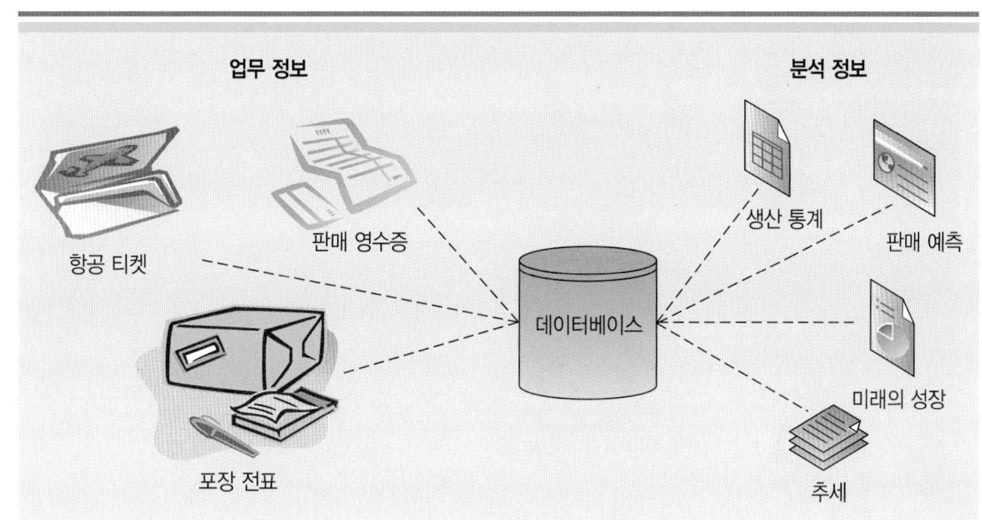

그림 6.6
업무 정보와 분석 정보

실시간 정보real-time information는 즉각적인, 최신의 정보를 뜻한다. **실시간 시스템**real-time system은 요청에 따라 실시간 정보를 제공해 준다. 많은 조직들이 기업의 중요 업무 정보를 확인하기 위해 실시간 시스템을 사용한다. 기업이 많은 결정들을 더 신속하고 효율적으로 내려야 하고, 재고를 줄이고, 더 효율적으로 업무를 처리해야 하고, 더 조심스럽게 성과를 추적해야 함에 따라 실시간 정보의 필요성도 또한 증가하고 있다. 직원의 요구에 맞추어 정보의 적시성을 갖추어야할 필요가 있지만, 그 이상으로 때를 맞추어야할 필요는 없다. 만일 직원이 매 시간, 혹은 매일 단위로 주기적으로 정보를 받아들여야만 한다면, 더 작은 단위로 실시간 정보를 제공할 필요는 없다.

대부분의 사람들은 실시간 정보의 가장 큰 위험 중의 하나를 이해하지 못한 채 실시간 정보를 요구한다. 그 위험은 바로 끊임없는 변화이다. 다음과 같은 시나리오를 상상해보자. 세 관리자가 일과 끝 무렵에 만나서 경영상의 문제를 놓고 논의를 한다. 각 관리자들은 상황 파악에 필요한 정보를 서로 다른 시점에서 모았다. 각 관리자의 상황 분석은 시간 차이로 인해 서로 다를 수 있다. 그들이 분석에 참고한 정보가 시간에 따라 끊임없이 변화하기 때문에 이 문제에 대한 세 사람의 견해가 서로 부합되지 않을 수 있다. 이런 방식은 의사결정을 빠르게 해주지 못하며, 실상은 더 느리게 만들 것이다. 기업의 의사결정자들은 모든 결정에 있어서 정보의 적시성을 평가해야 한다. 어떤 조직도 나쁜 결정을 더 빨리 내리기 위해 실시간 정보를 사용하기를 원하지는 않을 것이다.

정보의 품질

경영 의사결정은 그 결정을 내리기 위해 사용한 정보의 품질이 좋은 만큼만 좋은 결정이 될 수 있다. **자료 불일치**data inconsistency는 같은 자료 요소가 서로 다른 값을 가질 때 발생한

그림 6.7

고품질 정보의 다섯 가지 공통적인 특징

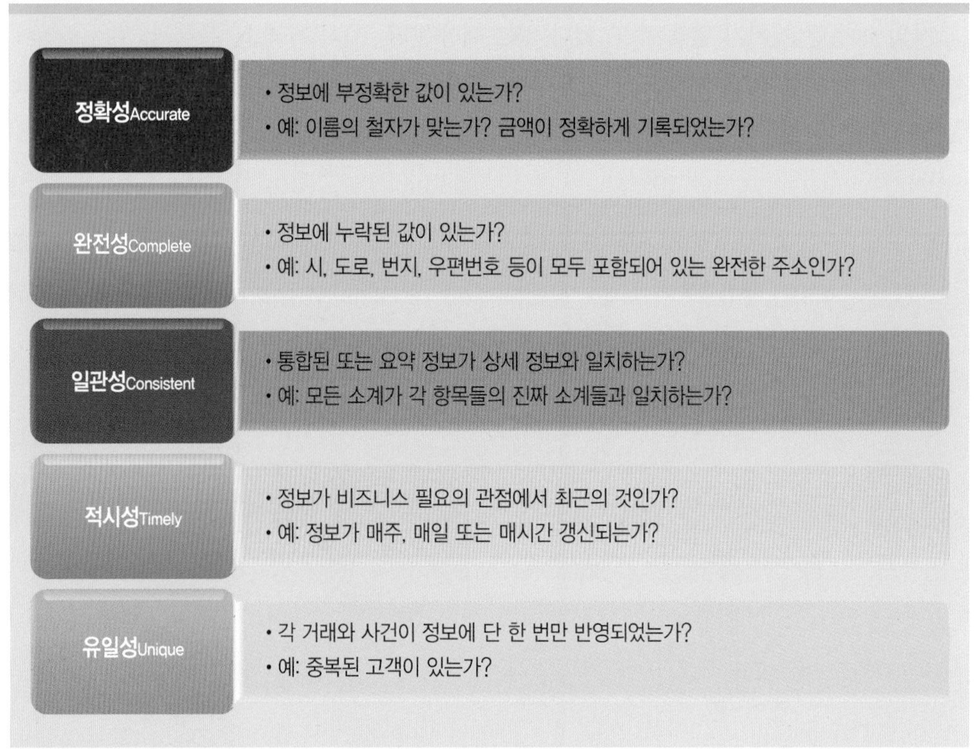

다. 예를 들어, (미국에서) 결혼을 해서 성을 바꾼 어떤 여성 고객이 있다고 했을 때, 갱신해야 할 일의 양을 생각해보라. 몇몇 조직 시스템에서만 이 정보를 바꾸게 되면 고객 12345가 두 개의 서로 다른 성을 가진 고객에 연결되는 자료 불일치가 발생하게 될 것이다. **자료 무결성**data integrity 문제는 시스템이 부정확하거나, 불일치하거나, 중복된 정보를 제공할 때 발생한다. 자료 무결성 문제는 경영진들이 시스템 보고서를 신뢰하지 못하고, 다른 자료에 근거해 결정을 내리게 할 수도 있다.

당신의 시스템이 자료 무결성 문제를 겪지 않도록 하기 위해, 그림 6.7의 고품질 정보의 다섯 가지 보편적인 특성, 즉 정확성, 완전성, 일관성, 적시성, 고유성을 살펴보도록 하라. 그림 6.8은 다음과 같은 저품질 정보를 사용하는 것과 관련된 몇 가지 문제들의 예를 보여준다.

1. **완전성.** 고객의 이름이 누락되었다.
2. **또 다른 완전성 문제.** 거리 주소가 숫자만 있고 거리명이 빠져있다.
3. **일관성.** 두 고객의 성의 철자가 거의 비슷한 것으로 보아 정보의 중복일 수 있다. 주소와 전화번호가 같은 것으로 보아 더욱 그럴 가능성이 크다.
4. **정확성.** 고객의 전화번호와 팩스번호가 같은 것으로 보아 부정확한 정보일 수 있다. 어떤 고객의 경우 정말로 전화와 팩스 번호가 같을 수도 있으나, 이메일 주소 란에도 같은 숫자가 적혀 있는 것을 보아 의심스럽다.
5. **또 다른 정확성 문제.** 전화번호가 이메일 주소 란에 적혀 있는 것으로 보아 부정확한 정보이다.
6. **또 다른 완전성 문제.** 전화와 팩스 번호에 유효한 지역 번호가 나와 있지 않으므로 완전하지 않은 정보이다.

네슬레는 200개 국가에서 10만 가지가 넘는 제품을 판매하기 위해 55만여 공급자를 이용하고 있다. 그러나 품질이 낮은 정보로 인해 비즈니스를 효과적으로 평가할 수 없었다. 약간의 분석을 한 결과, 네슬레는 공급업체vendor, 고객, 자재에 대한 9백만 건의 기록

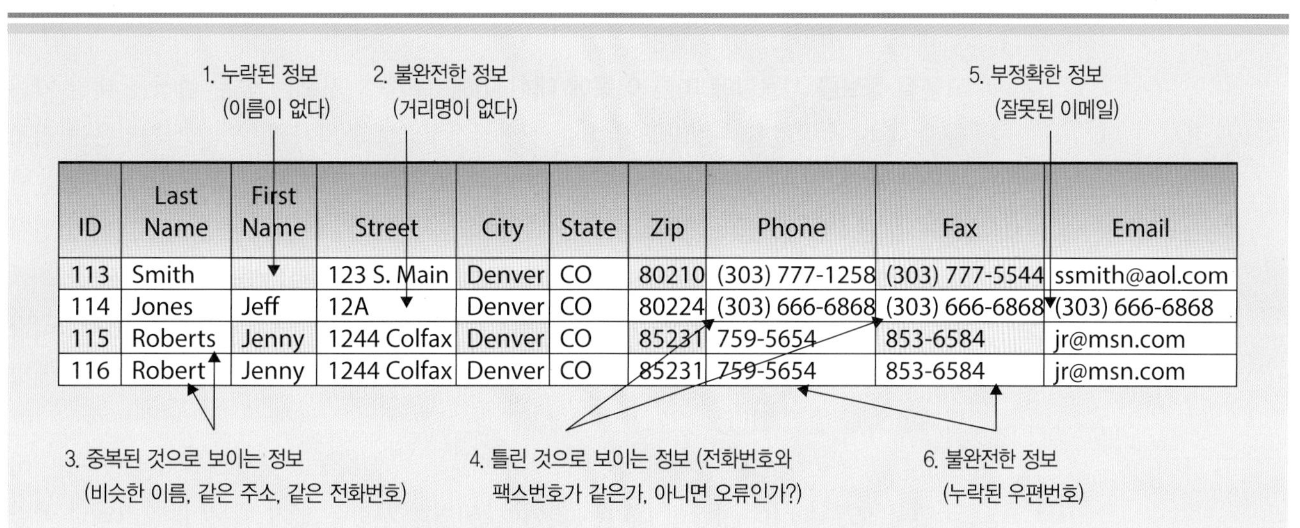

ID	Last Name	First Name	Street	City	State	Zip	Phone	Fax	Email
113	Smith		123 S. Main	Denver	CO	80210	(303) 777-1258	(303) 777-5544	ssmith@aol.com
114	Jones	Jeff	12A	Denver	CO	80224	(303) 666-6868	(303) 666-6868	(303) 666-6868
115	Roberts	Jenny	1244 Colfax	Denver	CO	85231	759-5654	853-6584	jr@msn.com
116	Robert	Jenny	1244 Colfax	Denver	CO	85231	759-5654	853-6584	jr@msn.com

그림 6.8
저품질 정보의 예

을 가지고 있으며, 이중의 절반은 중복되거나, 오래되거나, 부정확하거나, 불완전함을 알게 되었다. 분석 결과는 또한 어떤 기록은 판매자의 이름을 단축하여 쓴 반면, 다른 기록은 그 이름 철자를 정확히 기입하고 있음을 보여주었다. 이런 상황은 같은 고객에 대해 여러 건의 기록을 남김으로써, 어떤 고객이 네슬레에 정말 가치 있는 고객인지 알 수 없게 하였다. 기업이 개별 고객의 수익성을 모르면 가장 우수한 고객들을 놓칠 위험을 안게 된다.

어떻게 저품질 정보 문제가 발생하는지를 알면 일반적으로 기업이 이 문제를 고치는 데 도움이 된다. 이런 오류들을 제거하는 것은 기업의 정보의 질과 그 정보들로부터 얻어지는 가치를 눈에 띄게 향상시킨다. 저품질 정보의 기본적인 원인 네 가지는 다음과 같다.

1. 온라인상의 고객들은 사생활 보호를 위하여 고의로 부정확한 정보를 입력한다.
2. 서로 다른 시스템들은 서로 다른 정보 입력 기준과 서식을 가지고 있다.
3. 자료를 입력하는 사람은 시간을 절약하기 위해 간략한 정보만 입력하거나, 실수로 잘못된 정보를 입력한다.
4. 제3자가 제공한 정보나 외부의 정보는 일관되지 않고, 부정확하며, 오류가 있다.

저품질 정보를 사용하는 데 따른 손실에 대한 이해 잘못된 정보를 사용하는 것은 경영자들이 잘못된 결정을 내리도록 할 수 있다. 잘못된 결정은 시간, 돈, 명성 그리고 심지어 직업을 잃게 할 수 있다. 결정을 내리는 데 저품질 정보를 사용함으로 인해 발생하는 심각한 결과에는 다음과 같은 것들이 있다.

- 고객들을 정확히 추적할 수 없다.
- 조직의 가장 귀중한 고객들을 식별하기 어렵다.
- 판매 기회를 식별할 수 없다.
- 존재하지 않는 고객에 대한 마케팅 때문에 수익 기회를 상실한다.
- 수신 불가한 메일을 보내는 데에 따르는 손실이 생긴다.
- 부정확한 송장으로 인해 수입을 추적하기 어렵다.
- 고객과 견고한 관계를 형성할 수 없다.

고품질 정보를 사용함에 따른 이득에 대한 이해 고품질 정보는 좋은 결정을 내릴 기회를 눈에 띄게 증가시켜주고 조직의 순익을 직접적으로 증가시켜준다. 한 기업은 아리조나주의 피닉스시에 골프코스는 매우 많지만 골프 클럽을 팔기에는 좋지 않다는 것을 발견했다. 분석을 한 결과 피닉스에서 골프를 치는 사람들은 대부분 여행자나 대회 출전자로, 자기 클럽을 가지고 온다는 사실이 드러났다. 이 분석 결과는 또한 미국에서 골프 클럽을 팔기 가장 좋은 두 곳이 뉴욕주 로체스터시와 미시간주 디트로이트시라는 것도 밝혀냈다. 이런 귀중한 정보를 바탕으로, 이 기업은 전략적으로 매장을 배치하고 마케팅 캠페인을 할 수 있었다.

고품질 정보가 모든 결정이 좋은 결정이 되도록 자동적으로 보장해주지는 않는데, 이는 결국 모든 결정은 사람이 내리는 것이며, 완벽한 사람은 없기 때문이다. 그러나 이런 정보는 결정의 기반이 확실해지도록 해준다. 조직의 성공은 시기적절한 고품질 정보의 진정한 가치를 바르게 판단하고 평가하는 데에 달려있다.

정보 거버넌스

정보는 필수적인 자원이며, 사용자는 그것으로 무엇을 할 수 있고 없는지를 배워야 한다. 기업이 정보를 정확하게 관리하기 위해서는 정보가 어떻게 조직되고, 갱신되고, 유지되고, 접속되는지에 대한 규칙을 정립하는 특별한 정책과 절차가 필요하다. 크기와 상관없이, 모든 회사는 데이터 거버넌스를 다루는 정보 정책을 수립해야 한다. **데이터 거버넌스**data governance는 기업 자료의 가용성, 이용성, 무결성, 보안성의 전반적인 관리를 뜻한다. **마스터 데이터 관리**MDM: Master Data Management는 정보의 수집과 정보의 형식 일치, 정확성, 일관성 여부를 체크하는 업무 과정이다. 이는 고객, 공급자, 영업부, 사원 등 기타 일반적으로 조직 시스템 내에 걸쳐 통합되어 있는 주체들에 대한 정보를 포함한다. 흔히 MDM은 정보 거버넌스의 한 부분이다. 데이터 거버넌스 프로그램을 지원하는 기업은 정확성, 완전성, 일관성, 적시성, 고유성을 포함하는 자료의 여러 측면을 책임지는 사람이 누구인지 확실히 하는 잘 정의된 정책을 가지고 있다. 이 정책은 어떻게 자료를 저장하고, 보관하고, 백업하고, 지킬 것인지를 명료하게 정의해야 한다. 이에 더해, 기업은 직원들의 접속 수준을 규정하는 일련의 절차를 구축해야 한다. 그리고는 기업은 정부의 규제와 사베인스-옥슬리Sarbanes-Oxley 법을 준수하는 통제와 절차를 사용해야 한다.

관계형 데이터베이스 관리 시스템에 정보를 저장하기

시스템의 크기에 상관없이 모든 시스템의 핵심 구성요소는 데이터베이스와 데이터베이스 관리 시스템이다. 대략적으로 정의하자면, **데이터베이스**database는 다양한 형태의 사물(재고), 사건(거래), 사람(직원), 장소(창고)에 대한 정보를 유지한다. **데이터베이스 관리 시스템**DBMS: database management system은 데이터베이스 상의 자료를 생성하고, 읽고, 갱신하고, 지우고, 또한 동시에 접속과 보안을 통제한다. 경영자들은 DBMS에 '요청request'을 보내고, DBMS는 데이터베이스 상의 자료를 실제로 처리하는 일을 수행한다. 기업들은 데이터베이스에 정보를 저장하고, 경영자들은 12월 중에 얼마나 많은 고객들이 제품 A를 구

그림 6.9
데이터베이스, DBMS, 사용자의 관계

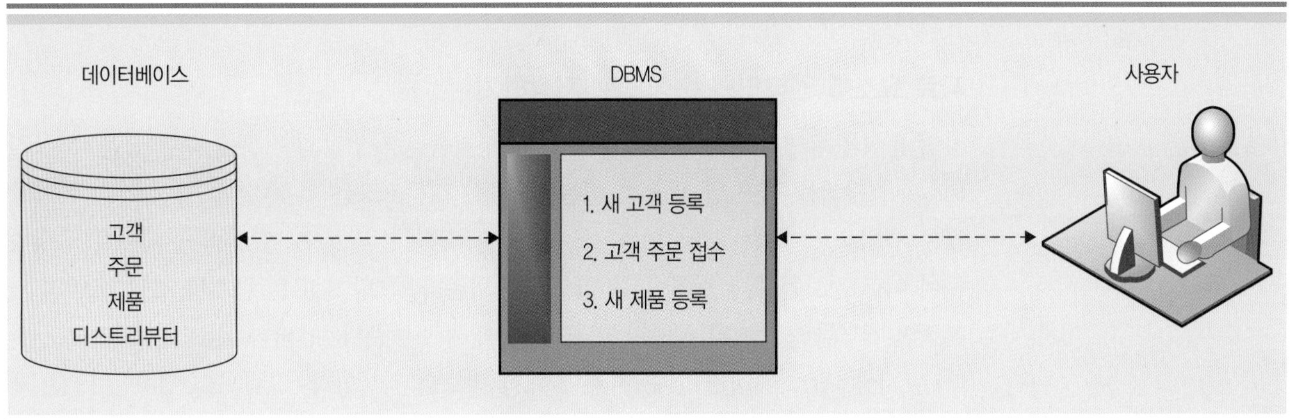

매하는지, 혹은 어떤 지역에서 평균 판매량이 얼마인지와 같은 업무상의 질문들에 대답하기 위해 이런 시스템들에 접속한다. DBMS에서 정보를 검색하는데 사용 가능한 두 가지 기본적인 도구가 있다. 첫 번째는 **예시질의 도구**QBE tool: query-by-example tool로, 이 도구는 사용자들이 데이터베이스에 요청한 질문에 대한 답변을 시각적으로 구성하는데 도움을 준다. 두 번째는 **구조적 질의어**SQL: structured query language로, SQL을 통해 데이터베이스에서 질문의 답을 얻으려면 사용자가 소스 코드를 입력해야 한다. 경영자들은 보통 QBE 도구와 소통하고, MIS 전문가들은 SQL을 코딩하기 위한 기술을 가지고 있다. 그림 6.9는 데이터베이스와 DBMS, 사용자 간의 관계에 대해 보여준다. DBMS의 잘 알려진 예로는 MySQL, 마이크로소프트 액세스MS Access, SQL 서버Server, 파일메이커FileMaker, 오라클Oracle, 폭스프로Foxpro가 있다.

자료 요소data element 또는 자료 항목data field은 정보의 가장 작은 기본 단위이다. 자료 요소는 고객의 이름, 주소, 이메일, 할인율, 선호하는 선적 방법, 제품 이름, 발주량 등을 포함할 수 있다. **자료 모델**data model은 그래픽과 그림을 이용해 자료 요소 사이의 관계를 자세히 그려내는 논리적 자료 구조이다.

메타데이터metadata는 자료에 대한 세부 사항을 제공한다. 예를 들어, 이미지에 대한 메타데이터는 이미지의 크기, 해상도, 생성된 날짜 등을 포함한다. 텍스트 문서에 대한 메타데이터는 문서의 길이, 생성된 날짜, 저자의 이름, 요약을 포함한다. 각각의 자료 요소에는 '고객 이름'과 같이 설명이 주어진다. 메타데이터는 자료의 유형(문자, 숫자, 텍스트, 자료, 이미지, 이진변수 값)과 특정 지역번호와 같은 발생 가능한 미리 정의된 값에 대한 서술을 제공한다. 그리고 마지막으로 관계가 정의된다. **자료 사전**data dictionary은 자료 모델의 자료 요소에 대한 모든 메타데이터들에 대한 상세한 설명을 제공한다. 자료 사전을 검토하며 자료 모델을 살펴보면 데이터베이스의 기능, 목적, 업무에서의 역할에 대해 이해를 높일 수 있다.

DBMS는 정보를 조직하기 위해 세 가지 기본적인 자료 모델(계층형 자료 모델, 그물형 자료 모델, 관계형 자료 모델)을 사용한다. 이 중 관계형 자료 모델이 가장 일반적이다. **관계형 데이터베이스 모델**relational database model은 논리적으로 연관된 이차원적인 표의 형태로 정보를 저장한다. **관계형 데이터베이스 관리 시스템**relational database management system은 사용자들이 관계형 데이터베이스의 자료를 생성하고, 읽고, 갱신하고, 지우도록 한다. 계층형 자료 모델과 그물형 자료 모델도 중요하지만, 여기서는 관계형 자료 모델에만 집중하기로 한다.

자료 요소를 엔터티와 속성으로 저장하기

기업 운영을 유연하게 지원하기 위해서, 경영자들은 사업상의 질문에 대한 답을 주는 질의query나 탐색을 해야 할 필요가 있는데, 이런 질문으로는 특정 달에 어떤 가수가 가장 많은 앨범을 판매했는지와 같은 것들이 있다. 관계형 자료 모델 안의 관계들은 경영자들이 이런 정보들을 추출해낼 수 있도록 도와준다. 그림 6.10은 관계형 자료 모델의 기본적인 개념들인 엔터티, 속성, 키, 관계에 대해 보여준다. **엔터티**entity(또는 **표**라고도 한다)는 사람, 장소, 물건, 판매, 사건에 대한 정보를 저장한다. 그림 6.10에서는 트랙, 레

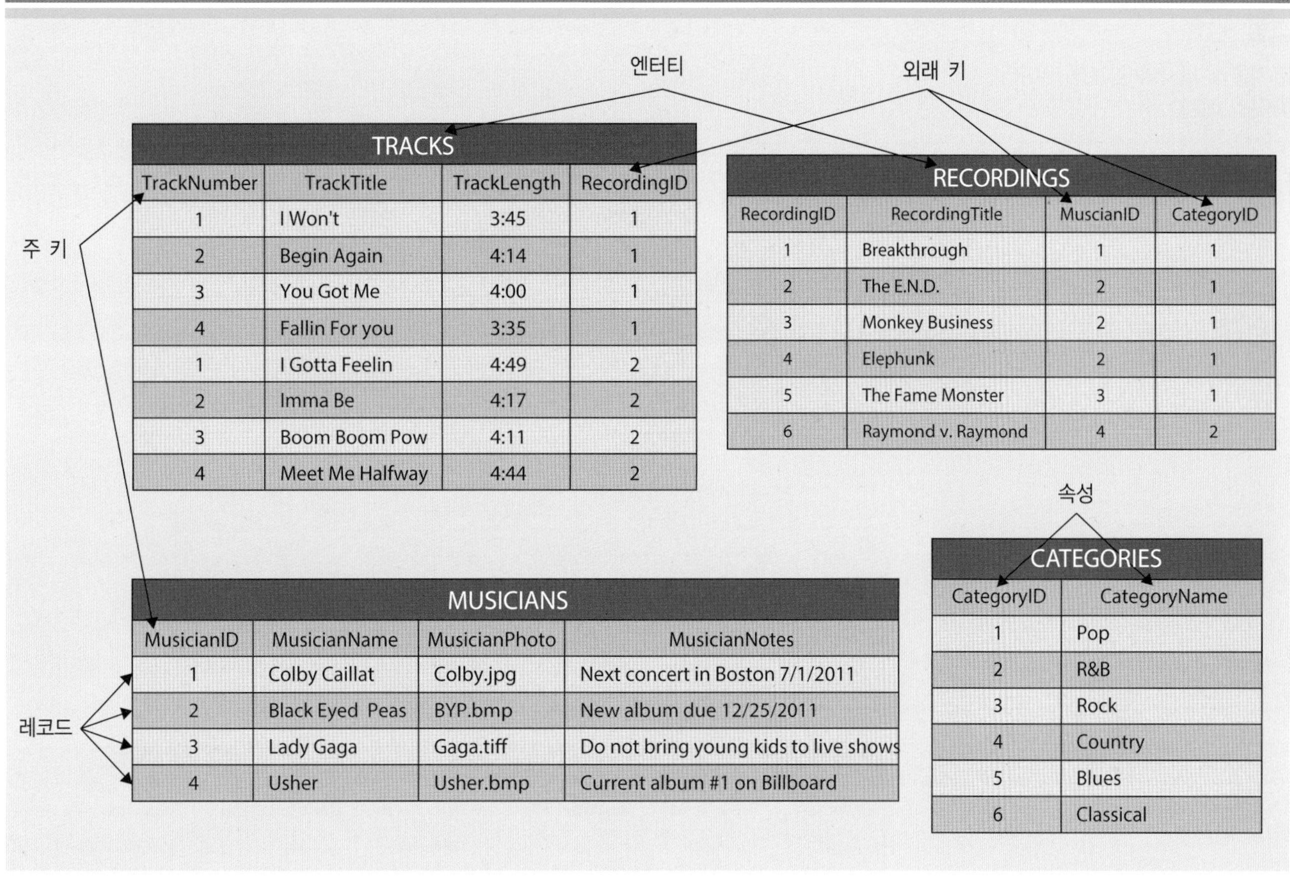

TRACKS

TrackNumber	TrackTitle	TrackLength	RecordingID
1	I Won't	3:45	1
2	Begin Again	4:14	1
3	You Got Me	4:00	1
4	Fallin For you	3:35	1
1	I Gotta Feelin	4:49	2
2	Imma Be	4:17	2
3	Boom Boom Pow	4:11	2
4	Meet Me Halfway	4:44	2

RECORDINGS

RecordingID	RecordingTitle	MuscianID	CategoryID
1	Breakthrough	1	1
2	The E.N.D.	2	1
3	Monkey Business	2	1
4	Elephunk	2	1
5	The Fame Monster	3	1
6	Raymond v. Raymond	4	2

CATEGORIES

CategoryID	CategoryName
1	Pop
2	R&B
3	Rock
4	Country
5	Blues
6	Classical

MUSICIANS

MusicianID	MusicianName	MusicianPhoto	MusicianNotes
1	Colby Caillat	Colby.jpg	Next concert in Boston 7/1/2011
2	Black Eyed Peas	BYP.bmp	New album due 12/25/2011
3	Lady Gaga	Gaga.tiff	Do not bring young kids to live shows
4	Usher	Usher.bmp	Current album #1 on Billboard

그림 6.10

관계형 자료 모델의 기본적인 개념들

코딩, 뮤지션, 카테고리가 엔터티에 속한다. 각각의 엔터티는 서로 다른 이차원 상의 표(열과 행)에 저장되어 있음을 주목하라.

속성attribute(또는 열column, 필드field라고도 한다)은 엔터티에 연관된 자료 요소들을 말한다. 그림 6.10에서 TRACKS 엔터티에 관련된 속성은 TrackNumber, TrackTitle, TrackLength, RecordingID이다. MUSICIANS 엔터티에 대한 속성은 MusicianID, MusicianName, MusicianPhoto, MusicianNotes이다. **레코드**record는 서로 관련된 자료 요소들의 집합이다(MUSICIANS 관계표에서 "3, Lady Gaga, Gaga.tiff, Do not bring young kids to live shows"는 레코드의 한 예이다). 한 엔터티 안의 각각의 레코드는 해당하는 관계표에서 한 행row 씩을 차지한다.

키를 통해 관계를 생성하기

관계형 자료 모델의 다양한 엔터티들을 관리하고 조직하기 위해서는, 주 키와 외래 키를 사용해 논리적인 관계를 생성해야 한다. **주 키**primary key는 표에서 주어진 레코드를 유일하게 식별하는 필드(혹은 필드의 그룹)이다. RECORDINGS 표에서 주 키는 RecordingID 필드로, 표의 각 레코드를 유일하게 구분한다. 주 키는 관계형 데이터베이스에서 아주 핵심적인 부분인데, 왜냐하면 주 키는 표의 각 레코드를 식별할 수 있는 방법을 제공해주기 때문이다. 예를 들어, 당신이 스티브 스미스라는 이름의 고객에 대한 정보를 찾아야 한다고 생각해보자. 스티브 스미스라는 이름의 고객이 20명이나 있을 수

그림 6.11

코카콜라 회사의 관계형 데이터베이스 예제

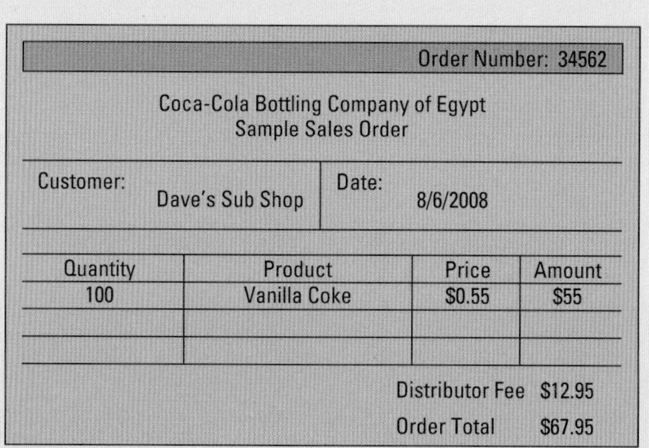

Order Number: 34562

Coca-Cola Bottling Company of Egypt
Sample Sales Order

Customer: Dave's Sub Shop
Date: 8/6/2008

Quantity	Product	Price	Amount
100	Vanilla Coke	$0.55	$55

Distributor Fee $12.95
Order Total $67.95

CUSTOMER

Customer ID	Customer Name	Contact Name	Phone
23	Dave's Sub Shop	David Logan	(555)333-4545
43	Pizza Palace	Debbie Fernandez	(555)345-5432
765	T's Fun Zone	Tom Repicci	(555)565-6655

ORDER

Order ID	Order Date	Customer ID	Distributor ID	Distributor Fee	Total Due
34561	7/4/2008	23	DEN8001	$22.00	$145.75
34562	8/6/2008	23	DEN8001	$12.95	$67.95
34563	6/5/2008	765	NY9001	$29.50	$249.50

ORDER LINE

Order ID	Line Item	Product ID	Quantity
34561	1	12345AA	75
34561	2	12346BB	50
34561	3	12347CC	100
34562	1	12349EE	100
34563	1	12345AA	100
34563	2	12346BB	100
34563	3	12347CC	50
34563	4	12348DD	50
34563	5	12349EE	100

DISTRIBUTOR

Distributor ID	Distributor Name
DEN8001	Hawkins Shipping
CHI3001	ABC Trucking
NY9001	Van Distributors

PRODUCT

Product ID	Product Description	Price
12345AA	Coca-Cola	$0.55
12346BB	Diet Coke	$0.55
12347CC	Sprite	$0.55
12348DD	Diet Sprite	$0.55
12349EE	Vanilla Coke	$0.55

도 있으므로 단순히 이 고객의 이름으로 검색하는 것은 별로 좋은 방법이 아니다. 이것이 바로 관계형 데이터베이스 모델에서 각 레코드를 독특하게 식별하기 위해 주 키를 사용하는 이유이다. 경영자는 스티브 스미스의 고유 ID를 사용해 데이터베이스에서 검색을 하여 이 고객과 관련된 모든 정보를 식별할 수 있다.

외래 키foreign key는 한 표에서는 주 키이지만 다른 표에서는 속성인 것으로서, 두 표 사이에 논리적인 관계를 제공해주는 역할을 한다. 예를 들어, 그림 6.10에서 'Black Eyed Peas'는 MUSICIANS 표에 있는 음악가들 중 하나이다. 'Black Eyed Peas'의 MUSICIANS 표에서의 주 키, 즉 MisicianID는 "2"이다. 여기서 MisicianID는 RECORDINGS 표에서는 속성으로 표시됨을 주목하라. 이 속성을 연결시킴으로써, 당신은 MUSICIANS 표와 RECORDINGS 표 사이의 관계를 생성할 수 있으며, 이 관계는 Black Eyed Peas(MisicianID 2)가 The E.N.D, Monkey Business, Elepunk 등을 비롯한 곡들을 가지고 있음을 말해준다. 본질적으로, RECORDINGS 표의 MisicianID는 MUSICIANS 표와 논리적 관계(해당 레코딩을 만든 뮤지션이 누구인가 하는)를 생성한다. 표들 사이에 논리적인 관계를 생성하는 것은 경영자들이 자료를 검색하여 유용한 정보로 만들 수 있도록 해준다.

코카콜라의 관계형 데이터베이스 예제

그림 6.11은 코카콜라로부터 소다에 대한 샘플 주문에 대한 관계형 데이터베이스 모델의 기본적인 개념을 설명하고 있다. 그림은 하나의 데이터베이스에 어떤 방법으로 데이터가 저장되는지에 대한 훌륭한 예시를 제공한다. 예를 들어, 주문번호는 ORDER 테이블에 저장되고, 각 라인항목은 ORDER LINE 테이블에 저장된다. 개체는 CUSTOMER, ORDER, ORDER LINE, PRODUCT, DISTRIBUTOR를 가진다. CUSTOMER의 속성들은 Customer ID, Customer Name, Contact Name, Phone가 있다. PRODUCT의 속성들은 Product ID, Description, Price가 있다. 테이블에 있는 컬럼들은 속성을 보여준다.

DISTRIBUTOR 테이블에 있는 Distributor 중 하나인 Hawkins Shipping을 보자. 주 키, Distributor ID는 DEN8001이다. Distributor ID는 ORDER 테이블에 하나의 속성으로 포함되어 있다. 이것은 Hawkins Shipping(Distributor ID가 DEN8001)가 주문번호 34561과 34562를 적절한 고객에게 배달해야 한다는 것을 표시한다. 그러므로 ORDER 테이블에 있는 Distributor ID는 ORDER와 DISTRIBUTOR 사이와 어떤 주문을 누구에게 배달해야 하는지에 대한 논리적 관계를 만드는 것이다.

비즈니스 이익을 위해 관계형 데이터베이스를 이용하기

많은 기업 경영자들은 기업 자료를 저장하는 데 사용할 수 있는 엑셀이나 다른 스프레드시트 프로그램에 익숙하다. 스프레드시트는 어떤 자료 분석을 지원하는 데에는 훌륭하지만, 보안, 접근성, 유연성에 있어서는 제한적인 기능을 제공하며, 기업 성장을 지원하기 위해 확장하기가 거의 불가능하다. 기업 관점에서 보자면, 관계형 데이터베이스는 텍

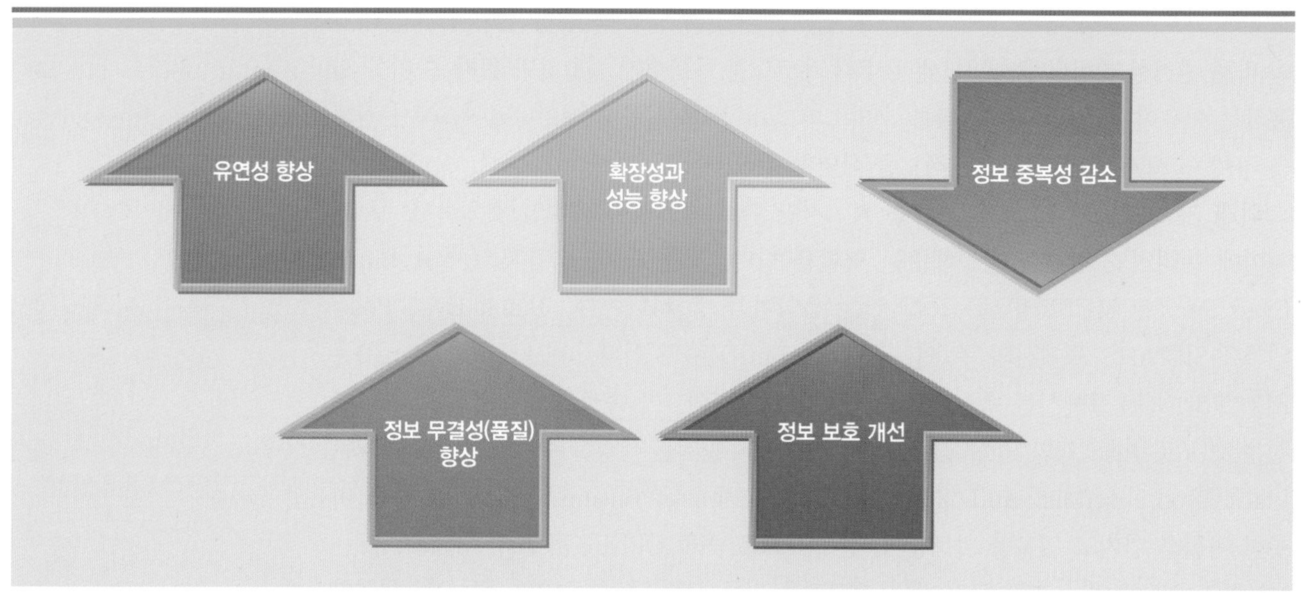

그림 6.12

관계형 데이터베이스의 비즈니스 이점

스트 문서나 스프레드시트를 사용하는 것보다 많은 이점들을 제공하는데, 그 이점들은 그림 6.12에 제시되어 있다.

유연성 향상

데이터베이스는 기업 구조를 반영하는 경향이 있어서, 어느 사업이나 변화를 신속하고 수월하게 처리해야 하듯이 데이터베이스도 그러해야 한다. 마찬가지로 사용자가 자신의 필요에 가장 알맞은 방법으로 정보에 접근할 수 있게 해주는 유연성을 데이터베이스가 제공하는 것이 중요하다. 논리적 관점과 물리적 관점의 구별은 유연한 데이터베이스 사용자 뷰view를 이해하는데 중요하다. 정보의 **물리적 뷰**physical view는 저장 장치에 정보를 물리적으로 저장하는 것을 다룬다. 정보의 **논리적 뷰**logical view는 사용자가 특정 업무상 필요에 따라 정보에 어떻게 접근하는지에 중점을 둔다.

그림 6.10의 데이터베이스 예제를 살펴보자. 어떤 사용자는 예를 들어 길이가 4분 이상인 곡들을 질의를 통하여 알아볼 수 있다. 동시에, 다른 사용자는 서로 다른 범주에 연결되어 있는 레코딩의 분포에 대한 분석을 수행할 수 있다. 예를 들면, 알앤비R&B가 락Rock보다 많은가, 혹은 비슷하게 분포하고 있는가와 같은 분석을 할 수 있다. 이 예시는 데이터베이스가 하나의 물리적 뷰로 보이지만 유연성을 위해 다양한 논리적 뷰를 제공할 수 있음을 보여준다.

또 다른 예로 통신판매업을 생각해보자. 어떤 사용자는 보고서가 알파벳순으로 표시되기를 바랄 수 있다. 이 경우에는 성이 이름보다 앞에 나와야 한다. 상품목록 메일링 시스템을 사용하는 다른 사용자는 고객 이름이 성이 아니라 이름으로 표시되기를 원할 수도 있다. 두 가지 요구 모두 같은 물리적 정보에 대한 다른 논리적 뷰를 통해 쉽게 성취될 수 있다.

확장성과 성능 향상

미국 가족 이민 역사 센터의 공식 웹사이트www.ellisisland.org는 운영 첫 해에 25억 건의 검색을 기록했다. 이 사이트는 1892년부터 1924년까지 뉴욕 항과 엘리스 섬을 통해 미국에 입국한 사람들에 관한 이민 정보를 손쉽게 볼 수 있게 하였다. 데이터베이스는 2,500만 명 이상의 승객명과 350만 장의 승선자 명부 사진을 포함하고 있다.

이 데이터베이스는 방대한 규모의 정보와 웹사이트를 개시하면 몰려들 것으로 예상되는 수많은 사용자들을 수용하기 위해 확장성이 확보되어야만 했다. 게다가 이 데이터베이스는 사용량이 많아도 빨리 작동해야 했다. 어떤 조직들은 같은 정보에 접속하고 공유하고 싶어하는 모든 직원, 협력업체, 고객, 공급업체를 비롯한 수백 수천 명의 사용자들을 지원할 수 있어야 한다. 오늘날의 데이터베이스는 극히 예외적인 수준으로까지 확장되며, 이를 통해 모든 종류의 사용자와 프로그램이 정보 처리와 정보 검색 업무를 할 수 있도록 한다.

정보 중복성 감소

정보 중복성 Information redundancy은 정보의 복제, 즉 동일한 자료가 복수의 장소에 저장된 것을 의미한다. 중복 자료는 저장 용량 문제와 자료 무결성 문제를 일으킬 수 있으며, 이로 인해 어떤 값이 가장 최신의 것인지, 혹은 가장 정확한 것인지를 결정하기 어렵게 한다. 직원들은 부정확한 정보로 인해 혼란과 좌절에 빠지게 되고, 업무 처리와 절차에 혼란이 생긴다. 데이터베이스의 근본 목표는 하나의 정보를 데이터베이스의 한 장소에 기록함으로써 정보 중복을 제거하는 것이다. 정보 중복의 제거는 공간을 절약하고 갱신을 수월하게 하며 품질을 향상시킨다.

정보 무결성(품질) 향상

정보 무결성information integrity은 정보 품질의 척도이다. 데이터베이스 환경에서 **무결성 제약조건**integrity constraints은 정보의 품질을 보증하는 규칙이다. 데이터베이스의 설계 시에 무결성 요소를 고려해야할 필요가 있다. 데이터베이스는 사용자가 무결성 제약조건을 절대 위반하지 못하도록 구성되어 있다. 무결성 제약조건은 관계형 무결성 제약조건과 핵심 업무 무결성 제약조건의 2가지 유형이 있다.

관계형 무결성 제약조건relational integrity constraints은 기초적이고 근본적인 정보 조건을 유지시키는 규칙이다. 예를 들어 참조 무결성referential integrity 조건은 존재하지 않는 고객의 주문을 생성할 수 없도록 하고, 음수 값을 갖는 가격 인상액을 허용하지 않으며, 공급업체로부터 0kg의 원자재를 주문할 수 없게 한다. **핵심 업무 무결성 제약조건**business critical integrity constraints은 조직의 성공에 필수적인 업무 규칙을 준수하게 하며 종종 관계형 무결성 제약조건보다 더 많은 통찰력과 지식을 필요로 한다. 크로거Kroger 사와 같은 대형 식품 연쇄점에 신선 상품을 공급하는 업체를 생각해보자. 공급 업체는 '배달 후 15일이 지난 상품은 반품을 허용하지 않는다.'는 핵심 업무 무결성 제약조건을 구현했을 수 있다. 상품의 부패 가능성 때문에 이해할 만하다. 이런 유형의 무결성 제약조건은 조직이 성공하기 위해 준수해야 하는 규칙을 반영하고 있다.

일반적으로 무결성 제약조건의 명세와 시행은 의사결정을 지원하는 고급 정보를 만들어 낸다. 무결성 제약조건을 개발하기 위해 구체적인 절차를 설정한 조직은 정보 오류율의 감소와 정보 활용의 증가를 경험하게 된다.

정보 보호 개선

다른 자산과 마찬가지로, 조직은 권한이 없는 사용자나 오남용으로부터 정보를 보호해야한다. 시스템이 점점 복잡해지고 인터넷 상으로도 활용 가능하게 됨에 따라 보안은 더 중요한 쟁점이 되었다. 데이터베이스는 암호, 접근 수준, 접근 통제를 포함하여 여러 보안 기능을 제공한다.

예를 들어, 고객 서비스 대행자들에게는 고객 주문 정보에 대해 읽기 전용 접속을 허용해야 하는데, 이를 통해 고객 주문 질문에 대해서는 대답할 수 있으면서 주문 정보를 변경하거나 지우는 권한은 가지지 못하도록 할 수 있다. 관리자는 직원 파일에의 접근 권한을 필요로 하지만, 모든 직원 파일에 대한 접근이 아니라 자신의 관리 범위에 있는 직원 파일에 대해서만 접근 권한이 주어져야 한다. 데이터베이스의 다양한 보안 기능은 개인에게 정해진 정보에 대해서 특정 유형의 접근 권한만 주어지도록 관리한다.

데이터베이스와 DBMS가 점점 더 클라우드cloud 상의 데이터 센터로 이동해 감에 따라 보안성 문제도 점점 증가하고 있다. 클라우드 컴퓨팅을 사용할 때의 가장 큰 위험은 데이터베이스에 저장된 정보의 보안과 비밀 유지 문제이다. 자료 관리 요구의 윤곽을 잡아주는 데이터 거버넌스 정책과 절차를 도입하는 것은 클라우드 컴퓨팅을 안전하고 확실하게 해준다.

자료로 웹사이트를 운영하기

콘텐츠 창작자는 본래의 웹사이트 콘텐츠를 제작하는 책임을 맡은 사람이다. 콘텐츠 편집자는 웹사이트 콘텐츠에 대한 유지보수를 책임지는 사람이다. **정적 정보**Static information는 사용자의 행동에 따라 변화하지 않는 고정적 데이터를 포함한다. **동적 정보**Dynamic information는 사용자의 행동에 따라 변경되는 데이터를 포함한다. 예를 들어, 정적인 웹사이트는 콘텐츠 편집자가 정보를 변경할 때까지 변경되지 않는 정보만을 제공한다. 동적 정보는 사용자가 정보를 요청할 때 변경된다. 동적 웹사이트는 영화티켓 수량, 비행기 가격, 레스토랑 예약 등과 같은 사용자 요구에 따라 정보를 변경한다. 동적 웹사이트 정보는 동적 카탈로그나 데이터베이스에 있는 제품 정보를 저장하는 웹사이트 영역에 저장된다.

웹사이트는 사이트 방문자가 요구하는 정보의 종류에 따라 변화한다. 자동차 대리점의 예를 생각해보자. 대리점은 차종, 모델, 색상, 제조연도, 연비, 사진 등을 포함해 각 차의 판매에 이용 가능한 자료 요소들을 포함하는 데이터베이스를 생성하고 싶어할 것이다. 웹사이트 방문자는 포르셰를 클릭한 뒤 가격 범위나 생산연도와 같은 특수한 요구를 입력할 것이다. 사용자가 일단 "검색"을 누르면 웹사이트는 자동적으로 요구된 정보에 맞춘 화면을 제공한다. 자동차 판매원은 재고의 변화에 따라 자동차의 정보를 생성하거나, 갱신하거나, 삭제해야 한다.

자료 중심적 웹사이트data-driven website는 데이터베이스를 이용하여 고객들의 필요에 맞추어서 지속적으로 갱신되는 쌍방향 웹사이트이다. 자료 중심적 능력data-driven capability은 기업이 많은 양의 정보, 제품, 서비스를 제공해야 할 필요가 있을 때 특히 유용하다. 웹사이트에서 산사태처럼 몰려드는 정보에 파묻히게 되면, 방문객은 금방 화가 나게 된다. 자료 중심적 웹사이트는 각 고객 고유의 검색 요구에 기초하여 고객들에게 보이는 정보의 양을 제한하도록 도와줄 수 있다. 기업은 심지어 사내 데이터베이스에 저장된 정보를 고객과 협력업체들이 사용할 수 있도록 하기 위해 자료 중심적 웹사이트를 사용할 수도 있다.

기업 데이터베이스에 접속하는데 웹을 사용하는 것은 많은 이점을 가지고 있다. 먼저, 웹 브라우저는 각자 질의를 작성하여 데이터베이스에 직접 접속하는 것보다 훨씬 쉽다. 두 번째로, 웹 인터페이스는 데이터베이스 모델을 약간만 바꾸거나, 바꾸지 않고도 그대로 사용할 수 있다. 마지막으로, DBMS 앞에 웹 인터페이스를 더하는 것이, 변화를 지원하기 위해 시스템을 다시 설계하고 구축하는 것보다 더 저렴하다. 다른 자료 중심적 웹사이트의 이점으로는 다음과 같은 것들이 있다.

- **내용을 관리하기 용이하다.** 정보기술 전문가에 의존할 필요 없이 웹사이트 소유자가 변경할 수 있다. 사용자들은 적은 훈련만으로, 혹은 훈련 없이도 자료 중심적 웹사이트를 갱신할 수 있다.
- **많은 양의 정보를 저장하기 쉽다.** 자료 중심적 웹사이트는 큰 용량의 정보를 체계적인 상태로 유지시킬 수 있다. 웹사이트 소유자는 정보 배치, 내비게이션, 웹사이트 구조에 변화를 주기 위해 템플릿template을 사용할 수 있다. 이는 웹사이트의 신뢰성, 확장성, 성능을 향상시켜준다.
- **사람에 의한 오류를 제거하기 쉽다.** 자료 중심적 웹사이트는 자료 입력 오류를 잡아내고 불일치를 제거하여 모든 정보가 정확하게 입력되도록 해준다.

자포스는 온라인 신발 소매업으로서의 성공 비결을 역동성을 기진 자료 중심적 웹사이트를 통해 구매할 수 있는 300백만여 종에 이르는 제품으로 구성된 방대한 재고를 든다. 이 기업은 자신의 자료 중심적 웹사이트를 특수한 틈새시장에 맞추어 구축하였다. 기존의 소매업에서는 고객들이 자신이 가장 가지고 싶어 하는 아이템은 재고가 없다는 사실에 실망해 있었다. 자포스의 굉장히 유연하고, 확장가능하고, 안전한 데이터베이스는 이 기업이 제품 보유 확률이 가장 높은 인터넷 소매업체의 자리를 차지하는 데 도움을 주었다. 그림 6.13은 사용자가 데이터베이스에 질의를 하고 요구에 만족하는 정보를 받는 것을 보여주는 자포스의 자료 중심적 웹사이트를 보여준다.

기업들은 그들의 웹사이트에 접속하고 분석한 자료를 통해 귀중한 경영 지식을 얻을 수 있다. 그림 6.14는 웹사이트에 연결된 데이터베이스에서 질의를 하거나 피봇테이블PivotTable과 같은 분석 도구를 사용하는 것이 어떻게 선택했던 상품, 주된 요청, 함께 구매한 상품 등과 같은 사업에 대한 이해를 제공해줄 수 있는지 보여준다.

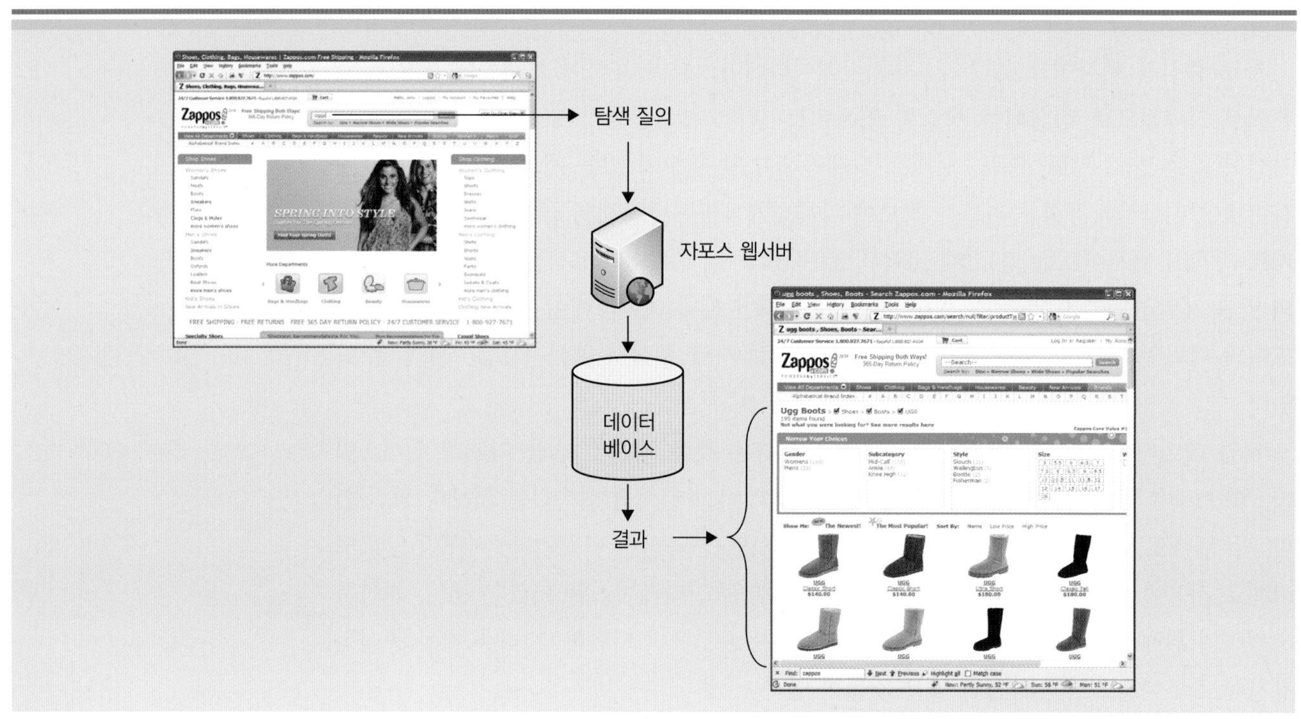

그림 6.13

Zappos.com - 자료 중심적 웹사이트

그림 6.14

자료 중심적 웹사이트에서의 BI

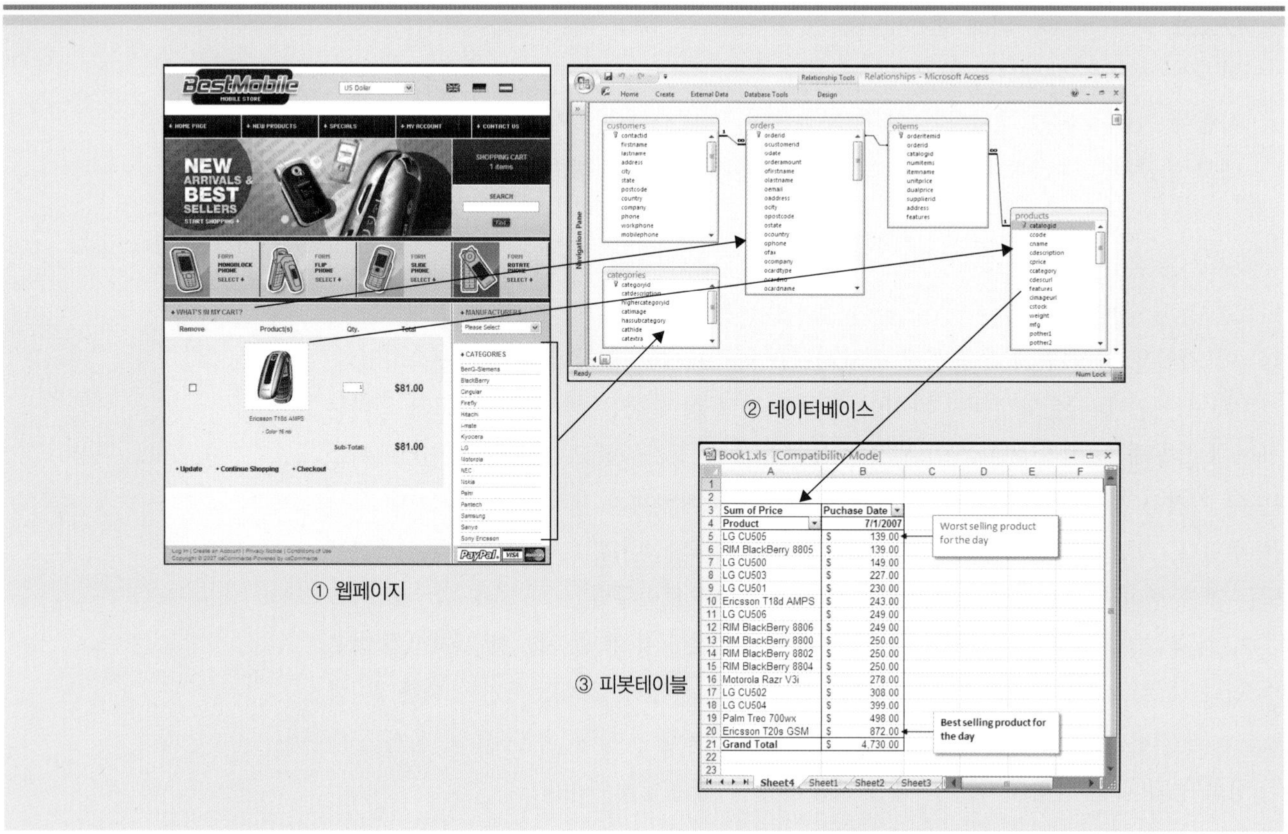

Sum of Price	Puchase Date
Product	7/1/2007
LG CU505	$ 139.00
RIM BlackBerry 8805	$ 139.00
LG CU500	$ 149.00
LG CU503	$ 227.00
LG CU501	$ 230.00
Ericsson T18d AMPS	$ 243.00
LG CU506	$ 249.00
RIM BlackBerry 8806	$ 249.00
RIM BlackBerry 8800	$ 250.00
RIM BlackBerry 8802	$ 250.00
RIM BlackBerry 8804	$ 250.00
Motorola Razr V3i	$ 278.00
LG CU502	$ 308.00
LG CU504	$ 399.00
Palm Treo 700wx	$ 498.00
Ericsson T20s GSM	$ 872.00
Grand Total	$ 4,730.00

비즈니스 중심적 MIS

정보 품질 결정하기

리얼 피플Real People 매거진은 직장인들을 대상으로 하며, 차량 유지부터 가족계획에 이르기까지 모든 것에 관한 기사와 조언을 제공한다. 이 잡지는 최근 배포 목록과 관련된 문제를 겪고 있다. 이 잡지가 발송되는 주소의 30%가 부정확한 주소 정보로 인해 반송되고 있고, 잡지를 받지 못해 화가 난 고객들의 전화가 매달 걸려온다. 아래는 리얼 피플의 고객 정보 샘플이다. 이 정보와 관련된 모든 문제와 그 문제의 원인, 그리고 이 상황을 해결하기 위해 기업에서 따를 수 있는 대처 방법에 관한 상세한 보고서를 작성하라.

ID	First Name	Middle Initial	Last Name	Street	City	State	Zip Code
433	M	J	Joness	13 Denver	Denver	CO	87654
434	Margaret	J	Joness	13 First Ave.	Denver	CO	87654
434	Brian	F	Hoover	Lake Ave.	Columbus	OH	87654
435	Nick	H	Schweitzer	65 Apple Lane	San francisco	OH	65664
436	Richard	A		567 55th St.	New York	CA	98763
437	Alana	B	Smith	121 Tenny Dr.	Buffalo	NY	142234
438	Trevor	D	Darrian	90 Fresrdestil	Dallas	TX	74532

비즈니스 중심적 토론

엑셀 또는 액세스?

엑셀은 경영 분석을 수행하기 위한 하나의 대단한 도구이다. 당신의 친구인 존 크로스는 DIY 책에 특화된 성공적인 출판회사를 운영하고 있다. 존은 10년 전에 사업을 시작했고 50명의 종업원과 100만 달러의 매출이 될 때까지 천천히 성장해왔다. 존은 책 주문, 주문 생산, 주문 배송, 대금 청구 등의 사업 운영의 대부분, 심지어 종업원의 급여와 휴가일수를 계산하는 데에도 엑셀을 이용해왔다. 그런데 이제 회사가 성장해서 규모가 커짐에 따라 엑셀은 이제 부적절하게 되었다.

여러분은 존이 엑셀로부터 액세스로 도구를 변경해도 같은 작업을 수행할 수 있을 것이라고 믿을 것이다. 존은 엑셀로 지금까지 그 작업을 해왔고 종업원들이 현재의 프로세스와 기술에 익숙하게 적응해 있기 때문에 변화에 대해 회의적이다. 존이 여러분에게 엑셀의 한계점과 액세스의 장점을 설명하는 프레젠테이션을 준비해달라고 부탁하였다. 그룹을 이루어서 존이 이러한 변화를 받아들일 수 있도록 프레젠테이션을 준비해보라.

비즈니스 중심적 창업

매일 2조 개의 행 데이터 분석 –문제 없음

이베이는 세계에서 가장 큰 온라인 시장으로 9700만 글로벌 사용자가 일 년에 620억 달러 규모로 물건을 팔고사고 있는데 매초 2000달러 이상의 거래규모이다. 물론 이러한 판매로 인해 국회도서관에 있는 데이터에 해당되는 양을 매 3일마다 모으고 있는데 사업을 성공적으로 운영하기 위해 데이터를 분석해야 한다. 운 좋게도 이베이는 타블루Tableau를 발견했다!

타블루는 스탠포드에 시작했는데 컴퓨터 과학자인 크리스트스톨트, 아카데미상 수상교수인 패트 한라한, 요령 있는 경영자 그리스챤 차보트는 빅데이터를 평범한 사람들이 이해하도록 도와주는 일을 하기로 결정하였다. 세 명은 타블루를 창업하였는데 두 개의 컴퓨터과학 원리인 컴퓨터 그래픽과 데이터베이스를 결합한 것이었다. 코드를 작성하거나 관계형 데이터베이스 키와 범주를 이해할 필요 없이 사용자는 분석하고자 하는 그림을 드래그하여 놓기만 하면 되도록 하였다. 타블루는 시장에서 가장 성공적인 데이터 가시화 도구 중의 하나가 되었으며 여러 상을 수상하였으며, 그 도구를 전 세계로 확장하고 수백만 달러의 수익을 내고 여러 가지 새로운 제품을 만들어냈다.

타블루는 경영분석에 혁신을 가져왔으며 이것은 단지 시작일 뿐이었다. 타블루 웹사이트를 방문하여 몇 개의 데모를 보면서 도구에 익숙해져라. 일단 여러분이 그 도구를 잘 이해하게 되었다면 이베이가 그 도구를 사용하기 위해 물어볼 세 개의 질문을 만들어라. 질문은 패턴, 경영 통찰력, 추세 등을 발견하기 위해서 판매 데이터의 분석 방법 등이 포함될 수 있다.

비즈니스 중심적 윤리와 보안

비윤리적 데이터 마이닝

대량의 데이터를 마이닝하는 것은 경영, 사회, 정부에게 상당한 이익을 만들게 해주지만 프라이버시 침해나 정보의 부정사용과 같은 수많은 윤리적 질문들을 만들 수 있다. 페이스북은 최근에 상당히 감성적인 콘텐츠를 가진 게시물이 보다 전염성이 있는지를 알기 위해 700,000 계정을 팔로우하는 데이터 마이닝 실습 때문에 맹비난을 받았다. 이 연구는 실제 사람 간 관계에서처럼 감성이 충만한 글들이 전염성이 있다는 결론을 내렸다. 감성이 충만한 긍정적인 게시물은 여러 개의 긍정적인 답변을 받았고 부정적인 게시물은 여러 개의 부정적인 답변을 받았다. 비록 이 연구가 아무 잘못이 없어 보이지만 많은 페이스북 사용자들은 격분했었다. 사용자들은 이 연구가 프라이버시 침해라고 느꼈는데 그 이유는 700,000 계정 사용자들은 페이스북이 그들의 게시글을 마이닝하고 있다는 것을 알지 못했기 때문이다. 페이스북 사용자로서 여러분은 페이스북이 당신이 게시하는 글의 모든 것을 소유하고 있다는데 전적으로 동의할 것이며, 일단 여러분이 제출 버튼을 누르면 페이스북은 그 데이터가 무엇이든 가질 수 있다. 여러분은 페이스북이 원한다면 그 사이트에 15억 사용자들이 게시한 데이터를 무엇이든지 소유할 권한이 있다는데 동의하는가, 동의하지 않는가?

section 6.2 | 비즈니스 인텔리전스

학습 성과

6.5 경영 의사결정을 지원하기 위해서 비즈니스 인텔리전스를 사용하는 장점을 설명할 수 있다.
6.6 데이터 웨어하우스와 데이터 마트에 대해서 정의하고, 이 기술들이 경영 의사결정을 지원할 수 있는 방법을 설명할 수 있다.
6.7 빅데이터를 분석하기 위한 세 가지 조직적 방법을 설명할 수 있다.

비즈니스 인텔리전스를 사용하여 의사결정 지원하기

오늘날 많은 조직들은 그들의 강점과 약점을 이해하지 못하고 가장 큰 경쟁사를 따라잡지 못하는데 그 이유는 조직의 엄청난 데이터에 MIS 부서 이외에는 접근할 수 없기 때문이다. 조직의 데이터는 데이터베이스에 있는 단순하고 구조화된 데이터보다도 훨씬 많은 것을 포함하고 있다. 데이터 세트는 음성 메일, 고객 전화 내역, 텍스트 메시지, 비디오 모음, 트위터 상의 트윗 등의 많은 새로운 유형의 데이터를 포함한다.

문제점: 풍부한 데이터, 부족한 정보

다음은 이상적인 경영 시나리오의 하나의 사례이다. 관리자가 고객과 만나기 위해 가는 도중에 고객과의 접촉 이력 데이터를 검토하면서 고객의 주문 물량이 상당히 줄고 있다는 것을 알게 되었다. 그는 데이터에 대한 세부 분석을 통해 고객이 제품 지원 이슈가 있다는 것을 알게 되었으며 지원팀에게 관련된 모든 정보를 찾아보도록 요청하였으며, 24시간 안에 불량부품에 대한 대체부품이 필요한 것으로 판단하였다. 추가로 관리자는 고객이 웹사이트를 방문하여 새로운 제품 라인업에 대한 정보를 요청한 것을 알게 되었다. 이러한 정보들을 파악한 후 관리자는 고객과의 생산적인 미팅을 준비하였다. 지금 관리자는 고객의 요구와 이슈를 이해하고 있었으므로 확신을 가지고 새로운 영업 기회를 제시할 수 있었다.

그러나 앞의 사례는 대부분의 기업에게는 꿈과 같은 이야기일 뿐이다. 모든 고객 정보를 모으는 것은 적어도 몇 시간은 걸리며 심지어 분석하는데 며칠이 걸린다. 그렇게 많은 가용한 자료를 가지고 관리자가 재고 수준, 과거 주문 이력, 배송 상세 정보 등의 정보를 갖게 되는 것은 상당히 어렵다. 관리자는 MIS 부서에 정보 요구를 보내고 전담자가 다양한 리포트를 분석한다. 통상적인 상황에서는 반응은 며칠이 걸릴 수도 있으며 결과적으로는 그 정보가 최신이 아니어서 판매 기회를 놓칠 수 있다. 많은 기업들은 데이터는 풍부하지만 정보가 부족한 상황에 있다. 심지어 오늘날의 전자 시대에서도 관리자들은 경영자를 비즈니스 인텔리전스로 바꾸는데 어려움을 겪고 있다.

해결책: 비즈니스 인텔리전스

회사원들은 서비스 정보 제공, 신제품 제시, 실망한 고객 지원 등의 수많은 의사결정을 한다. 그들은 데이터, 경험, 지식 또는 세 가지의 결합 등을 사용하여 의사결정을 한다.

그림 6.15

어려운 경영 질문에 답하기 위해 BI를 사용하는 방법

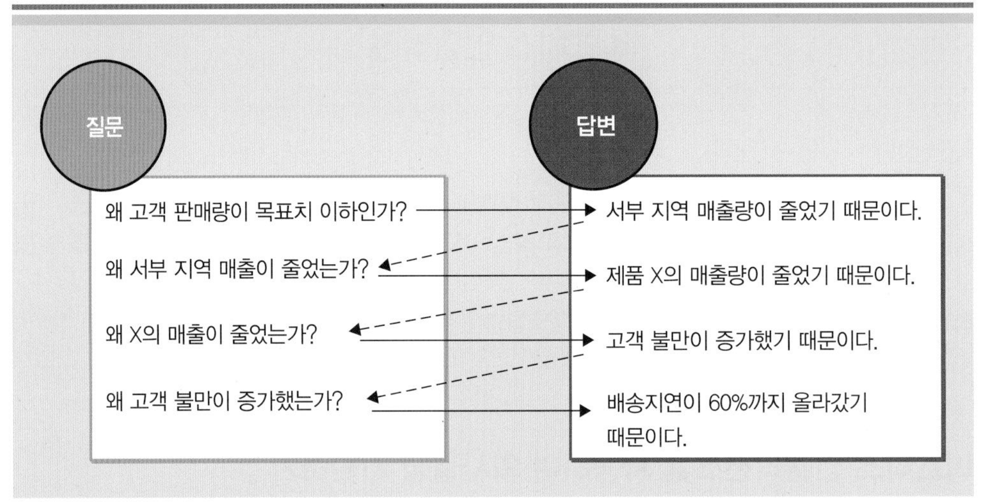

비즈니스 인텔리전스는 관리자에게 좋은 의사결정을 할 수 있도록 도와준다. 다음의 사례는 비즈니스 인텔리전스가 사용되는 다른 산업의 예시를 보여준다.

- **항공사**: 현재의 비행자료를 사용한 인기 있는 휴가 장소 분석
- **은행**: 고객 신용카드 사용 내역 및 미사용 내역에 대한 이해
- **헬스케어**: 환자의 신상정보를 심각한 질병과 비교
- **보험**: 클레임의 양과 의료 보상비용의 예측
- **법 집행**: 범죄 패턴, 지역 및 범죄 행위 추적
- **마케팅**: 고객 신상정보 분석
- **소매**: 판매량, 재고수준, 유통량 예측
- **기술**: 하드웨어 고장 예측

그림 6.15는 기업이 BI를 사용해서 단순히 "왜?"라고 질문하여 많은 이슈와 문제에 대해서 원인을 찾는 방법을 보여주고 있다. 과정은 분기별 판매량과 같은 보고서를 분석하면서 시작한다. 관리자는 판매량이 증가하고 감소하는 이유를 찾기 위해 보고서를 자세히 드릴다운 할 것이다. 일단 관리자들이 특정 지역 혹은 제품의 매출이 증가한 이유를 알게 된다면 기업 차원의 판매량 증가시키기 위한 노력의 일환으로 그 정보를 공유할 수 있다. 또한, 판매량 감소의 원인을 알게 된다면 이 이슈를 해결하기 위해 효과적인 행동을 취할 수 있다. 다음의 예시는 관리자들이 어려운 경영 질문에 답하기 위해 BI를 사용하는 방법들이다.

- **그 사업은 어디에 있었는가?** 이력정보 관찰의 관점이 추세와 패턴을 결정하기 위한 중요한 변수를 제공한다.
- **그 사업은 지금 어디에 있는가?** 현재의 경영 상황을 지켜보는 것이 관련된 이슈가 통제 불가능하기 전에 그 이슈를 해결하기 위한 효과적인 행동을 취하는데 도움을 준다.
- **그 사업은 어디로 가고 있는가?** 전략적 방향 설정은 굳건한 비즈니스 전략을 계획하고 만드는데 중요하다.

다음과 같은 단순한 질문에 답해보라. 누가 나의 최상의 고객이며 어떤 제품이 가장 안 팔리는 제품인가? 여러분의 종업원만큼 많은 수의 답을 가질 수 있다. 데이터베이스, 데이터 웨어하우스, 데이터 마트는 고객, 제품, 공급자, 생산, 재무, 사기, 심지어 종업원에 대한 질문에 답할 수 있는 "신뢰할" 수 있는 데이터의 단일 소스이다. 데이터 소스를 통해 관리자에게 데이터가 불일치함을 알 수도 있고 기업 차원의 경영 의사결정의 원인과 효과를 분석할 수도 있다. 모든 사업 측면에서 비즈니스 인텔리전스에 의해 제공된 부가적 통찰력의 도움을 받을 수 있으며 경영학 학생들에게는 어떻게 MIS가 지능적인 의사결정을 하도록 도와주는가를 이해할 수 있을 것이다.

데이터 웨어하우징의 경영상 이점

1990년대에 조직들이 사업에 대한 적시의 정보를 필요로 하게 됨에 따라, 그 이전에 사용하던 경영정보 시스템들은 적절한 정보를 효과적이고 또 효율적으로 제공해주기에는 너무 복잡하고 느리다는 것이 밝혀졌다. 그런 시스템들은 대부분 업무 데이터베이스의 형태로, 회계, 주문 입력, 고객 서비스, 판매와 같은 특정한 업무 기능을 위해 설계되어 있어 그림 6.16에 제시된 이유들로 인해 비즈니스 분석에는 적절하지 못하였다.

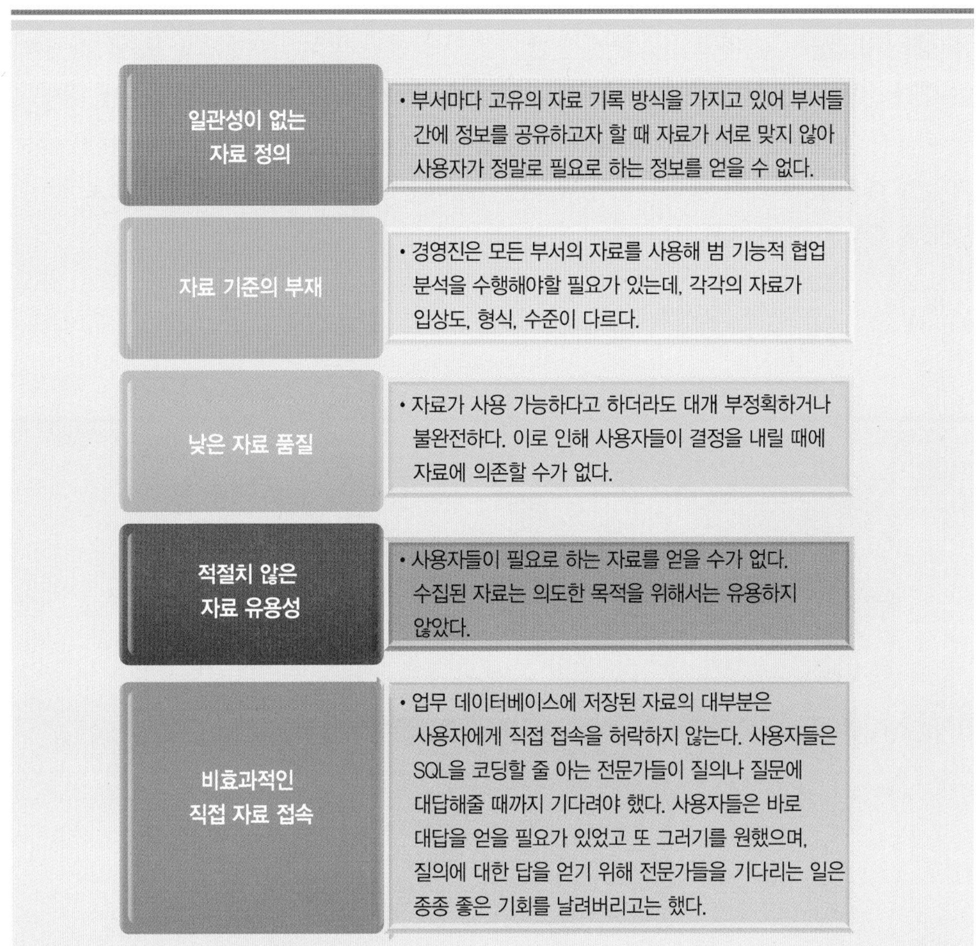

일관성이 없는 자료 정의
• 부서마다 고유의 자료 기록 방식을 가지고 있어 부서들 간에 정보를 공유하고자 할 때 자료가 서로 맞지 않아 사용자가 정말로 필요로 하는 정보를 얻을 수 없다.
자료 기준의 부재
• 경영진은 모든 부서의 자료를 사용해 범 기능적 협업 분석을 수행해야할 필요가 있는데, 각각의 자료가 입상도, 형식, 수준이 다르다.
낮은 자료 품질
• 자료가 사용 가능하다고 하더라도 대개 부정확하거나 불완전하다. 이로 인해 사용자들이 결정을 내릴 때에 자료에 의존할 수가 없다.
적절치 않은 자료 유용성
• 사용자들이 필요로 하는 자료를 얻을 수가 없다. 수집된 자료는 의도한 목적을 위해서는 유용하지 않았다.
비효과적인 직접 자료 접속
• 업무 데이터베이스에 저장된 자료의 대부분은 사용자에게 직접 접속을 허락하지 않는다. 사용자들은 SQL을 코딩할 줄 아는 전문가들이 질의나 질문에 대답해줄 때까지 기다려야 했다. 사용자들은 바로 대답을 얻을 필요가 있었고 또 그러기를 원했으며, 질의에 대한 답을 얻기 위해 전문가들을 기다리는 일은 종종 좋은 기회를 날려버리고는 했다.

그림 6.16

업무 데이터베이스가 비즈니스 분석에 적절하지 못한 이유들

20세기 후반부에 업무 데이터베이스의 종류와 수가 증가하였다. 많은 대형 기업들은 정보들이 서로 다른 파일 종류(예를 들어, 스프레드시트, 데이터베이스, 심지어는 문서 파일까지)로 작성되어 여러 시스템에 흩어져 있어서, 여러 곳에서 온 정보들을 함께 사용하기가 거의 불가능하다는 것을 알았다. 서로 다른 업무 시스템 사이에서 보고서를 완성하는 일은 구식의 보고서 작성기를 사용해서는 며칠이나 몇 주씩 걸렸고, 이는 기업을 운영하는데 있어 비효율적인 일이었다. 이런 배경으로, 데이터 웨어하우스는 전략적인 질의나 보고서를 만들기 위해 적절한 정보를 저장하고 접속할 수 있는 장소로 만들어졌다.

데이터 웨어하우스data warehouse는 정보의 논리적인 모음으로, 다양한 업무 데이터베이스로부터 모아지며, 비즈니스 분석 활동과 의사결정 업무를 지원해준다. 데이터 웨어하우스의 기본적인 목적은 정보를, 더 정확하게는 전략적 정보를 결합하여 전 조직을 통틀어 정보를 필요로 하는 사람들이 결정을 내리고 경영 분석을 할 수 있도록 하나의 리포지토리repository에 모으는 것이다. 데이터 웨어하우징의 핵심 아이디어는 여러 시스템의 정보를 하나의 동일한 장소에 수집하여 보편적인 질의 도구를 사용하는 것이다. 이는 업무 데이터베이스가 경영에서 가장 효율적으로 쓰일 수 있는 장소에서 작동할 수 있도록 해주며, 동시에 친숙한 서식을 사용해서 전략적, 혹은 전사적인 보고 정보를 위한 공통의 장소를 제공해준다.

데이터 웨어하우스는 여기서 한 발 더 나아가 정보를 표준화한다. 예를 들어, 성별sex은 다양한 방법으로 표시될 수 있지만(남성/여성, 남/여, 1/0), 데이터 웨어하우스에서는 성을 저장하는 각 자료 요소들에서 한 가지의 공통된 방식(남/여)으로 표준화가 되어야 한다. 자료 요소의 표준화는 정확성과 완전성, 일관성을 향상시켜줌과 동시에 전략적인 비즈니스 결정을 내릴 때 정보의 품질을 향상시켜 준다. 그리고 데이터 웨어하우스는 기업의 사용자들, 특히 경영진들이 다음을 포함하는 많은 일들을 더 효율적으로 할 수 있도록 해주는 도구이다.

그림 6.17

데이터 웨어하우징의 세 가지 주요 개념

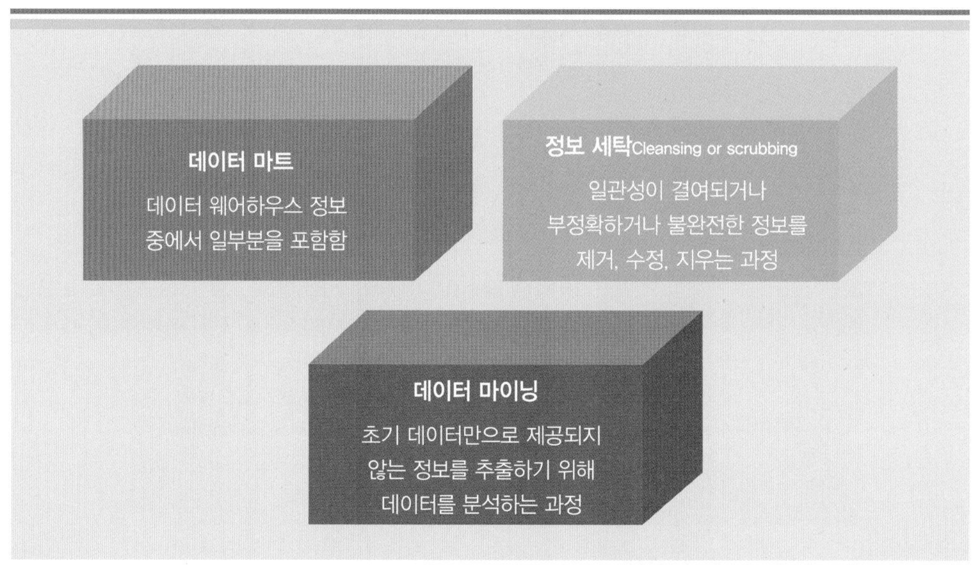

데이터 마트
데이터 웨어하우스 정보 중에서 일부분을 포함함
정보 세탁Cleansing or scrubbing
일관성이 결여되거나 부정확하거나 불완전한 정보를 제거, 수정, 지우는 과정
데이터 마이닝
초기 데이터만으로 제공되지 않는 정보를 추출하기 위해 데이터를 분석하는 과정

- 고객 프로파일customer profile 개발
- 새로운 제품 기회의 포착
- 비즈니스 업무 개선
- 재무적 쟁점의 포착
- 추세 분석
- 경쟁자의 이해
- 제품 성과의 이해(데이터 웨어하우징의 세 가지 주요 개념 이해를 위해 그림 6.17 참조)

데이터 마트를 이용한 경영 분석을 수행하기

기업들은 일상 업무의 일부로 어마어마한 양의 업무상의 정보를 수집한다. 마케팅, 영업 및 기타 부서들은 이 자료들을 분석하여 업무를 더 잘 이해하고 싶어 할 것이다. 데이터베이스가 모든 업무(예를 들어, 제품의 판매)와 사건(새 직원 고용)의 세부항목을 저장하는 반면, 데이터 웨어하우스는 같은 정보를 저장하지만 의사결정을 지원하는데 더 적합하도록 종합된 형태로 저장한다. 종합이라는 말은, 이 경우에는 총합, 개수, 평균 등을 포함할 수 있다.

그림 6.18의 데이터 웨어하우스는 내부(또는 거래용/운영 데이터베이스)와 외부 데이터베이스의 정보를 **추출**extraction, **변환**transformation, **적재**loading하여 정보를 편집한다. ETL은

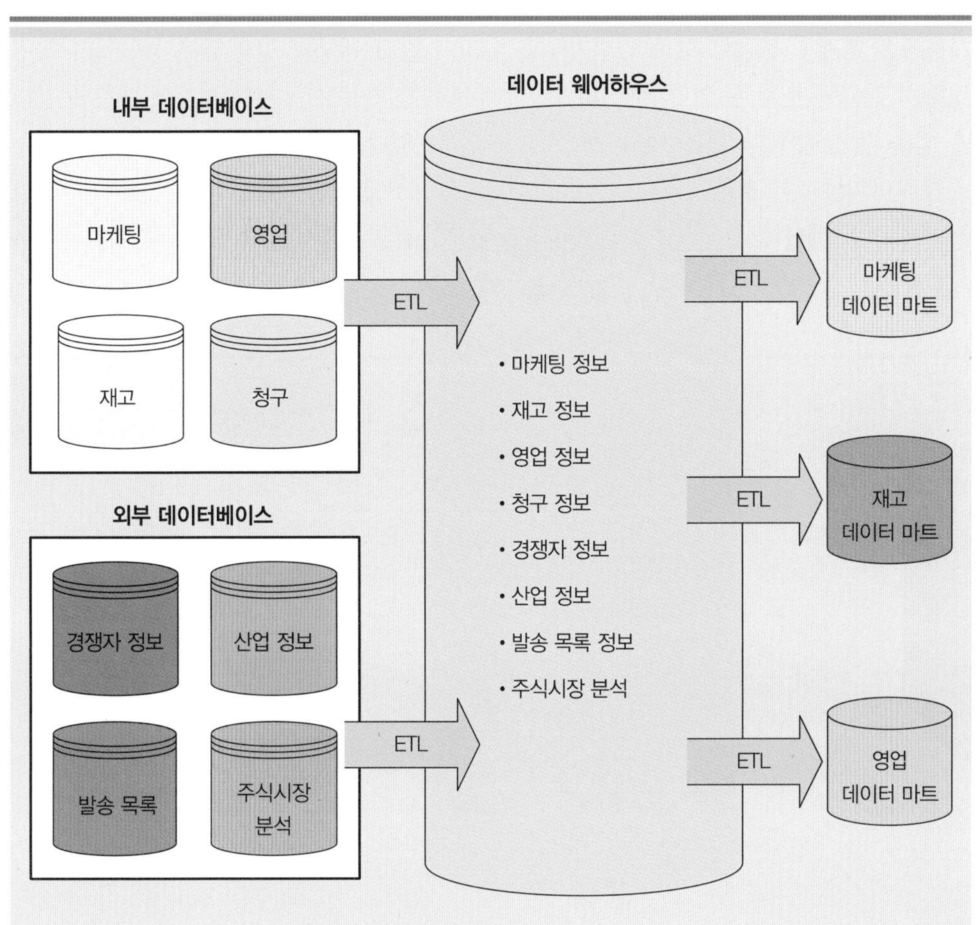

그림 6.18
데이터 웨어하우스 모델

내부와 외부 데이터베이스로부터 정보를 추출하여, 전사용 공통 정의를 사용하여 정보를 변환한 후에 데이터 웨어하우스에 정보를 집어넣는 프로세스이다. 데이터 웨어하우스는 정보의 부분 집합을 데이터 마트로 보낸다. **데이터 마트**data mart는 데이터 웨어하우스에 있는 정보의 일부를 포함한다. 데이터 웨어하우스와 데이터 마트를 구분하자면, 데이터 웨어하우스는 조직 전체에 중점을 두고 있고, 데이터 마트는 기능적인 데에 중점을 둔다. 그림 6.18은 데이터 웨어하우스에 대한 설명과 데이터 웨어하우스와 내부, 외부 데이터베이스, ETL, 데이터 마트 간의 관계를 보여준다.

다차원 분석

관계형 데이터베이스는 정보를 2차원 표에 저장한다. 데이터 웨어하우스와 데이터 마트에서는 정보가 다차원이다. 즉, 여러 층의 행과 열을 포함한다. 이런 이유로, 대부분의 데이터 웨어하우스와 데이터 마트는 다차원의 데이터베이스이다. 하나의 차원은 정보의 한 속성이다. 데이터 웨어하우스 또는 데이터 마트에서 각 층은 추가적인 차원에 따른 정보를 나타낸다. 큐브cube는 다차원 정보를 나타내는 대표적인 용어이다. 그림 6.19는 점포 정보(층), 상품 정보(행), 판매촉진 정보(열)를 나타내는 큐브(큐브a)를 보여준다.

정보 큐브가 생성되면, 사용자는 정보를 파헤치기 위해 큐브를 잘라낼 수 있다. 그림 6.19의 둘째 큐브 b는 모든 점포에서 모든 상품에 관한 판매촉진 Ⅱ 정보를 나타내는 조각이다. 셋째 큐브 c는 점포 2에서 상품 B에 대한 판매촉진 Ⅲ 정보만을 나타낸다. 다차원 분석을 통하여 사용자는 몇 차원이든지 여러 가지 방법으로 정보를 분석할 수 있다. 사용자는 현재의 분석에 상품 범주, 지역, 심지어 일기 예보와 실제 날씨 등을 포함하여 정보 차원을 추가할 수 있다. 데이터 웨어하우스의 진가는 사용자가 정보에 대한 통찰력을 얻을 수 있도록 다차원 분석을 제공하는 능력에 있다.

데이터 웨어하우스와 데이터 마트는 데이터베이스에 대한 질의 부담을 없애는 데 안성맞춤이다. 예를 들면, 광고 Ⅲ이 진행되는 동안 점포 2에서 상품 B에 관한 평균 매출

그림 6.19

세 개의 점포에서의 다섯 가지 제품에 대한 네 건의 판매촉진에 대한 다차원 분석을 위한 정보 큐브

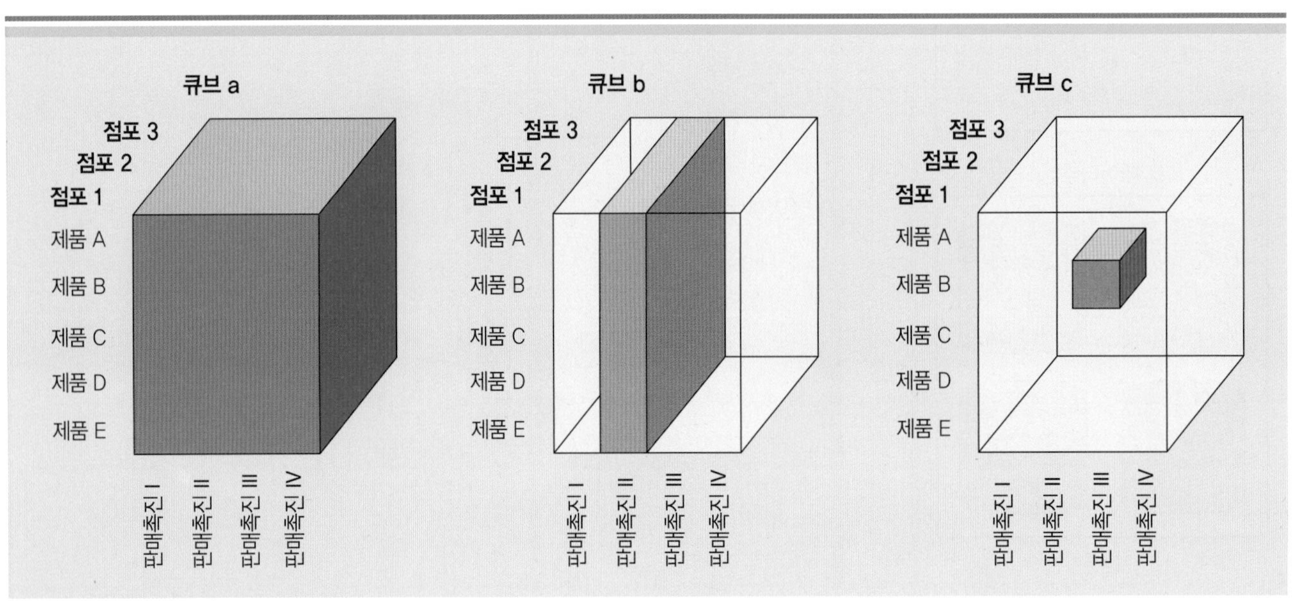

을 알기 위해 데이터베이스에 질의하면 데이터베이스에 상당한 처리 부담을 안겨주어, 필연적으로 다른 사람이 같은 데이터베이스에 신규 매출을 입력하는 데 오래 걸리게 된다. 한 조직이 하나 또는 다수의 데이터베이스에 다수의 질의를 실행시키려면, 데이터 웨어하우스로 정보를 종합하는 것이 바람직하다.

정보 세탁

더러운 데이터는 오류가 많거나 결점이 있는 데이터이다(그림 6.20 참조). 소스에서 더러운 데이터를 완전히 제거하는 것은 비현실적이거나 거의 불가능하다. 가트너 사에 의하면 더러운 데이터는 경영상의 문제이지 MIS 부서의 문제는 아니라고 한다. 향후 2년 동안 포춘 1000 기업들에서 25% 이상의 중요한 정보가 계속 결함이 생길 것이다. 즉, 정보는 부정확하고, 불완전하고, 중복된다는 것이다.

데이터 웨어하우스나 데이터 마트에 고급 정보를 유지하는 것은 매우 중요하다. 조직 정보의 품질과 의사결정의 효과를 높이려면, 기업은 정보를 깨끗하게 유지하는 전략을 설정해야 한다. 이것이 '**정보 세탁**information cleansing/scrubbing'으로, 일관성이 결여되거나 부정확하거나 불완전한 정보를 제거하거나 수정하는 과정이다.

데이터 웨어하우스의 정보를 분석하여 표준화하고 수정하며 대응시키고 병합하는 정교한 절차를 사용하는 전문화된 소프트웨어 도구가 존재한다. 이 단계는 매우 중요하다. 데이터 웨어하우스는 종종 대여섯 개의 다른 데이터베이스로부터의 정보를 포함하게 되는데 보통 그 중 일부가 조직 외부의 것이기도 하기 때문이다. 정보 세탁은 ETL 과정에서 먼저 이루어지고, 그 다음에 다시 데이터 웨어하우스에 있는 정보에 대해서 이루어진다. 오라클, SAS, 어센셜 소프트웨어Ascential Software, 그룹 1 소프트웨어Group 1 Software를 포함

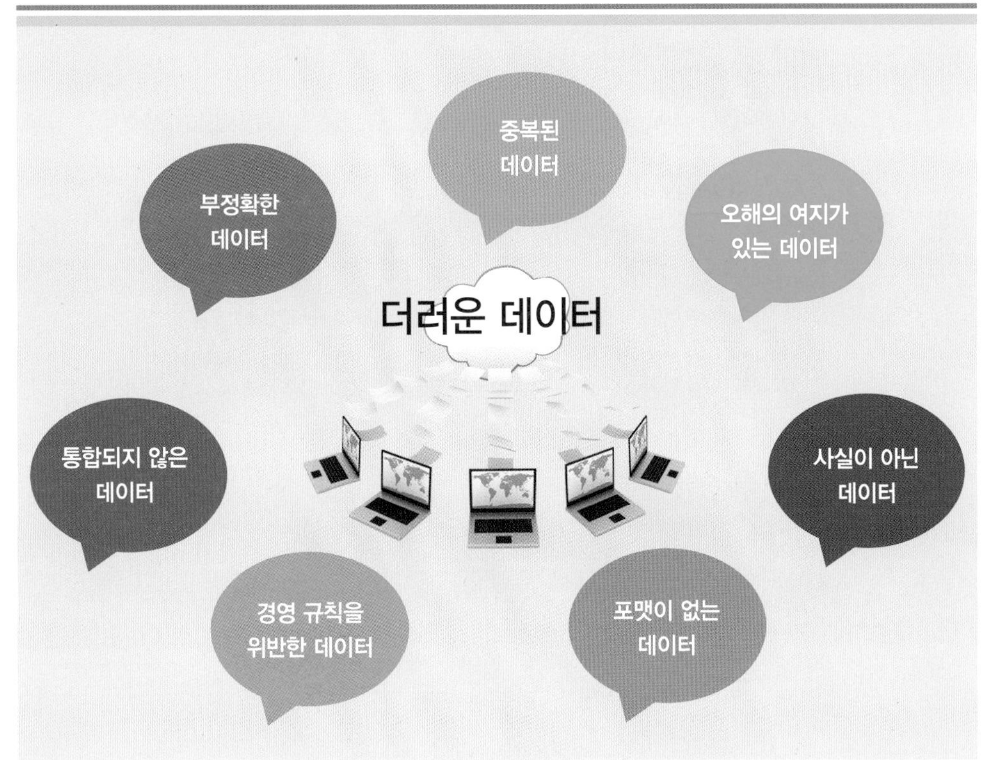

그림 6.20
더러운 데이터 문제

하는 다수의 업체들이 제공하는 소프트웨어 중에서 선택할 수 있다. 이상적으로 세탁된 정보는 정확하고 일관성이 있어야 한다.

고객 정보를 살펴보면 왜 정보 세탁이 필요한지 밝혀진다. 고객 정보는 여러 운영 시스

그림 6.21

운영 시스템들 내의 접촉 정보

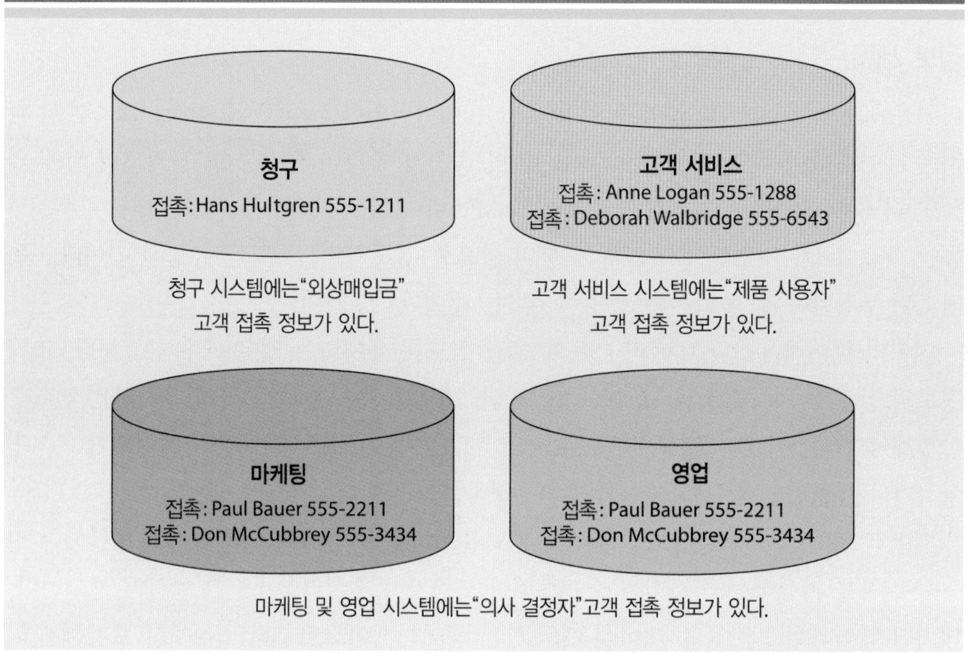

그림 6.22

운영 시스템들 내의 고객명을 표준화하기

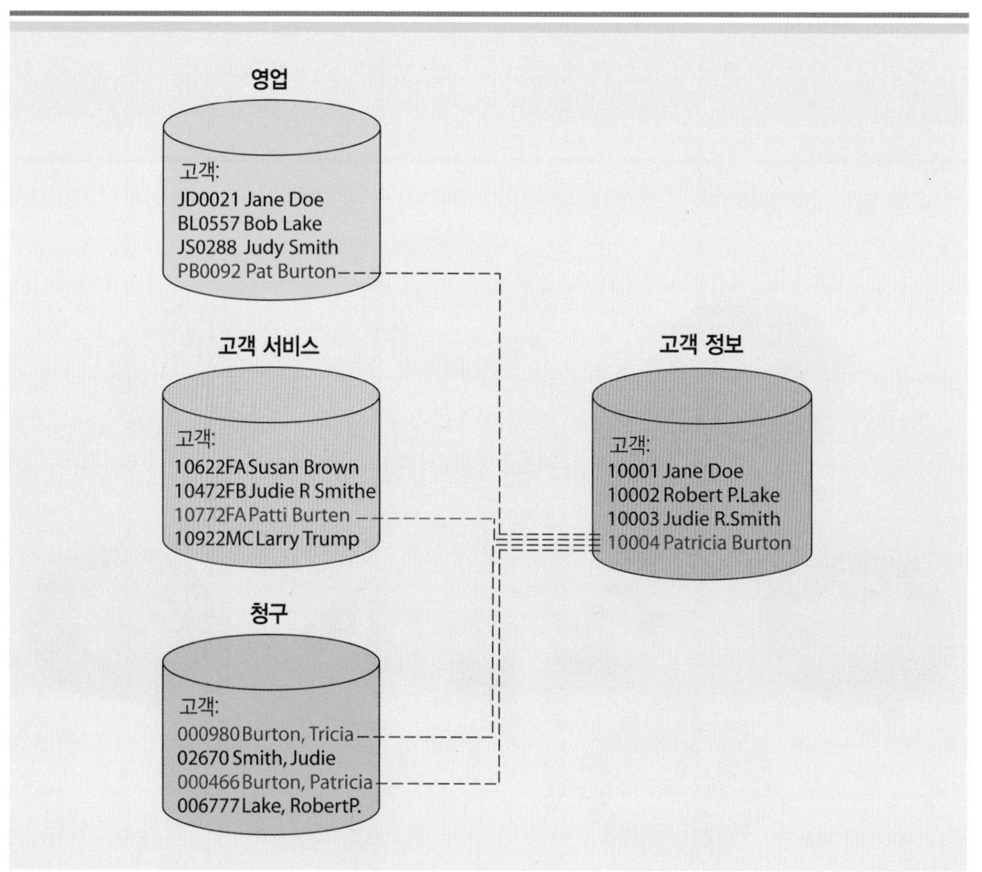

템에 존재한다. 각 시스템에서 고객 정보의 세부 항목은, 그 고객이 어떤 업무 프로세스에 연관되는지에 따라서 고객 번호부터 연락처에 이르기까지 다양하다(그림 6.21 참조).

그림 6.22는 다수의 운영 시스템에 다르게 입력된 고객명을 보여준다. 정보 세탁은 조직이 데이터 웨어하우스에서 이런 유형의 불일치를 수정하도록 한다. 그림 6.23은 정보 세탁 동안 발생하는 일반적인 일들을 보여준다.

완벽한 정보를 얻는 것은 거의 불가능하다. 더 완전하고 정확한 정보를 원할수록 들어가는 비용이 더 커진다(그림 6.24 참조). 기업들은 또한 완전성을 위해 정확성은 어느 정도 포기해야 할 수도 있다. 정확한 정보는 틀리지 않음을 의미하는 반면 완전한 정보

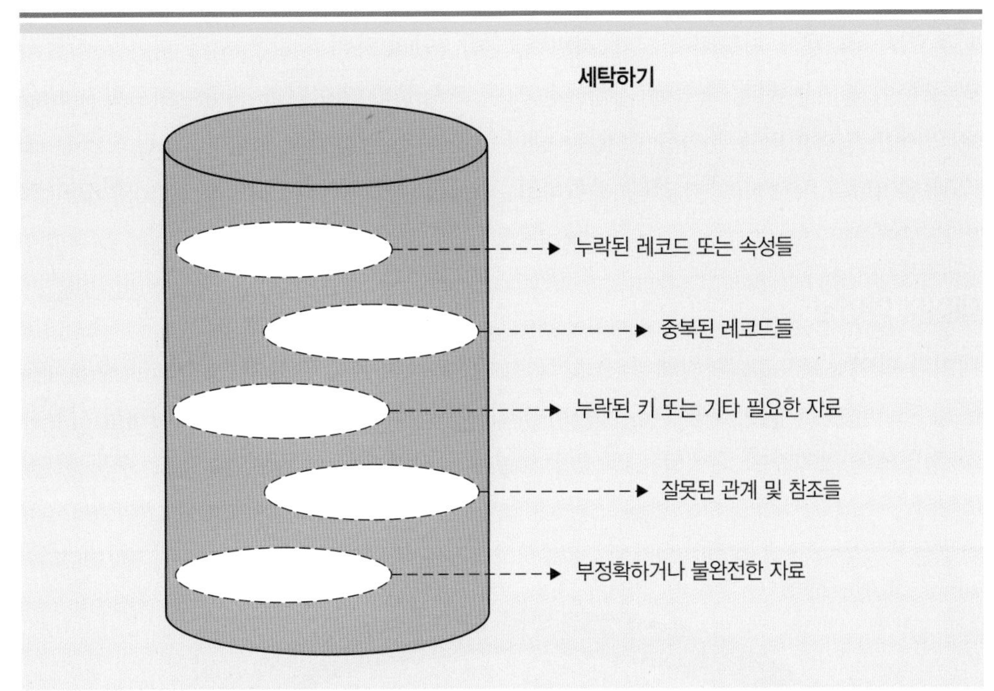

그림 6.23
정보 세탁 활동들

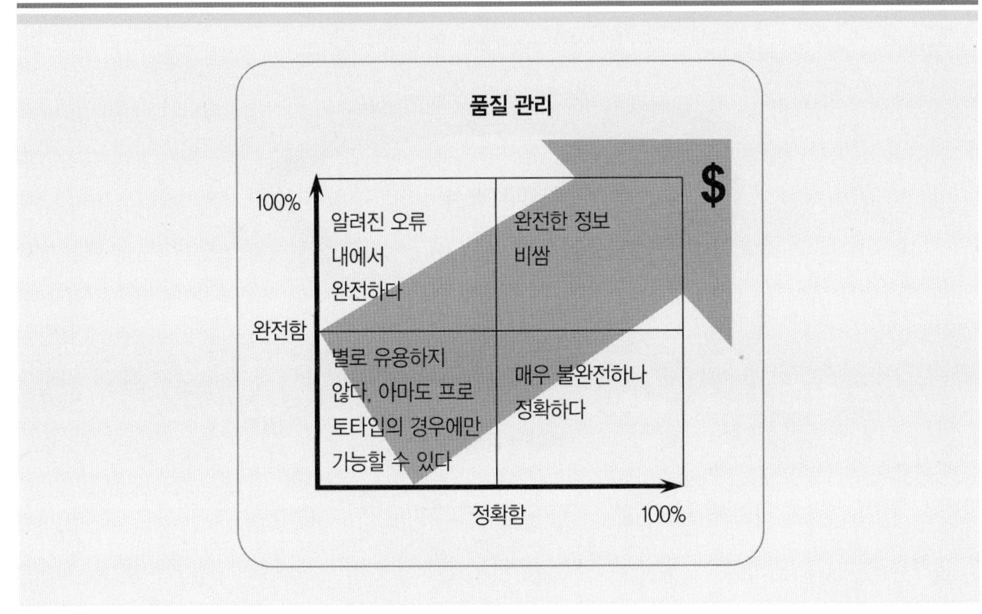

그림 6.24
정확하고 완전한 정보의 비용

는 공백이 없음을 의미한다. 생년월일 '2010년 2월 31일'은 완전하지만 부정확한 정보의 예이다(2월 31일은 존재하지 않는다). 우편번호 없이 콜로라도 주 덴버시라고 되어 있는 주소는 정확하지만 불완전한 정보의 예이다. 많은 기업들이 자료의 정확성과 완전성을 결정하기 위해 **자료 품질 감사**data quality audits를 한다. 대부분의 조직들이 85% 정확성과 65% 완전성과 같이 합리적인 비용으로 좋은 결정을 내리기에 충분한 정확성과 완전성의 비율을 정한다.

빅데이터 분석의 힘

기업들은 이전 어느 때보다도 더 많은 자료를 모으고 있다. 역사적으로, 자료는 기능을 기준으로 시스템에 저장되어 고객 서비스, 금융, 인적 자원과 같은 서로 다른 분야들끼리 소통이 불가능했다. 오늘날 기업들은 모든 기능상의 데이터를 제타바이트까지 모을 수 있지만 그 데이터를 분석할 수 있는 방법을 찾는 것은 상당히 어렵다. 그림 6.25는 조직의 데이터를 자세히 살펴보고, 분석하고, 이해하기 위해서 사용하고 있는 세 가지 방법을 보여준다.

데이터 마이닝

데이터 마이닝data mining은 원래의 자료 그 자체만으로는 제공되지 않는 정보를 추출하기 위해 자료를 분석하는 과정이다. 데이터 마이닝은 요약된 정보(거친 입상도)에서 시작하여 정밀도를 높여가며 진행할 수도 있고drilling down, 역방향으로 진행할drilling up 수도 있다.

그림 6.25

빅데이터 분석을 위해 조직이 활용하는 세 가지 방법

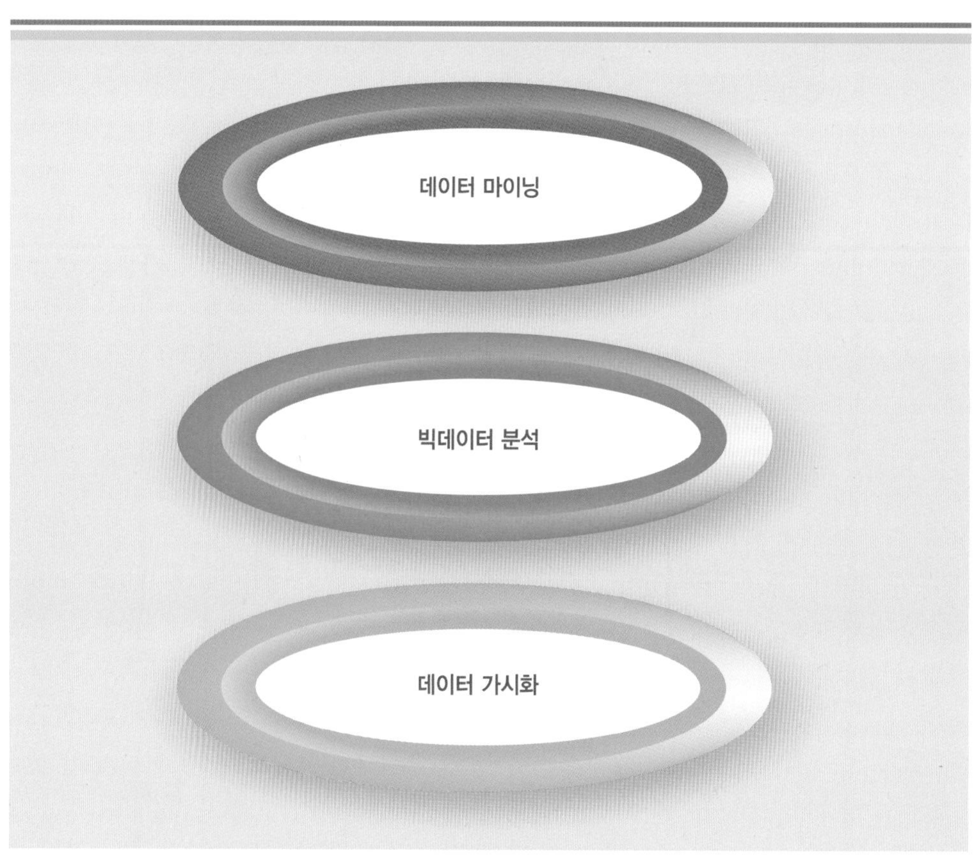

기업들은 업무의 모든 것을 하나의 관점 내에 완전한 그림으로 축약하여 경향을 파악하고 더 나은 예측을 하기 위해 데이터 마이닝 기술을 사용한다. 데이터 마이닝 도구를 사용하여 고객의 7%가 전체 매출의 43%를 차지한다는 것을 밝혀내고, 이 고객들을 위해 점포들을 재정비한 베스트바이Best Buy의 경우를 생각해보라.

데이터 마이닝을 수행하기 위해 사용자는 데이터 마이닝 도구를 필요로 한다. **데이터 마이닝 도구**data-mining tool는 다양한 기술을 활용하여 대량의 정보 속에서 일정한 경향과 관계를 찾아내고, 미래 행위를 예측하고 의사결정을 이끌어준다. 분석가들이 새로운 정보 집합에 노출되었을 때 다양한 정보 분석 기능을 수행하는 모델을 구축하기 위해 사용하는 데이터 마이닝은 추세와 경향을 밝혀낸다. 데이터 웨어하우스를 위한 데이터 마이닝 도구들은 사용자들이 자신의 자료에서 BI를 밝혀내는 것을 도와준다. 기업에서 데이터 마이닝을 사용하는 몇 가지 주된 영역들은 다음을 포함한다.

- 미래의 마케팅과 판촉 캠페인을 계획하기 위해 고객들의 구매 경향을 분석하는 일
- 예산 및 다른 금융 정보를 구축하는 일
- 기만적인 소비 경향을 간파함으로서 사기를 판별하는 일
- 가장 많은 돈을 소비하는 최고의 고객을 찾는 일
- 고객들이 떠나거나 경쟁 업체로 이동하는 것을 막는 일
- 기업과 각 개인들의 성공을 위하여 판촉하고 직원들을 고용하는 일

데이터 마이닝은 기업들이 가격, 제품 포지셔닝product positioning, 직원 관리와 같은 내부 요소들과 경제 지표, 경쟁, 고객 통계와 같은 외부 요소들 사이의 관계를 결정하는 것을 가능하게 해준다. 이에 더하여, 데이터 마이닝은 기업들이 판매, 고객 만족도, 기업 이익에 대한 영향을 확인하고, 개략적인 정보에서 상세한 업무 자료에 이르기까지 정밀도를 높여가며 살펴볼 수 있게 해준다. 데이터 마이닝을 통해 소매업체는 매장에서의 고객 구매 기록을 사용하여 개인의 구매 내역에 기반을 둔 표적 판촉을 할 수 있다. 코멘트

데이터 마이닝 분석 방법들	
예측Prediction	미래에 발생할 (수도 있는) 것에 대한 언급. 예를 들면 미래 판매량 혹은 직원 이직 예측
최적화Optimization	가능한 한 효과적으로 디지인하거나, 시스템을 만들거나, 의사결정을 하기 위한 방법을 찾는 통계적 과정. 예를 들면 최대의 생산성을 결정하거나 최소의 낭비를 하도록 하는 통제 가능 변수값을 찾는 것
수요예측Forecasting	시계열 정보는 특정한 빈도로 모아진 시간이 기록된 정보이다. 공식적인 정의에 의하면 수요예측은 시계열 정보에 기반을 둔 예측치이다. 시계열 정보의 예제는 시간당 웹 방문, 월별 판매량, 일별 전화 통화수들을 포함한다. 수요예측 관련 데이터 마이닝 도구들은 사용자들이 예측을 위해 시계열 축을 다루도록 지원해준다.
회귀분석Regression	변수들 간의 관계를 추정하는 통계적 과정. 여러 개의 변수들을 모델링하고 분석하기 위해 사용되는 많은 기법들을 포함하는데, 주요한 관심은 하나의 종속 변수와 하나 또는 그 이상의 독립 변수들 간의 관계에 대한 것이다.

그림 6.26
데이터 마이닝 분석 방법들

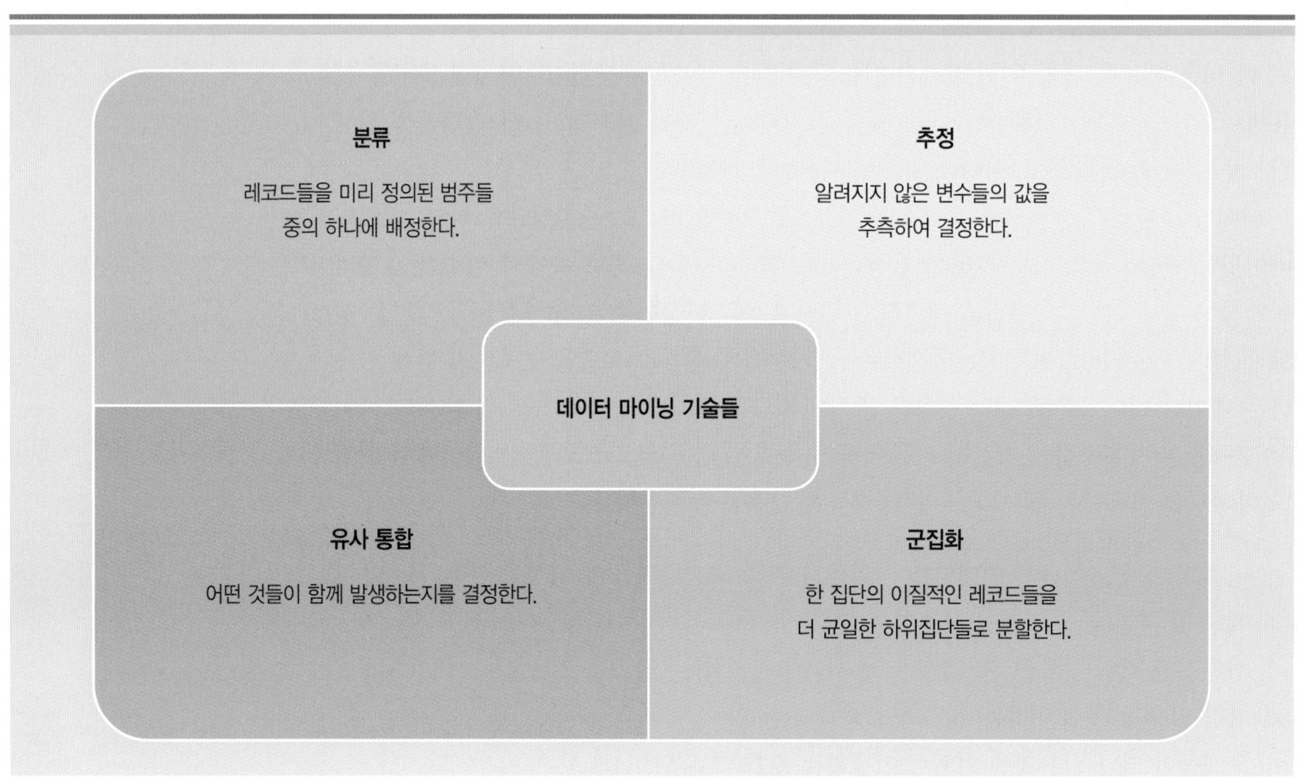
분류
레코드들을 미리 정의된 범주들
중의 하나에 배정한다.
추정
알려지지 않은 변수들의 값을
추측하여 결정한다.
데이터 마이닝 기술들
유사 통합
어떤 것들이 함께 발생하는지를 결정한다.
군집화
한 집단의 이질적인 레코드들을
더 균일한 하위집단들로 분할한다.

그림 6.27
데이터 마이닝 기술들

카드나 보증 카드로부터의 고객 신상 자료를 마이닝하여, 소매상들은 특정한 고객 집단 customer segment을 위한 제품과 홍보 활동을 개발할 수 있다.

넷플릭스Netflix는 데이터 마이닝을 사용해 각 고객들의 영화 관람 습관을 분석하여, 자사의 영화 추천 시스템인 시네매치Cinematch를 통해 다른 고객에게 영화들을 추천한다. 시네매치를 통해서, 넷플릭스는 고객들에게 그들이 좋아할 만한 추가적인 영화들을 해당 고객의 최근 선호도에 근거하여 추천할 수 있다. 넷플릭스는 혁신적인 데이터 마이닝을 이용하여 영화 대여 업계에서 경쟁 우위를 점할 수 있었다.

데이터 마이닝은 질의 도구나 보고서 작성 도구, 다차원 분석 도구, 통계 도구, 지능형 에이전트intelligent agent와 같은 특수한 기술과 기능들을 사용한다. 데이터 마이닝에서 주로 사용하는 기술들은 그림 6.27과 같다.

빅데이터 분석

구조화 데이터 Structured data는 고객 주소 등과 같이 정의된 길이, 유형, 형태를 가지며 숫자, 날짜 혹은 문자열과 같은 데이터를 포함한다. 구조화 데이터는 관계형 데이터베이스나 스프레드시트와 같은 전통적 시스템에 저장되며 우리 주변 데이터의 20% 가량이 구조화 데이터이다. 구조화 데이터의 소스는 다음과 같은 데이터를 포함한다.

- **기계 생성 데이터**: 사람의 개입 없이 기계에 의해 발생된다. 기계 생성 구조화 데이터는 센서 데이터, POS 데이터, 웹 로그 데이터 등이 해당된다.
- **인간 생성 데이터**: 컴퓨터 사용 중에 발생된 데이터로 입력 데이터, 클릭스트림 데이터, 게임사용 데이터 등이 해당된다.

비구조화 데이터 Unstructured data는 사전에 정의되어 있지 않아서 특정한 형태를 따르지 않는 데이터로 이메일, 트윗, 문자 메시지 등의 형태가 자유로운 텍스트 등이 포함된다. 비구조화 데이터는 우리 주변 데이터의 80% 정도이다. 비구조화 데이터의 소스는 다음과 같은 데이터를 포함한다.

- **기계 생성 비구조화 데이터**: 위성사진, 과학적 지구의 대기 데이터, 레이더 데이터
- **인간 생성 비구조화 데이터**: 텍스트 메시지, 소셜미디어 데이터, 이메일

빅데이터Big data는 거대하며 복잡한 데이터 세트의 집합이며, 구조화, 비구조화 데이터를 포함하며 전통적인 데이터베이스 방법 혹은 도구로 분석될 수 없다. 빅데이터의 4가지 공통 특징은 그림 6.28과 같다.

빅데이터는 수백만의 고객, 단말기, 기계와의 상호작용에 관련된 모든 비구조화 데이

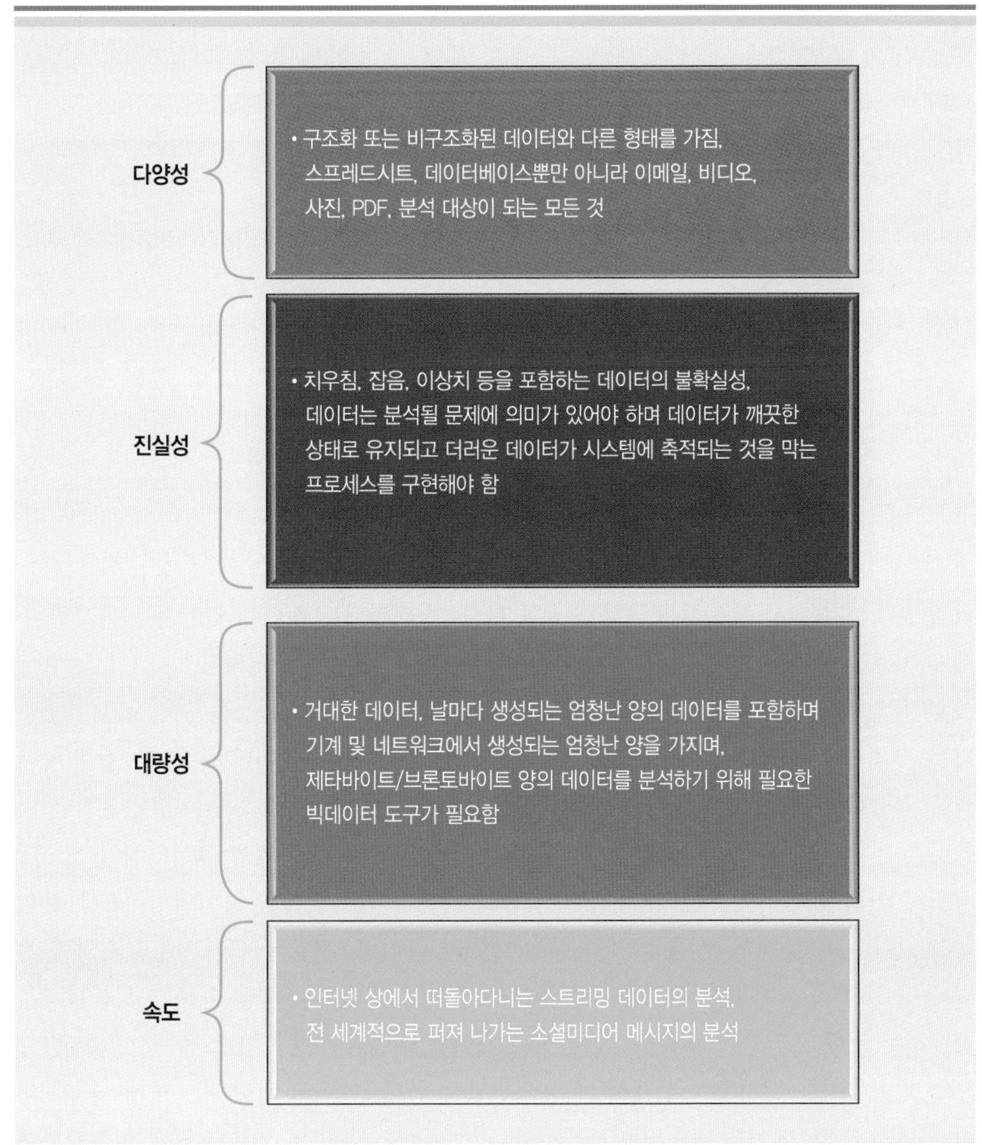

다양성
• 구조화 또는 비구조화된 데이터와 다른 형태를 가짐, 스프레드시트, 데이터베이스뿐만 아니라 이메일, 비디오, 사진, PDF, 분석 대상이 되는 모든 것
진실성
• 치우침, 잡음, 이상치 등을 포함하는 데이터의 불확실성, 데이터는 분석될 문제에 의미가 있어야 하며 데이터가 깨끗한 상태로 유지되고 더러운 데이터가 시스템에 축적되는 것을 막는 프로세스를 구현해야 함
대량성
• 거대한 데이터, 날마다 생성되는 엄청난 양의 데이터를 포함하며 기계 및 네트워크에서 생성되는 엄청난 양을 가지며, 제타바이트/브론토바이트 양의 데이터를 분석하기 위해 필요한 빅데이터 도구가 필요함
속도
• 인터넷 상에서 떠돌아다니는 스트리밍 데이터의 분석, 전 세계적으로 퍼져 나가는 소셜미디어 메시지의 분석

그림 6.28
빅데이터의 4가지 공통 특징

빅데이터 고급분석 기법	
연관성 발견 association detection	변수들 간의 관계를 그 성격과 빈도의 관점에서 밝혀준다. 연관성 탐지 알고리즘을 연관 규칙 생성기라고 부르는데, 이는 이 알고리즘이 특정 시점에 어떤 사건들이 동시에 발생하거나 어떤 논리적인 규칙에 따라 연속적으로 발생할 가능성을 밝혀내기 때문이다. 일반적으로 확률을 이용하여 사건들의 경향을 보여주는데, 예를 들자면 '전체의 55%에서 A와 B가 동시에 발생한다.' 또는 '80% 정도로 A와 B가 동시에 발생하고 그 3일 안에 C가 발생한다.'와 같은 식이다.
군집 분석 cluster analysis	정보들을 상호 배타적인(각 집단의 구성원 간에는 서로 가까우며 다른 집단 간에는 가능한 거리가 먼) 집단으로 분할하는 기법이다. 군집 분석은 종종 조직이 최우량 고객 집단, 일회성 고객 집단과 같이 비슷한 행동 특성을 가진 고객들을 파악하기 위해 고객 정보를 분할하는 데 사용된다. 군집 분석은 자연스럽게 발생하는 경향을 정보에서 찾아내기도 한다. 기업에서 군집 분석을 사용하는 훌륭한 예는 우편번호에 기반하여 표적 마케팅 전략을 수립하는 것이다. 우편번호를 기준으로 고객 집단을 평가하는 것은 각 집단의 중요도를 매길 수 있게 해준다. 우편번호는 소득 수준, 인구 사회학적 자료, 생활양식, 소비 습관 등에 대한 귀중한 통찰을 제공해 준다. 기업은 표적 마케팅을 통해 비용을 절감하는 한편 마케팅 캠페인의 성공 확률을 높인다.
장바구니 분석 market basket analysis	고객의 상품 및 서비스의 동시 선택 경향을 분석하여 고객의 구매 습관을 파악하고 미래 행위를 예측하기 위해 웹 사이트와 계산대의 정보를 분석하는 것이다. 장바구니 분석은 가장 흔한 형태의 연관성 탐지 분석 중의 하나로 종종 상품과 서비스(특히 은행, 보험, 금융 분야에서)의 교차 판매 캠페인의 개발, 재고 통제, 진열대 상품 배치, 기타 소매 및 마케팅 어플리케이션에 사용된다.
소셜 매체 분석 Social media analytics	블로그로 부터의 비구조화된 글과 메시지 등을 포함하여 인터넷 상에서 유통되는 글들을 분석한다.
스피치 분석 Speech analytics	정보를 모으기 위해 저장된 통화를 분석하는 과정, 고객과의 상호작용을 구조화하여 기업의 고객 상담 센터에 담겨있는 정보를 노출한다. 스피치 분석은 화가 난 고객을 찾아내고 그들을 적절한 고객 상담사에게 연결시켜주는 고객 서비스 프로세스를 개선하기 위해 고객 서비스 부서에서 많이 사용된다.
텍스트 분석 Text analytics	비구조적 자료를 분석해 단어와 문장에서 추세와 경향을 찾아낸다. 기업의 고객 지원 이메일에서 텍스트 마이닝을 하면 어떤 고객 서비스 안내 직원이 어떤 질문에 가장 잘 대처하는지 밝혀내어, 시스템이 적임자에게 질문을 보내도록 할 수 있다.
웹 분석 Web analytics	웹사이트와 관련된 비구조적 자료를 분석하여 고객의 행동 양식과 웹사이트 내비게이션을 파악한다.

그림 6.29

빅데이터 고급분석 기법

터를 분석하기 위한 복잡한 도구를 필요로 한다. 빅데이터는 경영에 있어서는 마케팅 추세 분석뿐만 아니라 제조, 의료, 과학 분야에서도 분석을 위해 필요하다.

분산 컴퓨팅은 컴퓨팅 환경에서 여러 대의 기계에서 알고리즘들을 처리하거나 관리하는 것을 말한다. 빅데이터 도구들은 전 세계에서 저장되는 데이터베이스를 통해 데이터를 저장하고 분석하는 분산 컴퓨팅을 사용한다. 전통적인 분석 도구들은 기본적인 비즈니스 인텔리전스에 초점을 맞춘다. 기본적인 인텔리전스는 관계형 데이터베이스를 대상으로 이력 데이터에 대한 쿼리를 수행하고 리포팅하는 것들을 포함한다. **고급 분석**Advanced analytics은 통계학, 서술과 예측 목적 데이터 마이닝, 시뮬레이션 그리고 최적화 기법 등을 포함하는 복잡한 정량적 방법들을 사용하여 미래의 추세를 예측하고 통찰력을 제공하는 것에 초점을 맞춘다. 고급 분석은 데이터 패턴을 사용하여 조직이 어떠한 방향으로 가야할지를 알려주는 선제적 예측을 하고자 한다. 데이터 과학자는 빅데이터에 대한 통계적 분석, 데이터 마이닝, 고급 분석들을 수행하여 데이터로부터 지식을 추출하여 추세, 시장의 변화, 다른 관련된 정보를 찾아내고자 한다. 그림 6.29는 빅데이터 고급분석을 수행하기 위해서 데이터 과학자가 사용할 수 있는 기법들을 설명한다.

데이터 가시화

전통적인 막대그래프와 파이차트는 지루하거나, 기껏해야 혼란스럽고, 최악의 경우 잘못된 결과를 가져오기도 한다. 데이터베이스와 그래픽이 점점 더 부딪치게 되면서 사람들은 정보를 그래프로 표현하고 쉽게 이해되도록 만들어주는 **인포그래픽**infographics을 만들었다. 인포그래픽은 패턴, 관계, 추세들을 그래프 형태로 보여주는 방식으로 데이터 분석결과를 제시한다. 인포그래픽은 숫자, 테이블, 따분한 차트를 분석할 필요없이 재미있고 빠르게 의미를 사용자에게 전달한다. 훌륭한 데이터 가시화는 내재되어 있는 패턴, 관계를 새로운 방식으로 전달한다. 어떤 원소에 대한 주기율표 같은 테이블을 생각하고 테이블 형식으로 원소와 관련된 속성들을 보여주는 엑셀 스프레드시트를 봐야 한다고 상상해보라. 이것은 이해하기도 어려울 뿐만 아니라 잘못 해석하기 쉽다. 그 원소들을 그림으로 보여주는 주기율표로 보여준다면 여러분은 빠르게 그 원소가 어떤 관계가 있는지를 이해할 수 있을 것이다. 인포그래픽은 주기율표가 화학원소를 이해하도록 도움을 주는 것처럼 경영 데이터를 같은 방식으로 보여주는 것이다.

분석 마비analysis paralysis는 사용자가 분석 과다(또는 생각 과다)의 감정 상태에 들어갔을 때 발생되어 의사결정이나 행동이 이루어질 수 없어서 결과를 마비되게 만드는 것이다. 빅데이터의 시대에 분석 마비는 점점 심각해지는 문제이다. 하나의 해결책은 사람들이 의사결정을 빠르게 할 수 있도록 도와줄 수 있도록 데이터 가시화를 활용하는 것이다. **데이터 가시화**는 사용자가 비즈니스 관점으로 정보를 변환할 수 있도록 데이터를 보이게 만드는 기술이다. 데이터 가시화는 원래의 데이터만으로 이해하는 것보다 더 빠르고 쉽게 이해될 수 형태로 데이터를 만들어서 복잡한 데이터 세트를 단순화시키는 강력한 방법이다. 데이터 가시화 도구들은 엑셀의 그래프나 차트의 수준을 넘어 장치, 기기, 맵, 시계열 그래프 등과 같은 정교한 분석 기법으로 옮겨가고 있다. **데이터 가시화 도구**들은 이전에는 발견할 수 없었던 데이터의 상관관계와 추세들을 발견하도록 도와줄 수 있다. **비즈니스 인텔리전스 대시보드**는 주요 성공 요소CSF와 주요 성과 지표KPI와 같은 기업의 지표를 추적하도록 해주며 사용자가 분석을 위해 데이터를 처리하도록 도와주는 상호교호적 통제와 같은 고급기능을 포함하고 있다. 대부분의 비즈니스 인텔리전스 소프트웨어 사업자들은 많은 데이터 가시화 도구와 비즈니스 인텔리전스 대시보드를 제공하고 있다. **데이터 아티스트**는 사람들이 복잡한 데이터를 이해하도록 도와주는 가시화 도구를 사용하는 경영분석 전문가를 말한다.

빅데이터는 오늘날 가장 유망한 기술 중의 하나이다. 물론 페이스북, 구글, 넷플릭스와 같은 뛰어난 기업들은 현재 경영에 대한 통찰력을 빅데이터로부터 얻고 있지만 많은 작은 시장들이 소매, 보험, 헬스케어 분야에서 등장하고 있다. 향후 10년 동안 빅데이터가 여러분의 사회적 관계, 습관, 경력들을 이해하여 일상생활을 향상시키기 때문에 여러분은 데이터 과학자와 데이터 아티스트에 대한 필요가 엄청나게 증가할 것을 기대해도 좋을 것이다.

지식 적용하기

비즈니스 중심적 혁신

뉴스닷News Dot

따분한 스프레드시트를 쳐다보면서 어떤 데이터가 상관관계가 있는지를 이해하는 시도를 하는 시대는 지나갔다. 관리자들은 혁신적인 가시화 도구를 이용하여 숫자만 봐서는 알 수 없는 새로운 형태의 패턴 인식을 제공받거나 데이터를 다른 방법으로 볼 수 있다. 뉴스 제공자인 슬레이트Slate는 뉴스닷이라는 새로운 가시화 도구를 개발했다. 이 도구는 매일의 뉴스를 추세나 패턴을 통해 다르게 볼 수 있는 수단을 제공한다. 뉴스닷 도구는 주요 인쇄매체로부터 매일 500개의 기사를 스캔해서 기사에 사람, 장소, 회사, 주제와 같은 중요 키워드로 태그를 달아둔다. 놀랍게도 사람, 장소, 기사 등의 태그가 연결되어지면서 대부분의 매일 뉴스가 중복되는 것을 발견하였다. 뉴스닷을 이용하면 뉴스들이 거대한 소셜 네트워크처럼 어떻게 잘 맞추어지는가를 가시화할 수 있다. 뉴스닷은 태그를 단 기사를 표현하기 위해 원을 사용하며 사이즈에 따라 기사들을 정렬한다. 특정한 주제가 자주 태그될수록 원은 커지며, 다른 원에 관계가 많아져도 커진다. 이 도구는 상호작용을 하며 사용자는 단순히 원을 클릭만 하면 어느 기사가 어떤 주제를 다루는지 그 주제는 미국 정부, 연방은행, 의회, 은행, 버락 오바마 등과 어떠한 상호관계에 있는지를 보여준다.

데이터 가시화가 추세를 파악하기 위해 어떤 도움을 주는가? 여러분의 대학이 학생 정보를 분석하기 위해 데이터 가시화 도구를 사용한다면 어떠한 유형의 비즈니스 인텔리전스를 찾아낼 수 있는가? 여러분이 경쟁하고자 하는 산업을 분석하기 위해서 데이터 가시화 도구를 사용한다면 어떠한 유형의 비즈니스 인텔리전스를 찾아낼 수 있는가?

비즈니스 중심적 토의

나비 효과

수학 분야의 카오스 이론으로부터 나온 아이디어인 나비 효과는 아주 사소한 이벤트(나비의 날갯짓과 같은)가 날씨와 같은 복잡한 시스템에 커다란 영향을 줄 수 있다는 것을 의미한다. 더러운 데이터는 나비 효과와 같이 사업에 동일한 방식으로 영향을 줄 수 있다. 조직 내에서는 데이터를 이동하거나 공유를 하게 되는데, 데이터 품질상 오류의 영향은 많은 비용을 야기하고 여러 부분에 영향을 주게 된다. 그러한 데이터 이슈는 조직 내 한 부서에서의 사소한 실수로 시작하지만 MIS 시스템을 통해 데이터 웨어하우스나 다른 기간계 시스템으로 전달되어 나비 효과를 내게 되며 재앙과도 같은 나쁜 결과를 만들어내기도 한다. 더러운 데이터 또는 저품질 데이터가 조직의 시스템으로 들어왔을 때, 철자 실수와 같은 사소한 오류가 매출손실, 프로세스 비효율 심지어 산업 내/정부 규제 준수를 지키지 못 하도록 하는 결과로 이어질 수 있다. 다음의 오류들이 기업에 어떠한 영향을 미칠 수 있는지 설명하라.

- 연속적인 철자 오류
- 부정확한 고객 기록
- 불완전한 매출 이력
- 부정확한 메일 주소
- 다른 고객에 대한 중복된 고객 번호

비즈니스 중심적 세계화

인테그러티 인포메이션 회사

'축하합니다! 지금 막 당신은 인테그러티 인포메이션 회사의 컨설턴트로 고용되었습니다.' 이 회사는 비즈니스 인텔리전스 컨설팅 분야의 신생 기업이다. 당신의 첫 번째 일은 새로운 고객인 더 웨어하우스를 돕기 위해 영업부서와 함께 일하는 것이다. 더 웨어하우스는 미국에서 십년 이상 운영되어 왔으며 주요 사업은 도매로 저가 제품을 파는 것이다. 더 웨어하우스는 미국 데이터베이스에 저장되어 있는 데이터를 정비하기 위해 인테그러티 인포메이션 회사를 고용하였다. 당신이 얼마나 일을 잘 하는지를 보기 위해 고객은 다음의 스프레드시트의 분석을 요구하였다. 더 웨어하우스는 전 세계로 확장하는데 관심이 있어서 호주, 태국, 일본, 영국에 여러 개의 도매점을 구매하고자 한다. 그 회사는 벤처로 진출하기 전에 글로벌 지점으로부터 데이터 웨어하우스로 데이터를 전송하기 시작했을 때 부딪칠 수 있는 여러 가지 데이터 이슈를 알고 싶어한다. 더 웨어하우스가 글로벌 데이터베이스를 하나의 데이터 웨어하우스로 통합할 때 생길 수 있는 잠재적 이슈들을 상세하게 나열해보라.

CUST ID	First Name	Last Name	Address	City	State	Zip	Phone	Last Order Date
233620	Christopher	Lee	12421 W Olympic Blvd	Los Angeles	CA	75080-1100	(972)680-7848	4/18/2014
233621	Bruce	Brandwen	268 W 44th St	New York	PA	10036-3906	(212)471-6077	5/3/2014
233622	Glr	Johnson	4100 E Dry Creek Rd	Littleton	CO	80122-3729	(303)712-5461	5/6/2014
233623	Dave	Owens	466 Commerce Rd	Staunton	VA	24401-4432	(540)851-0362	3/19/2014
233624	John	Coulbourn	124 Action St	Maynard	MA	1754	(978)987-0100	4/24/2014
233629	Dan	Gagliardo	2875 Union Rd	Cheektowaga	NY	14227-1461	(716)558-8191	5/4/2014
23362	Damanceee	Allen	1633 Broadway	New York	NY	10019-6708	(212)708-1576	
233630	Michael	Peretz	235 E 45th St	New York	NY	10017-3305	(212)210-1340	4/30/2014
233631	Jody	Veeder	440 Science Dr	Madison	WI	53711-1064	(608)238-9690 X227	3/27/2014
233632	Michael	Kehrer	3015 SSE Loop 323	Tyler	TX	75701	(903)579-3229	4/28/2014
233633	Erin	Yoon	3500 Carillon Pt	Kirkland	WA	98033-7354	(425)897-7221	3/25/2014
233634	Madeline	Shefferly	4100 E Dry Creek Rd	Littleton	CO	80122-3729	(303)486-3949	3/33/2014
233635	Steven	Conduit	1332 Enterprise Dr	West Chester	PA	19380-5970	(610)692-5900	4/27/2014
233636	Joseph	Kovach	1332 Enterprise Dr	West Chester	PA	19380-5970	(610)692-5900	4/28/2014
233637	Richard	Jordan	1700 N	Philadelphia	PA	19131-4728	(215)581-6770	3/19/2014
233638	Scott	Mikolajczyk	1655 Crofton Blvd	Crofton	MD	21114-1387	(410)729-8155	4/28/2014
233639	Susan	Shragg	1875 Century Park E	Los Angeles	CA	90067-2501	(310)785-0511	4/29/2014
233640	Rob	Ponto	29777 Telegraph Rd	Southfield	MI	48034-1303	(810)204-4724	5/5/2014
233642	Lauren	Butler	1211 Avenue Of The Americas	New York	NY	10036-8701	(212)852-7494	4/22/2014
233643	Christopher	Lee	12421 W Olympic Blvd	Los Angeles	CA	90064-1022	(310)689-2577	3/25/2014
233644	Michelle	Decker	6922 Hollywood Blvd	Hollywood	CA	90028-6117	(323)817-4655	5/8/2014
233647	Natalia	Galeano	1211 Avenue Of The Americas	New York	NY	10036-8701	(646)728-6911	4/23/2014
233648	Bobbie	Orchard	4201 Congress St	Charlotte	NC	28209-4617	(704)557-2444	5/11/2014
233650	Ben	Konfino	1111 Stewart Ave	Bethpage	NY	11714-3533	(516)803-1406	3/19/2014
233651	Lenee	Santana	1050 Techwood Dr NW	Atlanta	GA	30318-KKRR	(404)885-2000	3/22/2014
233652	Lauren	Monks	7700 Wisconsin Ave	Bethesda	MD	20814-3578	(301)771-4772	3/19/2005
233653	Mark	Woolley	10950 Washington Blvd	Culver City	CA	90232-4026	(310)202-2900	4/20/2014

학습 성과 복습

6.1 정보의 가치를 결정하는 네 가지 기본 특성을 설명할 수 있다.

정보란 의미 있고 유용한 내용으로 변환된 자료를 말한다. 정보는 조직에게 현재의 업무가 어떻게 수행되고 있는지를 말해주며, 미래에 업무가 어떻게 수행될지에 대한 평가와 전략을 제공하여 준다. 정보의 서로 다른 수준, 서식, 입상도와 함께 정보의 가치를 결정하는 네 가지 기초적인 특성들을 이해하는 것은 매우 중요한데, 그 네 가지 특성들은 다음과 같다. (1) 정보의 종류: 업무 정보transactional info, 분석 정보, (2) 정보 적합성, (3) 정보의 품질, (4) 정보 거버넌스

6.2 데이터베이스, 데이터베이스 관리 시스템, 관계형 데이터베이스 모델에 대해 설명할 수 있다.

데이터베이스는 다양한 형태의 사물(재고), 사건(거래), 사람(직원), 장소(창고)에 대한 정보를 유지한다. 데이터베이스 관리 시스템DBMS은 데이터베이스 내의 자료를 생성하고, 읽고, 갱신하고, 지우며, 동시에 접속과 보안을 통제한다. DBMS는 데이터베이스 상의 자료를 생성하고, 갱신하고, 저장하고, 검색하는 방법을 제공한다. 관계형 데이터베이스 모델은 사용자들이 관계형 데이터베이스 상의 자료를 생성하고, 읽고, 갱신하고, 삭제할 수 있도록 해준다.

6.3 관계형 데이터베이스의 경영상 이점을 설명할 수 있다.

많은 기업 경영자들은 자료를 저장하는 데 사용할 수 있는 엑셀이나 다른 스프레드시트 프로그램에 익숙하다. 스프레드시트는 어떤 자료 분석을 지원하는 데에는 훌륭하지만, 보안, 접근성, 유연성에 있어서는 제한적인 기능을 제공하며, 사업 성장을 지원하기 위해 확장하기가 거의 불가능하다. 기업 관점에서 보자면, 관계형 데이터베이스는 텍스트 문서나 스프레드시트를 사용하는데 있어 많은 이점들을 제공하는데, 그 이점들은 유연성 향상, 확장성과 성능 향상, 중복 감소, 무결성(품질) 향상, 보안성 향상을 포함한다.

6.4 자료 중심적 웹사이트의 경영상 이점을 설명할 수 있다.

자료 중심적 웹사이트data-driven website는 계속적으로 갱신되는 데이터베이스를 사용하여 고객들의 필요에 부응하는 쌍방향 웹사이트이다. 웹사이트의 정보 홍수에 파묻히게 되면, 방문객은 금방 화가 나기 때문에, 자료 중심 능력은 기업이 많은 양의 정보, 제품, 서비스를 제공해야 할 필요가 있을 때 특히 유용하다. 많은 기업들은 사내 데이터베이스 안의 정보 일부를 고객과 협력업체들이 사용할 수 있도록 하기 위해 웹을 사용한다.

6.5 경영 의사결정을 지원하기 위해서 비즈니스 인텔리전스를 사용하는 장점을 설명할 수 있다.

오늘날 많은 조직들은 그들의 강점과 약점을 이해하지 못하고 가장 큰 경쟁사를 따라잡지 못한는데 그 이유는 조직의 엄청난 데이터에 MIS 부서 이외에는 접근할 수 없기 때문이다. 조직의 데이터는 데이터베이스에 있는 단순하고 구조화된 데이터보다도 훨씬 많은 것을 포함하고 있다. 데이터 세트는 음성 메일, 고객 전화 내역, 텍스트 메시지, 비디오 모음, 트위터 상의 트윗 등의 많은 새로운 유형의 데이터를 포함한다. 오늘날 관리자들은 기업들이 데이터는 풍부하지만 정보는 부족한 상황에 있으며 그들은 이러한 문제를 해결하기 위해 비즈니스 인텔리전스 시스템을 구현할 필요가 있다.

6.6 데이터 웨어하우스에 대해서 정의하고, 이것이 경영진을 더 효율적으로 만들어 줄 수 있는 이유를 몇 가지 설명할 수 있다.

데이터 웨어하우스는 정보의 논리적인 집합으로, 여러 업무 데이터베이스로부터 모아졌으며, 경영 분석 활동과 의사결정 업무를 지원해준다. 데이터 웨어하우스의 기본적인 가치는 정보를, 더 정확하게는 전략적 정보를 결합하는 것으로, 전 조직을 통틀어 정보를 필요로 하는 사람들이 결정을 내리고 경영 분석을 할 수 있도록 하나의 리포지터리에 정보를 모으는 것이다.

6.7 **빅데이터를 분석하기 위한 기업의 세 가지 방법을 설명할 수 있다.**

데이터 마이닝, 빅데이터 분석, 데이터 가시화가 기업의 데이터를 모으고, 분석하고, 이해하기 위해 사용하는 기업의 세 가지 방법이다. 데이터 마이닝 원래의 자료 그 자체만으로는 제공되지 않는 정보를 추출하기 위해 자료를 분석하는 과정이다. 데이터 마이닝은 요약된 정보(거친 입상도)에서 시작하여 정밀도를 높여가며 진행할 수도 있고drilling down, 역방향으로 진행할drilling up 수도 있다. 빅데이터는 구조화된 데이터와 비구조화된 데이터를 포함하는 거대하며 복잡한 데이터 세트의 집합이며 전통적인 데이터베이스 방법과 도구들을 사용해서 분석될 수 없다. 데이터 가시화는 경영 측면에서 정보를 변환하여 데이터를 볼 수 있도록 도와주는 기술을 말한다.

시작 사례 문제

1. **지식:** 경영에서 정보를 그래픽 혹은 가시적 형태로 제시하여야 하는 이유를 나열하라.
2. **이해:** 경영 상황 파악을 위해 어떻게 BI 디지털 대시보드를 이용할 수 있는지를 설명하라.
3. **응용:** 마케팅 부서에서 데이터 가시화 도구를 이용하여 신상품 출시를 도와줄 수 있는 방법을 설명하라.
4. **분석:** 고품질 정보의 다섯 가지 공통 특징을 나열하고 Hotels.com의 입장에서 중요도 순서를 제시하라.
5. **종합:** Hotels.com 데이터베이스에서 사용될 수 있는 엔터티와 속성들을 나열하라.
6. **평가:** 업무 프로세서와 관련된 추세와 변화 내역을 발견하기 위해 Hotels.com이 어떻게 BI를 활용하였는지를 평가하라.

복습 문제

1. 데이터베이스는 어떻게 자료 요소를 정보로 변환시키는가?
2. 왜 기업은 자료의 질에 대해 관심을 가져야 하는가?
3. 데이터 거버넌스는 어떻게 기업을 해커들로부터 지킬 수 있는가?
4. 왜 기업은 정보의 적합성에 대해 고려를 해야 하는가?
5. 고품질 정보의 다섯 가지 보편적인 특성은 무엇인가?
6. 데이터 거버넌스란 무엇이며, 기업에서 데이터 거버넌스의 중요성은 무엇인가?
7. 정보의 가치를 결정하는 것을 돕는 네 가지 기초적인 특성들은 무엇인가?
8. 엔터티와 속성의 차이는 무엇인가?
9. 관계형 데이터베이스의 이점에는 무엇이 있는가?

10. 자료 중심적 웹사이트의 이점에는 무엇이 있는가?
11. 데이터 웨어하우스는 무엇이며, 경영에서 이를 필요로 하는 이유는 무엇인가?
12. 다차원 분석을 사용해야 하는 이유는 무엇인가?
13. 정보 세탁의 목적은 무엇인가?
14. 부서에서 데이터 웨어하우스 전체에 접속하기보다는 데이터 마트를 사용하고 싶어하는 이유는 무엇인가?
15. 왜 경영에서 자료는 많지만 정보는 적은 상태가 되는가?

마무리 사례 1

자료 시각화: 정보화 시대를 위한 이야기들

예술과 알고리즘의 교차점에서, 자료 시각화는 정보를 그림으로 추상화하여 자료에 대한 더 깊은 이해를 제공해주며, 경이로운 것으로 포장하여 준다. 정보를 시각적으로 표현하는 것은 모든 디자인의 기본이겠지만, 자료 시각화와 함께 새로운 매력이 드러나고 있다. 뉴욕 타임스와 가디언지가 최근에 온라인 아카이브를 공개적으로 개설한 후에 아티스트들이 두 세기의 정보를 해부하기 위해 달려들어 이 새로운 형태의 예술/기술을 새로운 경지에 올려놓았다.

아티스트와 디자이너들에게 있어서 자료 시각화는 정보의 풍부함과 사용가능한 도구의 진화로 인해 힘을 얻은 자기표현의 새로운 미개척지이다. 경영에서 자료 시각화는, 기업 투명성에 대한 고객들의 증가하는 요구를 반영하여, 문화적인 환경과의 교류라는 관점에서 제품과 서비스를 전시하기 위한 플랫폼이다.

"무언가 평범한 것을 새로운 시각으로 보는 것은 그것을 비범하게 만들어줍니다." 이 분야의 최근의 선구자들 중의 하나인 아론 코블린Aron Koblin은 말한다. 샌프란시스코의 구글 크리에이티브랩Creavive Labs의 기술 주역으로서, 그는 크롬 브라우저의 속도와 신뢰성을 보여주기 위해 설계된 크롬 익스페리먼트 시리즈를 진두지휘하고 있다.

파이 차트와 바 그래프는 잊어라

자료 시각화는 파이 차트와 바 그래프와는 아무런 관계가 없다. 자료 시각화는 "인포그래픽스infographics"와 약간 관련이 있는데, 인포그래픽스는 객관적이고 명시적인 쪽에 더 가까운 인포메이션 디자인이다. 이러한 표현들은 단지 자료를 시각적으로 다시 표현하여 소화하기에 더 쉽게 만드는, 또 다른 자료 표현 방법일 뿐이다. 반면에 자료 시각화는 자료의 해석이며, 자료를 바라보고 생각하는 새로운 방법으로, 복잡한 유형이나 상호관계를 드러내준다.

자료 시각화는 우리에게 쏟아져 들어오는, 이전 어느 때보다도 증가하고 있는 정보의 급류를 이해하는 방법이다. 또한 자료 시각화는 이런 엄청난 양의 정보를 다루는 업무의 부담으로 인한 분석 마비에 대한 창의적인 대책을 제공해준다. "(자료 시각화는) 자료를 분류하는 것이 아닙니다." 코블린은 이렇게 말한다. "맥락화contextualize하는 것입니다."

오늘날 연산적으로 영감을 받은 아티스트들은 좌뇌의 자료 분석을 우뇌의 창조적인 이야기의 틀 안으로 역는 작업을 통해 예술-과학의 연속체의 상을 다시 그리고 있다.[2)] 어떤 아티스트들은, 크리스 조단

---

2) "Today algorithmically inspired artists are re-imagining the art-science continuum through work that frames the left-brain analysis of data in a right-brain creative story." 좌뇌는 언어와 논리/연산을 담당하고, 우뇌는 직관과 창조를 담당한다는 이론에 근거하여, 저자가 자료 분석에 직관적인 측면을 하려는 노력을 '문학적으로' 표현하려고 하고 있다. 그에 비해, 번역은 그다지 '문학적'이지 않은 것으로 생각된다.

Chris Jordan의 글로벌 대중문화의 초상portraits of global mass culture의 예에서와 같이, 자료 시각화를 그 자체로는 잘 와 닿지 않는 정보와 그 정보의 감정적인 영향력 사이의 연결 다리로 사용한다. 어떤 아티스트들은 좀 더 기술적인 관점 하에서 문화적 효용에 초점을 맞춘다. 조이트로프Zoetrope 프로젝트는 금방 사라지고 마는 웹 세계의 일시적인, 또 역사적인 시각화를 제공해준다. 또 다른 아티스트들은 더 순수한 예술적 즐거움을 추구한다. 이런 예로는 코블린 자신의 비행 패턴Flight Patterns 프로젝트가 있는데, 이 프로젝트는 북미 대륙을 지나는 비행기의 노선을 시각화해서 보여준다.

경영에서는 어떻게 이용할 수 있는가

여기에는 경영에 대한 정말 중요한 시사점이 있다. 예를 들어, 대부분의 휴대전화 판매업체는 사용자의 한 달 동안의 사용 내역서를 제공한다. 내역서는 대개 당신이 언제, 누구와, 얼마나 통화하였으며, 그에 대한 비용이 어떻게 되는지에 대한 숫자들이 적힌 엄청난 양의 표들이다. 이 자료에 대한 시각적인 표현은 사용 유형을 드러나게 해주어, 통화 습관을 밝히고, 아마도 사용자들이 돈을 더 아낄 수 있도록 도와줄 수 있을 것이다.

또한 기업들은 자료 시각화를 사용하여 소비자 행동양식에 대한 새로운 이해를 얻을 수 있다. 사람들이 자료를 이용해 무엇을 하는지(어떤 것이 유용하다고 생각하고 어떤 것을 무가치한 것으로 여기는지)를 관찰하고 이해함으로써 소비자들의 말과 행동의 차이를 구별할 수 있다.

창의적인 시각의 중요성과 함께 소프트웨어에 대한 기술적인 숙달의 중요성을 이해하는 것은 필수이다. 자료 시각화는 사용가능한 자료를 모두 사용하는 것이 아니라 어떤 유형과 요소에 초점을 맞출 것인지 결정하고, 시나리오를 작성하고, 생소한 자료를 흥미로운 방법으로 이야기하는 것이다.

궁극적으로, 자료 시각화는 복잡한 소프트웨어나 스프레드시트를 예쁘게 만드는 것 이상이다. 이것은 혁신을 위한 혁신이 아니다. 이것은 가장 오래된 사회적 의식, 즉 스토리텔링에 관한 것이다. 이것은 자료에 갇힌 이야기를 다른 방식으로, 더 매력적으로, 우리의 흥미를 유발하는 방법으로 이야기하는 것, 우리의 눈이 약간 더 크게 떠지고, 입이 조금 벌어지도록 하는 것이다. 또한 우리가 자료 시각화를 할 때, 때때로 이것은 우리의 관점 전체를 바꿔버리기도 한다.

질문

1. 저품질의 정보가 자료 시각화 작업에 미칠 수 있는 영향을 밝혀라.
2. 자료 시각화는 데이터베이스 기술을 어떻게 사용하는가?
3. 경영에서 새로운 추세를 밝혀내기 위해 어떻게 자료 시각화를 사용할 수 있는가?
4. 데이터 마이닝과 자료 시각화 사이의 상관관계는 무엇인가?
5. 자료 시각화는 BI의 한 형태라고 할 수 있는가? 왜 그런가, 혹은 그렇지 않은가?
6. 자료 시각화와 연관된 보안 문제는 무엇인가?
7. 만일 정보 세탁을 하지 못했다면 자료 시각화 작업에 어떤 일이 생기겠는가?

마무리 사례 2

질로우

질로우닷컴Zillow.com은 주택 소유자, 구매자, 판매자, 대여자, 부동산 중개업자, 주택담보대출mortgage 전문가, 자산 소유자, 자산 관리자들을 도와주는 웹 기반 부동산 사이트로, 사람들이 부동산과 주택담보대출에 대한 정보를 찾고 공유하게 도와준다. 질로우는 사용자들이 이전에는 부동산 전문가들만 다룰 수 있었던 정보와 도구 같은 것들에 무료로, 또 익명으로 접속할 수 있도록 한다. 질로우 데이터베이스의 95%는 미국에 위치하는 9천만 개가 넘는 주택을 포함한다. 순수한 데이터베이스의 크기에 더하여, 질로우는 각 자산의 가치를 매일 다시 계산하며, 시간에 따른 주택 가치의 역사적 그래프를 제공한다. 질로우는 어떤 지역에 대해서는 10년 동안의 주택 가치 기록을 보여줄 수 있으며, 이는 많은 고객들에게 이익이 된다. 이 자료 모음은 웹사이트를 방문하는 모든 사람에게 업무 데이터베이스를 묘사해 준다.

질로우가 이 웹사이트를 개장하자마자 즉시로 엄청난 양의 트래픽이 몰렸다. 회사가 서비스를 확장함에 따라, 설립자들은 사이트의 성공이 실시간으로 대량의 자료를 처리하고 관리하는 능력에 달려있음을 알았다. 이 기업은 수행 능력을 희생할 필요 없이 인프라의 용량을 무한대로 계속적으로 확장할 수 있는 동시에 좋은 접근성, 확장성, 신뢰성을 갖춘 안전한 데이터베이스에 대한 필요를 깨달았다. 질로우의 트래픽은 부동산 시장의 약화에도 불구하고 계속적으로 증가하고 있다. 이 기업은 매년 30%의 트래픽 증가를 경험하고 있으며, 매달 미국의 주택담보대출 전문가의 1/3이 사이트를 방문한다.

데이터 마이닝과 비즈니스 인텔리전스

질로우의 제스티메이트 값Zestimate value은 부동산 가치의 추세를 밝혀내기 위해 데이터 마이닝을 사용한다. 또한 데이터 마이닝은 시간에 따라 제스티메이트 값의 정확도를 질로우에게 알려준다. 질로우는 업계 최초로 월세 검색을 구축하여, 사용자들이 그들이 감당할 수 있는 정도의 월세로 빌릴 수 있는 주택을 찾을 수 있도록 하였다. 사용자들은 월세 검색과 함께 침실이나 욕실의 개수와 같은 검색 조건들을 입력할 수도 있다.

질로우는 또한 미국인들이 담보대출로 주택을 사는 방식을 바꾸기 위한 새로운 서비스를 개시하였다. 대출 신청자들은 질로우의 새로운 담보대출 시장을 통해 이름, 주소, 전화번호, 사회 보장 번호social security number를 제공할 필요 없이, 또한 서로 경쟁하는 브로커들에게 원하지 않는 전화들을 받을 필요도 없이 대출 기관으로부터 맞춤형 대출 견적을 받을 수 있다. 대출 신청자들은 자신들이 선택한 대출 기관과 연락을 한 뒤에 신분을 밝히면 된다. 질로우는 담보대출 기업들에게 대출자의 정보를 제공해주고 요금을 받는 랜딩트리닷컴LendingTree.com이나 익스페리언 그룹의 로우어마이빌닷컴Lowermybill.com과 같은 담보대출 사이트들이 확실히 자리 잡고 있는 영역에 진입하고 있는 것이다. 광고 모델을 가지고 있는 질로우는 요금을 받을 계획은 없다고 말한다.

질문

1. 질로우가 사업을 운영하기 위해 데이터베이스를 필요로 하는 이유를 나열하라.
2. 질로우가 어떻게 BI를 이용하여 고객들에게 고유한 제품을 만들어줄 수 있는지 묘사하라.
3. 질로우의 마케팅 부서는 어떻게 데이터 마트를 사용하여 새로운 제품 출시를 도울 수 있는가?
4. 고품질 정보의 기본적인 다섯 가지 특성을 분류하고 질로우에게 중요한 순서대로 순서를 매겨라.
5. 질로우의 담보대출 데이터베이스에 있을 수 있는 엔터티와 속성의 목록을 만들어라.
6. 질로우가 사업을 운영하기 위하여 자료 중심적 웹사이트를 운영하는 것에 대해 평가하라.

핵심적 비즈니스 고찰

1. 정보 – BI 또는 진실로부터의 이탈?

   오바마 대통령은 작년에 버지니아의 햄튼 대학교의 졸업식 연설의 일부에서 불완전하고 부정확한 정보의 홍수에 대해 비판하였다. 그는 다음과 같이 말했다. "여러분들은 종종 진실하지 않은, 온갖 종류의 내용과 주장을 쏟아내는 24/7 미디어 환경에 진입하고 있습니다. 아이팟, 아이패드, 엑스박스, 플레이스테이션 등(저는 이 중 어떤 것도 사용할 줄 모르지만) 정보기술은 역량 강화의 도구라기보다, 해방의 의미를 가지는 것이기 보다는, 오락, 전환 거리, 엔터테인먼트의 일종이 되어버렸습니다."

당신은 오바마 대통령의 연설에 동의하는가, 그렇지 않은가? 온라인 정보의 정확성을 확보하는 일에 대해 누가 책임이 있는가? 부정확한 정보를 게시하는 기업들에는 어떤 일이 생겨야 하는가? 부정확한 정보를 게시하는 개인들에게는 어떤 일이 생겨야 하는가? 당신이 인터넷상의 정보를 읽거나 인용할 때에는 무엇을 기억해야하는가?

2. 자료 불법 접속

골드만삭스는 한 기업으로부터 삼백만 달러의 고소를 당했는데, 이 기업은 중개업을 하는 골드만삭스가 시장정보를 가진 자사의 데이터베이스로부터 지적 재산을 훔쳤다는 혐의를 제기하였다. 뉴욕남부 미연방지방법원은 골드만삭스의 직원들이 다른 사람의 접속 계좌를 이용해서 아이프레오Ipreo 소유의 빅도우라는 별명의 데이터베이스에 로그인하였다고 주장하는 고소 사건을 2010년에 접수하였다. 빅도우는 예약구독제로 금융계 안의 80,000건이 넘는 접촉에 대한 상세한 정보를 제공하여준다. 아이프레오는 법정에서 골드만삭스의 직원들이 불법적으로 빅도우에 2008년과 2009년에만 적어도 264번 접속하였다고 주장하였다.

당신은 이 고소에 찬성하는가, 그렇지 않은가? 골드만삭스는 자사의 불량한 직원들의 행동에 대해 책임을 져야 하는가? 이런 일이 다시 일어나지 않도록 하기 위해 골드만삭스에서 수립해야 할 정책들에는 어떤 것들이 있을까?

3. 자료 저장소

어떤 기업에서나 정보는 가장 귀중한 자산들 중에 하나이다. 기업에서는 정보의 정확성, 완전성, 일관성, 적시성, 고유성이 확보되어야 한다. 뿐만 아니라 신뢰할 수 있는 백업 서비스도 또한 갖추어져야 한다. 부분적으로 클라우드 컴퓨팅의 도움으로, 인터넷 상에는 많은 데이터 호스팅 서비스들이 있다. 이런 사이트들은 전 세계 어디에서나 접속 가능한 정보 저장소를 제공하여 준다.

이런 데이터 호스팅 서비스에는 www.hosting.com, www.mozy.com, www.mydocsonline.com, www.box.net 등이 있다. 검색을 통해 이 사이트들이나 다른 사이트들을 방문하여 보라. 어떤 사이트가 무료인가? 저장할 수 있는 양에 제한이 있는가? 만약에 제한이 있다면, 얼마까지 제한하고 있는가? 어떤 종류의 정보를 저장할 수 있는가(영상, 텍스트, 사진 등)? 당신의 저장 장소에 서로 다른 암호를 가진 여러 사용자들이 접속할 수 있도록 할 수 있는가? 계약상으로 특정 기간 동안 사용하도록 되어있는가? 개인, 기업, 팀과 같은 여러 수준들로 서비스가 제공되는가? 인터넷상에 기업 정보를 저장하는 것은 사업에 유리한가? 개인의 정보들의 경우에는 어떠한가?

4. BI 모으기

새로운 사업 기회를 고려할 때에는 경쟁자에 대한 지식이 필요하다. 많은 경영자들이 실패하는 것들 중 하나가 경쟁자에 대한 BI를 모으는 것인데, 얼마나 많은 경영자가 있는지, 서로 간의 차이점에는 어떤 것들이 있는지와 같은 것이다. 당신은 경쟁자가 너무나 많으며, 따라서 경쟁이 치열하리라는 것을 알게 될 수도 있다. 혹은 당신은 경쟁자가 별로 없으며 그 경쟁자들이 매우 적은 가치만을 내놓으리라는 것을 알게 될 수도 있다.

인터넷상에서 개시할 수 있는 새로운 사업 아이디어를 제시하라. 인터넷을 검색하여 당신이 선택한 영역에서 이와 비슷한 사업이 있는지 찾아보라. 당신이 계획하거나 혹은 이미 제공하고 있는 것과 같은 제품이나 서비스를 제공하는 사이트들이 얼마나 많이 있는가? 당신의 나라 안에서는 보지 못했던 독자적인 접근을 하고 있는 국외 사이트를 발견하였는가? 당신의 사업 아이디어를 밀고 나가기 위하여 어떻게 이 정보를 사용하겠는가?

5. 공짜 자료!

미국 노동 통계청은 스스로의 역할을 "광범위한 노동 경제와 통계에 대한 연방 정부를 위한 주요한 조사 기관"이라고 명시하고 있다. 그리고 이 기관에서 자체 웹사이트를 통해 제공하는 자료는 무료로 모든 사람이 이용할 수 있다. 이 사실은 이 정보원을 이용하는 사람들에게 BI와 데이터 마이닝의 보물 창고를 의미한다. www.bls.gov 웹사이트를 방문해보라. 사이트가 제공하는 정보의 종류는 어떤 것이 있는가? 당신이 보기에 가장 유용한 정보는 무엇이었는가? 고용과 임금에 관한 정보 중에 어떤 종류의 것들이 사용가능한가? 이 정보는 어떻게 분류되는가? 이런 종류의 정보는 기업 경영진에게 어떻게 도움을 주는가? 어떤 종류의 인구통계 정보가 사용가능한가? 이것은 새로 시작하는 사업에 어떻게 도움을 줄 수 있는가?

6. 관계형 데이터베이스 설명

당신은 신생 의류 기업인 비전에 취직되었다. 당신의 관리자인 홀리 해닝슨은 데이터베이스 및 그와 관련된 비즈니스 가치에 대해서 잘 알지 못한다. 해닝슨은 당신에게 데이터베이스의 기초에 대해 상세하게 다루는 보고서를 작성해줄 것을 부탁했다. 또한 그녀는 관계형 데이터베이스에 대한 자세한 설명과 함께 관련된 경영상의 장점들에 대해서도 당신이 설명하기를 바랄 것이다.

7. 엔터티와 속성

말텍스 주식회사는 경기용 장비 제조업체이며, 주요 사업 품종으로는 달리기, 테니스, 골프, 수영, 농구, 에어로빅 장비 등이 있다. 말텍스는 현재 샘스포츠, 토탈 애포트, 언더라인, 맥시멈 워크아웃의 네 주요 업체들에게 제품을 공급하고 있다. 말텍스는 자사의 제품을 체계화하기 위해 데이터베이스를 구축하고 싶어 한다. 팀을 만들어 말텍스가 관계형 데이터베이스를 구축할 때 염두에 두어야 할 엔터티, 속성, 키, 관계들을 구체화하라.

8. 정보 편집

당신은 현재 채트필드의 공공 운송기관부에서 일하고 있다. 이 부서는 버스, 지하철, 기차를 비롯해 모든 형태의 공공 운송수단을 통제한다. 각 부서에는 300명 정도의 직원이 있으며, 각각 고유의 회계, 재고, 판매, 인적 자원 시스템을 가지고 있다. 서로 다른 부서에서 보고서를 작성하는 것은 매우 힘든 일이고, 종종 보고서를 위해 여러 개의 서로 다른 데이터베이스에서 정보들을 모으고 상관관계를 밝히는 일도 해야 한다. 분기마다 대차 대조표와 손익 보고서를 작성하는 일은 보통 거의 두 주 정도가 걸린다. 당신의 팀은 채트필드의 공공 운송기관부가 정보와 시스템 문제를 해결하기 위해 무엇을 할 수 있는지 제안하는 보고서를 작성할 것을 요청받았다. 당신의 보고서가 현재 부서 보고서를 쓰기 어려운 여러 가지 이유들을 잘 설명하고 이 문제들을 해결하기 위해 당신이 어떤 계획을 가지고 있는지 잘 전달하도록 하라.

9. 정보 적합성

정보 적합성은 모든 조직에서 주요한 고려 사항의 하나이다. 조직들은 데이터 웨어하우스의 백업의 빈도와 갱신 빈도를 결정해야한다. 팀을 이뤄서 데이터 웨어하우스 백업과 갱신의 적합성 필요에 대해서 다음의 경우들을 가지고 설명하도록 하라.

- 날씨 추적 시스템
- 자동차 판매 대리점 재고
- 타이어 판매 예측

- 이자율
- 음식점 재고
- 식료품점 재고

10. 정보 품질 향상
    주식회사 행업은 옷장 정리하는 구조물들을 설계하고 배급하는 일을 한다. 이 기업은 주문 입력, 판매, 재고 관리, 선적, 청구서 작성의 다섯 개 시스템을 운용하고 있다. 이 기업은 자료 누락, 부정확, 중복, 불완전 정보 등 심각한 정보 품질 문제를 겪고 있다. 이 기업은 다섯 부서들의 정보들을 한데 모으는 데이터 웨어하우스를 도입하여 단일 고객 뷰를 유지하고, 경영 의사결정을 이끌어가고, 다차원 분석을 수행하는데 도움을 주고자 한다. 이 조직이 데이터 웨어하우스를 설계하고 구축함에 따라 어떻게 정보 품질이 향상될 것인지 구체적으로 설명하라.

기업가적 도전

당신의 비즈니스를 만들어보자

1. 당신의 사업 자료 중에서 고품질 정보가 가지는 다섯 가지 보편적인 특성의 각 항목에 맞는 사업 자료의 예를 들어라. 왜 각각의 항목들이 당신의 사업 자료에 있어 중요한지 설명하고, 만일 당신의 사업 자료가 저품질일 경우에 발생할 일에 대해 말하라(당신의 기업에 대해서 설명하고 기업의 이름을 말하는 것을 잊지 말 것).
2. 장래 당신의 판매 데이터베이스를 위한 관계형 데이터베이스 모델에서 찾을 수 있는 엔터티들과 그 엔터티들과 관련된 속성들에 대해 구체적으로 설명하라.
3. 당신의 비즈니스에서 데이터 웨어하우스를 가지는 것의 이점을 구체적으로 설명하라. 당신의 사업을 운영하고 전략적인 의사결정을 내리기 위해서 어떤 종류의 데이터 마트를 데이터 웨어하우스로부터 추출해내겠는가?

지식 적용하기 프로젝트

프로젝트 1 데이터 웨어하우스 마이닝

알라나 스미스는 미술 공예품부터 홀마크와 같은 엽서 전문 업체를 포함한 다양한 공예품을 파는 대형 도매상의 직위가 높은 바이어이다. 스미스의 가장 최근의 판촉 전략은 그녀의 모든 고객들에게 러시아에서 만들어진 수공예 그림의 새로운 상품 라인을 보내는 것이었다. 그녀가 가진 모든 정보가 새 라인에 대한 그녀의 결정을 지지하고 있었다. 그녀가 분석하여 예측한 바로는, 이 액자들의 각 가게에서의 하루 평균 매출은 최소 10개에서 15개 정도였다. 스미스는 새 라인이 성공을 거둘 것이라고 생각했고 기뻐했다.

한 달 후에 스미스는 그 액자들이 기대치의 절반 정도밖에 팔리지 않고 있고, 각 가게에서 하루에 평균 다섯 개에서 여덟 개 정도만 팔리고 있음을 알게 되었다. 그녀는 회사의 데이터 웨어하우스 정보에 접속하여 왜 판매량이 기대치보다 저조한지를 알고자 한다. 스미스가 그림 액자의 판매에 문제가 되는 것이 무엇인지 알아내기 위해 분석하기를 원할 정보의 여러 차원들에 대해 자세히 설명하라.

프로젝트 2 서로 다른 차원들

데이터 웨어하우징은 자료 변환을 확장시켜 정보로 만드는 데 집중한다. 데이터 웨어하우스는 전략적인 수준, 외부, 통합, 이력 정보를 제공하여 기업에서 예측을 하고, 추세를 발견하고, 중요한 경영 의사결정을 내릴 수 있도록 한다. 데이터 웨어하우스는 통합된 여러 세트의 정보를 여러 업무 시스템으로부터 수집하고 저장하여 하나 이상의 데이터 마트에 제공한다. 데이터 웨어하우스는 또한 최종 사용자가 정보의 전사적 뷰를 갖기 위해 접속할 수 있도록 해준다.

당신은 현재 전 세계에 장신구를 판매하는 대형 기업의 마케팅 팀에서 일하고 있다. 당신의 상사는 당신에게 자료들의 다음과 같은(그림 6.30 참조) 차원들을 살펴보고 판매와 시장 분석을 수행하는 데이터 마트에 어떤 것을 넣을 것인지를 결정하라고 했다. 한 팀으로 각각의 차원들을 1부터 5까지 순위를 매기는데, 1은 이 차원이 가장 높은 가치를 가지고 있어 데이터 마트에 반드시 포함되어야 함을 말하고, 5는 이 차원이 가장 낮은 가치를 가지고 있어 데이터 마트에 포함시킬 필요가 없음을 말한다.

프로젝트 3 검색에 대한 이해

당신 자신이 검색 엔진이라고 가정해보자. 질의를 할 주제를 골라라. 그 주제는 당신이 가장 좋아하는 책, 영화, 밴드, 스포츠 팀을 포함해 어떤 것이라도 가능하다. 당신의 주제를 구글에서 검색하고, 결과에

그림 6.30
데이터 웨어하우스 자료

차원	순위(1–5)	차원	순위(1–5)
제품 번호		시즌	
점포 위치		프로모션	
소비자 순 가치		지불 방식	
판매원 수		정책	
소비자들의 식사 습관		제조업자	
영업 시간		교통 보고서	
판매원 ID		소비자들이 사용하는 언어	
제품 스타일		날씨	
주문 일자		소비자 성별	
제품 수량		지역 세금 정보	
배송 날자		지역 문화 인구통계	
현재 이자율		증시 마감	
제품 비용		소비자의 종교적 성향	
소비자의 정치적 성향		구매 이유	
지역 시장 분석		직원 복장 정책	
주문 시간		소비자 나이	
소비자의 지출 습관		직원 휴가 정책	
제품 가격		직원 혜택	
환율		현재 관세 정보	
제품 매상 총수익			

서 3~4 페이지를 골라 인쇄하라. 각각의 인쇄물에서 당신이 질의를 한 각각의 단어들을 찾아내고(예를 들자면 "보스턴 레드삭스"나 "대부"처럼), 형광펜을 사용해서 각 단어들에 색칠을 하라. 당신이 인쇄한 모든 문서에 그렇게 하라. 이제 그 문서들을 벽에 붙이고, 몇 발자국 뒤로 물러서서 당신의 문서들을 다시 보아라.

만일 당신이 인쇄물의 나머지 부분이 무엇을 말하는지 모르는 채로 색칠된 단어만 가지고 판단한다면, 당신이 보기에 어떤 문서가 가장 질의에 적절한 것으로 보이는가? 어떤 특정 문서가 더 적절해보이도록 하는 무엇이 있는가? 단어들이 제목에 크게 있는 것들이 더 나은가, 아니면 작은 크기로 여러 번 나오는 것이 더 나은가? 단어들이 페이지의 상단에 있는 것이 더 나아 보이는가, 아니면 바닥에 있는 것이 더 나아 보이는가? 당신이 선택한 문서들이 질의와 잘 맞는지를 살펴보기 위해 2~3 문서를 읽어보라. 이 활동은 검색 엔진의 처리 방법을 따라한 것이며 왜 검색 엔진이 어떤 결과를 다른 결과들 위에 내놓는지 당신이 이해하도록 도와줄 것이다.

프로젝트 4 넷플릭스 예측하기

넷플릭스Netflix 주식회사는 가장 큰 온라인 영화 대여 서비스로, 1,200만이 넘는 가입자에게 100,000개가 넘는 DVD와 10,000권이 넘는 온디맨드on-demand 도서관을 제공하고 있다. 자료와 정보는 넷플릭스에게 매우 중요해서, 넷플릭스는 넷플릭스 프라이즈라는 공개 공모전을 창설했는데, 이 공모전은 이전의 순위에 기반을 두고 영화 순위에 대한 예측(10%의 상승)을 하는 데 사용되는 자료를 향상시키는 아무에게나 상을 준다. 우승자는 백만 달러의 상금을 받는다.

정보를 검색하고, 분석하고, 이해하는 능력은 어느 조직에게든지 성공을 위해서 매우 중요하다. 넷플릭스에게는 특히 그랬는데, 그래서 넷플릭스는 자사의 정보 품질을 향상시켜준 그 누구에게든 기쁘게 백만 달러를 주는 것이다. 그룹으로 모여서 넷플릭스가 어떻게 데이터베이스, 데이터 웨어하우스, 데이터 마트를 이용해 고객 영화 추천을 예측할 것인지 설명하라. 이를 시작하기 위해 다음의 몇 가지 분석할만한 특성들을 살펴보아라.

- 고객의 인구통계학적 자료
- 영화 장르, 순위, 연도, 제작자, 종류
- 배우 정보
- 인터넷 접속
- 메일 수집 장소

프로젝트 5 크런치 팩토리

크런치 팩토리는 호주에 있는 가장 큰 네 개의 체육관 중 하나로, 각 체육관들은 고유의 데이터베이스를 가지고 고유의 시스템을 운영하고 있다. 불행히도, 이 기업은 자료 수집 기준을 세우는데 실패하여 지금 저품질 기업 정보와 관련된 문제를 겪고 있다. 예를 들어, 한 시스템은 이메일 주소를 수집하는 한편 다른 시스템은 수집하지 않는다. 서로 다른 시스템들에서 고객 정보가 중복되는 것도 주요 문제인데, 그래서 이 기업은 서로 다른 체육관의 고객들에게 서로 상반되거나 경쟁하는 내용의 메시지를 보내게 된다. 또한 한 고객이 기업에 여러 개의 계정을 가지고, 하나는 멤버십에, 하나는 추가 수업에, 다른 하나는 개인 트레이너에 사용할 수 있다. 크런치 팩토리는 이런 여러 계정들이 실제로는 하나의 고객이라는 것을 확인할 방법이 없다.

경쟁력을 유지하고, 또 BI를 형성하기 위해, 크런치 팩토리는 이런 문제들을 해결해야 한다. 크런치 팩토리는 지금 막 당신을 자료 품질 전문가로 고용하였다. 당신의 첫 번째 과업은 기업이 어떻게 저품질 정보를 고품질 BI로 바꿀 수 있는지 제안하는 것이다. 크런치 팩토리가 도입할 수 있는 계획을 다음과 같은 상세한 사항들을 포함하여 설계하라.

- 저품질 정보와 관련된 문제
- 고품질 정보와 관련된 이점
- 어떻게 자료를 세탁할 수 있는지에 대한 권고

프로젝트 6 좋은 것이 너무 많아!

옷과 액세서리를 파는 고급 소매업인 캐슬은 전사적인 데이터 웨어하우스를 구축해 모든 직원들이 의사결정을 위해 정보에 접속할 수 있도록 하였다. 캐슬은 곧 좋은 것도 너무 많으면 독이 될 수도 있다는 것을 깨달았다. 캐슬의 직원들은 정보가 감당할 수 없을 만큼 많아서 어떤 결정도 내릴 수가 없었는데, 이는 분석 마비 증후군analysis paralysis(정보 과다로 인한 분석 불능)이라고 하는 흔한 현상이다. 어떤 영업 대리점이 데이터 웨어하우스에 검색을 해서 어떤 특정 크기, 색상, 카테고리의 제품이 있는지를 알아보려고 하면, 그 검색 결과로 제조지시서부터 공급계약서에 이르기까지 모든 결과가 수백 개는 족히 나타난다. 이 때문에 시스템에 물어보느니 스스로 창고를 확인하는 것이 더 쉬운 일이 되어버렸다. 직원들은 데이터 웨어하우스가 단지 너무 크기만 하고, 너무 복잡하고, 자신들과는 상관없는 정보를 너무 많이 가지고 있다는 것을 알게 되었다.

캐슬은 자사의 데이터 웨어하우스를 성공적으로 만들겠다는 약속을 하고, 이 일을 돕도록 당신을 고용하였다. 데이터 웨어하우스가 경영에서 가지는 가치와, 어떻게 하면 직원들이 데이터 웨어하우스를 쉽게 사용할 수 있게 될 것인지와 더불어 데이터 웨어하우스를 통해 기업이 얻게 될 잠재적인 경영 이점에 대해 자세히 다루는 계획을 만들어라.

프로젝트 7 트위터 버즈

다음 주의 판매량을 예측하고, 언제 재고를 늘릴지를 결정하고, 언제 새로운 직원이 필요할 지 결정하는 기술적인 도구는 엄청난 가치를 가진다. 트위터는 이제 더 이상 당신의 근황에 대해서 떠들어대는 곳이 아니다. 트위터와 다른 소셜 미디어 사이트들은 이제 고객들이 무엇을 좋아하고, 싫어하고, 필요로 하고, 원하는지를 포함하는 고객에 대한 BI를 수집하는 좋은 도구가 되었다. 트위터는 사용하기 쉽고, 어떤 고객이 특정 제품이나 서비스에 대한 글을 올릴 때마다 바로 추적이 가능하다. 좋은 기업은 이 가치 있는 정보를 고객 의견의 추세와 경향을 밝히는 지능으로 바꾼다.

당신은 기업에서 BI를 얻는 데 트위터를 사용할 수 있다는 데에 동의하는가? 당신이 생각하기에 얼마나 많은 기업들이 트위터를 사용할 수 있을 것이며, 구체적으로 어떻게 이것을 BI를 얻는 데 사용할 수 있을 것 같은가? 트위터가 데이터 웨어하우스를 사용하는 것에 대해 어떻게 생각하는가? 기업들이 트위터의 정보를 저장하는 것에 대해서는 어떻게 생각하는가? 기업들은 데이터 마트에서 트위터를 어떻게 사용할 수 있을까? 기업들은 트위터 자료를 분석하기 위해 어떻게 큐브를 이용할 수 있을까?

7 CHAPTER

네트워크: 모바일 비즈니스

이 장의 개요

SECTION 7.1
연결: 네트워크 세계의 사업적 가치

- 연결된 세계에 대한 개요
- 연결된 세계의 이점
- 연결된 세계의 과제

SECTION 7.2
이동성: 무선 세계의 사업적 가치

- 무선 세계의 종류
- 무선 네트워크의 비즈니스 응용

IT는 나에게 무엇을 제공해 주는가?

오늘날의 유치원 교실에서는 파워포인트를 가르치며 초등학교 학생들은 각자의 휴대전화를 가지고 다니는 풍경이 우리를 놀라게 하는 등, 기술 변화의 속도는 줄어들 기미를 보이지 않고 있다. 모뎀을 사용해서는 몇 시간이 걸려야 다운로드를 받을 수 있던 것들을 이제는 보이지 않는, 수천 마일 떨어진 컴퓨터와의 무선 네트워크 연결을 통해 몇 초 만에 다운로드 받을 수 있다. 우리는 놀라울 정도로 무선화된 현대를 살고 있으며, 무선화된 미래를 향해 이전 어느 때보다도 더 빨리 질주해나가고 있다.

경영학을 공부하는 학생으로서 네트워크 인프라와 무선 기술을 이해하는 것은 당신이 모바일 노동력의 장점들을 취할 수 있도록 해줄 것이다. 이동성의 이점과 개선점을 이해하는 것은 경영 간부에게 매우 중요한 기술이며, 이는 당신이 초보자이던지 노련한 포춘지 500대 기업 종업원이든지에 상관없이 중요하다. 이 장에서 다루는 여러 개념들을 배움으로서 당신은 어떻게 경영이 네트워크 기술을 활용하여 네트워크 종류를 분석하고, 무선의 이동성 업무 과정을 향상시키며, 네트워크의 여러 대안들의 가치를 평가할 수 있는지에 대해 더 잘 이해할 수 있게 될 것이다.

시작 사례 연구

택시 영업을 방해하는 우버

레이 마르코비치는 삼 년 전 신통치 않았던 무선전화 판매점을 정리하고 시카고에서 택시 운전을 시작했다. 택시를 운전하는 일은 특별히 즐겁거나 수익성이 높지는 않았다. 그는 2011년식 하얀색 포드 이스케이프를 임대하기 위해 매주 400달러를 지불해야 했다. 택시를 운전하는 일은 단조롭고 지루한 일이었다. 그러나 지금 상황은 180도 달라졌다. 6월 경, 짧은 갈색 머리에 희끗희끗한 수염을 가진 호리호리한 체형의 마르코비치는 잘 차려입고 샌프란시스코에 본사를 둔 택시 기술 창업기업 우버의 사무실로 걸어 들어갔다. 우버는 한 시간 동안 마르코비치에게 교육을 제공했고, 차량 배치 앱이 설치된 공짜 아이폰과 차 앞유리에 설치할 몇 가지 장치 등을 주고 바로 일을 시작하도록 했다.

그때부터 마르코비치는 시내에서 더 이상 승객들을 태울 수 없게 됐다고 불평하는 기존 택시 기사들의 비난을 피해 다녀야 했다. 그리고 지속적으로 신차 할인 소식과 다른 특전 등이 담긴 어마어마한 양의 이메일을 우버로부터 받게 되었다. 마르코비치의 수익은 20% 정도 증가했고, 그는 그저 자신이 고객들에 맞추어 진화하고 있을 뿐이라고 말한다. 그는 "스마트폰을 가진 40세 이하의 고객들은 더 이상 택시를 잡기 위해 밖에서 기다리지 않아요. 그들을 이길 수 없다면 그들에게 동참해야죠."라고 말한다.

우리의 사무실과 집 밖에서는 미래의 운송수단 전쟁이 벌어지고 있다. 우버나 자동차 공유 서비스 리프트와 같이 충분한 자금력을 바탕으로 하는 회사들이 성장세에 있으며, 그들은 오픈테이블에서 레스토랑을 예약하거나 아마존에서 가격을 검색하는 것만큼 간편한 스마트폰 택시 서비스를 구축하려고 한다. 실리콘밸리 벤처 자본을 바탕으로 한 신생 회사들은 더 나아가 자동차 소유를 불필요하게 만들겠다는 포부를 가지고 있다. 이 회사들은 서로 전쟁을 벌이고 있으며, 도시의 규제, 뿌리 깊은 택시 산업의 이해관계, 그들이 공공 안전을 보호하는 법을 위협하며 돈을 벌어들이고 있다고 주장하는 비판자들과도 싸우고 있다. "기존의 택시 산업에서 벗어나는 것, 발상을 전환하는 것은 쉽지 않았습니다." 37세의 우버 CEO 트래비스 칼라빅은 말한다. "택시 산업은 몇 십 년 동안 몰락의 길을 걸어왔어요. 하지만 기술의 도움으로 다시 제 역할을 할 수 있게 되었습니다."

4년 전쯤 우버는 승객들이 스마트폰을 이용해 자신의 위치와 가장 가까운 차량을 예약하면 지도에서 그 위치로 접근하는 차량을 검색하는 아이디어를 소개했다. 목적지에 도착하면 이 서비스는 자동적으로 고객의 신용카드 정보를 불러와 운전기사에게 요금을 지불한다. 껄끄러운 팁 제도는 필요하지 않다. 이 서비스는 혼잡한 거리로 나가 택시를 잡는 것보다 더 간편한 방식을 제공한다.

우버는 구글의 투자 부문 구글 벤처Google Ventures와 아마존의 창립자 제프 베조스Jeff Bezos를 포함한 일군의 후원자들로부터 3억 7백만 달러를 투자받았다. 현재 우버는 전 세계 270개 도시에서 사업을 벌이고 있다. 지난 11월 가십 전문 웹사이트 밸리왜그가 수집한 정보에 따르면, 2013년 우버의 한 해 예약 건수는 10억 건을 상회했다. 우버는 2월에만 두바이, 호놀룰루, 리옹, 마닐라, 밀워키, 피츠버그, 투손(아리조나), 더반(남아프리카 공화국) 등으로 사업을 확장했다.

이 과정에서 우버는 스마트폰 시대의 가장 사랑받는 기업이자 미움 받는 기업이 되었다. 고객들은 우버의 신뢰성과 속도에 대해서 입에 침이 마르게 칭찬했다. 그러나 그들은 우버가 이용객이 많을 때 적용하는 할증요금제에 대해서는 못마땅해 했다. 우버는 소비자와 기존 택시 기사들의 이익을 보호하기 위한 규제로 인해 몇 군데 시장에서 운영을 금지당하기도 했다. 텍사스의 오스틴에서는 시민들이 해당 규제에 대해 불만을 토로하자 시위원회가 차량 공유 서비스에 대한 규제를 완화했고, 우버는 이 도시에서 사업을 시작할 수 있게 되었다. 보스턴과 시카고에서는, 무분별한 회사들이 백만 달러의 비용이 드는 운영 허가의 가치를 떨어뜨리도록 방치했다며 택시 기사들이 시를 상대로 소송을 제기했다. 최근 파리에서는 분노한 택시기사들이 주요 공항으로 향하는 고속도로 출구를 막아버려 교통체증을 유발했고 이를 계기로 문제가 불거졌다.

칼라닉은 택시 산업을 “보호 무역론자 조직”이라고 부른다. 그는 “이러한 시위는 운전기사들이 아니라 경쟁과 변화를 못마땅해 하는 택시회사와 관련된 것”이라고 말한다.

경쟁자들 또한 우버에 비판적이다. 그들은 우버가 검증되지 않은 기사들을 채용해 승객들의 안전을 위협하고, 수상한 보험 서비스를 제공하며, 우버의 저가 정책은 경쟁 구도를 파괴하는 장기적 음모의 일부라고 주장한다. 샌프란시스코에 사는 6세 소녀가 우버 운전기사에게 치어 죽은 비극적 사건은 우버 반대론에 기름을 부었다. “21살 난 딸이 혼자 도시에 살면서 스마트폰앱으로 택시를 부르고, 그 택시가 50만 킬로를 달린 2001년 형 셰비 아스트로밴이라면 마음이 놓이겠어요? 그 사람들이 도시를 활보하는 것을 최대한 막는 것이 바로 제 사명입니다.”라고 샌프란시스코 택시 운전사 연합회의 임원 트레버 존슨은 말한다.

칼라닉는 자신이 운전기사와 승객을 해방시키는 일에 가장 적합한 사람이라고 말한다. 그가 전에 경영했던 비디오 스트리밍 회사 레드 스우시Red Swoosh는 시대에 너무 앞서 있었고, 칼라닉은 몇 년 동안 월급도 받지 못한 채 어렵게 회사를 꾸려나가다가 2007년 많지 않은 금액을 받고 아카마이 테크놀로지에 회사를 매각했다. 그는 이렇게 말한다. “6년 동안 끊임없이 하루에 백번 이상 거절을 당한다고 생각해보세요. 그런 경험을 하고나면 단련된 베테랑이 되는 거죠. 당신의 신념을 위해 단호하게 싸울 때에만 목적을 이룰 수 있어요.”

section 7.1 | 연결: 네트워크 세계의 사업적 가치

학습 성과

7.1 연결된 세계를 생성하는 다섯 가지 네트워크 요소를 설명할 수 있다.
7.2 연결된 세계의 이점을 알 수 있다.

연결된 세계에 대한 개요

컴퓨터 네트워크는 우리의 일년 365일 매일 24시간 내내 언제나 켜져 있는, 또 언제나 연결되어 있는 생활 방식을 지원해주기 위하여 전 지구상 모든 곳에서 끊임없이 작동하고 있다. 당신은 아마도 인식하지도 못한 채로 지금 이 순간에도 몇 개의 서로 다른 네트워크를 사용하고 있을 것이다. 당신은 아마도 교수님들과 의사소통을 하기 위해 학교의 네트워크를 사용하고 있을 것이고, 친구들과 연락하기 위해 전화 네트워크를 사용하고 있을 것이고, TV를 보거나 라디오를 듣기 위해 케이블 네트워크를 사용하고 있을 것이다. 네트워크는 정보 교환(음성, 텍스트, 데이터, 소리, 영상)을 가능하게 한다. 통신업계는 정부 통제하의 독점시장에서 많은 공급자들이 맹렬하게 경쟁하는 저규제 시장으로 변하였다. 서로 경쟁하는 통신업체들은 지역 전화 서비스, 국제 전화 서비스, 위성 서

그림 7.1
연결된 세계를 생성하는 네트워크 요소들

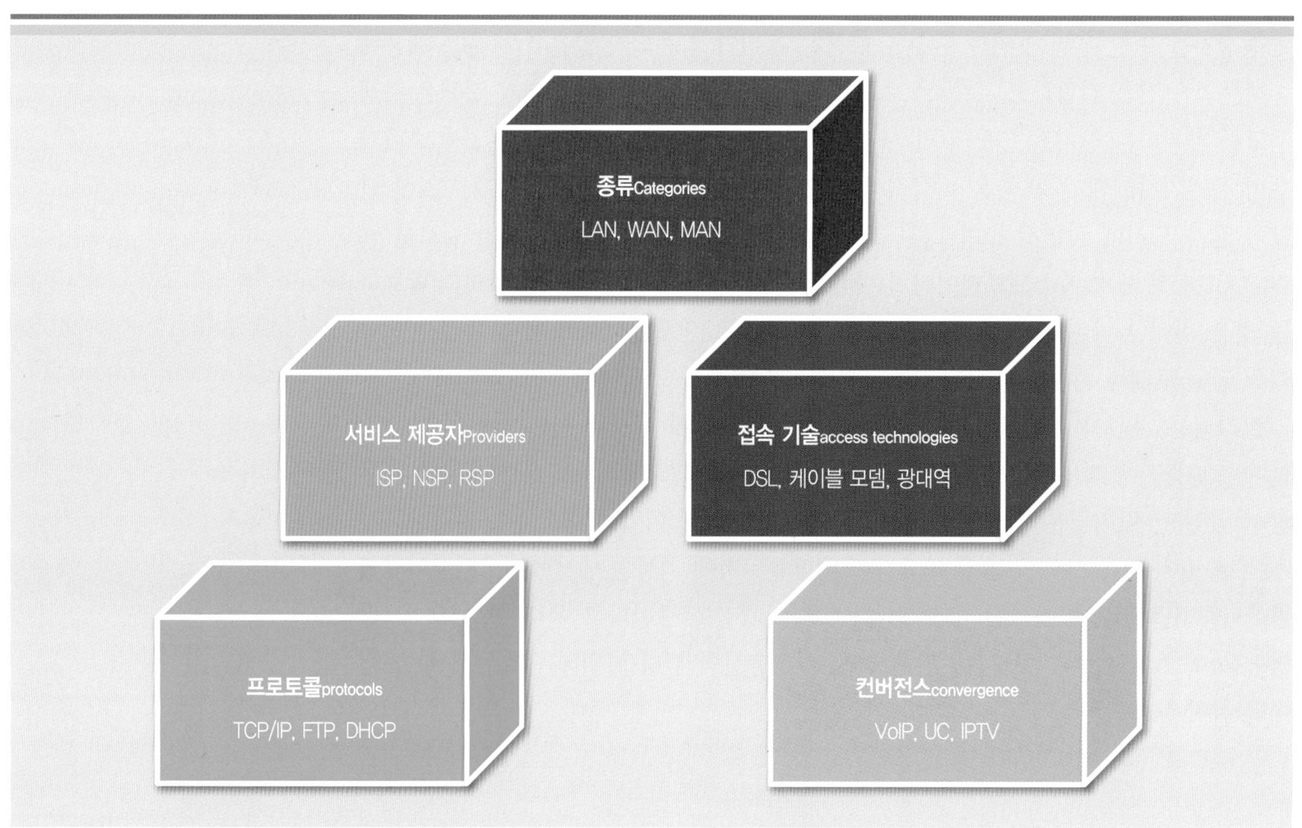

비스, 모바일 라디오, 케이블 TV, 휴대 전화 서비스, 인터넷 연결(이 모든 것을 이 장에서 자세히 다룰 것이다)을 제공한다. 모든 곳의 사업들은 고객, 동업자, 공급자, 직원들과 의사소통을 하고 협력하기 위해 점점 더 많이 네트워크를 이용하고 있다. 당신은 경영자로서 다양한 의사소통 방법들을 보게 될 것이며, 이 장은 당신에게 언젠가는 선택해야 할 서로 다른 네트워크 요소들에 대한 기초적인 이해를 제공해 주는 데 그 초점을 맞출 것이다(그림 7.1 참조).

네트워크의 종류

네트워크에 대한 일반적인 개념은 여러 개의 장치들이 빠른 속도와, 무엇보다 낮은 접속 비용으로 서로 소통하도록 해주는 것이다. 특정 네트워크가 어떻게 이 목적을 성취할 수 있는가는 부분적으로 그 네트워크가 어떻게 물리적으로 구축되고 연결되었는가에 달려 있다. 네트워크는 지리적인 거리를 기준으로 근거리 통신망, 광역 통신망, 도시권 통신망으로 분류된다. 오늘날의 비즈니스 네트워크는 이 세 가지의 조합으로 이루어진다.

근거리 통신망LAN은 가까운 거리의 한 그룹 안의 컴퓨터들을 연결한다. 이런 그룹으로는 오피스 빌딩, 학교, 혹은 집 등이 있다. LAN은 파일, 프린터, 게임과 그 밖의 다른 자원들을 공유하도록 해준다. LAN은 또한 다른 LAN과 연결되어 광역 통신망을 이룰 수 있다. **광역 통신망**WAN은 한 나라 정도의 넓은 지리적 범위를 포함한다. 아마도 가장 좋은 예는 인터넷일 것이다. WAN은 도시 간, 지역 간, 국가 간과 전 세계 상에서 직원, 고객, 공급자, 사업 파트너, 다른 조직들 사이에 정보를 전송하고 받을 수 있게 해주기 때문에, 많은 국가와 정부 기관에서 일상적 활동을 하는데 필수적이다. 네트워킹에서 **감쇠**attenuation는 데시벨(dB)로 측정되는 네트워크 신호 강도의 손실이 발생하는 현상이다. 감쇠는 장거리에서, 또는 라디오 주파수나 벽과 같은 물리적 방해물로 인해 전송 강도가 점진적으로 소실되기 때문에 발생한다. **리피터**repeater는 신호의 감쇠를 방지하고 도달거리를 연장하기 위해 수신된 신호를 반복하는 장치이다.

WAN은 대개 근거리 통신망이나 도시권 통신망과 같은 여러 개의 작은 네트워크들을 연결한다. **대도시권 통신망**MAN은 주로 한 도시를 포함하는 넓은 컴퓨터 네트워크이다. 넓은 부지를 갖는 대학과 대기업들은 MAN으로 지원되는 인프라를 사용한다. 그림 7.2는 LAN, WAN, MAN[1] 사이의 차이와 관련성을 보여준다. 구름 모양의 그림은 대개 인터넷이나 큰 네트워크 환경을 의미한다.

LAN, WAN, MAN은 모두 사용자에게 접속 가능하고 신뢰할 수 있는 네트워크 인프라를 제공해주는 점에서는 같지만, 다른 여러 차원에서는 서로 다르다. 그 중 가장 중요한 것은 비용과 성능이다. 같은 방이나 건물 안의 두 대의 컴퓨터 사이에 네트워크를 형성하는 것은 쉽지만, 서로 다른 주나 국가에 있다면 훨씬 더 어려워진다. 이는 누군가 WAN을 구축하거나 지원하고자 한다면 더 많은 비용을 내야하거나, 더 낮은 성능으로 만들어야 하고, 혹은 둘 다일 수도 있다는 뜻이다. 이더넷은 유선 네트워킹에서 가장 흔한 종류의 연결 방식이다. 이더넷 속도는 10Mbps에서 10,000Mbps(10Gbit)까지 다양하

1) 각각 'local area network', 'wide area network', 'metropolitan area network'의 약자이며, '랜', '왠', '맨'으로 읽기도 한다.

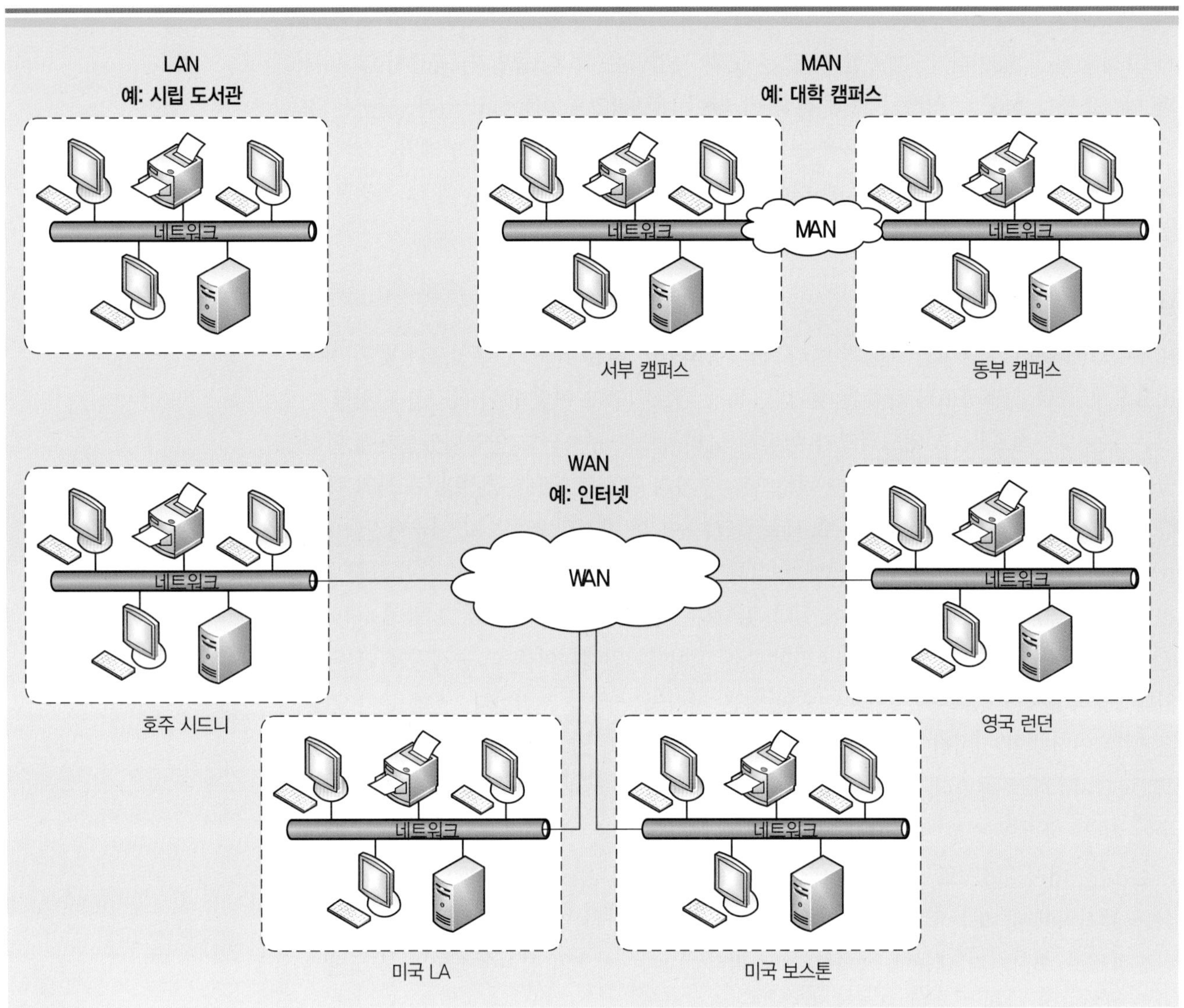

그림 7.2

네트워크 범주: LAN, WAN, MAN

다. 이더넷 네트워킹에 이용되는 가장 일반적인 전선은 Cat5(카테고리 5)이며, 사용되는 연결 장치(커넥터)는 RJ45로 전화에 사용되는 RJ11 커넥터와 모양은 동일하지만 크기가 약간 크다.

네트워크 제공자

가장 크고 가장 중요한 네트워크인 인터넷은 이제 전 지구적인 정보의 고속도로로 진화하였다. 인터넷을 각각이 독립적으로, 혹은 다른 네트워크들과 조화를 이루며 작동할 수 있는 수백만 개의 작은 네트워크들로 만들어진 네트워크라고 생각해보라. 인터넷을 작동 가능한 상태로 유지시키는 것은 보통 일이 아니다. 아무도 인터넷을 소유하거나 가동시키지 않지만, 인터넷은 잘 정리된 네트워크 통신망 구조를 가지고 있다. 인터넷은 모든 상호접속을 제공하는 수백만의 장치와 LAN, WAN, MAN을 가진 서로 다른 수준의 서비스 제공자들을 연결시키는 계층적인 구조이다. 이 계층구조의 꼭대기에는 **전국 서비스 제공자**NSP: national service providers가 있는데, NSP는 인터넷을 지원하는 전 세계의 백본

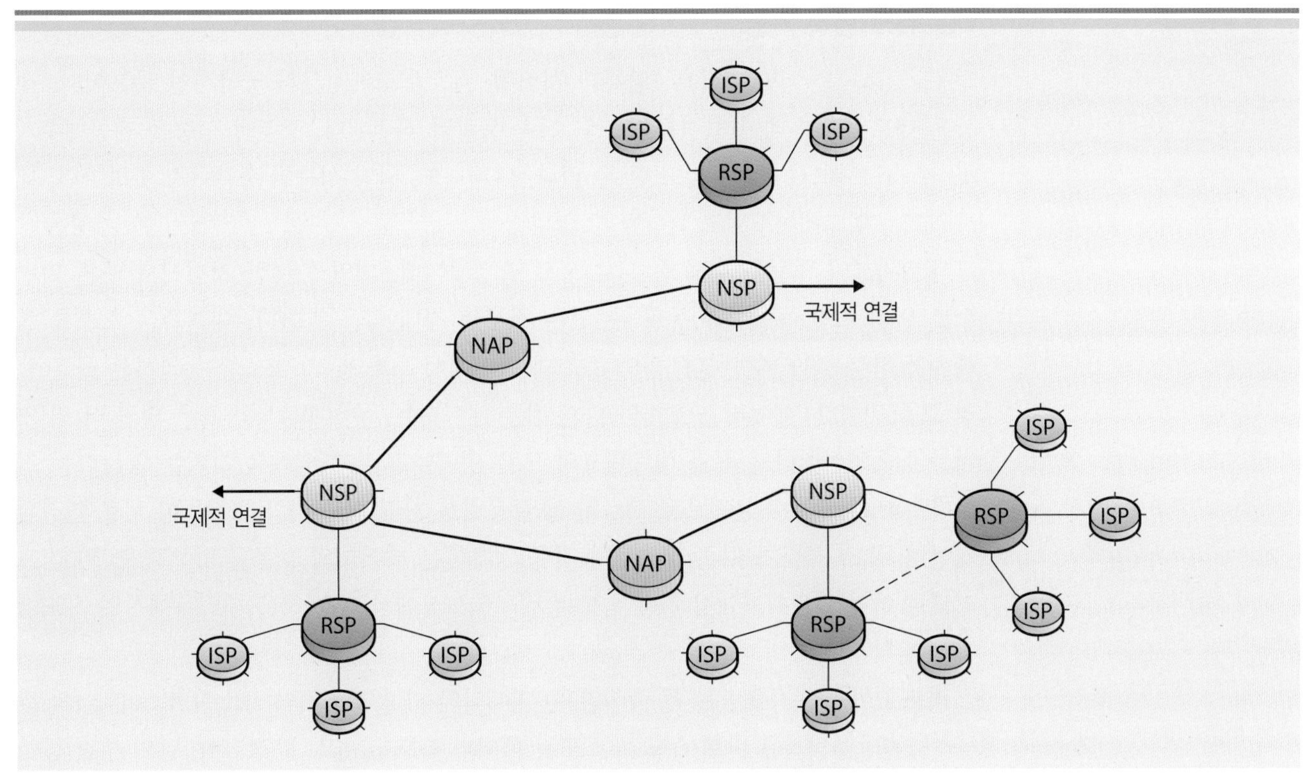

그림 7.3
인터넷 통신망의 형태

을 소유하고 관리하는 기업들을 말한다. 스프린트, 버라이즌, MCI(구 UUNey/월드컴), AT&T, NTT, 레벨3, 센추리 링크, 케이블&와이어리스 월드와이드가 이와 같은 기업들이다. **네트워크 접속점**NAP은[2] NSP들을 연결하는 인터넷의 전달 계층구조에서 트래픽traffic이 교환되는 지점을 말한다. NAP은 일반적으로 지역적, 국가적인 관할 범위가 있으며, 단지 몇 개의 NSP들에만 연결된다. 그러므로 세계적인 인터넷의 넓은 부분에 도달하기 위해서 하나의 NAP는 자신과 연결된 NSP들 중 하나를 선택해서 트래픽을 연결해야 한다.

이 위계상에서 한 단계 아래에 있는 것이 지역 서비스 제공자이다. **지역 서비스 제공자**RSP는[3] NSP들과 연결되어 인터넷 서비스를 제공하는데, RSP들 사이에서도 연결이 가능하다. 이 다음 단계는 3장에서 다루었던 인터넷 서비스 제공자ISP로, 네트워크의 관리, 지원, 유지보수 등의 업무를 담당한다. ISP는 다양한 서비스와 사용가능한 대역폭bandwidth rate을 제공한다. ISP는 RSP와 연결되며, 지리적으로 거리가 가깝다면 다른 ISP와도 연결된다. 어떤 ISP는 직접 NSP에 연결되는데, 이러한 경우는 이러한 계층구조의 예외가 된다. 개인과 기업들은 지역 ISP를 이용해 인터넷에 접속하며, 큰 기업들은 보통 RSP를 직접 사용해 접속한다. 미합중국의 주요 ISP에는 AOL, AT&T, 컴캐스트, 어스링크, 넷제로 등이 있다. 계층이 높을수록 접속이 빠르며 대역폭이 넓어진다. 그림 7.3의 백본은 굉장히 단순화된 것이지만 NSP, RSP, ISP에 의해 제공되는 전 지구적 상호접속에 대한 기본적인 개념을 보여주고 있다.

2) network access points
3) regional service providers

네트워크 접속 기술

성능performance은 어떤 컴퓨터, 컴퓨터 시스템, 네트워크에서든지 궁극적인 목표이다. 성능은 네트워크의 데이터 전송 속도와 전송 용량과 직결된다. 충분한 성능을 제공해주지 못하는 네트워크는 아무 일도 할 수 없다. 다행히도, 만약 성능이 충분하지 못하다면, 네트워크는 업그레이드되고 확장될 수 있다.

네트워크의 성능은 **대역폭**bandwidth으로 측정되는데, 대역폭은 한 지점에서 다른 지점으로 단위 시간 동안에 이동할 수 있는 정보의 최대 양을 말한다. 대역폭은 호스를 통해 이동하는 물과 비슷하다. 만약 호스의 단면적이 크다면, 그 호스를 통과하는 물은 빨리 흐를 것이다. 데이터가 호스와 다른 점은 데이터는, 특히 WAN의 경우 훨씬 더 먼 거리를 이동해야한다는 점과 네트워크의 모든 영역이 같은 대역폭을 갖지는 않는다는 점이다. 네트워크는 기본적으로 고르지 않은 용량을 가진 서로 다른 호스들이 서로 연결된 것이며, 호스 하나가 다른 호스보다 작을 경우에는 데이터의 흐름을 방해하게 된다. 그러므로 어떤 네트워크에서 전송 속도는 네트워크상에서 가장 작은 대역폭에서의 속도에 따라 결정된다.

비트bit(이진 숫자binary digit의 줄임말)는 데이터의 가장 작은 구성요소이며 0이나 1의 값을 가진다. 대역폭은 **비트 속도**bit rate 또는 **데이터 속도**data rate로 측정되며, 단위 시간 동안에 전송되거나 혹은 전송받은 비트의 수를 말한다. 그림 7.4는 비트 레이트의 단위로 대역폭의 속도를 나타낸 것이다. 대역폭은 보통 초당 비트수(bps)와 초당 바이트수(Bps)로 표시된다. 이 두 가지 용어는 바꾸어 쓸 수 없으므로 혼동하지 않도록 한다.

모뎀modem은 컴퓨터가 자료를 전송하거나 받을 수 있도록 하는 장치이다. 기존의 전화선과 모뎀을 연결하는 방식은 90년대에 대부분의 재택 사용자가 사용하던 방식으로, 다이얼업 접속dial-up access이라고 한다. 오늘날에는 저개발국가와 농촌의 많은 사용자들이 아직도 다이얼업 접속을 사용하고 있다. 이 방식은 두 가지 문제점을 가지고 있다. 첫째로, 이 방식은 느리다. 이 방식은 최대 56Kbps(삼분 길이의 노래를 다운로드 받는 데 팔분이 걸리고, 두 시간짜리 영화를 다운받는데 하루가 넘게 걸린다)를 제공한다. 둘째로, 다이얼 업 모뎀은 전화선을 못 쓰게 하기 때문에 인터넷에 접속한 상태로는 전화를 받지도, 걸지도 못한다. 좋은 소식은 이제 많은 사람들이 휴대전화를 가지고 있고, 전화를 걸기 위해 전화선을 쓰지 않아도 되기 때문에 이 점은 예전처럼 큰 문제는 아니라는 것이다.

한 때 전 세계적으로 가장 흔한 연결 방식이었던 다이얼업은 빠른 속도로 고속 데이

그림 7.4
대역폭의 속도

대역폭	약어	초당 비트수(bps)	예
Kilobits	Kbps	1Kbps = 1,000bps	전통적 모뎀 = 56Kbps
Megabits	Mbps	1Mbps = 1,000Kbps	전통적 이더넷 = 10Mbps 고속 이더넷 = 100Mbps
Gigabits	Gbps	1Gbps = 1,000Mbps	기가비트 이더넷 = 1,000Mbps

터 통신망에 그 자리를 내어주었다. **광대역**broadband은[4] 항상 연결되어 있는 고속의 인터넷 연결이다. 여기서 고속이라 함은 2Mbps보다 큰 대역폭을 가진다는 것을 말한다. 그다지 멀지 않은 과거에는 광대역은 프리미엄 비용으로 대기업의 트래픽이 몰리는 네트워크에서나 사용하였다. 오늘날에는 가정에서나 작은 기업에서도 비싸지 않은 비용으로 광대역 접속이 가능하다.

고속 데이터 통신망의 두 가지 가장 일반적인 종류로는 디지털 가입자 회선과 케이블 연결이 있다. **디지털 가입자 회선**DSL: digital subscriber line은 일반적인 전화선을 통해 고속의 디지털 데이터 전송이 가능하게 해준다. 소비자들은 보통 AT&T나 센추리 링크와 같이 지역 유선 전화 연결을 제공해 주는 회사와 동일한 회사에서 DSL 인터넷 접속을 제공받는다. 그러므로 고객의 전화 제공자가 ISP이기도 한 것이며, 전화선이 DSL 모뎀을 이용해 데이터와 전화 신호 두 가지를 모두 운반하는 것이다.

DSL은 다이얼업에 비해 두 가지 주요한 장점이 있다. 하나는, DSL은 자료를 더 빨리 전송 혹은 수신한다는 것이다. 다운로드는 1~2Mbps 범위이며, 업로드는 128Kbps~1Mbps 정도이다. (대부분의 고속 연결은 다운로드가 업로드보다 더 빠르도록 설계되어 있는데, 이는 대부분의 사용자들이 업로드보다는 다운로드를 많이 하기 때문이다. 여기서 다운로드는 웹페이지를 보는 것을 포함한다.) 두 번째 주요 장점은 ISP에 접속이 언제나 "켜진" 상태이기 때문에 사용자들이 전화를 사용함과 동시에 인터넷에 접속이 가능하다는 것이다. DSL의 단점은 제한된 물리적 거리 내에서만 사용이 가능하며, 지역 전화 시설이 DSL 기술을 지원하지 않는 지역에서는 사용이 불가능하다는 점이다.

다이얼업과 DSL이 지역 전화 인프라를 사용하는 한편, 초고속 **인터넷 케이블 연결**high-speed Internet cable connection은 케이블 TV 기업의 인프라와 특수한 케이블 모뎀을 이용해 인터넷 연결을 제공한다. **케이블 모뎀(광대역 인터넷 모뎀)**cable modem, broadband modem은 초고속 케이블 인터넷 서비스에 사용되는 디지털 모뎀의 한 종류이다. 케이블 모뎀은 가정용 컴퓨터(또는 가정용 컴퓨터의 네트워크)와 주거용 케이블 TV 서비스를 연결한다. DSL 모뎀은 컴퓨터를 주거용 공용 전화 서비스와 연결한다. ISP는 보통 케이블과 DSL 모뎀을 제공한다. 시스코 시스템즈는 네트워킹 부품 브랜드 링크시스와 같은 컴퓨터 네트워킹 제품과 서비스를 생산하는 대기업이다. 일반적으로 광대역이나 초고속 인터넷 서비스는 평균적으로 기존의 다이얼업 서비스 보다 10배 높은 전송률을 가진다. **원격근무**telecommuting, virtual workforce 서비스는 사용자가 집이나 호텔과 같은 직장과 멀리 떨어진 장소에서 고속 인터넷을 이용하여 비즈니스 애플리케이션이나 데이터에 접속할 수 있도록 해준다.

DSL과는 달리 초고속 인터넷 케이블은 공유 서비스이며, 이는 특정 반경 안의 모든 사람, 예를 들어 이웃들끼리는 사용가능한 대역폭을 공유한다는 뜻이다. 따라서 만약 몇 명의 사용자들이 동시에 한 영상 파일을 다운받으려고 할 때는, 각각에 대한 실제 전송 속도는 한 사람이 다운받으려고 할 때보다 확실히 더 느려진다. 평균적으로, 케이블을 이용해 사용가능한 대역폭은 다운로드에는 512Kbps~50Mbps 정도, 업로드에는

4) 'Braodband'는 일반적으로 '광대역'으로 번역되며, 높은 주파수 이외에도 데이터 속도나 공간 개념 등을 나타낼 때에 사용되는 비교적 느슨하게 정의된 용어이다. 여기에서는 '고속 데이터 통신망'의 뜻으로 사용되었다.

접근 기술	설명	대역폭	비고
다이얼업	모뎀이나 보통의 전화선을 이용한 온디맨드 접속	56Kbps 이하	저렴하나, 다른 기술에 비해서 느림
DSL	항상 연결되어 있음. 특수한 모뎀이 필요함	다운로드: 1 ~ 2Mbps 업로드: 128Kbps ~ 1Mbps	기존의 지역 전화 기간시설을 이용함
케이블	항상 연결되어 있음. 특수한 모뎀과 케이블선이 필요함	다운로드: 512Kbps ~ 50Mbps 업로드: 786Kbps	지역의 다른 사용자들과 자원을 공유함
T1	높은 대역폭을 위한 임차한 회선	1.544Mbps	다른 기술들보다 비쌈

그림 7.5

인터넷 접속의 종류

786Kbps 정도의 범위를 가지게 된다.

DSL이나 초고속 인터넷 케이블 외에 또 다른 대안으로는 AT&T나 다른 제공자들이 임차해주는 통신전용선이 있다. 가장 흔한 것은 T1 회선으로, 디지털 신호를 1.544Mbps로 운송할 수 있는 데이터 연결이다. 이 정도 속도가 별로 대단해 보이지 않을지 몰라도 T1 회선은 DSL이나 케이블보다 비싼데, 이 두 가지보다 신뢰성이 높기 때문이다. 회선 각각은 24개의 채널로 구성되며, 한 선을 통해 24개의 분리된 연결을 만든다. 만약 한 기업이 큰 용량의 데이터 트래픽이 발생하는 세 개의 분리된 시설을 가지고 있다면, 모든 시설을 신뢰할 수 있는 높은 대역폭의 회선을 임차하여 연결하는 것이 타당할 것이다.

기업은 자신의 필요에 맞춰 인터넷 접속 방법을 정해야 한다. 만약 기업이 고객, 파트너, 공급자와 통신하기 위해 항상 높은 대역폭의 접속을 해야 할 필요가 있다면 T1 회선이 가장 비용 효율이 높은 방법일 것이다. 그림 7.5는 인터넷 접속의 주요 방법들에 대한 개요를 보여준다. 그림에 나타난 대역폭은 평균적인 속도를 말한다. 실제 속도는 서비스 제공자나 케이블 종류, 컴퓨터의 속도 등의 여러 다른 요인에 따라 달라질 수 있다.

BPLbroadband over power line 기술은 일반 주거용 전기선을 이용해 고속 인터넷 접속을 가능하게 해주는 DSL이나 고속 케이블 모뎀의 대체 기술이다. BPL은 전기(DSL의 경우 음성)신호보다 높은 신호 주파수를 이용해 전선을 통해 데이터를 전송한다. BPL은 가정에서 전력 출력의 중단 없이 네트워크를 통해 컴퓨터가 데이터를 주고받을 수 있도록 한다. 많은 사용자들은 기존 전기 시스템이 1~3Mbps 속도의 인터넷 접속을 제공하는 가정용 네트워크로 사용될 수 있다는 점에 놀란다. 그러나 안타깝게도 간섭이나 가용성이라는 한계가 BPL의 대중성에 영향을 미쳤다.

네트워크 프로토콜

패킷packet은 네트워크를 통해 전송되는 2진 데이터의 단일 단위이다. 패킷은 전자 메시지를 다루기 쉬운 작은 패킷들로 다시 나눔으로써 네트워크 성능과 신뢰도에 직접적으로 영향을 미친다. 표준 패킷 형식은 패킷 헤더, 원본 메시지를 담은 패킷 바디, 그리고 패킷 꼬리표로 세분화된다. 패킷 헤더는 목적지(예를 들어 IP 패킷에서 목적지는 IP 주소가 된다)와 메시지 데이터의 길이 정보를 포함한다. **패킷 꼬리표**packet footer는 패킷의 마지막이나 전송의 끝머리를 나타낸다. 패킷 헤더와 꼬리표는 전체 메시지가 정상적으로 전송되고 수신되었는지 확인하기 위해 오류 체크 정보를 포함한다. 수신 장치는 개별 패킷들의 헤더와 꼬리표를 확인하여 패킷을 올바른 순서대로 재조립한다. **경로추적**traceroute은 원거리 컴퓨터로 전송된 패킷 데이터의 네트워크 경로를 추적하는 유틸리티 애플리케이션이다. 경로 추적 프로그램은 이름이나 IP 주소를 이용해 마지막 메시지가 목적지에 도달할 때까지 네트워크를 통해 일련의 테스트 메시지들을 보낸다. 작업이 끝나면 프로그램은 최초 컴퓨터로부터 목적지 컴퓨터로의 경로를 표시한다. **프록시**proxy는 송신 컴퓨터와 수신 컴퓨터 사이에 직접적인 통신을 막고 보안상의 이유로 패킷을 감시하기 위해 사용된다.

프로토콜protocol은 전송 중 지켜져야 하는 규칙과 전송되는 자료의 포맷을 구체화하는 기준이다. 같은 프로토콜을 사용하는 컴퓨터는 서로 쉽게 소통할 수 있으며, 네트워크 사이의 접속성, 확장성, 연결성을 제공해준다. **FTP**file transfer protocol는 인터넷상에서 두 대의 컴퓨터 간에 파일을 전송할 수 있도록 해주는 네트워크 프로토콜이다. FTP를 이용해 파일을 전송하기 위해서는 FTP 클라이언트 프로그램이 FTP 서버 소프트웨어를 실행하고 있는 원거리의 컴퓨터에 연결을 시작해야 한다. 연결에 성공하면 클라이언트는 파일 전송/파일 수신을 선택할 수 있다. 네트워크 접속 기술은 **TCP/IP**라는[5] 표준 인터넷 프로토콜을 사용하는데, 공공 인터넷과 많은 개인 네트워크들에 대한 기술적인 기반을 제공한다. TCP/IP를 개발하는 가장 근본적인 이유 중 하나는 다양한, 혹은 서로 다른 네트워크들이 서로 연결되고 소통하도록 하기 위해서인데, 특히 LAN, WAN, MAN이 각각 서로 간의 연결을 통해 성장하도록 한다. **IP 주소**IP address는 네트워크상에 존재하는 컴퓨터들의 위치를 식별하는 고유 번호이다. IP 주소는 xxx.xxx.xxx.xxx의 형식을 가지며 각 그룹은 한 자리 수가 될 수도 있다.

TCP(TCP/IP 중 TCP 부분)는 자료가 정확하게 전송되도록 하는데, 자료는 네트워크상에서 이동하는 중에 손상될 수 있기 때문이다. TCP는 데이터 패킷의 크기가 전송되는 동안 동일하도록 해주고, 자료가 정확하게 전송되지 않았을 경우는 반송한다. IP(TCP/IP의 IP 부분)은 자료가 정확한 IP 주소에 보내지도록 하는데, IP 주소는 각각 0부터 255까지의 숫자로 나타내어지는 네 구간으로 구성된 수이다. 예를 들어 애플 닷컴의 IP 주소는 97.17.237.15이다.

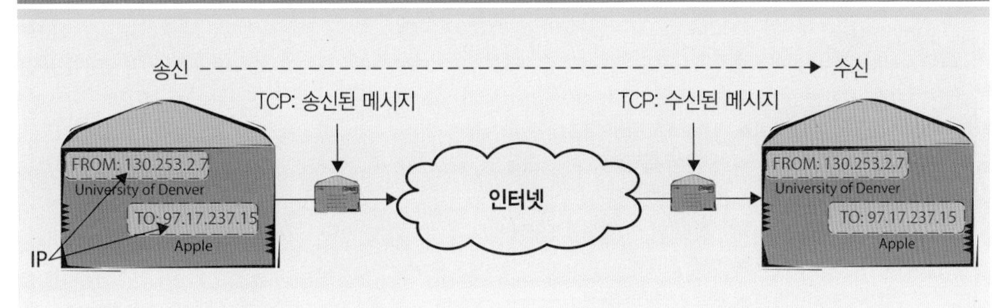

그림 7.6
TCP/IP의 예

5) transmission control protocol/Internet protocol

여기 TCP/IP를 이해하기 위한 다른 방법이 있다. 어떤 편지가 덴버 대학에서 캘리포니아 주 쿠퍼티노에 있는 애플 본사로 배달되어야 한다고 생각해보자. TCP는 편지가 무사히 배달되도록 해주고 중간에 분실되지 않도록 한다. IP는 발송과 수신 라벨의 역할을 하여 우편배달부에게 이 편지가 어디에 가야하는지, 누구로부터 왔는지를 말해준다. 우편 서비스는 거리 주소와 우편번호를 사용해 편지를 목적지까지 가져다주는데, 이는 IP가 주소를 매기는 방법과 같다. 그림 7.6은 이런 예를 보여준다. 한편, 여러 사람이 하나의 물리적인 주소를 공유할 수 있도록 하는 우편제도와는 다르게, 인터넷에 접속하기 위해 하나의 IP 주소를 이용하는 각각의 장치들은 반드시 고유의 주소를 가져야 하며, 그렇지 않으면 어떤 개별 장치에 요청을 보내야하는지 알 수 없게 된다.

TCP/IP의 가장 중요한 특징 중 하나는 그 프로토콜이 얼마나 확장성이 좋은지가 인터넷이 처음의 단지 몇 개의 기계들이 서로 연결된 작은 네트워크에서 수백만의 장치들이 연결된 거대한 인터네트워크로 성장한 데에서 증명이 되었다는 것이다. 인터넷이 성장함에 따라 주기적으로 약간의 변화들이 필요로 하기는 했지만, TCP/IP의 핵심은 옛날이나 25년도 더 지난 지금이나 같다. **DHCP**Dynamic Host Confguration Protocol는 네트워크를 이용하는 사용자들에게 동적 IP 주소를 할당하므로 사용자들이 고정 IP를 사용하지 않아도 된다. DHCP는 컴퓨터가 서버의 컴퓨터 정보에 접속하고 위치를 알 수 있도록 함으로써, 사용자들이 자신의 IP 주소를 변경할 수 있도록 한다. 일반적으로 ISP는 사용자들이 손쉽게 인터넷에 접속하도록 하기 위해 DHCP 방식을 사용한다. DHCP는 기기들에 고유 IP 주소를 할당한 후 장치가 네트워크를 떠나면 주소를 회수하고, 장치가 다시 돌아오면 주소를 재할당한다.

TCP/IP에 한 가지 흠이 있다면, 그것은 IP 주소의 복잡성이다. 이것은 우리가 **DNS**domain name system를 사용해 IP 주소를 도메인, 즉 여러 가지 인식 가능한 명명 규칙을 사용하는 식별 라벨로 변환하는 이유가 된다. 그러므로 숫자 97.17.237.15를 기억할 필요 없이, www.apple.com과 같이 컴퓨터나 웹사이트에 접속하기 위한 도메인 네임을 지정하면 된다. 그림 7.7은 가장 일반적인 인터넷 도메인들의 목록이다.

도메인 이름의 목록은 .pro(회계사, 변호사, 의사 등), .aero(항공 운수 업계), .museum(박물관) 등을 포함하여 앞으로 더 증가할 것으로 기대된다. 최근에는 인가

그림 7.7
인터넷 도메인

도메인 이름	사용
.biz	비즈니스
.com	상업적 조직과 비즈니스
.edu	공인된 중등교육 이상 교육기관
.gov	미국 정부 기구
.info	개인이나 기관에 공개되어 있으나, 특히 정보 서비스 제공자들
.mil	미국 군대
.net	모든 개인과 조직
.org	비영리 조직

된 포르노그래피 콘텐츠들을 위해 .xxx 도메인이 생성되었다. 국가들 역시 .au(호주), .fr(프랑스), .sp(스페인)과 같이 도메인 이름을 가지고 있다.

트래픽이 많은 웹사이트들의 경우에는 종종 부하를 나누도록 함께 일하는 몇 대의 컴퓨터들을 가지고 있다. 이렇게 하는 것은 부하 균형과 장애 허용 능력fault tolerance을 가져다주며, 따라서 페이스북과 같이 인기 있는 사이트에 요청이 들어왔을 때, 한 컴퓨터가 과부화되지 않고, 사이트가 한 컴퓨터의 정지fail로 인해 다운되지 않을 수 있다. ISP가 호스팅을 제공해주는 것처럼, 하나의 컴퓨터도 여러 개의 호스트 네임을 가지고 있을 수 있는데, 예를 들어 ISP가 호스팅을 할 때처럼 한 기업이 여러 개의 웹사이트를 호스팅한다면, 한 기업이 하나의 서버에 여러 웹사이트를 가질 수 있다.

도메인 이름은 기본적으로 고대디닷컴godaddy.com과 같은 도메인 이름 등록회사domain name registrar에게서 빌리는 것인데, 그 권리를 갱신할 수 있다. 어떤 등록회사들은 도메인 이름을 등록하기만 하기도 하는데, 다른 회사들은 웹호스팅 서비스를 제공해주고 요금을 받는다. ICANN은[6] 비영리 민간 기구이자 표준화 기구로서, 세계의 모든 도메인 이름 등록회사에게 자격을 부여한다. 자격증을 받은 각 등록회사들은 .com, .edu, .org와 같은 도메인 이름을 등록할 수 있는 권한을 갖게 된다.

네트워크 융합

폭발적인 인터넷 사용과 TCP/IP의 연결성이 부분적인 원인이 되어 네트워크 장치, 애플리케이션, 서비스가 융합되고 있다. 소비자, 기업, 교육 기관, 정부 기관들이 광범위하게 휴대 전화를 이용한 문자 메시지, 웹 서핑, 화상 회의 애플리케이션, 온라인 게임, e-비즈니스에 참여하고 있다. **네트워크 융합**network convergence은 한 네트워크 안에서의 전화, 영상, 데이터 통신의 효율적인 공존이며, 분리된 인프라는 제공해주지 못하는 편리함과 유연성을 제공해준다. 거의 모든 종류의 정보들이 디지털 형태로 전환될 수 있으며, 네트워크상에서 교환될 수 있다. 그리고 네트워크 융합은 음성, 자료, 영상을 함께 엮을 수 있도록 해준다. 네트워크 융합의 이점은 여러 서비스, 여러 장치들에 적용되며, 하나의 네트워크, 하나의 제공업체, 하나의 요금제 안에서 가능하다. 이는 그림 7.8과 같다.

네트워크 융합과 관련된 가장 큰 과제는 여러 가지 서로 다른 도구들을 효율적으로, 생산적으로 사용하는 것이다. 어떤 통신 채널(PC, 문자 메시지, 화상 회의)을 사용할 것인지 이해하는 것 또한 중요한 과제이다. **통합 커뮤니케이션**UC은[7] 통신 채널들을 하나의 서비스로 통합시키는 것이다. UC는 통신 채널을 통합시킴으로서 관계자들이 가장 편리한 방법으로 의사소통을 할 수 있도록 해준다. UC는 인스턴트 메시지, 화상 회의, 이메일, 음성 메일, VoIP를 융합한다. 이 서비스는 개인이 서로 소통하고 협력하는 방식을 강화하면서 기업의 소통 비용을 감소시킬 수 있다.

네트워크 융합 기술의 커다란 성장을 보여주는 것은 인터넷으로 음성을 전송하는 기술이다. **인터넷전화**VoIP는[8] IP 기술을 이용해 전화 통화를 전송한다. VoIP는 백년도 넘

6) Internet Corporation for Assigning Names and Numbers: 국제인터넷주소기구

7) unified communication

8) Voice over IP

그림 7.8
네트워크 융합의 이점

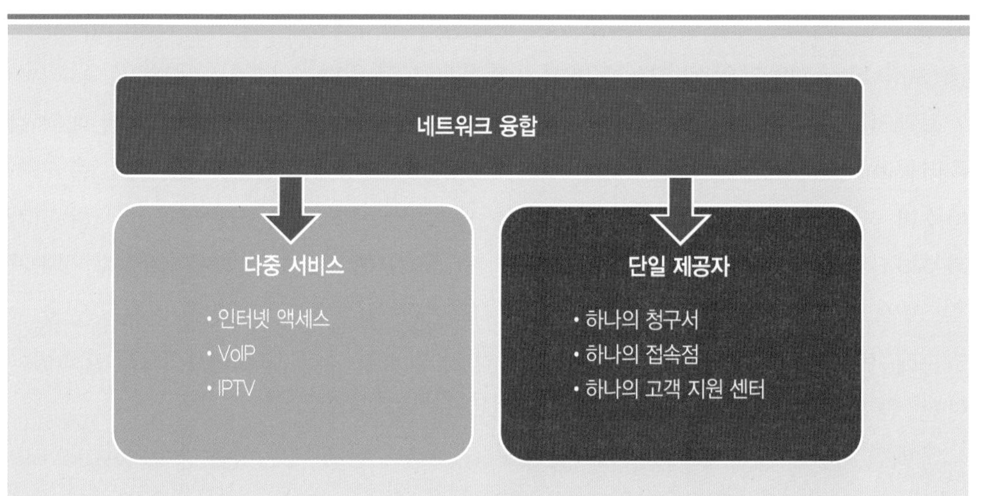

는 역사에서 처음으로, 사람들이 전화를 사용해서 소통하는 방법에 중요한 변화를 가져올 수 있는 기회를 제공한다. VoIP 제공자들(기존의 전화나 케이블 기업과 몇몇 ISP를 비롯한 전문 회사들)은 사용자들이 전화번호가 있는 사람이면 누구나에게, 같은 지역에 있던지, 거리가 멀던지, 휴대전화이던지, 국제전화이던지 간에 통화할 수 있게 해준다.

VoIP를 이용해 전화를 거는 두 가지 방법 중 하나는 사용자들이 컴퓨터로 전화를 걸 수 있도록 해주는 웹 인터페이스를 사용하는 것이고, 다른 하나는 VoIP 어댑터가 연결된 전화기로 광대역 모뎀을 통해 인터넷에 직접 접속하는 것이다. 그림 7.9는 이 두 가지 방법과 더불어 어댑터 없이 VoIP 전화를 사용하는 방법을 보여준다.

VoIP 서비스는 고정 가격의 무제한 지역 전화와 장거리 전화 요금제를 포함하며(적어도 미국과 캐나다에서는), 다음과 같은 흥미로운 특징들을 가지기도 한다.

- 하나 이상의 전화번호를 사용할 수 있으며, 지역번호가 서로 달라도 된다.
- 이메일과 음성메일을 통합해 컴퓨터에서 음성메일을 들을 수 있다.
- 사용자의 실제 위치와 상관없이 컴퓨터를 통해 개인적, 혹은 업무상의 전화를 받을 수 있다.

그림 7.9
VoIP 연결

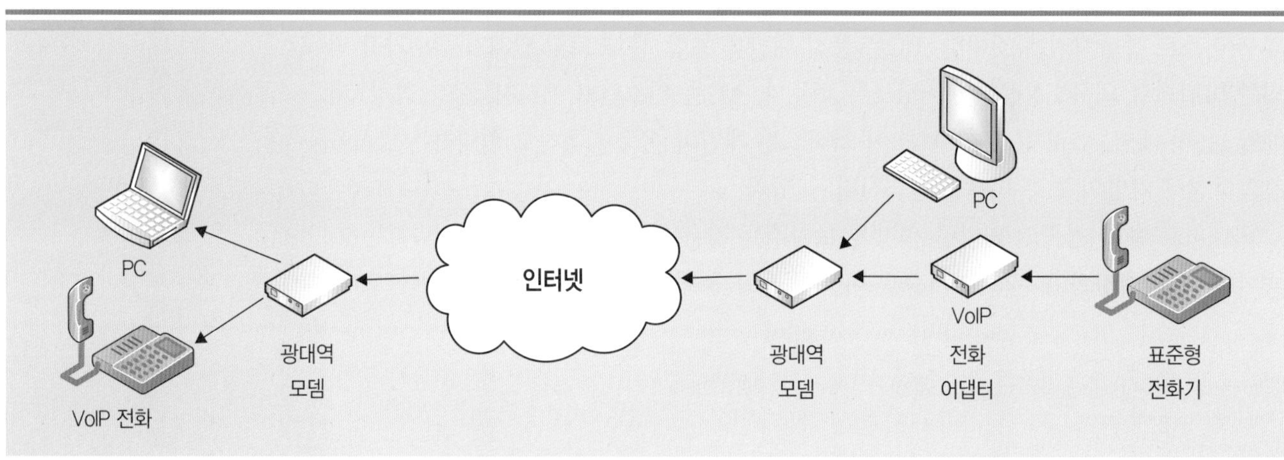

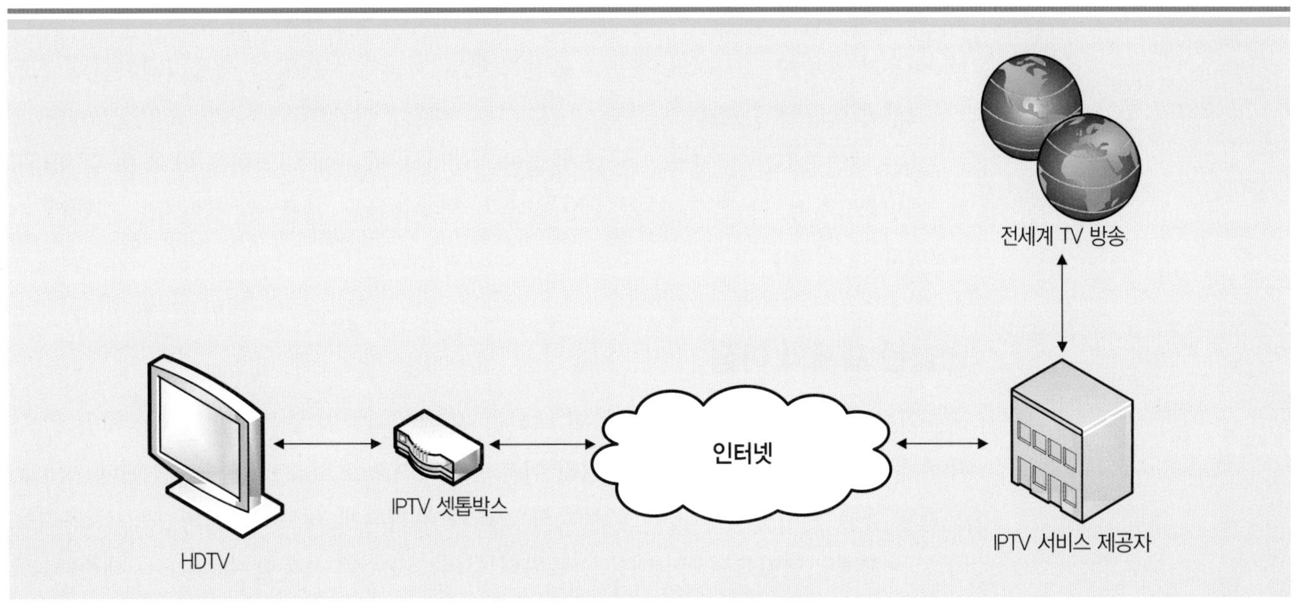

그림 7.10

IPTV 구성요소

VoIP의 가장 큰 장점은 저렴한 요금이다. 그러나 VoIP는 인터넷 연결에 의존하기 때문에, 대역폭이 적절하지 않거나 인터넷 접속이 불가능한 경우에 영향을 받을 수 있다.

스카이프Skype는 전화 용도로 사용되는 IP의 완벽한 예이다. 보통의 VoIP 시스템은 클라이언트 서버 인프라를 사용하는데 반해, 스카이프는 P2P 네트워크를 사용한다. **P2P**peer to peer는 중앙 서버 대신에 네트워크 참여자들의 대역폭과 컴퓨팅 능력에 의존하는 컴퓨터 네트워크이다. 스카이프의 사용자 디렉토리는 네트워크상의 사용자들에게 분산되어 있어 복잡하고 값비싼 중앙 인프라 없이도 확장성을 갖출 수 있다. P2P 네트워크는 디지털 음악을 불법적으로 배포한 냅스터라는 서비스를 통해, 몇 년 전 엄청난 돌풍을 일으켰었다. 스카이프는 이 자원을 이용해 사용자들에게 서비스를 사용할 방법을 찾았다.

VoIP의 인기가 커짐에 따라, 정부는 기존의 전화 서비스와 같은 규제를 가하는 데 더 큰 관심을 기울이고 있다. 미국에서는 FCC가[9] VoIP 사업자들에게 기존의 전화사업자들과 비슷한 수준의 명령 준수를 요구하고 있는데, 그 내용은 시내 전화 번호 이동성, 장애인을 위한 서비스, 감시 및 규제에 대한 법 집행, 기타 수수료 등이다.

텔레비전 분야에서의 흥미롭고 새로운 융합인 **IPTV**는[10] 인터넷과 사설 IP 네트워크상의 IP를 사용해 디지털 영상 콘텐츠를 제공한다. 컴캐스트는 케이블 TV 제공자의 역할도 하는 사설 IP 네트워크의 한 예를 제공한다. 기존의 텔레비전은 모든 프로그램의 신호를 동시에 텔레비전에 보내 사용자들이 채널을 선택함으로서 프로그램을 고를 수 있도록 한다. IPTV에서는 사용자들이 채널을 고르면 서비스 제공자는 거기에 해당하는 신호만 텔레비전에 보낸다. IPTV는 케이블 TV처럼 모뎀 역할을 하는 상자를 사용해 내용을 주고받는다(그림 7.10). IPTV는 다음과 같은 특징들을 포함한다.

9) Federal Communications Commission: 연방 통신 위원회

10) Internet Protocol TV: 인터넷 프로토콜 TV

- **여러 장치를 지원**: PC와 텔레비전으로 IPTV 서비스에 접속할 수 있다.
- **이용자 쌍방향**: IPTV의 양방향 통신 경로로 지원되는 쌍방향 애플리케이션과 프로그램을 이용할 수 있다.
- **낮은 대역폭**: IPTV 제공자는 한 채널만을 보내기 때문에 대역폭을 아껴 쓸 수 있다.
- **개인화**: 사용자들은 무엇을 보고 싶은지 뿐 아니라, 언제 볼 것인지도 선택할 수 있다.

연결된 세계의 이점

네트워크가 있기 이전의 컴퓨터 간의 데이터 전송은 시간과 노동집약적인 일이었다. 사람들이 컴퓨터에서 컴퓨터로 디스크를 이용해 물리적으로 자료를 복사해야 했다.

자원 공유는 사용자나 자원의 물리적 거리와 무관하게 네트워크상의 모든 사용자들이 모든 애플리케이션, 장비(대용량 프린터 등의), 자료를 사용할 수 있도록 해준다. 또한 물리적 자원을 공유하는 것은 지속가능한 MIS 인프라를 지원해주며, 동시에 기업들이 기민하고agile, 효율적이고, 사회적 책임을 준수하도록 해준다. 클라우드 컴퓨팅(5장 참조)과 가상화는 정보와 더불어 시스템을 통합해 자원 공유에 의한 이점을 강화시켜준다. 클라우드 컴퓨팅과 가상화는 공유된 자원을 통해 집단 전산 능력, 저장 용량, 소프트웨어를 요구할 때 즉시 사용할 수 있도록 해준다.

아마도 물리적 자원을 공유하는 것보다 더 중요한 것이 자료를 공유하는 것일 것이다. 크기와 상관없이 대부분의 기업들은 그들의 고객 기록, 재고자산, 매출채권, 재무제표, 세금 정보뿐 아니라 이것들을 공유하는 능력, 특히 서로 멀리 떨어진 지역의 업무와의 공유 능력에 의존한다. LAN, WAN 혹은 MAN을 통한 네트워크는 직원들이 자료를 빠르고 쉽게 공유할 수 있도록 해주고, 데이터베이스나 공유에 의존하는 협업 툴과 같은 애플리케이션을 사용할 수 있도록 해준다. 네트워크는 자료 공유를 통해 업무 절차를 더 효율적으로 만들어주었다. 예를 들어 주문이 들어옴과 동시에 그것을 알아야할 필요가 있는 사내 모든 사람들(마케팅, 판매, 제작, 선적, 과금billing 등 모든 곳에서)이 볼 수가 있다.

인트라넷과 엑스트라넷은 기업들이 기업 정보를 안전하게 공유할 수 있도록 해준다. 인트라넷이란 인터넷 기술에 의존하는 제한된 네트워크로서 회사 내에 인터넷과 같은 환경을 제공해주어 정보 공유, 의사소통, 협업, 웹 출판, 업무 절차 지원 등의 그림 7.11에 제시된 것과 같은 일을 하게 해준다. 이 네트워크는 패스워드나 암호화, 방화벽 등의 보안 장치들로 보호되며, 인증된 사용자만이 접속할 수 있다. 인트라넷은 후생복리, 스케줄, 전략 방향, 직원 명부 등 기업과 관련된 모든 종류의 정보를 제공하는 중심점이 되어준다.

엑스트라넷은 인트라넷의 확장으로서 고객, 파트너, 공급자 등 인증된 외부인들만 사용가능하다. 이런 외부인들이 직원들과 정보(예를 들어 주문과 청구 과정과 같은)를 공유할 수 있는 공동의 영역을 가진다는 것은 제품 개발, 원가 관리, 마케팅, 배송, 공급자 관리에서 주요한 경쟁 우위가 되어준다. 기업들은 그들 사이에 직접적인 사설 네트워크

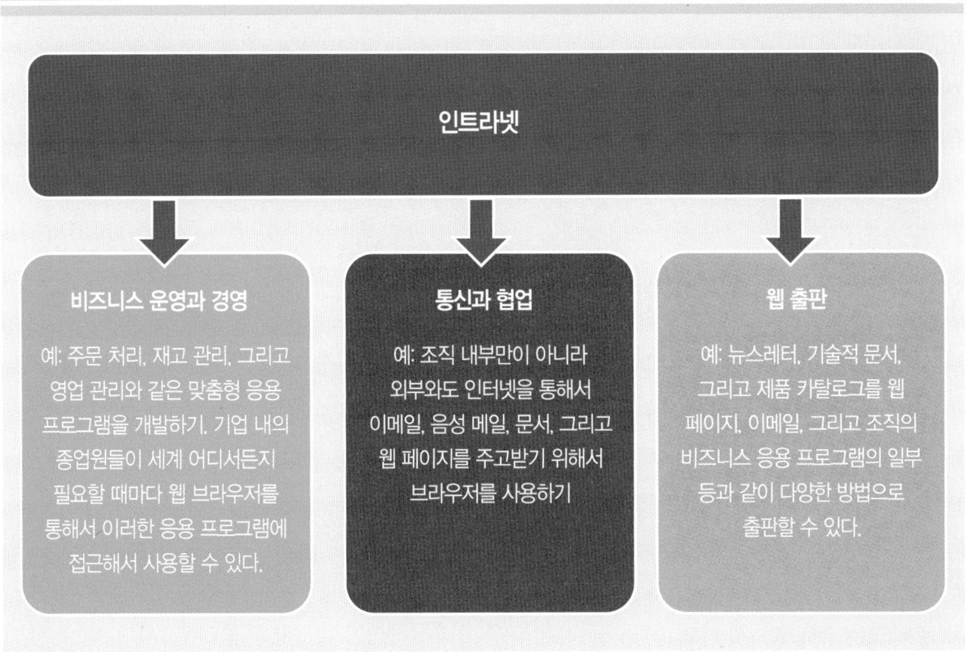

인트라넷
비즈니스 운영과 경영
예: 주문 처리, 재고 관리, 그리고 영업 관리와 같은 맞춤형 응용 프로그램을 개발하기. 기업 내의 종업원들이 세계 어디서든지 필요할 때마다 웹 브라우저를 통해서 이러한 응용 프로그램에 접근해서 사용할 수 있다.
통신과 협업
예: 조직 내부만이 아니라 외부와도 인터넷을 통해서 이메일, 음성 메일, 문서, 그리고 웹 페이지를 주고받기 위해서 브라우저를 사용하기
웹 출판
예: 뉴스레터, 기술적 문서, 그리고 제품 카탈로그를 웹 페이지, 이메일, 그리고 조직의 비즈니스 응용 프로그램의 일부 등과 같이 다양한 방법으로 출판할 수 있다.

그림 7.11

인트라넷의 용도

연결을 만들거나, 혹은 사실상 인터넷상의 '사설 터널'이나 마찬가지인 사설의 안전한 인터넷 접속을 만들 수 있는데, 이를 VPN이라고[11] 한다. 그림 7.12는 기업 서버에 연결하기 위해 VPN을 사용하는 것을 보여준다.

엑스트라넷은 고객, 공급자, 컨설턴트, 사업 후보자들 등이 선택된 인트라넷 사이트와 다른 기업 네트워크 자원에 접속해 정보를 공유할 수 있도록 해준다. 컨설턴트와 도급업자들은 새로운 제품이나 서비스의 디자인을 용이하게 할 수 있다. 공급자들은 기업이 기능하기 위해 필요로 하는 원자재들이 확실하게 비축되어 있고, 적시에 운송될 수 있도록 할 수 있다. 고객들은 주문과 지불 기능에 접속해 주문 상황을 확인할 수 있다. 엑스트라넷은 기업과 바깥 세계를 연결해 업무를 향상시켜 준다.

VPN이 터널처럼 작동한다.
VPN을 사용하는 고객
인터넷
기업 서버
VPN을 사용하는 공급자

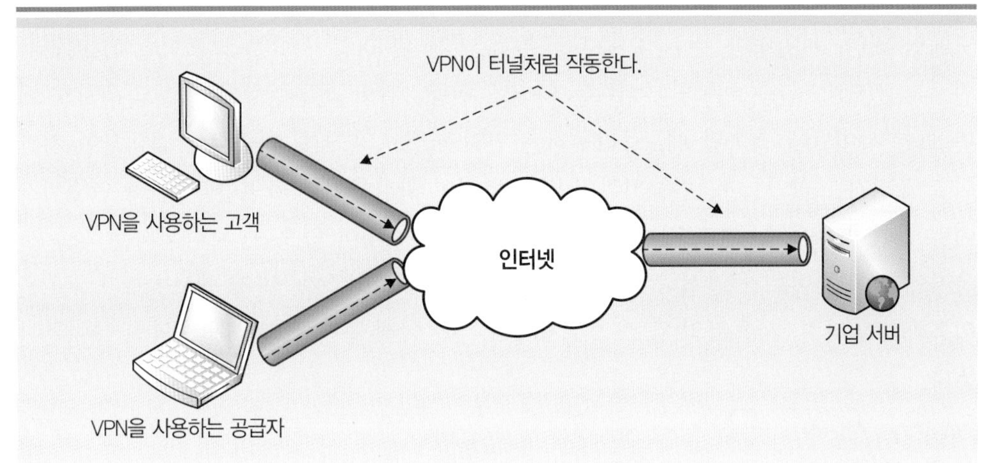

그림 7.12

VPN의 사용

11) virtual private network: 가상사설망

엑스트라넷은 여러 가지 방법으로 경영 가치를 제공하여준다. 먼저, 웹 브라우저를 사용함으로써 고객과 공급자가 기업 자원에 쉽고 빠르게 접속할 수 있게 한다. 다음으로, 고객 및 공급자와 더 강한 전략적 관계를 구축하기 위해 특정 대상을 목표로 하는 쌍방향 웹 기술 서비스를 맞춤 제작할 수 있도록 해준다. 마지막으로, 엑스트라넷은 고객과 다른 경영 파트너들과의 협업을 가능하게 해주고 또 향상시켜준다.

연결된 세계가 보완해야할 점

네트워크는 전 지구적으로 그리고 다양하게 연결된 세계를 만들었다. 시간과 거리를 제거함으로서, 네트워크는 전에는 상상도 할 수 없었던 방법으로 소통할 수 있도록 하였다. 네트워크가 경영에서의 많은 이점들을 제공함에도 불구하고 (1) 보안, (2) 사회, 윤리, 정치적 이슈에 있어서는 점점 더 많은 보완해야할 점들을 보이고 있다.

보안

네트워크는 장난과 사기의 유혹적인 목표물이다. 기업은 먼저 확실하게 사용자의 신원과 네트워크 접속 허가를 확인해야 한다. 예를 들어 사외 공급자는 기업의 엑스트라넷을 통해 제품 계획에 접속하도록 허가받을 수 있으나, 재무 기록과 같은 다른 정보들은 볼 수 없도록 해야만 한다. 기업들은 또한 이런 자료들의 완전성을 유지하도록 해야 한다. 인증 받은 사용자만이 아주 특정한 자료만을 갱신하고 수정할 수 있도록 해야 한다. 사기, 무효한 구매, 도용된 카드 정보에 맞서야 하는 상황에서, 인터넷 상의 보안 문제는 점점 더 심각해지고 있다.

웹상의 네트워크 트래픽을 암호화하는 방법에는 SSL과 SHTTP의 두 가지가 있다. **SSL**[12]은 웹 서버와 브라우저 간에 암호화된 연결을 구축해주기 위한 기본적인 기술이며, 서버와 브라우저 사이에서 전달되는 자료들이 공개되지 않도록 한다. 수백만의 웹사이트들이 SSL을 사용해서 고객들과의 온라인 거래를 보호하고 있다.

SSL 연결을 생성하기 위해서는 웹서버에서 **SSL 인증서**SSL Certificate가 필요한데, SSL 인증서는 웹사이트 혹은 서버의 신원을 보증하고, 공개 키public key가 믿을 만한 개인이나 기업에 소속된 것임을 입증해준다(공개 키는 4장 참조). 일반적으로, SSL 인증서는 도메인 네임, 기업명과 주소, 인증서의 유효 기간 및 다른 사항들을 포함한다. 베리사인Verisign은 SSL 인증서를 발부해주는 인터넷 인증기관의 선두주자이다. 브라우저가 어떤 보안 사이트에 접속할 때, 브라우저는 먼저 사이트의 SSL 인증서를 검색하여 기간이 만료되지는 않았는지, 인증기관이 발부한 것이 확실한지를 확인한다. 만약 인증서가 이런 확인 기준들 중 어떤 것이라도 만족하지 못하는 것이 있으면, 브라우저는 최종 사용자에게 이 사이트가 안전하지 못하다는 경고 창을 보여준다. 만약 웹사이트가 SSL을 이용하고 있다면, 사용자의 웹 브라우저의 오른쪽 아래 구석에 자물쇠 모양의 아이콘이 뜬다.

---

12) secure sockets layer: 안전 소켓층

SHTTP 또는 **HTTPS**은[13] HTTP와 SSL의 결합으로, 암호화와 인터넷 서버의 안전한 식별identification을 제공해 준다. HTTPS는 특수한 암호화 기술을 사용해 통신 내용을 몰래 빼내가지 못하게 보호하며, 신용카드 정보를 안전하게 전송할 수 있도록 한다. 사용자가 https://를 사용하는 웹 주소를 입력하면, 브라우저가 메시지를 암호화할 것이다. 그러나 그 메시지를 받는 서버가 HTTPS 메시지를 받도록 환경 설정이 되어 있어야 한다.

요약하자면, 각각의 기업은 네트워크 보안 정책을 수립해야할 필요가 있으며, 이 정책은 데이터 무결성data integrity, 가용성availability, 기밀성confidentiality 혹은 프라이버시와 더불어 책무accountability와 인가authorization의 측면을 구체적으로 명시해야할 필요가 있다. SSL과 SHTTP와 같은 다양한 보안 방법을 통해, 기업은 가장 중요한 자산인 자료를 보호할 수 있다.

사회적, 윤리적, 정치적 이슈

세계 인구의 일부만이 인터넷에 접속을 할 수가 있고, 어떤 사람들은 예전에는 접속할 수 있었으나 실직이나 빈곤과 같은 상황 변화로 인해 더 이상 접속을 할 수 없게 되기도 한다. 필요로 하는 모든 사람들에게 네트워크 접속을 제공하는 일은 공평한 경쟁의 장을 제공하고 **정보 격차**digital divide, 즉 기술에 접속할 수 있는 사람들에게만 더 이익을 가져다주는 전지구상의 차이를 제거하는 데 도움을 준다. 어떤 조직들은 이런 격차들을 메우고자 하는 시도를 하고 있는데, 보스턴 디지털 브릿지 재단도 이런 조직의 하나로, 지역의 취학 아동들과 그 부모에 집중하여 컴퓨터, 프로그램, 인터넷에 대한 충분한 지식을 갖출 수 있도록 도와준다. 다른 조직들은 개발도상 국가들의 수입이 적은 지역에 저렴한 랩톱과 인터넷 접속을 제공한다.

네트워크와 관련된 다른 사회적 이슈는 서로 뜻이 맞는 사람들이 서로 메시지를 주고받을 수 있는 뉴스그룹이나 블로그에서 발생한다. 만약 대화 주제가 자연이나, 사이클과 같은 운동에 관련된 것이면 별로 문제가 발생하지 않는다. 문제는 사람들이 민감해할 수 있는 주제, 즉 정치, 종교, 성에 대한 주제를 다루고 있거나 어떤 사람이 다른 사람에게 모욕적인 메시지를 보냈을 때 발생할 수 있다. 서로 다른 나라들은 인터넷 사용에 대해서 서로 다르거나 심지어는 충돌하는 법을 가지고 있지만, 인터넷에는 아무런 경계선이 없기 때문에 의사소통에 대한 규제를 하기란 매우 어렵다. 어떤 사람들은 네트워크 회사가 신문이나 잡지에서 그러듯이 네트워크상에서 오가는 내용에 대한 책임을 져야 한다고 생각한다. 그러나 기업들이 우체국이나 전화 회사가 사용자들이 말하는 것을 감시할 수 있다고 보기 어려운 것처럼 자신들도 그렇다고 여긴다. 만약 네트워크 회사가 메시지를 검열한다면, 사용자들의 자유로운 대화의 권리를 침해하는 것이 될 수도 있다.

많은 고용주들은 고용인의 이메일을 읽고 검열하며, 고용인들이 집중을 못하게 만드는 것들, 즉 페이스북 같은 소셜 네트워크나 유튜브 같은 엔터테인먼트에 접속하지 못하도록 제한한다. 그들이 믿기로는 일하는 시간을 '노는 데' 쓰는 것은 자원을 제대로 쓰는 것이 아니다.

---

13) secure hypertext transfer protocol: 안전 하이퍼텍스트 전송 규약

사회적 이슈는 심지어 정부와, 정부에서 시민들을 염탐하는 데에 네트워크를 사용하는 것에도 영향을 끼치고 있다. FBI는 들어오고 나가는 모든 이메일을 스캔하여 관심 있는 정보를 알아내기 위해서 다수의 ISP들에 시스템을 설치했다. 이 시스템은 원래 '육식동물carnivore'이라고 명명되었으나, 나쁜 인상으로 인해 DSC1000으로 이름을 바꾸어야 했다. 이름은 평범하게 되었지만 이 시스템의 목표는 같다. 바로 수백만의 사람들을 염탐하여 불법적 활동에 대한 정보를 얻는 것이다. 네트워크 기술에 대한 일반적인 개념은 바로 '빅브라더가 당신을 지켜보고 있다.'이다. 사람들은 수많은 정보가 인터넷에서 떠돌고 있으며, 그 정보들이 나쁜 사람의 손에 들어갈 가능성이 매우 높다는 것에 염려하고 있다.

지식 적용하기

비즈니스 중심적 토의

망 중립성

망 중립성 – 요즈음 의견이 뚜렷이 분리된 대단한 논쟁이 대두되고 있다. 망 중립성 net neutrality은 모든 사람이 인터넷에 동일하게 접속할 수 있도록 하는 것이다. 모든 소비자들이 인터넷을 이용할 수 있어야 하며, 차별 없이 자유롭게 인터넷 자원에 접속할 수 있어야 한다는 것은 기본 원칙이다.

망 중립성에 대한 논쟁의 한 쪽 진영에는 컴캐스트와 같이 인터넷 인프라를 구축하고, 사용자들이 그들의 사용량, 말하자면 그들이 소비하는 대역폭의 양에 따라 비용을 내도록 하고 싶어 하는 ISP들이 있다. ISP들은 유튜브나 넷플릭스와 같은 곳에서 제공하는 대역폭이 많이 필요한 자원에 접속하는 사용자들이 점점 많아짐에 따라 자신의 네트워크에 과다한 부하가 발생한다고 주장한다. ISP들은 인터넷 접속이 정액 요금제에서 사용량 기준의 종량 요금제로 바뀌길 원한다.

한편 구글과 같은 서비스 제공자들은 그 반대론을 지지하는데, 만약 ISP가 종량 요금제로 변경한다면 아이튠즈나 넷플릭스와 같은 많은 인터넷 자원들의 사용이 제한될 것이라고 주장한다. 종량 요금제는 또한 인터넷이 '열어주는' 혁신적인 기회들을 억압할 우려가 있다.

미국 연방 고등법원 컬럼비아 지부는 인터넷 서비스 제공자들이 모든 웹 트래픽을 동일하게 취급해야 한다는 미국 연방 통신위원회의 망 중립성 규정을 기각했다. 이 결정에 따르면 ISP들은 넷플릭스와 아마존과 같은 회사들에게 더 빠른 콘텐츠 전송을 위해 추가 요금을 부과할 수 있다.

당신은 정부가 인터넷을 통제해야 한다는 데에 동의하는가? 웹사이트 운영자들이 경쟁자나 다른 웹사이트로부터 오는 불쾌한 정보들을 받거나 전송하도록 법으로 강요되어야 하는가? 어떤 상황에서 망 중립성이 경영에 유리한지, 어떤 상황에서 불리한지 그 예를 들어라. 종합적으로 보아 망 중립성은 경영에 유리한가, 불리한가?

비즈니스 중심적 토론

항공기 운행 중 휴대전화 통화를 허용해야 하는가?

미국 연방 통신 위원회는 비행기가 10,000피트 상공에서 운행하는 동안 승객들이 휴대전화를 포함한 무선 모바일 기기들을 사용할 수 있도록 하는 법안을 발의했다. 비행기 내에서 사용하는 휴대전화는 일반적인 휴대전화 네트워크를 사용하지 않는다. 이 네트워크가 35,000피트 이상에서는 작동하지 않기 때문이다. 항공기 전화 시스템은 일괄 처리 방식이며, 위성이나 특수 공대지 셀룰러 시스템을 통해 지상과 연결된다. 그러므로 비행기들은 일반 통신사 요금보다 분당 더 많은 요금을 부과할 것이다.

찬성론자들은 휴대전화 사용이 항공 안전에 지장을 주지 않으며, 이것이 허용된 외국 항공기의 경우 승객들의 통화가 짧고 그다지 요란스럽지 않았다고 말한다.

반대론자들은 운행 중에 음성 통화를 허용하는 것은 비상시 승무원의 질서 유지 능력을 위태롭게 하고, 기내 안의 소음과 승객간의 긴장감을 증가시킬 것이며, 항공 안전에 막대한 위험을 초래할 것이라고 주장한다. 그들은 또한 여행객들 대다수가 휴대전화 금지 규정이 유지되기를 원한다고 말한다. 당신은 비행기 내에서 휴대전화를 사용하는 것에 찬성하는가, 반대하는가?

비즈니스 중심적 창업

고프로GoPro를 어디에 사용할까?

프랑스 알프스 상공 높이 날아오르는 새하얀 꼬리가 달린 아름다운 독수리를 상상해보자. 이제 당신은 이 아름다운 생명체와 함께 날아오를 수 있다. 이 독수리의 등에 부착된 고프로 카메라가 전송하는 무선 스트리밍 비디오를 통해 당신은 진짜 새의 눈으로 바라보는 광경을 느낄 수 있다. 이 굉장한 영상은 순식간에 인터넷을 통해 퍼졌고 이제 얼마 전 아버지가 된 사람부터 올림픽 운동선수들에 이르기까지 모든 사람들이 자신들의 고프로 영상을 공유한다. 40명의 직원으로 이루어진 고프로 제작팀을 이끄는 윌 티드먼은 “카메라의 다양한 이용 방법을 보여주고 사용자들이 온라인상에서 비디오를 편집하고 공유할 수 있도록 하는 것이 우리의 목표”라고 말했다. 현재 일 분당 유튜브에 업로드 되는 비디오 중 평균적으로 세 건은 고프로 해시태그가 붙어있다.

갖가지 장면을 영상에 담는 사람들

- 군인부터 오일 정비사에 이르기까지 특수한 직업을 가진 사람들은 자신들의 업무에 고프로를 이용한다. 티드먼의 팀은 히트를 칠 잠재력이 있는 영상을 찾기 위해 인터넷을 샅샅이 뒤진다. 그는 소방관이 불이 난 건물에서 고양이를 구조하는 영상을 발견했고 이 영상은 유튜브에서 천8백만의 조회수를 기록했다.
- “한 아버지가 자신의 아기를 공중으로 던지는 영상을 우리에게 보내왔다.”고 티드먼은 말한다. “아이는 머리에 카메라를 달고 있고 당신은 이들의 즐거운 경험을 눈으로 생생히 느껴볼 수 있다.” 고프로는 지난해 수퍼볼 기간에 이 영상을 30초 광고로 내보냈다.
- 2013년에 고프로는 40대의 카메라를 이용해 롤링 스톤즈의 콘서트 투어를 촬영했다. 티드먼의 팀은 개인 제작자들 또한 지원하고 있으며, 이들의 영상은 그들에게 상당한 명성을 가져다주었고, 고프로의 인지도를 상승시키는데 일조했다.

그룹을 만들어 가장 좋아하는 제품이나 서비스를 선택한 후 고프로를 이용하여 마케팅 전략을 짜보자.

section 7.2 | 이동성: 무선 세계의 사업적 가치

학습 성과

7.3 서로 다른 무선 네트워크 범주를 설명할 수 있다.
7.4 서로 다른 무선 네트워크 비즈니스 애플리케이션을 설명할 수 있다.

무선 세계의 분류

1896년이라는 아주 옛날에 이탈리아의 발명가인 굴리엘모 마르코니가 무선 전신telegraph을 선보였고, 1927년에 미국과 영국 사이의 첫 무선전화radiotelephone 시스템이 개통되었다. 자동차에 탑재된 모바일 전화는 1947년에 만들어졌다. 1964년에는 첫 통신위성인 텔스타를 쏘아 올렸고, 곧 이어 위성으로 전달되는 전화 서비스와 텔레비전 방송이 가능해졌다. 무선 네트워크는 그 때 이후로 폭발적으로 성장하였고, 기업들과 개인 사용자가 유무선 네트워크를 거의 비슷한 수준으로 사용할 수 있도록 하는 더 새로운 기술들이 완성되어가고 있다.

무선 네트워크에 대한 논의를 더 깊게 진행하기 전에, 우리는 이동성과 무선이라는 용어를 구별해야할 필요가 있는데, 이 용어들은 대개 동의어로 쓰이지만 실은 서로 다른 의미를 가지고 있다. 모바일mobile이라는 말은 사용자와 함께 이동할 수 있는 기술을 말하는데, 예를 들자면 사용자들은 들고 다니면서 읽거나 참고하기 위해 랩톱이나 다른 모바일 장치를 통해 소프트웨어, 이메일 메시지, 웹 페이지를 다운로드 받을 수 있다. 이동 중에 수집한 정보가 PC나 기업 서버에 동기화될synchronized 수 있다. 한편 무선wireless이라는 용어는 물리적인 선으로 연결되지 않고 이루어지는 모든 종류의 작업을 말한다. 무선 홈이나 고정 PC와 프린터와 연결된 오피스 네트워크 등 무선이지만 이동성은 없는 네트워크 장치들이 있는 환경들도 많다. 어떤 이동성의 경우 무선 연결을 필요로 하지 않는다. 예를 들어 한 직원이 집에 있는 유선의 랩톱으로 일을 하고, 랩톱을 닫고, 직장으로 출근하여, 그 랩톱을 기업의 유선 네트워크에 연결할 수도 있다.

오늘날의 많은 네트워크 환경에서, 사용자들은 무선인 동시에 이동성을 갖는다. 예를

그림 7.13

무선 통신 네트워크의 분류

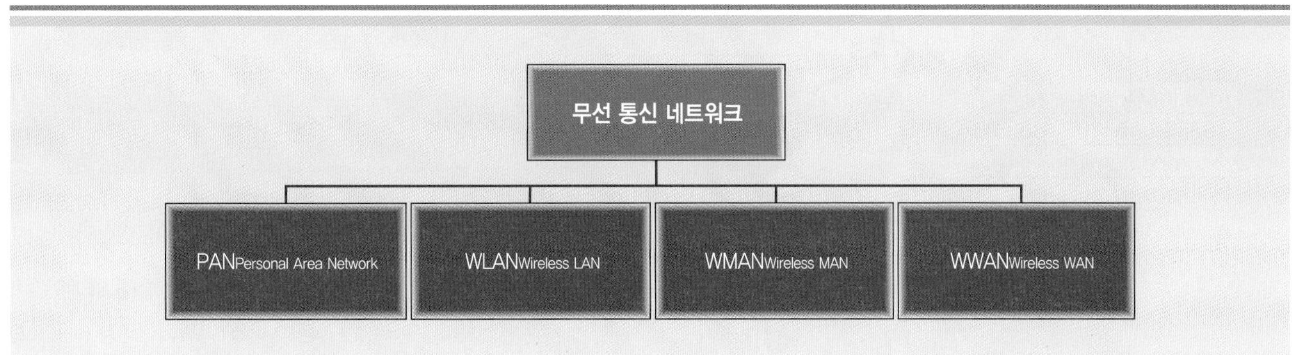

들어 기차 안에서 이동하면서 일을 하는 사용자가 VoIP 통화를 하면서 동시에 여러 개의 TCP/IP 접속을 하고 있을 수도 있다. 그림 7.13은 무선 네트워크를 종류별로 분류해서 보여준다.

개인 영역 네트워크

개인 영역 네트워크PAN는 개인 사용자가 소유하고 운영하는 장치를 통해 짧은 거리의 통신을 제공하여 준다. PAN은 이메일, 달력의 일정, 디지털 사진, 음악 등과 같은 파일을 전송하는데 사용된다. PAN은 무선 헤드셋과 휴대전화 혹은 컴퓨터와 무선 마우스나 키보드 사이의 통신을 제공해준다. 개인 영역 네트워크는 일반적으로 10미터 이하(약 30피트)의 범위 내에서 작동된다. **블루투스**bluetooth는 무선 PAN 기술로서 휴대전화, 컴퓨터 및 다른 장치들 사이의 짧은 거리에서 신호를 전송해준다. 블루투스라는 이름은 10세기 덴마크의 왕 해롤드 블루투스의 이름에서 따온 것이다. 이 기술은 전선, 도킹스테이션이나 크래들cradle, 그리고 통상적으로 개인 전산 장치들을 연결해주는 모든 특수 부가 장치들을 사용할 필요가 없도록 한다. 블루투스는 33피트 거리 내에서는 1Mbps가 넘는 속도로 작동한다. 블루투스를 사용할 수 있는 장치들은 핸드셰이크handshake에서처럼 짝을 이루는 다른 장치와 직접적으로 통신할 수 있다. 동시에 여덟 개 이상이 짝지어질 수 있다. 그리고 블루투스는 기술 장치들만을 위한 것이 아니다. 블루투스가 장착된 텔레비전, 스토브, 온도 조절 장치와 같은 가정용 기기들은 먼 거리에서도 휴대전화를 통해 제어할 수 있다.

무선 LAN

무선 LANwireless LAN은 몇 백 피트 정도의 거리상에서 라디오 신호를 통해 자료를 전송하고 수신하는 근거리 네트워크이다. **무선중계기**AP: access point는 정보 기기와 네트워크를 연결해주는 컴퓨터나 네트워크 장치이다. 각 컴퓨터는 무선 중계기에 접속되고 난 후 네트워크상의 다른 컴퓨터와 연결된다. WAPwireless access point는 장치가 서로 통신하기 위해 무

그림 7.14

Wi-Fi 네트워크

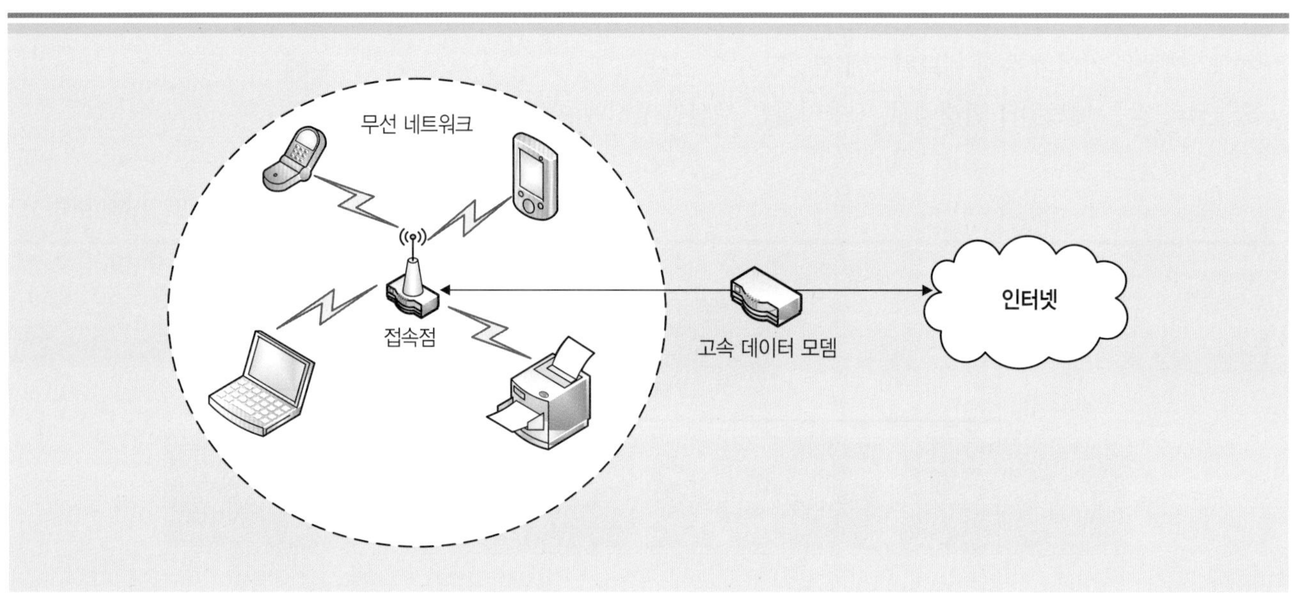

선 네트워크에 연결될 수 있도록 해준다. **다중입출력**MIMO: multiple-in/multiple-out 기술을 사용하는 WAP는 다중의 전송자와 수신자가 기존 네트워크 장치보다 훨씬 더 많은 양의 데이터를 주고받을 수 있게 해준다. **Wi-Fi**는[14] 전파를 통해 자료를 주고받는 접속점을 사용하여 이동 가능한 장치들이 무선으로 근거리 네트워크에 접속할 수 있도록 해주는 방법을 말한다. 와이파이는 도시 공원과 같은 열린 공간에서는 최대 1000m 정도의 범위까지 포함할 수 있고, 사무 건물과 같이 닫힌 공간에서는 250~400m 내외의 범위를 포함할 수 있다. Wi-Fi 기반 시설은 신호 전송기, 송신탑이나 송신주, Wi-Fi 신호를 전송하기 위해 필요한 추가적인 장비를 포함한 Wi-Fi 서비스나 유틸리티의 내부 장비들을 포함한다. 대다수의 WLAN은 Wi-Fi 기반 시설을 이용한다. 랩톱과 같은 무선 장치는 무선중계기나 와이파이를 수단으로 하는 기지국 등을 통해 통신한다.

사용자들이 인터넷에 접속할 수 있는 접속점 주변의 영역을 **핫스팟**hotspot이라고 부르기도 한다. 핫스팟은 와이 파이 무선 중계기가 공개적으로 이용 가능한 지정 장소를 말한다. 핫스팟은 레스토랑, 공항, 호텔 등과 같이 비즈니스 전문가들이 모이는 장소에서 찾아볼 수 있다. 핫스팟은 장기간의 출장 시 비즈니스 애플리케이션에 접속해야 하는 비즈니스 전문가들에게 매우 유용하다. 핫스팟을 건물, 캠퍼스, 도시 전체의 전략적인 장소에 배치함으로서 네트워크 관리자는 와이파이 사용자들이 구역 내 어디를 배회하던지 간에 상관없이 끊임없이 네트워크에 접속할 수 있도록 할 수 있다.

와이파이 네트워크에서는 사용자의 랩톱이나 다른 와이파이 사용가능한 장치들은 자료를 전파로 변환하고 무선 접속점으로 전송하는 무선 어댑터를 가진다. 보통 하드웨어 안에 내장된 안테나와 함께 송신기를 갖춘 무선 접속점은 신호를 받고 해독한다. 접속점은 유선 대역폭 연결을 통해 정보를 다시 인터넷으로 보낸다. 그림 7.14는 이 과정을 보여준다. 자료를 수신할 때, 무선 접속점은 인터넷으로부터 정보를 받아, 전파로 변환하고, 컴퓨터의 무선 어댑터로 전송한다. 만약 너무 많은 사람들이 동시에 와이파이 네트워크를 이용하려고 하면, 전파 방해나 접속이 끊기는 현상이 발생한다. 대부분의 랩톱 컴퓨터들은 무선 송신기를 내장하고 있고, 와이파이 네트워크를 자동적으로 발견하도록 해주는 소프트웨어를 가지고 있는 상태로 출시된다.

와이파이는 휴대전화가 사용하는 것보다 훨씬 더 높은 주파수에서 작동하기 때문에 더 넓은 대역폭을 갖는다. 와이파이와 관련된 대역폭은 무선 근거리 네트워크 커뮤니케이션을 수행하기 위하여, 802.11이라고 불리는 몇 가지 무선 네트워킹 기준에 따

Wi-Fi 표준	대역폭
802.11a	54 Mbps
802.11b	11 Mbps
802.11g	54 Mbps
802.11n	140 Mbps

그림 7.15
Wi-Fi 표준과 대역폭

14) wireless fidelity: 와이파이

라 구분된다. 그림 7.15는 이런 기준들의 일부와 관련된 대역폭을 보여준다. 미국전기전자공학회IEEE는 통신과 다른 기술의 전기적 표준을 연구하고 도입하는 기관이다. IEEE 802.11n(무선-N)은 무선 네트워킹의 최신 표준이다. 기존의 802.11b와 같은 표준과 비교해, 무선-N은 더 빠르고 유연하며 더 넓은 범위를 제공한다. 무선-G와 무선-N과 같은 다양한 버전의 표준들은 숫자 뒤에 붙은 소문자 표기로 구별된다.

대부분의 랩톱, 넷북, 아이패드와 같은 태블릿, 그리고 심지어는 프린터를 포함하는 디지털 장치들이 와이파이 기술을 포함시키는 사례가 증가하고 있다. 휴대전화들도 와이파이를 포함하여, 데이터 통신이 가능한 곳에서는 자동적으로 이동전화 네트워크에서 더 빠른 와이파이 네트워크로 전환할 수 있도록 하고 있다. 블랙베리와 아이폰은 이메일이나 웹브라우징과 같은 데이터 통신을 위해 액세스포인트에 접속할 수 있지만, 스카이프나 다른 VoIP를 쓰지 않는 이상은 음성은 전송할 수 없다.

무선 MAN

WMAN은 자료를 전송하고 수신하는 데에 전파를 사용하는 도시권 통신망을 말한다. WMAN 기술은 지금까지는 그다지 성공적이지는 않았는데, 적어도 미국에서는 WMAN이 넓은 범위를 다루지 못하기 때문이었다. WMAN이 성공하기 위한 한 가지 가능성은 **WiMAX**인데, 이는 도시권 통신망 사이에서 빠른 무선 데이터 전송을 가능하도록 해 주는 통신 기술이다. 여러 가지 측면에서 WiMAX는 와이파이와 비슷하게 작동하는데, 단지 더 높은 대역폭에서 더 많은 거리를 이동한다는 점이 다르다. WiMAX 타워는 접속점과 같은 역할을 하며 인터넷이나 다른 타워와 연결된다. 단일 타워는 최대 8,000km^2 정도의 영역에 서비스를 제공할 수 있으며, 따라서 도시 하나를 포함하기 위해서 몇 개만 있으면 된다. WiMAX는 70Mbp의 속도로 데이터 통신을 지원해줄 수 있다. 예를 들어 뉴욕 시에서는 하나 또는 두 개의 WiMAX 접속점만으로도 수백만의 와이파이 접속점들보다 더 저렴하게 많은 수요를 충족시켜줄 수 있다. WiMAX는 케이블이 제한되어 있거나 존재하지 않는 먼 곳이나 교외 지역에서도 사용 가능하며, 특히 상대적으로 적은 사용자들을 위해 케이블을 설치하기에는 너무 비싸거나 물리적으로 어려운 경우에도 가능하다.

WiMAX는 가시선line-of-sight과 비가시선 서비스 모두 제공 가능하다. 비가시선 서비스는 모바일 장치의 작은 안테나를 사용하여 물리적인 장애물에 가로막혀 전송이 되지 않는 10km의 한계 안쪽에 있는 WiMAX 타워와 연결한다. 이런 형태의 서비스는 와이파이와 비슷하지만 더 넓은 영역을 포함하며, 더 높은 대역폭을 사용한다. 가시선 옵션은 지붕이나 막대에 고정된 안테나를 달아 WiMAX 타워를 향하도록 하는 것이다. 이 옵션은 비가시선 서비스보다 훨씬 더 빠르며, WiMAX 타워와 안테나 사이의 거리도 50km까지 멀어질 수 있다. 그림 7.16은 WiMAX 기반시설을 보여준다.

일부 모바일 네트워크 사업자들은 WiMAX가 스마트폰에서 사용하는 것과 같이 자료 집약적인 다양한 애플리케이션들을 위한 더 넓은 대역폭을 제공해줄 수 있을 것으로 평가하고 있다. 스프린트와 클리어와이어는 미국에 국가 전체 규모의 WiMAX 네트워크를 구축하고 있다. WiMAX 사용 가능한 게임 장치, 랩톱, 카메라, 그리고 심지어 휴대전화

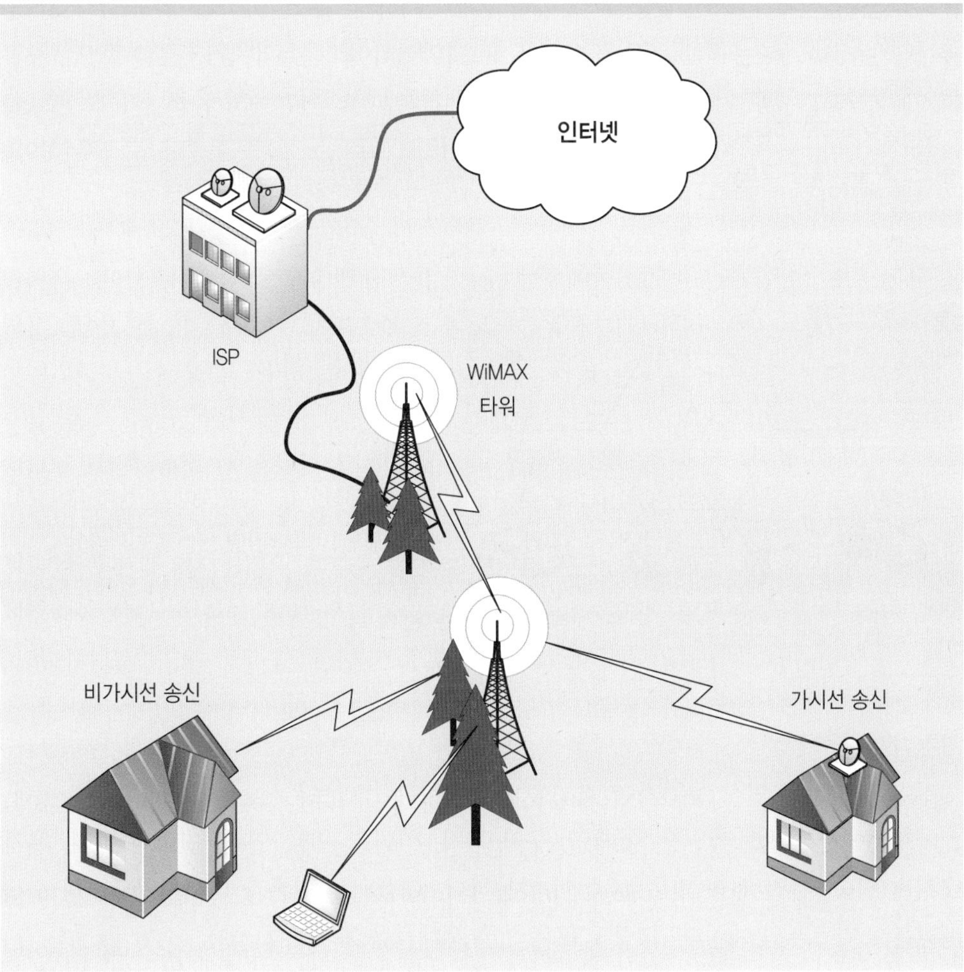

그림 7.16
WiMAX 기반시설

들도 인텔, 모토로라, 노키아, 삼성을 비롯한 회사들에서 제조되고 있다.

무선 WAN–셀룰러 통신 시스템

WWAN은[15] 전파를 사용하여 자료를 전송하고 수신하는 광역 네트워크이다. WWAN 기술은 두 가지로 분류한다. 셀룰러cellular 통신 시스템과 위성 통신 시스템이 그것이다.

1940년대의 워키토키와 1950년대의 모바일 라디오폰을 포함하여 모바일 통신mobile communication은 지금까지 여러 세대에 걸쳐 존재해왔지만, 1983년까지는 상업적으로 가능하진 않았다. 셀폰cell phone은 음성과 자료를 위한 장치로, 일군의 고정된 기지국들을 통해 무선으로 통신하다. 기지국들은 자신에게서 가장 가까운 기지국들과 연결되어 있다. 기지국이 담당하는 영역은 25km^2 정도이며, 셀cell이라고도 부르는데, 그림 7.17에 묘사되어 있다.

첫 셀폰은 1973년에 모토로라가 선보였지만(무게가 1kg이나 나갔다), 이 기술이 상업적으로 가능해지는 데에는 10년이나 걸렸다. 1983년에 출시된 모토로라의 다이나택DynaTAC은 무게가 1kg, 가격이 4,000달러나 되었다. 휴대전화 기술은 그 후로 긴 여정을

15) wireless WAN: 무선 WAN

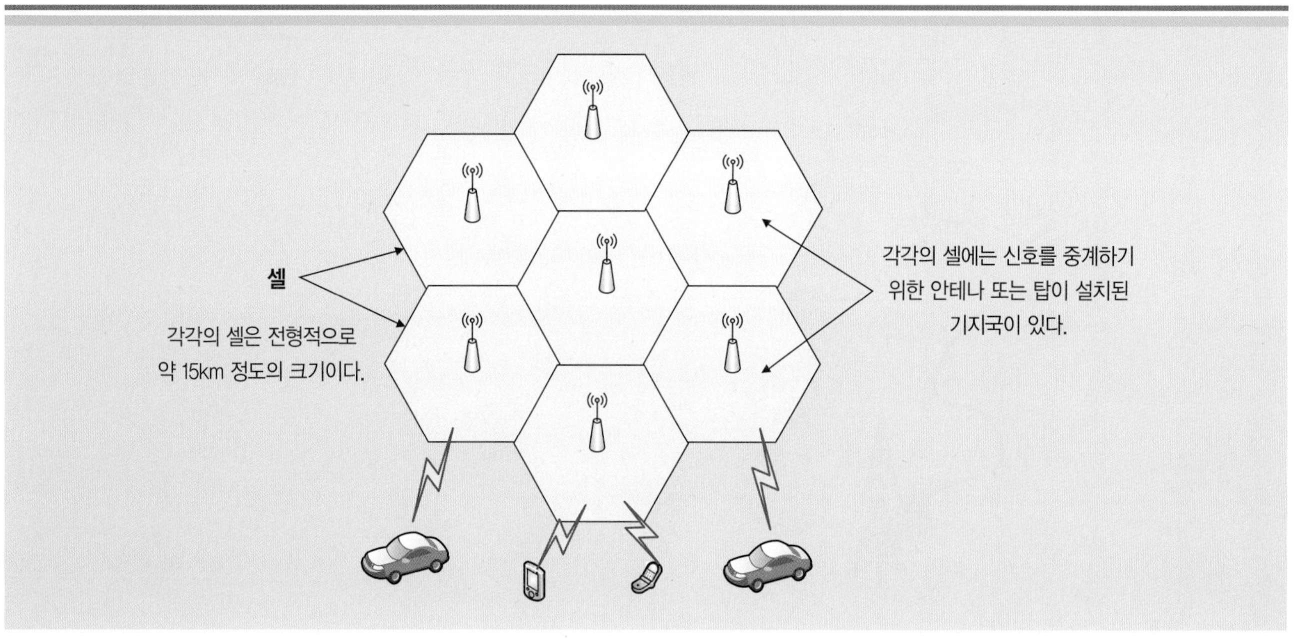
셀
각각의 셀은 전형적으로
약 15km 정도의 크기이다.
각각의 셀에는 신호를 중계하기
위한 안테나 또는 탑이 설치된
기지국이 있다.

그림 7.17
셀폰 통신 시스템 개요

거쳤다.

셀폰은 향상된 연산 능력과 연결성을 제공해주는 스마트폰smart phone으로 변신하였다. 스마트폰에서는 웹브라우징, 이메일, 음악 듣기, 비디오 시청, 연산, 연락처 관리, 문자 메시지 전송, 사진 전송 및 수신 등이 가능하다. 애플의 아이폰과 리서치인모션의 블랙베리는 스마트폰의 예이다. 그림 7.18은 셀폰 세대들을 보여준다.

스트리밍streaming은 사용자가 오디오나 비디오 파일을 전송받음과 동시에 파일을 볼 수 있도록 해주는 인터넷 전송 방법이다. 스트리밍은 휴대 전화용으로만 사용되는 것이 아니다. 모든 무선과 유선 네트워크가 이 방법을 사용할 수 있다. 이 방법의 가장 뚜렷한 장점은 속도인데, 모바일 기기와 무선기기들은 아직 동급의 유선 기기에 비해서는 속도 면에서 뒤처지기 때문에 속도는 직접적인 이득이 된다. 지금껏 모든 스마트폰은 롱텀에볼루션(LTE), 즉 4G 광대역 기반 데이터 전송 기술을 탑재하고 있었지만 광대역 기반

그림 7.18
셀폰의 세대

무선 통신		속도
1세대	– 아날로그 셀폰 서비스	14.4Kbps
2세대	– 디지털 셀폰 서비스	10 ~ 144Kbps
3세대	– 셀룰러 네트워크를 통한 광대역 인터넷 서비스 – MMS(멀티미디어 메시지 서비스) 또는 사진 메시지 서비스 추가	144Kbps ~ 4Mbps
4세대	– 언제, 어디서나, 모든(오디오, 비디오, 텍스트) – 향상된 비디오 전송	100Mbps
5세대	– 월등한 데이터 통신 속도 – 인공 지능 기능을 탑재한 웨어러블 장치	90미터 이상의 거리에서 1.5Gbps

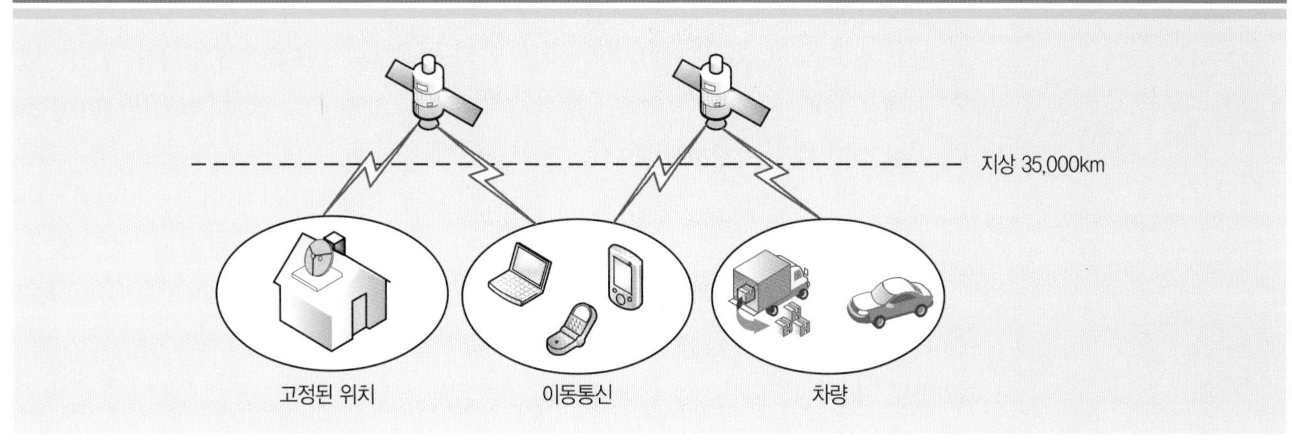

그림 7.19
위성 통신 시스템

전화 서비스는 지원하지 못했다. 그러나 VoLTE는 광대역 네트워크를 이용해 이동 음성 전화를 가능하게 해준다. 정상적인 네트워크 환경에서는 더 선명한 오디오 품질을 제공하며 끊어지는 현상도 개선했다. VoLTE는 이동 전화 상으로 VoIP 전화서비스를 이용하는 것이라 보면 이해하기 쉽다. 그 기능은 여전히 동일하지만 데이터 전송이 더 빠르고 효과적인 방식으로 이루어진다.

무선 WAN－위성 통신 시스템

다른 무선 WAN 기술로는 위성 통신 시스템이 있다. **위성**satellite이란 지구를 공전하면서 지구에 있는 광범한 지역의 기지국들로부터 신호를 주고받는 우주 기지를 말한다. 위성 시스템이 고려의 대상으로 처음 떠오른 것은 1990년대로, 그 목적은 모바일 전화가 여러 제공자들의 네트워크 사이를 떠돌아다닐 필요 없이 지구 전체를 포함하는 무선 음성 및 데이터 서비스를 제공하기 위한 것이었다. 그러나 위성 네트워크는 상업적으로 사용 가능하게 된 시점에 이미 셀룰러 통신 시스템에 추월당하고 말았다.

위성 통신에 사용되는 장치들은 휴대기기에서부터 모바일 전화 기지국, 고정된 위성 수신 안테나에까지 이른다. 데이터 전송의 순간 최고 속도는 2.4Kbps에서부터 2Mbps까지이다. 위성 기술은 일상적으로 대량의 자료를 송수신하는 전문적 사용자에게는 큰 이점을 제공하지는 않지만, 원거리 통신과 반드시 원거리는 아니라도 확실한 통신을 원하는 사람들에게는 훌륭한 대안을 제공한다.

종래의 통신 위성들은 지구상에서 35,000km 정도 떨어진 고정된 궤도상을 돌고 있다. 더 새로운 위성 매체인 저궤도 위성은 지표에 더 가깝게 돌면서 더 약한 송신기로부터의 신호들도 받아들일 수 있다. 저궤도 위성은 더 적은 에너지를 사용하며 기존의 위성보다 위성을 쏘아 올리는 데 드는 비용도 더 적게 든다. 위성 네트워크를 통해, 사업가들은 전 세계 거의 어느 곳에서나 음성, 화상 회의, 인터넷을 포함해 완전한 통신 능력에 접속할 수 있다. 그림 7.19는 위성 통신 시스템을 간략하게 보여주고 있다.

무선 연결을 보호하기

잃어버리거나 도난당한 기기에 접속 코드나 비밀번호가 저장되어 있었을 경우 네트워크 침입이 발생할 수 있다. 그러나 이뿐만 아니라 무선 네트워크가 유선 네트워크에 접속하는 모든 순간은 접속하지 않았다면 안전했을 무선 네트워크에 해커가 침입할 수 있는 통로를 여는 것과 같다. 이런 위험은 무선 네트워크가 그 자체로 충분히 보안에 신경을 쓰지 않았을 때 더 높아지게 된다.

인터넷의 등장 이전에 해커들은 대개 유선 네트워크에 침입하기 위해서 기업의 건물에 물리적인 방법으로 들어가야만 했다. 이제는 인터넷으로 인해 해커들이 멀리서도 침입할 수 있는 무수히 많은 접속점이 존재하고 있다. 이런 위협은 방화벽에서부터 VPN과 SSL, HTTPS에 이르기까지 다양한 보안 기술이 발달하게 된 원인이다.

몇몇 기술들은 무선 네트워크가 각각 따로 접속되던지 한꺼번에 접속되던지 간에 허가받지 않은 접속으로부터 네트워크를 보호할 수 있다. 한 가지 방법은 와이파이 액세스 포인트들을 인증하는 것이다. 와이파이 통신은 방송이 되기 때문에, 가청거리 내에서는 누구라도 통신을 가로챌 수 있다. 어떤 사람이 공공 와이파이 접속점을 통해 보안되지 않은 웹사이트에 접속을 하게 되면, 그 사람의 로그온 아이디와 비밀번호가 개방된 방송전파를 통해 보내져서, 다른 누군가가 로그온 아이디, 비밀번호, 신용카드 번호, 그 밖에 다른 중요한 정보들을 엿듣거나 가로챌 수 있는 높은 위험성이 발생한다. WEP는 무선 전송 데이터를 보호하기 위해 설계된 암호 알고리즘이다. 당신이 와이파이 연결을 이용하고 있다면, WEP는 하나의 키를 이용해 데이터를 인간이 읽을 수 없는 형식으로 변환하여 암호화한다. WEP의 목적은 무선 네트워크의 보안을 유선 네트워크와 동일한 수준으로 끌어올리는 것이다. 그러나 유감스럽게도 WEP 기술이 WPA와 같은 최신 프로토콜에 비해 상대적으로 불안전하다는 것이 증명되었다. 와이파이를 사용하는 WLAN은 WPA라는[16] 내장된 보호 메커니즘을 사용하는데, 이는 와이파이 네트워크를 보호하기 위한 무선 보안 프로토콜을 말한다. WPA는 기존의 와이파이 보안 기준인 WEP를[17] 더 향상시킨 것으로서, 더 복잡한 데이터 암호화와 사용자 인증을 제공한다. 접속점을 사용하려는 사람은 와이파이 연결에 접속하기 위해서 WPA 암호화 키를 알아야만 한다.

워초킹war chalking은 와이파이 접속이 가능한 지점의 정보를 공개하는 행위를 말한다. 워초킹 정보는 다른 사용자들에게 가능한 접속 종류, 네트워크 속도, 네트워크 보안 상태 등을 표시한다. **워 드라이빙**war driving은 차량을 운전하며 고의적으로 와이파이 신호를 찾아다니는 것을 말한다. 워 드라이빙에 참여하는 많은 개인들은 단순하게 와이파이 네트워크가 가능한 곳의 지도를 만든다. 그러나 좀 더 악의적인 목적으로 네트워크를 해킹하거나 침투하기 위해 워 드라이빙을 이용하는 사람들도 있다. 워 드라이빙은 시작부터 많은 논란거리가 되어 왔으며 무선 네트워크 보안의 중요성을 일깨워주고 있다.

모바일 장치 관리하기

IT 소비자화IT consumerization는 기기와 애플리케이션을 개인용 및 업무용으로 함께 사용하는 것이다. 오늘날의 노동 인력들은 인터넷과 함께 성장해왔으며, 그들은 기업용 기술과 개인용 기술을 구별하지 않는다. 직원들은 사무실에서도 집에서 사용하는 것과 동일

16) Wi-Fi Protected Access: 구간 데이터 암호화

17) Wired Equivalent Privacy: 유선급 보안

한 기술을 사용하기를 원한다. 개인용 기술과 업무용 기술의 혼합은 기업의 MIS 부서에 중요한 영향을 미쳤다. 과거에는 MIS 부서가 모든 기술을 조직을 위해서만 선택했다면, 오늘날에는 기업의 네트워크를 보호하고 금지되거나 권장되지 않는 기술을 관리하는 방법을 고민해야 한다. MIS 부서가 IT 소비자화에 대응하는 방법에는 **모바일 기기 관리** MDM:mobile device management와 **모바일 프로그램 관리** MAM:mobile application management 두 가지가 있다.

MDM은 데이터 보안을 위해 스마트폰과 태블릿을 원격으로 통제한다. MIS 부서는 업무용 스마트폰에 패스워드를 요구하는 식으로 MDM을 실행한다. 이 방식은 데이터 암호화 보장하고 스마트폰 분실 시 기기의 모든 데이터가 원격으로 삭제될 수 있도록 한다. MDM은 회사 정책을 강화하고, 물품 목록을 추적하고, 실시간 모니터링과 보고를 가능하게 한다. MDM의 한 가지 문제는 기기들이 고용주가 아니라 직원들의 소유인 시대에 완전한 기기적 접근법은 지나친 처사가 될 수 있는 것이다. 사용자들은 "밤에 이메일을 확인하기 위해 내 스마트폰을 사용하는데 왜 항상 패스워드를 입력해야 하는가?" 또는 "스마트폰을 잃어버렸는데 왜 IT부서가 내 애완견의 사진을 원격으로 삭제하려 하는가?" 등의 의문을 품을 수 있다.

MAM은 업무용 및 개인용 스마트폰과 태블릿에 응용 프로그램을 설치하고 관리하는 방식이다. MAM 소프트웨어는 소프트웨어의 전달, 허가, 유지관리 등을 도와주며 프로그램 간에 민감한 데이터 공유를 제한할 수도 있다. MAM의 중요한 기능 중 하나는 기업 네트워크 관리자들이 최종사용자의 기기로부터 기업의 모바일앱을 원격으로 삭제 가능하다는 점이다.

무선 네트워크의 경영에의 적용

모든 종류와 규모의 기업들이 수년간 무선 기술에 의존해 왔다. 운수, 택배 회사들은 운송 수단과 귀중한 짐들의 위치를 추적하기 위해, 또 국제 업무의 물류를 최적화하기 위해, 운송 능력을 완벽하게 하기 위해, 그리고 도난과 파손을 줄이기 위해 가장 처음으로 무선 애플리케이션들을 발전시킨 곳들에 속한다. 미국항공우주국이나 국방부와 같은 정부 기관들은 수십 년 동안 군대와 무기, 군대 자산의 이동을 추적하고, 자료를 수신하고

그림 7.20
무선 경영 애플리케이션

방송하기 위해, 또 아주 먼 곳과 통신하기 위해 위성 기술을 사용해 왔다.

무선 기술은 또한 새로운 애플리케이션의 탄생을 가능하게 했다. 어떤 애플리케이션들은 기존의 성능을 더 향상시켰다. 예를 들어 UPS는 블루투스부터 WWAN에 이르는 몇 가지의 무선 네트워크 기술을 결합하였는데, 스캐너와 착용 가능한 데이터 수집 단말기를 배치하여 모든 배달 센터 전체에서 포장 관리와 추적을 자동화하고 표준화하도록 한다. 그림 7.20은 무선 기술을 이용한 세 가지 경영 애플리케이션을 보여준다.

전파식별RFID

RFID는 전자 태그나 라벨을 이용하여 물체를 무선으로 가까운 거리 내에서 식별하는 기술을 말한다. RFID는 바코드와 같은 기존의 인식 기술에 대한 확실한 대안이다. RFID는 태그tag가 달린 물체와 판독기reader/writer 사이에서 무선으로 정보를 교환한다. 전파식별 태그는 칩과 안테나로 구성된 전자식별 장치이다. 전파식별 판독기RFID reader는 범위 내에 있는 전파식별 태그들의 콘텐츠를 판독하는 송신기/수신기이다. 그림 7.21에서처럼 RFID 시스템은 하나 이상의 태그와 하나 이상의 판독기, 둘 이상의 안테나(하나는 태그, 다른 하나는 각각의 판독기에), RFID 애플리케이션 소프트웨어, 컴퓨터 시스템이나 서버로 구성된다. 대개 쌀 한 톨보다도 더 작은 태그는 부착할 수 있는 바코드 형태로 책이나 옷 같은 상품에 사용할 수도 있고, ID 카드나 포장 라벨에 포함시킬 수도 있다. 판독기는 식료 잡화점의 무인 계산대처럼 독립적인 기기일 수도 있고, 들고 다니는 용도로 사용할 수 있도록 모바일 기기에 통합시킬 수도 있고, 프린터에 있는 것처럼 내장형일 수도 있다. 판독기는 무선 신호를 수신하도록 프로그램된 영역 안의 모든 태그들에게 무선으로 요청을 보낼 수 있다. 태그들은 안테나를 통해 신호를 받아 자신에게 저장된 자료를 송신하여 반응을 보낸다. 태그는 제품 번호, 설치 방법, 활동 내역(선적 정보와 같은) 등 여러 가지의 자료를 저장할 수 있다. 판독기는 태그의 신호를 안테나로 수신해서, 받은 정보를 번역하여 연관된 컴퓨터 시스템이나 서버로 전송한다.

능동형 전파식별 태그active RFID tag가 송신기와 전원(보통 배터리)을 가지고 있는 반면, **수동형 전파식별 태그**passive RFID tag는 전원이 없다. 이 전원은 마이크로칩의 전기 회로망을 읽고 판독기에 신호를 송신하는데 이용된다(휴대전화가 기지국에 신호를 전송하는

그림 7.21

RFID 구성 요소

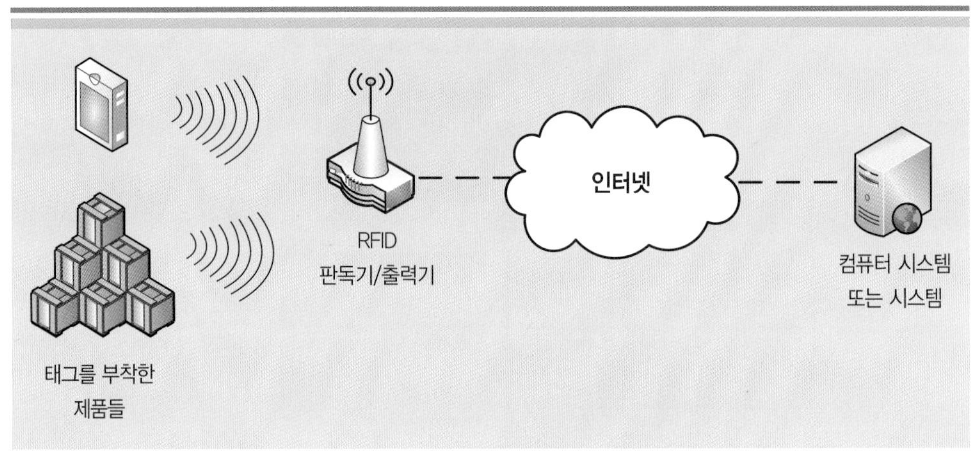

것과 유사한 방식이다). 수동형 전파식별 태그는 태그의 안테나 속 전류를 유도하는 전자기적 파동을 발생시키는 전파식별 판독기로부터 전원을 끌어온다. **반수동형 전파식별 태그**semi-passive RFID는 마이크로칩의 전기회로를 구동시키는데 배터리를 사용하지만 통신에는 전파식별 판독기로부터 끌어온 전력을 사용한다. **자산추적**asset tracking은 고가의 상품이나 자산에 능동형 또는 반수동형 RFID 태그를 부착하여 물품들의 위치 데이터를 추적하는 것이다. 자산 추적은 기업이 공급망에 초점을 맞추고, 도난을 줄이고, 자산의 최종 사용자를 식별해내고, 유지보수 루틴을 자동화할 수 있게 해준다. 능동형 및 반수동형 태그는 선로 위의 철도 차량과 같이 장거리에 걸쳐 조사되어야하는 고가의 상품을 추적하는데 유용하다. 능동형 및 반수동형 RFID 태그의 비용이 비교적 고가이므로 저가의 상품에는 보통 수동형 RFID 태그가 사용된다.

RFID 가속도 측정기RFID accelerometer는 어떤 대상의 가속도(속도 변화율)를 측정하기 위한 장치이며, 트럭이나 택시의 속도를 추적하는데 이용된다. **칩이 없는 RFID 태그**chipless RFID tag는 실리콘 마이크로칩 대신 플라스틱이나 전도성 폴리머를 이용하여 물에 노출되어도 칩이 손상되지 않는다. RFID의 혁신적인 이용 방법에는 다음과 같은 것들이 있다.

- RFID 칩을 주사기를 이용해 동물의 피하에 주사하여 대규모 목장 주인들이 가축을 관리하기 용이하도록 하거나, 생태 연구에서 야생동물들을 추적할 수 있게 하고, 잃어버린 애완동물을 찾을 수 있게 한다.
- 소매상들은 재고를 추적하고 감시하는데 RFID를 사용한다. 병원과 제약 회사들은 RFID를 통해 정부의 규제와 기준을 지킬 수 있다. 지역 도서관에서조차도 도난을 방지하고 대출 과정을 빠르게 하기 위해 RFID를 사용한다.
- 자동차 제조업체에서는 RFID 도난 방지 시스템을 사용한다. 유료 도로에서는 e-Pass나 SunPass와 같은 RFID를 사용하여 지나가는 차들에게서 요금을 받는다.
- 병원에서는 환자와 의사, 간호사들의 위치를 추적하여 비상사태에 대비하기 쉽게 하고, 안전한 상황을 유지할 수 있도록 한다. RFID는 또한 비상시에 빨리 사용할 수 있도록 장비들의 위치도 추적할 수 있다.
- 아메리칸 익스프레스 사나 마스터카드 사는 자동결제에 RFID를 사용한다.
- 월마트를 비롯한 대형 소매상에서는 RFID를 이용해 재고를 유지하고, 상점 절도를 방지하고, 고객들의 계산 과정을 더 빠르게 한다.

위성 위치확인 시스템GPS

GPS는 위성에 기반을 두고 극도로 정확한 위치와 시간, 속도 정보를 알려주는 내비게이션navigation 시스템이다. 미국 국방부는 이 기술을 1970년대 초에 개발해 이후에 공공이 사용할 수 있도록 공개했다. GPS는 지구를 공전하는 24개의 위성들을 사용해 수신기에 신호를 보내는데, 수신기는 동시에 서너 개의 위성과 통신할 수 있다. GPS 수신기는 유선이거나 혹은 블루투스와 같은 무선 기술을 사용해 별도의 모바일 장치에 연결될 수 있고, 또는 모바일 전화나 자동차 내비게이션 시스템과 같은 장치들에 포함될 수도 있다. **AVL**automatic vehicle location은 GPS를 이용한 차량 위치 추적 시스템이다. AVL 시스템은 제어 센터와 연결되어 있는 차량용 GPS 수신기를 이용한다. 가민Garmin은 인기 있는 GPS 추적 시스템 제조사 중 하나이다. 추적 시스템은 차량 추적, 휴대전화와 노트북의 융합, 물속에서 및 공중에서 사용가능 한 하이커 내비게이션을 제공한다.

수신기는 자신이 보낸 신호가 위성에 도달하기까지 걸리는 시간을 측정하는 동안 위성은 끊임없이 신호를 내보낸다. 이렇게 시간을 재면 신호의 속도를 이용해 거리를 결정할 수 있는데, 정확한 위치 정보를 제공하기 위해 세 곳의 서로 떨어진 위성에 대해 측정을 한다. 시간 측정은 각 위성에 탑재되어 있는 강력한 시계를 이용하며, 1000분의 1초의 오차가 300km 정도의 차이를 초래할 수 있으므로, 매우 정확해야 한다. GPS는 일반적으로 실제 위치에서 1.5m에서 15m 정도 이내의 매우 정확한 결과를 제공한다(군용 버전은 훨씬 더 정밀하다). GPS는 또한 위도, 경도와 고도 정보도 제공한다. **위도**latitude는 남쪽과 북쪽의 위치 측정값을 나타내며, **경도**longitude는 동쪽과 서쪽의 위치 측정값을 보여준다. **지오캐시**geocache는 GPS 기술을 이용해 인터넷에서 특정 아이템의 위도와 경도 정보를 알아내는 어드벤처 게임이다. 사용자들은 지오캐시를 찾으면 보통 방명록에 흔적을 남기는데, 아이템을 가져가고 다음 플레이어가 찾을 아이템을 남겨놓기도 한다. 캐시는 보통 사람들의 도전의욕을 불러일으키는 흥미로운 장소에 높여진다. **지오코인**geocoin은 동전 크기의 둥근 물체로 고유 번호가 새겨져 있으며 지오캐시에서 숨겨지는 물품이다. 지오코인은 콜로라도 주나 생일 파티 모자와 같은 테마에 맞게 제작되기도 한다. 지오코인은 보통 장식이나 기념을 위한 것으로, 기술적 모험에 매우 가치 있는 수집품이 되었다.

경찰차에서부터 불도저에 이르기까지, 덤프트럭에서 시장이 타는 리무진에 이르기까지, GPS 애플리케이션은 오늘날 모든 종류의 기업 운송 수단에 존재하고 있다. 비상 응답 시스템은 GPS를 사용해 운송 수단을 추적하여 사고 현장에 가장 가까운 차량을 급파하도록 한다. 만약 차량이 실종될 경우, 차량의 GPS 추적기가 차량을 찾는데 도움을 줄 수 있다. **ETA**estimated time arrival는 특정 목적지에 도착하는 예정 시각이며, 보통 내비게이션 프로그램에 사용된다. **ETE**estimated time en route는 현재 속도를 이용하여 계산된 목적지에 도착하기까지의 잔여 시간이며, 이것 역시 내비게이션 프로그램에 사용된다.

지리 정보 시스템GIS

GPS는 GIS의 기반을 제공해준다. **GIS**는 지도상의 데이터를 저장하고 보여주고 분석하며 다차원의 차트나 지도를 생성한다. 일례로 GIS는 캐나다, 그린란드, 남극에서 녹고 있는 빙하의 속도를 측정함으로써 지구 온난화를 모니터한다. 지도학cartography은 그림이 포함된 도표나 지도를 만드는 과학과 기술이다. GIS는 사용자가 보고, 도표, 지도 등의 형식으로 양식과 추세를 담고 있는 여러 방식에서 정보를 해석하고, 분석하고, 시각화할 수 있게 해준다. 경계선 정합edge maching, warping, rubber sheeting은 종이 지도들의 경계를 서로 맞추어 지도상에서 발견되는 일치하지 않는 항목들을 일치하도록 재구성하는 작업이다. 조사 오류 및 지도상의 오류 등 같은 여러 가지 이유로 지도에서 정보 불일치가 빈번하게 일어나기 때문에 경계선 정합은 GIS 데이터베이스를 구축하는데 매우 중요한 요소이다. GIS 지도 자동화GIS map automation는 기업의 자산을 중앙 집중화된 시스템에 연결하여 시간 경과에 따라 추적되고 모니터될 수 있도록 하는 것이다.

공간정보spatial data, geospatial data, geographic information는 지구상의 자연물이나 인공물, 바다 등 지형지물의 특성과 경계의 지리적 위치를 식별한다. 공간 정보는 지도로 표시될 수 있으며 좌표와 위상으로 저장된다. GIS는 공간 정보에 접속하여 그 정보를 다루고 분석한다. 공간 데이터베이스에서 **지오코딩**geocoding은 고유 ID(지역 번호, 노드 번호)나 분류(토양 유형, 지역 카테고리)로 기능하는 속성에 디지털 지도 특성을 할당하는 코딩 프로세스이다. GIS 전문가들은 보증된 지오코딩 작업자들이며, 공간 정보를 분류할 때 기업의 표준을 충족할 수 있도록 도와준다. 다차원 지도상에 표시할 정보를 제공해주는 하드웨어, 소프트웨어, 데이터로 구성된다. 이 정보는 건물의 위치, 거리의 개요, 인구 밀도 등을 포함한다.

운송과 관련된 일을 하는 기업에서는 GIS를 데이터베이스와 GPS 기술과 결합시킨다. 항공과 선박 회사에서는 소속된 운송 수단들의 실시간 위치 정보를 가지고 선로를 계획할 수 있다. 병원에서는 GIS와 ID 배지로부터 신호를 송신하는 센서를 이용해 의료 종사자들의 위치를 파악할 수 있다. 자동차의 GPS는 자동차의 위치와 이동 방향을 대시보드의 화면에 보여주는 GIS 지도와 연결되어 있다. GM은 온스타OnStar 시스템을 제공하는데, 이 시스템은 자동차의 정확한 위치 정보를 온스타 센터에 끊임없이 전송한다.

어떤 모바일 전화 제공자들은 GPS와 GIS 능력을 결합하여 테니스 코트 정도의 크기의 범위 내에서 사용자들의 위치를 알아낼 수 있어 911과 같은 비상 서비스를 돕는다. 농부들은 GIS를 사용해 경작지의 지도를 만들고 분석할 수 있는데, 이는 그들에게 어디에

그림 7.22 GIS의 용도

지리 정보 시스템의 용도	
근처에 무엇이 있는지를 찾는다.	어떤 특정한 장소가 주어지면, GIS는 주어진 반경 내에서 원하는 것을 찾아준다. 찾는 것은 극장, 의료 시설, 식당, 주유소 등이 될 수 있다. 사용자들은 GIS를 이용하여 그들이 사고자 하는 특정한 상품을 파는 가게의 위치를 주변 지역의 지도나 주소의 형태로 찾아볼 수도 있다.
경로 정보	사용자들이 어디로 가고 싶은지를 결정하면, GIS는 지도나 경로 안내를 통해 가야하는 방향을 제시해줄 수 있다. 경로 정보는 검색 서비스와 함께 결합하여 사용하면 더 효과적이다.
정보 수신	사용자들은 자신이 있는 곳 근처에 관심이 있을 만한 정보가 있을 경우 알려주기를 바랄 수도 있다. 통근자는 고속도로의 어떤 부분에 교통체증이 있는지 알고 싶어 할 것이고, 쇼핑을 하는 사람은 좋아하는 가게가 특정 품목에 대해 할인을 하고 있을 경우 그 정보를 알고 싶어 할 것이다.
밀도 표시	GIS는 평방 마일과 같이 정해진 기준 단위 면적에 기초하여 인구나 사건의 밀도 등을 표시하여, 분포와 집중도를 알아보기 쉽도록 한다. 경찰은 추가적으로 순찰을 돌아야할 곳이 어딘지를 결정하기 위해 범죄 사건을 지도에 표시할 수 있고, 가게들은 이상적인 배달 경로를 찾기 위해 고객들의 주문사항을 지도에 표시할 수 있다.
수량 표시	사용자들은 어떤 것이 가장 많거나 적은 곳을 찾아내기 위해 지도상에 그 수를 표시할 수 있다. 예를 들어, 어떤 사람이 커피 전문점을 개업하고자 한다면 어떤 지역에 얼마나 많은 가게들이 이미 있는지를 알아볼 수 있고, 도시계획을 하는 사람은 어느 곳에 더 많은 공원을 만들어야 하는지 결정할 수 있다.

적절한 양의 씨를 심고 추수를 하고 제초제를 뿌려야하는지를 말해준다.

GIS는 가장 가까운 주유소나 은행이 어디인지 찾을 수 있고, 특정한 장소로 가는 가장 좋은 방법을 알아낼 수 있다. 또한 기업의 고객들이 대부분 어디에 살고 어디에서 일하는지를 바탕으로 어떤 곳에서 회의를 여는 것이 가장 적절한지와 같은 패턴을 찾는 일에도 GIS가 도움이 된다. GIS는 이런 정보를 시각적으로 효과적으로 보여줄 수 있다(그림 7.22).

GIS는 고정된 장소에 있는 사람들과 이동 중인 사용자 모두에게 정보와 정보에 대한 통찰력을 제공할 수 있다. 구글어스는 위성사진과 지리 데이터, 구글의 검색 능력을 결합하여 사용자들이 컴퓨터나 모바일 기기에 다운로드 받을 수 있는 가상의 지구를 만들어냈다. 이는 경영에서 유용하게 사용할 수 있는 혜택을 제공할 뿐 아니라 교육의 기회도 많이 제공해준다. 그랜드캐니언에 대해서 그냥 말로만 설명하는 대신에, 교사는 구글어스를 이용해 그 지역을 보여줄 수 있다.

GPS와 GIS는 모두 LBS를 사용하는데, **LBS**location-based services는 서비스를 제공하기 위해 위치 정보를 사용하는 애플리케이션을 말한다. LBS는 이동하는 사용자들이 개인에 맞춘 지역 콘텐츠에 바로 접속하게 하도록 설계되었는데, 그 범위는 911 애플리케이션에서부터 친구 찾기("내 친구가 1,000피트 반경 안에 있으면 알려달라."), 게임(보물찾기), 지역 기반 광고("모퉁이의 스타벅스에 방문해 라떼를 1달러 할인 받으세요.")에까지 이른다. GPS와 GIS를 보완하는 여러 가지 LBS 애플리케이션에는 다음과 같은 것들이 있다.

- 긴급 서비스
- 현장 서비스 관리
- 검색 서비스
- 지도
- 내비게이션
- 자산 추적
- 교통 정보
- 차량 위치
- 날씨 정보
- 무선 광고

페이스북과 트위터가 웹 2.0 혁명을 가속화하는데 한 몫 했던 것처럼, 포스퀘어Foursquare, 고왈라Gowalla, 룹트Loopt와 같은 애플리케이션들은 LBS에 관심이 집중되도록 하였다. 각각의 애플리케이션은 소셜 미디어 사용자들이 친구의 위치를 찾을 수 있도록 도와주는 이동 전화 서비스이다. 페이스북과 트위터는 기존의 애플리케이션을 보완하기 위해 위치 기반 서비스를 추가하였다.

지식 적용하기

비즈니스 중심적 윤리와 보안

수호자곰

런던에 본사를 둔 두 기업이 아픈 아이들이 병원을 병문할 때 디즈니랜드를 방문하는 것과 같은 즐거움을 주기 위해 껴안고 싶은 곰을 개발했다. 수호자곰은 어린 아이가 곰인형을 껴안으며 그 발을 잡으면 아이의 심장 박동, 체온, 혈액 내 산소 농도 등을 측정한다. 모든 측정 수치는 무선으로 간호사들과 부모의 모바일 기기로 전송된다. 이 귀여운 곰인형은 아이들의 심장 박동을 측정하여 잠재된 문제들을 재빨리 발견할 수 있도록 설계된 센서들로 구성되어 있다. 수호자곰이 이것들을 측정하는데 걸리는 시간은 5~7초 정도이며, 한 시간에 5회가 작동되도록 되어있다. 이 수호자곰은 향후에 상호 작용 기능을 추가할 예정에 있으며, 이 기능은 아이들이 좀 더 즐겁게 병원을 방문할 수 있도록 아이가 좋아하는 노래나 동화를 알아내어 관련된 콘텐츠를 재생할 것이다. 미국의 대형 약국들이 이미 50만 달러어치의 주문을 마친 상태이며, 이 곰인형들은 가까운 병원에 기증될 계획이다.

이것은 분명 매우 획기적인 아이디어임에는 틀림없으며, 우리는 머지않아 주변의 많은 병원에서 수호자곰을 볼 수 있을 것이다. 그렇다면 수호자곰이 주목해야 할 또 다른 시장이 있을까? 이 곰인형과 관련해서 어떤 윤리적 문제가 발생할 수 있을까? 이 인형과 관련된 보안 문제에는 어떤 것들이 있을까?

비즈니스 중심적 MIS

스포츠 센서

센서는 열, 빛, 소리, 동작 등과 같은 물리적 특성을 감지하고 측정하여 그것을 기록하거나 표시하고, 그것에 특정한 방식으로 반응하는 장치이다. 새롭게 선보인 다양한 하이테크 장비들은 무선앱과 센서를 함께 이용하여 코치에게 가르침을 받는 수준의 피드백을 아마추어 운동선수들에게 제공한다.

- **테니스(소니)**: 소니가 개발한 테니스 추적 장치 및 앱은 과거에는 전문가들만이 사용가능했던 일종의 게임 플레이 데이터를 사용자가 수집할 수 있도록 해준다.
- **골프(스윙바이트Swingbyte)**: 초경량 센서를 골프 클럽에 끼우면 이것이 속도, 가속도, 스윙 모션을 비롯해 다른 통계 자료를 모니터한다.
- **하키(Fwd 파워샷)**: 초경량 센서를 스틱 손잡이 끝에 부착하면 이것이 스윙 속도와 각도, 가속도 등을 측정한다.
- **농구(94Fifty 스마트 센서)**: 일반 공에 센서가 내장되어 있어 슈팅 속도, 공의 궤적, 백스핀과 드리블 속도 및 세기를 추적한다.
- **야구(젭Zepp)**: 배트의 손잡이 끝에 부착된 센서는 속도, 스윙면, 타격 각도를 측정한다.

그룹을 지어 센서를 이용한 제품을 만들어보자. 그리고 센서가 무엇을 측정할 것인지, 그 피드백을 어떻게 사용자에게 전달할지도 생각해보자.

비즈니스 중심적 세계화

물고기를 위한 와이파이

얼마 전 시애틀 아쿠아리움은 기존의 네트워크 기반을 활용해 수족관의 깊은 물속에도 무선 시스템을 적용하기로 결정했다. 아쿠아리움의 웹 및 소셜 미디어 담당자 팸 라몬은 일 년 반이 지난 지금 아쿠아리움은 방문객들을 위한 독특한 서비스뿐만이 아니라 직원들과 공동체 간의 소통을 강화하는데도 와이파이를 사용하고 있다고 말한다. 20kg에 달하는 거대 태평양 문어 우미가 오랜 기간 미동조차 하지 않으면 이제 직원들은 태블릿을 손에 들고 전시관을 누비며 우미가 젖을 먹이는 영상을 방문객들에게 보여주고 그들의 궁금증을 해소시켜준다.

무선 시스템은 아쿠아리움을 방문하지 못하는 사람들과도 소통할 수 있도록 한다. 최근 구글 생방송 서비스Google+ Hangout on Air 중에 동부 해안 지방에 사는 한 어린 소년이 탱크 안에 몇 마리의 물고기가 있는지 다이버에게 물은 적이 있었다. 잠수복과 마이크와 스피커가 달린 마스크를 착용하고 있던 다이버는 물고기들을 가리키며 숫자를 세기 시작했다. "하나, 둘, 셋, 넷, 다섯, 여섯, 일곱." 500까지 세고 나서 지친 다이버는 아이에게 수족관 안에 대략 500마리의 물고기가 있다고 알려주었다. 그러고 나서 그녀는 농담조로 말했다. "물고기들은 세는 동안 쉬지 않고 움직이기 때문에 그 수를 정확히 세기는 어렵답니다."

시애틀 아쿠아리움은 서비스를 확장하거나 개선하기 위해 와이파이를 이용하는 회사나 조직과는 다르다. 와이파이는 이제 기업의 직원과 고객에게 주는 특별한 서비스에서 필수품으로 바뀌었다. 많은 기업들은 와이파이 없이, 또는 제한된 와이파이 서비스로 더 이상 만족할 수 없다. 더 나은 해결책을 가능하게 하는 기술들이 존재하며, 기업들은 네트워크 문제를 해결하기 위해 더욱더 복잡한 장비를 이용하고 있다. 차세대 무선중계기부터 클라우드를 기반으로 하는 관리 시스템에 이르기까지 와이파이는 기업의 역량을 확장시키는데 도움을 주고, 관리도 쉬우며, 그리 비싸지 않은 비용으로 이용가능하다.

그룹을 만들어 시애틀 아쿠아리움처럼 와이파이 기술을 이용해 이득을 얻을 수 있는 주변의 회사를 찾아보자. 그리고 고객들에게 제공할 수 있는 추가적인 서비스를 담은 구체적인 계획을 설계해보자.

비즈니스 중심적 혁신

절도범 잡기

스마트폰을 잃어버린 적이 있는가? 당신에게만 일어나는 일이 아니다. 2013년 한 해 동안 3백만 명 이상의 미국인이 휴대전화를 도난당했다. 컨슈머 리포트의 조사에 따르면 이는 2012년 수치의 두 배이다. 뛰어난 사업가는 바로 이런데서 사업 기회를 포착한다. 새롭게 개발된 도난 방지 앱은 스마트폰을 목표로 하는 절도범들보다 한 발 앞서 있다.

룩아웃Lookout은 성장하고 있는 도난방지 산업에 등장한 최신 앱으로, 스마트폰의 절도를 방지할 수 있는 똑똑한 기능들을 갖췄다. 스마트폰의 전면 카메라는 셀프카메라용으로만 인식된다. 그러나 룩아웃은 누군가가 휴대전화 패스워드를 세 번 틀리게 되면 이 전면 카메라를 이용해 사진을 찍는다. 이 사진은 휴대전화의 위치 정보와 함께 즉시 휴대전화 소유자의 이메일로 전송된다. 도난 방지 앱은 무료 프로그램이다. 그러나 이 편리한 사진 기능은 애플의 제한정책으로 인해 아이폰에서는 이용불가하며 매년 30달러의 사용료를 내야한다.

룩아웃은 도둑들이 휴대전화를 몰래 훔쳐가기 위해 사용하는 방법에 착안하여 앱에 새로운 경고 기능을 추가했다. 또한 누군가 휴대전화의 SIM 카드를 제거하려 하거나, 비행 모드로 변경하거나, 장치를 끄려 하면 휴대전화 소유자에게 이메일을 전송한다. 그러면 소유자는 원격으로 휴대전화를 잠글지, 정보를 삭제할지 선택할 수 있다.

당신은 이 도난 방지 앱이 훌륭한 사업이라고 생각하는가? 도둑을 잡는 것과 관련해 발생할 수 있는 윤리적 문제들은 없는가? 회사 보안 정책이 당신의 휴대전화에 룩아웃을 설치하도록 요구한다면 어떤 기분이 들 것 같은가? 당신이 룩아웃에 새로운 기능을 추가한다면 어떤 기능을 추가하겠는가? 그것이 스마트폰 절도를 근절하는데 도움이 될 수 있을까?

학습 성과 복습

7.1 연결된 세계를 생성하는 다섯 가지 네트워크 요소를 설명할 수 있다.

- **네트워크 종류**

  네트워크는 지리상의 거리에 따라 근거리 통신망LAN, 광역/원거리 통신망WAN, 도시권 통신망MAN으로 분류된다.

- **네트워크 제공자**

  네트워크 제공자 계층의 최상단에는 전국 서비스 제공자NSP가 있는데, NSP는 인터넷을 지원하는 전 세계의 백본을 소유하고 관리하는 기업들을 말한다. 지역 서비스 제공자RSP는 NSP들과 연결되어 인터넷 서비스를 제공하는데, RSP들 사이에서도 연결이 가능하다. 다음 단계는 3장에서 다루었던 인터넷 서비스 제공자ISP로, ISP는 매달 요금을 받고 인터넷에 접속하도록 해준다.

- **네트워크 접속 기술**

  모뎀은 컴퓨터가 자료를 전송하거나 받을 수 있도록 하는 장치이다. 고속 데이터 통신망은 항상 연결되어 있는 고속의 인터넷 연결이다. 디지털 가입자 회선DSL은 일반적인 전화선을 통해 고속의 디지털 데이터 전송이 가능하게 해준다. 인터넷 케이블 연결은 케이블 TV 기업의 인프라와 특수한 케이블 모뎀을 이용해 인터넷 연결을 제공한다. T1 회선은 디지털 신호를 1.544Mbps로 전송할 수 있는 데이터 연결이다.

- **네트워크 프로토콜**

  프로토콜은 전송 중 지켜져야 하는 규칙과 전송되는 데이터의 포맷을 구체화하는 기준이다. 네트워크 접속 기술은 전송 제어 프로토콜/인터넷 프로토콜TCP/IP이라는 표준 인터넷 프로토콜을 사용하는데, 공공 인터넷과 많은 개인 네트워크들에 대한 기술적인 기반을 제공한다.

- **네트워크 융합**

  네트워크 융합은 한 네트워크 안에서 전화, 영상, 데이터 통신을 효율적으로 공존하게 하며, 분리된 인프라는 제공해주지 못하는 편리함과 유연성을 제공해준다. 인터넷전화VoIP는 IP 기술을 이용해 전화 통화를 전송한다. 인터넷 프로토콜 TVIPTV는 인터넷과 사설 IP 네트워크상의 IP를 사용해 디지털 영상 콘텐츠를 제공한다.

7.2 연결된 세계의 이점을 알 수 있다.

네트워크가 있기 이전의 컴퓨터 간의 데이터 전송은 시간과 노동집약적인 일이었다. 사람들이 컴퓨터에서 컴퓨터로 디스크를 이용해 물리적으로 자료를 복사해야 했다. 네트워크는 경영에서 다음을 포함하는 많은 이점들을 제공한다.

- 자원 공유
- 기회 제공
- 출장 감소

네트워크는 전 지구적으로, 그리고 다양하게 연결된 세계를 만들었다. 시간과 거리의 차이를 제거함으로서, 네트워크는 전에는 상상도 할 수 없었던 방법으로 소통할 수 있도록 하였다. 네트워크가 많은 경영에서의 이점들을 제공함에도 불구하고 (1) 보안, (2) 사회, 윤리, 정치적 이슈에 있어서는 점점 더 많은 보완해야할 점들을 보이고 있다.

7.3 서로 다른 무선 네트워크 범주를 설명할 수 있다.

무선 네트워크에는 PAN, WLAN, WMAN, WWAN의 네 가지 타입이 있다. PAN은 개인 사용자가 소유하고 운영하는 장치를 통해 짧은 거리의 통신을 제공하여 준다. 무선 LAN$_{WLAN}$은 몇 백 피트 정도의 거리상에서 라디오 신호를 통해 자료를 전송하고 수신하는 근거리 네트워크이다. 무선 MAN$_{WMAN}$은 자료를 전송하고 수신하는 데에 전파를 사용하는 도시권 통신망을 말하고, 무선 WAN$_{WWAN}$은 전파를 사용하여 자료를 전송하고 수신하는 광역 네트워크를 말한다.

7.4 서로 다른 무선 네트워크 비즈니스 애플리케이션을 설명할 수 있다.

이동 및 무선 비즈니스 애플리케이션과 서비스는 위성 기술을 사용한다. 이런 기술들로는 GPS, GIS, LBS가 있다. 위성 위치확인 시스템$_{GPS}$은 위성에 기반을 두고 극도로 정확한 위치와 시간, 속도 정보를 알려주는 내비게이션 시스템이다. 지리 정보 시스템$_{GIS}$은 지도상에 표시할 수 있는 위치 정보이다. 위치 기반 서비스$_{LBS}$는 GPS와 GIS 모두에서 서비스를 제공하는 데에 위치 정보를 사용하는 애플리케이션들을 말한다.

시작 사례 문제

1. **지식:** 우버가 택시 시장에서 경쟁 우위를 점하기 위해 네트워크를 사용하는 방식을 열거하라.
2. **이해:** 우버가 사업을 경영하는데 사용하는 다양한 네트워크의 종류를 설명하라.
3. **응용:** 무선 네트워킹의 문제들이 우버의 사업 모델에 어떤 영향을 줄 수 있을지 설명하라.
4. **분석:** 어떤 세분시장은 왜 우버의 사업 모델에 포함되어 있지 않은지 설명하라.
5. **종합:** LBS를 이용하여 우버 이용자들이 택시를 찾을 때 어떤 점을 개선시킬 수 있는지 생각해보라.
6. **평가:** 여러 가지 형태의 무선 기술을 사용하는 데 있어 우버가 마주칠 수 있는 보안적 딜레마에 대해 평가해보라.

복습 문제

1. 관리자는 왜 대역폭을 고려해야하는가? 대역폭은 어떻게 측정하는가?
2. 네트워크는 정보격차를 해소하는데 어떤 기여를 하였는가?
3. 인터넷으로의 연결을 지원해주는 서비스 제공자들에는 어떤 수준들이 있는가?
4. 인터넷에 접속하기 위해 사용할 수 있는 인터넷 접속 기술에는 어떤 것들이 있는가?
5. 네트워크 융합이란 무엇이며, 비즈니스에서 네트워크 융합이 중요한 이유는 무엇인가?
6. VoIP란 무엇이며, VoIP는 어떻게 비즈니스에 도움을 주는가?
7. 인트라넷과 엑스트라넷의 차이점은 무엇인가?
8. SSL과 SHTTP는 어떻게 네트워크 보안을 제공하는가?
9. 개인 영역 네트워크란 무엇인가?
10. 와이파이는 어떻게 작동하는가?

11. GIS, GPS, LBS란 무엇인가? 비즈니스에서 경쟁하기 위해 어떻게 이런 애플리케이션들을 사용하는가?
12. RFID는 무엇이며, 대형 소매상이 재고를 추적하는데 어떻게 도움이 되는가?
13. 모바일 비즈니스의 장점은 무엇인가?
14. 도메인 네임 시스템은 어떻게 작동하는가?
15. VoIP와 IPTV의 차이점은 무엇인가?

마무리 사례 1

무선 자전거

해외의 여러 나라에서 자전거 공유 프로그램은 대중적인 추세였지만, 미국에서는 이제야 도심 지역에서의 통근자들과 여행자들을 위한 무공해 운송 수단을 제공하고자 하는 욕구에 힘입어 시작되고 있는 바이다. 콜로라도 주 뉴덴버의 신생 기업인 덴버 비-사이클 사는 미국에서 가장 큰 자전거 공유 프로그램 중 하나를 제공하고 있다. 이 기업은 500대가 넘는 자전거를 소유하고 있는데, 모두 트렉Trek에서 만든 것이고, 덴버의 대도시권 내의 50개가 넘는 자전거 역인 B-스테이션에서 이용 가능하다. 각각의 B-스테이션은 RFID, GPS, 와이파이 등 다양한 무선 기술을 이용해 작동하는데, 적게는 5대에서 많게는 25대까지의 자전거를 세워놓을 수 있는 잠금 도크를 여럿 가지고 있다. 각각의 역이 가지고 있는 자전거의 수는 예상 사용량에 따라 다르다.

사용자가 자전거를 빌릴 수 있는 방법에는 여러 가지가 있다. 한 가지 방법은 B-스테이션의 키오스크 기계에서 신용카드를 사용해 자전거의 잠금장치를 해제하는 것이다. 이 방법은 단기간 동안 빌리려고 하는 비정기적인 사용자들이 선호한다. 이 방법으로는 사용자들은 24시간 동안 자전거를 빌리는 일일 패스를 받게 된다. 자전거를 더 자주 이용하려는 경우에는 7일, 30일, 혹은 연간 회원권을 온라인이나 B-스테이션 키오스크에서 구매하는 방법이 있다. 회원은 RFID가 가능한 카드를 받는데, 이 카드로 도시 내의 모든 B-스테이션에서 대기 중인 자전거를 빌릴 수 있다. 또한 회원들은 아이폰 앱을 다운로드 받아서 더 편리하게 자전거의 잠금 장치를 해제하거나 자전거의 위치를 확인할 수도 있다.

사용자가 일일 패스를 사용해서든지, RFID 회원 카드나 아이폰 애플리케이션을 사용해서든지 자전거를 고르고 나면, 잠금장치가 해제되기 전에 구매 승인이 이루어져야 한다. 이는 RFID 리더와, 기업의 주 데이터베이스를 통해 구매를 승인할 수 있는 와이파이가 가능한 장치를 통해서 가능하다. 이 장치는 다시 ID 번호를 와이파이를 이용해 기업의 중앙 데이터베이스에 보내어, 시스템이 어떤 특정한 자전거가 어떤 사용자에게 가 있는지를 알 수 있도록 한다. 승인이 되고 나면, 비프음('삐익' 하는 소리)과 녹색 불빛으로 선택한 자전거의 잠금장치가 해제되었으며 사용 가능함을 사용자에게 알린다. 사용자가 자전거를 반환할 때는 B-스테이션의 빈 도크에 자전거를 가져가 잠그는 위치에 세우면 된다. 비프음과 녹색 불빛으로 자전거가 안전하게 잠겼다는 것을 알려주며, RFID 리더가 자전거 태그의 ID를 기록해 기업의 데이터베이스에 정보를 전송하여 거래를 완결한다.

각각의 자전거에 RFID 태그를 사용하는 것에 더하여, 내장된 GPS 유닛은 사용자가 돌아다닌 경로를 기록한다. 사용자가 자전거를 돌려주면, GPS 정보가 자전거의 태그 ID와 함께 기업의 데이터베이스에 업로드된다. 이 자료들은 덴버 B-사이클 사가 사용자들이 가장 많이 다니는 경로를 파악하고 덴버 시의 상인들과 협력하여 회원들을 타깃으로 매일의 경로에 따라 제품이나 서비스를 공급하도록 한다. 예를 들어 카페에서는 근처를 매일 지나다니는 사용자에게 할인 쿠폰을 이메일로 보낼 수 있다. GPS 유닛은 사용자가 자전거를 돌려주지 않을 경우에나 자전거가 도난당한 경우에 기업에게 도움이 된다. B-사이클은 LBS를 이용해 잃어버린 자전거를 찾는 일을 도와줄 수 있다.

질문

1. 덴버 B-사이클에 무선 네트워크가 제공하는 여러 이점들에는 무엇이 있는가?
2. 무선 네트워크로 인해 덴버 B-사이클이 겪을 수 있는 문제점들에는 어떤 것들이 있는가?
3. 덴버 B-사이클이 RFID와 LBS 자료를 사용할 수 있는 다른 방안으로 언급되지 않은 정보들에는 무엇이 있는가?
4. 덴버 B-사이클이 경쟁 우위를 점하기 위해 무선 혹은 유선 네트워크 기술을 사용할 수 있는 다른 방안에는 무엇이 있을까?

마무리 사례 2

스퀘어: 아이폰, 안드로이드, 아이패드를 이용한 무선 지불 시스템

스퀘어는 스마트폰을 마법처럼 신용카드/체크카드 단말기로 바꿔주는 작은 기기이다. 이 기기가 전자 지불 시스템 시장의 판도를 바꾸고, 우리가 일반적으로 돈을 주고받는 방식에 변화를 가져왔다. 스퀘어는 애플이나 안드로이드 모바일 기기를 이용해 물건을 구입하고, 팔고, 돈을 지불하도록 한다. 세 개의 무료 모바일 앱, 스퀘어 레지스터, 스퀘어 월렛, 스퀘어 캐시를 이용해 스퀘어는 소규모 기업과 개인 비법인 기업이 신용카드 지불 서비스를 이용할 수 있도록 하고, 소비자들이 현금을 소지하고 다니지 않아도 되게끔 한다. 스퀘어를 이용하는 방법은 다음과 같다.

- **무료 리더기 신청하기**: 등록을 마치면 스퀘어가 아이폰, 아이패드, 안드로이드 등에서 사용가능한 무료 스퀘어 리더기를 보내줄 것이다. 계정을 활성화시키고 지불을 진행하는 데는 몇 분밖에 걸리지 않는다.
- **스퀘어 레지스터 다운받기**: 스퀘어 레지스터는 스퀘어 리더기와 함께 스마트폰이나 아이패드를 모바일 상점으로 둔갑시키는 무료 앱이다. 레지스터는 지불 시스템, 판매 보고서, 하드웨어 기기의 기능을 모두 갖추고 있으며, 그 이상의 기능들을 제공한다.
- **매장에서 물건 판매하기**: 스퀘어 리더를 꽂고, 스퀘어 레지스터에 로그인한 후 신용카드를 읽힌다. 그리고 영수증을 이메일이나 텍스트 메시지로 전송한다. 직원들을 위해 더 많은 무료 스퀘어 리더기를 신청한다.

스퀘어는 놀라운 기술이지만 스퀘어가 진정 지불 시스템을 바꾸고 있는가에 의문을 가질 필요가 있다. 당신이 소규모 사업체를 운영하고 있고 현금만 받을 수 있다면, 스퀘어는 큰 변화를 가져올 것이다. 농산물 시장, 거리의 가판대, 혹은 벼룩시장을 상상해보자. 안타깝게도 소규모 사업이 항상 높은 이윤과 연결되는 것은 아니다. 이런 종류의 소비자들은 낮은 비율을 차지하며 여기서는 최소한의 거래만이 이루어진다. 그러므로 총금액의 2.75%의 수수료를 받아 이윤을 남기는 스퀘어와 같은 지불 시스템에게는 적은 이윤만이 남는다. 당신이 100달러의 티셔츠를 동네 시장에서 사고 비자카드로 결제를 했다면, 스퀘어는 수수료로 2.75달러를 가져가고 비자카드에게 2.20달러를 지불해야 한다. 결국 0.55달러만을 벌게 되는 것이다. 스퀘어는 이런 이윤으로 마케팅, 판매, 소비자 서비스, 고용, 회계 등을 위한 비용을 지출하며 회사를 운영해야 한다. 성공적인 비즈니스를 위해 스퀘어는 큰 금액의 지불로 규모를 키울 필요가 있다.

페이팔과 인튜이트가 재빠르게 독자적인 카드 리더기 사업에 뛰어들었기 때문에 현재 시장의 경쟁은 점차 치열해지고 있다.

질문

1. 당신은 스퀘어를 파괴적 기술로 분류하겠는가?
2. 경쟁우위를 점유하기 위해 스퀘어는 무선 네트워크를 어떻게 이용했는가?
3. 경쟁우위를 유지하고 더 많은 수익을 얻기 위해 스퀘어는 무엇을 해야 하는가?
4. 당신이 스퀘어에 투자하도록 백만 달러를 얻었다면, 스퀘어에 투자하겠는가?

핵심적 비즈니스 고찰

1. **국가 규모의 고속 데이터 통신망 구축**

   미국 연방 통신 위원회는 국가 규모의 고속 데이터 통신망을 구축하는 계획을 가지고 있는데, 다른 것은 둘째 치고라도 1억 명의 사람들에게 100Mbps의 인터넷 접속을 2020년까지 제공하겠다는 그야말로 어마어마한 계획이다. 또한 연방 통신 위원회는 학교나 도서관, 정부 건물과 같은 곳에는 1Gbps의 접속이 가능하게 하겠다고 발표했다. 연방 통신 위원회의 위원장인 줄리어스 제네코스키는 다음과 같이 말했다. "국가 고속 데이터 통신망 계획은 경제 성장과 투자에 박차를 가하고 일자리를 창출하며, 우리의 아이들을 교육시키고, 시민들을 보호하며, 우리의 민주정치에 참여하도록 하는 21세기의 지침이 되어줄 것입니다."

   국가 고속 데이터 통신망을 구축하는 것이 어떻게 기술직을 창출할 것인가? 국가 고속 데이터 통신망을 기반으로 만들어지게 될 세 가지 새로운 제품이나 서비스를 고안해보라. 국가 고속 데이터 통신망이 미국 내의 정보 격차를 해소해줄 것인가?

2. **포스퀘어 부정행위**

   포스퀘어Foursquare는 위치 기반 서비스를 사용하는 최신 소셜 네트워킹 사이트 중 하나이다. 사용자들은 바나 레스토랑, 도서관과 같이 자신이 방문할 장소에 표시를 해줄 수 있다. 포스퀘어를 사용하는 목표는 다른 친구들이나 다른 포스퀘어 사용자들보다 더 많은 장소에 표시를 함으로서 배지를 얻고, 자신이 가장 많이 가는 곳에서는 '시장' 타이틀을 얻게 된다. 그러나 사용자들이 거짓으로, 자신이 가지도 않은 장소에 체크를 하는 것이 드러났다. 그래서 기업에서는 사용자들이 거짓으로 체크를 하기 어렵도록 '거짓말쟁이 코드cheater code'를 만들었는데, 이는 스마트폰의 GPS를 이용해 사용자들의 진짜 위치를 확인하도록 하는 것이다.

   포스퀘어에서 GPS가 중요한 이유는 무엇인가? 사용자들은 어떻게 자신의 위치를 속일 수 있었을까? 왜 사람들은 자신의 위치를 속였을까? 포스퀘어가 부정행위를 방지하기 위해 도입한 것은 무엇인가? 당신이 생각하기에 포스퀘어 사용자들이 지금도 부정행위를 할 수 있는 방법이 있을 것 같은가?

3. **사용자의 음악을 공개하는 판도라**

   온라인 음악 기업인 판도라는 사용자들이 개인만의 뮤직 스테이션을 생성하여 온라인에서 스트리밍할 수 있도록 하고 있으며, 그 사람의 이메일을 아는 다른 사람들도 인터넷 상에서 그 스테이션을 볼 수 있도록 하고 있다. 예를 들어 이메일 주소가 sergey@google.com인 어떤 사람은 라이즈 어게 인스트라는 밴드를 좋아한다. 스티브 잡스의 이메일 주소를 치면 그가 컨트리 음악의 대가인 윌리 넬슨과 재즈 트럼펫 연주자인 크리스 보티를 좋아한다는 사실을 알 수 있다.

당신은 당신의 음악 선곡을 개인만 볼 수 있도록 하는가, 공공에 공개하는가? 누군가가 이 정보를 부도덕한 방법으로 사용할 수도 있을까? 당신은 이런 것이 판도라에 대한 위협이 된다고 생각하는가? 사용자들이 이로 인해 서비스를 사용하지 않게 될 것인가? 고객의 프라이버시를 확실하게 하기 위해 판도라가 할 수 있는 일에는 무엇이 있을까?

4. 무선 네트워크의 취약성

프링글스의 빈 캔은 공격에 대해 무방비인 무선 네트워크를 찾으려는 악성 해커들에게 도움이 될 수 있다. 보안 회사들은 프링글스 캔을 이용해 손쉽게 안테나를 만들 수 있으며, 이를 이용해 무선 네트워크를 포착할 수 있음을 증명하였다. 이 '프링글스 캔 안테나'는 값이 싸고(10달러 이하), 설치하기 쉽기 때문에 선풍적인 인기를 끌었다.

무선 네트워크 보안은 네트워크 관리자들에게 있어 큰 문제이다. 기업과 개인 사용자들이 무선 네트워크 기술을 점점 더 많이 사용하게 됨에 따라, 보안 예방책을 강화해야할 필요가 커지고 있다. 기본적으로, 무선 기술의 특성 자체가 정보를 방송 전파를 통해 보내는 것이며, 이 전파는 특정 거리 내에서 적당한 장비(프링글스 캔 안테나와 같은)를 갖춘 누구나 수신하여 정보를 받아볼 수 있는 특성을 가진다. 이와 같은 이유로 믿을 만한 수준의 보안을 유지하기 위해서는 무선 네트워크에 인증authentication과 암호화 메커니즘을 적용해야 하는 것이다.

인터넷 검색을 이용하여 이런 종류의 아마추어 해킹을 방지할 수 있는 기술, 가장 좋은 방법들, 조언에 대한 보고서를 작성하라. 해킹을 감지하고 예방할 수 있는 기술에 대해서 요약정리하고 특히 방화벽과 내장형 무선 보안 메커니즘에 대해서 기술하라.

5. 해킹당한 차

누가 차가 해킹당할 수도 있다고 생각했을 것인가? 그러나 이는 텍사스 주 오스틴에서 실제로 일어났던 일이다. 백대 정도의 차량이 차의 잠금장치를 따거나 유리창을 부수는 것과 같은 일반적인 방법이 아닌, 와이파이 연결을 통해 침입을 당했다. 침입 당한 모든 차들을 판매한 지역 대리점은 차를 사 간 사람이 대금을 지불하지 않을 경우 차를 움직이지 못하게 하고 경적이 울리지 않도록 하기 위해 와이파이가 가능한 블랙박스를 대시보드 밑에 설치하고 있었다. 그러나 이 경우에, 차 소유주들의 대금이 밀린 것은 아니고, 최근 그 대리점의 임시해고 때 해고당한 직원이 웹기반 시스템을 통해 차량들을 하나하나 사용불가능하게 만듦으로서 복수를 하려고 했던 것이었다. 대리점의 직원이 차량들이 해킹당한 것을 발견한 후에, 블랙박스에 접속할 수 있는 권한의 비밀번호를 급히 바꾸었다.

이런 블랙박스는 좋은 아이디어인가? 당신은 이런 방법이 도덕적인 경영 사례라고 생각하는가? 만일 당신이 블랙박스가 장착된 자동차를 샀다면, 당신은 블랙박스를 제거하겠는가? 당신이 생각하기에 이 대리점에서 다시 다른 차를 살 고객이 얼마나 될 것 같은가?

6. 무선 휘트니스

샌디퍼 휘트니스 클럽은 사우스 캐롤라이나의 중심 지역에 있다. 로지 샌디퍼가 이 휘트니스를 소유하고 있으며 20년간 운영해왔다. 이 클럽은 세 개의 야외 수영장과 두 개의 실내 수영장, 10개의 라켓볼 코트, 10개의 테니스 코트, 실내 및 야외 트랙, 그리고 운동 기구와 마사지 테라피를 하는 2층 건물을 갖추고 있다. 샌디퍼는 당신을 MIS 분야의 여름 인턴으로 고용하였다. 샌디퍼 휘트니스가 가진 현대 기술의 수준은 회계 부서의 PC 몇 대와 직원들이 휴식 시간에 인터넷을 하는 데 쓰는 PC 두 대 정도이다. 당신의 첫 번째 과제는 네트워크와 무선 기술에 대한 보고서를 작성하는 것이다. 이 보고서는 휘트니스 클럽에 무선 네트워크를 도입함으로서 얻을 수 있는 경영 이점에 대해서 다뤄야 한다. 만일 샌디퍼가 당신의 보고서를 마음에 들어하면 MIS 분야의 정규직으로 당신을 고용할 것이다. 휘트니스 클럽의 업무를 향상시키기 위해 도입할 수 있는 여러 무선기기들에 대해서도 반드시 다루도록 하라.

7. **구글 TV**

점점 더 많은 인터넷 관련 서비스들이 단순히 컴퓨터에 콘텐츠를 전달하는 이상의 수준으로 나아감에 따라, 구글도 콘텐츠는 거실로 보내고자하고 있다. 구글은 소니, 인텔과 합작 투자로 IPTV 서비스를 새로운 인터넷 접속 가능 TV나 사용자들이 콘텐츠를 검색하고 웹을 사용하고 사진 앨범을 보는 등의 일을 할 수 있는 새로운 셋톱박스를 통해 도입하고자 한다. 구글은 이에 필요한 소프트웨어와 광고 기회를 제공하고, 소니는 새로운 TV를 제작하고, 인텔은 이 모든 것들이 가능하도록 만드는 연산장치를 지원할 것이다. 한편 소비자들은 이미 TV 쇼를 컴퓨터에서도 볼 수 있기 때문에 IPTV를 이용하여 인터넷 콘텐츠를 HDTV 스크린으로 전송하는 것은 논리적으로 맞는 방향인 것으로 보인다.

그러나 거실은 많은 기업들이 차지하고자 경쟁하고 있는 매우 복잡한 영역이다. 구글은 부두VUDU, 티보TiVo, 야후! 커넥티드 TV, 넷플릭스, 로쿠Roku, 로비Robi, 디빅DivX, 애플 TV, 엑스박스Xbox 360, 박시Boxee, 시네마나우CinemaNow, 팝박스Popbox 등과 경쟁해야 하는데, 적어도 이 시점에서는 뚜렷한 승자는 없다. IPTV와 연관된 장점과 약점에 대해 브레인스토밍을 해보라. 당신이 생각하기에 구글 TV는 성공적일 것 같은가? 왜인가, 또는 왜 그렇지 않은가?

8. **도메인 네임 시스템이 해킹당할 수 있는가?**

DNS를 해킹하는 게 가능한가? 만약 가능하다면, 엄청난 문제가 발생할 것이다! DNS를 해킹하면, 웹사이트의 IP 주소를 바꾼 다음에 유사하게 생긴 가짜 사이트로 연결되도록 하여 비밀번호와 신용카드 정보까지도 수집할 수 있다. 이런 일은 정말로 발생했었다. 브라질의 ISP인 넷버추어가 DNS 캐쉬 포이즈닝cache poisoning이라는 방법으로 해킹을 당했다. 이 방법은 사용자들을 요청하지 않은 웹사이트로 보내는 DNS 소프트웨어의 맹점을 이용하는 것이다. 넷버추어의 사용자들이 브라질의 은행인 브라데스코에 접속하려고 하면, 악성코드를 깔고 비밀번호를 훔치는 가짜 사이트로 보내졌다. 다행히도, 많은 피해가 발생하기 전에 해킹을 당한 사실이 드러났다.

DNS를 캐쉬 포이즈닝으로부터 보호할 수 있는 방법은 무엇인가? 모든 ISP는 고유의 DNS를 가지는데, 이 방법이 실현 가능한가?

9. **화물 경로**

메리 콘자치는 로드스타라는 중서부 지역에서 트럭 및 바지선 운송 사업을 하는 기업의 물류 부서에서 근무한다. 그녀는 트럭과 바지선의 위치를 추적하여 기업에서 수송 경로를 더 잘 만들 수 있게 도와주고 또 고객의 질문에 더 빨리 대답할 수 있는 여러 가지 시스템들을 살펴보고 있다. 콘자치의 주된 관심은 트럭에 있다. 바지선의 경우는 일상품을 운반하여 수송을 완료하는 데 몇 주가 걸린다. 그녀는 트럭을 추적하는 일이 훨씬 더 어렵다고 한다. 그녀는 필요한 때에 어느 때라도 트럭의 정확한 위치를 알아야 한다. 당신은 그녀를 도와 해결책을 찾는 일에 조언을 해주도록 고용되었다. 당신은 어떤 방법을 추천하겠는가? 왜 그 방법을 추천하는가?

10. **구글이 공공 와이파이 데이터를 수집하다... 실수로**

구글이 스트리트 뷰 자동차를 이용해 실수로 보호되지 않은 와이파이 네트워크를 통해 보내진 자료를 수집했음을 시인하였다. 구글은 일단의 기업 자동차들을 사용해 공공 도로 상에서 보이는 집들을 사진으로 찍는다. 구글은 와이파이 네트워크의 위치와 강도, 배치에 대한 정보를 수집하여 구글 맵스나 내비게이션과 같은 위치 기반 서비스를 더 정확하게 제공하고자 했다고 한다. 그러나 그 과정에서 구글은 각 집들의 무선 네트워크로부터 비밀번호를 통해 보호되지 않는 이메일이나 다른 인터넷 활동들을 수집하였다. 구글은 이 일이 프로그래밍 에러 때문이며, 스트리트 뷰 데이터를 수집하는 일을 임시로 중단하고, 와이파이 데이터를 수집하는 것을 그만두겠다고 하였다. 당신은 이 일이 정말로 구글의 실수라고 생각하는가? 만일 가정의 무선 네트워크 사용자들이 네트워크를 보호하지 않으면, 이웃들이 같은 정보를 수집하는 일을 막을 수 있을 것인가? 이 문제에서 책임을 져야 할 사람은 누구인가?

기업가적 도전

당신의 비즈니스를 만들어보자

프로젝트 주안점

1. 젊은 고객층들과 더 잘 소통하기 위한 노력의 일환으로, 캘리포니아 남부의 맥도날드 매장들은 고객들의 휴대전화를 통해 공짜 맥플러리를 받을 수 있는 모바일 쿠폰으로 고객들을 유혹하고 있다. 그 판촉에 응하여 간단한 문자를 회신하면, 공짜 후식을 받을 수 있는 전자 쿠폰이 모바일 전화에 다운로드된다. 다운로드를 받은 휴대전화를 판촉 행사에 참여하고 있는 맥도날드 매장에 가져가서 맥플러리와 교환할 수 있다. 휴대전화에 저장하고 사용할 수 있는 모바일 쿠폰(m-쿠폰)은 종이나 이쿠폰에 비해서 교환율이 더 높은데, 잃어버릴 일이 없으며, 집에 두고 나올 일도 없기 때문이다. m-쿠폰은 운송과 교환에 사용되는 비용을 매우 많이 줄여주며, 충동구매를 촉진시키며, 위치에 기반하여 실시간으로 고객들에게 필요한 것을 보내줄 수 있다. 당신은 고객이 즉석 쿠폰을 이용할 수 있는, m-쿠폰을 위한 혁신적인 시스템을 개발하기로 했다. 고객이 당신이 운영하는 가게의 근처(10m 반경 이내)를 지나가게 되면, 고객의 휴대전화로 쿠폰이 발송된다. 당신이 이 새로운 마케팅 전략을 효율적으로 사용하기 위해서는 가능한 모든 위험성과 이득을 포함하여 m-쿠폰에 대한 자세한 분석을 할 필요가 있다. 분석을 할 때, 당신이 모바일 고객들에게 제공할 수 있는 쿠폰의 종류에 대해서 검토하고, 가능한 모든 위험성과 이점에 대해서도 검토하라.
2. RFID 기술은 특수한 식별자identifier를 저장하고 이 정보를 리더에 연동시킬 수 있는 칩이나 스마트 라벨의 형태로 능동적인, 혹은 수동적인 태그를 사용한다. RFID 태그는 바코드에서 크게 진보한 것으로, 소매상들은 RFID를 도난을 방지하고, 효율성을 증대시키고, 수요 예측을 향상시키는데 사용하고 있다. 비즈니스에서는 RFID를 거의 모든 곳에서 사용하고 있는데, 그 사용처는 변기가 넘치지 않도록 하는 것에서부터 고객의 음료수를 리필하고, 사람이 있는지 없는지를 확인하고, 위조 약품에 대항하는 것에 이른다. 당신이 비용을 줄이고, 이윤을 늘리고, 당신의 비즈니스에 경쟁 우위를 가져다 줄 수 있도록 RFID를 사용하는 두 가지 새로운 제품을 개발하라.

지식 적용하기 프로젝트

프로젝트 1 고고 가제트

와이파이를 비롯해 여러 가지 고속 무선 네트워크가 보편화됨에 따라 그런 기술들을 사용하는 기기들도 빠른 속도로 증가하고 있다. 무선 도구들은 휴대전화에서부터 주방 기기, 디지털 카메라에 이르기까지 모든 것을 아우른다. 여기 가장 최신의 광대역 도구들을 몇 가지 소개한다.

- 2100달러 대의 삼성의 지펠 냉장고는 와이파이를 통해 인터넷을 할 수 있고, 미디어를 스트리밍할 수 있고, 심지어는 500가지가 넘는 요리들의 영양 정보를 보여줄 수 있는 터치스크린을 가지고 있다. 구글 캘린더의 엔티티와 날씨 정보를 비롯해 뉴스 정보와 다른 기사들도 보여줄 수 있다.
- 도시바의 UX600 LED TV는 와이파이가 가능한 HDTV로, 네트워크 케이블 없이도 콘텐츠를 바로 스트리밍하여 보여줄 수 있다.
- HTC의 EVO 4G 휴대전화는 매우 빠른 WiMAX 기술을 가지고 있어 사용자들이 웹을 서핑하고 광대역의 스피드로 더욱 향상된 신뢰성을 가지고 다운로드도 할 수 있도록 해준다. 사용자들은 VoD와 IPTV를 사용할 수 있으며, 3.8인치 WVGA 스크린 상에서 음악과 전자책을 다운로드 받아서 볼 수 있다.
- 소니의 사이버샷은 와이파이가 가능한 디지털 카메라로, 사용자들이 무선으로 내장된 웹브라우저를 통해 사진을 공유할 수 있도록 해준다.

새로운 무선 기술들은 오늘날의 와이파이 네트워크가 느릿느릿한 모뎀 다이얼업 연결처럼 보이게 만들 것이다. 새로운 기술들은 새로운 개인적, 비즈니스적 용도를 비롯해 지리적으로 더 먼 거리를 연결할 수 있도록 해줄 것이다. 인터넷을 검색해보고 사업가들이나 기업들이 비즈니스를 향상시킬 수 있도록 해주는 새로운 무선기기들을 찾아보라.

- 기업들이 이 기기들을 사용해 어떻게 경쟁 우위를 점하고, 생산 프로세스를 합리화하고, 생산성을 향상시킬 수 있는지 설명하라.

프로젝트 2 무선 액세스포인트

무선 인터넷 접속은 집이나 직장에서 멀리 떨어져 있을 때에도 고속의 인터넷 연결을 사용하기를 원하는 사람들 사이에서 급속도로 인기를 얻고 있다. 보통의 무선 액세스포인트에서의 신호는 어느 방향으로든 100m 정도밖에는 닿을 수 없기 때문에, 길에 있는 사용자들은 인터넷에 접속하기 위해서 핫스팟을 찾아야만 한다. 핫스팟은 어떤 때에는 공짜로 사용가능하거나 약간의 요금만 내면 사용가능하다. 당신은 세일즈 기업인 세일즈텍에서 일하고 있으며, 이 기업은 25명의 외판 판매 인력을 가지고 있고, 고객들은 대개 콜로라도 주의 덴버 시, 유타 주의 솔트레이크 시, 뉴멕시코의 산타페 시에 집중되어 있다. 당신의 외판원들은 거의 대부분 도로 상에 있으며, 매일 24시간 내내 인터넷에 접속해야할 필요가 있다.

당신은 당신의 동료들로부터 도로 상에서 접속할 수 있는 핫스팟을 찾아달라는 부탁을 받았다. 당신의 판매 인력들은 고객들 및 공급자들, 사무실과 연결을 유지하기 위해 일주일 24시간 내내 인터넷 접속을 유지해야할 필요가 있다. 당신의 직원들이 이동 중에도 인터넷에 연결된 상태를 유지할 수 있는 방법에 대해 자세한 보고서를 작성하라. 여기 몇 가지 조언이 있다.

- www.wifinder.com이나 www.jiwire.com과 같은 웹사이트에서 어떤 상용 핫스팟이 당신의 판매 인력들이 사용하기에 가장 적절할지 찾아보고, 각 핫스팟들이 사용하는 상용 네트워크 서비스에 대해 찾아보라.
- 가격과 서비스에 대해서 더 찾아보는 데 가장 적절해 보이는 상업 네트워크의 웹사이트를 두세 개 찾아보라(힌트: T-모바일 등이 있다).
- www.wifinder.com이나 www.jiwire.com를 사용해 얼마나 많은 무료 공공 핫스팟이 도시 내에서 사용가능한지 알아보라. 당신의 기업이 무료 핫스팟에 의존할 수 있을 만큼 충분히 많이 있는가? 아니면 유료 와이파이 시스템을 사용해야 하는가? 만약 그렇다면 어떤 것을 사용할 것인가?
- www.fon.com에서 가정용 광대역 연결을 사용하는 방법의 대안을 찾아보라.

프로젝트 3 홈 무선 네트워크 보안

무선 네트워크는 이제 아주 흔해졌고, 값도 저렴해져서 100달러도 안 되는 가격의 장비로 쉽게 구축할 수 있을 정도이다. 그러나 무선 네트워크는 그 이름 그대로 무선, 즉 벽에 가로막히지 않는다. 아파트나 기숙사, 집에서 네트워크를 사용한다는 것은 당신의 이웃들이 당신의 네트워크를 사용할 수 있다는 뜻이다.

이웃들이 설탕이나 커피 한잔 정도 빌리러오는 것은 그럴 수 있다 치더라도, 당신의 무선 네트워크를 빌리도록 내버려두는 것은 문제를 일으킬 수 있다. 가정의 무선 네트워크를 빌려주지 말아야할 이유에는 다음과 같은 것들이 있다.

- 인터넷 성능 저하
- 다른 사람들이 당신의 컴퓨터에 있는 파일들을 볼 수 있게 되거나 바이러스와 같이 위험한 소프트웨어를 유포할 가능성
- 다른 사람들이 네트워크를 돌아다니는 중에 당신이 방문하는 웹사이트들을 감시하고, 당신의 이메일과 메시지를 읽고, 당신의 아이디와 비밀번호를 복사할 가능성
- 다른 사람들이 당신의 인터넷 연결을 이용해 스팸 메일을 보내거나 불법 활동을 할 가능성

홈 무선 네트워크를 보호하는 것은 초대받지 않은 손님들이 당신의 무선 네트워크에 접속하는 일을 어렵게 만든다. 당신이 홈 무선 네트워크를 보호할 방법에 대해서 보고서를 작성하라.

프로젝트 4 날씨 로봇

워렌 잭슨은 그가 펜실베이니아 대학교의 대학원생이었을 때 GPS가 장착된 로봇을 설계했다. 이 로봇은 기상 관측 기구를 지구로 끌어내려 미리 예측된 장소에 착륙하도록 만들어졌다. 미국의 국립 기상국은 대부분의 정보를 기압, 바람, 습도 등을 측정하는 기기들을 운반하는 기상 관측 기구를 통해서 수집하였다. 기구가 100,000피트 정도의 고도에 도달하면 기압으로 인해 터지게 되고, 기기는 떨어지면서 띄워올린 지점에서 한참 떨어진 곳에 착륙하게 된다. 기상국과 연구자들은 때로 200달러나 하는 기기들을 찾아 헤매지만, 매년 띄워 올려지는 80,000개 기구들 중 많은 수가 분실된다.

잭슨의 아이디어는 매우 독창적이어서, 펜실베이니아 대학의 바이스 텍 하우스(학생들이 발명을 하고, 발명품을 시장에 내놓을 수 있도록 격려하는 대학 기관)에서 잭슨과 공대 대학원생인 그 친구들이 함께 세 번째 펜벤션 대회PenVention Contest에서 일등상을 받았다. 잭슨은 5,000달러를 상금으로 받았고, 프로토타입을 만들고 법적인 사항을 처리하고, 브랜드화 하는데 전문가의 도움을 받을 수 있게 되었다.

GPS와 GIS는 모든 종류의 기기에 사용될 수 있으며, 여러 다양한 산업에서 다양한 목적으로 사용될 수 있다. 당신은 내년에 펜벤션에 나가서 일등상을 받고 싶다. 당신이 내년 펜벤션에 내놓을 수 있도록 GPS와 GIS를 사용하는, 현재 시장에 없는 제품을 개발하라.

프로젝트 5 아프리카의 공짜 와이파이

아프리카 전역에서 무료 및 저가의 와이파이가 가능하도록 하는 것은 그다지 현명한 일처럼 보이지 않을 테지만, 이는 실제로 여행 검색 엔진인 Kayak.com의 공동설립자인 폴 잉글리쉬가 하려고 하는 일이다. 잉글리쉬는 아프리카에서 두 단계의 와이파이 접속 시스템의 구축을 추진하기 위해서 비영리/영리 혼합의 기업인 조인아프리카JoinAfrica를 설립했다. 첫 단계는 무료로 기본적인 이메일 서비스(G메일, 야후! 등)와 웹 검색서비스(위키피디아, BBS 등)를 제공하는 것이 될 것이다. 두 번째 단계는 요금을 내고 더 많은 기능을 공급하는 것으로, 오디오, 비디오, 고품질 이미지 등을 포함한다.

많은 기업들이 아프리카에서 마실만한 물이나 효율적인 전력을 구하기 위해 분투하고 있지만, 잉글리

쉬와 조인아프리카 계획은 인터넷 접속이 그런 것들만큼이나 중요하다고 믿는다. 조인아프리카는 아프리카의 비영리 원격통신 기업과 함께 마을들에 기존에 있었던 연결들을 이용하여 첫 번째 지점을 낼 것이다. 이 지점은 주민들에게 첫 번째 단계의 서비스를 제공하며, 주민들은 돈을 내고 두 번째 단계로 업그레이드를 할 수 있다. 네트워크가 성장함에 따라 비디오나 포르노그라피를 스트리밍하는 것과 같이 더 많은 대역폭을 필요로 하는 서비스들은 다른 기본적인 서비스의 안정을 위해 제한될 것이다.

- 무선 접속이 아프리카의 오지에 있는 마을들을 어떻게 도와줄 수 있는지 그 방법을 열 가지 열거하라.
- 무선 접속이 아프리카 오지 마을들에 어떻게 해를 가할 수 있는지 그 가능성을 열 가지 열거하라.
- 프로젝트의 성공을 확실하게 하기 위해 조인아프리카가 도입할 필요가 있는 인프라에는 또 무엇이 있겠는가?
- 앞으로 십년간의 기술 변화는 조인아프리카 프로젝트에 어떻게 영향을 끼칠 것인가?
- 조인아프리카가 직면하게 될 보안 및 윤리 문제에는 무엇이 있을 수 있는가?
- 만일 당신에게 백만 달러가 주어진다면 당신은 조인아프리카에 투자하겠는가?

프로젝트 6 아이팟을 들고 달리지 말 것

제니퍼 고벨은 밀워키의 레이크프론트 마라톤에서 대회 관계자들이 그녀가 아이팟을 사용했다는 것을 발견한 후에 대회 일등의 자격을 박탈당했다. 논란이 많았던 2007년의 규칙은 미국의 모든 육상 경기 참가자들이 휴대 가능한 음악 기기를 사용하지 못하도록 하고 있는데, 왜냐하면 음악이 선수들에게 경쟁에서의 이득을 제공할 수도 있고 만일 사용자가 공지사항을 못 듣게 될 경우 안전 문제가 발생할 수도 있기 때문이다. 레이크프론트 마라톤의 관계자들은 고벨이 아이팟을 사용하고 있는 사진을 온라인에서 발견한 후에 조취를 취했다. 아이러니하게도, 그 사진은 고벨이 자신의 웹사이트에 스스로 올린 것이었다.

당신은 제니퍼 고벨을 실격시킨 USTAF의 결정에 동의하는가? 아이팟이 어떻게 선수에게 도움을 줄 수 있겠는가? 엄청나게 많은 무선기기들이 시장에 쏟아져 들어옴에 따라, 관련된 법규들을 모두 지키는 것은 거의 불가능해지고 있다. 당신은 고벨이 헤드폰을 사용할 수 없다는 규정에 대해 알았을 것이라고 생각하는가? 당신은 그 규칙에 대해 동의하는가? 비즈니스가 어떻게 무선기기들과 관련된 수많은, 끊임없이 변하는 법규들을 지킬 수 있을 것인가? 무선기기들과 관련된 법규들을 이해하는데 실패한다면 기업에 무슨 일이 생길 것인가?

프로젝트 7 얼간이가 내 400달러를 가져갔어!

한 위성 텔레비전 고객이 서비스의 연결 상태가 나쁘다는 이유로 서비스를 해지해달라는 요청을 하였다. 서비스를 해지한 후에 그 고객은 위성서비스 사업자가 은행 계좌에서 430달러의 조기 해지 요금을 인출했다는 것을 알았다. 더 나쁜 것은 이 불시의 청구로 인해 수백 달러의 잔고부족이 발생했다는 것이다. 설상가상으로 딩어링이라는[18] 이름의 서비스 대리인이 그녀에게 전화해 서비스를 다시 가입할 의향이 있느냐고 물었다고 한다.

절대로 어떤 기업에게나 당신의 은행계좌의 번호를 알려주거나 당신의 은행계좌로 직접 접속하도록 하지 말라. 만일 당신이 기업과 좋은 관계를 유지하고 싶다면, 신용카드 번호를 주도록 하라. 공급자와 관계가 나빠지는 경우에, 가장 최악의 사건은 그 회사가 당신의 계좌에 직접 접근할 수 있는 것이다.

당신은 그 위성서비스 사업자가 한 일이 윤리적이라고 생각하는가? 고객이 서비스를 해지할 때 이런 종류의 문제를 피하려면 어떻게 해야 하겠는가? 신용카드 회사가 당신의 은행 계좌에 연결해 당신이 빚진 만큼의 돈을 상시 꺼내갈 수 있겠는가? 공급자가 당신의 비즈니스 예금 계좌에 직접 접속할 수 있도록 하지 말아야 하는 것이 왜 그토록 중요하겠는가?

---

18) Ding-a-Ling: 바보, 얼간이, 괴짜라는 뜻

프로젝트 8 911 맥너겟

셀룰러 기술은 비즈니스를 하는 방법을 바꾸어놓았고, 이제는 휴대전화 없이 사는 삶이란 상상할 수조차 없다. 비즈니스에서 무선 기술을 사용하는 일에는 놀라운 이점들이 있으나, 심각한 약점들도 있는데, 이런 약점에는 나쁜 결정을 더 빨리 내리도록 한다는 점이 있다.

플로리다에 사는 한 여성은 맥도날드의 직원들이 그녀에게 치킨 맥너겟이 다 떨어졌다고 말한 뒤에 911에 세 번이나 전화를 걸었다. 이 여성은 그 상황이 긴급 상황이었고, 만일 맥너겟이 다 떨어진 줄 알았더라면 돈을 주지 않았을 것이라고 말했다. 그녀는 맥도날드가 그녀에게 맥더블을 주었지만, 그녀는 그것을 원하지 않았다고 한다. 그녀는 911을 오용한 데에 대한 기소로 법정에 소환되었다.

어디에서나, 어느 때나, 전화를 들어서 좋지 않은 통화를 하기란 너무나 쉬운 일이다. 당신은 사람들이 적절하지 않은 장소에서 전화를 거는 것을 얼마나 자주 보았는가? 만일 이 여성이 돈을 내고 전화를 걸기 위해 긴 줄을 서서 기다려야했다면, 그녀가 진정하고 그녀의 결정에 대해 다시 생각해볼 수 있었을까? 손가락 끝만 까닥해서 통신할 수 있는 기술과 능력으로 인해서 나쁜 결정을 내리기가 더 쉬워졌다고 생각하는가? 당신이 통신을 하기 전에 한 번 더 생각하도록 하기 위해 무엇을 할 수 있겠는가?

프로젝트 9 무선 네트워크와 가로등

하버드 대학교의 연구자들과 BBN 테크놀로지는 시티센스라는 이름의, 가로등에 설치되어 매사추세츠주 캠브리지 시의 모든 지역의 실시간 정보를 기록하는 무선 네트워크를 설계하고 있다. 시티센스 네트워크는 시의 전력망에 연결되어 있는 시 가로등 단자에 장착된다. 각각의 단자는 와이파이 인터페이스, 기상 센서와 함께 자료를 다운로드하고 업로드할 수 있는 능력을 갖추고 있다.

당신은 시티센스 네트워크를 도시에 설치하는 일에 참여하게 되었다. 당신은 도시 내 날씨와 오염도를 감시하는 것 외에 이 시스템에서 할 수 있는 목표로 무엇을 추가시키겠는가? 시티센스 네트워크가 제공할 수 있는 다른 이점에는 무엇이 있을까? 지역 비즈니스와 시민들이 네트워크로부터 어떻게 이익을 얻을 수 있겠는가? 당신이 네트워크를 설치하기 전에 알아야할 법적, 윤리적 문제에는 어떤 것이 있는가? 당신이 이런 문제들로부터 당신의 도시와 네트워크를 보호하기 위해 무엇을 할 수 있을까?

전사적 MIS

module 3

조직은 일상 업무를 처리하기 위해 다양한 정보 시스템들을 이용한다. 대표적인 것이 거래처리 시스템TPS이다. 이 시스템은 주로 구매나 주문 배달과 같은 기본적 비즈니스 프로세스의 자료 관리나 낮은 수준의 자료 흐름에 초점을 맞춘다. 의사결정 지원 시스템DSS은 이러한 자료들을 누적하고 요약해서 조직 내에서 무엇이 일어나고, 어떻게 대응하는 것이 최선인지에 대한 통찰력을 얻기 위해 사용한다. 조직은 단절 없고 효율적인 자료 처리와 정보에 근거한 의사결정을 달성하기 위해 자신의 전사적 시스템enterprise systems을 고도로 통합하고, 업무에 대한 처음부터 끝까지의 모든 활동을 알 수 있도록 해야 한다.

이 모듈은 다양한 종류의 전사적 정보 시스템과 이것의 전략적 목적 달성을 위한 역할을 소개한다. 전사적 정보 시스템에는 공급 사슬 관리, 고객 관계 관리, 전사적 자원 관리 등이 포함된다. 전사적 정보를 통합하고 요약할 수 있는 조직들은 전략적인 비즈니스 목적들을 달성하고 경쟁자들을 압도할 수 있다.

이 모듈은 또한 어떻게 전사적 시스템들이 전 세계적 비즈니스를 지원하는가와 그러한 과정에서 극복해야 할 여러 가지 난관이 무엇인가에 대해 살펴본다. 그리고 바람직한 설계 원칙과 효과적인 관리 원칙, 그리고 끊임없이 변하는 비즈니스 요구사항들의 유연한 지원 등을 고려하여 시스템을 구축했을 때 조직이 얻게 되는 이점에 대해 살펴본다. 이러한 것들을 실현하기 위해서는 철저한 계획만이 아니라 숙련된 인적 기술도 필요하다.

MODULE 1
비즈니스 중심적 MIS

MODULE 2
MIS의 기술적 기초

MODULE 3
전사적 MIS

Module 3 전사적 MIS

8

CHAPTER

전사적 애플리케이션: 비즈니스 커뮤니케이션

이 장의 개요

SECTION 8.1
공급 사슬 관리

- 통합하여 연결된 기업 구축하기
- 공급 사슬 관리
- 공급 사슬을 최적화하는 기술들

SECTION 8.2
고객 관계 관리와 전사적 자원 관리

- 고객 관계 관리
- CRM의 이점
- CRM의 확장
- 전사적 자원 관리
- ERP를 이용한 조직 통합

IT는 나에게 무엇을 제공해 주는가?

이 장은 공급 사슬 관리SCM, 고객 관계 관리CRM, 전사적 자원 관리ERM에 대해 살펴본다. 이것은 조직이 비즈니스 효율성을 달성하고 경쟁 우위를 점하기 위해 취할 수 있는 전략적인 조치들이다. 가장 단순한 수준에서 조직들은 비즈니스 프로세스에서의 효율성, 공급 사슬에서의 효과성, 고객 요구와 행동의 전반적인 이해를 얻기 위해 기업 시스템을 도입한다. 성공적인 조직들은 직원, 고객, 공급자, 파트너와 긴밀한 관계를 유지하는 것이 경쟁 이점이라는 사실을 알고 있다. 그렇게 하는 것은 수익에 직접적이고 긍정적인 효과가 있고, 기업의 이윤을 크게 증가시킨다.

경영학을 공부하는 학생으로서 당신은 직원, 고객, 공급자, 파트너와의 관계 관리가 지니는 중요성을 이해해야만 한다. 당신이 고객 만족을 넘어서 고객 감동을 실현하려면 조직의 정보를 어떻게 분석해야 하는지를 이해해야 한다. 기업들은 통합, 분석, 지능적인 의사결정이라는 목표에 도달하기 위한 기술적 능력을 이전 어느 때보다도 더 많이 갖고 있다.

시작 사례 연구

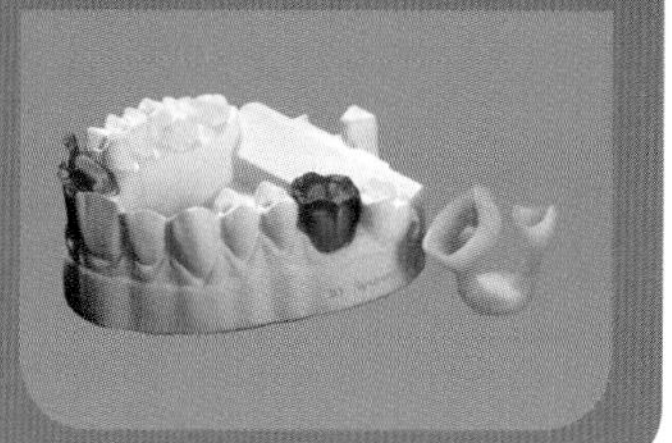

꿈꾸고, 설계하고, 3D 프린터로 출력하라

사랑하는 강아지를 잃어본 적이 있는가? 더 이상 마음 아파하지 마라. 당신의 애완견 그림을 그린 다음, 3D 탁상용 프린터로 그것의 플라스틱 복제물을 출력할 수 있다. 그러면 당신이 좋아하는 개나 고양이가 당신의 책상 위에 언제나 있을 수 있다. 당신이 그린 그림을 3D로 프린팅 한다는 것을 상상할 수 있겠는가? 그러나 상상만이 아니라 실제 가능한 일이다. 3백 달러면 3D 프린터를 구입할 수 있기 때문이다. 당신이 소유한 3D 프린터로 풀 수 있는 문제들을 모두 생각해 보자. 최근에 당신 자동차의 루프 랙roof rack 열쇠를 잃어버렸는가? 걱정하지 마라. 그 사양을 다운로드한 다음 프린트하면 된다. 여자 친구의 생일을 깜빡했는가? 걱정하지 마라. 예쁜 은팔찌를 다운로드한 다음, 여기에 여자 친구의 이니셜을 넣고, 그녀의 손목에 채워줄 아름다운 맞춤 선물을 30분 안에 프린트할 수 있다. 당신은 아파트 밖으로 나갈 필요 없이 바로 당신 집에서 말이다.

3D 프린팅의 놀라운 세계로 당신을 초대한다. 3D 프린팅은 지난 30년 동안 주로 대형 제조업체에서 맞춤 부품에서 작업용 시제품에 이르는 것들을 제작하는데 사용해 왔다. 의료 산업은 3D 프린팅을 사용하여 맞춤형 보청기, 인공 수족, 인공 관절 등을 제작하고 있다. 미술 디자이너와 건축가는 3D 프린터를 사용하여 모형을 만들거나 조상 및 건물의 프로토타입을 제작하고 있다. 전통적으로 3D 프린터는 복잡한 장치를 프로그래밍할 수 있는 대기업이나 전문 엔지니어들만이 이용할 수 있었다. 그러나 이제는 제1세대 소비자용 3D 프린터가 적정 가격에, 어린이도 쉽게 사용할 수 있는 소프트웨어를 갖추고, 시장을 두드리고 있다.

3D 프린팅 세계에서의 혁신은 물론 무어의 법칙에 의해 가능해진 것이다. 기술 발전에 따라 용량과 처리 능력은 증가하지만 크기와 비용은 감소한다는 그 법칙 말이다. 이제 당신은 3D 프린터를 3백 달러에서 5천 달러 사이에 구매할 수 있다. 당신은 이것을 와이파이 네트워크에 연결한 다음, 만들고 싶은 것을 다운로드하여 3D로 출력하면 된다. 요즘의 3D 프린터는 플라스틱, 금속, 유리, 심지어 초콜릿과 같은 다양한 재료를 이용하여 다양한 색상으로 출력할 수 있다. 정말이지, 당신은 이제 당신만의 고유한 발렌타인 초콜릿을 직접 프린트할 수 있다. 3D 프린팅이 넘어야 할 한 가지 장벽이 있다. 3D 프린터 제어 소프트웨어가 일반인이 사용하기 다소 어렵다는 점이다. 그러나 이러한 상황은 곧 바뀔 전망이다. 오토데스크와 같은 소프트웨어 제작사들이 새롭고, 사용자 친숙한 애플리케이션을 빠르게 내놓고 있기 때문이다. 오토데스크는 무료 3D 모델링 프로그램인 123D를 공개했다. 이것을 이용하면 일반인

어쿠스틱 기타

왜 기타를 프린트하는가? 수입 목재 공급이 매우 부족하다는 것은 거의 알려지지 않은 사실이다. 그래서 악기 제조업자들은 수입 목재를 대신할 대안을 찾을 필요가 있다. 비스포크 이노베이션 공동 설립자인 스콧 서밋은 "기타는 바이올린과 같은 다른 현악기에 비해 확실한 표준이 없다."고 말한다. 기타는 이러한 특성 때문에 어떤 재료로도 만들 수 있다. 게다가 기타리스트들은 기타의 앞면을 자기 취향에 맞추는 것을 좋아하고, 자신만의 고유한 소리를 선호한다. 그래서 3D로 프린트한 진정한, 단 하나의, 기타는 말이 되는 것이다.

비키니

옷감 소재인 Nylon 12의 이름 딴 N12는 컨티늄 패션이 3D 프린트 기술로 만든 최초의 비키니이다. 나일론 12는 방수라서 수영복으로 아주 이상적인 소재이다. N12는 3D로 출력한 최초의 비키니일 뿐만 아니라 물에 젖었을 때 실제로 매우 편안한 최초의 비키니이다.

생체 공학적 귀

프린스턴 대학 연구팀이 생체 공학적 귀Bionic Ear를 3D 프린터로 출력하여 만들었다. 이 연구팀은 세포와 은 나노 입자를 배양하여 3D 프린터로 출력하여 연골 조직을 만들었다. 그리고 이 속에 코일 안테나를 결합시켰다. 이 안테나가 라디오 주파수 신호를 잡아서, 달팽이관으로 전달하면, 달팽이관은 이것을 뇌 신호로 변환한다. 이제 연구팀은 이 인공 귀를 사람의 머리에 붙일 계획을 수립할 차례다.

자동차

2010년에 스트라타시스Stratasys와 코어 에콜로직Kor Ecologic은 팀을 결성하여 어비Urbee를 제작했다. 어비는 자동차 차체 전체를 3D 프린팅 기술로 소재를 층별로 쌓아가면서 완성한 최초의 자동차다.

제이 레노를 위한 자동차 부품

코미디언이자 자동차 매니아 제이 레노Jay Leno는 1907년형 화이트 스티머 자동차를 소유하고 있었다. 그런데 실린더에 고정시키는 부품인 급수가열기가 크게 손상된 상태였다. 레노는 넥스트엔진 3D 스캐너와 디멘전 3D 프린터를 이용하여 33시간 만에 필요한 부품을 새로 신속하게 만들어 낼 수 있었다. 레노는 이러한 경험을 자신의 웹사이트에 썼다. "3D 프린터는 정말 다재다능한 기술입니다. 내 에코젯 슈퍼카는 에어콘 배관이 필요했습니다. 우리는 이것을 디자인하고 플리스틱 소재를 사용해서 3D 프린터로 출력했습니다. 이 공기 흡입구를 굳이 알루미늄으로 말들 필요가 없었습니다. 사람들도 실제 자동차에서 플라스틱 부품을 사용하고 있습니다. 완성된 부품은 공장에서 새로 생산한 부품처럼 좋아 보였습니다."

초콜릿 두상

어떤 사람은 장미꽃을 주고, 어떤 사람은 3D 프린터로 출력한 보석을 주며, 또 어떤 사람은 자신의 영원한 사랑을 준다. 그러나 일본에서는 자신이 사랑하는 연인에게 자신의 초콜릿 두상을 줄 수 있다. 이를 받은 사람은 극적인 사랑의 표시로 그 두상을 크게 한 조각 베어 문다.

옷

독일 디자이너 아이리스 반 헤르펜Iris van Herpen은 파리의 패션위크에서 MIT 미디어 랩의 네리 옥스만Neri Oxman과 함께 3D 프린팅 기술로 만든 옷을 선보였다. 이 옷은 오브젝트 콘넥스500 멀티머티리얼 3D 프린터로 출력된 것이다. 대부분의 3D 프린터는 단지 한 가지 옷감이나 소재만으로 출력할 수 있지만, 콘넥스500은 여러 가지 다른 재료를 섞어 사용할 수 있다.

구글 글래스

중국 기업가 서니가오Sunny Gao는 상해의 해커톤 행사에서 정상 작동하는 구글 글래스를 출력했다. 그러나 불행히도 3D로 출력한 구글 글래스는 와이파이나 블루투스를 지원하지는 않는다. 나머지는 실제 구글 글래스와 유사하다.

고기

BBC 보도에 따르면, 미국 벤처기업인 모던 미도우는 3D 바이오프린터로 인공 고기를 만들 수 있다고 믿고 있다. 피터 티엘Peter Thiel은 이 기업에게 35만 달러를 후원했다. 티엘은 실리콘 밸리에서 가장 유명한 벤처 투자가 중의 하나로 페이팔PayPal의 공동설립자이자 초기 페이스북 투자가이다. 보도에 따르면, 이 팀은 시제품을 갖고 있지만, "아직은 식용 단계는 아니다."

로봇 인공 기관

콜로라도 출신의 17세 고등학생인 이스톤 라차펠리Easton LaChappelle는 3D 프린터용 무료 온라인 리소스를 이용하여 정상 작동하는 인공 팔과 손을 만들었다. 이 고등학생은 자신이 14세 때, 레고만으로 로봇 손을 만든 적이 있는데, 이 프로젝트 경험에서 영감을 얻었다. 그가 만든 것은 낚시 줄과 서보 모터를 사용해서 손가락을 쥐었다 폈다 할 수 있다.

그림 8.1

3D 프린터 출력물

도 자신의 PC나 심지어는 아이패드로도 대상물을 디자인하고, 원하는 대로 수정한 다음, 프린터로 출력할 수 있다.

3D 프린터 출력을 하려면 먼저 모델링을 해야 한다. 모델링은 3D CADcomputer aided design나 3D 모델링 프로그램 또는 3D 스캐너 등을 이용하여 3D 도면을 제작하는 단계이다. 소프트웨어는 이러한 3D 도면을 3D 프린터가 이해할 수 있도록 가로로 수백 또는 수천 개 이상 잘게 자른다. 모델링이 끝나면 프린팅할 수 있다. 전형적으로, 3D 프린팅 방식에서는 노즐을 통해 플라스틱 재료를 녹여 압출시켜 한층씩 쌓아 가는 압출 적층 방식fused deposition modeling, FDM과 작은 플라스틱 분말, 세라믹 분말, 유리 분말 등의 재료를 레이저로 녹여 입체 조형하는 레이저 소결 조형 방식laser sintering이 있다. 3D 시스템즈, 아피니아, 메이커봇 등의 업체들이 소비자 및 중소기업들을 위해 수천 달러의 3D 프린터를 생산한다. 그림 8.1은 PC Magazine과 Wired에 실린 최고의 3D 프린터 출력물 중 일부이다.

section 8.1 | 공급 사슬 관리

학습 성과

8.1 통합에 대해 설명하고, 이것이 기업 내 부서들을 연결하는데 어떤 역할을 수행하는지 설명할 수 있다.
8.2 공급 사슬 관리가 비즈니스에 미치는 영향을 설명할 수 있다.
8.3 공급 사슬 관리의 이점에 대해 설명할 수 있다.

통합하여 연결된 기업 구축하기

1990년대 이전까지는 영국 국방부 본부의 각 부서들은 각각 고유의 정보 시스템을 가지고 있었고, 각각의 시스템은 고유의 데이터베이스를 가지고 있었다. 정보를 공유하는 것은 매우 어려웠으며, 직원들이 여러 다른 시스템에 여러 번에 걸쳐 수작업으로 같은 정보를 다시 입력해야 했다. 대부분의 경우, 경영진들은 질문에 답하고, 문제를 해결하고, 결정을 내리기 위한 정보를 모으기조차도 불가능했다.

이 문제를 해결하기 위해 미 국방부에서는 시스템들을 통합하거나, 데이터베이스를 연결하였다. 이런 연결, 즉 **통합**integration은 서로 연결되지 않은 시스템들이 직접적으로 서로 소통할 수 있도록 하였고, 여러 시스템에 수작업으로 입력해야할 필요를 없애주었다. 통합은 데이터베이스 간에 정보를 공유하게 해주는 동시에 품질을 극적으로 향상시켜준다. 군대는 이제 현재의 준비 상태와 다른 기초적인 기밀 정보에 대해 자세한 보고서를 작성할 수 있다. 이는 통합을 하기 이전에는 거의 불가능에 가까웠던 일이었다. **e통합**eintegration은 고객이 인터넷을 이용하여 기업의 데이터베이스 및 정보 원천을 조회하여 자신이 원하는 맞춤 정보를 손에 넣을 수 있도록 하는 것이다. **애플리케이션 통합**application integration은 기업이 기존에 가지고 있는 경영 정보 시스템들을 통합하는 것이다. **데이터 통합**data integration은 모든 데이터에 대한 통일된 관점을 제공할 수 있도록 다양한 데이터 원천들을 통합하는 것이다.

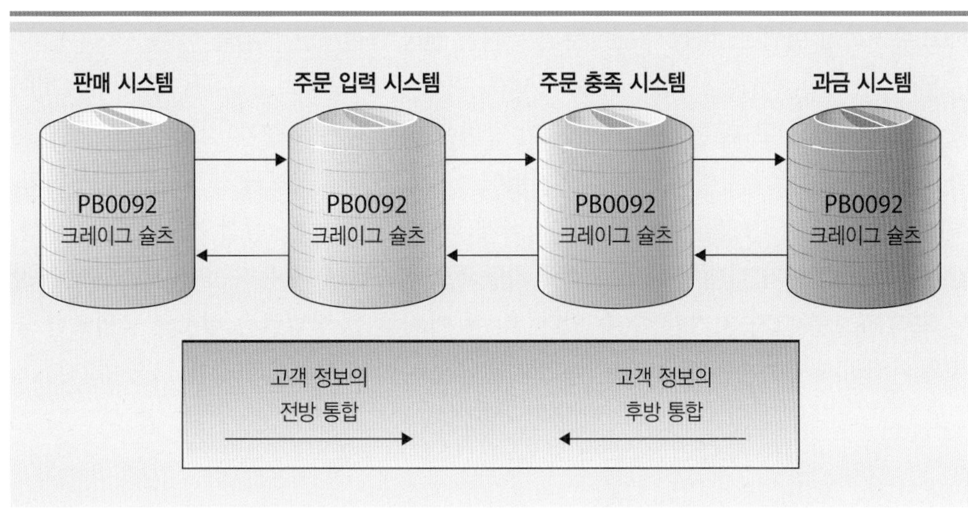

그림 8.2
전방 및 후방 고객 정보 통합의 예

그림 8.3

데이터베이스 내의 고객 정보 통합하기

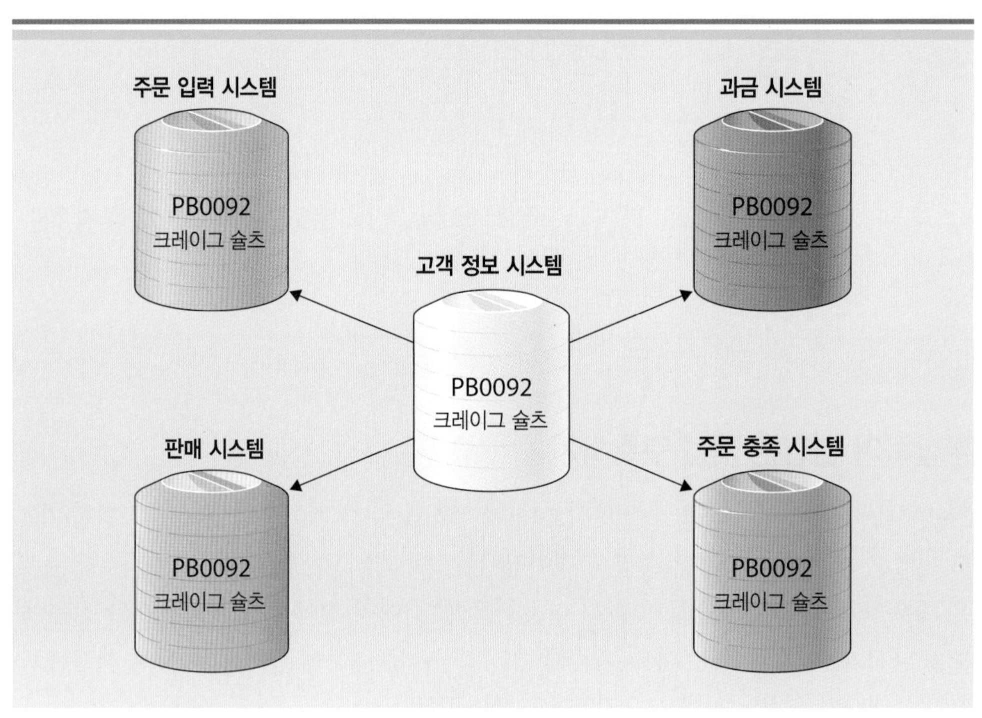

데이터베이스를 통합하는 데에는 전후방 통합과 중앙저장소 구축의 두 가지 방법이 있다. 그 첫째는 전후방 통합을 생성하여 가치 사슬 상의 절차들(그리고 그와 관련된 데이터베이스들)을 연결하는 것이다. **전방 통합**forward integration은 주어진 시스템에 입력된 정보들을 하류의downstream 모든 시스템과 절차에 전송하여 통합해 가는 방식이다. **후방 통합**backward integration은 주어진 시스템에 입력된 정보들을 상류의upstream 모든 시스템과 절차에 전송하여 통합해 가는 방식이다. 그림 8.2는 이 방법이 판매, 주문 입력, 주문 충족, 결제와 같은 시스템이나 절차 사이에서 어떻게 작동하는지를 보여준다. 예를 들어 주문 입력 시스템에서 한 직원이 고객의 정보를 갱신한다. 그러면 통합 방식에 의해서, 그 정보는 상류로는 판매 시스템에, 하류로는 주문 충족과 결제 시스템에 보내진다. 이상적으로 조직은 어떤 시스템에서든지 정보를 생성하고, 갱신하고, 삭제할 수 있는 유연한 전방 통합과 후방 통합 모두를 구축하고 싶어 한다. 그러나 통합에는 돈이 많이 들며, 구축하고 유지하기 어렵다. 따라서 대부분의 조직은 전방 통합에만 투자를 한다.

두 번째 통합 방법은 특정한 정보 유형을 위해 중앙 저장소repository를 구축하는 것이다. 그림 8.3은 서로 다른 네 시스템을 이 방법에 의해 통합한 고객 정보의 예를 보여준다. 사용자들은 오직 중앙의 고객 데이터베이스에서만 고객 정보를 생성하고, 갱신하고, 삭제할 수 있다. 사용자들이 생성, 갱신, 삭제 작업을 수행하면, 통합 기능에 의해 생성, 갱신된 고객 정보가 나머지 네 시스템에 자동으로 전송된다. 사용자는 네 시스템에 저장된 고객 정보를 단지 읽기만 할 수 있다. 이 두 가지 통합 방법들은 정보의 불필요한 중복을 완전히 제거하지는 못하지만, 여러 시스템들 사이의 정보 일관성을 보장해준다.

공급 사슬 관리

고객 관계 관리

전사적 자원 관리

그림 8.4
세 가지 주요 전사적 시스템

통합 도구

전사적 시스템enterprise systems은 기업의 업무와 비즈니스 프로세스를 위한 전사적 지원과 자료 접속을 제공한다. 이 시스템들은 고객 정보를 기업 전체에서 관리할 수 있으며, 판매에서 지원에 이르기까지 고객이 경험하였을 모든 것을 볼 수 있도록 해준다. 기업 시스템은 일반적이지만, 기업 특성에 적합하도록 맞출 수 있는 프로그램들의 묶음이다. 묶음 프로그램들에는 회계, 생산, 마케팅과 같은 비즈니스 기능들이 있다. 일반적으로, 맞춤화를 위한 개발 도구는 전문가의 능력을 필요로 하는 복잡한 프로그래밍 도구이다.

EAIenterprise application integration는 분리된 기업 시스템들을 통합하기 위해서 계획, 방법, 도구들을 연결시킨다. 레거시 시스템legacy system은 현재 또는 기존 시스템들로, 갱신하거나 새로운 시스템과 통합시키는 대상이 된다. EAI는 레거시 시스템이 기업의 새 비즈니스 프로세스와 잘 맞는지 검토하고, 새로운 시스템이나 자료를 추가할 때 어떻게 기존의 것들을 재사용 할 수 있을지를 제시한다.

통합은 **미들웨어**middleware를 이용하여 이루어진다. 미들웨어는 둘 이상의 소프트웨어 애플리케이션들을 연결하기 위해 둘 사이에 존재하는 소프트웨어이다. 미들웨어는 이질적인 시스템들 사이에서 정보를 번역한다. **EAI 미들웨어**는 일반적으로 함께 사용되는 프로그램들을 한데 묶음으로써 여러 업체들의 애플리케이션들을 통합하는데 필요한 시간을 줄인, 미들웨어에 대한 새로운 접근법이다. 이 장의 나머지 부분은 서로 다른 부서들과 업무 시스템들을 통합시키기 위해 대부분의 기업들이 사용하는 공급 사슬 관리SCM, 고객 관계 관리CRM, 전사적 자원 관리ERP의 세 가지 전사적 시스템을 다룬다(그림 8.4 참조).

공급 사슬 관리

보통의 기업들은 총 지출액의 거의 절반을 제품 제작을 위한 원자재와 공급자를 위해 지출한다. 흔히 거론되는 핵심 성공 요인들은 종종 적절한 제품을 적절한 장소에, 적절한

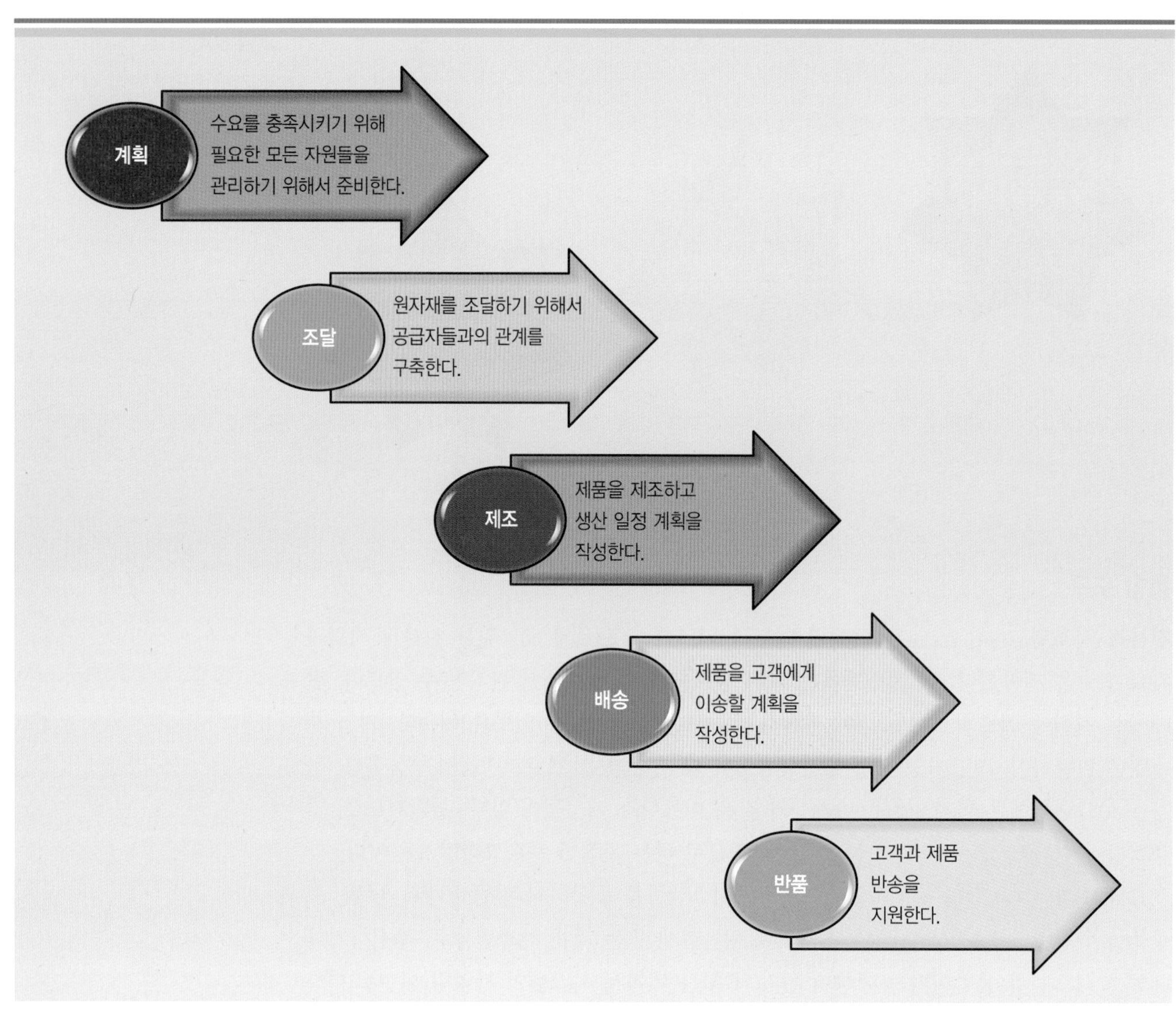

그림 8.5

다섯 가지 기본적 공급 사슬 활동들

시간에, 적절한 가격으로 배치하는 것에 초점을 맞춘다. 이런 이유에서 기업이 원자재를 확보하고, 제품을 제조하고, 완성된 제품을 소매상과 고객들에게 배송하는 일을 지원하는 시스템에 대한 수요가 크다. 공급 사슬supply chain은 원자재 및 제품 획득과 직접적 또는 간접적으로 관련된 모든 부분들로 구성된다. 그림 8.5는 기업이 제조와 제품 배송을 위해 수행하는 다섯 가지 기본적인 공급 사슬 활동들을 보여준다. 이러한 핵심 영역들에서 정교한 의사결정을 실현하고 또 자동화하기 위해, 기업들은 수요 및 공급 사이의 활동, 예컨대 수요 예측, 재고 통제, 정보 흐름을 지원하는 시스템에 눈을 돌리고 있다.

공급 사슬 관리SCM: supply chain systems는 전체 공급 사슬의 효율성과 기업 이윤을 극대화하기 위해 공급 사슬 안의 활동들 사이의 정보 흐름을 관리하는 것이다. 과거에는 제조에 기울이는 노력은 주로 기업 내에서의 품질 향상에 집중되었다. 오늘날에는 고객, 고객의 고객, 공급자, 공급자의 공급자를 포함한 전체 공급 사슬에 걸친다. 오늘날의 공급 사슬은 커뮤니케이션 채널과 관계들로 서로 연결된 비즈니스 파트너들의 복잡한 네트워크이다. SCM 시스템은 개념 구상에서 시장 출시에 이르기까지의 제품을 다루는 빠르고, 효

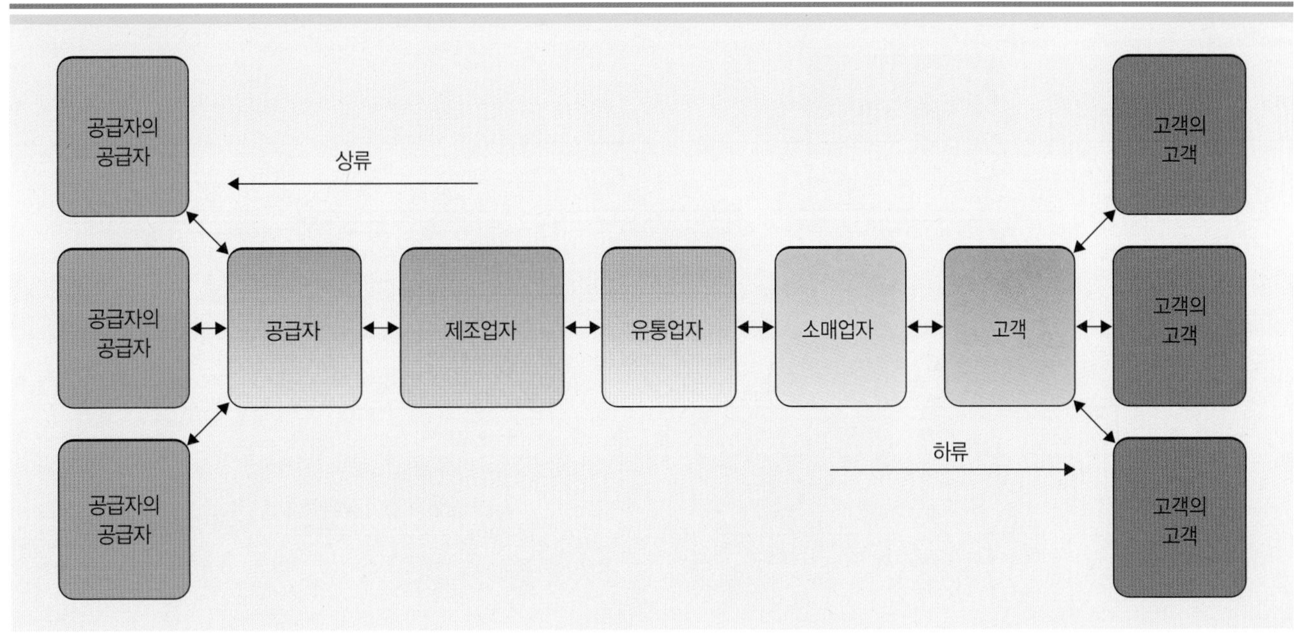

그림 8.6

전형적인 공급 사슬

율적이고, 그리고 저가의 비즈니스 관계 네트워크를 구축하는 것을 목표로 이런 관계들을 관리하고 강화한다. SCM 시스템은 공급 사슬의 모든 참여자들 사이의 긴밀한 절차, 정보 연결, 또는 통합을 제공한다. 공급 사슬 관리는 다음 세 가지 주요 비즈니스 프로세스를 수행한다(그림 8.6).

1. 공급자 및 모든 상류 단계의 공급자들로부터 자재를 공급 받는다.
2. 자재가 반제품이나 완제품으로 변환된다. – 조직 고유의 제품 제작 과정
3. 제품이 고객과 모든 하류 단계의 고객들에게 배달된다.

그림 8.7

자전거 제조사의 공급 사슬

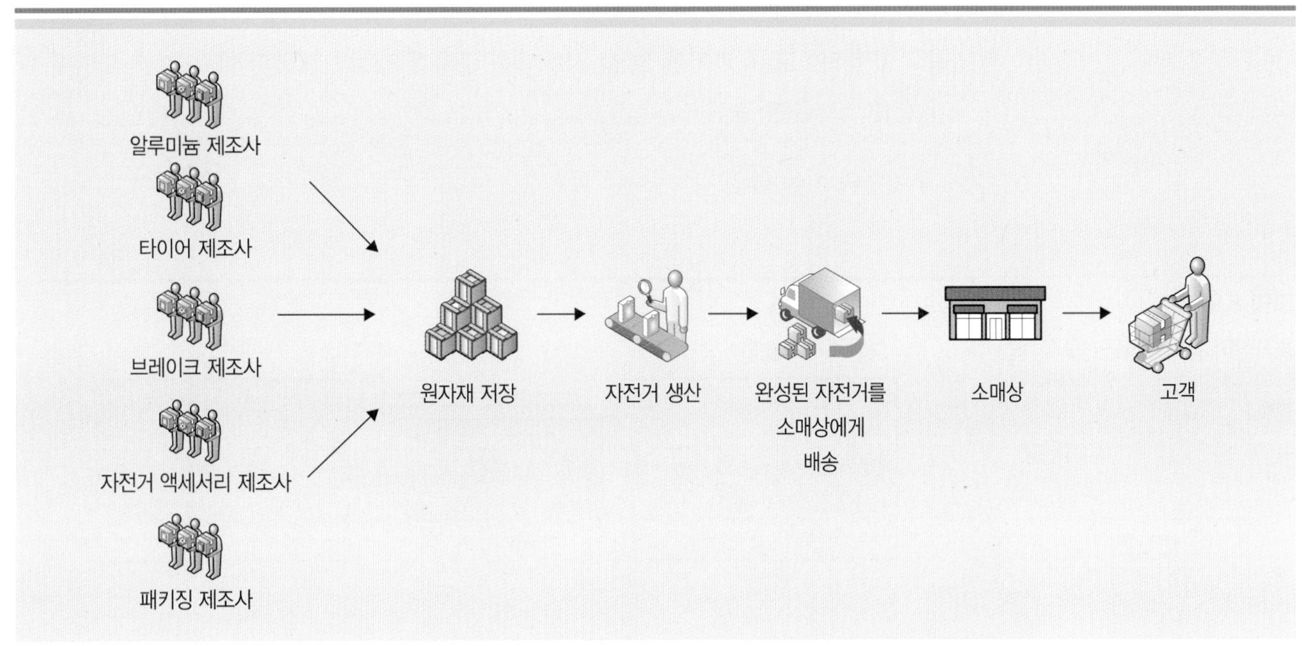

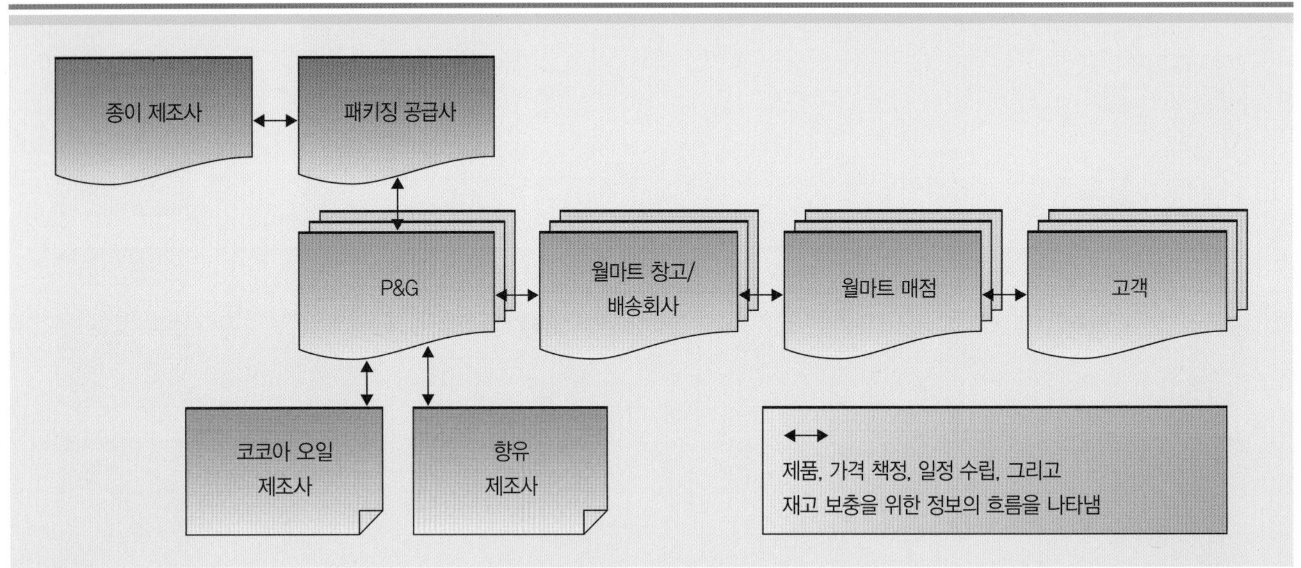

그림 8.8

월마트에서 구매된 제품에 대한 공급 사슬

산악자전거를 구매하려는 한 고객을 생각해보자. 시작에서부터 끝까지 이 거래를 완결하기 위해서는 수십 가지의 과정들이 필요하다. 고객이 주문을 한다. 판매상은 제조회사로부터 자전거를 구매한다. 제조회사는 알루미늄, 고무 타이어, 브레이크, 액세서리, 패키징과 같이 자전거를 만드는 데 필요한 원자재들을 여러 공급자들로부터 구매한다. 원자재들은 제조자의 창고에 보관되다가, 완성된 제품이 판매자나, 경우에 따라서는 고객에게 바로 보내져야할 시점에 맞추어서 발행된 생산 지시에 따라서 투입된다(그림 8.7).

월마트와 프록터앤드갬블P&G은 월마트의 배송 센터를 P&G의 제조 센터와 직접 연결하는 성공적인 SCM 시스템을 구축하였다(그림 8.8). 고객이 월마트에서 제품을 구매하면 주문 정보가 생성된다. 월마트는 주문 정보를 창고나 배송회사에게 보낸다. 창고나 배송회사는 주문 정보를 P&G로 전달하면, P&G는 해당 매점에 가격과 보충 가능 여부 정보를 보내고 배송회사에게 제품을 보내 보충한다. 결제 내역은 전자적으로 전송된다. 조직은 효율적이고 효과적인 SCM 시스템을 구축함으로써 포터의 다섯 경쟁 요인에 다음과 같은 영향을 미칠 수 있다.

- 구매자의 힘을 줄인다.

그림 8.9

효과적이고 효율적인 SCM이 포터의 다섯 경쟁 요인에 미치는 영향

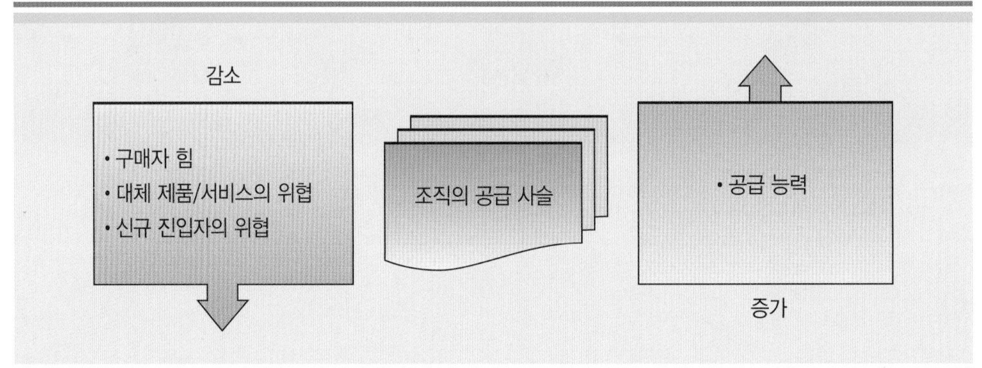

- 자신의 공급 능력을 키운다.
- 구매자의 전환비용을 증가시켜 대체 제품이나 서비스의 위협을 줄인다.
- 진입 장벽을 높여 새로운 경쟁자가 진입하는 것을 어렵게 만든다.
- 효율성을 향상시켜 저비용의 경쟁 우위를 확보한다(그림 8.9 참조).

SCM 시스템은 조직 전체에 걸쳐 이윤을 향상시켜줄 수 있다. 예를 들어 생산 관리자는 제품 A의 재고를 가능한 한 최소로 줄이는데 집중함으로써 제조비용을 줄여, 훌륭한 생산 관리자라는 평가를 받을 수도 있다. 그러나 이 생산 관리자는 이렇게 비용을 절감하는 것이 다른 영역에서 오히려 비용을 더 많이 늘린다는 것을 깨닫지 못할 수도 있다. 예를 들어 긴급하게 주문 들어 온 것을 맞추기 위해 급하게 자재를 주문하면 비용이 훨씬 더 들게 된다거나, 선적을 보다 신속하게 처리해야 함에 따라 추가 비용이 들 수도 있다. 시작부터 끝까지의 시야, 즉 통합된 공급 사슬만이 이런 문제를 해결 수 있으며, 기업이 전체적으로 이윤을 향상시킬 수 있는 비즈니스 전략을 적용할 수 있도록 해줄 수 있다.

공급 사슬은 사슬의 가장 약한 연결 부위의 강도만큼만 강하다. 기업들은 공급 사슬의 성능을 측정해 가장 약한 연결 고리를 빨리 확인하기 위해서 공급 사슬 관리 지표를 사용한다. 일반적인 공급 사슬 관리 지표는 다음을 포함한다.

- **이월 주문**back order: 상품 재고 부족으로 미충족된 고객의 주문
- **재고 보충 사이클 타임**inventory replenishment cycle time: 제품을 제작해서 소매상에게 배달하기까지 걸리는 시간
- **고객 주문 사이클 타임**customer order cycle time: 제품의 구매 주문에서부터 배달에까지 소요되는 시간
- **재고 회전율**inventory turnover: 재고의 보충 빈도

공급 사슬 상의 가시성

공급 사슬 가시성supply chain visibility은 공급 사슬의 상류와 하류의 모든 영역을 실시간으로 볼 수 있는 능력을 말한다. 기업은 수요에 대응하기 위해서 상류와 하류에서 발생한 모든 고객 정보를 알아야 하고, 또한 기업은 공급자는 물론 그 공급자의 공급자에 관한 정보도 모두 알아야 한다. 공급 사슬 참여자들은 이런 정보 없이는 성공적인 비즈니스 전략 구축에 꼭 필요한 것, 즉 시장에서 발생하는 수요와 공급 상의 요구를 알 수 없게 된다. 기업은 공급 사슬 가시성을 향상시키기 위해 공급 사슬 계획SCP 시스템과 공급 사슬 실행SCE 시스템을 이용할 수 있다. SCPsupply chain planning는 수요 예측, 생산 계획, 운송 계획 등의 제품 생산 전 과정에 대한 계획을 수립하는 것을 의미하고, SCEsupply chain execution는 자재 구매, 제품 생산, 유통 물류 등의 모든 실행 활동을 관리하는 것을 의미한다. **공급 사슬 계획 시스템**supply chain planning systems은 향상된 수학 알고리즘을 이용하여 공급 사슬의 흐름과 효율성을 향상시키는 동시에 재고를 줄여준다. SCE 시스템은 더 정밀한 결과를 산출하기 위해 고객, 주문, 판매, 제조, 배송 능력 등의 정보를 실시간으로 정확하게 입력해야 한다.

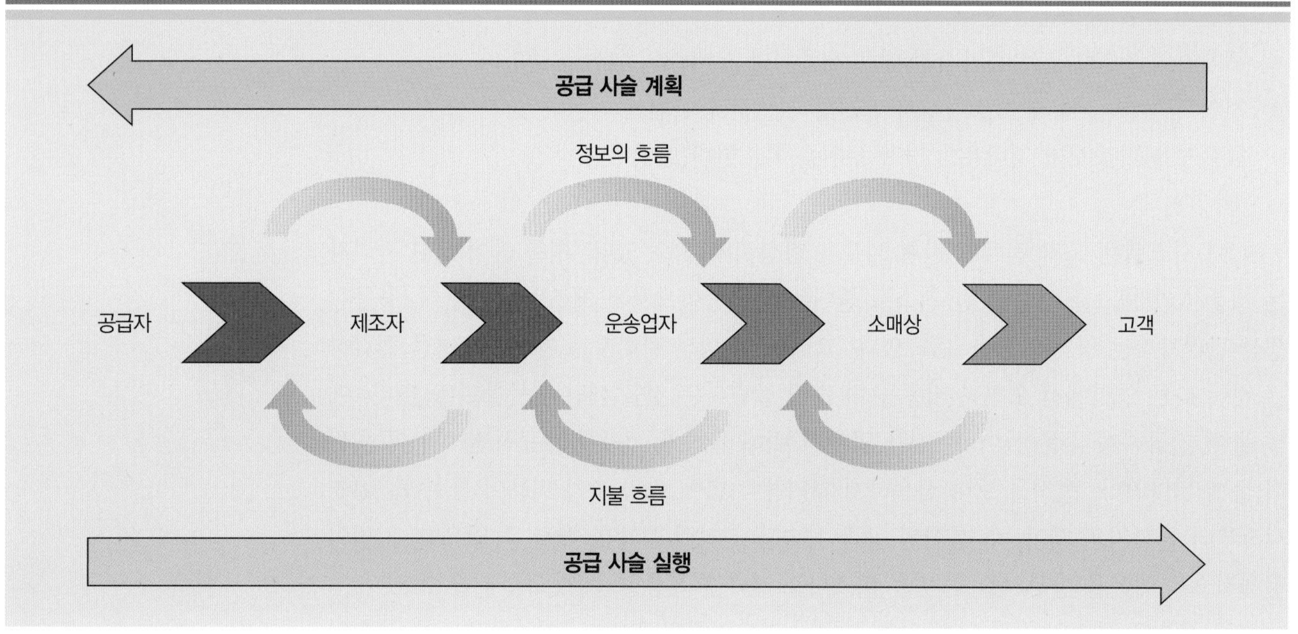

그림 8.10

공급 사슬 내에서의 공급 사슬 계획과 공급 사슬 실행의 역할

이상적인 공급 사슬은 여러 기업들로 구성되지만, 서로 완전한 정보 가시성을 확보하여 마치 하나의 기업처럼 효율적이고 효과적으로 움직인다. **공급 사슬 실행 시스템** supply chain execution systems은 공급 사슬 상의 다양한 활동들을 자동화하여 공급 사슬의 결속력을 높여준다. 예를 들어 SCE 시스템은 생산자에게서 받은 주문을 부품 공급자에게 EDI electronic data interchange를 통해 자동으로 전송할 수 있다. EDI는 공급 사슬 참여자들 사이에 정보를 전자적으로 교환하기 위한 표준 포맷이다. 그림 8.10은 SCP 시스템과 SCE 시스템이 공급 사슬과 어떻게 상호작용하는지를 보여준다.

채찍 효과는 기업이 전체 공급 사슬에 대해 깨끗한 시야를 확보하지 못했을 때 발생하는 재고 문제의 좋은 예이다. **채찍 효과** bullwhip effect는 종종 잘못된 제품 수요 정보가 공급 사슬을 통해 한 파트너에서 다른 참여자들에게로 퍼져나가면서 왜곡되고 증폭되는 것을 말한다. 어떤 제품에 대한 수요가 약간 증가할 것이라는 정보는 공급 사슬의 다음 구성원들이 더 많은 재고를 쌓게 만들며, 이런 변화는 공급 사슬을 통해 퍼져나가면서 증폭되어, 공급 사슬의 상류 구성원들에게 과도한 잉여 재고와 비용을 발생시키게 된다. 예를 들어 한 자동차 판매 대리점이 특정 브랜드의 자동차를 판매하는데 어려움을 겪고 있다면, 그 브랜드에 대해서 할인을 하여 재고를 줄이려고 할 것이다. 이 사실에 대해서 알지 못한다면, 대리점이 실제로는 재고를 팔아치우는데 어려움을 겪고 있다는 것을 눈치채지 못하고, 자동차 제조자는 이 브랜드의 수요 상승에 근거해 생산 지시량을 증가시킬 것이다. 오늘날 공급 사슬 통합은 경영진에게 공급 및 고객 영역의 공급 사슬을 볼 수 있는 가시성을 제공함으로써 수요와 공급을 가능한 일치시키도록 하고 있다.

공급 사슬을 최적화하는 기술들

공급 사슬 최적화는 성공을 꿈꾸는 조직에게 매우 중요한 비즈니스 프로세스이다. 월마트의 공급 사슬의 복잡성에 대해서 생각해보자. 수십억 개의 제품이 전 세계로 보내지고, 모든 매장의 진열장에 재고가 그때그때 잘 보충된다. 효율성에 관심이 있는 기업이라면 SCM 중에서 조달, 물류, 자재 관리 세 부분에 초점을 두어야 한다(그림 8.11 참조).

조달procurement은 공급 사슬의 요구를 충족시키기 위해 재화와 서비스를 구입하는 것이다. 조달 프로세스는 핵심적인 공급 사슬 전략이다. 왜냐하면 투입 자재를 적정 가격에 구매하는 능력이 기업의 운영 능력과 직접 연관되기 때문이다. 절적한 투입물이 없다면 기업은 비용 효과적인 산출물을 만들어 낼 수 없다. 예를 들어, 만약 맥도날드가 감자를 아예 조달할 수 없다거나 혹은 감자를 아주 높은 가격으로 구매할 수밖에 없다면, 맥도날드는 그 유명한 프렌치 프라이를 만들어 팔 수 없을 것이다. 사실상, 크기가 기다란 프렌치 프라이를 만드는데 사용되는 적정 크기의 감자를 조달하는 일이 쉽지만은 않다. 특히나 다 자란 감자의 크기가 너무 작을 때, 적정 크기의 감자 물량을 확보하는 것은 도전적인 일이다. 기업은 다음과 같은 조달 관련 질문에 답할 수 있어야 한다.

- 부패 최소화를 위해 우리가 구매해야 하는 적정 원자재 수량은 얼마인가?
- 우리의 원자재로 생산 요구를 반드시 충족시키려면 어떻게 해야 할까?
- 수익성을 담보하려면 우리는 원자재를 얼마에 구매해야 할까?
- 모든 제품을 단 하나의 공급자로부터 구매한다면 추가적 할인 혜택을 받을 수 있을까?

그림 8.11

공급 사슬 관리의 세 가지 비즈니스 영역

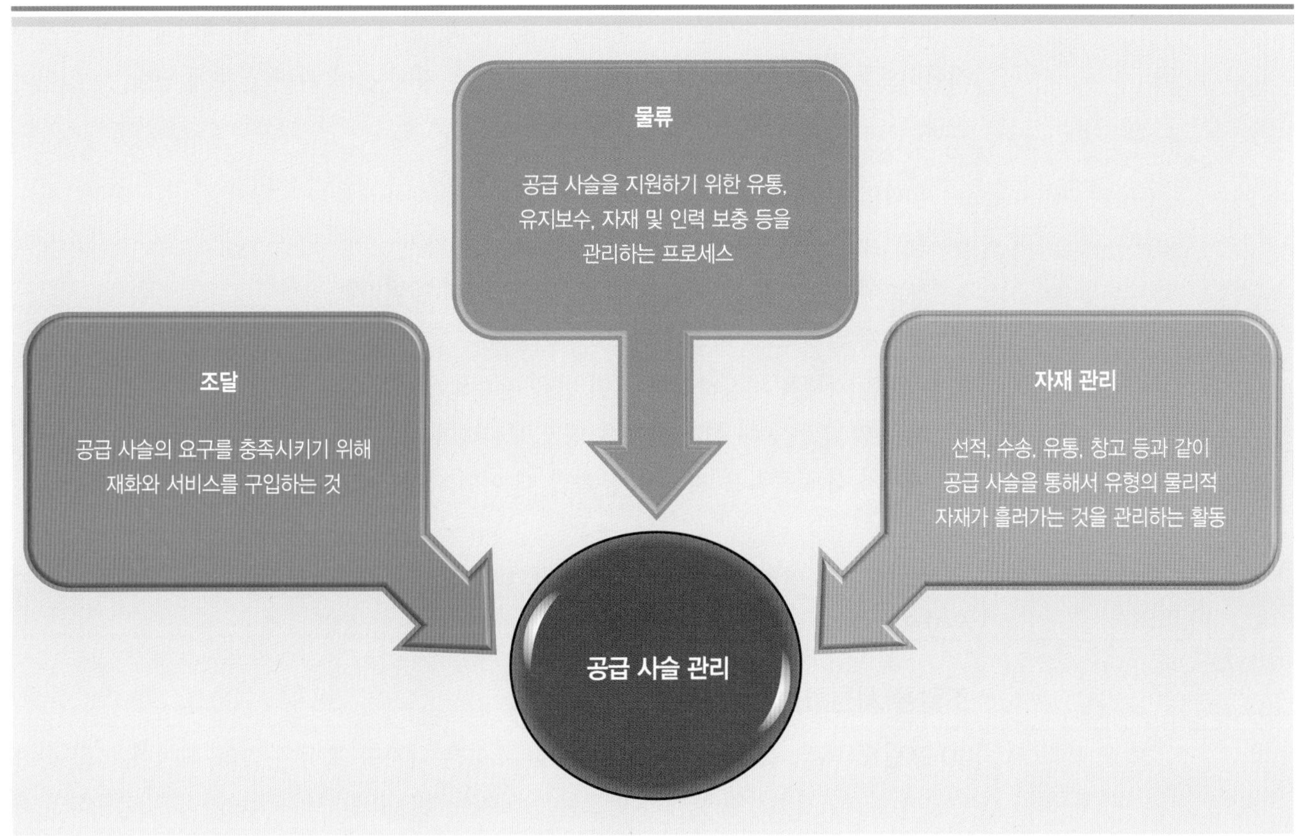

물류(物流)logistics는 공급 사슬을 지원하기 위한 유통, 유지보수, 자재 및 인력 보충 등을 관리하는 프로세스이다. 1장에서 학습한 가치 사슬 분석을 떠올려 보자. 조직의 핵심 가치 활동에 조달 물류(내부 물류)inbound logistics와 판매 물류(외부 물류)outbound logistics가 포함된다. 조달 물류는 원자재 및 자원을 확보하여 필요로 하는 생산부서로 분배하는 활동이다. 판매 물류는 고객에게 재화와 서비스를 유통시키는 것이다. 물류는 기업 내부 프로세스(창고 물류)와 기업 외부 프로세스(운송 물류)를 관리하며, 주로 공급 사슬의 물리적 실행 부분에 초점을 둔다. 물류는 제품을 요람에서 무덤까지 가져가는 점차 복잡해지는 프로세스, 정보, 커뮤니케이션을 관리해야 한다. **요람에서 무덤까지**cradle to grave는 물류 지원을 전체 시스템에 걸쳐, 즉 제품의 시작에서 끝까지 제공하는 것이다. 기업은 다음과 같은 물류 관련 질문에 답할 수 있어야 한다.

- 제품을 우리 고객에게 전달하는 가장 빠른 길은 무엇인가?
- 물건을 끄집어내서 포장하는 창고에서 물건을 배치하는 최적의 방법은 무엇인가?
- 창고에서 물건에 접근하는 최적의 경로는 무엇인가?
- 상품을 배송할 때 차량은 어떤 길로 가는 것이 최적인가?
- 트럭이 어느 지역을 관할해야 하는가?

자재 관리materials management는 선적, 수송, 유통, 창고 등과 같이 공급 사슬을 통해서 유형의 물리적 자재가 흘러가는 것을 관리하는 활동이다. 자재 관리에서는 자재의 품질과 수량을 관리하는 것은 물론이고, 이러한 자재를 계획하고, 획득하고, 사용하고, 폐기하는 것도 관리한다. 자재 관리에서는 액체, 연료, 농산물, 식물, 기타 위험 물품 등을 취급하고, 또한 모든 자재를 안전하고, 효율적이며, 법적 규정이나 및 폐기물 처리 규정에 적합하도록 다루어야 한다. 기업은 다음과 같은 자재 관리 관련 질문에 답할 수 있어야 한다.

- 우리의 현 재고 수준은 얼마인가?
- 창고에서 어떤 물량이 점차 부족해지고 있는가?
- 창고에서 못쓰게 될 위험이 있는 물품은 어떤 것인가?
- 못쓰게 된 물품은 어떻게 폐기하는가?
- 위험한 자재를 저장하려면 어떤 법을 준수해야 하는가?
- 저장 및 운송할 때 어떤 물품을 냉장 보관해야 하는가?
- 깨지기 쉬운 물품을 저장 및 운송할 때 어떤 요구사항을 준수해야 하는가?

기업은 다른 영역에서처럼, 공급 사슬의 각 영역에서도 파괴적 기술을 지속적으로 이용함으로써 경쟁 우위를 발견하고 있다. 그림 8.12를 참조해 보자.

조달을 지원하는 3D 프린팅

3D 프린팅 과정, 즉 적층 가공additive manufacturing은 디지털 모델에 따라 레이어layer를 한층 한층 쌓아가면서 3차원 물체를 만드는 방식이다. 3D 프린팅의 적층 가공은 전통적인 가

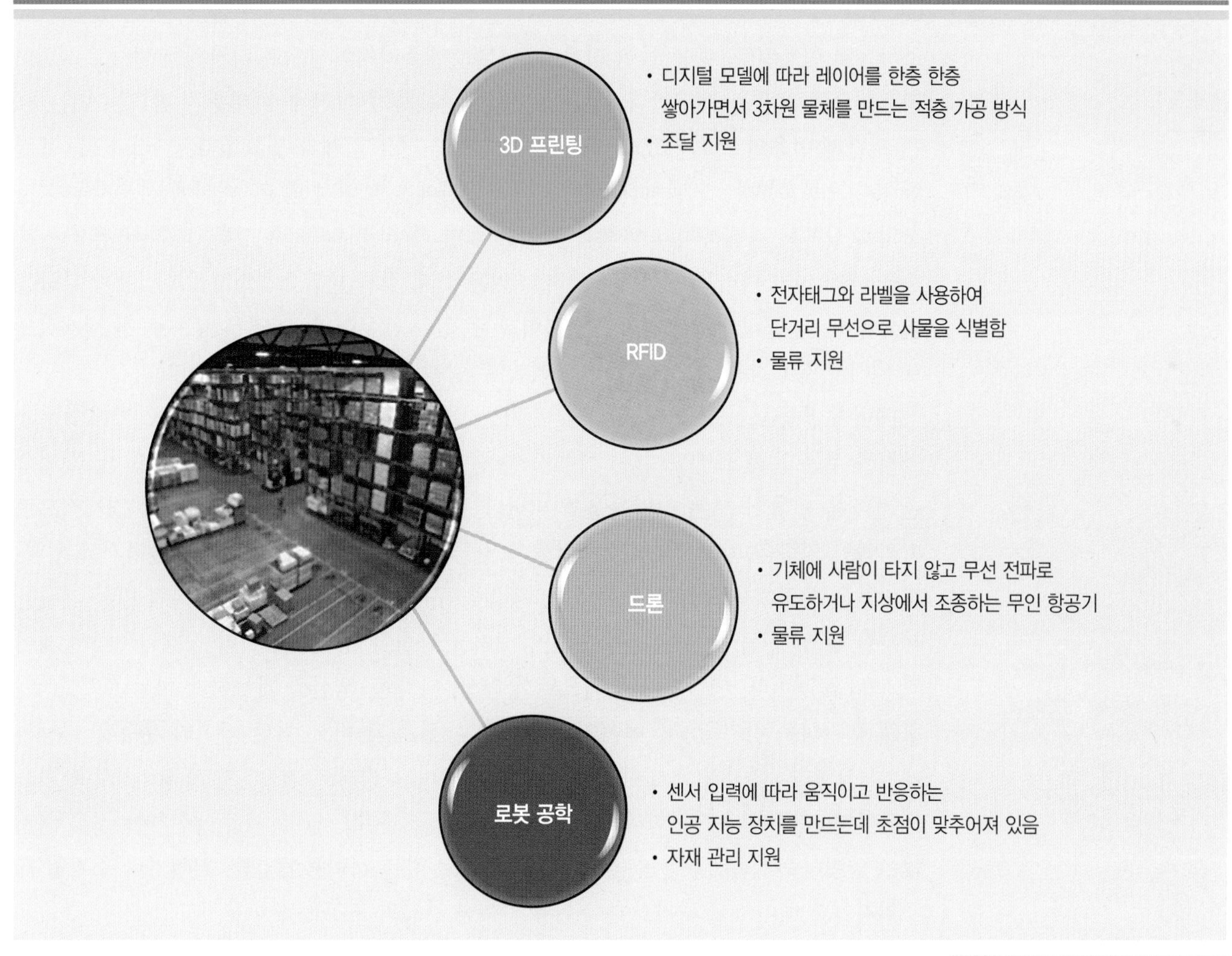

3D 프린팅
• 디지털 모델에 따라 레이어를 한층 한층 쌓아가면서 3차원 물체를 만드는 적층 가공 방식
• 조달 지원
RFID
• 전자태그와 라벨을 사용하여 단거리 무선으로 사물을 식별함
• 물류 지원
드론
• 기체에 사람이 타지 않고 무선 전파로 유도하거나 지상에서 조종하는 무인 항공기
• 물류 지원
로봇 공학
• 센서 입력에 따라 움직이고 반응하는 인공 지능 장치를 만드는데 초점이 맞추어져 있음
• 자재 관리 지원

그림 8.12

파괴적 비즈니스 기술들

공 과정과 전혀 다르다. 파이낸셜 타임즈와 다른 매체들은 3D 프린팅이 인터넷보다 더 큰 파괴력을 갖는다고 주장한다. 참으로 대담한 주장이 아닐 수 없다. 3D 프린팅이 기존의 비즈니스를 파괴한다는 주장에 사람들이 찬성하는 데에는 이유가 있다. 3D 프린팅이 생산을 일반인과 보다 가깝게 만들기 때문이다. 3D 프린팅은 마치 인터넷이 중간상을 소멸시켰던 것처럼disintermediation, 공급 사슬의 일정 부분을 소멸시킬 수도 있다. 또한, 3D 프린팅은 대량 고객화mass customization, 소량 생산small production batches, 그리고 재고 감축을 촉진시킬 것이다. 전통적으로 3D 프린팅은 비용이 많이 들기 때문에, 단지 대기업들만이 이를 이용할 수 있었다. 그러나 지금은 프린터, 스캐너, 애플리케이션 등의 비용이 낮아졌기 때문에, 중소기업이나 일반 개인 사용자들도 이 기술에 접근할 수 있다. 3D 프린팅의 발전으로 인해 자재 조달은 훨씬 더 쉬워질 것이다. 왜냐하면 기업들이 생산에 필요한 부품이나 요소를 출력만 하면 되기 때문이다. 오늘날의 3D 프린터는 자동차 부품, 휴대전화 케이스, 보석, 장난감, 자전거, 테스트용 시제품 등을 만들고 있다.

3D 프린터로 제품을 출력하려면, 먼저 레이어라 불리는 얇은 단면으로 자르는 디지털 모델을 만들어야 한다. 디지털 모델이 완성되면 프린트 출력을 하게 된다. 3D 프린터는 디자인의 맨 밑바닥부터 소재의 레이어를 연속적으로 쌓아서 완성해 나간다. CAD/

CAMcomputer-aided design/computer-aided manufacturing 시스템은 디지털 디자인을 만들고, 제품을 제조하는데 이용된다. 예를 들어 사용자는 CAD 애플리케이션으로 디자인을 만들고, CAM 시스템으로 제품을 제조한다. 3D 프린터가 존재하기 이전에 시제품을 만드는 데는 많은 시간과 비용이 소요되었고, 숙련된 기술자와 전용 기계가 필요했다. 그러나 3D 프린팅 출현으로 이제는 모델링 지시서를 제조업자에게 보내지 않고, 대신에 사용자들이 자신의 책상에서 시제품이나 완제품을 필요로 할 때 바로 만들 수 있다. 따라서 필요한 부품을 세계 여러 나라들로부터 조달하는 일은 이제 점차 불필요해지고 있다. 예비 부품을 필요로 할 때 곧바로 3D 프린터로 출력할 수 있기 때문이다. 이것은 앞으로 전 세계적으로 일하고 상호작용하는 중소기업들의 업무 방식에 큰 영향을 미칠 것이다.

메이커 운동maker movement은 개인이 뭔가를 소비할 뿐만 아니라 생산할 능력이 있다는데 가치를 두는 문화 트렌드이다. 메이커 운동에서 메이커란 소비자에 머무르지 않고 필요한 물건을 만들어 쓰는 사람들을 의미한다. 이 운동은 점차 확대되고 있고, 경제적으로 파괴적인 영향을 미칠 것이다. 사람들이 자급자족할 수 있는 능력이 더 높아지고 있다. 사람들은 상점에서 상표가 붙어 있는 제품을 구매하는 대신에 자신이 직접 만든 제품을 사용할 수 있게 될 것이다. 기술이 다양해지고 관심이 높아짐에 따라 각계각층에서 메이커가 나올 것이다. 이들은 공통적으로 창의성, 디자인, 생산을 가능하게 하는 도구 및 원자재에 관심을 갖고 있다. **메이커 스페이스**makerspaces가 바로 이런 메이커 운동을 가능하게 하고 있다. 메이커 스페이스는 일종의 커뮤니티 센터로 기술, 제조 장비, 교육 기회 등을 일반 대중에게 제공한다. 일반인이 메이커 스페이스 없이 직접 생산하는 것은 쉽지 않은 일이다. 비록 대부분의 메이커들은 취미로 하는 사람들이지만, 기업가나 소기업 제조업자들도 메이커 스페이스에서 이용 가능한 강좌와 도구들을 이용하고 있다.

물류를 지원하는 RFID

TV 광고에서 유니폼을 입은 한 남자가 가정집으로 조용히 들어선다. 이 남자는 배고픈 어린 아이들이 텅 빈 시리얼 용기를 열기 전에 새것으로 교체한다. 다음으로, 이 남자는 배고픈 불독의 경계의 눈빛을 마주하면서 새로운 먹이 봉투를 열어 먹이통에 넣는다. 끝으로, 이 남자는 샤워중인 남자에게 이제 막 떨어진 샴푸 대신 새 샴푸를 건넨다. 공급 사슬 관리의 다음 물결은 가정을 위한 공급 사슬이 될 것이다. 월그린Walgreens은 자신을 가정의 JITjust-in-time 공급업자로서 마케팅하면서 다른 전국적 체인점들과 차별화하고 있다. 오늘날 고객들은 편리하게 자신이 원할 때 원하는 방식으로 원하는 가격에 온라인에서 상품을 구매한다. 월그린은 가정을 위한 고객 웹사이트를 구축하고 있다. 여기서 가족들은 온라인으로 주문한 다음, 자신이 편할 때 점포의 셀프 서비스 카운터에서 주문한 상품을 받거나 차에 탄 채 서비스 받는 창구에서 주문한 상품을 받을 수 있다. 월그린은 저가격과 고객 서비스를 넘어 가정에까지 JIT 서비스를 제공하고 있다.

RFIDradio-frequency identification는 전자태그와 라벨을 사용하여 단거리 무선으로 사물을 식별한다. 이것은 기존의 바코드와 같은 인식 기술을 대체시키고 있다. 계속 발전하고 있는 RFID 태그는 보다 자세한 정보를 기업 소프트웨어에 제공하게 될 것이다. 오늘날의 태그는 전자 제품 코드electronic product code를 저장하고 있다. 향후에 태그는 훨씬 더 많은 정보를 포함할 수 있게 되어 휴대하는 데이터베이스의 기능을 수행할 것이다. RFID EPCelectronic product code는 일련번호화serialization를 촉진시킨다. 일련번호화는 고유한 일련번호를 RFID 태그에 부여하고, 이를 물품에 부착하여 물품의 상태와 위치를 추적하는 방식이다. 바코드도 샐러드 드레싱 병 제품을 식별할 수 있다. 그러나 RFID EPC 태그는 각각의 병을 식별할 수 있고, 또한 박스 단위의 제품 추적으로 유효기간 경과 여부를 확인할 수 있다. 사용자는 RFID 칩의 데이터를 단지 수집함으로써 모든 물품의 위치를 공급사슬에서 자동 식별할 수 있다. RFID가 주요 영향을 미치는 분야는 물류로 그 가능성은 무한하다. RFID 태그는 고속도로 통행료 징수, 컨테이너 추적 등의 분야에서 수년 동안 응용되어 왔다. RFID 태그는 일반 전자 부품처럼 경질기판rigid substrate에 부착되어 플라스틱 용기 안에 포장된다. 일반 태그와 달리, 상자carton에 붙이는 태그는 사용 기간이 훨씬 짧다. 이러한 일회용 태그는 잘 휘어지는 인쇄 가능한 라벨에 부착되고, 이것은 다시 상자에 붙여진다. 이러한 스마트 라벨 뒷면에는 RFID 칩과 안테나가 내장된다. 감열식 인쇄기가 라벨에 숫자와 바코드 데이터를 프린트하면서 동시에 칩에 코드를 부여한다. 그림 8.13과 그림 8.14는 공급 사슬에서 RFID 시스템이 어떻게 작동하는지를 보여준다.

물류를 지원하는 드론

드론drone은 기체에 사람이 타지 않고 무선 전파로 유도하거나 지상에서 조종하는 무인항공기이다. 아마존Amazon.com은 소포 배달을 위해 드론을 시범 운영하고 있다. 가까운 미래에 작은 드론이 고객에게 소포를 30분 이내 배달할 수 있을 것이다. UPS와 페덱스FedEx 또한 그들만의 소포 항공 운송을 준비 중이다. 드론은 이미 우리에게 현실로 다가

그림 8.13

RFID 시스템의 세 가지 구성요소

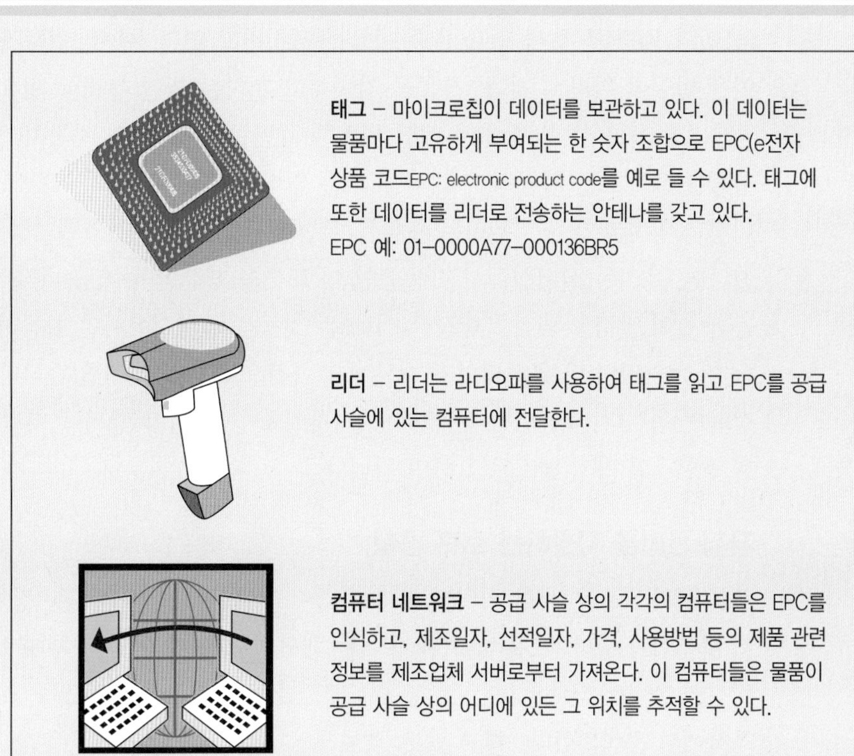

태그 – 마이크로칩이 데이터를 보관하고 있다. 이 데이터는 물품마다 고유하게 부여되는 한 숫자 조합으로 EPC(e전자 상품 코드EPC: electronic product code를 예로 들 수 있다. 태그에 또한 데이터를 리더로 전송하는 안테나를 갖고 있다.
EPC 예: 01-0000A77-000136BR5
리더 – 리더는 라디오파를 사용하여 태그를 읽고 EPC를 공급 사슬에 있는 컴퓨터에 전달한다.
컴퓨터 네트워크 – 공급 사슬 상의 각각의 컴퓨터들은 EPC를 인식하고, 제조일자, 선적일자, 가격, 사용방법 등의 제품 관련 정보를 제조업체 서버로부터 가져온다. 이 컴퓨터들은 물품이 공급 사슬 상의 어디에 있든 그 위치를 추적할 수 있다.

소매 공급 사슬에서의 RFID
모든 제품과 운반용 박스에 RFID 태그를 붙인다. 제품이 이동되는 모든 단계에서 리더카 태그를 스캔하고 서버 정보를 갱신한다.

제조업체
제품이 공장을 떠난 때 리더가 태그를 스캔한다.

배송센터
배송센터에 제품이 도착하면 포장을 열지 않고도 박스에 있는 태그를 스캔하고 재고정보를 갱신한다.

상점
제품이 도착하면 태그를 스캔하고 재고를 갱신한다. 셔츠가 선반에 놓일 때 리더가 스캔한다. 계산대에서 출납원이 개별 상품을 휴대용 리더로 스캔할 수 있다. 제품이 팔려 상점을 떠날 때 재고가 갱신된다. 제조업자와 소매업자는 판매 패턴을 실시간으로 관찰하고 생산, 주문, 가격에 대한 의사결정을 신속하게 내릴 수 있다.

가정
소비자는 옷에 붙은 태그를 리더기가 스캔하도록 하여 옷 착용 패턴을 추적할 수도 있고, 프라이버시에 민감한 소비자는 옷 구매 시 상점에서 태그 기능을 제거할 수도 있다. 고객이 승인해주면, 상점에서는 구매 패턴을 관찰하여 해당 고객에게 옷 세일 정보를 제공할 수도 있다.

그림 8.14
공급 사슬에서의 RFID

와 있고, GPS를 통해 소포 운송 물류를 조정하고 있다. 현재 드론 관련 문제는 FAA 승인을 받아야 한다는 것과, 사물을 감지하고 피하는 첨단 능력이 필요하다는 점이다. 드론은 GPS 좌표를 통해 소포 배달 위치를 확인할 수 있지만, 자동차, 개, 어린이 등의 대상물을 GPS로는 감지하거나 피할 수는 없다. 페덱스 설립자, 프레드 스미스Fred Smith는 이렇게 말하고 있다. "우리는 드론을 실험실에서 작동하고 있습니다. 법적 승인만 떨어진다면, 우리는 실험실에서 작동중인 이 드론을 생산할 수 있습니다." 스미스는 또한 다음과 같이 말하고 있다. "당장은 이 모든 것들을 실험실에서만 가동하고 있습니다. 우리는 이것이 거의 다 완성되었기 때문에 추가적으로 고칠 것이 없습니다. FAA에서 법률만 정하면 됩니다. 즉, 법적 문제만 있을 뿐이죠. 제조사가 명세에 따라 만들면 실제 작업 현장에서 몇 가지 테스트만 하면 됩니다."

자재 관리를 지원하는 로봇 공학

로봇 공학robotics은 센서 입력에 따라 움직이고 반응하는 인공 지능 장치를 만드는데 초점이 맞추어져 있다. 로봇robot이란 용어는 체코의 희곡 작가 카렐 차페크Karel Capek가 쓴 희곡 로섬의 유니버셜 로봇R.U.R: Rossum's Universal Robots에서 처음 사용하였다. 이 희곡은 1921년 프라하에서 공연되었다. 체코 말로 로보타robota는 '노예 같은 노동forced labor'을 뜻한다. 로봇 공학robotics이란 용어는 작가 아이작 애시모프Isaac Asimov가 처음 사용한 것으로, 그는 1950

공급 사슬 이벤트 관리

조직은 공급 사슬 이벤트 관리SCEM: supply chain event management를 통해 반응 속도보다 빠르게 하여 공급 사슬 문제를 해결할 수 있다. SCEM 소프트웨어는 공급 사슬 파트너들 사이에 실시간 정보 공유를 향상시키고, 예기치 못한 사건에 대한 반응 시간을 줄일 수 있다. 점점 더 많은 조직들이 실시간 공급 사슬 모니터링의 혜택을 인식하게 됨에 따라 SCEM 수요는 급격히 증가하고 있다.

판매 사슬 관리

판매 사슬 관리selling chain management 기술은 제품 문의에서 주문에 이르는 주문 수명 주기order life cycle 상의 활동에 적용된다.

협력적 엔지니어링

조직은 협력적 엔지니어링collaborative engineering을 통해 제품 설계에 드는 비용과 시간을 줄일 수 있다.

협력적 수요 계획

조직은 협력적 수요 계획collaborative demand planning을 통해 재고에 대한 투자를 줄이면서 제품 구매 가능성을 높여 고객 만족도를 향상시킬 수 있다.

그림 8.15

공급 사슬의 확장

년에 출간된 자신의 공상 과학 소설 I, Robot에서 로봇 공학의 세 법칙을 제시했다.

1. **제1법칙**: 로봇은 사람을 해치거나 행동하지 않음으로써 사람이 해를 입도록 해서는 안 된다.
2. **제2법칙**: 로봇은 사람이 내린 명령들(명령들이 제1법칙과 상충하지 않는 한)을 따라야 한다.
3. **제3법칙**: 로봇은 자신의 존재를 보호(보호가 제1법칙이나 제2법칙과 상충하지 않는 한)해야 한다.

당신은 로봇이 공장에서 초정밀 업무를 수행하거나, 가정에서 바닥이나 풀장을 청소하거나, 위험한 환경에서 유독성 폐기물을 정화하거나 폭발물을 해체하는 것을 본 적이 있을 것이다. 아마존만 해도 1만대 이상의 로봇들이 고객의 주문을 처리하기 위해 창고에서 물건을 집어 들고, 포장하고, 관리하고 있다. 아마존은 2012년에 키바 시스템즈Kiva Systems가 생산한 로봇들을 7억7천5백만 달러에 구입했다. 키바는 적게는 수백만 달러에서 많게는 2천만 달러에 달하는 로봇을 이용하여 자재를 관리함으로써 업무를 단순화하고 비용을 절감할 수 있다고 홍보하고 있다. 복잡한 그리드에 배치되어 있는 로봇들은 창고에서 물품 배치를 최적화하고, 재고 물품을 들어 작업자에게 가져다 줄 수 있다. 키바 로봇이 일하는 주문 처리 센터를 실제 눈으로 보면 참으로 놀랍다. 오퍼레이터가 가만히 서 있으면 제품들이 이들에게 온다. 재고 보관 용기inventory pod는 작은 오렌지색 로봇들이 들여오고 내가는 제품을 보관한다. 이로써 운반 장치나 분류기와 같은 전통 시스템들이 불필요해진다. 로봇과 인간의 비용 및 혜택을 평가하기란 쉬운 일이 아니다. 그럼에도 불구하고, 포장 담당 직원이 키바 로봇을 가지고 일한다면, 주문을 시간당 서너 배는 더 많이 처리할 수 있다고 키바 시스템즈는 자랑하고 있다. 자포스, 스테이플, 아마존 등은 컨베이어 벨트와 같은 전통적 주문 처리 기술을 키바의 작은 오렌지색 로봇으로 대체하여, 최근 창고 관리를 혁신하였고, 그로인한 혜택을 누리고 있다.

확장된 공급 사슬

공급 사슬 관리 시장이 성숙해짐에 따라 기술이 보다 정교해지고 있고, 마케팅, 고객 서비스, 심지어 제품 개발과 같은 부가 기능을 확장된 공급 사슬에 포함시키고 있다. 발전된 커뮤니케이션 도구들, 사용이 편리한 의사 결정 지원 시스템, 정보 공유할 때의 참가자들 간의 신뢰 구축 등은 가정을 기반으로 하는 공급 사슬을 가능하게 하고 있다. 그림 8.15는 빠르게 증가하고 있는 확장된 공급 사슬 관리의 몇 가지 예이다.

지식 적용하기

비즈니스 중심적 세계화

빈곤 퇴치를 위한 3D 프린팅

서아프리카에 사는 33살의 코드조 아페이트 그리코우kodjo Afate Grikou 씨는 가난한 자기 마을 사람들이 그 지역에서는 구할 수 없는, 부엌 용품 등의 생필품을 3D 프린트로 출력할 수 있게 해주고 싶어 했다. 그래서 그는 새로운 부품을 거의 사용하지 않는 3D 프린터를 직접 제작하기로 계획했다. 결국 버려진 컴퓨터, 스캐너 등의 전자 폐기물과 고철들을 주재료로 하여 3D 프린터를 만들었다. 그는 3D 프린트를 제작하기에 앞서, 유럽의 소셜 펀딩 웹사이트인 ulule.com에 자신의 프로젝트를 올려놓았다. 그리고 이 프로젝트에 대해서 그 지역에서는 구할 수 없는 장비 구입 자금 명목으로 1만 달러를 지원받았다. 비록 1천 달러이면 3D 프린트를 구입할 수 있지만 말이다. 그리코우 씨는 자신의 혁신이 그 마을의 청소년과 젊은이에게 영감을 주기를 원했다. 그리고 이들이 학교에 와서 교육을 받고, 삶을 변화시키는 더 큰 발전을 이루어 내기를 희망했다. 나아가 그들 자신의 삶은 물론, 그들의 이웃들에게도 혜택을 주기를 바랐다. 함께하는 브레인스토밍 방식의 3D 프린팅은 시골 마을이 가난을 물리칠 수 있게 도와줄 수 있다.

비즈니스 중심적 윤리와 보안

3D 프린터로 출력한 무기

1976년에 미국 대형 영화 제작사가 일본의 소니Sony 사를 VCR 출시를 이유로 법정에 제소하였다. 소송의 이유는 소니가 "TV의 장편 영화를 시청하면서 VHS 테이프에 녹음한 다음, 친구에게도 전해줄 수 있는 방식"으로 광고했다는 것이다. 8년 동안, 유니버설 스튜디오Universal Studio는 다른 강력한 미디어 그룹들과 함께 VCR 장치를 개발하는 소니와 지루하게 소송전을 펼쳤다. 핵심 이슈는 소니가 개발 중인 장치는 사용자들이 저작권법을 위배하도록 만들 수 있다는 점이다. 법정에서 소니의 장치를 이용하여 사용자가 저작권법을 위반할 수도 있다고 하여 소니에게 책임을 물을 수 있는 것인가를 결정하기 위해 수년 동안 공방을 벌였다. 드디어 1984년에 미국 대법원은 소니의 편을 들어줬다. "만약 어떤 장치가 실질적 비위반 사용을 유지할 수 있다면, 그 장치를 만들어 파는 것은 합법이다. 다시 말해, 만약 그 장치가 뭔가를 합법적으로 할 수만 있다면, 그것이 실제 어떻게 사용된다 하더라도 만드는 것은 합법이다."

자동차, 칼, 총, 컴퓨터 등을 생각해 보자. 이들 모두는 법을 위반하면서 사용될 수 있다. 만약 사람들이 이것을 어떻게 사용할지를 생산자가 책임을 져야 한다면, 이를 만드는 것이 어느 누구에게도 허용되지 않을 것이다. 만약 당신이 어떤 도구를 만들어 이것을 누군가에 판매했을 때, 그가 법을 위반하면 당신이 그 책임을 져야 한다면, 당신은 이에 찬성할 수 있겠는가? 3D 프린터가 저작권법, 상표권, 특허권을 위반하여 사용된다면 당신은 이에 찬성할 수 있는가? 만약 그렇다면 3D 프린터는 불법인가?

section 8.2 | 고객 관계 관리와 전사적 자원 관리

학습 성과

8.4 운영 CRM과 분석 CRM에 대해 설명할 수 있다.
8.5 핵심 ERP와 확장 ERP에 대해 설명할 수 있다.
8.6 조직이 현재의 어떤 기술들을 ERP 시스템 내부로 통합하고자 하는지를 설명할 수 있다.

고객 관계 관리

오늘날 대부분의 경쟁자들은 서로 별 차이가 나지 않는다. 기업의 경쟁력은 고객들이 마우스 클릭의 흐름을 바꾸면 언제든 바뀔 수 있기 때문이다. 이런 치열한 경쟁은 기업들이 판매 중심의 비즈니스 전략에서 고객 중심의 비즈니스 전략으로 갈아타도록 유도하고 있다. 고객은 기업의 가장 중요한 자산 중의 하나이다. 따라서 강력하고 충성스런 고객 관계를 형성하는 것은 중요한 경쟁 이점으로 작용한다. 할리-데이비슨은 고객 충성도의 중요성을 제대로 알고 있는 기업의 훌륭한 예를 보여주며, 공급량보다 수요가 훨씬 넘쳐 나는 아주 탐나는 위상을 차지하고 있다. 세상의 어떤 다른 오토바이도 할리-데이비슨 같은 모양새, 느낌, 소리를 갖고 있지 않다. 할리-데이비슨 모터사이클에 대한 수요는 공급량을 훨씬 넘어서며, 어떤 모델들은 2년간 대기자 명단에서 기다려야만 얻을 수 있다. 고객의 중요성을 알기 때문에 할리-데이비슨은 호그HOG: Harley's Owners Group 동아리를 만들었는데, 이 그룹은 회원수가 600,000명이 넘는 세계에서 가장 큰 오토바이 클럽이다. 호그는 다양한 이벤트, 임대, 멤버 특전을 제공하며, 할리-데이비슨 소유자들에게 강한 연대감을 형성해주는 아주 중요한 경쟁력을 가져다주는 역할을 한다. 할리-데이비슨은 다른 어떤 업계에서도 구축하기 어려운, 충성도가 매우 높은 고객층을 구축한 것이다.

고객 관계 관리CRM: customer relationship management는 고객의 충성도를 높이고 기존 고객을 유지하며 기업의 수익성을 제고하기 위하여, 기업과 고객 간의 관계에 관한 제반 문제를 다룬다. CRM은 조직이 고객의 쇼핑과 구매 행위를 파악할 수 있도록 해준다. 고객이 기업과 소통을 할 때마다 기업은 특정 고객과 신뢰 관계를 구축할 기회를 갖게 된다. 할리-데이비슨은 단지 관계를 형성하고 오토바이를 파는 것만으로는 단골 고객들의 꿈을 채워줄 수 없다는 것을 깨달았다. 그래서 이 기업은 최고 품질의 제품과 함께 잊지 못할 경험을 주기 위해 노력했다. 이 기업이 온라인으로 상품을 판매하기 시작했을 때 한 가지 딜레마에 봉착하게 되었다. 온라인에서의 전략은 액세서리를 할리-데이비슨 대리점을 거치지 않고 직접 고객들에게 판매하는 것이었는데, 이런 액세서리들은 대리점에서 큰 마진을 가져다주어 가게 수익의 대부분을 제공해주는 것들이었다. 이에 대한 할리-데이비슨의 대안은 할리-데이비슨 닷컴을 분사시켜 고객이 온라인 주문을 할 때 참여할 대리점을 고르도록 하는 것이었다. 선택된 대리점이 주문을 충족시킬 책임을 지게 된다. 이 전략은 각 대리점들이 고객들의 구매 경험에 초점을 맞추도록 유지시켜주는 역할을 하였다. 각각의 고객들이 온라인 구매 경험에서 높은 만족감을 얻을 수 있도록 하기 위해서, 이 기업은 대리점들이 다음을 포함하는 몇 가지 기준들을 충족시키도록 하였다.

- 하루에 두 번 온라인 주문을 확인할 것
- 24시간 안에 온라인 주문 상품을 선적할 것
- 고객의 질문에 24시간 안에 응답할 것

할리-데이비슨은 주문을 처리하는 데 걸린 시간, 반송된 주문의 건수, 잘못된 주문의 건수 등 온라인 고객 지표를 계속 확인하고 있으며, 이를 통해 기업이 중요한 성공 요인인 단골 고객에 대한 즉각적이고 훌륭한 고객 서비스를 꾸준히 제공할 수 있도록 하고 있다.

고객 관계를 관리하는데 있어 가장 우선적인 요소들 중 하나는 고객이 언제, 그리고 왜 기업과 소통하려고 하는지를 아는 것이다. 콜 센터에 전화를 걸어 결함이 있는 상품에 대해 불평을 하는데 한 시간이나 소비하고 있는 분개한 고객을 상상하여 보자. 고객이 이러한 통화를 하는 동안, 영업사원은 관련 제품을 판매하기 위해 이 고객의 사무실을 방문하러 간다. 물론, 이 시점은 분개한 이 고객에게 상향 판매up-sell나 교차 판매cross-sell를 시도하기에 좋은 상황은 아니다. 고객 관계 관리 시스템은 이 영업사원에게 그 고객이 고객 서비스 쪽에 전화를 걸었었다는 사실을 알려줄 수 있으며, 자세한 통화 내용도 알려줄 수 있다. 그러면 그 영업사원은 고객에게 들러 제품 문제를 해결하는 데 조언을 제공하여줄 수 있으며, 이로 인해 고객과의 관계를 회복하고 미래의 판매 기회를 얻을 수도 있다.

고객의 힘

고객이 항상 옳다는 것은 표준 비즈니스 규칙이다. 비록 많은 기업들이 이것을 자신의 모토로 삼고 있지만, 실제 그렇게 행동하지는 않는다. 그러나 e-비즈니스 기업들은 이러한 모토를 실천에 옮겨야 한다. 정보화 시대에 고객의 힘이 기하급수적으로 증가하고 있기 때문이다. 웹사이트나 유튜브 비디오들이 소비자 개개인의 힘을 여실히 보여주고 있다(그림 8.16 참조). 당신이 기업에 불만이 있을 때, 10년 전이라면 전화를 걸거나 편지 쓰는 것 외에 달리 방법이 없었을 것이다. 그러나 지금은 전 세계 수백, 또는 수천의 사람에게 당신의 불만을 전할 수 있다. 당신, 곧 소비자는 자신의 영향력을 수백만 명의 사람들에게 직접 미칠 수 있다. 따라서 기업들은 고객의 목소리를 경청해야만 한다.

CRM 성과 측정

CRM 지표를 사용하여 성과를 추적하고 관리하는 것은 대부분의 기업을 위한 최고의 실행 모델best practice이다. 그림 8.17은 경영진이 CRM 시스템의 성공을 추적하기 위해서 사용할 수 있는 몇 가지 공통 지표이다. 사용 가능한 수백 가지의 CRM 지표들 중에서 단지 5~7개 정도만 측정하는 것이 바람직하다는 것을 기억하라.

CRM 커뮤니케이션 채널

커뮤니케이션 문제의 복잡성은 고객이 기업과 접촉하는 데 사용할 수 있는 소통 수단이 콜 센터, 웹사이트, 이메일, 팩스, 전화 등 여러 가지가 있다는 데 있다. 더군다나 한 고

그림 8.16

고객의 힘

http://www.donotbuydodge.ca/
Getting Started
Latest Headlines
DO NOT BUY
Dodge
STOP
Home
Overview
Detailed History
Daimler Chrysler
MacIVER Dodge
FAQs
Media
What I Want
Other Stories
Other Sites
If You Want to Help...
Mailing List
Contact Me
My name is Brad, and unfortunately my wife and I decided to lease a brand new 2003 Dodge Grand Caravan (shown to the right).
It looks nice, but it wasn't assembled properly and, as a result, the roof started to leak. This leak, which our dealership was unable to locate for six months, led to several other issues - electrical problems, and mold and mildew growth. That was in May 2004 and we are still fighting to have these issues resolved properly.
WWW. DONOTBUY DODGE.ca
This web site has been constructed to communicate our story and to detail our ongoing battle with Daimler Chrysler Canada and MacIVER Dodge to have the above issues resolved. Our goal is to have as many people as possible understand how these two companies treat their "valued" customers, and that future vehicle purchase decisions will be affected accordingly.
Total Visitors:
Temporarily Out of Order
(since November 1, 2004)
Most Recent Entries
(as of June 20, 2005)
Camped Out In Front Of MacIVER
Summary - May and June 2005
I Must Be Getting Under Their Skin
An updated What I Want page
DODGE:
To practice trickery or cunning;
To stray from or avoid the truth.
This web site is featured in
PHIL EDMONSTON'S
LEMON-AID
NEW CARS AND MINIVANS
Please visit
DevelopPhotos.com
to have your digital photos printed and delivered right to your home.

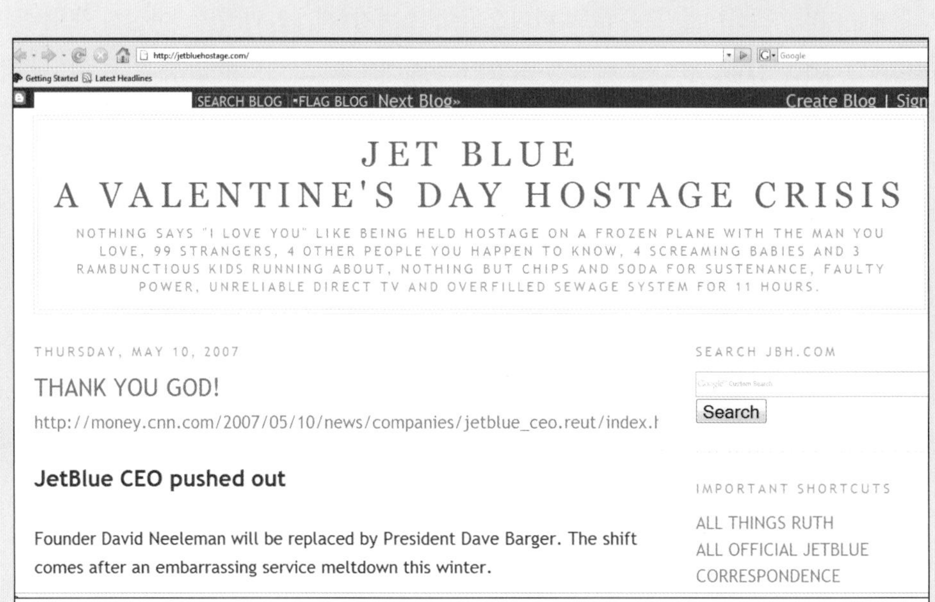

http://jetbluehostage.com/
Getting Started
Latest Headlines
SEARCH BLOG
FLAG BLOG
Next Blog»
Create Blog | Sign
JET BLUE
A VALENTINE'S DAY HOSTAGE CRISIS
NOTHING SAYS "I LOVE YOU" LIKE BEING HELD HOSTAGE ON A FROZEN PLANE WITH THE MAN YOU LOVE, 99 STRANGERS, 4 OTHER PEOPLE YOU HAPPEN TO KNOW, 4 SCREAMING BABIES AND 3 RAMBUNCTIOUS KIDS RUNNING ABOUT, NOTHING BUT CHIPS AND SODA FOR SUSTENANCE, FAULTY POWER, UNRELIABLE DIRECT TV AND OVERFILLED SEWAGE SYSTEM FOR 11 HOURS.
THURSDAY, MAY 10, 2007
THANK YOU GOD!
http://money.cnn.com/2007/05/10/news/companies/jetblue_ceo.reut/index.h
JetBlue CEO pushed out
Founder David Neeleman will be replaced by President Dave Barger. The shift comes after an embarrassing service meltdown this winter.
SEARCH JBH.COM
Search
IMPORTANT SHORTCUTS
ALL THINGS RUTH
ALL OFFICIAL JETBLUE CORRESPONDENCE

판매 지표	고객 서비스 지표	마케팅 지표
잠재적 고객 수	일별 서비스 완료 건수	마케팅 캠페인 건수
신규 고객 수	담당자별 서비스 처리 건수	신규 고객 유치율
유지된 고객 수	서비스 요청 건수	마케팅 캠페인 당 반응 건수
유효한 판매 기회 건수	유형별 서비스 요청 평균 건수	마케팅 캠페인 당 구매 건수
판매 요청 건수	평균 해결 시간	마케팅 캠페인 당 수입액
유효한 판매 기회 당 판매 요청 건수	일별 평균 서비스 요청 건수	마케팅 캠페인 당 1회 상호작용 비용
신규 수입액	SLAservice level agreement 준수율	마케팅 캠페인 당 신규 고객 획득 건수
반복해서 발생하는 수입액	서비스 갱신율	고객 유지율
제안 받은 건수	고객 만족도 수준	제품 당 신규 판매 기회 건수

그림 8.17

CRM 지표들

객이 여러 가지 방법을 통해 여러 번 기업과 소통을 할 수도 있다. 기업이 고객과의 관계를 구축하고 계속 관리하기를 원하는 경우, 고객과의 커뮤니케이션을 추적하는 일은 매우 중요하다. CRM 시스템은 고객과 소통하는 수단을 모두 추적할 수 있으며, 그 정보를 모든 직원들에게 제공할 수 있다(그림 8.19). 그러면 기업은 모든 개별 고객들과 효율적으로 소통할 수 있는 방법에 대한 전략을 수립할 수 있게 된다. 기업은 CRM 시스템을 통해 고객의 제품, 선호, 계좌 정보, 커뮤니케이션, 구매 내역에 대한 개요를 얻을 수 있으며, 맞춤화된 제품 제공, 신속한 선적, 만족도 보장, 그리고 판매량과 이윤을 증대시켜 줄 다른 마케팅 및 판매 기술 적용 등의 혜택을 얻을 수 있다.

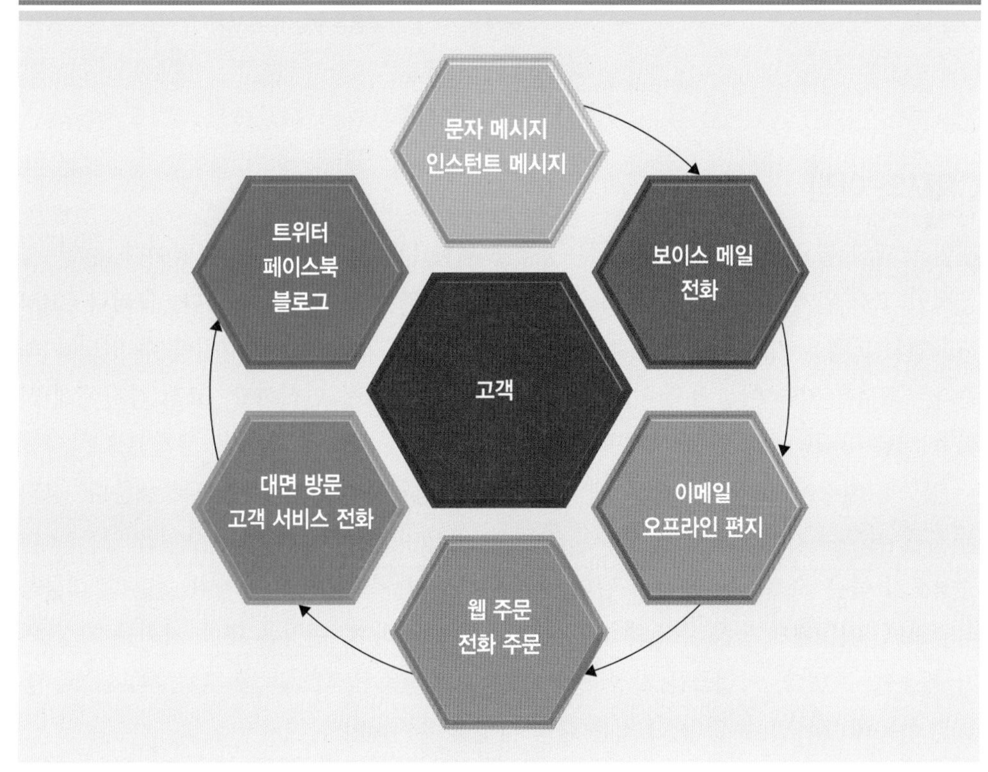

그림 8.18

고객의 접촉 수단

그림 8.19

CRM 개요

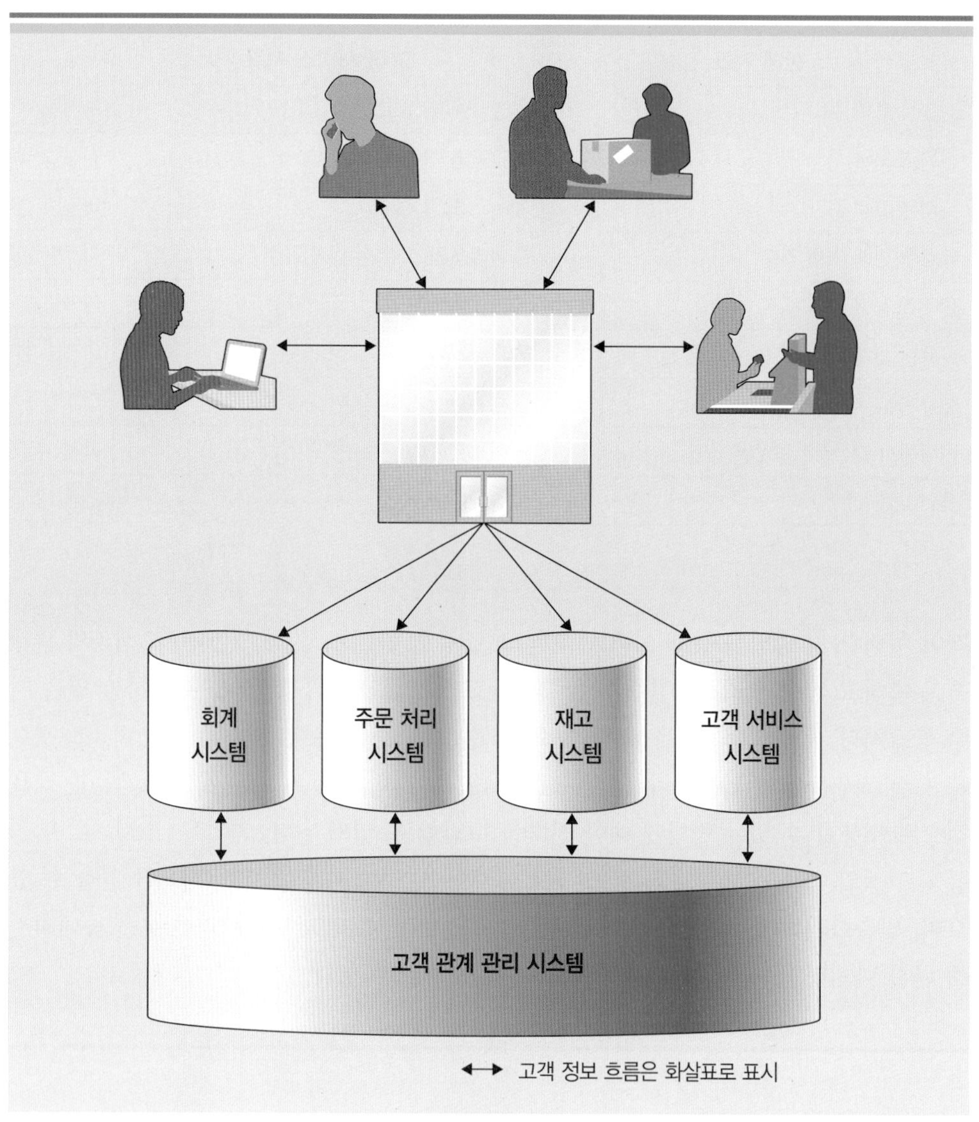

CRM의 이점

개별 고객의 필요를 이해하는 기업은 성공을 위한 준비가 되어 있는 기업이다. 물론 성공적인 고객 관계를 구축하는 것이 전혀 새로운 비즈니스 전략은 아니다. 그러나 CRM 시스템의 도입은 기업이 더 효율적이고 효과적으로 고객의 필요를 지원할 수 있도록 해준다. CRM은 기술 이상의 것이다. CRM은 고객의 필요를 인식하고, 고객 각자에게 적합한 개별 마케팅 캠페인을 설계할 수 있다. CRM은 기업이 고객들을 개개인으로 다룰 수 있도록 해주어, 고객 각자의 구매 선호와 쇼핑 행위를 파악할 수 있도록 해준다. 고객들을 잘 다루는 기업들은 좋은 수확을 거둘 수 있으며, 대체로 더 많은 수익을 얻으며 더 충성도가 높은 고객층을 가지게 된다. 기업은 CRM을 이용하여 가치가 높은 고객들을 식별하고, 이들에게 높은 수준의 고객 서비스를 제공하며, 신상품 구매 기회를 가장 먼저 제공할 수 있다. 기업들은 가장 가치 있는 고객들을 RFMrecency, frequency, monetary value 공식을 이용해 찾아낼 수 있다. 조직은 다음 사항을 추적해야 한다.

- 고객이 얼마나 최근에 제품을 구매하였는가?
- 고객이 얼마나 자주 제품을 구매하였는가?
- 고객이 각각 제품 구매 시에 얼마나 많은 금액을 사용하였는가?

이런 기초적인 CRM 정보를 수집한 후에, 기업은 이 정보들을 분석하여 패턴을 찾고 각각의 세분 시장customer segment을 위한 마케팅 캠페인과 판촉 활동을 수립할 수 있다. 예를 들어, 만일 한 고객이 성수기에만 구매를 한다면, 기업은 비수기일 때 할인가격을 제시할 수 있다. 만일 어떤 고객들이 구두만 사고 액세서리는 사지 않는다면, 구두를 사면 액세서리가 할인되도록 할 수 있다. 만일 상위 20%의 고객들이 전체 수익의 80%를 점한다고 생각되면, 이 고객들이 언제나 만족할 수 있도록 해야 하며, 가장 높은 수준의 고객 서비스를 제공해야 한다.

CRM의 발전

CRM의 발전 단계에는 (1) 보고, (2) 분석, (3) 예측의 세 가지 단계가 있다. **CRM 보고 기술**CRM reporting technologies은 여러 시스템에 흩어져 있는 고객을 식별할 수 있도록 도와준다. **CRM 분석 기술**CRM analysis technologies은 이들 고객을 종류별로, 예를 들면 우수 고객과 문제 고객 등으로 세분화할 수 있도록 도와준다. **CRM 예측 기술**CRM predicting technologies은 고객의 행동에 관하여 예측할 수 있도록 도와준다. 예를 들어 어떤 고객이 떠날 가능성이 있는지를 알 수 있도록 도와준다. 그림 8.20은 CRM 기술을 활용하여 해답을 얻을 수 있는 중요한 질문들 중 몇 가지의 예를 보여준다.

운영 CRM과 분석 CRM

CRM 전략의 두 가지 기본적인 구성요소는 운영 CRM과 분석 CRM이다. **운영**

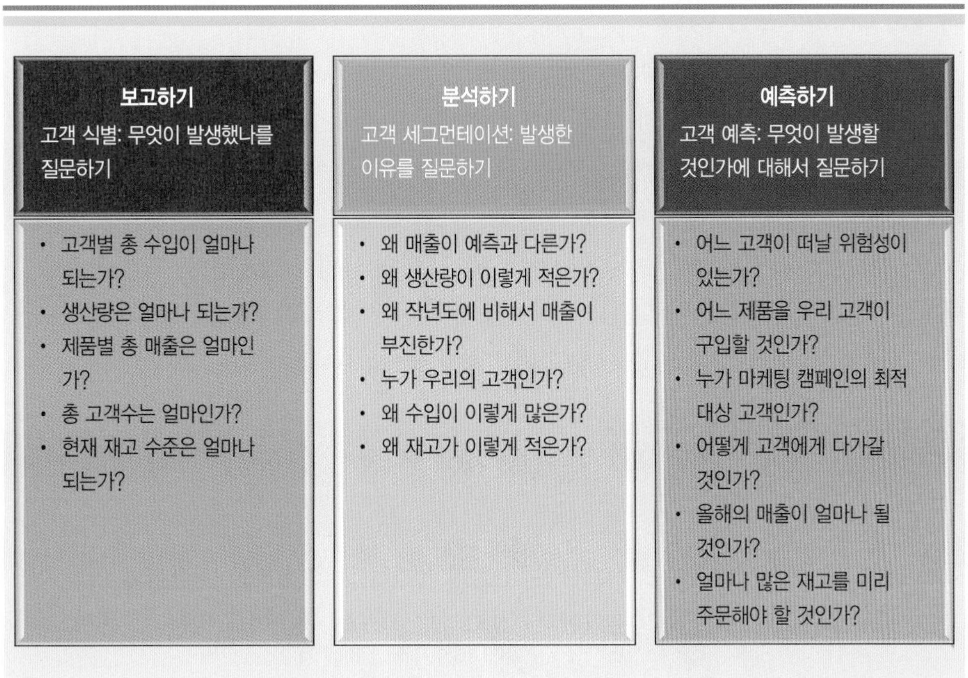

보고하기 고객 식별: 무엇이 발생했나를 질문하기	분석하기 고객 세그먼테이션: 발생한 이유를 질문하기	예측하기 고객 예측: 무엇이 발생할 것인가에 대해서 질문하기
• 고객별 총 수입이 얼마나 되는가? • 생산량은 얼마나 되는가? • 제품별 총 매출은 얼마인가? • 총 고객수는 얼마인가? • 현재 재고 수준은 얼마나 되는가?	• 왜 매출이 예측과 다른가? • 왜 생산량이 이렇게 적은가? • 왜 작년도에 비해서 매출이 부진한가? • 누가 우리의 고객인가? • 왜 수입이 이렇게 많은가? • 왜 재고가 이렇게 적은가?	• 어느 고객이 떠날 위험성이 있는가? • 어느 제품을 우리 고객이 구입할 것인가? • 누가 마케팅 캠페인의 최적 대상 고객인가? • 어떻게 고객에게 다가갈 것인가? • 올해의 매출이 얼마나 될 것인가? • 얼마나 많은 재고를 미리 주문해야 할 것인가?

그림 8.20
CRM의 발전

그림 8.21

운영 CRM과 분석 CRM

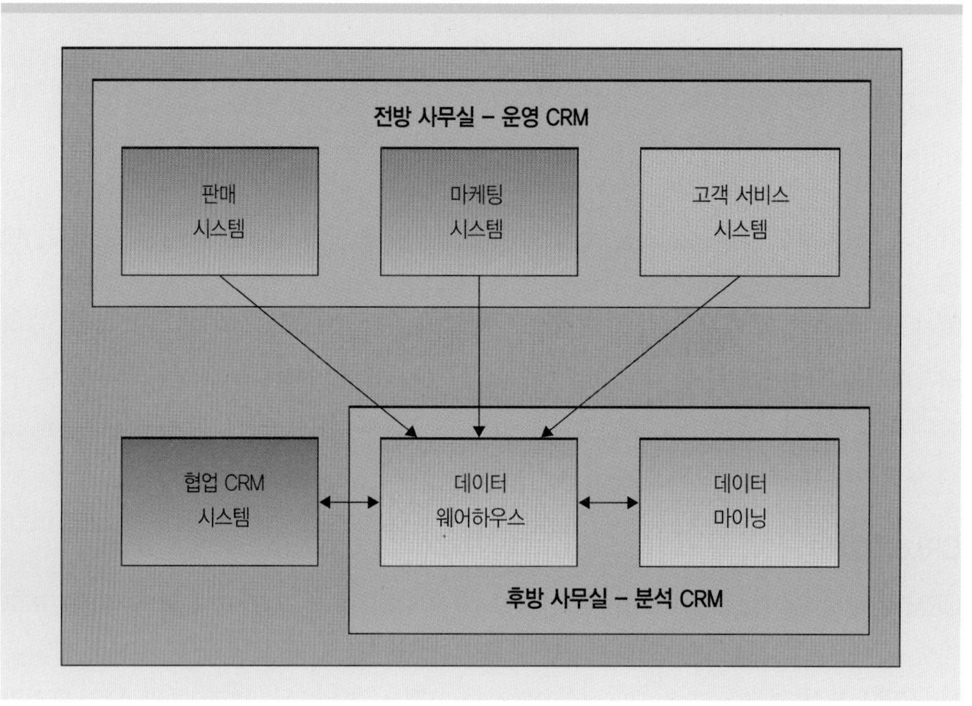

CRMoperational CRM은 고객과 직접 마주하며 거래를 처리하는 프런트 오피스front-office 운영 및 시스템을 지원하며, **분석 CRM**analytical CRM은 고객과 직접 마주하지 않는 백 오피스back-office 운영 및 시스템 그리고 전략적 분석 등을 지원한다. 운영 CRM과 분석 CRM의 차이는 조직과 고객 사이의 직접적 접촉 여부에 있다. 그림 8.21은 운영 CRM과 분석 CRM의 개요를 보여준다. 그림 8.22는 마케팅, 판매, 고객 서비스 부서에서 운영 CRM을 수행하기 위해 사용할 수 있는 여러 기술들을 보여준다.

마케팅 CRM과 운영 CRM

오늘날의 기업들은 하나의 제품을 가능한 한 많은 고객들에게 판매하려고 하기 보다는 한 사람의 고객에게 가능한 한 많은 제품을 팔려고 노력하고 있다. 마케팅 부서는 CRM 기술 덕분에 이러한 새로운 방법으로 판매를 할 수 있다. CRM 기술은 고객 정보를 수집하고, 분석하여, 성공적인 마케팅 캠페인을 전개할 수 있도록 도와준다. 실제로, 마케팅 성공 여부는 정확한 정보를 수집하고 분석하는 조직의 능력과 직결된다. 고객 만족을 증대시키기 위하여 마케팅 부서가 사용하는 세 가지 운영 CRM의 기술은 다음과 같다.

1. 목록 생성기
2. 캠페인 관리
3. 교차 판매 및 상향 판매

목록 생성기 **목록 생성기**list generators는 다양한 출처에서 고객 정보를 수집하고 이들 정보를 마케팅 캠페인을 위하여 세분화한다. 정보의 출처로는 웹사이트 방문, 질문서, 온라

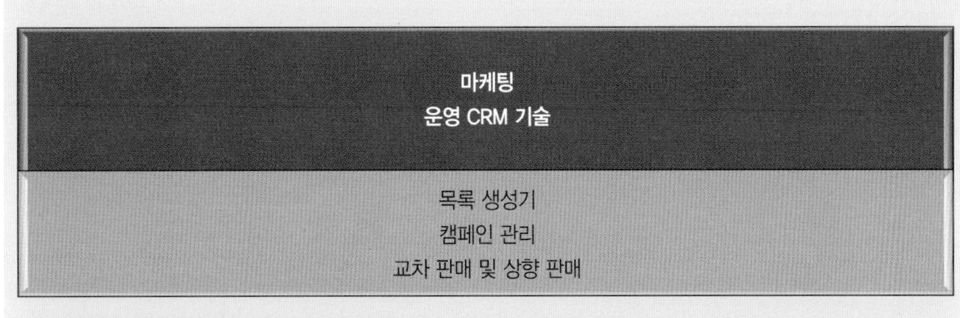

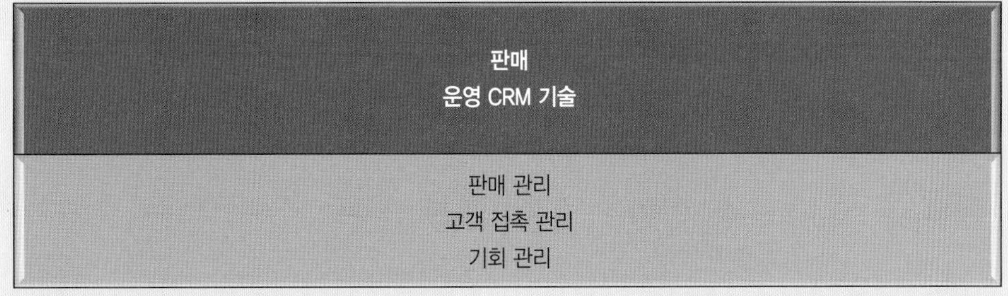

고객 서비스
운영 CRM 기술

고객 접촉 센터
웹 기반 셀프 서비스
호출 스크립팅

그림 8.22
운영 CRM 기술들

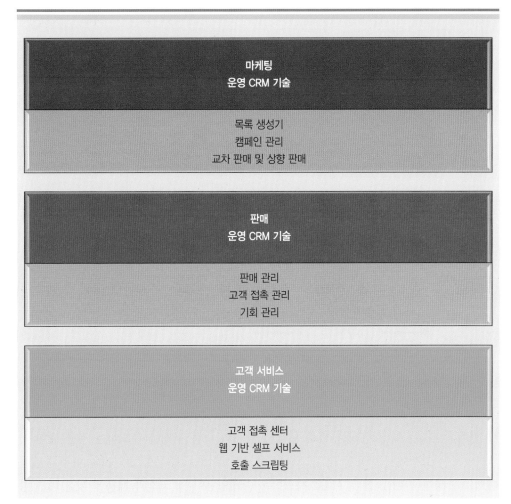

인과 오프라인 조사, 전단지, 무료 전화번호, 사용 중인 고객 목록 등이 있다. 고객목록을 작성한 다음에는 잠재 고객 발굴을 위하여 여과filtering와 정렬을 위한 기준을 마련한다. 여과와 정렬 기준으로는 가구 소득, 교육수준, 연령 등을 사용한다. 이러한 목록 작성기는 마케팅 캠페인의 목표 대상이 되는 고객의 유형을 정확하게 파악할 수 있도록 도와준다.

캠페인 관리 **캠페인 관리 시스템**campaign management system은 캠페인의 정의, 계획 수립, 일정 관리, 세분화, 성공 여부 분석 등의 작업을 통해 마케팅 캠페인을 지원한다. 이들 선진 기법은 각 마케팅 캠페인의 수익성을 계산하고, 캠페인 결과를 추적할 수 있게 도와준다.

교차 판매 및 상향 판매 마케팅 캠페인의 두 가지 핵심 판매 전략은 **교차 판매 및 상향 판매**cross-selling and up-selling이다. **교차 판매**cross-selling는 한 상품을 구입한 고객이 연관된 다른 상품도 구매하도록 하는 것이다. 예를 들면 당신이 아마존에서 팀 버튼의 영화 '이상한 나라의 앨리스'를 구매하면, 영화의 OST나 원작 책도 구매할 것인지 물어본다. 아마존은 고객들에게 책, 영화, 음악 제품 라인들을 제공하여 교차 판매의 이득을 얻는다. **상**

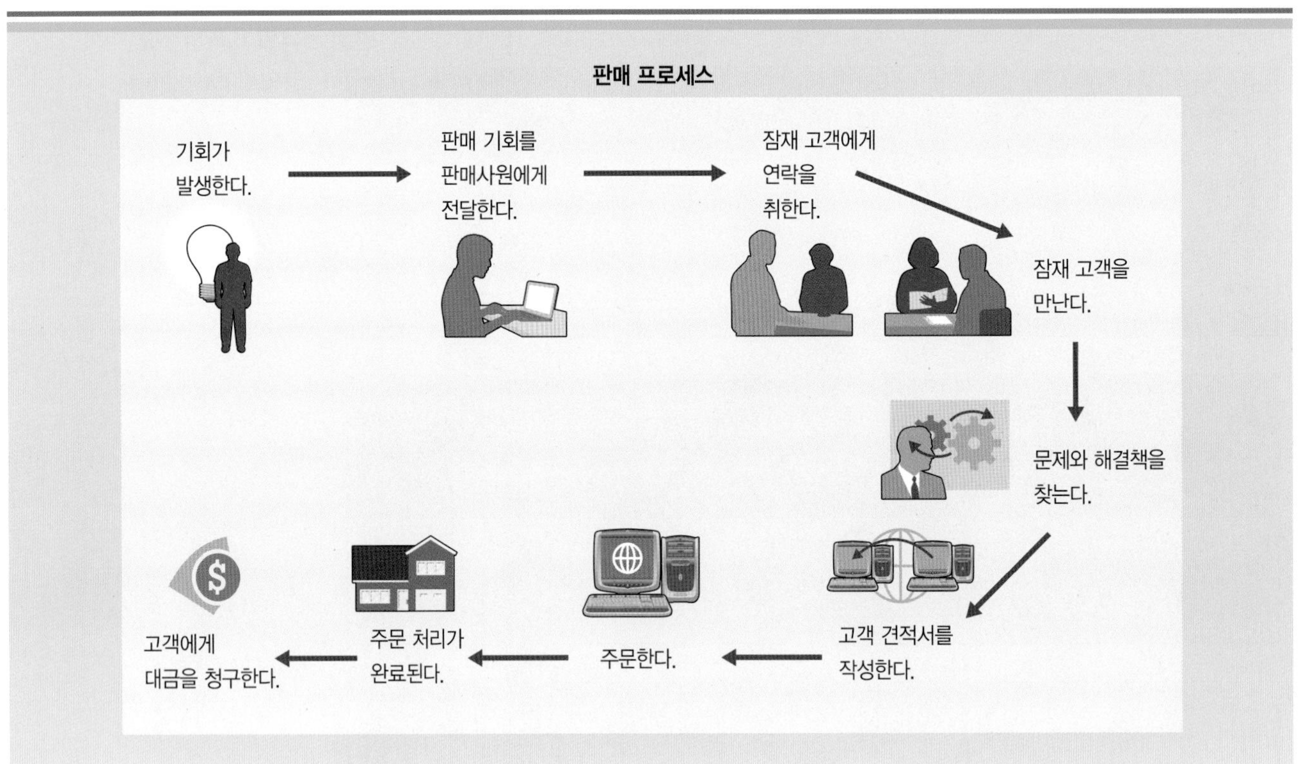

판매 프로세스
기회가 발생한다.
판매 기회를 판매사원에게 전달한다.
잠재 고객에게 연락을 취한다.
잠재 고객을 만난다.
문제와 해결책을 찾는다.
고객 견적서를 작성한다.
주문한다.
주문 처리가 완료된다.
고객에게 대금을 청구한다.

그림 8.23

전형적인 판매 프로세스

향 판매up-selling는 특정한 상품 범주 내에서 상위의 상품 구매를 유도하는 것을 말한다. 맥도날드는 고객에게 비용을 더 내고 식사를 큰 사이즈로 주문할 것인지의 여부를 질문함으로써 상향 판매를 한다. CRM 시스템은 마케팅 부서에 고객과 제품에 대한 여러 종류의 정보를 제공하며, 수익을 증가시킬 수 있도록 교차 판매와 상향 판매의 기회를 알아볼 수 있게 지원한다.

판매 CRM과 운영 CRM

CRM 시스템 개발을 가장 먼저 시작한 부서는 판매 부서이다. 판매 부서가 고객 판매 정보를 전산으로 처리하고자 하는 중요한 이유는 다음의 두 가지이다. 첫째로 영업사원들이 보관하고, 유지하고, 추적해야 할 고객 정보가 너무 방대하여 관리의 어려움을 겪기 때문이다. 둘째로 고객 및 판매에 관한 핵심 자료의 대부분이 영업사원의 머리에서만 관리되고 있어 영업사원이 퇴사하고 나면 경영진들이 이로 인해 어려움을 겪기 때문이다. 고객 정보를 추적하는 방법을 찾는 일은 여러 판매 부서들의 핵심 성공 요인CSF이 되고 있다. 고객 서비스 및 각종 지원 서비스CSS: customer service and support는 운영 CRM의 한 부분으로, 서비스 요청, 불평, 제품 반품, 정보 지원 등의 업무를 자동화한다.

그림 8.23은 전형적인 판매 프로세스이다. 이 과정은 판매 기회 발생에서 시작해서 대금 청구에서 끝난다. 컴퓨터를 팔던지, 옷이나 컨설팅 혹은 차를 팔던지 간에 판매 기회와 잠재 고객은 모든 영업부서의 생명수와 같다. 판매기회를 어떻게 다루느냐가 수익의 성장과 감소를 결정한다.

판매 관리 시스템SFA: sales force automation은 판매 전 과정의 각 단계를 자동적으로 추적하는 시스템이다. SFA는 고객 만족 향상, 고객 관계 구축, 매출액 증대에 초점을 두고 있다. 판매 부서가 도입할 수 있는 기본적인 업무 CRM 기술에는 다음의 세 가지가 있다.

1. 판매 관리 CRM 시스템
2. 접촉 관리 CRM 시스템
3. 기회 관리 CRM 시스템

판매 관리 CRM 시스템 **판매 관리 CRM 시스템**sales management CRM systems은 판매 과정의 각 단계를 자동화하고 각 판매사원이 자신의 거래처를 조정하고 관리하는 작업을 지원한다. 이 시스템은 캘린더 기능, 중요한 과제를 알려주는 알람 기능, 멀티미디어 프레젠테이션, 서류 작성 등의 기능들이 포함되어 있다. 뿐만 아니라 판매 사이클을 분석하는 기능과 각 개별 영업사원의 판매실적을 계산하는 기능까지 포함하고 있다.

접촉 관리 CRM 시스템 **접촉 관리 CRM 시스템**contact management CRM systems은 고객과의 접촉 정보를 관리하고, 조직도, 고객에 대한 상세한 참고 자료, 판매 보충 자료 등을 이용하여 미래 판매를 위한 가능성 높은 고객을 알려준다. 예를 들면 접촉 관리 시스템은 걸려오는 전화번호를 확인하여 발신자의 이름, 이전에 나눈 대화 이력, 거래처와 관련된 자료 등을 자동으로 보여준다. 이러한 자료를 이용하여 영업사원은 전화할 때 개인 요구에 맞출 수 있다. "안녕하세요, 김 선생님? 새로 구입한 노트북은 어떻습니까?" 혹은 "콜로라도로의 가족 여행은 어떠셨나요?"와 같은 질문을 할 수 있게 된다. 이처럼 영업사원이 자신의 이름은 물론, 지난 번 나눈 대화까지 기억해준다면, 고객은 자신이 귀하게 대접받고 있다는 느낌을 받을 것이다.

기회 관리 CRM 시스템 **기회 관리 CRM 시스템**opportunity management CRM systems은 미래에 구매할 새로운 개인 고객이나 기업 고객을 찾음으로써 판매 기회를 탐색한다. 기회 관리 시스템은 잠재적 고객과 잠재적 경쟁자를 알아내며, 예산과 일정을 포함한 판매 계획을 수립할 수 있게 해준다. 보다 진보된 기회 관리 시스템은 영업사원에게 판매 확률을 계산하여 알려줌으로써 신규 고객 평가에 따른 많은 시간과 돈을 절약할 수 있게 한다. 접촉 관리 시스템과 기회 관리 시스템의 기본적인 차이는 접촉 관리는 기존 고객을 다루며, 기회 관리는 신규 고객이나 잠재 고객을 다룬다는 점이다.

고객 서비스와 운영 CRM

많은 기업들은 마케팅 및 판매 활동 기간에 고객과의 긴밀한 관계 구축이 중요하다는 점을 깨닫게 된다. 그러나 기업들은 판매 후에도 고객과의 관계를 긴밀하게 구축함으로써 이러한 노력을 계속 이어나가야 한다. 기업들이 고객을 떠나게 만드는 주요 이유는 부정적인 고객 서비스 경험이다. 탁월한 고객 서비스를 제공하는 것은 쉽지 않은 일이다. CRM 기술들은 기업의 이러한 주요 활동을 지원한다. 세 가지 중요한 운영 CRM 기술은 다음과 같다.

1. 고객 접촉 센터

2. 웹 기반 셀프 서비스
3. 전화 문의 답변 생성 시스템

고객 접촉 센터 고객 접촉 센터 또는 콜 센터contact center or call center는 고객 서비스 직원이 이메일이나 문자 또는 전화로 고객의 문의사항에 응답하고, 문제를 해결하는 장소이다. 고품질의 고객 서비스를 유지하는 것이 고객을 유치하고 유지하는데 중요하기 때문에 콜 센터는 고객 중심 조직의 최고의 자산 중의 하나이다. 그림 8.24는 이러한 접촉 센터 시스템이 제공하는 서비스의 예이다.

고객 접촉 센터는 또한 고객 전화 통화 이력 및 문제 해결 기록을 보관하고 있어 고객을 종합적으로 파악하는 중요한 자료를 서비스 담당자에게 제공한다. 고객 서비스 직원이 고객의 제품과 문제점에 대하여 잘 알고 있으면 고객 및 조직에 큰 기여를 할 수 있다. 고객의 통화 이력 공유로 인해 고객이 자신의 문제점을 또 다른 고객 서비스 직원에게 반복해서 설명할 필요가 없도록 하는 것은 고객 만족 경영의 중요 요소이다.

웹 기반 셀프 서비스 웹 기반 셀프 서비스 시스템web-based self-service systems은 고객이 웹을 사용하여 질문에 대한 해답이나 문제에 대한 해법을 스스로 찾도록 지원한다. 페덱스는 이러한 시스템을 이용하여 고객이 서비스 직원에게 문의할 필요 없이 직접 자신들의 화물을 추적할 수 있도록 하였다.

전화 문의 답변 생성 시스템 전화 문의 답변 생성 시스템call scripting systems은 제품의 세부사항과 문제 해결 정보를 수집하고, 이를 다시 답변글로 자동 생성해 놓으면, 담당자는 고객에게 문제 해결 정보를 찾아 알려준다. 이 시스템은 문제점 목록도 제공하기 때문에 고객 서비스 직원이 고객에게 예상 문제와 해법까지 제시할 수 있다. 기업이 유능한 고객 서비스 직원을 확보하는 것은 쉽지 않다. 특히 수준 높은 기술 제품을 마케팅 및 판매하는 경우는 더욱 그렇다. 전화 문의 답변 생성 시스템을 이용하여 고객 서비스 직원은 어려운 문제를 쉽게 답할 수 있을 뿐 아니라, 서로 다른 고객에게 서로 다른 해답을 제공하지 않는 일관된 답변을 제공할 수 있다.

분석 CRM

분석 CRM은 기존 시스템에서는 불가능했던 고객 및 제품 정보를 제공해준다. 지금은

그림 8.24
고객 접촉 센터 서비스

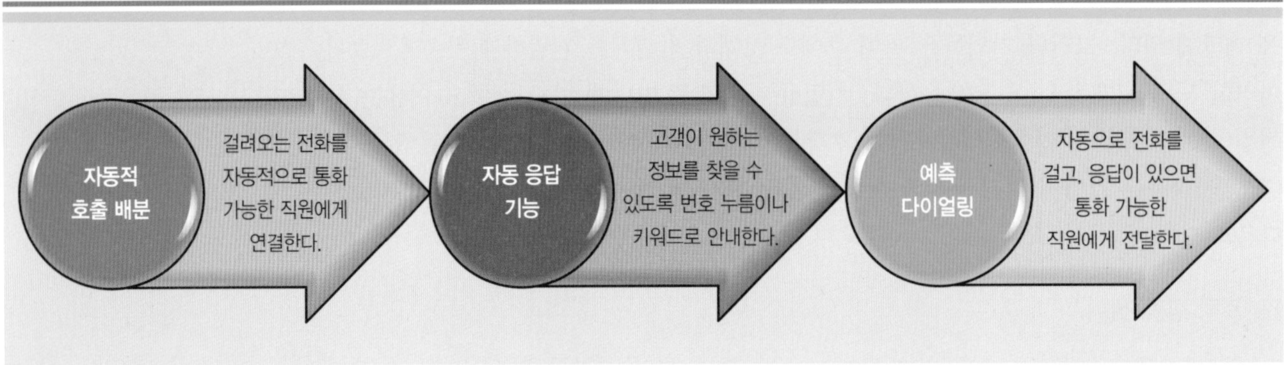

분석 CRM을 통해 어떤 유형의 마케팅 및 판매 캠페인을 실시할 것인가 또는 어떤 고객을 언제 타깃팅 할 것인가 하는 것을 알 수 있다. 운영 CRM은 고객 서비스 향상을 목표로 콜센터와 영업 활동을 자동화한다. 그러나 이와 달리 분석 CRM은 비즈니스 인텔리전스 분석 기능을 이용하여 제품 판매 패턴이나 고객 행동 패턴을 발견해 낸다. **반응 향상 모델링**uplift modeling은 마케팅 캠페인을 추진하기 위해 제품 구매 가능성이 높은 목표 시장이나 목표 고객을 발견하기 위한 예측 분석의 형태이다. 여기서 반응 향상uplift이란 이와 같은 형태의 분석 CRM 적용 이후에 나타날 수 있는 매출액 증가를 의미한다. 분석 CRM은 돈으로 살 수 없는 고객 정보를 제공하고, 중요한 경영 의사결정을 지원하며, 당신 조직의 성공에 핵심적인 역할을 수행한다.

분석 CRM 도구는 고객, 제품, 그리고 세분 시장 관점에서 차별화된 분석을 수행하고 교차 판매와 상향 판매의 기회를 부각시킨다. 분석 CRM은 **고객 세분화**customer segmentation 기능을 제공한다. 고객 세분화 기능은 시장을 연령, 주소, 성별, 습관 등이 유사한 범주로 나눈다. 고객을 유사 집단으로 세분화함으로써 타켓 마케팅과 타켓 판매 캠페인을 용이하게 해준다. 이것은 부적절한 고객에게 제품을 마케팅함으로써 자원을 낭비하는 일을 줄여준다. **웹사이트 개인화**website personalization는 웹사이트가 각 고객의 선호에 대한 자료를 충분히 갖추고, 각각의 고객이 좋아할 만한 것들을 제공하는 것을 말한다. 많은 마케팅 요원들이 CRM을 이용하여 고객과의 의사소통을 맞춤화하고 어떤 고객에게 집중할 것인가를 정하고 있다. 다음은 분석 CRM이 기업에 제공할 수 있는 혜택의 예이다.

- **새로운 고수익 고객을 발견한다.** 분석 CRM은 가장 수익성 높은 세분 시장을 알려준다. 예를 들어서 SUV를 운전하며 도시 경계에서 50km 이내에 거주하는 35세에서 45세 사이의 여성이 새로운 고수익 고객임을 밝혀줄 수 있다.
- **고객의 기대를 초월한다.** 분석 CRM은 조직이 고객과 '일상적인 인사 이상'의 보다 개인화된 대화를 나눌 수 있게 한다. 예를 들면 고객의 신발 사이즈와 좋아하는 브랜드를 안다면, 해당 고객에게 다음 기회에 상점을 방문할 때 별도의 준비된 신발을 한번 신어보라고 알려주는 것이다.
- **조직이 가장 잘하는 활동을 발견한다.** 분석 CRM은 경쟁사들보다 무엇을 잘하는지를 보여줄 수 있다. 예를 들면 한 식당이 경쟁 식당보다 더 많은 점심을 중소기업들에게 배달한다면, 다음 우편 발송 때에 더 많은 중소기업들을 대상으로 우편 발송 계획을 수립하고 준비할 수 있다.
- **경쟁을 물리친다.** 분석 CRM은 판매 추세를 분석하고, 우수 고객들에게 거부할 수 없는 특별 제안을 제시하여 경쟁사들을 물리칠 수 있다. 예를 들면 스포츠 용품점은 경쟁사가 아웃도어 용품 세일을 시작하기 직전에 우수 고객들에게 특별 개인 할인 판매 안내를 보낸다.
- **고객이 특별한 존재임을 느끼게 한다.** 분석 CRM은 고객의 욕망과 필요를 알려줄 수 있다. 기업은 고객에게 개인 할인 판매 정보를 알려줄 수 있고, 기존 구매품의 점검 필요성을 상기시켜줄 수 있으며, 새로운 관계 정립을 위한 특별 할인 판촉물을 소중하게 작성한 편지와 동봉하게 고객에게 전달할 수 있다.

CRM의 확장

고객 외에도 기업이 강한 관계를 유지해야 할 핵심적 비즈니스 분야가 부각되고 있다. 여기에는 공급자 관계 관리, 파트너 관계 관리, 직원 관계 관리 등이 포함된다.

공급자 관계 관리SRM: supplier relationship management는 공급자 평가와 분류 작업을 통해 공급자를 적정 수준으로 유지시키는데 초점을 두고 있다. SRM은 기업이 가격, 재고 가용성, 그리고 비즈니스 전략 등의 몇 가지 주요한 핵심 변수를 기초로 공급자를 분석하는 것을 지원한다. 이러한 과정을 거쳐 기업은 프로세스를 개선하고, 서비스를 아웃소싱하며, 혼자서는 공급할 수 없는 제품을 제공하기 위해서 협업하고 견고한 관계를 발전시켜 나갈 최선의 공급자를 결정할 수 있게 된다.

파트너 관계 관리PRM: partner relationship management는 적정 파트너를 선정하고 상호 고객mutual customer을 확인함으로써 최적의 판매 채널을 발견한다. PRM 시스템은 재고 수준, 가격 정책 및 배송 정보 등의 실시간 판매 채널 정보를 제공함으로써, 기업이 전문화된 제품과 서비스를 제공하고 시장을 확장할 수 있도록 한다.

직원 관계 관리ERM: employee relationship management는 웹 기반 셀프 서비스 도구들로서, 인적 자원 부서를 개선하고 자동화한다. 직원은 기업의 중추이며 고객, 파트너, 그리고 공급자와의 의사소통 통로이다. 직원과 기업의 관계는 고객과 기업의 관계에 비해서 훨씬 복

그림 8.25
확장되는 CRM

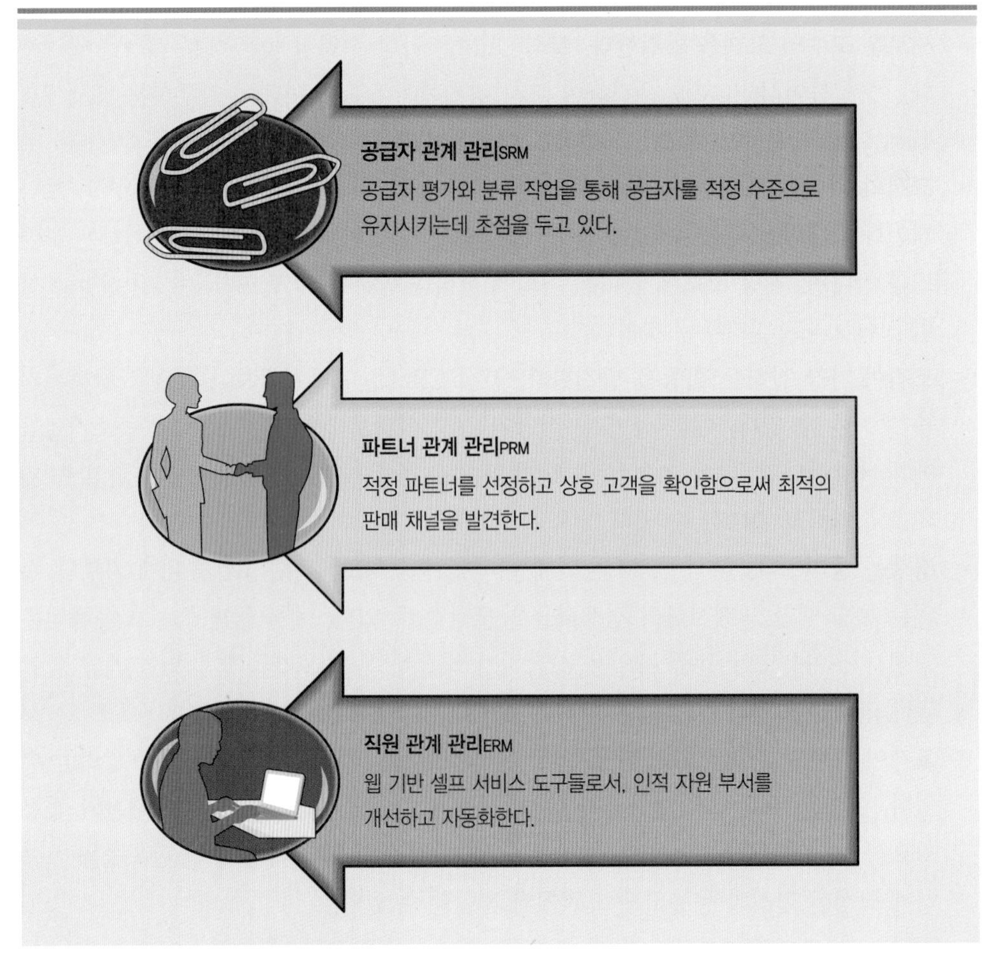
공급자 관계 관리SRM
공급자 평가와 분류 작업을 통해 공급자를 적정 수준으로 유지시키는데 초점을 두고 있다.
파트너 관계 관리PRM
적정 파트너를 선정하고 상호 고객을 확인함으로써 최적의 판매 채널을 발견한다.
직원 관계 관리ERM
웹 기반 셀프 서비스 도구들로서, 인적 자원 부서를 개선하고 자동화한다.

잡하고 지속적이다. 따라서 다수의 기업들이 핵심 직원들을 유지하고 다른 기업으로의 이직을 방지하기 위해서 ERM 시스템을 채택하고 있다.

전사적 자원 관리

현대의 경영자들은 필요할 때 의사결정을 내리기 위해 비즈니스에 대한 실시간 정보들을 필요로 한다. **전사적 자원 관리**ERP: enterprise resource planning는 조직 내의 모든 부서와 전 기능을 하나의 IT 시스템(또는 시스템들의 통합체)으로 통합하고 직원들이 기업 활동에 필요한 정보를 전사적인 차원에서 보고 의사결정을 할 수 있게 한다.

많은 조직들은 비즈니스 운영의 일관성을 유지하는 데 실패한다. 만약, 영업과 같은 단일 부서가 마케팅이나 회계와 같은 다른 부서들을 감안하지 않고 새로운 시스템을 도입하기로 결정한다면, 기업 전체적으로 비일관성이 초래되어 사일로silo와 같이 운영업무들 간에 단절이 발생할 수 있다. ERP 시스템은 조직에 일관성을 부여한다. ERP는 제품과 서비스의 계획, 조달, 제조, 배송에 필요한 모든 자원들을 효과적으로 계획하고 통제할 수 있게 한다. 그림 8.26은 ERP 시스템이 어떻게 기업 전체의 자료를 연결 및 통합하고, 전사적 차원의 기업 보고서들을 작성하는지를 보여준다.

ERP의 키워드는 '전사적enterprise'이다. ERP 시스템의 핵심에는 기업 전체의 운영 시스템들로부터 거래 자료들을 수집하는 중앙 데이터베이스가 있다. 매번 정보가 변경될 때마다 해당 정보는 전체 시스템에 걸쳐서 갱신된다. 예를 들어서 영업사원이 ERP 시스템에 접속하여 주문 처리에 필요한 신용 등급, 주문 이력, 재고 수준, 그리고 배송 일정 등과 같은 정보를 조회할 수 있다. 일단 주문이 이루어지면 ERP 시스템은 그림 8.27에서와 같이 주문이행을 위해 해당 주문을 다음 부서로 자동으로 전달한다. ERP 시스템은

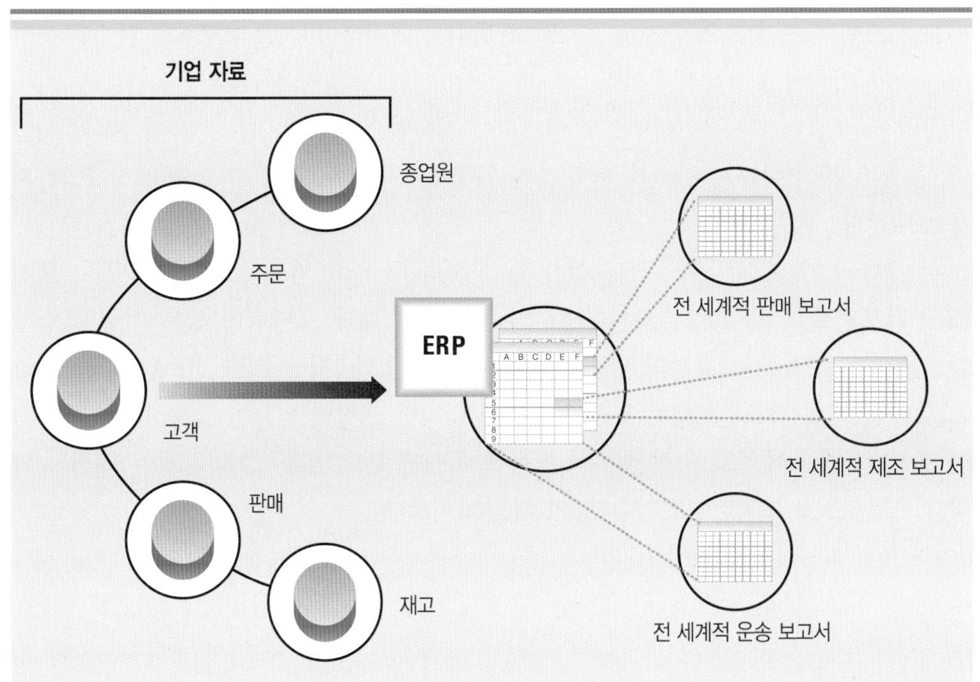

그림 8.26
ERP 시스템 개요

그림 8.27

ERP 프로세스 흐름

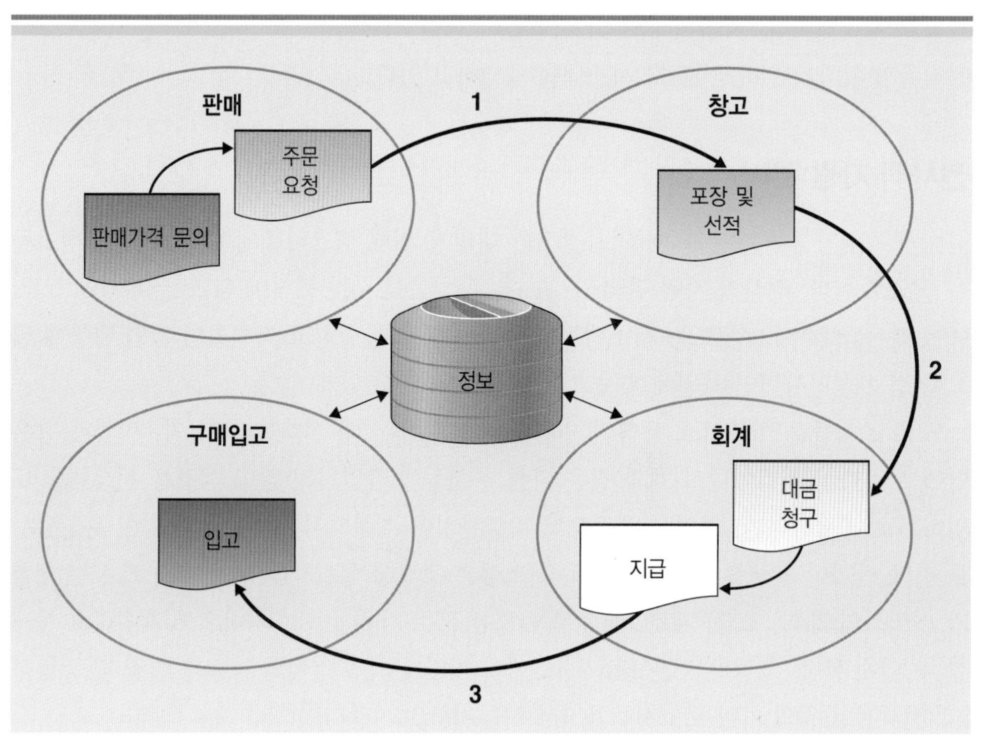

주문 프로세스를 도와 고객들이 구매품들을 보다 빠르고 정확하게 전달받을 수 있게 한다. ERP 시스템은 주문 처리 이외의 직원 후생 복지 및 재무 보고와 같은 수많은 비즈니스 프로세스를 지원할 수 있다. ERP 시스템은 전체 가치 사슬에 스며들어서 조직이 더 높은 운영 효율성을 달성하게 도움으로써 공급자 및 고객의 비즈니스 프로세스도 지원할 수 있다(그림 8.28 참조).

제1세대 ERP 시스템은 재고 관리나 제품 유통 같은 백오피스back-office 비즈니스 프로세스를 주로 지원하고, 자동화를 통한 제조 프로세스 개선에 초점을 맞추었다. 제2세대 ERP 시스템은 프런트 오피스front-office로 그 범위를 확장하여 주로 마케팅과 판매를 포함하는 고객 이슈에 초점을 맞추었다. 제3세대 ERP 시스템은 ERP-II로 알려졌는데, 가치 사슬의 모든 참여자들을 인터넷으로 연결하여 전사적으로 경쟁하는 것을 가능하게 하였다. 그림 8.29는 어떻게 ERP가 전체 조직 차원의 도구를 수용할 수 있게 성장하였는지를 보여준다.

현 세대의 ERP, 즉 ERP-II는 핵심 및 확장의 두 주요 컴포넌트로 구성된다. **핵심 ERP 컴포넌트**core ERP components는 대부분의 ERP 시스템에 포함되어 있는 전통적 컴포넌트들로서 주로 조직 내부의 활동에 초점을 두고 있다. **확장 ERP 컴포넌트**extended ERP components는 핵심 컴포넌트에는 포함되어 있지 않지만 조직의 필요를 충족시키는 부가적인 컴포넌트들로서 주로 조직 외부의 활동에 초점을 두고 있다. 그림 8.30는 핵심과 확장 컴포넌트들로 구성된 ERP 시스템의 예를 보여준다.

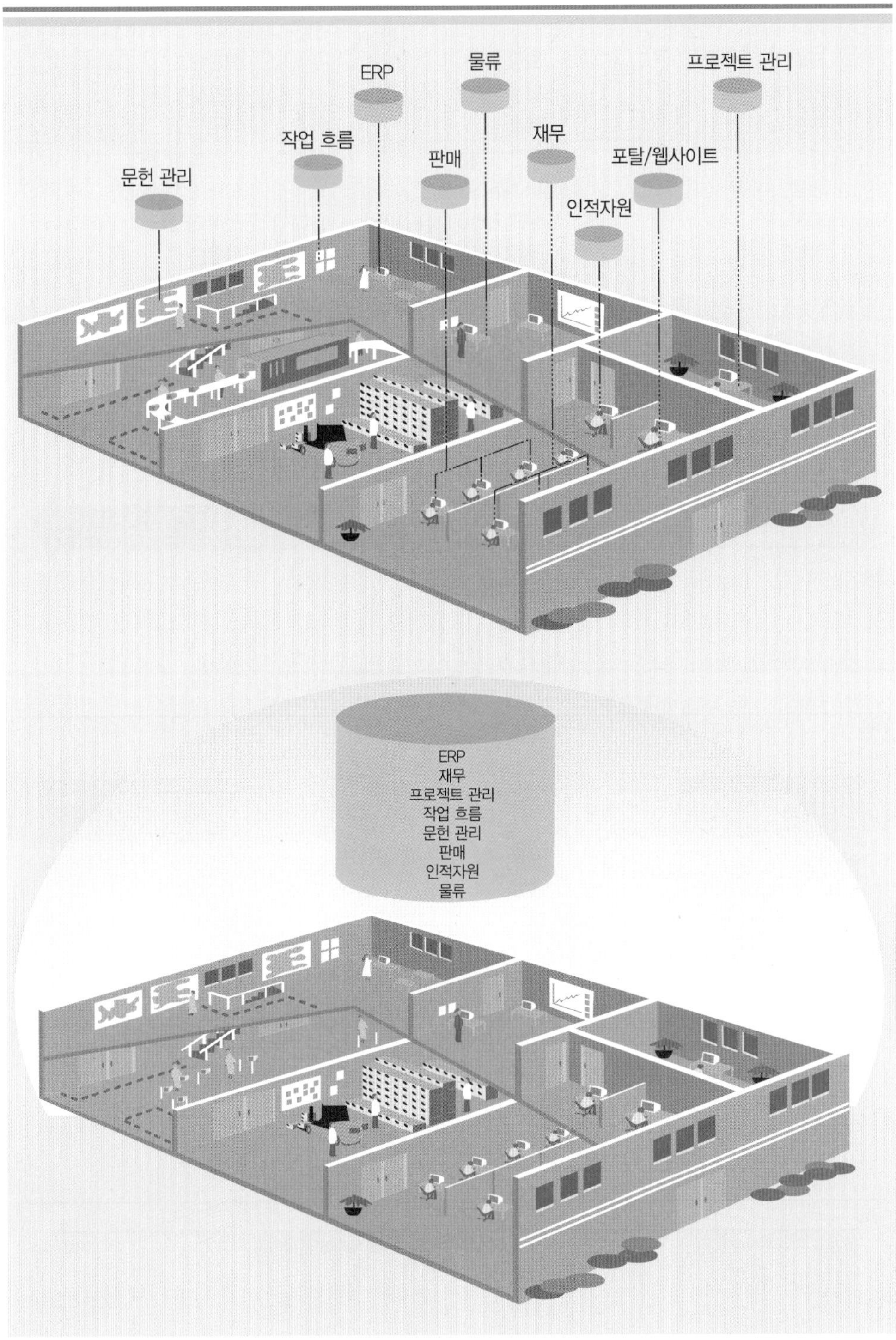

그림 8.28

ERP 도입 이전과 이후의 조직

핵심 ERP 컴포넌트

조직 내부 활동에 초점을 두는 핵심 ERP 컴포넌트들은 다음과 같다.

1. 회계 및 재무
2. 생산 및 자재 관리
3. 인적 자원

그림 8.29

ERP의 발전

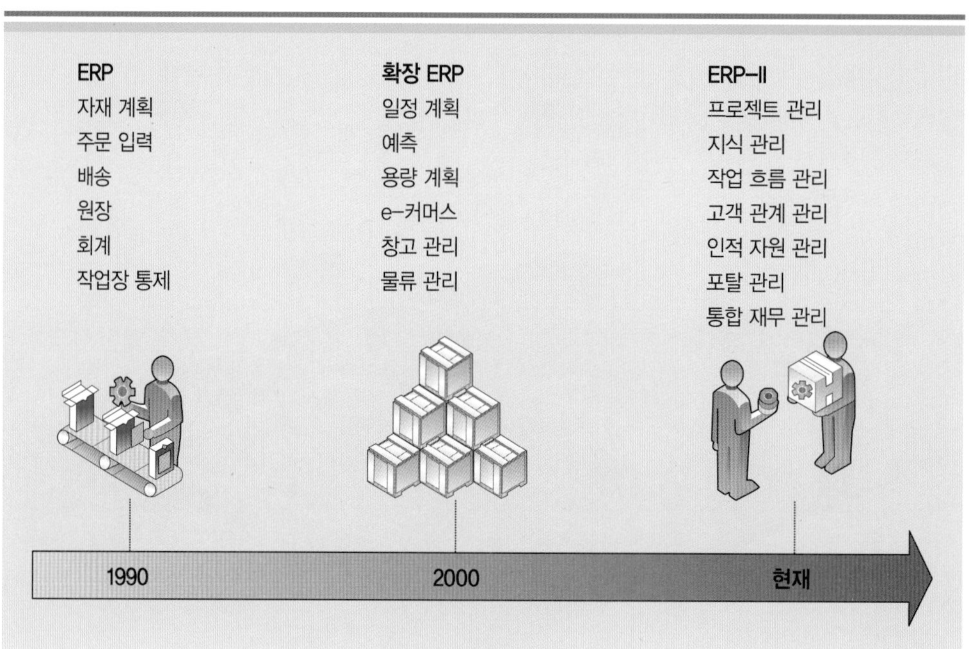

그림 8.30

핵심 ERP 컴포넌트와 확장 ERP 컴포넌트

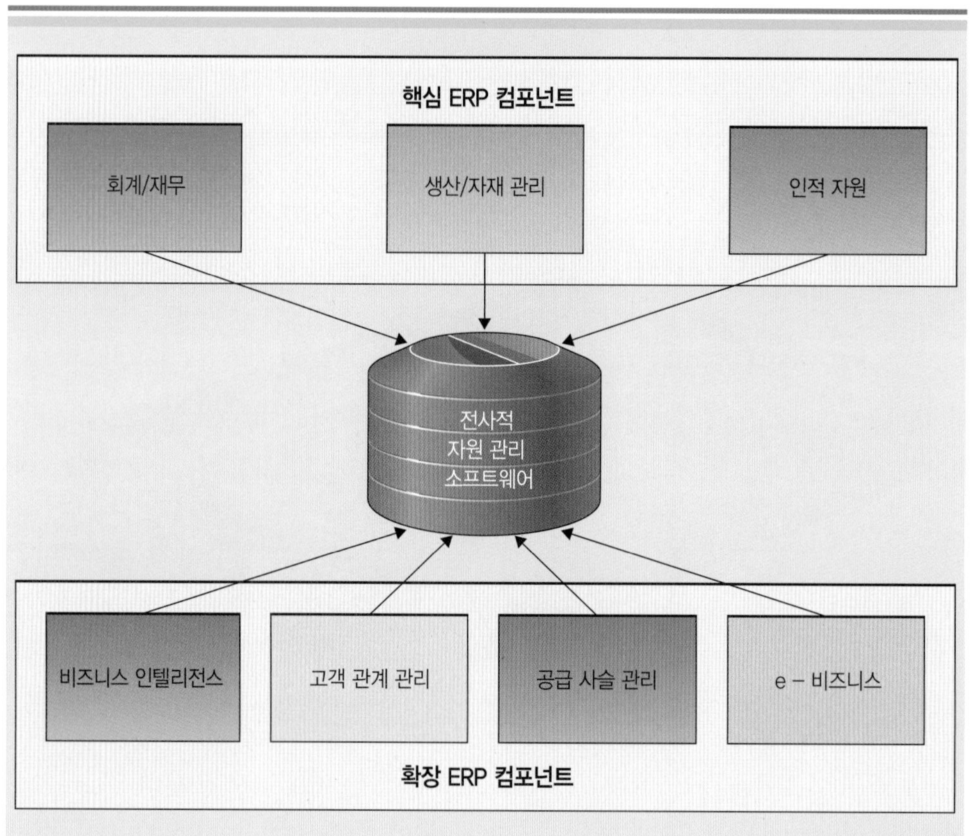

회계 및 재무 **회계 및 재무 ERP 컴포넌트**accounting and finance ERP components는 회사 내부의 회계 자료와 재무 프로세스를 관리한다. 이것은 총계정 원장, 지불 계정, 수취 계정, 예산, 자산 관리 등의 기능을 가지고 있다. 이 컴포넌트의 가장 유용한 기능 중의 하나는 신용 관리이다. 대부분의 조직들은 신용 한도 설정을 통해, 즉 고객이 한 번에 얼마나 많이 가져갈 수 있는가 하는 한도를 설정함으로써 고객과의 관계를 관리한다. ERP 재무 시스템은 고객이 주문을 요청하면 자동으로 그 고객의 계정 잔고를 체크하여 신용 거래가 얼마만큼 가능한지를 알려준다. 이것은 또한 다양한 유형의 진보된 수익성 모델 기법들을 가지고 있다.

생산 및 자재 관리 생산 및 자재 관리 ERP 컴포넌트production and material management ERP components는 수요 예측, 생산 일정, 작업 원가 계산, 품질 관리 등과 같은 생산 계획 및 집행의 모든 부분을 다룬다. 수요 예측은 생산 일정과 자재 구매를 결정하는 데에 도움이 된다. 자체 제품을 생산하는 기업은 상세한 생산 일정을 준비하며, 재판매를 위해서 제품을 구매하는 기업은 자재 소요 계획MRP을 작성한다.

인적 자원 인적 자원 ERP 컴포넌트human resource ERP components는 급료, 복리 후생, 보상, 실적 평가 등을 포함하는 직원 정보를 관리하며 법률을 준수하는지를 확인한다. 이것은 직원을 상세하게 분석한다. 가령, 추가적인 보상이나 복리 후생이 제공되지 않으면 이직할 가능성이 높은 직원을 확인하고, 가장 중요한 부서에 가장 유능한 직원이 배치되어 일하고 있는지를 분석한다. 이것은 또한 어떤 직원이 어떤 자원(예를 들어 온라인 훈련이나 장거리 전화 통화와 같은)을 많이 사용하는지도 확인할 수 있다.

확장 ERP 컴포넌트

확장 ERP 컴포넌트는 핵심 컴포넌트에는 포함되어 있지 않지만 조직의 필요를 충족시키는 부가적인 컴포넌트들로 주로 조직의 외부 활동에 초점을 두고 있다. 확장 ERP 컴포넌트의 대부분은 인터넷을 기반으로 하며 조직 외부의 고객, 공급자, 사업 파트너 등과의 상호작용을 담당한다. 가장 일반적인 확장 ERP 컴포넌트들은 다음과 같다.

1. 비즈니스 인텔리전스
2. 고객 관계 관리
3. 공급 사슬 관리
4. e-비즈니스

비즈니스 인텔리전스 ERP 컴포넌트business intelligence ERP components 많은 조직은 ERP 도구에 강력한 비즈니스 인텔리전스 시스템을 추가함으로써 많은 가치를 창출할 수 있다는 것을 발견했다. ERP 시스템의 비즈니스 인텔리전스 컴포넌트는 다른 ERP 컴포넌트에서 사용되는 정보는 물론 조직 전체에서 사용되는 정보를 수집하고, 조직화하며, 분석도구를 이용하여 관리자들의 의사결정을 지원한다.

고객 관계 관리 ERP 컴포넌트customer relationship management ERP components ERP 공급사들은 과거에는 CRM 시스템에만 있던 기능들을 ERP 시스템에 추가하였다. ERP 시스템 내의 CRM 컴포넌트들은 고객 접촉 센터(콜센터), 판매 조직 자동화, 그리고 첨단 마케팅 기능 등을 포함한다. 그 목적은 기업이 가장 가치 있는(또는 가치 없는) 고객을 발견함으로써 마케팅 자원을 좀 더 잘 배분함과 동시에 고객의 필요와 요구에 좀 더 잘 반응함으로써 고객 관계를 좀 더 효과적으로 관리할 수 있도록 고객 자료에 대한 통합된 관점을 제공하는 것이다.

공급 사슬 관리 ERP 컴포넌트supply chain management ERP components ERP 공급사들은 SCM 기능을 ERP 시스템에 포함하여 확장하고 있다. 그래서 공급 사슬 단계 내부 및 단계 간의 정보 흐름을 관리하여 전체 공급 사슬의 효과성과 수익성을 극대화하고 있다. SCM 컴포넌트들은 기업이 원자재의 취득에서 고객의 최종 제품 수취에 이르는 공급 사슬의 전체 단계들을 추적하고 통제할 수 있게 한다.

e-비즈니스 ERP 컴포넌트e-business ERP components 가장 최신의 확장 ERP 컴포넌트는 e-비즈니스 컴포넌트이다. 이것은 기업이 인터넷에서 사업하는 것을 가능하게 하고, 주문을 받고 처리하는 것을 가능하게 한다. e-비즈니스 컴포넌트의 두 가지 주요 기능은 e-물류와 e-구매이다. **e-물류**elogistics는 상품의 운송과 저장을 관리한다. **e-조달**eprocurement은 기업 간에 필요 물품이나 서비스를 온라인으로 사고 팔 수 있게 한다. 많은 기업들이 전체 조직을 ERP 시스템에서 적절히 통합하지 않고 온라인 비즈니스에 뛰어드는 실수를 범한다. 한 대형 장난감 제조회사는 크리스마스 일주일 전에 그 어떤 온라인 주문도 충족시킬 수 없다고 발표했다. 왜냐하면 이 회사는 모든 장난감을 창고에 갖고 있었으나, 장난감을 적시에 고객에게 배달하는데 필요한 기본적인 주문 처리 기능을 소화할 수 없었기 때문이다.

ERP 성공을 측정하기

ERP 시스템의 성과를 측정하기가 쉽지 않기 때문에 성공을 확신하기란 쉽지 않다. 왜냐하면 하나의 시스템이 전체 조직을 포괄하고 있고, 수천 명의 직원들이 전 세계적으로 활동하고 있기 때문이다. 기업의 운영 활동을 최적화하는 데에는 상당한 시간과 노력이

그림 8.31
소프트웨어 맞춤화의 예

소프트웨어 맞춤화	
비즈니스 프로세스 또는 작업 흐름	비즈니스나 부서는 제각각 고유한 비즈니스 프로세스나 작업 흐름을 갖고 있다. 이러한 고유한 요구를 지원하도록 소프트웨어를 맞춤화할 수 있다.
코드 변경	애플리케이션 코드를 수정해야 할 때 맞춤화의 비용이 매우 높아진다. 기업은 코드 변경으로 경쟁 우위를 얻을 수 있을 때에 한해서만 코드를 변경해야 한다.
통합	여러 기능 영역들과 구형 시스템들legacy systems을 가로지르는 비즈니스 프로세스를 지원하려면 데이터 통합이 필수적이다.
보고서, 서류, 양식	보고서, 서류, 양식 등의 맞춤화는 레이아웃이나 디자인과 같은 단순한 변경이 있는가 하면, 특정 비즈니스 요구를 맞추기 위한 프로그래밍 규칙 논리의 복잡한 변경도 있다.
사용자 인터페이스 변경	각 사용자가 애플리케이션을 효율적이고 효과적으로 보고 이용할 수 있도록 ERP 시스템을 맞춤화할 수 있다.

소요된다.

ERP 실패의 두 가지 주요 원인은 소프트웨어 맞춤화와 ERP의 비용이다. **소프트웨어 맞춤화**software customization은 보편적인 용도에서 사용되는 기존의 소프트웨어를 비즈니스나 사용자의 요구에 맞추어 수정하는 것을 의미한다. ERP 시스템은 비즈니스 프로세스와 잘 맞아야 한다. 따라서 많은 기업들은 ERP 시스템이 자신의 비즈니스와 사용자의 요구를 충족시킬 수 있도록 ERP 시스템을 맞춤화하는 방식을 선택한다. 그림 8.31은 성공적인 ERP 구현을 위해 기업이 선택할 수 있는 소프트웨어 맞춤화의 다양한 방식을 보여준다.

맞춤화를 많이 하면 코드가 복잡해지기 때문에 지속적으로 유지 보수해야 하는 일이 많이 발생한다. ERP 시스템을 맞춤화하는 데는 비용이 많이 소요되고 복잡하다. 그래서 맞춤화는 명확한 비즈니스 우위를 달성할 수 있을 때에만 추진해야 한다. 메타 그룹Meta Group에 따르면, 일반 기업이 ERP 시스템으로부터 어떤 혜택을 얻으려면 8~18개월이 소요된다. 그림 8.32에 나타난 바와 같이 비용은 ERP 도입에 따른 리스크의 주요 요인이다.

ERP 성공을 측정하는 좋은 방법 중의 하나는 균형 성과표이다. **균형 성과표**balanced scorecard는 측정 도구인 동시에, 기업이 전략을 실행 가능한 과제들로 전환하기 위해서 사용하는 관리 도구이다. 그것은 내부와 외부 비즈니스 프로세스 모두에 피드백을 제공함으로써 지속적인 개선을 가능하게 한다. 카플란Kaplan과 노튼Norton은 균형 성과표를 다음과 같이 설명한다. "균형 성과표는 전통적인 재무적 지표를 포함한다. 그러나 재무적 지표는 과거에 일어난 사건에 대해서만 알려준다. 이러한 과거 사건에 관한 이야기는 산업 시대industrial age에 속한 기업들에게나 적합할 법한 이야기이다. 이들 기업들에게는 고객 관계나 장기적 능력에 대한 투자가 그다지 중요하지 않기 때문이다. 그러나 정보화 시대information age에 속한 기업들은 고객, 공급자, 직원, 프로세스, 기술, 혁신 등에 대한 투자를

ERP 비용	
소프트웨어 비용	대기업의 경우 소프트웨어 구입비용은 수백만 달러에 달한다.
컨설팅 비용	시스템을 제대로 구현하기 위해 외부 전문가를 고용하려면 수백만 달러의 비용이 든다.
프로세스 재작업	기업의 프로세스가 가장 효율적이고 효과적일 수 있도록 하려면 프로세스를 재설계해야 한다.
맞춤화	만약 소프트웨어 패키지가 기업의 모든 요구를 충족시키지 못한다면 소프트웨어를 맞춤화할 수 있다.
통합	ERP 시스템의 여러 기능들은 당연히 통합적으로 잘 운영되어야 하지만, ERP 시스템과 전혀 관련이 없는 별개의 시스템들도 통합적으로 잘 운영되어야 한다.
테스팅	개개의 기능들이 모두 잘 작동되는지 테스트해야 하고, 각 기능들이 모인 전체가 잘 작동되는지도 테스트해야 한다.
교육훈련	모든 신규 사용자들이 교육훈련을 받도록 해야 하고, 교육훈련용 사용자 매뉴얼도 작성해야 한다.
데이터 웨어하우스 통합 및 데이터 변환	구형 시스템에서 신형 ERP 시스템으로 데이터를 이관해야 한다.

그림 8.32
ERP 비용

그림 8.33
균형 평가표의 4가지 관점

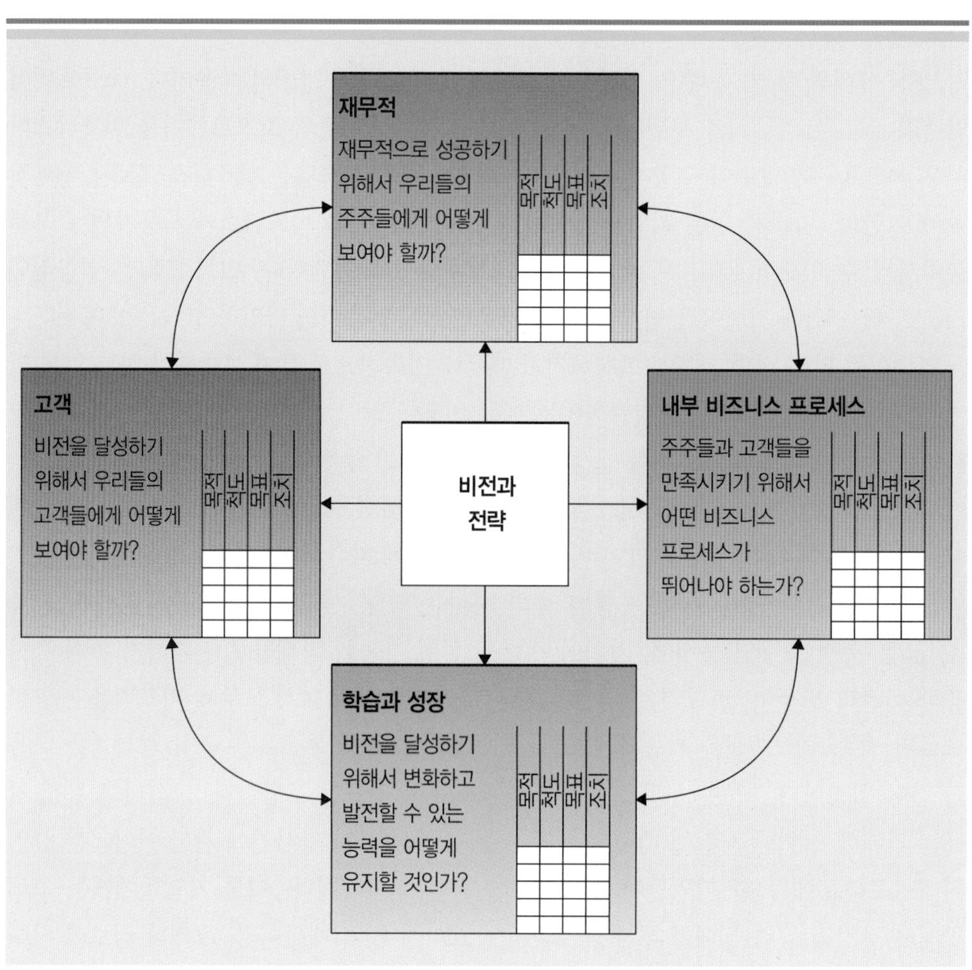

통해 미래 가치를 창출해야만 한다. 과거적 성격의 재무적 지표만으로는 새로운 시대의 기업들의 활동을 안내하고 평가하는데 충분하지 않다." 균형 성과표는 조직을 관리하기 위해서 네 가지 관점을 사용한다.

1. 학습과 성장 관점
2. 내부 비즈니스 프로세스 관점
3. 고객 관점
4. 재무적 관점(그림 8.33 참조)

ERP를 이용한 조직 통합

ERP의 목적은 통합integration이다. 즉, 조직의 모든 시스템들을 하나로 통합하여 온전히 작동하도록 하고, 비즈니스 및 사용자의 모든 요구를 충족시키며, 높은 성과를 달성할 수 있도록 하는 것이다. 물론 이러한 목적은 달성하기 매우 어려운 일이다. 왜냐하면 비즈니스와 기술들이 매우 빠르게 변화하고 있고 ERP는 이동성, 클라우드, SaaS, 다계층 아키텍처를 지원해야 하기 때문이다(그림 8.34 참조).

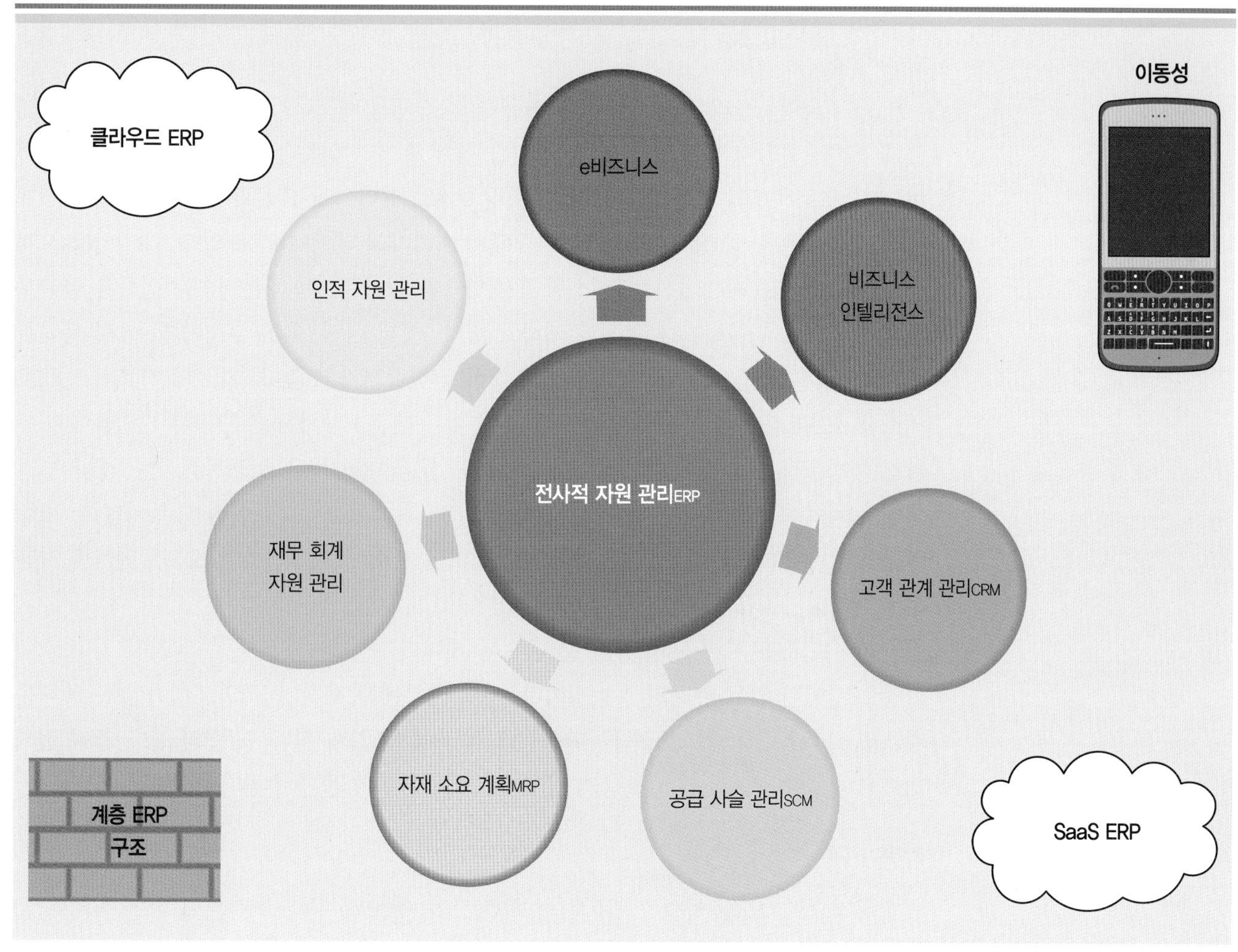

그림 8.34
ERP를 이용한 조직 통합

모바일 ERP

전통적인 ERP 시스템들은 대부분 가입자단customers' premises, 즉 사무실의 컴퓨터에서만 이용이 가능하였다. 그러나 오늘날에는 경영자 및 직원들이 휴대전화, 태블릿, 랩탑 등과 같은 다양한 기기를 이용하여, ERP 데이터에 실시간으로 접근하여 대시보드를 확인하거나 보고할 수 있도록 해야 하고, 핵심 비즈니스 프로세스를 수행할 수 있도록 해야 한다. 모바일 ERPmobile ERP의 주요 관심사는 거래 비밀, 재무 데이터, 고객 데이터 등과 같은 민감한 자료에 대한 보안이다. ERP 공급사들은 안전한 모바일 시스템을 마련해야 한다. 그것도 보고와 대시보드는 물론 핵심 비즈니스 프로세스를 수행하기 위해 모바일 ERP를 기업 내에 구축하기 이전에 마련해야 한다.

클라우드 ERP와 SaaS ERP

많은 사람들은 초기에 민감한 데이터를 클라우드에 저장하는 것을 꺼려하였다. 이 때문에 클라우드 ERP를 비즈니스 영역에 이용하는 움직임은 느리게 나타났다. 그러나 클라우드 애플리케이션과 SaaS를 이용해서 얻는 비용 절감 효과가 분명해 짐에 따라서 클라우드 ERP에 대한 종전의 유보적 태도는 변하고 있다. 지금까지의 ERP는 점차 클라우드나 SaaS ERP에서 작동하는 느슨하게 연결된 애플리케이션과 같은 분산 환경으로 해체되고 있다.

SaaS ERP는 클라우드 플랫폼을 이용하여 조직의 비즈니스 프로세스들을 통합하고 있다. 또한, 공급자 네트워크 및 공급 사슬 상에 흩어져 있는 클라우드 데이터를 수집하여 생산 프로젝트의 효율성을 보다 더 향상시키고 있다. SaaS ERP는 고비용 때문에 대형 ERP를 도입할 수 없었던 중소기업들에게 매력적인 대안이 되고 있다. 대기업들은 자신의 기업용 애플리케이션들을 더 잘 통제하기를 원한다. 이 때문에 대기업들은 클라우드 솔루션으로 전환하는데 많이 주저하고 있다. 이에 비해, MIS 부서가 없는 덜 복잡한 중소기업들은 클라우드 쪽으로 보다 더 강하게 이끌려가고 있다. 자신의 비즈니스 프로세스를 소프트웨어에 맞도록 변경하는 것이 쉽기 때문이다. SaaS ERP는 기업들에게 두 가지 이점을 유연하게 이용할 수 있도록 하고 있다. 기업들은 소프트웨어를 PC나 노트북에 설치하여 실행하는 전통적인 컴퓨팅 환경on-premise software의 이점을 누리면서, 또한 공급사가 애플리케이션을 유지 관리하는 인터넷 서버에 로그인하여 소프트웨어를 사용하는 방식off the premises의 이점을 누릴 수 있다.

클라우드 ERP 솔루션의 가장 큰 이슈는 데이터 보안과 공급사 측의 정전 및 시스템 고장으로 인한 업무 마비의 가능성이다. 기업 내부에 독자적인 MIS 부서가 없는 조직은 시스템 고장 시에 오로지 공급사만을 바라볼 수밖에 없게 된다. ERP와 같이 조직 전체적으로 돌아가는 중요한 시스템의 경우에는 이러한 위험을 감수하기 어렵다.

계층 ERP 구조

전통적으로, 모든 기능을 지원하기 위한 ERP 시스템 구축 노력은 값비싼 실패로 끝났다. 나이키Nike, 케이마트K-mart, 허시Hershey 등은 ERP 구축 실패로 1억 달러 이상의 손실을 보았다. 클라우드 컴퓨팅의 출현으로, 기업들은 이제 값비싼 실패를 경험하지 않기 위해 계층 ERP 구조를 채택하고 있다. **2계층 ERP 구조**two-tier ERP architecture는 사내 설치 방식on-premises의 ERP 시스템과 클라우드 ERP 애플리케이션을 함께 제공한다. 전형적으로 사내 설치된 구형 애플리케이션은 기업 본부에서 운영된다. 이에 비해 클라우드 기반의 애플리케이션은 이동성과 웹기반 기능성과 같은 비즈니스 요구를 지원한다. 2계층 ERP 시스템 설치가 필요한 경우는 구형 시스템을 맞춤화하고, 유지하고, 갱신하는 것이 너무 방대하고 비용이 클 때, 또는 인수합병으로 복수의 ERP 솔루션이 남아 있지만 이를 단일 ERP 시스템으로 통합하는 것이 불가능할 때이다. 또한, 2계층 ERP 구조는 여러 지역의 여러 운영 활동을 지원한다. 다음은 2계층 ERP 구조를 채택하는 조직에 적합한 시나리오이다.

- 비즈니스가 지부를 중심으로 매우 구체적으로 운영될 때
- 비즈니스가 본부 지향적이 아니면서 특정 산업에 적합하게 맞춰져 있을 때
- 잘 맞지 않는, 복수의, 구형의, 지원이 어려운 ERP들을 이용하여 새로운 운영활동을 추진해야 할 때
- 소규모의 자회사로서 운영 중인 공식적인 ERP가 없을 때

	계층 ERP 공급사	
	기업 규모	**ERP 공급사**
1계층	대기업	■ SAP ■ Oracle ■ Microsoft
2계층	중기업	■ Infor ■ Lawson ■ Epicor ■ Sage
3계층	소기업	■ Exact Globe ■ Syspro ■ NetSuit ■ Consona

그림 8.35

계층 ERP 공급사

기업의 데이터를 전체적으로 통합 관리하는 것은 2계층 ERP 구조를 도입하려는 조직에게 쉽지 않은 일이다. 두 개의 ERP 시스템 사이에 노력을 중복으로 투자하지 않도록 하는 것은 기업에게 있어서 매우 중요한 사항이다. 제2계층 애플리케이션에서는 데이터의 일관성을 유지하기 위해 회계, 재무, 고객 서비스, 생산, 기타의 비즈니스 영역에서 항상 최초 생성된 정보를 타 시스템에 재입력 없이 공유하도록 해야 한다. 수백 개의 ERP 공급사들이 제조, 유통, 소매 등 특정 산업의 고유한 요구사항을 충족하기 위한 최상의 ERP 애플리케이션 또는 수직 시장vertical market 솔루션을 제공하고 있다. 그림 8.35는 계층별 ERP 공급사이다.

비즈니스 중심적 창업

러비 접수요원

예외적인 서비스 경험과 상호작용이 비즈니스의 탁월성을 주도하고 있다. 러비Ruby는 오레곤의 포틀랜드에서 사업을 운영하는 기업이다. 이 기업에는 한 팀의 스마트하고 활기찬 가상 접수요원virtual receptionist이 있다. 당신은 이 팀을 원격으로 고용하여 당신의 모든 고객과의 상호작용을 담당하도록 맡길 수 있다. 러비의 목표는 친절, 매력, 자신감 있는 태도, 전문성을 완벽하게 소화하여 고객 전화에 응대하는 것이다. 고객들은 러비 접수요원들이 당신의 사무실에서 일하고 있다고 믿지 오레곤 포틀랜드에서 일한다고 생각하지 않는다. 러비는 전화하는 모든 고객에게 기쁨을 선사함으로써 단절되어 버린 인간 상호작용을 되돌려 놓는다고 약속하고 있다.

고객 관계 관리를 위해 고객 서비스의 중요성을 설명하라. 당신은 기업이 러비의 접수요원을 고용함으로써 고객 서비스를 향상시킬 수 있다고 생각하는가? 만약 당신이 중소기업을 소유하고 있다면, 러비의 접수요원을 주저 없이 고용하겠는가?

비즈니스 중심적 혁신

나이스의 감정 소프트웨어

나이스시스템Nice Systems 사가 만든 퍼폼Perform이라는 이름의 새로운 감정 탐지 소프트웨어가 기업이 전화를 건 사람 중에서 누가 실망하거나 기분이 상했는가를 확인해 줌으로써 고객 서비스를 개선할 수 있도록 도와준다. 퍼폼은 감정의 기준선을 확인하고 통화의 처음 몇 초 동안에 감정적인 이슈들을 탐지할 수 있다. 기준선으로부터 조금만 이탈해도 경고가 발동된다. 의료비용 때문에 큰 스트레스를 받은 노인이 보험 회사와의 통화 중에 전화를 끊으면, 퍼폼은 해당 고객의 좌절감을 탐지하고 자동적으로 감독자에게 이메일을 보낸다. 해당 감독자는 즉시 해당 대화의 녹음을 검토하고 즉시 해당 고객에게 전화를 해서 좀 더 저렴한 방법을 제안할 수 있게 된다.

당신은 어떻게 감정 탐지 소프트웨어가 고객 관계에 영향을 미칠 것으로 생각하는가? 어떤 다른 부서나 비즈니스 프로세스가 이것을 이용할 수 있을 것으로 생각되는가? 감정 탐지 소프트웨어를 사용하는 새로운 상품 아이디어를 제시하라. 당신의 제품이 어떤 비즈니스 문제들을 해결하고 누가 당신의 주요 고객이 될 것인가?

비즈니스 중심적 창업

스트레이트자켓 고객 서비스

텍사스에 있는 웹사이트 호스팅 전문 업체인 랙스페이스Rackspace에서 일하고 싶다면, 당신의 이력서에 스트레이트자켓 상Straightjacket Award을 받은 경력을 적는 것이 좋다. 랙스페이스에서 서로 받으려고 탐내는 이 스트레이트자켓 상은 이 기업의 핵심 성공 요인CSF 중의 하나인 "환상적인 고객 지원"을 가장 잘 한 직원에게 주어진다. 이 기업은 고객 서비스 담당자들을 팀으로 나누고, 각 팀에게 자신의 수익성에 대해 책임을 지도록 함으로써 동기를 부여한다. 그러고 나서 이 기업은 고객 이탈률, 상향 판매, 교차 판매, 추천 등을 측정한다. 가장 높은 점수를 받은 팀이 스트레이트자킷 상을 받는다. 그리고 팀원들은 20%의 보너스를 받는다.

교수님이 당신을 직원 관계 관리자로 고용했다고 가정하자. 당신은 수업 참여도를 높이기 위해 어떤 종류의 상을 만들겠는가? 시험 평균 점수를 올리기 위해 어떤 종류의 상을 만들겠는가? 학생 간의 협력을 높이기 위해 어떤 종류의 상을 만들겠는가? 상의 이름을 짓고, 세부 내용을 작성하라. 당신의 상을 수여하기 위해, 어떤 유형의 측정 지표를 만들겠는가? CRM 시스템은 당신의 상 수여 아이디어를 추진하는 데 어떤 도움을 줄 수 있겠는가?

비즈니스 중심적 MIS

클래식 카

클래식 카Classic Cars Inc.는 고급 자동차를 판매하는 고급 자동차 딜러이다. 이 회사는 다양한 재고, 고급 기술자들, 특히 각 대리점마다 마련된 카푸치노 바를 포함하는 최상급의 서비스를 자랑한다.

이 회사는 현재 4개 대리점에 40명의 영업사원이 있다. 각 대리점에는 자체 컴퓨터 시스템이 있으며, 각 영업사원은 자신의 판매 관리 시스템을 보유하고 있다. 이런 분할된 운영 방법은 고객 의사소통, 가격 전략, 그리고 재고 통제에서 다음과 같은 문제점들을 초래하고 있다.

- 한 고객이 같은 차에 대해서 여러 영업사원들로부터 상이한 가격을 제안 받을 수 있다.
- 영업사원들이 종종 서로의 고객과 커미션을 훔친다.
- 영업사원들이 고객을 다른 대리점에 보내지만 거기에 원하는 차가 없다.
- 마케팅 캠페인이 보통 밋밋하며 특정 고객들을 목표로 설계되지 않는다.
- 영업사원이 이직하는 경우에는 종업원이 보유하였던 모든 고객 정보가 유실된다.

당신은 '고객 제일'이라는 전사적 전략에 특화한 소규모 컨설팅 회사에 근무하고 있다. 클래식 카의 소유주가 그의 회사를 정비하기 위한 전략을 수립하는 데에 도움을 받고자 당신을 고용했다. ERP 시스템이 어떻게 해당 회사의 문제점들을 해결하고 새로운 판매 기회를 창출할 수 있을 것인가를 상세하게 설명할 제안서를 작성하라.

비즈니스 중심적 토의

원두 통합

프리미엄 커피점인 플레이버Flavors에서는, 고객은 커피 한 잔 이상의 것을 받는다 – 그들은 음악, 미술, 문학, 그리고 도시 이벤트 등을 경험한다. 플레이버는 다음과 같은 것들을 제공한다.

- 뮤직 센터 – 지역의 모든 생음악 이벤트에 대한 정보 및 일주일에 두 번의 지역 음악가들의 연주
- 아트 갤러리 – 지역 미술가들의 작품 전시실
- 북 클럽 – 고객들에게 현대 및 고전 문학에 대해서 토론하기 위해서 만날 수 있는 기회를 제공
- 커피 샘플러 – 전문가가 전 세계의 커피를 전시하여 무료로 시음할 수 있게 한다.
- 지역 행사표 – 고객들이 지역에 좀 더 참여할 수 있도록 도와주는 주간별 모임
- 브류잉 강좌 – 전통적인 압축기로부터 디지털 에스프레소 기계에 이르는 플레이버에서 판매하는 브류잉, 그라인딩 및 블렌딩 장치들의 상세 내역에 대한 레슨

플레이버의 매출은 높고, 계속 치솟고 있으나 운영은 대대적인 개편이 필요하다. 다음은 플레이버가 제공하는 있는 것들에 대한 간단한 요약이다.

- 플레이버는 얼마나 많은 고객이 뮤직 센터를 이용하는지에 대한 정보가 없다. 음악가들은 보통 팬 이메일 목록과 이벤트에서의 CD 판매 기록을 유지하나, 반드시 그것을 매점에 보고하지는 않는다.
- 아트 갤러리는 각 판매마다 플레이버에 약간의 수수료를 내는 몇몇의 지역 미술가들이 운영한다. 플레이버는 매점에 전시된 작품에 투자하지 않으며 누가 그것을 사는지에 대한 정보도 없다.
- 북 클럽 행사들은 지역 서점에 의해서 예약되고 운영된다. 지역 서점은 각 월말에 약간의 수수료를 플레이버에 지불하나, 플레이버는 북 클럽 고객 정보나 판매 정보에 접근할 수 없다.
- 커피 샘플러 행사는 플레이버의 주요 운영활동을 통해서 진행된다.
- 지역 행사 정보는 지역의 모든 사람들에게 공개된다. 각각의 행사는 독립된 조직들 각각에 의해서 수행되며, 이들 조직 각각은 매달 워드 또는 액세스 파일 등의 다양한 양식으로 플레이버에 보고한다.
- 브류잉 및 기계 강좌는 해당 장비 제조사에 의해서 운영되며, 모든 고객 및 판매 정보는 연말에 워드 문서로 플레이버에 제공된다.

플레이버의 소유주는 전사적 시스템의 장점을 살릴 수 있는 방향으로 기업의 운영 방식을 개편하기 원하며, 당신을 통합 전문가로 채용하였다. 그들은 또한 그들이 주최하는 다양한 행사들이 그들 비즈니스의 다양한 측면에 미치는 영향에 대해서 좀 더 잘 이해하기를 원한다. 예를 들어서, 공개 연주는 늘리고 북클럽은 줄여야 할까, 아니면 그 반대인가? 현재로는 어느 행사가 판매를 더 많이 촉진하는지 판단할 수 없다. 플레이버가 기업 전체에 걸쳐서 CRM, SCM 그리고 ERP의 이점을 최대한 살릴 수 있는 통합 전략을 수립하라.

학습 성과 복습

8.1 통합에 대해 설명하고, 이것이 기업 내 부서들을 연결하는데 어떤 역할을 수행하는지 설명할 수 있다.

통합은 서로 연결되지 않은 시스템들이 직접적으로 서로 소통할 수 있도록 하고, 여러 시스템에 수작업으로 입력해야할 필요를 없애준다. 통합은 데이터베이스 간에 정보를 공유하게 해주는 동시에 품질을 극적으로 향상시켜준다.

8.2 공급 사슬 관리가 비즈니스에 미치는 영향을 설명할 수 있다.

공급 사슬은 원자재 및 제품 획득과 직접적 또는 간접적으로 관련된 모든 부분들로 구성된다. 이러한 핵심 영역들에서 정교한 의사결정을 실현하고 또 자동화하기 위해, 기업들은 수요 예측, 재고 통제, 공급자와 고객들 사이의 정보를 제공하는 시스템을 채택하고 있다. SCM은 전체 공급 사슬의 효율성과 기업 이윤을 극대화하기 위해 공급 사슬 안의 활동들 사이의 정보 흐름을 관리하는 것이다. 과거에는 제조에 기울이는 노력은 주로 기업 내에서의 품질 향상에 집중되었다. 오늘날에는 고객, 고객의 고객, 공급자, 공급자의 공급자를 포함한 전체 공급 사슬에 걸친다. 오늘날의 공급 사슬은 통신 채널과 관계들로 서로 연결된 비즈니스 파트너들의 복잡한 네트워크이다.

8.3 공급 사슬 관리의 이점에 대해 설명할 수 있다.

공급 사슬에서 가시성을 향상시키는 것과 기업의 수익성을 향상시키는 것은 기업이 SCM 시스템을 구현함으로써 얻는 주요 이점이다. 공급 사슬 가시성은 공급 사슬의 상류와 하류의 모든 영역을 실시간으로 볼 수 있는 능력을 말한다. 공급 사슬 관리의 주요 이슈는 비용과 복잡성이다. 공급 사슬 관리의 다음 물결은 가정 기반의 공급 사슬 실행이 될 것이다. 당신의 집에서 다 쓴 물품을 보충하기 위해 가게로 달려하는 것은 이젠 불필요해질 것이다. 왜냐하면 당신이 물품 보충의 필요를 인식하기 무섭게 당신이 즐겨 방문하는 점포의 직원이 직접 와서 부족한 물품을 보충해줄 것이기 때문이다.

8.4 운영 CRM과 분석 CRM에 대해 설명할 수 있다.

CRM은 고객의 충성도를 높이고 기존 고객을 유지하며 기업의 수익성을 제고하기 위하여, 기업과 고객 간의 관계에 관한 제반 문제를 다룬다. CRM은 조직이 고객의 쇼핑과 구매 행위를 파악할 수 있도록 해준다. 고객이 기업과 소통을 할 때마다 기업은 특정 고객과 신뢰 관계를 구축할 기회를 갖게 된다.

기업이 개별 고객의 요구를 이해할 수 있다면 성공하는데 매우 유리할 것이다. 성공적인 고객 관계를 구축하는 것이 전혀 새로운 비즈니스 전략은 아니다. 그러나 CRM 시스템의 도입은 기업이 더 효율적이고 효과적으로 고객의 필요를 지원할 수 있도록 해준다. CRM은 기술 이상의 것이다. CRM은 고객의 필요를 인식하고, 고객 각자에게 적합한 개별 마케팅 캠페인을 설계할 수 있다.

CRM 전략의 두 가지 기본적인 구성요소는 운영 CRM과 분석 CRM이다. 운영 CRM은 고객과 직접 마주하며 거래를 처리하는 프런트 오피스 운영 및 시스템을 지원하며, 분석 CRM은 고객과 직접 마주하지 않는 백 오피스 운영 및 시스템 그리고 전략적 분석 등을 지원한다.

8.5 핵심 ERP와 확장 ERP에 대해 설명할 수 있다.

전사적 자원 관리ERP는 조직 내의 모든 부서와 전 기능을 하나의 IT 시스템(또는 시스템들의 통합체)으로 통합하고 직원들이 기업 활동에 필요한 정보를 전사적인 차원에서 보고 의사결정을 할 수 있게 한다. 현 세대의 ERP, 즉 ERP-II는 핵심 및 확장의 두 개의 주요 컴포넌트로 구성된다. 핵심 ERP 컴포넌트는 대부분의 ERP 시스템에 포함되어 있는 전통적 컴포넌트들로서 주로 조직 내부의 활동에 초점을 두고 있다. 확장 ERP 컴포넌트는 핵심 컴포넌트에는 포함되어 있지 않지만 조직의 필요를 충족시키는 부가적인 컴포넌트들로서 주로 조직 외부의 활동에 초점을 두고 있다.

8.6 조직이 현재의 어떤 기술들을 ERP 시스템 내부로 통합하고자 하는지를 설명할 수 있다.

ERP의 목적은 통합이다. 즉, 조직의 모든 시스템들을 하나로 통합하여 온전히 작동하도록 하고, 비즈니스 및 사용자의 모든 요구를 충족시키며, 높은 성과를 달성할 수 있도록 하는 것이다. 물론 이러한 목적은 달성하기 매우 어려운 일이다. 왜냐하면 비즈니스와 기술들이 매우 빠르게 변화하고 있고 ERP는 이동성, 클라우드, SaaS, 다계층 아키텍처를 지원해야 하기 때문이다.

시작 사례 문제

1. **지식:** 3D 프린팅을 정의하고 그것이 비즈니스에 미칠 영향에 대해 설명하라.
2. **이해:** CRM을 설명하고 3D 프린팅이 고객 관계에 미칠 영향에 대해 설명하라.
3. **적용:** 3D 프린팅이 전 세계 경제에 미칠 영향을 예를 들어 설명하라.
4. **분석:** 3D 프린팅이 공급 사슬에 어떠한 영향을 미치고 있는지를 분석하라.
5. **종합:** 기업이 3D 프린팅을 이용하여 매출과 고객만족을 어떻게 높일 수 있는지에 대한 계획서를 작성하라.
6. **평가:** 다음에 대해서 찬반 토론을 하라. "3D 프린팅이 인터넷 보다 비즈니스에 더 파괴적인 영향을 미칠 것이다."

복습 문제

1. 통합이 어떻게 하나의 기업을 연결하는가?
2. 전방 통합과 후방 통합 간의 차이는 무엇인가?
3. 공급 사슬 내의 다섯 개 주요 활동은 무엇인가?
4. 채찍 효과는 무엇이며, 그것은 어떻게 공급 사슬과 기업의 수익성에 영향을 미치는가?
5. 왜 고객 관계가 기업에 중요한가? 당신은 정보화 시대에 생존하기 위해서 모든 비즈니스가 고객에게 초점을 맞추어야 한다는 데에 동의하는가?
6. 운영 CRM과 분석 CRM 간의 차이는 무엇인가?
7. 판매 부서가 운영을 개선하기 위해서 어떻게 CRM을 활용할 수 있는가?
8. 마케팅 부서가 운영을 개선하기 위해서 어떻게 CRM을 활용할 수 있는가?

9. 고객 관계 관리, 공급자 관계 관리, 그리고 직원 관계 관리 간의 차이는 무엇인가?
10. ERP 시스템은 무엇인가?
11. 핵심 ERP 시스템의 컴포넌트들은 무엇인가?
12. 확장 ERP 시스템의 컴포넌트들은 무엇인가?
13. 기업이 연결되기 위해서 무엇을 통합해야 하는가?

마무리 사례 1

자포스는 고객에게 열정적이다

토미 셰이Tomy Hsieh가 처음으로 그의 기업 수완을 발휘한 것은 12살 때 맞춤형 단추 사업을 시작했을 때였다. 광고가 중요하다는 사실을 깨달은 그는 안내 책자를 이용해 다른 아이들에게 판촉을 하기 시작했고, 그의 이윤은 곧 한 달에 몇 백 달러를 버는 수준으로 뛰어 올랐다. 셰이는 그의 청소년기를 거치면서 여러 비즈니스를 시작했고, 대학생 시절에는 그가 다녔던 하버드 대학교의 기숙사 방에서 피자를 팔아 돈을 벌었다. 또 다른 기업가적 성격을 지닌 학생이었던 알프레드 린Alfred Lin은 셰이로부터 피자를 사서 조각을 내어 다시 팔았고, 꽤 괜찮은 수입을 얻었다. 그 둘은 친구가 되었다.

하버드를 졸업한 뒤, 1996년에 셰이는 작은 비즈니스들이 배너 광고를 교환하도록 돕는 기업인 링크익스프레스를 설립하였다. 2년이 지난 뒤 셰이는 2억 6,500만 달러를 받고 마이크로소프트에 링크익스프레스를 팔았다. 여기서 얻은 수익으로 셰이와 린은 창업 기업들에게 투자하는 벤처캐피탈 회사를 차렸다. 그들이 투자 대상 중에서 주목했던 것은 온라인으로 신발을 판매하는 소매상인 자포스Zappos였다. 두 기업가는 400억 달러 규모의 신발 시장은 그들이 놓쳐서는 안 되는 기회라는 것을 알아보았고, 2000년에 셰이는 자포스의 CEO가, 린은 그의 최고 재무 관리자가 되었다.

오늘날 자포스는 동종 업계의 선두주자이며, 500개가 넘는 브랜드의 90,000가지가 넘는 어마어마하게 많은 종류의 핸드백, 의류, 액세서리를 취급하고 있다. 자포스의 경이로운 성공의 한 가지 이유는 광고와 마케팅에 들어갈 예산을 고객 서비스에 쓰기로 결정한, 인터넷이 없었다면 불가능했을 셰이의 전략이다. 자포스의 열정적인 고객 서비스 전략은 고객들이 원하는 만큼 다양한 사이즈와 스타일의 제품을 주문하도록 하고, 공짜로 배송해주고, 공짜로 반송하도록 한다. 자포스는 고객과의 소통을 장려하며, 자포스의 콜센터는 하루에 5,000건이 넘는 전화를 받고, 지금까지의 기록으로는 가장 길게는 4시간이 넘게 통화를 한 적도 있다.

자포스의 대규모의 재고는 켄터키의 UPS 선적 센터의 바로 옆에 있는 창고에 보관되어 있다. 바로 배송 가능한 상품만 웹사이트에 올라가있고, 밤 11시에 주문을 해도 다음날 배송이 된다. 공급자와 파트너와의 관계를 형성하기 위해, 자포스는 판매자들에게 판매된 제품, 판매된 시간, 가격, 고객 등 모든 종류의 제품 정보를 제공하는 인트라넷을 구축하였다. 이러한 종류의 상세함으로, 공급자들은 수요에 맞도록 제조 일정을 빨리 바꿀 수 있다.

자포스 문화

파트너와 제공자뿐 아니라, 자포스는 직원과의 관계도 또한 중요하게 여긴다. 자포스의 직원들은 유쾌하며, 당신이 사무실들을 돌아다녀보면 보통의 근무 환경에서는 발견할 수 없는 수많은 물건들(병마개로 만든 피라미드, 솜사탕 기계, 바운싱 볼 등)을 발견할 수 있을 것이다. 충실한 직원 관계를 구축하는 것은 자포스의 중요한 성공 요소로, 이 관계를 가능하게 하기 위해 기업 간부들은 콜센터와 같은 라스베이거스에 위치한 건물(대부분의 직원들이 일하는)에서 근무한다. 모든 직원들은 매일 공짜 점심을, 기업이 100% 지불하는 건강보험과 함께 제공 받는다.

당연히 자포스 문화는 모든 사람에게 맞는 것은 아니며, 자포스는 '제안'을 통해 적절한 직원을 찾는다. '제안'은 새로운 직원들이 직장을 그만둘 경우 일한 대가와 더불어 1,000달러를 더 받는 옵션이다. 왜 퇴직을 하는데 1,000달러의 보너스를 주는가? 자포스 경영진들은 자포스가 필요로 하는 헌신적 자세를 갖지 않은 직원들을 가려내는데 그 정도는 적은 비용이라고 생각한다. 새로 고용된 직원의 10% 이하가 '제안'을 받아들인다.

자포스의 독특한 문화는 다음을 강조한다.

1. 서비스를 통해 '와우wow' 경험을 선사한다.
2. 변화를 적극적으로 수용하고 추진한다.
3. 재미와 약간의 희한함을 창조한다.
4. 모험 정신과 독창적이며 열린 마음을 유지한다.
5. 성장과 배움을 추구한다.
6. 적극적으로 의사소통하며 솔직하고 열린 관계를 추구한다.
7. 긍정적인 팀 정신과 가족 정신을 조성한다.
8. 좀 더 적은 자원으로 좀 더 많은 성과를 낸다.
9. 열정적이고 결연한 태도로 임한다.
10. 겸손한 자세를 가진다.

자포스 매각

아마존 닷컴은 2009년에 8억 8천만 달러를 주고 자포스를 인수했다. 자포스의 직원들은 현금과 주식으로 4,000만 달러를 나누어 가졌고, 자포스의 경영 팀은 기존의 지위를 유지했다. 아마존의 세계 수준의 창고와 공급 사슬을 이용할 수 있다는 점은 분명 자포스의 수익을 껑충 뛰어오르게 해줄 것이다. 그렇지만 자포스의 문화가 남아 있을 수 있을 것인가는 의문이다. 앞으로 흥미롭게 지켜볼 일이다!

질문

1. SCM을 정의하고 그것이 자포스에 어떤 혜택을 줄 것인가를 설명하라.
2. CRM과 왜 자포스가 CRM 시스템을 도입함으로써 이익을 얻을 것인가에 대해서 설명하라.
3. 왜 연결된 기업을 위해서 자포스가 SCM, CRM 그리고 ERP를 실행해야 하는가를 설명하라.
4. 자포스와 아마존의 합병에 대해서 분석하고 자포스 고객과 관련된 잠재적 이슈들을 평가하라.
5. 매출과 고객 만족을 증대하기 위해서 어떻게 자포스가 아마존의 공급 사슬을 이용할 것인가에 대한 계획을 작성하라.
6. 다음에 대해서 찬반 토론을 하라. "전자 시대에서 고객 관계는 과거 어느 때보다 더 중요하며 자포스는 모든 기업이 따라야만 하는 새로운 벤치마크를 제공한다."

마무리 사례 2

우유가 있으신가요? 좋아요. 단, 그것이 오염되지 않았다면!

동 리총Dong Lizhong은 낙농업자가 되는 것이 중국에서 공장 일로부터 벗어나는 첩경이라고 생각했다. 불행하게도, 그의 유제품 비즈니스는 2008년의 오염 사태 이후 산산조각 났다. 이때 오염된 영아 식품 때문에 아기들에게 신장 결석이 생기기 시작한 것이다. 플라스틱을 만들기 위한 첨가제인 멜라민 화학 성분이 중국 3위의 유제품 회사의 우유에서 발견된 것이다. 네 명의 영아가 이 오염으로 인해 죽었고, 최소한 5,300명이 병에 걸렸다. 칭화관보에 의하면, 당국은 이러한 우유와 관련된 문제가 공중에게 알려지기 수개월 전에 이미 알고 있었다.

중국 우유 시장의 반을 차지하는 4대 우유 기업들은 시장에서 출시된 자신의 제품을 회수하였다. 프랑스, 인도, 한국을 비롯한 20개국 이상에서 중국산 유제품은 물론 사탕, 과자, 초콜릿 등을 금지하였다. "이것은 파국적인 후퇴입니다. 저는 유제품에 대한 신뢰 회복에 한 두 해는 걸릴 것이라 생각합니다."라고 중국 농업대학교의 음식 및 영양 공학 대학의 학장인 루 연보는 말한다.

동 리총이 사는 마을의 우유 집하장에서는 우유 수매를 중단하였다. 사람들은 젖소에서 계속해서 우유를 짜냈지만 자신들이 직접 우유를 마시거나 배추 밭에 쏟아 버렸다.

대충대충 처리하기

중국인들은 전통적으로는 우유를 잘 마시지 않는다. 그러나 지난 수십 년간 경제적으로 성장하면서 낙농 산업도 비약적으로 발전하였다. 중국의 2대 낙농회사인 중국의 멍뉴 낙농과 내몽고의 일리 산업그룹은 이러한 성장으로 인해 막대한 혜택을 입었다. 낙농 농가에서부터 우유 유통을 위한 우유 집하장 주인에 이르는 수많은 사업가들이 돈을 벌기 위해서 동시에 유제품 공급 사슬에 뛰어들었다. 중국 낙농 산업의 치열한 경쟁 때문에 몇몇 기업이 비용을 절감하기 위해서 결과는 아랑곳 하지 않고, 편법을 동원하였다.

멍뉴와 일리는 초고속으로 성장하였고, 그들은 공급이 수요를 따라잡지 못하는 아주 독특한 상황에 처하였다. KPMG에 의하면, 중국은 매년 2,500만 톤의 우유를 소비하였고, 낙농시장은 프랑스와 독일을 추월하였다. 좀 더 많은 원유를 확보하기 위해서 멍뉴와 일리는 그들의 기반인 내몽고 북부 지역 밖으로 확장하였고, 중국의 다른 지역에도 생산 설비들을 설치하였다. 우유의 품질 문제는 대부분 원유 공급 경쟁이 치열한 하북과 내몽고 지역의 낙농 농장에서 발생하였다.

하북 지역의 낙농 농가들은 대부분 전통적으로 그들의 우유를 지역 대기업인 산러가 설립한 우유 집하장에 판매하였다. 최근에 기존의 집하장 인근에 멍뉴와 일리에 우유를 공급하기 위한 사설 집하장들이 생기기 시작했다. 이 신규 진입자들은 낙농 농가에 약간 더 높은 가격을 지불함으로써 원유를 확보하였다. 흑룡강 기반의 분유 회사인 아메리칸데어리 사의 부사장인 로저 리우는 이렇게 말한다. "이러한 치열한 경쟁으로 사업 규칙이 파괴되었습니다. 원유 수매자들이 우유를 공급받기 위해 경쟁함에 따라 품질 기준이 내려갔습니다."

단백질 보강 첨가제, 멜라민

대부분의 우유 집하장은 첨가제 검사 장치를 보유하고 있지 않다. 난시청 집하장에서는 그 지역의 16 가구들이 젖소들을 붉은 벽돌 농가로 몰고 온다. 농부들이 소들에게 착유 기계에 채우면, 기계가 우유를 커다란 용기에 펌프로 짜낸다. 오염 위기가 발생한 이후에 난시청 집하장을 감시하기 위해서 파견된 정부 검사관인 두 얀준은 이렇게 말한다. "이곳에서는 우유 검사를 하지 않습니다. 우유를 검사하려면 산러로 보내야 합니다."

집하장에 수집된 우유는 중간상이 산러와 같은 대형 낙농 회사로 운반한다. 그러면 대형 낙농 회사들은 검사를 하고 등급을 매긴다. 현재 알려진 바로는, 부도덕한 중간상이 단백질 함유율을 높여 더 높은 등급을 받으려고 멜라민을 첨가한 것으로 보인다. 멜라민 첨가는 특히 유아에게 신장 결석과 신장 손상을 초래할 수 있다.

베이비케어BabyCare의 사장 겸 CEO인 매튜 에스테는 중국 시장에 진출해 있는 자사의 유아 식품 사업을 위해 호주와 뉴질랜드의 우유 공급원을 다른 곳으로 변경하는 것을 고려하였다. 그래서 베이비케어는 중국의 우유 공급원을 테스트해 보았다. 그러나 적합한 공급원을 찾을 수 없었다. 그는 이렇게 말한다.

"우리 기준에 부합하는 우유 품질을 발견하지 못했습니다. 그래서 우리는 위험을 무릅쓰기보다 중국에서의 판매 사업 중지를 결정했습니다."

엄중한 선고

중국 법원은 우유 오염 스캔들의 책임을 물어서 중간상을 포함한 두 명의 관련자에게 각각 사형과 종신형을 선고하였다. 신속한 재판과 엄중한 선고는 중국의 고질적인 음식 안전 문제를 해결하기 위한 북경의 노력과 당황스러운 스캔들을 극복하려는 당국의 염원을 잘 보여준다.

질문

1. 당신의 나라에서 우유 공급 사슬에 문제가 발생한다면, 영향을 받을 수 있는 제품 목록 10가지를 작성해보라. 제조 과정에서 오염된 우유를 사용한 아이스크림 회사는 어떤 타격을 받을 수 있을까?
2. 당신은 CRM 시스템이 우유 생산 공급 사슬 내의 의사소통 문제에 도움이 될 것이라고 생각하는가? 기업이 공급 사슬 내에서 오염된 우유를 발견한 후에 피해 관리를 위해 어떻게 CRM 시스템을 사용할 수 있을까?
3. 당신은 중국 법원이 우유 오염 스캔들의 책임을 물어 중간상을 포함한 두 명의 관련자에게 각각 사형과 종신형을 선고한 것에 대해서 동의하는가? 당신은 우리나라도 비윤리적 행위에 대해서 유사한 법률을 집행해야 한다고 생각하는가?
4. 세계 각국의 많은 기업들이 원자재와 제품의 공급원으로 중국에 의존한다. 인터넷을 조사해서 한국에서 중국 제품으로 인해 문제가 발생한 세 가지 사례를 조사하라. 중국 공급원을 사용함으로서 발생할 수 있는 장기적인 문제는 어떤 것이 있겠는가?

핵심적 비즈니스 고찰

1. 정치적 공급 사슬

   미국 정부는 아랍 에미리트 연합국UAE, the United Arab Emirates과 거래를 했다. UAE 정부 소유 기업인 DPWDubai Ports World가 미국의 주요 여섯 항구들(뉴욕, 뉴저지, 볼티모어, 뉴올리언스, 마이애미, 필라델피아)을 운영하도록 한 것이다. DWP는 영국에 근거지를 둔, 세계에서 네 번째로 큰 항만 회사인 P&O를 매입했다.

   일부 시민들은 미국 연방 정부가 아랍 에미리트 연합국 출신의 기업에게 미국 내 항만 운영을 허가함으로써, 테러리스트 침투가 용이한 기업에게 미국 항만 운영을 아웃소싱할 수 있다고 걱정하고 있다. 테러에 연루된 사람들이 아랍 에미리트 연합국로부터 나오고 있고, UAE 금융 기관 중의 일부는 9/11 테러의 자금을 세탁하기도 했다.

   만약 이러한 항만들이 테러로 인해 문을 닫게 된다면, 미국의 비즈니스 공급 사슬에 어떠한 영향을 미칠 것인지에 대해 당신에게 조사해 달라고 부탁했다고 하자. 이러한 항만들을 UAE로 아웃소싱하는 것에 대한 찬성 또는 반대의 논거를 만들어라. 여기에는 만약 이러한 항만들이 테러를 당하게 된다면, 미국 비즈니스 공급 사슬이 받게 될 영향들이 상세히 기술되어 있어야 한다.

2. 델의 SCM 시스템을 분석하기

   델의 공급 사슬 전략은 가히 전설적이다. 본질적으로, 만약 당신이 성공적인 SCM 시스템을 구축하고자 한다면, 델의 SCM을 본 따는 것이 최선이다. 팀을 지어 웹에서 델의 공급 사슬 관리 전략을 조사하라. 그리고 이 책에서는 언급하지는 않았지만 델이 현재 적용하고 있는 새로운 IT 업그레이드와 전략에 대해 리포트를 작성하라. 그리고 델의 현행 공급 사슬 모델을 그림으로 표현하라.

3. **전량 회수**

파이어스톤 타이어 회사는 포드 스포츠 유틸리티 차량의 한 브랜드를 위한 타이어 전체에 대해서 리콜을 단행하였다. 일부 SUV의 타이어 스레드가 주행 중에 분리되었으며, 이는 차량을 전복시키는 치명적인 사고를 유발할 수 있었다. 처음에 파이어스톤은 타이어에 문제가 있다는 것을 부인하였으며 포드가 해당 SUV에 잘못된 브랜드의 타이어를 장착했다고 주장하였다. 파이어스톤은 또한 쇼크 업소버가 타이어와 마찰을 일으켜서 결함을 유발했을 것이라고 주장하기도 하였다. 파이어스톤은 정부와 소비자 보호 단체로부터 가중되는 압력을 받자 곧 해당 타이어들을 리콜했다. 흥미롭게도, 모든 불량 타이어가 한 타이어 공장에서 제조되었으며, 회사는 해당 설비를 곧 폐쇄하였다. 파이어스톤이 남아프리카에서 동일한 유형의 타이어를 리콜하고 이미 스레드 결함으로 인한 사고에 대해 법정 소송에서 타협을 하였다는 것이 밝혀졌다. 이 사례와 관련된 요소들(품질, 재고, 윤리, 공급 사슬 가시성, 수익성, 고객 충성심) 각각에 대해서 토론하라.

4. **월마트에 납품하기**

최종 세부 품목들에 이르는 공급 사슬을 관리함으로써 최저가 공급자가 된다는 월마트의 비즈니스 전략은 엄청난 성공을 가져왔다. 매주 약 1억 명, 즉 미국 인구의 약 삼분의 일이 월마트의 미국 점포들을 방문한다. 월마트는 현재 세계 최대의 소매상이며, 엑손모빌 다음으로 세계에서 두 번째로 큰 기업이다. 월마트는 1962년에 샘 월튼에 의해서 설립되었으며, 미국과 멕시코에서 최대의 고용주가 되었다. 월마트는 또한 식료잡화와 소비재 비즈니스의 약 20%를 점유하는 미국 최대의 식료잡화점이며, 장난감 소매의 약 45%를 점유하는 1990년대 말에 토이즈러스Toys "R" Us를 추월한 미국 최대의 장난감 판매점이다.

월마트의 비즈니스 모델은 다양한 품목의 일상품들을 '항상 낮은 가격으로' 판매하는 것에 기반한다. 월마트가 그렇게 싼 값으로 공급할 수 있는 이유는 자사의 매우 정교한 공급 사슬을 위해서 정보 기술을 혁신적으로 활용한 데에 있다. 월마트는 주요 공급자들과 공동으로 강력한 공급 사슬 파트너십을 형성하였다. 이것은 제품 유통 효율성을 높였고, 결과적으로 월마트의 수익성을 향상시켰다.

당신은 고급 수집용 장난감 회사의 소유주이다. 당신은 정밀한 스포츠 스타 모형으로부터 베이브 루스, 헐크 호건, 믹 재거, 그리고 터미네이터와 같은 유명 영화 및 음악 스타에 이르는 거의 모든 것을 생산한다. 만약 당신의 제품들을 월마트에 납품하게 된다면 엄청난 성공이 될 것이다. 당신은 공급 사슬 파트너로서 월마트에 어떻게 접근할 것인가에 대한 전략적 계획을 작성하라. 월마트의 엄격한 공급 사슬 요구사항들을 충족시키기 위해서 현재 공급 사슬을 개편하는 비용을 포함하는, 해당 공급 사슬의 파트너가 되는 것의 장단점들을 반드시 포함시켜라.

5. **CRM 전략**

평균적으로 새로운 고객에게 제품을 팔려면 기존 고객보다 6배의 비용이 소요된다. 수화물 유통업 회사의 공동 소유자인 당신이 최근 3개월 동안의 매출이 평균 17% 감소하였다는 통보를 받았다. 매출 감소의 이유는 여러 가지로 경제가 전체적으로 어렵고, 테러리스트 공격 이후에 여행 수요가 줄었으며, 제품 결함과 관련하여 회사의 부정적인 이미지가 퍼졌다는 점 등이다. 그룹으로 나누어 CRM 시스템의 실행으로 매출 감소에 효과적으로 대처할 수 있을지 설명해보자. 그리고 CRM 시스템이 당신의 사업과 향후 성장에 왜 중요한지 타당성을 제시해보자.

팀을 구성하고 인터넷을 이용하여 상용화된 CRM 시스템들을 비교하고 기능을 평가한 논문이나 기사를 적어도 하나 이상 찾아보자. 목록 중에서 2개의 패키지를 선택하여 이들 기사에 실려 있는 시스템의 기능과 특징을 비교하고, 이들 회사의 웹사이트도 함께 비교해보자. 이들 각 패키지를 사용한 회사의 경험(패키지의 장점과 단점)을 기록한 문헌을 찾아보자. 각 패키지의 장단점을 수업시간의 발표에서 밝혀보고 어떤 것을 당신이 선호하는지와 그 이유를 설명해보자.

6. **직원 충성도 향상을 위한 ERP**
   당신은 신설된 웹 기반 탐색 회사 라즈의 CEO이다. 그리고 현재 구글과의 경쟁을 계획하고 있다. 영업 첫 해에 대단한 성과를 거두고 전 세계 고객으로부터 하루 500,000건의 접속을 기록하고 있다. 최근 4개월 동안에 250명의 신규 인력을 채용하여 조직이 두 배로 확대되었다. 이처럼 급속한 고용 확대 때문에 이제 당신의 관심은 회사의 문화가 어떻게 전개될까, 그리고 종업원들이 적절한 관심을 받고 있는지 여부에 집중되고 있다. 당신은 CRM을 이해하고 있고 CRM 시스템이 조직의 고객 관계를 증진하는데 도움이 되고 있음을 잘 알고 있다. 그러나 ERM에 대하여는 아직 익숙하지 못하고 ERM 시스템이 당신의 조직과 회사에 어떠한 역할을 할 지 궁금하다. 이제 웹을 이용하여 ERM 시스템의 특징과 기능을 설명한 보고서를 만들어보자. 그리고 당신이 ERM을 추진하기로 결정하면 어떠한 가치가 기업에 창출될 지를 알아보자.

7. **충성도를 높여 이익 증대하기(또는 줄이기?)**
   버터플라이 카페는 샌프랜시스코의 번화가 한 가운데 자리 잡고 있으며 전문 커피, 차, 유기농 과일과 채소를 팔고 있다. 이 카페는 고객 유치를 위하여 생음악, 시 낭송, 북 클럽, 자선 행사 및 연예인의 밤 등 다채로운 행사를 개최하고 있다. 각 행사에 참석하는 참석자 명단이 회사의 데이터베이스에 수록되어 있다. 이 카페는 마케팅 캠페인에 이 자료를 이용하고 있고 여러 행사에 참석하는 고객에게는 추가 할인을 제공하고 있다. 마케팅 데이터베이스 전문 회사인 인더노우닷컴은 이 카페의 고객 데이터베이스를 활용할 수 있게 하는 대가로 적지 않은 금액을 지급하겠다고 제의하였고 이 자료는 타 지방 기업체에 팔릴 것이라고 한다. 이 카페의 소유주인 매리 콜자쉬 씨가 당신의 자문을 받으려고 방문하였다. 그녀는 고객들의 정보를 팔 때 고객들이 어떻게 생각할지 그리고 이 일이 그녀의 사업에 어떤 영향을 미칠지 잘 모르고 있다. 그러나 인더노우닷컴이 대가로 제공하려는 돈의 규모는 그녀가 카페 뒤편에 새로 갖고 싶은 테라스를 설치할 수 있는 충분한 자금이다. 인더노우닷컴 사는 판매 사실은 철저히 비밀을 지키겠다고 그녀에게 약속하였다. 이제 매리는 어떤 결정을 내려야 할까?

8. **고객 지원하기**
   크리에이티브 사는 인터넷으로 공예품을 판매하는 e-비즈니스 회사이다. 당신은 이 회사의 고객 서비스 담당 부사장으로 출발하였고 45명의 CSRcustomer service representative 팀을 이끌고 있다. 현재 고객서비스를 위하여 준비한 것은 1-800 번호뿐이며 회사는 고객으로부터 제품, 주문 및 선적 등에 관하여 많은 전화를 받고 있다. 그러나 고객이 CSR와 통화하기 위한 평균 대기 시간은 35분이다. 주문은 취소되고 있으며 크리에이티브닷컴은 낮은 고객 서비스로 인해 영업기반이 무너지고 있다. 이 회사의 고객 서비스 센터를 개혁하고 회사를 정상 궤도에 올려놓을 수 있는 전략을 수립하라.

9. **ERP 시스템을 실행하기**
   블루 도그는 고급 선글라스 업계의 선두 주자로 작년에는 2억 5,000만 달러의 매출을 달성하였다. 블루 도그는 생산 비용을 줄이고 재고 관리를 위하여 ERP 시스템의 도입을 검토하고 있다. 많은 경영진이 성공률이 낮은 ERP 시스템에 대규모 투자를 하는 문제와 관련하여 염려를 나타내고 있다. 블루 도그의 고위 경영자로서 당신은 ERP 시스템과 관련된 예상 혜택과 위험에 대한 보고서를 작성하고, 동시에 성공적인 추진을 위하여 회사가 취해야 할 조치들에 대한 당신의 권고 내용도 함께 포함하도록 요청 받고 있다.

기업가적 도전

당신의 비즈니스를 만들어보자

1. 넷플릭스는 공급 사슬 기술을 이용해서 비디오 대여 비즈니스를 재창조하였다. 넷플릭스는 최대의 온라인 DVD 대여 서비스이며, 고객에게 메일과 인터넷을 통한 균일가 대여 서비스를 제공한다. 고객들은 자신의 선호 영화 목록을 작성할 수 있으며, DVD는 넷플릭스의 창고로부터 미 우정국을 통해서 배달된다. 고객들은 원하는 기간 동안 DVD를 보유하게 되고, 다음 DVD를 받아보기 위해서는 단순히 그것을 반송하면 된다. 넷플릭스의 비즈니스는 비디오 대여지만, 기술을 사용하여 공급 사슬을 개편함으로써 비디오 대여 산업 전체를 교란시켰다. 공급 사슬 기술을 이용하여 당신의 비즈니스를 개편 또는 재창조할 방법을 작성하라.
2. 비즈니스는 번창하고 당신은 운영비를 절감함으로써 수익을 증대한다는 목표를 달성하였다. 당신의 최상의 제품 중의 하나가 중국에서 수입되며, 그것이 전체 이익 증가분의 약 20%를 담당한다. 어제, 하역 노동조합의 파업이 시작되어 샌프란시스코에서 캐나다에 이르는 서해안 지역의 전체 독크가 폐쇄되었다. 작업은 노동조합이 몇 달이 걸릴지 모르는 새로운 근무 계약에 사인을 해야만 재개된다. 당신은 이 폐쇄가 비즈니스에 미치는 충격을 신속히 평가해야만 한다. 운송품들을 받지 못한다면, 당신은 어떻게 비즈니스가 돌아가게 할 것인가? 공급 사슬이 파업으로 인해서 교란 당했음에도 불구하고 비즈니스가 지속되게 하기 위해서, 당신은 어떠한 전략을 제안할 것인가?
3. 웹은 고객 권력에 대한 무수한 예들을 포함하고 있다. www.ihatedell.net 및 www.donotbuydodge.ca는 그런 예들 중의 하나이다. 고객들은 기업을 흉보거나 칭찬하기 위해서 유튜브, 마이스페이스, 블로그, 그리고 기타 수많은 웹 도구들을 사용하고 있다. 당신 비즈니스에서 가장 영향력이 있는 사람이 고객이라고 믿는가? 어떻게 고객이 당신의 비즈니스를 해치거나 도울 수 있는가? 당신의 종업원들도 고객이 비즈니스에서 가장 중요한 사람이라는 데에 동의하는가?

지식 적용하기 프로젝트

프로젝트 1 운송 문제

알리사 스튜어트의 피 속에는 기업가 정신이 흐르고 있다. 스튜어트는 10살 때부터 창업을 해왔으며, 최종적으로 완벽한 주문 가구 사업을 하고 있다. 그녀의 점포를 방문하는 고객들은 자신의 주문 제작가구를 만들기 위해서 다양한 섬유와 50여 가지의 소파와 의자 디자인 중에서 고를 수 있다. 일단 고객이 섬유 패턴과 가구 디자인을 선택하고 나면, 해당 정보는 중국으로 전송되어서 가구가 제작된 후 서해안을 통해서 고객에게 배달된다. 스튜어트는 그녀의 사업에 열정적이다. 그녀의 모든 고된 작업이 결실을 맺어서 17,000명의 고객과 현재 대기 중인 875개의 주문을 확보했다.

스튜어트의 사업은 번성하고 있다. 그녀의 고품질 제품과 뛰어난 고객 서비스는 그녀 사업에 탁월한 명성을 부여하였다. 그러나 그녀의 사업은 현재 모든 것을 잃을 위기에 처해 있으며, 공급 사슬의 문제점들을 해결하기 위해서 당신을 고용했다. FedEx나 UPS와 같은 소포 배달 업체들은 파업 중에 있으며, 알리사는 원자재와 제품을 어떻게 배달해야 할지 모르고 있다. 당신은 알리사에게 파업을 극복하기 위해 어떤 전략을 제안할 것인가?

프로젝트 2 흥미로운 이야기

불쾌한 경험을 한 고객은 과거에는 몇몇의 친구와 가족에게만 불평을 얘기할 뿐이었다. 그러나 이제는 모든 사람들에게 불평을 얘기할 수 있다. 인터넷 서비스 제공자들은 좌절한 고객들에게 기업을 공격할 수단을 제공하고 있다. 인터넷 웹사이트의 무료이거나 매우 저렴한 컴퓨터 공간은 고객들에게 그들의 친구들에게만이 아니라 전 세계인에게 자신이 어떻게 취급당하였는가를 말할 수 있는 능력을 제공한다. 다음은 인터넷 상에서 유포된 몇몇 화난 고객들의 이야기들의 예이다.

- 베스트 바이Best Buy를 떠나던 고객이 출입구에서 경비에게 영수증을 자진해서 보여주기를 거부하였다. 베스트 바이의 종업원은 그 고객의 카트를 붙잡으려고 했고, 그 고객의 차량 바로 뒤에 차를 주차해 놓았다.
- 엔터프라이즈 렌트어카Rent-A-Car의 고객들은 종종 회사가 예약을 제대로 처리하지 않고, 차량을 준비해 놓지 않으며, 연료통이 채워지지 않은 채로 렌트해주고, 기업 고객에게 더 높은 요금을 부과한다는 것을 발견하였다.

인터넷은 고객의 힘을 증가시키고 있으며 비즈니스를 제품 중심에서 고객 중심으로 바꾸고 있다. 제품 중심과 고객 중심 비즈니스 간의 차이를 설명하고, CRM이 예전 어느 때보다 더 중요하게 되었는지를 설명하라.

프로젝트 3 유튜브 상의 젯블루

젯블루JetBlue는 고객들에게 사과하기 위해서 유튜브를 사용한다는 특이하고 흥미로운 CRM 접근 방법을 채택하였다. 젯브루의 설립자이자 전 CEO인 데이비드 닐만은 해당 항공사의 매우 불행한 한 주일(폭풍으로 1,100편의 비행이 취소되어서 수천 명의 승객이 전국의 공항에서 발이 묶였다)이 지나가자 유튜브를 통해서 고객들에게 사과하였다. 닐만의 유튜브 사과는 연습하지 않고, 다듬어지지 않았으며, 그래서 더 진지해 보였다. 이러한 유튜브 사과로 고객들은 해당 이슈들을 이해하고 회사의 사과를 수용하게 하였다.

프로젝트 4 전략적 조치들로부터 비즈니스 인텔리전스 얻기

당신은 대형 사무실 비품 배급 회사인 프리미어원의 고객 서비스 부서의 신입사원이다. 이 회사는 사업을 시작한지 3년이 되었으며 최고급 사무실 비품을 저가에 공급하는 데에 초점을 맞추고 있다. 이 회사는 현재 90명의 종업원이 7개의 주에서 근무하고 있다.

지난 3년간 매출이 3배가 증가되었으며, 현재의 수작업 시스템은 더 이상 충분치 않다. 당신의 첫 번째 과업은 당신의 새 팀을 만나서 회장과 CEO에게 SCM, CRM 그리고 ERP에 대해 설명하는 발표를 준비하는 것이다. 이 발표는 이들 전사적 시스템들로부터 프리미어원이 얻을 주요 혜택과 기타 추가적인 비즈니스 가치들을 밝혀야 한다.

프로젝트 5 세컨드 라이프 CRM

세컨드 라이프Second Life와 같은 새로운 가상 세계는 많은 기업과 소비자들 사이의 첫 접촉점이 되어가고 있다. 가상의 관계와 전통적인 관계는 실제 전혀 다르다. 아디다스Adidas, 델Dell, 로이터Reuters, 도요타Toyota 등과 같은 기업들이 세컨드 라이프를 받아들이고 있다. 그러나 이들은 가상의 세계에 가상의 사무실을 개설하는 것을 넘어서 가상의 고객 관계를 구축하기 위해 노력하고 있다.

PA 컨설팅은 고객 질문에 답하기 위해 가상 사무실을 구축하는 것은 충성 고객을 발견하고 유치하는 것만큼이나 쉽지 않다는 것을 재빠르게 알게 되었다. PA 컨설팅은 아바타 뒤에 있는 실제 사람은 실제 사무실에서 서비스 받기를 원한다는 것을 깨달았다. 마치 온라인 쇼핑을 하면서 질문을 하면, 곧 바로 콜 센터에서 답을 해주어야 하는 것처럼 말이다. 가상 세계의 잠재 고객이 실제 사람에게 말하기를 원할 때, 누군가가 바로 나타나서 응답해 주어야 한다. 그렇지 않으면 이 고객은 자신의 웹사이트를 떠날 것이다.

당신은 로봇을 개발하는 첨단 기술 기업인 스톰피크StormPeak의 CRM 담당 중역이다. 당신은 세컨드 라이프에서 첫 번째로 가상 사이트를 구축하고, 이를 관리할 책임을 지고 있다. 당신이 가상 세계에서 사업을 전개하기 위한 CRM 전략을 수립하라. 여기에 당신이 시작하기 위한 몇 가지 질문이 있다.

- 가상 세계에서 고객 관계는 얼마나 다른가?
- 이러한 새로운 가상 환경에서 고객 관계 관리를 위한 당신의 전략은 무엇인가?
- 세컨드 라이프 상의 고객들을 지원하는 것과 전통 고객들을 지원하는 것은 어떻게 다른가?
- 세컨드 라이프 상의 고객들을 지원하는 것과 웹사이트 고객들을 지원하는 것은 어떻게 다른가?
- 세컨드 라이프에서 당신이 직면하게 되는 고객 보안 문제로서 무엇이 있겠는가?
- 세컨드 라이프에서 당신이 직면하게 되는 고객 윤리 문제로서 무엇이 있겠는가?

프로젝트 6 전화 통화 기록 탐색하기

고객과의 전화 통화 내용을 저장한 데이터베이스에서 고객의 특별 요구사항을 검색하는 것을 상상해보자. 그리고 디지털 파일로 저장된 고객 불평들을 정렬하여 고객 서비스 직원과 고객 간의 대화가 잘못되기 시작한 정확한 시점을 찾아내는 것을 상상해보자. 파인드잇Find It이라는 새로운 도구가 음성 기록을 구글 정보 검색처럼 쉽게 정렬한다. 파인드잇은 무한한 비즈니스 기회를 만들어 내고 있다. 기업들은 이 기술을 이용하면 음성 메일이나 전화 통화 기록을 키워드나 구절로 검색할 수 있다는 것을 점차 깨닫고 있다.

당신은 최근에 마케팅 기업을 창업했고, 당신의 고객들이 파인드잇을 이용하여 자신의 디지털 음성 기록을 포함한 모든 데이터 기록을 검색하는 것을 도와주고자 한다. 이제는 잠재 고객들에게 보낼 마케팅 자료들을 준비하는 일만 남았다. 당신은 고객에게 전달할 마케팅 자료를 작성해야 한다. 여기에는 고객이 파인드잇을 돈을 지불하고 이용하면 얻게 될 사업 기회가 자세히 나열되어야 한다. 당신은 마케팅 자료를 한 페이지 문서, 외우기 쉬운 멜로디, 비디오 또는 파워포인트 자료로 만들 수 있다.

프로젝트 7 연재만화 판매 회사, 샤프투스

스테펜 컨Stephen Kern은 샤프투스Sharptooth의 설립자이자 CEO이다. 이 소기업은 전국에 있는 잡지사나 신문사로 연재만화를 사고판다. 샤프투스의 작가들 중의 일부는 크게 성공해서 수백 개의 잡지사와 신문사에 팔리고 있지만, 나머지는 이 산업에서는 아직 신입이다. 컨은 작가로서 사업을 시작했다. 그러나 자신이 코믹물을 홍보하고 마케팅 하는데 재능이 있다는 것을 알고 나서부터는 다른 작가들과 계약을 맺고 일을 하였다. 그의 작가적 배경은 재능은 있지만 사업가적 소질은 없는 젊은 작가들을 발굴하는데 크게 도움이 되었다.

컨은 최근에 신생 온라인 매체인 블로그, 웹사이트, 기타 온라인 사이트로 코믹물을 팔기 시작했다. 당신은 컨이 신문, 잡지, 빌보드, 그리고 지금의 온라인 매체를 포함한 사업 라인의 각각에 대하여 독립된 시스템을 가지고 있다는 것을 빠르게 깨닫고 있다. 당신은 각각의 시스템들에서 개별적으로 판매 정보를 작성하고, 갱신하고, 유지하고 있다는 것을 알고 있고, 그가 어떻게 하면 그의 비즈니스를 통합적으로 운영하도록 할 수 있을까 하는 것을 고민하고 있다. 만약 컨이 자신의 업무 처리 방식을 유지한다면, 즉 동일한 업무를 네 개의 시스템으로 나누어 처리하는 방식을 고수한다면, 컨이 어떤 문제에 봉착하게 될 것인지를 나열하라. 만약 그가 네 시스템에 있는 각각의 세부 정보들을 통합하지 못한다면, 무슨 일이 일어날 것인가? 분리된 시스템들이 야기할 수 있는 문제를 10가지 이상 나열하라.

프로젝트 8 음식 배달업 창업

메리 로우 스미스Mary Lou Smith는 한 회사에서 20년 이상 충직하게 근무하였다. 그러다가 어느 날 갑자기 그녀는 900여 명의 동료 직원들과 함께 해고 통지를 받았다. 그녀에게 매우 큰 충격이었다. 이러한 충격에서 벗어나는 데에만 몇 주가 걸렸다. 그 후 마침내 그녀는 새로운 직업을 찾기 시작했다. 스미스는 자신의 충직한 근무 경력과 뛰어난 자질로 인해 곧 직업을 구할 수 있으리라 믿었다. 그러나 그녀는 수개월 동안 직업을 찾아보았지만, 어떠한 기회도 발견할 수 없었다. 스미스는 자신의 비상 자금이 빠르게 소진됨에 따라, 새로운 일을 곧 구하거나 아니면 자신의 퇴직 연금을 당겨써야만 했다.

그녀는 일 없이 자유롭게 많은 시간을 보낸 후에 자신의 진정한 열정이 요리하는데 있다는 것을 깨닫게 되었다. 그녀는 점심과 저녁 시간에 음식을 만들어 지역 업체와 이웃들에게 배달하면서 약간의 돈을 벌기 시작했다. 스미스는 한 이웃의 말을 우연히 듣게 되었다. 이웃에 사는 그녀는 큰 파티를 열 계획이지만, 음식을 장만할 시간이 충분하지 않다는 것이었다. 농담 삼아, 스미스는 그녀에게 음식을 만들어 날라주면 얼마나 줄 수 있느냐고 물어보았다. 곧 스미스는 많은 이웃들과 소규모 업체들에게 음식을 날라주는 일을 하게 되었다. 그녀는 자신이 이 사업에 뛰어들어야 하는지, 아니면 계속해서 직업을 찾아야 하는지를 결정해야만 했다.

음식 배달 사업을 1년간 한 다음, 스미스는 상당한 돈을 벌었고, 게다가 뛰어난 명성까지 얻게 되었다. 그녀는 결혼식 등의 온갖 행사에 음식을 배달해주었다. 사업은 매우 잘 되었고, 몇 명의 직원을 고용하여 사업을 확장하기에 이르렀다. 스미스는 사업을 더 크게 확장하기 위해 계획을 수립하기 시작했다. 스미스는 당신에게 다음 질문의 답을 얻기 위해 도움을 요청하고 있다.

1. 스미스의 사업에서 고객 충성도는 얼마나 중요한가? 그녀의 단골 고객들을 유지하기 위해 무엇을 해야 하나? 한 불만 고객이 사업에 어떠한 타격을 줄까? 이러한 도전에 응대하기 위해 무엇을 준비해야 하나?
2. 맛집 추천 사이트인 옐프Yelp.com를 조사해 보아라. 옐프는 어떤 서비스를 제공하고 있는가? 중소기업은 옐프를 기회로 보아야 하는가 아니면 위협으로 보아야 하는가? 고객이 옐프를 이용할 때, 알아야만 하는 장점과 단점은 무엇인가?
3. 스미스는 수요 예측, 재고 관리, 일정 계획, 품질 관리 등을 책임져야 한다. 그녀는 자신의 사업을 운영하려면 어떤 유형의 수요 예측을 해야 하는가? 그녀는 어떤 유형의 재고를 추적해야 하는가? 스미스는 어떤 유형의 일정 계획을 작성해야 하는가? 만약 계획에 차질이 발생하여 일정 계획을 다시 수립해야 한다면 어떤 문제가 발생할까? SCM 시스템은 사업 운영에 어떤 도움을 줄 수 있을까?
4. 스미스는 충성 고객과 충성 직원을 바탕으로 사업을 진행하기를 원한다. 그녀는 새로운 아이디어나 요리법이나 고객 추천을 한 직원들에게 보너스를 준다. 이러한 보너스를 주는 것이 스미스에게는 어떤 위험이 될까? 그녀는 직원의 아이디어를 실행에 옮겨서 경쟁우위를 얻고 있다. 그러나 그 직원은 이 회사를 그만 두고, 경쟁 회사에서 일을 하고 있는 상태이다. 스미스는 여전히 이 직원에게 보너스를 주어야만 할까? 스미스가 직원과 강력한 관계를 구축하려면 무엇을 해야 할까?
5. 스미스는 그녀의 고객들 중의 한 명이 CRM, SCM, ERP와 같은 기업용 시스템에 대해 이야기 하는 것을 들었다. 그러나 그녀는 이러한 시스템들은 자본금이 많은 대기업들에게나 가능한 것이라고 믿고 있다. 인터넷을 검색하여 작은 기업들이 이용할 수 있는 기업용 시스템의 예를 찾아라. 그녀는 자신의 사업을 위해 이러한 유형의 시스템에 투자해야한다고 생각하는가? 왜 그렇다고 생각하는가, 또는 왜 그렇지 않다고 생각하는가?

시스템 개발과 프로젝트 관리: 전사적 공동 책임

이 장의 개요

SECTION 9.1 전사적 응용 시스템을 개발하기

- 시스템 개발 생애주기
- 소프트웨어 개발 방법론: 폭포수 모델
- 애자일 소프트웨어 개발 방법론
- 서비스 기반 아키텍처

SECTION 9.2 프로젝트 관리

- 성공적인 프로젝트 수행을 위해 프로젝트 관리하기
- 프로젝트 계획 요소
- 주요 프로젝트 계획 다이어그램
- 프로젝트를 아웃소싱하기

IT는 나에게 무엇을 제공해 주는가?

이 장은 어떻게 조직이 정보 시스템을 구축하는지에 대한 개요를 제공한다. 정보 시스템은 기업 운영의 기본 토대라고 할 수 있으므로 경영학을 공부하는 학생이라면 이 프로세스를 이해할 필요가 있다. 이러한 정보 시스템의 구축 원리에 대한 이해는 당신을 더욱 가치 있는 직원으로 만들어 줄 것이다. 당신은 문제점을 빨리 식별해내고 디자인 프로세스 중에 새로운 제안을 할 수 있게 될 것이며, 이를 통해 정보 시스템 프로젝트를 개선하고 당신과 당신의 비즈니스를 모두 만족시킬 수 있게 될 것이다.

정보 시스템을 구축하는 것은 마치 집을 짓는 것과 같다. 당신은 뒤에 앉아서 도급업자에게 설계, 시공, 감리를 모두 맡기고 당신이 만족할만한 집이 지어지길 기대할 수도 있다. 그러나 당신이 직접 그 과정에 참여한다면 훨씬 쉽게 당신의 요구사항이 충족될 것이다. 사용자가 최종 제품의 개발 과정에 직접 참여하고 방향을 설정하도록 하는 것은 바람직한 비즈니스 관행이다. 시스템을 개발하는 과정에 대해 알고 있으면 당신이 그 과정에 참여할 수 있게 되고, 미래의 요구사항까지도 충족시킬 수 있는 유연한 전사적 아키텍처enterprise architectures를 구축하게 될 것이다.

프로젝트를 제 궤도에 올리기

한 해 중 6월은 1월에 승인된 모든 주요 프로젝트의 현 상태를 점검하기에 가장 완벽한 시기이다. 이 단계에서 당신과 당신의 관리팀은 각 시도가 성공적으로 목표를 충족시킬 수 있는지 알기 위한 자료를 충분히 갖고 있어야 한다. 당신의 조직에 성공적이지 않은 프로젝트들이 있으며, 여전히 그 프로젝트들에도 자금과 직원이 투입되고 있음을 당신은 이미 알고 있을 것이다. 당신의 프로젝트의 현 상태를 평가할 때 다음과 같은 징조가 보이는가.

- 중요한 문제가 계속 발생하고 있지만 해결되고 있지 않다.
- 프로젝트의 범위가 끊임없이 바뀌고 있다.
- 스케줄에 맞추려는 노력에도 불구하고 프로젝트가 계속 계획에서 뒤처지고 있다.
- 완성해야할 다른 인도물들deliverables이 당신의 주의력을 산만하게 하고 있다.

만약 이런 징조가 모두 나타난다면, 당신은 실패를 정리하고 프로젝트를 중단할 – 아니면 적어도 근본적으로 프로젝트를 재구성할 – 때에 와있다고 할 수 있을 것이다. 당신은 이미 나빠진 후에 많은 자금을 투자하는 것이 프로젝트 문제점들의 근본 원인을 해결하는 것이 아니므로, 프로젝트를 성공으로 이끌 수 없는 것을 누구보다도 잘 알 것이다. 앞으로의 조치를 결정하기 위해 프로젝트에 대한 다음 질문들을 스스로에게 던져 보라.

- 무엇을 보존해야 하는가?
- 남아 있는 시간과 예산으로 무엇을 할 수 있는가?
- 당신은 프로젝트를 성공적으로 마칠 수 있게 할만한, 당신의 위치에 맞는 리더십을 갖고 있는가?
- 각종의 조치를 위한 계획은 견고하고 현실적인가?
- 나와 나의 관리팀은 조치들을 지원하기 위해 할 수 있는 모든 것을 하고 있는가?

만약 프로젝트의 일부 혹은 전체가 보존될 수 있고 남아 있는 예산으로 제 시간에 결과를 낼 수 있다면, 만약 프로젝트를 이끌 수 있는 적절한 리더가 있다면, 만약 새로운 계획이 탄탄하다면, 만약 프로젝트를 지원하기 위한 관리가 계속된다면, 다음의 네 단계는 당신이 통제력을 되찾고 개정된 프로젝트를 성공적으로 진행할 수 있게 도와줄 것이다. 이 단계들은 기본적인 필요조건이지만 각 단계의 세부사항이, 그리고 그보다 더 중요한 프로젝트 팀의 실천력과 집중력이 프로젝트 복구 노력의 성공 여부를 결정할 것이다.

STEP 1: 상황을 평가하기

프로젝트의 현재 상태에 대하여 가능한 한 많은 정보를 파악하라. 그 정보들을 바탕으로 다음에 무엇을 해야 하는지 결정하라. 이 단계에서는 대답할 수 없는 질문들도 있을 것이다. 이를 두려워하지 마라. 그것은 정상적인 일이다. 핵심은 프로젝트의 상태를 가능한 한 정확하게 알기 위한 제대로 된 질문을 던지는 것이다. 다음은 해결하기 위해서 자료를 수집해야 하는 주요 질문들이다.

- 마감일이 얼마나 중요한가?
- 마감일에 정확히 어떤 기능이 완성되어야 하는가?
- 어떤 것들이 준비되었고 어떤 것들이 아직 처리되지 않고 있는가?
- 사람들이 얼마나 흔쾌히 범위와 날짜와 예산을 변경하려고 하겠는가?

변화에 대한 마지막 질문은 중요하다. 왜냐하면 그것은 프로젝트 혹은 조직의 정치적인 면과 연관이 있기 때문이다. 심지어 확실한 실패에 직면하고 있을 때조차 사람들은 그들과 그들의 팀에게 직접적인 이익이 있지 않는 한 변화를 받아들이기 힘들어 한다. 프로젝트를 복구해서 성공의 기회를 잡기 위해서는, 특히 이해 관계자들의 기대치가 바뀌어야한다.

프로젝트의 현재 상태에 대한 자료를 모을 때 무엇이 잘못 되어가고 있는지 기존의 팀에게 의견을 묻는 것을 잊지 말아라. 그들이 현재의 실패를 불러온 것이기 때문에 그들의 조언을 무시하기 쉽지만, 사실 각각의 개인은 프로젝트가 어쩌다가 이런 상태가 되었는지에 대해 훌륭한 통찰력을 제공할 수 있다. 팀의 주요 구성원에게 연락하여 상황을 바로잡기 위한 조언을 얻어라.

STEP 2: 복구 팀을 구성하기

임원부터 프로젝트 팀 구성원까지 프로젝트에 관련된 모든 이들은 현재 프로젝트가 잘못 되었으며 바로잡아야 한다는 것을 받아들일 필요가 있다. 또한 그들은 기존의 프로젝트 관리 계획과 프로젝트를 추진하는 방법에 결함이 있고 재구성될 필요가 있음을 받아들여야 한다. 만약 이러한 사실들을 그들이 받아들이지 않는다면, 그들은 복구를 위한 단계들 역시 거부할 것이다.

모두가 과정을 바꿔야 한다는 것을 받아들이고 나면, 주어진 현재의 상태와 기간 동안 어떤 결과를 내놓을 수 있을지에 대한 현실적인 기대치를 설정하라. 또한 복구의 성공 및 통제에 대한 척도를 설정하라. 이 프로젝트 초기에 설정된 척도가 있다면 그것을 그대로 사용하거나, 또는 새 척도를 설정할 수도 있다.

경영진과 복구를 담당하고 있는 프로젝트 관리자 모두 팀 구성원들을 지원해야 한다. 그들에게 현실적인 목표를 주고 필요한 공간과 장비, 훈련을 제공하는 것은 그들이 성공할 수 있게 해 줄 것이다.

마지막으로 복구와 관련된 새로운 탄력을 이용하고 프로젝트에 연관된 모든 주요 관계자들을 팀에 포함시켜라. 이렇게 함으로써 모두를 프로젝트에 집중시키고 참여시킬 수 있을 것이다. 이것은 또한 프로젝트 팀 구성원들과 이해 관계자들에게 그들이 단지 작업을 수행하는 데에만 필요한 존재 이상이라는 것을 확인시켜 줄 것이다.

STEP 3: 복구를 위한 새로운 계획을 개발하기

복구를 예전 프로젝트와 별개의 새로운 프로젝트로 생각하라. 이 새로운 프로젝트는 기대치를 앞으로 나올 결과에 가깝게 설정하기 위해 이 프로젝트에 맞는 작업 범위를 요구하고 성공을 분명하게 판가름하기 위한 새로운 기준을 요구한다. 새로운 범위에 맞추어서 프로젝트 팀 안에 적절한 자원이 있는지 혹은 일부 팀 구성원을 새로 교체해야할 필요가 있는지를 결정해야 할 수도 있다.

프로젝트 매니저와 프로젝트 팀은 목표를 달성하기 위하여 새로운 프로젝트 범위에 근거한 분명하고 현실적인 로드맵을 짜야한다. 이번 계획이 기존의 프로젝트와 다른 점은 절대로 실패해서는 안 된다는 것이다. 이것은 경영진에게 훨씬 더 주목받을 것이다. 따라서 성공을 확인하고 필요한 경우에 경로를 신속히 수정할 수 있도록 이정표들milestones의 주기를 짧게 하는 것이 무엇보다도 중요하다. 짧은 주기의 이정표들은 프로젝트의 건전성을 조기에 확인할 수 있는 중요한 자료 점검 시점을 제공할 것이다.

STEP 4: 계획을 실행하기

준비된 새로운 계획을 가지고 본론으로 들어간다. 실행 중에 항상 기억할 것은 책임이 있는 사람들이 프로젝트 팀원들만이 아니라는 것이다. 경영진 이하 모든 사람들이 다 엮여있다. 환경에서 지원까지 프로젝트의 모든 측면은 항상 통합되어야 하고, 모든 이들은 그들이 프로젝트 복구를 성공시킬 책임이 있음을 알아야만 한다.

복구하는 동안 모든 관계자들이 보조를 맞추는 것을 보장하기 위해 의사소통이 명시적으로, 정보를 제공하는 방식으로, 그리고 자주 이루어져야 한다. 어떻게 정보가 전달되고, 어떻게 긴급한 사항이 다뤄지고, 어떻게 주요 사항들이 해결될지가 당신의 의사소통 계획안에 확실하게 규정되어야 한다.

계획과 프로젝트에 대한 강화된 점검 수준이 정해지면, 가장 최근 척도 값을 제공함으로써 프로젝트에 대한 통제가 개선되었음을 보여주는 것이 핵심 사항이다. 자료는 또한 문제의 징조가 보일 때 신속히 대처할 수 있게 도와줄 것이다.

무너져 가는 프로젝트를 다시 정상 궤도에 올리는 것은 쉽지 않다. 그것은 지속적인 노력과 집중, 자원의 투입, 객관성 등을 필요로 한다. 프로젝트를 복구하는 동안, 개인적인 사안을 위한 시간은 없다. 프로젝트를 위해 무엇이 최선인지 알아내고 행하는 능력이 모든 팀 구성원들에게 요구된다.

모든 이들이 압박 받고 있음을 잊지 않는 것 역시 중요하다. 사람들의 긍정적인 면에 주목하도록 하라. 팀은 단결하고, 진정하고, 당면한 과제에 집중할 수 있는 능력이 필요하다.

프로젝트가 성공적으로 수행되었을 때에는 모든 팀 구성원 개개인의 노력을 인정하고 축하하라. 마지막으로, 당신과 당신의 조직이 프로젝트를 복구해야하는 일이 다시는 없도록 이 성공적인 프로젝트 복구로부터 배워라. 프로젝트에서 처음부터 성공적인 결과를 얻기 위해서는 위험신호에 주의를 기울이고 프로젝트의 초기에 이를 바로 잡기 위해 신속하고 단호하게 행동하라.

section 9.1 | 전사적 응용 시스템을 개발하기

학습 성과

9.1 시스템 개발 주기의 7단계를 기술할 수 있다.
9.2 서로 다른 소프트웨어 시스템 방법론들을 요약 정리할 수 있다.
9.3 기업이 서비스 기반 아키텍처를 사용하는 이유를 설명할 수 있다.

시스템 개발 생애주기SDLC

수백만 달러짜리 나이키의 SCM 시스템 실패는 나이키의 CEO 필립 나이트를 개탄하게 하였다. "우리가 4억 달러를 들여 얻은 것이 이것이란 말인가" 나이키는 한 번도 결실을 맺지 못한 SCM 시스템을 실행하기 위해 i2와 제휴했다. i2는 구현에 실패한 것이 나이키가 자사의 방법론과 템플릿을 제대로 활용하지 못했기 때문이라고 비난하였고, 나이키는 이를 소프트웨어의 결함 탓으로 돌렸다.

시스템이 작동하지 않는다면 조직이 일을 하는 것이 매우 어렵다. 정보화 시대에서 소프트웨어의 성공 혹은 실패는 비즈니스의 성공 혹은 실패로 직결된다. 회사들은 기업 경영과 일이 매끄럽게 진행되게 하기 위해 소프트웨어에 의존한다. 회사들의 소프트웨어 의존도가 높아질수록 소프트웨어의 성공과 실패가 비즈니스의 성과에 미치는 영향도 커진다.

성공적인 소프트웨어 구현의 잠재적인 이점들은 소프트웨어 개발 위험을 관리하는 데 상당한 인센티브를 제공한다. 하지만 놀랄 만큼 많은 수의 소프트웨어 개발 프로젝트들이 지연되거나 예산을 초과하며, 성공한 프로젝트의 과반수가 최초에 설계한 기능과 특징을 실현하지 못하고 있다고 한다. 소프트웨어 개발과 시스템 개발 생애주기에 대한 기본을 이해하면, 이러한 잠재적 함정을 극복하고 개발을 성공시킬 수 있게 될 것이다.

소프트웨어 개발 단계로 넘어가기 전에, 몇 가지 핵심 용어를 이해할 필요가 있다. **유산 시스템**legacy system은 빠르게 유용성을 잃어가거나 이미 잃어버린 조직 내 오래된 시스템을 말한다. **전환**conversion은 기존 시스템에서 새로운 시스템으로 정보를 전송하는 프로세스이다. **소프트웨어 주문제작**Software customization은 소프트웨어를 특정 사용자 혹은 비즈니스 요구사항에 맞게 변경하는 작업이다. **재고 응용 소프트웨어**off-the-shelf application software는 일반적인 경영 프로세스를 지원하며 조직의 요구에 맞게 특수한 소프트웨어를 필요로 하지 않는다.

시스템 개발 생애주기SDLC: systems development life cycle는 기획과 분석에서부터 실행과 유지보수에 이르기까지 정보 시스템 개발의 전체 과정을 말한다. SDLC는 모든 시스템 개발 방법의 기본이 되고, 수많은 활동들이 각 단계와 관련된다. 이러한 활동들은 일반적으로 예산 결정이나 시스템의 요구사항의 수집, 자세한 사용자 문서의 작성 등을 포함한다.

SDLC는 비즈니스 상의 필요로 시작되어, 시스템이 그 필요를 충족시키는데 꼭 필요한 기능을 평가하는 단계를 거쳐, 시스템을 통해 얻는 이익이 유지보수 비용보다 많지 않을 때 끝난다. 이것이 생애주기라는 명칭이 붙은 이유이다. SDLC는 계획, 분석, 설계, 개발, 테스팅, 구현, 유지보수의 7개의 뚜렷한 단계로 구성된다(그림 9.1 참조).

단계 1: 계획

계획 단계planning phase는 구상 중인 프로젝트의 첫 단계로서, 계획이나 목표 설정 등을 포함한다. 계획은 조직의 시스템 개발 첫 단계이자 가장 중요한 단계이다. 초기 단계에서 시스템 개발을 통하여 고객이 인터넷으로 제품 주문을 할 수 있도록 하거나, 또는 세계 도처에 있는 창고들을 위한 최선의 물류 시스템을 구축하거나, 또는 타 조직과의 전략적 정보 제휴를 개발하는 것 등 그 내용이 무엇이든, 계획 단계는 항상 결정적인 역할을 한다. 따라서 조직은 이러한 제 활동을 면밀히 계획하여야 한다(또한 왜 이러한 활동이 필요한지 결정하여야 한다). **변화 주도자**change agent는 비즈니스 환경 변화에 발맞추어 중요한 시스템 변경의 촉매제 역할을 하는 사람이나 사건이다. **브레인스토밍**brainstorming은 분석을 배제하고 단시간 내에 아이디어가 고갈될 때까지 최대한 많은 아이디어를 제시하도록 참여자들을 독려하는 아이디어 산출 기술이다. 대다수의 경우 이 브레인스토밍 과정을 통해 새로운 비즈니스 기회가 발굴된다.

프로젝트 관리 협회PMI: Project Management Institute는 프로젝트 관리 전문가가 필요로 하는 절차 및 개념들을 제공한다(www.pmi.org). PMI의 정의에 따르면, 프로젝트는 기업이 고유한 상품이나 서비스, 결과물 등을 생산하기 위해 개시하는 일시적 활동이다. **프로젝트 관리**project management는 프로젝트 요구사항을 충족하기 위해 지식, 기술, 도구, 테크닉 등을 프로젝트 활동에 적용하는 작업이다. **프로젝트 관리자**project manager는 프로젝트의 계획 및 관리에 전문적 지식을 갖춘 개인을 말하며, 관리자는 프로젝트의 계획을 설정하고 발전시키며 프로젝트가 계획된 기간과 비용 내에서 완수되도록 한다. 또한 프로젝트 관리자는 프로젝트의 전 과정을 감독하고, 프로젝트가 조직의 전반적인 경영 목표와 연계되도록 프로젝트 범위를 설정하는 역할을 한다. **프로젝트 범위**project scope는 프로젝트의 비즈니스 요구사항(프로젝트가 해결해야 하는 문제) 및 타당한 이유, 필요조건, 현재의 제약 조건 등을 보여준다. **프로젝트 계획서**project plan는 전체 프로젝트를 관리하고 통제하는 공인된 정형 문서이다.

단계 2: 분석

분석 단계analysis phase는 최종 사용자의 비즈니스 요구사항을 분석하는 것, 그리고 프로젝트의 목적을 계획하고 있는 시스템의 기능과 목적에 맞게 다듬어 가는 것을 말한다. **비즈니스 요구사항**business requirement은 시스템이 충족하여야 할 비즈니스 요청을 자세히 기술한 것이다. 비즈니스 요구사항은 전체 시스템 개발 작업을 움직이는 기준이 되기 때문에, 분석은 결정적인 역할을 하는 단계이다. 예를 들어 비즈니스 요구사항은 "CRM 시스템은 상품, 지역, 판매 대리인 등에 대한 모든 고객 문의 사항을 수집해야한다."고 기술될 수 있다. 비즈니스 요구사항은 시스템이 성공적이라고 간주되기 위해 충족해야 할 것

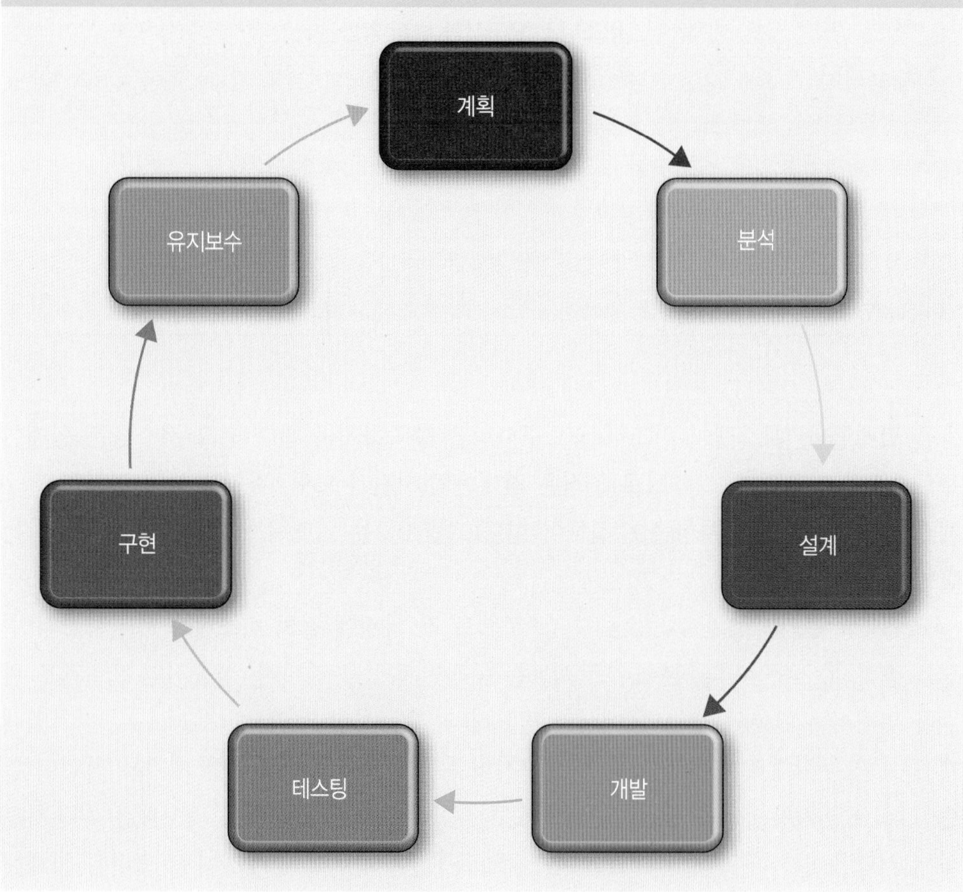

그림 9.1

시스템 개발 생애주기 및 관련 활동

단계	관련 활동
계획	▪ 문제에 관하여 브레인스토밍을 하고, 조직을 위한 사업 기회를 발굴한다. ▪ 프로젝트의 우선순위를 매기고 개발 프로젝트를 선택한다. ▪ 프로젝트 범위를 설정한다. ▪ 프로젝트 계획을 발전시킨다.
분석	▪ 시스템에 대한 비즈니스 요구사항을 수집한다. ▪ 시스템과 관련된 제약 조건을 확인한다.
설계	▪ 시스템을 지원하기 위해 필요한 기술적 아키텍처를 설계한다. ▪ 시스템 모델을 설계한다.
개발	▪ 기술적 아키텍처를 구축한다. ▪ 데이터베이스를 구축한다. ▪ 애플리케이션을 구축한다.
테스팅	▪ 테스트 조건을 구성한다. ▪ 시스템 테스트를 수행한다.
구현	▪ 구체적인 사용자 문서를 작성한다. ▪ 사용자에게 시스템 교육을 제공한다.
유지보수	▪ 시스템 사용자를 지원하기 위한 상담 창구를 개설한다. ▪ 시스템 변경을 지원하기 위한 환경을 마련한다.

그림 9.2
비즈니스 요구사항 수집 방법

비즈니스 요구사항 수집 방법
시스템의 비즈니스 요구사항을 규정하고 검토하기 위해 사용자들과의 모임을 통하여 합동 애플리케이션 개발JAD: joint application development세션을 진행한다. 이 작업은 수일에 걸쳐 진행되기도 한다.
시스템의 현재 운용 상황과 문제들을 점검하기 위해 개별적으로 면담을 실시한다.
문제점을 발견하기 위해 사용자들로부터 설문 조사지를 수집한다.
현재 시스템 운용 방식을 알아내기 위해 질문지를 검토한다.
조직 내의 보고들, 정책들, 정보 이용 방식 등을 확인하기 위해 비즈니스 문서를 재검토한다.

들을 명시한다. 시스템이 비즈니스 요구사항을 충족하지 못한다면 그 시스템은 실패한 프로젝트로 간주된다. 그러므로 조직은 최대한의 시간과 노력, 자원을 들여 명확하고 구체적인 비즈니스 요구사항을 수집해야 한다(그림 9.2는 비즈니스 요구사항을 수집하는 방법을 보여준다).

요구사항 관리requirements management는 프로젝트 전 과정에 걸쳐 비즈니스 요구사항의 변경을 관리하는 작업이다. 본래 프로젝트는 동적인 속성을 지니며, 성공적인 프로젝트 완수를 위해서는 변화의 예측 및 예상이 필요하다. **요구사항 정의**requirement definition는 기업에게 중요한 순서대로 모든 비즈니스 요구사항을 대상으로 우선순위를 매기는 작업이다. **승인**sign-off은 사용자가 모든 비즈니스 요구사항에 동의했다는 것을 나타내는 사용자의 실제 서명을 말한다. 시스템이 비즈니스 요구사항을 충족하지 못한다면 그것은 실패한

그림 9.3
자료 흐름도 예시

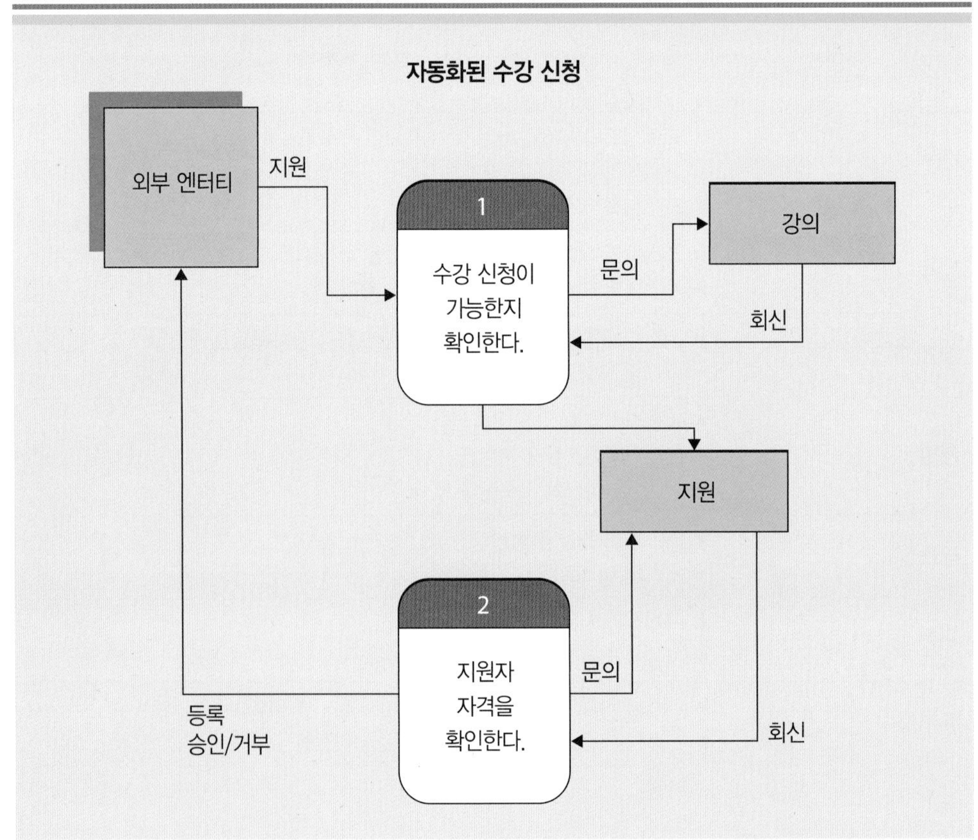

프로젝트로 간주된다. 그렇기 때문에 조직은 명확하고 구체적인 비즈니스 요구사항을 수집하기 위해 최대한의 시간 · 노력 · 자원을 투자해야 한다.

비즈니스 분석가는 조직의 작업 및 업무 수행 방식을 면밀히 관찰하고, 업무를 좀 더 효율적이고 효과적으로 개선하기 위해 조언할 수 있다. **프로세스 모델링**process modeling은 시스템과 시스템 환경 간에 정보를 수집하고, 처리하고, 저장하고, 분배하는 과정을 그림으로 표현한 것이다. 프로세스 모델링에 사용되는 가장 일반적인 다이어그램 중 하나는 자료 흐름도이다. **자료 흐름도**DFD: data flow diagram는 외부 엔터티, 업무, 데이터 저장소 간에 이루어지는 시스템 내에서의 정보 흐름을 보여준다(그림 9.3 참조). 프로세스 모델링과 자료 흐름도는 시스템 명세를 구성한다. **컴퓨터 지원 소프트웨어 공학**CASE: computer-aided software engineering 툴은 시스템의 분석 · 설계 · 개발을 자동화하는 소프트웨어를 총칭한다. CASE 툴을 이용하여 프로세스 모델링 및 자료 흐름도를 만들면 이것들은 자동 시스템 생성을 위한 기반이 될 수 있다.

단계 3: 설계

시스템이 바라는 특징과 운영을 기술하는 과정이며, 화면 설계, 비즈니스 규칙, 프로세스 도표, 의사코드pseudo code, 서류 작성법 등이 **설계 단계**design phase에 속한다. 분석 단계에서 최종 사용자와 MIS 전문가는 논리적인 관점에서 개발 사업에 대한 구체적인 비즈니스 요구사항을 수집하기 위해 협력한다. 다시 말해서 분석 과정에서는 시스템을 지원할

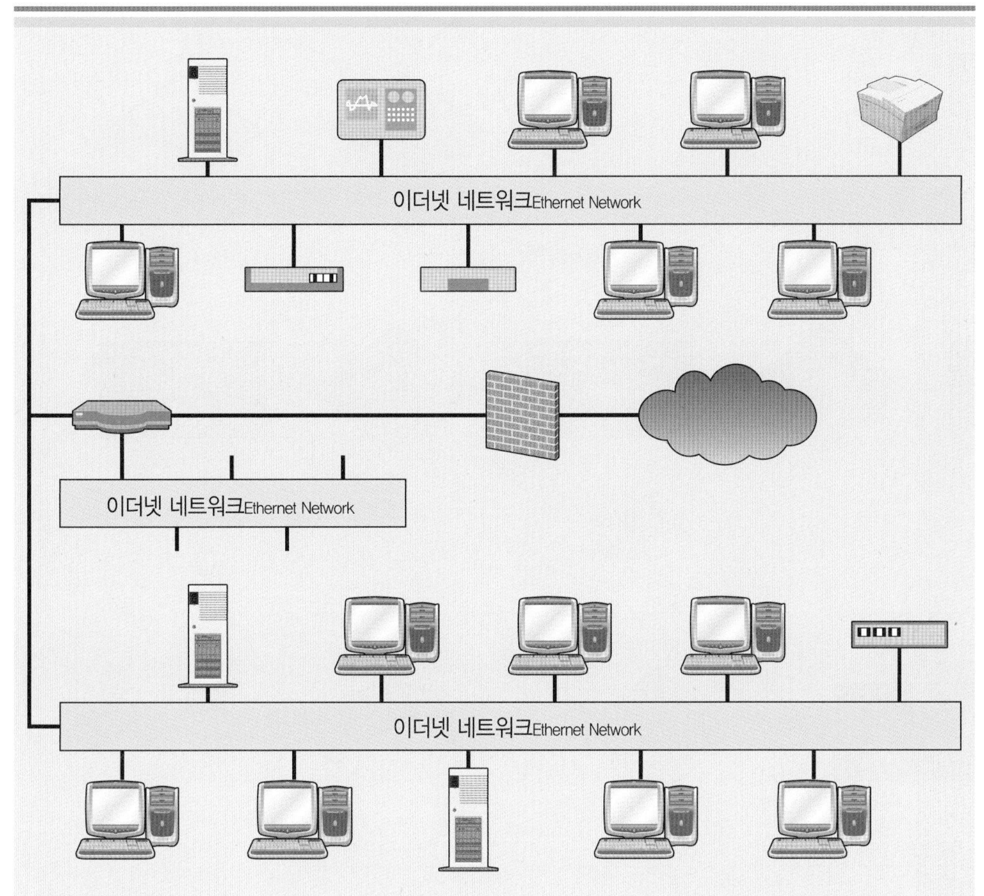

그림 9.4
기술적 아키텍처 예시

기술이나 기술적 기반이 고려되지 않은 채 비즈니스 요구사항이 수집된다. 그러나 설계 단계로 진입하면 데이터 모델, 화면 설계, 보고서 레이아웃, 데이터베이스 모델 등과 같은 시스템을 지원할 기술적 아키텍처가 고려되고 프로젝트의 포커스는 물리적이나 기술적 관점으로 전환된다(그림 9.4 참조).

그래픽 유저 인터페이스GUI는 정보 시스템에 접속하기 위한 장치이다. GUI 화면을 설계할 때에는 아이콘, 버튼, 메뉴, 서브메뉴 등을 이용해 전체 시스템에 대한 정보 시스템

그림 9.5

개체 관계 예시

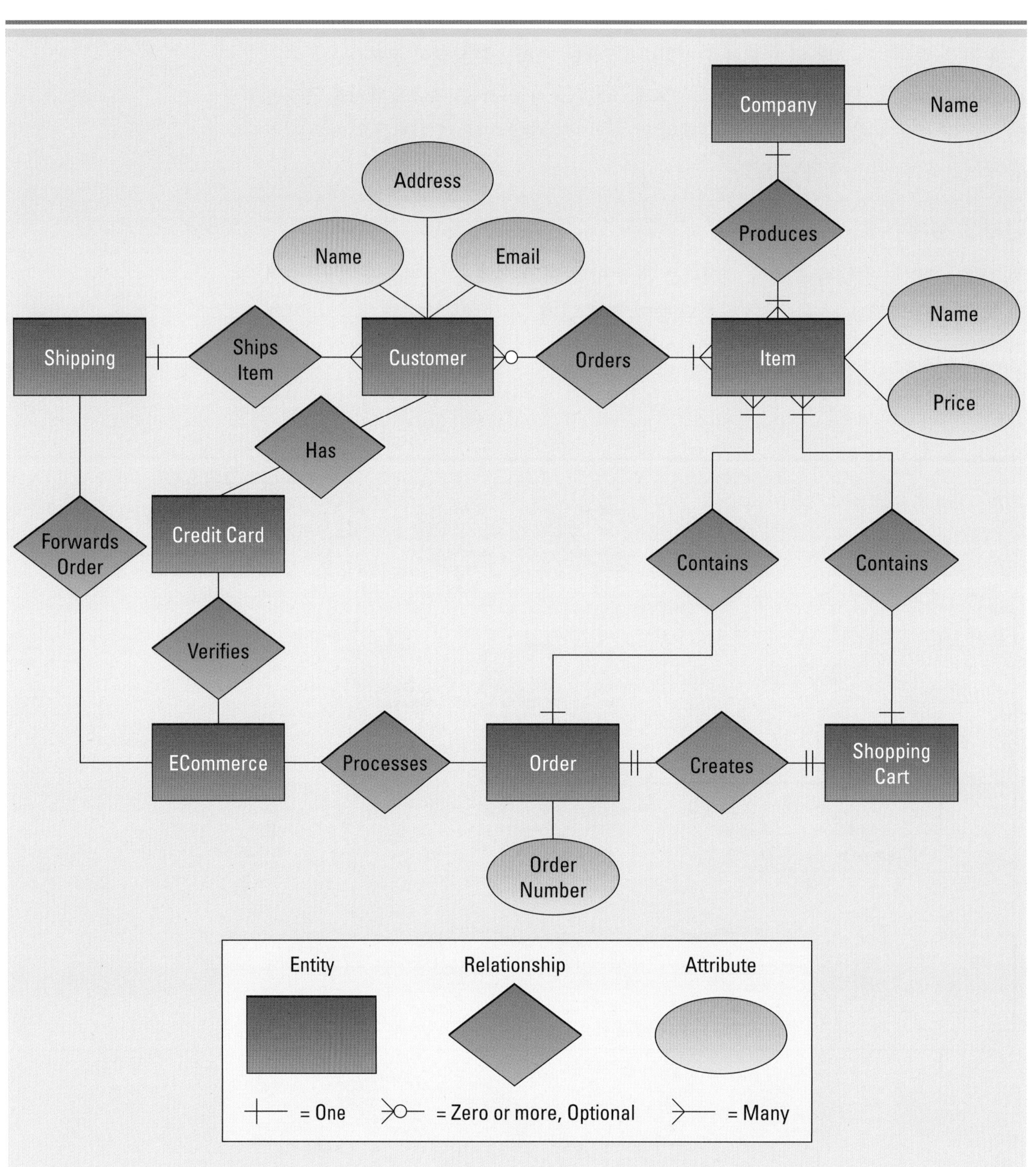

화면을 구축한다. 데이터 모델은 데이터베이스 관리 시스템DBMS과의 데이터 관계를 구조적으로 표현한다. 개체 관계도는 데이터베이스 환경에서 개체 간의 관계를 도식적으로 나타낸다(그림 9.5 참조).

단계 4: 개발

개발 단계development phase는 자세한 설계 서류 내용에 따라 이를 실행 시스템으로 변형시켜가는 단계이다. 이 단계에서 초기 설계가 외형적인 구현으로 바뀌는 것이다. 개발 단계에서 기업은 시스템 구성을 위해 필요한 장비를 구비한다. **소프트웨어 공학**software engineering은 공통의 방법, 테크닉, 또는 툴을 사용하여 정보시스템을 구축하는 정형적 접근법이다. 소프트웨어 공학자들은 시스템 개발을 위해 개발 자동화 기능을 제공하는 컴퓨터 지원 소프트웨어 공학CASE 툴을 이용한다. **정보와 기술 관련 제어**COBIT: control objects for information and related technology는 조직이 정보 시스템의 이점을 극대화하는 동시에 오류를 최소화할 수 있게 올바른 방식으로 시스템을 운용할 수 있도록 도와주는 실무 지침서를 말한다.

개발 단계에서는 시스템을 구축하기 위해 사용할 프로그래밍 언어를 선택하게 된다. **스크립트 언어**scripting language는 웹사이트와의 쌍방향 모듈을 가능하게 해주는 프로그래밍 방법이다. **객체 지향 언어**object-oriented language는 데이터 및 관련 절차들을 객체들로 그룹화 한다. **4세대 언어**4GL: fourth-generation language는 인간의 언어와 유사한 형태를 가지는 프로그래밍 언어이다. 예를 들자면, 4세대 언어 명령어는 "FIND ALL RECORDS WHERE NAME IS 'SMITH'."처럼 기술된다. 프로그래밍 언어들에 대한 개요는 그림 9.6에 나와 있다.

단계 5: 테스팅

테스팅 단계testing phase는 실수, 장애, 상호 운용성interoperability 등을 시험하기 위하여, 프로젝트의 여러 부문을 특수 시험 환경으로 옮겨서, 시스템이 비즈니스 요구사항을 충족하고 있는지를 증명한다. **버그**bug는 정보 시스템의 코드에 존재하는 결함이다. **테스팅 조건**test condition은 각 단계에서 시스템이 성취해야 할 기대 결과를 단계별로 구체적으로 나열한다(그림 9.7 참조). 검사자는 시스템이 올바르게 작동되는지 확인하기 위해 테스팅 조

그림 9.6
프로그래밍 언어 개요

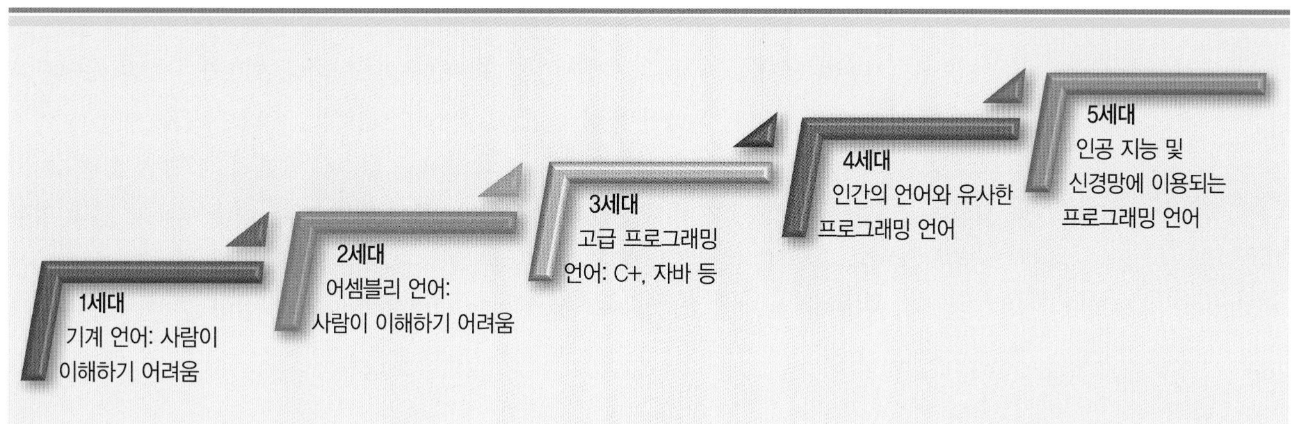

그림 9.7

테스팅 조건 예시

테스팅 조건 번호	테스팅 날짜	검사자	테스팅 조건	기대 결과	실제 결과	합격/불합격
1	09/1/1	에밀리 히크먼	시스템 시작 버튼을 클릭한다.	메인 메뉴가 나타난다.	기대 결과와 동일하다.	합격
2	09/1/1	에밀리 히크먼	메인 메뉴의 시스템 로그온 버튼을 클릭한다.	사용자 이름과 비밀번호를 요구하는 로그온 화면이 나타난다.	기대 결과와 동일하다.	합격
3	09/1/1	에밀리 히크먼	사용자 이름 필드에 Emily Hickman을 입력한다.	사용자 이름 필드에 Emily Hickman이 나타난다.	기대 결과와 동일하다.	합격
4	09/1/1	에밀리 히크먼	비밀번호 필드에 Zahara 123을 입력한다.	비밀번호 필드에 XXXXXXXXX이 나타난다.	기대 결과와 동일하다.	합격
5	09/1/1	에밀리 히크먼	OK 버튼을 클릭한다.	사용자 로그온 요청이 데이터베이스로 전송되고 사용자 이름과 비밀번호가 확인된다.	기대 결과와 동일하다.	합격
6	09/1/1	에밀리 히크먼	시작 버튼을 클릭한다.	사용자 이름과 비밀번호가 승인되고 시스템 메인 메뉴가 나타난다.	사용자 이름과 비밀번호가 부정확하여 로그온 실패를 나타내는 화면이 나타난다.	불합격

건을 수행한 후 기대 결과와 실제 결과를 비교한다. 실제 결과가 기대 결과와 다를 경우 버그가 발생하며, 이 경우 개발 단계로 돌아가 시스템을 수정할 필요가 있다. 시스템이 비즈니스 요구사항을 충족하는 기대 결과를 산출하도록 하기 위해서, 시스템 개발 과정에는 수없이 많은 테스팅 조건 확인 과정이 포함된다. 그림 9.8은 시스템 개발 과정에서 보편적으로 사용되는 여러 테스트 유형을 보여준다.

단계 6: 구현

구현 단계implementation phase는 시스템을 생산 현장으로 옮겨서 사용자가 비즈니스 운영을 실행할 수 있도록 하는 과정이다. 이 단계에서 시스템 이용 및 문제 해결 방법을 담은 구체적인 **사용자 문서**user documentation가 생성된다. 또한 온라인이나 오프라인으로 시스템 사용자 교육이 제공된다. **온라인 훈련**online training은 인터넷 또는 CD나 DVD를 이용해 이루어지며, 사용자는 각자 편한 시간과 장소에서 교육을 완수하게 된다. **워크숍 훈련**workshop training은 교실에서 교육자가 지도하는 방식이다. **헬프 데스크**help desk나 사용자 상담 업무를 담당하는 부서를 따로 설치하는 것도 훌륭한 사용자 지원 방법이 된다. 그림 9.9는 조직이 성공적으로 프로젝트를 완수하기 위해 선택할 수 있는 다양한 구현 방법들을 보여준다.

그림 9.8
다양한 시스템 테스팅의 종류

단계 7: 유지보수

시스템의 유지보수는 시스템 개발의 마지막 단계이다. **유지보수 단계**maintance phase는 변화, 교정, 추가, 업그레이드 등을 통하여 시스템이 비즈니스 목표를 충족시킬 수 있도록 하는 과정이다. 이러한 단계는 시스템이 생존하는 동안 계속된다. 왜냐하면, 비즈니스가 전개되고 필요사항이 바뀌면서, 시스템도 함께 변화되어야 한다. 따라서 지속적인 모니터링이 요구되고, 새로운 작은 변화들이 계속되며(예를 들면, 새로운 보고 및 정보를 반영함), 조직이 전략적 목표를 향하여 움직이는지 확인하기 위하여 시스템을 재검토하는 활동은 계속되는 것이다. **교정 유지**corrective maintenance는 설계 결함, 코딩 에러, 구현 문

그림 9.9
시스템 구현 방법

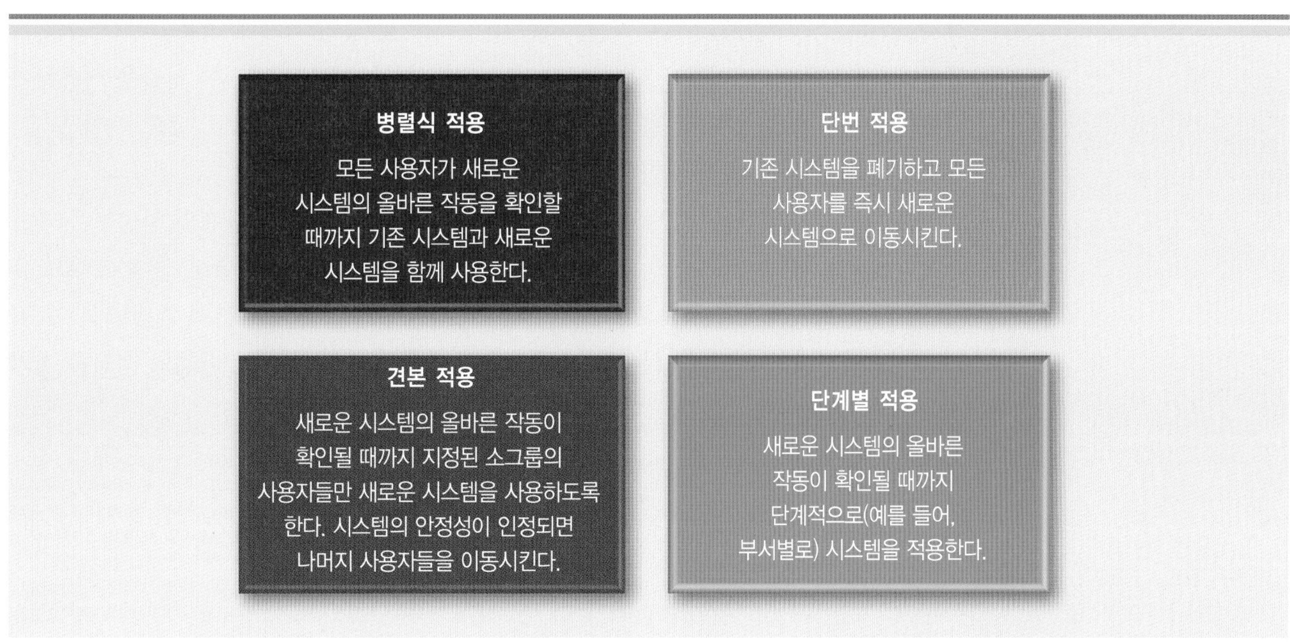

종류	예시
내부 보고	내부 보고는 조직원들을 대상으로 조직 내에서 배포되는 데이터를 담고 있다. 일반적으로 내부 보고는 경영적 의사결정에 필요한 일상 업무 모니터링을 제공한다.
내부 상세 보고	내부 상세 보고는 필터링이나 제한이 거의 없는 데이터 정보를 담고 있다.
내부 요약 보고	내부 요약 보고는 면밀한 검토가 필요한 비즈니스 데이터를 조직하거나 분류한다. 예를 들어, 품목별 전체 월 판매량을 요약하는 보고가 내부 요약 보고에 속한다. 일반적으로 요약 보고 데이터는 현재의 동향과 잠재적 문제들을 보여준다.
예외 보고	예외 보고는 정상적인 작동 조건이나 기준 범위를 벗어나 발생하는 상황들을 표시한다. 이 내부 보고는 예외 사항만을 포함하며, 미납 또는 연체된 장부나 재고량이 낮은 품목을 나타내는 보고 등이 이에 속한다.
정보 시스템 통제 보고	정보 시스템 통제 보고는 조직의 정책과 그 물리적 실행을 바탕으로 정보의 신뢰성, 접근 제한, 액션 및 트랜잭션 기록 관리 등을 보장한다.
정보 시스템 감리 보고	정보 시스템 감리 보고는 필요한 변경 사항을 결정하고, 정보 시스템의 유효성, 비밀성, 완전성 등을 보장하기 위해 기업의 정보 시스템을 평가한다.
구현 후 보고	구현 후 보고는 프로젝트가 완료되고 운영되고 있는 상황에서의 프로젝트에 대한 정형 보고나 감사를 말한다.

그림 9.10

시스템 보고 예시

제 등을 해결하기 위해 시스템을 수정하는 작업이다. **예방 정비**preventive maintenance는 미래에 발생 가능한 시스템 실패 가능성을 낮추기 위해 시스템을 변경하는 작업이다. 유지보수 단계에서, 시스템은 사용자와 MIS 전문가가 시스템의 올바른 작동을 확인할 수 있도록 보고를 생성한다(그림 9.10 참조).

전통적 소프트웨어 개발 방법론: 폭포수 모델

방대하고 복잡한 시스템은 수많은 설계자, 분석자, 개발자, 테스팅 담당자, 사용자들이 공동으로 노력해서 수백만 줄의 맞춤형 코드를 만든다. 이러한 이유로 개발자들은 여러 종류의 시스템 개발 생애주기 모델 및 방법론을 개발하였다. **방법론**methodology은[1] 정책, 절차, 기준, 과정, 관행, 도구, 기술, 사람들이 기술 및 경영 과제에 적용되는 작업의 집합이다. 예를 들어, 기업들은 작업 계획, 요구사항 문서, 테스트 계획에 기술을 적용하기 위해서 방법론을 사용한다. 공식적인 방법론은 코딩 표준coding standards, 코드 라이브러리code libraries, 개발 사례 등을 포함한다.

가장 오래되고 잘 알려진 방법론은 **폭포수 모델**waterfall model로 각 단계의 산출물은 다음 단계의 입력물이 된다(그림 9.11 참조). SDLC에서 각 단계는 기획에서 실행 그리고 유지보수에 이르기까지 순차적으로 실시된다. 하지만 오늘날엔 대부분의 개발에서 이 전통적인 방법론이 사용되지 않는데, 이것은 융통성이 없고 비싸며 각 단계의 순서를 지키

1) 소프트웨어 또는 소프트웨어 집약적 시스템을 개발하기 위해서는 다양한 활동들을 수행해야 한다. 이러한 활동들은 대부분이 거의 모든 프로젝트에서 공통적으로 수행된다. 이러한 '수행해야 할 활동', 즉 '무엇what'을 중심으로, 그것을 '언제when' 할 것인가를 규정하는 것이 생애주기 모델이며, 그것을 '어떻게how' 할 것인가를 규정하는 것이 방법론이다. 가장 대표적인 생애주기 모델로는 폭포수 모델과 반복적 모델이 있다. '언제'와 '어떻게'는 서로 매우 밀접하게 연관되어 있으며, 따라서 종종 생애주기 모델과 방법론은 이 책의 원서에서와 같이 서로 혼용되어 사용되기도 한다. 특히, 전형적인 폭포수 모델은 각 단계에서 표준적으로 작성해야 할 문헌들을 자세히 규정하며, 이러한 이유로 종종 방법론으로 간주되기도 한다. 그러나 각 문헌들을 작성하는 자세한 방법은 전형적인 폭포수 모델에서가 아니라, 구조적 방법론structured methodology과 같은 주로 동시대에 개발되어 널리 사용되었던 방법론들에서 규정한다. 원서에서는 제목을 '폭포수 방법론'으로 하였으나, 번역에서는 '폭포수 모델'로 하였다.

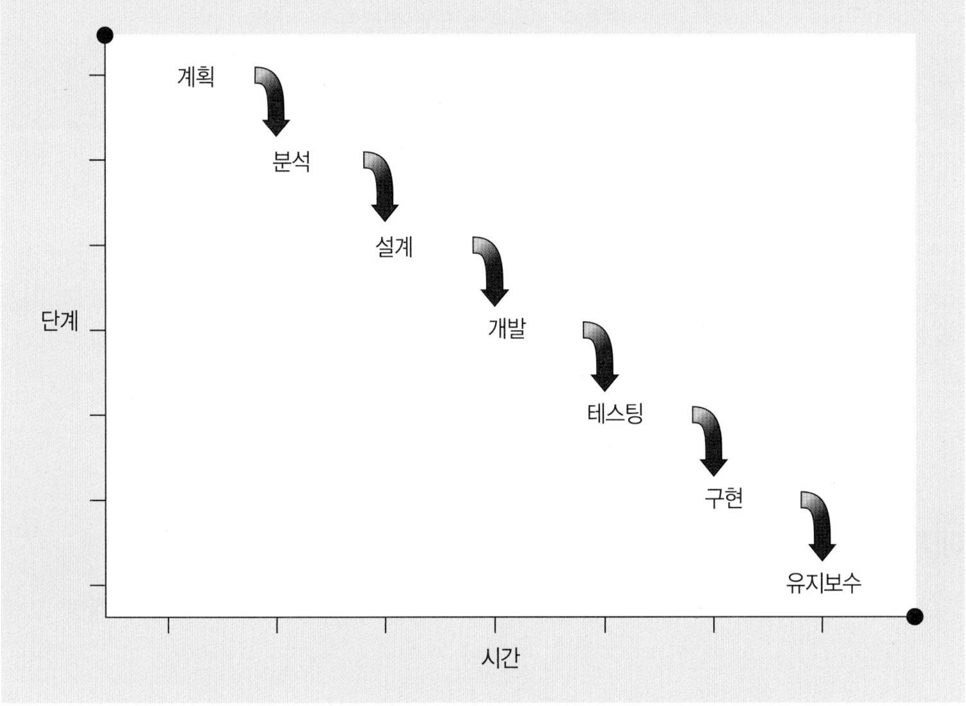

그림 9.11

전통적인 폭포수 모델

기 까다롭기 때문이다. 또한 성공률이 10%에 불과한데 그림 9.12을 보면 폭포수 모델의 문제점을 알 수 있다.

오늘날 비즈니스 환경은 혹독하다. 경쟁자보다 한 발 앞서 있고 싶은 심리와 더 잘하고 싶은 욕망과 필요가 경쟁을 치열하게 만든다. 이러한 환경은 리더들이 내부 개발 팀과 외부 업체들이 빠르고 저렴하게 합의된 시스템을 인도하도록 압박함으로써 가능한 한 빨리 이익을 실현하려고 한다. 그럼에도 불구하고, 시스템은 여전히 방대하고 복잡하다. 전통적인 폭포수 개발 방법론은 대부분의 경우 더 이상 적합한 개발 방법론으로 여겨지지 않고 있다. 그 이유는 이러한 개발 환경이 오늘날에는 특수한 경우가 아닌 보편적인 것이며, 따라서 개발 팀은 그들의 목적을 달성하기 위해 새로운 종류의 개발 방법을 폭포수 개발 방법론 대신 사용하여야 하기 때문이다.

프로토타이핑prototyping은 설계자와 시스템 사용자가 시스템 구축을 위해 반복적 접근법을 사용하는 최신 설계 기법이다. **디스커버리 프로토타이핑**discovery prototyping은 시스템이 사용자 및 비즈니스 요구사항을 충족하도록 하기 위해 소형의 시스템 재현물이나 워킹 모델을 구축하는 작업이다. 프로토타이핑을 이용하면 다음의 이점이 있다.

- 프로토타이핑은 사용자 참여를 독려한다.
- 시제품은 반복을 통해 발전하며, 이것이 더 나은 변화를 촉진한다.
- 시제품은 사용자가 시스템을 있는 그대로 보고, 만지고, 경험할 수 있는 물리적 속성을 가진다.
- 시제품을 통해 초기에 에러를 발견할 수 있다.
- 프로토타이핑은 프로젝트의 성공률을 높이며 SDLC 단계들을 가속화시킨다.

그림 9.12
폭포수 모델의 문제점

폭포수 모델과 관련된 문제점	
비즈니스 문제	사용자가 실제 요청하는 것을 기준으로 비즈니스 문제점을 정확하게 기술하거나, 정의를 내리지 못하는 경우에는 이러한 약점이 다음 단계로 흘러 들어간다.
계획	비용, 자원, 시간 관리 등이 어렵다. 만약 한 사람의 프로그래머가 포기하면 전체 일정에 어떤 일이 일어날까? 특정 단계의 일정 지연이 전체 프로젝트의 비용에 어떤 영향을 미칠까? 예상치 못한 우발 위험은 전체 계획을 망칠 것이다.
해법	폭포수 모델은 사용자가 사전에 비즈니스 요구사항을 모두 구체화 할 수 있다고 가정하는 것에서부터 문제점이 발생한다. 융통성, 확장성, 신뢰성을 갖춘 IT 기반구조의 정의는 대단히 도전적인 과제이다. IT 기반구조 해법은 시간, 비용, 타당성, 융통성 등 여러 기준에서 현재뿐만 아니라 향후의 필요성needs도 충족하여야 한다. 비전vision이란 측면에서 이 방법론은 제한이 불가피하다.

애자일 소프트웨어 개발 방법론

프로젝트가 작을수록 성공률이 높다는 것이 일반적인 상식이다. **반복적 개발 모델**iterative development model은 전체 프로젝트를 일련의 작은 프로젝트들, 즉 반복들로 분할한다. 그림 9.13은 반복적인 접근 방법을 보여준다.

애자일 방법론agile methodology은 반복적 소프트웨어 개발 생애주기 모델에 기반하며, 최소 규모의 개발 팀을 이용하여 프로젝트를 간결하고 신속히 수행하는 것을 원칙으로 한다.[2] 애자일 방법론은 각각의 기능에 대한 최소한의 요구사항을 사용하여, 중요한 기능을 초기에 공급하고, 덜 중요한 기능은 그 중요도에 따라서 순차적으로 공급함으로써 고객의 만족도를 높이는데 주안점을 두고 있다. 애자일 방법론은 '애자일agile'이란 말 그대로 빠르고 능률적이며, 비용과 기능이 적다는 것을 의미한다. 애자일 방법론은 실현가능성을 정확히 평가하고 기능이 도입되었을 때 신속하게 피드백을 받을 수 있게 해준다. 개발자들은 작업이 진행됨에 따라서 조정하고 불분명한 요구사항을 좀 더 명확하게 밝힐 수 있다.

RAD

비즈니스의 속도가 빨라짐에 따라 RAD가 인기를 얻고 있다. **래피드 프로토타이핑**rapid prototyping이라고도 불리는 **RAD**rapid application development 방법론은 시스템 개발을 가속화하기 위하여 시스템의 프로토타입 작업에 사용자의 광범위한 참여를 강조하고 있다. 그림 9.14는 RAD의 기본 사항을 보여준다.

익스트림 프로그래밍 방법론

익스트림 프로그래밍XP: extreme programming 방법론은 가장 대표적인 애자일 방법론 중의 하

2) "Agile"은 구체적인 방법론이라기보다는 '고객과의 협력'과 '변화에의 대응'에 최우선을 둔다는 근본적인 원칙을 공유하는 일군의 방법론들을 총칭하는 용어라고 볼 수 있다. 토마스 쿤의 용어를 빌리자면, 최근에 소프트웨어 개발 방법론을 지배하고 있는 일종의 패러다임으로 볼 수 있다. 일반적으로 애자일 방법론의 일종으로 간주되는 것들에는 XP, Scrum, Crystal family, SAD, Feature-driven Development 등이 있다. 애자일 패러다임은, 특히 객체지향 기술object-oriented technology을 이용하면 반복적 개발에 쉽게 통합된다. 이러한 반복적 개발에 근거한 애자일 방법론들은 입문 수준에서는 그 특징을 구별하기 어려울 수도 있다.

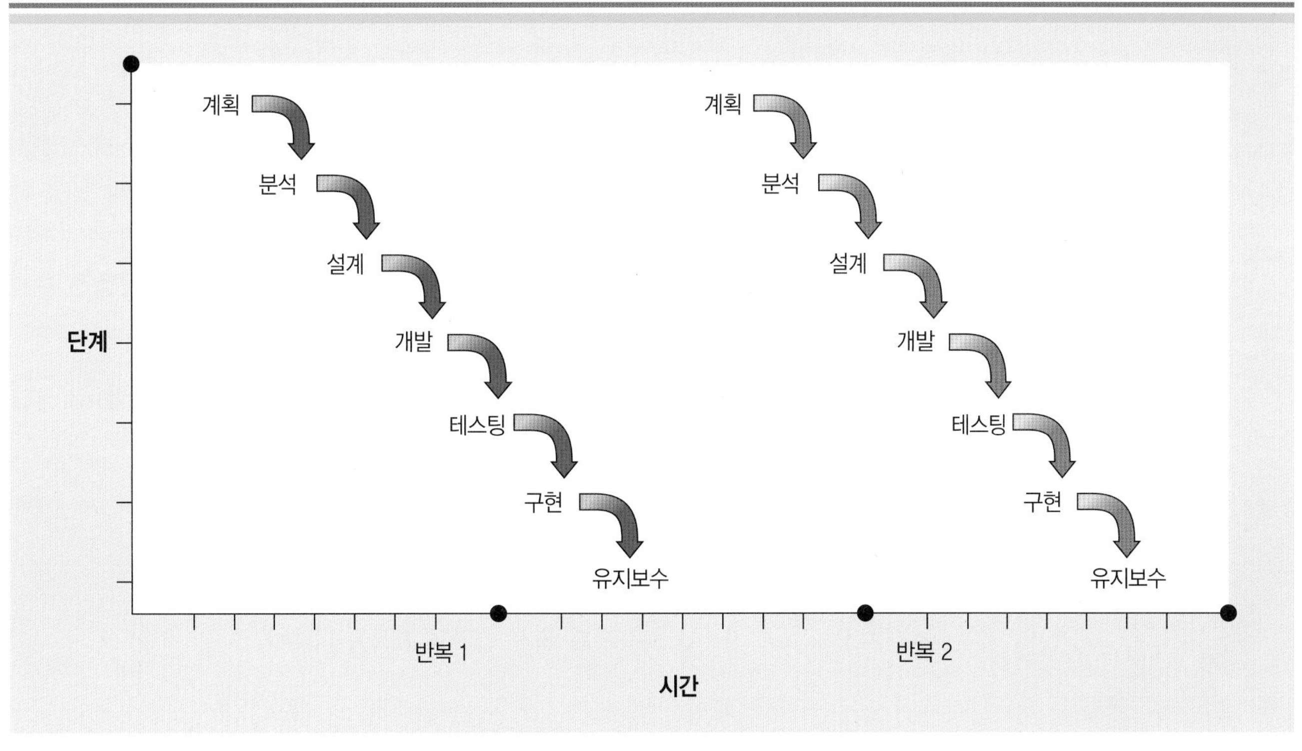

그림 9.13
반복적 접근 방법

나로서 프로젝트를 4개의 단계로 나누며, 앞의 단계가 완성되기 전에는 다음 단계로 진입할 수 없다. XP의 전략은 빠른 피드백과 더 향상된 결과물이다. XP는 기획, 설계, 코딩, 테스팅의 네 단계로 구성된다. 기획에는 고객 인터뷰, 회의, 작은 릴리즈releases 등이 포함된다. 설계 단계에서는 요구되거나 필요해질 때까지 기능이 추가되지 않는다. 코딩 단계에서는 일반적으로 존재하는 개발자와 고객 사이의 커뮤니케이션 문제를 해결하려고 애쓰면서, 개발자들은 고객으로부터 지속적으로 피드백을 받기 위해서 공동으로 노력한다. 테스팅 단계는 코드가 개발되기 전에 확인된 테스트 요구사항에 기반해서 진행된다. XP는 어느 요구사항이 필요하고 필요하지 않은지 끊임없이 검토함으로써 시간을 절감시키고 프로젝트를 성공으로 이끈다.

XP가 성공할 수 있는 요인은 고객 만족에 역점을 두고 있기 때문이다. 비록 시스템 개발 생애주기 상으로 늦었다고 하더라도 고객과 비즈니스의 요구사항의 변화를 빠르게 반영한다. 그리고 XP는 팀웍을 강조한다. 관리자, 고객, 개발자가 모두 팀의 멤버가 되어 소프트웨어 개발에 전념하기 때문이다. XP는 마치 조각그림 맞추기와 매우 비슷하다. 많은 작은 조각들이 있다. 이 조각들은 개별적으로는 아무 의미가 없다. 그러나 이

RAD의 기본 사항
제일 먼저 원하는 시스템과 비슷한 프로토타입을 만드는데 초점을 맞춘다.
분석, 설계, 개발 단계에 시스템 사용자들을 적극적으로 참여시킨다.
상호 작용과 반복적인 방법을 이용하여, 비즈니스 요구사항 수집 작업을 가속화한다.

그림 9.14
RAD의 기본 사항

조각들이 반복적으로 결합하게 되면 새로운 전체 시스템으로 윤곽이 드러난다.

래셔널 유니파이드 프로세스 방법론

IBM 소유의 **래셔널 유니파이드 프로세스**RUP: rational unified process 방법론도 소프트웨어 개발 과정을 4개의 프린시플로 나눈다. 각각의 프린시플은 개발 중인 소프트웨어의 실행 반복executable iteration으로 이루어진다. 프로젝트는 다음 단계로 넘어가기 전에 이해 관계자들의 분석을 거치게 되며 다음 프린시플로 넘어가든지 아예 취소된다. 각 프린시플은 순차적으로 수행되며 각각의 내용은 다음과 같다.

- **인셉션**inception: 모든 이해 관계자가 제안된 시스템과 이 시스템이 내놓을 결과에 대해 이해하도록 한다.
- **일래버래이션**elaboration: 합의된 세부사항들을 더 자세하게 밝히며 아키텍처architecture를 개발한다.
- **컨스트럭션**construction: 제품을 구축하고 개발한다.
- **트랜지션**transition: 시스템 소유권과 핵심 인력의 교육을 다룬다.

RUP가 반복적인 방법론이기 때문에 고객은 결과물을 거부할 수 있고 개발자가 첫 번째 프린시플로 되돌아가도록 할 수 있다. RUP는 일반적인 문제들을 해결함으로써, 개발자들이 시간 낭비하지 않고 프로세스의 재사용 가능한 부분을 신속하게 추가하거나 제거하는 데에 초점을 맞출 수 있게 한다.

스크럼 방법론

스크럼 방법론scrum methodology은 정해진 목표를 달성하기 위하여 작은 팀들을 이용하여 일련의 스프린트sprints(30일의 기간) 동안에 소프트웨어의 작은 조각들을 만든다. 럭비에서 스크럼은 밀집된 팀이며, 그 대형은 전원이 공을 전진시키기 위해서 함께 노력한다. 스크럼 방법론에서는 하루의 진도를 확인하고 통제하기 위한 입식 회의stand-up meeting로 끝내거나 시작한다.

서비스 기반 아키텍처 개발하기

서비스 기반 아키텍처의 구축은 최신 시스템 개발 트렌드 중 하나이다. **서비스 기반 아키텍처**SOA: service-oriented architecrue는 비즈니스 중심의 전사적 아키텍처로, 반복되는 연계 활동들, 태스크들, 또는 서비스들을 하나의 비즈니스로 통합하는 시스템을 제공한다. 서비스 기반 아키텍처는 MIS 시스템이 신속하고, 쉽고, 경제적으로 빠르게 변화하는 비즈니스 니즈를 충족할 수 있도록 한다. 서비스 기반 아키텍처는 확장 가능하고 유연한 전사적 아키텍처이다. 이 아키텍처에서는 이질적인 응용 프로그램들과 시스템 간의 연결고리가 생성되어 새로운 시스템을 운용하거나 기존 MIS 구성요소를 재사용하는 것이 가능하다. SOA가 실체적 아키텍처가 아니라는 점을 이해하는 것은 매우 중요하다. SOA가 비록 실체적 아키텍처로 이어진다고 생각되지만 말이다. SOA는 스타일, 패러다임, 개

서비스 기반 아키텍처 해결책	
■ 에이전트가 정책 범위 정보를 원격으로 열람할 수 없다. ■ 타 부서에서 정보를 얻기 위해 전화/팩스가 이용된다. ■ 병원의 환자 정보가 서류 파일로 저장되어 있다. ■ 공급자 설계 도면을 이용하는 절차가 복잡하다.	사용자가 좀 더 쉽게 정보에 접근할 수 있도록 정보를 통합한다.
■ 고객의 전화를 처리하는데 비용이 많이 든다. ■ 지불 전 공제와 리베이트의 조화가 필요하다. ■ 환자의 보험 적격성을 결정하는데 시간이 많이 든다. ■ 높은 이직률 때문에 고용과 교육에 과도한 비용이 지출된다.	운영비용을 더욱 효율적으로 관리하기 위해 비즈니스 프로세스들의 상호 작용 방식을 이해한다.
■ 부정확한 송장으로 인해 고객 충성도가 감소한다. ■ 주문 상황 확인이 지연되어 기다리는 고객들이 많다. ■ 정책 승인이 빠르게 업데이트되지 않는다. ■ 서비스 수준이 낮다.	고객 유지 능력을 향상시키고, 현재 시설물을 이용하여 새로운 제품과 서비스를 제공한다.
■ 개별 데이터베이스들을 연계하는데 시간이 낭비된다. ■ 거래 할당량을 처리하는 업무 등이 수작업으로 이뤄진다. ■ 사이클 초기에 품질 결함을 발견하기가 불가능하다. ■ 스크랩과 재작업 비율이 높다.	비즈니스의 통합성과 연결성 향상을 통해 직원들의 생산성을 증진시킨다.

그림 9.15

비즈니스 문제와 SOA 해결책

념, 관점, 철학, 또는 재현 등으로 설명될 수 있을 것이다. 다시 말해 SOA는 기업이 입자 방식granular approach으로 새로운 서비스를 연결하고 기존의 서비스 업그레이드를 수행하는 등의 실제적인 아키텍처를 설계할 수 있도록 돕는 접근법이자 생각의 방식이며 가치 시스템이다. 그림 9.15는 SOA를 실행하면서 처리하게 될 문제들을 나타낸다. 그림 9.16은 SOA의 세 가지 핵심 기술적 개념을 보여준다.

서비스

서비스 기반 아키텍처는 서비스로부터 시작된다. SOA 서비스는 은행 계좌를 개설할 때 잠재 고객의 신용 등급을 확인하는 일과 같은 단순한 비즈니스 업무를 가리킨다. 이 업무가 비즈니스 프로세스의 일부라는 것에 주안점을 두어야 한다. 서비스는 소프트웨어 제품과 유사하지만, SOA에 대해 이야기 할 때 소프트웨어나 MIS를 떠올려서는 안 된다. 기업의 일상 업무를 잘 생각해보고 이 비즈니스 프로세스를 반복적 업무나 요소로 세분화해야 한다.

SOA는 단순히 소프트웨어나 하드웨어가 아니라 비즈니스 업무인 서비스를 다룬다. SOA는 기존의 기술 투자물을 새롭고 더욱 가치 있는 방식으로 재사용하면서, 소프트웨어 구성요소들 간의 느슨한 결합을 증진하는 좀 더 유연한 형태의 소프트웨어 애플리케이션을 개발하기 위한 방법이다. SOA는 상호운영성, 비즈니스 민첩성, 혁신성 등의 기준을 바탕으로 사용자가 더 많은 비즈니스 가치를 생성할 수 있도록 한다.

SOA는 기업들이 비즈니스 니즈와 이 니즈를 뒷받침하는 IT 역량을 결합하여 좀 더 민첩하게 행동할 수 있도록 돕는다. 비즈니스 요구사항은 정보 기술을 필요로 하며, SOA는 정보 기술 환경이 이 요구사항에 효과적이고 효율적으로 대응할 수 있도록 한다. SOA는 기업들이 기술을 통해 (개발 · 통합 · 유지보수) 비용을 절약하고, 이익을 증대시키며,

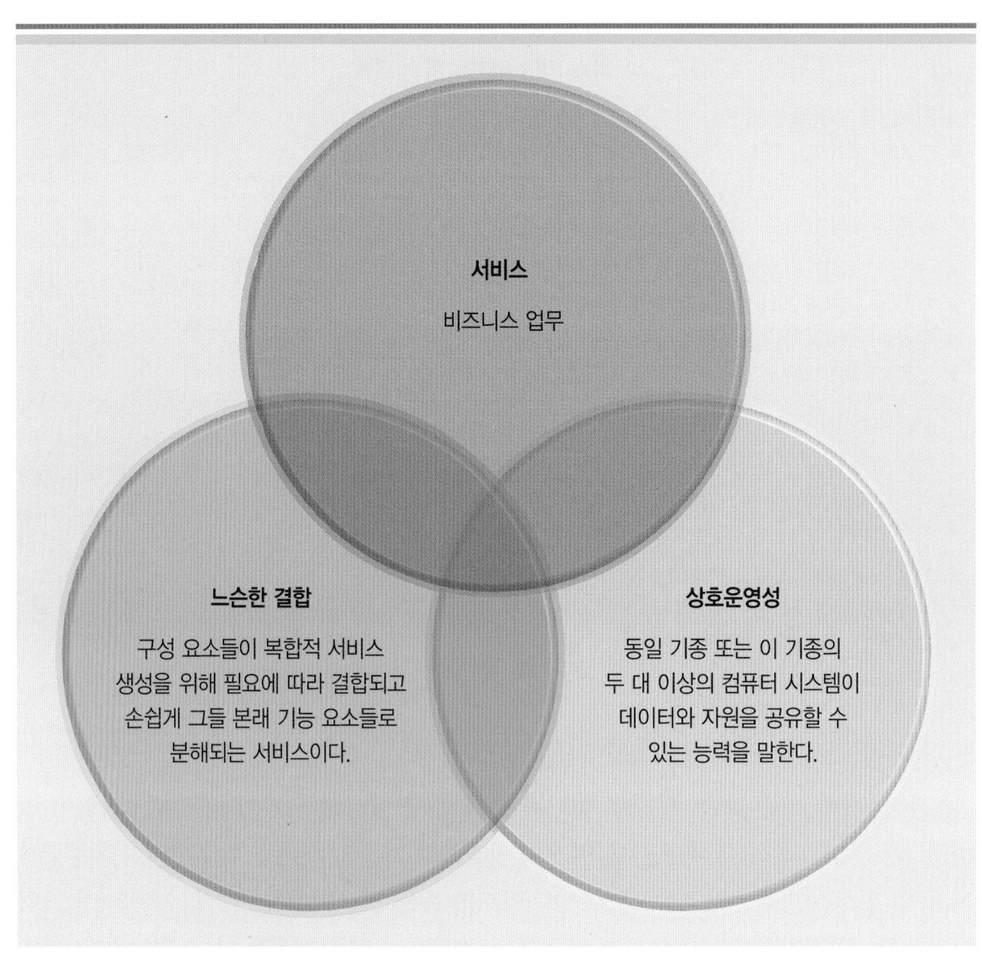
서비스
비즈니스 업무
느슨한 결합
구성 요소들이 복합적 서비스 생성을 위해 필요에 따라 결합되고 손쉽게 그들 본래 기능 요소들로 분해되는 서비스이다.
상호운영성
동일 기종 또는 이 기종의 두 대 이상의 컴퓨터 시스템이 데이터와 자원을 공유할 수 있는 능력을 말한다.

그림 9.16
SOA 개념도

지속가능한 경쟁우위를 획득할 수 있도록 시스템의 재사용성과 유연성을 증가시킨다.

우리는 SOA가 진화적 산물이라는 것에 주목할 필요가 있다. 비록 그 결과는 혁신적이지만, 이 방식은 웹서비스, 트랜잭션 테크놀로지, 정보 중심 원리, 느슨한 결합, 컴포넌트, 객체 지향 설계 등과 같은 시장에서 사용되는 다양한 기술에 기반을 두고 있다. SOA의 장점은 시스템을 재창조하지 않고 기존의 핵심 서비스들을 사용하면서 이 기술들이 일정한 기준, 명확한 인터페이스, 조직적 몰입 등을 통해 SOA 내에 함께 공존한다는 것이다. SOA는 단순한 기술이 아니라 기술과 비즈니스가 비즈니스 유연성이라는 공통의 목적을 위해 서로 연계되는 방식을 말한다.

상호운영성

앞에서 정의되었듯이 **상호운영성**interoperability은 동일 기종 또는 이 기종의 두 대 이상의 컴퓨터 시스템이 데이터와 자원을 공유할 수 있는 능력을 말한다. 오늘날의 비즈니스에는 여러 가지 다양한 시스템이 사용되고 있으며, 그로 인해 운영 환경 또한 가지각색이다. 그리고 이런 운영 환경의 다양성 확대로 인해 비즈니스 상호운영성은 낮아지고 있는 실정이다. 그러나 SOA를 이용하면 시스템 운영 환경에 상관없이 기존의 고립되었던 이동식 시스템, 상호 정보교환이 가능한 시스템, 또는 두 기능 모두 갖춘 시스템 등의 기능을 바탕으로 해법을 찾을 수 있다.

웹서비스web service는 상호운영성을 제공하는 공개 표준 방식이다. 웹서비스는 응용 프로그램 인터페이스API로, 인터넷과 같은 네트워크를 통해 액세스될 수 있으며 요청받은 서비스는 원격 시스템으로 실행될 수 있다. SOA는 느슨하게 결합되고 상호 정보 교환이 가능한 서비스들을 결합하여 애플리케이션을 생성해낼 수 있는 아키텍처다. SOA에서 통신의 기본 단위는 작동보다는 메시지이기 때문에, 웹서비스는 보통 느슨하게 연결되어 있다. 웹서비스 없이도 SOA 시스템이 가능하지만, SOA의 유연성을 향상시키기 위한 최고의 방식은 항상 웹서비스를 수반한다.

기술적으로 웹서비스는 정형화된 정보를 담고 있는 문서에 이용되는 마크업 언어, **확장 가능 마크업 언어**XML: Extensible Markup Language에 기반을 두고 있다. XML의 기술적 명세는 이 책의 범위를 벗어난 것이지만, XML은 우리의 작업에 도움이 되는 e-비즈니스 트랜잭션, 수학식, 수많은 종류의 구조화된 데이터 등을 제공한다. XML은 서로 다른 프로그래밍 언어로 작성되고 다양한 종류의 기계어 명령을 실행하는 프로그램들 간에 교환 매체로서 사용될 수 있는 공통의 데이터 표현 기술이다. 간단히 말해 XML은 구조화 정보를 위한 공식 번역기라고 볼 수 있다. 구조화 정보는 내용(단어, 그림 등) 및 그것이 수행하는 역할 모두를 말한다. XML은 모든 웹서비스 기술의 표준이며 상호운용성의 핵심이다. 모든 웹서비스 명세는 XML을 바탕으로 한다.

느슨한 결합

서비스 기반 아키텍처가 유용한 또 하나의 이유는 이것이 서비스의 느슨한 결합을 전제로 구축되었다는 점이다. **느슨한 결합**loose coupling은 구성 요소들이 복합적 서비스 생성을 위해 필요에 따라 결합되고 손쉽게 그들 본래 기능 요소들로 분해되는 서비스를 말한다. 느슨한 결합은 언어나 플랫폼과 같은 세부 기술이 서비스와 분리될 수 있도록 한다. 통화 변환을 예로 들어보자. 오늘날 모든 은행은 다중 통화 변환기를 사용하고 있다. 모든 통화는 서로 다른 변환율을 가지며, 모든 변환율은 동시에 리프레시 된다. 통화 변환이라는 공통의 서비스는 통화 변환, 변환율, 변환 시간, 변환 표본 등을 필요로 하는 모든 은행 기능들과 느슨하게 결합되어 있어서 가장 효율적인 방식으로 저장소 내를 유영하며 평균값을 산출할 수 있다. 또 다른 예는 공통 고객 식별 시스템이다. 대다수의 기업은 고객을 파악할 수 있는 공통의 ID를 가지고 있지 않기 때문에 어떤 고객이 무슨 이유로 어떤 물건을 샀는지의 정보를 수집하기가 쉽지 않다. 그러나 응용 프로그램 및 데이터베이스와 독립적으로 공통의 고객 ID를 생성하면 고객의 신원과 위치 정보가 응용프로그램이나 데이터베이스에 노출되지 않고 서비스와 고객 ID를 데이터와 응용 프로그램에 느슨하게 결합할 수 있다.

느슨하게 결합된 서비스가 단단하게 결합된 기존의 상호작용 방식과 다른 점은 트랜잭션이 발생하기 전에는 SOA 내에서 작동하는 기능 요소들(서비스들)이 활동이 중단된 상태로 분리되어 있다는 점이다. 그러나 비즈니스 프로세스가 시작되면 이 서비스들은 즉시 상호작용을 시작한다. 이 서비스들의 상호작용은 전체 프로세스에서 해당 요소의 실행 시간 동안에만 유지되며, 이후에는 조금 전 연결되었던 다른 서비스들과 연결을 종료하고 다시 휴면 상태로 돌아간다.

동일한 서비스가 다음번에 호출될 경우, 이 서비스는 이전과 다른 작업 및 목표를 가진 다른 비즈니스 프로세스의 일부가 될 수 있다. 이 방식은 전화 시스템의 비유를 통해서 쉽게 이해가 가능하다. 광대역 전화의 사용 초창기에 전화 교환원은 양측 통화자들을 반영구적으로 결합하기 위해 물리적인 와이어를 이용해야 했다. 그때 통화자들은 서로 "단단히 결합되어" 있었다. 그러나 요즈음 휴대전화를 귀에 갖다 대더라도 신호음은 들리지 않는다. 연결이 끊어져 있기 때문이다. 전화번호를 입력하고 "통화" 버튼을 눌러야만 프로세스가 시작되고 느슨하게 결합된 연결이 성립되는데 이 연결은 통화 시간 동안에만 유지된다. 통화가 끝나면 휴대전화는 다시 휴면 모드로 되돌아가고 다른 통화자와 새로운 연결이 성립될 때까지 그 상태를 유지한다. 결과적으로 휴대전화 서비스 제공자는 수많은 휴대전화 이용자에게 지속적으로 유지되는 연결을 제공할 필요가 없다. 이용자가 실시간 대화를 이용하는 경우에만 연결만이 필요하기 때문이다. 이런 방식은 더욱더 유연하고 역동적인 교환 서비스를 가능하게 해준다.

지식 적용하기

비즈니스 중심적 창업

TED에게 물어보세요

당신은 이 날을 기억할 것이다. 왜냐하면 이 날은 당신이 TED(www.ted.com)에 소개된 날이기 때문이다. TED는 '널리 퍼져야 할 아이디어'에 비영리적으로 헌신한다. 이 회사는 매년 기술Technology, 엔터테인먼트Entertainment, 디자인Design에 초점을 둔 회의를 개최한다. TED는 18분 이내로 자신의 삶을 이야기할 수 있는 도전적이고 혁신적인 생각을 가진 이들을 전 세계에서 모은다. 각각의 강연은 TED 웹사이트에 게재되고 다음과 같은 유명한 강연자들이 거기에 포함되어있다.

- 크리스 앤더슨Chris Anderson, 〈와이어드〉의 편집장, 《롱테일 경제학》의 저자
- 팀 버너스리Tim Berners-Lee, 월드와이드웹의 창안자
- 제프 베조스Jeff Bezos, 아마존닷컴의 창립자
- 리차드 브랜슨Richard Branson, 버진그룹의 창립자
- 빌 클린턴Bill Clinton, 미국 전 대통령
- 피터 디아멘디스Peter Diamandis, 엑스상X Prize 재단의 회장
- 세르게이 브린Sergey Brin & 래리 페이지Larry Page, 검색엔진 구글 공동창립자
- 말콤 글래드웰Malcolm Gladwell, 《블링크》와 《티핑포인트》의 저자
- 빌 게이츠Bill Gates, 마이크로소프트의 창립자
- 세스 고딘Seth Godin, 투자 컨설턴트
- 스티븐 레빗Steven Levitt, 《괴짜 경제학》의 저자

당신이 빌 게이츠나 스티브 잡스 같이 되길 꿈꾸며 미래의 창업을 브레인스토밍할 때, 아이디어를 생각해내기 위해 TED를 어떻게 활용할 수 있을까? TED 웹사이트를 돌아보며 훌륭한 비즈니스 아이디어를 이끌어 내줄만한 세 개의 강연을 골라보라.

비즈니스 중심적 토론

결함이 있는 개발

자료는 안전해야한다! 컴퓨터 프로그래밍 과정은 안전이 모든 시스템에 포함되어야 할 중요한 요소임을 가르쳐줄 것이다. 오클라호마 주의 새로운 시스템을 개발했던 직원들은 이 중요한 내용을 배우지 못한 것이 확실하다. 새 시스템은 실수로 수천 명의 오클라호마 주민들의 사회보장번호를 포함한 기밀사항을 주 웹사이트에 노출시켰다. 이 사건에서 가장 큰 문제는 이것이 3년도 넘게 지난 이후에야 발견되었다는 것이다. 한 프로그래머가 웹 브라우저를 변경하여 오클라호마 주에 대한 전체 데이터베이스에 자신의 페이지를 보낼 수 있음을 깨닫고 오류를 발견했다. 더 큰 문제는 개발과 관련된 이유로 해커가 쉽게 데이터베이스에 있는 모든 자료를 바꾸거나 주의 성폭력 범죄자나 강력범 등록소와 같은 곳에 거짓된 정보를 추가할 수 있었다는 것이다.

자료의 안전이 왜 중요한 것일까? 누군가가 당신의 고객 데이터베이스에 접근한다면 무슨 일이 벌어질까? 누군가가 당신의 고객 데이터베이스에 있는 정보를 바꾸고 지어낸 자료를 끼워 넣어 놓으면 무슨 일이 벌어질까? 시스템 개발 생애주기의 어떤 단계에서 이러한 오류를 발견했어야 하는 걸까? 어떻게 이러한 오류가 3년도 넘게 발견되지 않았던 걸까? 누가 이 시스템 문제에 책임을 져야 하는가?

비즈니스 중심적 윤리와 보안

예기치 못한 것을 위한 계획

예기치 못한 상황은 항상 발생한다. 그리고 당신이 그것에 대해 대비책을 많이 세울수록, 소프트웨어를 개발할 때 당신은 더 잘 준비되어 있는 것이다. 당신의 직원들은 사고를 당할 것이며, 바이러스나 질병 및 기타 삶의 문제들을 맞닥뜨릴 것이다. 이 모든 것이 잦은 결근을 야기할 수 있고, 잦은 결근은 당신의 프로젝트를 급격히 악화시킬 것이다. 주요 직원이 갑자기 그만두거나 일시적인 장애를 얻는다면 무슨 일이 벌어질까? 서로 다른 SDLC 방법론을 검토할 때, 어떤 방법론이 가장 계획에 없던 직원의 부재에 융통성 있게 대처할 수 있는가? 만약 당신이 언제 직원이 결근할지 선택할 수 있다면 SDLC의 어떤 단계가 프로젝트를 지속시키고 성공시키기에 가장 안전한가? 당신이 계획에 없던 잦은 결근을 잘 대비하고 있다는 것을 확신하기 위해 무엇을 할 수 있는가?

section 9.2 | 프로젝트 관리

학습 성과

9.4 프로젝트 관리를 설명하고 프로젝트 실패의 주요 원인들을 나열할 수 있다.
9.5 프로젝트 계획에 가장 빈번하게 사용되는 다이어그램들을 설명할 수 있다.
9.6 이익과 도전에 맞춘 세 개의 각기 다른 아웃소싱 유형을 설명할 수 있다.

프로젝트를 성공적으로 완수하기 위해 프로젝트 관리 이용하기

100개의 상이한 방이 있는 사무실 콤플렉스를 건설하기 위해서, 청사진 한 장도 완성된 구조에 대한 합의된 비전도 없이, 100개의 상이한 건설 팀들에게 독자적으로 각각 한 개씩의 방을 짓게 할 사람은 아무도 없을 것이다. 그러나 이것이 정확히 대부분의 대규모 조직들이 IT 프로젝트를 관리할 때 처하는 상황이다. 조직들은 상습적으로 예정보다 자원(사람 및 기타)을 초과해서 사용하고, 중복되는 프로젝트를 개발하고, 조직의 총결산에 영향을 미치지 않는 비 전략적인 노력에 투자를 함으로써 수익성을 손상시킨다. 비즈니스 리더들은 경쟁력을 유지하기 위해서 사용 가능한 모든 수단을 사용하도록 내모는 급변하고 용서 없는 글로벌 시장에 직면하고 있다. 프로젝트 관리는 그러한 수단 중 하나이다. 바로 이러한 이유 때문에 비즈니스 리더들은 그들의 경력에서 프로젝트 관리에 참여하게 될 것을 예상해야 한다. 그림 9.17에서 조직이 직면하게 될 몇 가지 종류의 프로젝트를 나열하고 있다.

그림 9.17
조직의 프로젝트 유형

판매
현재 상품을 상향 판매할 수 있도록 새로운 서비스 적용하기
마케팅
새로운 텔레비전이나 라디오 광고 제작하기
재무
부서별 매출을 요약하는 새로운 보고 요청하기
회계
새로운 규약에 따르도록 시스템 기능 향상시키기
MIS
임금 지급 시스템을 업그레이드 하거나 새로운 판매 관리 시스템 추가하기

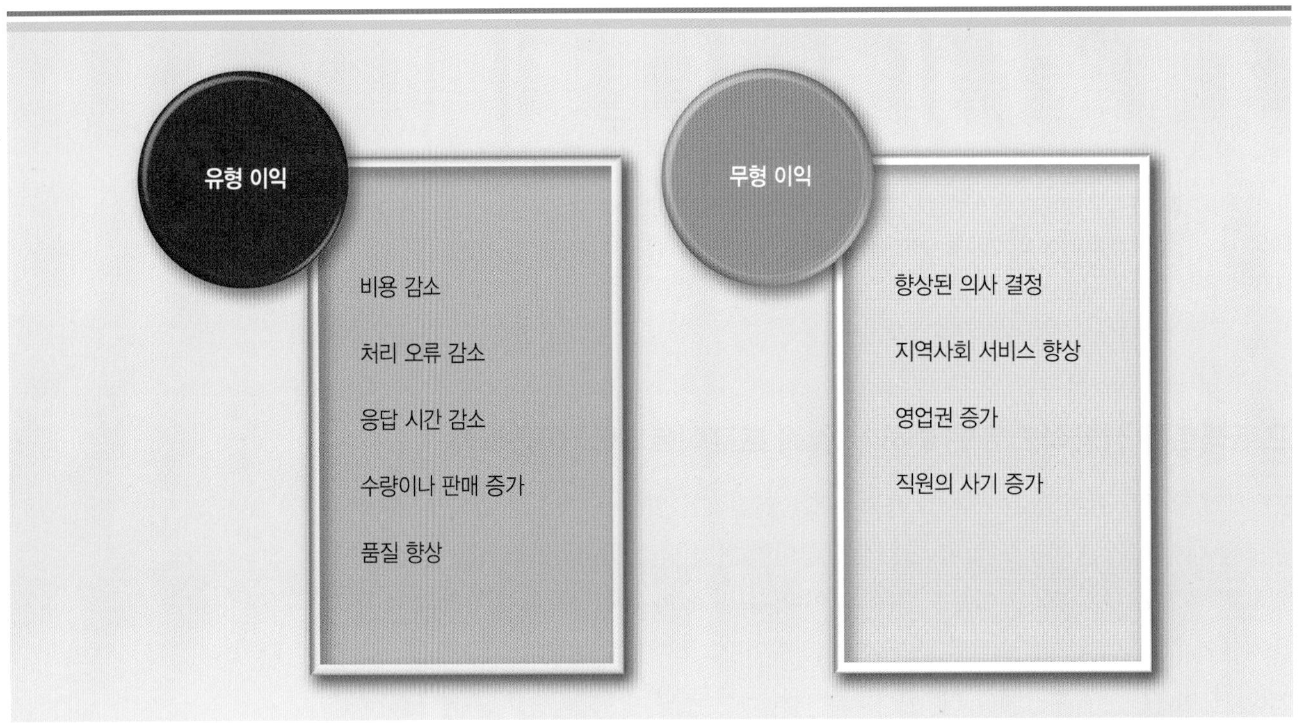

유형 이익
비용 감소
처리 오류 감소
응답 시간 감소
수량이나 판매 증가
품질 향상
무형 이익
향상된 의사 결정
지역사회 서비스 향상
영업권 증가
직원의 사기 증가

그림 9.18

유형 및 무형 이익의 예시

유형 이익tangible benefit은 정량화하기 쉬우며, 일반적으로 프로젝트의 성공 및 실패를 결정하기 위해 측정된다. **무형 이익**intangible benefit은 수량화하거나 측정이 어렵다(그림 9.18 참조). 조직이 시간 · 에너지 · 자원을 투자하게 될 프로젝트를 결정하는 일은 관리자에게 무척이나 힘든 작업이다. 조직은 우선 어떤 프로젝트를 수행할지 결정하고, 타당한 이유를 찾고, 그 범위를 한정하고, 기대 결과 목록을 작성해야 한다. 이와 더불어 예산, 스케줄, 리스크 분석 등과 같은 프로젝트 추진 방법을 결정해야 한다. **실현가능성**feasibility은 정보시스템의 유형 및 무형 이익의 측정값들이다. 그림 9.19는 비즈니스 분석가가 비즈니스 목표에 가장 적합한 프로젝트를 결정하는 과정에서 사용할 수 있는 여러 실현가능성 분석 유형을 보여준다.

오늘날과 같은 급변하는 경제 환경 속에서 많은 비즈니스는 적은 비용으로 최상의 효과를 얻어야 하는 상황에 놓여있다. 또한 비즈니스는 지속적인 상품 및 서비스 혁신을 통해 급변하는 비즈니스 환경에 발 빠르게 대응할 수 있어야 한다. 효과적인 프로젝트 관리는 변화하는 시장조건에 대응하고, 글로벌 커뮤니케이션을 발전시키며, 경영적 의사 결정에 도움이 되는 핵심 지표들을 제공하는 관리 방식이다.

예산에 맞춰서 기한 내에 프로젝트를 개발하는 것은 쉽지 않은 일이다. 프로젝트가 실패하는 기본적인 이유는 다음을 포함한다.

- 분명하지 않거나 누락된 비즈니스 요구사항
- SDLC 단계의 생략
- 기술의 변화
- 오류를 찾는 비용
- 삼각 제약의 균형

경제적 실현가능성	프로젝트의 비용 효율성을 측정한다.
운영적 실현가능성	해결책이 문제를 해결하고 사업 기회를 활용하고자 하는 시스템 요구사항을 충분히 만족하는지 측정한다.
시간적 실현가능성	프로젝트가 제시간 안에 완성될 수 있는지 프로젝트의 시간 범위를 측정한다.
기술적 실현가능성	기술적 해결 가능성 및 기술적 자원과 전문 지식 이용 가능성을 측정한다.
정치적 실현가능성	해당 조직에서 해결책이 무리 없이 수용될 수 있을지 측정한다.
법적 실현가능성	해결책이 현재 법적 및 계약적 의무 하에서 제대로 실행될 수 있을지 측정한다.

그림 9.19
실현가능성 분석 유형

불분명하거나 누락된 비즈니스 요구사항

시스템 실패의 가장 일반적인 이유는 비즈니스 요구사항이 분석 단계에서 빠졌거나, 또는 잘못 수집된 경우이다. 비즈니스 요구사항이 전체 시스템을 이끌고 간다. 만약 이들이 정확하지 못하거나 틀린 경우에는 시스템이 성공할 수 없다.

단계를 생략하기

프로젝트가 일정보다 늦어질 경우 일반적인 경향은 SDLC의 단계를 생략하려고 한다. 예를 들면, 프로젝트가 개발 단계에서 3주가 늦어지면 프로젝트 관리자는 테스팅 기간을 6주에서 3주로 단축하려고 한다. 이 경우, 분명한 것은 테스팅을 위한 예정된 기간을 반으로 줄이면 테스팅이 불가능하다. 프로젝트 기간 중 모든 SDLC의 단계를 정확히 지키는

그림 9.20

오류 발견 시점에 따른 비용 증가[3)]

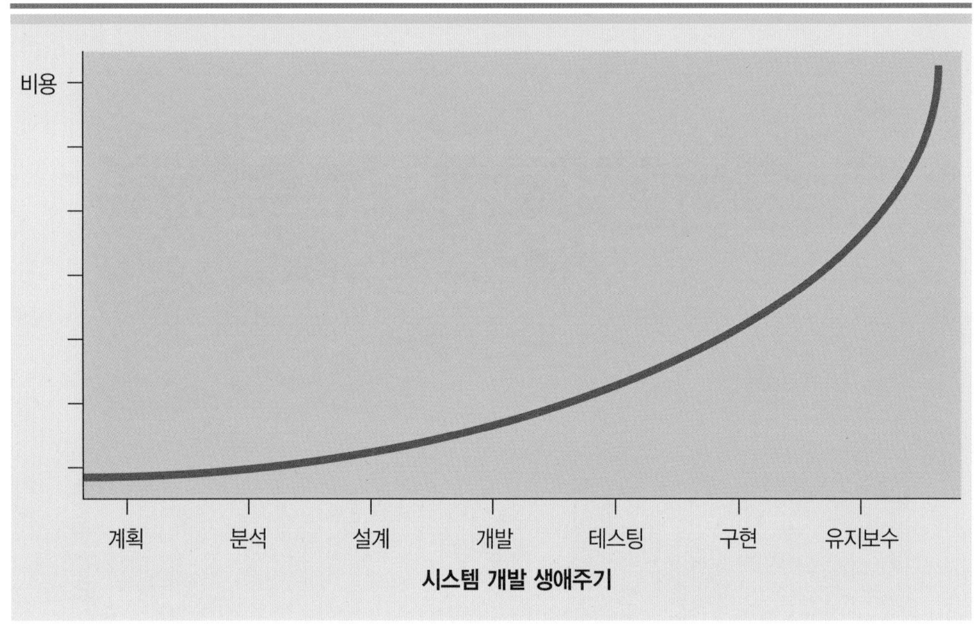

것은 대단히 중요하다. 어느 한 단계라도 생략하면 그것은 시스템의 실패로 연결된다.

기술의 변화

많은 현실 세계의 프로젝트들은 수백 개의 비즈니스 요구사항을 가지고 있고, 완성하는 데 수년이 걸리며, 비용도 수백만 달러가 소요된다. 무어의 법칙이 말하고 있듯이, 기술은 놀라운 속도로 변하고 있다. 그러므로 기술의 변화 때문에 프로젝트 진행 중에 전체 프로젝트를 수정해야 할 경우도 있을 수 있다. 기술의 속도가 너무나 빨라 기술 변화의 고통을 느끼지 못하고 정보 시스템을 제공한다는 것은 거의 불가능하다.

SDLC에서 오류를 찾는 비용

SDLC와 오류를 수정하기 위해 조직이 지불해야할 비용 사이의 관계를 밝히는 것은 중요하다. 분석 단계와 설계 단계에서 발견된 오류는 바로잡는 데 드는 비용이 비교적 싸다. 이러한 경우에 일반적으로 요구되는 것은 워드 문서를 바꾸는 것뿐이다. 하지만, 테스팅이나 실행 단계에서 발견된 정확히 똑같은 오류는 그것을 바로잡기 위해 조직이 지불해야할 비용이 어마어마하다. 시스템 자체를 바꿔야하기 때문이다. 그림 9.20은 오류가 SDLC의 후반부에 발견될수록 그것을 바로잡기 위한 비용이 어떻게 기하급수적으로 증가하는지 보여준다.

삼각 제약의 균형

그림 9.21은 어느 프로젝트에나 존재하는 세 개의 기본적이고도 상호의존적인 변수인 시간, 비용, 범위의 관계를 보여준다. 모든 프로젝트는 어떤 의미에서든 이 세 가지 제

3) 이 그림은 해당 오류가 계획 단계에서 발생하였다는 것을 전제로 한다. 개발 단계에서 발생한 오류를 개발 단계에서 수정하는 것은 비용이 그리 많이 들지는 않는다. 마찬가지로, 유지보수 단계에서 발생한 오류를 해당 단계에서 즉시 수정하는 것도 비용이 많이 들지 않는다. 이 그림은 프로젝트 초기에 일을 정확히 해야 한다는 것을 보여준다.

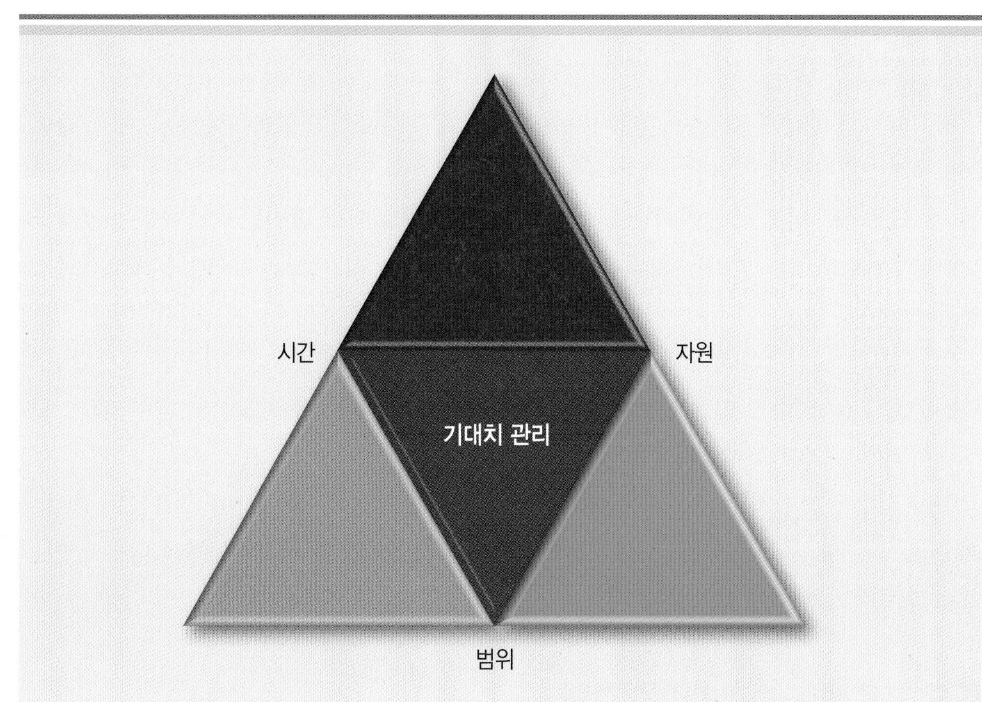

그림 9.21

삼각 제약: 한 가지를 바꿀 때 모두가 바뀐다.

그림 9.22

프로젝트 관리의 PMBOK 요소

요소	설명
커뮤니케이션 계획	프로젝트 정보의 흐름과 관련해서 누가, 언제, 무엇을, 어떻게 이해관계자들에게 제공할지 결정하며, 기대 결과 관리에 핵심이 되는 부분이다.
중역 후원자	프로젝트에 재정적 자원을 제공하는 사람이나 그룹
프로젝트 가정	증거나 증명 없이 진실 혹은 사실로 간주되는 요소들. 한 주나 한 해의 업무 시간을 예로 들 수 있다.
프로젝트 제약	예산, 인도 날짜, 이용 가능한 전문 자원, 조직적 방침 등을 포함하여 선택에 제약이 될 수 있는 특정 요소들
프로젝트 인도물	하나의 프로젝트나 프로젝트의 일부를 완수하여 생산된, 측정과 확인이 가능한 유형의 결과 또는 물품
프로젝트 관리 조직PMO	조직의 모든 프로젝트를 관장하는 내부 부서. 이 그룹은 프로젝트 관리에 대한 전문지식과 리더십을 갖추고 프로젝트를 추진한다. 성공적인 프로젝트 수행을 위해 필요한 테크닉과 절차에 따라 조직을 훈련시키는 것은 PMO의 주요 업무 중 하나이다.
프로젝트 이정표	어떤 그룹의 활동이 완료되어야 하는 중요 날짜를 나타낸다. 예를 들어 계획단계를 완료하는 것이 프로젝트 이정표가 될 수 있다. 프로젝트 이정표를 놓치게 되면 프로젝트에 문제가 발생할 가능성이 생긴다.
프로젝트 목표	프로젝트가 성공했다고 간주되기 위해서 충족해야할 정량적 기준
프로젝트 필요 요소	프로젝트의 제품/산출물 명세를 명확히 하며, 기대 결과를 관리하고, 범위를 통제하며, 다른 계획 활동을 완료하는 데 핵심 요소가 된다.
프로젝트 범위 기술서	프로젝트와 조직의 전체적인 비즈니스 목표를 연결한다. 이 문서는 비즈니스 요구(프로젝트가 해결해야할 문제)와 프로젝트의 타당한 이유, 요구사항, 현재 경계선을 명시한다. 특정한 특성과 기능을 가진 제품의 인도 작업에 대한 내용 또한 여기에 기술되며, 프로젝트의 제약, 가정, 요구사항 등 정확한 비용 견적을 위해 필요한 모든 구성 요소들을 포함한다.
프로젝트 이해관계자	프로젝트와 능동적으로 관련되어 있거나, 프로젝트 실행이나 완성 결과에 따라 이익에 영향을 받을 수 있는 개인이나 조직
책임 매트릭스	모든 프로젝트 역할들을 정의하고 각 역할과 관련된 책임을 명시한다.
상태 보고	기대 수행과 실제 수행을 비교하여 검토하는 정기적인 평가

약에 의해서 제한된다. PMI는 경쟁적인 요구를 평가하기 위한 이 체제를 삼각 제약triple constraints이라고 부른다.

세 변수 중 하나가 달라지면 나머지 둘 중 적어도 하나가 영향을 받는다.[4] 예를 들어, 프로젝트 기간을 단축한다는 것은 새로운 종료 시각을 맞추기 위해서 직원을 더 고용하는 등 프로젝트 비용을 늘이거나 기능을 줄이는 등 프로젝트 범위를 축소한다는 것을 의미한다. 프로젝트의 범위를 확대한다는 것은 프로젝트 기간을 연장하거나 프로젝트 비용을 증액하는(또는 이 두 가지 모두) 것을 의미한다. 프로젝트 관리는 시간, 비용, 범위 간의 상충관계를 과학적이고 합리적으로 관리하는 것을 의미한다. 벤자민 프랭클린의 영원한 충고(준비하지 않음으로써, 너는 실패를 준비한다)는 특히 오늘날 대부분의 소프트웨어 개발 프로젝트에 적용된다.

프로젝트 관리협회는 프로젝트 매니저들의 교육과 자격증을 위하여 프로젝트 관리체계PMBOK: Project Management Body of Knowledge를 만들었다. 그림 9.22는 PMBOK에서 다루고 있는 프로젝트 계획의 주요 요소들에 대해서 설명하고 있다.

주요 프로젝트 계획 다이어그램

프로젝트 계획하기는 왜 이 프로젝트를 수행하는가, 또는 이 프로젝트가 비즈니스에 기여하는 점은 무엇인가와 같은 운영상의 질문들에 대한 해답을 찾기 위해 구체적인 계획을 세우는 과정을 말한다. 아래는 프로젝트 계획하기에서 해답을 도출할 수 있는 몇 가지 핵심 질문들의 목록이다.

- 인도물은 어떻게 생산될 것인가?
- 인도물을 생산하기 위해서 어떤 활동이나 임무가 수행되어야 하는가?
- 이 임무들을 수행하는 책임자는 누가 될 것인가?
- 업무는 언제 수행될 것인가?
- 각 업무를 수행하는데 걸리는 시간은 어느 정도인가?
- 먼저 완료되어야 할 선행 업무가 존재하는 업무들이 있는가?
- 각 업무에 드는 비용은 얼마인가?
- 각 과업을 수행하기 위해 필요한 전문 지식이나 경험은 어떤 것들인가?
- 품질을 포함해 업무의 수행은 어떻게 평가되어야 하는가?
- 어떤 방식으로 문제들이 추적될 것인가?
- 어떤 방식으로 변화가 이루어질 것인가?
- 언제 어떤 방식으로 커뮤니케이션이 이루어질 것인가?
- 각 업무와 관련되어 어떤 리스크들이 존재하는가?

4) 품질을 희생한다면, 세 가지 변수를 동시에 개선할 수 있다. 따라서 이 말은 '품질을 일정하게 유지한다면'이라는 전제를 필요로 한다. 이 세 가지 요소는 품질의 한 속성으로 간주되기도 하지만, 품질은 이 외에도 많은 것을 포함하며, PMI는 이 세 가지 요소와는 독립된, 또 하나의 프로젝트 속성으로 간주한다.

그림 9.23

성공적인 목적 생성을 위한 SMART 기준

프로젝트 목표는 근본적으로 프로젝트의 주 요소이기 때문에 가장 중요한 부문이다. 조직이 프로젝트 목표를 달성하면, 그것은 프로젝트의 주요 목적goals을 달성한 것이고 프로젝트 범위도 충족된 것이다. 프로젝트 목표는 프로젝트의 성공을 측정할 수 있는 척도를 포함해야한다. 척도는 비용, 일정, 품질 척도와 다수의 기타 척도를 포함할 수 있다. 그림 9.23은 프로젝트가 이해 가능하고 측정 가능한 목표들을 생성하는 것을 보장하기 위한 SMART 기준을 보여준다.

프로젝트 관리 계획project management plan은 프로젝트 집행을 관리하고 통제하는, 정규적이고 승인된 문서이다. 프로젝트 관리 계획은 프로젝트 범위 묘사와 활동 내역, 일정, 시간 추정치, 비용 추정치, 위험 요소, 자원, 일의 할당, 그것에 대한 책임 등을 포함해야 한다. 이러한 기본적인 구성요소에 더해서, 대부분의 프로젝트 전문가들은 또한 비상 계획contingency plan, 검토 및 커뮤니케이션 전략, **킬 스위치**kill switch를 포함한다. 킬 스위치는 프로젝트 관리자가 프로젝트가 완료되기 전에 프로젝트를 끝낼 수 있게 하는 장치이다.

좋은 프로젝트 관리 계획은 수익에 대한 견적과 전략적 필요성을 포함해야 한다. 측정 방법과 보고 방법, 최고 지도자가 프로젝트에 참여하는 방법에 대한 세부사항도 포함해야 한다. 프로젝트 관리 계획은 또한 이해관계자들에게 프로젝트에서 발생하는 이익에 대해 알리고, 프로젝트의 위험도가 전반적인 조직의 미션과 관계되는 만큼, 투입되는 자금과 시간과 인적 자원이 위험도에도 불구하고 정당한 것임을 밝힌다.

관리자는 끊임없이 프로젝트가 성공할 수 있을지 분석해야한다. 프로젝트가 실패할 것 같다면 관리자는 프로젝트를 취소하고 회사가 프로젝트를 더 진행하느라 돈을 쓰지 않게 해야 한다. 성공적인 자원관리의 관점에서, 자원을 좀 더 가치 있는 다른 프로젝트에 투입할 수 있기 때문에 프로젝트를 취소하는 것이 반드시 실패를 의미하는 것은 아니다.

계획의 가장 중요한 부분은 의사소통이다. 프로젝트 관리자는 전체 프로젝트 팀원, 주요 이해관계자들과 임원들에게 계획을 알려줘야 한다. 프로젝트 계획은 또한 모든 프로젝트 가정들을 포함해야 하며 프로젝트의 집행을 인도할 수 있도록 충분히 상세해야 한다. 프로젝트 성공을 달성하기 위한 핵심은 모든 주요 이해관계자로부터 합의와 절충을 받아내는 것이다. 프로젝트 관리 계획에 주요 이해관계자들을 포함시킴으로써, 프로젝트 관리자는 그들에게 프로젝트에 대한 주인 의식을 심어줄 수 있다. 이러한 것은 더 높은 참여 의식을 고취하며, 이것도 다시 향상된 동기부여와 생산성을 가져온다. 프로젝트 관리 계획에 가장 널리 사용되는 두 주요 도표는 PERT와 간트 차트이다.

PERTProgram Evaluation and Review Technique 차트는 프로젝트 과업과 그 과업들 간의 관계를 표현하는 도형적인 네트워크 모델이다. **의존성**dependency은 프로젝트 과업 간 또는 프로젝트 과업들과 이정표 간의 논리적인 관계이다. PERT 차트는 프로젝트 과업들 간의 의존성을, 그 과업들의 일정이 계획되기 전에 정의한다(그림 9.24 참조). 그림 9.24의 상자는 과업을 나타내며, 프로젝트 관리자는 일정이나 실제 시작 시각이나 종료 시각 등의 다양한 프로젝트 속성들을 표시하기 위해서 상자 안의 내용을 수정할 수 있다. 화살은 한 과업이 다른 과업의 시작과 완료에 의존한다는 것을 나타낸다. **주경로**critical path는 프로젝트를 최단 시간 내에 완료하는 데 결정적인 모든 과업들을 통과하는, 시작부터 완료까지의 경로이다. PERT 차트는 종종 프로젝트의 주경로를 보여준다.

간트 차트 Gantt chart는 프로젝트 과업을 달력에 대비하여 보여주는 단순한 막대 도형이다. 간트 차트에서 과업은 수직으로 나열되며, 프로젝트의 시간 축은 수평적으로 표시된다. 간트 차트는 프로젝트 일정을 표시하는 데 효과적이다. 그것은 또한 실제 진도를 계획 기간에 대비해서 보여주기도 한다. 그림 9.25은 프로젝트 개발 프로젝트의 간트 차트의 예를 보여준다.

프로젝트를 아웃소싱하기

빠르게 변화하는 글로벌 비즈니스 환경에서 조직은 이익을 극대화시키고, 시장 점유율을 높이고, 비용을 줄일 필요가 있다. 정보 시스템을 개발하고 유지하길 바라는 조직들에게는 두 가지 선택이 있다. 바로 인소싱과 아웃소싱이다.

인소싱in-sourcing, 즉 자체 개발은 조직의 정보 시스템을 개발하기 위해서 내부의 전문 인력을 사용하는 일반적인 접근 방법이다. 인소싱은 IT 전문가 및 기술과 비즈니스 지식을 동시에 겸비한 인력들의 대표적인 공급원이었다.

아웃소싱outsourcing은 한 기업이 자체 개발을 하지 않기로 결정한 다른 기업에게 서비스를 제공하는 협정이다. 어떤 경우에는 장비와 프로젝트의 설계, 개발, 유지와 함께 계획과 비즈니스 분석을 포함하는 전체 MIS 부문이 아웃소싱된다. 아웃소싱은 IBM이 다른 회사의 MIS 서비스를 관리하는 것과 같은 대규모 계약부터 개인 수준에서 계약자와 임시 사무 인력을 고용하는 것에까지 다양하다. 기업이 아웃소싱 하는 일반적인 이유는 다음과 같다.

- **핵심 경쟁력**: 많은 기업들이 최근에 들어서 아웃소싱을 적은 비용으로 고도로 숙련

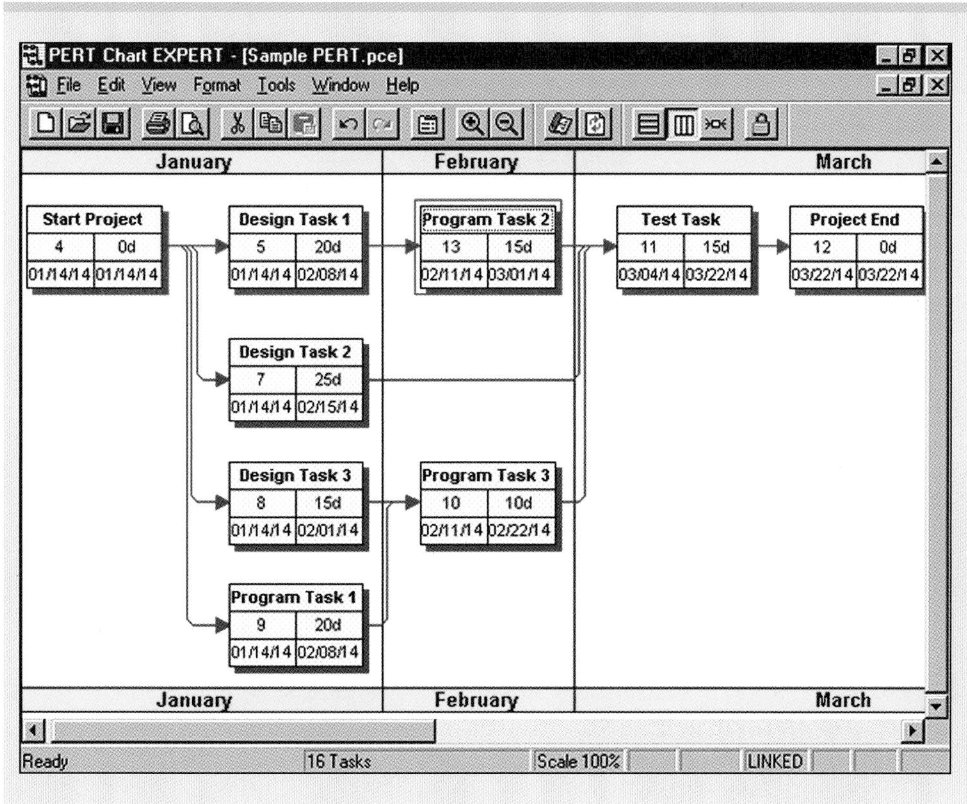

그림 9.24

PERT 차트의 예

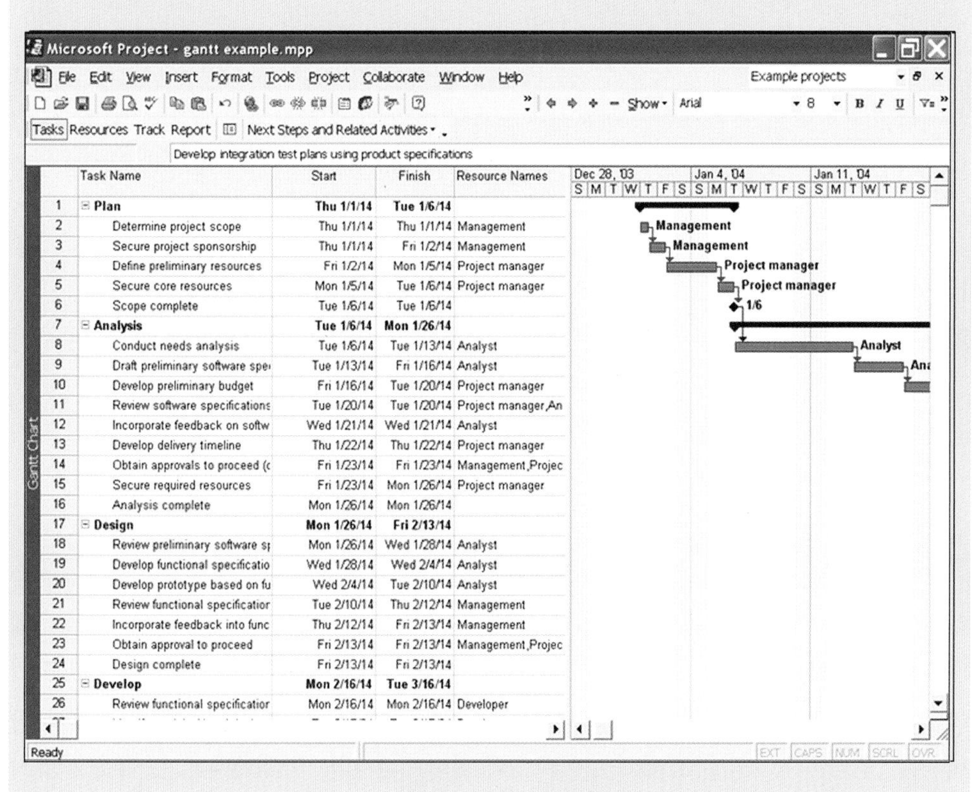

그림 9.25

간트 차트의 예

그림 9.26

아웃소싱 유형

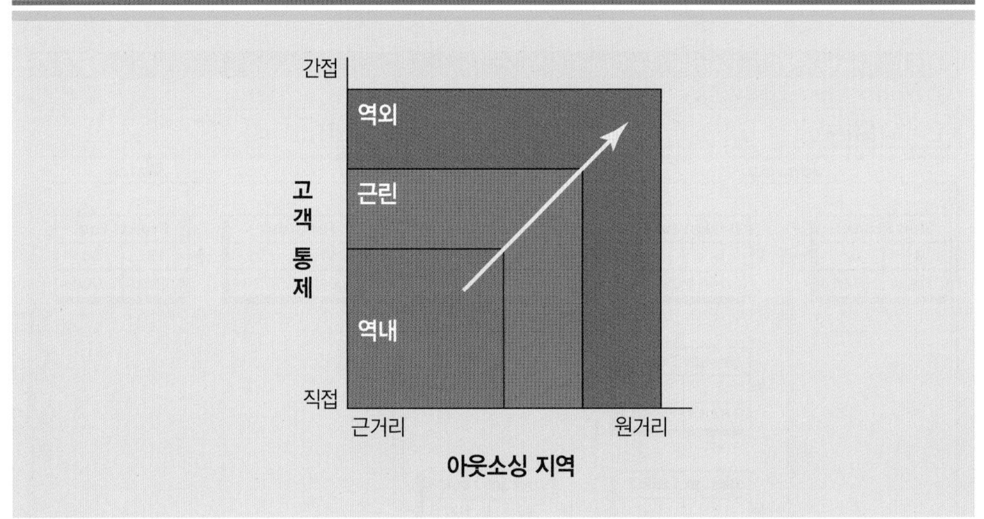

된 기술의 비즈니스 프로세스 전문지식과 모범사례를 얻을 수 있는 수단으로 간주하기 시작했다. 기술이 너무 빨리 발전하여, 종종 기업들이 따라잡지 못한다.

- **비용 절감**: 비슷한 노동력을 미국에서 고용하는 것보다 중국과 인도에서 고용하는 것이 훨씬 인건비가 싸다.
- **빠른 성장**: 기업들은 그들의 생산품을 시장에 빨리 내놓아야하고, 시장 변화에 대응할 수 있어야 한다. 아웃소싱의 장점을 살려, 조직은 작업 속도를 향상시키거나 새로 요구되는 수준에 맞추기 위해 필요한 자원을 얻을 수 있다.
- **인터넷과 세계화**: 인터넷의 확산적인 특성은 인도, 중국, 미국과 같은 외국을 가상 이웃으로 만들면서 사람들이 아웃소싱을 편하게 느끼게 만들었다.

MIS 아웃소싱은 조직이 시장과 기술의 발전을, 더 적은 인적 금전적 부담으로 그리고 IT 인프라스트럭처가 진화하는 비즈니스 우선순위에 보다 확실하게 보조를 맞출 수 있도록, 따라갈 수 있게 해준다(그림 9.26 참조). 프로젝트에 적용 가능한 아웃소싱 유형에는 다음과 같은 세 가지가 있다.

1. **역내 아웃소싱**onshore outsourcing: 동일 국가 내의 기업에게 하는 아웃소싱
2. **근린 아웃소싱**nearshore outsourcing: 근접한 국가의 기업에게 하는 아웃소싱. 보통 이 국가는 자국과 국경을 공유하는 사이다.
3. **역외 아웃소싱**offshore outsourcing: 해외, 특히 개발도상국의 기업에 코드를 작성하고 시스템을 개발하도록 하는 것. 역외 아웃소싱 국가는 지리적으로 멀다.

1990년대 중반부터 주요 미국 기업들은 자신의 소프트웨어 개발 작업의 많은 부분을 해외(중국, 동유럽-소련을 포함하여 아일랜드, 이스라엘, 필리핀, 그리고 특히 인도)에 내보내기 시작했다. 이러한 나라에 아웃소싱 하는 기본적인 이유는 저렴하고 우수한 작업이다. 프로그래머는 미국에서 연봉 63,000달러를 받지만 해외에서는 5,000달러에 불과한 연봉을 받는다(그림 9.27 참조). 아시아와 남아프리카의 개발도상국들은 아웃소싱 서

국가	연봉 범위(달러)
중국	5,000 ~ 9,000
인도	6,000 ~ 10,000
필리핀	6,500 ~ 11,000
러시아	7,000 ~ 13,000
아일랜드	21,000 ~ 28,000
캐나다	25,000 ~ 50,000
미국	60,000 ~ 90,000

그림 9.27

컴퓨터 프로그래머의 전형적인 연봉 범위

비스를 제공하나 언어, 통신 기반시설, 규제 장벽 등에 의해서 어느 정도 지장을 받는다. 최대의 역외 아웃소싱 국가는 인도로, 이는 높은 기술을 보유하고 있는 인구가 많고 영어 사용을 장려하기 때문이다. Infosys, NIIT, Satyam, TCS, Wipro 등이 인도 최대의 아웃소싱 서비스 제공자들이며, 이들 각각은 미국에서 상당한 시장 점유율을 확보하고 있다.

아웃소싱의 이점

아웃소싱으로부터 얻을 수 있는 이익은 다음의 것들을 포함한다.

- 비즈니스 프로세스의 질과 효율성의 개선
- 인력 감축으로 인한 운영비용의 절감과 대규모 자본 투자에 따른 위험에의 노출 감소
- 아웃소싱 서비스 제공자의 숙련, 규모의 경제, 최상의 실무 경험, 최신 기술에의 접근
- 변화하는 시장에 신속히 대응할 수 있는 유연성의 제고와 제품이나 서비스의 출시 기간 단축

아웃소싱의 주의사항

아웃소싱에는 많은 주의할 사항들이 있다. 기업들이 아웃소싱을 고려할 때에는 이러한 주의사항들에 대해서 잘 고려해야 한다. 많은 주의사항들이 조사를 통해 해결될 수 있다. 이러한 주요 주의사항들은 다음과 같다.

- **계약 기간:** 대부분의 회사들은 아웃소싱을 몇 년에 걸친 장기간 해결책으로 본다. 전 세계에 자원을 교육시키고 보내는 것은 어렵고도 비용이 많이 드는 일이다. 따라서 역외 아웃소싱을 추구하는 대부분의 회사는 계약 기간을 몇 년으로 잡는다. 이러한 계약 기간은 다음과 같은 몇 가지 문제점을 유발한다.

  1. 계약을 파기하는 것이 어려울 수 있다.
  2. 다음 몇 년간 비즈니스가 무엇을 필요로 할지 내다보기 어렵고, 계약이 미래의 비즈니스가 필요로 하는 내용과 맞지 않을 수 있다.
  3. 아웃소싱 제공자가 실패할 경우 내부 MIS 부서를 재구성 하는 일은 비용이 많이 들고 쉽지 않다.

- **경쟁우위의 위협**: 많은 비즈니스가 MIS를 경쟁우위로 여기고 아웃소싱을 위협적인 요소로 여긴다. 이는 아웃소싱 하는 회사들이 기업의 산업 기밀을 공유하게 되기 때문이다.
- **비밀성의 감소**: 가격, 제품, 판매, 고객에 대한 정보는 경쟁력 있는 자산이며 종종 비즈니스의 성공에서 중요한 요소로 작용하는 것들이다. 아웃소싱은 기밀사항을 잘못된 곳에 전달할 수 있다. 물론 계약에 포함된 비밀 조항들은 회사를 보호하도록 되어 있지만 계약 위반의 잠재적인 위험성과 비용 역시 분석되어야 한다.

오늘날 사업을 하는 모든 조직은 작업을 수행하고 복잡한 문제를 해결하고 기회를 만들어 내는 모든 과정을 소프트웨어에 의지한다. 제대로 구축된 소프트웨어는 기민한 조직을 지원하고 조직과 조직의 비즈니스의 변화에 맞추어서 바뀔 수 있다. 직원의 필요를 효율적으로 충족시키는 소프트웨어는 조직의 생산성을 높이고 의사결정에 힘을 실어줄 것이다. 직원의 필요를 충족시키지 못하는 소프트웨어는 생산성에 타격을 줄 수 있고 심지어 비즈니스 실패의 원인이 될 수도 있다. 올바른 실행과 함께 소프트웨어 개발에 고용자가 참여하는 것은 조직의 성공을 위해 중요하다.

지식 적용하기

비즈니스 중심적 MIS

셰어포인트

모든 프로젝트를 마감 기한 내에 예산보다 적은 비용으로 완수할 수 있다면 우리의 인생은 너무나 아름다울 것이다. 그러나 마감 기한을 놓치고, 예산을 초과하고, 비즈니스 요구사항 충족에 실패하게 된다면 우리 인생은 절망의 나락으로 떨어지게 된다. 마이크로소프트 셰어포인트는 프로젝트를 성공적으로 완료하도록 도와주는 도구이다. 셰어포인트를 통해 당신은 전 직원과 연결될 수 있으며 이들과 공동으로 작업하고, 아이디어를 공유하고, 작업 흐름의 방식을 재창조할 수 있다. 팀원들과 함께 일하든 개인적으로 일하든 셰어포인트는 정보와 사람, 그리고 프로젝트를 체계화하도록 도와줄 것이다. 관리자는 공동의 프로젝트 이정표를 기초로 하여 셰어포인트로 협동 작업을 조직화함으로써 업무를 한결 수월하게 만들 수 있다. 직원들에게 업무를 할당하고, 그것을 추적하고, 우선순위를 매기는 작업은 업무의 성공적인 완수를 보장해준다. 실시간 프로젝트 요약은 프로젝트의 지연을 경고해주고, 다음 단계와 이정표에 대한 정보를 지속적으로 알려주는 세부사항을 담고 있으므로 항상 눈여겨보아야 한다. 셰어포인트와 같은 프로젝트 관리/협업 도구의 사용이 관리자의 업무를 성공적으로 이끄는 비결이 되는 이유를 설명해보자. 또한 인도물, 의존성, 이정표 등과 같은 프로젝트 관리 용어에 대해 설명해보자.

비즈니스 중심적 혁신

스크래치

스크래치는 코딩을 배우려는 사람들에게 가장 완벽한 비주얼 프로그래밍 언어이다. 스크래치는 드래그앤드롭 GUI를 이용해서 코드 블록들을 연결하여 프로그램을 만들기 때문에 사용자들은 프로그래밍 언어를 타이핑하지 않아도 된다. 사용자들은 다양한 색상의 코드 블록들을 선택하여 간단히 연결시킴으로써, 사람이나 동물과 같은 대상이 이동하거나 말을 하는 컴퓨터 명령어 세트를 생성할 수 있다. 사용자들은 버튼 클릭만으로 대화형의 이야기, 게임, 애니메이션 등을 만들 수 있다.

스크래치는 MIT 미디어랩의 라이프롱 킨더가튼 그룹Lifelong Kindergarten Group이 제작한 프리 프로젝트이며 현재 8백만 이상의 사용자를 보유하고 있다. 스크래치의 목표는 어린 아이들이 창조적으로 생각하기, 체계적으로 사고하기, 협동하여 일하기 등 21세기를 살아가며 반드시 필요한 기술들을 배우도록 하는 것이다.

그룹 활동으로 스크래치 웹사이트(http://scratch.mit.edu/)를 방문해보자. 스크래치는 어떤 유형의 시스템 개발 방법론을 사용하고 있는가? 어린 아이들은 스크래치 프로그램을 만들면서 어떤 기술을 배울 수 있을까?

비즈니스 중심적 세계화

골프 카트 음주 운전

스웨덴 경찰은 시 외곽에서 골프 카트를 몰던 빌 머레이를 음주 운전 혐의로 붙잡았다. 골프 카트는 최고 속도가 시속 5km이다. 이런 골프 카트로 음주 운전 판정을 받는다는 것이 이상하게 들릴 수도 있지만, 많은 나라들에 이에 대한 법이 제정되어 있다. 당신이 피하고 싶어 할 만한 몇 가지 문화적 차이에서 오는 낭패에는 다음과 같은 것들이 있다.

- 어떤 미국 회사는 그들이 홍보하고 있는 쿠킹 오일의 제품명이 스페인어로 '멍청이 오일'이라는 것을 발견했다.
- 데오도란트를 홍보하는 광고에서 힘 세고 용감한 남자가 개를 씻기는 이미지를 사용한 적이 있었다. 그러나 그 광고는 개를 불결하다고 여기는 이슬람권 국가에서 통하지 않았다.
- 스포츠 장비 회사가 일본에서 골프공을 네 개씩 묶어 파는 것을 기획했었다. 그러나 그 기획 이후 그 회사의 골프공 판매량이 급감했는데, 이는 일본어로 '4'는 '죽음'과 발음이 같아서 네 개로 묶인 상품이 불길하게 여겨지기 때문이다.

세계적으로 확장해 나가고 있는 회사들은 기회를 찾고 있는 것이지 문젯거리를 찾고 있는 것이 아니다. 외국에 가게를 차릴 때 확인해야 하는 지방 법규와 절차(직원의 고용과 해고부터 세금 신고까지의 모든 것)는 여전히 지뢰밭이나 마찬가지이다. 다른 회사에 아웃소싱 할 때, 회사는 어떤 종류의 문화와 언어, 법적인 문제들을 맞닥뜨리게 될 것이라고 예상해야 하는가? 이러한 위험 요소를 줄이기 위해 회사가 할 수 있는 일에는 무엇이 있는가?

비즈니스 중심적 토의

죽음의 행진

에드워드 요든Edward Yourdon은 그의 책 《죽음의 행진》에서 '미션 임파서블' 프로젝트에서 살아남기 위한 전체 소프트웨어 개발자를 위한 지침을 묘사한다. MIS 프로젝트들은 어렵고 까다롭다. 그리고 프로젝트 관리자들은 불가능해 보이는 도전과 맞서 싸워 프로젝트를 성사시키는 불가능한 일을 해내길 기대한다. 《죽음의 행진》에서 유명한 소프트웨어 개발자 요든은 다음과 같은 프로젝트 분류법을 제시한다. 요든은 프로젝트를 고통과 성공 기회를 기준으로 구분한다.

- **미션 임파서블 프로젝트**: 성공 기회가 높고, 일이 가져오는 행복과 즐거움으로 고된 작업에 대한 보상을 받을 수 있다. 예를 들어, 이것은 일 년 내내 밤낮없이 일하여 그 결과 불가능한 미션을 완수하여 프로젝트의 영웅이 되고, 보상으로 초고속으로 승진하게 되는 타입의 프로젝트이다.
- **고약한 프로젝트**: 성공 기회가 높으나 매우 괴롭고 행복도가 낮다. 예를 들어, 새로운 회계 시스템을 설치하기 위해 밤낮으로 일하지만 그것이 성공적일지라도 당신은 회계를 싫어하고 회사와 회사의 생산품을 그다지 좋아하지 않게 된다.
- **카미카제 프로젝트**: 성공 기회는 낮지만 당신이 그 내용에 대해 매우 열정적이어서 작업에서 행복을 느낄 수 있다. 예를 들어, 암 재단을 지원하기 위한 웹사이트를 개발해 달라고 부탁을 받았다. 그 취지는 당신의 가슴에 와 닫지만, 재정적인 지원은 열악하기 짝이 없다. 갖은 방법을 다 써서 프로젝트를 완수한다.
- **자살 프로젝트**: 성공 기회도 없고 당신에게 오로지 괴로움만을 안겨준다. 이것은 최악의 악몽과 같은 프로젝트이다. 조심해라, 자살 프로젝트는 피해라!

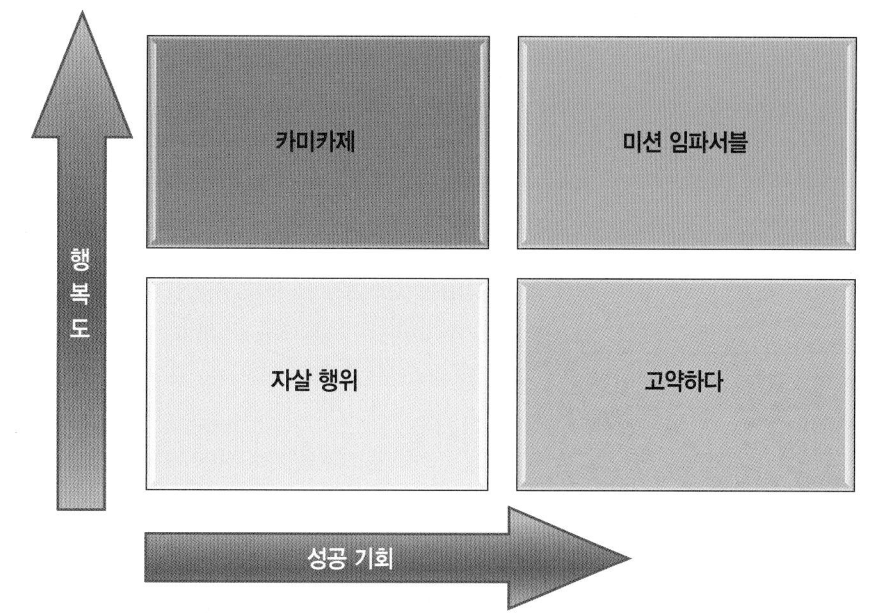

학습 성과 복습

9.1 시스템 개발 주기의 7단계를 기술할 수 있다.

SDLC의 일곱 단계는 다음과 같다.

- 계획 단계는 구상 중인 프로젝트의 첫 단계로서, 계획이나 목표 설정 등을 포함한다.
- 분석 단계는 최종 사용자의 비즈니스 요구사항을 분석하는 것 그리고 프로젝트의 목적을 계획하고 있는 시스템의 기능과 목적에 맞게 다듬어 가는 것을 말한다.
- 설계 단계는 시스템에 바라는 특징과 운영을 기술하는 과정이며, 화면 설계, 비즈니스 규칙, 프로세서 도표, 의사 코드pseudo code, 서류 작성법 등이 이에 속한다.
- 개발 단계는 자세한 설계 서류 내용에 따라 이를 실행 시스템으로 변형시켜가는 단계로 이 단계에서 초기 설계가 외형적인 구현으로 바뀐다.
- 테스팅 단계는 실수, 장애, 상호운용성interoperability 등을 시험하기 위하여, 프로젝트의 여러 부문을 특수 시험 환경으로 옮겨서, 시스템이 분석 단계에서 정의된 비즈니스 요구사항을 충족하고 있는지를 증명한다.
- 구현 단계는 시스템을 생산 현장으로 옮겨서 사용자가 비즈니스 운영을 실행할 수 있도록 하는 과정이다.
- 유지보수 단계는 변화, 교정, 추가, 업그레이드 등을 통하여 시스템이 비즈니스 목표를 계속하여 충족시킬 수 있도록 하는 과정이다.

9.2 서로 다른 소프트웨어 시스템 방법론들을 요약 정리할 수 있다.

가장 오래되고 잘 알려진 프로젝트 관리 방법론은 폭포수 모델로, 각 단계의 결과물은 다음 단계의 입력물이 된다. 이것은 계획부터 구현과 유지보수에 걸친 시스템 개발 생애주기에서 단계들이 한 번에 순서대로 하나씩 수행된다는 것을 의미한다. 그러나 융통성이 부족하고 비용도 많이 들기 때문에 오늘날 개발 현장에서 전통적인 폭포수 모델은 많이 사용되고 있지 않다. 이 방법론에서는 단계들의 순서를 엄격하게 지키는 것이 요구되지만 그 성공률은 10% 정도에 불과하다.

소프트웨어 개발 방법론은 다음과 같이 매우 다양하다.

- 애자일 방법론은 최소한의 요구사항을 사용하여 반복적인 방법에 의해 개발된 소프트웨어 구성요소를 조기에 그리고 계속적으로 공급하여 고객의 만족도를 제고하는데 목적을 두고 있다.
- 폭포수 개발 방법론은 활동에 기반을 둔 프로세스를 따르는데, 그 프로세스는 기획에서 실행 그리고 유지보수에 이르기까지 순차적으로 실시되는 SDLC 방식으로 진행된다.
- RAD 방법론은 시스템 개발을 가속화하기 위하여 시스템의 프로토타입 작업에 사용자의 광범위한 참여를 강조하고 있다.
- XP 방법론은 프로젝트를 4개의 단계로 나누어 실행하며, 한 단계가 완성되기 전에는 다음 단계로 진입할 수 없다.
- RUP 방법론은 소프트웨어 개발을 4개의 단계로 나눈다.
- 스크럼 방법론은 정해진 목표를 달성하기 위하여 작은 팀들이 30일을 주기로 하는 스프린트마다 하나의 작은 소프트웨어 조각들을 만든다.

9.3 기업이 서비스 기반 아키텍처를 사용하는 이유를 설명할 수 있다.

서비스 기반 아키텍처의 구축은 최신 시스템 개발 트렌드 중 하나이다. 서비스 기반 아키텍처SOA: service-oriented architecture는 비즈니스 중심의 전사적 아키텍처로, 반복되는 연계 활동들, 태스크들, 또는 서비스들을 하나의 비즈니스로 통합하는 시스템을 제공한다. 서비스 기반 아키텍처는 MIS 시스템이 신속하고, 쉽고, 경제적으로 빠르게 변화하는 비즈니스 니즈를 충족할 수 있도록 한다. 서비스 기반 아키텍처는 확장가능하고 유연한 전사적 아키텍처이다. 이 아키텍처에서는 이질적인 응용 프로그램들과 시스템 간의 연결고리가 생성되어 새로운 시스템을 운용하거나 기존 MIS 구성요소를 재사용하는 것이 가능하다. SOA는 실체적 아키텍처가 아니다. SOA는 비록 실체적 아키텍처로 이어지는 생각의 방식이다.

9.4 프로젝트 관리를 설명하고 주요 프로젝트 실패 원인들을 나열할 수 있다.

프로젝트는 맞춤식 전자상거래 사이트나 데이터베이스 병합과 같이 독특한 제품, 서비스 혹은 결과를 만들어내기 위한 단기간의 일시적인 노력이다. 프로젝트 관리란 프로젝트에 대한 이해관계자들의 필요나 기대를 충족시키거나 초과하기 위해서 지식, 기술, 도구, 기법을 적용하는 것이다. 프로젝트 관리자는 프로젝트 관리 계획과 관리의 전문가로서 프로젝트 관리 계획을 정의하고 개발하며, 주요 프로젝트 이정표들이 정시에 완수되도록 계획을 추적한다.

세 가지 제약은 범위, 비용, 시간이다. 이 세 가지 요소는 독립적이지만 하나가 변하면, 품질을 유지하기 위해서는 나머지도 변해야 한다. 프로젝트 관리자가 프로젝트 관리 계획을 유지하기 위해 해야 하는 세 가지 중요한 활동은 전략적 프로젝트 선택하기, 프로젝트 범위 설정하기, 자원을 관리하고 프로젝트 관리 계획 유지하기이다. 프로젝트의 주요 실패 원인에는 불분명하거나 부재하는 비즈니스 요구사항들, 생략된 단계, 기술 변경, 시스템 생애 주기 모델에서 에러를 찾는 비용, 삼각 제약의 불균형 등이 있다.

9.5 프로젝트 계획에 가장 빈번하게 사용되는 다이어그램들을 설명할 수 있다.

프로젝트 이해관계자는 적극적으로 프로젝트에 참여하며, 관심사에 따라 프로젝트의 실행과 완료에 영향을 미칠 수 있는 개인과 조직들이다. 모든 이해관계자가 중요하지만 프로젝트의 성공을 좌지우지하는 사람이 한 명 있다. 그 사람은 바로 임원 후원자 또는 프로젝트에 금전적인 부분을 지원을 하는 사람(혹은 집단)이다. 전략적인 프로젝트를 선택하는 기법에는 기업 목표에 초점 맞추기, 프로젝트 분류하기, 재무 분석하기 등이 있다.

9.6 이익과 도전에 맞춘 세 개의 각기 다른 아웃소싱 유형을 설명할 수 있다.

- 역내 아웃소싱: 동일 국가 내의 기업에게 하는 아웃소싱
- 근린 아웃소싱: 근접한 국가의 기업에게 하는 아웃소싱. 보통 이 국가는 자국과 국경을 공유하는 사이다.
- 역외 아웃소싱: 해외, 특히 개발도상국의 기업에 코드를 작성하고 시스템을 개발하도록 하는 것. 역외 아웃소싱 국가는 지리적으로 멀다.

아웃소싱을 통해 얻을 수 있는 이점에는 비즈니스 프로세스, 서비스, 기능의 질과 효율성의 개선, 운영비용의 절감과 대규모 자본 투자에 따른 위험에의 노출 감소, 아웃소싱 서비스 제공자의 숙련, 규모의 경제, 최상의 실무 경험, 최신 기술에의 접근 등이 있다. 하지만 아웃소싱을 할 때에는 계약기간, 경쟁 우위의 위협, 기밀사항 위반의 위험과 같은 요소에 주의해야 한다.

시작 사례 문제

1. **지식:** 현재 진행 중인 프로젝트가 문제가 있는지를 탐지할 수 있는 징조를 열거하라.
2. **이해:** 프로젝트의 성공 기준이 충족되지 않은 경우, 프로젝트 관리자가 따를 수 있는 선택사항에는 무엇이 있는지 알아보라.
3. **적용:** 프로젝트에서 삼각 제약의 역할이 무엇인지 설명하라.
4. **분석:** 프로젝트 복구의 네 단계를 분석하고 어떤 단계가 가장 중요한지 생각해 보라.
5. **종합:** 프로젝트를 복구하기 위한 계획을 어떻게 개발할지 제안해 보라.
6. **평가:** 다음의 내용을 변론하거나 반박해 보라. "이미 나빠진 후에는 아무리 많은 자금을 투자해도 프로젝트를 구할 수 없다."

복습 문제

1. 프로젝트 관리는 시스템 개발 노력에서 어떤 역할을 하는가?
2. 프로젝트 관리자는 프로젝트 성공에 어떤 역할을 하는가?
3. 프로젝트는 왜 임원 후원자를 필요로 하는가?
4. SDLC의 어떤 단계가 가장 중요한가?
5. 시스템 개발 중에 한 단계를 생략해야 한다면 어떤 것을 생략하겠는가? 또 그 이유는 무엇인가?
6. SDLC에서 어떤 단계가 가장 위험요소를 많이 안고 있는가? 그렇게 생각하는 이유를 설명하라.
7. 당신은 소프트웨어 개발 프로젝트를 관리하기 위해 어떤 프로젝트 관리 방법론을 선택하겠는가?
8. 당신이 새로운 소프트웨어 개발 프로젝트에 착수하는 상황이고, 프로젝트 관리 계획에 폭포수 개발 방법론을 사용하고 있다면, 당신은 프로젝트에 남아 있을 것인가? 당신의 프로젝트를 성공시키기 위해 무엇을 준비할 수 있겠는가?
9. 프로젝트 관리자가 프로젝트의 우선순위를 매길 때 사용할 수 있는 다양한 유형의 실현가능성 분석을 설명하라.
10. 왜 최종 사용자가 시스템 개발 노력에 참여해야 하는가?
11. 왜 프로젝트 관리자는 간트 차트와 PERT 차트를 사용하는가?
12. 왜 비즈니스 요구사항을 모으는 것이 대부분의 프로젝트에서 도전이 되는가?
13. 프로젝트를 위해 이용할 수 있는 아웃소싱 종류에는 무엇이 있는가?
14. 아웃소싱과 관련된 위험요소에는 무엇이 있는가?
15. 프로젝트 관리 협회의 목표와 PMBOK와 관련된 세 가지 핵심 용어를 설명하라.

마무리 사례 1

덴버 국제 공항의 재난

성공적으로 시스템을 개발하는 방법을 배우는 길은 과거의 실패를 되새겨보는 일이다. 가장 악명 높은 시스템 실패 중의 하나는 덴버 국제 공항의 수화물 시스템이다. 덴버 공항 자동 수화물 시스템 설계가 도입되었을 때, 마치 현대적 항공 설계의 구세주처럼 입에 오르내렸다. 덴버 공항의 설계는 여행용 가방의 운반용으로 300대의 컴퓨터와 21마일 트랙에 걸쳐 수화물을 운반할 4,000대의 텔리 카telecar를 기반으로 하고 있었다. 레이저 스캐너가 바코드 수화물 태그를 읽게 되어 있고, 최신형 스캐너가 터보건 형태의 수화물 카트의 움직임을 추적하였다.

덴버 공항이 드디어 문을 열고, 많은 기사들이 혁신적인 수화물 취급 시스템을 목격하였을 때, 그 광경은 참으로 참담하였다. 수화물 가방은 파괴되고, 주인을 잃게 되고, 엉뚱한 곳으로 운반되었다. 그야말로 어처구니없는 시스템 악몽이었다.

수화물 취급 시스템 실패의 가장 큰 원인 중의 하나는 시스템 개발에 필요한 충분한 시간이 주어지지 않았다는 사실이다. 프로젝트의 초반에 덴버 공항은 수화물을 비행기에서 수화물 청구 장소까지 이동하는 것은 개별 항공사의 책임이라고 생각하고 있었다. 그리고 자동 수화물 시스템은 덴버 공항 프로젝트의 초기 계획에는 포함되어 있지 않았다. 덴버 공항 개발자가 통합 수화물 시스템을 구축하기로 결정하였을 때에는 일정상으로 거대한 시스템을 설계하고 실행하기는 불가능하였다.

또 하나의 공통된 실수는 각 항공사들이 계속하여 비즈니스 요구사항을 변경하였다는 것이다. 이 때문에 수정된 시스템 설계에 알맞게 갱신되어야 할 전원 공급이 이루어지지 않았고, 이는 모터의 과부하와 기계 상의 장애로 연결되는 등 여러 가지 문제를 야기시켰다. 전원 공급 설계 문제 이외에도, 광센서도 바코드를 정확하게 해독하지 못하여 수화물 이동에 문제를 일으켰다.

덴버 공항의 자동 수화물 시스템의 설계와 실행을 맡았던 회사 BAE는 이전에 이처럼 큰 규모의 수화물 시스템을 만들어 본 경험이 없었으며, 독일의 뮌헨 공항에 이와 유사한 작은 시스템을 구축한 일이 있는데, 그 규모는 훨씬 작은 것이었다. 기본적으로 덴버 공항의 수화물 시스템은 너무 적은 IT 기반 구조를 설치한 셈이었다.

덴버 공항은 기능형 수화물 시스템 없이는 공항을 개항할 수 없게 되어, 덴버 시는 16개월 동안 공항 개항을 연기하였으며, 이로 인하여 하루에 약 100만 달러 손해를 주민 납세자에게 입히고, 전체 규모로는 약 5억만 달러 손실을 초래하였다.

질문

1. 덴버 공항 수화물 시스템의 문제 중의 하나는 부적절한 테스팅이었다. 수화물 시스템의 성공을 위하여 덴버 공항이 어떠한 형태의 테스트를 사용하였으면 좋았을까?
2. 서로 다른 몇 가지 실행 방법을 평가해보자. 프로젝트의 성공률을 높이기 위하여 어떤 방법이 좋았을까?
3. 에러 발견 비용을 설명해 보자. 만약 분석과 설계 단계에서 좀 더 시간을 투입하였다면, 콜로라도 주민 납세자들에게 얼마만큼의 비용을 절감하게 할 수 있었을까?
4. BAE가 기존 IT 기반구조를 기반으로, 규모를 확대하면 제대로 작동하리라 기대한 것은 왜 잘못인가?

마무리 사례 2

비즈니스 요구사항의 모호함을 줄이기

프로젝트 실패의 가장 큰 이유는 잘못된 비즈니스 요구사항 때문이다. 표현의 불명확성 또는 분석과 설계 단계에서 최종 사용자의 참여가 충분하지 못하였을 때, 비즈니스 요구사항은 '잘못'된 것으로 볼 수 있다.

만약에 모든 관련자들이 비즈니스 요구사항을 동일하게 해석한다면, 그것은 명확한 요구사항으로 볼 수 있다. 그러나 참여자들이 서로 다른 해석을 한다면 예상하지 못한 결과가 나오게 된다. 다음은 명확한 요구사항과 불명확한 요구사항의 예를 보여주고 있다.

- 불명확한 요구사항: 재무 보고서는 해당 지방 및 미국 통화로 이익을 표시하여야 한다.
- 명확한 요구사항: 재무 보고서는 해당 지방 및 미국 통화로 이익을 표시하되, 보고 기간의 마지막 영업일자의 월 스트리트 저널에 기재된 환율을 사용한다.

불명확성을 완전히 제거하기가 어려운 이유는 그것이 요구사항에 자연스럽게 나타나기 때문이다. 예를 들면, 다음과 같다.

- 요구사항 가운데는 기술적인 의미의 함축이 있을 수 있는데 이는 IT 개발자에게는 분명하지만, 고객에게는 그렇지 못하다.
- 요구사항 가운데는 비즈니스 의미의 함축이 있을 수 있는데, 이는 고객에게는 분명하지만 IT 개발자에게는 그렇지 못하다.
- 요구사항은 일상 용어를 포함하는데 이들 일상 용어의 의미가 일반인에게 '분명'하지만, 사람에 따라 '다르게' 받아들여진다.
- 요구사항은 여러 가지를 반영한 — 예를 들면, 많은 사건, 많은 관점, 말의 표현, 감정, 섬세함, 선택적인 강조, 신체 언어 — 자세한 내용을 함축하지만, 이들을 모두 문자로 전달하는 것은 불가능하다.

비즈니스 요구사항 검토를 위한 요령

비즈니스 요구사항을 검토할 때에는 불명확성을 줄이기 위하여 다음의 단어들을 잘 사용하여야 한다.

- '그리고'와 '또는'은 뚜렷한 의미를 가지고 있지만, 아주 불명확한 것도 틀림없다. 이들 두 단어는 때로 비공식적으로 또는 잘못 이해되거나 해석되는 일이 자주 있다. 예를 들면, 다음 문장을 살펴보자. "만약 T 버튼이 눌리고 그리고 만약 F 버튼이 눌리면, 경보기는 울려야 한다." 이 말은 두 가지 의미로 해석될 수 있다. 즉 경보기를 울리려면, 두 버튼 모두가 눌려야 하거나, 또는 둘 중의 어느 하나만 눌려도 된다는 의미를 지니고 있다. 이와 같은 문장은 요구사항에 결코 사용되어서는 안 된다. 왜냐하면 잘못된 해석을 할 가능성이 너무 크기 때문이다. 보다 명확한 표현의 예는 "두 버튼 T와 F가 동시에 눌리면 경보기가 울려야 하며, 기타의 상황에서는 울리지 않아야 한다."이다.
- '항상'은 실제로 '대부분의 경우에'를 의미하며, 이 경우 보다 분명하게 표현되어야 한다. 예를 들면, "우리는 항상 보고서 A와 B를 함께 발표하여야 한다."로 표현하면, 다음의 문장으로 해석될 수 있다. "달리 말하면, B 없이 A만을 발표하거나, A 없이 B만을 발표하는 경우는 결코 없다." 만약 개발자가 '항상' 요구사항으로 시스템을 구축하면, 보고서 B 없이는 보고서 A를 결코 발표할 수 있는 시스템을 만들게 된다. 만약 사용자가 갑자기 보고서 A 없이 보고서 B를 원한다면, 개발자는 심각한 시스템 변경을 실행하지 않을 수 없을 것이다.

- '절대로 아니다'는 '좀처럼 아니다'를 의미하며, 이 경우 보다 명확하게 표현되어야 한다. 예를 들면, "우리는 보고서 A와 B를 같은 달에 절대로 발표하지 않는다."라는 문장은 다음의 문장으로 해석될 수 있다. 즉 "따라서, 만약 내가 A가 발표된 것을 보게 되면, 어느 누구도 B를 발표하기를 원하지 않는다고 절대적으로 확신할 수 있다는 것을 의미한다." 역시 시스템 개발자는 '절대로 아니다' 요구사항을 지원하는 시스템을 구축하게 될 것이다. 그리고 이 시스템은 — 어떠한 여건 아래에서도 — 사용자가 같은 달에 보고서 A와 B를 발표하는 것을 허락하지 않을 것이다.
- '경계' 조건은 '참과 거짓' 또는 '해야 할 것과 하지 말아야 할 것' 사이의 경계선에 대한 표현이다. 이러한 표현은 끝 점을 포함할 수도 있고, 포함하지 않을 수도 있다. 예를 들면, "우리는 10페이지까지는 X 방법을 사용하기 원하여, 그 외는 Y 방법을 사용할 것이다." 만약 당신이 이 시스템을 구축한다면, 10페이지는 X 방법 또는 Y 방법 중 어느 것을 선택할 것인가? 이 질문에 대한 답은 애매한 비즈니스 요구사항 때문에서 서로 다르게 나타날 것이다.

질문

1. 불명확한 비즈니스 요구사항은 왜 시스템 개발 실패의 주 요인이 되는가?
2. 단어 '그리고'와 '또는' 등은 왜 불명확한 요구사항으로 연결되는가?
3. 웹을 이용하여, '잘못된' 비즈니스 요구사항의 원인을 알아보자.
4. 다음의 비즈니스 요구사항은 무엇이 잘못되었는가? "모든 종업원은 매년 항상 생일을 맞이하기 때문에 우리 시스템은 종업원 생일을 지원하여야 한다."

핵심적 비즈니스 고찰

1. 시스템 개발 방법론을 선택하기

   엑서스 사는 국제 빌링 아웃소싱 회사이며, 현재 50억 달러의 매상고를 올리고 3,500명의 종업원을 거느리고 있으며, 그리고 각 대륙에 운영 본부를 두고 있다. 당신은 최근에 이 회사의 CIO로 선임되었다. 그리고 당신의 첫 임무는 소프트웨어 개발 프로젝트의 성공률을 제고하는 일이며, 현재 이 회사의 성공률은 20%이다. 향후의 성공률을 높이기 위하여, 당신은 전사적으로 시스템 개발 방법론을 표준화하려고 한다. 현재까지는 각 프로젝트가 있을 때마다 소프트웨어 개발 방법을 결정하였다.

   이 책에서 소개되지 않은 세 개의 시스템 개발 방법론을 추가로 포함하는 보고서를 작성해보자. 그리고 이들 방법을 전통적인 폭포수 모델과 비교해 보자. 마지막으로 이들 중에서 어느 것을 회사 표준으로 추천할지를 결정해 보자. 그리고 새로운 표준을 실행할 때에 나타날 수 있는 예상 장애를 제시하여 보자.

2. 프로젝트 실패를 이해하기

   당신은 세계적인 고급 필기도구 제작사인 스텔로의 프로젝트 관리 담당 책임자이다. 이 회사는 주로 고급 소비자를 대상으로 판매를 하고 있으며, 고급 필기도구의 평균 가격은 약 350달러이다. 당신은 현재 새로운 CRM 시스템을 실행하고 있으며, 성공적인 시스템 개발을 위하여 최선을 다하고 있다. 이러한 프로젝트가 실패할 수 있는 5가지의 요인을 설명하는 보고서를 작성하되, 시스템 개발 실패를 제거할 수 있는 전략을 포함시켜라.

3. **SDLC에서 단계를 생략하기**

헬로우 사는 시카고, 샌프란시스코, 뉴욕에서 경영진을 위한 대형 비서 업무 서비스를 제공하는 회사이다. 이 회사는 모든 종류의 서비스(개 산책시키기에서 공항 수송에 이르기까지)를 제공하고 있다. 이 회사의 관리자 댄 마르텔로 씨는 재무 ERP 실행 단계에서 테스트 단계를 생략하기를 원하고 있다. 댄은 이 시스템이 벤더로부터 구입한 것이기 때문에 정확히 작동하리라고 믿고 있기 때문이다. 또한 프로젝트의 마감 날짜를 맞추기 위하여 테스트 단계를 생략하고 싶어한다. SDLC의 각 단계를 따라야 할 필요성을 댄에게 설명할 내용을 작성하고 이와 함께 재무 시스템이 테스트 단계를 거치지 않을 때, 발생할 수 있는 여러 가지 파생 문제점을 함께 포함시켜라.

4. **승인을 거절하기**

당신은 대형 엑스트라넷extranet 개발 프로젝트의 주요 클라이언트이다. 한편 요구사항 정의서를 면밀하게 검토한 당신은 요구사항 가운데 빠진 것, 불명확하고, 정확하지 못한 것 등이 있음을 파악하였다. 그러나 프로젝트 관리자는 다섯 명의 동료들로부터 이미 승인을 받았다며, 당신도 승인을 해달라고 압력을 넣고 있다. 만약 당신이 승인을 하지 않으면, 프로젝트 시간 일정의 재협상이 불가능하기 때문에 동 프로젝트가 위기를 맞을 것이다. 당신은 어떻게 하려고 하는가? 그 이유는 무엇인가?

5. **실패할 시스템을 구제하기**

크릭 캔들 사는 레스토랑용 저가의 양초를 제조하고 있다. 연간 매상고는 4,000만 달러이며, 종업원은 300명이다. 당신은 현재 수백만 달러에 달하는 SCM 프로젝트의 실행 단계 중에 있다. 당신의 프로젝트 관리자가 당신에게 찾아와 동 프로젝트가 다음과 같은 사유로 실패할 수도 있다고 말한다.

- 여러 개의 비즈니스 요구사항이 부정확하며, 그 범위가 두 배로 늘어났다.
- 최근에 3명의 개발자가 그만두었다.
- 마감 일자가 한달 앞으로 다가왔다.

6. **프로젝트 관리에 대해서 설명하기**

프라임타임 사는 프로젝트 관리 능력과 기술이 있는 인력의 아웃소싱에 특화된 대형 컨설팅 회사이다. 당신은 프라임타임의 채용 인터뷰를 받고 있는 중이다. 인터뷰를 실시하고 있는 관리자가 당신에게 프로젝트 계획이 프로젝트의 성공에 중요한가를 설명하도록 요청했다. 그 관리자는 또한 당신이 범위 완화와 특징 완화, 그리고 당신이 프로젝트에서 이것들을 관리하기 위해서 사용할 방안에 대해서 설명하길 바란다. 마지막으로 그 관리자는 성공적으로 프로젝트를 완수하고 위험을 감소시킬 전략에 대해서 자세히 설명할 것을 요구한다.

7. **프로젝트 관리 기법을 적용하기**

당신은 중간 규모의 항공사인 선베스트에 고용되어 있다. 선베스트는 현재 미 동부에서 300여 개 항로에 취항하고 있다. 동사는 자사의 3,500명의 조종사, 7,000명의 승무원, 그리고 2,000회의 일간 항공편을 조정하는 데 큰 어려움을 겪고 있다. 선베스트가 조종사, 승무원 및 항공편을 조정하기 위해서 어떻게 간트 차트를 사용할 것인가를 설명하라. 엑셀을 이용해서, 선베스트가 추적해야 할 각종의 활동들과 자원들을 하이라이트 할 수 있는 샘플 간트 차트를 작성해 보라.

기업가적 도전

당신의 비즈니스를 만들어보자

1. 당신의 비즈니스는 성장을 촉진하기 위해 많은 새롭고 흥미로운 사업을 수행하고 있다. 그 사업들은 직원 블로그, 고객 위키, 새로운 근무 기록 시스템 등을 포함한다. 근무 기록 소프트웨어는 비즈니스에 있어서 중요하다. 왜냐하면 이것은 판매를 증진시킬 수 있도록 적절한 직원이, 적절한 장소에서, 적절한 때에 일하고 있다는 것을 알게 해주기 때문이다. 당신은 바쁜 시간대에 일손이 부족하거나 한가한 시간대에 일손이 넘쳐나는 것을 결코 원하지 않는다. 또한 정확하게 근로시간을 계산하는 것은, 운영비용에서 가장 큰 비중을 차지하는 노동비용을 효과적으로 분석하는 데 있어 매우 중요하다. 편리하게도 근무 기록의 해법 제공자, 기록기 제작자, 소프트웨어 개발 회사는 적절한 가격에 고품질의 제품을 개발하고 있다. 당신은 당신의 할아버지나 1950년대에 시행한 수동 직원 추적 시스템을 교체하기로 결정했다. 당신에게는 고도의 기술을 갖춘 직원, 닉 젤이 있다. 그는 당신에게 그 시스템의 구축을 제안했고, 그것이 간단한 것임을 당신에게 보장한다. 또한 당신은 많은 기존 응용 프로그램 중의 하나를 구입하거나 응용 프로그램을 주문제작하는 회사를 아웃소싱 할 수 있다. 기존의 출퇴근 프로그램의 구입과 주문제작 개발회사의 아웃소싱의 장단점은 각각 무엇인가? 당신의 기존 직원들은 새로운 시스템에 대해 어떻게 생각할까? 새로운 시스템으로 매끄럽게 전환하기 위해 당신은 무엇을 할 수 있는가?

2. 당신은 당신의 비즈니스를 위해서 새로운 급료체제를 도입하기로 결정했다. 다음의 비즈니스 요구사항을 검토해보고 잠재적 이슈에 표시하라.

   - 모든 직원은 고유의 직원 ID를 가져야 한다.
   - 시스템은 직원의 성family mane을 기준으로 직원의 일한 시간을 기록해야한다.
   - 직원들은 하루에 8시간 일해야 한다.
   - 직원 급료는 일한 시간에 7.25달러를 곱한 값이다.
   - 관리자는 아침 교대조로 일하도록 해야 한다.
   - 관리자가 시스템에서 직원을 바꾸거나 지울 수 있어야 한다.

3. 당신은 당신의 비즈니스에 새로운 소프트웨어를 적용하고 있다. 그리고 당신의 프로젝트 팀은 다음의 이유들 때문에 프로젝트를 실패로 이끌고 있다. (1) 프로젝트는 전통적인 폭포수 방법론을 사용 중이다. (2) SDLC가 잘 수행되지 않았거나 개발자가 단계를 건너뛰기로 결정했다. (3) 프로젝트 관리 계획은 분석 단계를 거치면서 발전되었지만, 기존의 프로젝트 관리자가 계획을 갱신하지도, 잘 따르지도 않았고 비즈니스 요구사항도 갱신하지 않았다. 당신의 프로젝트를 다시 정상궤도로 올려놓을 당신의 전략을 기술해보라.

지식 적용하기 프로젝트

프로젝트 1 방법론 배후의 방법들

시그니처 주식회사는 회사 로고가 박힌 머그잔이나 펜과 같은 맞춤 제품을 전문적으로 생산한다. 이 회사는 연매출 4천만 달러 이상이며 300명이 넘는 직원을 고용하고 있다. 이 회사는 수백만 달러짜리 대형

SCM을 구현 중이며, 프로젝트 관리 활동을 인수하기 위하여 막 당신의 프로젝트 관리 아웃소싱 회사를 고용했다.

출근 첫 날, 당신의 팀은 프로젝트가 다음의 이유로 실패 중이라는 이야기를 듣는다.

- 프로젝트는 전통적인 폭포수 방법론을 사용 중이다.
- SDLC는 지켜지지 않으며 개발자는 테스팅 단계를 건너뛰기로 결정했다.
- 프로젝트 관리 계획은 분석 단계에서 발전되었지만 기존의 프로젝트 관리자는 이를 갱신하거나 계획을 지키지 않았다.

이 프로젝트를 정상궤도에 올려놓기 위한 당신의 첫걸음을 결정하라.

프로젝트 2 트래블 스토어

트래블 스토어는 지난 3년간 세 배의 규모로 성장하고, 온라인 판매가 10억 달러도 넘게 증가하면서 딜레마에 직면했다. 이 회사는 비즈니스 프로세스를 새로운 수요에 충족시키기 위해 확장할 수 없기 때문에, 작업을 지속하는 데 어려움을 겪고 있다. 지난 6개월 동안 판매와 이익은 바닥을 쳤고 주식은 급락하고 있다.

트래블 스토어는 수익을 되돌리고 시장에서의 신뢰도를 향상시키기 위해, 신속하고 결단력 있는 행동을 취하기로 결정했다. 최우선 과제 중 하나는 재고 관리 시스템을 잘 파악하여 가장 적절한 수준의 재고를 만들고 판매 수요를 충족시키는 것이다. 이는 주요 판매 품목이 부족한 상황에서 넓은 점포를 보유하거나 판매가 저조한 점포에서 재고가 넘쳐나 헐값에 팔지 않게 한다. 이 회사는 이 기능을 아웃소싱하고 싶어 한다. 하지만 기밀 사항과 범위 정의와 관련된 이슈들뿐만 아니라 이렇게 중요한 비즈니스 기능의 책임까지 넘기는 것에 부담을 느낀다. 회사가 아웃소싱에 갖는 걱정을 해소할 만한 권고사항과 함께, 아웃소싱이 트래블 스토어에 가져다 줄 수 있는 경쟁 이점들을 나열하라.

프로젝트 3 GEM 체육 센터

FIC은 시스템 분석과 설계를 전문으로 하는 거대한 컨설팅 회사이다. 이 회사는 2,000명 이상의 직원을 보유하고 있고, 분기별 수익이 1,500만 달러에 달한다. 이 회사는 모든 프로젝트 실행에서 85%의 성공률을 자랑한다. 이렇게 높은 프로젝트 성공률이 가능한 중요한 이유는 이 회사가 정확하고 완벽하게 높은 수준의 요구사항을 정의하는 능력을 갖고 있기 때문이다.

오하이오 주의 클리블랜드에 위치하고 있는 GEM 체육 센터는 새로운 급료 시스템의 구현에 관심을 갖고 있다. 현재의 급료 프로세스는 수동으로 세 명의 직원이 매달 이틀에 걸쳐 작업해야 한다. GEM 체육 센터는 IT 부서 없이 조달 업무, 맞춤 작업, 새 급료 시스템의 설치, 모두를 FIC에게 아웃소싱하고 있다.

당신은 FIC에서 한 달 조금 넘게 일했다. 당신의 팀은 이제 막 GEM 체육 센터 프로젝트를 맡았고 당신의 첫 번째 업무는 새로운 급료 시스템을 개발하기 위해 초기의 비즈니스 요구사항을 정의하는 것이다.

a. 세 명의 GEM 체육 센터 회계 직원의 증언을 검토하라. 그들은 새로운 시스템에 대한 자신의 희망과 함께 현재 급료 시스템에 대해 상세하게 설명해주었다. 그림 9.28은 직원 짐 파울로, 매기 클리버, 앤 로건의 증언이다.

b. 마무리 사례 2 "비즈니스 요구사항의 모호함을 줄이기"를 읽어보고 견고한 비즈니스 요구사항을 발전시키기 위한 몇 가지 기술을 표시해두어라.

c. 세심한 분석 후에 새로운 시스템에 대한 비즈니스 요구사항을 설명하는 보고서를 만들어라. 가정, 이슈, 질문과 같은 것들을 포함시켜라.

그림 9.28

직원들의 증언

짐 파울로, 영업 관리자

매주 나는 우리 클럽에서 판매된 모든 새로운 멤버십을 검토해야한다. 내 밑의 7명의 영업사원들은 하나를 판매할 때마다 입회비로 50달러를 받는다. 그들은 또한 멤버십 종류에 따라 판매금의 10%를 받는다. 멤버십 종류는 다음과 같다.

- 성인 450달러/월
- 청년 300달러/월
- 가족 750달러/월
- 노인 300달러/월

각각의 영업사원은 시간당 4.50달러를 받고, 초과근무 시에는 25%의 보너스를 더 받는다. 영업사원이 예상 판매량의 200% 이상을 판매하면 수수료에 추가로 25%의 보너스를 받는다. 프로모션 중에 멤버십이 팔리면 수수료는 감소한다. 급여 지급 부서는 영업사원의 시급 계산을 위해 업무 기록표를 사용한다. 나는 급여 지급 부서에서 업무 기록표가 완성되면 모든 업무 기록표에 서명해야한다. 나는 직원 업무 기록표에 적힌 시간을 입증하기 위해 내 영업사원들의 스케줄을 확인한다. 그 다음에 나는 직원별로 받아야 할 가입비와 멤버십 판매에 대한 수수료 목록을 제출해야한다. 나는 내 영업 사원의 모든 휴가와 병가를 검토한다. 그들이 휴가나 병가로 쓸 수 있는 날을 초과하면 나는 그들이 일을 그만두면 모든 부적절한 휴가와 병가에 대한 보상을 해야 함이 적힌 서류에 서명하게 한다.

나는 자동으로 수수료를 계산하고, 앞으로의 예측 판매량을 다룰 수 있는 시스템과 영업사원의 수수료 비율을 분석하는 "무언가"가 있었으면 좋겠다. 나는 영업사원들에게 가서 그들이 4개의 가족 멤버십과 1개의 성인 멤버십을 더 팔면 보너스를 받을 수 있다고 말할 수 있었으면 한다. 나는 또한 우리의 최고 고객들을 위한 프로모션을 디자인할 줄 알았으면 한다. 이런 종류의 것들은 정말로 우리 클럽의 영업에 도움이 될 것이다.

매기 클리버, 급료 관리자

매주 내 업무의 시작은 업무 기록표를 걷는 것이다. 나는 각각의 업무 기록표를 검토해서 직원의 출퇴근 시간이 정확하게 기록되도록 한다. 직원이 기록하는 것을 잊었을 시에는 그 사람의 책임자에게 연락해서 기록했어야 하는 시간이 언제인지를 확인한다. 그리고 업무 기록표에 적힌 시간 중 일반 근무시간과 초과 근무시간, 휴일 근무시간을 나누어 따로 계산한다. 휴가와 병가 역시 따로 계산한다. 한번 이 과정을 마치고 나면 모든 업무 기록표를 각 부서의 책임자에게 보내서 승인을 받는다.

승인된 업무 기록표를 받고 나면 급료를 계산하기 시작한다. 먼저 일반 근무수당을 계산하고, 그 다음에 초과 근무수당을, 마지막으로 휴일 근무수당을 계산한다. 그러고 나서 판매 책임자에게서 받은, 영업사원의 수수료를 더한다. 그 다음에는 에어로빅 강사의 급료를 계산하는데 그들은 시간별이 아니라 강의 횟수에 따라 급료를 받기 때문에 피트니스 코디네이터에게서 강의 일정표를 받아서 계산한다. 이 과정이 모두 끝나면 나는 지불액을 모두 합하고 기록표를 지불금액과 함께, 세금 계산을 담당하는 나의 동료 앤에게 보낸다. 그 다음에 모든 병가와 휴가를 계산하여 개별 문서로 작성한다. 그리고 마지막으로 각각의 직원 이름, 부서, 지불 기간이 적힌 라벨을 출력하여 새로운 업무 기록표에 붙여서 업무 시간 기록기에 갖다 놓는다.

나는 자동으로 직원의 병가와 휴가를 추적하는 시스템이 있으면 좋겠다. 또한 자동으로 일반 근무수당과 초과 근무수당, 휴일 근무수당을 계산해주는 시스템이 있으면 좋겠다. 이런 시스템이 존재하는지는 잘 모르겠지만 직원 업무 기록표를 인증해주는 시스템이 있다면 정말 좋을 것 같다.

앤 로건, 세금 관리자

나는 매기한테서 지불금액을 받는다. 그러고 나서 나는 모든 도시, 주, 연방 정부의 세금을 계산한다. 나는 또한 의료보험과 연금보험을 공제한다. 그 다음엔 직원들에게 수표를 써주고 정부에 세금에 해당하는 수표를 써준다. 나는 수작업으로 근로소득세와 모든 분기의 세금을 계산한다. 또한 나는 주소 변경과 같은 개인정보를 수정할 책임과, 잘못된 금액이 발행되었을 때 수표를 쓸 책임이 있다. 나는 직원들이 휴가나 병가를 초과해서 써서 빚진 금액도 찾아낸다. 나는 모든 직원들에게 급료 수표를 써준다.

나의 업무 중 가장 많은 비중을 차지하는 것은 모든 수표에 대한 현금 결제와 수표로 계산된 총금액을 맞추는 것이다. 수표에 금액이 잘못 기입되는 등, 이 두 금액은 놀라울 만큼 안 맞을 때가 많다.

나는 분기 세금 신고 명세서와 함께, 자동적으로 세금을 계산해주는 시스템이 있으면 좋겠다. 회계감사를 해주는 시스템도 좋을 것 같다.

프로젝트 4 헷갈리는 커피

비즈니스 요구사항은 새로운 시스템이 성공적으로 충족시켜야 하는 일군의 자세한 비즈니스 요청들이다. 예를 들면 다음과 같다. "시스템은 제품, 지역, 영업사원을 기준으로 모든 고객 판매를 추적해야 한다." 이 요구사항은 비즈니스 관점에서 시스템이 무엇을 해야 하는지를, 그것을 어떻게 실현할 것인가에 대한 세부사항이나 정보는 제공하지 않고 말해준다.

당신은 새로운 커피숍을 위한 급료 시스템을 구축하도록 고용되었다. 다음의 비즈니스 요구사항을 검토해보고 잠재적 이슈에 표시하라.

- 모든 직원은 고유의 직원 ID를 가져야 한다.
- 시스템은 직원의 성family name을 기준으로 직원의 일한 시간을 기록해야한다.
- 직원들은 하루에 8시간 일해야 한다.
- 직원 급료는 일한 시간에 7.25달러를 곱한 값이다.
- 관리자는 아침 교대조로 일하도록 해야 한다.
- 관리자가 시스템에서 직원을 바꾸거나 지울 수 있어야 한다.

프로젝트 5 프로젝트를 따기

당신은 대형 통신 회사, 헥스 사와 계약하려고 하는 프로젝트 관리 도급업자이다. IT 담당 수석 부사장 데비 페르난데즈와의 인터뷰는 순조로웠다. 최종 결정전에 그녀가 마지막으로 확인하고자 한 것은 다음 프로젝트들에 대한 우선순위 목록이다. 당신의 우선순위에 페르난데즈가 만족할 경우 당신은 확실히 일을 따낼 수 있다.

다음 프로젝트들의 우선순위를 작성하고, 그렇게 우선순위를 정한 이유를 비즈니스 관점에서 설명하는 보고서를 작성하라.

- 회계 시스템을 업그레이드하기
- 직원 휴가 추적 시스템을 개발하기
- 직원 인트라넷을 보강하기
- 데이터 웨어하우스의 정보를 청소하기
- 20%의 성장 범용성을 보장하기 위한 모든 하드웨어의 성능을 테스트하기
- 직원 복지 시스템의 변경 사항을 구현하기
- 백업 및 복구 전략을 수립하기
- 공급망 관리 시스템을 구현하기
- CRM 시스템을 업그레이드하기
- CEO를 위한 경영진 정보 시스템을 구축하기

프로젝트 6 시간을 지키기

시간 준수 주식회사는 프로젝트 관리 컨설팅을 전문으로 하는 작은 기업이다. 당신은 수석 프로젝트 관리자로, 최근 타히티 태닝 로션 계정을 배정받았다. 타히티 태닝 로션 회사는 최근 모든 내부 IT 프로젝트에서 10%의 성공률(90%의 실패율)을 경험하고 있다. 당신의 첫 번째 임무는 새로운 CRM 시스템을 개발하기 위한 최근의 프로젝트 관리 계획 중 하나를 분석하는 것이다.

프로젝트 관리 계획을 검토하고 이 계획의 오류들을 정리한 문서를 만들어라. 그리고 그 오류들을 어떻게 바로 잡으면 좋을지에 대해 제안하라.

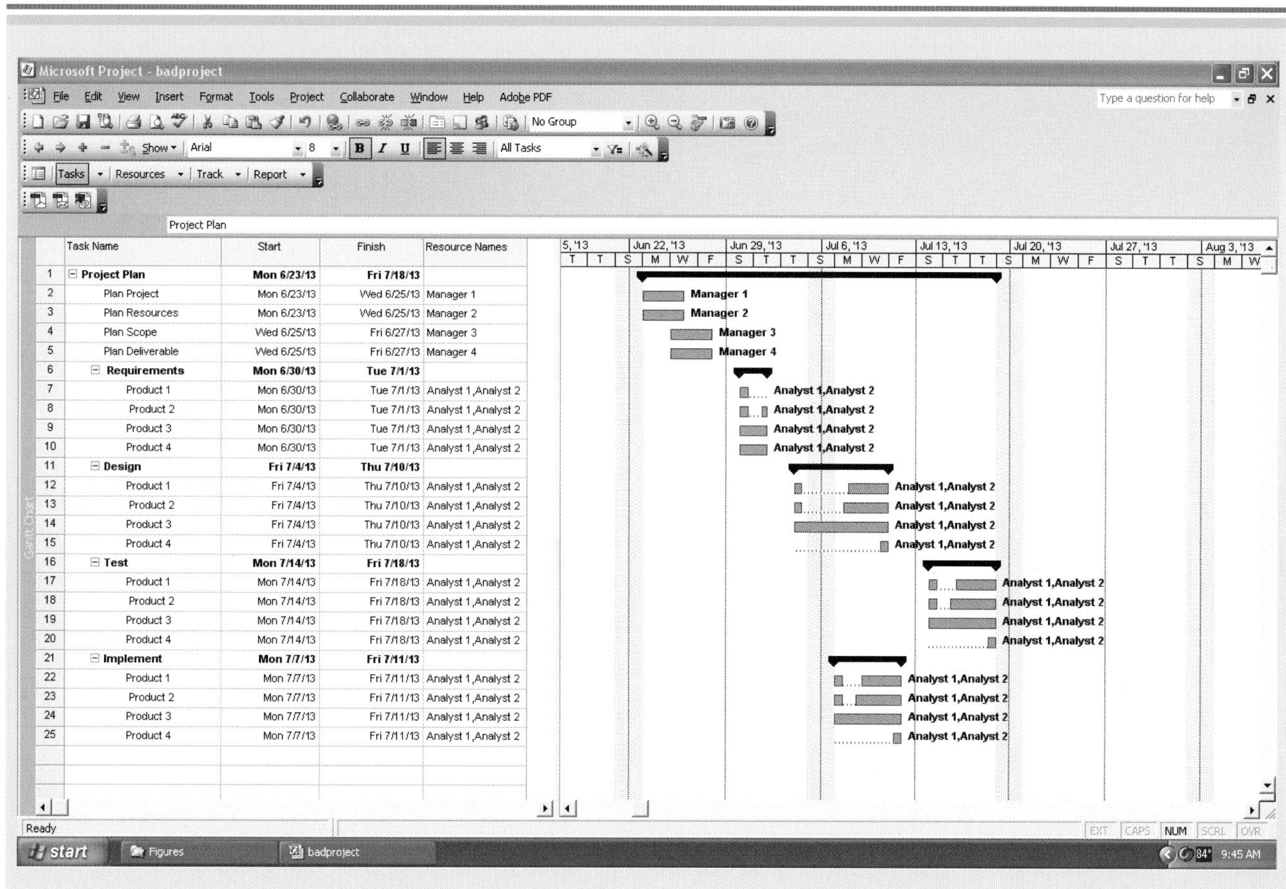

	Task Name	Start	Finish	Resource Names
1	**Project Plan**	**Mon 6/23/13**	**Fri 7/18/13**	
2	Plan Project	Mon 6/23/13	Wed 6/25/13	Manager 1
3	Plan Resources	Mon 6/23/13	Wed 6/25/13	Manager 2
4	Plan Scope	Wed 6/25/13	Fri 6/27/13	Manager 3
5	Plan Deliverable	Wed 6/25/13	Fri 6/27/13	Manager 4
6	**Requirements**	**Mon 6/30/13**	**Tue 7/1/13**	
7	Product 1	Mon 6/30/13	Tue 7/1/13	Analyst 1,Analyst 2
8	Product 2	Mon 6/30/13	Tue 7/1/13	Analyst 1,Analyst 2
9	Product 3	Mon 6/30/13	Tue 7/1/13	Analyst 1,Analyst 2
10	Product 4	Mon 6/30/13	Tue 7/1/13	Analyst 1,Analyst 2
11	**Design**	**Fri 7/4/13**	**Thu 7/10/13**	
12	Product 1	Fri 7/4/13	Thu 7/10/13	Analyst 1,Analyst 2
13	Product 2	Fri 7/4/13	Thu 7/10/13	Analyst 1,Analyst 2
14	Product 3	Fri 7/4/13	Thu 7/10/13	Analyst 1,Analyst 2
15	Product 4	Fri 7/4/13	Thu 7/10/13	Analyst 1,Analyst 2
16	**Test**	**Mon 7/14/13**	**Fri 7/18/13**	
17	Product 1	Mon 7/14/13	Fri 7/18/13	Analyst 1,Analyst 2
18	Product 2	Mon 7/14/13	Fri 7/18/13	Analyst 1,Analyst 2
19	Product 3	Mon 7/14/13	Fri 7/18/13	Analyst 1,Analyst 2
20	Product 4	Mon 7/14/13	Fri 7/18/13	Analyst 1,Analyst 2
21	**Implement**	**Mon 7/7/13**	**Fri 7/11/13**	
22	Product 1	Mon 7/7/13	Fri 7/11/13	Analyst 1,Analyst 2
23	Product 2	Mon 7/7/13	Fri 7/11/13	Analyst 1,Analyst 2
24	Product 3	Mon 7/7/13	Fri 7/11/13	Analyst 1,Analyst 2
25	Product 4	Mon 7/7/13	Fri 7/11/13	Analyst 1,Analyst 2

그림 9.29

CRM 프로젝트 관리 계획

하드웨어와 소프트웨어 기초

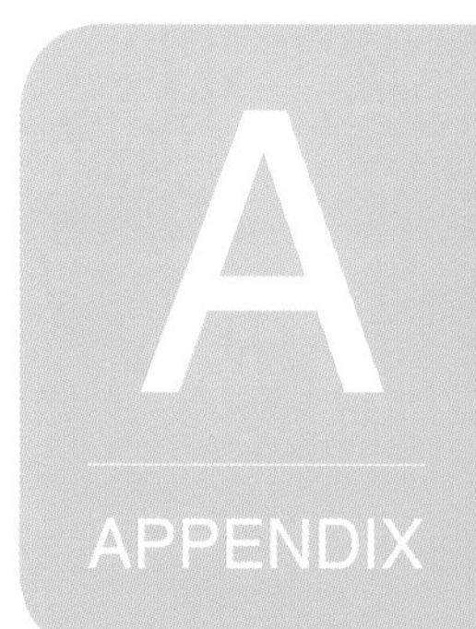

학 습 성 과

A.1 하드웨어의 6가지 종류를 나열하고, 각각의 예를 제시할 수 있다.
A.2 컴퓨터의 종류를 알아보고, 이들이 기업에 어떻게 사용되는지 설명할 수 있다.
A.3 소프트웨어의 두 가지 기본 종류를 알 수 있다.

서론

경영자는 어떤 종류의 하드웨어와 소프트웨어가 현재 및 미래의 비지니스 필요에 적합한지, 그리고 어느 때가 장비 구입의 적기인지, IT 투자를 어떻게 보호해야 하는지 등의 의사결정을 하여야 한다. 이러한 필요성은 경영자가 기술의 전 부문에 전문가가 되어야 하는 것을 요구하는 것은 아니다. 그러나 하드웨어와 소프트웨어의 기초를 이해함으로써, IT 투자 결정에 크게 도움이 된다.

ITinformation technology는 사람들이 정보를 이용하여 일하는 것을 돕고, 정보 및 조직의 정보 처리 필요를 지원하는 컴퓨터 기반 도구를 말한다. 정보 기술은 인터넷, PC, 웹에 연결된 휴대전화, 개인 정보 단말기PDA: personal digital assistant, 프레젠테이션 소프트웨어presentation software 등으로 구성된다. 이들 기술은 각각 특정 정보 처리 과업을 수행하는 것을 돕는다. 정보 기술은 두 가지로 분류된다. 즉, 하드웨어와 소프트웨어다. **하드웨어**hardware는 컴퓨터 시스템과 연관된 외형적 장비들이며, **소프트웨어**software는 특정 과업을 달성할 수 있도록 하드웨어의 집행에 필요한 지침 내용을 말한다. 마이크로소프트 엑셀과 같은 소프트웨어와 키보드, 모니터와 같은 하드웨어는 상호작용을 하면서, 스프레드시트, 그래프 등을 만들어 낸다. 부록 A에서는 컴퓨터 하드웨어와 소프트웨어의 기초를 다루고 있다.

하드웨어 기초

여러 산업에서 컴퓨터 하드웨어의 이용은 경쟁 우위 확보의 열쇠가 된다. 프라이토 레이는 편의점 여러 품목의 전략적 배치와 판매 상황을 추적하기 위하여 휴대용 장비를 사용함으로써 경쟁 우위를 확보하는데 성공하였다. 판매 담당자는 이들 휴대용 장비를 이용하여 판매 가격, 경쟁자 정보, 판매된 품목의 수량, 상점 내에서의 제품의 위치 등을 추적할 수 있었다.

컴퓨터computer는 자체 기억장치에 저장되어 있는 지침의 지시에 따라 운영되는 전자기기로서 데이터를 받아들이고, 조작하며, 저장하는 기능을 지니고 있다. 그림 A.1은 두 가지 컴퓨터 기본 구성요소, 하드웨어와 소프트웨어를 나타낸다. 컴퓨터 시스템은 여섯 가지 하드웨어 부품으로 이루어진다(그림 A.2 참조). 그림 A.3는 이들 부품이 컴퓨터 시스템을 구성하기 위하여 어떻게 서로 공동 작업을 하는지를 보여주고 있다.

중앙처리장치

CPUcentral processing unit를 생산하는 대표적인 제조회사는 인텔(PC의 Celeron 및 Pentium 제품)과 AMD(Athlon 시리즈 제품)이다. AMD는 초기에는 단순히 타 회사의 칩을 모방하고, 인텔의 특징이나 장점을 흉내내어 프로세서를 생산하는 업체로 취급되었으나, 최

그림 A.1

하드웨어 및 소프트웨어 개요

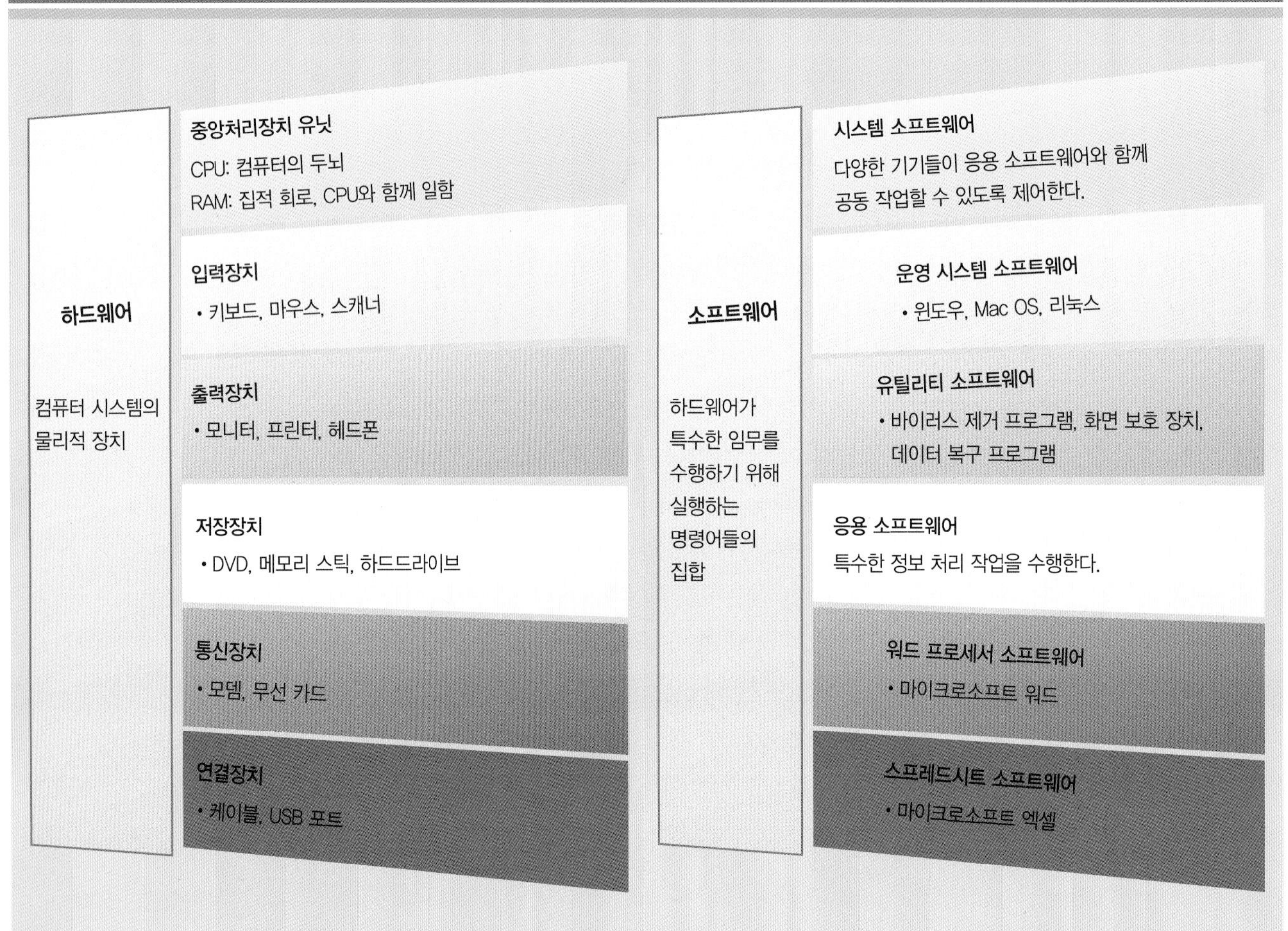

6가지 하드웨어 부품	
중앙처리장치CPU	프로그램(소프트웨어)의 지침을 해석하고 실행하며, 타 하드웨어 장치들의 공동 작업을 조정해주는 하드웨어
주기억장치	컴퓨터의 주기억장치로서 램RAM: random access memory, 캐시 메모리cache memory, 그리고 롬ROM: read-only-memory으로 구성되어 있고, CPU와 직접 연결되어 있음
보조기억장치	장기간 많은 양의 데이터를 저장할 수 있도록 설계된 장치로서, 예를 들면 디스켓, CD, DVD 메모리 스틱 등이 있음
입력기기	정보와 명령 등을 받아들이는 장치로, 예를 들면 마우스, 키보드, 스캐너 등이 있음
출력기기	정보 처리의 결과를 보고, 듣고, 혹은 수용하기 위하여 사용하는 장치로서 모니터와 프린트, 마이크 등을 예로 들 수 있음
통신기기	한 지역에서 타 지역으로 정보를 보내고 받는 데 사용되는 장치로서, 예를 들어 모뎀, 무선 카드 등이 있음

그림 A.2
컴퓨터 시스템의 하드웨어 부품

근 수년 사이에 혁신적인 CPU를 생산하면서, 이제는 인텔에 당당하게 도전하는 위치로 올라섰다. AMD가 프로세서 시장의 주도권을 지니게 된 것은 32비트에서 한 번에 64비트의 데이터를 처리할 수 있는 칩을 생산할 때부터였다. 또한 서버 시장에서 듀얼 코어 프로세서를 처음으로 개발 공급하여 새로운 영역을 개척하였다. AMD의 회장 겸 CEO인 Hector Ruiz는 "우리 회사의 위치에서 우리가 할 수 있는 것은 오직 하나다. 고객과 최종 사용자에게 가까이 다가서고, 그들이 필요로 하고 원하는 것을 이해하며, 경쟁에서 혁신으로 앞서가야 한다. 혁신은 성공을 위한 우리들의 노력의 중심에 위치하여야 하며, 모방으로는 결코 경쟁에서 이길 수 없다."라고 말했다.

CPU(또는 microprocessor)는 프로그램(소프트웨어) 명령어를 설명하고 집행하는 하드웨어이며, 동시에 여러 하드웨어 장치들이 공동 작업을 할 수 있도록 조정하는 역할을 수행한다. CPU는 자그마한 실리콘 박편으로 만들어지며, 이는 수백만 개의 트랜지스터와 같은 용량을 지니고 있다. CPU는 분명히 20세기 최대의 기술 혁명 중의 하나이다.

CPU는 두 개의 주요 부문으로 되어 있다. 즉, 제어장치와 논리연산장치arithmetic-logic unit이다. **제어장치**control unit는 소프트웨어 명령어를 해석하고, 문자 그대로 소프트웨어 명령어를 기반으로 다른 모든 하드웨어 장치들에게 무엇을 해야 할지 알려준다. **논리연산장치**는 산술 연산(예, 덧셈과 뺄셈)과 논리 연산(예, 분류 및 숫자 비교)을 수행한다. 그러므로 제어장치와 논리연산장치는 서로 다른 기능을 수행하고 있다. 제어장치는 소프트웨어로부터 명령어를 받아서, 그것을 해석하고, 타 장치들이 어떤 과제를 수행하여야 할지를 결정한 후, 각 장치에 해당 과제를 수행하도록 알려주는 역할을 한다. 논리연산장치는 제어장치에 응답하고, 어떤 지시든지 따르며, 산술 및 논리 연산을 행하게 된다.

초당 CPU 사이클 수는 CPU가 소프트웨어 명령어를 얼마나 빨리 실행하느냐를 결정한다. 즉, 초당 사이클 수가 많다는 것은 연산처리가 빠르다는 것을 의미한다. CPU의 속도가 빠르면 느린 것보다 비싸진다. CPU의 속도는 일반적으로 메가헤르츠와 기가헤르츠로 표시된다. **메가헤르츠**MHz: megahertz는 초당 CPU 사이클이 백만이고, **기가헤르츠**

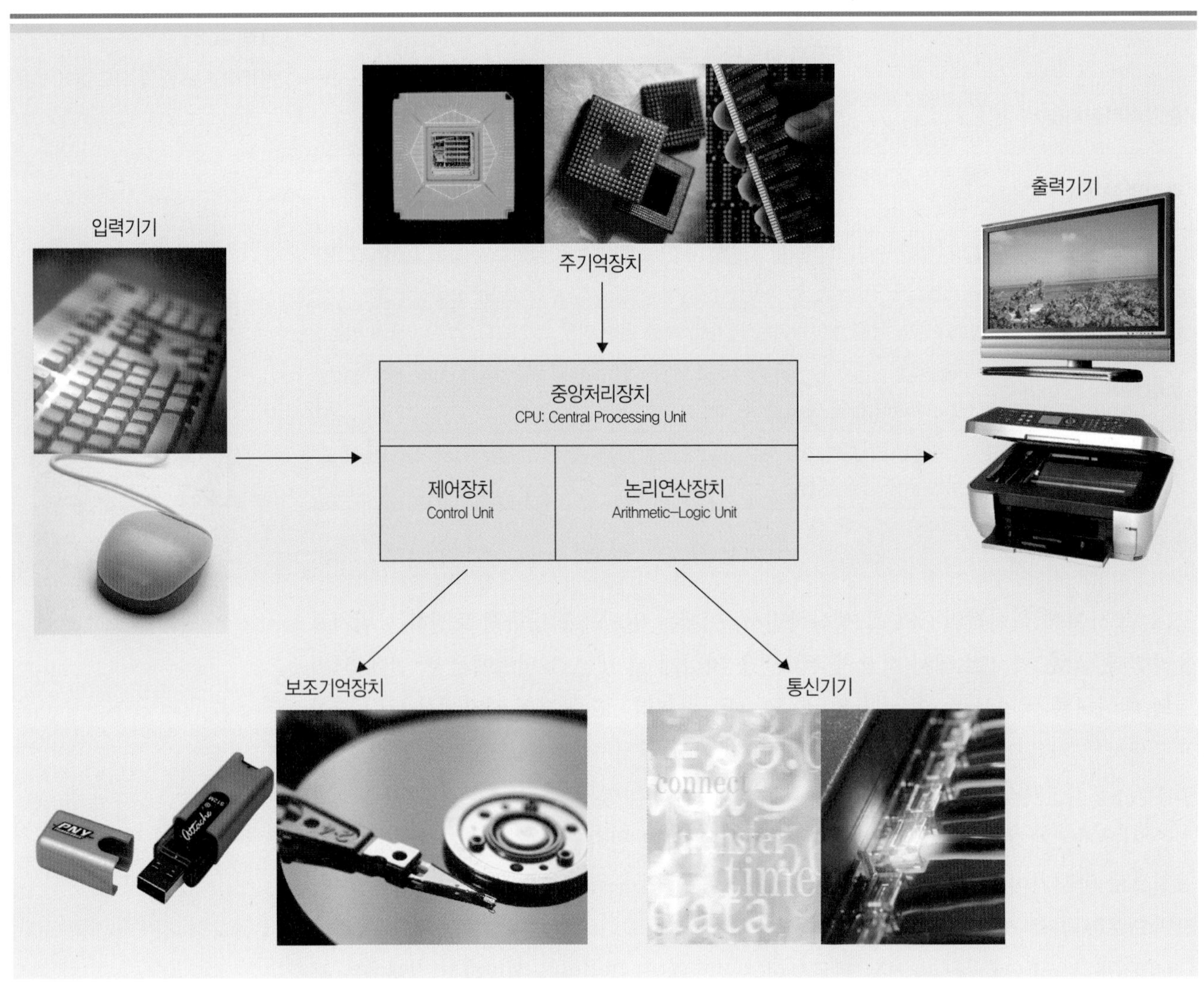

그림 A.3

하드웨어 부품이 어떻게 상호 공동 작업을 하는가?

GHz: gigahertz는 초당 CPU 사이클이 10억이다. 그림 A.4은 CPU의 속도를 결정하는 요소들을 예시하고 있다.

CPU 설계의 발전 칩 메이커들은 CPU에 보다 많은 기능을 추가시켰다. 대부분의 CPU는 **CISC**complex instruction set computer **칩**으로 되어 있는데, 이는 100개 또는 그 이상의 명령어를 인식하는 CPU의 한 형태이며, 대부분의 주소계산computation을 직접 수행할 수 있다. **RISC**reduced instruction set computer **칩**은 컴퓨터의 처리 속도를 증가시키기 위하여, CPU가 실행할 수 있는 명령어의 수를 제한한다. RISC는 명령어 장치를 최소화하되, 명령어 자체를 강조하고, 적정화하여, 가능한 최대 속도를 내게 한다. 따라서 RISC 프로세서가 CISC 프로세서보다 속도가 빠르다.

수년 내에 보다 뛰어난 성능, 시스템 관리능력, 가상화, 보안, 컴퓨터의 특징 등이 CPU에 반영될 것이다. **가상화**virtualization는 CPU가 창조한 메모리 공간으로, 컴퓨터가 새로운 가상 컴퓨터를 창조해 내는 것을 말한다. 즉, 각각의 가상 컴퓨터는 타 가상 컴퓨터와는 달리 자체 프로그램을 운영할 수 있다.

그림 A.4
CPU 속도를 결정하는 요소

CPU 속도 요소
시계 속도–컴퓨터 처리 회로 내부에서 연산을 어느 정도의 속도로 진행할지 결정하는 CPU 내부의 시계 속도. 시계 속도는 MHz와 GHz로 측정되며, 시계 속도가 빠르다는 것은 고도의 연산처리를 요하는 과제, 예를 들면 스프레드시트의 재작성과 같은 업무를 수행할 수 있다는 의미이다.
단어 길이–한번에 CPU가 처리할 수 있는 비트(0 또는 1)의 수. 컴퓨터는 전자기파를 이용하여 비트와 바이트 단위로 작동한다. 전자기파는 두 가지 상태를 갖는다. 즉 'on'과 'off'이다. 2진수는 컴퓨터가 처리하는 정보의 최소 단위이다. 비트는 1(on) 또는 0(off)이 될 수 있다. 8개의 비트 그룹이 일반 언어의 문자를 표현하며, 바이트라고 부른다.
버스 폭–컴퓨터의 한 장치에서 다른 장치로 신호가 전달되는 내부 전자 통로의 크기. 버스가 넓을수록 많은 데이터를 이동할 수 있고, 처리 속도도 빠르다.
칩 라인 폭–칩에 있는 트랜지스터들 간의 거리. 칩 라인 폭이 짧을수록, 칩이 빨라진다. 왜냐하면 더 많은 트랜지스터가 칩에 배열될 수 있고 데이터와 명령어의 이동 거리도 짧기 때문이다.

주기억장치

주기억장치primary storage는 컴퓨터의 대표적인 기억장치로서, RAM, 캐시 메모리, ROM으로 구성되어 있고, CPU와 직접 연결되어 있다.

RAM RAMrandom access memory은 컴퓨터의 주요 작업 메모리로서, 프로그램 명령어와 데이터가 저장되어 있어, 프로세서의 고속 데이터 버스를 통하여 CPU와 직접 연결된다.

RAM은 읽기/쓰기 메모리라고 말하기도 한다. 이는 CPU가 RAM에서 데이터를 읽고 쓰기 때문이다. 대부분의 프로그램은 일시적인 작업 공간으로 RAM의 일부를 보유하고 있는데, 이는 데이터가 하드 디스크나 메모리키와 같은 제2차 저장장치에 저장되거나 또는 프린트하기 이전에 필요한 경우, 수정할 수 있게 해준다. 그러나 컴퓨터 전원이 꺼지면, RAM은 그 내용을 유지하지 못한다. 따라서 컴퓨터 작업자는 자주 자신의 작업 내용을 저장하여야 한다. 컴퓨터가 꺼지면, RAM에 있는 내용이 모두 사라진다. **휘발성**volatility은 전원이 꺼졌을 때, RAM이 저장하고 있는 정보의 소실을 말한다. RAM은 휘발성이 강하기 때문에, 전원의 공급이 중단되면 그 내용이 모두 사라진다.

캐시 메모리 **캐시 메모리**cache memory는 작은 단위의 초고속 메모리로서, 주로 최근에 사용한 자료를 저장하는데 사용된다. 그래서 CPU는 이들 자료를 RAM과 같은 속도가 느린 메모리 회로를 이용하여 자료를 탐색할 필요가 없다. 캐시 메모리는 CPU 회로와 직접 연결되어 있어, 제1캐시primary cache라고 불리기도 한다. 외부 회로에 연결되어 있는 캐시 메모리는 제2캐시secondary cache라고 한다.

ROM ROMread-only memory은 1차 저장장치에 속하며, 전원이 꺼져도 그 내용이 소실되지 않는다. ROM은 비휘발성nonvolatile이며, 지속적인 전원 공급이 필요하지 않다. ROM은 사용자와 컴퓨터가 지울 수 없는 필수적인 내용인 시스템 프로그램을 포함하고 있다. 컴퓨터가 작동되는 초기에는 컴퓨터 메모리가 비어 있기 때문에, 작동 명령어 없이는 어떠한 기능도 이행할 수 없다. 이러한 명령어가 ROM에 저장되어 있다.

플래시 메모리flash memory는 견고하고, 휴대 가능한, 그리고 재작성 가능한 ROM의 특수한 형태이다. **메모리 카드**memory cards는 영상, 음악, 텍스트 파일과 같은 자료를 수록할 수 있는 대용량의 저장장치이다. 메모리 카드는 이동 가능하며, 카드 용량이 가득차면 새로운 카드에 입력하면 된다. 카드는 지울 수도 있고, 재사용도 가능하다. 메모리 카드는 주로 카메라, 휴대전화, PDA 등과 같은 디지털 장비에 많이 사용된다. **메모리 스틱**memory sticks은 컴퓨터, 디지털 카메라, MP3 player, PDA와 같은 휴대용 장비에 사용되는 비휘발성 메모리이다.

보조기억장치

저장장치는 데이터의 양이 폭발적으로 증가함에 따라 기업의 뜨거운 관심 영역이 되고 있다. IDC의 시장 조사에 의하면, 저장장치 판매량은 매년 16% 이상 성장하여 2004년에는 약 80억 달러에 달하였다. **보조기억장치**secondary storage는 대량의 정보를 장기간 저장하기 위하여 설계된 장비이다. 따라서 비휘발성이며, 컴퓨터 전원이 꺼져도 내용물이 소실되지 않는다. 하드 디스크와 같은 일부 저장장치는 업데이트도 쉽고 용량도 크다. 또한 CD-ROM과 같은 경우는 업데이트는 제한되어 있지만, 대용량 저장이 가능하다.

저장 용량은 바이트로 표현하는데, 주로 메가바이트가 가장 많이 사용된다. **메가바이트**MB: megabyte는 약 백만 바이트이다. 그러므로 256MB RAM의 컴퓨터는 RAM이 약 256 백만 문자의 데이터와 소프트웨어 명령어를 처리할 수 있음을 의미한다. **기가바이트**GB: gigabyte는 약 10억 바이트이며, **테라바이트**TB: terabyte는 약 1조 바이트를 말한다(그림 A.5 참조).

대부분의 표준적인 데스크 탑은 80GB 이상의 저장 용량을 가진 하드 드라이브를 갖고 있다. 대형 조직의 컴퓨터 시스템에서 사용하는 하드 디스크 드라이브는 100TB 이상이다. 예를 들면 일반적인 텍스트의 더블 스페이스 한 페이지에 약 200자이다. 따라서 40GB(약 400억 글자) 하드 디스크 드라이브는 약 2천만 페이지의 텍스트를 갖고 있는 셈이 된다.

일반 저장장치는 다음의 두 가지로 나누어진다.

- 자기 저장장치magnetic medium
- 광 저장장치optical medium

그림 A.5

2진 용어binary terms

용어	크기
킬로바이트KB: kilobyte	1,024 바이트
메가바이트MB: megabyte	1,024 KB 1,048,576 바이트
기가바이트GB: gigabyte	1,024 MB (10^9 바이트)
테라바이트TB: terabyte	1,024 GB (10^{12} 바이트) 1 TB = 1 TB의 프린트 양은 약 50,000그루의 나무가 종이로 만들어져야 함
페타바이트PB: petabyte	1,024 TB (10^{15} 바이트) 200 PB = 1995년 세계 디지털 마그네틱 테이프의 총 생산량과 같은 양
엑사바이트EB: exabyte	1,024 PB (10^{18} 바이트) 2 EB = 연간 생산되는 전 세계의 정보량 5 EB = 인류가 지금까지 나눈 모든 언어의 총량

자기 저장장치 **자기 저장장치**magnetic medium는 자기 기술을 이용한 2차 저장매체로서, 자성 물질magnetically sensitive materials을 입힌 디스크나 테이프가 데이터를 저장하거나 탐색하는 데 이용된다. 이들 자성 물질은 자장이 통과할 때 재정렬된다. 기록 작업 중에는 읽기/쓰기 헤드가 디스크나 테이프에 있는 매체를 읽는 자장을 방출한다. 읽기 작업 중에는 읽기/쓰기 헤드가 매체에 있는 부호화된 데이터를 읽는다.

자기 매체 가운데 제일 처음 등장한 것이 마그네틱 테이프이다. **마그네틱 테이프**magnetic tape는 초기의 2차 저장매체로서, 자성이 민감한 매체를 입힌 얇은 플라스틱 스트립을 사용하고 있다. 가장 많이 사용되는 자성매체는 하드 드라이브hard drive이다. 하드 드라이브는 자성 매체를 입힌 단단한 디스크이며, 기록 헤드가 밀봉 시스템으로 저장되어 있다. 하드 드라이브의 성능은 호출 시간, 탐색 시간, 회전 속도 및 데이터 전송 속도 등으로 측정된다.

광 저장장치 광 저장장치는 2차 저장장치로, 정보가 아주 작은 구멍 형태로 아주 높은 밀도로 저장되어 있다. 구멍의 존재 여부는 레이저 빔에 의하여 파악된다. 광 저장장치 종류는 다음과 같다.

- CD-ROMcompact disk read-only memory: CD-ROM에 있는 데이터를 읽고, 이 데이터를 컴퓨터로 이체하도록 설계된 광 드라이브
- CD-RW **드라이브**compact disk-read-write drive: 이용자가 기존 데이터를 지우고, 새로운 데이터를 반복적으로 CD-RW에 기록할 수 있는 광 드라이브
- DVDdigital video disk: 최대 17GB의 데이터를 저장할 수 있는 CD-ROM 포맷. 장편 영화 한 편에 해당하는 저장 용량임
- DVD-ROM **드라이브**DVD-ROM drive: DVD에 있는 데이터를 읽고, 컴퓨터로 이체하도록 설계된 읽기 전용read-only의 드라이브

- **DVD-RW**digital video disk-read-write: DVD 디스크와 재생/녹화 메커니즘의 표준 형태로, 이용자가 DVD 포맷으로 녹음할 수 있게 함

CD-ROM과 DVD는 데이터와 프로그램 저장을 위한 경제적인 매체로 점차 인기를 얻고 있으며, 2차 저장장치의 전반적인 추세는 더욱 직접적인 호출 방법을 추구하고, 그리고 싸고 휴대가 편리하면서도, 용량이 큰 것을 원한다.

입력기기

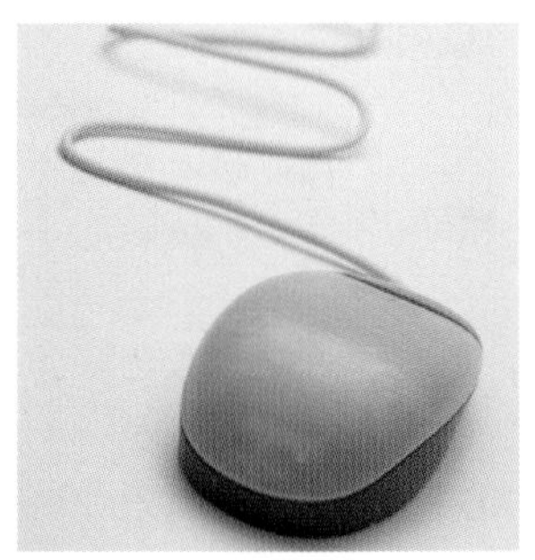

입력기기input device는 정보와 명령어를 확보하기 위하여 사용되는 장비이다. 키보드는 정보를 타이프로 입력하기 위하여 사용되며, 마우스는 지적하거나 단추와 아이콘에 클릭하기 위하여 사용한다. 스타일러스stylus는 펜처럼 사용되는 기기로, 명령어 입력을 위해 스크린을 터치하는데 사용된다. 많은 입력 장치가 서로 다른 환경에서 사용되고 있으며, 이들 중의 일부는 기업 환경보다 개인 환경에 적당한 시스템도 있다. 키보드, 마우스, 스캐너는 가장 일반적인 형태의 입력기기이다(그림 A.6 참조).

새로운 형태의 입력기기는 운동과 비디오 게임을 동시에 할 수 있게 한다. 파워그리드 피트니스 사의 킬로와트 스포츠는 사람들이 좋아하는 비디오 게임과 근육 운동을 결합하였다. 타원형의 트레이너를 이용할 수 있는 조이스틱을 가진 플레이스테이션이나 엑스박스 게임을 선택하면 된다. 게임에 착수한 후, 참여자는 플랫폼에 서서 저항 막대기를 여러 방향으로 밀고 당기며 게임에서 발생하는 것을 통제하면 된다. 다양한 움직임은 몸의 각 부분 — 가슴, 팔, 어깨, 복부, 등 —의 근육 그룹을 목표로 한다. 기계의 화면은 들어 올린 파운드, 현재의 저항력 수준 등의 정보를 보여준다. 그리고 플레이어는 난이도를 바꾸기 위해서 원 터치 조정을 사용한다.

적응 컴퓨터 기기adaptive computer device는 다양한 특별 기능이 요구되는 유형의 사람들을 대상으로 한 특수 응용프로그램을 위해 설계된 입력기기이다. 예를 들어 시각 장애인들이 사용하는 촉각으로 식별 가능한 표면을 가진 키보드가 있다.

또 하나의 새로운 입력기기는 정지형 자전거이다. 미국 MIT의 졸업생과 재학생의 컴퓨터 설계 팀은 사이클스코어라는 비디오 게임과 자전거를 통합한 제품을 만들었다. MIT 학생들은 시장에 나와 있는 현재의 게임을 테스터 해보며, 이용자들이 게임에 몰두하기 위하여 페달 밟기를 중단하고 있는 것을 관찰하였다. 그러나 이들 학생들은 이용자들을 끌어드리기 위하여, 운동을 하면서 동시에 심박수도 모니터링 하고, 이용자의 자전거 능력에 따라 게임의 난이도를 조정할 수 있도록 설계하였다. 게임을 하면서 선수는 열기구를 산 위로 띄우기 위하여 페달을 밟아야 하며, 동시에 동전을 모으고, 이동하는 목표물에 사격을 한다.

수동 입력기기	
키보드	• 알파벳, 숫자, 구두점, 부호, 컨트롤 키 등을 제공한다.
마우스	• 손바닥 크기의 컨트롤 버튼으로 키보드 가까운 위치에 있는 책상 위에서 자유롭게 움직인다.
터치패드	• 노트북에서 보통 스페이스바 아래에 위치해 있다.
터치스크린	• 명령어 실행을 위해 모니터 화면을 손가락으로 선택하여 터치한다.
포인팅 기기	• 출력 화면 위에서 움직이거나 대상을 선택할 때 사용되는 장치이다.
게임 컨트롤러	• 게임에서 화면 동작의 좀 더 나은 제어를 위해 사용되는 장치이다.

자동 입력기기	
이미지 스캐너	• 종이 위해 이미 존재하는 이미지, 사진, 그래픽, 텍스트 등을 읽어 들인다.
바코드 스캐너 bar code scanner	• 수직 막대기bar 형태로 존재하는 정보를 수집한다. 막대기의 넓이와 간격이 수number를 결정한다.
생체 인식 스캐너	• 보안을 목적으로 지문이나 홍채 등과 같은 인간의 물리적 특성을 수집한다.
광 마크 인식OMR	• 미리 정의된 공간에서 마크의 있고 없음을 파악한다(다항문제 선택을 위해 주로 활용).
광 문자 인식OCR	• 텍스트를 디지털 포맷으로 변환시켜 컴퓨터에 입력한다.
디지털 스틸 카메라	• 다양한 해상도의 스틸 이미지를 디지털 방식으로 캡처한다.
디지털 비디오카메라	• 비디오를 디지털 방식으로 캡처한다.
웹캠	• 디지털 방식으로 비디오를 캡처하여 인터넷에 바로 업로드한다.
마이크로폰	• 목소리 인식 소프트웨어에 사용되는 목소리와 같은 소리들을 캡처한다.
판매시점관리POS	• 거래시점에서 정보를 포착한다. 주로 소매점에서 많이 사용한다.

그림 A.6
입력기기

출력기기

출력기기output device는 정보 처리 결과를 읽고, 듣고, 받아들이는 장비이다. 대표적인 출력기기는 프린트기와 모니터이다. 그러나 스피커와 플로터(페이지에 출력물을 그리는 특수 인쇄기)가 역시 널리 사용된다(그림 A.7 참조). 뿐만 아니라 출력기기는 컴퓨터가 저장하고 있는 정보를 읽기 쉬운 형태로 전환시켜준다.

센서 기술을 이용한 새로운 출력기기가 미국 수화를 언어로 번역하여, 수화를 사용하는 수백만의 사람과 수화를 잘 알지 못하는 사람들과의 대화를 도와주고 있다. 액셀글로

모니터

음극선관 CRT: Cathode Ray Tube	• 전자 빔을 방출하는 전자총을 사용하는 진공관으로, 빔이 화면 위를 계속하여 스쳐 가면 화면에 인광체를 나타낸다. 모니터를 CRT라고도 한다.
액정표시 LCD: Liquid Crystal Display	• 랩톱 컴퓨터에 사용되는 전력 소모가 적은 표시 기술로, 막대기 모양의 크리스털 미립자들이 전류가 흐를 때 방향을 바꾼다.
발광 다이오드 LED	• 화면 위의 이미지를 개선하기 위해 배면광으로 사용되는 작은 전구
유기 발광 다이오드 OLED	• 빛을 발생시키는 유기화합물을 사용하여 배면광이 필요 없는 디스플레이

프린터

잉크젯 프린트기 Ink-jet printer	• 잉크 방울을 노즐로 주입시키며, 이미지를 형성하는 프린트기
레이저 프린트기 laser printer	• 사진 복사기처럼 정전기 프로세서를 사용하여 이미지를 형성하는 프린트기
다기능 프린터	• 하나의 기기에서 스캔, 복사, 팩스, 프린트 등의 작업을 할 수 있는 프린터
플로터Plotter	• 컴퓨터로 조정되는 펜들을 이용하여 고품질 이미지, 청사진, 도표 등을 만들어내는 프린트기
3D 프린터	• 3차원 고체 물품을 만들어낼 수 있는 프린터

그림 A.7
출력기기

브는 센서가 반지에 내장되어 있고, 장갑 내부에 선이 배열되어 있는 장갑이다. 가속도계라 불리는 센서는 속도를 측정하고, 손가락이나 손의 동작을 분류하여 번역한다. 팔꿈치와 어깨에 추가로 연결된 장치로, 팔 전체의 동작으로 표시되는 수화를 포착한다. 이용자들이 장갑을 끼고 수화 표시를 보내면, 장갑 내의 소프트웨어 알고리즘은 수화를 언어로 바꾼다. 번역은 언어 합성 장치를 통하여 중계되거나, 또는 PDA 크기의 컴퓨터 화면에서 읽혀진다. 발명가 Jose L. Hernandez-Rebollar는 수화 알파벳만을 번역할 수 있는 한 쪽 장갑으로 시작하였으나, 이제는 1,000단어를 수록하는 두 쪽의 장갑을 사용하고 있다.

새로운 출력기기가 나날이 개발되고 있다. 영국회사 Needapresent.com은 진동하는 USB 마사지 볼을 개발하였다. 이 마자지 볼을 컴퓨터의 USB 포트에 플러그를 접속하면, 저녁 오랫동안 컴퓨터 작업과 논문 작업으로 피로에 쌓인 몸을 따뜻한 마사지로 풀어준다. 이 회사는 USB 포트에 접속하는 커피잔 온열기기도 개발하였다.

통신기기

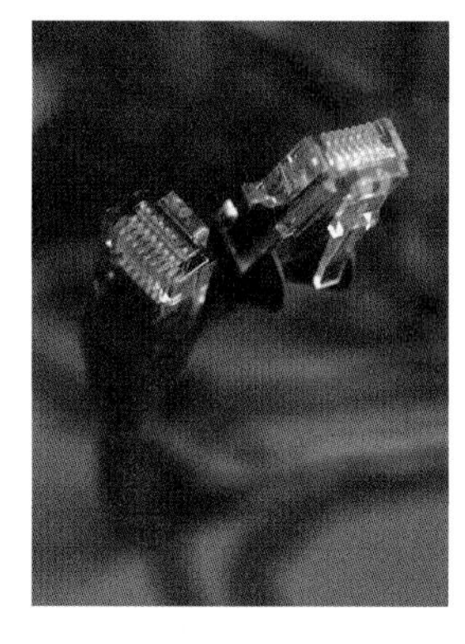

통신기기communication device는 한 지역에서 다른 지역으로 정보를 보내고 받는데 사용되는 장비를 말한다. 전화 모뎀은 컴퓨터를 전화선에 연결함으로써 타 컴퓨터와 접속된다. 컴퓨터는 디지털 신호로 작동하지만, 전화선은 아날로그 신호로 전달된다. 그리고 디지털 신호는 비트(0 또는 1)로 표시된다. 따라서 모뎀은 컴퓨터의 디지털 신호를 아날로그 신호로 전환시켜 전화선을 통하여 전달되게 한다. 한편 다른 쪽의 모뎀은 아날로

반송 기술	내용	속도	참고사항
전화회선 접속 Dial-up access	모뎀과 일반 전화선의 접속	2,400 bps–56 Kbps	▪ 저렴하나 느림
케이블	특수 케이블 모뎀과 케이블 선이 요구됨	512 Kbps–20 Mbps	▪ 지역에 기존 케이블이 있어야 함 ▪ 대역폭이 공유됨
DSL Digital Subscriber Line	이 기술은 일반 전화선의 사용되지 않는 디지털 부분을 사용하여 정보를 전달한다. 특수 모뎀이나 어댑터 카드가 요구됨	128 Kbps–8 Mbps	▪ 일반 전화 사용을 방해하지 않음 ▪ 대역폭은 전용임 ▪ 전화 회사의 교환대와 5km 이내에 있어야 함
무선(LMCS)	무선 송수신기를 이용하여 LMCS 망과 같은, 고속 셀룰러망에 접속함	30 Mbps 또는 이상	▪ 고속 데이터, TV 방송, 무선전화 서비스에 사용됨
위성	새로운 버전은 쌍방 위성 접속이 가능하며, 전화선이 필요 없음	6 Mbps 또는 이상	▪ 대역폭은 공유 불가 ▪ 일부 연결은 기존 인터넷 서비스 요구 ▪ 설치 수수료는 500~1,000달러

그림 A.8
각종 모뎀의 비교

그 신호를 디지털 신호로 전환시켜 줌으로써, 상대편의 컴퓨터가 이를 이용할 수 있다. 그림 A.8은 여러 형태의 모뎀을 보여주고 있다.

컴퓨터 종류

오늘날의 슈퍼컴퓨터는 200테라플롭teraflop, 즉 지구상의 전 인구가 1초에 35,000번의 계산을 할 수 있는 용량을 훨씬 넘는 처리용량을 지니고 있다(그림 A.9 참조).

지난 20년간 미연방정부의 슈퍼컴퓨터에 대한 연구 지원은 컴퓨터 산업에 획기적인 기술 창출을 이루었다. 즉,

그림 A.9
슈퍼컴퓨터

그림 A.10
컴퓨터 종류

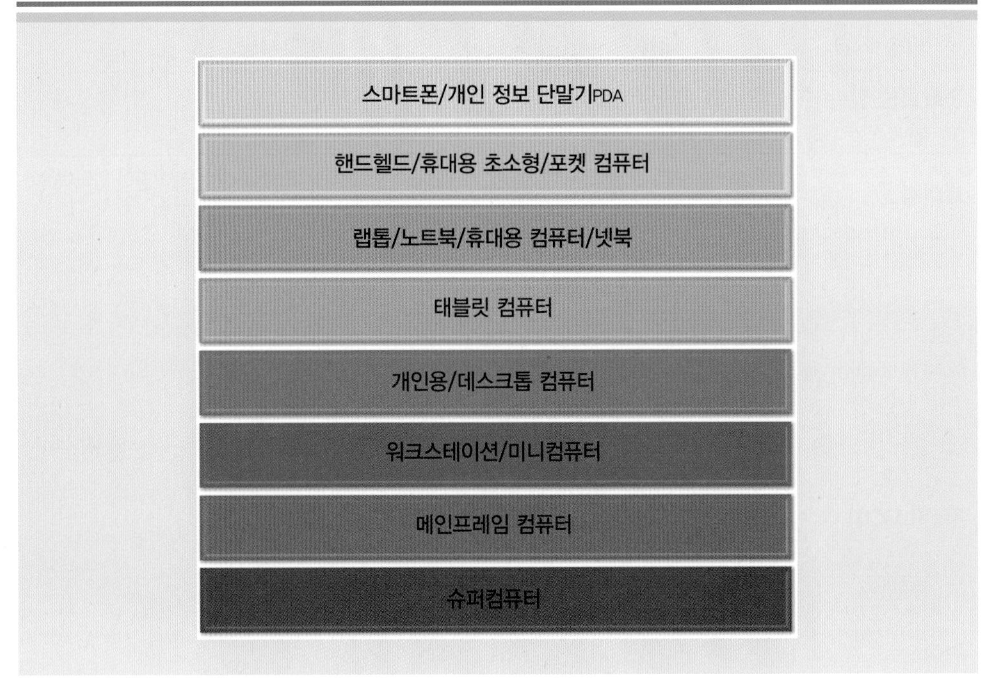

컴퓨터 종류	설명
스마트폰	여러 프로그램, 음악, 사진, 이메일 등의 다양한 기능과 PDA의 여러 기능을 갖춘 키패드 달린 휴대전화
개인 정보 단말기PDA	간단한 노트, 일정 관리, 주소록, 달력 등의 업무를 수행할 수 있는 휴대형 컴퓨터로 터치에 민감하고, 화면에 직접 기록하고, 기록 사항을 파악하기도 함
핸드헬드(초소형 휴대용, 포켓) 컴퓨터	지갑에나 주머니에 넣을 수 있을 정도로 작은 컴퓨터로 자체적인 전원 공급원이나 배터리를 사용함
랩톱(휴대용, 노트북) 컴퓨터	무릎 위에 놓고 사용하거나 가방에 넣을 수 있는 크기의 휴대용 컴퓨터로 자체 전력 공급원이나 배터리를 사용함
태블릿 컴퓨터	키보드 대신 손가락 끝이나 마우스를 이용해 입력하는 평면 스크린 컴퓨터
개인용 컴퓨터 (마이크로컴퓨터)	사용자가 취향에 맞게 기능을 구성할 수 있는 개인 사용자를 위한 컴퓨터
데스크톱 컴퓨터	수평 시스템 박스(CPU, RAM, 저장기기 등이 있음)와 그 위에 모니터가 있음. 또는 수직 시스템 박스(타워라고 부르기도 함)가 작업장 내부의 마루 위에 위치함
워크스테이션 컴퓨터	데스크톱과 유사하나 보다 수학과 그래픽 처리 능력이 강력하며, 짧은 시간에 복잡한 과제를 처리할 수 있음. 대개 소프트웨어 개발, 웹 개발, 엔지니어링, e-비즈니스 도구로 사용됨
중형 컴퓨터Minicomputer	소형 또는 중간 크기의 기업 환경에서 여러 사람이 동시에 컴퓨터를 사용할 수 있음. 일반적인 형태는 서버이며 회사 내부 네트워크와 웹사이트를 관리하는 데 사용됨. 데스크톱에 비해 훨씬 강력하고, 가격이 비쌈
메인프레임 컴퓨터	대규모 기업에서 수백 명이 함께 컴퓨터를 사용할 수 있도록 설계되어 있으며, 중형 컴퓨터보다 크기, 용량, 비용면에서 규모가 큼. 비용은 백만 달러를 초과하며, 1초에 1조의 명령어 처리 속도를 갖고 있음(데스크톱은 1초에 25억 명령어 처리). 수백 명의 프로세싱 요구를 동시에 처리할 수 있음
슈퍼컴퓨터	가장 빠르고, 강력하며, 비싼 컴퓨터로 NASA와 같은 방대한 자료와 엄청난 속도를 요하는 조직이 사용하며, GM, AT&T와 같은 고객 지향의 경영을 추구하는 대기업도 고객 정보와 거래 처리를 위하여 사용함

- 수천 개의 PC를 네트워크로 묶을 수 있게 한 집단화clustering
- 두 개 또는 그 이상의 과제를 동시에 처리할 수 있는 능력을 제공하는 병행 처리 시스템parallel processing
- Netscape로 발전하고, 웹을 널리 잘 알린 모자이크 브라우저mosaic browser

연방 정부가 지원한 슈퍼컴퓨터는 여러 산업을 발전시켰는데, 대표적인 것으로 제조업의 진보, 생명공학 분야의 유전 연구, 그리고 실시간 기반의 금융 시장 모델링을 들 수 있다.

컴퓨터의 모양, 크기, 색체는 가지각색이다. 그리고 이것들은 다양한 니즈를 충족한다. **어플라이언스**appliance는 계산기나 컴퓨터 게임과 같은 한 가지 기능에 집중한 컴퓨터이다. **전자책**ebook은 컴퓨터나 특수한 단말기를 이용해 읽을 수 있는 디지털 책이다. 운반하기 쉬운 작은 것도 있고, 어떤 것은 전화 부스booth 만큼이나 큰 것도 있다. 그러나 크기가 용량, 속도, 가격과 반드시 상관관계를 갖고 있지는 않다(그림 A.10 참조).

MIT 미디어 랩은 저개발국의 학생들에게 배급할 목적으로 각국 정부 기관에 한대 당 100 달러 정도의 랩톱을 개발하고 있다. 모델의 단순화 및 기기의 재조정으로 100달러까지 원가를 인하하였다. 현행 랩톱 가격 중의 반 정도는 마케팅, 판매, 유통 비용 및 이윤으로 구성되어 있고, 나머지 중에서 약 반 정도는 디스플레이 패널과 백라이트, 그리고 나머지는 운영 시스템 비용이다. 저가 랩톱은 25달러 이하의 디스플레이 시스템, 500MHz의 AMD 사의 프로세서, 무선 LAN, 1기가 용량, 그리고 Linux의 운영 시스템을 사용한다. 이 컴퓨터는 타 종류와 자동적으로 접속된다. 중국과 브라질은 이미 3백만 대와 1백만 대를 각각 주문하였다. MIT의 목표는 매년 약 1.5억 대의 랩톱을 생산하는 것이다.

소프트웨어 기초

하드웨어는 그것을 운영하는 소프트웨어만큼 좋다. 지난 수년간 하드웨어의 비용은 줄었지만, 소프트웨어의 비용과 복잡성은 꾸준히 증가하였다. 예를 들면 고객 관계 관리와 같은 응용 소프트웨어는 수백만 라인의 코드가 필요하고, 개발에도 수년이 걸리며 수백만 달러의 비용이 든다. 소프트웨어는 두 가지 형태가 있다. 시스템 소프트웨어와 응용 소프트웨어이다.

시스템 소프트웨어

시스템 소프트웨어system software는 여러 가지 기기들이 응용 소프트웨어와 함께 공동 작업을 할 수 있도록 통제하는 기능을 한다. 시스템 소프트웨어는 운영체제 소프트웨어와 유틸리티 소프트웨어의 두 가지로 구성된다.

운영체제 소프트웨어 수줍음을 잘 타는 필랜드 출신의 프로그래머 리누스 토발드Linus Torvalds가 세계적인 최고 경영자가 되리라고 예상하기 어려웠다. 그러나 그가 대학생 시절에 발명한 소프트웨어 프로젝트, 리눅스Linux는 이제 컴퓨터 세계에서 가장 강력한 영

그림 A.11

운영체제 소프트웨어

운영체제 소프트웨어	
리눅스	개방형 소스 운영 시스템으로 고급 워크스테이션과 네트워크 서버에 좋은 환경을 제공하고 있음. 개방형 소스open source란 프로그램 사용자와 개발자가 사용하거나 고치기 위해서 소스 코드를 얻을 수 있는 프로그램을 말함
Mac OS X	매킨토시 컴퓨터의 운영 시스템
마이크로소프트 윈도우 Microsoft Windows	Microsoft Windows CE, Microsoft Windows 98, Microsoft Windows ME, Microsoft Windows 2000, Microsoft Windows XP, Microsoft Windows NT, Microsoft Windows Server 2003과 같은 마이크로소프트 윈도우 제품 군의 각종 운영체제를 위한 일반적인 명칭
MS-DOS	1981년에 도입된 IBM 및 IBM 호환 컴퓨터를 위한, 단일 사용자를 위한 표준 운영 시스템
UNIX	32비트 다중작업과 다중사용자 운영 시스템으로 AT&T 벨 연구소에서 개발하였으며, 현재는 메인프레임에서 PDA에 이르기까지 다양한 컴퓨터에서 활용되고 있음

향력을 지니고 있다. 리눅스는 자원 봉사자들이 만든 운영 시스템으로 무료로 보급되었으며, 마이크로소프트의 가장 강력한 경쟁자의 하나가 되었다. 리누스 토발드는 수십 명의 자원 봉사자와 지구촌 여러 곳에 있는 1,000여 명의 프로그래머들과 함께 리눅스를 개발하였다. 이들은 리눅스의 핵심 부분을 위한 코드를 창조하였고, 토발드 역시 리눅스를 이용하는 수십 개의 기술 회사 — 이들 가운데는 IBM, Dell, Hewlett Packard, Intel 등을 포함 — 를 위하여 새로운 기준을 정하였다.

비록 리눅스의 기초 버전은 무료로 공급되지만, 리눅스는 금전적인 면에서 큰 영향을 미쳤다.

운영체제 소프트웨어operating system software는 응용 소프트웨어를 통제하며, 하드웨어 기기들이 공동 작업을 할 수 있도록 조정한다. 예를 들면 그래프를 만들고 프린트 하고자 엑셀Excel을 사용할 때, 운영체제 소프트웨어는 그 과정을 통제하는데, 우선 프린트기가 부착되어 있는지, 종이는 확보되어 있는지를 확인하며, 그리고 인쇄 방법에 대한 명령에 따라 그 그래프를 프린트기로 보낸다. 어떤 컴퓨터는 두 가지 운영체제가 설치되어 듀얼 부팅dual boot이 가능하다. 듀얼 부팅은 컴퓨터가 시작될 때 사용자가 운영체제를 선택할 수 있게 한다. **임베디드 운영체제**embedded operating system는 자동차나 ATM, 미디어 플레이어 등과 같은 특수 애플리케이션과 컴퓨터 어플라이언스에 사용되며, 단일 목적을 가진 애플리케이션에도 적용된다. 아이팟은 단일 목적을 가진 임베디드 운영체제를 가지고 있다.

운영체제 소프트웨어의 다양한 기능 중의 하나가 다중작업이다. **다중작업**multitasking은 한 개 이상의 소프트웨어가 동시에 운용되게 한다. 예를 들면 엑셀로 그래프를 그리는 작업을 하면서, 동시에 워드 프로세싱으로 서류를 인쇄하는 것이다. 다중작업으로 두 개의 응용 소프트웨어가 동시에 작업을 하는 것이다. 개인 환경과 조직 환경에 사용되는

유틸리티 소프트웨어 형태	
고장방지 시스템 Crash-proof	컴퓨터의 고장을 대비하여, 정보의 보호를 돕는다.
데이터 복구용 디스크 이미지 Disk image	하드 디스크 드라이브의 파괴 또는 복구할 수 없는 경우를 대비하여, 재설치의 부담을 덜어준다.
디스크 최적화 Disk optimization	가장 효율적인 방법으로 정보를 하드 디스크 드라이브에 수록한다.
데이터 암호화	비밀 정보를 외부인으로부터 보호한다. 예를 들면, BestCrpyt와 같은 프로그램은 강력한 암호화 설계를 하드 디스크 드라이브 정보에 적용하여 효과적으로 정보를 보호하고 있다. 사용자는 BestCrypt 통제 패널에 암호를 입력하여야 정보를 이용할 수 있다. 이 프로그램은 재저장 가능한 광 디스크 또는 구동 장치 표시 글자가 주어진 저장 매체에 정보를 저장할 수 있다.
파일 및 데이터 복구	Windows XP에서 사진이나 문서가 실수로 삭제되었을 때, Free Undelete라는 유틸리티 소프트웨어로 복구할 수 있다. Free Undelete는 삭제된 데이터를 찾기 위하여, 지정된 하드 디스크 드라이브 영역을 탐색한다.
텍스트 보호 Text protect	Microsoft Word에서 사용자가 실수로 Insert key를 눌러, 기존 텍스트 위에 타이핑 하는 것을 방지한다. Insert Toggle Key 프로그램을 사용하면, 사용자가 Insert key를 누를 때마다 PC가 '삑' 하고 경적을 울린다.
예방적 보안 Preventative security	Window Washer와 같은 프로그램을 이용함으로써, 파일 히스토리file history, 브라우저 쿠키browser cookies, 캐시 콘텐츠cache contents, 또는 Window가 하드 디스크 드라이브에 남긴 흔적을 지우고자 할 때에 사용할 수 있다.
스파이웨어 Spyware	사용자 허락 없이, 뒤에서 모르게 인터넷 사용자의 접속 내용을 파악하는 소프트웨어들을 제거한다.
설치 제거기 Uninstaller	더 이상 필요가 없는 소프트웨어를 제거할 수 있게 한다.

그림 A.12
유틸리티 소프트웨어

운영체제 소프트웨어는 여러 가지 형태가 있다(그림 A.11 참조).

유틸리티 소프트웨어 **유틸리티 소프트웨어**utility software는 운영 시스템에 추가적인 기능을 제공하는데, 대표적인 예로는 바이러스 제거 소프트웨어, 화면 보호 장치, 스팸 제거 소프트웨어 등이 이에 포함된다. **제어판**control panel은 윈도우즈 운영체제의 디폴트값 설정 옵션을 지원하는 윈도우즈 기능으로, 운영체제는 제어판을 통해 사용자화 된다. 예를 들어 **시스템 시계**system clock는 손목시계처럼 작동하며 컴퓨터가 종료되었을 때 마더보드에 장착된 배터리로부터 전원을 공급받는다. 사용자가 다른 시간대로 이동하면, 시스템 시계는 제어판을 통해 조정될 수 있다. 시스템에 에러가 발생하면 컴퓨터는 **안전 모드**safe mode로 부팅되며, 최소한의 운영체제 기능만이 로드되고 다수의 백그라운드 운영 유틸리티는 실행되지 않는다. **시스템 복구**system restore를 통해 사용자는 이전 운영체제 환경으로 되돌아갈 수 있다. 그림 A.12는 유틸리티 소프트웨어들의 몇 가지 유형을 보여준다.

그림 A.13
응용 소프트웨어

응용 소프트웨어의 유형	
브라우저 Browser	사용자가 World Wide Web을 항해할 수 있게 한다. 대표적인 브라우저로 Netscape Navigator와 Microsoft Internet Explorer를 들 수 있다.
통신 Communication	전화 시스템을 이용하여, 원거리에 있는 컴퓨터 간의 데이터를 주고 받을 수 있도록 컴퓨터를 터미널로 사용한다.
데이터 관리 Data management	데이터의 검색, 자료 수정, 삭제, 삽입 등을 위한 도구를 제공한다. 예를 들면, Access, MySQL, Oracle 등이다.
데스크톱 출간 Desktop publishing	컴퓨터를 데스크톱 출간 워크스테이션으로 변형시킨다. 대표적인 패키지로는 Adobe Frame Maker, Adobe Page Maker, QuarkXpress 등이다.
이메일 E-mail	컴퓨터 이용자를 위한 이메일 서비스로 편지의 발송, 접수, 보관 서비스를 하며, 대표적인 이메일 소프트웨어는 Microsoft Outlook, Microsoft Outlook Express, Eudora 등이다.
그룹웨어 Groupware	소규모의 공동 작업자들의 협력과 생산성을 제고하는 데 기여하고 있다.
프레젠테이션 그래픽 Presentation graphics	도표와 그래프 등을 만들고 발전시켜, 독자들의 이해를 돕고 있다. 대표적인 패키지로는 Lotus Freelance Graphics와 Microsoft Power Point가 있는데, 이들은 광범한 종류의 도표와 그래프뿐만 아니라, 제목, 범례, 추가 설명 텍스트까지 첨부할 수 있는 서비스를 제공하고 있다.
프로그래밍 Programming	고정된 용어와 일정한 문법으로 구성된 인공 언어를 사용하여, 프로그래머들이 컴퓨터 프로그램을 작정한다. 대표적인 프로그래밍 언어로는 Java, C++, C#, .NET 등이 있다.
스프레드시트 Spreadsheet	회계사의 작업 계획표를 화면에 시뮬레이션 하거나, 사용자가 계산 작업을 할 수 있는 공식을 저장할 수 있도록 한다. 또한 스프레드시트 프로그램은 그래픽이나 프레젠테이션 기능도 갖고 있다. 대표적인 예는 마이크로소프트의 엑셀Excel이다.
워드 프로세싱 Word processing	서류를 만들고, 편집하며, 교정하고, 포맷팅formatting하며, 프린트할 수 있는 컴퓨터의 기능을 말하며, 대표적인 예는 Microsoft Word와 Word Perfect이다.

응용 소프트웨어

응용 소프트웨어application software는 특수한 정보 처리 — 즉, 급료 지급, 고객 관계 관리, 프로젝트 관리, 훈련, 기타 — 를 위하여 사용되고 있다. 말하자면, 특수한 문제 해결이나 특별 과제를 달성하기 위하여 사용된다. 조직의 관점에서 보면, 급료 지불 소프트웨어, 그룹웨어 내부의 영상 회의와 같은 공동 작업 소프트웨어, 재고 관리 소프트웨어 같은 것이 응용 소프트웨어의 예가 될 수 있다(그림 A.13 참조). **개인 정보 관리**PIM: personal information management는 연락처, 약속, 할 일, 이메일 등을 처리하는 소프트웨어이다. **강의 관리 소프트웨어**course management software는 강의계획표와 과제 같은 강의 정보를 포함하며, 성적표와 함께 퀴즈 및 과제를 위한 드롭 박스를 제공한다.

응용 소프트웨어 배포하기

사용자가 소프트웨어를 사용하다보면 수정해야 할 버그나 추가적인 오류가 발생하기 마련이다. **소프트웨어 업데이트(소프트웨어 패치)** software update는 소프트웨어 판매자가 소프트웨어의 문제를 해결하거나 성능을 향상시키기 위해 업데이트 버전을 배포하는 것이다. **소프트웨어 업그레이드** software upgrade는 소프트웨어 판매자가 기존의 프로그램에서 중요한 내용을 수정한 새 버전의 소프트웨어를 출시하는 것이다. 응용 소프트웨어는 다음 방식 중 한 가지를 선택하여 배포할 수 있다.

- **단일 사용자 면허**: 한 번에 한 명의 사용자만 소프트웨어를 사용할 수 있도록 제한한다.
- **네트워크 사용자 면허**: 네트워크상에 있는 모든 사람이 소프트웨어를 설치하고 사용할 수 있다.
- **사이트 면허**: 컴퓨터가 네트워크상에 있는지와 무관하게, 조직 내의 허가 받은 사용자들이 소프트웨어를 설치할 수 있도록 한다. 직원들은 원격 업무를 위해 집에 있는 컴퓨터에 소프트웨어를 설치할 수 있다.
- **애플리케이션 서비스 제공 라이선스**: 라이선스 또는 사용자 수나 사용량을 기준으로 대금을 지불하는 특별 소프트웨어

네트워크와 원격 통신

학습성과

B.1 LAN, WAN, MAN을 비교할 수 있다.
B.2 두 가지 네트워크 아키텍처를 비교할 수 있다.
B.3 다양한 네트워크 토폴로지에 대해 설명할 수 있다.
B.4 TCP/IP의 중요성과 방법 등을 설명할 수 있다.
B.5 네트워크의 다양한 전송 매체 유형을 확인할 수 있다.

서론

원격 통신 시스템telecommunication systems은 공중망이나 사설망을 통해 데이터의 전송을 가능하게 해준다. **네트워크**network는 두 대 이상의 컴퓨터를 연결하고 함께 작업할 수 있도록 프로토콜을 설정함으로써 통신, 데이터 교환, 자원 공유를 할 수 있는 시스템이다. 통신 시스템과 네트워크는 전통적으로 복잡하고 비효율적이다. 하지만 기업들은 직원들과 고객들에게 신뢰성 있는 세계적 연결을 제공하는 최신 네트워크 인프라를 이용하여 많은 혜택을 얻을 수 있다. 세계적으로 기업들은 세계 시장에 접근하는 것을 가능하게 해주는 네트워크 인프라 솔루션을 선호하고 있다. 이러한 대안들에는 무선, 인터넷전화, RFID 등이 있다. 부록 B에서는 세계적으로 비즈니스와 결합되고 있는 주요 통신, 네트워크, 무선 기술에 대해 자세히 살펴볼 것이다.

네트워크 기초

네트워크는 두 개의 컴퓨터로 구성된 소규모 네트워크부터 최대 규모의 인터넷까지 다양하다. 네트워크는 통신과 공유 능력의 두 가지 주요 이점을 제공한다.

현대의 기업용 디지털 네트워크는 근거리통신망, 광역통신망, 도시권통신망을 포함한다. LAN은 하나의 빌딩, 학교 또는 가정과 같이 근거리에 있는 일군의 컴퓨터들을 연결하기 위해서 설계되었다. LAN은 파일, 프린터, 게임 또는 기타 응용 프로그램들과 같은 자원을 공유하기에 적합하다. LAN은 종종 다른 LAN, 인터넷 또는 WAN에 연결되기도 한다. WAN은 도나 국가와 같은 넓은 지역을 포괄한다. WAN은 종종 일군의 LAN이나 MAN과 같은 좀 더 작은 네트워크들을 연결한다. 세계에서 가장 인기 있는 WAN은 인터넷이다. MAN은 일반적으로 하나의 도시를 포괄하는 대규모 컴퓨터 네트워크이다. 그림 B.1은 세 종류의 네트워크 유형을 설명하며, 그림 B.2는 각각의 네트워크 유형을 보여준다.

기업과 그 공급자 또는 고객과의 직접적인 데이터 통신 회선은 해당 기업에게 성공적으로 전략적 이점을 제공해 주었다. SABRE 항공 예약 시스템은 네트워크를 통해서 제공되는 통신에 의존하는 전략 관리 정보 시스템의 전형적인 예이다. SABRE 항공 시스템은 수입 관리, 가격 책정, 항공편 일정 수립, 수송, 항공편 운영, 승무원 일정 관리 등의 분야에서 해당 산업의 기술적 발전을 선도하였다. 뿐만 아니라, SABRE는 여행 산업이 전자상거래를 발명하도록 도왔을 뿐만 아니라, 해당 기업은 여행과 운송 시장을 정의하고 지속적으로 혁신한 점진적인 발전을 이끌어 냈다고 인정받는다.

네트워크는 전형적으로 (컴퓨터 그 자체 외에) 다음과 같은 네 가지 요소들을 포함한다.

1. **프로토콜**protocols: 모든 사람이 같은 언어로 말할 수 있게 해주는 일군의 통신 규약
2. **네트워크 인터페이스 카드**NIC: 컴퓨터 뒤(또는 옆)에 꽂아서 다른 컴퓨터와 메시지를 주고받을 수 있게 해주는 카드
3. **케이블**cable: 모든 컴퓨터들을 함께 연결하는 매체
4. **허브**hub(**스위치** 또는 **라우터**router): 통신을 통제하는 하드웨어

네트워크는 다음의 요소들에 의해 구분된다.

- **아키텍처**: P2Ppeer-to-peer, 클라이언트/서버
- **토폴로지**: 버스, 스타, 링, 하이브리드, 무선
- **프로토콜**: 이더넷, TCP/IPTransmission Control Protocol/Internet Protocol
- **전송 매체**: 동축케이블coaxial, 이중연선twisted-pair, 광섬유fiber optic

그림 B.1
네트워크 종류

네트워크 종류	
LANLocal Area Network	지리적으로 제한된 영역에서 컴퓨터를 유선이나 무선으로 연결할 때 사용하는 컴퓨터 네트워크
WANWide Area Network	지리적으로 떨어져 있는 영역에서 업무용 통신 서비스를 제공하는 컴퓨터 네트워크. 인터넷은 전 세계에 퍼져 있는 WAN이다.
MANMetropolitan Area Network	지리적으로 LAN과 WAN 중간 정도의 영역을 연결하는 컴퓨터 네트워크. 대학이나 기업들에서 서로 떨어진 캠퍼스에 설치된 LAN들을 연결하기 위해 MAN을 보유하기도 한다.

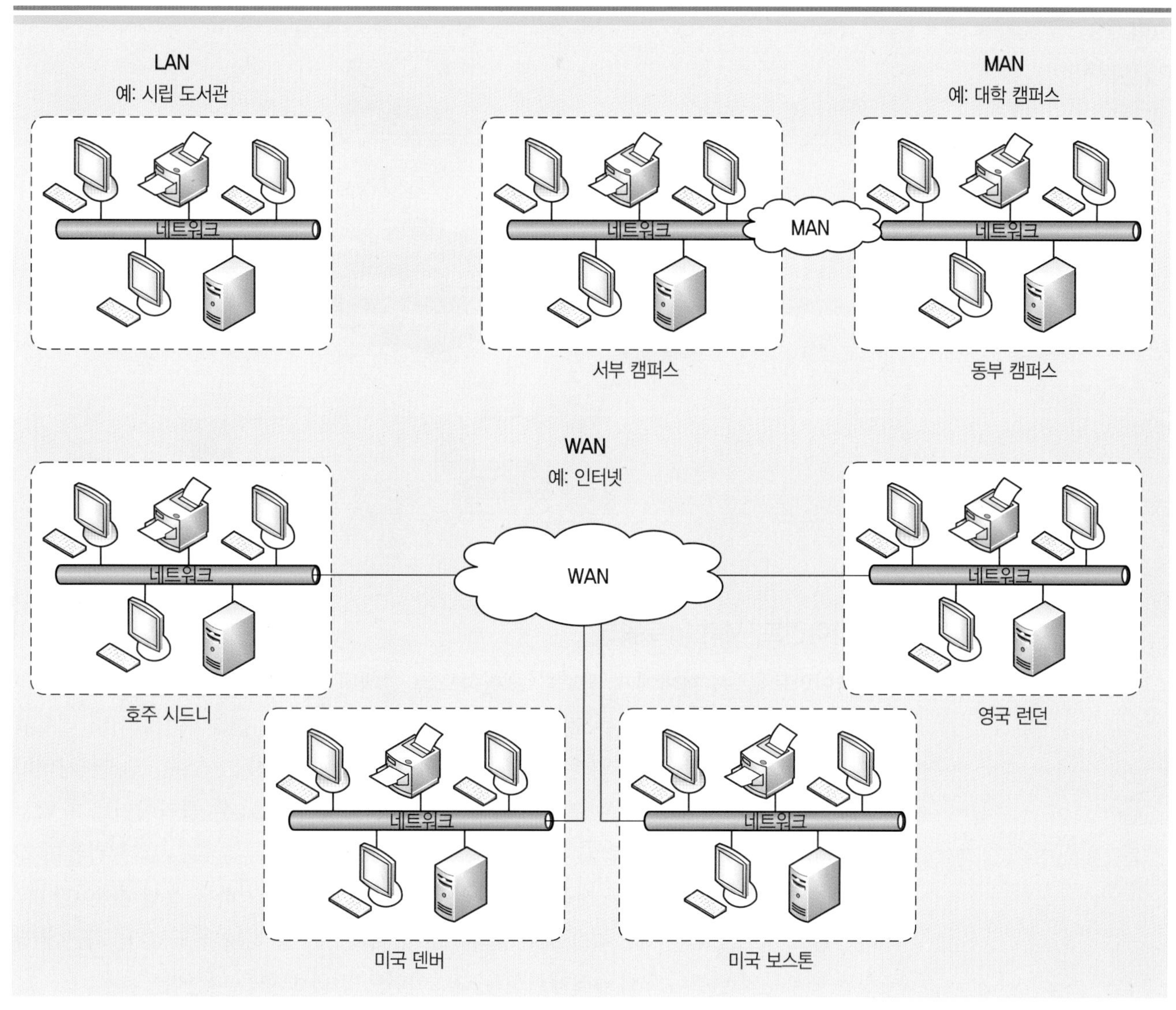

그림 B.2
LAN, WAN 그리고 MAN

아키텍처

두 가지 주요한 네트워크 아키텍처는 P2Ppeer-to-peer와 클라이언트/서버 네트워크이다.

P2P 네트워크

P2Ppeer-to-peer **네트워크**는 중앙 파일 서버가 없는 네트워크이고, 네트워크에 있는 모든 컴퓨터들에 보관되어 있는 파일에 접근할 수 있다(그림 B.3). 네트워크에 연결된 컴퓨터들은 다른 컴퓨터들이 자신의 파일에 접근하고 네트워크 프린터를 사용할 수 있게 한다.

냅스터가 가장 널리 알려진 P2P 사례일 것이지만, 냅스터는 P2P 컴퓨팅의 많은 기능 중에서 파일 공유의 기능만 사용했기 때문에 가장 좁게 정의된 사업 모형이다. P2P 기술은 프로세싱, 메모리, 스토리지의 공유와 엄청난 수의 분산 컴퓨터들의 협업 지원 등의 매우 광범위한 기능을 보유하고 있다. P2P 컴퓨팅으로 인해 사람과 컴퓨터 시스템 간의 즉각적인 상호작용이 가능해진다.

그림 B.3

P2P 네트워크

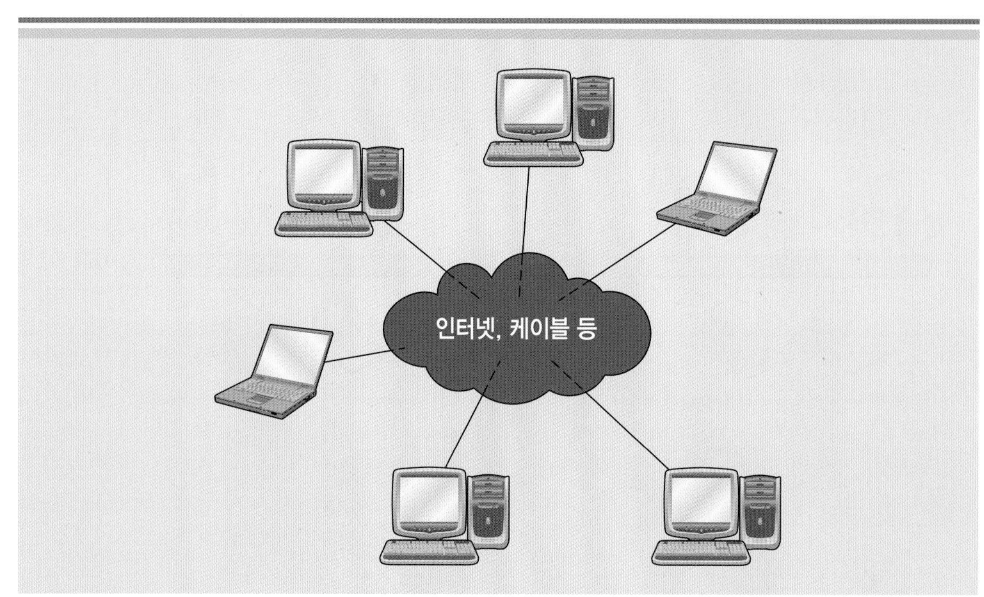

클라이언트/서버 네트워크

클라이언트client는 서버에게 정보를 요청하도록 설계된 컴퓨터이다. **서버**server는 외부의 요청에 대해 정보를 제공하는 것을 목적으로 하는 컴퓨터이다. 클라이언트/서버 네트워크는 데이터베이스의 물리적 검색 같은 대량의 백엔드 프로세싱back-end processing은 서버가 맡고, 사용자와의 통신 같은 프론트엔드 프로세싱front-end processing은 클라이언트가 맡는 애플리케이션 모델이다(그림 B.4). **네트워크 운영체제**NOS: network operating system는 컴퓨터 간에 정보를 조절하고, 보안과 사용자를 관리하며 네트워크를 유지하는 운영체제이다. 클라이언트/서버 모델은 네트워크 컴퓨팅의 중요한 아이디어 중 하나가 되었다. 최근에 작성된 대부분의 비즈니스 애플리케이션은 클라이언트/서버 모형을 따른다.

클라이언트/서버 아키텍처의 중요한 요소가 패킷 교환이다. **패킷 교환**packet switching은 송신 컴퓨터가 메시지를 여러 개의 패킷으로 나눌 때 발생한다. 모든 패킷에는 수신 컴퓨터의 주소가 담겨 있는데, 네트워크 내에 있는 라우터에 의해 전달된다. **라우터**router는

그림 B.4

클라이언트/서버 네트워크

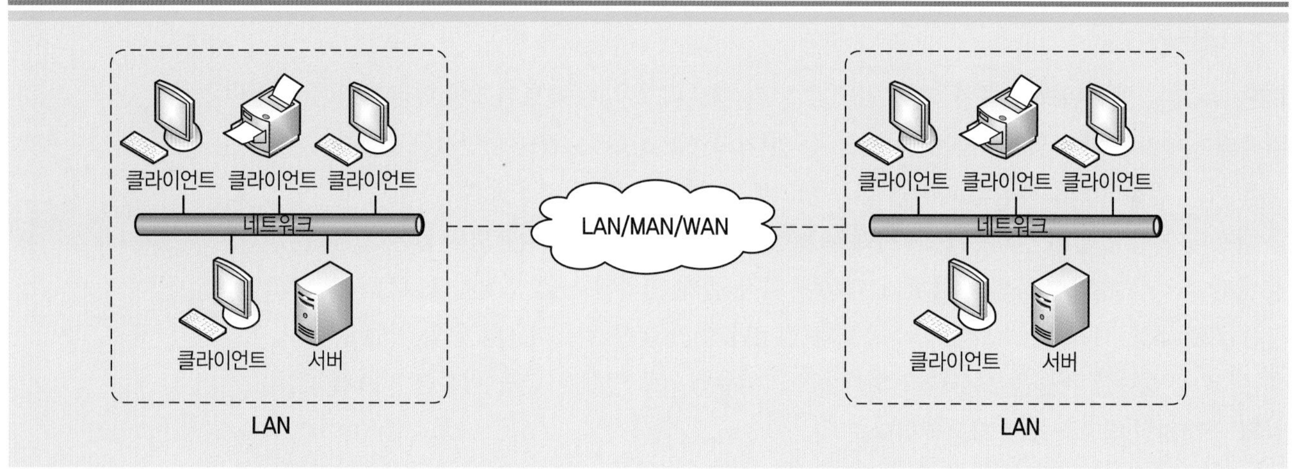

네트워크 토폴로지	
버스bus	모든 장치들이 버스 또는 백본이라고 불리는 중앙 케이블에 연결되어 있다. 버스 네트워크는 비교적 저렴하고 소규모 네트워크에 설치하기 쉽다.
스타star	모든 장치들이 허브라고 불리는 중앙 장치에 연결되어 있다. 스타 네트워크는 설치하고 관리하기 쉽지만, 모든 데이터가 허브를 통과해야 하므로 병목이 발생할 수 있다.
링ring	모든 장치들이 폐쇄 루프 형태로 연결되어 있어서 한 장비에 두 장비가 직접 연결된다. 링 토폴로지는 비교적 비싸고 설치하기 어렵다. 하지만 높은 대역폭을 제공하며 장거리 네트워크에 사용할 수 있다.
하이브리드hybrid	버스 네트워크를 스타 토폴로지로 연결하거나, 스타 네트워크를 버스 토폴로지로 연결하여 두 토폴로지의 특징을 모두 가지고 있다.
무선wireless	컴퓨터와 서버 사이에서 신호를 송수신하는 무선 네트워크 카드를 통해 연결되어 있다. 모든 장치들은 수신이 가능한 거리 내에 있어야 한다.

그림 B.5

5가지 네트워크 토폴로지

모든 데이터 패킷의 주소를 읽어 보고 목적지까지 도달하기 위한 경로를 정해서 패킷을 전달하는 기능을 수행한다. 각 패킷이 전송되는 경로는 다를 수 있으며, 수신 컴퓨터에 도착한 패킷들은 메시지로 결합되어 적합한 애플리케이션으로 전해진다. 기업에서 네트워크에 설치하고 있는 라우터의 수가 세계적으로 증가하고 있다.

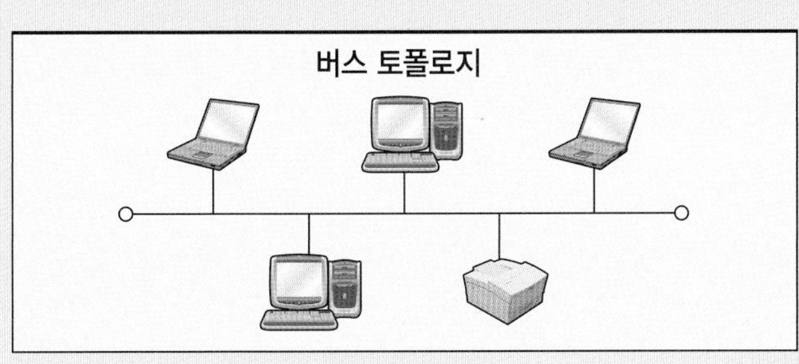

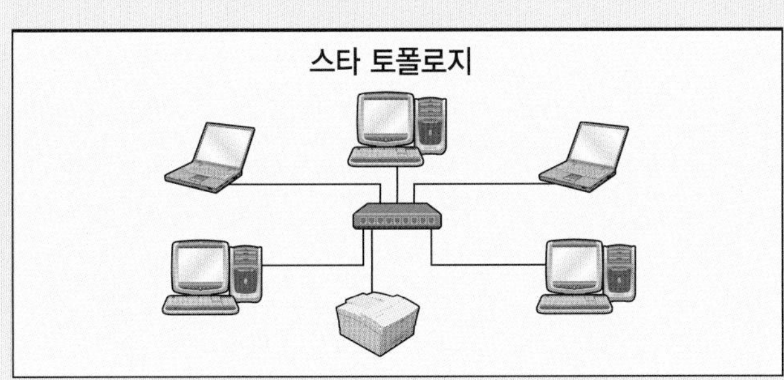

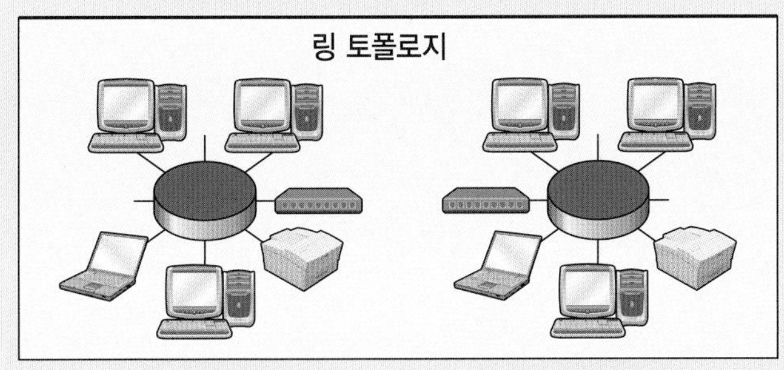

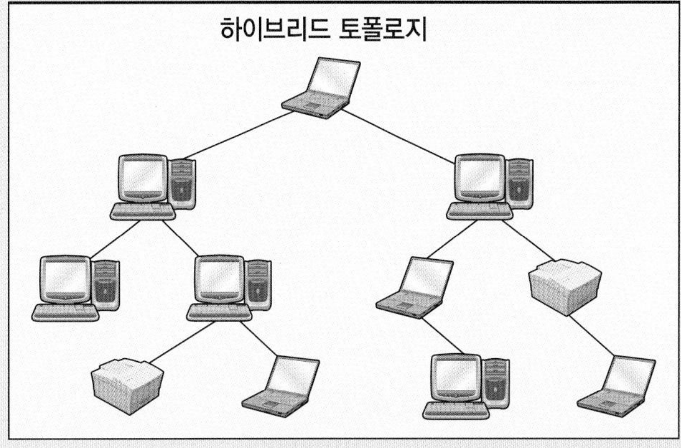

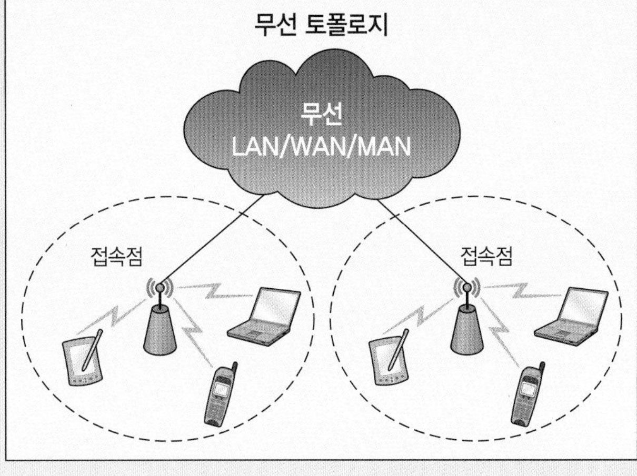

그림 B.6

네트워크 토폴로지

트렌드 마이크로 사의 CIO인 에바 첸은 네트워크에 진입하는 웜과 바이러스를 막기 위해 라우터를 설치하였다. 보유하고 있는 바이러스백신 소프트웨어의 문제점은 악성코드가 파악된 다음에야 작동한다는 것이다. 즉, 바이러스나 웜이 네트워크 내부에서 활동을 시작한 후에 바이러스 백신이 작동을 시작한다는 것이다. 첸이 설치한 라우터인 Network VirusWall은 회사 네트워크의 가장자리에 위치하여 데이터 패킷을 스캔하고 바이러스나 백신을 보유하고 있을 것 같은 패킷을 붙잡는다. 의심스러운 패킷은 트렌드 마이크로의 바이러스 추적 명령 센터의 최신 정보와 비교하여, 바이러스나 웜은 삭제하거나 네트워크 진입을 차단함으로써 회사에서 선제 공격을 하도록 한다.

토폴로지

네트워크는 일정한 규칙에 의해 연결된다. 예를 들어 케이블은 일정한 길이이어야 하며, 각 케이블 가닥은 일정 분량의 네트워크 트래픽을 지원해야 한다. **네트워크 토폴로지** network topology는 네트워크에서 컴퓨터들이 연결된 물리적 구성을 기하학적 배열로 나타낸 것이다. 토폴로지는 비용과 기능에 따라 다양하다. 그림 B.5는 네트워크에서 일반적으로 사용되는 다섯 가지 토폴로지를 설명하고, 그림 B.6은 각 토폴로지를 그림으로 보여준다.

프로토콜

프로토콜 protocol은 전송 중 지켜야 하는 규칙과 전송되는 데이터의 포맷을 상세화한 표준이다. 컴퓨터가(또는 컴퓨터 프로그램이) 다른 컴퓨터와(또는 다른 컴퓨터 프로그램과)

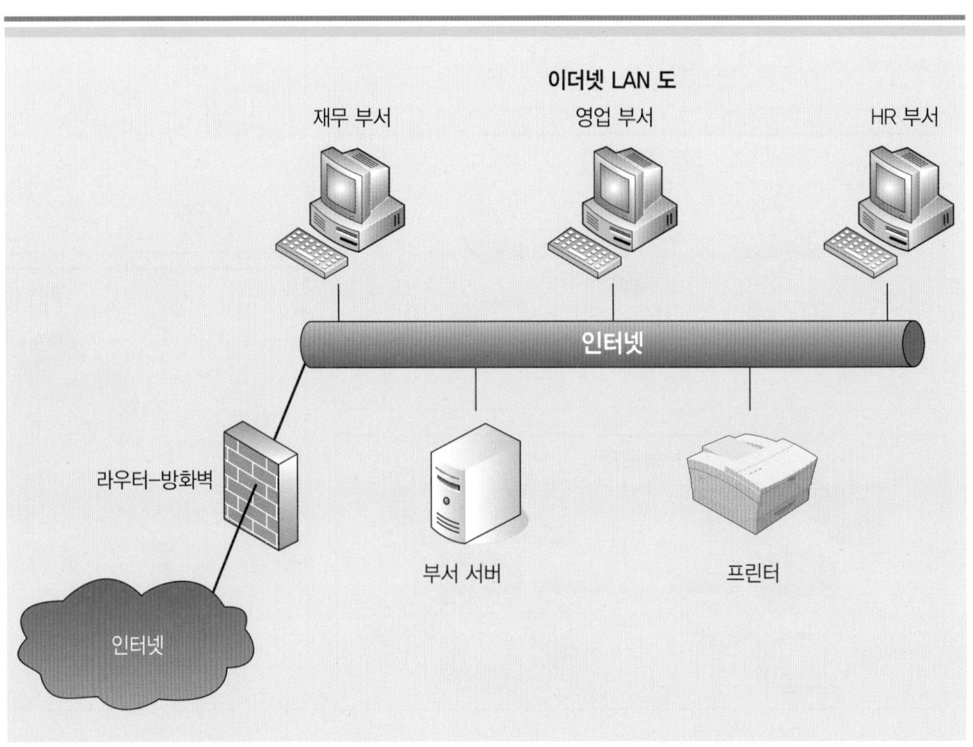

그림 B.7
이더넷 프로토콜

대화를 하려면, 두 컴퓨터들은 공통의 언어를 사용하여야 한다. 이 공통의 언어를 프로토콜이라고 한다.

프로토콜은 합의되고 확립된 표준이다. 모든 하드웨어와 소프트웨어 제조업자들은 이 표준을 사용한 제품을 만들어서 각자 만든 제품들이 하나의 네트워크에서 상호 운영이 가능하게 된다. **상호 운영성**interoperability은 서로 다른 제조업체에서 제작된 두 대 이상의 컴퓨터 시스템이 네트워크를 구성하여 데이터와 자원을 공유할 수 있게 하는 능력이다. 가장 대표적인 네트워크 프로토콜은 이더넷과 TCP/IP이다.

이더넷

이더넷Ethernet은 LAN에서 물리 계층과 데이터링크 계층의 기술이다(그림 B.7). 이더넷은 가장 많이 설치된 LAN 접속 기술이며, 제록스에서 개발하고 제록스, DEC, 인텔에 의해 발전되었다. 처음으로 광범위하게 설치되기 시작한 1980년대에는 최대 속도가 10Mbps이었는데, 최근에는 최대 속도가 100Mbps인 패스트이더넷, 최대 속도가 1,000Mbps인 기가비트이더넷이 나올 정도로 발전하였다.

이더넷은 세계적으로 설치된 LAN 기술의 85% 정도를 차지할 정도로 대표적인 기술인데, 널리 보급된 이유는 이더넷의 다음과 같은 특징 때문이다.

- 이해하고, 설치하고, 관리하고, 유지하기 쉽다.
- 설치비용이 저렴하다.
- 유연한 네트워크 설치가 가능하다.
- 제조업자와 관계없이 표준 제품은 상호 연결 및 상호 운영이 보장된다.

TCP/IP

가장 보편적인 통신 프로토콜은 TCP/IP이다. TCP/IP는 나중에 인터넷으로 발전한 컴퓨터 네트워크의 연결을 위해 미국 국방부에서 개발하였다. **TCP/IP**Transmission Control Protocol/Internet Protocol는 다수의 사설 네트워크뿐만 아니라 인터넷에도 공통으로 적용되는 기초 기술이다. TCP/IP는 프로토콜의 유연성 때문에 널리 보급되었다. TCP/IP는 데이터 전송

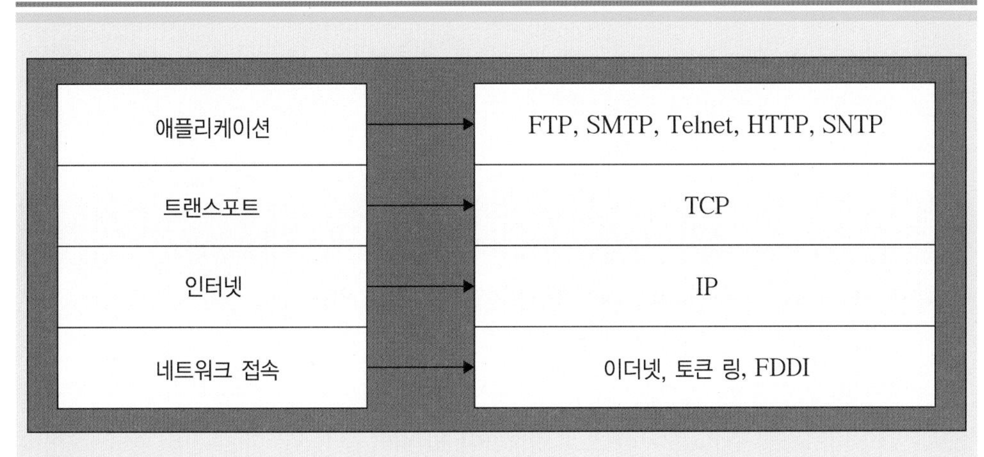

그림 B.8
TCP/IP 4계층 참조 모형

그림 B.9

TCP/IP 애플리케이션

TCP/IP 애플리케이션	
FTPFile Transfer Protocol	텍스트, 프로그램, 그래픽, 수치 데이터를 포함한 파일을 네트워크에 업로드하거나 다운로드할 수 있게 한다.
SMTPSimple Mail Transfer Protocol	TCP/IP에서 제공되는 이메일 메시징 시스템
Telnet 프로토콜	개인 컴퓨터를 서버의 단말기나 접속 장치처럼 사용할 수 있게 하는 터미널 에뮬레이션을 제공한다.
HTTPHypertext Transfer Protocol	웹브라우저와 서버가 웹페이지를 보내고 받을 수 있게 한다.
SNMPSimple Network Management Protocol	네트워크에 연결된 노드들이 단일 지점에서 관리될 수 있게 한다.

그림 B.10

OSI 모형

OSI 모형
7. 애플리케이션 계층
6. 프리젠테이션 계층
5. 세션 계층
4. 트랜스포트 계층
3. 네트워크 계층
2. 데이터링크 계층
1. 물리 계층

을 최대화하는 특별한 전송 방식을 사용하고, 저속 장치에 연결되거나 네트워크의 지연이 발생하는 경우에 자동으로 조정할 수 있다. 전체 TCP/IP 프로토콜은 100개 이상의 프로토콜로 구성되지만, 제일 중요한 프로토콜은 TCP와 IP 프로토콜이다. **TCP 프로토콜**은 수신된 데이터의 양이 송신한 데이터의 양과 같은 것을 보장하는 트랜스포트 기능을 제공한다. **IP 프로토콜**은 오프라인의 우체국장과 같이 배달되는 패킷의 주소를 지정하고(어드레싱) 전송 경로를 지정하는(라우팅) 역할을 한다. 그림 B.8에는 TCP/IP의 4계층 참조 모형이 설명되어 있다.

- **애플리케이션 계층**: 사용자와 애플리케이션 프로세스가 네트워크 서비스에 접속할 수 있는 윈도우의 역할을 한다.
- **트랜스포트 계층**: 종단 간에 패킷 전달을 맡는다.
- **인터넷 계층**: 데이터를 패킷으로 변환하고, 패킷 순서와 수신 장치의 주소를 포함하고 있는 헤더를 추가하며, 네트워크로부터 받는 서비스를 상세화한다.
- **네트워크 접속 계층**: 데이터 패킷을 전송을 위해 네트워크에 얹는다.

애플리케이션 계층의 TCP/IP 프로토콜에는 파일 전송, 메일 전송, telnet, 하이퍼텍스트 전송, 네트워크 관리를 위한 프로토콜들이 있다(그림 B.9). 다른 통신 참조 모형에

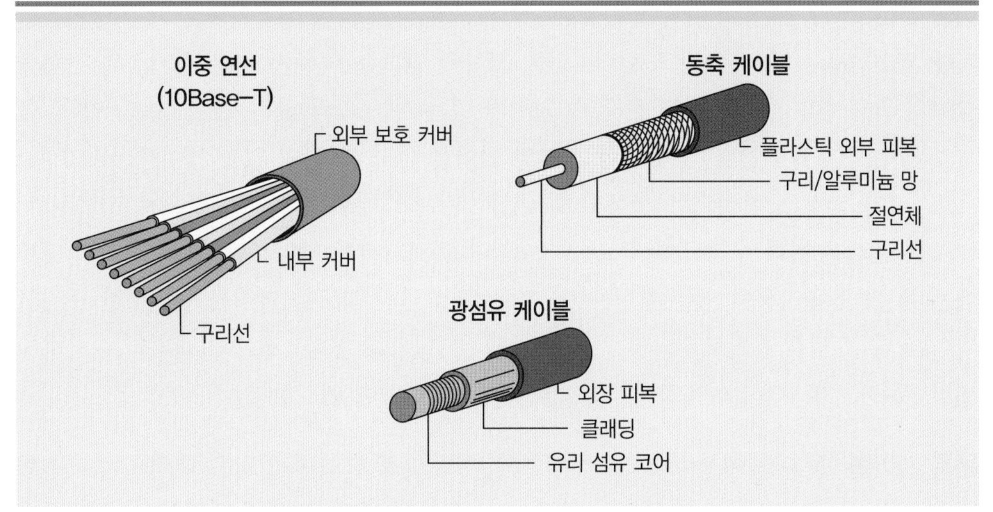

그림 B.11

이중 연선, 동축 케이블, 광섬유 케이블

는 7계층의 개방 시스템 상호접속OSI: Open System Interconnection 참조 모형이 있다. 그림 B.10은 OSI 모형의 7계층을 보여준다. 하위 계층(1~3계층)은 단일 링크에서의 통신을 담당하고, 상위 계층(4~7계층)은 종단 간 통신을 담당한다. 각 계층은 네트워크 사용자 간에 오류 없이 정보를 교환하도록 설정하고 유지하는 기능을 제공한다.

수년 동안 사용자들은 다중 벤더들의 네트워크를 연결하기 위해 선호되는 기술로서 OSI 모형이 TCP/IP를 대체할 것으로 생각했다. 하지만 복잡한 OSI 소프트웨어를 구현하고 제품이 OSI 상호 운영성 인증을 받는데 소요되는 비용이 많을 뿐만 아니라 OSI 표준의 진척이 느렸기 때문에 그런 일은 발생하지 않았다.

전송 매체

네트워크 전송 매체network transmission media는 컴퓨터 간에 신호를 전송하기 위해 사용되는 다양한 종류의 매체를 말한다. 정보는 전기 신호로 변환되어 네트워크 간에 전송된다. 이 신호들은 전자기적 파장(아날로그 시그널링)이나 전압 펄스(디지털 시그널링) 시퀀스의 형태로 발생한다. 신호가 한 장소에서 다른 장소로 전송되기 위해서 물리적 경로를 따라 이동을 해야 한다. 신호 송신기와 신호 수신기 사이의 신호 전송에 사용되는 물리적 경로를 전송 매체라고 한다. 전송 매체에는 유선 매체(유도 매체, wire 또는 guided media)와 무선 매체(비유도 매체, wireless 또는 unguided media)의 두 가지가 있다.

유선 매체

유선 매체wire media는 신호를 좁은 통로에만 있도록 하여 예측 가능하게 행동하도록 제작한 전송 물질이다. 가장 많이 쓰이는 유선 매체 3가지는 다음과 같다(그림 B.11).

- 이중 연선twisted-pair wiring
- 동축 케이블coaxial cable
- 광섬유 케이블fiber-optic cable

이중 연선 꼬아 만든 네 가닥(또는 그 이상)의 구리선에 플라스틱 커버를 씌운 케이블을 **이중 연선**twisted-pair wiring이라고 한다. 선을 꼬아서 만드는 이유는 외부 전기장의 간섭을 줄이기 위해서이다. 이중 연선은 금속 외장이 있는 것shielded과 없는 것unshielded이 있다. 금속 외장은 전자기적인 간섭에 대한 접지의 역할을 한다. 외장이 없는 케이블UTP: unshielded twisted-pair이 가장 보편적으로 사용되고 LAN 네트워크에도 최적의 대안으로 사용된다. UTP의 품질은 전화선 등급에서 고속 케이블에 이르기까지 다양하다. 케이블 커버 내부에는 네 쌍의 구리선이 있는데, 각 구리선 쌍은 꼬임의 정도를 달리하여 인접한 구리선 쌍이나 다른 전기 장치로부터의 간섭을 줄일 수 있도록 한다. 전화 커넥터와 유사하게 생긴 RJ-45 커넥터를 이용하여 이중 연선을 다른 장치에 연결한다.

동축 케이블 **동축 케이블**coaxial cable은 신호의 손상을 적게 하면서 넓은 대역의 주파수를 전송할 수 있는 케이블이다. 구리선 한 가닥이 중앙에 있고, 절연체, 금속 망 덮개, 플라스틱 외부 피복의 순서로 구성되어 있다. 신호를 전송하는 중심의 구리선과 전기 간섭에 대한 접지 역할을 하는 바깥쪽의 금속 망이 동일한 중심점을 갖도록concentric 제작되었기 때문에 동축coaxial 케이블이라고 부른다. 이러한 접지 기능 때문에 데이터가 크게 손상되지 않으면서 단일 전선관conduit 내에 설치할 수 있다.

광섬유 케이블 **광섬유**fiber-optic, optical fiber는 유리 섬유를 통해 빛의 형태로 정보를 전송하는 기술과 관련이 있다. 10Base-FL과 100Base-FX 광섬유 케이블은 대부분의 통신회사에서 장거리 서비스를 위해 사용하는 케이블이다. 광섬유 케이블은 데이터 손상이 거의 없이 원거리에 데이터를 전송할 수 있다. 게다가 데이터가 빛의 펄스 형태로 전송되기 때문에 전기적인 간섭에 영향을 받지 않는다. 빛 펄스는 절연 피복 내에 싸여 있는 유리 섬유를 따라 전해진다.

광섬유 기술이 진보하면서 동일한 가격으로 전송할 수 있는 최대 거리가 증가하고 있다. 광섬유는 구리선보다 깨지기 쉽고, 절단하기 어렵고, 설치가 어렵다. 이러한 이유 때문에 광섬유는 데이터 신호를 연결하는 하드웨어의 가격이 광섬유 설치비용보다 비싼 장거리 데이터 전송에 우선적으로 사용된다. 대역폭이 넓기 때문에 대용량 데이터 전송에도 사용된다.

무선 매체

무선 매체wireless media는 신호를 전송하는데 사용되는 대기, 우주 공간 등의 자연 환경을 말한다. 이러한 매체들은 마이크로파, 적외선, 라디오파 등의 전자기적 신호들을 전달할 수 있다. 네트워크 신호는 파형wave의 형태로 매체를 통해 전달된다. 신호는 전기 파형의 형태로 구리선과 케이블을 통해 전달된다. 신호가 광섬유를 통해 전달될 때는 가시광선이나 적외선인 광파light wave의 형태이다. 신호가 지구 대기를 통해 전파될 때는 라디오 스펙트럼에 있는 마이크로파, 적외선, 가시광선 등의 파동의 형태를 띤다.

최근의 라디오 하드웨어 기술의 발달로 인해 셀룰러 전화, 무선 모뎀, 무선 LAN 등의 무선 네트워킹 장치에 상당한 진보가 있었다. 이러한 장치들은 수십 년 전에 개발이 되었지만 실용적이지 않거나 가격이 비싸서 사용이 되지 않았던 기술들을 사용한다.

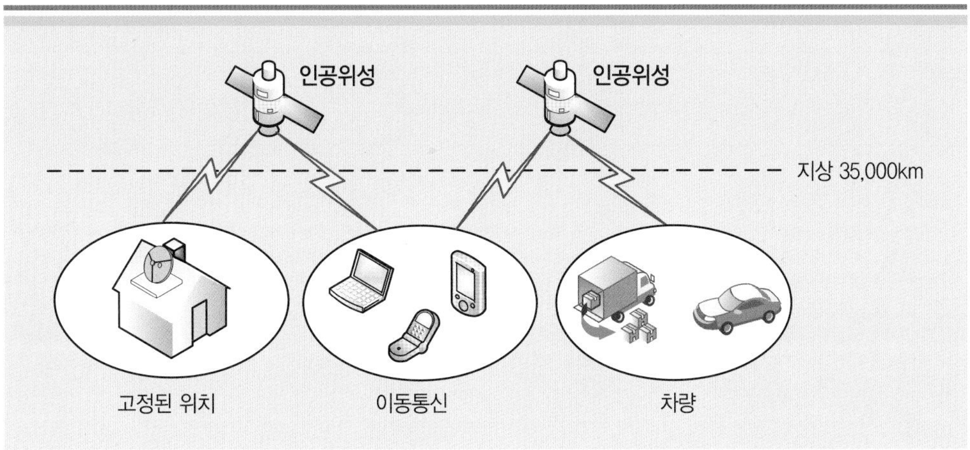

그림 B.12

위성 통신의 예

데이터베이스 설계

학습성과

C.1 관계형 데이터베이스 모형의 기본 구성요소들을 나열할 수 있다.
C.2 ERD를 입증하는 것이 왜 중요한지 설명할 수 있다.
C.3 DBMS에 왜 ERD가 필요한지 설명할 수 있다.

서론

비즈니스는 정확한 최신 정보를 위해 데이터베이스에 의존한다. 주어진 과제의 핵심적인 자료의 접근 없이는 대부분의 비즈니스들은 그들의 일상적인 기능들을 수행할 수 없고 전략적 의사결정을 도와주는 리포트 등은 더더욱 작성할 수 없다. 이러한 의사결정이 유용하려면 데이터베이스의 자료는 정확하고, 완성되고, 시기적절하며 유일unique해야 한다. 그러나 그 기저가 되는 좋은 데이터베이스 설계 없이는 의사결정은 부정확하고 일정하지 않을 것이다.

데이터베이스database는 다양한 유형의 물건(재고), 사건(거래), 사람(직원), 장소(창고)에 대한 정보를 유지한다. 데이터베이스 관리 시스템DBMS: database management system은 데이터베이스 속의 자료를 생성, 인식, 업데이트, 삭제하는 동시에 접근과 보안을 통제한다. DBMS는 데이터베이스 속의 자료를 생성, 업데이트, 삭제, 저장, 검색할 수 있는 방법을 제공해준다.

자료 모델을 사용하는 것은 DBMS 환경에 있는 사용자들의 필요에 맞게 데이터베이스를 올바르게 설계할 수 있는 방법을 제공해준다.

관계형 데이터베이스 모델

비즈니스 환경의 수많은 요소들은 자료를 저장해야 하고, 이 요소들은 어떤 방법으로든 서로 연관되어 있다. 사실 데이터베이스엔 자료뿐만 아니라 이 자료 간의 관계에 대한 정보를 가지고 있어야 한다. 비즈니스 결정을 위한 견고한 기반을 만들기 위해서는 데이터베이스를 제대로 설계하는 것이 중요하다. 이것은 **자료 모델**data model(또는 논리적 자료 구조)을 이용함으로서 가능한데, 자료 모델은 그래픽과 그림들을 이용해 자료 요소들 간의 관계를 상세히 나타낸다. **관계형 데이터베이스 모델**relational database model은 논리적으로 연관된 이차원 테이블table의 형태로 정보를 저장한다. 테이블 또는 정식으로는 엔터티entities라[1] 불리는 것들에 대해서는 나중에 자세히 알아볼 것이다.

데이터베이스 설계를 위한 관계형 데이터베이스 모델을 개발할 때는 ERD가 사용된다. **엔터티-관계도**ERD: entity-relationship diagram는 엔터티들과 관계들을 데이터베이스 환경에 저장하는 기술이다. ERD를 개발하는데 사용되는 표기법을 알기 전에 엔터티와 속성이 무엇인지 아는 것이 중요하다.

엔터티와 속성

엔터티entity는 사람, 장소, 사물, 거래 혹은 사건에 관련된 정보를 저장한다. 제품과 예약이 엔터티인 것처럼 소비자 또한 엔터티이다. **속성**attribute은 엔터티와 관련된 자료 요소들이다. 예를 들어 실제 가게와 온라인에서 영화 DVD를 파는 소매업체인 메가 비디오를 생각해보자. 회사는 '고객'이라는 엔터티를 생성함으로서 소비자들(특히 인터넷을 통해 구매하는)에 대한 정보를 저장해야 할 것이다. 이때 '고객'이란 엔터티에는 고객 번호, 이름, 성, 주소, 우편번호, 전화번호, 이메일 등의 속성들이 포함될 것이다(그림 C.1).

속성의 유형

- **단순 vs 복합 속성** 단순 속성은 더 작은 구성요소로 나눌 수 없다. 예를 들어 고객의 이름과 성은 단순 속성이다. 복합 속성은 더 작은 구성요소로 나눌 수 있는데, 그것

그림 C.1

엔티티와 속성의 예

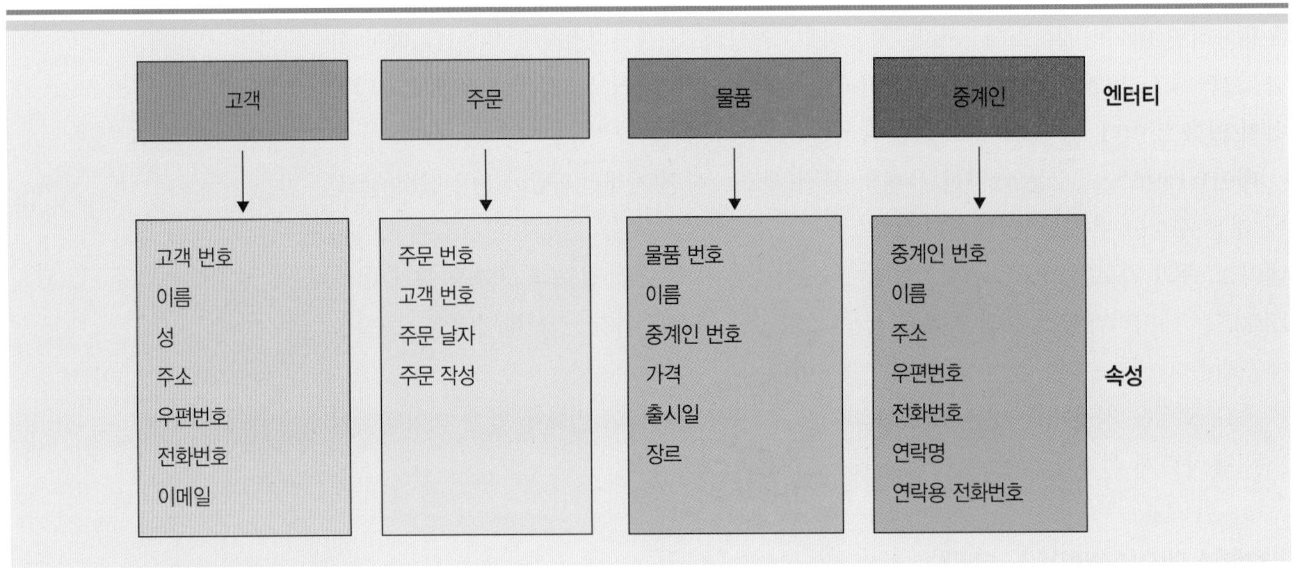

1) "entry"는 '실체' 또는 '객체'라고 번역하기도 한다.

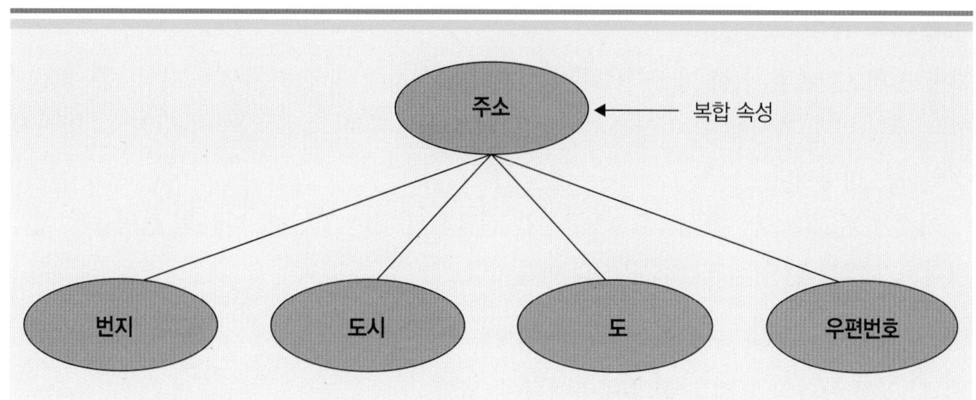

그림 C.2
복합 속성

들은 의미가 있는 기본 속성을 말해준다. 복합 속성의 흔한 예는 '주소'(그림 C.2)이다. 주소는 도로명, 도시, 우편번호 같은 더 작은 부분으로 나누어질 수 있다.

- **단일 값 vs 다중 값 속성** 관계형 데이터베이스를 만들 때 자료 모델에 쓰이는 속성들은 단일 값 속성이어야 한다. **단일 값 속성**single-valued attribute은 각 엔터티의 속성에 단 하나의 값만 가지고 있는 것을 뜻한다. 사람의 나이는 단일 값 속성의 예인데 사람은 하나 이상의 나이를 가질 수 없기 때문이다. **다중 값 속성**multi-valued attribute은 하나의 속성에 하나 이상의 값을 가질 수 있는 가능성을 가지고 있는 것을 말한다. 예를 들어 사람의 학위는 다중 값 속성인데, 왜냐하면 한 사람이 한 개 이상의 학위를 가지고 있을 수 있기 때문이다. 관계형 데이터베이스 모델의 속성은 다중 값을 가져서는 안 된다. 그러한 속성들은 또 다시 나눌 수 있는 다른 속성들을 만들어야 한다. 따라서 앞서 든 예를 보자면, 데이터베이스를 설계할 경우에 두 개의 속성이 만들어질 것이다. 하나는 '사람(이나 비슷한 제목)'이 될 것이고 다른 하나는 '학위'가 될 것이다. 만약 다중 값 속성이 발견된다면, 또 하나의 속성이 필요하다는 힌트가 되는 것이다.
- **저장**stored **vs 파생**derived **속성** 만약 특정 속성이 다른 속성의 값을 이용해 계산될 수 있으면 그것은 파생 속성이라고 불린다. 그 속성을 파생하기 위해 이용된 속성을 저장 속성이라고 부른다. 파생 속성은 파일로 저장되지 않고 필요할 때 저장된 속성들로부터 추출해 낼 수 있다. 파생 속성과 저장 속성의 한 예는 사람의 나이다. 만약 데이터베이스에 사람의 '출생일'이 저장되어 있다면 '나이'라는 파생 속성은 '현재 날짜(이것은 DBMS를 통해 얻을 수 있다)'를 이용해 추출할 수 있다.
- **널 속성** 때로 속성은 적용 가능한 값을 가지지 못하는 경우가 있다. 이러한 경우에 값없는 속성이 만들어진다. **널 속성**null-valued attribute은 어떠한 값도 적용되지 않거나 값이 알려지지 않은 속성을 뜻한다. 휴대전화가 없는 사람은 '휴대전화 번호'라는 속성에 대해선 아무런 저장된 값을 갖지 못할 것이다. 널 속성은 '머리카락 색'과 같이 알 수 없는 속성에 대해서도 적용될 수 있다. 모든 사람들은 머리카락 색을 가지고 있지만 이 정보는 없어도 되는 정보이다.

비즈니스 규칙

특정한 비즈니스를 위한 '맞는' 설계는 비즈니스 규칙에 의해 좌지우지 되며, 한 조직에 맞는 것은 다른 조직엔 맞지 않을 수 있다. **비즈니스 규칙**business rule은 비즈니스의 양상을 정의하는 성명이다.

이것은 비즈니스의 행동behavior과 규칙을 전달하기 위한 것이다. 다음의 성명들은 메가 비디오가 가질 만한 비즈니스 규칙의 예들이다.

- 고객은 여러 개의 DVD를 구매할 수 있다
- DVD들은 여러 고객들에 의해 구매될 수 있다.
- 한 제목의 DVD가 여러 개 있을 수 있다.

전형적인 비즈니스는 몇 백 개의 비즈니스 규칙이 있을 수 있다. 각 비즈니스 규칙은 엔터티를 가지고 있을 것이고, 어떤 성명에는 심지어 속성들도 가지고 있을 수 있다. 예를 들어 위의 예 중 첫 번째 것을 보면, '고객'과 'DVD'가 이 비즈니스 규칙에 의거하면 엔터티가 될 수 있다. 비즈니스 규칙을 파악하는 것은 더 정확하고 완성도 있는 데이터베이스 설계에 도움이 된다. 추가적으로, 비즈니스 규칙은 각 엔터티 간의 관계를 파악하는 것을 도와준다. 이것은 ERD를 만드는 데 매우 유용하다.

ERD 문서화

엔터티, 속성, 비즈니스 규칙이 파악되고 나면, ERD가 문서화될 수 있다. ERD 문서화의 가장 대표적인 모델은 첸Chen(엔터티 관계 모델링의 창시자인 피터 첸 박사의 이름을 따서 지어진 명칭), 그리고 정보 엔지니어링이다. 다이어그램을 이용하는 사람들이 표기법을 정확히 알고만 있다면 어떤 것을 이용하든지 상관없다. 간단히 하기 위해 여기서는 첸 모델만을 설명할 것이다.

첸 모델은 엔터티와 속성을 표현하기 위해 특정 기호들을 사용한다. 직사각형은 엔터티를 표현하는데 사용한다. 각 엔터티의 이름은 직사각형 안에 나타나는데, CUSTOMER와 같이 단수 형태로 표현되고 대문자로 쓰여 진다. 원래 속성은 첸 모델에 쓰이지 않았지만 많은 데이터베이스 디자이너들이 그림 C.3에서 볼 수 있듯이 타원으로 표현된 속성을 포함한다.

기본 엔터티 관계들

ERD를 만드는 가장 중요한 이유 중 하나는 엔터티들 간의 관계를 파악하고 표현하기 위해서다. 만약 메가 비디오의 비즈니스 규칙이 고객은 많은 비디오(이 경우엔 물품)를 대여할 수 있다고 한다면, 'CUSTOMER', 'ORDER', 'ITEM' 사이의 관계가 만들어져야 한다. 이것은 데이터베이스가 어떻게 생겼는지를 개념적으로 보여주는 것일 뿐, 자료의 물리적 저장에는 전혀 관련이 없다. 다시 한 번 말하자면, ERD가 하는 것은 데이터베이스를 설계하기 위해 모델을 만드는 것이다.

첸 모델에선 관계를 표현하기 위해서는 다이아몬드 모양을 이용하고 각 관계들을 엔

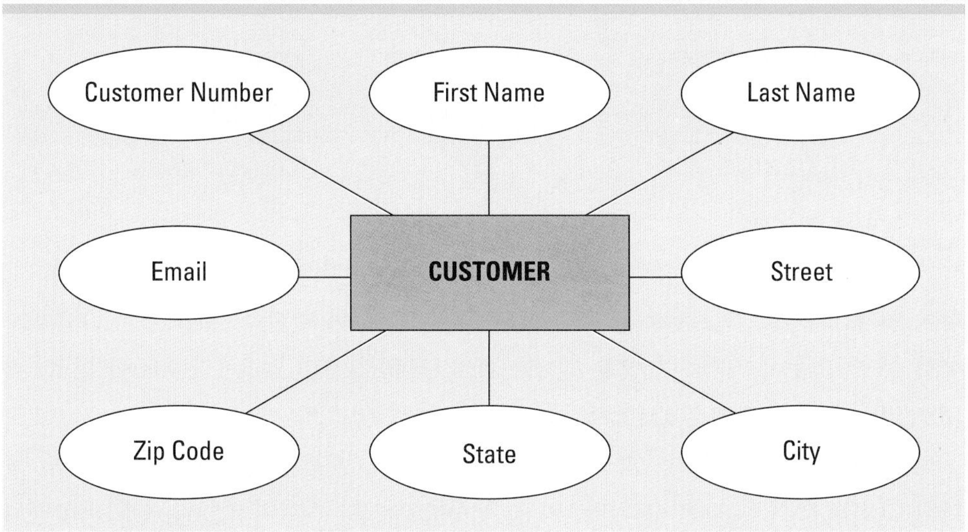

그림 C.3

속성이 표현된 첸 모델

터티와 연결할 때에는 선을 이용한다. 그림 C.4는 이 표기법을 이용해 메가 비디오의 CUSTOMER와 ORDER의 관계를 보여주고 있다. 관계란 안의 단어는 이 관계의 의미를 알 수 있게 해 준다.

일단 기본 엔터티와 그것들의 속성이 정의되고 나면, 다음 과제는 이 엔터티들 간의 관계를 파악하는 것이다. 관계에는 (1) 1-대-1, (2) 1-대-다, (3) 다-대-다의 세 가지 기본 유형이 있다.

1-대-1 관계 1-대-1 관계one-to-one relationship(1:1)는 한 엔터티의 인스턴스instance가[2] 단 하나의 관계되는 엔터티의 인스턴스만 갖는 경우이다. 많은 가게와 여러 직원들, 그리고 한 명의 관리자를 갖고 있는 메가 비디오를 생각해 보자. 비즈니스 규칙에 의하면 관리자 역시 직원이며 단 하나의 가게만을 관리할 수 있다고 되어 있다. 이러할 경우 EMPLOYEE와 STORE의 관계는 1-대-1 관계가 된다. 그림 C.5에서 볼 수 있듯이 첸 모델 표기법을 이용해 두 인스턴스의 관계는 '한 명의 직원은 하나의 가게만 관리할 수 있고, 하나의 가게에는 한 명의 관리자가 있다'라고 표현될 수 있다. EMPLOYEE와 STORE 엔터티 옆에 있는 숫자 '1'은 단 한 명의 EMLOYEE가 단 하나의 STORE를 관리할 수 있다는 것을 뜻한다.

1-대-다 관계 대다수의 관계형 데이터베이스는 1-대-다 관계로 구성된다. **1-대-다 관계**one-to-many relationship(1:M)는 두 개의 엔터티 사이에서 한 엔터티의 인스턴스가 관계된

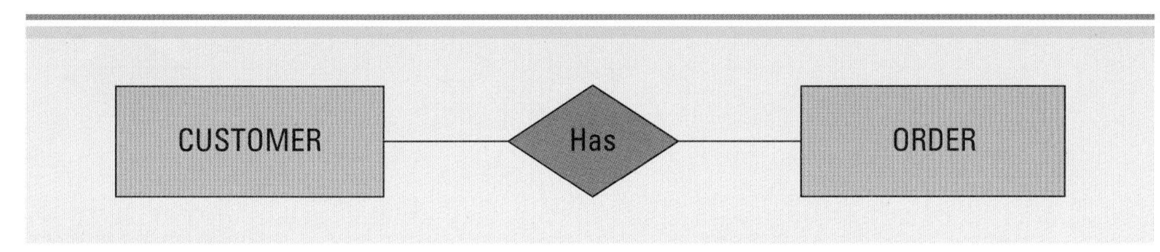

그림 C.4

관계가 있는 첸 방법

2) "instance"는 '사례'로 번역하기도 하나, 실무에서는 '인스턴스'로 부르는 것이 일반적이다.

그림 C.5
1-대-1 관계

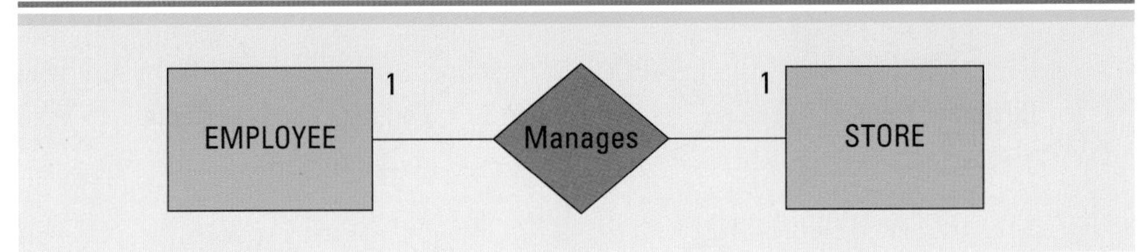

다른 엔터티의 많은 인스턴스들과 연결될 수 있을 경우를 말한다. 예를 들어 그림 C.6에서 볼 수 있듯이 메가 비디오는 한 DISTRIBUTOR로부터 많은 ITEM(s)를 받고, 각 DISTRIBUTOR는 많은 ITEM(s)를 공급한다.

비슷하게, CUSTOMER는 많은 ORDER를 가질 수 있지만, 하나의 ORDER는 단 하나의 CUSTOMER만 가질 수 있다. 이 둘 모두 1-대-다 관계의 예이다. ORDER 엔터티 옆의 글자 'M'은 CUSTOMER가 하나 이상의 ORDER(s)를 주문할 수 있다는 것을 뜻한다. 이 표기법은 또한 ITEM에 쓰인다. 왜냐하면 ORDER는 하나 이상의 ITEM(s)를 포함하고 있을 수 있기 때문이다.

다-대-다 관계 다-대-다 관계를 파악하고 제거하는 것은 정확하고 일정한 데이터베이스를 만드는 것을 돕는다. **다-대-다 관계**many-to-many relationship(M:N)는 두 개의 엔터티 사이에서 하나의 엔터티의 인스턴스가 다른 엔터티의 많은 인스턴스들과 관계되어 있고, 다른 엔터티의 한 인스턴스가 첫 번째 엔터티의 많은 인스턴스와 관계되었을 경우를 말한다. 메가 비디오의 ORDER와 ITEM 사이엔 다-대-다 관계가 있다(그림 C.6 참조). 하나의 ORDER는 여러 개의 ITEM(s)를 포함할 수 있고 각 ITEM 또한 많은 ORDER(s)에 포함되어 있을 수 있다. 그림 C.6의 ITEM 옆의 글자 'N'은 ORDER와 ITEM 사이의 다-대-다 관계를 보여준다.

그러나 다-대-다 관계에는 문제들이 있다. 먼저, 관계형 자료 모델은 다-대-다 관계를 다룰 수 있도록 설계된 것이 아니다. 이것은 다-대-다 관계가 관계형 DBMS에서 쓰이기 위해선 1-대-다 관계로 변환되어야 함을 뜻한다. 둘째로, 다-대-다 관계는 저장된 자료의 중복을 야기한다. 이것은 데이터베이스가 필요로 하는 정확성과 안

그림 C.6
1-대-다 관계

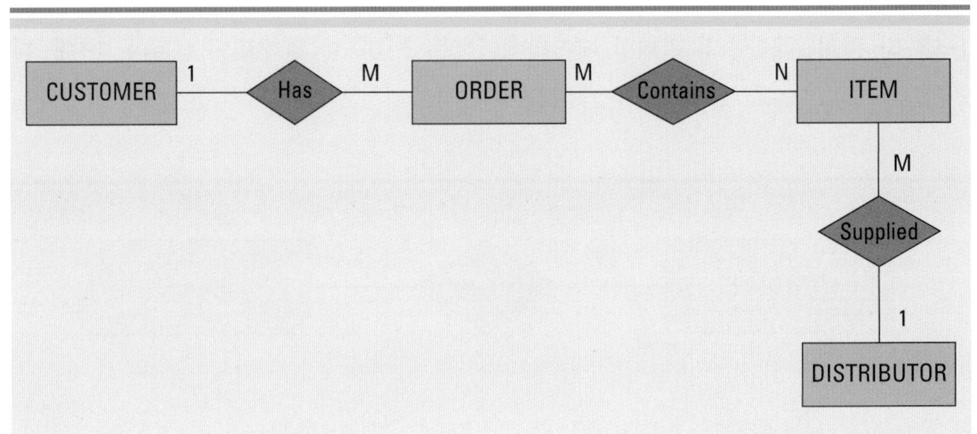

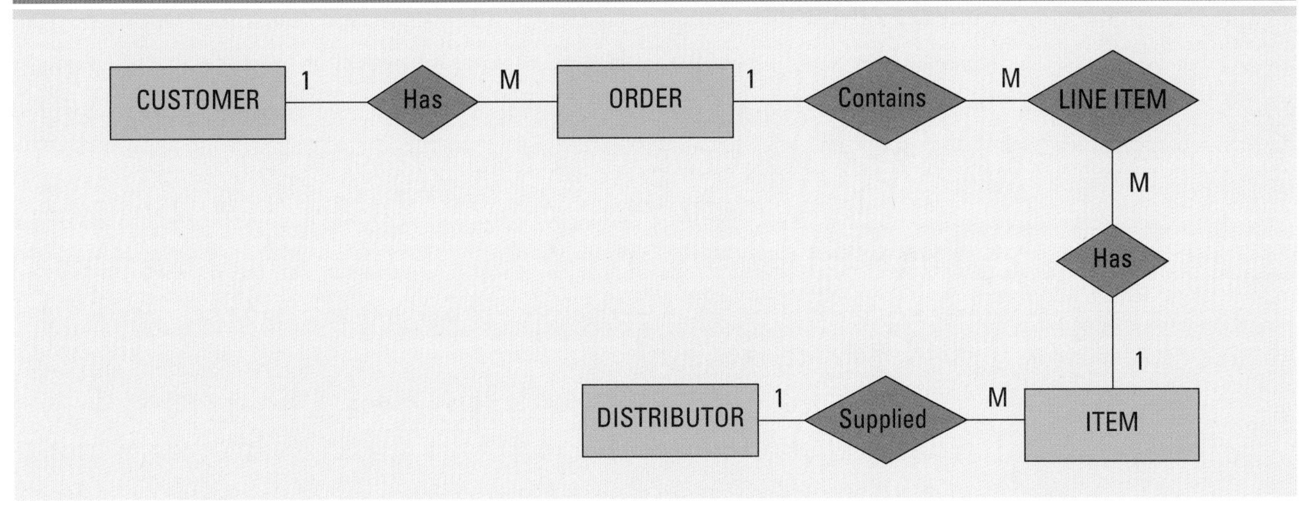

그림 C.7

복합 엔터티

정성에 부정적인 영향을 끼치게 된다. 이 문제를 더욱 쉽게 이해하기 위해서 ITEM과 ORDER 사이의 관계를 보자. 각 ORDER는 많은 ITEM(s)를 가질 수 있고, 각 ITEM은 많은 ORDER(s)에 포함되기 때문에 ORDER와 ITEM 사이에는 다-대-다 관계가 있다. CUSTOMER가 ITEM을 구입하기 위해 ORDER할 경우, CUSTOMER가 구매하려는 DVD의 개수에 따라 ITEM(s)가 다양해진다. 다-대-다 관계를 해체하기 위해서는 복합 엔터티가 필요하다.

두 개의 다른 엔터티 간의 관계를 표현하기 위해 존재하는 엔터티들을 **복합 엔터티** composite entity라고 부른다. 위의 예는 ORDER와 ITEM 사이의 다-대-다 관계를 해체하기 위한 또 다른 엔터티가 필요하다. 그림 C.7은 새로운 관계를 보여준다.

LINE ITEM(송장invoice slip에서 쓰이는 라인 항목line item과 같은 개념으로 생각하라)이라고 불리는 복합 엔터티를 만드는 것은 ORDER와 ITEM 사이의 다-대-다 관계를 해체하고, 이는 정보를 삭제하거나 업데이트 할 때 생기는 중복이나 변칙을 제거한다. 첸 모델을 이용할 경우, 복합 엔터티는 다이아몬드와 직사각형을 합친 모양으로 문서화된다.

그림 C.7에서와 같이 새로운 ERD가 주어지면, 각 ORDER는 많은 LINE ITEM(s)를 가질 수 있지만, 하나의 LINE ITEM은 단 하나의 ORDER에만 포함될 수 있다. 그 결과 ORDER와 LINE ITEM 사이의 관계는 1-대-다(하나의 주문은 하나 혹은 그 이상의 품목명라인 항목을 가진다)가 되고 LINE ITEM과 ITEM 사이의 관계 또한 1-대-다(하나의 항목은 여러 개의 라인 항목에 포함될 수 있다)가 된다. 복합 엔터티는 원래의 다-대-다 관계를 없애고 두 개의 1-대-다 관계로 변환시켰다.

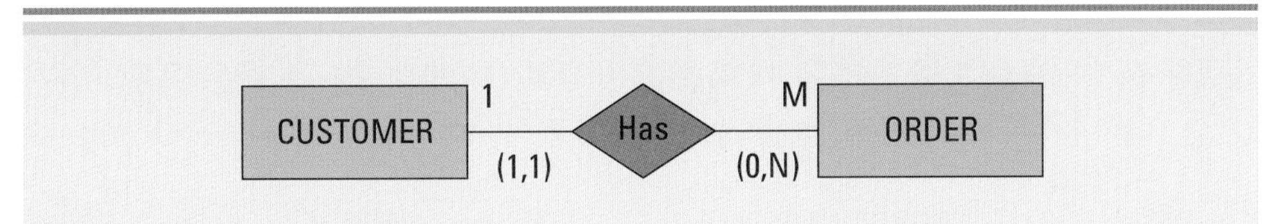

그림 C.8

카디널리티들의 예

관계형 카디널리티

카디널리티cardinality란 엔터티 안에 있는 인스턴스의 정확한 수를 표현한다. 첸 모델에서 카디널리티는 각 엔터티 옆에 (x, y) 형식의 숫자를 표시함으로서 나타내진다. 카디널리티의 첫 번째 숫자는 최솟값을, 두 번째 숫자는 최댓값을 나타낸다.

메가 비디오는 CUSTOMER가 ORDER를 하기 전에 그들의 데이터베이스에 CUSTOMER에 대한 정보를 저장할 수 있다. CUSTOMER 엔터티에 대한 인스턴스는 ORDER 엔터티의 그 어떤 인스턴스와도 관계될 필요가 없는데, 이것은 선택적 카디널리티가 존재한다는 것을 뜻한다.

그러나 그 반대의 경우는 메가 비디오 데이터베이스에서 참이 아닌데, 왜냐하면 ORDER는 반드시 CUSTOMER와 관계가 있어야 한다. CUSTOMER 없이는 ORDER는 존재할 수 없다. CUSTOMER 엔터티의 인스턴스는 카디널리티 표기법 (0,N)을 이용하면 0, 1 혹은 그 이상의 ORDER(s)와 관계될 수 있다. 예를 들어 ORDER 엔터티는 오직 단 하나만의 CUSTOMER와 관계되어야 하는데 이때의 카디널리티는 (1,1)이 된다. ORDER와 CUSTOMER의 인스턴스 사이의 관계는 정해진mandatory 관계이다. 그림 C.8은 이런 카디널리티들을 보여준다.

관계형 자료 모델과 데이터베이스

일단 ERD가 완성되면, 그것은 개념적인 논리적 모델에서 DBMS에서 필요로 하는 형식적인 자료 모델로 변환될 수 있다. 관계형 자료 모델은 수학자인 에드가 코드Edgar Codd의 작업의 결과인데, 1960년대에 코드 박사는 당시 존재하고 있던 자료 모델들을 가지고 작업을 하다 자료 관계가 매우 비효율적이라는 것을 발견하게 된다. 그는 수학적 경험과 지식으로부터 관계형 자료 모델을 만들어냈다. Access 2010과 SQL Server 2010과 같은 대부분의 데이터베이스들은 관계형 자료 모델을 기초로 하고 있다.

엔터티에서 테이블로[3)]

개념적 모델에서 ERD를 만들어 낼 때, 엔터티와 속성을 파악하는 것에 집중을 했다. 논리적 관계형 모델logical relational model에서는 테이블과 필드에 집중하게 될 것이다. **테이블**table은 엔터티를 표현하는 열과 행으로 이루어져 있다. **필드**field는 테이블의 성격이다. **레코드**record는 관계된 자료 요소들의 집합이다. 테이블에서 행column은 필드를 표시하고, 열row은 레코드를 표시한다.

그림 C.9에서 볼 수 있듯이, 필드와 레코드를 갖춘 표는 스프레드시트의 정보와 같이 보인다.

필드 그림 C.9에는 4개의 필드가 있는데, 고객 번호, 이름, 성, 전화번호가 그것이다. 동일한 관계형 자료 모델 안의 두 개 혹은 그 이상의 테이블의 필드는 같은 이름을 가지고 있을 수 있지만, 하나의 테이블 안에서는 각각 단 하나의 이름만을 사용해야 한다. 관

3) "table"은 '표'로 번역하기도 한다.

CUSTOMER

고객 번호	이름	성	전화번호
0001	빌	밀러	777-777-7777
0505	제인	쿡	444-444-4444
1111	샘	스미스	555-555-5555
1212	존	도우	666-666-6666

그림 C.9

고객 테이블의 예

계형 자료 모델 표기법을 이용해 테이블 이름은 대문자로 표시하고 모든 행은 제목 박스 안에 쓰여진다.

CUSTOMER(고객 번호, 이름, 성, 전화번호)

레코드 테이블 안의 레코드는 다음과 같은 특징을 갖는다.

- 테이블에는 다중 값의 속성이 있을 수 없다. 따라서 단 하나의 값만이 필드와 레코드의 교차점에 기록될 수 있다.
- 각 레코드는 하나뿐이어야 하며must be unique 테이블에는 복제된 레코드는 있을 수 없다.
- 레코드는 엔터티 식별자entity identifier, 혹은 **주 키**primary key를 가지고 있어야 한다. 이것은 테이블 안에서 주어진 레코드를 각각 파악하는 필드(혹은 필드의 그룹)이다. 하나의 레코드는 반드시 테이블 내의 하나의 주어진 레코드를 유일하게 식별하는 하나의 엔터티 식별자 또는 주 키를 가져야 한다.

주 키 주 키는 테이블에 있는 모든 레코드를 각각 파악할 수 있도록 해 준다. 주 키는 데이터베이스를 정확히 추출하는데 중요한 역할을 한다.

'고객 번호'를 주 키로 사용할 경우 두 명의 고객이 같은 고객 번호를 갖게 될 일은 절대로 없다. 주 키는 그것과 관계된 레코드를 파악하는데 사용된다. 예를 들어, 어떤 사람이 '고객 번호' 112299를 가진 CUSTOMER가 구입한 모든 ITEM에 대해 메가 비디오의 데이터베이스를 검색한다고 가정하면, 그는 그 레코드들만 얻을 수 있고 다른 고객과 관계된 레코드는 볼 수 없다.

유일해야 하는 것 외에 주 키는 널null이어서는 안 된다. 널은 알 수 없음을 표시하는 특별한 값이라는 것을 기억하라. 그러나 그것은 필드가 비어있거나 값이 0인 것과는 다르다. 만약 하나의 레코드가 널 주 키를 가지고 있다면, 자료 구조는 파괴되지 않는다. 그러나 다른 레코드에 두 번째 널이 들어오게 되면, 주 키의 유일성은 사라지게 된다. 따라서 주 키를 설정할 때 널은 금지된다.

주 키를 문서화할 때의 올바른 표기법은 밑줄을 긋는 것이다.

CUSTOMER(<u>고객 번호</u>, 이름, 성, 전화 번호)

논리적 테이블들 연결하기

일단 주 키가 정의되면 테이블들은 논리적으로 관계될 수 있다. 그림 C.10의 각 테이블은 DISTRIBUTOR를 제외하면, 그림 C.8에서 나타난 메가 비디오의 ERD의 같은 이름의 엔터티들과 직접적으로 유사한 테이블들이다. CUSTOMER 테이블은 임의로 생성되는 유일한 값이 있는 주 키인 고객 번호에 따라 구분이 된다. ORDER 테이블은 주문 번호에 의해 구분되는데, 메가 비디오에 의해 또 다른 임의이 주 키가 부여된다. ORDER LINE 테이블은 회사가 어떤 ITEM(s)가 어떤 ORDER에 속해 있는지 알 수 있게 해 준다. 이 테이블은 복합된 주 키(즉, 하나의 주 키처럼 작동하는 두 개의 필드를 합치는 것)를 필요로 하는데, 왜냐하면 다수의 ITEM(s)가 다수의 ORDER(s)에 나타날 수 있기 때문이다. 이 주 키를 고르는 작업은, 단지 각 레코드를 파악하는 것 이상의 의미가 있다. 이것은 ORDER LINES와 그것이 나타나는 ORDER와 주문되는 ITEM(s) 사이의 관계를 나타낸다. ITEM 테이블의 주 키는 '물품 번호'로 표시가 된다.

ORDER LINE 테이블 안의 '물품 번호' 필드는 ITEM 테이블의 주 키와 같다. 이것은 두 테이블 간의 1-대-다 관계를 말해준다. 유사하게 ORDER 테이블과 ORDER LINE 테이블 사이에는 1-대-다 관계가 존재하는데, 왜냐하면 ORDER LINE 테이블의 '주문 번호' 행은 ORDER 테이블의 주 키와 같기 때문이다.

어떤 테이블에 다른 테이블의 주 키에 해당하는 필드가 존재한다면, 그것은 외래 키라고 불린다. **외래 키**foreign key란 한 테이블의 주 키인 동시에 다른 테이블에서 속성의 형태로 나타나 두 테이블 간의 논리적 관계를 제공하는 키를 말한다. 외래 키를 주 키와 연결함으로써 관계형 데이터베이스 속의 자료 관계를 나타낸다.

그림 C.10의 LINE ITEM 테이블의 예에서 볼 수 있듯이 외래 키는 연쇄된 주 키의 일부일 수 있다. LINE ITEM의 '주문 번호'와 '물품 번호'를 외래 키로 연쇄 혹은 결합함으로서 그들은 주 키가 된다. 그러나 대부분의 외래 키들은 테이블의 주 키의 일부가 아니다. 그림 C.10의 메가 비디오의 CUSTOMER와 ORDER 사이의 관계를 생각해보자. ORDER 테이블의 '고객 번호' 필드는 CUSTOMER 테이블의 주 키와 맞는 외래 키이다. 그것은 CUSTOMER와 ORDER 사이의 1-대-다 관계를 나타낸다. 그러나 '고객 번호'는 ORDER 테이블의 주 키의 일부가 아니다. '고객 번호'는 그저 CUSTOMER와 ORDER 두 테이블 사이의 관계를 만들기 위해 사용되었을 뿐이다.

관계형 데이터베이스는 주 키와 외래 키에 의해서 연결된 자료에 의해 나타내지는 관계를 이용한다. 메가 비디오의 직원이 '주문 번호' 1002가 어떤 '제목'을 주문한 것인지 알아보고 싶어 한다고 가정해 보자. 먼저, 데이터베이스는 '주문 번호' 1002가 포함된 LINE ITEM 테이블의 레코드를 확인할 것이다. 그런 다음, 데이터베이스는 그것을 ITEM 테이블의 '물품 번호'에 맞춰 볼 것이다. 결과는 각 테이블에서 얻은 레코드들을 결합한 것이 된다.

CUSTOMER

고객 번호	성	이름	전화번호
1111	Sam	Smith	555-555-5555
0505	Jane	Cook	444-444-4444

주 키

ORDER

외래 키

주문 번호	고객 번호	주문일
1000	1111	11/1/2011
1001	1111	11/10/2011
1002	0505	12/11/2011

주 키

LINE ITEM

외래 키

주문 번호	항목 번호	수량	배달?
1000	9244	1	Y
1001	9244	1	Y
1002	9250	1	Y
1002	9255	1	Y

외래 키

ITEM

항목 번호	이름	배급사 번호	가격
9244	Iron Man 2	002	4.95
9250	Twilight Zone	002	4.95
9255	Avatar	004	5.95

주 키

그림 C.10

논리적 테이블들 연결하기

용어 정리

GLOSSARY

ㄱ

가상 사설망VPN: virtual private network 인터넷망과 같은 공중망을 사설망처럼 이용해 회선 비용을 크게 절감할 수 있는 기업 통신 서비스

가상화virtualization (1) 가상 네트워크 세그먼트를 기초로 네트워크를 구축하는 프로세스로서, 장치들이 실제 물리적인 위치와 실제로 네트워크로 연결되는 통로에 관계없이 가상 세그먼트에 연결하는 것, 또는 (2) 컴퓨터 운영체제OS를 시스템 구조나 하드웨어에 영향 받지 않고 설치, 사용할 수 있도록 하는 것

가용성availability 사용자들이 언제 시스템에 접근할 수 있는 가에 대해서 다룬다.

가치 사슬value chain 기업을 일련의 연계된 활동들의 사슬로 보고, 각 활동들이 어떠한 가치를 창출하는지 분석한다.

가치 사슬 분석value chain analysis 기업을 제품이나 서비스에 각각 가치를 더하는 비즈니스 프로세스의 연속 과정으로 보는 것

간트 도표/차트 Gatt chart 프로젝트 과업을 막대를 이용하여 달력에 대비해서 표현하는 프로젝트 일정 관리 기법

감쇄attenuation 주파수 간섭이나 물리적 장애물로 인해 전파되는 네트워크 신호의 강도에 손상이 발생하는 현상

강의 관리 소프트웨어course management software 계획서 등의 강의 자료를 포함하고 퀴즈, 숙제, 중간성적 등을 제공

개발 단계development phase 설계 단계에서 결정된 내용들을 실제의 시스템으로 전환한다.

개발 테스트 Development testing 결함 여부를 알기 위해 시스템을 점검하는 것

개방형 시스템open system 소유권이 설정되지 않은 IT 하드웨어 및 소프트웨어로서, 제품들이 쉽게 통합되도록 하는 표준과 절차에 따라서 작성된 것

개인 기업sole proprietorship 한 개인이 소유하는 기업으로서, 기업 경영 및 모든 이익과 채무에 대해서 그 개인이 책임진다.

개인정보 관리 소프트웨어 Personal information management(PIM) software 개인의 연락처, 예약, 업무일정, 이메일 등의 정보를 다루는 소프트웨어

개인화personalization 웹사이트가 개인들의 호불호에 대한 충분한 지식을 보유하고 그 사람에게 어필할 수 있도록 맞춤화 할 수 있을 때 발생한다.

개체관계도ERD: entity-relationship diagram 데이터베이스 환경에서 엔터티 간의 관계를 문서화하는 기법

객체지향 언어 Object-oriented languages 데이터와 그에 해당되는 절차를 그룹화하는 언어

거래 처리 시스템transaction processing system 조직체의 운영상 기본적으로 발생하는 거래 자료를 신속 정확하게 처리하는 정보시스템

거래 처리 정보transactional information 단일 비즈니스 프로세스 또는 단위 작업에 포함되는 모든 정보로서, 그 일차적인 목적이 일상적인 운영 업무들을 지원하는 것

검색 엔진 최적화SEO: search engine optimization 웹 검색 엔진에서의 검색 순위를 높이기 위해 관리하는 것 또는 그 방법들

견본 적용pilot implementation 새로운 시스템의 유용성이 완전히 확립될 때까지 소그룹의 사용자들이 시험적으로 사용하는 것

경도longitude 지구상의 동쪽과 서쪽의 위치를 측정하는 단위

경로 추적traceroute 전송되는 패킷의 경로를 추적하는 애플리케이션

경영 정보 시스템MIS: management information system 조직의 목표 달성을 지원하기 위해서 사람들이 사용하는 응용, 소프트웨어 및 IT 하드웨어를 계획, 개발, 구현, 그리고 유지 보수하는 기능

경쟁우위competitive advantage 경쟁 제품에 비해서 고객이 더 많은 가치를 부여하는 제품이나 서비스

경쟁적 부정 클릭competitive click-fraud 경쟁자에 의해서 발생하는 부정 클릭

경쟁지능competitive intelligence 회사의 성공을 위해 경쟁자들의 계획, 활동, 그리고 제품들 같은 경쟁 환경에 대한 정보를 모으는 과정

계속적 프로세스 개선continuous process improvement model 지속적으로 현재의 프로세스를 측정하고 이해하여 성과를 개선한다.

계층형 데이터베이스 모형hierarchical database model 정보를 반복되는 부모/자식 관계를 이용하여 나무와 같은 구조로 조직화한다.

계획 단계planning phase 프로젝트의 상위 계획을 수립하고 프로젝트 목표를 설정한다.

고 가용성high availability 시스템이 충분히 긴 기간 동안 지속적으로 운영 가능한 것을 말한다.

고객 관계 관리CRM: customer relationship management 고객의 충성심과 존속 및 기업 수익성을 향상시키기 위해서 고객과 기업 간 관계의 모든 측면을 관리한다.

고객 대면 프로세스customer facing process 비즈니스 프로세스 중에서 조직의 외부 고객과 직접 접하게 되는 프로세스를 의미함

고객 척도customer metric 기업의 고객 관계 관리를 평가하는 측정 도구

공간정보spatial data 지표면의 특성이나 경계를 표시하는 정보

공개키 암호화PKE: public key encryption 데이터의 암호화encryption에는 모든 사람에게 공개된 공개 키가 사용되고 복호화decryption에는 수신자만 아는 비밀 키가 사용되는 암호화 방법

공급 사슬 가시성supply chain visibility 공급 사슬의 상하 모든 분야를 확인할 수 있는 능력

공급 사슬 계획 소프트웨어supply chain planning software 재고를 줄이면서도 공급 사슬의 효율성과 흐름을 개선하기 위해서 발전된 수학적 기법을 사용한다.

공급 사슬 관리SCM: supply chain management 전체 공급 사슬의 효율성과 수익성을 최대화하기 위해서 공급 사슬의 각 단계 간의 정보 흐름을 관리하는 것

공급 사슬 실행 소프트웨어supply chain execution software 공급 사슬 실행은 제품 생산을 위한 부품 조달에서 생산 계획, 납품, 재고 관리 등을 효율적으로 처리할 수 있는 공급 사슬 관리SCM의 한 분야로서 제품이 소비자의 손에 도달하기까지의 물류 흐름을 관리하고 창고를 관리하는 과정을 말하며, 그러한 과정을 지원하는 응용프로그램(들의 구조)을 말한다.

공급 사슬 이벤트 관리SCEM: supply chain event management 공급 사슬 상에 예외사항이 발생했을 경우 이를 인지하고 원인을 파악해 그에 따른 적절한 해결 방안을 제시하고, 수립한 계획의 변경 사항에 대해 각각의 활동 주체들이 적절한 대응을 하도록 지원함으로써 궁극적으로는 기업이 공급 사슬 상의 RTEReal Time Enterprise를 구현할 수 있도록 지원하는 개념

공급 사슬/망supply chain 제품 또는 원자재의 획득에 직접적 또는 간접적으로 관련된 모든 관계자들로 구성된다.

공급자 관계 관리SRM: supplier relationship management 서비스를 공급하는 조직과 기업 간의 상호작용을 관리하기 위한 포괄적 접근 방법으로서 기업과 공급자 간의 절차를 간소화하여 보다 효율적으로 만드는 것을 목적으로 한다. 기업의 관례와 소프트웨어 둘 모두를 포함한다.

공급자 교섭력supplier power 구매자의 선택의 범위가 좁을 때에는 높고, 선택이 범위가 넓을 때에는 낮다.

공정 사용 원칙fair use doctrine 특정 상황에서 저작권이 있는 자료의 사용을 정당화 한다.

공정 정보 관행fair information practice 개인정보를 수집하고 사용하는 것을 주관하며, 프라이버시와 정확도를 다루는 표준들

관계형 데이터베이스 관리 시스템relational database management system 사용자들이 관계형 데이터베이스에 있는 데이터를 생성하고, 읽고, 수정하고, 삭제하는 일을 하도록 하는 시스템

관계형 데이터베이스 모형relational database model 정보를 2차원의 테이블 형태로 저장하는 데이터베이스 모델의 한 종류

관계형 무결성 조건relational integrity constraint 기본적이고 기초적인 정보 기반 제약들을 강제하는 규칙들

관리회계managerial accounting 내부 의사결정을 위해서 영업 오퍼레이션들을 분석하나, GAAP과 같은 일반적으로 사용되는 표준 규칙을 따르지는 않는 회계의 한 분야

관점view 데이터베이스에서는 사용자들이 데이터베이스의 내용을 확인하고, 필요한 변경을 수행하고, 단순한 정렬을 하고, 특정 정보의 위치를 확인하기 위해서 질의 등을 할 수 있게 하는 권한 관리 기제를 의미한다.

광대역 인터넷broadband 상시 접속이 가능한 고속 인터넷 서비스

광섬유fiber optic, optical fiber 광섬유 또는 정보를 광섬유를 통해서 광학적 신호로 전송하는 것과 관련된 기술

교정 유지 Corrective maintenance 디자인, 프로그램, 실행 등에서의 실수를 고치도록 시스템에 변화를 주는 것

교차 판매cross-selling 금융 회사들이 자체 개발한 상품에만 의존하지 않고 다른 금융회사가 개발한 상품까지 판매하는 적극적인 판매 방식

구매자 교섭력buyer power 선택할 수 있는 판매자가 많을 때에는 높고, 적을 때에는 낮다.

구조적 질의어SQL: structured query language 대부분의 RDBMS에서 사용되고 있는 4세대 질의 언어로서, 1970년대에 미국 IBM사가 개발했을 때에는 Structured Query Language와 그 약자로서 SQL을 명칭으로 사용하였으나, 국제 표준화 기구ISO는 약어가 아닌 SQL이라는 고유 명사를 사용하여 국제 표준화하였다.

구조적 협력structured collaboration 작업 흐름workfolw과 같은, 지식이 규칙으로 명시적으로 규정되어 있는 비즈니스 프로세스에의 공동 참여

구조화 데이터structured data 고객주소 등과 같이 정의된 길이, 유형, 형태를 갖는 숫자, 날짜 혹은 문자열과 같은 데이터

구현 단계implementation phase 사용자들이 시스템을 이용하여 실제 비즈니스 오퍼레이션을 수행할 수 있도록 시스템을 만드는 단계

군집 분석cluster analysis 한 집단의 요소들은 가능한한 서로 유사하고 다른 집단의 요소들은 가능한한 상이하도록 정보들을 서로 배타적인 집단들로 분류하는 기법

권한의 상향 조정elevation of privilege 시스템에 손상을 입힐 목적으로 접근하는 사용자에게 당초에는 허가되지 않은 권한을 시스템이 승인하도록 유인하는 프로세스

균형성과 평가표balanced scorecard 재무적인 측면과 더불어 고객, 내부 프로세스, 학습과 성장 등 기업의 성과를 종합적으로 평가함으로써, 현재의 기업 상황뿐만 아니라 미래에 대한 잠재력도 평가하려고 시도한다.

그래픽 유저 인터페이스GUI: graphical user interface 정보 시스템의 도형을 이용한 인터페인스

그룹웨어groupware 일정 수립 및 영상회의 등의 팀 내 상호작용을 지원하는 소프트웨어

그물형 데이터베이스 모형network database model 객체와 그것들 간의 관계를 네트워크 이론을 이용하여 표현하는 데이터베이스 모델

근거리 통신망LAN: local area network 지리적으로 제한된 지역(일반적으로 한 건물 또는 일군의 건물들) 내에서 케이블이나 무선을 이용하여 연결된 두 개 이상의 컴퓨터의 네트워크

글로벌 재고 관리 시스템global inventory management system 공급망에서 모든 컴포넌트 또는 자재의 위치를 확인하고 상하류로의 어떤 이동도 추적하고 예측할 수 있는 능력을 제공한다.

금융 전자 자료 교환financial EDI(financial electronic data interchange) B2B 시장 구매 지불을 위한 표준 전자적 프로세스

기가바이트GB: gigabyte 약 10억 바이트

기가헤르츠GHz: gigahertz 1초당 약 10억 CPU 사이클

기계 생성 데이터machine-generated data 사람의 개입 없이 기계에 의해 발생된 데이터

기기appliance 계산기나 게임기 같은 한 가지 기능만 수행하는 컴퓨터

기밀성confidentiality 메시지나 정보가 권한이 있는 사람들만 열람할 수 있도록 보장

기반구조 아키텍처infrastructure architecture 시스템과 프로세스 및 조직 구조를 포함하는 IT 기반구조와 연관된 주요 요소들의 구조

기업간 장터business-to-business marketplace 기업들이 인터넷을 통해서 제품이나 서비스를 사고팔 수 있도록 하는 인터넷 기반 서비스

기존 경쟁자들 간의 경쟁rivalry among existing competitors 시장에서 경쟁이 심할 때는 높고 경쟁자들이 온순할 때는 낮은 것

기회 관리 CRM 시스템opportunity management CRM system 새로운 고객이나 기업을 발견함으로써 미래의 판매 기회를 창출한다.

ㄴ

내부자insider 고의적으로 또는 우연히 정보 시스템에 접근하여 사업에 영향을 미치는 사건을 유발하는 적법한 사용자

내부/인소싱insourcing, in-house development 소싱sourcing은 인소싱과 아웃소싱의 2가지로 분류되는데, 인소싱은 전통적인 방법으로, 조직의 계통과 체계를 통해 서비스와 기능을 직접 전달하는 경제 활동 방식을 말하고, 아웃소싱은 부품 조달을 비롯한 사업의 일부 또는 많은 부분을 외부에 위탁하는 방식을 말한다.

네트워크 사용자 면허network user license 네트워크 사용자 누구나 소프트웨어를 설치하고 사용할 수 있도록 하는 기능

네트워크 운영 시스템NOS: network operating system 네트워크의 운영시스템으로서 컴퓨터간의 정보교환을 관장하고 보안과 사용자들을 관리한다.

네트워크 융합network convergence 단일 네트워크에서 전화, 비디오, 데이터 등 다양한 서비스를 제공할 수 있게 하는 현상 또는 기술. 기존에는 서비스마다 별도의 네트워크를 사용했음

네트워크 전송 매체network transmission media 컴퓨터들 간의 신호를 전송하는 데 사용되는 매체

네트워크 토폴로지network topology 네트워크 내의 컴퓨터 및 기타 네트워크 기기들의 실제 물리적 조직의 기하학적 구성

네트워크/망/통신망network 두 개 이상의 컴퓨터를 연결하고 그것들이 함께 작동할 수 있도록 표준이나 프로토콜을 설정함으로써 생성된 통신, 자료 교환 및 자원 공유 시스템

넷제로Netzero 미국의 주요 인터넷서비스 제공회사

논리 연산 장치ALU: arithmetic-logic unit 모든 계산(예를 들면 더하기, 빼기)과 논리 연산(정렬이나 숫자를 비교하기와 같은)을 수행하는 장치로서 CPU의 한 구성 요소이다.

누름 순서 자료clickstream data 한 사이트에서 특정 고객이 어떻게 항행하였는지에 대한 자세한 자료

느슨한 결합loosecoupling 다른 부분들과 함께 서비스를 만들어 내든지 아니면 따로 자신만의 기능을 가질 수 있는 기능

니어쇼어 아웃소싱nearshore outsourcing 근접한 국가의 기업과 외주 계약 체결하기

ㄷ

다운타임downtime 시스템을 사용할 수 없는 기간

다중요소 인증multifactor authentication 두 개 이상의 수단을 이용하여 사용자를 인증하는 방식

다중작업multitasking 한 사람의 사용자가 한 대의 컴퓨터로 2가지 이상의 작업을 동시에 처리하거나, 2가지 이상의 프로그램들을 동시에 실행시키는 것

다형성 바이러스와 웜polymorphic virus and worm 전파되면서 그 형태를 바꾸는 바이러스나 웜

단계별 적용phased implementation 완전히 적응될 때까지 새로운 시스템을 단계별로(예를 들어서 부서별로) 적용하는 것

단번 적용plunge implementation 오래된 시스템을 버리고 단번에 새로운 시스템으로 사용자들을 옮겨오는 것

단일 사용자 면허single-user license 한 번에 한 사람만 사용하도록 제한하는 소프트웨어

단일요소 인증single-factor authentication 사용자 ID와 비밀번호를 이용하는 전통적 인증방식

대량 고객맞춤화mass customization 대량 생산mass production과 맞춤화customization가 결합된 용어로 대량 생산을 통해 비용을 낮추면서도 고객의 명세에 맞추어서 제품이나 서비스를 변경할 수 있는 능력을 말한다.

대시dash 아마존의 식료품 구매지원 도구

대역폭bandwidth 단위 시간 동안에 자료를 전송할 수 있는 최대량으로서, 일반적으로 초당 전송 가능한 비트 수로 측정한다.

대차 대조표balance sheet 특정 날짜를 기준으로 기업이 소유하고 있는 자산과 해당 자산에 대한 청구액의 회계적 상황을 제공한다.

대체 제품/서비스들의 위협threat of substitute product or services 어떤 제품이나 서비스에 대한 대체 제품이 있을 경우에는 높고, 없을 경우에는 낮다.

데이터 가시화 도구data visualization tools 데이터 가시화를 위한 도구로서 맵, 시계열 그래프 등의 그래프 혹은 차트 등을 포함

데이터 가시화data visualization 사용자가 데이터를 특정 비즈니스 관점의 정보로 변환하기 위하여 정보를 잘 보도록 혹은 보일 수 있도록 하는 기술

데이터 거버넌스data governance 회사 데이터의 가용성, 사용성, 무결성, 보안 등에 대한 전반적인 관리

데이터 과학자data scientist 데이터로부터 시장의 추세, 변화, 여러 가지 관련된 정보를 찾아내기 위해 빅데이터 관련 통계 분석, 데이터마이닝, 고급분석 등을 수행하여 지식을 추출하는 사람

데이터 마이닝data mining 원자료에 존재하는 특정한 규칙성을 발견하기 위해서 자료를 자동으로 분석하는 프로세스

데이터 마이닝 도구data-mining tool 대량의 자료로부터 특정한 패턴과 관계들을 발견하고, 그것들로부터 미래의 행동을 예측하고 의사결정의 지침을 만들기 위한 규칙을 추론하기 위한 소프트웨어 도구

데이터 마트data mart 데이터 웨어하우스 정보의 일부분을 보관한다.

데이터 모델data model DBMS에 자료의 관계를 표현하기 위한 정형적 방법

데이터 예술가data artist 사람들이 복잡한 데이터를 쉽게 이해하도록 가시화 도구들을 사용하는 비즈니스 분석 전문가

데이터 요소data element(or data field) 정보의 가장 작은 기본적 단위

데이터 웨어하우스data warehouse 다양한 운영 데이터베이스로부터 수집한 정보들의 논리적 모음: 비즈니스 분석 활동과 의사결정 과업을 지원한다.

데이터 품질 감사data quality audit 회사 내 데이터의 정확성과 완결성을 결정하기 위한 작업

데이터베이스 관리 시스템DBMS: database management system 사용자나 응용 프로그램들이 데이터베이스와 상호작용하도록 하는 소프트웨어

데이터베이스 기반 작업흐름 시스템database-based workflow system 중앙 장소에 문헌들을 저장하고, 편집할 필요가 있을 때에는 자동적으로 팀원들이 해당 문헌에 접근할 수 있도록 한다.

데이터베이스database 다양한 종류의 사물(예, 재고), 사건(예, 트랜잭션), 사람(예, 직원), 및 장소(예, 창고) 등에 대한 정보를 관리한다.

데이터속도bit rate/data rate 단위 시간 동안에 전송되는 비트수

데이터지향 웹사이트 Data-driven website 데이터베이스를 활용하여 고객들의 요구에 적합하게 지속적으로 업데이트해나가는 상호 교호적 웹사이트

도시권 통신망MAN: metropolitan area network 대도시 지역의 네트워크로서 도시 내의 여러 LAN을 묶는 네트워크를 의미하며, LAN보다는 넓고 WAN보다는 좁은 지역 내에서의 연결을 제공하는 컴퓨터 네트워크를 통칭한다.

동적 카탈로그dynamic catalog 동적 웹사이트가 데이터베이스 내에 제품에 대한 정보를 보관하는 방식

동적 정보dynamic information 사용자의 행동에 근거하여 변경되는 데이터

동축 케이블coaxial cable 낮은 시그널 손실로 광대역의 주파수를 전송할 수 있는 케이블

듀얼 부팅dual boot 컴퓨터가 켜졌을 때 운영체계를 선택할 수 있도록 하는 기능

디지털 격차digital divide 정보 기술을 활용할 수 있는 사람이 그렇지 않은 사람에 대해서 커다란 이점을 지니는 것을 말한다.

디지털 다윈주의digital Darwinism 정보화 시대에서의 생존을 위한 새로운 요구에 적응하지 못하여 사라질 운명에 있는 조직들

디지털 대시보드digital dashboard 대시보드란 자동차의 운전석과 조수석 정면에 있는 운전에 필요한 각종 계기들이 달린 부분인 계기판을 말하며, 디지털 대시보드란 다양한 컴포넌트들로부터 정보를 통합하고 개개인의 정보 욕구에 맞추어 편집할 수 있게 하는 도구를 말한다.

디지털 자산 관리 시스템DAM: digital asset management system 비록 문서 관리와 비슷하나, 일반적으로 텍스트 파일이 아니라 이진 파일(멀티미디어 파일과 같은)에 작동한다.

디지털 지갑digital wallet 정보(예를 들어서, 신용카드 번호와 종료일과 같은 지불과 배달 정보를 포함하는)와 소프트웨어(트랜잭션의 보안을 제공)의 결합

ㄹ

라우터router 수신한 패킷을 검토하여 수신처까지의 가장 적절한 통신경로를 지정하고, 다른 통신망으로 전송하는 지능형 장치. LAN을 연결해주고, LAN과 인터넷을 접속하는 장치이다.

랜섬웨어ransomware 컴퓨터를 감염시키고 돈을 요구하는 악성코드의 일종

레코드record 관계형 데이터에서 요소들의 집합

로지스틱스logistics 공급자로부터 고객까지의 물품운반과 저장에 관련된 일련의 활동들

롱테일longtail 이비지니스 틈새시장 공략 전략을 전형적인 판매 곡선의 꼬리를 뜻하는 긴 꼬리를 잡는 것이라 한다.

리피터repeater 신호의 감쇠를 방지하고 도달거리를 연장하기 위하여 수신한 신호를 반복하여 전달하는 장치

ㅁ

마스터데이터 관리MDM: master data management 데이터를 모으고 데이터가 일관되고, 정확하고, 완전하도록 유지하도록 하는 것을 말하며, 데이터는 고객, 공급자, 제품, 판매, 종업원, 기타 주요한 엔터티들로서 통상적으로 조직 시스템들 내에 통합되어 있음

마이크로파(극초단파) 송신기microwave transmitter 무선 마이크로파(극초단파)를 이용하여 장거리에 신호를 보내기 위해서 사용하는 장치

마케팅marketing 제품이나 서비스의 판매 촉진과 관련된 프로세스

마케팅 믹스marketing mix 마케팅 목표의 효과적인 달성을 위하여 마케팅 활동에서 사용되는 여러 가지 방법을 전체적으로 균형이 잡히도록 조정 · 구성하는 일

마케팅 커뮤니케이션marketing communication 제품이나 서비스의 인지도를 높이고 잠재적 고객에게 제품이나 서비스에 대한 교육을 하기 위해서 노력한다.

멀티소싱multisourcing 전문적 서비스, 핵심적 지원, 원격관리, 그리고 호스팅서비스 등의 다양한 조합을 고객에게 제공하는 것

메가바이트MB: megabyte 약 100만 바이트

메가헤르츠MHz:megahertz 초당 약 100만의 주파수: CPU의 용량 등의 척도로 사용된다.

메모리스틱memory stick 컴퓨터, 디지털 카메라, MP3 플레이어, 그리고 PDA 등의 포터블 장치를 위한 비휘발성 저장장치

메모리카드memory card 영상, 음악, 또는 문서 파일 등을 저장하기 위한 고용량의 저장장치를 포함한다.

메시지 기반 작업흐름 시스템messaging-based workflow system 이메일을 통해서 작업 할당을 통보한다.

메일 폭탄mail bomb 막대한 양의 이메일을 특정인이나 시스템에 보냄으로써 수신자의 디스크 공간을 채우고, 경우에 따라서는 다루기에 너무 많아서 서버가 기능을 정지하도록 한다.

메타데이터metadata 데이터에 대한 세부사항 정보를 제공하며, 예를 들어 이미지에 대한 메타데이터는 이미지 크기, 해상도, 생성된 날짜 등의 정보를 포함할 수 있음

모델/모형model 현실의 단순화된 표현이나 요약

모델링modeling 설계를 도형으로 표현하는 것을 포함한다.

모뎀modem 변조 및 복조 기능을 통해 컴퓨터 네트워크를 통해 데이터를 송수신할 수 있게 하는 장치

모바일 상거래mobile commerce, or m-commerce 무선 인터넷 장치를 통한 제품이나 서비스의 구매

목록 작성기list generator 다양한 자료원으로부터 고객 정보를 축적하여 상이한 마케팅 캠페인들을 위하여 정보를 분할segmentation한다.

목표 탐색 분석goal-seeking analysis 원하는 생산량과 같은 목적을 달성하기 위한 투입을 발견한다.

무결성 조건integrity constraint 정보의 품질을 보장하기 위한 규칙

무선 매체wireless media 전자적 신호를 전달하기 위한 물리적인 경로로 사용할 수 있는 지구 환경의 자연적 부분

무선 인터넷 서비스 공급 업체WISP: wireless Internet service provider 인터넷 정보를 무선 접속으로 제공하는 인터넷 정보 제공자ISP

무선중계기AP: access point 무선 랜과 정보기기를 연결해주는 장치

무형 이익intangible benefits 수량화 하거나 측정이 어려운 혜택들

문서 관리 시스템DMS: document management system 문서의 전자적 포착, 저장, 배포, 편집, 및 접근을 지원한다.

물리적 보안physical security 경보기, 경비원, 방화문, 담장 등 물리적인 보호

미국 가족 이주 역사 센터 American Family Immigration History Center 미국의 이민 관련 공공기관

미들웨어middleware 둘 이상의 소프트웨어 응용 간의 연결을 제공하는 다양한 종류의 소프트웨어

미래 프로세스 모델to-be process model 현재 프로세스 모델의 개선된 결과를 보여주는 모델

민감도 분석sensitivity analysis 모델의 부분적 변경이 모델의 나머지 부분에 미치는 영향을 분석한다.

ㅂ

바이러스virus 자기 자신을 복제할 수 있는 기능을 가지고 있으며 컴퓨터 프로그램이나 실행 가능한 부분을 변형시키고 그곳에 자신 또는 자신의 변형을 복사해 넣는 명령어들의 조합

바이러스성 마케팅viral marketing 웹사이트나 사용자가 마케팅 메시지를 다른 웹사이트나 사용자들에게 전달하게 함으로써 해당 메시지의 가시성과 효과를 기하급수적으로 증대하도록 하는 기법

바이오 인식biometric 지문, 홍채, 안면, 음성, 서체 등의 신체적 특징을 이용하여 사용자를 인식하는 방법

바이트byte 8개의 비트를 하나의 그룹으로 묶은 것

바코드 스캐너bar code scanner 바코드를 전자적으로 읽는 장치

바클레이스뱅크Barclays Bank 영국 최대의 시중은행 콘체른으로 전 세계적으로 2,600여 개의 점포 및 자회사가 있다.

반도메인점거 소비자 보호법 Anticybersquatting Consumer Protection Act 사이버상의 주소지인 인터넷 도메인을 미리 선점해 두었다가 이를 필요로 하는 원래 상표 권리자나 업체에 고액의 프리미엄을 받고 되파는 도메인 점거 행위를 방지하여 소비자를 보호하기 위한 법

방화벽firewall 네트워크를 출입하는 정보를 분석함으로서 사설 네트워크를 보호하는 하드웨어와 소프트웨어

배너 광고banner ad 다른 기업(일반적으로 닷컴 기업)의 제품이나 서비스를 선전하는 웹사이트의 조그마한 광고물

배당dividend 수익의 주주들에게의 배당

백도어 프로그램back door program 사용자 인증과 같은, 정상적인 절차를 거치지 않고 응용 프로그램 또는 시스템에 접근할 수 있도록 하는 프로그램

백업 및 복구 계획backup and recovery plan 정보 또는 데이터베이스가 손상되었을 경우에 백업을 이용하여 원상 복귀하기 위한 계획

백업backup 시스템 정보의 정확한 복사본

뱅크오브아메리카Bank of America 미국의 상업 은행

버그bugs 프로그램 안에서의 결함

범위 완화 Scope creep "creep"이란 물리학에서 응력이 작용하는 탄성체에서 탄성 저항이 줄어들면서 천천히 변형하여 가는 현상을 말하며, "scope creep"은 소프트웨어 프로젝트에서 시간이 경과함에 따라서 범위가 천천히 변하거나 확장되어, 경우에 따라서 프로젝트가 실패할 위험에 빠지게 되는 것을 말한다.

법인corporation, organization, enterprize, business 인위적으로 만들어진 법적인 실체로서, 그것을 만들거나 운영하는 사람들과는 별도로 독립적으로 존재한다. 미국에서는 유한(주식) 회사를 한정해서 지칭하기도 한다.

베이비케어BabyCare 종합 아기용품 제조 및 판매 회사

벤치마크benchmark 시스템이 달성하려고 하는 기준선

벤치마킹benchmarking 지속적으로 시스템의 성과를 측정하고, 그 결과를 최적 시스템 성과(벤치마크 값)와 비교하고, 시스템 성과를 개선하기 위한 단계들과 절차들을 확인하는 과정

변경/변화 관리 시스템change management system 변경 요청을 기록하고 필요한 제 조치의 각 단계를 해당 변경으로부터 예상되는 충격에 근거해서 정의하는 일군의 절차들을 포함한다.

변경/변화 관리change management 시스템 분석과 구현의 진화, 통합, 그리고 정책관리를 보조하는 일군의 기법들

변경/변화 통제 위원회CCB: change control board 모든 변경 요청들을 승인하거나 기각하는 책임을 갖는 위원회

변수variable 그 값이 시간이 지남에 따라 바뀌는 자료의 특성을 말한다.

병렬식 적용parallel implementation 사용자들이 새로운 시스템의 기능을 모두 확인할 때까지 새로운 시스템과 오래된 시스템을 동시에 사용하는 것

보고서 생성기report generator 사용자들이 보고서에 실릴 내용과 그 형식을 정하면 보고서를 자동으로 생성한다.

보이스피싱vishing(voice phishing) 전화를 이용한 사기의 일종으로 계좌번호를 확인하기 위해 가짜 전화번호로 전화를 하도록 유도하는 것

보조 기억 장치secondary storage 대규모 자료의 장기적 저장을 위한 저장장치

보존적 기술sustaining technology 개선된 제품을 생산하게 함으로써 기존의 시장을 유지시킨다.

복구recovery 붕괴나 실패 시에 시스템을 다시 회복시키고 돌아가도록 하는 능력으로서 정보 백업을 포함한다.

복호화dcrypt 암호화된 정보를 원상 복구하는 과정 또는 해당 기술

부가 가치망VAN: value-added network 공중 통신 사업자로부터 회선을 대여받아 고도의 통신 처리 기능을 부가하여 가치가 높아진 서비스를 제공하는 통신망

부기bookkeeping 경영활동의 결과를 계수적으로 기록하고 요약하는 기술로서 대차평균(貸借平均)의 원리를 주축으로 하여 개개거래의 인과관계 · 상관관계를 분명히 하여 기록한다.

부인 방지nonrepudiation 이비즈니스 참가자들이 그들의 온라인 활동을 부인하지 않을 것을 보장하기 위한 계약상의 조항

부정클릭click-fraud 광고업체의 수익을 높이기 위해 반복적으로 홈페이지 링크를 클릭하는 부정행위

부채liability 금전적 지불을 하여야 하는 의무

분산 서비스 거부 공격DDoS: distributed denial-of-service attack 복수의 컴퓨터들이 특정 웹사이트에 수많은 서비스 요청을 함으로써 반응 속도를 늦추고 사이트를 붕괴시킨다.

분산 컴퓨팅 Distributed computing 컴퓨팅 환경 중에서 여러 대의 기계에서 알고리즘들을 처리하거나 관리하는 환경

분석 마비analysis paralysis 사용자가 과다분석의 감정 상태에 빠져서 의사결정 혹은 행동이 이루어질 수 없는 상황으로 되는 것

분석 정보analytical information 조직의 모든 정보를 포괄하며, 경영 분석 업무의 수행을 지원하는 것을 주목적으로 한다.

분석용 CRManalytical CRM 후방 사무실 작업과 전략적 분석을 지원하고, 고객과 직접적으로 거래하지 않는 모든 시스템을 포함한다.

브레인스토밍brainstorming 짧은 시간에 참여자들이 소진될 때까지 모든 아이디어를 쏟아내는 방식

블랙햇 해커black-hat hacker 타인의 컴퓨터에 침입하여 둘러보기만 할 때도 있지만, 정보를 훔치거나 파괴하기도 하는 해커

블로그blog 항목들이 정기적으로 계시되고 시간적 순서의 역순으로 전시되는 웹사이트

블루투스bluetooth 근거리에 놓여있는 컴퓨터와 이동단말기 · 가전제품 등을 무선으로 연결하여 쌍방향으로 실시간 통신을 가능하게 해주는 규격을 말하거나 그 규격에 맞는 제품을 이르는 말이다. 개인용 컴퓨터와 휴대전화 및 각종 디지털기기 등을 하나의 무선통신규격으로 통일한다는 상징적 의미를 지닌다.

비구조적/정보 협업unstructured/information collaboration 문서 교환, 공유하는 화이트보드, 토론 포럼, 이메일 등을 포함한다.

비구조화 데이터unstructured data 사전에 정의되어 있지 않아서 특정한 형태를 따르지 않는 데이터로서 이메일, 트윗, 문자 메시지 등의 형태가 자유로운 텍스트 등이 포함된다.

비동기 통신asynchronous communications 약정된 신호에 기준하여 동기를 맞추는 통신방법으로서, 컴퓨터 본체와 단말기, 전화선을 이용한 원거리로그인, 모뎀을 이용한 PC통신 등이 모두 여기에 속한다.

비영리 기관nonprofit/not for profit corporation 일반적으로 자선이나 인도주의, 또는 교육적인 목적을 당성하기 위한 조직으로서, 그 이익이나 손실이 소유주에 의해서 공유되지 않는다.

비용expense 회계학적으로는 여러 생산 요소에 지불되는 대가, 즉 토지세 · 건물 · 기계 등의 감가상각비, 임금 · 이자 · 보험료 등을 말하며, 어떠한 목적으로 소비된 경제가치를 화폐액으로 표시한 원가cost나 수익 획득에 공헌하지 않는 단순한 가치 희생인 손실loss과 구별하여 사용한다.

비즈니스 규칙business rule 한 기업이 일을 수행하는 방법을 정의하고 수행 결과로서 예/아니오 또는 맞음/틀림의 형태로 결과되도록 정의된 것

비즈니스 요구사항business requirement 성공하기 위해서 시스템이 반드시 충족시켜야 하는 상세한 비즈니스 요구사항들

비즈니스 인텔리전스 상황판business intelligence dashboard 기업의 주요 성공요소CSF와 주요 성능 지표KPI 등의 지표를 추적하고 상호 교호적 통제와 같은 고급 기능을 포함시켜서 사용자가 분석을 위해 데이터를 다루도록 도와주는 것

비즈니스 인텔리전스BI: business intelligence 기업들이 신속하고 정확한 비즈니스 의사결정을 위해 사용하는 데이터의 접근, 수집, 보관, 분석 등의 애플리케이션과 기술의 집합. 비즈니스 지능 응용은 의사결정 지원 시스템, 조회 및 응답, 올랩OLAP, 통계분석, 예측 및 데이터마이닝 등이 기본이 되나, 넓은 의미로는 데이터베이스와 데이터웨어하우스, 기업 자원 관리ERP 등의 분야를 포함한다. 비즈니스지능이라고 번역하기도 한다.

비즈니스 전략business strategy 특정한 목표나 목적의 일단set을 이루는 리더십 계획

비즈니스 프로세스 관리 도구business process management tool 비즈니스 프로세스 모델을 설계하는 데 도움이 되며, 또한 한 조직 내에서 발생하는 다양한 프로세스들을 시뮬레이트하고, 최적화하고, 모니터링하고, 유지보수하는 데에도 도움이 되는 응용을 작성하는 데에 사용된다.

비즈니스 프로세스 관리BPM: business process management 개개의 프로세스들을 더 효율적으로 만들기 위해서 한 조직의 모든 비즈니스 프로세스들을 통합한다.

비즈니스 프로세스 리엔지니어링BPR: business process reengineering 기업 내 그리고 기업 간의 작업 흐름을 분석하고 재설계한다.

비즈니스 프로세스 모델링business process modeling/mapping 투입물, 과업, 그리고 활동들을 구조화된 순서에 의해서 보여주는 상세한 흐름도나 작업 프로세스의 절차도를 작성하는 활동

비즈니스 프로세스 모형business process model 특정 목적과 선택된 관점에서 개발된, 일련의 프로세스 과업을 보여주는, 프로세스에 대한 시각적 묘사

비즈니스 프로세스 외주business process outsourcing 경쟁력 강화를 위해 핵심 역량을 제외한 회사 업무 처리의 전 과정을 외부 전문 업체에 맡기는 전략적 차원의 아웃소싱 방식으로서, 기획 단계부터 운영, 모니터링까지 모든

단계를 외부 업체를 통해 운영하는 것. 비용 절감을 위해 부수적인 단순 업무를 위탁하는 전술적인 수준의 개념인 기존의 아웃소싱과 구분된다.

비즈니스 프로세스business process 고객의 주문을 처리하기와 같은 특정 과업을 달성하기 위한 표준화된 일군의 활동들

비트bit: binary digit 컴퓨터가 처리할 수 있는 가장 작은 정보 단위

비휘발성nonvolatile 기능을 위한 지속적인 파워를 요구하지 않음

빅데이터Big data 구조화된 데이터와 비구조화된 데이터로 구성되어 있어서 전통적인 데이터베이스 방법이나 도구들로 분석할 수 없는 크고 복잡한 데이터 세트의 집합

ㅅ

사물인터넷IoT: Internet of things 상호 연결된 하나의 세계이며, 인터넷이 가능한 기기 혹은 사물들은 사람들의 중재 없이 데이터를 모으고 공유할 수 있음

사물통신Machine-to-Machine(M2M) 기기들이 직접 다른 기기들과 연결되도록 하는 개념

사설 시장private exchange 개별 구매자가 자신의 필요를 게시하고 공급자들에게 입찰을 시작하는 B2B 장터

사실fact 하나의 이벤트 혹은 사물에 대한 확인 혹은 검증

사용자 문서user documentation 개발자가 의도한 결과를 사용자가 확실하게 이해하고 사용할 수 있도록 시스템 조작에 관한 지시사항을 최종 사용자에게 전달하기 위한 문서 또는 문서화된 사용자 매뉴얼, 사용자 지침서

사용자 수락 테스트user acceptance testing(UAT) 시스템이 사용자와 사업 필요성을 만족하는지 확인하는 것

사이버 금융중개자financial cybermediary 인터넷을 통한 지불을 촉진하는 인터넷 기반 기업

사이버 테러리스트cyberterrorist 사람들에게 피해를 입히거나 중요 시스템과 정보를 파괴할 시도를 하며 인터넷을 대량 파괴의 무기로 사용하는 사람

사이버반달리즘cybervandalism 웹사이트에 게시된 정보 등을 변조하는 웹사이트 공격

사이버불링cyberbullying 특정인에 대한 위협적, 부정적, 명예훼손적인 발언을 인터넷을 통해 전달하거나 웹사이트에 게시하는 행위

사이버워cyberwar 특정 국가의 정보통신 시스템을 파괴하거나 무력화시키는 조직화된 군사적 행위

사이트 면허site license 컴퓨터가 인터넷에 연결되어 있지 않은 경우와 상관없이, 조직에 소속되어 있는 개인이 소프트웨어를 설치할 수 있도록 하는 기능. 직원이 집에서도 설치해서 일할 수 있도록 하는 기능

사회 공학social engineering 비기술적인 방식, 즉 사용자의 행태적 특성을 이용하여 시스템의 관리자 권한 획득이나 중요한 데이터를 불법으로 획득하는 것

사회 연결망 분석SNA: social networking analysis 사회 연결망이란 블로그의 확산과 함께 지난 1998년경부터 등장한 개념으로 촌수 맺기, 친구 맺기, 인맥 쌓기, 인맥 구축 등의 개인적인 인간관계가 확산되어 사회적인 네트워크를 형성하는 것을 말하며, 단기간 내에 폭발적으로 확대될 수도 있어 포털 사이트들의 새로운 수익 모델로 등장하였다.

상세 분석drill-down 특정 주제를 중심으로 종합적 요약 정보부터 매우 자세한 수준으로 진행하는 분석 방법

상용 기성품COTS: commercial off-the-shelf 추가적인 맞춤화 없이 구매해서 즉시에 사용할 수 있는 소프트웨어 패키지

상태 보고status report 기대한 것과 실제 성과를 정기적으로 검사

상품goods 고객들이 원하는바 혹은 필요를 만족시키기 위해 구매하는 아이템 혹은 제품

상호 운영성interoperability 둘 이상의 컴퓨터 시스템들(비록 그것들이 서로 다른 회사에 의해서 제조되었더라도)의 자료 및 자원들을 공유할 수 있는 능력

상호 작용성interactivity 이비즈니스에서는 주로 방문자의 광고와의 상호작용에 대한 지표로 사용된다.

생산 및 자재 관리 ERP 모듈production and materials management ERP component 수요 예측, 생산 일정 관리, 원가 회계 및 품질 관리 등의 다양한 생산 계획 및 수행 활동을 지원한다.

생산production 하나의 비즈니스를 위해 원재료를 처리하거나 그것들을 상품 혹은 서비스와 같은 최종 제품으로 전환하는 과정

생산성productivity 전체 투입물이 주어졌을 때 전체 산출물의 양에 근거하여 상품 및 서비스가 생산되어지는 비율을 나타낸 것

서버server 다른 프로그램에게 서비스를 제공하는 컴퓨터 프로그램 또는 그런 프로그램이 실행되고 있는 컴퓨터 하드웨어를 말한다. 프린터 제어나 파일 관리 등 네트워크 전체를 감시 · 제어하거나, 메인프레임이나 공중망을 통한 다른 네트워크와의 연결, 데이터 · 프로그램 · 파일 같은 소프트웨어 자원이나 모뎀 · 팩스 · 프린터 공유, 기타 장비 등 하드웨어 자원을 공유할 수 있도록 도와주는 등의 역할을 한다.

서비스 거부 공격 DoS: denial-of-service attack 특정 웹사이트에 수많은 서비스 요청을 함으로써 웹사이트의 서비스 속도를 늦추거나 다운시킨다.

서비스 수준 협약SLA: service level agreement 네트워크 서비스 공급업체와 고객 간에 체결하는 계약으로서, 어떤 서비스가 제공될 것인지를 측정이 가능한 조건으로 명시한 것

서비스services 고객들이 원하는바 혹은 필요를 만족시키기 위해 돈을 지불하고 사람들이 수행하는 작업

선점 우위first-mover advantage 시장에 처음 진입함으로써 경쟁 우위를 획득하고 시장 점유율에 심대한 영향을 미치는 것

설계 단계design phase 개발할 시스템의 바람직한 기능과 특징을 화면 구성, 비즈니스 규칙, 프로세스 도해, 유사 코드, 및 기타 문서 등을 이용하여 서술하고 결정한다.

성능performance 시스템이 특정 프로세스나 트랜젝션을 얼마나 빨리(속도와 산출의 두 효율성 IT 척도의 관점에서) 수행할 수 있는가에 대한 척도

성문(聲門)voiceprint 개인을 고유하게 식별할 수 있는 음성의 특성

세컨드 라이프 Second Life 자신만의 아바타와 이름을 가지고 현실 세계와는 다른 두 번째 삶을 시작할 수 있는 3차원 가상세계. 사용자는 자신이 꿈꾸는 모든 일을 할 수 있으며, 새로운 인물을 창조하고 자신이 그 인물이 될 수 있다. 그 안에서 물건을 만들어서 사고 팔 수도 있고, 토지를 소유할 수도 있으며 그 안에서 통용되는 전자 화폐를 진짜 화폐로 환전할

수도 있다.

소모성 자재maintenance, repair, and operations(MRO) materials 사무용품, 청소용품과 각종 설비나 장비를 정비하는 데에 사용하는 공구 및 기계 부품 등 생산과 관련된 원자재를 제외한 모든 소모성 자재를 말하며, 기업운용 자재라고 부르기도 한다.

소셜미디어 모니터링social media monitoring 회사, 개인, 제품, 브랜드에 대해 언급되는 내용을 모니터하고 대응하는 과정

소셜미디어 정책social media policy 종업원들의 온라인 의사소통에 대한 일반적인 지침 또는 원칙

소프트웨어 공학software engineering 공통된 방법이나 기능을 통하여 정보 시스템 접근

소프트웨어 업그레이드software upgrade 업체에서 중요한 내용의 프로그램을 추가함으로 새로운 버전의 소프트웨어를 출시할 때 나타난다.

소프트웨어 업데이트software updates(software patch) 소프트웨어 업체에서 문제를 해결하거나 향상된 기능을 추가하려고 업데이트할 때 생겨난다.

소프트웨어 주문제작software customization 사용자 개인이나 경영 필요 부분에 맞추어 소프트웨어를 고치는 것

소프트웨어software 특정의 과업을 수행하기 위해서 하드웨어가 수행하는 명령문들의 집합

속성attribute 엔터티 클래스의 특징 또는 속성

손실loss 기업이 생산하기 위한 비용보다 제품이나 서비스를 판매할 때 발생한다.

손익 분기점break-even point 한 기간의 매출액이 당해 기간의 총비용과 일치하는 점으로서 매출액이 그 이하로 감소하면 손실이 나며, 그 이상으로 증대하면 이익을 가져오는 기점을 가리킨다.

손익계산서income statement, earnings report, operating statement, profit-and-loss statement 기업의 경영성과를 밝히기 위하여 일정 기간 내에 발생한 모든 수익과 비용을 대비시켜 당해 기간의 순이익을 계산 · 확정하는 보고서

쇼핑 봇shopping bot "bot"은 인터넷에서 "robot"을 줄인 말로서 사용자 또는 다른 프로그램을 위하여 에이전트 역할을 하거나 또는 사람의 활동을 시뮬레이션하는 프로그램을 말하며, 쇼핑 봇은 웹상에서의 물건 가격을 비교하는 등 쇼핑을 도와주는 봇을 말한다.

수동형 RFIDpassive RFID tag 전원을 보유하지 않아서 칩을 구동하거나 전파를 전송할 수 없는 RFID

수요 계획 소프트웨어demand planning software 통계적 도구와 예측 기법을 사용하여 수요 예측을 한다.

수입revenue 기업이 제공하는 급부(재화 및 서비스)의 반대급부로서 받은 현금으로서 수취계정accounts receivable 또는 기타 화폐적 자산에 의하여 측정된다.

순수 온라인 기업pure-play/virtual business 물리적인 점포 없이 온전히 인터넷 상으로만 운영되는, 인터넷 비즈니스 모델의 한 형태

순이익net income 손익법에 의하면 회계학상의 총수익과 총비용의 차액이다.

순환 재고cycle inventory 재고 보충 주기 동안의 고객 수요를 충족시키기 위해서 보유하는 평균량의 재고

스니퍼sniffer 네트워크 트래픽을 감시하고 분석하여 병목현상 등과 같은 문제점을 발견하고 트래픽의 관리를 효율적으로 할 수 있도록 도와주는 프로그램을 말하나, 그러한 프로그램을 이용하는 해킹 기술을 말하기도 한다.

스마트카드smart card 국제표준화기구ISO에 따르면 (자료와 경우에 따라서는 제한된 처리를 위한 프로그램을 내장하기 위한) IC가 1개 이상 삽입되어 있는 카드를 IC카드라고 총칭하며, 일반적으로 IC카드와 동일한 의미로 사용된다.

스크립트 언어scripting language 웹사이트의 상호 작용 모듈을 제공하는 프로그래밍 언어

스타일러스stylus 스크린을 가볍게 두드려 명령을 수행하는 펜 모양의 기구

스트리밍streaming 오디오나 비디오를 수신하면서 파일의 컨텐츠를 사용할 수 있는 전송기술

스트립트 키디script kiddies or script bunnies 비교적 초급의, 인터넷에서 발견한 해킹 코드를 이용해서 시스템에 침투하여 해를 입히고 바이러스를 퍼트리는 악의적 해커들

스파이웨어spyware 본래는 어떤 사람이나 조직에 관한 정보를 수집하는 데 도움을 주는 기술로서 광고나 마케팅을 목적으로 배포하는 게 대부분이어서 애드웨어adware라고도 불렸으나, 최근에는 다른 사람의 컴퓨터에 몰래 숨어 들어가 있다가 중요한 개인 정보를 빼가는 프로그램을 지칭한다.

스팸 방지 정책anti-spam policy 이메일 사용자들이 (수신자들이) 필요로 하지 않는 이메일을 보내지 않을 것을 규정한다.

스팸spam 인터넷상의 다수 수신인에게 무더기로 송신된 전자 우편 e-mail 메시지, 또는 다수 뉴스그룹에 일제히 게재된 뉴스 기사. 또는 우편을 통해 불특정 다수의 수취인에게 무더기로 발송된 광고나 선전 우편물junk mail 등

스팸덱싱spamdexing spam과 indexing의 합성어로, 검색 엔진의 색인 프로그램을 속여 검색 결과 자기의 사이트가 상위권에 들어가도록 하는 행위를 말한다.

스푸핑spoofing 원래 '속이다, 사기치다'는 뜻으로, 인터넷 내에서는 (1) 외부 악의적 네트워크 침입자가 임의로 웹사이트를 구성해 일반 사용자들의 방문을 유도하여 인터넷 프로토콜인 TCP/IP의 구조적 결함을 이용해 사용자의 시스템 권한을 획득한 뒤 정보를 빼가는 해킹 수법, (2) 유명 업체의 명의로 스팸 메일을 발송, 소비자들이 믿을 수 있는 e메일로 생각하게끔 오도해 e메일의 개봉 빈도를 높이려는 행위, 또는 (3) 이런 e메일을 통해 '가짜 웹사이트'로 유도하여 사용자가 암호와 기타 정보를 입력하도록 속이는 것 등 다양한 의미로 쓰인다. 특히 'IP 스푸핑'은 로그인하려는 컴퓨터가 신뢰할 수 있는 다른 컴퓨터의 IP를 이용해 해킹하는 것. 즉, 허가받은 IP를 도용해 로그인을 하는 것을 말한다.

승인/사인어프sign-off 고객과 개발자 간에 구현할 제품에 대한 요구사항에 서로 동의하였다는 것을 확인하는 고객의 실제 서명

시계열 정보time-series information 시간 경과에 따라 특정 주기 마다 수집된 정보

시스템 가용성system availability 사용자가 시스템을 항상 사용할 수 있을 때 가용성이 높다고 한다.

시스템 개발 생애 주기SDLC: systems development life cycle 시스템의 개발의 전 과정으로서 계획, 분석, 설계, 구현, 테스트, 설치 등의 활동들로 구성된다.

시스템 복구system restore 사용자가 그 전에 사용하던 운영체계로 돌아가

도록 하는 기능

시스템 소프트웨어system software 오퍼레이팅시스템(운영체제), 각종 언어의 컴파일러, 어셈블러, 라이브러리 프로그램, 텍스트 에디터 등을 포함하며, 응용프로그램을 개발하거나 사용할 수 있도록 해준다.

시스템 시계system clock 손목시계와 비슷하게 작동하며, 컴퓨터가 꺼져있는 경우 메인보드에 붙어있는 배터리를 사용하여 파워를 제공

시스템 테스트system testing 합쳐졌을 때 개별 유닛이 제대로 작동하는지 검사

시스템system 하나의 공통된 목적으로 연결된 여러 부분들의 집합

시스템적 사고system thinking 어떻게 부분들이 서로 영향을 미치어 하나의 전체로서 작동하는가를 이해하는 프로세스

시장 세분화market segmentation 전체 시장을 동질성이 높은 고객 집단들로 분할하는 것

시장 점유율market share 개별 기업의 판매액을 산업 전체의 총 판매액으로 나눈 비율

시장 형성자market maker 시장 참여를 위한 다음의 세 가지 서비스를 종합하는 중개자: (1) 교역 장소, (2) 교역을 주관할 규칙, (3) 교역을 지원할 기반시설

시제품prototype 정보 시스템에 대한 사용자 요구사항이나 제안된 설계를 표현하기 위한 소규모의 모델

시한폭탄time bomb 특정 날짜에 공격 명령을 수행하는 컴퓨터 바이러스

신경망neural network 인간의 뇌가 작동하는 방법을 모사하려고 하는 AI의 한 종류

신규 진입자의 위협threat of new entrants 새로운 경쟁자들이 시장에 진입하기 쉬울 때에는 높고 시장에 진입하는데 확연한 진입장벽이 있을 때에는 낮다.

신뢰성/신뢰도reliability 시스템이 올바르게 기능하고 정확한 정보를 제공할 수 있는 정도

신속 애플리케이션 개발 방법론RAD: rapid application development 엄격한 타임박싱을 이용한 증분적인 개발 모델로서, 요구사항 단계에서 프로토타이핑을 통한 활발한 사용자 참여를 강조한다.

신원 도용identity theft 범죄를 위해서 타인의 신원을 위조하기

실시간 시스템real-time system 질의에 대해서 실시간 정보를 제공하는 시스템

실시간 정보real-time information 즉각적이고 최신의 정보

실현가능성feasibility 정보시스템의 유 · 무형의 이익을 측정하는 것

쓰레기통 뒤지기dumpster diving 타인의 정보를 얻기 위해 쓰레기통을 뒤지는 행위

ㅇ

아리스토텔레스Aristotle 고대 그리스의 철학자

아메리칸 데어리 사 American Dairy Inc. 미국의 낙농 회사

아메리칸 익스프레스 American Express 미국의 운수/여행 회사

아바타Avatar 영화 이름. 아바타는 고대 인도에서 신의 화신을 지칭하는 말로서 가상사회에서 사람의 역할을 대신하는 애니메이션 캐릭터를 뜻하기도 한다.

아우디Audi 독일의 자동차 제조회사로서, 폴크스바겐의 자회사임

악성 코드malicious code 바이러스, 웜, 트로이 목마와 같은 다양한 종류의 위협들

안사리 엑스 Ansari X 3인승 민간 우주선으로 100km 고도까지 올라갔다 내려오는 작업을 2주 안에 되풀이하면 1000만 달러의 상금을 지급하는 프로그램

안전 모드safe mode 체계가 제대로 작동하지 않는 경우 작동하며 가장 기본적인 요소만을 사용하고 백그라운드에 나오는 많은 기능을 최소화하는 기능

안전 재고safety inventory 수요가 공급을 초과하는 경우를 대비해 유지하는 추가적인 재고

암묵지tacit knowledge 사람의 두뇌에 체화되어 있는 지식

암호학cryptography 암호화에 대해 연구하는 학문

암호화encryption 정보를 키(암호)가 없으면 풀어서(복호화하여) 볼 수 없는 형태로 변환한다.

애플 티비 Apple TV 애플사가 개발한 TV와 컴퓨터 그리고 아이팟을 연결하는 셋톱박스

애플리케이션 서비스 제공 라이선스application service provider license 라이선스 또는 회당 사용에 바탕을 둔 특별 소프트웨어

애플사Apple Computer Inc. 미국의 개인용 컴퓨터 제조 회사로서 그래픽 업무에 유용한 매킨토시 시리즈로 성공을 거뒀으며, 최근에는 아이폰과 아이패드 등을 생산하고 있다.

앤티바이러스 소프트웨어antivirus software 악성 소프트웨어를 찾아내서 제거하는 기능을 갖춘 컴퓨터 프로그램. 바이러스 백신 프로그램, 바이러스 검사 소프트웨어라고도 한다. 원래 목적은 바이러스만 잡는 것이었으나, 최근에는 악성코드, 피싱 공격, 트로이목마, 웜 등도 검출한다.

어스링크Earthlink 미국의 주요 인터넷서비스 제공회사

엑스트라넷extranet 고객 및 협력 업체를 기업의 내부 통신 시스템인 인트라넷에 이들을 포함시킨 새로운 통신구조이며, 정보를 이용하는 사람과 정보를 창출하는 사람 사이에 거의 즉각적인 상호작용을 가능케 함으로써 고객의 반응과 의견을 품질 향상에 즉시 반영하고 제품 개발 속도를 가속화할 수 있게 한다.

엔터티entity 관계형 테이터베이스 모델에서, 그에 대한 정보가 저장되는 사람, 장소, 사물, 트랜젝션 또는 사건

엔터티 클래스entity class 관계형 테이터베이스 모델에서, 유사한 엔터티들의 집합

역경매reverse auction 경매의 한 형태로서 원하는 제품이나 서비스를 제공하려는 조직이 가격을 점차 낮춰 가면서 입찰한다.

역내 아웃소싱onshore outsourcing 국내의 기업에 외주를 주는 것

역외 아웃소싱offshore outsourcing 외국(주로 개발도상국)의 기관을 코드 작성과 시스템 개발에 이용하기

연관성 탐지association detection 변수들이 서로 연관되어 있는 정도와 정보 내에서의 이러한 관계들의 특성과 빈도를 밝힌다.

연락 관리 CRM 시스템contact management CRM system 고객 접촉 정보를 유지하고 잠재고객을 파악한다.

연쇄/상향 판매/격상/추가 판매up-selling 특정한 상품 범주 내에서 상품 구매액을 늘리도록 업그레이드된 상품의 구매를 유도하는 판매 활동의 하나이다.

영리 기업for profit corporations 수입을 창출하는 데에 주로 초점이 맞춰지고, 모든 이익과 손실이 사업주들 간에 공유된다.

영업sales 제품이나 서비스를 판매하는 기능으로서 기업의 수입을 증가시키는 고객 판매를 증가시키는 데에 초점을 둔다.

예방 정비preventive maintenance 미래에 고장날 수 있는 가능성을 줄이기 위해서 시스템을 관리하는 것

예제 질의 도구query-by-example tool 사용자가 화면상의 테이블을 통해 필드의 조건을 설정하는 것만으로 데이터베이스에서 정보를 검색할 수 있게 한다.

예측forecast 시계열 정보에 근거해서 만들어진 예측

예측분석predictive analytics 데이터로부터 정보를 추출하고 미래의 추세를 예측하거나 행태적 패턴을 규명하기위해 추출된 정보를 사용하는 것

오대서티Audacity 오디오 편집기로서 녹음과 재생 그리고 공통 사운드 파일 포맷 읽기 쓰기를 지원하는 프로그램 또는 웹사이트. 원래는 '뻔뻔함'을 뜻한다.

오토트레이더닷컴AutoTrader.com 세계 최대의 중고 자동차 마켓플레이스

온라인 거래 처리OLTP: online transaction processing 이용자가 실시간으로 데이터베이스의 데이터를 갱신하거나 조회하는 등의 단위 작업을 처리하는 방식

온라인 광고online ad 종종 광고를 포함하는 웹 페이지 상의 박스

온라인 분석 처리OLAP: online analytical processing 전략적 의사 결정을 지원하는 비즈니스 인텔리전스를 만드는 온라인 정보 처리 활동

온라인 브로커online broker 온라인상으로 제품이나 서비스의 구매자와 판매자를 중개하는 사람

온라인 서비스 공급 업체OSP: online service provider 특수한 웹 브라우저 등과 같은 독특한 서비스를 다양하게 제공하는 사업자

온라인 훈련online training 인터넷 또는 CD-ROM을 이용한 훈련

온오프 겸용 기업click-and-mortar business 물리적인 점포와 인터넷 모두를 이용해서 영업하는 기업

옵트아웃opt out 수신을 희망하지 않는 송신자의 이메일에 대해 거부하는 이메일 수신 정책

옵트인opt in 기업이 이메일을 통해서 광고나 마케팅 자료를 받을 것을 동의한 사람들과만 접촉할 것이라는 것을 의미한다.

와이파이Wi-Fi: wireless fidelity 적외선이나 라디오 신호를 이용하여 컴퓨터를 연결하는 수단으로, 이더넷 네트워크를 무선 네트워크로 확장한 것이다.

외래 키foreign key 특정 테이블의 주 키로서 다른 테이블에서 두 테이블 간의 관계를 나타내기 위해서 속성으로 포함된 것

외주/아웃소싱outsourcing 어느 한 기업이 특정 서비스를 직접 수행하지 않고 외부의 다른 조직에게 수행하도록 계약 등을 통해서 위탁하는 것

요구사항 정의서requirements definition document 그 중요도에 따라서 우선순위가 정해진 요구사항들을 포함한다.

용량 계획capacity planning 새로운 장비와 추가적인 네트워크 능력에 대한 미래의 IT 기반설비 요구사항을 결정한다.

우수고객관리 프로그램loyalty program 특정 조직과 거래한 금액에 근거해서 고객에게 보상을 제공한다.

운송 계획 소프트웨어transportation planning software 자재나 완제품이 올바른 시각과 올바른 장소에 저렴한 비용으로 배달되는 것을 보장하기 위해서 자재와 제품들의 이동을 추적하고 분석한다.

운영 관리operations/production management 조직이 제품이나 서비스를 생산하기 위해서 사용하는 방법, 과업, 그리고 기술 등을 포함한다.

운영용 CRMoperational CRM 고객과 직접적으로 접촉하는 시스템이나 일상적인 사무 업무를 위한 전통적인 트랜젝션 프로세싱을 지원한다.

운영체계 소프트웨어operating system software 응용소프트웨어를 통제하고 하드웨어 장치들이 함께 작동하도록 관리한다.

워크숍 훈련workshop training 고정된 이론이나 방법론을 가진 학교 방식의 교육이 아니고, 참가자 전원이 새로운 이념과 기술을 함께 모색하면서 훈련을 쌓는 것을 특징으로 한다.

원거리 통신망WAN: wide area network 일반적으로 공중 통신 사업자가 제공하는 전용선, 패킷 교환망, 종합 정보 통신망ISDN 등의 통신 회선 서비스를 사용하여 광범위한 지역에 분산되어 있는 근거리 통신망LAN이나 도시권 통신망MAN을 상호 접속하여 형성한 대규모 통신망

원격근무telecommuting 고속인터넷을 이용하여 사무실 이외의 장소에서 업무를 수행할 수 있게 하는 기술 또는 서비스

원시 문서source document 데이터 처리 시스템에 입력으로 사용될 기초 데이터를 제공하는 문서

원형 발견discovery prototyping 작은 스케일의 시스템 모델을 만들어 사용자와 사업 요구 조건을 시험해 보는 것

웜worm 컴퓨터 바이러스와는 달리 다른 프로그램을 감염시키지 않고 자기 자신을 복제하면서 통신망 등을 통해 널리 퍼지는 악성 프로그램으로서, 단순히 자기 복사 기능만 가지나 결과적으로 막대한 시스템 과부하를 일으킨다는 점에서 바이러스를 능가하는 피해를 야기할 수 있다.

웹 로그 Web log 일반적으로 웹서버에 저장되는 특정 웹사이트에 대한 각각의 방문자들에 대한 한 줄의 정보로 구성된다.

웹 서비스 Web service 서로 다른 컴퓨팅 환경에서 사용되는 애플리케이션들이 직접 소통하고 실행될 수 있도록 동적 시스템 환경을 구현해 주는 소프트웨어 기술로서, 단순 객체 접근 프로토콜SOAP, 웹 서비스 기술 언어WSDL, 전역 비즈니스 레지스트리UDDI 등의 표준 기술을 사용하여 네트워크에 연결된 다른 컴퓨터 간의 분산 컴퓨팅을 지원하는 소프트웨어 및 기술들의 집합

웹 콘텐츠 관리 시스템WCMS: Web content management system 웹사이트의 내용을 관리하는 시스템으로서, 하이퍼텍스트 생성 언어HTML 웹 내용의 작성, 변경, 제거 등의 관리를 위한 내용 관리 애플리케이션CMA: content management application과 정보편집을 위한 내용 배포 애플리케이션CDA: content delivery application 등으로 구분할 수 있다.

웹 트래픽 Web traffic 열람한 페이지 수, 방문자 수, 특정 웹 페이지의 평균 방문 시간 등의 일군의 벤치마크 지표들을 포함한다.

웹WWW: Word Wide Web 인터넷의 많은 서비스들 중에서 가장 최근에 개발된 멀티미디어 서비스로서 주로 문자를 기반으로 전송하던 인터넷 서비스들과는 달리 사진과 그래픽, 음성과 동영상을 하이퍼텍스트hyper-text라는 편리한 방법으로 전송하고 검색할 수 있게 해준다.

웹기반 셀프서비스 시스템 Web-based self-service system 사용자들이 그들의 질문에 대한 답이나 문제에 대한 해결책을 스스로 찾기 위해서 웹을 사용할 수 있게 한다.

웹사이트 네임 도난website name stealing 웹사이트 관리자를 가장하여 웹사이트 네임의 소유를 타인으로 변경하는 행위

위도lattitide 지구상의 북쪽과 남쪽의 위치를 측정하는 단위

위조 소프트웨어counterfeit software 진품처럼 보이게 제작되어 판매되는 소프트웨어

위치 확인 시스템GPS: global positioning system 특정 이동 물체의 현재의 위도, 경도, 속도 및 방향을 결정하는 장치

위험 관리risk management 위험 요인에 대한 사전적이고 지속적인 확인, 분석 및 대응

위협threat 자산을 위험에 빠지게 할 수 있는 행동 또는 객체

유닛 테스트unittesting 시스템 안에 있는 각각 유닛을 시험하는 것

유산 시스템legacysystem 단체 안에서 유용성을 빠르게 잃어가거나 이미 잃어버린 시스템

유선 매체wire media 신호가 좁은 범위에 제한되어 예측 가능하게 행동하게 되는 제작된 전송 물질

유전적 알고리즘genetic algorithm 특정 문제에 대한 보다 낳은 해법들을 점진적으로 찾기 위해서 진화적인 적자생존 과정을 이용하는 인공지능시스템

유지보수 단계maintenance phase 시스템이 사업 목적을 지속적으로 충족시킬 수 있도록 변경과 수정, 추가, 그리고 업그레이드를 수행하는 단계

유지보수maintenance 정보 시스템을 고치거나 개선한다.

유통 관리 소프트웨어distribution management software 제조업자로부터 배송센터, 그리고 최종 고객으로의 물자 배달 과정을 통합하는 소프트웨어

유틸리티 소프트웨어utility software 운영 체계에 추가적인 기능을 부여한다.

유한 책임 조합, 합자 회사limited partnership 무한 책임 사원과 유한 책임 사원이 각각 1명 이상으로 구성되는 회사로서 무한 책임 사원은 합명회사의 사원과 같이 회사 채무에 대하여 직접 · 연대 · 무한책임을 지지만, 유한 책임 사원은 그 출자가액에서 이미 이행한 부분을 공제한 가액을 한도로 하여 회사 채무를 변제할 책임이 있다.

유한 책임limited liability 기업의 부채를 주주가 개인적으로 책임지지 않아도 된다는 것을 의미한다.

유한/주식회사LLC: limited liability company/corporation 그 소유자에게 유한 책임을 제공하는 회사의 합법적 형태. 한국 상법상으로는 50인 이하의 유한 책임 사원으로 조직되는 회사로서 사원들은 자본에 대한 출자의무를 부담하며 회사 채무에 대하여서는 출자액의 한도 내에서만 책임을 진다.

유형 이익tangible benefits 프로젝트의 성공여부를 쉽게 정량적으로 측정할 수 있는 경우

윤리ethics 다른 사람들에 대한 우리의 행동을 지도하는 원칙 및 표준들

윤리적 컴퓨터 사용 정책ethical computer use policy 컴퓨터 사용자의 행위에 대해 지침을 제공하기 위한 일반적인 원칙들을 포함한다.

은행 보안banking security 온라인 은행 보안은 인터넷을 통한 은행 거래의 안전을 보장하는 데에 주안점을 둔다.

음성 자동 응답IVR: interactive voice response 음성 전화 입력과 터치톤 전화기의 단추를 선택적으로 누르는 것들의 조합을 받아들여서 음성, 팩스, 콜백, 이메일, 기타 매체의 형태로 적절한 응답을 제공하는 애플리케이션을 이용하여, 일반적으로 먼저 시스템이 고객에게 제공하는 정보의 내역을 안내하고 고객의 특정 ID 및 선택 사항 등을 입력받아 해당 정보를 서버에서 검색한 후 음성으로 변환시켜 은행이나 주식의 계좌 잔액 등의 정보를 선택적으로 조회, 탐색, 항행할 수 있게 한다.

응답 시간response time 마우스 클릭과 같은 사용자 상호작용에 대해서 반응하는 데 걸리는 시간

응용 소프트웨어application software 급여 계산, 고객관계관리, 프로젝트 관리, 훈련 등을 포함하는 구체적인 정보 처리를 위해서 사용된다.

응용 아키텍처application architecture 어떻게 응용 프로그램들이 서로 통합하고 연관을 맺는가를 결정한다.

응용 프로그램 생성 컴포넌트application generation component 시각적으로 매력 있고 사용하기 쉬운 응용들을 만들기 위한 도구들을 포함한다.

응용프로그램 서비스 제공자ASP: application service provider 응용소프트웨어 패키지를 네트워크를 경유해서 판매하는 서비스사업자. 이용자는 웹브라우저를 통해 인터넷에 접속되면 응용소프트웨어를 구입 · 이용할 수 있기 때문에 중소기업을 상대로 효율적인 패키지 판매를 할 수 있다.

의사결정 지원 시스템DSS: decision support system 관리자들과 비즈니스 전문가들의 의사결정 과정을 지원하는 정보 시스템

의존성dependency 프로젝트 과업들 간 또는 프로젝트 과업과 이정표 간의 논리적인 관계

이더넷Ethernet LAN 네트워킹을 위한 물리 계층과 데이터 링크 계층 기술로서 제록스에서 개발하였으며 미국전기전자공학회IEEE의 표준방식의 하나임

이메일 프라이버시 정책email privacy policy 타인이 이메일 메시지를 읽을 수 있는 범위를 상세하게 규정한다.

이월주문back orders 재고 부족으로 인해 충족되지 못한 고객의 주문

이윤profit 기업의 총수입에서 일체의 생산비, 곧 지대(地代) · 임금 및 이자 등을 공제한 잉여 소득

이중 연선twisted-pair wiring 두 개의 전선이 쌍으로 이루어진 4쌍의 전선으로 구성된 매체로, 8개의 개별 동선(구리선) 위에 절연체가 적용되며, 각 쌍의 전선이 서로 꼬이게 된다. 이러한 구조의 케이블은 전자파나 무선 주파수 간섭에 의한 신호감소를 억제하도록 꼬인 전선쌍 구조를 이루어 자체적으로 상쇄 효과를 가질 수 있으며, 또한 전선쌍끼리 발생하는 누화cross talk 현상을 감소시켜 준다.

이중요소 인증two-factor authentication 두 가지 수단을 사용하여 인증하는 방식

이해관계자stakeholder 한 조직에 흥미 혹은 관심을 가지고 있는 사람이나 그룹

익스트림 프로그래밍 방법론extreme programming(XP) methodology 전체 프로

젝트를 작은 단계들로 분할하고, 다음 단계가 시작할 시점에 맞추어 전 단계를 종료해야만 하는 소프트웨어 개발 방법

인가authorization 특정인에게 특정 대상에 대한 사용권 또는 소유권을 허가하는 과정

인간 생성 데이터human-generated data 컴퓨터 사용 중에 발생된 데이터로서, 입력 데이터, 클릭스트림 데이터, 게이밍 데이터를 포함

인적 자원 ERP 모듈human resource ERP component 급여, 후생복지, 상여금 및 성과평가 등과 같은 종업원 정보를 축적 및 추적하고 법적 및 세무적 요건들이 충족되도록 보장한다.

인적 자원 관리HRM: human resources management 종업원(인적 자원)의 효과적인 관리를 위한 정책, 계획 및 절차를 포함한다.

인증authentication 사용자의 신원을 확인하는 방법

인증기관certificate authority 전자인증서를 이용하여 사용자의 신원을 검증하는 기관

인터넷 검열internet censorship 인터넷 트래픽을 통제하기 위한 정부의 시도

인터넷 사용 정책 Internet use policy 인터넷의 올바른 사용을 지도하기 위한 일반적인 원칙들을 포함한다.

인터넷 서비스 공급 업체ISP: Internet service provider 일반 사용자나 기업체, 기관, 단체 등이 인터넷에 접속하여 인터넷을 이용할 수 있도록 해주는 사업자로서 크게 두 가지로 분류할 수 있다. (1) ISP들 간의 상호접속을 매개하여 인터넷의 보편적 연결을 가능하게 하는 인터넷 백본 제공자IBP(Core ISP, Tier-1 ISP, Backbone ISP, Transit Service Provider 등으로 불리기도 한다). (2) 개인, 기업, CP 등 최종이용자를 모집하고, Core ISP를 통해 인터넷 접속을 제공하는 None-core ISP(Tier-2 ISP, Downstream ISP로 지칭하기도 한다). ISP는 IBP와 None-core ISP의 겸업이 가능하다.

인터넷Internet 공통의 컴퓨터 프로토콜을 이용하여 정보를 교환할 수 있게 해주는 컴퓨터 네트워크들의 전 세계적인 공공 네트워크

인트라넷intranet 인터넷의, 외부 접근으로부터 보호되는 내부화된 부분으로서, 해당 조직의 구성원들만이 정보와 응용 소프트웨어에 접근할 수 있도록 한다.

인포그래픽infographic(or information graphic) 데이터 분석 결과를 패턴, 관계도, 추세도 등의 형태로 보여주는 것

임베디드 운영체제embedded operating system 자동차, ATM, 미디어 플레이어 등에서와 같이 한 가지 또는 특별한 기능 수행만을 위해서 사용되는 컴퓨터 체계

입력기기input device 정보와 명령을 포착하기 위한 장비

ㅈ

자기 자본owner's equity 소유자의 기업에 대한 몫

자기 저장 장치magnetic medium 자기적으로 민감한 물질로 도포된 디스크나 테이프에 자료를 기록하거나 인출하기 위해서 자기 기술을 사용하는 2차 저장 매체

자기 테이프magnetic tape 자기적으로 민감한 기록 매체로 도포된 얇은 플라스틱 테이프를 사용하는, 구형의 2차 저장 매체

자동 전화 연결 시스템predictive dialing 자동으로 전화를 걸고, 만약 누가 응답을 하면 가용한 에이전트를 배정한다.

자동 호 분산automatic call distribution 사설 자동 구내 교환기PABX에 접속된 전화기, 팩스 등의 착신에서 착신 빈도를 그룹 내의 각 단말기기에 대해 균등하게 하거나 가용한 요원에게 연결하는 기능

자동화automation 제어 시스템과 기타 정보기술을 이용하여 산업 기계류와 공정을 제어하여 사람이 관여할 필요를 줄이는 것

자료 관리 요소data administration component 백업, 복구, 보안 및 성능을 위한 기능들을 제공함으로써 전반적인 데이터베이스 환경을 관리하기 위한 도구들을 제공한다.

자료 사전data dictionary 정보 유형 정의를 저장하고, 주/외래 키를 확인하고, 테이블 간의 관계를 유지하는 파일

자료 정의 요소data definition component 데이터 사전과 데이터베이스의 구조를 생성하고 유지하는 것을 돕는다.

자료 조작 처리 요소data manipulation component 사용자가 데이터베이스 내의 저오를 생성하고, 읽고, 갱신하고, 삭제할 수 있게 한다.

자료data 사건의 특징을 기술하는 기초 사실

자료흐름도DFD: data flow diagram 외부 엔터티들과 프로세스들 그리고 시스템 내의 자료 저장소들 간의 정보의 이동을 그림으로 표현한다.

자산 추적asset tracking 고가의 상품에 능동형 또는 준수동형 RFID 태그를 부착하여 상품의 위치에 대한 정보를 추적하는 것

자산asset 가치가 있거나 수입 창출 능력이 있는 모든 소유물

작업 흐름 관리 시스템workflow management system 업무 프로세스에 관련된 정보를 공유하고 그 작업 흐름을 관리하고 자동화하기 위한 시스템

작업 흐름workflow 업무 처리 과정은 정형화된 규칙에 따라 사람에서 사람, 부문에서 부문으로 흘러간다.

작업장 MIS 모니터링workplace MIS monitoring 종업원의 행동을 키스트로크 수, 에러율, 처리한 거래 수 등을 이용하여 추적하는 것

장바구니 분석market basket analysis 소비자들의 구매 패턴을 파악하고 고객들의 제품과 서비스의 선택간의 연관성을 파악함으로써 미래의 행태를 예측하기 위해서 웹사이트와 같은 항목들을 분석하고 웹사이트 사용자들의 항행 정보를 점검한다.

장애 극복failover 1선 요소의 고장이나 계획된 정지 기간에 컴퓨터 컴포넌트(프로세서, 서버, 네트워크, 또는 데이터베이스와 같은)의 기능이 2선 요소에 의해서 소행되는 백업 운영 모드

장애 허용성fault tolerance 정전(停電)이나 하드웨어 등에 장애가 발생하여 정상적으로 작동할 수 없는 상황이 발생하였을 때, 데이터가 분실되거나 진행 중인 작업이 훼손되는 사태가 일어나지 않도록 컴퓨터나 경우에 따라서는 운영체계OS가 대응하는 능력. 축전지에 의한 전원공급, 예비로 설치되어 있는 하드웨어, 운영체계 내에 마련되어 있는 대책 등의 방법으로 제공된다.

재고 관리 통제 소프트웨어inventory management and control software 각 재고 항목들의 상태에 대한 통제와 가시성을 제공한다.

재고 응용 소프트웨어 Off-the-shelf application software 일반적인 경영 절차를 지원하며 조직의 필요에 따른 특별 제작된 소프트웨어를 필요로 하지 않음

재난 복구 계획disaster recovery plan 화재나 홍수 등의 재난으로부터 정보나 IT 시스템을 복구하기 위한 과정에 대한 상세한 계획

재난 복구비용 곡선disaster recovery cost curve (1) 정보와 기술이 사용 불가능하게 되었을 때의 비용과 (2) 재난 복구에 드는 비용을 그래프로 도해한다.

재무finance 연관된 법률과 사회적인 책임을 준수하면서 기업의 가치를 증대시키는 것과 관련된 전략적인 재무적 이슈들을 다룬다.

재무제표financial statement 회계 실체의 일정 기간(회계 기간) 동안의 경제적 사건과 그 기간 말에 있어서의 경제적 상태를 나타내기 위한 일련의 회계 보고서로서 기업의 재무적 상태에 대한, 이해관계자들이 해당 기업의 수익성과 지불 능력에 대해 평가를 할 수 있도록 해준다.

재무회계financial accounting 투자자, 채권자 및 세무 당국과 같은 외부의 이해 당사자에게 기업의 성과에 대한 정보를 제공하는 재무적 보고서들을 준비하고 작성한다.

재중개reintermediation 전통적인 공급망에서의 구매자, 판매자 및 기타 관련자들을 인터넷을 이용하여 새로운 방법으로 다시 결합시킨다.

저작권copyright 특정 아이디어의 표현(노래, 비디오 게임, 문헌 등)에 대해 제공된 법적인 보호

전문가 시스템expert system 어려운 문제를 풀기위해서 전문가의 추론 과정을 모방하는 전산화된 조언 프로그램

전방 통합forward integration 입력된 정보를 하류 시스템과 시스템들에 자동적으로 전달한다.

전사적 아키텍처EA: enterprise architecture 조직이 어떻게 데이터, 프로세스 및 IT 자산들을 개발하고, 배치하고, 도 공유할 것인가에 대한 계획을 포함한다.

전사적 아키텍트enterprise architect 기술에 기반한 사람으로서, 비즈니스에 정통하고 IT와 비즈니스 간에 중요한 중계자 역할을 한다.

전사적 응용 통합 미들웨어enterprise application integration(EAI) middleware 인기 있는 엔터프라이즈 응용들에 대하여 미리 제작한 링크를 제공하는 것과 같이, 일반적으로 사용되는 기능들을 함께 묶는packaging 미들웨어에 대한 새로운 접근 방법. 다양한 판매자의 제품들을 통합하는 솔루션을 개발하기 위한 시간을 줄여준다.

전사적 자원 관리ERP: enterprise resource planning 한 조직 내의 모든 부서와 기능들을 통합하는 하나(또는 일군)의 IT 시스템; 종업원들이 모든 비즈니스 오퍼레이션들에 대한 전사적 정보를 확인하고 의사결정으로 내릴 수 있도록 한다.

전자 감지 시스템electronic tagging RFID 또는 스마트카드와 같은 기술을 통해서 물건이나 사람을 확인하고 추적하는 기술

전자 구매e-procurement 보급품이나 서비스의 인터넷을 통한 B2B 구매나 판매

전자 몰e-mall 다수의 e-상점으로 구성된다. 방문자가 다른 e-상점에 접근할 수 있는 통로의 역할을 한다.

전자 상품 목록electronic catalog 판매, 입찰, 또는 경매를 위해서 제공되는 제품과 서비스에 대한 정보를 인터넷을 통해서 고객에게 제공한다.

전자 수표electronic check 은행계좌로부터 지불액을 전자적으로 송금하는 방법

전자 자료 교환EDI: electronic data interchange 비즈니스 데이터를 전자적으로 교환하기 위한 표준 양식

전자 장터electronic marketplace, or e-marketplace 다수의 판매자와 구매자가 이비즈니스 활동에 참가할 수 있는 중앙 집중적 장터를 제공하는 상호작용적 비즈니스 커뮤니티

전자 청구 납부EBPP: electronic bill presentment and payment 인터넷을 이용하여 청구서를 보내고 편리한 지불 수단(버튼을 클릭하기)을 제공하는 시스템

전자상거래e-commerce 인터넷을 통하여 재화와 서비스를 사고파는 것

전자상점e-shop, e-store, e-tailer 고객이 집이나 사무실을 떠나지 않고 어떤 시간에도 쇼핑을 할 수 있는 소매점의 한 형태

전자인증서digital certificate 온라인상에서 개인이나 조직을 식별해주는 데이터 파일

전자정부e-government 서비스를 개선하고 정부 각 부서의 시민 고객과의 상호작용의 질을 향상시키기 위해 정보기술과 정보화 전략을 이용하여 정부조직을 변환하는 것

전자책Ebook 컴퓨터나 전자기기 등에서 읽을 수 있는 책

전통 기업brick-and-mortar business 인터넷에 나타나지 않는 물리적인 점포에서 영업하는 기업 및 상점

전화 문의 답변 생성 시스템call scripting system 특정 조직의 비슷한 이슈나 질문을 추적하는 데이터베이스에 접근하고 자동적으로 그 세부 사항들을 생성함으로써 CSRcustomer service representative이 그것들을 고객에게 전달할 수 있도록 한다.

전환 비용switching cost 한 기술이나 제품, 또는 회사로부터 한 기술이나 제품, 또는 회사로 바꾸는 데 수반되는 비용

전환Conversion 정보를 최신 시스템으로 옮기는 것

정보 거버넌스information governance 기업수준에서 정보를 관리하기 위해 필요한 구조, 정책, 절차, 프로세스, 통제 등의 집합

정보 기술 모니터링information technology monitoring 타자 수, 오류율, 처리된 트랜젝션 수 등을 측정함으로써 사람들의 활동을 추적한다.

정보 기술IT: information technology 사람들이 정보를 다루고 기업의 정보 및 정보 처리 필요를 지원하기 위한 모든 형태의 컴퓨터 기반 도구

정보 무결성 이슈information integrity issues 한 시스템이 부정확하거나 불일치하거나 중복된 데이터를 발생시킬 때 생김

정보 무결성information integrity 정보 품질의 한 척도

정보 범위information reach 조직이 전 세계적으로 정보를 교환할 수 있는 사람의 수

정보 보호 계획information security plan 조직이 어떻게 정보 보호 정책을 수행할 것인가 대한 세부 사항

정보 보호 정책information security policy 정보 보안을 유지하기 위한 규칙을 확인한다.

정보 보호information security 조직 내외의 사람들에 의한 정보의 우연한 또는 의도적인 오용으로부터의 보호를 포함하는 일반적인 용어

정보 불일치information inconsistency 동일한 데이터가 다른 값을 가질 때 발생함

정보 세탁information cleansing or scrubbing 부정확하거나 불완전한 정보를 속아내거나 교정하는 절차

정보 아키텍처information architecture 고객 정보와 같은 주요 정보가 어디에

그리고 어떻게 유지되고 확보되는가를 확인한다.

정보 윤리information ethics 정보기술의 개발과 이용뿐만 아니라 정보의 생성, 수집, 복제, 배포, 처리 등의 과정에서 발생하는 윤리적이고 도덕적인 이슈들을 관장하는 기준

정보 정확도information accuracy 시스템이 동일한 트랜젝션을 수없이 반복해서 실행했을 때 맞는 결과를 산출하는 정도.

정보 제휴information partnership 복수의 조직이 그들의 IT 시스템을 통합하여 고객에게 그들 각자가 제공할 있는 것 중에서 최상의 것을 제공할 때 발생한다.

정보 조밀도information granularity 정보의 상세함의 정도

정보 준수information compliance 개인정보보호 등 정보시스템 이용 관련된 각종 법제도를 준수하는 것

정보 중복information redundancy 데이터의 중복 또는 여러 장소에 같은 데이터의 저장

정보 큐브information cube 다차원 정보 표현을 위한 공통 용어

정보 풍부성information richness 기업과 고객 간에 교환되는 정보의 깊이와 폭

정보 프라이버시 정책information privacy policy 정보 보호에 대한 일반적 원칙들을 포함한다.

정보information 의미 있고 유용한 맥락으로 전환된 자료

정보와 기술관련 제어 Control objects for information and related technology(COBIT) 단체나 조직이 정보시스템의 이익을 최대화 하도록 돕고 동시에 실수를 최소화하도록 제어하는 방법

정보의 논리적 관점logical view of information 개인 사용자들이 그들의 특정한 사업 요구를 만족시키기 위해 어떻게 정보에 논리적으로 접근해야 하는가에 초점을 맞추는 것

정보의 물리적 관점physical view of information 저장매체 상에서 정보의 물리적 저장을 다루는 것

정보화시대information age 컴퓨터를 사용할 줄 아는 모든 사람에게 무한한 양의 정보가 제공되는 시대

정적 데이터static information 사용자 행동이 발생하여도 변경되지 않는 데이터

제어장치control unit 소프트웨어 인스트럭션을 해석하여 다른 장치들에게 무엇을 할 것인가를 지시하는 하드웨어

제어판Control panel 윈도우 운영체계에서 초깃값으로 되돌리는 기능 그룹

제품 또는 서비스 대체의 위험 Threat of substitute product or services 어떤 제품이나 서비스 대체 제품이나 서비스가 있는 경우는 높고 그렇지 않으면 낮다.

제품 생명(생애/수명) 주기product life cycle 제품이 시장에서 겪어 나가는 단계에 대한 모형으로서, 일반적으로 도입, 성장, 성숙, 쇠퇴의 네 단계로 구성된다.

제품차별화product differentiation 회사가 수요에 영향을 줄 의도로 그들의 제품이나 서비스에 독특한 차이점을 만들어낼 때 발생하는 것

좀비zombie 제3의 컴퓨터를 공격하기 위해 타인의 컴퓨터를 비밀리에 장악하는 컴퓨터 프로그램

좀비팜zombie farm 좀비 프로그램이 설치되어 있는 일군(一群)의 컴퓨터

종업원 감시 정책employee monitoring policy 기업이 어떻게, 언제, 그리고 어디서 피고용자를 모니터할 것인가를 규정한다.

종업원 관계 관리ERM: employee relationship management 웹 브라우저를 통해서 접근할 수 있는 CRM 응용들을 피고용인들에게 제공한다.

주 경로critical path 그 완료시점이 지연되면 전체 프로젝트 또는 프로세스의 완료 시각도 지연되는 활동들로 구성된 작업 경로

주 키primary key 한 테이블의 특정 개체를 유일하게 식별하는 (일군의) 필드

주기억장치primary storage CPU가 직접 접근할 수 있는 RAM, 캐시 메모리 및 ROM으로 구성되는 주기억장치

주요 가치 활동들primary value activities 원재료를 획득하고, 제조하고, 운반하고, 홍보하고, 판매하고, 판매 후 서비스를 제공하는 활동들을 포함한다.

주주shareholder 주식회사의 주주를 소유하고 있는 사람

중개자intermediary 판매자와 구매자를 통합하여 이비즈니스의 교역 기반을 제공하는 대리인, 소프트웨어 또는 기업체를 말하며, 기업의 경우에는 특히 중간 정보 매개상으로 번역할 수 있다.

중복성redundancy 정보의 중복, 또는 같은 정보를 여러 장소에 저장하기

중앙처리장치CPU: centralprocessingunit, microprocessor 프로그램 인스트럭션을 해석하고 실행하며 다른 모든 하드웨어 장치들이 서로 협동하여 작동하도록 조정하는 하드웨어

중역 정보 시스템EIS: executive information system 조직 내의 고위임원들을 지원하는 특화된 DSS

즉석 교신IM/Iming: instant messaging 인터넷을 통하여 실시간으로 통신하기 위해서 다른 사람과의 사적인 채팅룸을 만들 수 있게 하는 통신 서비스 유형

지능형 시스템intelligent system 인공지능을 이용한 다양한 종류의 상업적 응용프로그램

지능형 에이전트intelligent agent 사용자를 대신해서 특정 과업을 달성하는, 특수 목적의 지식 기반 정보 시스템

지도학 또는 지도 제작법cartography 지도학 또는 지도 제작법

지리 정보 시스템GIS: geographic information system 지도 위에 표시할 수 있는 정보를 다루도록 설계된 정보 시스템

지불 능력solvency 채무자가 모든 채무에 대하여 지급할 수 있는 것을 말한다.

지식knowledge 정보와 지능과 결합함으로써, 개인의 지적 자원을 만들어 낼 수 있는 기술, 경험, 그리고 전문성을 말함

지식 경영KM: knowledge management 효과적인 의사결정과 행동을 위한 통합된 지식을 제공할 수 있도록 정보 자원들을 포착하고, 분류하고, 평가하고, 인출하고, 공유하는 것을 포함한다.

지식 경영 시스템KMS: knowledgy management system 한 조직 전체의 지식을 포착하고 조직화하고, 배포하는 것을 지원한다.

지오캐쉬geocache 인터넷 상의 특정 항목의 위도와 경도를 찾아내는 GPS 기술을 이용한 게임

지오코딩geocoding 공간 DB에서 디지털지도의 특성치에 고유 ID를 부여하는 코딩 과정

지오코인geocoin 지오캐쉬 게임에서 사용하기 위해 보이지 않는 고유한 번호를 부여한 동그란 동전 모양의 물체. 미국의 특정한 주, 생일파티 모자 등의 주제에 관련된 모양을 할 수도 있음

지원 가치 활동support value activities 주요 가치 활동을 지원하며 회사의 기반 구조, 인적 자원 관리, 물품 조달을 포함

지저분한 데이터dirty data 잘못되거나 결함이 있는 데이터

지적 재산intellectual property 문학 · 예술 및 과학 작품, 연출, 예술가의 공연, 음반 및 방송, 발명, 과학적 발견, 등록 상표 · 상호 등에 대한 보호 권리와 공업 · 과학 · 문학 또는 예술 분야의 지적 활동에 의해 창작된 객관적 존재인 무체물(無體物)을 그 창작자가 독점적으로 지배할 수 있는 모든 권리를 말함

진입 장벽entry barrier 고객들이 특정 산업 내의 기업들이 당연히 제공할 것으로 기대하게 된 제품이나 서비스의 특성으로서 새로운 기업이 해당 산업에 새로 진입할 때 장애 요인으로 작용한다.

ㅊ

차량(車輛) 해킹drive-by hacking 타인 또는 타조직의 무선 네트워크에 허락을 받지 않고 접근해서 데이터를 가로채거나 네트워크 서비스를 이용하고 공격 명령을 내리는 컴퓨터 공격

채찍 효과bullwhip effect 고객의 수요가 상부 단계 방향으로 전달될수록 각 단계별 수요의 변동성이 증가하는 현상을 말하며, 소를 몰 때 긴 채찍을 사용하면 손잡이 부분에서 작은 힘이 가해져도 끝 부분에서는 큰 힘이 생기는 데에서 붙여진 명칭이다.

책임 매트릭스responsibility matrix 모든 프로젝트의 역할을 정의하고 그 역할에 따른 각각의 책임을 명시하는 것

처리 속도transaction speed 시스템이 한 개의 트랜잭션을 처리하는 데 드는 시간

처리율throughput (1) 컴퓨터 시스템의 처리 능력을 나타내는 개념으로, 단위 시간당 처리할 수 있는 업무 단위량, 또는 (2) 어떤 장치, 링크, 망 또는 시스템이 입력으로 받아들인 데이터를 출력으로 처리하는 단위 시간당 처리 능력

최고 기술 책임자CTO: chief technology officer 조직의 IT의 처리량, 속도, 정확성, 가용성, 그리고 신뢰도를 보장할 책임이 있다.

최고 보안 책임자CSO: chief security officer IT 시스템의 보안을 보장하고 해커와 바이러스의 공격에 대한 전략과 IT 안전판을 개발할 책임이 있다.

최고 정보 책임자CIO: chief information officer (1) 정보 기술의 보든 사용을 감시하고 (2) 정보 기술의 비즈니스 목표와 목적에 부합하도록 할 책임이 있다.

최고 지식 책임자CKO: chief knowledge officer 조직의 지식을 수집하고, 유지하고, 배포할 책임이 있다.

최고 프라이버시 책임자CPO: chief privacy officer 조직 내의 정보의 윤리적이고 합법적인 사용을 보장할 책임이 있다.

추출, 변환, 적재ETL: extraction, transformation, and loading 내외부의 데이터베이스로부터 정보를 추출하고, 일군의 공통적인 엔터프라이즈 정의를 이용하여 해당 정보를 전환하고 데이터웨어하우스에 저장하는 프로세스

출력기기output device 정보 처리 요청의 결과를 보거나, 듣거나 또는 기타의 방법으로 확인하는 데 사용되는 기기

침입 탐지 시스템IDS: intrusion detection software 공격을 탐지하기 위해서 정보와 네트워크 트래픽의 패턴을 탐지하며 위해를 방지하기 위해서 신속히 반응한다.

칩을 사용하지 않은 RFID 태그chipless RFID tag 실리콘 마이크로칩 대신 플라스틱이나 전도성 폴리머를 사용한 RFID 태그

ㅋ

캐시 메모리cache memory 최근에 또는 자주 접근하는 자료를 저장함으로서 CPU가 해당 자료를 RAM과 같은 저속의 기억 회로로부터 자료를 인출하지 않도록 하는 소규모의 초고속 기억장치

캠페인 관리 시스템campaign management system 사용자들이 캠페인 정의, 계획, 일정 수립, 세그먼테이션, 그리고 성공 분석과 같은 마케팅 캠페인 과업들을 수행하는 것을 지원한다.

커뮤니케이션 계획 Communication plan 프로젝트 정보가 투자자들에게 전달될 때 어떻게, 무엇을, 언제, 누가 등의 요소를 정의하는 것으로 경영 전망에 있어서 중요한 역할을 함

컴캐스트Comcast 미국의 주요 인터넷서비스 제공회사

컴퓨터computer 자료를 받고, 조작하고, 저장할 수 있는 자신의 기억 장치에 저장된 인스트럭션의 통제에 따라서 작동할 수 있는 전자적 기기

컴퓨터지원 소프트웨어 공학 Computer-aided software engineering(CASE) 자동화된 지원으로 시스템 향상에 도움을 주는 소프트웨어 기능

케이블 모뎀cable modem 케이블TV 네트워크를 이용한 고속 인터넷 서비스를 제공하기 위해 사용되는 디지털 모뎀

콘텐츠 관리 시스템CMS: content management system 협업 환경에서의 정보의 생성, 저장, 편집, 그리고 발행을 관리하는 도구를 제공한다.

콘텐츠 제공자content provider 저작권이 설정된 콘텐츠(뉴스, 음악, 게임, 책, 영화 등을 포함하는)를 배포하기 위해서 인터넷을 이용하는 기업

콘텐츠 창작자content creator 초기 웹사이트 콘텐츠를 만든 사람

콘텐츠 편집자content editor 웹사이트 콘텐츠를 수정하고 유지 보수하는 사람

콘텐츠 필터링content filtering 승인되지 않은 정보의 전달을 방지하기 위해서 소프트웨어로 콘텐츠를 거른다.

콜 센터call center, contact center 다양한 접촉점을 통하여 고객의 질문에 대답하고 문제에 대응하는 고객 서비스 조직

콜 스크립팅 시스템call scripting system 특정 조직의 비슷한 이슈나 질문을 추적하는 데이터베이스에 접근하고 자동적으로 그 세부 사항들을 생성함으로써 CSRcustomer service representative이 그것들을 고객에게 전달할 수 있도록 한다.

콜드 사이트cold site 컴퓨터는 없지만 재난 후에 근로자들이 대피할 수 있는 격리된 시설

쿠키cookie 고객 정보와 고객의 웹 사용 정보를 수록하는, 웹사이트 하드드라이브 상의 작은 파일

큐브cube 원래는 (정)입방체를 말하나, 다차원의 정보를 지칭하는 일반적인 용어로도 사용된다.

크래커cracker 범죄 의도를 갖고 있는 해커

크리스 앤더슨 Anderson, Chris 미국의 인터넷 비즈니스 관련 잡지 〈와이어드Wired〉의 편집장이며 2004년 10월에 롱테일 이론long-tail theory을 발표하였다.

클라이언트/서버 네트워크client/server network 다량의 후방 자료 처리(예를 들어, 데이터베이스의 물리적인 탐색)은 서버가 담당하고 사용자와의 대화를 포함하는 전방 프로세싱은 클라이언트가 담당하는 응용 모델

클라이언트client 서버로부터 정보를 요청하도록 설계된 컴퓨터

클레리코Clerico, Bill 위페이의 공동 창업자. 3장 사례에서 나옴

클릭 순서 자료clickstream data 한 사이트에서 특정 고객이 어떻게 항행하였는지에 대한 자세한 자료

클릭 투 토크click-to-talk 누르면 인터넷을 통해서 이야기 할 수 있게 하는 버튼

클릭스루click-through 한 사이트를 방문해서 광고주의 사이트로 이동하는 광고를 클릭하는 사람들의 수

클릭스트림clickstream 어떤 웹사이트를 방문했는지, 그 시간은 얼마나 길었는지, 어떤 광고를 보았는지, 무엇을 구매하였는지 등, 고객의 웹 서핑 세션에 대한 정보를 기록한다.

키 로거 소프트웨어key logger/trapper, software 컴퓨터에 설치되어 모든 자판 누르기와 마우스 클릭을 기록하는 프로그램

키오스크kiosk 본래 옥외에 설치된 대형 천막이나 현관을 뜻하는 터키어(또는 페르시아어)에서 유래된 말로서 간이 판매대 · 소형 매점을 가리키며, 정보통신에서는 정보 서비스와 업무의 무인 자동화를 위하여 대중들이 쉽게 이용할 수 있도록 공공장소에 설치한 무인 단말기를 가리킨다.

ㅌ

타당성 조사feasibility study 제안된 시스템이 재무적, 기술적, 그리고 조직적인 관점에서 실행하고 달성 가능한가를 결정한다.

타이포스쿼팅typosquatting 고의적으로 유명 도메인 네임에서 일부 스펠을 변경한 도메인을 등록해 놓는 행위

테라바이트TB: terabyte 약 1조 바이트

테스팅/검사 단계testing phase 에러와 버그 및 상호 운용성을 시험하고 분석 단계에서 정의된 비즈니스 요구사항이 다 충족되었는지를 확인할 수 있는 특수한 환경에서 모든 프로젝트 인조물들을 시험한다.

테스팅/검사 조건test condition 시스템이 수행해야 하는 세부적 단계들과 각 단계에 기대되는 결과

토큰token 사용자의 패스워드를 자동으로 교환하기 위해 사용하는 작은 전자 장치

통신 규약protocol 전송 도중에 준수되어야 하는 규칙과 함께 자료의 형식을 정의하는 표준

통신 기기comunication device 한 장소에서 다른 장소로 정보를 전송하고 받기 위한 장비

통신 시스템telecommunication system 두 지점 또는 그 이상의 지점 사이에서 부호 · 음향 · 영상 등 모든 정보를 전기 또는 전자기적 방식을 통하여 송수(送受) · 교류하는 시스템

통합 커뮤니케이션UC: unified communications 다양한 통신 채널을 하나의 서비스로 통합하여 제공하는 것

통합 테스트integration testing 두 개의 다른 시스템이 데이터를 바르게 주고받으며 작동할 수 있는지를 시험

통합consolidation 관련 정보를 그룹으로 정리하고 집약하는 것

통합integration 독립된 시스템들이 서로 간에 직접 통신할 수 있도록 해준다.

트랜잭션transaction 영어로는 둘 이상의 사람들 간의 재화, 서비스, 또는 자금의 교환, 즉 상거래를 의미하기도 하나, IT와 관련되어 쓰일 때에는 주로 데이터 파일의 내용에 영향을 미치는 모든 종류의 처리를 나타내기 위해서 사용된다.

트로이 목마 바이러스 Trojan-horse virus (겉으로는 유용한 일을 하는 것처럼 보이지만) 사용자 모르게 악성행위를 하는 프로그램을 의미하며, 주로 첨부나 다운로드 파일의 형태로 전파된다.

티어그루빙teergrubing 스팸 발송자로 의심되는 컴퓨터에 이메일 메시지를 다량 발송하는 스팸방지를 위한 접근방식

ㅍ

파괴적 에이전트destructive agent 컴퓨터에 스파이웨어를 설치하는 등의 공격을 위해 공격자들에 의해 고안된 악성 에이전트

파괴적(와해적) 기술disruptive technology 궁극적으로 기존이 제품이나 시장을 파괴하는 기술, 제품, 또는 서비스

파밍pharming 웹사이트에 대한 서비스 요청을 가짜 웹사이트로 재전송하는 것

파트너 관계 관리PRM: partner relationship management 고객에게 최적의 판매 경로를 제공하도록 협력 파트너와 재판매자 관계를 관리함으로써 벤더들을 만족시키는 데 초점을 맞춘다.

파트너십 계약partnership agreement 파트너십을 설립하기 위한 파트너들 간의 핵심적 사업 내용에 대한 법적 계약

파트너십partnership 2인 이상이 영리를 목적으로 공동 사업을 하기 위해 설립한 단체를 뜻하며, 합명회사, 합자회사, 조합 등이 여기에 속한다.

판매 관리 CRM 시스템sales management CRM system 영업 과정의 각 단계를 자동화하고, 개별 영업 사원이 그들의 계정들을 통합하고 조직화하는 것을 도와준다.

판매 관리 정보 시스템SFA: sales force automation 고객 관계 관리CRM 시스템의 한 요소로서 고객 데이터베이스를 기반으로 고객의 구매 패턴과 요구사항을 분석하고 적절한 판매 전략을 세우는데 초점을 두어 상품 기획부터 영업 제안, 납품에 이르기까지 직접적인 영업 업무를 지원하는 시스템으로서, 이동 컴퓨터 기술을 활용하여 현장에서 직접 영업 활동에 필요한 가치 정보를 취득하고 고객에게 각종 분석 정보를 제공하기도 한다.

판매 사슬 관리selling chain management 주문 생명 주기의 조사부터 판매 단계 가지의 활동들에 IT를 적용한다.

팝언더 광고pop-under ad 팝업 광고가 접속한 웹 페이지를 제쳐두고 우선적으로 나타나는데 반해, 사용자의 웹 페이지 방문을 방해하지 않도록 접속한 새 웹 페이지 아래에 함께 열려 있다가 그 창이 닫히거나 비활성 창이 되면 보이게 되는 배너 광고

팝업 광고pop-up ad 웹 브라우저에 로드된 현재 웹사이트의 페이지 밖에 나타나는, 광고를 포함하는 작은 웹 페이지

팟캐스팅podcasting 컴퓨터, 마이크, 인터넷 접속을 이용해 자신만의 라디

오 쇼 프로그램을 제작하는 것으로서, 블로그가 텍스트와 이미지 중심인 데 반해, 오디오가 중심이 되며 팟캐스팅 호스트가 음악을 틀어 주고 멘트를 추가하거나 음악과 토크쇼를 동시에 진행한다.

패킷 교환packet-switching 컴퓨터가 전송할 메시지를 패킷packet이라고 불리는 비교적 작은 단위로 분할하고, 그 각각에 수신 컴퓨터의 주소 등을 추가하여 보내는 자료 전송 방식

패킷 변조packet tampering 패킷의 내용을 그것이 인터넷에서 이동하고 있을 때 변경하거나 컴퓨터 디스크의 자료를 네트워크에 침투해서 변경하는 것

패킷 헤더packet header 패킷이 전송될 목적지, 패킷의 길이 등을 저장한 패킷의 앞부분

퍼지 이론fuzzy logic 모호하고 주관적인 정보를 다루는 수학적 방법

페타바이트petabyte 1024테라바이트

포터의 3가지 본원적 전략 Porter's three generic strategies 특정 조직 또는 산업에 제한되지 않고 어떠한 비즈니스, 제품 또는 서비스에도 적용 가능한 본원적 비즈니스 전략

포터의 5가지 경쟁세력 모형 Porter's Five Force Model 한 기업이 자신이 속한 산업에서 어느 정도의 이익을 얻을 수 있는가를 평가하기 위해서 해당 산업의 경쟁 세력들을 분석하는 모형

포털portal 이메일, 온라인 토론 그룹, 탐색 엔진, 그리고 온라인 쇼핑몰 등의 다양한 자원과 서비스를 제공하는 웹사이트

폭포수 모델waterfall model 가능성 조사에서 시스템 설치 및 운영까지의 소프트웨어 개발 프로젝트의 각 단계들이 순차적으로 이루어지는 소프트웨어 프로세스 모델

푸시 기술push technology 인터넷에 몇 개의 관심 채널을 설정하고 자주 사용하는 정보와 사이트를 선택하면 이에 대한 정보를 전송받을 수 있는 기술

풀 기술pull technology URL을 지정해서 특정 웹 서버에 접근하여 이용자 자신이 정보를 취득하는 능동적인 형태의 기술로서, 기존의 웹 브라우저에서 일반적으로 행해지고 있는 형태를 말한다.

프라이버시privacy 원할 때 홀로 남고, 사적인 소유물에 대한 통제권을 갖고, 허락 없이 관찰 당하지 않을 수 있는 권리

프로세스 모델링process modeling 업무 수행 과정과 정보의 획득, 조작, 저장 및 배포 과정을 시각적으로 표현한다.

프로젝트 계획project plan 프로젝트 수행의 기준이 되는, 정형적이고 공인받은 문서

프로젝트 관리 소프트웨어project management software 프로젝트 각 단계의 수행과 관리를 지원한다.

프로젝트 관리project management 프로젝트 이해관계자들의 필요나 기대를 충족시키기 위해서 지식, 기술, 도구, 그리고 기능을 프로젝트 활동들에 적용한다.

프로젝트 관리자project manager 프로젝트 계획과 관리의 전문가로서, 프로젝트 계획을 수립하고 수정하며, 모든 주요 이정표가 제때에 완수되는 것을 보장하기 위해서 프로젝트 진도를 감시하고 통제한다.

프로젝트 목표project objective 프로젝트가 성공이라고 평가받기 위해서 반드시 충족해야 할 계량화 된 기준

프로젝트 배제물project exclusion 특정 프로젝트에 국한되어 속하지 않는 제품, 서비스, 또는 프로세스

프로젝트 범위project scope 명세된 특징과 기능들을 갖춘 제품을 인도하기 위해서 완수되어야 하는 작업들에 대한 정의

프로젝트 위험project risk 만약 발생한다면, 프로젝트 목적에 긍정적이거나 부정적인 영향을 미칠 수 있는 불확실한 사건이나 조건

프로젝트 이정표project milestone 일군의 활동들이 완료되어야 하는 주요 날짜들

프로젝트 인도물project deliverable 프로젝트 또는 프로젝트의 일부분을 완수함으로써 생산된, 측정 가능하고 확인 가능한 유형의 산출물, 결과 또는 항목

프로젝트 제품project product 제품이나 서비스의 특징에 대한 서술

프로젝트 필요 요소project requirements document 프로젝트의 구체적 산출물을 명시하고 경영예측의 중요한 요소가 되며 범위를 조정하고 다른 계획 등을 완료하는 내용

프로젝트project 한정된 기간 동안에 특정한 제품이나 서비스를 생산하기 위한 노력

프록시proxy 보안을 위해 컴퓨터 사이에 직접 통신을 하지 못하게 하고 패킷을 모니터하는 소프트웨어

프리텍스팅pretexting 타인의 개인정보를 얻기 위해 사용하는 사회공학기법의 일종

플래시메모리flash memory 소비전력이 작고, 전원이 꺼지더라도 저장된 정보가 사라지지 않는 비휘발성 메모리로서, 정보의 입출력도 자유로워 디지털텔레비전 · 디지털캠코더 · 휴대전화 · 디지털카메라 · 개인휴대단말기PDA · 게임기 · MP3플레이어 등에 널리 이용되며 크게 저장용량이 큰 데이터 저장형NAND과 처리속도가 빠른 코드 저장형NOR의 2가지로 분류된다.

피드백feedback 원래의 발신자에게 응답하여 발신자의 행동을 수정하는 정보

피싱phishing 금융기관 등의 웹사이트나 거기서 보내온 메일로 위장하여 개인의 인증번호나 신용카드번호, 계좌정보 등을 빼내 이를 불법적으로 이용하는 사기 수법

피처 크립feature creep 원래 요구사항에는 존재하지 않았던 기능이 추가되어, 경우에 따라 프로젝트가 위험에 빠질 만큼 비대해지는 현상

필요요소 운영requirements management 프로젝트 과정에서의 요구조건에 대한 경영 변화 과정

ㅎ

하드디스크 드라이브hard drive 철저히 밀봉된 장치 안에 자기에 민감한 물질로 코팅한 다수의 견고한 디스크와 기록 헤드가 있는 보조 기억 장치

하드웨어 키 로거hardware key logger "key logger"란 컴퓨터상에서 키 작업 상태를 기록하는 소프트웨어나 하드웨어 장치를 말하며, 키보드를 통해 입력되는 키 값을 저장하여 특정 이메일로 전송하는 프로그램을 사용하거나 컴퓨터 후면 소켓과 키보드 케이블 사이에 하드웨어 장치를 설치해서 다른 컴퓨터로 키 입력 내용을 감시한다.

하드웨어hardware 컴퓨터 시스템과 연관된 물리적 장치로 구성된다.

합동 애플리케이션 개발JAD: joint application development 시스템의 요구사항을 정의하기 위한 이해관계자들의 회의. 보통 3일 이상 일주일 이내로 진행된다.

핫 사이트hot site 시스템 재해 복구 방안으로 주요 데이터 및 시스템과 애플리케이션 환경을 실시간으로 원격지에 복제하여 재해 발생 시 최단 시간 내에 데이터 유실 없이 복구할 수 있도록 이중화하는 방식으로서, 시스템 환경이 이중화되어 있으므로 상시 시스템 검증이 가능한 이상적인 방식이나, 이중화 설비 투자 및 전용선 유지비용이 많이 든다.

핫 스팟hotspot 무선인터넷 중계기가 누구나 사용할 수 있도록 개방되어 있는 특정 장소

해적판 소프트웨어pirated software 저작권 설정 소프트웨어의 권한 밖의 사용, 복사, 배포, 또는 판매

해커hacker 컴퓨터에 대한 지식이 많고, 그 지식을 다른 사람의 컴퓨터에 침입하기 위해서 사용하는 사람

핵심 ERP 모듈core ERP component 대부분의 ERP 시스템에 포함되는 전통적인 컴포넌트들: 주로 내부 오퍼레이션에 초점을 맞춘다.

핵심 성공 요인CSF: critical success factor 기업의 목적 달성 및 전략 실행을 위한 핵심적 활동들 또는 기업의 성공에 필요한 핵심적 요인들

핵심 성과 지표KPI: key performance indicator 핵심 성공 요인CSF의 달성도를 평가하기 위해 사용하는 양적 측정 척도로서 CSF보다 구체적임

핵심 업무 무결성 조건business-critical integrity constraint 조직의 성공에 필수적인 비즈니스 규칙을 강제하며, 종종 자료 무결성보다 더 많은 직관과 지식을 요구함

핵심 역량 전략core competency strategy 자기가 가장 잘할 수 있는 핵심 역량에만 특별히 집중하고 다른 비전략적인 비즈니스 프로세스들은 다른 전문 조직에게 맞기거나 외주를 주는 전략

핵심 역량core competency 다른 어떤 경쟁자보다 더 우월한 주요 장점 또는 기능

핵티비스트hactivist 철학적 또는 정치적인 이유로 다른 사람의 컴퓨터에 침입하고 종종 항의를 위해서 웹사이트를 지우는 사람

헬프 데스크help desk 내부 사용자의 질문에 응답하는 사람들

현금 흐름표statement of cash flow 현금의 변동 내용을 명확하게 보고하기 위하여 당해 회계 기간에 속하는 현금의 유입과 유출 내용, 즉 현금의 흐름을 표시한 표로서, 현금이 어떻게 창출되어 어디에 얼마만큼 쓰였는가를 보여준다.

현재 프로세스 모델 As-Is process model 기존 프로세스의 개선이나 변경 없이 현재의 운영 상태를 나타내는 모델

협업 수요 계획collaborative demand planning 재고에 대한 투자는 줄임과 동시에 제품 가득성을 높임으로써 고객 만족도는 높일 수 있도록 도와준다.

협업 시스템collaboration system 정보의 공유와 유통을 촉진함으로써 팀 작업을 지원하는 일군의 IT 기반 도구들

협업 엔지니어링collaborative engineering 제품의 설계에 필요한 시간과 비용을 줄일 수 있게 한다.

형식지explicit knowledge 문서나 매뉴얼처럼 외부로 표출되어 기록되고, 저장되고, 코드화될 (종종 IT의 도움을 받아서) 수 있어서 여러 사람이 공유할 수 있는 지식

혹스hoaxes 1988년 10월 발생한 가짜 바이러스로서 이메일, 인터넷메신저, 문자메시지 등의 통신수단에 거짓 정보 또는 유언비어, 괴담 등을 실어 마치 사실인 것처럼 사용자를 속이는 가짜 바이러스를 통칭한다. 혹스는 '장난삼아 속이다, 감쪽같이 속이다, 골탕 먹이다'는 뜻이다.

화이트 햇 해커white-hat hacker 시스템 소유자의 요청에 의해서 해당 시스템의 취약점을 밝히고 개선하기 위해서 일하는 해커

확장가능 마크업 언어 Extensible Markup Language 정형화 정보를 담고 있는 문서들을 위한 마크업 언어

확장성scalability 소규모 컴퓨터 시스템에서 상위의 대규모 시스템까지 하드웨어 기능과 시스템 기능이 일관적으로 제공될 수 있는 것을 말하며, 소규모 시스템으로 가동되고 있는 이용자 시스템에의 하드웨어나 소프트웨어 기능의 추가하거나 확장한 경우에도, 예를 들어서, 이전에 사용하던 데이터베이스를 이용할 수 있을 때 '범위성이 있다'고 표현한다.

확장형 ERP 모듈extended ERP component 핵심 컴포넌트가 다루지 않는 조직 요구를 충족시키며 주로 외부 오퍼레인션에 초점을 맞추는 추가적인 컴포넌트

환경 스캐닝environmental scanning 조직 외부 환경의 사건이나 경향들을 파악하고 분석한다.

회계 사분기financial quarter 3개월(1년에 4번 있다.)

효과성 IT 척도effectiveness IT metric IT가 비즈니스 프로세스 및 활동에 미치는 영향을 측정하는 척도로서 고객 만족도, 고객 전환율 등이 이에 포함됨

효율성 IT 척도efficiency IT metric IT 시스템 자체의 성과를 측정하는 척도로서 처리율, 속도, 가용성 등이 이에 포함됨

후방 사무실/비즈니스 대면 프로세스back-office/business-facing process 목표 설정, 일상적 계획, 성과 피드백, 보상, 그리고 자언 배분 등을 포함하는, 외부의 고객에게는 보이지 않으나 기업의 효과적인 관리에 필수적인 프로세스

후방 통합backward integration 들어온 정보를 주어진 시스템에 받아들이고 자동적으로 상류의 시스템과 프로세스들에게 보냄

휘발성volatile/volatility 정전이 되었을 때, RAM에 저장된 자료가 완전히 지워지는 것을 말한다.

휴지통 뒤지기dumpster diving 컴퓨터 바탕화면에 있는 휴지통을 뒤져서 뭐를 찾아내는 것을 의미함

4세대 언어fourth-generationlanguages(4GL) 인간의 언어와 비슷한 프로그래밍 언어

5요인 모델 Five Forces Model 산업의 상대적인 매력도를 산정하는 데에 도움을 준다.

AOL 미국의 주요 인터넷서비스 제공회사

APIapplication programming interface 운영체제와 응용 프로그램 사이의 통신에 사용되는 언어나 메시지 형식

ARPANET 미국 국방부에서 연구 기관과 국방 관련 사업체 등 관련 기관 간의 정보 공유를 지원하기 위해 추진한 ARPAThe Advanced Research Project Agency 프로젝트에 의해 개발된 컴퓨터 망의 연동망으로서 1969년 가동된 후에 1990년에 해체될 때까지 인터넷의 근간을 이루었다.

AT&T 와이어리스AT&T Wireless AT&T의 무선통신 자회사

AT&T 미국의 주요 인터넷서비스 제공회사

AVLautomatic vehicle location GPS를 이용한 차량 위치 추적 시스템

B2Bbusiness-to-business 기업들이 인터넷을 통해서 제품이나 서비스를 사고파는 것

B2Cbusiness-to-consumer 인터넷을 통해서 기업이 고객들에게 제품이나 서비스를 판매하는 것

BPLbroadband over power line 기존 설치되어 있는 전력선을 이용한 고속인터넷 기술

BYODbring your own device 종업원들에게 개인 소유의 휴대용 정보기기를 이용하여 기업의 데이터나 애플리케이션에 접속하는 것을 허락하는 정책

C2Bconsumer-to-business 개인이 인터넷을 통해서 기업에 제품이나 서비스를 파는 것

C2Cconsumer-to-consumer 개인들이 인터넷을 통해서 서로 물건이나 서비스를 사고파는 것. 또는 그러한 것을 돕는 웹사이트

capital 더 많은 자금을 만드는 것이 목표인 자금

CASE 도구computer-aided software engineering(CASE) tool 시스템 분석, 설계, 개발을 자동화하는 소프트웨어 도구

CISK 칩complex instruction set computer chip 100개 이상의 인스트럭션을 인식해서 대부분의 계산을 직접 수행할 수 있는 CPU 종류

COPAchild online protection act 인터넷상의 부적절한 정보로부터 청소년들을 보호하기 위한 법

CRM 보고 기술CRM reporting technologies 조직들이 다른 응용들을 사용하는 고객들을 확인할 수 있도록 지원한다.

CRM 분석 기술CRM analysis technologies 고객을 우량 또는 비우량 고객 등으로 세분하는 고객자료 분석기법

CRM 예측 기술CRM predicting technologies 어떤 고객이 떠날 위험이 있는지 등 고객의 행동을 예측하는 것을 지원하는 기술

DHCPdynamic host configuration protocol 전용 IP 주소를 가지고 있지 않은 사용자들에게 IP 주소를 동적으로 할당하여 인터넷을 사용할 수 있도록 해주는 프로토콜

DNSdomain name system IP 주소를 인터넷 도메인으로 변환해주는 시스템

DRMdigital rights management 디지털 콘텐츠의 불법적인 복제나 배포를 방지하거나 통제하기 위한 솔루션

DSLdigital subscriber line 전화선을 이용하여 전화와 인터넷 서비스를 동시에 제공할 수 있는 고속 데이터 전송 기술

ETAestimated time of arrival 특정 지점에 도착할 예정 시각. 내비게이션 애플리케이션에 사용됨

ETEestimated time en route 현재 속도를 유지할 경우 목적지에 도착할 때까지의 잔여 소요시간. 내비게이션 애플리케이션에 사용됨

e디스커버리Ediscovery 소송, 감사, 수사, 정보조회 등의 요구에 대해 기업이 디지털정보를 식별하고, 탐색하고, 수집하고, 확보하고, 추출할 수 있는 능력

e-물류e-logistics IT를 이용하여 재화의 운송과 저장을 관리

e-비즈니스e-business 인터넷을 통한 비즈니스의 수행: 사고파는 것만이 아니라 고객에 서비스를 하고 비즈니스 파트너와 협업하는 것을 포함한다.

e-비즈니스 모델e-business model 인터넷을 통하여 이비즈니스를 수행하는 방법에 대한 모델

e정책epolicies 비즈니스 환경에서의 윤리적인 컴퓨터 및 인터넷 사용에 대한 정책 및 절차

FTPfile transfer protocol 인터넷 상의 두 컴퓨터들 사이에 파일을 전송할 수 있게 해주는 프로토콜

GIS 지도 자동화GIS map automation 기업 자산을 중앙집중화된 시스템에 연결해서, 시간 경과에 따라 추적되고 모니터될 수 있도록 하는 과정

HTTPhypertext transfer protocol 인터넷의 월드 와이드 웹WWW 서버와 WWW 브라우저가 파일 등의 정보를 송수신하는 데 사용되는 표준 클라이언트/서버 규약으로서 WWW 브라우저의 화면상에서 URLuniform resource locator를 지정하는 데 사용된다.

HTTPSSHTTP(HTTPS): secure hypertext transfer protocol 암호화와 인터넷서버의 안전한 식별을 하기 위해 HTTP와 SSL을 조합한 프로토콜

IEEE 802.11n 무선 LAN의 최근 표준으로 기존 표준인 IEEE 802.11b 등에 비해 속도, 유연성, 서비스 범위 등에서 개선됨

IEEEinstitute of electrical and electronics engineers 미국전기전자공학회

IP 주소IP address 인터넷 상에서 통신하는 컴퓨터를 고유하게 식별하는 주소체계

IPTVInternet Protocol TV 인터넷 기술을 이용하여 디지털 비디오를 배포할 수 있는 기술 또는 관련 서비스

IT 기반구조IT infrastructure 하드웨어, 소프트웨어 및 통신장비 등이 통합되어 조직목표의 달성을 지원하기 위한 기반을 제공하는 전산 자원

IT 소비자화IT consumerization IT 기기와 애플리케이션을 개인과 업무의 용도로 함께 사용하는 현상. 개인 보유 단말을 이용하여 기업의 애플리케이션에 접근하는 것이 대표적이다.

LBSlocation-based service 위치를 활용한 서비스를 제공하는 애플리케이션

MAMmobile application management 기업용 및 개인용 휴대용 정보기기를 이용하여 기업용 애플리케이션에 접근할 수 있도록 관리하는 솔루션

MDMmobile device management 휴대용 정보기기를 원격에서 통제하여 보안을 확보해주는 솔루션

P2P 네트워크peer-to-peer network 중앙의 파일 서버가 없는 모든 형태의 컴퓨터 네트워크로서, 그 안의 모든 컴퓨터가 다른 모든 컴퓨터의 퍼블릭 파일들에 접근할 수 있다.

PANpersonal area network 개인 보유 단말간에 단거리에서 통신할 수 있는 네트워크

PERTProgram Evaluation and Review Technique 프로젝트의 과업들과 과업들간의 관계를 그래픽 네트워크로 표현하는 일정 관리 방법

RAMrandom access memory 컴퓨터의 주기억장치로서, 저장된 프로그램인스트럭션과 자료를 프로세서의 고용량 외부 데이터 버스를 통해서 CPU가 직접 접근한다.

RFID 가속도측정기RFID accelerometer 특정 대상의 속도 변화를 측정하는

장치로서, 트럭이나 택시의 속도를 추적하기 위해 사용됨

RFID 리더RFID reader RFID 태그의 내용을 읽는 송수신기

RFID 태그RFID tag 기존의 바코드 대신 상품이나 대상물에 부착되는 태그로서 대상물의 각종 정보를 담은 조그마한 칩을 내장한 것. 유선은 물론 위성 통신 등 다양한 통신 라인과 연동하기 위한 IC 칩과 안테나가 내장되어 있고, 칩 내의 기억 장치에는 인증번호ID code와 기타 데이터를 기억해 두기 위한 장소, 그리고 판독기로부터 신호를 받아서 태그 내의 자료를 보내기 위한 기억 장소가 있다. 기억 장치 용량은 보통 8bits~16kbits 정도가 보편화되어 있다. 전원의 유무에 따라 능동형과 수동형으로 대별된다.

RFIDradio frequency identification 소형 반도체 칩을 이용해 사물의 정보와 주변 환경 정보를 무선으로 전송 · 처리하는 비접촉식 인식시스템이다.

RISC 칩reduced instruction set computer chip 처리 속도를 높이기 위해서 CPU가 실행할 수 있는 인스트럭션의 수를 제한한다.

ROMread-only memory 컴퓨터의 판독전용 기억장치로서 전원이 끊어져도 정보가 없어지지 않는 불휘발성non-volatile 기억장치를 말한다. 문자패턴 발생기나 코드 변환기처럼 행하는 처리가 일정하고 다량으로 사용되는 정보를 소자의 제조와 동시에 설정한다.

RSSreal simple syndication 뉴스나 블로그와 같이 콘텐츠 갱신이 자주 일어나는 웹사이트에서 갱신된 정보를 쉽게 사용자들에게 제공하기 위해 XML을 기초로 만들어진 데이터 형식으로서, 사이트가 제공하는 RSS 주소를 자신의 RSS Reader 프로그램에 등록하면 갱신된 정보를 찾기 위해 사이트에 매번 방문할 필요 없이 쉽게 이들을 확인하고 이용할 수 있다.

SETsecure electronic transaction 전자상거래에서 지불 정보를 안전하고 비용 효과적으로 처리할 수 있도록 규정한 국제 프로토콜로서 S/W와 H/W를 포함한다.

SSLsecure socket layer 인터넷 프로토콜Internet protocol이 보안면에서 기밀성을 유지하지 못한다는 문제를 극복하기 위해 개발되었으며 (1) 클라이언트와 서버 컴퓨터 간에 전용의 안전한 연결을 설정하고 (2) 정보를 암호화하고, (3) 인터넷을 통하여 정보를 송신한다. 현재 전 세계에서 사용되는 인터넷 상거래시 요구되는 개인 정보와 크레디트카드 정보의 보안 유지에 가장 많이 사용되고 있는 프로토콜이다.

SSL 인증서SSL certificate 웹사이트나 서버를 확인하고 공개 키가 신뢰할 수 있는 개인이나 기업 소유인 것을 검증해주는 전자문서

SWOT 분석SWOT analysis 비즈니스 전략에 주요한 영향을 주는 것을 찾기 위해 조직의 강점, 약점, 기회, 위협 등을 평가하는 분석

TCP/IP Transmission Control Protocol/Internet Protocol 컴퓨터간의 통신을 위해 미국 국방부에서 개발한, 현재 인터넷에서 사용되는 통신 프로토콜로 세계 어느 지역의 어떤 기종도 서로 정보를 교환할 수 있게 한다.

VoIPvoice over IP 인터넷 텔레포니의 핵심기술로서 지금까지 PSTN 네트워크를 통해 이루어졌던 음성 서비스를 IPInternet Protocol를 사용하여 여러 가지 다양한 서비스로 제공하는 것. 음성이 디지털화 되고, 전달 체계가 IP로 됨으로써 전화는 물론 인터넷 팩스, 웹콜, 통합 메시지 처리 등의 향상된 인터넷 텔레포니 서비스가 가능하게 된다.

VoLTEvoice over LTE LTE, 즉 4G 데이터 네트워크에서 음성의 품질을 제고한 서비스

WEPwired equivalent privacy 무선 전송 데이터를 보호하기 위해 개발된 암호 알고리듬

WiMAXworldwide interoperability for microwave access 대도시 권역에서 고속 무선 데이터를 제공하기 위해 개발된 기술

WPAWi-Fi protected access Wi-Fi 네트워크를 보호하기 위한 무선 보안 프로토콜

찾아보기 한글용어

ㅅ

ㅇ

ㅈ

ㅊ

ㅋ

ㅌ

찾아보기 영문용어

D

E

F

G

H

I

K

Q

R

S

T

U

V

W

X

Z

역자 소개

고석하(shkoh@cbnu.ac.kr)

충북대학교 경영정보학과 교수
KAIST 경영과학 석 · 박사

- 자격증: Project Management Professional(No.423915), 소프트웨어 설계 SMT, IMT/EA 전문가, 정보처리기사
- 저서: 소프트웨어 프로젝트 관리, 객체지향과 UML 중심의 비즈니스 시스템 분석과 설계
- 연구 분야: 비즈니스 프로세스 모델링, 소프트웨어 공학, 소프트웨어 품질, 소프트웨어 프로젝트 관리 등이며 SCI(E) 및 SSCI 논문집 등에 100여 편의 논문을 발표하였다.

김태성(kimts@cbnu.ac.kr)

충북대학교 경영정보학과 교수
한국과학기술원(KAIST) 박사(경영과학)
한국전자통신연구원 정보통신기술연구소 선임연구원; 충북대학교 경영정보학과 학과장, 보안컨설팅연계전공 주임교수, 일반대학원 정보보호경영전공 주임교수; University of North Carolina at Charlotte과 Arizona State University에서 Visiting Professor와 Visiting Scholar로 각각 근무하였다.

- 저서 및 역서: 수요 중심의 인력 계획(충북대학교출판부), 정보보호 인력 양성정책(충북대학교출판부), 유비쿼터스 시대의 정보통신경영(한경사), 정보시스템 통제 및 감사(청문각) 등
- 연구 분야: OR Letters, European Journal of Operational Research, Journal of the Operational Research Society, Stochastic Analysis and Applications, ETRI Journal, Journal of Computer Virology and Hacking Techniques 등 국내외 경영과학, 정보통신, 정보보호 관련 학술지 및 학술대회에 논문을 발표하였으며, 주요 관심 분야는 정보통신과 정보보호 분야의 경영 및 정책 의사결정이다.

권순동(sdkwon@cbnu.ac.kr)

충북대학교 경영정보학과 교수
서울대학교 경영학박사(경영정보 전공)

- 저서 및 역서: 한국기업의 경영정보시스템 변천사(서울대), 경영정보론(홍문사), B2B와 e마켓플레이스(법문사), 대학경영혁신과 정보인프라 구축(서울대) 등
- 연구 분야: British Journal of Management, Effective Executive, Journal of Information Technology Application and Management, Information Systems Review, Asia Pacific Journal of Information Systems, 한국경영과학회지, 경영학연구 등의 국내외 저널에 다수의 논문을 발표하였고, 주요 관심 분야는 전자상거래와 e-비즈니스, SCM, 헬스케어물류 등이다.

서동백(dseo@cbnu.ac.kr)

충북대학교 경영정보학과 부교수
시카고 일리노이 주립대학(University of Illinois at Chicago) 박사
Virginia 주립대학 중 하나인 Virginia State University와 네덜란드 국립대학인 University of Groningen에서 5년 이상의 교수 경험이 있다. 칠레 국립대학 등 다수 대학에 초청강사로 초대되었다. 박사학위 전에는 개인 사업 경험과 실리콘밸리에 있는 이동통신회사에서 소프트웨어 엔지니어로의 경험이 있다. 박사학위 중에는 데이터 마이닝 등과 같은 컨설팅 경험을 가지고 있다.

- 저서 및 연구 분야: 지금까지 단독 저자로 세 권의 책을 출간하였다. 24편의 논문은 국제 저명 학술지에 그리고 4편은 국내 학술지에 게재되고, 41편의 논문은 국제 저명 학술대회에 그리고 3편은 국내 학술대회에 발표되어 총 72편의 논문을 발표하였다. 주요 관심 분야는 정보통신 기술기반의 서비스, 기술 표준화 정책과 전략, 융합 사회에서의 정보 기술의 역할 등이 있다.

송대진(dsong@cbnu.ac.kr)

충북대학교 경영정보학과 조교수
옥스퍼드대학 박사
미국 표준공학연구소(NIST) 연구원, 고등과학원 연구원 역임

- 연구 분야: 빅데이터, 계산과학, 인공지능, 양자컴퓨터 분야 등을 연구하고 있으며, 특히 경영/인문/예술 분야와 계산과학을 융합하는 STEAM 교육을 연구하고 있다.

최상현(chois@cbnu.ac.kr)

충북대학교 경영정보학과 교수
한국과학기술원(KAIST) 박사(경영정보공학)
LG CNS 엔트루컨설팅 책임컨설턴트; 국립경상대학교 산업시스템공학부 부교수, 한국빅데이터서비스학회 부회장, 충북대학교 산업경영연구소 소장, 충북대학교 경영정보학과 학과장; University of Arizona MIS 학과에서 박사 후 연수과정, University of Tennessee에서 Visiting Professorlar로 근무하였다.

- 연구 분야: IEEE Transanctions on SMC, European Journal of Operational Research, Journal of the Operational Research Society, Decision Support Systems 등 국내외 저명 경영과학, 정보시스템, 데이터마이닝 관련 학술지 및 학술대회에 논문을 발표하였으며, 주요 관심 분야는 빅데이터 활용, 데이터/프로세스 마이닝 기법, 전략적 의사결정, 경영혁신 전략, 정보시스템 마스터플랜 등이 있다.

Module 1 비즈니스 중심적 MIS

01 경영 정보 시스템: 비즈니스 중심적 MIS
02 의사결정과 프로세스: 가치 주도적 비즈니스
03 e-비즈니스: e-비즈니스의 가치
04 윤리와 정보 보호: MIS 비즈니스 관심사항들

Module 2 MIS의 기술적 기초

05 기반구조: 지속가능한 기술들
06 자료: 비즈니스 인텔리전스
07 네트워크: 모바일 비즈니스

Module 3 전사적 MIS

08 전사적 애플리케이션: 비즈니스 커뮤니케이션
09 시스템 개발과 프로젝트 관리: 전사적 공동 책임

부록 A 하드웨어와 소프트웨어 기초
부록 B 네트워크와 원격 통신
부록 C 데이터베이스 설계

Business Driven Information Syst

Fifth Editio

정가 30,000원

9 791186 689080
93320
ISBN 979-11-86689-08-0
연습문제 해답은 제공하지 않습니다.